Gerold Meyer von Knonau

Jahrbücher des Deutschen Reiches unter Heinrich IV. und Heinrich V.

Gerold Meyer von Knonau

Jahrbücher des Deutschen Reiches unter Heinrich IV. und Heinrich V.

ISBN/EAN: 9783741166136

Hergestellt in Europa, USA, Kanada, Australien, Japan

Cover: Foto ©ninafisch / pixelio.de

Manufactured and distributed by brebook publishing software
(www.brebook.com)

Gerold Meyer von Knonau

Jahrbücher des Deutschen Reiches unter Heinrich IV. und Heinrich V.

Jahrbücher

der

Deutschen Geschichte.

Auf Veranlassung

Seiner Majestät des Königs von Bayern

herausgegeben

durch die historische Commission

bei der

Königl. Akademie der Wissenschaften.

Leipzig,
Verlag von Duncker & Humblot.
1900.

Jahrbücher

des

Deutschen Reiches

unter

Heinrich IV. und Heinrich V.

Von

Gerold Meyer von Knonau.

Dritter Band: 1077 (Schluß) bis 1084.

Auf Veranlassung

Seiner Majestät des Königs von Bayern

herausgegeben

durch die historische Commission

bei der

Königl. Akademie der Wissenschaften.

Leipzig,
Verlag von Duncker & Humblot.
1900.

Inhaltsübersicht.

Seite

1077 (Schluß) . . . . 1—95

Rückblick bis zum Beginne des Jahres 1—2.

Versammlung zu Forchheim und Wahl des Herzogs Rudolf von Schwaben als Gegenkönig 3—5. Rudolf's Anzeige seiner Wahl an Gregor VII. und Einladung des Papstes nach Deutschland 5. — Rudolf's Uebersiedelung nach Mainz; Krönungsfeier und Kämpfe mit den Mainzer Bürgern: Räumung der Stadt durch Rudolf und Erzbischof Siegfried 6—12. Rudolf's Weggang vom Rhein nach Schwaben 12.

Heinrich's IV. Aufenthalt in Pavia und Gunstbezeugungen, besonders für den Patriarchen Sigehard von Aquileja 12—13. Erscheinen des Cencius in Pavia und plötzlicher Tod desselben 13—14. Eintreffen der Forchheimer Nachricht und Botschaft Heinrich's an Gregor VII.; Erwiderung desselben 15. Vorbereitungen Heinrich's in Italien für den kriegerischen Aufbruch 16—17. Königliche gesetzliche Anordnungen für Italien 17—18. Ausschreibung einer allgemeinen Versammlung auf das Feld von Roncaglia unter Bischof Gregor von Vercelli; dessen Tod 18—19. Heinrich's Rückkehr durch Friaul und Kärnten nach Baiern 19—20. Die Eppensteiner und die Zuweisung des Herzogthums Kärnten an Liutold; gute Beziehungen desselben zu Sigehard von Aquileja 20—21. Versammlung in Regensburg und Aufbruch des von Heinrich gesammelten Heeres gegen Rudolf 22—23. — Rudolf's österlicher Aufenthalt in Augsburg; Verschlimmerung seiner Lage und geistliche Maßregelung des Bischofs Embriko 23—24. Fortsetzung des Weges in das Bisthum Constanz; feindseliger Gegensatz zu dem flüchtigen Bischof Otto und Urtheilsprüche einer von den Legaten in Constanz abgehaltenen Versammlung 24—26. Räumung des Gebietes südlich vom Rhein durch Rudolf und Abzug vor Sigmaringen 26—27. Klage aus Rudolf's Anhängerschaft über die üble Gestaltung der Lage in Schwaben 27—28. Schwäbischer Anhang Heinrich's 29—31 (St. Gallen 29—30), Rudolf's 31—32. Abt Wilhelm von Hirsau 32—34. Rudolf's Pfingstaufenthalt in Hirsau und Abgang nach Sachsen 34.

Heinrich's kriegerischer Durchzug durch Schwaben: Gewaltthaten an den Gegnern 35—36. Versammlung in Ulm und Urtheilssprüche gegen Rudolf, die Herzoge Berchtold und Welf 36—37. Ver-

Seite

zweifelte Lage der Sache Rudolf's und seiner Anhänger in Schwaben und Burgund 38—39. Heinrich's Auftreten in Baiern; Sonderung der Großen nach den beiden Parteien 39—41. Hofhaltung Heinrich's in Nürnberg und theils schädigende, theils begünstigende Regierungsmaßregeln 42. Rüstung für die Kriegsführung gegen Rudolf, besonders im rheinfränkischen Lande, mit städtischen Aufgeboten 43—45. Rudolf's Hofhaltung in Merseburg und Aufforderung zu sächsischen Kriegsvorbereitungen 45—46. Rudolf's Aufbruch aus Sachsen und Lagerung vor Würzburg; künstliche Erklärungsversuche der Erfolglosigkeit der Belagerung 46—48. Heinrich's Verharren in Mainz 48—49. Mißlingen des Versuchs einer Hinderung des Zuzugs der Oberdeutschen zu Rudolf 49—50. Aufbruch Heinrich's aus Worms, Rudolf's aus Würzburg und gegenseitige Lagerung am Neckar 50—52. Versuch der Anknüpfung von Unterhandlungen aus Heinrich's Lager; Unterredung der nach Abschluß eines Waffenstillstandes Beauftragten, bei ungleichmäßigem Verhalten Heinrich's und Rudolf's zu der Machenschaft der Fürsten 52—54. Heinrich's und Rudolf's Stellung gegenüber den am 31. Mai von Gregor VII. aufgestellten Instructionen 54—58. Zuweisung der Entscheidung an einen Fürstentag am Rhein auf den 1. November 58—59. Rudolf's Rückkehr nach Sachsen; Festsetzung Bischof Eberhard's von Naumburg in Würzburg 59. Eintreffen der erhofften bairisch-böhmischen Verstärkungen bei Heinrich am Neckar und Ermuthigung zu neuem Kampfe 60. Kämpfe und Verwüstungen der Königlichen in Schwaben 61—62. Tod Bischof Embriko's von Augsburg und Nachfolge Siegfried's durch Heinrich 62—64. Einsetzung Udalrich's von Eppenstein als Abt von St. Gallen 64. Heinrich's Aufenthalt in Augsburg und Einsetzung Heinrich's an Stelle des verstorbenen Sigehard für Aquileja 65—66. Vergebliche Unterhandlungen mit Erzbischof Gebehard von Salzburg in Regensburg; Gebehard's Flucht nach Schwaben 67. Heinrich's Zug nach Worms und Vereitelung des Fürstentages 68—70. Heinrich's Zug nach Baiern 70—71. Tod Bischof Werinher's von Straßburg 71. Kämpfe Heinrich's in Baiern: Flucht des Grafen Ekbert von Formbach nach Ungarn 72—73. Heinrich's Weihnachtsfeier in Regensburg 73. Kämpfe in Schwaben, besonders Abt Udalrich's von St. Gallen 73—75.

Rudolf's Walten in Sachsen 75. Verkehr mit Gregor VII. 75—76. Einberufung der Versammlung in Goslar durch den Cardinaldiakon Bernhard und Excommunication Heinrich's durch ihn, Erzbischof Siegfried und Bischof Adalbero von Würzburg 76—78. Rudolf's Weihnachtsfeier in Goslar 78.

Gregor's VII. Verweilen in Oberitalien als Gast der Gräfin Mathilde 78. Gregor's VII. Stellung gegenüber Heinrich und Rudolf: Versuch der Ausübung des Schiedsrichteramtes 79—80. Mißstimmung der Sachsen gegenüber dieser Haltung des Papstes und Unvereinbarkeit solcher Zurückhaltung mit dem Vorgehen des Cardinaldiakons Bernhard gegen Heinrich 80—81. Gregor's VII. Rückkehr nach Rom 81. Tödtung und feierliche Bestattung des römischen Präfecten Cencius 81—82. Erhebung von Herrschaftsansprüchen des Papstthums auf Spanien, Corsica 82—84. Eroberung Salerno's durch Herzog Robert und Zuflucht des Fürsten Gisulf bei Gregor VII.; Beziehungen Robert's zum Fürsten Richard von Capua und zu dessen Belagerung von Neapel 84—87. Neue Erklärung Gregor's VII. in der deutschen Frage, vom 30. September, gerichtet an Erzbischof Udo und die Trierer Suffragane 87—89. Entlassung der auf Lenzburg Gefangenen, besonders des Legaten Abt Bernhard, auf Fürbitte des Abtes Hugo von Cluny

Seite

bei Heinrich 89—90. Brief des Abtes Bernhard an Erzbischof Udo und dessen Bischöfe 90—92. Tod des Bischofs Gerald von Ostia 92. Tod und feierliche Beisetzung der Kaiserin Agnes 93—95. Lage der Dinge für Gregor VII. am Jahresausgang 95.

1078 . . . . 96—170

Heinrich's fortgesetzte verwüstende Märsche in Ostbaiern; Aufenthalt in Passau 96—97. Absendung der Bischöfe Benno von Osnabrück und Theoderich von Verdun zur Synode Gregor's VII., mit günstigen Erfolgen 98—100. Ungünstigere Lage der von Rudolf abgesandten Boten 100—101.

Gregor's VII. Ausschreiben zur Einberufung der Synode 101. Gespannte Beziehungen Gregor's VII. zu Herzog Robert, besonders wegen der Bedrohung Benevent's 101—103. Verhandlungen und Beschlüsse der Synode 103—111. Entlassung der Boten Heinrich's und Rudolf's durch Gregor VII. 111—112. Päpstliche Schreiben infolge der Synode 112—115. Abgeneigte Haltung der Sachsen gegenüber den über die Synodalbeschlüsse eingelaufenen Nachrichten 115—118. Gregor's VII. eigene Erkenntniß der Verschiebung seiner Stellung gegenüber den Parteien im deutschen Reiche 118—119.

Heinrich's Aufenthalt in Regensburg; Nachfolge Meginward's nach dem Tode des Bischofs Ellinhard von Freising 119—120. Eintreffen der Nachrichten von der Synode bei Heinrich 121. Heinrich's Osterfeier in Cöln und Ankunft seiner eigenen und der päpstlichen Gesandten 121—122. Rudolf's Osterfeier in Goslar und Ordination Wigolt's als Bischof von Augsburg 122—123. Anbahnung einer Durchführung der durch Gregor VII. begehrten Maßregeln durch Heinrich 123—124. Versammlung zu Fritzlar zwischen den königlichen und den sächsischen Vertretern 124—125. Scheitern weiterer Unterhandlungen 125—126. Peinlicher Aerger der Anhänger Rudolf's über den fortgesetzten Verkehr zwischen Gregor VII. und Heinrich 126—127. Ausdruck der Mißstimmung Gregor's VII. über seine unhaltbare Zwischenstellung in dem Rundschreiben vom 1. Juli 127—128. Scharfe Antwort der sich durch das päpstliche Schreiben getroffen fühlenden Sachsen an Gregor VII.: Lage des Papstes 128—131. — Wiederausbruch des Krieges in Deutschland 131. Kriegszug Heinrich's gegen Bischof Hermann von Metz 131. Einsetzung Thiepald's als Bischof von Straßburg durch Heinrich 132. Pfingstfeier Heinrich's in Regensburg; Weggang des Markgrafen Liupold von Oesterreich 132. Pfingstfeier Rudolf's in Goslar, in Gegenwart ausländischer Gesandtschaften, besonders aus Ungarn 132—135. Oberdeutsche Fehden 135. Rudolf's Kriegsplan und Verhinderung von dessen Ausführung durch das Dazwischentreten Heinrich's und des für ihn am Neckar aufgestellten bäuerlichen Aufgebotes 135—136. Schlacht bei Melrichstadt (7. August) 137—141. Schicksale einiger Theilnehmer an der Schlacht, besonders des getödteten Erzbischofs Werner von Magdeburg 142—144. Verlust Heinrich's an Todten 144—145. Ausbleiben einer Entscheidung 145. Niederlage des Bauernheeres Heinrich's am Neckar durch Berchtold und Welf (7. August) 146. Rückzug Rudolf's nach Sachsen und seiner oberdeutschen Anhänger in ihre eigene Heimat 146—147. Heinrich's herbstliche Rüstung in Baiern mit dem Vorgeben eines Vorstoßes nach Sachsen, und Angriff auf Schwaben 147—150. Tod des Erzbischofs Udo von Trier während der Belagerung von Tübingen 151—152. Tod des Berchtold mit dem Barte und des Markgrafen Heinrich 153. Heinrich's Weihnachts-

Seite

feier in Mainz 154. Rudolf's Erkrankung 154. Tod der Bischöfe Heinrich von Cur, Eberhard von Naumburg, des Erzbischofs Hildulf von Cöln; Neubesetzung des Cölner Stuhls mit Sigewin 154—155.

Gregor's VII. Verhältniß zu den Normannen: Tod des Fürsten Richard von Capua und Nachfolge des Jordanus; für Herzog Robert sich erhebende Schwierigkeiten 156—158. Verbreitung der Kunde von der Schlacht des 7. August 159. Gregor's VII. Ausschreibung einer neuen Synode auf November 159—160. Die unentschiedene Frage im deutschen Reiche der Beweggrund zur Einberufung 161—163. Anrufung der Synode durch Heinrich und Rudolf und Aufschub einer Entscheidung von Gregor's VII. Seite 163—164. Anderweitige Synodalbeschlüsse und päpstliche Schreiben über solche 165—168. Anknüpfungen Gregor's VII. mit den Königen von Dänemark und Norwegen 168—169. Unzufriedenheit der Rudolfinischen mit Gregor VII.; dessen tadelndes Schreiben an Welf 169—170.

1079 . . . . 171—234

Reise des Cardinaldiakons Bernhard, der Bischöfe Altmann von Passau und Hermann von Metz zur Fastensynode 171. Eröffnung der Synode im Lateran 171. Erklärungen der Vertreter Heinrich's und Rudolf's; Klagen der letzteren gegen Heinrich 172—174. Vorbringung der Anklagen der Sachsen vor Gregor VII. 174—176. Zurückhaltung Gregor's VII. und Abnahme eines Eidschwurs von den Vertretern beider Theile 177—178. Päpstliche Strafurtheile gegen Anhänger Heinrich's: Vorgehen gegenüber dem Patriarchen Heinrich von Aquileja 178—180. Weitere Verordnungen 180. Entscheid in Berengar's Angelegenheit 180—181. Absendung einer Gesandtschaft an Heinrich: Beurtheilung der Stellung Gregor's VII. gegenüber Heinrich 181—183. Päpstliches Schreiben an Rudolf und dessen Anhänger 184—185. Anknüpfung Gregor's VII. mit König Ladislav von Ungarn 185—186. Gewisse Versuche einer Aufstachelung der Gemüther in Deutschland und Italien 186. Weitere Schreiben Gregor's VII. von der Synode, nach Parma, Bamberg, an die Gräfin Mathilde 186—187.

Egilbert's Einsetzung als Erzbischof von Trier durch Heinrich 187—189. Gunstbezeugung aus Mainz für Bischof Benno von Osnabrück 189. Schenkung confiscirter Güter Rudolf's an Bischof Burchard von Lausanne 189—190. Vergeblicher Versuch einer Anknüpfung unmittelbar mit den Sachsen durchzuführender Friedensverhandlungen in Fritzlar 190—192. Rudolf's Rachezug nach Westfalen und gegen Fritzlar 192—193. Welf's Einfall nach Rätien; Heinrich's Osterfeier in Regensburg und Uebersiedelung nach Schwaben 193—194. Einsetzung des Grafen Friedrich (von Staufen) als Herzog von Schwaben und Verlobung desselben mit Heinrich's Tochter Agnes 194—196. Uebertragung der Abtei Reichenau, infolge der Gefangensetzung Abt Eggehard's in Parma, an Abt Udalrich von St. Gallen 196. Kämpfe in Schwaben zwischen Abt Udalrich und den Anhängern Rudolf's 197—198. Berchtold von Rheinfelden als Gegenherzog gegen Friedrich in Ulm aufgestellt; Heiraten seiner Schwestern 198—200. Nachstellung Berchtold's mit dem Barte und seiner Söhne (des älteren Sohnes, des 1074 verstorbenen Markgrafen Hermann) 200—205. — Rudolf's Aufenthalt um die Osterzeit in Sachsen 205—206. Tod der Gemahlin Rudolf's Adelheid in Schwaben 206. Feldzug Heinrich's gegen den Markgrafen Liupold von Oesterreich und nach Ungarn; Schwächung der Stellung König Ladislav's durch

Seite

die polnische Umwälzung und die Vertreibung des Königs Boleslaw 207. Herzog Friedrich's unglücklicher Kampf in Schwaben gegen Welf 207—208. Anknüpfungsversuche Heinrich's mit Gregor VII. 208—209. Zusammentreffen der päpstlichen Legaten mit Heinrich in Regensburg; vergebliche Verhandlungen und Ausschreibung einer neuen Zusammenkunft nach Fritzlar 210. Erfolglosigkeit dieser Versammlung in Fritzlar 210—211. Heinrich's kampfbereite Ankunft in Würzburg: Scheitern der dort mit den päpstlichen Legaten geführten Verhandlungen 212—215. Heinrich's Anmarsch gegen Sachsen durch Anknüpfungen Rudolf's mit den weltlichen Herren im königlichen Heere zum Stillestehen gebracht: Abschluß eines Waffenstillstandes und Abzug Heinrich's 215—217. Erneuerte Kriegsrüstungen, Rudolf's in Sachsen, Heinrich's in Regensburg 218—219. Heinrich's Kriegszug nach Schwaben und Weinachtsaufenthalt in Mainz, mit damit verbundener Kriegsrüstung 219. Rudolf's Vorbereitungen gegen einen Angriff 220.

Gregor's VII. letzter Versuch, durch die nach Deutschland abgesandten Legaten eine Vermittlung zu erreichen, in seinem Verlaufe 220—221. Unzufriedenheit der päpstlichen Partei in Deutschland mit den Legaten: deren Rückkehr 221—224. Falscher Bericht und Entlarvung des Bischofs Udalrich von Padua 224—225. Zurechtstellung des wahren Sachverhaltes durch den Bericht des Cardinalbischofs Petrus 225. Gregor's VII. Zugeständniß, daß seine Vermittlungspolitik gescheitert sei 226. Tod des Abtes Bernhard von St. Victor zu Marseille 227.

Wachsende Zerklüftung im deutschen Reiche 227—228. Frage der Neubesetzung des erzbischöflichen Sitzes von Magdeburg, und Bestellung Hartwig's nach Weisung Gregor's VII.; Einsetzung Gunther's als Bischof von Naumburg 229—230. Tod des Bischofs Hezilo von Hildesheim und Nachfolge Udo's 231—232. Einsetzung Bischof Norpert's für Cur durch Heinrich 233.

Veränderung der Stellung Gregor's VII. zu den deutschen Angelegenheiten mit dem Uebergange zum folgenden Jahre 233—234.

1080 . . . . 235—344

Heinrich's Angriffsplan gegen die Sachsen: Lockerung des Zusammenhangs unter denselben und Uebertritte zu Heinrich 235—236. Rudolf's Vertheidigungsmaßregeln und Vorrücken nach Thüringen 236—237. Plünderungen der Königlichen in Thüringen und Verhängung der Excommunication durch Erzbischof Siegfried über Heinrich 237—238. Schlacht bei Flarchheim (27. Januar) und deren nächste Folgen 238—240. Verluste der Heere 240. Heinrich's Lage nach der Schlacht: Rudolf dem fortwährenden Widerstand der in Sachsen zu Heinrich Abgefallenen gegenübergestellt 241—242. Heinrich's Botschaft an Gregor VII., mit den gegen Rudolf sich richtenden Aufträgen 242. Tod des Bischofs Udalrich von Padua 243. Rudolf's Botschaft an den Papst und Kundgebung der Sachsen an denselben 244—246.

Die römische Fastensynode: Vorbringung von Klagen gegen Heinrich 246—248; Beschlüsse gegen die Investitur und über die Wahl der Bischöfe 248—249; Strafurtheile, Mahnungen an die Normannen, Warnung vor falschen Bußübungen 249—250; Zurückweisung der königlichen Boten 251; Gregor's VII. Verkündigung des Bannfluches gegen Heinrich und dessen Anhänger 252—256. Verkündigung der Weissagung Gregor's VII. gegen Heinrich am Ostertage 257—258. Schenkung des Eigengutes der Markgräfin Mathilde an die römische Kirche, unter Zurücknahme als Lehen 259. —

Seite

Anknüpfungen der heimkehrenden königlichen Boten in Tuscien und der Lombardei gegen Gregor VII. 260—261. Wiederhervortreten des Bischofs Benzo als Vorkämpfer für Heinrich [Aeußerungen Benzo's in Mahngedichten seit 1074: 262—266] 261—267. „Vertheidigung des Königs Heinrich's IV.", Schrift des Ravennaters Petrus Crassus 267—275.

Heinrich's Osterfeier in Lüttich und Rückkehr zum Rheine 275—276. Erklärung der königlich gesinnten Bischöfe gegen Gregor VII. von der Osterversammlung in Bamberg 276. Beschlüsse der in Mainz am Pfingsttage um Heinrich versammelten Fürsten gegen Gregor VII. 277. Verkündigung des Bischofs Huzmann von Speier und Berichte Erzbischof Egilbert's und des Bischofs Theoderich von Verdun über die Mainzer Beschlüsse 278—281. Klage Erzbischof Gebehard's über die Vereinzelung der Gregorianer 281. Aeußerungen Benzo's in Voraussicht der Brixener Versammlung 281—284. — Zusammentritt deutscher und italienischer besonders geistlicher Fürsten um Heinrich in Brixen 284—288. Beschlüsse der Brixener Synode: Auftreten Hugo's des Weißen gegen Gregor VII. und Verurtheilung und Absetzung des Papstes und seiner Anhänger 288—293; Erhebung des Erzbischofs Wibert von Ravenna als Papst 293—294; Benno's von Osnabrück listige Abwesenheit von der Wahl und schonende Behandlung durch Heinrich 294—295; Ehrenbezeugungen und Zusicherungen an Wibert 295—296; Weggang Heinrich's und Wibert's von Brixen 296. — Ravenna, unter Wibert, als Hauptplatz des Gegensatzes gegen Rom 297—298. Fälschungen im Sinne einer Vertheidigung der königlichen Sache: die Abänderung des Papstwahldecretes von 1059 298; das gefälschte Synodaldecret Leo's VIII. für Otto I. 298—299. Wibert's Persönlichkeit und seine Stellung als neuerwählter Papst Heinrich's 300—301.

Herzog Robert Guiscard's Stellung in Unteritalien 301—303. Aussöhnung Robert's mit Gregor VII. und erneuertes Treuversprechen des Herzogs bei der Zusammenkunft in Ceperano 303—307. Berührung der Politik Robert's mit den Angelegenheiten des Reiches von Constantinopel: Maßregeln Robert's und Gregor's VII. zu Gunsten des schutzflehenden falschen Michael VII. 307—311. Gregor's VII. Aufforderungen zur Hülfeleistung im Kampfe gegen Wibert und Vorbereitung zu einer kriegerischen Unternehmung gegen denselben 311—314. Mißlingen der Pläne Gregor's VII.: Nichtdurchführung des Unternehmens gegen Ravenna, Niederlage der Rüstung der Mathilde bei Volta, Vertreibung des Bischofs Anselm von Lucca 314—317. Scheitern einer von Gregor VII. in Aussicht genommenen Neuwahl für Ravenna 317—320. Gregor's VII. unerschütterte Zuversicht 320. Beziehungen Gregor's VII. zu Frankreich und den spanischen Reichen, besonders aber zu England 320—323, zu Dänemark 323—324, zu Böhmen 324—325.

Heinrich's Rückkehr von Brixen an den Rhein: Bestätigung der Erhebung Wibert's durch eine Versammlung in Mainz 325—326. Aeußerungen der Unzufriedenheit über Heinrich's Handlungsweise auch im eigenen Lager in Deutschland; Absonderung des Bischofs Theoderich von Verdun 326—327. Schädigungen der königlichen Sache in Schwaben: Augsburg, St. Gallen 327—329. Bestellung Bischof Altmann's als päpstlicher Stellvertreter in Deutschland und Einsetzung Gebhard's als Bischof von Constanz durch denselben; Thätigkeit des Abtes Wilhelm von Hirsau 329—331. — Zusammenstoß zwischen Rudolf und dem mit Wiprecht von Groitzsch verbundenen Herzog Wratislav von Böhmen 331—333. Heinrich's erneuerte Rüstung und Vormarsch durch Thüringen bis an die Elster 333—337. Schlacht an der Grune, 15. October,

Seite

337—339. Heinrich's Lage nach der Schlacht 339. Rudolf's Verwundung, Tod und Begräbniß 339—340. Eindruck des Ereignisses 340. Rudolf's Haus 340—341. — Heinrich's Aufenthalt in Speier 341—342. Rückkehr Bischof Benno's nach Osnabrück und Wiederbesetzung des Bisthums Minden — nach Egilbert's Tode — durch Heinrich 342—343. Mißlingen der Unternehmung Heinrich's gegen Goslar 343—344.

1081 . . . . 345—431

Heinrich's Versuch einer Unterhandlung mit den Sachsen — Wahl Konrad's als König — und Abweisung derselben 345. Verhandlungen königlicher und sächsischer geistlicher Beauftragter in Oberkaufungen und Erfolglosigkeit derselben 346—349. Beurtheilung der Sachlage von Seite beider Parteien bei Heinrich's Aufbruch nach Italien 349—350. Heinrich's Aufenthalt an der Donau: Verfügungen über die östlichen Markgebiete zu Gunsten Ekbert's, Heinrich's, Herzog Wratislav's, unter Schädigung Markgraf Liupold's von Oesterreich, des Bundesgenossen Bischof Altmann's 350—351. Heinrich's Heeresrüstung 352—353. Osterfeier in Verona 354. — Erzbischof Gebehard's Brief an Bischof Hermann von Metz, als Ausdruck der beängstigten Stimmung der deutschen Gregorianer 355—361.

Gregor's VII. Bedrängnisse in Italien 362. Unerschütterter Muth des Papstes: Strafurtheile der Fastensynode 362—363. Erwartungen des Papstes von einer Hülfeleistung Herzog Robert's und Eröffnungen an denselben durch Abt Desiderius 363—364. Mittheilungen Gregor's VII. an Bischof Altmann und Abt Wilhelm von Hirsau über die Lage der Dinge angesichts der Stellung Heinrich's, mit Aufstellung einer Eidesformel für den möglicherweise neu zu wählenden Nachfolger Rudolf's 364—368. Schreiben Gregor's VII. an Bischof Hermann von Metz, gegen die Ansicht, der Kaiser könne vom Papste nicht excommunicirt werden 368—373. Gestalt der gegenseitigen Beziehungen zwischen Gregor VII. und Heinrich, zur Zeit des Eintritts des Königs in Italien 373—374.

Herzog Robert's Absichten und Rüstungen gegen das byzantinische Reich: Erhebung des Kaisers Alexios Komnenos zur Herrschaft in Constantinopel: Robert's Unzuverlässigkeit für Gregor VII.; Versuch einer Anknüpfung Heinrich's mit Robert 374—377. Heinrich's Thätigkeit in Oberitalien 377—379. Abmarsch Heinrich's von Ravenna nach Rom: Einsetzung des Petrus als Bischof für Lucca 380—382. Schutzlosigkeit Gregor's VII.: Robert's Abfahrt nach der illyrischen Küste 383—385. Anrücken Heinrich's gegen Rom: seine Begleiter 385—386. Vorausſendung einer königlichen Erklärung an die Römer 387—388. Ausschließung Heinrich's und besonders Wibert's aus Rom: Pfingstfeier im Lager auf den neronischen Wiesen 388—390. Aufenthalt des Königs vor Rom 391—393. Maßregeln zur Schwächung der italienischen Gegnerschaft Heinrich's, durch verschiedene Verfügungen, für Rainer als Herzog von Spoleto und Markgraf von Fermo, für die Stadt Lucca, für Pisa, gegen Gregor VII. und Mathilde, in deren Achtung 393—398. Kriegerischer Gegensatz in Tuscien, besonders um Lucca: Bischof Anselm als päpstlicher Stellvertreter für die Lombardei unter Mathilde's Schutz stehend 399—400. Heinrich im December in Parma 401—402. — Lage Gregor's VII., bei der trotz Hülferufes fortgesetzten Abwesenheit Robert's 402—403. Wichtigkeit der Bundesgenossenschaft der Mathilde: gemeinsame eifrige Thätigkeit der Gräfin und Bischof Anselm's 403—405.

Seite

Stimmung im deutschen Reiche 405. Trier der Ausgangspunkt von Kundgebungen gegen Gregor VII.: die zwei Bücher des Mönches Theoderich für Erzbischof Egilbert gegen Gregor VII. 405—406: Wenrich's im Namen des Bischofs Theoderich von Verdun, nach Beschluß einer Versammlung in Trier, gegen Gregor VII. erlassenes Schreiben 406—415. — Vorbereitung einer Wahl eines Nachfolgers Rudolf's 415—416. Sächsischer feindlicher Einfall in das ostfränkische Land: Wahl des Grafen Hermann von Salm in Ochsenfurt 416—418. Niederlage Herzog Friedrich's von Schwaben und der Baiern bei Höchstedt 419—420. Erfolglose Belagerung Augsburg's durch Hermann 421. Einzelne Kämpfe in Schwaben: Markgraf Liupold als Genosse Bischof Altmann's 422. König Ladislav's von Ungarn Aussöhnung mit Salomon 423. Gefährdete Stellung Hermann's in Sachsen, infolge der Absonderung Otto's von Nordheim, durch dessen Annäherung gehoben 423—425. Hermann's sächsische Nachwahl in Eisleben und Krönung in Goslar 425—426. Geburt des Königssohnes Heinrich 427. — Abschluß des Buches Bruno's „Vom sächsischen Kriege" mit Hermann's Krönungsfeier: Würdigung des Werkes als Geschichtsquelle 427—431.

1082 . . . . 432—469

Abermaliger Aufbruch Heinrich's gegen Rom und Vormarsch durch die Romagna 432—433. Vorausendung einer königlichen Erklärung an die Römer 433—436. Abermaliger Verschluß Rom's und Lagerung des Königs vor der Leostadt 437. Streifzug Heinrich's flußaufwärts und Aufenthalt in Farfa 438—440. Fortsetzung der Belagerung Rom's und Verstärkung der Stellung Heinrich's 440—441. Beziehungen zum Fürsten Jordanus von Capua und zu Abt Desiderius von Monte Cassino: Zusammentreffen zu Ostern in Albano 441—446. Gefangennahme Bischof Bonitho's von Sutri; Abbruch der Belagerung Rom's durch Heinrich und Anordnung der Beobachtung der Stadt durch Wibert von Tivoli her 446—447. Anknüpfung zwischen Kaiser Alexios und Heinrich 447—448. — Nothlage Gregor's VII. 449. Herzog Robert's Kriegsführung gegen Alexios und — infolge der Aufstände — nothgedrungene Rückkehr nach Apulien 449—450. Gregor's VII. Ablenkung von der möglicherweise durchführbaren Verständigung mit Heinrich in erneuerter Verhängung des Bannes 451—452. Verwahrung einer in Rom gehaltenen Versammlung von Cardinälen und Bischöfen der Umgegend gegen Gregor's VII. beabsichtigte Verpfändung von Kirchengütern 452—453. Hülfeleistung für Gregor VII. aus Canossa 454. — Heinrich's vergebliche Anstrengungen zur Einnahme von Florenz; fortgesetzter Kampf um die Feste Moriana; Heinrich's Abzug über Rimini in das Gebiet der Gräfin Mathilde 454—457. Standhaftigkeit der Gräfin Mathilde und des Bischofs Anselm von Lucca 457. Heinrich's Bekämpfung des Aledramiden Wido: Anrufung der Vermittlung der Markgräfin Adelheid; Aufenthalt Heinrich's in Verona 458—459. Benzo's ermuthigendes Gedicht an Heinrich 459—460. Maßregeln Heinrich's gegen einen Einbruch des Gegenkönigs nach Italien; Aufbruch gegen Rom unter Ueberschreitung des gefrorenen Po 461—462.

Der Gegenkönig Hermann ohne ersichtliche Verbindung mit Gregor VII. 462. Hermann's verwüstende Kriegsführung in Westfalen: Belagerung von Iburg und geschickte Lösung der schwierigen Lage durch Bischof Benno von Osnabrück 462—463. Hermann's Hof-

Seite

haltung zu Goslar und Aufbruch nach Oberdeutschland zum Behuf des Einmarsches in Italien 464. Lage in Oberdeutschland: schwäbische Fehden: Niederlage des Markgrafen Liupold von Oesterreich bei Mailberg 464—467. Hermann's Weihnachtsfeier in Schwaben 467. — Heinrich's Bestätigung des durch Bischof Heinrich von Lüttich aufgerichteten Gottesfriedens 467—469.

1083 . . . . 470—520

Erleichterung der Stellung Heinrich's in Italien durch das Nichterscheinen des Gegenkönigs Hermann 470. Abwesenheit Gregor's VII. in Benevent und Aufrücken Heinrich's vor Rom 470—471. Hervortreten einer Friedenspartei in Rom: Vermittlungsversuche Bischof Benno's von Osnabrück: Stärkung der Kriegslust durch die Selbstblendung Herzog Robert's 471—472. Kämpfe vor Rom; vorübergehender Aufenthalt Heinrich's in größerer Entfernung von der Stadt 472—474. Einnahme der Leostadt durch die Königlichen, infolge des Kampfesüberdrusses und der mangelnden Wachsamkeit der Römer 474—478. Heinrich's Thätigkeit während seines Aufenthaltes in der kaiserlichen Pfalz bei der Peterskirche 479—480. Gesandtschaft des Kaisers Alexios an Heinrich 481—483. Gregor's VII. schwierige Lage, infolge des Ausbleibens des Gegenkönigs und der noch stets fortdauernden Einengung Herzog Robert's in Unteritalien 483—485. Verabredung Heinrich's mit dem römischen Adel über eine im November nach Rom für Fällung eines Schiedsspruches einzuberufende Synode, mit geheimer Beschwörung eines Vertrages betreffend die Zusage der durch Gregor VII. vorzunehmenden Kaiserkrönung 486—487. Einführung Wibert's in die St. Peterskirche 488—489. Vorbereitung des Abmarsches von Rom durch Heinrich, unter Zurücklassung einer Besatzung in der Befestigung des Palatiolus 489. Entlassung der italienischen Hülfstruppen und Abzug durch Tuscien — Aufenthalt in Sutri — nach der Lombardei 490—491. — Gregor's VII. Ausschreiben über eine synodale Versammlung 491—493. Möglichkeit eines Friedensschlusses zwischen Papst und König 493. — Vernichtung der in den Palatiolus gelegten königlichen Besatzung, mit Udalrich von Godesheim, durch eine Seuche, und Niederreißung der dortigen Befestigungen durch die Römer 494. Schwinden der Aussicht auf eine Versöhnung in der Zwischenzeit bis zur Synode 495. Heinrich's gewaltsames Vorgehen gegen zur Theilnahme an der Synode reisende Anhänger Gregor's VII. 495—496. Tagung der ausgeschriebenen Synode, ohne wichtigere Ergebnisse 496—498. Rückkehr Heinrich's nach Rom 498—499. Nichtzustandekommen der Heinrich durch die Römer zugesagten kaiserlichen Krönung 499—500. Heinrich's Weihnachtsfeier in der Leostadt 501.

Rückkehr des Gegenkönigs Hermann — nach dem Tode Otto's von Nordheim — nach Sachsen 501. Versuch der Einsetzung des neu für St. Gallen bestellten Gegenabtes Werinher und Zurückweisung durch Abt Udalrich 501. Lage der Dinge und Parteischeidung in Sachsen nach Otto's Tode: Doppelbesetzung des erledigten Bisthums Paderborn 502—505. Hermann's Osterfeier in Goslar, Weihnachtsfeier in Sachsen 505—506. — Anstrengung des Erzbischofs Sigewin von Cöln für die Ausdehnung des Gottesfriedens 506—508. — Verderbliche Kämpfe im nördlichen Schwaben, besonders im Bisthum Augsburg 509. Erhebung des Kanzlers Otto als Bischof von Straßburg 509—510. Gänzliche Räumung Ungarn's durch Salomon vor König Ladislav 510.

Seite

Das „Buch an Gebehard“ des Manegold von Lautenbach 511—519. Ungünstige Beurtheilung desselben auch von Seite von Angehörigen der päpstlichen Partei 519—520.

1084 . . . . 521—623

Feindseliges Gegenüberstehen Gregor's VII. und Heinrich's in Rom am Beginne des Jahres 521. Gesandtschaft und Geldsendung des Kaisers Alexios an Heinrich 521. Aufbruch Heinrich's gegen Herzog Robert nach Apulien und Rückkehr über Rieti 522—523. Gesandtschaft der Römer an Heinrich, mit der Einladung nach Rom 523. Lossagung vom Gehorsam gegen Gregor VII. im Kreise der Cardinäle und anderer Würdenträger und angestrengte Versuche des Papstes zur Verminderung der Gefahr 523—526. Einzug Heinrich's mit Wibert in Rom und Betretung des Lateranpalastes 526—528. Ansagung einer Synode und Einreichung der Rechtsschrift des Petrus Crassus 528—529. Beschlüsse der Synode; Wahl Wibert's und Inthronisation als Clemens III. 529—533. Heinrich's Kaiserkrönung 534. Eindruck der Ereignisse auf der Seite Gregor's VII. 535. Die Schrift: „Aeußerungen eines Gewissen über die Zwietracht zwischen Papst und König“ 535—537. Benzo's Jubelruf über die Kaiserkrönung 538—539. — Gregor's VII. Zuflucht in der Engelsburg 540—542. Kämpfe in Rom zwischen Heinrich und den Gregorianern; Heinrich im Lateran und auf dem Capitol 542—545. — Ungünstigerer Stand des Normannenkriegs im byzantinischen Reiche 545—546. Herzog Robert's Anrufung durch Gregor VII. und Aufbruch gegen Rom 546—547. Heinrich's Weggang mit Clemens III. von Rom 548—549. Rückmarsch Heinrich's bis nach Tuscien: frohlockende Meldung der Gräfin Mathilde von den Ereignissen 550—551. — Herzog Robert's Einbruch in Rom und Verwüstung der Stadt; Befreiung Gregor's VII.; Streifzüge in der Umgebung Rom's und Mißlingen der Belagerung Tivoli's, der Zufluchtsstätte Clemens' III. 551—554. Abzug Gregor's VII. mit dem normannischen Heere aus Rom 555—557. Rom's Zustand nach Gregor's VII. Weggang 558—559. — Gregor's VII. Weg über Monte Cassino und Benevent nach Salerno 559—560. Synode Gregor's VII. in Salerno 560—561. Letzte Kundgebung Gregor's VII. an die christliche Welt 561—563. Weggang Herzog Robert's nach Korfu 564. — Niederlage der Kaiserlichen gegenüber dem Heere der Gräfin Mathilde bei Sorbaria 565—566. Clemens' III. Weihnachtsfeier in Rom 567.

Heinrich's Marsch durch Tuscien nach Pisa: Eingreifen in den Kampf um Moriano ohne Erfolg 567—568. Heinrich's Aufenthalt in Verona und letzte Anordnungen für Italien 568—570. Schreiben Heinrich's an Bischof Theoderich von Verdun, mit Ankündigung der Ankunft in Deutschland 570—571. — Begrüßung Heinrich's in Baiern 571—572. Kämpfe in Schwaben, um Constanz und St. Gallen; schwäbische Heerfahrt zur Entsetzung des jungen Berchtold von Rheinfelden nach Burgund 572—573. Ueberrumpelung Augsburg's durch Welf und Befreiung durch Heinrich 574—575. Unterwerfung Liupold's 576. Heinrich's Aufenthalt in Mainz und Einsetzung Wezilo's als Erzbischof an Stelle des verstorbenen Siegfried 576—578. Einberufung einer neuen Versammlung nach Mainz in einem an Bischof Ruopert von Bamberg gerichteten Schreiben 579—580. Zug nach Lothringen und Unterwerfung des Bischofs Hermann von Metz 580—581. Feindseligkeit mancher deutscher Bischöfe gegen Heinrich: Besetzung der Sitze von Aquileja (Swatobor-Friedrich), Münster (Erpo),

Seite

Paderborn (Heinrich) von Heinrich's Seite 581—583. Heinrich's und des Gegenkönigs Hermann Beziehungen zu den Sachsen; Mißlingen des Versuchs einer Vereinbarung in Gerstungen 583—584. — Wido's von Osnabrück Schrift über den zwischen Hildebrand und Kaiser Heinrich eingetretenen Streit 584—591. — Das erste Buch des Liber de unitate ecclesiae conservanda 591—605. — Weihnachtsfeier Heinrich's in Cöln, des Gegenkönigs in Goslar 605.

Wahl Gebhard's als Bischof von Constanz 605—607. Gebhard's Abstammung und sein Leben vor der Bischofswahl 608. Abt Wilhelm's Neugestaltung von Kloster Hirsau 609—612. Einwirkung des Vorbildes von Hirsau auf die sich beigesellenden vornehmen Laien, auf die Klöster St. Blasien und Schaffhausen 612—615. Weitere Anschlüsse an die Hirsauer Vorschriften: in Schwaben, Hessen, Baiern, Kärnten; Anordnungen Bischof Altmann's 616—621. Erklärung der Absichten Abt Wilhelm's gegenüber dem Gegenkönig Hermann 621—622. Hirsauer Streitschrift gegen Heinrich 622—623. Aussicht auf rücksichtslose Fortsetzung des Kampfes gegen Heinrich 623.

Excurse.

I. Die Wahl des Herzogs Rudolf als Gegenkönig Heinrich's IV. 1077. . . . . 627—638

II. Die Schlacht bei Flarchheim am 27. Januar 1080. . . . . . 639—643

III. Die Schlacht an der Grune am 15. October 1080. . . . . . 644—652

IV. Cardinalpriester Hugo der Weiße und die sogenannte kaiserliche Fassung des Papstwahldecrets von 1059.[1] . . . . . 653—656

---

[1] Der S. 140 in n. 27 (vergl. S. 78 in n. 110), sowie S. 444 in n. [illegible] angekündigte Excurs V wird in Bd. IV. im Zusammenhang mit der Gesammtwürdigung Bischof Benno's II. von Osnabrück (gestorben 1088), gebracht werden.

Nachträge und Berichtigungen.

S. 69 n. 106, Z. 1 v. u. siehe n. 84 (statt n. 160).

S. 84 Z. 11, S. 442 Z. 8 siehe „langobardischen“.

S. 99 n. 6 (und weitere Erwähnungen der Vita Bennonis des Norbert). Die im Neuen Archiv der Gesellschaft für ältere deutsche Geschichtskunde, XXV, 767—795, 1900, durch F. Philippi gegen die Vita aufgeworfenen Zweifel vermögen deren Glaubwürdigkeit keineswegs, wohl nicht einmal in der, l. c., 835 u. 836, durch Bloch zugelassenen Einschränkung, zu erschüttern, worauf der ob. S. XV für Bd. IV angekündigte Excurs zurückkommen wird.

S. 107, Z. 5 v. u. (im Texte) siehe „auflehnten“ (statt „erhoben“).

S. 115, Z. 16 siehe Manasses (statt „Manasse“).

S. 209 fehlt in der Seitenüberschrift: „Anknüpfungsversuch Heinrich's IV. gegenüber Gregor VII.“.

S. 262, n. 50, Z. 3, siehe „imperatorem“.

S. 398 n. 87. In der dort genannten Abhandlung Pawinski's ist Davidsohn, Ueber die Entstehung des Konsulats in Toskana — Historische Vierteljahrsschrift, herausg. von Seeliger, III. Jahrgang, 1900, 20 ff. — heranzuziehen, wonach der Consulat und die Commune älter sind, als die Zeit Daibert's.

S. 490, n. 25, Z. 1 v. u. siehe n. 33 (statt n. 37).

S. 530 Z. 6. Betreffend den Bischof Bonus von Cervia (Ficacle) ist auf den im Neuen Archiv der Gesellschaft für ältere deutsche Geschichtskunde, III, 158, durch P. Ewald erwähnten Brief hinzuweisen, den Bonus schon vor 1080 an Erzbischof Wibert geschrieben hatte, mit der Bitte, ihm gegen die conspiratio und gegen scismata einiger Kleriker und Laien zu helfen.

1077 (Schluß).

Durch König Heinrich IV. war bis zum 28. Januar Papst Gregor VII. auf Canossa dahin gebracht worden, daß er sich zur Erklärung gezwungen sah, durch die eindringliche Art und Weise der Darlegung der Reue von Seite des Königs sei er überwunden, und der Büßer habe die Verzeihung verdient, und so war des Königs Wiederaufnahme in den Verband der Kirche erfolgt. Demnach erschienen die vorangehenden Verabredungen, auf denen der Plan der Reise des Papstes nach Augsburg, zur gemeinsamen Handlung mit den deutschen Fürsten, aufgebaut gewesen war, ihrer ganzen Grundlage beraubt; unter päpstlicher Vermittlung — das war eine der urkundlich festgestellten Verpflichtungen Heinrich's IV. in der Reihe der Bedingungen bei der Versöhnung — sollte jetzt vielmehr der Ausgleich mit den deutschen Fürsten geschehen. In so weit war dem König der ganze Erfolg zugefallen. Gregor VII. ließ, wenn er auch in der ersten Hälfte des Februar noch bis an den Po sich begab, von der Fortsetzung des Weges nach Deutschland ab, und er selbst that den Fürsten die Absolution Heinrich's IV., wie sie vor sich gegangen war, gleich nach dem Geschehenen kund.

Aber aus den auf der Burg zwischen Papst und König festgestellten Bedingungen erwuchs kein allgemeiner Friedensschluß. Einestheils wurde der Argwohn gegen Heinrich IV. in ganz nothwendiger Weise neu erweckt. Die lombardischen Bischöfe, auf deren Beistand der König, wenn er etwas ausrichten wollte, angewiesen war, standen unversöhnt, mit dem Banne belegt Gregor VII. entgegen, und in ihre Mitte kehrte Heinrich IV. nach Reggio zurück. Indem dann, zur Besorgung verschiedenartiger Regierungsgeschäfte, der König nach Piacenza, Verona weiter zog, entstand in den großen Städten des Landes neuer Zwist zwischen Patarinern und königlich Gesinnten; in Mailand freudig aufgenommene päpstliche Legaten hatten in Piacenza das Mißgeschick, gefangen gelegt zu werden, und so wies Gregor VII. es von sich, zur Vollziehung der lombardischen Krönung des Königs die Hand zu bieten. Da erschien denn auch die Haltung Gregor's VII., in der er eben jene Kundgebungen aus Canossa den Deutschen übermittelte, geeignet, der Bewahrung des Friedens zu schaden.

Durch die heftigsten Gegner Heinrich's IV. war — etwa Mitte Februar, zu Ulm — eine Zusammenkunft veranstaltet worden, zwischen Erzbischof Siegfried von Mainz, zwei Bischöfen, den drei oberdeutschen Herzogen, und da hatte man auf den 13. März, nach Forchheim, eine neue allgemeine Versammlung in Aussicht genommen. Es lag offen da, daß trotz der durch den Papst übermittelten Nennung dessen, was auf Canossa sich vollzogen hatte, diese fürstlichen Feinde Heinrich's IV. von einer Aussöhnung nichts wissen wollten. Damit trat sogleich Herzog Rudolf von Schwaben in den Vordergrund der Dinge, und von ihm ging der Bote ab, der an Heinrich IV. und an den Papst die Mittheilung der neu durch die Fürsten gefaßten Beschlüsse überbringen sollte. Gregor VII. selbst benachrichtigte jetzt den König von dieser Ausschreibung der Forchheimer Versammlung, und daneben ließ er Legaten mit einem an Fürsten und Volk gerichteten Schreiben nach Deutschland abgehen, mit der Eröffnung, daß er nunmehr gedenke, sei es mit, sei es ohne Einwilligung des Königs, selbst nach Deutschland zu gehen. Allein gleich nach dem Weggange dieser seiner Beauftragten traf — am 1. März — bei Gregor VII. der schwäbische Graf Manegold ein und brachte die Nachricht davon, daß die deutschen Fürsten jetzt wirklich ernstlich damit umgingen, statt Heinrich's IV. einen anderen König zu wählen. Darauf entschloß sich Gregor VII., durch Manegold, ehe er zurückkehrte, unmittelbar bei Heinrich IV. nachfragen zu lassen, ob ihm dieser nach seinem auf Canossa gegebenen Versprechen zur Reise nach Deutschland die gewünschte Sicherheit geben wolle. Als der König die Unmöglichkeit, die Verpflichtung zu übernehmen, zumal da ihn die italienischen Angelegenheiten noch festhielten, aus einander setzte, ging Manegold in aller Eile nach Deutschland zurück, und es war nun schon deutlich genug, daß Gregor VII. den Dingen, so wie sie sich zu Forchheim vollziehen sollten, freien Lauf lassen wollte. Denn es stand im Weiteren fest, daß Gregor VII., mochten auch inzwischen seine beiden Vertreter in Forchheim eingerückt sein, nicht selbst dort anwesend sein werde, und so blieb dem Ermessen der Fürsten die Zukunft des Reiches überlassen. Die Willensmeinung des Papstes aber war nunmehr bei weitem nicht in jener Deutlichkeit ausgedrückt, wie es nach dem Früheren hätte erwartet werden sollen, nach der Stellung, die Gregor VII. zu allen diesen Fragen eben noch am Beginn des Jahres eingenommen hatte. Das Verhältniß zwischen dem Papste und den deutschen Fürsten ließ geradezu an Klarheit Alles zu wünschen übrig, und Gregor VII. nahm durchaus nicht die Stellung gegenüber den jetzt hervortretenden Vorgängen ein, die seiner eigenen Auffassung, von der Würde eines obersten Richters, hätte entsprechen können [1]).

[1]) Vergl. Bd. II, S. 747—795, wozu Excurs VII, S. 894—903 (auch die Notiz: König Heinrich's IV. Bußübung zu Canossa 1077, in: Deutsche Zeit-

Nach der geschehenen Ankündigung trat zu Forchheim die zu Ulm in Aussicht genommene Versammlung zusammen. Noch dauerte die äußerst harte Kälte, die diesen Winter auszeichnete, fort[8]), und das ließ den Umstand erklärlich erscheinen, daß, was nicht zu bezweifeln ist, nur eine kleine Zahl sich an dem im Uebrigen, wie die Auswahl des Ortes für ähnliche Vereinigungen schon in früherer Zeit darlegte, geschickt gewählten Platze[9]) zusammenfand. Es waren, wie in Ulm, von weltlichen Fürsten die Herzoge Rudolf, Welf, Berchtold, außerdem aber noch Otto von Nordheim anwesend; dagegen war es dem Grafen Manegold wohl erst nach Beginn der Verhandlungen möglich geworden, von Italien her, als Ueberbringer der ihm aufgetragenen Botschaft, in Forchheim einzutreffen. Von geistlichen Fürsten steht ganz voran die Anwesenheit des Erzbischofs Siegfried, der als Inhaber des Mainzer Stuhles selbstverständlich wieder im ersten Range sich befand, und des Bischofs Adalbero von Würzburg fest, die Beide ebenfalls in Ulm sich betheiligt hatten. Weiter ist bestimmt bezeugt, daß die Erzbischöfe Gebehard von Salzburg und Werner von Magdeburg, die Bischöfe Altmann von Passau, Adalbert von Worms, ferner sehr wahrscheinlich Burchard von Halberstadt sich eingefunden hatten. Die von einer Seite zwar ausdrücklich, in der bestimmten Zahl von sieben, erwähnten zahlreicheren sächsischen Bischöfe — daneben sollten dann noch sechs andere geistliche Fürsten zur Stelle gewesen sein — waren kaum so vollzählig erschienen; gerade aus diesem Theile des Reiches verboten wohl Jahreszeit und Witterungsbeschaffenheit, dazu die weitere Entfernung des fränkischen Versammlungsortes einen stärkeren Zuzug, und es ist überhaupt nicht zu übersehen, daß die bald darauf eintretende immer engere Verknüpfung des aus den oberen deutschen Landen entsprossenen Gegenkönigs mit den Sachsen es im Allgemeinen nahe legen mußte, neben den Schwaben gerade den sächsischen Stamm als auch schon bei der Wahl hauptsächlich betheiligt hinzustellen.

Am 13. März begannen, wie in Ulm verabredet worden war, die Verhandlungen, über die wir vermuthlich noch mittelbar aus einer zur Rechtfertigung der Wahl verfaßten, allerdings also ganz den Vorgang vertheidigenden Schrift unterrichtet sind. Die beiden durch Gregor VII. beauftragten Legaten, Cardinaldiakon Bernhard

schrift für Geschichtswissenschaft, XI. Jahrgang 1894, I, 359—363), sowie in den Nachträgen, S. 910 u. 911. Doch ist durch Kehr, Papsturkunden in Reggio nell'Emilia, Götting. Nachr. d. Philol.-Histor. Classe, 1897, 223—233, die Anzweifelung der Nachricht Donizo's, l. c., S. 765 n. 31, hinfällig geworden.

[8]) Vergl. l. c., S. 750 n. 7, die Stelle aus dem Annalisten von 1075 an (über diesen l. c., S. 906 u. 907).

[9]) Die Ursache davon, daß gerade der Bamberger Besitz Forchheim als Platz der Versammlung ausgewählt war, ist Bd. II, S. 776 n. 50, a. E., angedeutet; Herzog Welf, der den Bischof Ruopert gefangen hielt, war ein Hauptveranstalter der Versammlung. Daneben mochte die Erinnerung an frühere Vorgänge, aus der Zeit des ostfränkischen Reiches, wirken, wie bei Waitz, Deutsche Verf.-Gesch., VI, 2. Aufl., 187, angedeutet wird.

und Bernhard, Abt von St. Victor zu Marseille, theilten da zuerst das von ihnen mitgebrachte Schreiben mit, aus dem der Urheber jener Rechtfertigung besonders den Satz hervorhob, daß der Papst von Heinrich's IV. Versprechen — es ist die Festsetzung von Canossa gemeint — nicht viel freudige Genugthuung gewonnen habe, da vielmehr den Feinden der Kirche aus des Königs Anwesenheit mehr Verwegenheit, als Scheu erwachsen sei. Rückhaltlich fügten die Legaten noch bei, daß der Papst begehre, die Fürsten möchten die Wahl eines neuen Königs, von der er gehört habe, bis zu seiner Ankunft aufschieben, wenn sie der Ansicht seien, daß das ohne Gefahr geschehen könne. Nachdem die Fürsten diese Eröffnungen vernommen hatten, erwiesen sie den Legaten ihre Ehrfurcht, begannen aber danach, jeder einzeln, vor deren Ohren vorzubringen, was sie an Schmach und an Gefährdung schon von Heinrich IV. erduldet, was sie noch ferner unzweifelhaft von ihm zu besorgen hätten: so oft sei es ihnen kaum möglich geworden, mitten unter Friedensküssen den Nachstellungen zu entgehen, daß sie keinem Eidschwur des Königs ferner noch irgend Glauben beimessen könnten. Die Klagenden fügten noch bei, sie hätten Heinrich IV. nach seiner Absetzung — es ist auf das Vorgehen Gregor's VII. bei der Fastensynode von 1076 abgezielt — so lange noch ertragen, nicht etwa um seine Besserung, an der man ja gänzlich verzweifeln müsse, abzuwarten, sondern um solchen, die vielleicht die Klage erheben, die Besserung sei ihm abgeschnitten worden, die Gelegenheit zur Verleumdung wegzunehmen. Die Berichterstattung schließt mit der Bemerkung, daß, obschon der ganze Tag darüber verstrichen sei, nicht einmal die Hälfte aller erlittenen Unbill habe aufgezählt werden können. Eine andere, aus Schwaben dargebotene Meldung über diese Ereignisse will wissen, daß nach Anhörung aller dieser Beschwerden die Legaten ihrer nicht geringen Verwunderung Ausdruck verliehen, daß überhaupt die Klagesteller den König so lange über sich ausgehalten hätten.

Wie am vorhergehenden Tage, kamen die Fürsten wieder am darauffolgenden, am 14. März, in die Herberge der Legaten. In der hier begonnenen Berathung wurde geltend gemacht, daß eine sehr gefährliche und unwiderrufliche Spaltung im ganzen Reiche bevorstehe, wenn dem nicht so, wie schon früher überlegt worden sei, noch auf dieser gleichen Versammlung, alsbald von ihnen in Vereinigung durch die Erhebung eines anderen Hauptes vorgebeugt werde. Die Legaten blieben aber, als sie das vernahmen, ihres Auftrages eingedenk und erwiderten in aller Kürze, daß es ihnen, nach dem Wortlaute ihrer Botschaft, als das Beste erschiene, wenn die Fürsten bis zu der Ankunft des Papstes die Bestellung eines Königs ohne Gefahr verschieben könnten: im Uebrigen liege freilich die Fürsorge für das Reich nicht so sehr in ihrem Rathe, als im Gutdünken der Fürsten, die das Gemeinwesen in ihren Händen hielten und am besten Verderben oder Nutzen des ganzen Reiches vorausbestimmen könnten. So erschienen doch die Fürsten auf ihre eigene Entscheidung angewiesen. Unsicher hinsichtlich der Ankunft des Papstes, jedoch darüber gewiß, daß die größte Uneinigkeit und Gefahr eintreten würden, wenn ein Aufschub einträte, nahmen sie – so fährt der Bericht, der Aufschluß bringt, fort — von den Legaten Abschied und versammelten sich bei Erzbischof Siegfried, um da von neuem in Einzelberathung die zu wählenden Maßregeln zu überdenken. Als Inhalt dieser Berathungen wird in einer Reihe von Erwägungen, die allerdings ganz nothwendig zur Einleitung einer Neuwahl führen mußten, ein bestimmter Gedankengang angegeben. Als Voraussetzung galt dabei, daß vom Papste kein Zwang, die Wahl zu verschieben, ausgegangen sei, daß vielmehr die Entscheidung im Gutdünken der Fürsten liege, daß es einzig ihnen selbst von nun an beigemessen werden könnte, wenn ein Aufschub zum Schaden gereichen sollte. Außerdem seien sie König Heinrich keine Unterwerfung mehr darzubringen schuldig, vielmehr, wenn sie das noch ferner thäten, wegen Ueberschreitung des apostolischen Bannes der Verurtheilung würdig; denn bevor der Papst über Heinrich den Fluch ausgesprochen, habe er ihm von Seite des allmächtigen Gottes und des heiligen Petrus und von sich aus das Reich abgesprochen und alle Christen vom Eide, den sie Heinrich geleistet hätten oder noch leisten würden, gelöst und untersagt, daß irgend jemand ihm als einem Könige diene, und nachher habe Heinrich, bei seinem falschen Versprechen der Besserung, einzig die Wiederaufnahme in die Kirche, nicht die Königsherrschaft zurückgewonnen. So fanden die Fürsten, daß sie, von der Gewalt des Königs Heinrich gänzlich losgeworden, diesem nicht mehr, als er ihnen, zu irgend einer Treueleistung oder Unterwerfung verpflichtet seien, daß sie also als freie Menschen handeln könnten.

So ging die Wahl am 15. März vor sich. Zuerst beriethen geistliche und weltliche Fürsten, jeder Stand gesondert, und lasen einmüthig aus den mehreren vorgeschlagenen Männern den Herzog Rudolf von Schwaben aus. Dann gingen die Bischöfe mit der Wahl voran, und Rudolf wurde jetzt erstlich durch Siegfried, dann von den übrigen geistlichen Fürsten als König gewählt, worauf sich die weltlichen Fürsten, ebenso in zustimmendem Rufe das Volk, so weit es bei der Handlung anwesend war, anschlossen. Allerdings war es bei der Abstimmung der weltlichen Fürsten, wie ein sächsischer Zeuge weiß, zu Schwierigkeiten gekommen. Nicht ohne Erlangung von Bedingungen wollten Einzelne, so Otto von Nordheim um den Preis des unrechtmäßig ihm entzogenen bairischen Herzogthums, Andere mit Vorbringung weiterer abzustellender Beschwerden, ihre Stimmen geben, und die päpstlichen Legaten mußten dazwischen treten, mit der Betonung der Erwägung, es handle sich um einen König der Gesammtheit, nicht der Einzelnen, so daß es hinreichend sei, wenn er gelobe, Allen insgesammt gerecht sein zu wollen; zudem würde eine solche Einlegung von Verpflichtungen für die Einzelnen der Wahl ihre Reinheit nehmen, sie zu einer mit simonistischer Ketzerei befleckten Handlung stempeln.

Immerhin hatte der Neugewählte gewisse allgemeine Zusagen nach zwei Richtungen zu machen, die in irgend einer Form geradezu gesetzlich festgestellt worden sein müssen. Eine Forderung, die der Kirche — wahrscheinlich unmittelbar den Vertretern des römischen Stuhles — zugegeben werden mußte, war, daß Rudolf die Bisthümer nicht für Geld und nicht aus Gunst ausgebe, sondern es jeder Kirche erlaube, so wie die kirchlichen Vorschriften es verlangen, aus ihren geistlichen Angehörigen eine Wahl zu treffen. Die andere Bedingung war ein Zugeständniß, das ohne Zweifel voran an die weltlichen wählenden Fürsten gerichtet war. Nach jenem als Rechtfertigung der ganzen Handlung aufzufassenden Berichte lautete Rudolf's Erklärung darüber, daß er seine Königsherrschaft nicht als Eigenthum, sondern als zur Verwaltung ihm anvertraut ansehe, in bestimmter Weise dahin, daß er demnach alles erbliche Recht von sich weise und zugleich durchaus verneine, daß er dieses Recht jemals seinem Sohne zulegen werde; denn es liege nach durchaus gerechter Auffassung in dem Gutdünken der Fürsten, daß sie nach seinem Tode, frei von jeder Rücksicht auf den Sohn, nur den wählen sollten, den sie als den nach Alter und Würdigkeit der Sitten für diesen hohen Rang Würdigen erfunden hätten. Die sächsische Erzählung führt noch genauer aus, daß von dem bisherigen Gebrauche der Erbschaft der Krone gänzlich abgewichen, daß festgesetzt worden sei, sogar ein der Nachfolge sehr würdiger Königssohn solle weit mehr durch freiwillige Wahl, als durch ein Recht der Nachfolge, König werden, dem Volk aber, falls der Sohn unwürdig wäre oder aber falls das Volk ihn nicht haben wollte, die Macht zustehen, wen es wolle, zum Könige zu machen; ebenso behauptet dann diese ferner stehende Quelle, was kaum glaublich ist, daß die Machtvollkommenheit des Papstes dieses Reichsgesetz bestätigt habe. Am Schlusse der Wahlhandlung unterwarfen sich noch Alle, geistliche, wie weltliche fürstliche Wähler, dem Gewählten durch Ablegung des Treueides.

Durch den Wahlbericht, aber auch von anderer Seite wird versichert, der Herzog von Schwaben habe nur widerwillig und gezwungen sich der Wahl, die von ihm nicht gewünscht worden sei, unterzogen: vergebens habe er sich dagegen gewehrt oder wenigstens zur Berathschlagung noch die Frist einer einzigen Stunde sich erbeten. Es ist ganz wahrscheinlich, daß sich Rudolf so gestellt, diese Uneigennützigkeit äußerlich dargelegt hat. Aber mit seinem ganzen Verhalten, wie er es schon im vorhergehenden Jahre bewiesen, wie er gegenüber Heinrich IV. sich schon längere Zeit dargestellt hatte, stimmt eine solche Gesinnung ganz und gar nicht. Und aus einer gewiß sicheren elsässischen örtlichen Nachricht steht fest, daß schon vorher im Kloster Ebersheimmünster, dessen Abt Adelgaud ein Großneffe Rudolf's war, für diesen im Geheimen eine Krone angefertigt wurde. Alles spricht dafür, daß für die Forchheimer Handlung Alles wohl vorbereitet, daß der Herzog selbst auf seine Rangerhöhung gefaßt war. Aber allerdings scheint von vornherein ein gewisses Unbehagen in der Umgebung des Gegenkönigs geherrscht zu haben; denn wohl nicht bloß in den Kreisen der Gegner Rudolf's, aus denen eine einzelne Stimme nachdrücklich genug, von Augsburg her, laut wird, wurde es als keine gute Vorbedeutung aufgefaßt, daß das Haus, in dem die Wahl abgehalten wurde, den Namen des Pilatushofes trug.

Recht geflissentlich wurde, sowohl von der zu Rudolf stehenden Partei, um so die Wahl zu rechtfertigen, eine günstige Stimmung dafür zu erwecken, als auch von den Anhängern Heinrich's IV., damit der Papst dadurch in ein schiefes Licht gerückt werde, die Ansicht verbreitet, geglaubt, schließlich befestigt, daß Gregor VII. der Urheber der Forchheimer Versammlung und ihrer Beschlüsse gewesen sei. Ja, es entstand sogar die Sage, Gregor VII. habe eine Krone mit bezeichnender, auf Rom als Ursprungsort hinweisender Inschrift an Rudolf abgesandt. Von all dem ist gar keine Rede. Aber freilich war durch die Anwesenheit, durch das bald ermuthigende Verhalten der Legaten, vollends durch die Botschaft des Grafen Manegold, falls diese wirklich noch rechtzeitig eintraf, genug geschehen, um jene Auffassung von dem wesentlichen Antheil, ja von der unmittelbaren Urheberschaft des Papstes entstehen zu lassen. Abermals war der Inhaber der Nachfolge des Apostelfürsten Petrus von der entscheidenden Stellung in den deutschen Angelegenheiten weiter hinweg gerückt worden[1]).

Wie schon früher zu zeigen war, hat über den Vorgang von Canossa der allerdings erst später schreibende Verfasser der Lebensbeschreibung Kaiser Heinrich's IV. das zutreffendste Urtheil abgegeben. Eine nicht minder richtige Würdigung bot er über die Stellung, die Gregor VII. zur Wahl Rudolf's einnahm. Er urtheilte zuerst über Rudolf folgendermaßen: „O Habgier, ärgste Pest, die die guten Sitten in das Gegentheil wendet und oft die Tugenden selbst zu den Lastern zieht! Dieser Rudolf, der ausgezeichnete Herzog, ein Mann hohen Ansehens und Lobes im ganzen Reiche, fest in dem Wahren und Rechten, tapfer in den Waffen, endlich in jeder Art von Tugenden bewährt, dieser, sage ich, überwunden durch die Habgier, die Alles überwindet, und durch sie zum Nachsteller seines Herrn gemacht, setzte die Treue einer ungewissen Ehre hintan". Dann wird auf die Beziehung Gregor's VII. zu der Sache übergeleitet: „Es gab aber solche, welche sagten, er sei vom Papste angestiftet worden, und daß er, der Mann von so großer Tugend, niemals eher der Habgier, als dem Rathschlage gewichen sei, und sie nahmen das zum Beweise für sich, daß der Papst geschwiegen hat, während, nach der Lossprechung des Königs, Rudolf in die Königsherrschaft einbrach, nach jenem Worte des Lustspieldichters: ‚Wer schweigt, der stimmt genügend

[1]) Vergl. in Excurs I die Quellenstellen, mit den angehängten kritischen Ausführungen.

zu“ [5]). — Eben dieses Schweigen, wie es hier genannt wird, mit anderen Worten, die unklare Stellung, die von den Legaten in Forchheim eingenommen wurde, die mittelbare Ermuthigung, die den Wählern Rudolf's aus der Sendung des Grafen Mancgold erwuchs, all das schob Gregor VII. auf jenen so völlig ungewissen Platz gegenüber den Anforderungen, die von beiden Seiten, von Heinrich IV., von Rudolf, an ihn erhoben wurden.

Zwar zunächst hatte Rudolf alsbald nach seiner Erwählung die Anzeige, daß er, freilich gezwungen, die Lenkung des Reiches angetreten habe, an Gregor VII. abgehen lassen, und daran war die Erklärung der Bereitwilligkeit geknüpft, in Allem dem Papste Gehorsam zu leisten. Zu größerer Bekräftigung dieser Zusage war der Neugewählte außerdem, wie Gregor VII. selbst noch später bezeugte, bereit, seinen eigenen Sohn Berchtold und weiter den gleichnamigen Sohn des Herzogs Berchtold von Kärnten als Geiseln für die gegebenen Zusagen nach Rom zu stellen. Außerdem soll noch ein Einladungsschreiben an den Papst abgeschickt worden sein, des Inhaltes, dieser möge selbst zum Behufe der Leitung der kirchlichen Angelegenheiten nach Deutschland kommen, wozu Rudolf ihm Geleitsleute entgegenzuschicken sich entschlossen hatte [6]).

Wieder hat die Lebensbeschreibung Heinrich's IV. in kurzem scharfem Worte die Beurtheilung der Lage des neuerhobenen Gegenkönigs zusammengedrängt: „Leicht ist es, eine Königsherrschaft an-

[5]) Ganz kurz nach den in Band II, S. 763 u. 764, herangezogenen Stellen der Vita Heinrici IV. imperatoris folgt dort, in c. 4, der hier übersetzte Abschnitt (SS. XII, 273). Daß sich der Biograph da sehr wesentlich an Sallust, und zwar an verschiedene Stücke desselben — so in den Worten: qui dicerent ab apostolico eum (sc. Ruodolfum) inmissum — anlehnte, zeigt Gundlach, Ein Dictator aus der Kanzlei Heinrich's IV., 185. Der citirte comicus ist Terenz (Eunuchi, III, 2, v. 23). Wie man in Italien Gregor's VII. Verhältniß zur Wahl Rudolf's in den antipapistischen Kreisen auffaßte, zeigt z. B. sehr drastisch Benzo's unt. zu 1080 in n. 57 eingeschaltete Aeußerung.

[6]) Registrum VII, 14 a: Qui rex Rodulfus festinanter ad me misso nuncio indicavit: se coactum regni gubernacula suscepisse tamen; sese paratum michi omnibus oboedire. Et ut hoc verius credatur, semper ex eo tempore eundem mihi misit sermonem, adiciens etiam filio suo obside et fidelis sui ducis Bertaldi filio, quod promittebat, firmare (Jaffé, Biblioth. rer. German., II, 402). Mag auch diese Aussage Gregor's VII. erst drei Jahre später fallen, so ist sie doch sicher richtig. Beim Annalisten von 1075 an steht: Qui (sc. Rudolf) etiam ab Herbipolitana jam civitate litteris ad papam invitatoriis praemissis, quatinus in nostras partes pro regimine aecclesiastico venire dignaretur, ductores ipsi dirigere destinaverat (SS. V, 292). Auch Paul von Bernried, Vita Gregorii VII., c. 98, weiß von dieser legatio Rudolf's, über seine promotio, vom Versprechen des debitum obsequium in ecclesiasticis administrationibus: multo se promtiorem ad obediendum sedi apostolicae, quam antecessor eius, exhibuit (Watterich, Pontif. Roman. vitae, I, 532). Vergl. Excurs I über gewisse Schlüsse, die, wie Lindner, Die deutschen Königswahlen und die Entstehung des Kurfürstenthums, 47 u. 48, ganz zutreffend ausführt, aus dieser Meldung der Wahl durchaus nicht gezogen werden dürfen.

zunehmen, schwer, sie zu behaupten" [7]). Denn wenn die Umgebung des neuen Königs aus dem rein zufälligen Umstande, daß jetzt endlich nach einer unerhörten fast zwanzig Wochen andauernden Kälte Schnee und Eis mit dem Tage der Wahl zu schmelzen anfingen, ein gutes Vorzeichen, daß Gott diese Wahl billige [8]), abnehmen wollten, so zeigte sich bald, wie wenig diese erhoffte Vorbedeutung eintreffe.

Ueber Bamberg und Würzburg — von hier aus wurde jenes Einladungsschreiben an Gregor VII. erlassen — wählte Rudolf seinen Weg; aber schon jetzt mußte er erkennen, daß es ihm nicht möglich sein werde, sein Versprechen gegenüber Gregor VII. zu erfüllen, da es ihm an Kriegsvolk zur Bildung der Geleitsschaar gebrach [9]). Das Ziel war Mainz, wo Erzbischof Siegfried in seinem Dome an dem Gewählten die feierliche Handlung der Einführung in die Herrschaft vollziehen wollte.

Der elfte Tag nach der Königswahl war — der 26. März — der Sonntag Lätare. Diesen Festtag, der neben seiner kirchlichen Bedeutung für alles Volk auch ein solcher der weltlichen Freude war, hatte man zur Veranstaltung der Krönung auserwählt. So vollzog Siegfried an Rudolf die Salbung und Krönung, in Anwesenheit des Erzbischofs Werner von Magdeburg, weiterer Bischöfe und Fürsten, die schon in Forchheim anwesend gewesen waren, ferner der päpstlichen Legaten, sowie im Beisein einer großen Menge Volkes. Von der Krone, die dabei gebraucht wurde, weiß jene Ueberlieferung zu erzählen, sie sei in den Mauern jenes Elsässer Klosters heimlich angefertigt worden, was nachher dem Abte Adelgaud den verderblichen Haß Heinrich's IV. zugezogen habe. Aber nach der Angabe eines allerdings dem Gegenkönige ungünstigen Berichtes fehlte in störender Weise das Chrisma für die Salbung, so daß dieses heilige Oel ganz gegen alle kirchliche Ordnung erst an diesem Tage selbst geweiht werden mußte. Ebenso kam es während des Gottesdienstes dadurch zu einer peinlichen Unterbrechung, daß Rudolf sich weigerte, das Hochamt eines simonistischen Subdiakons anzuhören, der in priesterlichen Gewändern schon am Altare zum Messelesen bereit stand; der Erzbischof mußte den mißliebigen Geistlichen durch einen anderen ersetzen.

---

[7]) In c. 4 (l. c.).

[8]) Nach Bernoldi Chron.: Maxima autem nix, quae eo anno tamdiu totam terram obtexit, in electione novi regis resolvi tandem incepit (SS. V, 433) führt Paul von Bernried, c. 96, noch weiter aus: Die autem electionis nix ac gelu resolvi coeperunt, quae eo anno a festivitate Omnium Sanctorum usque in illum diem terram Teutonicam et Longobardiae occupaverant, quod quidam sapientum ita interpretati sunt, Deum in legitimi principis electione suam adstipulationem mundo denotasse per insoliti frigoris depulsionem et per clementioris aëris reparationem (etc.) (l. c., 531).

[9]) Der Annalist von 1075 an nennt diesen Weg (vergl. auch in n. 8); ebenso redet er von der militaris penuria: id (sc. ductores dirigere) omnino peragere . . . non poterat (l. c.).

Weit ernsthafter ließ sich aber die zweite Hälfte des Tages für Rudolf und dessen Anhänger an.

Das Krönungsmahl in der königlichen Pfalz war zu Ende — nach einer Nachricht hatte sich Rudolf nach demselben mit Siegfried und den übrigen Fürsten in die Domkirche zur Vesper begeben —, und die jungen Leute des Hofes hatten sich zusammengethan, um nach der Sitte des Tages und zur Verherrlichung des Krönungsfestes sich im gemeinsamen Spiel zu ergötzen. Aber die städtischen Bürger waren der ganzen Feier, dem geistlichen Veranstalter, ihrem Erzbischof, und dem von ihm gekrönten Gegenkönige des Herrschers, dem sie anhänglich geblieben waren, gründlich abgeneigt. Die Erinnerung an die arge Brandverwüstung aus dem letzten Jahre mochte noch nachwirken[10]; vielleicht, wenn auch kaum in der Bedeutung, wie das einseitig in einer Erklärung hervortritt, griffen die Aufreizungen der simonistisch bestellten Geistlichen, die allerdings durch die Beschimpfung des zu ihnen zählenden Subdiakons tief verletzt sein mußten und von Seite des Gegenkönigs sich bedroht sahen, bei den Städtern ebenfalls unter der Hand ein. Jedenfalls konnte der Versuch, Händel hervorzurufen, durch deren Ausnutzung einen allgemeinen Sturm zu erregen, dabei einen Angriff zu unternehmen und vielleicht so des Gegenkönigs sich zu entledigen, auf Unterstützung hoffen.

Die Art, wie der Lärm begann, ist wohl bezeugt. Die Städter schickten einzelne junge Leute aus ihrer Mitte unter die im Spiele begriffenen Höflinge, und da trennte ein halbwüchsiger Bursche von dem mit rothgefärbten Pelzstücken verzierten Mantel eines Hofherrn einen Theil heimlich ab, als wollte er einen Diebstahl begehen und seine Beute in Sicherheit bringen, während er im Gegentheil ergriffen zu werden wünschte, damit eine offenbare Herausforderung darin zu Tage trete. So geschah es auch: der durch die Beschädigung seines kostbaren Kleidungsstückes in Zorn gebrachte Höfling verfolgte den Jungen und nahm ihm unter Ertheilung eines Backenstreichs den Raub wieder ab. Allein obschon jetzt der Schultheiß, dem der Straffällige übergeben wurde, diesen alsbald wieder frei ließ, kam es, wie ja vorausbestimmt war, zum Ausbruche. Die Glocken läuteten Sturm; die Bürger fielen aus ihrem Hinterhalte wohl bewaffnet auf die Höflinge, die ihre Waffen in ihren Herbergen zurückgelassen hatten, wo sie nun aber weggenommen und unzugänglich gemacht worden waren; mehrere empfingen von den Angreifern schwere Wunden, und einige wurden getödtet. Der in die Pfalz zurückgekehrte Gegenkönig, um den sich die Seinigen sammelten, sah sich durch den Angriff, der sich gegen Pfalz und Domkirche richtete, arg bedrängt, und er wollte durchaus mit seinen Leuten die Gefahr theilen und von der Pfalz in das Getümmel

---

[10]) Vergl. Bd. II, S. 683. Bruno, De bello Saxon., c. 85, läßt bei jenem Anlaß tota vel maxima pars civitatis als — durch Schuld der Babenbergenses milites — armata erscheinen (SS. V, 362).

des Kampfes hinuntersteigen. Aber seine Umgebung, die klar erkannte, daß das Ganze einzig gegen Rudolf begonnen worden sei, ließ das durchaus nicht zu. Vielmehr zogen sich die Höflinge und die ganze kriegerische Begleitung Rudolf's in die Domkirche hinüber; von allen Seiten hatte man sich in jeder möglichen Weise Waffen verschafft, und jetzt gingen die Bedrängten ihrerseits zum Angriffe vor. Sie stärkten sich erst durch Gebet und brachen dann, nach wohl überlegtem Rathe, unter lautem Singen des Kyrie eleison durch die am meisten von außen bestürmte Pforte mit großer Heftigkeit plötzlich aus der Kirche heraus. So entschied sich der Kampf gegen die Bürger. Die große Menge floh vor dem kleinen tapferen Haufen, obschon sich dieser nicht weit über den Bereich des Doms verfolgend hinauswagte. Nach den für Rudolf's Sache eintretenden Berichten sollen nur einer oder zwei auf seiner Seite gefallen sein, während die Opfer der Gegner über hundert sich belaufen hätten. Jedenfalls war die Auflösung unter den Bürgern eine furchtbare gewesen, da einige auf der Flucht sogar im Wasser des Rheines den Tod fanden; nur die Nacht rettete Andere vor Verderben; weiteren Angreifern wurde das Loos der Gefangenschaft. Ohne Zweifel war der Ansturm empfindlich abgewiesen worden.

Allein ein eigentlicher Erfolg war von Rudolf und dem Erzbischof doch nicht gewonnen. Denn die Wuth über das durch die Leute Rudolf's angerichtete Blutbad reizte die Städter am folgenden Tage, am Montag, zu einem neuen Angriffe. Viele aus dem Gefolge erlagen den schweren Schlägen der Bürger; die Uebrigen mußten in den Hof der Pfalz sich flüchtig zurückziehen. Schon trat der Wille der Angreifer hervor, das Gebäude in Brand zu stecken. Da legte sich Erzbischof Siegfried dazwischen. Die auf Rudolf's Seite stehenden Erzähler dieser Thatsachen, die von dem bedenklichen Rückschlage dieses zweiten Tages gar nichts wissen wollen, bestreben sich nun allerlei von den Bedingungen zu sagen, welche nur auf die unterwürfigen Bitten aller angesehenen Männer von Mainz von Rudolf zugestanden worden seien, und allerdings war ja wegen der in Rudolf's und Siegfried's Gewalt liegenden Gefangenen Rücksicht zu nehmen, ebenso für den Angriff auf die geheiligte Stätte des Domes Sühne zu geben. Hievon eben reden diese Berichte, wie die Legaten Buße auflegten, für jeden Betheiligten entweder vierzigtägiges Fasten oder einmalige Speisung von vierzig Armen, doch ohne Beifügung des weiteren Gebotes, gleich Mördern die Gemeinschaft der Kirche zu meiden. Dagegen wollen ohne Zweifel die Versicherungen dieser Zeugen, nach Erlangung der Verzeihung des Erzbischofs sei auch Rudolf's Gnade auf Siegfried's Verwendung mit Mühe wieder erlangt worden, sehr wenig bedeuten. Denn vielmehr ist die entgegenstehende kurze Nachricht, Rudolf habe einzig, indem sich der Erzbischof für seinen raschen Weggang verbürgte, der Gefährdung sich entziehen können, am besten dadurch bestätigt, daß auch die Darstellungen, die Rudolf's

Sache vertheidigen, vollkommen zugeben, der Neugekrönte habe Mainz verlassen; allerdings wird dabei an einer Stelle ausgesprochen, es sei das aus Mißtrauen gegenüber den Bürgern geschehen. Auf der anderen Seite haben von zwei Orten aus Berichte, die aus dem Rudolf gegnerisch gesinnten Lager kamen, mit dürren Worten behauptet, der Gegenkönig sei sammt den Seinigen aus der Stadt geworfen worden, oder er sei bei Nacht mit Siegfried entflohen; an der einen Stelle ist über Siegfried beigefügt, der mit argen Schmähungen überhäufte Erzbischof habe Mainz nach diesem Weggange nie wieder betreten [11].

Nachdem Rudolf so — in der Nacht zum 28. März — Mainz geräumt hatte, war seines Bleibens auch in der nächsten Bischofsstadt, in Worms, nicht. Denn, gleich den Mainzern, wollten auch die Wormser weder von dem Gegenkönig, noch von ihrem Bischof Adalbert etwas wissen; Rudolf mußte an der Stadt, die sich durch Waffenhülfe von allen Seiten her verstärkt hatte, vorüberziehen. Er richtete jetzt seinen Weg auf dem rechten Rheinufer über Tribur, dann landeinwärts nach Lorsch, um von da nach Schwaben weiter zu ziehen [12].

Heinrich IV. war von Verona, wo sein Aufenthalt für die ersten Tage des Monats März bezeugt erscheint [13], nochmals westwärts nach Pavia gegangen, für welche Stadt zum 3. April des Königs Anwesenheit bestimmt feststeht. Eine größere Zahl ansehnlicher Persönlichkeiten befand sich da am Hofe. Denn mit ihrer Fürbitte für eine in Pavia vollzogene wichtige Schenkung traten neben der Kaiserin Agnes, der Königin Bertha die Erzbischöfe Thebald von Mailand und Wibert von Ravenna, dann der italienische Kanzler Bischof Gregor von Vercelli, ferner die Bischöfe Burchard von Lausanne, Eberhard von Naumburg, Benno von Osnabrück hervor; von weltlichen Fürsten war Liutold von Eppenstein, der ohne Zweifel gerade zu dieser Zeit durch den König als Herzog von Kärnten eingesetzt worden war, anwesend, ferner die Markgrafen Wilhelm, Azzo und Adalbert. Außerdem aber lag ein wesentlicher Erfolg für Heinrich IV. darin vor, daß der Patriarch Sigehard von Aquileja, der noch im vorhergehenden Jahre als Legat Gregor VII. seine Dienste geleistet und den römischen Stuhl auf der Versammlung der Fürsten in Tribur vertreten hatte, jetzt zur königlichen Sache zurückgekehrt und unzweifelhaft gleichfalls nach Pavia gekommen war; eben zu seinen Gunsten nämlich hatten

[11]) Vergl. die Quellenstellen und deren Würdigung in Excurs I.

[12]) Der Annalist von 1075 an sagt: Cives etiam Wormatienses assumptis undecumque non modicis militaribus praesidiis, contra regem et episcopum suum rebellantes conjurabant. Unde praeterita eadem civitate rex Triburis divertit et sic per Laurisham .... proficiscens, Bruno, c. 93, ganz kurz: rex ... ad Suevos abiit (SS. V, 292, 366).

[13]) Vgl. Bd. II, S. 766 u. 767.

jene so hoch angesehenen Intervenienten sich verwendet. Die Belohnung Sigehard's für diesen Wiederanschluß war die Verleihung der Grafschaft Friaul und des daneben ausdrücklich genannten Ortes Lucenigo (westlich von Görz), sowie besonders des Lehens, das Graf Ludwig innerhalb dieses Gebietes besessen, an den Patriarchen und an seine Kirche. Eine andere Verfügung Heinrich's IV., die ohne Zweifel in diesen Aufenthalt zu Pavia fällt, war die infolge der Intervention Bischof Gregor's, des Kanzlers, geschehene Bestätigung sämmtlicher Besitzungen, in größter Ausdehnung, auf beiden Seiten des Appennin, zu Gunsten der Brüder, Markgrafen Hugo und Fulco, der Söhne des Markgrafen Albert Azzo II. von Este, und endlich erhielt das bei Pavia selbst liegende St. Salvator-Kloster, für das Bischof Otto von Novara und Graf Eberhard eingetreten waren, die Bestätigung von Besitzungen, dabei insbesondere der Kirche St. Martin zu Marengo [14]).

Abweisend verhielt sich dagegen der König gegen einen der gefährlichsten Feinde Gregor's VII., der gleichfalls in Pavia sich einfand, in der Meinung, durch eine neuestens begangene Gewaltthat die Gunst des Hofes noch um so mehr für sich gewonnen zu haben. Das war der Urheber des Ueberfalls des Papstes am Weihnachtsfest 1075 in Rom, Cencius [15]), dem jetzt ein neuer Schlag gelungen war: er hatte den Bischof Rainald von Como, der zu den treuesten Anhängern Gregor's VII. zählte, in seine Gewalt gebracht. Augenscheinlich war Cencius, indem er den Weggang des Papstes von Rom sich zu Nutzen machte, danach dorthin zurückgekehrt, und da war in der Nähe der St. Peterskirche der Bischof durch den wilden Feind aufgegriffen worden; nunmehr eben stellte sich dieser mit seinem Gefangenen am Hofe ein, jedenfalls in der sicheren Erwartung, daß es ihm gelingen werde, ein Einvernehmen mit dem Könige gegen den Papst zu erzielen. Allein

[14]) Von den hier in Betracht fallenden Urkunden sind St. 2799, 2799a — für St. Salvator — die vom 3. April datirten Stücke (St. 2799, bis auf zwei kleine Abweichungen in der Aufzählung der Besitzungen, Konrad's II. St. 1921 entsprechend): über den Schreiber von St. 2799 vergl. Bd. I, S. 609 n. 1, dagegen in der Historischen Zeitschrift, LXVI, 404 n. 1, Kehr's Ausführung gegen die in den Mittheilungen des Instituts für österreichische Geschichtsforschung, VI, 124, n. 6, stehende Aeußerung Breßlau's, daß in St. 2799, 2799a der Titel: rex secundum voluntatem Dei salvatoris, nostri liberatoris in dieser Zeit zunächst nach den Tagen von Canossa nicht absichtslos gewählt sei. St. 2800, für Sigehard, dessen Stellung als Legat 1076 in Bd. II, S. 723 ff., beleuchtet wurde, hat nur das Jahresdatum; über den in der Urkunde genannten Ludowicus comes vergl. Wahnschaffe, Das Herzogthum Kärnten und seine Marken im XI. Jahrhundert, 67, n. 203, daß er zu 1056 und 1060 für Friaul genannt sei. Daß St. 2988 hieher gezogen werden darf, ist durch Muratori, Delle antichità Estensi ed Italiane trattato, I, 40 ff., bewiesen; Breßlau, Konrad II., I, 430, wies auf die Aufschlüsse betreffend die große Ausdehnung des obertinischen Besitzes in Italien hin. Daß vielleicht auch Bischof Wilhelm von Pavia bei diesem Aufenthalt Heinrich's IV. eine Schenkung erhielt, deutet Lehmgrübner, Benzo von Alba, 62, an.

[15]) Vergl. Bd. II, S. 588—590.

Heinrich IV. scheute den Umgang mit dem unter dem kirchlichen Banne liegenden Manne. Unter dem Vorwande, durch Geschäftsüberhäufung gehindert zu sein, verschob er es, Cencius zu begrüßen, und dieser mußte von Tag zu Tag warten. So wurde der Römer, der sich beleidigt fühlte und meinte, es gereiche ihm zu Schande und Spott, in solcher Weise hingehalten zu werden, immer zudringlicher. Endlich soll er die Zusage erhalten haben, daß er sicher in gebührender Weise werde empfangen, der Dank ihm ausgerichtet werden. Doch in der Nacht vor dem hiezu festgesetzten Tage starb er, indem er an einer plötzlich entstandenen Halsgeschwulst erstickte. Es versteht sich von selbst, daß die durchaus gegnerisch denkenden Zeugnisse, die von dem überraschenden Ereigniß sprechen, in diesem Todesfalle eine gerechte Vergeltung der höchsten Gerechtigkeit erblicken: der zum ewigen Tode verdammte Verbrecher ist, ohne nur seinen Zweck erreicht, ohne den König gesehen und begrüßt zu haben, zur Hölle gefahren. Tadel mußte es von dieser Seite aber auch finden, daß Wibert und die anderen Excommunicirten dem Verstorbenen ein prunkvolles Leichenbegängniß bereiteten. Durch den Tod des Cencius wird Bischof Rainald wohl die Freiheit zurückerlangt haben[16]).

---

[16]) Von Cencius' Anwesenheit in Pavia, die durch Giesebrecht, Geschichte der deutschen Kaiserzeit, III, 425, gewiß richtig hieher in den April gezogen wird, sprechen der Annalist von 1075 an und Bernold, Chron., ziemlich übereinstimmend. Jener bezeugt: Quintius ille Romanus, qui ad cumulum damnationis suae episcopum quoque Cumanum juxta aecclesiam sancti Petri Romae jam captum tenuerat, cum ipso regem Papiae visitare et non parum sibi munificum efficere studuerat .... Qui postquam ad curiam pervenerat eumque rex ob anathema caute devitatum osculari et, ut solet amicos, salutare non ausus fuerat, quasi ob quasdam maximas suas occupationes nondum, ut dignus fuerit et prout plurimum promeruerit, ipsum acceptare non posse simulavit, et ita in dies acceptabilem suum dilatum procrastinavit. Ipse autem aliquantulum subiratus, se dedignationi et delusioni habitum proclamavit, donec tandem certissimas dignae salutationis inducias et grates a rege sibi deferendas pertinax extorsit. Set in ipsa nocte statuti diei gutture eius letali quodam tumore repente praefocato ... rege non viso et insalutato, in puncto celerrimus descendit ad inferna (SS. V, 290 u. 291). Bernold hat sichtlich die gleichen Nachrichten benutzt — auch er stellt die Gefangennahme Gregor's VII. und des Reginaldus, welchen er nennt, gleich dem Annalisten, in Parallele —, ist aber erheblich kürzer; auch er läßt Cencius den gefangenen Bischof nach Pavia bringen, übergeht aber die Verschmähung durch den König (l. c., 433 u. 434). Von italienischer Seite bringt Bonitho, Lib. ad amicum, Lib. VIII, im Anschluß an die in Bd. II, S. 845 u. 768 n. 85, mitgetheilten Stellen, folgende Aussage: Per idem tempus Deo odibilis Cencius .. ad eum (sc. regem) venit, quem diebus utpote excommunicatum recusabat, noctibus vero totum se eius pestiferis donabat consiliis. Cumque videret, se papam nullo modo a Canusio castro posse divellere, Papiam tendit. Ibi Deo odibilis Cencius amara morte mortuus est; cuius funus Guibertus cum aliis excommunicatis mirabili pompa celebravit (Jaffé, Biblioth. rer. Germ., II, 673); allein diese erscheint in ihrem ersten Theil gegenüber den Aussagen der sehr gut unterrichteten deutschen Quellen, die ausdrücklich den Cencius erst in Pavia an den königlichen Hof kommen lassen, als nicht annehmbar. Daß der Bischof von Como nach Cencius' Tode wohl die Freiheit zurückerhielt, schließt Giesebrecht, l. c., gewiß zutreffend.

Der König hatte anfangs den Plan gehegt, in Pavia — aller Wahrscheinlichkeit nach — die Krönung als lombardischer Herrscher entgegenzunehmen[17]). Jetzt kam ihm eben hier in der alten Hauptstadt der Lombardei die Nachricht zu, daß in Forchheim in der Person seines eigenen Schwagers, des Herzogs Rudolf, der Gegenkönig aufgestellt worden sei. Es konnte nicht anders sein, als daß heftige Erregung ihn dabei erfüllte, daß ihn der Wunsch beseelte, mit allen Mitteln gegen die seine ganze öffentliche Stellung aufhebende Wahlhandlung vorzugehen. Ausdrücklich bezeugt zwar Bonitho, Heinrich IV. habe, obschon in außerordentlicher Weise aufgebracht, gegenüber dem Papste den Schein von Unterwürfigkeit angenommen und, ein Mann von reiflicher Ueberlegung und wunderbarer Scharfsicht, wie er gewesen sei, durch Boten sich bittweise an Gregor VII. gewandt, dieser möge Rudolf excommuniciren, und das Gleiche berichtet aus der Reihe der deutschen Anhänger Rom's von Schwaben her Bernold. Und daß das der Wahrheit entspricht, wird durch Gregor's VII. eigene drei Jahre nachher gebrachte Aussage erhärtet: — der König habe angefangen, ihn zu bitten, er möchte ihm gegen Rudolf helfen; er habe darauf — so fährt der Papst dort fort — zur Antwort gegeben, er werde das gern thun, sobald er von beiden Theilen Rechenschaft werde eingezogen haben, so daß er klar erkennen könne, auf welcher Seite das Recht vorwiege. Aehnliches aber sagt auch Bonitho über die Antwort Gregor's VII., die sofort gegeben worden sei, aus: er werde Heinrich IV. willfahren, falls Rudolf, vorgerufen, über sein Vergehen keine Rechenschaft zu geben vermöchte; dagegen erscheine es kirchenrechtlich ausgeschlossen, vor Vollzug einer Vorladung eine Excommunication auszusprechen. Nach Bernold's Auffassung hätte der Papst noch ganz besonders die Nothlage des erst kürzlich — im Februar — gefangen gelegten Bischofs Gerald von Ostia in Betracht gezogen und erklärt, daß er Heinrich's IV. Begehren nicht erfüllen könne, so lange der heilige Petrus durch die Festhaltung seiner Legaten — Gerald war auf einer Burg des Bischofs Dionysius von Piacenza in Haft — gebunden erscheine. Jedenfalls war also des Königs Begehren doch von dem Papste abgewiesen, und Gregor VII. hob später in jener gleichen Berichterstattung weiter hervor, Heinrich IV. habe, in der Meinung, mit seinen eigenen Kräften Rudolf besiegen zu können, die ertheilte Antwort mißachtet[18]).

[17]) Vergl. Bd. II, S. 769 u. 770.

[18]) Die Ankunft der Forchheimer Nachricht setzen Arnulf, Gesta archiepiscoporum Mediolanens., Lib. V, c. 10: quo audito rex vehementer in semet ipsum turbatur; degebat enim Papiae (SS. VIII, 31) und Bonitho, l. c.: Interea rex Papiae degens, ubi audivit de electione Rudolfi, mirabiliter commotus est — ausdrücklich nach Pavia. Dazu fügt Bonitho über Heinrich IV. bei: Set quia homo magni consilii et mirabiliter sagax est, simulata humilitate per nuncios papam rogavit, ut Rudolfum excommunicaret. Quod papa se facturum ilico promisit, si vocatus racionem huius facti reddere non posset: non enim canonicum videbatur, si ante excommunicaretur, quam

Ohne Zweifel war also der König alsbald entschlossen, nunmehr rasch zu handeln, und er befand sich in der Lage, in der gewünschten Weise vorzugehen. Nach einer aus Mailand stammenden Angabe sammelte er alle Lombarden, die er aufzubringen vermochte, um sich; von einer allerdings dem König gründlich abgeneigten Erzählung der Vorgänge, die in dieser Fastenzeit geschahen, wird sogar zwei Male hervorgehoben, Heinrich IV. habe auf jede Weise in diesen von ihm durchzogenen Gebieten schwere Mengen von Gold und Silber, von kostbaren Waffen, viel Geld in habsüchtiger Absicht zusammengescharrt[19]). Aber zugleich verlegte der König jetzt seinen Sitz von Pavia östlich nach Verona, wo nur sechs Tage nach jenem Aufenthalt in Pavia, zum 9 April, Palmsonntag, die Hofhaltung bezeugt ist; denn hier feierte er, freilich, wie die gegnerisch gesinnte Angabe will, nur in Aufregung und Unruhe, diesen Festtag, und da verabschiedete er sich von den italienischen Anhängern. Man hatte in diesen Kreisen die bestimmte Ueberzeugung, daß Heinrich IV. nach seiner bevorstehenden Rückkehr nach Deutschland bis zum Aeußersten sein Recht auf die Krone des Reiches vertheidigen werde[20]). Von Verona setzte der König seinen

---

conveniretur (l. c.). Bernoldi Chron. bestätigt Bonitho's Aussage: Heinricus audita promotione Rodolfi auxilium papae contra illum imploravit, licet supradictum Ostiensem episcopum (vergl. Bd. II, S. 768 u. 769) in captione adhuc teneri permiserit. Unde et papa illi respondit, se non posse eius interpellationi satisfacere, quamdiu apud illum sanctus Petrus in legato suo ligatus teneretur. Frustrata igitur supplicatione sua ..... (SS. V, 434). Ganz besonders jedoch bezeugte 1080 auch Gregor VII. selbst — die Stelle der Excommunicatio regis Heinrici in den Acta concilii Romani schließt sich gleich an die in n. 6 eingerückten Worte an — Folgendes: Interea Heinricus cepit me precari, ut illum contra Rodulfum adjuvarem. Cui respondi: me libenter facere, audita utriusque partis ratione, ut scirem, cui justitia magis faveret. Ille vero putans, suis viribus eum posse devincere, meam contempsit responsionem (Registr. VII, 14 a, l. c., 402 u. 403). Ganz eigenthümlich ist, was später Helmold, Chron. Slavorum, Lib. I, c. 29, hier einflicht, daß nämlich quidam Straceburgensis episcopus, amicissimus regis Heinrici — jedenfalls ist an Wernher zu denken — velociter vadens Romam diu quesitum regem invenit inter memorias martirum deversantem und ihn von dem neuesten Stande der Dinge, Rudolf's Wahl, unterrichtete, worauf Heinrich nocte Rom verließ und — firmatis pro tempore rebus in Longobardia — nach Deutschland eilte (SS. XXI, 32 u. 33).

[19]) Arnulf sagt, l. c.: congregans omnes quos habere poterat Langobardos, der Annalist von 1075 an zuerst: rex partibus illis quaecumque et undecumque poterat, auri argenti et palliorum copiosa pondera percupientissime corradendo, per totam quadragesimam peragratis, und nachher: assumta .... quam eo locorum qualitercumque corraserat, non parva pecunia (l. c., 291, 294).

[20]) Den Aufenthalt in Verona nennen Arnulf und der Annalist von 1075 an — dieser mit der Beifügung: rex .... nullam deinceps ab apostolico regni jam interdicti, ut oporteret, licentiam petens .... diem palmarum animosus plurimum et perturbatus celebravit (l. c., 291). Die über die Jahre 1074 bis 1094 reichenden, in der Continuatio Casuum sancti Galli (meine Ausgabe in den Mittheilungen des historischen Vereins in St. Gallen, XVII, 42—87) und im Beginn des 16. Jahrhunderts durch Gallus Öhem in dessen „Cronick des gotzhuses Rychenowe“ (neue Ausgabe Brandi's in den Quellen

Weg in östlicher Richtung weiter fort, und nach einer Woche beging er das hohe kirchliche Fest, den auf den 16. April fallenden Ostertag, im Gebiete von Aquileja[81]).

Wohl in diese österliche Zeit, jedenfalls in die letzte Zeitspanne vor der Rückkehr auf deutschen Boden, fielen noch Anordnungen, die der König traf, um sich den Gehorsam auch nach seinem Weggange in diesen von ihm besuchten italienischen Landschaften zu sichern. Freilich wird diese Thatsache nur in einer ihm mißgünstigen Weise erwähnt: er habe die mit allen Mitteln an sich gelockten Lombarden durch die Abnahme des Eides der Treue zu gefügig hülfreichen und ganz unzertrennlichen Ausübern seines Willens gemacht und sie recht geschickt zur Unterwürfigkeit gebracht. Aber es ist sehr wahrscheinlich, daß eben zu diesen Anordnungen noch zwei gesetzgeberische Handlungen zählen, deren Wortlaut, ohne daß freilich die Zeit der Ausstellung sich dazu angegeben findet, bewahrt ist. In einer ersten Aufzeichnung erscheinen die Beschlüsse einer in Anwesenheit des Königs gehaltenen Synode niedergelegt. Die Klage war da geäußert worden, daß, während mit Gottes Hülfe die Verfolgung der Kirche durch die Heiden nachgelassen, sie jetzt durch die Anfechtungen solcher, die unter dem christlichen Namen inbegriffen werden, Schwächung erfahre: fast überall sehe man die Besitzungen der Kirche, die durch des Königs Vorgänger auf das reichste zusammengebracht und durch deren Sorgfalt ganz unversehrt bewahrt worden, durch Frevelthat, Trug und Arglist ungerechter Menschen verringert, zerstreut. Den als die Ursachen dieser Verwüstung des kirchlichen Besitzes erkannten Gewohnheiten sollte nun entgegengetreten werden durch gänzliches Verbot und durch starke Einschränkung, so daß sie nur noch zum Nutzen der Kirchen Geltung behalten sollten. Zweitens aber wirkte die Synode auch der simonistischen Ketzerei entgegen, durch Verhängung des Anathems gegen alle derartigen Handlungen: kein Bischof darf Abteien oder Propsteien verkaufen, geistliche Aemter und Weihen, kirchliche Handlungen überhaupt oder Rechte auf Kirchen und Abteien um Geld vergeben. Daneben aber muß weiter auch eine Schwurformel für einen Heinrich IV. abzulegenden Eid gegen Räuber und Schächer im Reiche Italien, zur Erhaltung des Friedens, aufgestellt worden

und Forschungen zur Geschichte der Abtei Reichenau, II, 96—103) ausgeschriebenen verlorenen St. Galler Annalen, die ich an der Bd. I, S. 50 n. 49, genannten Stelle zu reconstruiren suchte und hier durchgängig als „St. Galler Annalen" citiren werde, setzen hier mit zusammenhängender Schilderung (vergl. auch in Excurs I) ein: pascha Verone moratus (45) — beleib er zuo Ostren zuo Dietrichs-Bern (97), was ja allerdings in der Zeitangabe (vergl. n. 21) nicht zutrifft. Recht bezeichnend ist noch Arnulf's Andeutung über Heinrich IV.: ibi (sc. zu Verona) valefaciens omnibus, reversus est patriam, pro tuendo regno usque ad mortem pugnaturus (l. c.).

[81]) Der Annalist von 1075 an läßt den König Ostern in Aquileiensi episcopatu zubringen (l. c., 294). Marianus Scottus, Chron., a. 1100, resp. 1078 (Rec. alt., a. 1101), Sigeberti Chron. nennen wenigstens Aquileia als einen Ort an dessen Wege (SS. V, 561, resp. XIII, 79, VI, 364).

sein, in deren fünf Einzelsätzen der Schwörende selbst redend eingeführt wird. Dieser soll danach von Stund an den König, dessen Boten und Grafen, zur Erhaltung von Gerechtigkeit und Gesetz, unterstützen, und zwar mit nachher nochmals wiederholter Unterscheidung von Eigengut und Lehen; verbotene Handlungen sind Diebstahl, Raub, Plünderung über sechs Solidi an Werth hinaus, Brandstiftung oder Einbruch in Burgen und Häuser. Der Schwörende verpflichtet sich, dem Könige oder seinen geistlichen oder weltlichen Beauftragten gegen solche Leute zu helfen, die den Eid weigern oder ihn brechen würden. Alles soll zehn Jahre gelten; aber ein Kriegszug im königlichen Dienste, auch gegen den Weigerer oder Verletzer dieses Eides, steht außerhalb der hier festgestellten Verpflichtung, ohne Schädigung von Treue und Gehorsam, die Heinrich IV. geschuldet werden[88]).

Außerdem war augenscheinlich noch vom Könige selbst gleich auf die nächstfolgende Zeit, auf den Anfang des Monats Mai, ähnlich wie zwei Jahre früher, eine allgemeine Versammlung auf das Feld von Roncaglia ausgeschrieben worden, und sein italienischer Kanzler, Bischof Gregor von Vercelli, hatte den Auftrag,

---

[88]) Der Ausdruck des Annalisten von 1075 an lautet: postquam sibi Longobardos omnibus modis allectos et in solitam subjectionis fidelitatem adjuratos, suae voluntati consentaneos auxiliarios et prorsus individuos satis artificiose conduxerat (l. c., 294). Die beiden Acte — Synodus Lombardica und Pax Italica — sind durch Weiland als Nr. 67 und 68 in die Constitutiones Heinrich's IV. bei dem Jahre 1077 aufgenommen worden (Monum. Germ., Leg. Sect. IV, Constitutiones et acta publica imperatorum et regum, I, 116 u. 117). Pertz hatte sie (Leg., II, 53) zum Jahre 1081 gestellt (so auch St. 2831 für Nr. 67); dagegen wollte Giesebrecht, III, 1166, in den „Anmerkungen", diese Stücke zu Heinrich III., vielleicht in den October 1048, zurückstellen. R. Göcke, Die Anfänge der Landfriedensbestrebungen in Deutschland (Düsseldorf, 1875), 48—54, wies vielmehr diesen italienischen Treuschwur zum Jahre 1077, und Herzberg-Fränkel, Die ältesten Land- und Gottesfrieden in Deutschland (Forschungen zur deutschen Geschichte, XXIII, 144 u. 145), der zwar die zeitliche Ansetzung nicht für gewiß hält, setzt diese italienische Schwurformel vor die deutschen Landfrieden späterer Art. Mit der zeitlichen Ansetzung Weiland's scheint auch Seeliger, bei Waitz, Deutsche Verfassungsgeschichte, VI, 2. Aufl., 542 n. 1, übereinzustimmen, und ganz gewiß weist wenigstens die Ueberschrift von Nr. 67 — In concilio Heinrici imperatoris III. — den Vorgang aus der Regierung Heinrich's III. hinweg. Zu den bei 1 in Nr. 67 verbotenen libellaria — Ad devastationes aecclesiarum utuntur libellariis extra legem scriptis, precariis, commutationibus in detrimento rerum aecclesiasticarum factis — vgl. bei Waitz, l. c., IV, 2. Aufl., 178 n. 2, die aus italienischen Urkunden karolingischer Zeit gesammelten Stellen mit den Ausdrücken libellario, livellario nomine: nur precarias et comutationes rerum aecclesiasticarum, und auch diese bloß cum utilitate aecclesiarum, gestattet diese Synode. Das in Nr. 68 enthaltene preceptum et firma fidelitas Heinrici regis — qui nunc regnat in Italia — geht contra depredatores et scachatores (das altdeutsche Wort scâhhâri, „Schächer" — zu 2 ist von einem furtum, schacum vel rapinam aut praedam sciens die Rede) regni Italiae. Vgl. auch Sander, Der Kampf Heinrichs IV. und Gregors VII. von der zweiten Exkommunikation des Königs bis zu seiner Kaiserkrönung, Excurs § 8, 177—181 („Über ein angeblich im Frühjahr 1081 von Heinrich IV. in Pavia abgehaltenes Konzil"), wo schon ganz richtig die Ansetzung zu 1077 dargelegt ist.

hier im Namen des Königs handelnd aufzutreten. Gregor hatte noch kürzlich zu jenen Vertrauten Heinrich's IV. gezählt, die auf Canossa die Bedingungen für die Wiederaufnahme des Königs in den kirchlichen Verband ausstellen halfen und für diesen die Versprechen ablegten; hernach war er der Hofhaltung Heinrich's IV. gefolgt. Nun muß Bischof Gregor auch schon deshalb, weil er dazu bestimmt gewesen war, Gregor VII. über die Alpen nach Augsburg zu begleiten, von der gegen ihn früher ausgesprochenen Verurtheilung durch den Papst losgesagt gewesen sein, und so darf gewiß die Aussage eines gegen den König überhaupt ganz parteiisch eingenommenen Berichtes, Gregor habe für jene beabsichtigte Zusammenkunft von Roncaglia, wo er mit seinen Anhängern zusammenträfe, nichts Anderes, als die Absetzung Gregor's VII., zur Aufgabe vorgesetzt erhalten, nur mit äußerstem Mißtrauen angehört werden. Freilich war ja der Bischof auch sonst bei der Gegenpartei, als ein Simonist, als ein ganz verbrecherischer Mensch, sehr übel angesehen. Aber er erreichte überhaupt sein jetzt gestecktes Ziel gar nicht. Nachdem er — schon in Verona — sich vom Könige getrennt, starb er auf dem Wege eines ganz plötzlichen Todes dadurch, daß er vom Pferde stürzte und auf dem Platze verschied. Der Tod dieses dem König sehr nahe stehenden Rathgebers, einer der Hauptstützen der königlichen Partei in Italien, war für Heinrich IV. ohne allen Zweifel gerade in diesem Augenblicke seines Wegganges eine besonders empfindliche Einbuße[23]).

Von Aquileja wandte sich Heinrich IV. den Uebergängen durch Kärnten nach der Donau hin zu; denn eben infolge der Besetzung der näheren Alpenpässe auf schwäbischem und bairischem Boden, durch Anhänger des Gegenkönigs Rudolf, hatte er schon gleich von Verona aus den Umweg durch das Friaul begonnen[24]). Dem

[23]) Vergl. betreffend Gregor's von Vercelli Haltung im Jahre 1077 Bd. II, S. 754, 761, 768, über die curia von Roncaglia des Jahres 1075 S. 571. Die Zeugnisse über Bischof Gregor's Lebensende bringen, besonders gehässig, Bernoldi Chron.: Vercellensis quoque episcopus, depositi regis cancellarius, cum omnibus suis sequacibus generale colloquium circa Kalendas Maji in Runcalibus condixit, ut si aliquo modo posset, Gregorium papam deponeret. Sed ipse ad eundem terminum absque aecclesiastica communione vitam simul et episcopatum heu miserabiliter deposuit, quo ille papam nefaria praesumptione statuit deponere — Giesebrecht mißt III, 451 u. 452, kaum mit Recht, dieser Versicherung Glauben zu —, dagegen immerhin objectiver der Annalist von 1075 an: Inde (sc. von Verona) etiam intimus suorum (sc. regis) Vercellensis antiepiscopus digressus, in via qua laetanter pergebat, subitanea morte et ipse praeoccupatus, equo cui praesidebat, ilico lapsus, in momento satis infeliciter exspiravit (SS. V, 434, 291). Die Abneigung gegen Gregor tritt auch sonst zu Tage, wie die schon in Bd. II, S. 219 n. 53, gesammelten Zeugnisse beweisen. Uebrigens bemerkt auch Ughelli, Italia sacra, IV, 775, richtig, Gregor müsse durch Gregor VII. von den Folgen der kirchlichen Censuren befreit worden sein.

[24]) Die Sperrung der Pässe erwähnen Marianus Scottus, a. 1100: viam Alpi montis contra Heinricum muniunt (sc. Rudolf's Wähler). Haec cum cognovit Heinricus, per Aquileiam ...., pervenit, und Sigebert: Imperator, Alpium aditibus contra se utique munitis, omnes eorum insidias frustratus, ... per Aquileiam (l. c.).

Könige folgten die Königin Bertha und eine wenig zahlreiche Begleitung; dagegen war der im Alter von drei Jahren stehende Sohn Konrad durch ihn in Italien, als ein allerdings nur sehr schwacher Zeuge des Anspruchs des königlichen Vaters auf dieses Reich, zurückgelassen worden: der Heinrich IV. gründlich abgeneigte Urheber der hievon sprechenden Erzählung meint, simonistischen Gegenbischöfen, dem Erzbischof Thedald von Mailand, dem Bischof Dionysius von Piacenza und den übrigen durch Italien hin Excommunicirten habe der Vater den Knaben zur Besorgung anvertraut. Dagegen anerkennt der gleiche Berichterstatter nicht ohne eine gewisse Verwunderung, wie es nunmehr Heinrich IV. geglückt sei, durch die unzugänglichen Engpässe des Kärntner Landes sich durch heimliches und unvermuthetes Einschleichen den Weg nach Baiern zu öffnen, und auch ein italienischer Anhänger Gregor's VII. hebt hervor, daß der Gebirgsübergang ohne jeden Zeitverlust stattgefunden habe[20]).

Indessen war die Lage der Dinge gerade hier im Südosten, theils durch schon länger vorbereitete Verhältnisse, theils durch neueste geschickt gewählte Maßregeln des Königs, für eine solche Unternehmung ganz günstig gestaltet. Durch den in Kärnten, seinem Heimatlande, mächtigen Markward von Eppenstein war Berchtold, der dem Namen nach in der herzoglichen Würde stehende Herzog von Kärnten, schon geraume Zeit thatsächlich zurückgeschoben worden; aber außerdem noch stand Markward seit etwas längerer Frist, wahrscheinlich gleich seit 1070, in der Verwaltung der an Kärnten angeschlossenen Markgebiete, von Krain und Istrien mit dem dazu gehörenden Friaul. Durch den 1076 eingetretenen vollendeten Abfall Berchtold's von der Sache des Königs mußte die Aussicht des Eppensteiner Hauses, in den rechtsgültigen Besitz des Herzogthums durch Verleihung von Seite der Krone zu gelangen, sich noch verstärken, ganz abgesehen davon, daß die Eppensteiner, durch ihre Abstammung von der schwäbischen Herzogstochter Beatrix, auch zur Blutsverwandtschaft des Königs zählten. Allein Markward selbst kam jedenfalls nicht mehr in den Besitz des herzoglichen Namens. Denn er starb schon 1076, vielleicht in der Mitte des Jahres, nach einer anderen Angabe erst im November. Dagegen trat nun sein ältester Sohn Liutold ganz in die Stellung ein, die Berchtold allerdings früher nie in Wirklichkeit inne ge-

[20]) Der Annalist von 1075 an bezeugt: Rex ... postquam .... filium suum symoniacis antiepiscopis, Mediolanensi, Placentino et caeteris per Italiam excommunicatis procurandum commendaverat, ipse uxore assumta ... per Carantaniae abruptas angustias Bagoariam cum paucis clandestina et inopinata surreptione vix intraverat (l. c., 294), und Bonitho: Sed rex mente effrenatus velociter montes transiit et impigre Bajoariam Franciamque recepit (l. c.: der Text geht hernach gleich auf die Ereignisse von 1076 über). Bei Donizo, Vita Mathildis, II, v. 158 ff., heißt es von Heinrich IV.: Ultra qui montes rediit, faciens mala promte, was nun aufgezählt wird, so: Ecclesias nummis vendebat sedulo multis. Sepe duos falsos urbe una tenebat in anno pontifices, dando certatim premia stando (SS. XII, 382 u. 383).

gehabt hatte; schon zur Zeit jenes Aufenthaltes am königlichen Hofe zu Pavia, im Anfang des April, ist Liutold vom König urkundlich als Herzog bezeichnet worden, und ebenso muß Liutold auch die Mark Verona übertragen erhalten haben. Eben hier zu Pavia hatte jedoch Heinrich IV., wie schon ausgeführt worden ist, auch den weit ansehnlichsten geistlichen Herrn aus den Marken Kärnten's für sich gewonnen, Sigehard, den Patriarchen von Aquileja, durch jene Zuweisung von Friaul, und zwar war das unter Zustimmung Liutold's geschehen, so daß also der Uebergang dieser wichtigen Landschaft, eine Verleihung, der bald noch andere ähnliche weitgreifende Uebertragungen folgen sollten, durchaus keine Entzweiung zwischen den Eppensteinern und dem Patriarchen zur Folge haben konnte; im Gegentheil verband sie den Herzog und den geistlichen Fürsten nur noch fester im Anschluß an den König. So hatte es Heinrich IV. sehr wohl wagen dürfen, sein Geschick, durch die Wahl der Kärntner Pässe, diesen zwei Vertretern von Herrschaftsansprüchen anzuvertrauen, und Beide, der Patriarch, wie der neue Herzog, haben sich ihm dann auch im Weiteren zum Zuge nach Baiern angeschlossen[26]).

---

[26]) Vergl. in Bd. II, S. 34 u. 35, 195, betreffend die Verhältnisse in Kärnten und den dazu gehörenden Markgebieten. Die für Markward's Tod angegebenen zwei Tage — 16. Juni oder 16. November — erörtert Wahnschaffe, l. c., 65, n. 199. Betreffend den in St. 2800 (vergl. ob. S. 13, mit n. 14) als „dux" bezeichneten Liutold nimmt Heyck, Geschichte der Herzoge von Zähringen, 60, n. 248, an, Heinrich IV. habe zu Pavia Liutold als Herzog begrüßt, ohne daß dieser schon öffentlich vorher Herzog geheißen habe. Heinrich's IV. Verwandtschaft mit Liutold — der König und der neue Herzog von Kärnten hatten in dem 1003 gestorbenen Herzog Hermann II. von Schwaben den gleichen Urgroßvater — legte ich in den St. Galler Mittheilungen, XVII, 48, in n. 125, dar. Bemerkenswerth ist, daß dann auch Adalbero, der Sohn des Bd. I, S. 209, genannten Markgrafen Otakar I. und Bruder des l. c., S. 210, n. 14, besprochenen Otakar II. — über diesen vergl. auch unt. zu 1078 in n. 53 —, später im Einverständniß mit den Eppensteinern in der Kärntner Mark wieder Fuß zu fassen vermochte; Adalbero war eifriger Anhänger Heinrich's IV. (vergl. Strnadt, Die Geburt des Landes ob der Ens, 58, sowie Witte, Genealogische Untersuchungen zur Reichsgeschichte unter den salischen Kaisern, Ergänzungsband V zu Mittheilungen des Instituts für österreichische Geschichtsforschung, 354 n. 2, wo aber nicht klar genug hervorgehoben wird, daß Adalbero ein Bruder Otakar's II., nicht aber Otakar's I., war). Daß Liutold in amtlicher Eigenschaft in Verona waltete, zeigt die Gerichtsurkunde vom 4. Mai 1078, wo domnus Litaldo dux ba in judicio saß, foris non longe urbium Verone in casa teranea, que est ad prope monasterio s. Zenonis (Ficker, Forschungen zur Reichs- und Rechtsgeschichte Italiens, IV, 104 u. 105). Ueber den Patriarchen Sigehard vergl. schon S. 12 u. 13. — Quellenzeugnisse über Heinrich's IV. Weg, durch Kärnten, bringen die St. Galler Annalen, in der Contin. Casuum, c. 21: per Carintiam, domino Marcuardo et filio suo Lutoldo duce sibi ducatum praebentibus, ad Theutonicas partes rediit (dabei ist Markward's Erwähnung selbstverständlich irrig) (l. c., 45), und gleich bei Gallus Chem, der aber außerdem bringt: Do (nämlich in Anknüpfung an die Schlacht bei Homburg und die unmittelbar daran sich anschließende Verrätherei der oberdeutschen Herzoge) söllichen der kung vernam, gab er den herzogtuom herzog Berchtolts zuo hand sinem vetter Lütolff, Marquarts von Carentin sun (l. c., 97 (in ähnlicher Weise stellen auch die Casus monast. Petrishus. in dem Bd II,

In Baiern wurde Heinrich IV. von dem Volke bei der Rückkehr mit alter Treue wieder empfangen, wie in der dem Könige anhänglichen benachbarten schwäbischen Bischofsstadt Augsburg mit Genugthuung verzeichnet wurde[67]), und alsbald sammelte er in der Hauptstadt des bairischen Stammes, jedenfalls höchstens einen halben Monat nach dem Osterfeste, seine Getreuen um sich; denn Regensburg war ohne Zweifel das unmittelbare Ziel seines Zuges gewesen. So hatte er es verstanden, dem gegnerischen Herzog Welf geschickt zuvorzukommen. Allerdings bringt nur ein dem Könige abgeneigter Bericht Mittheilungen über das, was in Regensburg geschah; doch ist wohl an deren Richtigkeit nicht zu zweifeln. Danach hielt Heinrich IV. vor den in der Versammlung anwesenden bairischen, böhmischen Fürsten, vor den hohen Herren, die ihn von Kärnten her begleitet hatten, eine Anrede und setzte darin unter Thränen Alles, was in der letzten Zeit sich zugetragen hatte, auseinander, ganz ähnlich, wie er das kurz vorher vor den Lombarden gethan hatte. Die bittersten Klagen über die von den Wählern

---

S. 24, n. 39, citirten Zusammenhang schon in eine frühere Reihenfolge von Vorgängen: Bertolfum quoque de Zaringin ducatu Carentinorum privavit et Liutoldo Genuensi — ein Irrthum, dessen Ursache im Dunkeln liegt — dedit (sc. Heinrich IV.): SS. XX, 645); in c. 31, wo die Ursachen des Gegensatzes zwischen den Zähringern und Eppensteinern hervorgehoben werden, heißt es in der Contin. Casuum nochmals: suus (sc. des Abtes Udalrich) frater Liutoldus ... ducatum Carintie concessione regia obtinuit, et alter eius frater (Heinrich) marchiam Istriam sub eadem concessione possedit (l. c., 81 u. 82). Dazu kommt ein eigenthümlicher Einschub des in Bd. I und II als „Ekkehard" citirten Werkes¹). Die schon Bd. I, S. 49, in n. 46, sowie S. 209, n. 12, als unglaubwürdig zurückgewiesene Erzählung a. 1057 ist hier gemeint, wo von der Art und Weise, wie Berchtold zu Kärnten gelangt sei, geredet ist und dann fortgefahren wird: quem (sc. ducatum Karintiorum) postea filio suo aequivoco (also Berchtold II.) ipsius rogatu rex Heinricus commisit; sed postmodum quorundam instinctu eundem ducatum Liutolfo consanguineo suo dedit, sicque patrem et natum parvipendens offendit, woraus die weiteren schlimmen Dinge entstanden seien (SS. VI, 198). Wenn da Heyck, l. c., 27 (mit n. 82), diese Nachricht „als eine Art Trümmerstück einer besseren und ausführlicheren Kenntniß" — doch soll dann Berchtold's I. Sohn Hermann, also nicht der aequivocus, gemeint sein — ansehen will, so ist das sehr gewagt, wie denn auch Grund, Die Wahl Rudolf's von Rheinfelden zum Gegenkönig, in seinem Excurs über Frutolf's Stelle, 92—97, diese Abtheilung der Erzählung gleichfalls verwirft. Der Annalist von 1075 an endlich gedenkt des Anschlusses der Carentanorum principes et, quem secum inde huc adduxerat (sc. rex), non multum vir probabilis patriarcha Aquileiensis an Heinrich IV. (l. c., 294).

¹) Bei dieser ersten Heranziehung des SS. VI edirten Chronicon universale sei hier hervorgehoben, daß im völligen Anschlusse an Breßlau's 1895 gebrachte Ausführungen in den „Bamberger Studien", II (Neues Archiv der Gesellschaft für ältere deutsche Geschichtskunde, XXI, 197 ff.), die Recension A — der Handschrift von Jena —, und zwar mit Inbegriff der Jahresberichte 1100 und 1101 der Karlsruher Abschrift — hierüber spricht Breßlau, l. c., 211—214 —, fortan als Frutolfi Chron. univ. citirt wird. Die Recension B — Ueberarbeitung und Fortsetzung von A, von einem Michelsberger Mönche — und die Recension C, die in der Cambridger Handschrift überlieferte Kaiserchronik, deren Autor möglicher Weise eine andere Persönlichkeit, als der Autor von A, ist, werden als Rec. B und Rec. C Chron. univ. angeführt. Bei Recension D und E, wo durch die Buchstaben (SS. VI, 8 u. 9, 10 u. 11) wenigstens ein Antheil Ekkehard's sicher steht, ist dagegen die Citation Ekkeh. Chron. univ. beibehalten.

[67]) Annal. August.: Rex Heinricus reversus a Pawariis cum omni fide recipitur (SS. III, 129).

Rudolf's gegen ihn ausgesprochene Absetzung mischte er mit Versprechungen; er betonte, daß er manche Anwesende aus einfacher Lage in hohe Stellungen emporgehoben habe, und versprach ihnen, als seinen Getreuesten, Lohn und Auszeichnung in Würden und in Lehen, wenn sie mit ihrer Hülfe ihm nach seinem Wunsche zur Vergeltung an den Beleidigern beistehen wollten. Außerdem gewann er aus den — augenscheinlich von Italien her — mitgebrachten reichen Mitteln unterschiedslos Alle durch großartige Geschenke und verpflichtete sie auf jede denkbare Weise zur Hülfeleistung. So gelang es Heinrich IV. in kurzer Zeit, aus allen Kräften eine nicht kleine Zahl von Hülfstruppen zusammenzubringen: die hier gebotene Nachricht spricht von nahezu zwölftausend Mann —, und so konnte er an den Angriff auf den Gegenkönig denken. Kriegerisch gerüstet brach also der König auf, um Rudolf zu überziehen [28]).

Der Gegenkönig hatte nach der unrühmlichen fluchtartigen Räumung der Krönungsstadt Mainz sich vom Oberrhein nach Eßlingen, an den Neckar, gewandt und darauf den Palmsonntag, 9. April, in Ulm zugebracht, worauf er sich zur Feier des Osterfestes nach Augsburg wandte. Er beging den Tag mit der gesammten Geistlichkeit und allem Volke in großer Procession. Rudolf hegte die Absicht, hier in Augsburg mit seinen Fürsten vieles Nothwendige in Reich und Kirche während der Osterwoche zu verhandeln. Aber sogleich wurde da, wie die dem Gegenkönige ganz gewogene Erzählung offen einräumt, die Beobachtung gemacht, daß — jene Darstellung weiß nicht, infolge welches unglücklichen Umstandes — die Fürsten, auf die Rudolf rechnete, sich von ihm einzeln zurückzuziehen begannen, und zwar galt das nicht bloß von den hinzugekommenen Kriegsleuten, sondern auch von alten, die schon längst eidlich ihre Treue zugesichert hatten, jetzt aber, ihren Eidbruch gering anschlagend, den Abfall bewerkstelligten. Schon bis dahin hatten nur drei Bischöfe, Adalbero von Würzburg, Adalbert von Worms, Altmann von Passau, bei Rudolf ausgehalten. Doppelt empfindlich war es demnach jetzt in der Bischofsstadt, wo das hohe Fest begangen wurde, daß gerade Bischof Embriko anfangs äußerst abweisend sich zeigte. Ganze zwei Tage setzte Embriko Zusprüchen der päpstlichen Legaten, die Rudolf auch hier zur Seite standen, und ihren kanonischen Aussprüchen hartnäckige Weigerung entgegen, den Geboten des Papstes und des Königs — so faßt selbstverständlich dieser Berichterstatter von Rudolf's, der Heinrich IV.

---

[28]) Regensburg ist als Ziel Heinrich's IV. genannt von dem Annalisten von 1075 an, von Marianus Scottus: Radisbonam post pascha pervenit (dagegen in der Rec. alt., a. 1101: Ratisbonam ingressus, post pascha mox .... in Sueviam ... festinavit), von Sigebert, durch die St. Galler Annalen, allerdings hier nur in Gallus Öhem's Excerpte: ward zuo Regenspurg erlichen empfangen. Der Berichterstatter über das colloquium zu Regensburg und dessen Folgen ist der Annalist von 1075 an (294).

gegnerischen Seite die Dinge auf — Gehorsam zu bezeigen. Erst ganz zuletzt bekannte er, nach mühevoller allseitiger Ueberredung, aber heuchlerisch — so wird hier gleich beigefügt —, daß er durch den bisherigen Verkehr mit seinem Herrn und Könige Heinrich IV. gesündigt habe. So entkleideten ihn die Legaten der priesterlichen Würde und unterwarfen ihn der entsprechenden Strafe, ließen dann aber vor ihrem Weggange, nicht ohne Schwierigkeit, auf Rudolf's dringende Bitte zu, daß Embriko, aber nur auf Zeit, sein Amt wieder ausübte[79]). Dann nahm Rudolf den Weg wieder über Ulm und hernach weiter südwestlich, zuerst nach dem Kloster Reichenau, dessen Abt Eggehard, der Sohn des Grafen Eberhard von Nellenburg, zu seinen eifrigsten Anhängern in diesen oberen Landen zählte, darauf nach der nahen Bischofsstadt Constanz[80]).

Aber hier im Hauptbisthum des schwäbischen Landes ließen sich die Dinge gegenüber dem schwäbischen Herzog auf dem Throne des Gegenkönigthums noch ungünstiger, als in dem östlichen schwäbischen

---

[79]) Der Annalist von 1075 an ist hier einläßlicher Berichterstatter, über den Aufenthalt in Eßlingen und Ulm und besonders denjenigen in Augsburg und über Bischof Embriko, von dem es auch nachher (295) nochmals heißt: regi Ruodolfo in proximo pascha quamquam vix hominatione et fidei non ficiae pactione firmissime confoederatus (292 u. 293: angehängt ist da am Schlusse noch die Geschichte von der Abstellung einer a nonnullis simplicioribus fratribus temere et praesumptuose contra decreta Clementis papae festgehaltenen usurpatio, von Seite der Legaten, nämlich: Solent namque in sabbatho sancto paschae ante infusum chrisma in aquam baptismi, omnes circumstantes ex ipsa aspergere, et ea in vasis suis accepta, sic per totam quinquagesimam huiusmodi tantum abutuntur usurpativa et inordinata aspersione). Von anderen Quellen spricht Bruno, De bello Saxon., c. 93, nur kurz: rex . . ad Suevos abiit . . . . dominicae resurrectionis festivitate apud Augustam civitatem celebrata (l. c., 366), ferner Bernoldi Chron.: Ruodolfus rex post consecrationem in Sueviam secedens, regnum sibi subjugavit . . . apud Augustam gloriosissimum pascha celebravit cum legatis apostolicae sedis (433, 434). Den St. Galler Annalen entnahm Gallus Öhem: Rudolff zuo der österlichen zitt zuo Ougspurg hoff haltende. Wie Henking, Gebhard III., Bischof von Constanz (Zürcher Dissert., Stuttgart 1880), in seinem Excurs über die Quellen der Casus monast. Petrishus., 112, mit Recht bemerkt, zeigen deren Angaben in Lib. II., c. 33: qui Ruodolfus proximum pascha egit apud Augustam Vindelicam; set Imbricko eiusdem urbis episcopis noluit eum nec videre, nec salutare, set quae necessaria erant jussit abundanter ministrare (l. c., 646), besonders in den Angaben über Embriko, eine selbständige Haltung.

[80]) Der Annalist von 1075 an, hier unbedingt die Hauptquelle, läßt Rudolf von Augsburg gleich über Ulm nach Reichenau und Constanz gehen (293), so daß Bernold's Angabe: Rex autem post pascha generale colloquium apud Ezzelingin cum principibus regni collegit (434), auf die zwar Heyck, l. c., 78 u. 79, n. 216, unter Einschiebung der Abhaltung des Tages zwischen Zürich und Sigmaringen (etwas anders Giesebrecht, III, 438, 439), Gewicht legt, kaum annehmbar erscheint, wie schon Floto, Kaiser Heinrich IV. und sein Zeitalter, II, 159 n. 1, betonte: Eßlingen ist wohl aus dem Wege Rudolf's vor Ostern dem Chronisten in die Zeit nach dem Feste hineingeglitten, unter Heranziehung des in Augsburg mißlungenen Hoftages. Daß Abt Eggehard von Reichenau (vergl. Bd. II, S. 407) Rudolf durchaus anhing, sagt nach den St. Galler Annalen die Contin. Casuum, c. 21: abbas Augensis Ekkehardus cum pseudorege Ruodolfo firmiter stans (l. c., 44 u. 45).

Bischofssprengel, an. Bischof Otto von Constanz war zwar im vorhergehenden Jahr durch Bischof Altmann, den Vertreter Gregor's VII., von der Excommunication gelöst worden — freilich ohne Zurückerstattung der Verrichtungen des bischöflichen Amtes; er hatte demnach sich von Heinrich's IV. Sache abgetrennt, allerdings dann aber nach seiner Wiederaufnahme, trotz des Verbotes des Legaten, sein Amt neuerdings ausgeübt. Wohl deßhalb verließ jetzt Otto, bei der Annäherung des Gegenkönigs und der ihn begleitenden Legaten, seine Stadt und begab sich zu einem Gesinnungsgenossen weltlichen Standes, bei dem er das ganze Jahr hindurch blieb; das war Graf Otto, ein Udalrichinger aus dem Zweige von Buchhorn, der in den alten Gauen seines Hauses, demnach auch im Constanz gegenüberliegenden Linzgau, waltete, und es ist ganz wahrscheinlich, daß Bischof Otto's Zufluchtsplatz eben die wenig landeinwärts nördlich vom Bodensee liegende Burg Markdorf gewesen sei, die Graf Otto zustand[31]. Allein nun hielten in des Flüchtigen Abwesenheit die Legaten zu Constanz eine Versammlung der Geistlichen ab und traten dem Vorgehen des Bischofs, der nicht aufgehört hatte, Geistliche zu ordiniren, Kirchen zu weihen, auch die übrigen Amtsbefugnisse zu vollstrecken, entgegen. Ueber Otto's Flucht und Gehorsamsweigerung, über seine sonstigen Unbesonnenheiten, Versäumnisse, Anmaßungen wurde da verhandelt. Der Bischof wurde unter Ansetzung einer bestimmten Frist vorgerufen und nach päpstlicher Machtvollkommenheit das strenge Verbot ausgesprochen, daß noch jemand seine Amtshandlungen annehme. Die Legaten glaubten nämlich in diesem Bisthum, mit seiner zahlreichen Bevölkerung, ein ganz ungewöhnlich starkes Ueberhandnehmen der Simonie und des Nikolaitismus, das will sagen, in ihrem Munde, der Nichtbeachtung des Cölibates, zu finden, und so verdammten sie diese Ketzereien nach der Bestimmung der letztjährigen römischen Synode, wiederholten auch das Verbot, daß ein Christ Amtshandlungen von Geistlichen, die wegen Unenthaltsamkeit verurtheilt seien, entgegennehme. Neben weiteren allgemeinen Geboten stand jedoch noch eine besondere Maßregel. Bischof Otto hatte das Urtheil einiger Priester und das Zeugniß von sieben Mitbrüdern als ausreichende Richtschnur darüber, wie Kirchen seines Sprengels empfangen werden sollten, aufgestellt, während jetzt simonistische Vergehen bei solchen Erwerbungen, wie die Legaten aus den Zeugnissen ganz klar zu er-

---

[31]) Vergl. über Bischof Otto Bd. II, S. 642, 725. Der Annalist von 1075 an läßt, indem er einen Rückblick auf die, l. c., S. 725, in n. 177, erörterten Dinge wirft (officio sibi, sc. episcopo, jam a priori anno ab apostolico prorsus interdicto et tamen ob id ab eo nequaquam devitato .... communionem, non officium recepit), den Bischof — apostolicae sedis legatorum audientiam nec non regiae majestatis praesentiam cautissime devitando — in quoddam castellum comitis Ottonis entweichen (293). Dafür, daß diese Burg in Markdorf zu suchen sei, habe ich, im Anschluß an Neugart, Episcopat. Constant., I, 398, im Commentar zu der Contin. Casuum, l. c., 58—60, n. 149, mich ausgesprochen.

kennen meinten, erhärtet worden waren. So setzten diese nach Maßgabe der kanonischen Vorschriften fest, daß künftig derartige Urtheile und Zeugnisse hiefür durchaus ausgeschlossen sein sollten; dagegen verwarfen sie diese Beweismittel nicht, wenn es sich um die Anklage wegen irgend eines Verbrechens, Ketzereien ausgenommen, handle. Werde aber ein Geistlicher einer Ketzerei beschuldigt, so sollten über ihn die Zeugnisse aller rechtgläubigen Christen, von Geistlichen und Laien, von Männern und Frauen, gehört werden[82]).

Von Constanz, wo in solcher Weise die Vertreter Gregor's VII. in Abwesenheit des Bischofs eingegriffen hatten, setzte Rudolf seinen Weg weiter in der Richtung gegen seine zu Burgund zählenden Gebiete fort. Da hielt er sich einige Zeit in Zürich auf[83]). Doch er erkannte, daß er diese Länderstrecken südlich vom Rheine nicht zu halten vermöge, und so kehrte er über den Rhein an die obere Donau zurück. Hier nun legte er sich — es muß im Mai gewesen sein — mit nicht geringer Mannschaft vor die Burg Sigmaringen; aber er erwartete außerdem daselbst die Vereinigung Aller, die er in so kurzer Zeit überhaupt aufzutreiben vermochte. Da riethen ihm die fürstlichen und ritterlichen Herren, die zu seiner Seite waren, angesichts der nicht genügenden Truppenzahl — es waren kaum fünftausend Mann — einmüthig davon ab, weitere Kriegsmacht hier zusammenzubringen oder gar den Gedanken zu hegen, mit derselben Heinrich IV. entgegen zu ziehen und ihn anzugreifen, und so wurde auch die Belagerung der Burg aufgegeben[84]). Denn der

---

[82]) Von dem convocatum fratrum colloquium, zu Constanz, redet nur der Annalist von 1075 an (293 u. 294). Vergl. Bd. II, S. 643, n. 87, daß unter der Romana synodus die von 1076 verstanden werden kann.

[83]) Wieder der Annalist gedenkt der Anwesenheit Rudolf's und seiner Gemahlin in Zürich: Rex denique inde Thuregum perveniens, illic aliquantisper morabatur .... Uxor autem regis in partes Burgundiae a Turego divertens (294, 298). Immerhin schließt Büdinger — Älteste Denkmale der Züricher Literatur (Zürich: 1866) — aus der allerdings ganz kurzen Eintragung in den nur über zwei Jahre reichenden, schon 1078 — Ecclesia (sc. die Großmünsterkirche) combusta — wieder abgebrochenen „Anfang von Zürcher Annalen": Ruodolfus rex factus, daß Rudolf mindestens im Anfange auch hier anerkannt war (42 u. 43). F. von Wyß, Abhandlungen zur Geschichte des schweizerischen öffentlichen Rechts, weist in der Verfassungsgeschichte von Zürich, 388, sicher richtig darauf hin, daß die Haltung des Grafen Ulrich von Lenzburg, der wahrscheinlich Vogt von Zürich war, Ausschlag gebend gegen Rudolf wurde. Aber man darf den bei dem Annalisten mit den Worten: Ea tempestate maxima pars incontinentium clericorum et symoniacorum, contempta apostolica sententia, pertinaciter jam reversa est ad vomitum suum, animata regis Heinrici necnon antiepiscoporum illius spe adjutoris et defensione beginnenden Abschnitt, der ganz allgemeine Zustände schildert (vergl. n. 35), nicht speciell auf Zürich beziehen, wie z. B. Heyck, l. c., 79, Zürich „treu der deutschen Bürgerpolitik" handeln läßt (auch Dändliker, Universalhistorische Anknüpfungen der Zürcher Geschichte, in den Festgaben zu Ehren Max Büdinger's, 1898, rückt, 175, Zürich fast zu stark in den Vordergrund).

[84]) Der Annalist von 1075 an redet an einer Stelle von Rudolf's obsidio cuiusdam castelli juxta Danubium non cum parva militia — illic militum suorum, quos undecumque colligere in tantillo temporis articulo potuerit, conventum exspectasse (sc. Ruodolfum) —, an einer zweiten wieder von

König rückte jetzt von Baiern her mit seiner Uebermacht gegen den Gegenkönig nach Schwaben ein.

Der im Lager Gregor's VII. und des Gegenkönigs stehende schwäbische Berichterstatter, der so einläßlich und anschaulich, oft wie ein Augenzeuge, den Ereignissen dieses Jahres folgt, hat mit Aerger und Bekümmerniß die Ursachen der gänzlichen Wendung der Lage in seinem Stammlande, gegen Rudolf, im Allgemeinen darzulegen versucht. Er sieht als die eigentlichen Schuldigen den größten Theil der den Cölibat verachtenden und dem simonistischen Laster ergebenen Kleriker an, die, den apostolischen Befehl geringschätzend, eigensinnig zu ihrem Unflath zurückgekehrt seien — so drückt er sich abfällig genug aus —, ermuthigt, wie diese Leute seien, durch die Hoffnung auf Hülfe und Vertheidigung von Seite Heinrich's IV. und der zu ihm sich haltenden Gegenbischöfe. Diese nun seien, von Furcht vor Rudolf erfüllt, mit Anfeindungen jeglicher Art, unaufhörlich verleumdend und verwünschend, gegen jenen vorgegangen, während sie andererseits Heinrich IV., den doch fast das ganze Reich als einen lasterhaften Frevler von der Kirche ausgestoßen hatte, mit den ungemessensten Lobsprüchen erheben und Klagen, er sei in ungerechter Weise verurtheilt worden, laut werden lassen. Eben diese ketzerischen und unverbesserlichen gegenchristlichen Bischöfe, die Geistlichen und Domherren, die Klosterleute und Landpfarrer ihres Gelichters, der ganze Chor insgesammt verführe durch geflissentliche Verbreitung unerhörter Lügen, hier anklagend, dort lobend, die Masse des Volkes, die nun gar nichts Anderes glaube und wisse, als was sie da täglich von Geschwätz und falschen Zeugnissen höre, und so sei im ganzen Reiche offenbar keine kleine Spaltung entstanden. So habe gar keine göttliche oder menschliche Ordnung noch Bestand, und Alles sei zerrüttet, voll Lug und Trug, voll Aergerniß, so daß alle Uebel über alles Maß angewachsen seien. — Auch noch an einer etwas späteren Stelle suchte sich der gleiche Verfasser, aus drei Gründen heraus, den Abfall von Rudolf, der ihn so kränkte, zu erklären. Erstlich fürchteten diese Verräther an der Sache des

Rudolf's — magnanimus — Absicht, collectis undique militum suorum copiis regi Heinrico occurrere et virtute bellica ipsi congredi attemptare, Deo judice, die am Abrathen der duces comitesque sui nec non tota militia sua, quae vix ad quinque milium pugnatorum pertingebat numerum, scheiterte (295, 2). Bernold schloß an das in n. 80 abgelehnte Eßlinger generale colloquium gleich: quo soluto — Rudolf's Aufbruch cum admodum paucis, ad obsidendum quoddam castellum (434) an. Den Namen der Burg bringen die St. Galler Annalen, wo aber die Ableitungen — die Contin. Casuum, c. 21: Ruodolfum regem in castro Sigimaringin obsessum turpiter fugavit (45 u. 46, mit den Ausführungen in n. 124) — empfindlich irren, während die Casus monast. Petrishus., c. 33, ganz das Richtige bringen: Ruodolfus rex (sc. nach dem Weggang von Augsburg) obsedit castellum, quod dicitur Sigimaringin; sed comperto adventu Heinrici regis, qui per juga Alpium cum exercitu veniebat ad liberandam munitionem, aufugit (l. c.) (vergl. auch Henking, l. c., 111). Die Alpes sind die schwäbische Alb, ja nicht etwa die Alpen (vergl. Anzeiger f. schweizer. Geschichte, III, 374 u. 375).

Gegenkönigs, daß dieser sie zur Richtschnur der Gerechtigkeit zurückführen möchte. Dann suchten und forderten sie von Rudolf Befriedigung ihrer unersättlichen Begierde, so daß er das von ihm nur gezwungenerweise übernommene, schon kläglich zerstörte Reich noch mehr, statt es wieder emporzubringen, hätte zertheilen und elend ausplündern müssen. Weil er nun das als kluger Mann ihnen abschlug, kehrten sie mit Ausnahme sehr weniger Vernünftiger zu ihrem alten Verschwender, zu Heinrich IV., zurück. Als „ein Zusammenströmen in den Unrath zu völliger Befleckung" stellt am Schlusse der grimmige Gegner Heinrich's IV. diesen allenthalben sichtbar werdenden Uebergang zu dessen Sache hin. Allein als treu gehorsamer Angehöriger der Kirche mußte er auch darüber in Zorn gerathen, daß Briefe der päpstlichen Legaten an die Einwohner des Elsaß, Lothringen's, von Franken, aber ganz besonders mit namentlicher Zusendung an die Bischöfe, die nach dem Osterfeste ausgingen, so wenig Boden fanden. Sie untersagten alle Verschwörungen, Friedensstörungen und Uneinigkeiten; weiter sollen sie — nach der Behauptung dieses Gewährsmannes — verboten haben, ferner noch Heinrich IV. als einem Könige zu dienen und ihm zu gehorchen. Doch entweder wurden diese Befehle ganz mißachtet, oder die Bischöfe machten sie nicht bekannt, indem sie möglichst sich den Anschein gaben, sie hätten die Briefe nie erhalten, so daß also jedenfalls auch hier wenig Gehorsam erzielt wurde[25]).

Diese Erklärungen für König oder Gegenkönig, wie sie sich eben besonders in Schwaben herausstellten[26]), waren nun allerdings für Heinrich IV., der sein Recht zu fordern kam, ebenso ermuthigend, wie für Rudolf niederdrückend, zumal wenn in Betracht gezogen wurde, daß dieser als Herzog des Landes hätte erwarten dürfen, ganz im Vorrange hier zu stehen.

[25]) Der Annalist spricht zuerst in dem Zusammenhang, dessen Anfangssatz in n. 33 eingerückt ist, von diesen Dingen (294), und hernach will er noch die tres causae aufzählen, aus denen der Abfall von Rudolf, die Rückkehr ad antiquum dissipatorem (Heinrich IV.) — velut in sentinam coinquinando — zu erklären seien (294 u. 295). Von den postpaschalibus diebus apostolicae auctoritatis litterae omnibus citra Rhenum . . . commanentibus, set ex nomine episcopis, directae ist nachher (297) die Rede: doch widerspricht ihr Inhalt, in den übrigens vielleicht der Autor noch mehr hineinlegte, Gregor's VII. eigentlichen, so sehr zurückhaltenden Ansichten so wenig, daß mit Giesebrecht, III, 1156 (in den „Anmerkungen"), nicht an Schreiben Gregor's VII., sondern an solche der päpstlichen Legaten zu denken ist.

[26]) Uebersichten der Vertheilung der Parteien in Schwaben bieten insbesondere Chr. Fr. Stälin, Wirtembergische Geschichte, I, 506 u. 507, ebenso P. Fr. Stälin, Geschichte Württemberg's, I, 217 u. 218, zuletzt wieder Henck, l. c., 78 u. 79, dieser nicht ohne Flüchtigkeiten. Ueberall ganz auszuschalten ist auf Heinrich's IV. Seite Graf Eberhard von Nellenburg, wie Bd. II, S. 43 n. 6, nachgewiesen ist; aber auch über dessen Sohn, Graf Burkhard von Nellenburg, der Rudolf's Partei zugezählt wird, steht zu wenig fest, bis dann allerdings 1080 Burkhard mit Abt Wilhelm von Hirsau verbunden erscheint (vergl. zu 1080, n. 167); immerhin war Burkhard als Bruder des Reichenauer Abtes Eggehard (vergl. Bd. II, S. 408, in n. 144) von Anfang eher in die königsfeindliche Partei gewiesen.

Zu König Heinrich IV. hielten von den schwäbischen Bischöfen, wie schon soeben aus den Ereignissen dieser Frühjahrsmonate hervorging, Otto von Constanz und, mochte er auch unter dem Drucke der Verhältnisse sich scheinbar augenblicklich Rudolf zugewandt haben, Embriko von Augsburg[87]). Ebenso waren am Oberrhein die Bischöfe Burchard von Basel und Wernher II. von Straßburg, wie sie im vorhergehenden Jahre am längsten zur Seite des Königs ausgehalten, wie sie mit ihm in Canossa vom Banne durch Gregor VII. gelöst worden waren, Heinrich IV. besonders anhänglich, und ihnen vor anderen wurde zugeschrieben, daß man jene Briefe der Legaten verächtlich behandelte und für nichts schätzte[88]). Daß unter den angesehenen Klöstern des Landes St. Gallen ganz Heinrich IV. sich anschloß, war ein erwünschter Ersatz für die entgegengesetzte Haltung Reichenau's, und von dieser Zeit an sollte St. Gallen geradezu eine Hauptstütze der königlichen Sache in diesen Gegenden werden.

Abt Udalrich II., der 1072 an die Stelle des durch Abdankung zurückgetretenen Abtes Nortpert in St. Gallen eingetreten war, hatte nur bis 1076 sein Amt inne, und infolge seines Todes war von Rudolf, während des Aufenthaltes zu Augsburg in der Osterzeit, die Gelegenheit wahrgenommen worden, in die innere Ordnung St. Gallen's einzugreifen; der Gegenkönig hatte einen Mönch Lutold, der selbst dem Kloster angehörte, diesem aufgenöthigt, aber freilich keinen Erfolg damit erzielt. Denn die St. Galler blieben Heinrich IV. treu und wiesen, nachdem sie im Chor den Hirtenstab in schimpflicher Weise zerbrochen hatten, den aufgezwungenen Vorsteher, den sie nur kurze Zeit, mit dem bloßen Namen des Abtes, bei sich behalten, gänzlich aus ihren Mauern. Lutold wich nach Reichenau, wo ihn Abt Eggehard, der sich eifrig in jeder Weise bemühte, seinem Schützlinge den Rückweg nach St. Gallen möglich zu machen, bei sich aufnahm[89]). Doch jetzt sollte es Heinrich IV.

---

[87]) Vergl. hier S. 25 u. 26 und 23 u. 24.

[88]) Der Annalist sagt: Basiliensis et Argentinus antiepiscopi, qui nuper ab apostolico reconciliati et in parte justitiae se deinceps permansuros professi sunt .... in omnibus Heinrico regi una adhaeserant (294); von den in n. 35 erwähnten „päpstlichen" Briefen heißt es: quas prae caeteris Basiliensis et Argentinus antiepiscopi omnino contemptui habentes flocci pendebant (297). Ueber Burchard vergl. schon Bd. II, S. 171, 614, 629, 730, 762, 767, über Wernher Bd. I, S. 486, Bd. II, S. 360—368, 453, 569, 614, 730, 762, 764 n. 46.

[89]) Ueber Abt Nortpert's (vergl. Breßlau, Konrad II, II, 414 u. 415, Steindorff, Heinrich III, I, 82, 308, 321, sowie Bd. I, S. 631, n. 58) Nachfolger Udalrich II., der persönlich nirgends näher hervortritt, handelt der zweite Fortsetzer in der Contin. Casuum. c. 20, woran sich der dritte, in c. 21, gleich anschließt (41 u. 42, mit n. 116 betreffend das Todesjahr). Dann fahren die St. Galler Annalen — in der Benutzung in c. 21 — fort: pro eo Lutoldus, monachus hujus loci, a Ruodolfo rege, si fas est, ipsum regem nominari, abbas constituitur. Quia monachis honorem Heinrici imperatoris fideliter defendentibus turpiter pastorali baculo intra chorum fracto suscipitur, et vix apud illos sub nomine abbatis per aliquantulum tempus habitus, paulo post penitus expellitur. Quem abbas Augensis Ekkehardus . . . in sua recepit, et sibi

gelingen, von sich aus einen seiner treuesten Anhänger nach St. Gallen zu bringen. Wohl gleich von Kärnten her war mit dem neu ernannten Herzog Liutold, seinem Bruder, der junge Udalrich von Eppenstein dem ihm blutsverwandten Könige gefolgt, und diesen nahm Heinrich IV. anstatt des verjagten Lutold für St. Gallen in Aussicht[40]).

Von weltlichen Herren ist Graf Otto I. von Buchhorn, vom nördlichen Ufer des Bodensees, schon genannt worden[41]). Aus dem Aargau zeichnete sich Graf Udalrich von Lenzburg als ein Anhänger Heinrich's IV. aus, der auch vor Gewaltthat, wenn sie dem Könige Nutzen zu bringen schien, schon vor Ausbruch des eigentlichen Kampfes, nicht zurückscheute. Denn als einer der päpstlichen Legaten, Abt Bernhard, nebst seinem Begleiter, dem Mönche Christian, einem sehr unterrichteten Manne, wie gerühmt wird, sich — wahrscheinlich in Zürich, bis wohin er Rudolf begleitet — vom Hofe des Gegenkönigs verabschiedet hatte, um nach Italien zurückzukehren, wurden sie von Udalrich ergriffen, ausgeplündert und auf dessen feste Burg geschleppt, wo sie ein halbes Jahr in Gefangenschaft liegen mußten[42]). Aus den nördlichen Theilen Schwaben's hielt, im Anschluß an seinen Bruder, den Bischof Wernher von Straßburg, vom Hause der Grafen von Achalm, ganz sicher Egino, als „ein hinter dem Satan her Wandelnder", wie die Geschichte des später von Achalm aus gegründeten Klosters Zwifalten sich aus-

---

honorem abbatiae multis modis, etsi incassum, defendere laboravit (42—45). Der Annalist von 1075 an gedenkt der Thatsache der Einführung Lutold's: Ubi (sc. zu Augsburg: in die sancto paschae) cellae sancti Galli a fratribus regulariter electus abbas praeficitur Lutoldus, eiusdem coenobii frater reverendus (293), und nochmals: regulariter a fratribus electus, a rege Ruodolfo illuc abbas ordinatus (301), wo aber die Behauptung von „regelrechter Wahl" gegenüber den St. Galler Nachrichten ganz unannehmbar ist.

[40]) Vergl. nachher bei n. 100.

[41]) Vergl. S. 25.

[42]) Uebereinstimmend schreiben das Schicksal des einen Legaten der Annalist: Eadem tempestate (d. h. postpaschalibus diebus) . . . . dum reverti ad domnum apostolicum niterentur (sc. Abt Bernhard et cum eo Christianus sapientissimus monachus: vergl. Bd. II, S. 778 n. 55) . . . a comite quodam Uodalrico capti, depraedati et in castellum Lenciburg incarcerati sunt (297) und Bernold: Ex quibus (sc. legatis) unus, religiosissimus scilicet abbas Bernardus, Romam dirigitur, set ab Uodalrico comite, Heinrici complice, captus et praedatus, annumque dimidiavit in captivitate, und: Heinrich IV. habe Udalrich belohnt: eo quod . . . . Bernardum . . . adhuc in captione cruciaret (434), dem gleichen Anhänger Heinrich's IV. zu. Bernhard selbst berichtete nachher in einem Briefe: absque ulla reverentia coeperunt et depredati sunt nos Henrici regis satellites (Sudendorf, Registrum, I, 10). Allgemeiner spricht der bei Bruno, c. 112, aufgenommene Brief der Sachsen an Gregor VII. davon: Quarum litterarum (sc. domni apostolici) latores (sc. missi legati) . . a suis fautoribus (sc. Heinrich's IV.) capti, quidam in custodiam missi sunt, quoadusque pecunia redimerentur, alii vero excoriati ac decapillati sunt (374). Durch Gregor VII. wurde in dem Briefe an die carissimi fratres in monasterio Massiliensi commorantes — Registr. VI, 15 — vom 2. Januar 1079 des Schicksals Bernhard's gedacht: . . abbas vester venit ad nos et pro Petri amore factus est obediens usque ad corporis captionem (l. c., 347).

drückt, zu Heinrich IV.[43]). Es wird ferner kaum zu bezweifeln sein, daß Graf Friedrich von Staufen, dem nicht lange danach Heinrich IV. in so nachdrücklicher Weise seine Gunst und sein Vertrauen schenkte, schon jetzt zu des Königs Anhang zählte[44]).

Zum Lager des Gegenkönigs gehörten nun allerdings zwei auf schwäbischem Boden in ausgedehntestem Maße begüterte und mächtige Träger herzoglicher Namen, von denen der eine den seinigen freilich durch Heinrich IV. schon eingebüßt hatte, nämlich Berchtold, daneben Welf, dem sehr bald das gleiche Schicksal bevorstand. Weiter war aus den südlichen Theilen Schwabens der Bregenzer Zweig der Udalrichinger auf Rudolf's Seite, jedenfalls wenigstens Graf Markward — von seinem Bruder Udalrich IX. ist es mindestens wahrscheinlich —, während eben Markward's älterer Bruder, Graf Otto I., von Buchhorn, Heinrich IV. anhing[45]). Den Grafen Hartmann aus dem Hause der Grafen von Dillingen, der die im Thurgau liegende Kiburg durch seine Vermählung gewonnen hatte, dessen Gegnerschaft ein geistlicher Anhänger des Königs schon im vorhergehenden Jahre schwer hatte empfinden müssen, kannte man in St. Gallen als erbittertsten Feind Heinrich's IV.[46]). Weiter nördlich liegenden Gebieten gehörte Graf Manegold von Veringen an, der in diesem Jahre, gleich vor der Wahl des Gegenkönigs, bereits als Bote der Heinrich IV. gegnerischen deutschen Fürsten

Durch Th. von Liebenau: Die Anfänge des Hauses Habsburg, Jahrbuch des heraldisch-genealog. Vereins Adler, IX, 127 ff., 1883, wird die Vermuthung vorgebracht, im Gegensatz gegen den königlich gesinnten Lenzburger seien die Habsburger, zuerst Graf Werner I. — (vergl. Bernold, a. 1096: Werinharius comes obiit 3. idus Novembris (l. c., 464) —, durch Rudolf, später durch den nachfolgenden Gegenkönig Hermann, Grafen geworden: doch vergl. hiegegen schon Bd. I, S. 324, in n. 36.

[43]) Während die in n. 36 genannten Werke drei weltliche Brüder — Egino, Hunfrid, Beringer (vergl. die Stammtafel bei Ch. Fr. Stälin, l. c., 564) — auf Heinrich's IV. Seite aufzählen, scheint das doch nur vom ersten fest angenommen werden zu dürfen. Denn Berthold stellt zwar im Liber de constructione monast. Zwifaldens. in c. 5 den Grafen Kuono, den ältesten Bruder, den alii fratres sui retro post Satanam euntes et bestiae quae ascendit de abysso, ut in apocalypsi dicitur, caput inclinantes ausdrücklich gegenüber, nennt dann aber in c. 7 neben Bischof Wernher doch bloß Egino: Wernheri episcopi et Eginonis fratris sui nomina tantummodo in libris nostris non notavimus, quoniam cum rege Heinrico, qui peccavit et peccare fecit Israel, communicaverunt et in conjuratione contra apostolicum in finem usque perseveraverunt et in tali heu schismate perierunt (SS. X, 100, 101).

[44]) Vergl. zu 1079, bei n. 36.

[45]) Die Stammtafel der Udalrichinger bei Ch. Fr. Stälin, l. c., 559, ist nach der von Baumann (Zeitschrift des historischen Vereins für Schwaben und Neuburg, II, 42) gegebenen ganz wesentlich zu berichtigen, besonders eben der ob. S. 25 erwähnte Otto I., Stammvater der nach dem gleichen Forscher (l. c., 26 u. 27) älteren Buchhorner Linie, als Bruder Marquard's und Udalrich's IX. — des Uodalricus comes senior Brigantinus der Casus monast. Petrishus., Lib. II, c. 23 (SS. XX, 644), des Stammvaters der Bregenzer Linie — einzureihen. Die St. Galler Annalen kennen den Marcuardus nobilissimus Suevorum als heftigen Gegner Heinrich's IV. (vergl. zu 1079, n. 39).

[46]) Vergl. schon Bd. II, S. 671, mit n. 64.

vor Gregor VII. erschienen war und seine gänzliche Hingabe an die Sache des Papstes bewiesen hatte[47]). Unter den Achalmer Grafen zeichneten sich, im scharfen Gegensatze zu den vorhin gegenannten Brüdern, Cuno und Liutold durch ihren völligen Anschluß an die kirchliche Sache aus; allerdings war der erste von ihnen durch die von seiner Mutter ererbten Güter nunmehr an die im Thurgau, nahe bei der Kiburg, liegende Burg Wülflingen, nach der er den gräflichen Namen trug, geknüpft[48]). Aus der Haltung des Grafen Hugo von Tübingen in dem zwischen König und Gegenkönig ausbrechenden Kriege ist zu schließen, daß dieser Inhaber der wichtigen Burg am Neckar zu Rudolf hielt[49]). Noch weniger ist zu bezweifeln, daß Graf Adalbert von Calw, schon infolge seiner engen Beziehungen zu dem durch ihn zu seiner Bedeutung emporgebrachten Kloster Hirsau, von Anfang an Rudolf's Sache förderte[50]).

Ein hochwichtiger Bundesgenosse für den Gegenkönig, dessen große Bedeutung sich erst noch in den folgenden Entwicklungen für Rom und dessen Anhang in Deutschland erweisen sollte, war eben ganz besonders dieses durch Adalbert begünstigte, unter Fürsorge seines Abtes Wilhelm zu hohem Gedeihen gebrachte Kloster im Schwarzwald, mit seinen immer noch deutlicher sich einstellenden, weithin sich erstreckenden Einwirkungen[51]).

Abt Wilhelm, am 2. Juni 1071 als Vorsteher seines Klosters

---

[47]) Vergl. l. c., S. 780—783.

[48]) Eben der schon in n. 43 erwähnte Satz Berthold's in c. 5, mit der Vergleichung der verschiedenartigen Brüder, ist besonders bezeichnend: Cuono comes .... et frater eius Liutoldus a Deo inspirati quia urbes ad repugnandum munitissimas habuerunt in fidelitate sancti Petri usque in finem cum apostolico perseveraverunt.

[49]) Vergl. zu 1078, bei n. 87.

[50]) Vergl. schon Bd. II, S. 97 u. 98, 495 n. 58 (wozu S. 909), 526 u. 527, 755, über den Grafen, sowie über dessen Beziehungen zu Hirsau. Wenn auch Hirsau schon auf fränkischem Boden — des Bisthums Speier — lag, so ist es doch bei der Nachbarschaft der schwäbischen Grenze und der auf Schwaben sich erstreckenden Wirkung hier einzurechnen.

[51]) Ueber Hirsau und dessen Einwirkungen handeln von neueren Schriften, neben dem schon l. c., S. 97 u. 107, genannten Buch von Kerker, A. Helmsdörfer, Forschungen zur Geschichte des Abtes Wilhelm von Hirschau (Göttingen, 1874), P. Giseke, Die Hirschauer während des Investiturstreites (Gotha, 1883), nach der nicht stark in das Gewicht fallenden früheren Arbeit des gleichen Verfassers, Ausbreitung der Hirschauer Regel durch die Klöster Deutschlands (im Jahres-Bericht des Stadt-Gymnasiums zu Halle, IX. Jahrgang, 1877), O. Hafner, Regesten zur Geschichte des schwäbischen Klosters Hirsau (Studien und Mittheilungen aus dem Benedictiner- und dem Cistercienser-Orden, XII, 244 ff., XIII, 64 ff., mit Fortsetzungen), P. B. Albers O.S.B., Hirsau und seine Gründungen vom Jahre 1073 an (Festschrift zum elfhundertjährigen Jubiläum des deutschen Campo Santo in Rom, 1897, 115—129, sammt Stammtafel der Gründungen). In größeren Werken ist schon durch Chr. Fr. Stälin, II, 685—688, dann durch Giesebrecht, III, 643—644, ferner durch G. Bossert, Württembergische Kirchengeschichte, III, 108—114, Hauck, Die Kirche Deutschlands unter den sächsischen und fränkischen Kaisern, 859—869, von dieser Sache gehandelt worden.

geweiht, hatte 1075 in der ausdrücklichen durch Heinrich IV. bestätigten Erklärung des Grafen Adalbert die freie Wahl des Abtes und des Vogtes für Hirsau zugestanden erhalten[61]). Dann war er nicht lange darauf, wahrscheinlich noch im gleichen Jahre, nach Rom gegangen, um von Gregor VII. die Bekräftigung der festgestellten Rechte gleichfalls zu erlangen. Dem Abte wurde Gewährung seiner Bitte und ein gütiger Empfang beim Papste zu Theil; allein dann erkrankte er sehr schwer, an verschiedenen Leiden, deren Auftreten wohl, zum Theil wenigstens, auf die Beschaffenheit des ungewohnten Aufenthaltsortes zurückzuführen war. Von den Aerzten aufgegeben, schon mit dem heiligen Oele gesalbt, ging er schließlich doch, was nur der Kraft des gläubigen Gebetes zugeschrieben wurde, der Genesung entgegen, und nach fünf Monaten kläglichen Leidens konnte er, kaum genesend, mit dem von dem Papste gewonnenen Freibriefe mühselig nach Hirsau zurückkehren[62]). Aber diese Reise, sowie der Verkehr mit dem Papste sind jedenfalls von dauernder Wirkung auf den willensstarken, zu großen Leistungen befähigten Mann gewesen.

Die Verschärfung des Gegensatzes zwischen Heinrich IV. und Gregor VII., die ganz besonders in Schwaben vorliegende Lösung der Kirche und der Laien, in Anhänger des einen und des anderen Lagers, mußte in Wilhelm den Gedanken kräftigen, sein Kloster zu einem zusammenfassenden Bollwerke strenger kirchlicher Gesinnung zu erheben. Aehnliches war an anderen Stellen versucht und begonnen worden. Erzbischof Anno schon hatte das Vorbild der strengen kirchlichen Einrichtungen von Fruttuaria nach seinem Cölner Sprengel verpflanzt, in Thüringen für das gleiche Ziel gewirkt und weitere Nachahmung gefunden. In Schwaben war ebenfalls,

[61]) Vergl. Bd. II, S. 98 u. 99, wo auch in n. 110 über den nicht großen Werth der Vita Willihelmi abb. Hirsaugiens. (SS. XII, 211—225), den, vielleicht etwas hyperkritisch betreffend die Angaben des Trithemius über die Lebensbeschreibung (vergl. Wattenbach, Deutschlands Geschichtsquellen im Mittelalter, 6. Aufl., II, 49 n. 6), besonders Helmsdörfer, l. c., 1—3, gleichfalls in das Licht stellt.

[62]) Diese Reise nach Rom bringt der Annalist von 1075 an, eben zu 1075, als mox nach dem in Bd. II, S. 527 n. 97, Erwähnten — dum .... ad votum suum apud papam Gregorium id efficaciter, pro quo exierat, peregerat —, verweilt dann aber viel länger bei der — dum repatriare jam moliebatur — eingetretenen acerrima passio .. quam Greci strofiam, id est cessationem nutrimenti, dicunt, wozu noch febres planetae, disinteria, aemorroida, sowie inguinarius quidam tumor gekommen seien, so daß der Abt circiter quinque menses, ab ipsis etiam medicis omnino desperatus, set non solus suorum, miserabiliter cruciabatur und mox reconvalescens heimkam (l. c., 281), ferner die Vita, c. 4, wo gleich an die in c. 3 erzählte Ertheilung der königlichen Bestätigung mit: quo ad votum completo die Reise angeknüpft und von der guten Aufnahme des Abtes gesprochen wird: a ... Gregorio benigne susceptus ... libentissime, prout competebat, annuit — hier wird die Krankheit ad altare sanctae Mariae semper virginis reclinatoque ventre sauciato ad altare geheilt (l. c., 213). Gregor's VII. J. 5279 ist undatirt; die Vita, l. c., sagt von dem privilegium noch außerdem: ob munimentum Hirsaugiensis cenobii cyrographum unum ab eodem receptum in scrinio sancti Petri recondidit (sc. Gregor VII.).

von St. Blasien aus, der Blick nach Fruttuaria gelenkt worden. Wilhelm's Vorgänger in der Leitung Hirsau's, Abt Friedrich, war von Einsideln her geholt worden, wo gleichfalls die genaue Erfüllung der mönchischen Verpflichtungen bereits seit längerer Zeit eine eifrige Pflege gewonnen hatte[54]). Alsbald sollte nun Hirsau eine ähnliche Bedeutung erhalten, die allerdings erst in den nächsten Jahren nach der Wahl des Gegenkönigs schärfer hervortrat. Die Anregung griff dabei auf erneute Beziehungen Abt Wilhelm's mit Männern aus dem Umkreise von Cluny zurück, wie im Weiteren zu erörtern sein wird; aber dabei war doch die von Hirsau ausgehende Kräftigung der Klosterzucht ein eigenes Werk, das, mochten da auch ähnliche Wege, wie anderwärts, eingeschlagen werden, auf freiem Ermessen Abt Wilhelm's ruhte[55]).

Jedenfalls war es ganz begreiflich, daß schon jetzt der Gegenkönig Rudolf, ehe er Oberdeutschland verließ, noch in Hirsau erschien und dadurch die Gemeinsamkeit mit den dort gehegten Plänen bezeugte. Denn das Pfingstfest — auf den 4. Juni fiel der Pfingsttag — beging er hier im Gotteshause des Abtes Wilhelm, und es ist nicht ausgeschlossen, daß eine Schenkung an das Kloster, deren Zeit nicht feststeht, bei diesem Anlaß von Rudolf gemacht wurde[56]).

Dann aber war des Bleibens für Rudolf nicht mehr. Er nahm nach dem sächsischen Stammgebiete seinen Weg[57]).

—

[54]) Vergl. über Anno's Anregungen Bd. II, S. 92–94, über Einsideln S. 98, sowie die S. 167 n. 98 citirte Abhandlung von O. Ringholz, über St. Blasien S. 167. In Anknüpfung an die Eintragung in Msc. Nr. 235 der Einsidler Bibliothek (Abdruck der Consuetudines, 269 ff., an der bezeichneten Stelle) führt Ringholz aus, daß Einsideln schon vor Cluny und Fruttuaria solche eigene Gewohnheiten besaß und daß infolge dessen für Neugründungen oder Verbesserungen bestehender Klöster Aebte und Mönche auch sonst von da geholt wurden, daß besonders auch barbati vel conversi laici dort zuerst bezeugt seien.

[55]) Das Weitere vergl. unt. zu 1084. Den Parallelismus von Cluny und Hirsau betont scharf E. Hauviller, Ulrich von Cluny (Kirchengeschichtliche Studien, III, 3. Heft, 1896), schon gleich in der Einleitung, 5.

[56]) Rudolf's Besuch erwähnt Bernold: celebrato pentecoste apud cellam sancti Aurelii (SS. V, 434). Daß St. 2998 — im Codex Hirsaugiensis: Rudolfus rex dedit ad Burchhalden XI hubas (SS. XIV, 265) — hieher zu ziehen sei, ist mit einer gewissen Wahrscheinlichkeit anzunehmen. Ebenso möchte Heyck, l. c., 124, n. 421, die in Heinrich's V. St. 3205 bezeugte Schenkung für St. Blasien, durch den als dux de Rinvelden da bezeichneten Rudolf, so daß der erwähnte dux Bertoldus nicht Berchtold II., sondern Berchtold I. wäre, in „die erste Zeit des Eifers der beiden herzoglichen Freunde für die neu reformirten Schwarzwaldklöster, vor Rudolf's endgültigen Abgang nach Sachsen“ setzen.

[57]) Den Weggang nach Sachsen melden kurz, als erzwungen, Annal. August.: Ruodolfus in Saxoniam expellitur (SS. III, 129), die St. Galler Annalen (im Anschluß an die Stelle von n. 34), doch bloß in Gallus Öhem's Auszug: und traib (sc. Heinrich IV.) in von Swauben in Saxenland (l. c., 97), Marianus Scottus, a. 1100 (= 1078): Rodulfus fugit (SS. V, 561). Sigeberti Chron.: Rodulfum adortus eum fugere compulit (SS. VI, 364). Casus monast. Petrishus., c. 33: in Saxoniam perrexit, d. h. als Flüchtling, da aufugit vorhergeht (vgl. n. 34), dagegen in das Günstige wendend, besonders mit recht vielen Worten, der Annalist von 1075 an: Accepta . . . unanimi satis consultatione,

Unversehens war Heinrich IV. von Regensburg her, auf einem Umwege, vom östlichen Franken, aus dem Land am Main, am Neckar aufwärts und über Eßlingen, tiefer nach Schwaben hinein vorgedrungen. Seine von gegnerischer Seite, wie schon erwähnt, auf zwölftausend Mann angeschlagene Macht war durch zahlreiche Hülfstruppen verstärkt, zumal aus Baiern und Böhmen, und so wurde es ihm möglich, an den Feinden härteste Vergeltung zu nehmen. Die eben aus diesem feindlichen Lager stammenden Schilderungen entwerfen ein entsetzliches Bild der Kriegsführung. Mord, Plünderung, Raub, Brand begleiteten das Heer: wie dieses durch die herangerissenen Güter der Kirche zusammengebracht worden sei, habe es zwischen Heiligem und Unheiligem keinen Unterschied gemacht. Den Böhmen insbesondere wurden die unmenschlichsten Dinge zugeschrieben. Oeffentlich schändeten sie die Frauen in den Kirchen, die von ihnen nicht höher als Ställe geachtet wurden, und führten sie nach ihrer Sitte gefangen hinweg, so daß ihr Treiben ganz der Wuth der Heiden glich. Aber auch ein Heinrich IV. günstiger Bericht aus Schwaben räumt ein, es sei den Anhängern Rudolf's schlimm ergangen, wenn sie Widerstand leisteten, und sagt, daß die Tempelräuber getödtet, Andere mit Verwüstungen, Plünderungen, Brandstiftungen, verschiedenartigen Niederlagen heimgesucht worden seien. Heinrich's IV. Ziel war

---

non visum est eis (vergl. in n. 34) sanum huiusmodi congressionis consilium, set prudenti cautione differendum ad tempus deliberabant, quousque deinceps tot militantium myriades industrius undecumque contraheret, quibus absque detrimento suorum adversarios suos oportunitate adoptata subdere et omnifariam sibi ad servitium constringere majestate regia victoriosus sufficeret. Ipse autem quamvis nolens et invitus, consiliis eorum acquievit, et dimissa a se dignanter contracta multitudine, intimisque suis ad tuitionem regni et ad imminentium bellorum immanitates cavendas diligentissime praemonitis .... in Saxoniam iter suum acceleravit (298), viel kürzer wieder Bernold: quibus (sc. Heinrich's IV. Heer) libentissime rex (sc. Rudolf) cum ipsis paucis quos eo tempore habuit obviasset, si non principes eius hoc in aliud tempus differendum cautius judicarent .... ipse in Saxoniam properavit (l. c.) und Bruno, De bello Saxonico, c. 93: ibi (sc. ad Suevos) parum moratus, ad Saxoniam transivit (l. c., 366). Die Vita Heinrici IV. imperatoris, c. 4. urtheilt zusammenfassend: rex ... Ruodolfum ducem super se regem creatum invenit, qui audita regressionis eius fama, ante paratus ad fugam quam ad pugnam, ante pulsus quam victus, in Saxoniam fugit. Facile est regnum accipere, difficile tueri. Set nulli mirum sit, virum in rebus bellicis exercitatum et strenuum nunc fugisse, quia sepe justior et victrix causa fortes in metum mittit et in fugam, nachher nochmals: cedente Ruodolfo, cuius caput, si deprehensus esset, vindex gladius digne rotaret (SS. XII, 273). Mit Genugthuung sagt das auch der Liber de unitate ecclesiae conservanda aus, Lib. I, c. 6: Rex autem reversus de Italia invenit novum regem et hostes multiplicatos ex absentia sua, ex quorum manu abstulit cornu principatus sui, divina auxiliante gratia pariterque annitente pronissimo in se principum favore, quorum Deus tetigerat corda, sowie Lib. II, c. 10: In cuius (sc. Heinrich's IV.) adventu in Germaniam (sc. de partibus Italiae) dispersi sunt inimici eius et fugerunt a facie eius, abieruntque quidam de episcopis in Saxoniam cum rege suo Rudolfo, quidam autem ad montana et civitates munitas (Libelli de lite, II, 192, 221).

Ulm[58]), und hier hielt er sich wohl in den letzten Tagen des Mai auf, etwa zur gleichen Zeit, wo der Gegenkönig sich zum Weggange aus Schwaben vorbereitete[59]).

In Ulm veranstaltete nun Heinrich IV., indem er zugleich auch wieder mit der Krone geschmückt sich zeigte, eine Versammlung, so zahlreich er sie zusammenzubringen vermochte, um hier auf schwäbischem Boden nach schwäbischem Rechte die fürstlichen Hochverräther zur Strafe zu ziehen. Der zum Gegenkönig emporgehobene Herzog, der ja allerdings burgundischen Stammes war, aber als Inhaber des Herzogsamtes vor die schwäbischen Richter gehörte, ferner der Schwabe Herzog Berchtold von Kärnten, über den freilich thatsächlich schon, zu Gunsten des Eppensteiners Liutold, entschieden worden war, und der durch seine Abstammung von der schwäbischen Mutter vor dieses gleiche Gericht gezogene Herzog Welf von Baiern, aber noch weitere zu Rudolf sich haltende schwäbische Vornehme wurden als des Todes schuldig durch gerichtlichen Spruch verurtheilt, ihrer Würden und Lehen — nach einer weiteren Nachricht, die aber kaum in vollem Umfang zutrifft, wären auch die Erbgüter inbegriffen gewesen — verlustig erklärt. Von den

---

58) Ueber Heinrich's IV. Vorgehen ist der Annalist von 1075 an am einläßlichsten, besonders in Angabe des Marschweges: a partibus Austri-Franciae, et Moinonis fluvii per Neccharum fluvium et Ezzilinga oppidum ad usque Ulmam et Danubium, mit Ausführung über die Zusammenziehung der tanta auxiliatorum copia — weßhalb soll denn aber Heinrich IV., wegen Rudolf's Lagerung vor Sigmaringen, non sine maximo metu vorgerückt sein? —, zumal auch aus Boemii, denen dann der Hauptantheil an den breit ausgemalten Unthaten — ethnicorum insania — zugeschrieben wird (295). Bernold sagt ähnlich, Heinrich IV. sei ex improviso gekommen, cum maxima multitudine Boemiorum et Bajoariorum .. quos cum rebus aecclesiarum derepente sibi comparare potuit, und setzt dann bei der Schilderung der, gleich wie beim Annalisten, von den fautores eius ex Boemia begangenen vorgeführten Entsetzlichkeiten noch hinzu: ut ... postea inhumanius eos (sc. homines usque ad satietatem suae libidini inhumane prostitutos) Cinocephalis devorandos venderent (ganz gewiß fabelhafte Vorstellungen im Anschluß an Herodot's Erzählung, Lib. IV, c. 191, von den *κυνοκέφαλοι* im inneren Libyen) (434). Von der Auffassung der Anhänger Heinrich's IV. aus berichten die Annal. August. (im Anschluß an den Satz in n. 57): fautores eius (sc. Rudolf's) repugnantes praedationibus, incendiis, cladibus diversis opprimuntur; sequaces eius vastantur infelices et sacrilegi trucidantur (l. c.), und noch ausdrücklicher spricht die Vita Heinrici IV. imperatoris, c. 4: rex ... Bawariam, Sueviam invasit et conjurationis adversum se socios vastavit, munitiones eorum fregit; nec tamen pro injuriae suae materia se vindicabat, sed sciens in ultione freno uti, longe infra meritum culpae cohibebat habenas vindictae (l. c.). Kurz theilt Marianus Scottus über Heinrich mit: ad Rodulfum in Sueviam contra se certare temptantem festinavit ... Heinricus Sueviam predavit (l. c.), ebenso Sigebert: iterata expeditione Sueviam depopulatur (l. c.).

59) Kilian, Itinerar Kaiser Heinrich's IV., 78, setzt, ausgehend von dem Annalisten von 1075 an, der mitten in diesen Ereignissen mit den Worten: His postpaschalibus diebus (297) einen Absatz beginnt, alles das vor Pfingsten an. Schon Giesebrecht, III, „Anmerkungen", 1157, n. 1, wies Floto's Annahme l. c., II, 161, Heinrich IV. sei am 28. Mai in Worms gewesen, mit Recht ab, da ja St. 2792 — übrigens vom 21. Mai — zu 1076 gehört (vergl. Bd. II, S. 677, mit n. 94).

Lehen gab der König sogleich einige an seine Anhänger wieder aus — Graf Udalrich von Lenzburg wird da als Begünstigter genannt — und zog diese so noch ausdrücklicher als Zugeschworene in seinen Dienst. Von den Herzogthümern war über Kärnten schon verfügt; Schwaben selbst und Baiern wurden zunächst nicht wieder von der Krone getrennt.

Unter den bei der Versammlung anwesenden Fürsten sind einzig zwei hohe Geistliche eigens genannt, allerdings nur von einem feindlichen Zeugnisse, in der Absicht, Vorwürfe an die Namen zu heften. Der Patriarch Sigehard, der von Italien her mit dem König gekommen war, fehlte nämlich auch in Ulm nicht, und da wird er nun beschuldigt, Briefe öffentlich vorgelesen zu haben, die angeblich durch ihn von Seite Gregor's VII. nach Deutschland geschickt worden seien, ein Vorgehen, wodurch der Patriarch der Sache Heinrich's IV. einen wesentlichen Dienst geleistet habe. Allerdings war ohne Zweifel dieses Auftreten eines solchen Würdenträgers, der noch vor nicht langer Zeit als Beauftragter des Papstes gesehen worden war, der vielleicht wirklich noch von jener Zeit her in seinem Besitze liegende Schreiben Gregor's VII. vorzuweisen vermochte, eine wesentliche Verstärkung der Stellung Heinrich's IV. Ebenso aber fand sich auch Embriko von Augsburg an des Königs Seite. Er war nach seinem zwangsweisen Anschluß an Rudolf jetzt wieder Heinrich IV. gleich bei dessen Erscheinen Glück wünschend entgegen gegangen und nun als treuer Anhänger nach Ulm gefolgt. Bei einer feierlichen Messe wandte er sich vom Altar gegen den König und die Anwesenden, gab einige Erklärungen über die schwebenden Streitfragen und kündigte freiwillig an, er nehme im Meßopfer das heilige Abendmahl zum Beweise und zum Gottesurtheil für Heinrich's IV. gerechte, Rudolf's ungerechte Sache. Darauf — fährt der Bericht fort — habe der Bischof, unter eidlicher Betheurung, der Genuß der Communion solle ihm so an Leib und Seele zum Heile dienen, wie Heinrich's IV. Anspruch auf die Königsherrschaft gerecht und gültig sei, wirklich Leib und Blut des Herrn genommen[60]).

---

[60]) Ueber die Ulmer Versammlung handeln der Annalist von 1075 an und Bernold. Jener läßt Heinrich IV. dieses colloquium halten: cum quibus poterat und den rex Ruodolfus, die zwei Herzoge und caeteri Alemannorum ipsi (sc. Rudolf) consentanei majores als secundum legem Alemannicam, quasi digni jugulari, sententialiter adjudicati verurtheilt und der dignitates et beneficia sua pariter beraubt werden: quibus confestim nonnullos suorum beneficiatos ditavit et sic in auxilium sibi hos et omnes quos potuit more suo adjuratos obnixe conduxit, und dann wird der Patriarch, mit der Vorlesung der litterae pseudographae quasi a domno apostolico in has partes per illum transmissae, eingeführt (295), ebenso hernach Embriko, der, wie schon vorher: ilico dum reversus est rex Heinricus, ipsi gratulanter occurrens, omnifariam quoque adulatus est — jetzt in comitatu praedicto usque ad Ulmam ipsi studiose obsequialis et favoralis non deerat, mit der breiter ausgeführten Scene bei dem Empfang des Abendmahls in der Messe (295 u. 296). Bernold ist viel kürzer: Eo tempore Heinricus, imposita sibi corona apud Ulmam, interdictum regnum usurpavit, ubi et praedictum comitem Uodalricum, ut

Jedenfalls war die öffentliche Haltung des Gerichts durch den König, an einer Stelle, wo noch vor wenig über einem Vierteljahr seine Feinde gegen ihn getagt hatten, geeignet gewesen, das Ansehen Heinrich's IV. noch weiter zu stärken. Der Abfall von Rudolf's Sache stand jetzt vollends vor Aller Augen. Der gleiche Berichterstatter, der die ganzen Ereignisse dieses Jahres eingehend im Sinne der Sache des Gegenkönigs schildert, weiß zu sagen, wie arg diese Abtrennung unter den nächsten Anhängern, den Blutsverwandten und Freunden, denen Rudolf stets ganz getreu sich erwiesen hatte, um sich griff, daß diese, einer nach dem andern, sich Heinrich IV. anschlossen, Treue und Eid gering anschlagend, wie da geklagt wird. Am empfindlichsten war selbstverständlich, daß der größte Theil der Vassallen, auf die Rudolf, da sie ihm schon lang zugeschworen hatten, für seine Heeresrüstung als auf die Getreuesten gerechnet hatte, den gleichen Weg ging[61]). Vorzüglich hatte auch der soeben abgesetzte Herzog Welf durch einige schwäbische Grafen, die auf diese Weise von Rudolf abgefallen waren, zu leiden; sie hatten sich nämlich einiger Burgen bemächtigt und verwüsteten nun von da aus mit allen Kräften auf das unmenschlichste, mit Brand, Plünderung, jeglicher Feindseligkeit, die Besitzungen Welf's und Güter, die der Kirche oder Anhängern des Gegenkönigs gehörten[62]). Nicht besser stand es mit der Sache Rudolf's in seinen westlich an sein bisheriges Herzogthum anstoßenden burgundischen Gebieten; denn eben jener gleiche Zeuge schrieb, daß fast die ganze Kraft der Burgunder ebenfalls zu Heinrich IV. übergetreten sei[63]). Der Gegenkönig hatte bei dem Weggange von

---

optime promeritum (vergl. ob. S. 30), inbeneficiavit, hat danach auch die gleiche Geschichte vom Bischof Embriko, nicht ganz so einläßlich (434). Die Annal. August. denken jedenfalls an die Versammlung, wo sie sagen: Laici quidem clericorum et ecclesiarum possessiones diripientes, inter se praedas et mutua exercentes incendia, plures haereditatibus et beneficiis, plures etiam vita privantur (l. c.). Die durch Heyck, l. c., 81, n. 256, vorgebrachten Gründe erschüttern die von Waitz, Deutsche Verf.-Gesch., VIII, 19, gebrachte Einstellung des Falles zu denjenigen, wo in Strafsachen über die Großen nach dem Recht der Stämme das Urtheil auf heimatlichem Boden gefällt wird, nicht; dagegen weist Heyck sehr zutreffend in n. 255 auf St. 2815, von 1079, betreffend Rudolf: ob multas in nos regnumque nephandas presumptiones omni divina et humana lege tam vite quam rerum proscriptus et dampnatus. Mit ihm, 82 n. 261, ist anzunehmen, daß wenigstens das zähringische Hausgut geschont wurde, wohl auch das Welf's.

[61]) Die bezeichnende Stelle des Annalisten, die den in n. 35 erwähnten tres causae unmittelbar vorausgeht, lautet: maxima pars militum regis, quos jam diu adjuratos sibi fidelissimos fore non dubitaverat, nec non omnes fere consanguinei et proximi illius, quibus ipse semper fidelissimus exstitit, in omnibus Heinrico regi una adhaeserant; ab isto autem viritim, fidem et jusjurandum parvipendendo, se subtraxerant (294).

[62]) Von diesen quidam comites de Alemannis, jam pridem regis Ruodolfi electissimi adjurati milites — turpis lucri causa ab eo apostatabant — und ihren Thaten spricht wieder der Annalist (298 u. 299).

[63]) In dem in n. 38 berührten Zusammenhange: tota fere Burgundionum virtus (294). Kallmann schloß in seiner Abhandlung — Die Beziehungen des

Zürich augenscheinlich seine Gemahlin Adelheid beauftragt, über den Angelegenheiten dieser burgundischen Landschaften wachsam zu bleiben. So war die thatkräftige Frau von Zürich nach Burgund gegangen, wo sie dann länger als ein halbes Jahr auf einer der dortigen Burgen blieb, unter Erduldung sehr vieler Unbilden von Seite der Burgunder. Denn die Bischöfe Wernher von Straßburg und Burchard von Basel, ferner Bischof Burchard von Lausanne richteten mit allen ihren Anhängern die Angriffe auf die Vertreterin Rudolf's; mit Raub und Brand, mit Gewaltmitteln, sei es der Anfechtung, sei es der Ueberredung, suchten sie geflissentlich alle Besitzungen Rudolf's heim, um dieses ganze Land sich für Heinrich IV. zu unterwerfen. Freilich blieben einzelne Rückschläge dabei nicht aus. Zwei Male nämlich wurden burgundische Schaaren, die zum Plündern in übermüthigster Weise feindliche Angriffe auf schwäbischem Boden vollführt hatten, von den Kriegern Rudolf's besiegt, erschlagen oder in die Flucht getrieben[64]).

Allein inzwischen war Heinrich IV. von Ulm nach Baiern zurückgekehrt. Da ließ er jetzt ebenfalls die Folgen der dort von ihm getroffenen Strafverfügungen hervortreten. Die Lehen und Kirchengüter des abgesetzten Herzogs Welf und der übrigen im Widerstande verharrenden Gegner, ganz vorzüglich des Bischofs Altmann von Passau, vertheilte er unter seine Anhänger und suchte so seine Verbindung mit ihnen noch mehr zu befestigen[65]). So mußte auch hier in Baiern die Scheidung der Parteien noch ausdrücklicher zu Tage kommen.

Zu Rudolf hielt außer dem oben erwähnten Bischof Altmann besonders auch der Erzbischof Gebehard von Salzburg. Unentwegt den Geboten Gregor's VII. treu bleibend, hatte der Erzbischof die übeln Folgen, die daraus für seine Kirche und für ihn selbst er-

Königreichs Burgund zu Kaiser und Reich (etc.) —, Jahrbuch für schweizerische Geschichte, XIV, 83, aus der in Bd. II, S. 650 u. 51, besprochenen Urkunde St. 2788, wo Heinrich IV. per manum ducis Ruodolfi ... desertum quoddam juris mei regni schenkt, auf eine Rudolf in Burgund übertragene statthalterliche Stellung, so daß er da als höchster Reichsbeamter gegolten habe.

[64]) Auch hievon redet der Annalist, von der uxor regis in partes Burgundiae a Turego divertens, von den Basiliensis, Lausannensis et Argentinus antiepiscopi cum omnibus quos ad se attraxerant, aber auch von den bis a militibus regis Ruodolfi victi, caesi et fugati Burgundionum turmae, quae partes Alemannicas praedaturae impetu hostili superbissime invaserant (298). Von Bischof Burchard sagen die Gesta epp. Lausannens., des Cono von Estavayer, c. 10: alienavit pro servicio imperatoris 11 curias in episcopatu Constanciensi (SS. XXIV, 600), was vielleicht schon hieher gezogen werden darf.

[65]) Wieder ist der Annalist Quelle hiefür, hinsichtlich der — nachdem Henricus se in Bagoariam proripuit — divisa inter suos et ducis Welfi, et caeterorum sibi rebellantium beneficia et aecclesiarum bona, sed maxime Pataviensis (298). Erwähnenswerth ist hier immerhin eine von Aventin, Annales, Lib. V. c. 14, gebrachte Nachricht: Caesar Veliphonem, summum Bojariae principem, Neoburgii (an der Donau?) obsidet, capit, in deditionem redigit, arcta custodia adservari jubet (Sämmtliche Werke, III, 131 u. 132, wo der Herausgeber Riezler immerhin eine verlorene Quelle — vergl. n. 68 — vermuthet).

wachsen konnten, vorausgesehen und sich durch die Anlage fester Burgen zu schützen gesucht. Eine solche war zu Salzburg selbst auf dem Berge unmittelbar über der Stadt, eine andere flußaufwärts auf einer beherrschenden Höhe links hoch über der Salzach, wo deren Wasser durch den letzten Engpaß des Hochgebirges, vor Erreichung des flacheren Landes, sich den Weg bahnt, in Werfen, eine dritte weit südöstlich auf dem Boden von Kärnten zu Friesach errichtet worden. Allein die Anhänger Heinrich's IV. warfen sich, unbekümmert um den päpstlichen und erzbischöflichen Bann, ein jeder auf die ihm zunächst liegenden Güter von Salzburg, und Gebehard hatte die härtesten Heimsuchungen zu erfahren[66]. Neben dem Erzbischof wird kaum noch ein einziger angesehener Mann in Baiern, der gegen Heinrich IV. gehalten hätte, genannt. Das war der als mächtig und tapfer gepriesene Graf Ekbert von Formbach und Neuburg, der als Gemahl der Mathilde aus dem Lambach'schen Hause ein Neffe des Bischofs Adalbero von Würzburg geworden war; die durch die Erbgüter am untersten Lauf des Inn und an der Donau schon inne gehabte Stellung hatte Ekbert durch die von Mathilde's Seite gewonnenen Besitzungen um Pütten, im Markgebiete, noch verstärkt[67]).

Dagegen hielt sich der größere Theil angesehener weltlicher bairischer Herren zu Heinrich IV., so weit sich das verfolgen läßt.

[66]) Der Annalist sagt ausdrücklich: Et ferme nullus de Pagoariis erat, praeter archiepiscopum Juvavensem . . . quin juxta voluntatem illius (sc. Heinrich's IV.) ipsi assisteret et consentiret (298). Auch die Lebensbeschreibungen des Erzbischofs sprechen hievon. Die ältere knüpft in c. 3 an die Erwähnung von Heinrich's IV. Excommunication von 1076 und der Folgen der weiteren Maßregeln Gregor's VII. die Schicksale Gebehard's, und zwar mit ausdrücklicher Motivirung: Hoc novum sive rarum in regem anathema utrum ex venditione episcopiorum et abbatiarum, an ex alia infamia causam sumpserit, penes earum conscios sit et judices; nobis sententia pastoris timenda est sive justa sive injusta, et potius nobis Admuntensibus monachis commemorandi sunt actus et eventus illius antistitis, de cuius stipendiis nos contigit vegetari et de praesentia sepulchri eius gloriari —, und dann führt sie aus: Gebehard sei dem Papste ganz gehorsam geblieben, worauf: multa tunc suae personae et ordini indigna a fautoribus regni excepit, qui et mox ecclesiae suae bona diripiebant, unusquisque vicina sibi quasi ex permissione regis vendicans et bannos domni papae ipsiusque nostri ob hanc direptionem illi factos parvipendens. Die jüngere in der Reihe der erzbischöflichen Biographien stehende, Bd. I, S. 183 n. 29, erwähnte Vita schiebt in c. 7 nach diesen Worten den Satz ein: Tunc etiam magna pars Ungaricae terrae quondam ecclesiae sancti Ruodperti traditae ab episcopo defecisse dicitur und redet dann von den hac necessitate ob munimen ecclesiae suae inposterum erbauten castella (SS. XI, 26, 39). Riezler, Geschichte Baierns, I, 539, und Huber, Geschichte Oesterreichs, I, 229, setzen übereinstimmend gewiß richtig die Burgenbauten Gebehard's in diese Zeit. Vergl. auch Mayer, Die östlichen Alpenländer im Investiturstreite, 52.

[67]) Eben an der in n. 66 citirten Stelle nennt der Annalist neben Gebehard noch den Grafen Elbert, ebenso wieder nachher: non parvae valentiae et virtutis comes, qui sibi (sc. Heinrich IV.: pertinax eius devastator) rebellaverat (298, 302); vergl. über diesen schon Bd. I, S. 187. Giesebrecht, III, 444, n. 1, und Huber, l. c., machen irrig Elbert zum Schwager — statt zum angeheiratheten Neffen — des Bischofs Adalbero.

Alsbald stellten sich nachher in Nürnberg am Hofe Pfalzgraf Kuno aus dem Hause der Grafen von Rott — auch der gleichnamige Sohn stand zum Könige — und der Markgraf Dietpold vom Nordgau, ein Schwabe von Geburt, der aber durch dieses Amt mit Baiern verknüpft war, bei Heinrich IV. ein. Nach einer allerdings nicht näher zu prüfenden Nachricht wären Graf Arnold II. von Diessen und mit ihm der Edle Adalbert von Eurasburg eben zu dieser Zeit durch den König mit einer größeren Aufgabe betraut worden; wenigstens sind sie, besonders der zweite, dessen Andenken durch seinen an der Loisach liegenden Stammsitz im benachbarten Kloster Benerberg festgehalten wurde, als Anhänger Heinrich's IV. bei der Gegenpartei in übler Erinnerung genannt. Der Umstand, daß in den nächsten Jahren Graf Heinrich von Lechsgemünd, aus dem zunächst an schwäbisches Gebiet anstoßenden Theile von Baiern, und der dem Markgrafen Dietpold ganz nahe verwandte Graf Ratpoto von Cham in Kämpfen für Heinrich IV. ihr Leben hingaben, erlaubt es wohl, sie schon jetzt zu seinen Getreuen zu rechnen. Ebenso konnte ohne Zweifel dem Hause der Burggrafen von Regensburg, in deren Stadt die Hofhaltung so häufig erschien, Vertrauen geschenkt werden, und wohl noch weitere derartige sichere Stützen standen dem Könige, zumal gegen Welf, hier zu Gebote[66]).

[66]) Riezler, l. c., 59?, zählt diese Anhänger des Königs auf. Betreffend die Abstammung des Markgrafen Dietpold vergl. schon Bd. I, S. 169 n. 91, wo von dem gleichnamigen Vater dieses Markgrafen — vergl. bei Riezler, l. c., 875, die Stammtafel — die Rede war; seither hat Döberl, Die Markgrafschaft und die Markgrafen auf dem bayerischen Nordgau (Programm des K. Ludwigs-Gymnas. in München für das Studienjahr 1893/94), 24—26, von diesen Verhältnissen gehandelt (entgegen der hier in Bd. I, S. 47, gebrachten Ansicht Giesebrecht's, daß 1057 nach dem Tode des Otto von Schweinfurt die Markgrafschaft — im Nordgau — aufgelöst worden sei, läßt Döberl den eben S. 47 erwähnten schwäbischen Heinrich von Hildrizhausen als Markgraf im Nordgau folgen; doch sei Heinrich als Anhänger Rudolf's — vergl. zu 1078 in n. 90 — jetzt unter den in Ulm durch Heinrich IV. Gemaßregelten gewesen — Riezler, l. c., 746, wollte den nordgauischen Markgrafentitel von Rudolf an Heinrich zugetheilt sein wissen — und die ihm abgesprochene Markgrafschaft für Dietpold, der allerdings zu Nürnberg — vergl. hier bei n. 69 — zum ersten Mal als Markgraf erscheint, zugetheilt worden: Dietpold hieß ähnlich nach einer schwäbischen Burg, wie Heinrich nach Hildrizhausen, „Markgraf von Giengen"). Vergl. zu 1079 in n. 47 über Dietpold's Gemahlin Liutgard. Ueber den Pfalzgrafen Kuno von Baiern, der neben Dietpold bei n. 69 erscheint, dessen gleichnamiger Sohn 1081 (vergl. dort in n. 128) für Heinrich's IV. Sache fiel, vergl. auch Wittmann, Die Pfalzgrafen von Bayern, 26—28, wogegen aber die Bd. I, S. 212, n. 18, aufgenommene Anzweifelung dessen, daß Kuno zum Geschlechte der Grafen von Rott zu zählen sei, nach Riezler, l. c., 747, 865 (vergl. dessen Anzeige des Wittmann'schen Buches, Historische Zeitschrift, XXXIX, 155 u. 156), aufzugeben ist. Betreffend Ratpoto, den nach Riezler, l. c., 875, jedenfalls mit Dietpold sehr nahe verwandten Grafen von Cham, der 1080 für Heinrich IV. fiel (vergl. Excurs III, n. 2), ist schon Bd. II, S. 192, in n. 8, gesprochen worden, ebenso S. 580 n. 168, daß er kaum „der frühere Zwischenträger zwischen der Curie und dem Königshofe" — allerdings in diesem Falle „noch vor kurzem ein unsicherer Parteigänger", wie auch Döberl, 25, glaubt — gewesen sein wird. Gleichfalls durch Aventin (vergl. n. 65) ist ausgesagt, Heinrich IV. habe aus Regensburg verfügt: Vindeliciam superiorem et Norici

Eben in Nürnberg hielt sich Heinrich IV., begleitet von Königin Bertha, in der Woche nach dem Pfingstfeste auf. In seiner Umgebung waren von Bischöfen aus der näheren Umgebung Embriko von Augsburg und Udalrich von Eichstädt, aus Niederdeutschland Eberhard von Naumburg und Benno von Osnabrück, ferner Bischof Gebehard von Prag; Herzog Wratislav von Böhmen und Herzog Liutold von Kärnten, von bairischen Großen die soeben erwähnten, Pfalzgraf Kuno und Markgraf Dietpold, sind die weltlichen Herren, die aus der weiteren Zahl der Getreuen dem Namen nach hervorgehoben werden. In drei Schenkungen vom 11. und 13. Juni wollte der König seinen Dank für Dienste abstatten, die ihm in der letzten Zeit von geistlichen Fürsten erwiesen worden waren. Dem Patriarchen Sigehard von Aquileja wurden nun auch noch die Grafschaft in Istrien und die Mark Krain, in Anerkennung seines theuren treu dem Könige geleisteten Dienstes, für seine Kirche geschenkt, und Bischof Altwin von Brixen erhielt, ebenfalls zum Lohne für seine Dienstleistung, das Gut Schlanders im Vintschgau und dazu noch weitere Zuweisungen aus Lehengütern. Dabei handelte der Bruder des Herzogs Wratislav, Bischof Gebehard, zum ersten Male als Kanzler. Allerdings hatte sich Heinrich IV. noch nicht entschließen können, Erzbischof Siegfried als des Erzkanzleramtes verlustig zu erklären, und so steht dessen Name noch in dieser Stellung hier erwähnt. Aber da die Hoffnung, den in so ausdrücklicher Weise zu Rudolf hinübergerückten geistlichen Fürsten zurückzugewinnen, nicht festgehalten werden konnte, durfte die längere Fortsetzung eines solchen Scheinverhältnisses nicht mehr erwartet werden[69].

partem continuam, per quam Albesia, Isacus, Oenus amnes decurrunt, Arnulphum Hamasium cum Alberto Iringoburgensi procurare jubet (l. c., 132: wohl wieder aus der unbekannten verlorenen Quelle, aus der noch Weiteres geflossen zu sein scheint); — über den hier genannten Grafen Arnold II. von Dießen vergl. von Oefele, Geschichte der Grafen von Andechs, 13 u. 14, 109 u. 110, wo die Angabe der Traditionsurkunde für Benedictbeuern: Comes Arnoldus nobilissimus bellator imperatoris in die Regesten gestellt ist, ferner über den Edeln Adalbert von Eurasburg die Aussage des Paul von Bernried in dessen Vita b. Herlucae, c. 3: Adalbertus vicinae munitionis (sc. bei dem Burchburgensis praepositus) dominus, a quo dicebatur Iringopolitanus, vehementer effloruerat in gratia quarti Heinrici diu pessime regnantis propter peccata populi (Acta Sanctorum, Aprilis II, 555). Ebenfalls 1078 fiel Graf Heinrich von Lechsgemünd für Heinrich IV. (vergl. dort in n. 77). Daraus, daß Bischof Otto von Regensburg, aus dem Geschlecht der dortigen Burggrafen, zu Heinrich IV. hielt, ist wohl der Schluß auf die Haltung dieses Hauses überhaupt gestattet; eine feindselige Stellung zu dem Könige wäre in Anbetracht des Umstandes, daß dieser so häufig in Regensburg sich aufhielt, kaum möglich gewesen.

[69]) St. 2802 und 2803, vom 11. Juni, für Sigehard, nennen, die erste, nach der petitio dilectae nostri regni ac thori nostri consortis Berthae reginae — in St. 2803 ist Bertha nur kurz als subveniens erwähnt — die fünf Bischöfe, zwei Herzoge, den Pfalzgrafen und den Markgrafen als subvenientes ad hoc familiares nostri, sowie alii nostri quam plures amici, die zweite die gleichen Personen als alii nostri fideles ad hoc [illegible], sowie alii quam

Zugleich jedoch wurde jedenfalls schon hier in Nürnberg die Art und Weise der als nächste Aufgabe vorliegenden Kriegsführung erwogen und an die Vorbereitungen, die dafür zu treffen waren, mit allem Fleiß geschritten. Auf Sachsen, wohin jetzt Rudolf endgültig seine Thätigkeit verlegt hatte, mußte sich dabei die Aufmerksamkeit richten; daneben durften die abgesetzten Herzoge Berchtold, Welf, ihre Genossen, die noch stets in Oberdeutschland einen starken Kern des Widerstands zu bilden vermochten, nicht aus den Augen gelassen werden. Eben um der nothwendigen Hülfskräfte völlig sicher zu sein, wandte hiebei Heinrich IV. nunmehr in einem allem Anschein nach gegen früher erweiterten Umfange das Mittel der eidlichen Verpflichtung aller Einzelnen für seinen Dienst in nachdrücklicher Weise an[79]). Dann aber brach der Hof nach dem rheinfränkischen Lande auf, dessen Insassen so sehr als die besten Anhänger des Königs angesehen wurden, daß der am einläßlichsten von diesen Dingen redende, Heinrich IV. gründlich abgeneigte Ge-

---

plures nostri familiares. Dagegen hat St. 2804, für Altwin, zwei Tage nachher, einzig Bertha, Cono, Benno als Intervenienten. Mit Gundlach, Ein Dictator aus der Kanzlei Kaiser Heinrich's IV., 5, sind alle drei Stücke dem schon Bd. II, S. 57, in n. 37, und weiter vielfach genannten Kanzleibeamten Adalbero C zuzuschreiben, das erste besonders wegen der Arenga, die das Beispiel der Vorgänger auf dem Throne als Nebenthema dem von der Pflicht der Könige gegenüber der Kirche hinzufügt (l. c., 27), das zweite in Betracht der starken Hervorhebung der Patrone der Kirche von Aquileja und der ungewöhnlichen Art der Betonung dessen, daß die getroffenen Verfügungen post vitae suae (sc. Sigehard's) decursum für die successores sui cuncti Geltung behalten sollten (l. c., 52). In St. 2803 ist Sigehard's charum nobisque fidele servitium, in St. 2804 Altwin's Verdienst — remunerantes servitium — hervorgehoben. Wichtig sind diese drei Urkunden, weil sie seit Adalbero's Ausscheiden als Kanzler, nach St. 2792 (Bd. II, S. 678, n. 94), die ersten von Gebehardus Pragensis episcopus et cancellarius (St. 2804 bloß: Gebehardus cancellarius) recognoscirten Erzeugnisse der Kanzlei sind, allerdings noch vice Sigefridi archicancellarii, trotz der seit der Forchheimer Wahl von dem Erzkanzler festgehaltenen feindlichen politischen Richtung (vergl. Breßlau, Text zu den Kaiserurkunden in Abbildungen, Lief. IV, 76 u. 77). Mit Gebehard ist, was bisher im 11. Jahrhundert in der deutschen Kanzlei nicht geschah, ein activer Bischof im Amt.

[79]) Der Annalist von 1075 an spricht von diesen Dingen, wie Giesebrecht, III, 1157, urtheilt, allerdings in „unbequemer Darstellung". Zuerst heißt es, im Anschluß an die Stelle von n. 65, von Heinrich IV.: omnes quoscumque et quomodocumque poterat ad se more suo, scilicet jurejurando, undecumque contraxerat et sic expeditionem in Saxoniam contra regem Ruodolfum, et in Alemanniam contra duces Berhtoldum et Welfum et caeteros illorum suffraganeos sollertissime disponebat, hernach — nach Hineinfügung anderer Sachen — neuerdings: intenderat .... expeditionem, quam omnes sui jam juraverant, in Saxoniam (298, 299). Während Weiland, Die Reichsheerfahrt von Heinrich V. bis Heinrich VI. nach ihrer staatsrechtlichen Seite (Forschungen zur deutschen Geschichte, VII, 123 u. 124), gestützt auf diese und andere Stellen des Annalisten — vergl. schon ob. in n. 22: in solitam subjectionis fidelitatem adjuratos, n. 60: omnes .. more suo adjuratos, n. 61: jam diu adjuratos —, Heinrich IV. als den Schöpfer der Sitte des Beschwörens der Heerfahrt hinstellt, zeigt Waitz, Deutsche Verf.-Gesch., VIII, 100 n. 3, daß schon vorher solche eidliche Verpflichtungen vorkamen, daß nur allerdings Heinrich IV. in den häufigen inneren Kämpfen davon einen weiten Gebrauch machte.

schichtschreiber hämisch sich äußerte, der König habe sich „in sein Franken“ zurückgezogen, wo er nun freilich von allen Seiten Schaaren einer zahlreichen Kriegsmacht zusammengebracht habe, freilich, wie spöttisch beigefügt wird, von einer Beschaffenheit, wie immer auch sie sein mochte. Die Anhänglichkeit der rheinischen Städte erwies sich jetzt in glücklichster Weise für Heinrich IV., und so wurde in Sachsen geradezu das Urtheil gefällt, das neu gesammelte königliche Heer sei größten Theils aus städtischem Aufgebote zusammengesetzt, was die Annahme zu gestatten schien, diese Kriegsmacht könne nicht als eine ansehnliche und starke angesehen werden[71]). Mainz war der Sitz Heinrich's IV., als er diese angestrengte Thätigkeit entfaltete, und zum 1. Juli ist da seine Anwesenheit bezeugt. Denn an diesem Tage vollzog der König die neue Uebertragung eines der den Empörern durch das gerichtliche Verfahren abgesprochenen Reichsämter. Wegen des treuen Dienstes des Bischofs Wernher erhielt die Marien-Domkirche von Straßburg die, wie es heißt, dem nunmehr nicht mehr in der herzoglichen Würde stehenden Berchtold nach gerechtem Urtheilsspruche weggenommene Grafschaft im Breisgau, zu Gunsten Wernher's und seiner Nachfolger auf alle Zeit hinaus[72]). Sehr erwünscht mußte auch für die Stellung Heinrich's IV. in diesen rheinischen Gegenden sein, daß der lothringische Pfalzgraf Hermann II. sich zu ihm hielt, obschon er als in Aussicht genommener Schwiegersohn Rudolf's von der Partei des Gegenkönigs jedenfalls ganz bestimmt als ein Anhänger ihrer Sache in Betracht gezogen worden war. Daß sich dieser Fürst für den rechtmäßigen König entschieden hatte, wirkte

---

[71]) Der Annalist berichtet: Unde (sc. zur Betreibung der in n. 70 erwähnten Heerfahrt) se de Ungaria cum quibus poterat omnibus in Julio mense — das ist nach n. 72 ein Irrthum: es muß der Juni gemeint sein — retraxerat in suam Franciam, illic undecumque collectitiae militiae non parvissimae qualescumque copias (299) und Bruno, De bello Saxonico, c. 95: Heinricus exrex, exercitu nec magno nec forti congregato — nam maxima pars eius ex mercatoribus (daß das nicht „Kaufleute“, sondern allgemein Bürger der Städte bedeutet, vergl. Hegel, Neues Archiv der Gesellschaft für ältere deutsche Geschichtskunde, XVIII, 216—221) erat — obviam nostris ire paravit (SS. V, 366). Bemerkenswerth ist, daß Heinrich IV. erst jetzt — auf fränkischem Boden — in Frutolf's Gesichtskreis eintritt: Chron. univ., wo Heinrich IV. als circa Kal. Jul. ab Italia reversus zuerst im Jahre 1077 genannt wird (SS. VI, 203). Auch Helmold nennt in dem ob. S. 16 in n. 18 herangezogenen Zusammenhang von Lib. I, c. 29, omnes civitates Reni voran unter den letati . . . de insperato adventu principes . . . universi qui favebant parti eius (SS. XXI, 33).

[72]) St. 2805, vom 1. Juli, ist wieder eine Arbeit des Dictators Adalbero C, wie die Arenga zeigt, die, gleich derjenigen von St. 2788 (vergl. Bd. II, S. 486, in n. 54, ferner Gundlach, l. c., 28 u. 29), die Patronin der beschenkten Kirche, Maria — sancta Maria Argentinensis . . . in peccatis nostris propitiatrix —, sehr stark hervorhebt. Der comitatus situs in pago Brisgouve ist Berhtolfo jam non duci justo judicio sublatus; dagegen rühmt die Urkunde das fidele servitium Bischof Wernher's. Auch sie ist noch, gleich St. 2806 (n. 78), mit Nennung Siegfried's (vergl. n. 69) ausgestellt, was um so mehr in das Gewicht fällt, da das Actum beider Handlungen nach Mainz trifft.

nothwendig auf das fränkische Land überhaupt, und in Lothringen sah sich Bischof Hermann von Metz, der seit der Wendung im Jahre 1076 sich ganz zu Gregor VII. hinüber gedreht, der auch noch kürzlich im Februar am Gespräche in Ulm theilgenommen hatte, veranlaßt, Heinrich IV. in das Heerlager am Rheine zu folgen[78].

Allein inzwischen hatte sich auch Rudolf in seinem Machtbereiche fertig gemacht, und er bereitete sich, Heinrich IV. zuvorzukommen.

Der inständigen Einladung der sächsischen Großen folgend, war Rudolf wohl gleich nach dem Pfingstfeste nach Erfurt gekommen und dann nach dem sächsischen Lande selbst aufgebrochen; ihn begleiteten nur die Bischöfe Altmann von Passau, Adalbert von Worms, Adalbero von Würzburg und der Cardinaldiakon Bernhard mit einigen der geheimsten Rathgeber. Im äußersten Südosten von Sachsen, in der Bischofsstadt Merseburg, feierte dann der Gegenkönig das Fest der Apostelfürsten, Petrus und Paulus, am 29. Juni. Eine nicht geringe Zahl von Vertretern der Fürsten und der vornehmen Herren mittleren Standes, aus allen Theilen des Landes, hatte Rudolf die einem Könige gebührenden Ehren beim Empfange erwiesen, ihn als Herrscher einmüthig anerkannt und sich ihm unterwürfig gezeigt. Ein schwäbischer Bericht preist die Art und Weise, wie jetzt Rudolf, ganz anders, als Heinrich IV., der die Sachsen stets ungnädig behandelt und willkürlich mit Raub, Plünderung, allen denkbaren Quälereien heimgesucht habe, als gerechter Richter hervorgetreten sei, unter Beobachtung der ererbten Gesetze des Volkes, und so in strenger Abstellung aller Uebelstände sich die Liebe Aller gewonnen habe. In noch bestimmteren Worten, als diese ziemlich allgemein gehaltene Ausführung es thut, schildert vollends der Sachse, der als Geschichtschreiber der ganzen fortgesetzten Feindseligkeit seines Stammes gegen Heinrich IV. sein Buch widmete, wie Rudolf hier zu Merseburg in geschickter Weise nunmehr die kriegerische Kraft der Sachsen in Bewegung gesetzt habe. Der Gegenkönig führte nach diesem Berichte vor seinen versammelten Anhängern aus, daß es ihm weder geziemend noch nützlich erscheinen würde, wenn die Sachsen, als genössen sie den vollen Frieden, ruhig zu Hause sitzen wollten: vielmehr sollten sie ein Heer sammeln, von sich aus in die feindlichen Gebiete einbrechen, um dergestalt durch tapfere Thaten den Vorwurf der

[78]) Der Annalist hebt neben der non modica pars Francorum, die zu Heinrich IV. gehalten habe, den Herimannus comes Palatinus, qui gener regis Ruodolfi futurus erat (294) ganz besonders hervor. M. Schmitz, Die Geschichte der lothringischen Pfalzgrafen bis auf Konrad von Staufen (Bonner Dissert., 1878), stellt, 33 u. 34, als möglich hin, daß der Gegenkönig durch das Angebot den Versuch gemacht habe, durch Hermann II. die Rheingegenden zu gewinnen. Ueber Bischof Hermann von Metz vergl. Bd. II, gegen S. 614 u. 621 die Wendung von S. 672 u. 673 an, besonders S. 675, 775, dagegen dann unt. bei n. 85.

Lässigkeit, unter dem sie stünden, von sich abzuwerfen und die Anmaßung des Feindes, der noch voll von Uebermuth durch seinen Sieg aufgeblasen sich zeige, zu verringern. Freudig machten die Gemahnten das Wort zur That[14]). So gelang es dem aus seinem bisherigen Herrschaftsgebiete ausgewiesenen Flüchtling, den die Noth nach dem Lande geworfen hatte, wo er nur zwei Jahre vorher seinem Könige Heinrich IV. in nachdrücklichster Weise den Sieg zu erringen geholfen hatte, hier eine neue Rüstung zusammenzubringen, und die Besiegten der Schlacht bei Homburg vergaßen, indem sie jetzt Rudolf als ihrem König Glückwunsch und Huldigung darbrachten, daß sie nunmehr ihr Blut für den Mann aus der Ferne zu vergießen sich beflissen, von dem als dem damaligen Vorkämpfer die schwersten Schädigungen zugefügt worden waren.

Bis zum August sah sich Rudolf in den Stand gebracht, mit einem starken Heere sich in Bewegung zu setzen. Den Anstoß zum Aufbruch hatte, wie eine schwäbische Nachricht wissen will, der Umstand gegeben, daß im Lager des Gegenkönigs bekannt geworden war, Heinrich IV. stehe ihm mit fertiger Rüstung gegenüber. So wollte man dort nicht länger säumen und brach eilig in der Richtung gegen den Main hin auf, um sich mit dem Gegner in einer Schlacht zu messen. Allein zunächst legte sich nun die aus Sachsen herangerückte Streitmacht vor die Bischofsstadt Würzburg[15]). Hier

---

14) Für diese sächsischen Dinge fällt Bruno's Bericht, c. 93 (l. c., 366), zuerst in Betracht, mag auch gleich der Anfang, daß Rudolf in pentecosten nach Erfurt gekommen sei, irrthümlich erscheinen (vergl. ob. S. 34); dann läßt Bruno den Gegenkönig non parva Saxonum multitudine cum regali honore deductus nach Merseburg zur apostolorum principum principalis (festivitas) gehen, wo nun durch die de cunctis Saxoniae partibus majores et mediocres — cum . . . regem . . . unanimiter in regno confirmassent — die freudige Zustimmung zu Rudolf's Aufforderung zur Rüstung eintrat. In Schwaben schrieb der Annalist über Rudolf: quia a primatibus Saxonum obnixe satis invitabatur, assumptis secum tribus episcopis, Pataviensi (vergl. zu 1078 in n. 4), Wormatiensi, Herbipolitano (vergl. zu 1079 in n. 94, daß Adalbero nach einer Hildesheimer Nachricht jedenfalls zu einer gewissen Zeit in Korvei sich aufhielt), nec non cardinali apostolicae sedis, cum nonnullis necessariorum suorum a secretis, in Saxoniam iter suum acceleravit. Quem totis regiae honorificentiae insignibus et laudamentis gloriosissime satis salutatum et glorificatum, ut et regem et dominum suum oportuit, omni subjectionis et reverentiae dignatione et conamine acceptissimum cum congratulanter magnificabant et venerati sunt: weiter folgen Lobsprüche für Rudolf als den arbiter justissimus, der nach den paternae illius gentis leges entschieden und so sich, ganz im Gegensatz zu Heinrich IV. — ille prior pro motu sui libitus in illos semper efferatus —, die allgemeine Liebe der Sachsen gewonnen habe (298).

15) Vom Vorrücken Rudolf's gegen das fränkische Gebiet spricht Bruno, c. 94, gleich unter Nennung des Zieles: Igitur in Augusto mense cum magno exercitu rex Rodulfus urbem Wirzeburg obsedit (l. c.). Beim Annalisten ist die Motivirung: Rex denique Ruodolfus postquam comperit, in se et in suos tot cohortium militarium contracto ipsum tantopere institisse collegio (sc. Heinrich IV.: vergl. in n. 71), ipse non diu moratus, occurrere et bello et congredi industrius multum attemptare non cessavit — dem: Ea sic ad usque Herbipolim perveniens . . . (299) vorangestellt. Aehnlich bezeugen Bernold: cui (sc. Heinrich IV.) Ruodolfus rex cum Saxonibus usque Herbipolim obviam

nämlich glaubte Rudolf sowohl selbst erfahrene Beleidigung, als die einem seiner treuen Anhänger zugefügte Unbill rächen zu sollen. Denn theils verharrten die Würzburger in Gehorsamsverweigerung gegenüber seinen Geboten; andererseits hatte Bischof Adalbero, wie er denn Rudolf soeben nach Sachsen gefolgt war, aus der treu zu Heinrich IV. haltenden Stadt weichen müssen. So zeigte Rudolf allen Ernst, Würzburg nachdrücklich zuzusetzen[16].

Allein die Dinge nahmen für den Belagerer durchaus nicht den erwünschten Verlauf. An Belagerungswerkzeug, Sturmböcken und anderem Geräthe, zur Zerstörung der Mauern, fehlte es keineswegs, und diese Kampfmittel waren bereitgestellt. Doch trotzdem wurde fast einen vollen Monat hindurch — diese Angabe bietet der sächsische Berichterstatter — nichts vor Würzburg erreicht. Es muß ein eifriges Streben bei den Anhängern Rudolf's vorhanden gewesen sein, diese angesichts der Sachlage schwer erklärliche geringe Kraftentfaltung des ansehnlichen sächsischen Heeres, die ohne Zweifel peinlichen Eindruck machte, in mannigfacher Weise zu erklären; denn obschon die vorliegenden einläßlicheren Berichte beide aus dem Lager der Partei des Gegenkönigs hervorgegangen sind, stimmen sie auch in wesentlichen Dingen gar nicht mit einander überein. Der Sachse bemüht sich, die von ihm behauptete Unthätigkeit Rudolf's aus dessen Gottesfurcht zu erklären, daß er nämlich als christlicher König sich gescheut habe, die Kirchen und ihre Besitzthümer für den Fall einer Bestürmung der Wuth des gemeinen Volkes, das davon sich nicht zurückhalten ließe, zur Verwüstung und Plünderung preiszugeben, so daß von ihm lieber die verschiedensten Vorwände aufgesucht worden seien, um das zu hindern, und daß er sogar die „ruhmwürdige Schmach", die Stadt nicht nehmen zu können, „dem gefahrvollen Ruhm", der dann mit jenen peinlichen Vorgängen verbunden gewesen wäre, vorzog. Aus Schwaben dagegen kommt die Nachricht, Rudolf habe sich aus dem Grund einige Zeit belagernd vor Würzburg aufgehalten, statt sich von dort, westwärts dem Rheine zu, gegen den Feind zu entfernen, damit ja nicht etwa Heinrich IV., wenn er das zahlreiche Heer des Gegenkönigs in raschem Ansturm gegen den Rhein hin ziehen sähe, in Schrecken geriethe und, darauf verzichtend, den Strom zu überschreiten, nur noch um so mehr in den Städten am Rhein verharren möchte;

processit und Frutolf: Collecto deinde a Saxonia exercitu copioso, Ruodolfus Wirciburgenses . . . obsedit (SS. V, 434, VI, 203). Wahrscheinlich dachte auch der Verfasser der Vita Heinrici IV. imperatoris, c. 4, freilich unter sonderbarer Vermengung von Ereignissen (vergl. zu 1078, n. 78), an diese Belagerung, wo er sagt: Sed Ruodolfum ut dedecus fugae (vergl. n. 57) virtutis facto recompensaret, Wirziburgensem civitatem obsedit, ubi tamen fraude magis quam virtute pugnatum est, womit schon auf Späteres der Uebergang genommen wird (l. c.).

[16]) Die Ursache der Feindseligkeit Rudolf's gegen Würzburg nennt besonders Frutolf: Wirciburgenses Heinrico regi fidem servantes et tam episcopum suum Adelberonem quam se contempnentes (l. c.); bei Bernold ist die urbs sibi (sc. Rudolf) rebellans (l. c.) genannt.

daneben aber heißt es da wieder, es sei durch Rudolf allerdings recht eifrig mit den Kriegsgeräthen gegen die Mauern Würzburg's gearbeitet worden. Außerdem aber verräth der Schwabe, was er ja am besten wissen konnte, daß Rudolf hier am Main den Zuzug Berchtold's, Welf's und der übrigen Schaaren seiner schwäbischen Krieger — jener fünftausend, die in der Zeit vor dem Pfingstfeste als eine zu kleine Zahl beurtheilt worden waren — erwarten wollte. Daß es nun so lange dauerte, eben beinahe durch den ganzen Monat August, ehe diese Hülfe aus Oberdeutschland herankam, ist wohl die wahre Ursache der Erschwerung der vor Würzburg zu erfüllenden Aufgabe gewesen, und diese im Uebrigen ja nicht klarer zu erhellende Thatsache zu verschleiern, war wahrscheinlich die Absicht bei jener Aufsuchung wenig glaubwürdiger Ursachen der unbegreiflichen Zurückhaltung Rudolf's. Wieder werden, entgegen der Anpreisung weit gehender Eintracht, die gar wenig zusammenstimmenden Auffassungen der oberdeutschen und der sächsischen Feinde Heinrich's IV. hier zu Tage getreten sein[77].

So würde, durch die länger verzögerte Vereinigung der fünftausend Oberdeutschen mit Rudolf's sächsischem Heer, für Hein-

---

[77]) Als Sachse hat wohl Bruno die zuverlässigsten Nachrichten über die Belagerung, in c 94, daß machinae diversi generis bereit gestellt wurden, Rudolf aber als rex christianus, Deum timens, in Rücksicht auf ecclesiae vel ecclesiasticae res diruendae vel diripiendae, vor der Stadt lentus sedebat ... integram fere mensem nichil proficiens ibi manebat (366). Der Annalist berichtet gleichfalls über Rudolf: illic eadem obsessa civitate aliquantisper tardavit, doch aus der Erwägung: ne si ad Renum tam copioso exercitus sui impetu festinanter pertenderet, ipse (sc. Heinrich IV.) timidus et exterritus ad eum transmeare non auderet, und sagt ganz im Gegensatz zu Bruno: quibusdam machinis et instrumentis bellicis urbis muros destruere sollertissimus moliebatur; dann ist hier gesagt, was der sächsische Bericht nicht erwähnt: illic etiam duces Bertholdum et Welfum et caeteros militum suorum Alemannorum cuneos — es ist der schon ob. in n. 34 erwähnte numerus quasi V milium — praestolatus auxiliarios (299). Frutolf weiß auch bei der Belagerung von jam diversae machinae ad urbis obpugnationem instructae (l. c.). Bernold: Herbipolim .... obsedit (l. c.), die sogenannten Annal. Ottenbur.: His diebus Wirzeburg a Saxonibus obsessa est (SS. V, 7), aber auch die Würzburger Chronik (Ausg. von Buchholz, 43: Wirceburg obsidetur — sind ganz kurz. In der Vita Heinrici IV. imperatoris, die in c. 4 beginnt: Sed Rudolfus ut dedecus fugae virtutis facto recompensaret, Wirziburgensem civitatem obsedit folgen dann (vergl. n. 75) jene Verwechselungen mit späteren in Heinrich's IV. Zeit bei Würzburg stattfindenden Ereignissen (SS. XII, 273). Die auffallenden Wendungen bei Bruno und dem Annalisten, daneben die in ihren Erzählungen sichtbar werdenden Widersprüche zeigen, ohne daß sich die zu Grunde liegende eigentliche Ursache aufdecken ließe, daß man — in Sachsen und Schwaben — mit dem Gange der Dinge vor Würzburg nicht einverstanden war und nach — recht sonderbar klingenden — Ausreden suchte, um Rudolf's nicht zufrieden stellendes Verhalten zu beschönigen. Wenn irgendwo, so hat hier Gfrörer, Pabst Gregorius VII. und sein Zeitalter, VII, 626, das Recht, von „Windbeutelei“ der zeitgenössischen Geschichtschreibung zu sprechen (Gfrörer denkt überhaupt von Bruno, dem sogenannten „Berthold“ und Bernold, denen „nichts übrig blieb, als niederzuschreiben, was Rudolf's Partheigänger unter das Volk aussprengten“, sehr gering und kann nicht genug beklagen, daß Lambert „sein unsterbliches Werk“ nicht fortsetzte: 636).

rich IV. die Kriegsführung erleichtert worden sein, wenn nicht auch für diesen die Entwicklung der Sachlage im August schließlich eine unbefriedigendere geworden wäre. Der König weilte noch fortwährend in Mainz, wo ihn eine Schenkung an die Abtei Selz, im elsässischen Nordgau, am 19. August anwesend zeigt; die Königin Bertha, Erzbischof Liemar von Bremen, dann zwei sächsische Bischöfe, die beide ohne Zweifel vor der feindseligen Gesinnung des Volkes ihre Sitze hatten verlassen müssen, Eberhard von Naumburg und Benno II. von Osnabrück, ferner Bischof Konrad von Utrecht sind in seiner Umgebung genannt[78]). Aber dieses längere Verweilen am Rhein war gewiß gegen des Königs Willen nothwendig geworden, da ja zuerst der Plan, Rudolf noch in Sachsen aufzusuchen, gefaßt gewesen war, während jetzt vielmehr geradezu als Ehrenpflicht vorlag, die bedrängte getreue Stadt Würzburg nicht ohne Hülfe zu lassen. Indessen fühlte sich Heinrich IV., wie er sich nur auf seine am Rheine, zumeist aus den städtischen Aufgeboten, neu zusammengesetzten Truppen angewiesen sah, zu schwach, um, nur auf diese gestützt, vorzugehen, wobei eine Ueberschreitung des schützenden Stromes ganz zuerst nothwendig wurde. Ohne die unentbehrlichen von Baiern und von Böhmen her erwarteten Verstärkungen, auf die jedoch umsonst geharrt wurde, wagte der König die längste Zeit nicht, etwas zu thun[79]).

Anders freilich mußte sich die Schätzung der Lage für Heinrich IV. gestalten, als — wohl in der zweiten Hälfte des Monats August — jene von Rudolf schon länger vor Würzburg erhoffte Verstärkung von fünftausend schwäbischen Kriegern unter der Führung Berchtold's und Welf's sich näherte. Rechtzeitig hatte der König die Richtung ihres Marsches in Erfahrung gebracht, und es wurde jetzt der Versuch von ihm angestellt, nachdem er das rechte Rheinufer betreten hatte, den Heranrückenden den Weg zu verlegen; denn nur wenn es ihm gelang, ihnen die Straße nach Würzburg

[78]) St. 2800 — pro remedio animae patris et matris: Heinrich's III. St. 2400 war eine Schenkung für Selz — gab den Sulzeburgensis aecclesiae fratres einen Landbesitz von XXX mansi an dreizehn verschiedenen Orten in pago Nortgoe in comitatu Gerhardi comitis. Wegen des Bischofs Eberhard vergl. unt. in n. 91, wegen Benno's II. zu 1078, bei n. 6. Kilian, l. c., 79, wollte diesen Aufenthalt in Mainz zwischen die beiden kriegerischen Ausmärsche Heinrich's IV. hineinschieben; allein das ist dadurch, daß nach Allem Rudolf bis gegen Ende August auf die Annäherung der nach dem Annalisten und Bernold schleunigst sich vorwärts bewegenden oberdeutschen Zuzüger warten mußte, ausgeschlossen.

[79]) Bernold läßt Heinrich IV. erst Augusto mense jam pene transacto vorwärts gehen: cum scismaticorum multitudine procinctum in Saxoniam promovere decrevit (l. c.), wobei freilich die Angabe, der Marsch sei auch jetzt noch, wo Rudolf längst vor Würzburg stand, nach Sachsen gerichtet gewesen, nicht annehmbar erscheint. Bruno sagt, c. 95: Heinricus exrex .... Bawarios et Boemios, quos sibi in auxilium venire sperabat, frustra expectavit (l. c.). Ohne diese Verstärkung fühlte sich nachher Heinrich zu schwach, wie der Annalist sagt: bellum eis (sc. seinen oberdeutschen Feinden) non cum parvis suis roboribus inferre temptaturus (l. c.).

abzuschneiden, war sein Plan gelungen. Die einläßliche schwäbische Erzählung schildert da, wieder ganz gegen Heinrich IV. sich wendend, die Vorgänge. Der König hielt drei Tage hindurch eine Stelle besetzt, die dem Feinde Schwierigkeiten bereitete; denn im freien Felde sich zur Schlacht zu stellen, hatte er, bei der Beschaffenheit seiner ungenügenden Truppen, nicht den Muth. Die Gegner dagegen lechzten danach, sich im offenen Kampfe zu messen, und beschleunigten ihr Vorrücken. Nur noch zwei Meilen waren sie aus einander; da entzog sich der König dem Zusammenstoß während der Nacht. Mit Hohnworten malt da der den König grimmig hassende Erzähler aus, wie dieser, vor allen Anderen, schon vor Sonnenaufgang, mit den Seinigen über den Rhein entflohen und, sogar von den Bauern verspottet, in „seinem Worms“ eingezogen sei. Die Streitlustigen erkannten, wenn sie auch eine Zeit lang noch ungestüm vordrangen, daß von einer Verfolgung nichts mehr zu erwarten sei, und setzten jetzt den Weg nach Würzburg weiter fort[80]).

Erst das Eintreffen dieser oberdeutschen Schaaren brachte nunmehr Rudolf zum Entschlusse, unmittelbar gegen Heinrich IV. vorzugehen, und dieser hatte sich ebenfalls neuerdings von der linken Rheinseite her erhoben, in seinem Muth befestigt durch inzwischen gesammelte weitere Heereskräfte, um jetzt, wenn auch nur langsam vorrückend, den ersehnten Hülfstruppen, die von Osten her eintreffen sollten, endgültig entgegenzuziehen, wobei ja auch betont werden konnte, daß man gegen Rudolf die Waffen zu führen gedenke. Allerdings stand das königliche Heer gleich jenseits des Rheines wieder still und bezog zwischen dem Rhein und dem hier sich in den größeren Strom von der rechten Seite ergießenden Neckar ein Lager, dessen nassen Graben gewissermaßen in der nördlichen Richtung dieser Nebenfluß bildete. Alle Furten desselben

[80]) Der Annalist erscheint hier am besten unterrichtet: Ipsi (sc. die Zuzüger aus Oberdeutschland) numero quasi V milium occurrere ei (sc. Rudolf) gratulanter accelerabant. Rex vero Heinricus explorato illorum comitatu, per triduum illorum itineris quendam articulum occupavit, bellum . . . temptaturus (vergl. in n. 79). Illi autem congressionis illius percupientissimi, iter ad eum festinanter promovebant: doch Heinrich IV. entzieht sich eadem nocte fuga ab eis proripiens cum suis, ante solis ortum . . . Wormatiam suam, und zwar prae caeteris, cum ludibrio et probris ipsorum etiam villanorum, und so stehen die Schwaben vom Kampfe ab: iter autem propositum ad dominum suum (sc. Rudolf) glorianter peregerunt (l. c.). Bernold sagt nur: quo (sc. nach Würzburg) cum fideles eius (sc. Rudolf's) ex Suevia properarent, in Heinricum eius aemulum offenderunt, qui a facie eorum secedens . . . sicque ultra Renum fugiens, ab incepto itinere fideles regis divertere non potuit (l. c.). Heyd, l. c., 84 u. 85, der sehr mit Unrecht dem Annalisten hier „einen ganz aufgeputzten und zurechtgemachten Bericht“ zuschreibt und gar nicht gut, 85 n. 277 (vergl. nachher in n. 95), mit Bernold die Geschichte der Wieslocher Begebenheit an dieser Stelle hereinzieht, möchte da Genaueres über die Marschroute der Schwaben gewinnen, was jedenfalls abzulehnen ist. Giesebrecht, III, 445, setzt wohl ziemlich zutreffend, den Punkt des Zusammentreffens in die Nähe von Lorsch.

wurden möglichst unnahbar gemacht, und in einer Länge von ungefähr drei Meilen war der ganze Flußlauf auf der Südseite besetzt: hier gedachte Heinrich IV. die Baiern bei sich aufzunehmen. So kam es, daß Rudolf, nachdem er von Würzburg abgezogen war — er ließ dort die Belagerungsgeräthe stehen — und in Eilmärschen herzhaft herankam, sich der Möglichkeit der nothwendigen Annäherung an den sehnsüchtig erblickten Feind beraubt sah. Der schwäbische Bericht weiß genau, daß das von Heinrich IV. besetzte Ufer in seiner steilen Beschaffenheit nirgends, nicht für einen Fußgänger, geschweige denn für einen Reiter, erreichbar war, daß bloß zwei ganz schmale Furten sich als benutzbar erwiesen[81]).

Da suchte Rudolf in jeder Weise sein Ziel zu erreichen, eine Entscheidung herbeizuführen. Die Schilderung dieser Dinge stimmt bei dem schwäbischen und bei dem etwas kürzer sich fassenden sächsischen Berichterstatter nahezu überein. Rudolf forderte Heinrich IV., die Anführer des königlichen Heeres wiederholt auf, sie sollten ihm entweder die Ueberschreitung des Flusses gewähren, oder er selbst wolle sich zwei Meilen vom Ufer weg landeinwärts ziehen, dem Könige die Hinüberbringung seines ganzen Heeres möglich machen und so eine Schlacht herbeiführen; er wollte das ganze Uebereinkommen mit einem Eide als unverletzlich bekräftigen, oder endlich gedachte er zu einem Gottesgerichte die Hand zu bieten, so daß

[81]) Der Annalist sagt von Heinrich IV.: Interea toto quoad poterat nisu exercitum undecunque non modicum industrius contraxerat, et Reno cum quibus collegerat omnibus retransito, occursurum se regi Ruodolfo simulabat. Illic inter Renum et Nechoram fluvium, eius undique vadis qualitercumque obstructis, castra metati sunt, Pagoariorum exspectantes auxilium — und von Rudolf: comperto illorum metatu, relicta urbis (sc. Würzburg's) obsidione et machinis suis desolatoriis, festinato multum impetu ad ipsos, pugnae illius inferendae avidissimus, audacter pertenderat. Confestim ergo ad ipsam usque ripam fluvii animo audaci pro regni sibi impositi et christianae religionis defensione bellaturus perveniens . . . inveniebat: hier folgt die einläßliche Schilderung der Ortsbeschaffenheit, die einen Angriff ausschloß (300). In sehr vielen Stücken — bis zum Beginn der Verhandlungen — hier nun, wie May, in den Forschungen zur deutschen Geschichte, XXIV, 361 u. 362, darlegt, dem Texte des Annalisten weitgehend ähnlich lautet Bruno's c. 95: Quo (vergl. n. 79) rex Rodulfus audito, laetus obsidionem dimisit, hostique saevo saevior occurrere festinavit. Ad fluvium itaque qui vocatur Neckar exercitus ambo convenerunt, et in diversa ripa animo pugnandi diverso castra posuerunt (l. c.). Ebenso haben Marianus Scottus, a. 1100 (1078): Convenientes (sc. Heinrich IV. und Rudolf) quoque circa Renum inter Mogontiam et Wormatiam mense Ag. pugnare prohibiti (Rec. alt., a. 1101: non pugnaverunt in Augusto) (SS. V, 561, resp. XIII, 79) und die sogenannten Annal. Ottenbur.: Expeditio Heinrici regis quarta contra Saxones juxta fluvium Nekar (l. c.) natürlich an dieses Zusammentreffen gedacht. Heyck, l. c., 85, schließt, Heinrich IV. habe das linke — südliche —, Rudolf das rechte — nördliche — Ufer des Neckar besetzt gehalten. Jedenfalls war der unterste Lauf des Neckar, von Ladenburg abwärts bis zur Mündung in den Rhein, im 11. Jahrhundert gegenüber früheren Zeiten, wenigstens was den Hauptarm betrifft, schon ziemlich der jetzt eingehaltenen Linie entsprechend (vergl. zu der beigelegten Karte den Text v. Maurer's, Zeitschrift für die Geschichte des Oberrheins, XLII, 327 u. 328), so daß allerdings anzunehmen ist, der vom Nordosten her anrückende Rudolf habe das nördliche Ufer erreicht.

ohne Zögern im Zweikampfe zwischen dem Könige und ihm, oder aber, wenn das gerathener erscheine, eben doch in offener Feldschlacht entschieden würde. Aber Alles wies Heinrich IV., ohne nur eine Antwort zu geben, gänzlich ab. Dabei wurden Schmähungen Heinrich's IV. Leuten entgegengeschleudert, um sie herauszufordern und zur Wahl eines dieser Auskunftsmittel zu reizen, doch ohne daß ein Erfolg eintrat. Dann ergriff Rudolf als Kriegslist das Mittel einer scheinbaren Flucht, indem er zwei Meilen weit vom Lager am Fluß hinwegzog, freilich, wie von seiner Seite gesagt wurde, einzig um zu beweisen, mit welcher Aufrichtigkeit er das von ihm angekündigte Mittel des Gottesurtheiles durchzuführen im Sinn hätte. Als er dann freilich sah, daß sich Heinrich IV. mit seiner bisherigen Heeresstärke, vor Eintreffen der Verbündeten, nicht werde herauslocken lassen, kehrte er folgenden Tages zur verlassenen Lagerstätte zurück, in der Hoffnung, vielleicht doch noch durch List oder Gewalt die gewünschte Schlacht herbeizuführen[82]). Mehrere Tage verstrichen hierüber[83]).

Da wurde aus dem Lager der Königlichen heraus der Anfang gemacht, auf dem Wege der Anknüpfung von Verhandlungen den Frieden herbeizuführen. Es war wieder ein Versuch einzelner hoher Herren, über den König hinweg, ohne ihn zu befragen, die Dinge zu ordnen, ein Eingreifen in den Gang der wichtigsten Angelegenheit aus eigener Machtvollkommenheit. Der schwäbische Berichterstatter, der von dieser Sache weiß, schildert die Großen Heinrich's IV., die sich da einmischten und von Berchtold und Welf einen Waffenstillstand und sichere Gewährleistung oder die Abhaltung einer Besprechung dringend verlangten, als Männer, die des Krieges überhaupt überdrüssig geworden seien und die Schande ihrer Feigheit und das Bewußtsein ihres offenbaren Unrechtes mit einem Schein von Ehre, einer gefälschten allerdings, schützend zu umhüllen suchten. Jedenfalls trug auch der Umstand, daß man im Heere Heinrich's IV. sich dessen bewußt war, Rudolf kriegerisch nicht ge-

[82]) Von diesen Versuchen Rudolf's sprechen wieder in recht ähnlichen Wendungen — vergl. n. 81 — betreffend Rudolf's Vorschlag an Heinrich IV. der Annalist: ut . . . unum e duobus eligeret: aut ille sibi ad se transvadandi locum daret; sin autem, ipse ad duo miliaria ripam et locum quae occupaverat relinquens retrogradus abiret, donec cum tota sua militia ad se ibidem transiret (l. c.), Bruno, c. 95: ut vel ipsi longius a litore recedentes sibi facultatem transeundi concederent, vel ipsi nostrae ripae spatio securi accepto, cum nostris pugnaturi transirent (366 u. 367). Dagegen spricht bloß der Annalist vom Anerbieten des Gottesgerichtes: ut . . . aut duello ipsi soli, aut . . . publico bello pro justitia sua comprobanda domino Deo moderatore indilate concertarent, von Heinrich's IV. ganzer Abweisung: aure surditiosa obmutescens, nullum ei responsum dedit, dann wieder von Rudolf's weiteren Operationen, der Scheinflucht — freilich nach den Worten des Annalisten bloß: ut id tota simplicitate dictum ostenderet, quod tantopere ab eo exegerat — und Rückkehr. Bruno hebt noch speciell hervor, daß die Königlichen — cum . . . illis nostri locum ad se veniendi saepe frustra dedissent — . . quamvis multis . . . convitiis agitati, neutrum facere voluerant.

[83]) Das sagt Bruno, l. c.: Cum multos ibi dies sedissent . . . (367).

wachten zu sein, während die erhofften Hülfstruppen immer noch ausblieben, zu dieser Anstrengung, sich durch List des Krieges zu entledigen, bei[84]). Die begehrte vertrauliche Unterredung wurde gewährt, und nach Abschluß eines Waffenstillstandes traten von beiden Seiten die zur Unterhandlung auserlesenen Beauftragten sofort zusammen. Da sollen die von Heinrich's IV. Seite gekommenen ersten Urheber der gesammten Annäherung sich geäußert haben, wie es denn überhaupt noch als nothwendig erscheinen könne, die Sache mit dem Schwerte auszufechten, da sie bereit seien, mit Worten darüber zu verhandeln; ja, es wird ihnen sogar das Wort zugeschrieben, sie wollten, wenn die Gerechtigkeit der Forderung Rudolf's sich herausstelle, ihren eigenen Herrn verlassen und Rudolf sich zugesellen, unter der Bedingung, daß von dem anderen Theile unter gleichen Bedingungen das Gleiche nach ihrer Seite hin geschehen würde, und dem sei Zustimmung aus der Partei Rudolf's zu Theil geworden. Aber über die eigentlichen Verhandlungen wird nur von dem schwäbischen Erzähler Aufschluß gebracht. Danach wurde länger und über Verschiedenes hin und her gesprochen, ehe ein fester Boden für das Ergebniß der Unterredung sich ergab. Als ein solches stellte sich nun heraus, daß zuerst die Zusage eines festen Friedens von beiden Theilen geschehen und der drohende Krieg gänzlich aufgehoben werden sollte, unter der Bedingung, daß nach kurzer Frist die Großen des Reiches sich zu einer Zusammenkunft am Rheine vereinigten, jedoch ohne König Heinrich IV. und ohne den Gegenkönig Rudolf, wo dann von ihnen, zugleich mit den apostolischen Legaten, in durchaus den Rechtsanforderungen entsprechender richterlicher Prüfung das Urtheil darüber, was in dieser so wichtigen Angelegenheit das Beste und Richtigste wäre, gefunden werden könnte; demjenigen der Könige, der diesen Entscheidungen nicht zustimmen würde, wäre die Absage auszusprechen und nach gemeinsamem Beschlusse Widerstand zu leisten, dem anderen dagegen, der beipflichte, mit aller Treue und Unterwürfigkeit, wie es sich gegenüber einem Könige gebühre, in vollstem Gehorsam Dienst entgegenzubringen. Hier nun mußte sich schon gleich erweisen, wie sich die beiden Gegner zu der ganzen von den Fürsten herbeigeführten Machenschaft verhielten. Von Rudolf behauptet die sächsische Nachricht, er habe bereitwillig, damit der Frieden zu Stande kommen

[84]) Die Initiative bei diesem Schritte wird vom Annalisten quidam de primatibus regis Heinrici bellum omnino detrectantes et dedecus suae timiditatis et manifestae injustitiae conscientiam quantalibet honoris, quamquam falsarii, occasione defendere percupientes zugeschrieben: pacis compendium fideique pactum a ducibus Berhtoldo et Welfo obnixe quaeritabant, quatinus sibi ad alterutrum pro instanti necessitatis tantae articulo colloqui quid familiarius licuisset (l. c.). Giesebrecht, III, 447, hält dafür, diese Großen seien wohl Lothringer gewesen. Auch Bruno, l. c., ist zu entnehmen, daß die Sache ohne Heinrich's IV. Hereinziehung zuerst an die Hand genommen worde: tandem illi (sc. die Königlichen) nec se nostris pares, nec auxilium quod sperabant venire videntes, cum militari non possent virtute, astutia temptabant a se bellum istud amovere.

möge, auch den Verzicht auf seine königliche Herrschaft versprochen. Ganz anders muß sich, wie übrigens nicht anders zu erwarten war, Heinrich IV. zu der Unterhandlung, die ja ganz ohne seinen Willen herbeigeführt worden war, gestellt haben. Nach dem schwäbischen Bericht hatte nämlich der König allerdings als seine Beauftragten den Erzbischof Udo von Trier und den Bischof Hermann von Metz mit einigen anderen Vertrauten an die Unterredung abgehen lassen: aber mußte schon insbesondere der Erzbischof, nach seinem Auftreten in Rom am Ende des vorhergehenden Jahres, in der geistlichen Umgebung Rudolf's ziemlich scheel angesehen worden sein, so war auch die mitgegebene eingeschränkte Vollmacht der Ausdruck der mißtrauischen Zurückhaltung Heinrich's IV. Diese Vertreter des Königs hatten nämlich einzig unter der Bedingung die Erlaubniß zur Theilnahme an der Unterredung und zur Verhandlung über den Frieden erhalten, daß die Zusage gegeben wäre, der Papst, genau gesprochen, sein Legat solle gar nicht dabei berücksichtigt und angehört werden, und so schlugen sie es im Anfang der Unterhandlung gänzlich ab, dem Cardinaldiakon Bernhard, der also auch von Würzburg her wieder Rudolf hieher begleitet hatte, irgendwie Gehör zu leihen. Freilich mußten sie schließlich, wenn auch völlig gezwungen, sich bequemen, den Legaten und die Mittheilung der apostolischen Schreiben und Anordnungen mit anzuhören, und auch sie nahmen nun mit der gebührenden Ehrerbietung diese Eröffnungen entgegen[85]).

Diese Verhandlungen zwischen den Lagern der um die Herrschaft streitenden Könige berührten sich nämlich auf das engste mit Versuchen der päpstlichen Politik, die schon seit einem Vierteljahre im Gange waren.

Gregor VII. hatte am 31. Mai sich angeschickt, von Italien her durch Entsendung zweier Schreiben zwischen die zum Kriege sich rüstenden Gegner zu treten, dergestalt den innern Kampf im deutschen Reiche zu verhüten. Am gleichen Tage war da — vier

[85]) Die für die nachfolgenden Dinge nothwendige vorgängige pax sequestra, wo die Urheberschaft wieder bei den Königlichen lag, erwähnt nur Bruno, l. c.; darauf folgt — ilico — der Zusammentritt der — nach dem Annalisten, l. c. — hi qui ex utraque parte idonei visi sunt. Bloß Bruno weiß nun von dem zu sagen, was die Königlichen, bis zum Anerbieten: si quidem nostram causam justitia commendaret, se relicto domino suo (sc. Heinrich IV.) nostris associari, geäußert haben sollen. Der Annalist dagegen leitet mit dem Satze: Illic sermociniis diversis ab utraque parte diutius consertis, haec collocutionis summa postremo diffinita est die einläßliche Auskunft über das, was ausgemacht worden sei: quatinus majores totius regni omnes post paululum praeter ambos reges ad colloquium juxta Renum convenirent et ibidem cum legatis simul apostolicis (etc.) deliberarent, über die Erklärung der von Heinrich IV. instruirten Vertrauten — betreffend Udo vergl. Bd. II, S. 733, 736, 788, und über Hermann ob. S. 45 — und das, was sich daran knüpfte, ein (300 u. 301). Endlich ist hinwider Bruno's Eigenthum, daß ipse rex noster (sc. Rudolf) se, ut pax inter eos fidelis fieret, libenter a regno descensurum promisisset. Immerhin ergänzen sich die beiderseitigen Mittheilungen ganz zur Zufriedenheit.

Tage vor dem Pfingstfeste — einerseits an Cardinaldiakon Bernhard und an Abt Bernhard von St. Victor zu Marseille, von dessen üblem Schicksale, der Gefangenhaltung auf der Lenzburg, man also noch nichts wußte, eine Vorschrift, wie sie sich gegenüber den beiden „Königen" zu verhalten hätten, aufgesetzt worden, und anderentheils hatte der Papst abermals eine Kundgebung an die Deutschen, Höhere und Niedrigere, Geistliche und Laien, in ähnlicher Weise, wie nach der Handlung von Canossa, erlassen.

Im ersten Schreiben erinnerte Gregor VII. zuerst die beiden Empfänger an geschehene Dinge, wie er, im Vertrauen auf Gottes Barmherzigkeit und den Beistand des heiligen Petrus, Rom verlassen habe, um zur Stiftung des Friedens nach Deutschland zu gehen, wie aber diejenigen, die ihn nach der Verabredung hätten geleiten sollen, ausblieben, hintangehalten durch die Ankunft des Königs in Italien, so daß er nicht ohne große Gefahr in der Lombardei, unter den Feinden der christlichen Religion, habe bleiben müssen und bis zur Stunde nicht nach seinem Wunsche in den Stand gesetzt worden sei, über die Berge zu reisen. „Deßwegen ermahnen wir Euch und gebieten im Namen des heiligen Petrus, daß Ihr, gestützt auf die Machtvollkommenheit dieser unserer Vorschrift und statt unser von demselben Apostelfürsten umgürtet, die beiden Könige, Heinrich nämlich und Rudolf (— ganz in gleicher Weise gönnt also der Papst auch Heinrich IV. den königlichen Namen —), ermahnt, daß sie uns den Weg, sicher dorthin überzugehen, öffnen und Hülfe und Geleit durch hohe Personen, denen Ihr wohl vertrauen möget, gewähren, so daß der Weg uns mit Christi Schutz offen stehe. Denn wir verlangen, mit dem Rathe der Kleriker und Laien des deutschen Reiches, die Gott fürchten und lieben, mit Gottes Hülfe die zwischen ihnen vorliegende Streitangelegenheit zu untersuchen und zu beweisen, auf wessen Seite die Gunst der Gerechtigkeit für die Leitung des Reiches größer sei". Dann wird die hohe Wichtigkeit der zwischen Heinrich IV. und Rudolf schwebenden Streitangelegenheit, für diese selbst, für den Papst, für die ganze Kirche in helles Licht gerückt. Sollte also einer der beiden Könige sich weigern, der päpstlichen Willensäußerung zu folgen und den Ermahnungen der Legaten Raum zu geben, sollte er in seinem Hochmuth und seiner Begehrlichkeit Gottes Ehre widerstreben und nach der Verwüstung des ganzen römischen Reiches trachten, so wird den Legaten geradezu befohlen, in jeder Weise und in jedem Sinne, bis zum Tode, wenn nothwendig, im Namen des Papstes, oder vielmehr nach der Machtbefugniß des heiligen Petrus, sich diesem zu widersetzen, ihm die Regierung des ganzen Reiches zu untersagen, ihn und alle seine Anhänger von der Gemeinschaft des Abendmahls und den Schwellen der heiligen Kirche auszuschließen. Dagegen soll dem andern König, der dem päpstlichen Befehle demüthig gehorcht und der allgemeinen Mutter, wie es einem christlichen König geziemend ist, Unterwürfigkeit zeigt, durch die Legaten, nach Einberufung einer Versammlung aller Geistlichen und Laien, Rath und Hülfe in allen Dingen geleistet werden; diesen sollen sie im Namen des Papstes durch die Vollmacht der Apostelfürsten in der königlichen Würde bestätigen und allen Bischöfen und Aebten, Geistlichen und Laien im ganzen Reiche gebieten, ihm treu zu gehorchen.

Die andere Willensäußerung des Papstes, gegenüber den Angehörigen des deutschen Reiches, begann mit der Mittheilung darüber, daß eben den beiden Legaten aufgetragen worden sei, beide Könige — wieder werden Heinrich IV. und Rudolf einander ganz gleich gestellt — entweder in eigener Person oder durch geeignete Boten zu ermahnen, daß sie Gregor VII. zum Behuf der Untersuchung der Streitigkeiten eine Straße nach Deutschland öffnen möchten; denn der Papst sei bei dem Gedanken in tiefer Trauer bewegt, daß durch eines einzigen Menschen Uebermuth so viele Tausende von Christenmenschen zeitlichem und ewigem Tode anheimfallen, der christliche Glaube und das römische Reich verwirrt und der Vernichtung anheimgegeben werden könnten. „Jeder der beiden Könige sucht nämlich von uns oder vielmehr vom apostolischen Stuhle, den wir, obschon unwürdig, besitzen, Hülfe, und wir sind, vertrauend auf die Barmherzigkeit des allmächtigen Gottes und den Beistand des heiligen Petrus, bereit, mit Eurem Rathe, die Ihr Gott fürchtet und den christlichen Glauben liebt, von beiden Seiten her in Billigkeit die Sache zur Entscheidung zu bringen und dem die Hülfe zu gewähren, von dem erkannt wird, daß die Gerechtigkeit ihm zur Führung des Reiches günstig sich erweise". Danach wird das Gleiche, wie in der Weisung an die Legaten, einläßlich kund gethan. Verwerfung des Widerstrebenden, Gehorsamsforderung für den demüthig dem Spruch des Gerichtes Unterwürfigen, wobei eben die dringende Ermahnung aufgestellt wird, daß an einer verurtheilenden oder aber die Anerkennung aussprechenden Entscheidung der Legaten im deutschen Reiche festgehalten werden möge; dazu ist noch ausdrücklich hervorgehoben, die Widersetzlichkeit zeige sich auch darin, daß der Papst nicht zu den Deutschen zu kommen vermöge. Endlich erinnert Gregor VII. auch daran, daß er seit seinem Weggange von Rom unter den Feinden des christlichen Glaubens in großer Gefahr geblieben sei und doch, weder von Furcht noch von Liebe bewogen, keinem der beiden Könige irgend eine Hülfe gegen die Forderung der Gerechtigkeit zugesagt habe: lieber nämlich wolle er, wenn es sein müsse, den Tod erleiden, als aus Nachgiebigkeit gegenüber einer eigenen Neigung die Kirche Gottes in Verwirrung stürzen[86]).

[86]) Registr. IV, 23, J. 5034, an die beiden Bernhard, und IV, 24, J. 5035, an die dilecti in Christo fratres archiepiscopi, episcopi, duces, comites et universi Christi fideles, clerici et laici, tam majores quam minores, in regno Teutonicorum consistentes (Jaffé, Biblioth., II, 275—279), sind auch von Bruno, cc. 105 u. 106 (369—371) — May, an dem in n. 81 genannten Orte, 362 u. 363, hat wieder völlig nachgewiesen, wie irrig Bruno, c. 104, die Ankunft auch dieser Briefe, deren Inhalt er einleitend kurz anführt, mense Februario anno

Die hier gegebenen Weisungen waren erfüllt worden, und der Cardinaldiakon Bernhard — Abt Bernhard war ja zu dieser Zeit ein Gefangener — hatte an Heinrich IV., wie an Rudolf, den Willen Gregor's VII. mitgetheilt[67]). Aber Rudolf konnte darauf, mochte er auch suchen, mit den Seinigen sich gehorsam zu zeigen, den Hinweis geben, daß er bei der machtvollen Stellung, die Heinrich IV. an den Alpen entlang wieder gewonnen hatte, gar nicht in der Lage sich befände, über die Pässe des Hochgebirges zu verfügen, so daß bei deren Verschluß und den auf denselben zu befürchtenden Gefahren von einem Geleite seinerseits nicht die Rede sein könne. Ueber Heinrich's IV. Verhalten liegen nur sehr mißgünstig gefärbte Berichte vor, aus dem Lager seiner schwäbischen Feinde. Danach soll er von vorn herein das päpstliche Urtheil gefürchtet und deßwegen allen Seinigen streng eingeschärft haben, daß kein einen päpstlichen Auftrag bringender Bote zu ihm gelassen werde, und als dann Cardinaldiakon Bernhard zuerst durch einen Mönch aus Würzburg das Mahnschreiben Heinrich IV. zuschickte, sei dieser von einigen Vertrauten des Königs, die unterwegs den Zweck der Reise geschickt ausgekundschaftet, festgenommen, sammt seinem Diener erbärmlich mißhandelt und in das Gefängniß gelegt worden, wobei jene das dem Träger abgenommene päpstliche Schreiben schmählich verunehrten; ein neues sofort durch den Legaten jetzt mit großer Vorsicht nachgeschicktes Schreiben sei allerdings bei Heinrich IV. angekommen, dann aber in der Weise zu Verlesung gebracht worden, als komme es gar nicht von dem päpstlichen Bevollmächtigten, und

---

Domini 1079 ansetzt —, sowie in Hugonis Flaviniacens. abb. Chron., Lib. II (SS. VIII, 447 u. 448), aufgenommen. Martens, Gregor VII., sein Leben und Wirken, I, 164—165, II, 37—39, stellt die theoretische Bedeutung dieser „Maiinstruktion" des Papstes, die „fast den Höhepunkt gregorischer Ansprüche" bezeichne, wenn auch in praktischer Hinsicht kein Erfolg eintrat, sehr bestimmt in das Licht und tadelt deren Vernachlässigung auch in der neuesten Litteratur (so z. B. in der kurz darüber hinweg gehenden Dissertation von Halle P. Dehnicke's, Die Maßnahmen Gregor's VII. gegen Heinrich IV. während der Jahre 1076 bis 1080 — 1889 —, 49). In der Geschichtschreibung gedenkt einläßlicher der Annalist dieser Sendung der päpstlichen Briefe, und zwar knüpft er sie an eine Schilderung des durch den Krieg über Deutschland gebrachten Elends (vergl. n. 112) an: His denique domnus apostolicus auditis, litteras .... transmittebat, deren Inhalt dann in Kürze richtig angegeben wird (299): Bernold spricht (434 u. 435) gleichfalls von diesen Anordnungen Gregor's VII., richtig von denjenigen an die Legaten, dagegen nicht zutreffend vom Auftreten gegenüber Heinrich IV. und Rudolf — auch da heißt es: utrique regi —, indem nämlich ein directer päpstlicher Befehl an diese: ut treuvas ad invicem facerent et adventum eius ad Teutonicas partes pro dirimenda lite non impedirent, sed debitum consilium et auxilium ad hoc iter ei praeberent in die Zeit des Zusammentreffens am Neckar — Augusto mense jam pene transacto — gesetzt wird, wobei augenscheinlich der von den fürstlichen Unterhändlern Heinrich IV. auferlegte Waffenstillstand — treuvae — mit hereingezogen erscheint.

[67]) Bruno sagt das, c. 107, ganz ausdrücklich: Acceptis his litteris, Bernhardus cardinalis, quod sibi injunctum est, exsequitur (371). Auch aus dem Annalisten, der allerdings wieder ungeschickt diese Dinge an zwei Stellen bringt, geht das hervor (vergl. n. 88).

ebenso habe auch dieser zweite Bote sich nur mit Lebensgefahr dem Kerker, in den auch er geworfen wurde, entziehen können[88]). Durchaus verständlich war es ja freilich, daß der König von dem Legaten Bernhard, der sich völlig dem Gegenkönig angeschlossen hatte, ihn nach Sachsen begleitete und wieder im feindlichen Kriegslager von dort zurückgekehrt war, nichts wissen wollte und alle auf diesem Wege ihm zukommenden päpstlichen Eröffnungen abwies.

So erklärt es sich ferner, daß jetzt in den am Neckar im Gange befindlichen Unterhandlungen, nachdem Heinrich IV. sich dem von den Fürsten ihm zugemutheten Waffenstillstand hatte anbequemen müssen und in den Persönlichkeiten Udo's und Hermann's Vertreter auch von ihm abgeordnet worden waren, durch diese jede Berührung mit dem Legaten zuerst gänzlich hätte vermieden werden sollen. Gerade der Umstand dann, daß im schließlichen Ergebniß dieser Unterredungen eben das sich herausstellte, was in jenen Anordnungen Gregor's VII. vom 31. Mai angekündigt worden war, die Androhung der Absage an Heinrich IV., wenn er den in Aussicht zu nehmenden Entscheidungen sich nicht füge, mußte es sogleich ganz zweifelhaft erscheinen lassen, daß der König sich an die nachher folgenden Beschlüsse wirklich halten werde.

Als die Frucht der Berathungen stellte sich nun nämlich eine den Fürsten in die Hand zu legende Entscheidung heraus. Es wurde beschlossen, daß in der schon vorher verabredeten Weise alle Fürsten und Herren des Reiches am 1. November am Rheine zusammentreten sollten, um, ohne Heinrich IV. und Rudolf, in

[88]) Der Annalist spricht an einer ersten Stelle (299), im directen Anschluß an die Erwähnung der päpstlichen Schreiben vom 31. Mai (vergl. n. 86), über deren Wirkung auf Rudolf: cum suis omnibus promptissimus oboediebat; sed quia vias per Alpes undique obclusas et insidiarum plenas Heinricus rex sub sua manu obtinuerat, id frustra voluerat, quod nequaquam ad effectum perducere poterat — und auf Heinrich IV.: timens apostolicae auctoritatis judicium, suis omnibus unice praecepit, ne quis ad se accessum inveniret, qui legationem apostolicam haberet, quasi se hac arte defendere ex ratione a reatu vulgatissimo sufficeret. Jam enim aliud quiddam intenderat potius quam oboedientiam: expeditionem scilicet . . . in Saxoniam (: daran schließt sich die Reihe von Ereignissen von S. 43 ff.). In einem folgenden Zusammenhang (300) kommt er nochmals auf diese Sache der litterae commonitoriae ad Heinricum regem pro apostolici adventus ad nos causa zurück und sagt, der cardinalis Romanus habe sie — ut jussum est ipsi dignanter — abgeschickt: his diebus (unmittelbar vorher gehen die in n. 80 erwähnten Dinge); Träger der Botschaft sei quidam monachus Herbipolitanus gewesen, dessen widriges Geschick dann erzählt wird, hernach der Ueberbringer eines zweiten Exemplars quidam miles familiaris ipsius (sc. des Legaten), dem es nicht besser ging. Besonders in der Schilderung der verächtlichen Behandlung der päpstlichen Schreiben — vom ersten Exemplar steht: litteras ablatas non ut apostolicas, sed quasi diabolicas, omnifariam profanabant (sc. die quidam ex secretalibus Heinrich's IV.) — erweist sich die haßdurchtränkte Gesinnung des Parteischriftstellers. Aber auch im Anschluß an die ob. S. 30 in n. 42 eingerückte Stelle aus dem Briefe bei Bruno, c. 112, heißt es: Quod cum ad nostros renuntiatum fuisset, iterum per alium nuntium legationem et litteras apostolicas transmiserunt: a quo ipse verba legationis audiens nichil respondit, litteras vero porrectas accipere recusavit (l. c.).

Gegenwart der päpstlichen Legaten, die Entscheidung zu finden, der sich dann die beiden Gegner zu fügen hätten, so daß gegen den, der Widerstand leiste, wie das die päpstlichen Kundgebungen angezeigt hatten, allgemein die Feindseligkeit sich erheben sollte: von keiner Seite — so wurde festgesetzt — dürfe irgendwie durch List oder parteiische Machenschaft das Zustandekommen dieser Vereinigung gehemmt werden; bis zu jenem Tage wurde auch ohne Zweifel der Waffenstillstand erstreckt, jedenfalls aber so lange, bis die jetzt gegen einander in den Waffen stehenden Heere sämmtlich heimgekehrt seien, der feste Friedenszustand ausgemacht. Auch von Seite Heinrich's IV. wurde die hiefür geforderte Sicherheit gegeben [89]. Aber so war nun allerdings das, was Gregor VII. gewollt, auch keineswegs in Aussicht gestellt. Von einer Anwesenheit des Papstes in Deutschland, einer Entscheidung der Angelegenheit durch seinen Rechtsspruch war da keine Rede mehr; denn zwar unter Mitwirkung der päpstlichen Legaten, aber doch keineswegs nur durch ihren Mund, sollte ein allgemeiner Fürstentag die Frage zwischen Heinrich IV. und Rudolf entscheiden.

Rudolf kehrte gleich nach dieser Festsetzung mit seinem Heere vom Neckar nach Sachsen zurück [90]; augenscheinlich wurde auch die Belagerung Würzburg's nicht wieder aufgenommen, und es ist zu vermuthen, daß jetzt, an der Stelle des flüchtigen Bischofs Adalbero, der seinerseits aus Naumburg vertriebene Bischof Eberhard von Heinrich IV. nach Würzburg gesetzt wurde. Dieser war mit dem Könige und mit vier anderen hohen deutschen Geistlichen in der Burg Canossa in den Verband der Kirche durch Gregor VII. wieder aufgenommen und wahrscheinlich gleich nachher sogar mit einer nicht unwichtigen Sendung betraut worden; allein seither hatte er sich nun wieder ganz Heinrich's IV. Sache angeschlossen, und so wurde ihm eben die einstweilige Verwaltung des Bisthums Würzburg übergeben [91].

[89]) Der Annalist hält sich hier in dem Satze: Sic pro colloquio condicto (vergl. in n. 85) peragendo, ne quis regum seu principum qualibet arte vel factione id impediret, fide ad alterutrum data et accepta, et pace pariter donec omnes in sua redirent condicta (301) ziemlich kurz, ebenso Bruno, c. 95: constituto die, quo ad hanc causam terminandam neutro rege praesente venirent (367). Ohne Marianus Scottus, an der in n. 81 erwähnten Stelle: Conventione quoque in eodem loco facta in Kal. Nov., wäre dieser für die Zusammenkunft festgesetzte Tag ganz unbekannt.

[90]) Der Annalist sagt ausdrücklich: Ruodolfus rex cum suis in Saxoniam gloriantes rediit (301) und nochmals: praedicta expeditione finita in Saxoniam cum suis rediit (302). Eigenthümlich ist die Wendung, die Frutolf im Anschluß an die Stellen in n. 75, 77, der Geschichte der Würzburger Belagerung giebt: Ruodolfus . . terrore Heinrici regis . . inacte regreditur.

[91]) Daß Bischof Eberhard von Naumburg nach dem Annalisten, a. 1078, a domno apostolico propter inobedientiae contumaciam jam damnatus, set a rege Heinrico Herbipolitanae aecclesiae contra jus pro Adalberone episcopo legitimo inde propulsato temere incardinatus (321) oder nach Bruno, c. 77, in episcopio sancti Kiliani . . . eius urbis violentus incubator . . . nobis inconciliabilis (361) verharrte, ist mit R. Bonin, Die Besetzung der deutschen

Während so Rudolf Oberdeutschland wieder verließ, blieb dagegen Heinrich IV. jedenfalls noch in seiner Stellung am Neckar stehen, und für ihn nahm nun alsbald die ganze Sachlage eine andere Gestalt an. Einzig das verzögerte Eintreffen der von Baiern her längst erwarteten Hülfstruppen hatte ja den König überhaupt in die Nothlage gebracht, unter der er sich dem Zwange der aus seinem eigenen Lager hervorgegangenen fürstlichen Unterhändler fügen mußte; eben deßwegen war ganz gegen seinen Willen die Unterredung, zu der er seine Vertreter nur in starker Einschränkung ihrer Vollmacht gegeben hatte, abgelaufen. So hat er denn auch sicherlich alsbald sich nicht mehr als an den ihm aufgenöthigten, seinem königlichen Stolze ganz zuwider gehenden Vertrag gebunden angesehen, sowie für ihn die vorher erhoffte Herstellung seiner königlichen Macht wirklich gegeben war. Das aber geschah durch die endlich sich vollziehende Ankunft der Baiern und Böhmen. Diese müssen gleich nach dem Weggange Rudolf's vom Neckar eingetroffen sein; denn Rudolf begegnete ihnen noch auf seinem Wege, machte aber, da sie unter dem zugesagten Frieden standen, keinen Angriff auf sie. Anders freilich dachte Heinrich IV., dem durch das Eintreffen dieser großen Schaar die Hoffnung endlich erfüllt wurde und den darüber hohe Freude ergriff. Ob er nun, wie ihm von sächsischer Seite vorgeworfen wurde, sogar den Gedanken erwogen habe, sogleich den geschlossenen Frieden zu brechen und das im Rücken ungesicherte sächsische Heer in seinem Abzuge anzugreifen, was nur durch die fürstlichen Friedensvermittler in seiner Umgebung verhindert worden sei, entzieht sich, wie es ja nur von einem grimmigen Feinde des Königs erzählt wird, der Beurtheilung. Wohl aber ist kaum daran zu zweifeln, daß er jetzt sogleich sein Uebergewicht in Oberdeutschland vollends zum Ausdrucke bringen wollte[93].

Bisthümer in den letzten 30 Jahren Heinrich's IV. 1077—1105 (Leipziger Dissert., 1889), 116 n. 1, als von Heinrich IV. eingerichtete interimistische Verwaltung zu erklären, nicht als eigentliche Einsetzung eines kaiserlichen Gegenbischofs. Ueber Eberhard's Thätigkeit in Italien im Frühling des Jahres 1077 vergl. Bd. II, S. 762, 764, 767. Zur Zeit der Belagerung Würzburg's durch Rudolf kann er nicht schon daselbst geweilt haben, da er (vergl. n. 78) am 13. August bei Heinrich IV. in Mainz war.

[93]) Hievon spricht der Annalist: Rex Heinricus in eodem loco Pagoarios suos aliquot diebus praestolatos et ex manu regis Ruodolfi, cui fere obviaverant, pacis praedictae interventu liberatos mox assumebat (301). Bruno, c. 95, berichtet: ab invicem ambo exercitus discesserunt (was nicht ganz richtig ist, da ja nur Rudolf wirklich abzog), et ecce illi (sc. Heinrich's IV. Leute) magnam turbam ex Bawariis et Boemiis, quos jam diu expectaverant, advenire viderunt. Quo cognito, Heinricus nimis fit laetus — und da will der Sachse weiter wissen: factaeque pacis oblitus, jam nostros a tergo minus cautos invaderet, si principes illi, qui pacis faciendae mediatores vel auctores fuerant, fidem suam contaminare non timerent. Itaque nostrates domum cum pace reversi (367). Jedenfalls richtiger urtheilt Giesebrecht, III, 448, Heinrich IV. habe sich an das Abkommen mit den Fürsten nicht mehr gebunden erachtet, als Heyck, l. c., der, 87, in ziemlich gewundener Weise das Verhalten

Eine Berathung mit den Führern des Verstärkungsheeres fand statt; man wird annehmen dürfen, daß die Kampflust, aber ganz besonders auch die Beutegier der ja schon im Frühjahr durch ihre grausamen Thaten berüchtigt gewordenen Böhmen bei dem Könige, der seine abermalige Erniedrigung zu rächen gedachte, keinen starken Widerspruch fand [93]). So mußte jetzt Berchtold's und Welf's schwäbische Heeresabtheilung, die sich von Rudolf verabschiedet hatte und durch den Waffenstillstand sich gedeckt glaubte, am meisten vom wieder erwachenden Kriegseifer leiden. Die Führer hatten da schon die von den Anstrengungen ermüdeten Krieger entlassen, so daß diese einzeln den Angriffen ausgesetzt waren [94]). So wurde Schwaben von neuem unmenschlich mit Brand und Plünderung heimgesucht, und schon gleich beim ersten Vorstoß am Neckar südwärts muß — zu Wiesloch — jener entsetzliche Brand einer Kirche, wobei über hundert Menschen im Kampfe gegen die Königlichen ihr Leben einbüßten, geschehen sein. Doch rühmten sich die Feinde Heinrich's IV., daß auch ihrerseits Schädigungen der Gegner durchgeführt worden seien [95]).

Wohl von einem Augenzeugen her stammt die anschauliche Schilderung, wie der König da während des Kriegszuges mitten auf freiem Felde, wo ringsum nur Feuersbrünste, eine ganz zerstörte und von Rauch eingehüllte Landschaft sichtbar waren, wo als Zeuge der Greuelthaten auch jene zerstörte Kirche nahe lag, an zwei zuverlässige Anhänger zwei erledigte schwäbische Kirchen gab. Der Erzähler meint, es habe durchaus den Umständen dieser ganzen schauerlichen Umgebung der Einsetzungshandlung entsprochen, daß der eine, wie der andere so bestellte Kirchenvorsteher sich nachher als unzertrennlicher kriegerischer Bundesgenosse des Königs bewährt habe, daß besonders der Ordensmann unter ihnen im Harnisch den eifrigsten, keineswegs einem Mönche angemessenen Krieg gegen Ru-

---

des Königs — „Ein eigentlicher deutlicher Waffenstillstandsbruch des Königs wird auch von seinen eifrigsten schriftstellerischen Gegnern nicht geradezu behauptet' — zu erklären sucht. Freilich verfügen wir ja einzig über Zeugnisse aus dem Heinrich IV. feindlichen Lager.

93) Der Annalist redet vom initum cum eis (sc. Pagoariis) consilium (l. c.).

94) Ausdrücklich spricht die gleiche Quelle von den principes Alemannorum nuper de bello reversi et tam ex inproviso fraudulenter invasi: — Quippe tunc maxime pacem putabant, et idcirco milites suos ex itinere fatigatos domum abire jam securi permittebant (l. c.).

95) Der Annalist tröstet sich gewissermaßen nach der Erwähnung von praedae et incendia —: Sed tamen non sine maximo suorum detrimento patriam illam pervaserat (sc. Heinrich IV.). Die Geschichte von der una ecclesia cum plus quam centum hominibus combusta et desolata hat er gleichfalls ausdrücklich, und gewiß allein richtig, in diesem Zusammenhange (l. c.), und zwar durchaus nicht, wie Henck (vergl. ob. n. 80) sich ausdrückt, als „unbestimmtes dem Autor zugekommenes Gerücht", freilich ohne Bernold's genauere Angabe: apud Wizinloch (nach Bernold gehörten die Verbrannten zu den sibi, sc. Heinrich IV., resistentes) (434); Bernold spricht übrigens gar nicht von diesem Zuge Heinrich's IV. nach dem Weggange vom Neckar, aus dem heraus bei ihm die Einzelgeschichte von Wiesloch an einer chronologisch früheren Stelle erscheint.

holf führte[96]). Es waren die Beiden Bischof Siegfried von Augsburg und Abt Udalrich von St. Gallen.

Bischof Embriko von Augsburg war am 30. Juli gestorben. Noch zuletzt hatte er sich wieder bis Ende Mai auf das entschiedenste zu Heinrich IV. zurückgewandt und auf der Versammlung zu Ulm bei der feierlichen Messe jene eigentliche Anrufung eines Gottesurtheils zu Gunsten der gerechten Sache des Königs vollzogen. So ist er begreiflicher Weise nach seinem Tode von den beiden Seiten her in der ungleichsten Weise beurtheilt worden. In Augsburg wußte man ihm Dank für zahlreiche bauliche Arbeiten, für die Auffindung und Erwerbung als köstlich erachteter heiliger Reste: so hatte er besonders die wichtigen Kirchen St. Ulrich und St. Afra, ferner St. Stephan und noch zwei weitere Kirchen von Grund aus neu gebaut, an anderen Gebäuden und an Klöstern Herstellungsarbeiten besorgt, drei Klöster neu hinzugefügt, und dergestalt wurde er da als reich an guten Werken und an Almosen, als einer, der nach glücklicher Abberufung dahin gegangen sei, betrauert. Dagegen nahmen die Feinde Heinrich's IV. von jener allerdings sehr auffälligen öffentlichen Erklärung in Ulm und davon, daß Embriko gleich danach tödtlich erkrankte, den erwünschten Anlaß, geradezu von einem Gottesurtheil zu sprechen. Daß der Bischof sich nicht mehr vom Lager erhoben und an täglich zunehmenden Schmerzen gelitten, endlich vor dem — wie an einer Stelle gesagt wird — ohne kirchliche Communion eingetretenen Tode bekannt habe, der Strafe für jene Vermessenheit verfallen zu sein, diesen Verlauf des Gerichtes berichtete Welf sogleich an Gregor VII., der darauf geantwortet haben soll, er habe dieses baldige Ende des Frevlers vorausgesagt[97]). Gleich nach dem Tode Embriko's muß eine Neu-

[96]) Die Scene in loco campestri, cum circa se undique incendiis ardere et fumare regionem depopulatam contemplaretur, mit der Charakteristik besonders des Udalrich — non monachus . . . semper loricatus, für bella non monachica zur Führung sollertissimus — und der Angabe, jede der beiden Investituren sei geschehen: non ut aecclesiam regeret, sed ut sibi ad ingruentia bella ope individua praesidio assisteret, bringt wieder der Annalist (l. c.).

[97]) Embriko (vergl. zuletzt S. 37) starb nach den Augsburger nekrologischen Aufzeichnungen — des Domes, von St. Ulrich — am 30., nach dem Necrol. Ottenburanum am 31. Juli (Necrol. Germaniae, I, 66: tumulatus est ante crucem — u. 125, 111): ebenso haben Annal. August. (SS. III, 129) den erstgenannten Tag. Diese lassen den Bischof — beatae memoriae, plenus operibus bonis et elemosinis — vocatione felici — ad Dominum gewandert sein und nennen seine Kirchenbauten (der Catalogus und die Series episcop. Augustanorum sprechen speciell von der zum Behufe des Neubaues 1064 geschehenen Schleifung der St. Afra-Kirche und den dabei gemachten Reliquienfunden: SS. XIII, 280, 335, ähnlich diejenige von SS. XIV, 1308), fügen auch noch in einem Anhang zum Jahresbericht von 1077 die Geschichte von der Translation der Reste des Märtyrers St. Narcissus, primus Augustae praedicator, nach Augsburg, bei. Dümmler theilt, Neues Archiv, VI, 446, die sechs Verse einer Grabschrift auf Embriko mit. Der Annalist dagegen knüpft (296) gleich an die in n. 60 erwähnte Scene in Ulm an und läßt — vergl. auch 295, 301 — den Bischof infeliciter sterben, unter Erwähnung der Todeskrankheit als eines indicium, das Welf gleich an Gregor VII. meldete: ipse (sc. Gregor VII.) mox,

wahl in Augsburg geschehen sein, durch Geistlichkeit und Volk und den größeren Theil der ritterlichen Mannschaft des Bisthums, wie wenigstens ein Heinrich IV. feindseliger Bericht behauptet, und zwar war der Gewählte ein Angehöriger der eigenen Kirche, Wigolt, der Propst der Augsburger St. Moritz-Kirche, ein sehr ehrwürdiger und gut unterrichteter Geistlicher, wie ihn seine Anhänger rühmten. Doch Heinrich IV. stieß diese allem Anschein nach ganz regelrechte Wahl um, da er für den ihm äußerst wichtigen Platz an der Grenze Schwaben's gegen Baiern hin einen völlig treuen Anhänger, wenn nothwendig, auch für künftige kriegerische Verwicklung einen Gehülfen im Kampfe haben wollte[68]). Als solchen erlas er, eben

non mendax propheta, indubitanter remandavit, quod ipse revera de hoc praescius esset, quia idem episcopus de novis illius anni frugibus numquam gustaturus fuisset; quod paulo post, ut divinavit vir apostolicus, rei comprobavit eventus. Allein dieser Todesfall scheint nun dem Autor so wichtig, daß er noch einen längeren Excurs daran anhängt (296 u. 297). Zuerst meint er, daß die populi his et huiusmodi signorum ostensionibus satis superque commoniti gar wohl darüber hätten belehrt sein können: necessitatis aecclesiasticae et correctionis suae causa hoc regis Ruodolfi justissimum omnino et desiderabile suffragium fuisse peractum; doch habe das nichts gefruchtet, da die Menge vielmehr gewünscht habe: regi Heinrico, omnium bonorum suorum invasori et devastatori et tot heresium et scismatum auctori et defensori toto nisu . . . individui semper adhaerere. Dann aber will er vollends noch contra nugigerulos, gegen responsiones inportunissimae et mendosae quorundam morionum garrulitatis, weiter ausholen, gegen pertinacea nonnulli, die — das war die heresis et seminarium clericorum — behaupten: in reges quamquam hereticos et cunctis flagitiorum facinorumque reatibus exoletos, sanguinarios nefandissimos, nec non omnifariam profanos et sacrilegos, nec ipsius papae nec alicuius magistratuum judicium et sententiam cadere non debere, und da wird auf eine Reihe historischer Beispiele, wie sie ähnlich in der Streitschriftenlitteratur dieser Jahrzehnte gern gebracht werden — vergl. z. B. Bernold, Libelli de lite, II, 97, 148 —, wie sie der Verfasser aber auch der Weltchronik des Hermann von Reichenau (vergl. P. Meyer, in Heft IV der Historischen Studien, 33 u. 34) entnehmen konnte, hingewiesen, wo Päpste, Erzbischöfe, Bischöfe über Könige und Kaiser urtheilten; hernach folgen noch deutlich polemische, auch mit Gelehrsamkeit prunkende Ausführungen — ut jam pridem res sua vocabula amiserant, ita apud eos (diesen getadelten Unwissenden) adhuc usque non res set nomina tantum laudi et honori sunt, quae absque proprietate et officiis suis prorsus inaniter sonant — über den Namen rex: rex a regendo proprie dici vel denominari comprobatur — und den Begriff des Königsamtes, mit scharfen Spitzen gegen christiani reges, qui dominari in populum potius (vorher ist der Begriff tyrannus erklärt) quam secundum nomen suum ipsum regere percupientissimi sunt, nämlich gegen Heinrich IV. Bernold ist viel kürzer: Post hanc temerariam perceptionem (vergl. n. 60) parvo tempore quod supravixit usque ad mortem, numquam se sanum de lecto levavit, setzt aber den absque aecclesiastica communione erfolgten Tod zu früh — circa Kalendas Julii — an (434).

[68]) Hierüber sprechen ganz kurz Annal. August.: Wigoldus ex familia ecclesiae episcopus constituitur (l. c.), der Annalist hier (301): reprobato eo quem fratres canonice electum jam habuerant noch ohne Nennung des Namens, der erst a. 1078 gebracht wird: revera primum canonice a clero et a populo et a meliori et majori parte aecclesiasticae militiae electus . . . quidam canonicus qui et ipse ad sancti Mauritii aecclesiam praepositus jam constitutus probatus est, venerabilis multum et bene litteratus clericus, nomine Wigoldus (309). Im Liber de unitate ecclesiae conservanda, Lib. II, cc. 19

dort auf dem eiligen Zuge vom Neckar gegen Südosten hin, seinen Kappellan Siegfried, vielleicht einen der an die Kirche St. Simon und Judas zu Goslar gesetzten Geistlichen, den er jedenfalls schon länger als zuverlässig kannte, und bestellte ihn als Bischof für den nach seiner Ansicht noch nicht besetzten Stuhl[99]).

Aber zugleich mit Siegfried's Berufung kam nun eben auch jener junge Bruder des neuen Herzogs Liutold von Kärnten, Udalrich, zu der Stellung, die er im schwäbischen Lande südlich vom Bodensee für den König vertheidigen sollte. Von dem übrigens ja schon durch die St. Galler selbst ausgewiesenen Geschöpf Rudolf's, dem Abte Lutold, wollte Heinrich IV. nichts wissen, und so erhielt das Kloster einen Vorsteher, der nicht selbst da Mönch gewesen war. Gewiß nicht bloß die Rücksicht auf die Verwandtschaft, sondern die Erkenntniß der Eigenschaften, die den Eppensteiner auszeichneten, hatten die Wahl bedingt. In St. Gallen selbst wurde über Udalrich geurtheilt, er sei, wie von edler Geburt, so auch wissenschaftlich gebildet, gewandt in seinem Wesen, hohen Sinnes, nicht fähig nachzugeben gewesen; aber allerdings verhehlte man sich da auch nicht, daß der neue Abt in der Art, wie er jetzt von überall kriegerische Kräfte sammelte und sich verstärkte, über das Maß der klösterlichen Regel hinausschritt, heftigen Gemüthes, wie er war: freilich habe er es auch verstanden, die treueren Leute um sich zu schaaren[100]).

---

u. 86, erscheint er freilich als Wigoltus Augustae alter episcopus qui Sigefrido eiusdem civitatis episcopo adhuc vivente per partium studia est subintroductus (l. c., 296, 264).

[99]) Siegfried — wohl der Bd. II, S. 250 (vergl. auch S. 853, n. 206), zum Jahre 1073 durch Bruno, c. 27, genannte regis capellanus — wird von den Annal. August.: in scismate electus, Augustae praeponitur episcopus kurz eingeführt. Der Annalist spricht sich — vergl. schon n. 96 — ganz gehässig aus: Imbricconi . . . Sigifridum capellanum suum . . . qualitercumque supposuit (301).

[100]) Ausdrücklich läßt der Annalist eodem die et loco (sc. wie den Siegfried) durch den König den dem Namen nach hier nicht genannten quidam consanguineus suus, eiusdem loci non monachus, für die cella sancti Galli als Abt einsetzen, eo itidem reprobato (sc. der in n. 89 genannte Lutold) (301). Natürlich bieten die St. Galler Annalen (vergl. n. 20) hier den reichsten Stoff, in der Contin. Casuum, c. 21: Eodem anno quendam iuvenem sui cognatum, domini Marcuardi Carnotensis filium (unrichtig fügt da Öhem ein: ain münch zuo St. Gallen, l. c., 98), in abbatem hic promovit (sc. Heinrich IV.). Iste, Udalricus nomine . . . (c. 22) non minus fervent animo (sc. als Abt Eggehard von Reichenau), econtra aliquantulum regulae modum excedens, se undique collectis viribus firmare festinat. Uterque fuit iuvenis, uterque satis nobilis, uterque litteratus et moribus agilis, sed iste sancti Galli plus magnanimus, ille tunc temporis ditior militibus, set iste fidelioribus. Ille isti parcere nescivit; istum ei cedere puduit (l. c., 47—49). Ueber Udalrich folgte nach meinem Artikel in der Allgemeinen deutschen Biographie, XXXIX, 212—214, noch eine Abhandlung Pl. Bütler's, Jahrbuch für schweizerische Geschichte, XXII, 251—291. — Irrig ist in der Tegernseer Tradition, in der dort im 13. Jahrhundert geschriebenen Historia s. Quirini regis et martyris, die Angabe über Eberhard II., Abt von St. Emmeram und durch Heinrich IV. Abt von Tegernsee — natione Suevus —, daß er unter seinen duo germani fratres den Udalricus ecclesiae sancti Galli abbas gehabt habe (Oefele, Rer.

In raschem Zuge muß Heinrich durch Schwaben geeilt sein; denn schon das Fest Mariä Geburt — 8. September — feierte er in Augsburg; jedenfalls wollte er da Siegfried sogleich als Bischof einführen[101]). Zugleich aber besetzte jetzt der König auch gleich hier in Augsburg mit einem Geistlichen der dortigen Kirche eine äußerst wichtige, ebenfalls kürzlich erst erledigte geistliche Vorstandschaft im Südosten des Reiches.

Der Patriarch Sigehard von Aquileja war nach seiner Theilnahme an den Versammlungen in Ulm und Nürnberg auf dem eiligen Heimwege begriffen und von dem eifrigen Wunsche erfüllt, mit ansehnlichem Aufwande sich zu jeder Unterstützung des Königs kriegerisch zu rüsten. Da wurde er in Regensburg plötzlich von einer heftigen Krankheit befallen, die in eigenthümlich tobsüchtigen Anfällen sich geäußert haben muß. Der Kranke litt einige Zeit an diesem quälenden für Alle furchtbaren Zustande, ehe er — am 12. August — starb. Aber auch von seinen Begleitern — ein Bericht redet gar von fünfzig Opfern — wurde eine gewisse Zahl in ähnlicher Weise plötzlich ergriffen und dahingerafft. Diese ansteckende Seuche galt in den Augen der davon Nachricht gebenden Gegner Heinrich's IV. als die ganz gerechte Vergeltung für den Abfall Sigehard's von der Sache Gregor's VII., wie er sie — ausdrücklich werden die Bemühungen und eidlichen Zusicherungen des vorhergehenden Jahres zur Vergleichung herangezogen — von zu großer Geldgier verführt an den König verrathen habe. Diese schlimme Nachrede ist besonders von dem schwäbischen Erzähler breiter ausgeführt. Der Sachse dagegen ge-

---

Boicar. Scriptores, II, 71). Dagegen will Baumann, Geschichte des Allgäus, I, 368 u. 369, als richtig zugeben, daß Eberhard durch Bischof Heinrich von Augsburg die Klöster Füßen und Ottobeuren übertragen erhalten, bald aber abgegeben, dann St. Emmeram erhalten, nachher aber Tegernsee bekommen habe, wo er 1091 starb; der von der Historia ihm noch neben Udalrich zugetheilte Bruder, Swidkerus in cella sancti Magni ad Fauces gubernacula praelaturae moderans, wäre dann in Füßen wohl sein Nachfolger gewesen. Noch mag hier zu Bd. I, S. 466 u. 467, betreffend Tegernsee, nachgetragen werden, daß ein Brief des dortigen Abtes Siegfried, des Vorgängers Eberhard's II., beweist, daß 1065 auch Tegernsee das Schicksal anderer Reichsklöster in Baiern befürchtete, durch Heinrich IV. an geistliche oder weltliche Fürsten gegeben zu werden, so daß eben der Abt sich jammernd an den König in dem Schreiben wandte (B. Pez, Thesaurus anecdot. noviss., VI a. 239 u. 240), mit der Bitte für das monasterium in hac provincia antiquissimum (etc.), ne alliis nos vestros servituti servulos subjiciatis: denn sinister rumor conturbavit nostram orandi intentionem (etc.), vos scilicet istud velle coenobium tradere in beneficium, ad nostrae exiguitatis incessabile supplicium vel justitium.

[101]) Nach dieser Angabe der Annal. August., über Heinrich's IV. Anwesenheit in nativitate sanctae Mariae (l. c.), muß der Kriegszug sich sehr rasch vorwärts bewegt haben — vergl. n. 78, daß Rudolf bis gegen Ende August auf seine oberdeutschen Verstärkungen warten mußte, also auch erst noch später das Zusammentreffen am Neckar stattfand —, so daß sicher anzunehmen ist, der König sei bloß von den bairischen und böhmischen Zuzügern begleitet gewesen und habe seine viel kriegsuntüchtigeren und unbeweglicheren städtischen Aufgebote vom Neckar entlassen.

fiel sich darin, zu spotten, die anderen Verstorbenen seien für den vornehmen Mann, der ohne Communion und Beichte aus dem Leben geschieden sei, das nothwendige Geleit zur Hölle gewesen. Gleich der Leiche des Patriarchen sollen auch die Reste einiger seiner verstorbenen Genossen nach Aquileja zur Bestattung gebracht worden sein[107]).

Sogleich nach dem Tode des Patriarchen müssen Geistlichkeit und Volk von Aquileja zur Wiederbesetzung des Stuhles des Patriarchen geschritten sein, und der Archidiakon der dortigen Kirche wurde als Nachfolger Sigehard's erwählt. Die geschehene Wahl war an Gregor VII. gemeldet worden, und dieser kündigte am 17. September in zwei Schreiben an Klerus und Volk, sowie an die Bischöfe des Sprengels von Aquileja, an, er sende Legaten zur Prüfung der Wahl ab. Darum kümmerte sich indessen Heinrich IV. durchaus nicht. Er verwarf den ganz regelrecht erkorenen Patriarchen und sorgte auch hier dafür, daß die Kirche, die er noch ganz kürzlich wieder in Nürnberg — zum Besten Sigehard's — so verschwenderisch beschenkt hatte, in sicheren Händen eines zuverlässigen Anhängers blieb. Wieder war es einer seiner Kappellane, Heinrich, eben vorher Augsburger Domherr, den die Auswahl des Königs traf[108]).

---

[107]) Ueber Sigehard spricht der Annalist sehr einläßlich: Qui tandem post huiusmodi mendacem assentationem (vergl. ob. n. 60) se domum festinanter proripiens et sumptuoso multum apparatu se in regis qualecumque suffragium studiosissime militaturum rependerns, maniaco furore derepente factus est arrepticius. Et hac amentiae metuenda cunctis passione aliquantisper ad exemplum mendacibus et apostatis daemoniacae satis discruciatus, damnabili consummatione insensibilmus exspiravit. Et sic cum nonnullis suorum subitanea itidem morte direptorum ad sedem suam tumulandus reportatus est. Daran schließt sich eine längere lebhafte Ausführung über das strenge Gericht — O quam timendus Deus ultionum dominus (etc.)! —, das über den non modicis mammonae corruptus illecebris, dessen frühere noch 1076 gezeigte Haltung damit verglichen wird (vergl. Bd. II, S. 667, n. 6), verhängt wurde (295). Bernold erzählt ähnlich, doch viel kürzer, daß Sigehard, in auxilium Heinrici contra bannum apostolici armata manu veniens, zu Regensburg in amentiam fiel; ex ipso itinere repentina morte intercipitur, sicque domum non sine aliquibus suorum funeribus, in corpore et anima mortuus, reportabatur (434). Bruno läßt in c. 75, nach der Ankündigung von c. 74 — vergl. Bd. II, S. 670, in n. 83 — als zweites Beispiel der miserae mortes von Anhängern Heinrich's IV. gleich Sigehard's Tod folgen: postquam exrogi quasi regi sociatus retrogradus efficitur (vergl. nachher in c. 88: quod — sc. sacramentum: vergl. l. c., S. 688, unt. — quia melius servavit in scripto quam in opere . . crudele supplicium dedit — 364), repentina morte praeventus, quia communicabat excommunicatis, incommunicatus et inconfessus huic vitae subtrahitur, aber, wie dann in geradezu boshafter Wendung beigefügt wird, noch mit quinquaginta, sicut audivimus, de suis sociis eadem morte repentina correpti, als Begleitern ad infernum für den tantae dignitatis vir (361). In der Series patriarch. Aquilegiensium ist dieser Patriarch mit ann. 9 mens. 4 bezeichnet (SS. XIII, 368). Den Todestag nennt das durch de Rubeis, Monum. eccl. Aquilejens., 533, benutzte Nekrologium von Aquileja.

[108]) Gregor VII. spricht — Registr. V. 5 und 6, J. 5049 und 5050, gerichtet an clerus et populus Aquilegiensis ecclesiae und an omnes episcopi

Von Augsburg ging der Weg des Königs weiter nach Regensburg, wohin Erzbischof Gebehard von Salzburg vorgeladen worden war. Augenscheinlich legte Heinrich IV. stets noch einen sehr hohen Werth darauf, diesen hervorragenden geistlichen Anhänger Rudolf's zu sich herüberzunehmen und dadurch seine schon errungene Machtstellung in Baiern noch mehr zu befestigen. Wenn auch der dem Könige stets feindselige schwäbische Berichterstatter wissen will, Gebehard, diese „wahrhaft unverrückbare Säule der Kirche“, sei nur unter vorgeschützter Sicherheit einberufen worden und hätte, als es nicht gelingen wollte, durch jeden möglichen Trug ihn heranzuziehen, listig gefangen genommen werden sollen, so ist doch gewiß nicht zu bezweifeln, daß am Hofe der ernsthafte Wille, den Frieden hier zu finden, vorhanden war. Allein eine Einigung war ausgeschlossen, weil der Erzbischof erklärte, nur unter der Bedingung der Rückerstattung aller seiner Kirche entrissenen Güter zur Rechtfertigung gegenüber den vom König gegen ihn erhobenen Anklagen sich entschließen zu wollen. Lange dauerte zwar die bewegte Verhandlung zwischen Gebehard und den Anwälten des Königs, in dessen Anwesenheit; aber endlich wurde gänzlich abgebrochen. Zwar ließ nun Heinrich IV., wie die Salzburger Nachrichten ausdrücklich bezeugen, unter dem versprochenen Geleite den Erzbischof wieder nach Salzburg zurückführen. Doch dieser hegte Mißtrauen, und so entzog er sich mitten auf dem Wege zwischen Regensburg und seinem erzbischöflichen Sitze — es war am 14. October — seinen Begleitern und floh heimlich bei Nacht, fast allein — wie man dann später in Salzburg ausmalte, unbekleidet — hinweg. Zuerst suchte er bei seinen Gesinnungsgenossen in seinem schwäbischen Heimatland, hernach in Sachsen Zuflucht[104]).

Aquilegiensis ecclesiae — am 17. September zuerst von der mitgetheilten electio apud vos facta und hernach von dieser Meldung des clerus et populus Aquilegiensis ecclesiae des Inhaltes: defuncto nuper Sicbardo episcopo suo, se archidiaconum eiusdem ecclesiae in locum illius regiminis elegisse, und sehr bestimmt ist im ersten Schreiben im Allgemeinen darauf hingewiesen: quod in ecclesia diu peccatis facientibus neglectum et nefanda consuetudine corruptum fuit et est, im zweiten speciell für die Suffragane von Aquileja geschieden zwischen qui si vere fratres exhibuerunt und den qui non solum a caritate fraternitatis sed ab unitate etiam ecclesiae scismatica pravitate discesserunt: jenen salutem et apostolicam benedictionem, diesen debitam sollicitudinis exhortationem (l. c., 292, 293). Doch Heinrich IV. ging anders vor; der Annalist erzählt: Aquileiae Heinricum, Augustensem canonicum et capellanum suum, patriarcham, reprobato eo qui canonice a clero et populo electus est, qualitercumque apposuit (sc. Heinrich IV.) (301). Nach der Stelle, die von den Annal. August. dieser Einsetzung des Heinricus .. pridem Augustensis canonicus eingeräumt wird (l. c.), muß sie gleichfalls am 8. September geschehen sein (doch vergl. im Weiteren unt. zu 1079 bei n. 10). Selbstverständlich ist es irrig, wenn Jaffé, l. c., 291—294, in Ueberschriften und Anmerkungen den erwählten Archidiakon von Aquileja mit dem von Heinrich IV. bestellten Heinrich identificirt hat.

[104]) Der Annalist läßt Gebehard — revera sanctae aecclesiae inmobilis columna basi veritatis pondere superni amoris fundatissime superposita —, nach der Erwähnung über Heinrich IV.: Deinde in Pagoariam itinere quo

Inzwischen rückte die am Neckar für die Fürstenzusammenkunft am Rhein bestimmte Zeit, der 1. November, heran. So kehrte Heinrich IV., nachdem er von allen Seiten die Hülfsschaaren seiner Krieger gesammelt, aus Baiern in das fränkische Land am Rheine zurück[106]), und am 30. October weilte er schon wieder in Worms. Ganz bezeichnend für den durchgreifenden Willen des Königs, womit er jetzt jenen mit seiner Bevormundung sich tragenden Plänen, eines Eingreifens der Fürsten, entgegenzutreten gedachte, war das an dem bezeichneten Tage durch ihn veranstaltete Fürstengericht über einen fürstlichen Hochverräther, den in seiner Eigenschaft als Markgraf von Meißen nicht mehr anerkannten Ekbert II. In den schärfsten Worten ließ der König den Begriff des Hochverrathes feststellen und durch den ihm so nahe stehenden Vertrauensmann in der Kanzlei, jenen in seinem Stil so bestimmt sich heraushebenden Notar, in die dem Urtheile vorangehenden Erwägungen in der Urkunde einfügen. Aus den Gütern, die nach dem hier angekündigten gerechten Urtheile dem Bestraften weggenommen waren, wurde wieder ein getreuer geistlicher Anhänger, Bischof Konrad von Utrecht,

---

coepit profectus est ... iterum in Franciam reversus est — ausdrücklich prius vor den König gerufen werden: simulata fide, so daß Gebehard arte omnimoda, ut eum sibi adjungere posset (sc. Heinrich IV.), satis superque, licet frustra, pertemptatus erschien, worauf eben Gebehard relictis suis omnibus vix ferme solus in Alemanniam ad suae partis et communionis viros nocte latenter entflieht (301). Die Lebensbeschreibungen des Erzbischofs berichten gleichfalls davon, die ältere, c. 3, mit Nennung von Regensburg: publica fide etiam data a rege ducatu ... expurgare se in quibus a rege culpabatur recusavit, nisi prius omnia quae ei ablata fuerant juxta statuta canonum emendarentur. Inde prolixa inter eum et inter prolocutores regis coram rege agitata est questio (es ist die unt. zu 1083 in n. 35 hervorgehobene Spolieneinrede), c. 4, daß Gebehard nach dem Weggang — infecta re utrimque et indefinita — a media via nach Salzburg — eo comitatu quo venerat reducendus — abbog: ad partes secum facientes ... modo cum Suevis modo cum Saxonibus tempus educens, die jüngere mit einem Einschub in c. 7, worin gesagt ist, Gebehard sei relicta sindone nudus geflohen, relicta sede sua in exilium 2. Id. Oct., a. i. D. 1078, was aber durch die der älteren Vita, c. 4, entnommene Angabe über die novem anni des Exils, das 1086 zu Ende ging, sich selbst corrigirt (SS. XI, 26, 39). Andere Angaben, doch chronologisch am unrichtigen Platze, alle zu 1079, bringen Annal. s. Rudberti Salisburg.: Gebhardus archiepiscopus in exilium vadit, Auctar. Garstense: Gebhardus archiepiscopus profugus in exilium pridie Id. Oct. recessit, Annal. Admunt. das Gleiche, aber mit Einschub der Worte: a Juvavo nach exilium (SS. IX, 773, 568, 576). L. Spohr, Ueber die politische und publizistische Wirksamkeit Gebhard's von Salzburg (Dissert. v. Halle, 1890), 18, glaubt, Gebehard, der den steirischen Grafen Adalbert vom Traungau und vielleicht auch die Eppensteiner wegen Verletzung der Salzburger Kirchengüter excommunicirt habe, sei vielleicht zu hart in seinen Forderungen (vergl. die ältere Biographie, c. 5: in contemptores et contumaces ultor irrevocabilis erat, sive banno sive alterius potestatis exercitiis uti in illis voluit: l. c., 27) gewesen und habe scharfes Urtheil gegen Kirchenräuber, die dem Könige nahe standen, begehrt.

[106]) Das bezeugt der Annalist: Inde (sc. von Baiern) collectis undecumque militum suorum auxiliaris cohortibus, iterum in Franciam reversus est (l. c.).

belohnt, indem er die Grafschaft Staveren aus den in Friesland liegenden Reichslehen Ekbert's zugetheilt erhielt[108]).

Außerdem stellte sich nun aber auch alsbald heraus, daß von jenen Erwartungen, die an die zum 1. November angesagte Versammlung angeknüpft gewesen waren, keine einzige sich erfüllen werde. Zwar waren die zu der Unterredung berufenen Fürsten und Herren im Begriffe, sich zur festgesetzten Zeit zu sammeln, und erschienen schon von allen Seiten her. Allein nach einer von Seite des schwäbischen Berichterstatters ausdrücklich aufgestellten An-

[108]) St. 2807 — auch von Muller, Het oudste cartularium van het sticht Utrecht (1892), 106, edirt — ist wieder ein ganz bezeichnendes Product des Dictators Adalbero C, mit seiner Arenga staatsrechtlichen Inhaltes betreffend den Begriff des Hochverrathes, der längeren Auseinandersetzung der rechtlichen Verfügung (vergl. Gundlach, l. c., 30, 49 u. 50): Lex est et jus gentium, inimicos regis aperte deprehensos aperte communem totius regni persecutionem pati, ut, sicut perjurii infamia sunt exleges, ita honorum omnium suorum fiant exheredes. Insuper tam ipsi quam possessiones eorum regali sententiae puniendi subjaceant. Justum est enim, ut summa nequitia deprehensi summa vindicta mulctentur et regni dominum persequentes regni persecutionem patiantur. Haec sententia principum nostrorum judicio (hiezu mag immerhin, wenn auch — vergl. n. 110 — St. 2808 als urkundlicher Beweis, wie er sich darbietet, nicht anzunehmen ist, auf die Worte: Wormaciam .... ubi principibus nostris pro certis regni negotiis convenire statutum est .... viginti episcopis, decem abbatibus ceterisque quam plurimis clericis ac laicis presentibus hingewiesen werden) super Egbertum quondam marchionem dicta est, ut quod in nos exercere non timuit, in se recipiat, videlicet ut in regno partem non habeat, qui nos integro regno privare laborabat. Unde de bonis justo judicio sibi ablatis beato Martino speciali Trajectensis aecclesiae patrono, cui fidelis noster Conradus episcopus praesidet, comitatum quendam de Stavero (in dem friesischen Westergau: Stavoren heutzutage eine Stadt an der Zuidersee) in proprium tradendo firmavimus (etc.). Die Recognition ist durch Gebehardus cancellarius allein vollzogen, ohne Erwähnung des Erzkanzlers Siegfried, was von nun an sieben Jahre lang so blieb (vergl. n. 69, sowie Breßlau, l. c., IV, 77). Was Ekbert II. betrifft, so trat seine Feindseligkeit in den Bd. II, S. 521, 719, 745, geschilderten Ereignissen der Jahre 1075 und 1076 zuletzt historiographisch erwähnt hervor: seither gedenkt nicht einmal Bruno irgendwo des Namens des Markgrafen. Doch muß derselbe zu den sächsischen Feinden Heinrich's IV., also jetzt zu Rudolf's Anhang, gezählt haben, da ja an diesem 30. October so scharf gegen ihn vorgegangen wurde, allerdings nun — vergl. n. 60 — auf fränkischem Boden gegen den Sachsen. Bölger, Die Brunonen, der in einer geradezu gesuchten Weise als Anwalt Ekbert's hervortritt, möchte aber, in § 141 „Egbert strebte nach dem Besitz des deutschen Reichs" (602 ff.), durchaus dessen Bewerbung 1076 in Tribur und 1077 in Forchheim „zum Könige von Sachsen" voranstellen. Diese Schenkung an Utrecht auf Ekbert's Unkosten steht mit späteren, ebenfalls aus Ekbert's confiscirten Gütern, von 1086 (St. 2879, 2880), in Verbindung — vergl. Bölger's „Karte des Comitats der Brunonen in der Mark Friesland" (vergl. Breßlau, Konrad II., II, 829 n. 4, über die reichsamtliche Stellung, schon des Großvaters Ekbert's II., des 1038 verstorbenen Grafen Liudolf, in Friesland) —, und da weist Bölger, der in § 142 verficht, Bischof Konrad sei gar nicht in den Besitz Staveren's gekommen (607 ff.), allerdings mit Recht darauf hin, der auf die Verhältnisse zwischen Ekbert und Bischof Udo von Hildesheim bezügliche Brief bei Sudendorf, Registrum, 1, 60, sei nicht zu 1087, sondern zu 1079 oder 1080, doch mit Posse, Die Markgrafen von Meißen und das Haus Wettin, 185, n. 94, richtig zu 1080 (vergl. bei 1080: n. 160), zu ziehen (609 u. 610).

schuldigung — allerdings spricht kein Zeuge außer ihm von der Sache — trat jetzt Heinrich IV., gestützt auf die in seiner Hand wieder angehäufte nicht unansehnliche kriegerische Macht, in den Weg. Dabei wird ihm vorgeworfen, er habe das von seinen eigenen Fürsten zugesicherte schützende Geleit treulos verletzt, den bis zu der verabredeten Versammlung bestehenden Waffenstillstand ganz mißachtet. Ueberhaupt tritt im gesammten Verlauf dieser Erzählung das lebhafte Bedauern zu Tage, daß auf solche Weise eine Uebereinkunft zur Schlichtung der vielen Spaltungen im Reiche, wie sie im Sinne der künftigen Vereinigung berechnet war, mißlungen sei, was übrigens angesichts der Gewohnheit des Königs, sich zu weigern, nicht auffallen könne: es seien also Alle wieder einzeln nach Hause gezogen, freilich nicht ohne sehr laut über diesen Ausgang der Sache zu murren[101].

Die Feinde Heinrich's IV. haben demnach die ganze Schuld an der Sache dem Könige allein und seiner unwahren Haltung zugeschoben, insofern allerdings mit Recht, da dieser, entgegen der Festsetzung, in der Nähe des verabredeten Zusammenkunftsortes erschienen war, während Rudolf allem Anschein nach sich fern gehalten hatte. Doch hatte Heinrich IV. ohne Zweifel in der richtigen Nothwehr zur Aufrechterhaltung seines Ansehens dergestalt handeln zu müssen geglaubt, und das Wiedererscheinen am Rhein war nur die Fortsetzung dessen gewesen, daß er sich schon nach dem Eintreffen der Hülfstruppen am Neckar sogleich über den Waffenstillstand hinweggesetzt hatte.

Ohne Zweifel setzte der König, auch nachdem er den Rhein wieder verlassen hatte, die Züchtigung der widerspenstig bleibenden Anhänger Rudolf's fort. Doch vermied er es, Schwaben dieses Mal zu betreten, wenn ihm auch von den dortigen Gegnern die Absicht zugeschrieben wurde, noch ein drittes Mal in diesem Jahre, nach seiner Gewohnheit, dieses Land verwüstend zu durchziehen. Man meinte von dieser Seite, die Aussicht, sich mit Berchtold und Welf, sammt den übrigen feindlichen schwäbischen Schaaren, in einer Schlacht, wenn sie ihm in den Weg sich stellen würden, messen zu müssen,

---

[101]) Von diesen Dingen berichtet einzig der Annalist: — daß tempore condicto die ad hoc vocati nominatique majores melioresque regni schon sich zu sammeln begannen, aber durch Heinrich IV. daran gehindert wurden, dem offen vorgeworfen wird, er habe — non mediocri iterum collecta militia — fidem per principes eius jam condictam perfidus infringens, pacis pactum efferatus omnino parvipendens, toto quoad poterat ingenio (vergl. nochmals über das colloquium condictum regis Heinrici factione et perfidia impeditum: 302) die ganze Versammlung unmöglich gemacht; die Theilnehmer zerstreuen sich — huiusmodi exploratis eius vecordiae solita tergiversatione —, allerdings non absque praegrandi murmuratione (301). Unklar ist, was Marianus Scottus mit den Worten: Rodulfus Heinrico obviam non venit (gleich im Anschluß an die Erwähnung des Termins Kal. Nov.: vergl. n. 89) meint: aber dadurch, daß die Rec. alt. (SS. XIII, 79) setzt: quia Ruodolfus non venit und so das Ganze mit dem folgenden in n. 112 zu erörternden Satze sich verbindet, wird klar, was wenigstens in dieser Redaction darunter verstanden wird.

habe ihn von einer Betretung Schwaben's abgehalten, so daß er ihnen in klugem Rathschlage ausgewichen sei, um den offenen Kampf zu vermeiden. So wurde der gerade Weg nach Baiern vom königlichen Heere eingeschlagen[108]).

Aber da erlitt auch der König, am 14. November, in der Reihe seiner treuen Anhänger unter den deutschen Bischöfen in kurzer Zeit den dritten empfindlichen Verlust. Noch während jener die Gegenpartei schädigenden kriegerischen Unternehmungen, vor dem Antritte des Rückmarsches nach Baiern, starb ganz plötzlich, während er im Kriegslager des Königs sich aufhielt, Bischof Wernher von Straßburg. Nach der in Hirsau gepflegten Ueberlieferung hegte er eben die Absicht, dieses Kloster anzugreifen und zu verwüsten, als er das Leben verlassen mußte. Er war, einem Krieger gleich, noch in den Harnisch gekleidet, in das Lager zurückgekehrt, hatte sich auf das Ruhebett gelegt und war plötzlich vom Tode weggerafft worden. Der am einläßlichsten hievon redende schwäbische gegnerische Geschichtschreiber fand, daß so der Beschluß des höchsten Richters an diesem hauptsächlichsten Anstifter und gehorsamen Mithelfer bei Frevelthaten des Königs, an diesem obersten Anführer bei argen Grausamkeiten vollzogen worden sei, und dabei griff er auch noch auf das schändliche sittliche Leben des Bischofs, wie er ganz ohne Scheu öffentlich eine vorher ihrem Manne, einem seiner Ritter, theuer abgekaufte Frau dauernd, als sie Wittwe geworden, zur Beischläferin gehabt und mit ihr, trotz der vor dem Papste angebrachten Klage, trotz danach erfolgtem eidlichem Versprechen, gelebt habe. Es wird da ferner gesagt, daß die Umgebung Wernher's auf das heftigste über dieses Ende ihres Herrn erschüttert gewesen sei, zumal weil, wie man wenigstens in Hirsau annahm, seine Kriegsleute nicht ohne Widerrede und Weigerung ihm wenigstens bei seiner letzten Unternehmung Beistand geleistet hätten. In traurigem Zuge brachten die Leute des Bischofs seine Leiche zur Bestattung nach Straßburg. In der Stiftung der Brüder Wernher's auf schwäbischem Boden, im Kloster Zwifalten, wollte man aber noch nach Jahren seines Namens und desjenigen eines zweiten Bruders, der sich von den gottseligen anderen Angehörigen des Hauses so weitgehend unterschied, keine Erwähnung thun, als eines wegen seiner Ketzereien und Frevel vom Papst verurtheilten Anhängers des sündigen Königs Heinrich IV.[109]).

[108]) In gewohnter Weise wirft wieder der Annalist Heinrich IV. vor, daß er — uti jam deliberavit — jetzt den soliti incendia praedaeque gegenüber den rebelles sui — manu majestativa — nachgegangen sei (301). Dann folgt etwas später, daß Heinrich IV., dum tertio tunc Alemanniam devastaturus suo ritu pervadere destinasset, doch prudenti consilio vor dem occursus mit Berchtold und Welf — cum caeteris Alemannorum cohortibus — abbog, recta in Pagoariam cum suis itione, bello cedens (302).

[109]) Wernher's Tod bietet wieder dem Annalisten Gelegenheit zu heftigen Aeußerungen gegen den prae ceteris in huiusmodi negotiis (: unmittelbar voran geht der erste Satz in n. 108) inventor et auxiliator illius (sc. Heinrich's IV.) tunc praecipuus . . . tot malorum et facinorum armiductor et primicerius (vergl. auch ob. S. 16, in n. 18), dessen Todesart erzählt wird.

Nach der Ankunft auf dem Boden Baiern's gelang es H
rich IV., Truppen des Herzogs Wratislav und ebenso das bairi
Aufgebot, so wie diese böhmischen und bairischen Krieger s
durch ihr Eintreffen am Neckar ihn aus der Verlegenheit gezo
hatten, zu neuen ausgedehnteren Kampfunternehmungen zusamm
zufassen. Denn jetzt erst ging er in ganz unversöhnlicher Weise ge
den Grafen Ekbert von Formbach und Neuburg vor. Unbekümm
um die Beschaffenheit der Jahreszeit, die außerordentliche Kä
die großen Schneemassen, richtete der König seine Angriffe geg

---

Dann folgt eingehend die Geschichte von der vita flagitiosa, mit der concubi
quaedam vidua, unter ausführlicher Beurtheilung und Vergleichung die
Thatsache mit dem Treiben des Paulus Samosatenus episcopus Antiochen
Endlich ist noch von der Ueberbringung der Leiche nach Straßburg die Re
(301 u. 302). Wegen der Beziehungen der Brüder Wernher's zur Gründu
von Zwifalten gedenkt Abt Berthold zwei Male, doch in abgeneigter Wei
des Bischofs, qui . . . heu in schismate . . perierat (c. 1), besonders c.
welche Stelle schon ob. S. 31 in n. 43 mitgetheilt ist (SS. X, 98, 101). D
Vita Willihelmi abb. Hirsaugiens., c. 26, gedenkt des Todesfalles als ein
evidentius et severius eingetretenen vindicta Dei, weil Wernher zu dene
zählte, qui jussu regis Heinrici . . . Hirsaugienses exterminare moliti sun
pro eo, quod haeresi eius contra Romanam aecclesiam noluerunt consentir
nec aliquatenus eius communione se contaminare, quippe qui erat sceleratissi
mus et omnium, quos terra sustinuit, flagitiosissimus; doch ist die Sache etwa
anders, gewiß unglaubwürdiger, als durch den gleichzeitigen Annalisten, erzählt: Ipso (sc. Heinrich IV.) annitente . . . . Werenherus militari manu
aggressus est devastare Hirsaugiam (und zwar, wie es hernach heißt: ipsis
etiam militibus, qui inviti ad auxilium eius cogebantur, adeo visum est
abominabile, ut ei dissuaderent et ad tale facinus auxiliari recusarent); sed
eadem die, qua tantum facinus commissurus equum loricatus ascendit,
subitanea morte, antequam loricam exueret, praeoccupatus expiravit et vivens
in infernum descendit, was dann noch weiter ausgeführt wird: deinceps tale
aliquid contra locum sanctum et eius habitatores praesumendi omnibus usque
quaque metum incussit (SS. XII, 222). Auch im Chron. Ebersheim., c. 25,
wird Wernher wegen seines gewaltthätig hinterlistigen Auftretens — vecordia —
gegen das Kloster Ebersheimmünster getadelt, wobei freilich — vergl. Steindorff, Heinrich III., I, 14 n. 1 — dieser Wernher II. mit Wernher I. vermengt
wird (SS. XXIII, 443 u. 444). Dagegen ist unter dem quidam Stracebargensis
episcopus, amicissimus regis Heinrici, den Helmold, Chron. Slavorum, Lib. I,
c. 29, in die wunderliche im Excurs III berührte Geschichte einflicht (SS. XXI,
32 u. 33), jedenfalls Wernher zu verstehen. Die Annal. Argentin. stellen den
Tod Wernher's — vir schismaticus — falsch zu 1078 (SS. XVII, 88). Bemerkenswerth ist auch noch die erst im 12. Jahrhundert geschehene Erwähnung
Wernher's in Sigeboto's Vita Paulinae, c. 29: rex . . . adversus eam (sc.
Kloster Hirsau) armatam direxit multitudinem, in qua quasi signifer et dux
aliorum Argentinensis ecclesie presul Werinherus ceteros Hirsaugienses
debellaturos antecedebat, qui ad oppidum, quod Forsheim dicitur, veniens
pro infulis pontificalibus loricam primus induit et mutato prepostero ordine
mente et habitu, id est ex clerico factus tyrannus in ipsa lorica dicto citius
exspiravit sicque totius impietatis conatus confusus conquievit et recessit
(Thüringisch-sächsische Geschichtsbibliothek, I, Sigeboto's Vita Paulinae, ed.
Mitzschke, 66). Den Todestag bietet das Todtenbuch des Speirer Domstifts:
XVIII. Kal. Dec. (ed. H. Reimer, Zeitschrift für die Geschichte des Oberrheins,
XXVI, 44). — Die drei Todesfälle von Bischöfen bringen die Annal. necrolog.
Prumiens., a. 1077, in verkehrter Reihenfolge: Werinherus episcopus, Sige-
hardus patriarcha, Embricho episcopus (SS. XIII, 222).

die Burgen des Grafen, deren drei er belagerte, mit seinen Sturmgeräthen nahm und schließlich brach — wahrscheinlich war unter ihnen die am Inn liegende Neuburg selbst —, und in diesem östlichen Theile Baiern's, also etwa im Sprengel von Passau, hausten nun die Königlichen mit Brand, Plünderung, Verwüstung in solcher Weise, daß schließlich Elbert bei all seiner Tapferkeit seine Macht erschöpft sah und, auf weiteren Widerstand verzichtend, mit seiner Gemahlin Mathilde und allen Angehörigen den Boden des Reiches völlig räumte und als Flüchtling zu König Ladislav I. von Ungarn sich begab. Kaum ließ sich nur Heinrich IV. Zeit, um einer jedenfalls knapp genug begangenen Weihnachtsfeier in Regensburg sich zu widmen; dann eilte er wieder nach dem Lande am Inn hin davon, um die begonnene Belagerung einer Burg fortzusetzen[119]).

Doch nicht bloß hier in Baiern dauerte, unter den Augen des Königs, der Kampf bis zum Jahresschlusse fort; sondern in Schwaben ruhten die Waffen ebenso wenig.

Der neue Abt Udalrich von St. Gallen sah sich jedenfalls alsbald gezwungen, zum Schwerte zu greifen und sich des Angriffs von Reichenau her zu erwehren. Denn Abt Eggehard suchte ihm zuvorzukommen und begann den nachdrücklichen Versuch, den verjagten Abt Lutold dem Kloster St. Gallen wieder aufzuzwingen und dadurch Rudolf's Sache hier neu zum Uebergewicht zu erheben. Allein Udalrich blieb, obschon er über keine allzu große Truppenzahl gebot, getrost, und so wagte Eggehard nichts Ernsthaftes, sondern kehrte eine Meile vor dem Ziel wieder um. Weil nun aber auch der Vogt des Klosters, ein dem Gegenabte gleichnamiger wahr-

[119]) Wieder ist der Annalist die Quelle für diese letzten Thaten Heinrich's IV. im Jahre: Bekämpfung des schon ob. S. 40 genannten Grafen Elbert — assumptis secum ducis Boemiorum, illorum provincialium (sc. von Pagoaria) militaribus copiis — als pertinax devastator, und zwar praediis, incendiis et castellorum illius obsidionibus, trotz der nivosae algoris nimietates — . . . cum suis quamquam vix perpetiens . . pervasor durissimus hiemabat —, bis er dann nach Brechung dreier Burgen Elbert — denique sibi resistere minime sufficiens — zur Flucht ad regem Ungariorum (vergl. zu 1078, n. 53, zu 1079, n. 20) nöthigt, ebenso hernach a. 1078: Rex Heinricus Ratisponae biduo tantum qualitercumque non multum festive vix commoratus iterum ad obsidionem cuiusdam castelli, unde venit illuc, properanter redibat, in illis Norici sinus orientalis partibus . . vagans (302, 306). Diese Ereignisse haben auch die St. Galler Annalen im Auge, die aber hier nur in Tschudi's Auszuge erhalten sind: küng Hainrich . . kart sich darnach gen Payer, da nam er in etlich herschaffien, schloss, grauf Eggeharts (statt Elbert's) eines vinden, und vertraib in (ed. Brandi, l. c., 98). In den gleichen Zusammenhang von Begebenheiten fällt, was die Vita Altmanni ep. Pataviens., c. 13, bringt, immerhin wohl eher erst in das Jahr 1078 (vergl. dort bei n. 4). — St. 2804 läßt sich — Data III. Kal. Jan. Act. Radispone — mit der ausdrücklichen Versicherung des Annalisten über Heinrich's IV. Itinerar nicht vereinigen und ist seinem Inhalte nach bei 1079 (vergl. n. 27) zu erwähnen. St. 2809, das — Ratisponae actum — nach der Jahresbaltirung eben zum Ende des Jahres 1077 gezogen werden müßte, für das Kloster Nonnenwörth im Chiemsee, ist vollends als Fälschung ganz auszuscheiden (vergl. Hirsch, Heinrich II., I, 124, in n. 2).

scheinlich thurgauischer Freiherr Lutold, also vielleicht ein Verwandter dieses Schützlings des Eggehard, gegen St. Gallen, im Bruch seines Eides, die Waffen nahm, glaubte Udalrich sich besser vorsehen zu müssen. In geschickter Auswahl der geeigneten Stellen sicherte er vor der tiefen Schlucht des Flusses Sitter westlich und ebenso — weiter entfernt am linken Rheinufer, südlich landeinwärts vom Bodensee — östlich von seinem Kloster die Zugänge durch feste Anlagen[111]).

Ebenso wüthete der Kampf zwischen den Anhängern Heinrich's IV. und Rudolf's auch in anderen Theilen des schwäbischen Landes, und ganz besonders werden da die Gebiete an der Donau namhaft gemacht. Eine Nachricht ist vorhanden, daß während des Winters acht Burgen durch die Königlichen gebrochen worden seien. Wieder ist die weit ausgreifende schwäbische Geschichtserzählung ganz voll vom Jammer über all dieses Elend des gestörten Friedens, der überall tosenden Fehden, des Raubens, Plünderns, Brennens, wobei besonders das Kirchengut gelitten habe Allerdings meint dieser Gewährsmann, es sei während des ganzen Jahres in allen Theilen des Reiches von den beiden Seiten viel an Unthaten verübt worden. Aber er kehrt mit seiner Klage nach seiner näheren Umgebung zurück und malt wieder alle diese Uebelstände aus, die Abwesenheit göttlicher und menschlicher Gesetze, so daß jeder Einzelne sich selbst Richter und Zurechtweiser wurde, die Spaltungen, den Trug und schändlichen Erwerb, der sogar vor in den Kirchen zur Sicherheit geborgenem Gut nicht zurückschrak. Aber auch arge Noth war entstanden, da es an Früchten des Bodens fehlte und die eingebrachten Ernten überall durch Raub und Verheerung aufgezehrt erschienen[112]).

---

[111]) Von diesen Feindseligkeiten zwischen beiden Klöstern, die jedenfalls gleich 1077 begannen (wie denn Öhem die dem Original entnommenen Angaben zu 1076, resp. 1077, bringt), spricht die hier auch im Lateinischen erhaltene Ableitung der St. Galler Annalen: c. 22: Contra quem (sc. Uodalricum) abbas Augensis zelo sui domini, regis Ruodolfi fugati, et eius inde (sc. aus St. Gallen) expulsi abbatis Lutoldi, inimicicias et ipsa arma contra regulam movit: hier folgt die längere Stelle aus n. 100 — ille (sc. Eggehard) prior istum provocans, sibi expulsum abbatem superducere in monasterium voluit; iste etiam audax, non plurimis copiis collectis, equo Marte rei eventum expectare volens, omnia temptare non timuit. Dann folgen Einzelbegebenheiten, mit Erwähnung der Anlagen Udalrich's: juxta Sintriam quaedam municio nomine Crazania und munitio in valle Rheni nomine Ilerburch, sowie der gegen St. Gallen feindseligen Haltung des Lutoldus huius loci advocatus (vergl. Rahholz, Geschichte der Freiherren von Regensberg, Zürch. Dissert., 1894, 12 u. 13, daß dieser Lutold vielleicht zwar nicht ein Regensberger, aber aus dem den Regensbergern verwandten thurgauischen Hause Markdorf war) (meine Ausgabe, 49—52, wozu im Excurs 120—123, mit dem Kärtchen betreffend Krätzern). Allerdings zog sich wohl besonders der weitere Ausbau der Befestigungsanlagen in das folgende Jahr 1078 hinein.

[112]) Ganz kurz gedenkt Marianus Scottus dieser neuen Wirren in Schwaben; denn seine Notiz: Heinricus Suaviam predavit et castella per hiemem fregit, in der Rec. alt.: quia Ruodolfus non venit, Heinricus (etc.), mit der Zahl octo vor castella (SS. V, 561, resp. XIII, 79), kann, wenn auch

Auch wenn in Anschlag gebracht wird, daß aus Landschaften, wo über den da erfochtenen Sieg Heinrich's IV. Jammer und Groll herrschte, diese Berichte stammen, daß also Manches absichtlich in noch dunklere Schatten gerückt sein mag, so war jedenfalls die allgemeine Lage am Ende dieses Jahres eine höchst betrübende.

Inzwischen war nun außerdem noch neuerdings das geistliche Zuchtmittel gegen König Heinrich IV. von sächsischem Boden her, aus Rudolf's Machtbereich heraus, ergriffen worden.

Rudolf hielt sich, nachdem er vom Neckar nach Sachsen zurückgekehrt war, zunächst an die Pflichten, die ihm durch die Beherrschung dieses Landes auferlegt waren. Zwar nur ein schwäbischer Zeuge weiß von der Thätigkeit als Richter, die von ihm entfaltet worden sei, wie er da nach den Gesetzen die Mißstände nach gerechtester Untersuchung gebessert habe. Freilich begegnete dabei Rudolf in Westfalen und Thüringen noch Regungen des Widerstandes und suchte hier durch Unterwerfungsmaßregeln seine königliche Hoheit zur Geltung zu bringen[115]).

Dann soll durch Rudolf über das Geschehene eine Botschaft nach Rom abgeschickt worden sein, mit inständiger Bitte um Rath und Beistand, worauf Gregor VII. nichts Weiteres habe zurückmelden lassen, als daß er mit nicht geringer Begierde noch immer

des Königs eigene Mitwirkung hier nicht zutrifft, einzig hierauf gehen. Den einschlägigen Bericht des Annalisten: Per Alemanniam quoque utriusque partis bellicosae nimis in alterutrum phalanges diversis undique motibus, set circa Danubium praecipue, pace prorsus conturbata, praedis iisdem rapinis et incendiis insistendo, et res alienas, set aecclesiasticas praecipue, sibi publica invasione usurpando, pro posse debachantur (303) möchte Waitz, Forschungen zur deutschen Geschichte, XXII, 518 u. 519, als einen der von ihm vermutheten fremden Bestandtheile des Textes — „aus einer anderen schriftlichen Quelle übertragen oder später hereingekommen" — hinstellen (doch vergl. überhaupt das Bd. II, S. 907, n. 13, erwähnte Urtheil Breßlau's). Noch mag hier auch eine schon früher zu diesem Jahre gebrachte Ausführung des Annalisten, die im Anschluß an den in n. 62 erwähnten Zusammenhang steht, erwähnt werden, eine bewegliche Klage über die motus, wie sie per provincias omnes ab utriusque partis sectatoribus promiscue, ut in bellis solet, per totum annum illum (1077) geschehen seien, aber allerdings speciell über die fames non minima et quia terra fructum suum non dederat, et quia violentiis raptores et latrones omnia consumpserant, per partes nostras (in Schwaben) effecta, über die allgemeine Gesetzlosigkeit, über inaudita discordiarum scismata, fraudium turpisque quaestus ignominia, so daß nicht einmal in die Kirchen geflüchtete Habseligkeiten sicher seien (299).

[115]) Der Annalist preist Rudolf, der quid tandem potius ageret non habuit, in seiner Thätigkeit als judex aequissimus, der bloß daneben mit quidam Westfalorum et Thuringorum (etwa Spuren der Widerstandsversuche der Bischöfe Benno von Osnabrück, Eberhard von Naumburg?) alibi rebellantes zu thun hatte (302). Bruno malt den seligen Friedenszustand in Sachsen, c. 95: Itaque nostrates domum cum pace reversi (sc. vom Neckar her), annum fecerunt integrum nec laedentes aliquem nec ab aliquo laesi (367) allzu geflissentlich aus; ohne Zweifel gab dieser Satz zu der in der Verallgemeinerung vollends nicht richtigen mißverständlichen Auslegung bei Ranke, Weltgeschichte, VII, 291, den Anlaß.

auf die Wirkung der Schreiben warte, die er, wie Rudolf es wohl wisse, kürzlich an seine Legaten und zugleich an alle deutschen Fürsten habe abgehen lassen [116]). Und gleich hieran knüpft derselbe schwäbische Berichterstatter — neben ihm, nur viel kürzer, eine zweite Mittheilung — die weitere eingehende Erzählung dessen, was im Ferneren von Sachsen aus gegen Heinrich IV. geschehen sei, wobei der Legat Cardinaldiakon Bernhard ganz in den Vordergrund gestellt erscheint. Dieser habe sich durch den ihm aus Rom gewordenen Bescheid nicht wenig ermuthigt gefühlt und darauf hin die Bischöfe und die übrigen Fürsten aus Sachsen nach Goslar auf den 12. November zusammenberufen: hier sei durch ihn — aus päpstlicher Machtvollkommenheit — Heinrich IV. von der Gemeinschaft des Fleisches und Blutes des Herrn und von den Schwellen der heiligen katholischen Kirche, nach richterlichem Spruche, gänzlich ausgeschlossen worden, mit völliger Untersagung der Ausübung der Regierung, und zwar deßwegen, weil er, in Ungehorsam gegen den Papst, die nach gerechtem Urtheilsspruche der römischen Synode ihm nach Ausschluß von der Kirche entzogene Regierung mit großer Verwegenheit ohne Erlaubniß des Papstes wieder angetreten habe, und weil er dem Papste, als dieser zur Schlichtung so vieler im Reiche entstandener Zwistigkeiten, Spaltungen und Feindseligkeiten Weg und Geleit begehrte, das völlig verweigerte und bis jetzt als ein Verächter Gottes und des apostolischen Stuhles in dieser Weigerung verharrte. Rudolf dagegen — so ist da weiter erzählt — sei durch den Legaten, abermals aus päpstlicher Machtvollkommenheit, in seiner Herrschaftsübung bestätigt und dabei allen Großen des Reiches in bestimmtester Weise das Gebot eingeschärft worden, ihm, wie es gegenüber einem Könige nothwendig sei, den guten Willen zu zeigen. Dazu aber müssen nun auch noch Gegner Heinrich's IV. aus der deutschen hohen Geistlichkeit mit ihren Urtheilsfällungen gegen den König vorgegangen sein. Der aus Mainz vertriebene Erzbischof Siegfried, andere durch die Anhänger Heinrich's IV. aus ihren Sitzen verjagte Kirchenfürsten, Adalbero von Würzburg, Altmann von Passau, waren gleichfalls zu Goslar anwesend, und von diesen wurde die Gelegenheit ausgenützt, ihrer Feindseligkeit gegen den König, der gerade damals sich rüstete, um auch an der Passauer Kirche Vergeltung zu üben, Ausdruck zu verleihen. Siegfried und sieben seiner Bischöfe übergaben in feierlichem Fluche Heinrich IV., den der Erzbischof als Angehörigen seines Sprengels behandelte, sowie dessen Anhänger dem Satan

[116]) Der Annalist läßt Rudolf dem Papste totam rerum gestarum seriem directo ... Romam legato mittheilen, worauf dieser nichil aliud .. nisi quod litterarum, quas proxime et legatis suis et una omnibus Theutonicarum partium principibus transmiserat, se non ignoraret non modica aviditate effectum exspectasse, als Antwort zurückmeldete (302). Daß Gregor VII. — am 30. September und ohne Zweifel auch nachher (vergl. n. 115) — in solcher Erwartung stand, geht aus dem nachher in n. 131 zu beurtheilenden Schreiben, Registr. V, 7, J. 5051, allerdings hervor.

zum Untergange des Fleisches, und Adalbero, der eben hieran ohne Zweifel theilgenommen hatte, verfluchte noch weiterhin, unter Mitwirkung des Legaten Bernhard, alle jene, die bei seiner Vertreibung aus Würzburg mit Handlung oder Rath sich betheiligt hätten[118]).

---

[118]) Mit den Worten: Unde cardinalis ille Romanus non parum animatus, juxta quod in litteris continebatur, contracto Saxonicae provinciae episcopis caeterorumque principum apud Goslariam collegio, regem Heinricum apostolicae auctoritatis sententia in 2. Idus Novembris a communione corporis et sanguinis Domini nec non a liminibus sanctae aecclesiae catholicae juridicialiter damnatum omnino excommunicavit, eique omnino regni gubernacula interdixit (mit Angabe der Erwägungen) schließt der Annalist gleich an die Stelle von n. 114 an und fügt noch bei: Ruodolfum vero auctoritate apostolica in regnum confirmavit et omnibus regni optimatibus, ut ipsi ut oportet regi faverent, firmissime praecepit (302 u. 303). Bernold ist kürzer; er sagt: Quod (sc. das den Legaten durch Gregor VII. Befohlene: vergl. n. 86) et non multo post factum est, scilicet in die sequenti post festivitatem sancti Martini Goslariae, Heinrico pro inobedientia iterum excommunicato et Ruodolfo pro obedientia in regnum sublimato, mit Angabe der Ursache dieser Verurtheilung Heinrich's IV. (435). Bei Bruno ist nur in den eingeschobenen Briefen der Sachsen von diesen Vorgängen von Goslar die Rede, im zweiten (c. 110): qualem sententiam domnus Bernhardus in Heinricum Deo odibilem suosque participes protulerit, quidque de rege Rodulfo vestra jussione statuerit . . . quod fratres nostri et coepiscopi, scilicet domnus Wirtzeburgensis, Pataviensis et alii viri religiosi . . se vidisse et audisse testati sunt (sc. später vor Gregor VII. in Rom, aber wenigstens Altmann jedenfalls erst — vergl. zu 1079 (n. 1) — auf der Fastensynode 1079) (372 u. 373), wozu aber im dritten Briefe (c. 112) nach der zu 1079 in n. 5 eingeschalteten Stelle besonders noch kommt: archiepiscopus Moguntinus majorum exempla secutus, adjunctis sibi episcopis numero septem, quibus eadem injuriae ratio fuit, pro defensione ecclesiae sibi commissae praedictum virum (sc. Heinrich IV.), qui parrochianus illius est, tradidit sathanae in interitum carnis cum universis suis complicibus. Item domnus episcopus Wirtzeburgensis praesente et cooperante sedis apostolicae legato domno Bernhardo omnes illos anathematizavit, qui actu vel consilio in hoc culpabiles extiterunt, quod ille a sua sede prohibitus est (375). Indessen gedenkt der Annalist auch selbst zu 1079, wo er Bernhard's Berichterstattung in Rom (vergl. dort in n. 4) schildert, des rex Heinricus als eines suo consensu inprimis a Moguntino et sex aliis cum eo episcopis judiciali censura juste excommunicatus (318). Diese Vorgänge schwebten wohl auch dem Verfasser der Annal. Patherbrunnens., ed. Scheffer-Boichorst, 97, vor, wenn er den neuen Conflict — iterum discordia inter papam et regem Heinricum renovata — von der regis inobedientia ableitet. — Freilich will, hierin mit Damberger, Synchronistische Geschichte der Kirche und der Welt im Mittelalter, VI, 912, zusammentreffend, Martens, l. c., I, 168—172, in diesen „zu Ehren Rudolfs erdachten Angaben" über das in Goslar Geschehene gar nichts als historisches Factum anerkennen: „Da die Maierlasse keine politische Geltung erreicht haben, so wollte man dieselben wenigstens theoretisch und litterarisch zu Ehren des Gegenkönigthums verwerten" — eine Zusammenstellung, 171, zeigt wörtlichen Anschluß des Textes des Annalisten und Bruno's an die „Mai-instruction" —, und gewiß ist richtig, daß das nachher bei n. 134 zu behandelnde Schreiben Abt Bernhard's (Sudendorf, Registrum, I, 16—18) darzuthun scheint, „daß der Kardinal Bernhard in Goslar das nicht declariert haben kann, was ihm die Trias der drei Antiheinricianer zuschreibt". Allein die gänzliche Beseitigung der Facten, die so ausdrücklich zum 12. November mitgetheilt werden, zumal auch desjenigen, was Siegfried und Adalbero thaten — von dieser zweiten und dritten Excommunication spricht Martens, l. c., nicht —, ist ein zu radicales Mittel: „Das von Bertholb und Consorten mühsam aufgebaute Kartenhaus fällt kläglich zusammen". Denn daß der Legat

Eine dreifache kirchliche Verdammung war also, von der Stelle, wo Heinrich IV. früher ganz besonders seine Regierungsrechte über Sachsen ausgeübt hatte, auf sein Haupt gelegt, und daraus, daß der Legat in diesen Dingen sein erstes Wort gesprochen, entnahmen die erbitterten Gegner des Königs, wie sie in Sachsen jetzt Rudolf's Herrschaftsanspruch als ihre eigene Sache stützten, gewiß ohne jede weitere Erwägung, unmittelbar, ohne daß sie eine Bestätigung dieser Schritte aus Rom für nothwendig erachteten, daß Gregor VII. selbst durch den Cardinaldiakon gesprochen habe.

Für Rudolf war es eine weitere Bekräftigung seiner in den niederdeutschen Landschaften gewonnenen Stellung, daß er in ruhmvollster Weise, wie seine Anhänger priesen, ebenfalls hier in Goslar, von sehr vieler Mannschaft des sächsischen Volkes umringt, das Weihnachtsfest feiern konnte[116]).

—

Gregor VII. setzte seinen Aufenthalt auf den lombardischen Burgen der Gräfin Mathilde noch bis in die Mitte des Jahres fort. Carpineta und Bianello, südlich und nördlich von der Hauptburg Canossa gleichfalls in der Grafschaft Reggio gelegen, ähnlich wichtige Bergfesten, ferner Carpi, die Burg weiter nordöstlich in der Grafschaft Modena, endlich Ficarolo am Po in der Grafschaft Ferrara, das sind die Plätze, aus denen vom März bis in den Juni die päpstlichen Schreiben verschickt wurden, und wenigstens bis in den Mai war die Gräfin, gleich einer „anderen Martha", wohl meistens an der Seite Gregor's VII.[117]).

Cardinaldiakon Bernhard schon im Sommer des Jahres, indem er ganz Rudolf sich anschloß, ihn nach Sachsen und von da wieder nach dem Main und Neckar begleitete, über den Inhalt der sogenannten „Mainstruction" weit hinausgegangen war, ist schon ob. S. 54—58 hervorgehoben worden, und es entsprach nun im Weiteren dieser ganz mit Rudolf's Sache — vollends nach den Vorgängen am Neckar — sich identificirenden Haltung des Legaten, daß er in Sachsen dergestalt gegen Heinrich IV. auftrat und so allerdings den sächsischen Auffassungen ganz Genüge that. Die auf Rudolf's Seite stehende Geschichtschreibung, die abermals ganz allein uns von diesen Dingen Zeugniß bringt, faßte das selbstverständlich gern als Gregor's VII. eigene Willensmeinung auf, und Heinrich's IV. Haltung nach dem Weggang Rudolf's vom Neckar bot ja für ein Vorgehen des Legaten, über den Inhalt der Mainstruction hinaus, Anhaltspunkte genug.

[116]) Der Annalist, a. 1078, läßt diese Feier cum maximis Saxonicae gentis copiis gloriosissime vor sich gehen (306). Floto, l. c., II, 161 n. 2, bezeichnet es mit Recht als „spaßhaft", daß nach den Heinrich IV. gegnerischen Geschichtschreibern Rudolf die Festtage — schon Ostern nach dem Annalisten festive (nach Bernold gloriosissimum), ebenso wieder 1078 Ostern sollempniter satis (293, 434 — 309) — glänzend, Heinrich IV. aber kläglich — dieses Weihnachtsfest 1077 non multum festive, Ostern 1079 non multum gloriose und das Weihnachtsfest non satis magnifice (306, 309, 315) (u. s. f.) — gefeiert haben sollen.

[117]) Vergl. Overmann, Gräfin Mathilde von Tuscien, 141 u. 142, wonach Mathilde am 6. Juni in Florenz zu Gericht saß. J. 5021—5023 (1.—4. März) sind aus Carpineta, J. 5026 (19. März) apud castrum . . . Carpum, J. 5027—5031 (21. März—6. April) aus Bianello, J. 5039 (12. Mai) juxta Padum in

Während dieser Zeit vollzogen sich die Wahl Rudolf's in Forchheim, der Weggang Heinrich's IV. aus Italien nach Deutschland. Gregor VII. empfing von dem neu aufgestellten Gegenkönige jene Erklärung der Unterwürfigkeit, mit der wahrscheinlich daran geknüpften abermaligen Einladung, zur Entscheidung der schwebenden Angelegenheiten nach Deutschland zu kommen, und von Heinrich IV. kam die Aufforderung, der Papst möge die freche Anmaßung Rudolf's mit der Excommunication bestrafen, worauf dieser mit dem Begehren einer Untersuchung der Angelegenheit, unter Rechenschaftsablegung von beiden Theilen, antwortete[118]). Unzweifelhaft hielt nämlich Gregor VII. fortwährend die Absicht fest, selbst sich über die Alpen auf den Boden des deutschen Reiches zu verfügen, um hier durch sein persönliches Erscheinen den Ausbruch des inneren Krieges zu verhindern; am 1. März hatte er das nach Frankreich hin bestimmt ausgesprochen[119]). Während von Deutschland her Heinrich IV., ganz durchdrungen von der Rechtmäßigkeit seiner alleinigen Ansprüche auf das Königthum, einfach die Machtmittel des Papstthums wider den Gegenkönig hatte aufrufen wollen, während Rudolf von der anderen Seite, als sei er der gültige Inhaber der Krone, sich der Curie mit seinem Gehorsam zur Verfügung gestellt, gedachte Gregor VII. das Amt des Schiedsrichters zwischen den beiden Gegnern auszuüben.

Aus dieser Absicht flossen jene zwei am 31. Mai aus Carpineta erlassenen Schreiben, an die zwei in Deutschland weilenden Legaten und an alle Getreuen im deutschen Reiche, deren Inhalt hier schon anzugeben war. Ausdrücklich hebt hier Gregor VII. hervor, daß er von Heinrich IV., wie von Rudolf, angegangen worden sei, und er theilt den Beiden den königlichen Namen zu. Denn jetzt will er eben mit Hülfe und Geleite, die ihm von Beiden dargeboten werden mögen, zur Untersuchung der Streitangelegenheit nach dem

loco qui dicitur Ficarolo, J. 5034—5038, 5041 (31. Mai — 28. Juni) aus Carpineta. Donizo, l. c., Lib. II, v. 169 u. 170, sagt von Mathilde: per tres tenuit pia menses Gregorium papam, cui servit ut altera Martha; er stellt die Gräfin in diesem ganzen Zusammenhang (v. 167—174) recht geflissentlich in Gegensatz zu Wibert, den er schon v. 119—124 zwar als doctus, sapiens et nobilis ortus anerkennt, doch auch als major cunctis in der turba maligna pontificum, als eidbrecherisch gegen Gregor VII., contra quem nunc mala maxit, hinstellt, dann wieder v. 148 ff. (nach der schon in Bd. II, S. 765 n. 31, dazu vergl. ob. S. 3, n. 1, zum Abdruck gebrachten Stelle) anklagt als den ersten der pontifices falsi: qui dedit istud consilium — eben das v. 125—147 Erzählte — regi, quia vult invadere Petri sedem condignam (etc.), als lubricus et mendax ... conscius et consors homicidarum quoque fautor (etc.), als suus (sc. Heinrich's IV.) exactor, judex, falsus quoque pastor, der die crudelia Heinrich's IV. (vergl. ob. in n. 25) nicht tadelte: Plebes, cappellas precio clericis tribuebant; cuncti perversi vivebant lege Guiberti, woran dann eben v. 167 anschließt: Ast hera Mathildis despexit facta maligni (etc.) (SS. XII, 382 u. 383).

[118]) Vergl. ob. S. 8, 15.

[119]) Vergl. schon in Bd. II, S. 772 n. 43, die Stelle im Schreiben J. 5021, vom 1. März.

deutschen Reiche gehen und hier entscheiden, auf wessen Seite das größere Recht sei; diesem Urtheile haben sich die Streitenden zu fügen, und dem Ungehorsamen, der schon der Herbeiführung der Vorbedingungen zur päpstlichen Reise, der Aufschließung des Weges, sich widersetzen würde, werden die schärfsten Strafen angedroht[180]).

Als der Inhalt dieser Schreiben im deutschen Reiche bekannt wurde, hatte es sich schon entschieden, daß Rudolf in den oberdeutschen Landschaften sich nicht mehr halten könne, daß er sich nur auf den sächsischen Stamm zu stützen vermöge, wie er denn ja alsbald zu den Sachsen den Weg wählte. Die unverkennbar der Wahrheit entsprechenden Mittheilungen nun, die aus dem sächsischen Lande über die dort sich verbreitende Stimmung geboten werden, zeigen, in welche Gereiztheit diese Bevölkerung hineingerieth, als sie erkannte, daß Gregor VII. neben ihrem „Könige", Rudolf, auch noch Heinrich IV. den Herrschertitel beimaß. Unumwunden gesteht der sächsische Geschichtschreiber: „Als aber die Unserigen dieses Schreiben empfangen hatten, fielen sie aus der großen Hoffnung, die sie auf den apostolischen Felsen gesetzt, weil sie vorher geglaubt hatten, eher bleibe der Himmel stille stehen und werde die Erde sich nach der Weise des Himmels bewegen, als daß der Stuhl Petri die Beständigkeit des Petrus verliere" —, und ähnlich hatte er schon vorher sich geäußert: „Inzwischen ist der apostolische Vater, indem er seine apostolische Regsamkeit vergaß, vielfach, aus welchem Grunde wissen wir nicht, von seiner früheren Sinnesart abgewichen. Denn er, der vorher Heinrich mit allen seinen Helfershelfern in apostolischer Strenge excommunicirt und ihm alle Vollmacht zur Regierung in kraftvollem Worte untersagt und Alle, die ihm Treue geschworen, von den Banden des Eides durch apostolische Machtvollkommenheit losgeknüpft hatte, er, durch den die Wahl eines neuen Königs mittelst seiner Einwilligung bestätigt worden war, befahl nunmehr durch seine Schreiben" — und darauf folgt der Inhalt der Briefe vom 31. Mai[181]). Indem nun aber weiter der eine der Legaten, Cardinaldiakon Bernhard — der andere, Abt Bernhard, war ja inzwischen auf die Feste im Aargau als Gefangener gebracht worden —, ganz sich Rudolf anschloß, verlor er die Befähigung, der Vertreter Gregor's VII. in dem Sinne zu sein, wie der Auftrag vom 31. Mai einen solchen für das Schiedsamt des römischen Stuhls vorausgesetzt hatte. Diesen so ganz nur als Vorfechter des Gegenkönigs sich darstellenden Beauftragten des Papstes vermochte Heinrich IV. nur noch als seinen offenen Gegner anzusehen, und so konnte er eben so wenig sich entschließen, der ersten von dem Legaten, nach seiner Anweisung, zu stellenden Bedingung, der Aufschließung des sicheren Weges für die Reise

---

180) Vergl. ob. S. 54—56.

181) Bruno, c. 107, wo von der Wirkung der in cc. 105 u. 106 mitgetheilten Briefe (vergl. n. 86) die Rede ist, und vorher in c. 104, in der Einleitung zu diesen eingeschalteten Stücken (371, 369).

Gregor's VII. über die Gebirge, sich anzubequemen. Schon recht bald muß der Papst eine Ahnung davon, daß seinen Forderungen schwerlich werde entsprochen werden, gewonnen haben. Denn schon neun Tage nach Erlaß der zwei Schreiben äußerte er sich in einem Briefe, den er nach Ungarn abgehen ließ, wo von einem aus jenem Lande eingetroffenen Boten die Rede ist, er habe, als der Träger des Briefes kam, in das deutsche Reich hinüberzugehen sich gerüstet, um zwischen König Heinrich IV. und den Fürsten jenes Landes den Frieden herzustellen, und so sei der Bote in Erwartung der Dinge aufgefordert worden, so lange — augenscheinlich in Carpineta — zu warten: „Aber wir wollten" — heißt es jetzt am 9. Juni — „nicht länger ihn zurückhalten, weil die Angelegenheit zum schwersten Streite und nahezu zur Theilung des ganzen Landes erwachsen ist und wir nicht haben erkennen können, daß uns zu dieser Zeit gelegen sei hinüberzuziehen" [122]).

Dennoch ging der Papst noch nicht sogleich über den Appennin zurück. Erst mit der Mitte des Jahres verließ er das Poland und ging nach Tuscien, wohin Mathilde schon vorher sich begeben hatte. Am 10. und 11. August erscheint Gregor VII. in Florenz, am 1. September in Siena. Vom 16. des gleichen Monats ist wieder das erste Schreiben aus Rom erlassen [123]).

Es waren ganz bestimmte Ursachen gewesen, die Gregor VII. bewegen mußten, nach Rom zurückzukehren. Denn mochte auch in dem Verschwörer Cencius, den der Tod im Frühjahre, als er um die Vorlassung bei Heinrich IV. umsonst sich bewarb, zu Pavia hinwegraffte, der grimmigste Feind des Papstes weggenommen sein [124]), so war doch eine abermalige Störung der Sicherheit in Rom dadurch keineswegs ausgeschlossen worden.

Der vom Papste als Präfect von Rom schon länger bestellte Cencius, Sohn des Johannes aus Trastevere, war in der Zeit von dessen Abwesenheit das Ziel des Angriffs der Feinde der päpstlichen Regierung; denn diese gedachten auch nach dem Tode des Cencius nicht auf ihre Pläne Verzicht zu leisten, und eben der Präfect wurde jetzt im Sommer das Opfer eines Frevels, der von dem Bruder des verstorbenen Cencius, Stephan, ausging, dann aber den römischen Anhängern Heinrich's IV. überhaupt zur Schuld gelegt wurde. Freilich nahmen die Römer für das Verbrechen furchtbare Rache. Nach gemeinsamer Verabredung stürmten sie die Burg, in die sich Stephan nach dem Mord zurückgezogen hatte, und warfen den verstümmelten Leichnam des Mörders in die Flammen, während die abgeschnittenen Glieder, Kopf und Hände, im Vorhof der St. Peterskirche aufgehängt wurden; ebenso wurden die übrigen Begünstiger der Tödtung des Präfecten theils des Lebens beraubt,

---

[122]) In J. 5036, Registr. IV, 25 (l. c., 279 u. 280).

[123]) J. 5044 und 5045 sind aus Florenz, J. 5046 aus Siena, und J. 5047 ist das erste Schreiben aus Rom. Betreffend Mathilde vergl. schon n. 117.

[124]) Vergl. ob. S. 13 u. 14.

theils vertrieben. Die hohe Verehrung für den gestorbenen Märtyrer — denn so wurde sein für Recht und Glauben erlittener Tod aufgefaßt — ist in Italien, wie in Deutschland, wo besonders die schwäbischen Geschichtschreiber, der eine dabei länger verweilend, von Cencius sprechen, zum Ausdruck gekommen. Da ist gesagt, wie Cencius, der vollkommenste, reinste Mann Gottes, der in allen edeln Eigenschaften glänzte, in seinem völlig keuschen Sinne schon in den Stand des klösterlichen Lebens habe eintreten wollen und nur dadurch abgehalten wurde, daß ihm Gregor VII. gebot, die Präfectur weiter zu bekleiden, wie er als strenger Richter und Bekämpfer der Uebelthäter auch ein abgesagter Feind jenes anderen gewaltthätigen Cencius gewesen sei. Die hohe Verehrung für den „unermüdlichen Vorkämpfer des heiligen Petrus" trat dann auch in der ehrenvollen Weise der Bestattung zu Tage. In lautester Wehklage hielten die Römer, vorzüglich die Großen unter den Bürgern der Stadt, nach römischem Gebrauche einen feierlichen Gottesdienst bei St. Peter und legten darauf die Leiche unter den Gesängen von Hymnen und Lobliedern andachtsvoll in einen marmornen Sarg, der inmitten der Vorhalle der gleichen Kirche seine Aufstellung fand. Alsbald begannen die frommen Verehrer des Andenkens des seligen Mannes, Römer und Freunde, an dem Grabmal zahlreiche Wunder zu beobachten, und schon nach wenigen Monaten, vor der Fastensynode des nächsten Jahres, wurde eine Auswahl von zwanzig derartigen Erscheinungen, die angesehene und glaubwürdige Männer bemerkt haben wollten, öffentlich bekannt gemacht[128]).

---

[128]) Vom Tode des Cencius des Präfecten — vergl. Bd. II, S. 421, über die Uebertragung des Amtes — spricht von italienischer Seite Bonitho, Lib. VIII, als einem grave malum et inrecuperabile damnum, an dem die insidiae Stephani fratris Cencii Deo odibilis die Schuld seien, und von den Wundern am corpus Romae apud sanctum Petrum delatum, woran die Schilderung der Rache der Römer am castrum und der Person des nefandus und der reliqui tanti sceleris fautores sich schließt (l. c., 674). Aeußerst einläßlich ist da die Darstellung des Annalisten, der die That aestivo tempore . . . a quibusdam Quintii proximis per insidias geschehen läßt; es ist gesagt, daß Cencius ad monasticae vitae perfectionem tendere percupientissimus . . et apostolico per oboedientiam omnino prohibitus est et in praefectura sua permanere jussus est, wobei er durch seine Strenge hierin Quintio, malefactorum omnium primicerio, sollertissimus ob tot rapinas et latrocinia illius et (: hier folgt ein Rückblick auf das Bd. II, S. 586 u. 587, erwähnte Attentat gegen Gregor VII. von 1075) perfecto odio et digna persecutione entgegengesetzt worden sei; nach einer ganzen Häufung ehrender Epitheta: vir Dei, zelotes perfectus, hereticis infestus (etc.), und wieder: caritativus, humilis, hospitalis, suavis (etc.), wird nach dem martyrium der magnus planctus et ejulatus der cives Romani, set praecipue urbis optimates, mit den magnificae exequiae . . justa ritum Romanum apud sanctum Petrum, die Bestattung in der tumba marmorea . . in media ipsius paradysi (sc. bei St. Peter) vorgeführt; endlich folgen die miracula et virtutes, die tot et tanta magnalia, deren einige in proxima Romana synodo (von 1078: vergl. schon Bd. II, S. 477 u. 478, in n. 43, über die gleichfalls bei dieser Fastensynode bekannt gemachten Wunder Erlembald's) sub testimonio tot et tantorum virorum tantae auctoritatis tamque probabilium illic procul dubio facta litterisque commendata publice recitabantur (304 u. 305). Bernold reiht den Tod des Cencius — indefessus miles sancti Petri

Nur wenige Tage nach der Ermordung des Präfecten war Gregor's VII. Wiedereintritt in Rom, wo ihn nach übereinstimmenden Zeugnissen die Bevölkerung mit außerordentlicher Freude empfing, indem sie ihm entgegenzog und ehrerbietigen Gruß darbrachte, erfolgt[126]). Die Widerstandsregungen, die stets von der Seite der gregorianisch Gesinnten auf Anzettelungen der Anhänger Heinrich's IV. zurückgeführt wurden, schienen wieder ganz besiegt zu sein. So hat denn auch Gregor VII. zwei Male gerade in diesen Monaten, schon vor der Rückkehr nach Rom und seither, gleich wie in früheren Jahren, stolze, weitgehende Machtansprüche des römischen Stuhles in Schreiben, die er ausgehen ließ, aufgestellt. Zuerst wiederholte er jene 1073 gebrachte Behauptung, daß Spanien seit ältester Zeit dem heiligen Petrus und der römischen Kirche zu Recht und Eigenthum übergeben sei, und dann stellte er gegenüber der Insel Corsica in zwei Schreiben kurz nach einander, besonders ausdrücklich im zweiten, sehr nachdrückliche Begehren auf. Danach sollte die Insel keinem Sterblichen und keiner Gewalt, als der römischen Kirche, zu Eigenthum gehören, und Alle, die bis dahin Corsica inne hatten, ohne dem heiligen Petrus irgend welchen Dienst und Gehorsam und Unterwürfigkeit zu leisten, werden da als mit dem Verbrechen des Tempelraubes befleckt hingestellt. Da nun Gregor VII. weiß, daß die Corsen geneigt seien, die Herrschaft des römischen Stuhles anzuerkennen, kündigt er ihnen aus den in Tuscien stehenden größeren Truppen für den Nothfall Hülfe an[127]). Aber zu diesen

contra scismaticos — an den des Bischofs Gregor von Vercelli (vergl. ob. S. 19) — non multo post — an: a quodam Heinrici fautore crudeliter occiditur, und läßt in parvo tempore an seinem Körper plus quam viginti miracula geschehen (434). Endlich gedenkt Paul von Bernried, c. 92, des Ereignisses, der pretiosa mors beati Cincii urbis Romae praefecti, der, cum zelum Dei haberet et exhiberet fidem secundum sanctam apostolicae institutionis formam, durch apparitores Henricianae persecutionis ermordet, dessen Grab durch continuo viginti miracula in synodo numerata et probata (: das war also die Zahl der an der Synode 1078 vorgebrachten Wunder) verherrlicht worden sei (l. c., 529). Gregorovius, Geschichte der Stadt Rom im Mittelalter, IV, 200 n. 2, spricht von dem Marmorsarkophag — Sepulcrum Prefecti — des Cencius.

[126]) Von Gregor's VII. Rückkehr melden die italienischen Berichte: Arnulf, Gesta archiepiscoporum Mediolanens., Lib. V, c. 10: Papa diebus aliquot moratus in Italia, Romam rediit, ingenti Romanorum susceptus laetitia (SS. VIII, 31) und Bonitho, l. c., gleich im Anschluß an das in n. 125 Gebrachte: Post paucos vero dies . . . Gregorius venerabilis pontifex Romam cum honore remeavit, sowie Donizo, l. c., v. 190—196: Cumque valedixit comitissae papa Mathildi, urbem Romanam Madio florente (irrige Angabe) per arva, visitat; adventum cuius plebs ipsa repertum, obviat, exultat, pastorem suscipit una . . . . Vivat in aevum! clamavit cunctus clerus totus quoque vulgus (l. c., 383). In Deutschland sagt der Annalist von Gregor VII.: Ipse autem in castello eodem (sc. Canossa), quamquam pro tot et tantis hereticorum et scismaticorum scandalis et repugnantiis non parum moestificatus, usque in Augustum mensem permansit (offenbarer Irrthum), et inde Romam suam, dum visum sibi in partes Teutonicas ad tot discordias componendas non patuerit, cum maxima acceptus dignatione civium Romanorum sibi occurrentium et venerabiliter eum salutantium, satis gloriose revisitavit (291).

[127]) J. 5041, Registr. IV, 28, vom 28. Juni, noch aus Carpineto, gerichtet an reges comites ceterique principes Hyspaniae, mit Wiederholung der

Versuchen, den Machtbereich der päpstlichen Gebote auszudehnen, stand nun andererseits eine in Rom äußerst ungern gesehene Erweiterung der Gewalt des gefürchteten Nebenbuhlers in Italien selbst, mochte er auch dem Namen nach im Lehensverhältniß zu Rom stehen, der Normannenherrschaft, in peinlichem Gegensatze.

Als Flüchtling aus seinem den normannischen Waffen anheimgefallenen Fürstenthum Salerno erwartete nämlich Gisulf die Rückkunft Gregor's VII. nach Rom; denn alle Hoffnung des Vertriebenen stand einzig auf Gregor VII., der ihn, wie einem Sohne der Vater, begegnete. Deutlich wollte er vor den Römern sein Wohlwollen für den Schutz suchenden lombardischen Fürsten beweisen[188]).

Salerno war nämlich inzwischen eine Beute der Normannen geworden.

Schon am 6. Mai des Jahres 1076 hatte Herzog Robert die Belagerung von Salerno begonnen, und mit gewaltigen Machtmitteln wurde darauf von der Landseite her und vom Gestade des Meeres aus dem enge umschlossenen festen Platze zugesetzt. Gisulf hatte den festen Willen, seine Stadt zu vertheidigen, und er glaubte sich wohl vorgesehen zu haben, so daß er auch noch letzte Anerbietungen von Verhandlungen abwies. Aber Robert war nicht nur selbst wohl gerüstet; seine Ueberlegenheit stützte sich ganz besonders darauf, daß auch Fürst Richard von Capua jetzt, anders wie früher, sich ihm ganz angeschlossen hatte und mit seinen eigenen Kräften zur Hülfe herbeikam. So wuchs die Noth in der bedrängten Stadt, und zwar, wie die Feinde Gisulf's behaupteten, nicht zum geringsten durch seine eigensüchtigen Maßregeln, und indem nunmehr die normannischen Belagerer den aus Salerno sich rettenden Bürgern

schon in Bd. II, S. 214, erwähnten Forderungen Gregor's VII. in eingehenden Ausführungen, und J. 5046 und 5048, Registr. V, 2 und 4, vom 1. und 16. September aus Siena und Rom, an omnes episcopi clerici consules, majores et minores — und an omnes episcopi et viri nobiles cunctique tam majores quam minores —, in insula Corsica consistentes (l. c., 283—287, besonders 286, und 289, 290 u. 291), unterscheiden sich von J. 5036, Registr. IV, 25, an Nehemia Strigoniensis in Ungaria archiepiscopus, wo von den ähnlich früher — vergl. l. c., S. 431 u. 432 — auf das Reich Ungarn erhobenen Ansprüchen der römischen Kirche jetzt ganz geschwiegen wird. Betreffend J. 5054, Registr. V, 10: regi Danorum, vergl. zu 1078, bei n. 117.

[188]) Amatus, Ystoire de li Normant, Lib. VIII, c. 30, schildert eingehend diesen Empfang: Et que lo pape non estoit present, Gisolfe atendoit son avenement, quar en lo benefice de lo pape non failloit de relever l'angoisse soe et misere. Et puiz retorna lo pape, et Gisolfo ala a lui, quar toute l'esperance et toute la cure de Gisolfe estoit en lo pape. Et que lo pape lui vouloit bien et lo amoit come fill, lo recbut come amor de pere (vergl. schon in c. 7: lo pape qui amoit Gisolfe sur touz les autres seignors, pour ce que Gisolfe amoit tant lo pape et lui estoit tant obedient que avec nulle seignorie voloit faire liga ne avoir nulle amistié sans la volenté de lo pape) et moustra a li Romain et a toute maniere de gent coment lui vouloit bien (Publ. par l'abbé O. Delarc, 1892, 353 u. 354 — 325). Auch Guillermus Apuliensis, Gesta Roberti Wiscardi, Lib. III, v. 462 ff.: Gregorium papam spoliatus honore Salerni appetiit primum. Venientem papa benigne suscepit (SS. IX, 275) spricht hievon.

gute Aufnahme gewährten, wuchs der Abfall; auch der Erzbischof Alfanus ging aus der Stadt hinaus und empfing die besten Zusicherungen für sich und seine Kirche. So sank die Hoffnung Gisulf's immer mehr, trotz seiner verzweifelten Anstrengungen, trotz der Rücksichtslosigkeit, mit der er die Stadt in Brand stecken und sich auf die feste Burg, die von gewaltig überragender Höhe die Stadt ganz beherrschte, zurückziehen wollte. Durch Verrath ging am 13. December Salerno an den Herzog über, der gleich nach seinem Einzug für die Herbeiführung von Lebensmitteln zur Hebung der Noth sorgte. Immerhin war es Gisulf noch gelungen, sich in die Festung zu werfen und von hier aus den Kampf weiter zu führen. Herzog Robert erlitt selbst bei dieser fortgesetzten Belagerung eine nicht unbedenkliche Verwundung, und so lange die Vertheidiger auf der von ihnen besetzten, auch von der Landseite her durch den dazwischen liegenden tiefen Thaleinschnitt ganz geschützten Burg genügende Vorräthe besaßen und den Muth behielten, konnte ihre Stellung als uneinnehmbar gelten. Schließlich jedoch waren Gisulf's Mittel völlig erschöpft, und er mußte sich nach Uebergabe der Burg zu allen Bedingungen verstehen. Mit Mühe verhütete die Fürbitte der Schwester, der eigenen Gemahlin des Siegers Robert, Sigelgaita, daß der gestürzte Fürst in Ketten zu lebenslänglicher Haft nach Palermo abgeführt wurde. Dagegen mußte Gisulf auf seinen ganzen Länderbesitz Verzicht leisten und einen Eid darauf ablegen, weder durch sich, noch durch Andere Anstrengungen zur Wiedergewinnung zu machen; ebenso erhielt Robert von den Brüdern des Fürsten die südlicher liegenden Theile des Fürstenthums Salerno überantwortet. So hatte der normannische Eroberer einen neuen großen Erfolg errungen; denn einen wie hohen Werth Gregor VII. auf die Bewahrung des Fürstenthums Salerno gelegt hatte, ein wie schwerer Schlag also, nach seiner vollkommen zutreffenden Auffassung der Dinge, durch diesen Sieg Robert's da der römischen Kirche versetzt war, ging am besten schon aus den Anstrengungen hervor, die der Papst gleich von Anfang gemacht hatte, um zwischen Gisulf und den Normannen den Frieden aufrecht zu erhalten, Bemühungen, die er noch, aber umsonst, durch den Abt Desiderius von Monte Cassino hatte fortsetzen lassen, als seine eigenen Vorstellungen bei Gisulf fruchtlos geblieben waren. Denn der langobardische Fürst hatte nicht zum geringsten sich selbst, seiner Hartnäckigkeit, die sich allen Rathschlägen widersetzte, die Vernichtung seiner Macht zuzuschreiben, und die ihm so gründlich abgeneigte ausführliche Darstellung der salernitanischen Ereignisse durch den Mönch von Monte Cassino Amatus, der seinen Fleiß der Geschichte der Normannen widmete, will wissen, daß Gisulf's Schicksal bei dem größten Theil der Zuschauer der Uebergabe Salerno's nur Freude erweckt habe. Mag nun auch allerdings das Bild, das da von dem Fürsten entworfen ist, einseitig gezeichnet und zu dunkel ausgemalt sein, so ist doch keine Frage, daß er in seiner nächsten Umgebung, zumal auch in Amalfi, durch seine Habsucht und Grausamkeit die Gemüther sich entfremdet hatte[179]). Gisulf begab sich nach seiner Demüthigung zunächst zum Fürsten Richard, wohl in der Hoffnung, daß dessen bisherige nahe Verbindung mit dem Herzog sich lockern werde, und allerdings schien

---

[179]) Ueber die Belagerung von Salerno vergl. schon Bd. II, S. 689 (mit n. 107 über deren Anfangszeit). Das als sehr wichtig betrachtete Ereigniß, auf dessen Einzelheiten hier nicht eingetreten werden kann, beschreibt voran höchst einläßlich Amatus in Lib. VIII, wo gleich c. 1 im Eingang ankündigt: Puiz par ordene de lo ystoire devons dire la prise de la cité de Salerne, dont fu cestui moine, et de la destruction de la seignorie de li Longobart (l. c., 316), worauf jedoch cc. 2—8 über die rage insaciable und crudelité des ferocissime prince de Salerne Gisolfe abschweifen (ähnlich hatte schon Lib. IV von c. 33 an, 178 ff., Gisulf hingestellt als plein d'envie et de simulation . . . ., arrogance, superbe, convoitise, gastrimargie, avarice, homicide, perfidie, sacrilege, et rendre mal pour bien, discorde et false castité: vergl. über diese ganz ungünstigen Beurtheilungen Hirsch, und gegen ihn Baist, Forschungen zur deutschen Geschichte, VIII, 297—299, 316 u. 317, XXIV, 318—321, 334) und c. 9, ebenso c. 12 von den Versuchen Herzog Robert's, aber ganz besonders des Papstes (c. 12: Et lo pape Gregoire, qui molt estoit sage, quar veoit que la prosperité de Gisolfe pooit estre destruite de lo duc Robert, non cessoit de amonester lo, quant par lettres quant par messages, que il deust requerre la paiz avec lo duc Robert et la unité, et faire liga avec lui. Et quant lo pape vit que lo prince non lo voulsit faire, prois que lo abbé Desidere i deust aler et dire lui que contre lo duc Robert non lui seroit adjutoire, se ceste choze non faisoit: 332 u. 333) handeln, es nicht zum Kriege mit Gisulf kommen zu lassen; erst von c. 13 an beginnt die Geschichte der Belagerung mit verschiedenen Einschaltungen — z. B. der schon Bd. II, S. 689 (n. 108), erwähnten Unternehmung Robert's und Richard's gegen das päpstliche Gebiet in Campanien, nebst dem Besuch in Monte Cassino — bis zur Einnahme der Stadt in c. 23: yde de decembre, c'est lo XVI. (irrig) jor (346) — und endlich der Capitulation Gisulf's auf der Burg von Salerno (c. 29). Dagegen steht Petrus, Chron. Mon. Casin., Lib. III, c. 45, an Genauigkeit weit nach (SS. VII, 735). Von weiteren Nachrichten ist hiefür der zwar jüngere Romuald II., Erzbischof von Salerno, mit seinen Annalen voranzustellen, die mit dem Chronicon Amalphitanum (ed. Muratori, Antiquit. Italicae med. aevi, I, hier speciell c. 35: 214) aus der gleichen Quelle schöpften; er dehnt die Belagerung Salerno's — civitas medicine utique artis diu famosa atque precipua — auf septem menses, bis zum December, aus und sagt von Gisulf: cepit Gisulfum principem qui fame coactus se eidem duci dedidit, atque Turrim majorem, in qua se tutabatur (SS. XIX, 407 u. 408). Als Abschluß der Belagerung geben Annal. Cavens.: Robertus . . obsedit eam terra marique et cepit eam — gleichfalls Idib. Dec., Annal. Benevent., Cod. 1. 2. (a. 1075) das festum sanctae Luciae: in ipsa nocte cepit eamdem civitatem, d. h. also den gleichen Tag (SS. III, 190, 181). Höchst anschaulich führt auch Guillermus Apuliensis, Lib. III, v. 424 ff., 465 ff., diese Dinge vor und berührt sich dabei vielfach mit Amatus, über welche Aehnlichkeiten des Textes Hirsch, l. c., 220—222, sich äußert: er läßt mit dem quartus mensis den großen Hunger ausbrechen — er flicht dann hier, v. 431—440, die von Amatus in c. 19 mit kleinen Abweichungen stehende Geschichte von dem Hunde ein —, octavi tempore mensis die Aufschließung der Stadt erfolgen, worauf Gisulf die turris quae facta cacumine montis praeminet urbanis, natura cuius et arte est gravis accessus; non hac munitior arce omnibus Italiae regionibus ulla videtur (v. 446—449) besteigt und bei dem Erstürmungsversuch Robert verwundet wird (Amatus in etwas anderer Weise in c. 29, a. E.): endlich kommt die Capitulation Gisulf's, an die hier erst in v. 476—485 die Gewinnung der als reich und handelskräftig gepriesenen Stadt Amalfi sich anschließt (l. c., 274 u. 275). Ganz kurz ist Lupus Protospatarius, zu 1077 (SS. V, 60), eingehender dagegen Gaufredus

diese Berechnung zuerst keine unrichtige zu sein. Richard hatte sich nämlich zur Belagerung Neapel's, noch ehe die feste Burg in Salerno gefallen war, aus Robert's Lager hinweg begeben, und auf seinen Wunsch waren nach Robert's Anordnung amalfitanische und calabresische Schiffe zur Mitwirkung vor der Stadt erschienen. Allein die Belagerung schritt, infolge der tapferen und glücklichen Vertheidigung durch die Neapolitaner, nicht vor, so daß die Normannen Einbuße erlitten. Es scheint nun, daß Gisulf gerade zu der Zeit bei Richard vor Neapel vorsprach, wo dieser über Robert erzürnt und wegen nicht genügend geleisteter Unterstützung mißtrauisch geworden war; denn sonst würde kaum der Fürst von Capua, der kurz vorher noch gegen Gisulf gefochten hatte, den so tief erniedrigten Besiegten mit großer Gunst empfangen und ehrenvoll behandelt, dann nach Capua entlassen haben. Aber als dann Richard mit Robert sich wieder versöhnte und der Herzog neuerdings zur Belagerung Neapel's mithalf, war des Bleibens für Gisulf nicht mehr am Hofe von Capua, und der Flüchtling begab sich nun eben nach Rom, um bei Gregor VII. Trost zu finden[100]).

Die Vermuthung liegt sehr nahe, daß gerade Erwägungen, die durch solche neue Vorstöße der normannischen Waffen, durch die

---

Malaterra, Histor. Sicula. Lib. III, c. 4, wo auch der Hunger als Hauptgrund des Falls der Stadt genannt ist (Muratori, Script. rer. Italic., V. 576 u. 577). Vergl. hiezu die neueste zusammenhängende Darstellung, L. von Heinemann's Geschichte der Normannen in Unteritalien und Sicilien, I, 282–285, sowie zur Chronologie des Ereignisses den Excurs VI in der Dissertation von Weinreich, De conditione Italiae inferioris Gregorio VII. pontifice, 89–91.

[100]) Amatus bringt, l. c., c. 24, nach der Einführung: Et quant lo duc (richtig: prince) Richart vit que la brigue de son anemi estoit venue a fin, cercha adjutoire a lo duc pour venir sur Naple. Et adont lo duc comanda a cil de Amalse et a li Calabrez que li aillent o tout lor nefs et obeissent a lo prince plus que a lui — den Verlauf der Belagerung von Neapel (l. c., 348 u. 349), worauf c. 29: Et puiz que Gysolfe fu privé de son principée et de li ancessor soe, s'en ala a lo principe Ricchart et fu receu gratiousement, et fu gardé honorablement. Et a ce que vesquit plus quietement, mentre qu'il estoit sur Naple lo manda a Capue. Més en petit de temps se partirent corrociez lui et lo prince — und c. 31: Et en cellui temps vindrent a parler ensemble li dui seignor, c'est lo prince et lo duc. Et lo prince reprent lo duc et lui dist vergoingne, et lo duc la substint, et puis retirent paiz, quar la humilité vaint la superbe. Et lo duc manda plus de nefs por restraindre lo port de Naple, et o li exercit de li chevalier ferma lo chastel et lo fist garder, liquel avoient tout li Neapolitain (l. c., 353, 354) ohne Zweifel mit einander combinirt werden dürfen. Von der Belagerung Neapel's sprechen außerdem noch Annal. Cavens.: Riccardus princeps obsedit Neapolim mense Majo (l. c., woraus etwas verändert Annal. Casin.: . . . cepit obsidere . . . principium mensis Maji: SS. XIX, 307), Lupus Protospatarius erst zu 1078: obsessa est Neapolis a Ricardo principe, et minime comprehensa (l. c.): Petrus, Chron. Mon. Casin., l. c., bringt nach: princeps supra Neapolim obsidionem firmavit. Neapolitani autem principis terrore perculsi, omnipotentem Deum rogabant attentius (etc.) — besonders die Erscheinung des sancti Christi martyr Januarius cum aliis dealbatis im Lager Richard's, welches Wunderzeichen aber nicht auf ihn wirkte: derogans fidem civitatem oppugnare non desinebat.

darin ausgesprochene Bedrohung Rom's in Gregor VII. Platz greifen mußten, ihn vermochten, um so behutsamer in der deutschen Frage vorzugehen, sich nicht über die bisher beschrittene Bahn, in der Haltung gegenüber Heinrich IV. und Rudolf, hinauszuwagen. Auf diese Weise rechtfertigte sich die neue Erklärung, die der Papst am 30. September nach Deutschland hin abgab.

Das Schreiben ist an den Erzbischof Udo von Trier und dessen Suffraganbischöfe gerichtet und verbreitet sich über den fortwährend festgehaltenen Wunsch des Papstes, daß im deutschen Reiche der Friede hergestellt werde: dieser Schritt Gregor's VII. ist um so bezeichnender, da man zu Rom doch jedenfalls gegen Udo nach dem, was vorausgegangen war, eher Mißtrauen hegte. Gregor VII. begann seine Auseinandersetzung damit, daß er ausführte, er empfinde seit langer Zeit über die Bewegung und Verwirrung in Deutschland Unruhe und Angst, wie Gott wohl wisse, und dann versicherte er im Weiteren, daß er viele geistliche Brüder und Genossenschaften zur Unterstützung seiner Gebete aufgefordert habe, damit Gott des Volkes im Reiche der Deutschen sich erbarme und nicht dessen Vernichtung im inneren Kriege zulasse. Dann verweist der Papst auf seine beiden schon vor drei Monaten und mehr an die beiden Legaten, von denen allerdings Abt Bernhard von Marseille inzwischen gefangen gelegt worden sei, und an die Deutschen gerichteten Schreiben, auf jene Briefe vom 31. Mai und die darin zum Zwecke der Vermeidung der großen Gefahr und zur Ordnung der Streitsache den zwei Vertretern ertheilten Mahnungen und Bevollmächtigungen, und da nun Gregor VII. nicht bestimmt weiß, ob jene Mittheilung auch Udo und seinen Bischöfen zugekommen sei, oder ob diese nicht etwa an deren Wahrheit zweifeln, hat er dafür gesorgt, daß eine Wiederholung des Inhaltes jetzt zu ihnen gelange. Bei ihrem Gehorsam werden sie aufgefordert, in jeder Weise sich dafür anzustrengen, daß die Sache im Sinne dieser Weisungen ihr Ende finde. Außerdem ist durch den Papst auch noch der Inhalt des Eides von Canossa, den König Heinrich IV. durch seine Getreuen, indem er seine Hand in die des Abtes Hugo von Clung legte, gegeben habe, hier eingefügt. Denn — so fährt in Scheinrede dieser Brief fort — der Papst wünsche, daß die Empfänger des Schreibens diesen Eidschwur durchlesen, um zu erkennen, wie rechtschaffen und wie ehrenhaft ihm gegenüber der König sich, seinem Namen gemäß, verhalten habe: „Sind doch von seinen Getreuen nachher unsere Legaten gefangen genommen worden, nämlich Bischof Gerald von Ostia in der Lombardei, Abt Bernhard von Marseille auf deutschem Boden! Daraus freilich haben wir erkannt, daß er nichts, was würdig wäre, bis dahin gethan habe. Und dennoch wollen wir niemals in irgend einer Sache nach Gottes Vorsehung aus dieser Veranlassung heraus ungerechterweise ihn umgarnen und beschweren, so wie er auch seit Beginn der Anwesenheit niemals bei uns, sei es durch Bitten, sei es durch Darlegung freundschaftlicher oder feindseliger Handlungen, es hat erlangen können, daß wir irgend etwas, was nicht der Gerechtigkeit offen entspräche, aussprechen oder als Urtheil fällen wollten. Und hierin werden wir mit Gottes Hülfe, solange wir leben, ohne Zögern verharren und durch keine Gefahr Lebens oder Todes davon abgeschreckt werden". So ermahnt Gregor VII. im Schlußsatze Udo und die Bischöfe, sie möchten vor Allem die Freiheit der Kirche und das gemeinsame Wohl Aller schützen, damit nicht durch Versäumniß, nicht allein für die Deutschen, sondern für die ganze Christenheit die Schäden und Gefahren emporwüchsen [181]).

Es geht deutlich aus dem ganzen Ton dieses Schreibens hervor, daß man in Rom allerdings über die Haltung Heinrich's IV. befremdet war und die Neigung hatte, ungesetzliche Thaten seiner Anhänger schlechtweg ihm selbst beizumessen, daß aber anderntheils, wie ihm der königliche Name abermals gegönnt wurde, sorgfältig verhütet werden sollte, die Verbindung mit ihm und seinen Gesinnungsgenossen abzubrechen. Und wohl etwa zur gleichen Zeit befliß sich hinwider auch Heinrich IV., dem Papste in einer auch in diesem Schreiben berührten Frage entgegenzukommen, wenn auch allerdings in den dem Könige ganz abgeneigten Berichten, die davon Meldung bringen, dieser nur als widerwillig, nicht aus eigenem Entschluß handelnd hingestellt wird. Noch immer waren nämlich Abt Bernhard und sein Begleiter, der Mönch Christian, Gefangene des Grafen Udalrich von Lenzburg — eine Thatsache, deren Vorhandensein in jener Beurtheilung Heinrich's IV. geradezu zur meineidigen Handlung gestempelt wird —, und da trat Abt Hugo von Cluny als Fürbitter ein. Er soll an den König ein Mahnschreiben mit mehr als hinreichenden Vorwürfen abgeschickt haben, gemäß seiner Stellung, die er gegenüber Heinrich IV. als hauptsächlichster Vermittler zu Canossa und als Zeuge der dort geschehenen Aussöhnung und Vertragserrichtung allerdings einnahm. Aus den unerschrockenen Worten des Briefes wird von dem Berichterstatter hervorgehoben, Hugo habe geschrieben, es sei das sicherste Zeichen des Verderbens für den König, daß dieser so große und sehr heilige Männer Gottes, die wegen der von ihnen vertretenen gerechten Sache eingekerkert liegen, nicht befreit, sondern als ein unmenschlicher Verächter des apostolischen Stuhles vielmehr geradezu be-

[181]) Mit J. 5051, Registr. V, 7 (l. c., 294 u. 296) — vergl. wegen Udo's ob. S. 54, wegen der Gefangenlegung päpstlicher Legaten Bd. II, S. 769 und hier ob. S. 90 — mag noch die Stelle aus J. 5049 (vergl. n. 101), die dreizehn Tage früher, allerdings ehe man in Rom von Heinrich's IV. Eingreifen in die Besetzung von Aquileja wußte, geschrieben war, hervorgehoben werden: Ceterum, quod ad servitium et debitam fidelitatem regis pertinet, nequaquam contradicere aut impedire volumus. Et ideo nichil novi, nichil nostris adinventionibus superinducere conamur; sed illud solummodo querimus, quod et omnium salus postulat et necessitas, ut in ordinatione episcoporum, secundum patrum intelligentiam et approbationem, primo omnium evangelica et canonica servetur auctoritas (l. c., 292). Zum Schreiben J. 5051 sei übrigens, gegen Giesebrecht, III, 450 u. 1157 (in den „Anmerkungen"), hervorgehoben, daß von einer vorgängigen „Anfrage des Erzbischofs Udo in Rom" nichts bekannt ist.

fohlen habe, sie in die Haft zu stoßen. Als dann dieser Brief bei dem König Erfolg hatte, da soll wieder, nach diesem Alles zu dessen Ungunsten auslegenden Zeugnisse, die Freilassung nicht um Gottes willen, sondern bloß aus Rücksicht auf den so ansehnlichen ungestüm warnenden Mahner geschehen sein, und zwar auch in kümmerlicher Weise, so daß den beiden Geplünderten nichts von den weggenommenen Habseligkeiten zurückerstattet worden sei und sie also ohne Alles halbnackt nach Hirsau in die treue Pflege des Abtes Wilhelm gelangt seien. Hier allerdings wurden sie dann in liebevollster Weise aufgenommen, so daß sie fast ein ganzes Jahr blieben und in vollem Wohlbefinden die Zeit abwarten konnten, wo sie ruhig ihre Heimkehr zu bewerkstelligen vermöchten[137]). Immerhin aber war diese Lösung des päpstlichen Legaten aus der Gefangenschaft, mochte sie auch noch so ungünstige Auslegung durch die schwäbischen Feinde Heinrich's IV. erfahren, ein vom Könige dem Papste erwiesener Dienst.

Ebenso steht eine Kundgebung, die von diesem nach Hirsau als Stätte seiner Wirksamkeit versetzten Legaten gegen Ende des Jahres ausgegangen ist, in einem gewissen Gegensatz zu dem ganz einseitigen Vorgehen des bei Rudolf verweilenden Legaten Cardinaldiakon Bernhard, dessen Erklärung aus Goslar vom 12. November schon erörtert worden ist[138]).

Abt Bernhard schrieb nämlich, kaum sehr lange vor Jahresende, da er bis zum 14. Januar des nächsten Jahres eine Zeitgrenze erstreckte, an die gleichen hohen Geistlichen, an die sich Gregor VII. am 30. September gewandt hatte, an Erzbischof Udo von Trier und dessen Sprengelbischöfe, Hermann von Metz, Pibo von Toul und Theoderich von Verdun. Der Legat bezeugt in der Einleitung des Briefes, wie er seit dem Beginn seiner Sendung nach Deutschland den Wunsch gehegt habe, die Empfänger dieses seines Schreibens, ganz besonders Udo, zu sehen, zumal da der Papst sie liebe und Vertrauen zu ihnen hege; aber durch seine Gefangensetzung sei er davon abgehalten gewesen. Dann aber fährt

---

[137]) Vergl. ob. S. 30, mit n. 42. Das Verdienst, den auf Lenzburg Gefangenen wieder zur Freiheit verholfen zu haben, schreiben der Annalist, der sehr eingehend und höchst gereizt gegen Heinrich IV. — Quos rex Heinricus captos comperiens, non ut domno apostolico jurejurando pactum jam fecit, dimitti praecepit — davon handelt (297 u. 298), und Bernold: quem (sc. Bernardum) Cluniacensis abbas de manibus Heinrici vix demum eripuit (434) dem Abt Hugo zu. Besonders die erste Quelle erwähnt den Inhalt der litterae commonitoriae, in quibus satis superque illum (sc. Heinrich IV.) pro perjurio coarguit, worauf dieser — vix contractus, etsi non pro Deo, tamen pro tanti monitoris importunitate — die Gefangenen zu entlassen einwilligt, doch satis omnibus depraedati .. qui rerum sibi direptarum repedium juxta regis praeceptum aliquantisper praestolantes, tamen diu frustrati ac delusi, vacui et ferme nudati ad sancti Aurelii coenobium divertebant, wo sie dann per totum fere annum blieben. In dem schon in n. 42 erwähnten Briefe setzt Bernhard fest, daß er apud Hirsaugiam, quod est juxta Kalava castrum, einen Boten erwarte (l. c., 15).

[138]) Vergl. ob. S. 76—78.

er gleich in etwas anderem Tone fort. Er sagt, er habe gehört, wie Udo und die Bischöfe schon durch den Cardinaldiakon Bernhard hätten ermahnt und belehrt sein können, wenn sie diesem das Gehör gewährt hätten, wie es ihre Pflicht gewesen wäre. Es erregt die lebhafte Verwunderung des Schreibers, daß seither der religiöse Eifer in Udo und den drei Anderen nicht mehr entbrannt sei, um den argen in Kirche und Reich erwachsenden Uebeln zu steuern, und dabei kommt er denn auch, ohne einen Namen zu nennen, auf Heinrich IV. zu sprechen: es könne doch ihrer Klugheit nicht verborgen sein, wer der sei, der vor Himmel und Erde in offener Gewaltherrschaft eingetreten sei und dem kirchlichen und weltlichen Gerichte entfliehe, er, der dem Papste nicht die Straße zum Reiche offen halten, der nicht den Fürsten die Möglichkeit zusammenzutreten und die Freiheit, über den Frieden zu verhandeln, lassen wollte, vielmehr sich gegen Gott auf seine Grausamkeit stütze, ohne Unterwürfigkeit und Gehorsam. Würde Gregor VII. nach Deutschland zu kommen die Möglichkeit haben, so könnte er mit Hülfe der Gott Fürchtenden und Gott Liebenden mit Billigkeit gegenüber beiden Königen die Entscheidung fällen; allein eben das wird durch Heinrich IV. unmöglich gemacht — und diese Gelegenheit benutzt nun der Abt zu neuen argen Ausfällen gegen den König. Um so mehr sollen Udo und seine Suffragane aufgefordert werden, ihrer Pflicht nachzukommen, den Entsetzlichkeiten im Reiche entgegenzutreten sich gleichfalls anzustrengen. Ganz neulich wieder hat deßwegen der Papst den Abt beauftragt, sie hieran zu erinnern, der Sache des Christenthums schleunigst aufzuhelfen, ganz besonders da er — es ist wohl das Schreiben vom 20. September gemeint — sie brieflich aufgefordert habe, der Legation ohne Ausflucht zu gehorchen und von dem Könige, den sie als ungehorsam erkennen, ohne Zögern sich zu trennen. Allein der Abt findet gerade bei Udo und seinen Bischöfen allzu spät sich einstellenden Gehorsam, und so begehrt er von ihnen die Bestimmung von Ort und Zeit, wo eine Unterredung behufs der nothwendigen Feststellung all der schwebenden Fragen stattfinden möchte. Eben bis zum vorher erwähnten Tage will er in Hirsau ihren Boten erwarten; doch soll auch an die übrigen in Udo's und der Bischöfe Umgebung weilenden Fürsten die Sache mitgetheilt werden, damit sie gleichfalls zu dem Gespräche sich einzufinden vermöchten. Sollte nun aber Heinrich IV. auch hier wieder hindernd dazwischen treten wollen, so gebietet der Abt den Empfängern des Briefes aus apostolischer Machtvollkommenheit, ihm allen Gehorsam aufzukündigen, von seiner Berührung, als von der eines öffentlichen Kirchenfeindes und Dieners des Antichrist, alle Rechtgläubigen ferne zu halten, so daß also auch Rudolf, wenn er irgend mit ihm in Berührung käme, der Excommunication verfiele. Nochmals wird dann am Schlusse betont, daß der Abt den König, den er ungehorsam finde, und dessen Anhänger von den Schwellen der Kirche auszuschließen beauftragt sei, und ebenso wird wieder ausgeführt, was die Folge sei, hier des Ungehorsams, dort des Gehorsams gegen die Kirche[184]). — Bei aller Gereiztheit gegen Heinrich IV. klingt doch überall noch deutlich durch, daß dieser Legat, nach dem Inhalt der am 31. Mai gegebenen Aufträge, die Entscheidung zwischen den Königen als noch in der Zukunft bevorstehend betrachtete, daß er sich demnach in keiner Weise als durch die von dem Cardinaldiakon aus Goslar ausgesprochene Excommunication Heinrich's IV. gebunden ansah.

Auch auf diese Weise war also die so schwierige Stellung des Papstes gegenüber dem im deutschen Reiche vorliegenden Gegensatze noch bedenklicher verschoben. Dazu kam in den letzten Tagen des Jahres außerdem ein Verlust für Gregor VII., in Rom selbst, hinzu, der ihm eine wesentliche Stütze für die persönlichen Beziehungen zum Könige entriß, der Tod der Kaiserin Agnes. Es war der zweite unter den beiden Todesfällen, die den Papst im Laufe des Monats December trafen.

Zuerst starb, schon am 6. des Monats, Bischof Gerald von Ostia, dessen Gefangennehmung durch den Bischof Dionysius von Piacenza eine ernsthafte Störung des auf Canossa geschlossenen Vertrages geworden war; nur durch die kräftige Fürsprache der Kaiserin Agnes und der Gräfin Mathilde hatte er endlich seine Freiheit wieder erlangt. Ob die Worte eines Verehrers des Verstorbenen, er sei der Welt gekreuzigt aus dieses Lebens Sclaverei genommen worden, etwa darauf sich bezogen, daß die Folgen der Kerkerhaft seine Lebenszeit verkürzten, läßt sich nicht sagen. Jedenfalls war der ursprünglich deutsche Geistliche, der Nachfolger des Petrus Damiani auf dem bischöflichen Sitze, ein treuer Diener Gregor's VII. gewesen, der mehrfach die Begabung des Bischofs zu Legationen heranzog; besonders war die Sendung nach dem deutschen Reiche im Jahre 1074, an der auch die Kaiserin Agnes sich betheiligt hatte, eine wichtige Aufgabe gewesen[185]).

[184]) Der soeben in n. 132 citirte, auch in n. 115 besprochene Brief des B. Massiliensis abbas immeritus, apostolicae sedis legatus ist im Texte im Wesentlichen aufgeführt. Das colloquium (sc. des venerabilis socius noster ecclesiae Romanae diaconus), nämlich mit Udo, kann kaum etwas Anderes, als das ob. S. 54 erwähnte Zusammentreffen bei den Verhandlungen am Neckar gewesen sein; ebenso ist der Satz: ita ut . . principibus quoque ipsis nulla detur conveniendi copia vel licentia ad aliquid de pace tractandum — vergl. nachher: sicut caetera conturbavit colloquia — auf die Vereitelung der Zusammenkunft am Rhein, am 1. November, zu beziehen; die Erinnerung an das gebotene ab eo, quem inobedientem scitis, incunctanter discedere geht jedenfalls auf das durch die Maiinstruction in Aussicht Genommene zurück, zielt aber in Abt Bernhard's Munde natürlich auf Heinrich IV., wenn auch allerdings vorher in der Wendung: in utrosque reges . . . discerneret auch hier noch Heinrich IV. gleichfalls der Königsname gegönnt wird; die Bezeichnung Rudolf's in dem Satze: quia si hoc aemulus quoque eius in aliquo attentaret, et ipse statim excommunicationem subiret — als aemulus Heinrici ist allerdings stark im Widerspruche mit der Handlungsweise des anderen Legaten am 12. November. Als Termin ist festgestellt: usque in dominicam post octavas epiphaniae.

[185]) Bernold erwähnt den Tod des jam dudum Deo vivus, mundo crucifixus, de huius vitae ergastulo liberatus in den Annalen (435), wie in den

Allein nur acht Tage später, am 14. December, folgte der Tod der Kaiserin, die jedenfalls wenig über fünfzig Jahre zählte. Die Wittwe Heinrich's III. war immer mehr, allen weltlichen Berührungen entrückt, in ein geradezu klösterliches Leben eingetreten. Psalmengesang, Gebet waren bei Tag und Nacht ihre Thätigkeit; im Verzicht auf alle Genüsse und Verfeinerungen suchte sie ihren Leib in größter Strenge zu kreuzigen. Der Lobredner, der aus der Ferne, von Schwaben her, diesen Dingen folgte, schildert sie, wie sie in geringer Kleidung erschienen sei, auf warme Bäder und weiches Lager verzichtete, bei zwar nicht übertriebenem Fasten ihren Tisch bescheiden und wunderbar mäßig hielt. Sie beschämte die Ihrigen durch ihr übermäßig eifriges Tag und Nacht dauerndes Schaffen. Den Armen gehörten ihre reichen Einkünfte; für sie verfertigten ihre Hände Kleider, und auch die ekelerregendsten bedürftigen Kranken pflegte sie selbst. Geistlichen und Ordensleuten war sie eine reichliche Spenderin; ihre unzertrennlichen Begleiter waren die frommen Gewissensräthe, und diesen wurden ihre Demuth, ihr Gehorsam, ihre in strenger Selbstanklage sich erweisende Gewissenhaftigkeit ganz besonders kund. Von Ketzern und Heuchlern, vollends von Nikolaiten und Simonisten hielt sie sich mit strengsten Worten fern oder bewies gegen sie den stärksten Widerstand. So hatte sie sich immer mehr nach Rom zurückgezogen und lebte da nur noch den Armen und ihren frommen Werken und Andachtsübungen. Endlich hielt der schwächliche Körper diese Anstrengungen nicht mehr aus, und sie selbst freute sich, als sie, selber in der Heilkunde nicht unbewandert, fühlte, daß das Fieber, das sie früher zu mildern verstanden hatte, sie heftiger ergriff, so daß ihre Kräfte nach der Dauer von nur zwei Wochen verzehrt waren. Nachdem sie über allen ihren Besitz für die Armen und die Kirche verfügt, empfing sie, umgeben von Gregor VII., ihren Freunden und Vertrauten, die letzte Zehrung und starb, selbst mitsingend und Dank sagend, unter dem Psalmengesang und Gebete der Zeugen ihrer letzten Augenblicke. Erst nach einiger Zeit, nach Begehung feierlicher Gottesdienste und nach Vertheilung von Almosen, fand durch den Papst am 5. Januar das unter Betheiligung der ganzen römischen Kirche geschehene Begräbniß, neben dem Hochaltar der Kirche der heiligen Petronilla, bei St. Peter, an der Seite der Heiligen selbst, statt[186]).

Notae necrologicae (Necrol. Germaniae, I, 659) zu 8. Idus Decembris. Ueber Gerald vergl. besonders Bd. II, S. 182, 377—381, 761, 768—770, sowie ob. S. 15.

[186]) Der Annalist hat der Kaiserin einen außerordentlich großen Abschnitt seines Jahresberichtes gewidmet (303 u. 304) und nach einem längeren Nachruf über diese letzten Tage speciell mitgetheilt, daß sie, febrium langore laetanter ultra solitum arrepta, quarum intemperantiam ipsa medicinalis artis non inperita ante multotiens mitigare consueverat, per dies quatuordecim semper in horas viribus corporis diminutis ... aegerrime multum defecit et contabuit, worauf — 19. Kal. Jan. — der Tod eintrat: convocatis ad se in primis domno

Agnes hatte — auch darauf macht der Verfasser des
rufes geflissentlich aufmerksam — von ihrem Sohne, wie v
ganzen Welt, die ihr nur noch als verkehrt und thöricht e
stets mehr sich zurückgezogen, auf jede Einwirkung in Deut
Verzicht geleistet; in den Tagen nach der Versöhnung von C
sahen sich Mutter und Sohn zum letzten Mal. Allein trotz
Entfremdung war der Umstand, daß die Mutter Heinrich's
nächster Nähe des Papstes weilte, daß durch sie, wenn es

---

apostolico, cunctis fidelium suorum et amicorum personis carissim
Begräbniß heißt es, es sei in aecclesia sanctae Petronellae, quae Va
Appollinis appellatur antiquitus, juxta altare dominicum, ad latus
sanctae Petronellae, durch den domnus apostolicus, geschehen (May, i
allerdings vielfach zu subtilen Ausführungen „Zur Kritik von L
Annalen", macht, l. c., 520, hier sehr zutreffend darauf aufmerksam, da
Zusammenhang, im hier gebrachten Rückblicke auf die Anstrengung
Kaiserin: ob filii sui puerilia, dehinc vero juvenilia errata coerce
temperanda, ferner: daß sie sogar als monitrix illius et correctrix
disciplina et libertate caeteris sollertior et familiarior, und zwar i
tonicis partibus, einwirken würde, und im Schlußsatz der Ausführung
nach Rom zurückgekehrt: filio suo eiusque a secretis . . nec minimu
propterea correctis, immo potius deteriora molientibus, ganz und g
zu der Schilderung von 1074, über befriedigte Rückkehr aus Deutsch
vergl. Bd. II, S. 378 n. 82 u. 382 n. 94 — stimmt, was die Berich
der Autorschaft — vergl. l. c., S. 907 — neuerdings darlegt). Ber
sehr viel kürzer, mit Angabe von Todestag (auch in den Notae necr
l. c.) und Begräbnißstätte, der religiosissima imperatrix jam 20 a
viduitate Deo devotissime serviens (also von 1056 an, nicht richtig, no
der Annalist dagegen hat duodeviginti ex quo sacro velamine conse
annis, was zu der Bd. I, S. 230 u. 231, erwähnten, 1061 geschehe
nahme des Nonnenschleiers zwar auch nicht genau paßt) nec filio suo i
contra apostolicam sedem in aliquo consentiens (435). Nur ganz kurz
Würzburger Chronik (ed. Buchholz, 43): Agnes imperatrix obiit, b
Annalista Saxo in einer selbständigen Eintragung (SS. VI, 712) Ama
Lib. VIII, c. 3, der Kaiserin in einer seiner Geschichten von Gisulf's G
heiten — gegen den Bd. I, S. 250 (n. 25), erwähnten Maurus von A
gedacht: Et finalment Agnès imperatrix se mist en mege, quar esto
cristianissime et devotissime, et metoit sa cure en les prisons, et
forter li poure et appareillier l'eglise. Dont vint a Salerne et se g
piez de lo prince, et prometoit de paier cent livres de or et faire so
le doit, et solement delivrast cestui Maure. Et autresi pour lui
estoit venut tout lo college de Saint-Benedit pour proier pour lui. I
ratrix fu desprizié de lo prince, et sa proiere fu vacante devant la
lo tyram (l. c., 322). Ueber das Alter der Verstorbenen vergl. Steindorff
rich III., I, 154 n. 5, daß sie frühestens 1024 oder 1025 geboren wa
Tag der Bestattung geht aus der bei Baronius, Annales ecclesiastici, X
nach Vegius mitgetheilten Grabschrift, die auch den gleichen Todestag
hervor: — animam Lateranis . . . reddidit et hic, ubi antea mil
clavigero caeli pro cuius amore ibidem peregrinata fuerat, V. die
Januarii expectans (etc.) membra carnis commendavit in pace. Das
thum der Petronilla — vergl. schon Bd. I, S. 548, n. 98 —, gehö
Complex der um die alte Peterskirche sich gruppirenden gottesdienstlic
bäude, eine durch einen Corridor mit ihr in Verbindung gesetzte große R
Zur Charakteristik der Kaiserin vergl. die in Bd. I, S. 651 (in n.
urtheilte Studie von M. von Salis-Marschlins, besonders: „Eine Ur
über Charakter und Politik der Agnes" (77 ff.).

wendig schien, die Erzielung eines Einflusses auf den König also stets möglich blieb, eine sehr wesentliche Förderung der Berechnungen geblieben, wie sie von Gregor VII. noch fortwährend festgehalten wurden. Der Tod der frommen, für jedes Wort des Papstes gefügigen hohen Frau brach wieder eine Stütze aus seinen Plänen heraus.

So ging das Jahr für Gregor VII. in nicht befriedigender Weise zu Ende. Sein nachdrücklich und vorsichtig zugleich gehandhabtes Mittel, Deutschland die Versöhnung zu bringen und dabei durch das geübte Schiedsamt das Ansehen des päpstlichen Stuhles zu erhöhen, hatte er im Verlauf des Jahres stets neu vorgezeigt und angekündigt. Aber er war tauben Ohren begegnet, und aus den Reihen des Theiles der Deutschen, der vorgab, am meisten die Sache des Papstes zu vertreten, von den Sachsen her, wurde Mißtrauen laut gegenüber der Klugheit des Papstes, die man da nicht verstehen wollte, kamen Dinge zum Vorschein, die geeignet waren, den wohlgefügten Plan Gregor's VII. ganz zu zerreißen[167]).

[167]) Von neuesten zusammenhängenden Behandlungen der für Gregor's VII. ganze Politik so Ausschlag gebenden Haltung im Jahr 1077 ist Hauck, l. c., 806—810, ganz besonders zutreffend, während die von Martens, l. c., I, 161—172 (vergl. II, 37 ff.), gebrachte, im Uebrigen höchst zustimmenswürdige Beleuchtung der Situation an dem in n. 115 hervorgehobenen Mangel der zu negativen Kritik gegenüber dem Annalisten leidet. Weniger scharf sind die Dinge bei Langen, Geschichte der römischen Kirche von Gregor VII. bis Innocenz III., 73—80, erfaßt. Vergl. auch Hefele, Conciliengeschichte, 2. Aufl. (besorgt von Knöpfler) V, 104—110.

Jn ausgesprochenster Feindseligkeit standen sich, Heinr
auf bairischem Boden, Rudolf in Sachsen, die gegnerische
haltungen einander gegenüber, mochten auch für den Augenb
Waffen nicht unmittelbar durch die beiden Feinde gegen ei
geführt werden.

Heinrich IV. setzte die Befehdung seiner bairischen Wide
auf das nachdrücklichste fort [1]). Bis in die Mitte der Fa
noch durch den ersten Drittel des Monats März, zog er verr
in dem östlichen Baiern umher, in häufigen wechselnden Märs
und dabei hatte er es jetzt hauptsächlich auf das Gebiet des
ligen Bischofs Altmann von Passau abgesehen. Seine Anwe
in der Stadt Passau ist durch zwei allerdings keinem einzeln
stimmten Tage zuzutheilende Urkunden über Schenkungen be
deren Handlung also in die ersten acht bis zehn Wochen des
fallen muß. Die Reihe der Zutheilung an einen treuen An
des Königs kam jetzt an ein neues Stück der dem abg
Herzog Welf durch Urtheilsspruch weggenommenen Reich
denn abermals Bischof Altwin von Brixen erhielt für den h
Jngenuin als Schützer der dortigen Kirche, wegen seines
großen guten und anhaltenden Dienstes" gegenüber Heinric
was im Passeierthal in den Grafschaften Gerung's und Frie
Welf durch die Gabe und Gunst des Königs gegeben gewese
Die zweite Schenkung betraf ein Gut in der Grafschaft des
grafen Liupold [2]). Allein dieser Besuch des Königs in der Bi

---

[1]) Vergl. ob. S. 72 u. 73.

[2]) Der Annalist von 1075 an berichtet in dem schon S. 73 in
herangezogenen Zusammenhang über den in den östlichen Theilen Baier
wesenden König: usque in mediam quadragesimam quomodocumque p
incertus vagans, et illam patriam quoque non modicis itionibus hui
hostiliter devastans (SS. V, 306).

[3]) St. 2810 und 2811 sind beide — Patavie actum, ohne Tagesb
als Stücke des Dictators Adalbero C anzusehen, das erste ganz unverk
mit der scharfen Hervorhebung des Gegensatzes zwischen Jrdischem und (

stadt wurde mit sehr getheilten Gefühlen aufgenommen. Der von grimmigem Haß gegen Heinrich IV. erfüllte Zeuge, der von diesen Dingen meldet, weiß, daß ketzerische Passauer Geistliche den König riefen und durch Vorbringung ungeheuerlicher Anklagen gegen den in der Ferne in Verbannung und Elend lebenden Bischof, den zu Rudolf entflohenen Altmann, ihn antrieben, den Beschuldigten der bischöflichen Würde zu berauben. So sei der König in ganz feindseliger Weise nach Passau gekommen, habe Alles durch sein ausschweifendes Leben befleckt, die von Altmann Vertriebenen in ihre Güter wieder eingesetzt. Dafür war dann die Vergeltung, daß nach Heinrich's IV. Weggang die Brüder des von Altmann gegründeten St. Nikolausklosters ihrestheils alle nach ihrer Meinung besudelten Oertlichkeiten mit Reiserbesen und Weihwasser reinigten und die Königlichen, nach ihrer Ansicht die Unzüchtigen, hinausjagten. Das hinwider bestraften die Gegner, um den Frevel am König zu rächen, indem sie die Mönche aus dem Kloster rissen und mit Ruthen öffentlich geschlagen aus der Stadt stießen, worauf sie der heiligen Stätte Vorsteher gaben, die in den Augen der Rechtgläubigen die ärgsten Ketzer waren[4]).

---

in der Arenga und der eigenthümlichen abermaligen Anknüpfung an diese Arenga in der Narratio: Proinde nos dum in aeternum nobis consultum volumus (etc.), mit den gehäuften Adjectiven: servitium erga nos fidele magnum bonum et assiduum in der Anerkennung Altwin's und dem nachdrücklichen Hinweis auf Welf: quicquid Welfo dux, dum erat dux, nostro dono et nostra gratia habuit, während das zweite solcher ausgeprägter Eigenthümlichkeiten entbehrt. Vergl. Gundlach, Ein Dictator aus der Kanzlei Kaiser Heinrich's IV, 28, 37, 41, 49; dagegen läßt sich, was, 10 n. 3, wegen des allerdings bezeichnenden Beiwortes im Königstitel von St. 2811: Signum domni Heinrici augusti regis quarti invictissimi (womit Bd. II, S. 400 n. 130, zu vergleichen ist) — als eines Zeugnisses, daß sich Heinrich IV. als Herr im ganzen Baiernlande gefühlt habe — gesagt ist in Bezug auf St. 2810, dieses sei, wegen des Fehlens des Wortes augusti, erst in den Herbst 1078, nach der Schlacht von Melrichstadt, zu setzen, in Hinsicht auf n. 4, da die Lebensbeschreibung Altmann's durchaus nicht einen zweiten Besuch Heinrich's IV. in Passau andeutet, nicht festhalten. Zu St. 2810 ist wegen des pagus Passir auf Riezler, Geschichte Baierns, I, 845, zu verweisen, daß das rechte Ufer des Thales zum Vinstgau, das linke zum Norithal gehörte, wodurch sich die Theilung in zwei Grafschaften erklärt. St. 2811 wurde ob interventum Rapotonis comitis aliorumque nostrorum fidelium einem Sigebolo — ob ipsius servicium — gegeben und betraf quicquid ipse beneficii a Wolfkero habuit ad villam Frigendorf nominatam in pago Osterriche et in comitatu Liutpaldi marchionis sitam. — Weiter bringt W. Meyer, Forschungen zur deutschen Geschichte, XXVI, 298 u. 299, Nachricht vom Bruchstück einer Urkunde von einem Büchereinbande, über ein Gut in pago Sirnicveld, sig. domni Heinrici — Gebehardus cancellarius, das gewiß richtig in diese Zeit, um 1078, versetzt wird, auch, da der Gauname vielleicht nach Oberösterreich zu setzen ist, am besten hier zur Erwähnung gelangt.

[4]) Die Vita Altmanni ep. Pataviensis läßt auf das Heinrich IV. in krasser Weise verlästernde c. 12 zuerst in c. 13 die Erwähnung von Heinrich's IV. Excommunication durch Gregor VII., 1078, ohne Erwähnung der Absolution, folgen und führt dann fort: Hunc talem virum, ab ecclesia alienum, Patavienses clerici, immo jam haeretici, adeunt; horrenda crimina episcopo suo impingunt et totis viribus laborant, ut eum de honore episcopatus

Während Heinrich IV. in solcher Weise in Baiern vorging, war er aber zugleich gewillt, mit Gregor VII. sich in enge Verbindung zu setzen. Nahe bevorstehend war die Fastensynode, die eine um so größere Bedeutung gewinnen mußte, da ja wegen der Abwesenheit des Papstes von Rom die Versammlung des letzten Jahres ausgefallen war. Durch die Zurückhaltung, die Gregor VII. noch immer Rudolf gegenüber bewies, war es dem Könige ganz unverwehrt, dem Papste zwei seiner treuen deutschen Bischöfe zuzusenden; denn noch war in Rom durchaus kein entscheidendes Wort über die deutsche Streitfrage gesprochen worden, und es lag offen vor, daß der Papst ein solches um jeden Preis verzögern wollte. Worin die Aufträge der beiden Boten des Königs bestanden, ist nicht bekannt. Die Gegner Heinrich's IV. freilich legten der Gesandtschaft unter, sie sollte die Klage des Königs über die nach seiner Meinung ungerechte Verurtheilung — in Goslar — ausdrücken, eine sehr unwahrscheinliche Ansicht, da ja Gregor VII. sichtlich sich stellte, als hätten Cardinaldiakon Bernhard, Siegfried, Adalbero gar nichts gegen den König gesprochen. Oder es wird behauptet, Heinrich IV. habe vorgeschützt, er habe gar nichts oder nur ganz wenig von der Legation des vorhergehenden Jahres, von den Mahnungen des Cardinaldiakons vernommen[a]).

Die beauftragten Bischöfe waren Benno II. von Osnabrück und Theoderich von Verdun, der letztere also einer jener Suffragane Udo's von Trier, an die noch kürzlich Abt Bernhard aus Hirsau sein Schreiben gerichtet hatte. Aber ganz besonders eignete sich Benno, der auf Canossa der Unterhändler für Heinrich IV. gewesen war, den Gregor VII. da in die Kirche wieder aufgenommen hatte, zu einem derartigen Auftrage nach Rom. Freilich zählte er gleichfalls zu denjenigen Anhängern des Königs, die für ihre treue Ge-

deiciant. Quorum querimonia Heinricus flexus, hostiliter Pataviam ingressus, cuncta loca adulteriis polluit, expulsos ab episcopo bonis suis restituit. Quo recedente fratres de sancto Nicolao (vergl. Bd. II, S. 388, n. 106) omnia loca polluta scopis et aqua benedicta emundaverunt et incestos de loco pepulerunt. Quod factum dolentes fautores Heinrici servos Dei violenter extrahunt de ecclesia sancti Nicolai ac virgis publice caesos . . . de finibus suis eiciunt, haereticos et incestuosos sancto loco praeficiunt. Unter weiterer Ausmalung der sich hieraus ergebenden Folgen wird die so verwandelte Passauer Kirche als sedes Sathanae, ecclesia malignantium, prostibulum scortatorum hingestellt. Von Altmann selbst — vergl. schon ob. S. 45 — heißt es hierauf in c. 14: sic praevalente iniquitate de sede sua propter justitiam ejectus in Saxoniam, scilicet patriam suam, revertitur; et ibi quasi in exilio inopia et egestate afficitur (SS. XII, 233).

[a]) Der Annalist spricht von dieser Sendung Heinrich's IV. ad domnum apostolicum et ad Romanam synodum pro causa sua inibi agenda, doch als einer heuchlerischen: Legationem apostolicam et commonitariarum Romani cardinalis litterarum ad eum contemptum et conculcationem et inoboedientiam, quam toto nisu palam omnibus professus est, astutissima quadam occasione, ac si nichil umquam vel parum quid inde audiret, omnino dissimulavit (306). Bernoldi Chron. meint mit dem ersten Satz im Jahresberichte: Heinricus iterum apostolicae sedi de sua quasi injusta damnatione conqueritur (SS. V, 435) jedenfalls auch diese Sendung.

sinnung durch eigene schwere Erfahrungen büßen mußten. Benno kann im vorhergehenden Jahre nur kurze Zeit nach der Rückkehr aus Italien wieder in Osnabrück sich aufgehalten haben; doch fiel in diese Anwesenheit der Anfang einer größeren befestigten Anlage auf dem wichtigen Platze Iburg, an der von der Bischofsstadt südlich ziehenden Straße. Schon sein Vorgänger, Benno I., hatte hier zu bauen sich angeschickt; von Benno II. nun, dem geschickten Baukundigen, war die vorzügliche Lage von Iburg mit scharfem Blicke, besonders auch wegen der drohenden kriegerischen Verwicklungen, erkannt worden, so daß er da auf der Stelle einer nicht mehr bestehenden Befestigung aus einer früheren Zeit weiter schuf und so auch die Grundlage für eine klösterliche Stiftung vorbereitete. Freilich gedieh er damit noch nicht weit, da er sich jetzt eben gezwungen sah, um Heinrich's IV. willen Sachsen wieder zu verlassen. Aber andererseits war gerade er nunmehr, wie das ein Verehrer später, nicht lange nach Benno's Tode, aussprach, durchaus gemacht, in Italien für den König zu handeln. Der Bischof, der seiner Kirche und seiner Stadt wieder hatte den Rücken kehren und deren Besorgung den noch leiblich Getreuesten überlassen müssen, der mit kleinstem Gefolge ohne weitere Hülfsmittel sich beim Könige eingefunden hatte, war durch seine trefflichen Eigenschaften, seine Mäßigung, Klugheit, Wahrhaftigkeit der beste Unterhändler, da er sich im sicheren Gleichgewicht hielt und, ohne Furcht oder Verdacht von einer Seite her zu erregen, auf der anderen verkehren konnte[6]).

[6]) Gregor VII. spricht hievon in der excommunicatio regis Heinrici von 1080, unter Erwähnung beider Bischöfe: Postquam persensit (sc. Heinrich IV.), se non posse sicut speravit agere, duo episcopi . . . . . de consentaneis suis Romam venerunt et in synodo ex parte Heinrici me, ut ei justitiam facerem, rogaverunt (Jaffé, Biblioth. rer. German., II, 403). Eben der Annalist nennt (vergl. n. 5) die Träger der Sendung, außerdem Hugonis Flaviniacens. abb. Chron., Lib. II, wo daneben auch der nuncii Rodulfi, qui praesentes aderant, gedacht wird (SS. VIII, 448). Wegen Theoderich's vergl. zuletzt S. 90. Benno ist in den Annal. Yburgens. in der Eintragung a. 1077 erwähnt: Per idem fere tempus venerabilis Osnabrugensis episcopus domnus Benno II. castrum in Yburg propter imminentia bella aedificare disposuit, a praedecessore jam suo inchoata aliquanta parte murorum, ubi et cenobium in beati Clementis honore construxit, monasticae inibi religionis rudimenta felici molitus exordio (SS. XVI, 437), und die Vita Bennonis ep. Osnabrug., deren Verfasser Norbert als Abt von Iburg diese Dinge nahe genug lagen, handelt von c. 16 — Descriptio montis et castri (nämlich des früheren, hienach auf Karl's des Großen Befehl zerstörten) Iburg — an eingehend von Iburg, nach c. 17: mons, in quo vetustissimum dirutum Iburgense castrum extabat . . qui locus illi (sc. Bennoni) ante omnia complacuit, quod et materia ad aedificandum esset abundans, oder nach c. 18: placebat, partim ad loci amoenitatem et aëris salubritatem, partim quod fundandum monasterium a turbis saecularibus futurum esset remotius (SS. XII, 67 ff.). Die treffliche Charakteristik Benno's steht in c. 21: Tanto enim se toto illo turbine bellorum prudentiae, veritatis et fidei utrobique moderatione librabat, ut in utraque semper ei parte sine suspicione et timore conversari liceret; nec rex umquam, quamvis inter hostes suos eum manere videret, de eius fidelitate ambigeret, nec hi, quamvis regi fidelissimum esse non dubitarent, insidias umquam de eius fraude timerent; daß dann im Weiteren das triennium, auf das sich die Sätze be-

So hat denn auch nicht ohne Neid ein gegnerischer Geschichtschreiber gerade dem glücklichen Erfolge dieser jetzt eintretenden Sendung nach Italien zugesehen. Die beiden geistlichen Boten, aber ganz gewiß vorzüglich Bischof Benno in seiner Gewandtheit, erfüllten Heinrich's IV. Erwartung in vollem Umfange; denn den Bischof von Osnabrück kannten ja auch Viele in der Lombardei von seiner Thätigkeit her, die er im letzten Frühjahr im Gefolge des Königs entfaltet hatte. Den Anhängern der königlichen Sache war da Bischof Gregor von Vercelli, der Vertreter Heinrich's IV., durch den Tod entrissen worden, und so werden sie um so lebhafter diese Gesandten begrüßt haben. Jener feindselig gefärbte Bericht sagt dann auch, indem er allerdings Alles geflissentlich ungünstig auslegt, daß die zwei Bischöfe zuerst hier in der Lombardei und hernach in Rom selbst, durch Gaben und Versprechung, durch Klagereden, durch Schmeicheleien, mit Kunst und Geschick, oder auch durch gehässige Reden gegen Rudolf, zu wirken verstanden; allein nur Lüge, Verführung, Bethörung sollen das zu Stande gebracht haben [1]).

Diese arge Verstimmung erklärte sich sehr leicht durch den Umstand, daß eine zur gleichen Zeit nach Rom auf dem Wege befindliche Botschaft Rudolf's in weit ungünstigerer Lage sich befand. Der vorliegende aus Rudolf's Anhängerschaft stammende Bericht

---

ziehen: quantos . . pauper et exul labores pertulerit, quotiens injurioso repulsus non desperaverit, quotiens induciis positis ad locum constitutum frustra perrexerit, quotiens Romam ierit omnesque de quorum adjutorio praesumebat offensos invenerit, qualiter barba crescente vultus notitiam dissimulando celaverit, quotiens jamjam, ut ipse putabat, omni negotio peracto, domum reverti cogitans, ausus redire non fuerit, qualiter etiam regis curiam miserabili labore turpique egestate pertaesus apud amicos, si quos in exteris regionibus invenire potuit, quasi hospitandi gratia latuerit (71 u. 72) — vom Jahre 1077 an zu beginnen ist, darüber kann kein Zweifel bestehen, und vom Anfang dieser Leidenszeit handelt c. 20 im Eingang: Sed jam ingravescente rursus peste bellica, cum sibi quotidie ab amicis etiam captivitatem aut mortem imminere conspiceret, suorum etiam maxime infidelitate perterritus, iterum (Hinweis auf die frühere Flucht 1073 —: vergl. Bd. II, S. 253 u. 254) pro tempore cedendum putavit, et episcopio, prout tunc potuit, disposito, urbeque commissa his de quorum fide minime dubitabat, cum aliis qui plurimi pro arctiore fidelitate in regem de hac regione expulsi sunt, parvissimo suorum comitatu ad regem profectus est. A quo admodum gratanter susceptus, aliquanto cum eo tempore conversatus . . . . (70): vergl. über Benno die schon in Bd. I, S. 576, n. 55, genannte Abhandlung von Thyen, hiezu speciell 159 ff.

[1]) Durch die Worte des Annalisten: Legati regis Heinrici, quia palam (im Gegensatz zu Rudolf's Boten: vergl. n. 8) ire et omnia quae voluerant pacifico libitu efficere et in Longobardia et in ipsa Romana urbe poterant, muneribus, mendaciis, promissis, assentationibus, querimoniis flebilibus, nec non cum arte et ingenio, uti in huiusmodi experientissimi erant, a minimis adusque maximos, corruptos, delusos, seductos omnino omnes in favorem sui regis attrahere semper non cessabant, et e diverso in odium et calumnias Ruodolfi regis permaximas (306) klingt der Aerger über die guten Erfolge der königlichen Boten auf das deutlichste durch. Vergl. zu dem Auftreten unter den Lombarden Bd. II, S. 766 u. 767, ob. S. 18.

sagt nicht, wie es gekommen sei, daß, wie er offen einräumt, gar nicht die Männer, die man hatte beauftragen wollen, Träger der Mittheilung Rudolf's an Gregor VII. wurden, sondern nur solche, wie man sie hatte finden können. Ferner mußten diese Boten in listiger und versteckter Weise sich überhaupt nur schon die Straße nach ihrem Ziele suchen, was bei der Stimmung in Oberdeutschland und in der Lombardei ganz begreiflich erscheint. Als Inhalt der Gesandtschaft wird bloß die Darlegung vollen Gehorsams für den Papst und der Wunsch, dieser möge sich der bedrängten und zerstörten Kirche väterlich annehmen, angegeben[8]).

Allgemein war die Aufmerksamkeit auf Rom gerichtet. Begierig erwartete Heinrich IV. die Heimkehr seiner Gesandten, die sich in Regensburg bei ihm einfinden sollten[9]).

In einem Ausschreiben vom 28. Januar waren durch Gregor VII. Erzbischof Wibert von Ravenna und alle Bischöfe seines Sprengels, ferner die sämmtlichen Bischöfe und Aebte in der Mark Fermo und Camerino, in der Pentapolis, in der Emilia und Lombardei zur Synode in der ersten Woche der bevorstehenden Fastenzeit — sie begann mit dem 25. Februar — eingeladen worden. Der Papst hatte die Gelegenheit benutzt, ihr Gewissen darüber anzurufen, daß sie den heiligen Petrus und die römische Kirche beleidigt und erschüttert hätten, ihnen aber auch das Versprechen zu ertheilen, daß jedem Verzeihung offen stehe, so weit das ohne Schädigung ihrer Seelen und ohne eigene Gefahr für den Papst möglich sei. Immerhin war aber die Aufforderung zur Theilnahme in außerordentlich milden Worten, wenn damit frühere Kundgebungen gegen diese Feinde der Pataria verglichen werden, an die Anhänger Heinrich's IV. gerichtet[10]).

Auch die fortwährende Verschlimmerung der Lage für die Machtverhältnisse des Papstthums in Italien ließ eine große von Gregor VII. zu vollziehende Musterung der vorliegenden Fragen,

---

[8]) Gregor VII. fährt nach der Stelle in n. 6, l. c., fort: quod et nuncii Rodulfi fieri laudaverunt. Gleich vor der Stelle von n. 7 steht beim Annalisten: Rex quoque Ruodolfus et ipse pariter nec non omnes consentanei illius legatos suos, non quos voluerant, set qualescumque poterant, et hos artificiosa qualibet occasione et dissimulatoria, ad eandem synodum transmiserant, domno apostolico veram per omnia oboedientiam demandantes, et ut tyrannicam tamque flebilem sanctae aecclesiae desolationem paterna sollicitudine respicere dignaretur, unanimi rogatu ipsi sollertissime commendantes (l. c.). Alles zeigt, daß die Erklärung des Cardinaldiakons vom 12. November nicht die gewünschte Wirkung gehabt hatte, nunmehr von Rudolf gegenüber Gregor VII. eher verleugnet werden wollte.

[9]) Auch das weiß der Annalist: Hos (sc. die Boten) de synodo reversuros Ratisponam . . praestolatus est (l. c.).

[10]) J. 5063, Registr. V, 13, beginnt gleich mit: Salutem vobis cum apostolica benedictione libenter mitteremus, si vestrae temeritati sanctorum patrum auctoritas non obstitisset (Jaffé, l. c., II, 303 u. 304).

mit daran sich fügenden Urtheilen der Synode, als nothwendig erscheinen. Aber gerade diese üble Gestalt der Dinge war zugleich eine dringende Mahnung für den Papst, gegenüber Heinrich IV. sich nicht unversöhnlich zu zeigen.

Das Vorschreiten der Normannen nahm noch fortgesetzt größeren Umfang seit den Erfolgen des abgelaufenen Jahres an. Schon der Besuch, den Herzog Robert aus dem Lager vor Salerno im zweitvorhergehenden Jahre in Monte Cassino gemacht hatte — es war das erste Mal, daß er dahin kam —, war jedenfalls in Rom höchst mißfällig beobachtet worden. Er war die Folge jener Anstrengungen gewesen, die Abt Desiderius, sehr gegen den Vortheil der päpstlichen Machtstellung, für die Versöhnung der beiden normannischen Fürsten, Robert's und des Fürsten Richard von Capua, gemacht hatte, aus der heraus ja auch die Möglichkeit des gemeinschaftlichen Vorgehens gegen Gisulf und der Heranziehung von Salerno erwachsen war. Daß nun von Robert dieser noch außerdem durch das Entgegenkommen des Abtes beförderte Besuch, mit der allerdings in der unterwürfigsten und freigebigsten Form dargelegten Verehrung für die von Desiderius geleitete Stiftung, während eines feindseligen kriegerischen Einfalls in das päpstliche Gebiet vollzogen worden war, dieser Umstand hatte Gregor VII. in hohem Grade aufbringen müssen, und es konnte nicht fehlen, daß der Papst auch gegen Desiderius mit Argwohn sich erfüllte; alle geflissentlich von dem Herzog für Monte Cassino bewiesene fromme und reichlich spendende Andacht konnte in seinen Augen den Vorgang nicht in ein helleres Licht rücken [11]). Dann aber begann vollends der Herzog, nachdem ihm, wie schon geschildert worden ist, vor Salerno Alles geglückt war, während Fürst Richard von Capua vor Neapel lag, noch vor Abschluß des Jahres 1077 eine Unternehmung, die nun in Rom den Schrecken und den Abscheu vor der unersättlichen Eroberungslust des Normannen auf den äußersten Grad steigern mußte.

In Benevent war Fürst Landulf gestorben, der 1073 sich, in förmlichem Vertrage mit Gregor VII., für sein Fürstenthum den päpstlichen Geboten unterworfen hatte, so daß dieses schon längst aus Rom, zuletzt allerdings unglücklich, unter Papst Leo IX., angestrebte Gebiet in die unmittelbare Abhängigkeit vom päpstlichen Stuhle gesetzt erschien. Erben hatte Landulf nicht hinterlassen — sein Sohn Pandulf war schon 1074 im Kampfe gegen Robert ge-

[11]) Vergl. schon Bd. II, S. 690 (in n. 108), sowie ob. S. 86 in n. 129. Gegenüber dem auch hier ganz ungenügenden Berichte des Petrus, Chron. Mon. Casin., Lib. III, c. 45, ist Amatus, Ystoire de li Normant, Lib. VIII, c. 21, äußerst einläßlich, und c. 22 bringt dann noch in dem Satze: lo benigne duc . . . salli a lo monastier de Mont de Cassyn, et dona l'eglize et li frere de pailles et d'autres dons. Et puiz s'en vindrent (sc. Robert und Richard) ensemble a Salerne die Nachricht von einem zweiten kurzen Besuch vor der Rückkehr zur Belagerung von Salerno (ed. Delarc, 340 u. 341, 344 u. 345). Vergl. über Desiderius Hirsch, Forschungen zur deutschen Geschichte, VII, 66 u. 67.

fallen —, und jetzt benutzte der Herzog alsbald diese am 17. November geschehene Erledigung des Fürstenthums, um sich der Beute, die längst so lockend vor seinen Blicken lag, zu bemächtigen. Er hatte bei der mit neuen Kräften gemeinsam mit Richard wieder aufgenommenen Belagerung Neapel's einen Monat hindurch mitgeholfen, als er sich von der Seite des Fürsten, übrigens mit dessen Rath und Einwilligung, wie ja auch Schiffe und Streitkräfte des Herzogs vor Neapel zurückblieben, nach Benevent begab. Hier eröffnete er den Angriff durch die Anlage von Befestigungen rings um die Stadt; es war kein Zweifel, daß er zum Aeußersten entschlossen war, jetzt sich des Platzes zu bemächtigen, völlig unbekümmert um die von Rom her zu erwartenden Rechtsverwahrungen. Denn daß Gregor VII. nicht gestatten durfte, daß nunmehr durch die Wegnahme Benevent's Unteritalien endgültig den Normannen zufalle und daß so der päpstlichen Politik zunächst von Campanien ein bald unübersteiglicher Damm entgegengestellt werde, war selbstverständlich. Wie der Papst sehr bald darauf es offen aussprach: die Normannen versuchten schon, die Stadt Rom selbst in Schrecken zu setzen. So weit waren, seit Robert am 19. December vor Benevent erschien, bis zum Beginn des neuen Jahres die Dinge hier gediehen [17]).

Die Kirchenversammlung [18]) war durch Gregor VII. auf die letzten Tage des Februar einberufen worden, und ihre Eröffnung

---

[17]) Vergl. über Benevent zuletzt Bd. II, S. 278 u. 279, 340. Amatus fährt nach der Stelle ob. S. 87 in n. 130 gleich fort: (c. 31) Et puiz XXX jors, avec lo conseill et avec la licence de lo prince, laissant les nefs a lo port et li chevalier en garde de lo chastel, lo duc ala assegier Bonivent et fist forterecce entor et afflist li citadin de les choses lor (l. c., 354); dagegen bringt Petrus, l. c., auch die Angabe: Quod ubi duci nuntiatum est (sc. die Excommunication durch Gregor VII.), concite una cum principe Capuam remeans, dux supra Beneventum, princeps vero supra Neapolim obsidionem firmavit — in ganz falschem Zusammenhange, hernach die Nennung von castra quae dux ad expugnationem Beneventi firmaverat (SS. VII, 735). Die Annal. Benevent. Cod. 1. 2., haben a. 1077: 15. Kal. Dec. obiit Landulphus princeps, et 14. Kal. Jan. venit super Beneventum Robertus dux, Cod. 3: anno 5. domni septimi Gregorii papae . . . . Robertus dux obsedit Beneventum a mense Januario (SS. III, 181; Chron. s. Benedicti, l. c., 203, hat für Landulf's Tod 5. Kal. Dec.), Lupus Protospatarius, zu 1078: Robertus dux obsedit Beneventum, ferner Romoaldi Annales: Anno primo, postquam cepit Salernam, Robbertus dux obsedit Beneventum, acriter eam expugnans. Et nisi Romanus pontifex, cuius precepto parebat, hoc idem duci prohibuisset, nequaquam ab incepto desisteret, donec eam caperet (SS. V, 60, XIX, 408). Guillermus Apuliensis, Gesta Roberti Wiscardi, Lib. IV, erinnert hier, in einem zeitlich späteren Zusammenhang nur kurz, v. 17 19, bei Benevent: Urbs erat haec Romano subdita papae atque sui juris. Quia dux obsederat urbem, aegre papa tulit (SS. IX, 280). Das Wort des Papstes von den Normannen: nec non et qui temptant urbem Romanam confundere, steht in den in n. 13 citirten Acta concilii Romani.

[18]) Die Acta concilii Romani stehen im Registr. V, 14a (l. c., 305—309), wozu noch das von Löwenfeld, im Neuen Archiv der Gesellschaft für ältere deutsche Geschichtskunde, XIV, 618—622, mitgetheilte Stück de jejunio pentecostes et de ordinatione in prima epdomada quadragesime et pentecostes

geschah am 27. des Monats[14]. Nahezu hundert Erzbischöfe und Bischöfe — als genauere Zahl wird fünfundneunzig genannt —, eine große Zahl von Aebten und der verschiedenen Stufen der Weltgeistlichkeit, eine unzählbare Menge von Laien fanden sich in der Laterankirche ein[15].

Eine der ersten Angelegenheiten, die zur Verhandlung kam, war die Sache Heinrich's IV. Ein dem Könige allerdings nicht günstiger deutscher Bericht, der gleiche, der überhaupt von der Absendung der beiden Bischöfe redet, will wissen, daß die Gesandten, bestärkt durch das Vertrauen auf die Gunst der Vielen, die sie auf jede Weise für sich gewonnen hätten, vor Allem Gregor VII. von Seite ihres Herrn öffentlich gänzlichen Gehorsam versprochen, der wie immer auf seine Echtheit geprüft werden dürfte, daß sie dann aber am Schlusse — wie es da heißt, mit rednerischer Ausführung sehr wortreich, in Erfindungen recht wohl vorbereitet — zuerst vor dem Papst, danach vor der ganzen Versammlung die Klagen des Königs über das ihm zugefügte Unrecht vorbrachten: darauf sei

---

kommt. Auszüge bieten der Codex Udalrici, Nr. 54, den Schluß der zweiten De causa regis handelnden Abtheilung (Jaffé, Biblioth., V, 122 u. 123, ferner Hugo von Flavigny, l. c., das gleiche Stück, aber am Anfang noch etwas erweitert (SS. VIII, 442 u. 443), auch Gesta Romanae aecclesiae contra Hildebrandum, Lib. III, c. 1, wieder denselben Abschnitt, um einen Satz am Anfang verkürzt (Libelli de lite, II, 380 u. 381), dann Paul von Bernried, Vita Gregorii VII., c. 99, den Anfang von De causa regis (Watterich, Pontif. Roman. vitae, I, 533), sowie der Annalist — fälschlich zu 1079 — das Ende dieses Abschnittes (l. c., 318). Daneben handelt der Annalist an der richtigen Stelle einläßlich (vergl. n. 21) von der Synode (306—309), und zwar, wie May (Forschungen zur deutschen Geschichte, XXII, 521 u. 522) ausführt, in „einer Darstellung von höchstem Werthe und originaler Gestalt“.

[14]) Der Annalist läßt die Versammlung statuto tempore, id est 3. Non. Martii, beginnen (306). Doch macht Jaffé, Regesta pontificum Romanorum (Edit. sec.), I, 625, sehr richtig darauf aufmerksam, daß hier gemäß J. 5063, wo so ausdrücklich von der venturae quadragesimae prima ebdomada die Rede ist (vergl. S. 101), statt dessen 3. Cal. Martii angenommen werden muß.

[15]) Die Acta geben für die archiepiscopi et episcopi diversarum urbium die Zahl von fere centum, dagegen Deusdedit, Collect. canonum, Lib. IV, c. 106 (ed. Martinucci, 422), 95, der Annalist bloß fere 70 episcopi (von diesen hebt er namentlich heraus den ihm wegen der Bd. I, S. 600 u. 601, erwähnten Geschichte von der Feuerprobe gegen Bischof Petrus von Florenz bemerkenswerth erscheinenden Albanus episcopus, Bischof Petrus von Albano, ferner den schon Bd. II, S. 354 u. 355, genannten Bischof Hugo von Die, hinsichtlich dessen nachgeholt wird, wie er — im Jahre 1073 — non humana set divina electione . . causa orationis dum se domo sua Romam moveret durch den Bischof Gerald von Ostia, qui et ipso tempore eo loci (d. h. nach Die) concilium pro utilitate et necessitate aecclesiae collegit, zu dem regiminis culmen quod ex corde humiliter fugerat gelangt sei: Tales semper tantaeque auctoritatis et reverentiae viros secum semper habere solebat, in quorum consilio effectum suae sollicitudinis et diffinitionis, fidelis et prudens misteriorum Dei dispensator, sollertissime ponebat: 306 u. 307 — doch ist nach der Ausführung M. Wiedemann's, in der Leipziger Dissertation (1884): Gregor VII. und Erzbischof Manasses I. von Reims, 41 n. 1, ebenso der Straßburger Dissertation von W. Lühe, Hugo von Die und Lyon, Legat von Gallien (1898), 58 n. 3, nicht zu bezweifeln, daß Hugo erst nach Schluß der Synode in Rom eintraf).

von Seite aller Heinrich IV. Wohlgesinnten einstimmig das dringend empfehlende Verlangen geäußert worden, daß seine Sache durch das Urtheil des Papstes und der Synode als eine ganz gerechte erklärt werde. Im Sinne Heinrich's IV. stellten die Gesandten darauf die Frage so dar, daß es erschien, Rudolf habe als Herzog und Kriegsmann des Königs, der ihm als Getreuer untrennbar in Allem, was zum Schutze seiner königlichen Herrschaft gehörte, hülfreich beistehen sollte, statt dessen meineidig und treulos, sammt seinen Anhängern, Heinrich IV. aus der Regierung gedrängt und sei so selbst in frecher Weise in diese eingedrungen. Zwar sei — so sollten die Gesandten weiter geäußert haben — ihr Herr nicht durch eine Zwangslage dazu gebracht, solche Klage vorzubringen, da er ganz leicht seine Gegner unterdrücken könnte: vielmehr rufe er vornehmlich deßwegen die Entscheidung des apostolischen Stuhls vor allen Dingen hierin an, weil das ihm als gerecht und angemessen erschienen sei. Nach den weiteren Mittheilungen des Berichterstatters sollen darauf einige dem Könige wohlwollende Richter die Ansicht ausgesprochen haben, Rudolf verdiene wegen einer so offen vorliegenden und gottlosen Verschuldung unverzüglich durch den Bannspruch des Papstes verdammt zu werden, der Art, daß sie nachdrücklich wünschten, das möchte gerichtlich beschlossen und in einer dem Kirchenrechte entsprechenden Weise durchgeführt werden. Aber darauf habe Gregor VII., dem die Verwirrung der in Frage stehenden Sache durchaus bekannt war und den nicht leicht eine schmeichlerische Darlegung zur Begünstigung von Personen zu verführen vermochte, öffentlich erklärt, er könne vor einer sorgfältigen Prüfung der Angelegenheiten beider Theile, und da ihm die Wahrheit, betreffend den durch seinen Cardinal schon gefällten Bannspruch, völlig im Zweifel stehe, hierüber nicht entscheiden. Dabei versicherte der Papst, vielfach von jedem der beiden Könige, denen beiden ein nicht geringer Theil der Großen des Reichs, der Bischöfe, weiser und gottesfürchtiger Männer, die einen auf dieser, die anderen auf jener Seite, anhingen, Zusicherungen des Gehorsams, Gesandtschaften, öffentliche Erklärungen erhalten zu haben: so erscheine es als zutreffend, damit nicht gegen den einen von ihnen vom apostolischen Stuhle etwas in ungerechter Weise beschlossen werde, mit den Vornehmsten und den Vorstehern des heiligen römischen Stuhles und mit wem es sonst anginge, sowie mit allen Einsichtigen Berathung zu pflegen, wofür er aber die gehörige Zeit haben müsse. Danach habe der Papst Alle angelegentlich ermahnt, insgesammt in ganzer Andacht Gebete an Gott zu richten, daß er ihnen zur Einigung und friedlichen Wiederherstellung der elend zerrissenen Mutter Kirche den Geist seines göttlichen Rathschlusses einhauchen möge: so sei der Spruch bis zum Schluß der Woche verschoben worden[14].

---

[14]) Der Annalist führt gleich zuerst Heinrich's IV. legati — multum in his, quos sibi qualitercumque asciverant, fautoribus animati et confisi — an:

Während nun die Synode selbst andere Dinge berieth[17]), behandelte — so fährt der gleiche Berichterstatter fort — der Papst in eingehendem Rathschlage die Klagesache Heinrich's IV. Danach wurde festgesetzt, daß Gregor VII. selbst oder statt seiner geeignete Gesandte nach Deutschland abgehen und daß dort mit ihnen an einem dazu völlig passenden Orte die Großen des ganzen Reiches, weise Männer und die Vornehmsten überhaupt, ohne die beiden Könige, zusammentreffen sollten, um in einer Unterredung, nach gerechtester Untersuchung der Angelegenheit der Beiden, ohne Ansehung der Personen, eine einstimmige Rechtfertigung oder Verwerfung zu erzielen, so daß durch gemeinsames, einsichtiges und billiges Urtheil Aller unverbrüchlich entschieden werde, wie das so kläglich in sich zerrissene und zum Meineid geführte Reich nunmehr wenigstens nicht gänzlich entvölkert, sondern im Frieden Christi wieder geeinigt und wohl behalten in vernünftiger Weise befestigt werden könnte[18]).

Der 3. März, der letzte Tag der Woche, brachte die Verkündigung der Beschlüsse der Synode. Gregor VII. kam zu diesem Behufe, vorschriftsgemäß und ganz nach der kirchlichen Ordnung gekleidet, mit den Bischöfen des römischen Sprengels in die Versammlung und gab öffentlich vor Allen seinen Willen kund[19]).

Das eine Bruchstück der Synodalbeschlüsse, das erhalten ist, enthält die vom Papst hiebei gesprochenen Worte: „Und weil wir den Streit und die Verwirrung im Reiche jeden Tag zur größten Gefahr und Benachtheiligung der heiligen Kirche übermäßig anwachsen sehen, gefällt es uns nach Kräften uns zu bestreben, daß von Seite des apostolischen Stuhles ansehnliche Boten, die sowohl nach ihrer Frömmigkeit, als auch nach ihrem Wissen geeignet schienen, in jene Gegenden geschickt würden, die alle Frommen und Liebhaber der Gerechtigkeit, die in den Theilen des deutschen Reiches sich finden, Männer geistlichen und weltlichen Standes, die zu

---

in primis omnifariam domno apostolico oboedientiam, et eam quomodocumque probandam, ex parte domini sui publice promiserant, worauf ihre weiteren Aussagen und was nonnulli judices, qui illorum intentioni benivoli favebant, geäußert hätten, folgen und Gregor's VII. Erklärung sich anschließt, nach der dilata huiusmodi usque in sabbatum sententia erscheint (307: darin ist in den Worten: cui, sc. Gregor VII., adhuc prorsus in dubio penderat veritas excommunicationis jam per cardinalem suum factae selbstverständlich auf die ob. S. 76 erwähnte, in Goslar ausgesprochene Excommunication Heinrich's IV. abgezielt).

[17]) Es heißt (l. c.) allgemein: aliis quaedam quae aecclesiae utilitati et necessitati proficua fuerant, canonica diligentia ibidem cautissime pertractata et diffinita sunt.

[18]) An die Stelle in n. 17 schließt sich unmittelbar dieses ab apostolico et cunctis in Christo secum consulentibus betreffend regis Heinrici querimonia gefundene prudens et discretum satis consilium (307 u. 308).

[19]) Die Verkündigung des consilium durch den domnus apostolicus legitime et ordinate ad hoc paratus et cum suis suffraganeis synodum ingressus setzt wieder der Annalist (308) in die sabbati, nach n. 14 eben den 3. März.

diesem Werke passen, zusammenberufen, damit sie mit diesen, unter der Führung der Gnade des Herrn, entweder ein Ende und einen Frieden auf gerechtem Wege festsetzen oder aber vollständig zu erfahren vermögen, welchem Theile, nach Erkenntniß der Wahrheit, die Gerechtigkeit günstiger sei, damit der im Unrecht stehende Theil sich auf das Gute besinne und die Gerechtigkeit, durch die apostolische Machtvollkommenheit geschützt, die Bekräftigung der Gültigkeit und der Verbürgung gewinne. Weil wir aber wohl wissen, daß Einige, durch den Antrieb des Teufels zusammengebracht, durch die Fackeln seiner Gewaltherrschaft entzündet, durch die Habgier nach einem schändlichen Gewinne in Fesseln geschlagen, mehr danach sich sehnen, daß Zwietracht, als daß Friede zu Stande komme und zu Tage trete, so stellen wir fest, daß niemals irgend eine Person von irgend welcher Gewalt, sei es ein König oder Erzbischof, Bischof, Herzog, Graf, Markgraf oder Ritter, in irgend einer Anmaßung oder einem frevelhaften Wagnisse, durch Trug oder List oder irgend eine Unordnung, unseren Legaten sich entgegenzustellen und hindernd in den Weg zu treten, so daß sie für Gerechtigkeit und Beendigung der Sache zu sorgen gehindert seien, versuche. Wer immer aber in frevelhaftem Wagnisse, was wir nicht wünschen, als Verletzer dieser unserer Anordnung ferner gefunden sein und wer unseren zum Abschluß dieses Friedens abgehenden vorerwähnten Legaten Trug entgegenzusetzen einen Versuch gemacht haben wird, den binden wir mit der Fessel des kirchlichen Fluchs und verstricken ihn nicht nur dem Geiste nach, sondern auch nach dem Leibe und in aller Glückseligkeit dieses Lebens durch die apostolische Gewalt, und seinen Waffen sprechen wir den Sieg ab, so daß sie zum wenigsten in Verwirrung gebracht und in doppelter Auflösung und Schwächung aufgerieben werden".

Der schriftstellerische Bericht über die Synode fügt noch bei, daß nach Verkündigung dieser Verurtheilung der Papst und seine Suffragane zum Behuf der Bekräftigung des Fluches die brennenden Kerzen an den Boden warfen und auslöschten[20]).

Weitere Urtheilssprüche, über die der Wortlaut der Veröffentlichung bewahrt ist, richteten sich gegen geistliche Gegner der römischen Kirche in Italien. Thebald, der „so geheißene" Erzbischof von Mailand, und Wibert von Ravenna, die in unerhörter Ketzerei und Ueberhebung gegen die Kirche sich auflehnt, werden unter Erneuerung der schon früher ausgesprochenen kirchlichen Verdammung vom bischöflichen und priesterlichen Amte suspendirt. Ebenso setzt der Papst den Bischof Arnulf von Cremona, als einen von ihm öffentlich überwiesenen und geständigen Simonisten vom

---

[20]) Die Worte der Acta (l. c., 306 u. 307) hat Gregor VII. in der Excommunication von 1080 (l. c.) kurz zusammengezogen und andererseits der Annalist frei wiedergegeben, mit Anfügung der Angabe über die candelae ardentes .. in anathematis complementum canonice in terram missae et extinctae am Schlusse (308).

bischöflichen Amte ohne Hoffnung einer Zurückgewinnung ab und schlägt ihn, bis er entsprechende Buße thut, mit dem kirchlichen Fluche. Bischof Roland von Treviso wird vom päpstlichen Urtheil getroffen, dafür daß er zur Erlangung seiner bischöflichen Würde als ein trügerischer Legat aufgetreten sei und sich nicht gescheut habe, zwischen Reich und Kirche eine Spaltung hervorzurufen, so daß er ebenfalls auf alle Zukunft das bischöfliche Amt verlieren soll und kein Nachfolger auf dem päpstlichen Stuhle in seine Weihehandlung einwilligen darf. Den Cardinal Hugo von der Kirche San Clemente schließt das als bleibend und unwiderruflich bezeichnete Urtheil von jeder priesterlichen Verrichtung aus und entfernt ihn, sowohl von der Vertretung und von der Ehre der genannten Kirche, als von der aller Kirchen überhaupt, und er soll bis zur Leistung der Genugthuung vom Fluche getroffen sein; dabei deutet die beigegebene Erwägung darauf hin, daß Hugo schon zum dritten Male vom apostolischen Sitze aus verdammt worden sei, als Begünstiger und Genosse der Ketzerei des Bischofs Cadalus von Parma zum ersten Male, hernach, weil er sich mit Häretikern und Simonisten und vom apostolischen Stuhle Verurtheilten verband, und zum dritten Mal, da er als Abtrünniger und Ketzerführer Trennung und Zerreißung in der Kirche Gottes anzurichten suchte[31].

---

[31]) Die Acta bringen diese Urtheile an erster Stelle (305 u. 306): betreffend Bischof Roland vergl. Bd. II, S. 630—634, wo in n. 24 (S. 632) der Wortlaut eingerückt ist, über Hugo zuletzt l. c., S. 618 u. 619. Ein weiteres Urtheil — excommunicatio a praedecessoribus nostris facta — ist wiederholt: super Guifredum archiepiscopum Nerbonensem. Der Annalist nennt als von der sententia anathematis betroffen die Vorsteher der Kirchen von Ravenna, Mailand, Cremona, Treviso, ferner aber auch omnes symoniacos hereticos et nicolaitas pertinaciter et inobedienter in sui erroris insania voluntate et industria perseverantes, weiter besonders eos, qui infra biennium temerarii, pervicaces et incontinentes aecclesiasticas ordinationes datione pecuniae sibi acquisitas, relictas, et concubinas sibi interdictas apostatica praesumptione receperant (mit Einschiebung der Hinweisung darauf, daß in nostris partibus von solchen Fehlbaren — perduelles: numero non pauci — Auflehnungen publica tyrannide in authenticas sacrorum canonum sanctiones geschehen seien); daran schließt er die gleichfalls aufgestellte unwiderrufliche Untersagung aller ordines et consecrationes, excepto solo baptismo, gegenüber denen, qui per episcopos officio et sacerdotali dignitate apostolica sanctione privatos et nondum sive per se seu per certum ipsius legatum ordini restitutos, ubicumque officio praesumptuose usurpato se ordinari immo potius deordinari praesumpserunt (auch für die von diesen Persönlichkeiten geweihten Kirchen — utpote Deo numquam canonice initiatae — wird beschlossen: aecclesias .... a primis reconsecrari oportere): ebenso soll das Anathem in dem nachher bei n. 24 erwähnten Falle ausgesprochen worden sein, endlich noch gegen die: quicumque praedas, rapinas seu qualibet artificiosas temerarias invasiones in aecclesiis Deo consecratis, sive in aecclesiarum atriis et cimiteriis et claustris pariter consecratis, seu in his aecclesiasticis rebus, possessionibus et pertinentiis quibuslibet earum facere praesumpserint (der Verfasser fügt hier bei, daß das sich deutlich auf die praebendae cottidianae et omnimodae victualium et sumptuum necessariorum dispensationes canonicorum, clericorum, presbiterorum, monachorum, virginum sanctimonialium, nec non sub regula cunctorum Christo servientium bezogen habe); am Schlusse wird noch eine Beobachtung darüber, was Gregor VII. bei diesen Beschlüssen angestrebt habe,

In dem übrigen Theile der Synodalbeschlüsse ist neben Androhung von Strafen für zwei weltliche Herren aus dem tuscischen Gebiete, unter ihnen den mächtigen Feind der Kirche von Lucca, Ugiccio, sowie für den Abt von Farfa, ganz besonders wichtig, was auf die Normannen sich bezieht: „Wir excommuniciren alle Normannen, die danach streben, in das Gebiet des heiligen Petrus einzubrechen, nämlich in die Markgrafschaft Fermo, in das Herzogthum Spoleto, und die, so Benevent belagern und die sich anstrengen, Campanien und die Maritima und die Sabina anzugreifen und auszuplündern, und nicht weniger die, so versuchen, die Stadt Rom in Verwirrung zu bringen". Gleich im Anschluß daran werden dann die Bischöfe, die, obschon sie die päpstlichen Einladungsschreiben empfangen oder Kunde davon gewonnen haben, weder selbst, noch mit einer kirchenrechtlich gültigen Entschuldigung sich zur Synode einstellten, vom bischöflichen Amt suspendirt: „Und jeder unter ihnen, der, sei es als Bischof, oder als Priester, den vorgenannten Normannen, so lange als sie excommunicirt sein werden, eine gottesdienstliche Verrichtung dargebracht haben wird, den stoßen wir für alle Zeit aus dem priesterlichen Amte aus"[28]).

Die letzten Bestimmungen sind allgemeinerer Art. Eine erste wiederholt das von früheren Päpsten schon ausgesprochene Verbot des sogenannten Strandrechtes: wer immer auf einen Schiff-

---

geschildert: ut pace per aecclesias facta, quamvis undique bella et seditiones in secularibus regnarent, in spiritalibus tamen personis canonicae Dei laudes et orationes ob exteriorum detrimenta subsidiorum minime cessarent — und weiter fortgefahren, der Papst habe in einsichtiger Erwägung — prudens dissimulator et tolerator — über die multorum episcoporum et presbiterorum in Theutonicis et Italicis partibus hereticae pravitates, inoboedientias et tot praesumptuosa scandalorum milia zur Zeit hinweggesehen, mit Verschiebung der Beurtheilung auf die Zeit nach Herstellung des Friedens im Reiche, ut ... tandem ipsis quoque corrigendis, coarguendis et puniendis cura sollertissima insistere non tardaret (308 u. 309). Wibert's Verurtheilung hebt noch später, 1084, Erzbischof Gebehard von Salzburg, in dem dort, in n. 12, besprochenen Schreiben, hervor: Wigbertus quondam Ravennas archiepiscopus, cum obedientiam, quam apostolicae sedi juramento promiserat, non adtenderet sed contra ipsam modis omnibus superbire studuisset, in Romana synodo irrecuperabiliter depositus et anathematizatus est ab apostolica sede et ab episcopis totius ecclesiae, mit der Beifügung: nec hoc semel in una synodo sed in omnibus synodis, quotquot sunt septennio Romae celebratae.

[28]) Diese Urtheile folgen auf den Abschnitt De causa regis (307 u. 308). Auf den Rainerius Ugizzoni filius, der zu den in Clusino comitatu commorantes gerechnet wird (vergl. unt. zu 1081 n. 82) — neben ihm Rainerius filius Bulgarelli (also ein Bruder des gleich nachher hier erwähnten Ugiccio) — beziehen sich schon Registr. II, 47 und 48 (J. 4924 u. 4925); der in den Acta fehlende Name bei filius comitis (es handelt sich um Belästigung der Lucensis ecclesia) lautet nach einer Angabe Overmann's im Neuen Archiv, XXI, 432, n. 8, wohl Bulgarelli, so daß an Ugiccio, Sohn des Bulgarellus, einen Hauptanhänger Heinrich's IV. und Führer des tuscischen Adels, zu denken ist; über den Abt Berardus von Farfa vergl. schon Bd. I, S. 478. Des Urtheils, das die Normannen traf, gedenkt auch Amatus, Lib. VIII, c. 32: Et lo pape pour ceste chose (vergl. ob. S. 103, n. 12) et pour autre assembla lo concistoire et excommunica lo duc et tous ceux qui lo sequtoient (l. c., 355).

brüchigen und dessen Besitzthümer stößt, soll ihn und alles Seinige unangetastet lassen. In der zweiten werden Ordinationen solcher, die selbst von Excommunicirten ordinirt worden sind, als ungültig erklärt, ebenso Alle, die durch Treuversprechen oder Eid Excommunicirten verbunden sind, von diesem Eide nach apostolischer Machtvollkommenheit losgesprochen, geradezu mit dem Verbote, Treue in solchen Fällen zu bewahren. Dagegen stellt ein letzter Satz eine gewisse Milderung hinsichtlich der Vorschriften über den Verkehr mit Excommunicirten auf. Gregor VII. erklärt, daß er alltäglich Fälle erfahre, wo, sei es durch Unwissenheit, oder durch zu große Einfalt, oder aus Furcht, theilweise auch aus der nothwendigen Sachlage, Berührungen mit Excommunicirten geschehen, so daß er aus Mitleid hier Einschränkungen der Folgen, die sich aus der Wirkung solcher Erscheinungen ergeben, eintreten lassen wolle. Danach sollen Frauen, Kinder, Knechte, Mägde, Sclaven, ferner Bauern, Dienende und alle Anderen, die nicht so sehr zur Umgebung des Excommunicirten zählen, daß mit ihrem Rathe Verbrechen verübt werden können, auch die, welche, ohne es zu wissen, mit Excommunicirten verkehren, und wieder jene, die mit solchen mit Excommunicirten in Verkehr stehenden Personen in Berührung sich befinden, von der Fessel des kirchlichen Fluches ausgenommen sein, und ebenso erhält, wer als Bote oder Pilger oder Reisender in ein von Excommunicirten bewohntes Land gekommen ist, wo er auf den Kaufverkehr mit Excommunicirten angewiesen erscheint, oder wer aus Menschlichkeit einem Excommunicirten etwas schenken will, die Erlaubniß dazu, mit solchen Leuten zu verkehren[23]).

Ein von Gregor VII. auf der Synode aufgestelltes Verbot erscheint dagegen nicht unter den schriftlich im Verzeichniß der Beschlüsse aufgenommenen Anordnungen; vielmehr wird es nur von der gleichzeitigen in Schwaben gemachten Berichterstattung erwähnt. Es betrifft die Untersagung einer jeglichen Verletzung der Kirchengüter, jeder Schmälerung der kirchlichen Einkünfte, unter Androhung kirchlicher Verfluchung. Kein Laie oder Kleriker soll Bisthümer, Abteien, Propsteien, Kirchen, Zehnten oder irgend welche kirchliche Rechtstitel an irgend einen Kleriker oder sonst an eine Persönlichkeit, gemäß der seit alter Zeit geübten Rechtsanmaßung, zu Lehen geben, überhaupt irgend etwas, das der Kirche nach kanonischer und gesetzlicher Uebertragung zu Eigenthum und zum Dienste zugewiesen worden ist, wieder in Frage stellen und einer Veränderung unterwerfen; sondern all das soll als Eigenthum und Erbe der Kirche bleiben[24]).

[23]) L. c., 308 u. 309 (zu der Milderung der rigoristischen Bestimmungen über den Verkehr mit Excommunicirten vergl. Mirbt, Die Publizistik im Zeitalter Gregor's VII., 221 u. 222).

[24]) Vergl. ob. in n. 21. Auf dieses die Investiturfrage nahe berührende, aber augenscheinlich nur zu beschränkter Publicität gebrachte, nicht schriftlich verbreitete Verbot machte Giesebrecht, Die Gesetzgebung der römischen Kirche (Münchener historisches Jahrbuch für 1866, 137—139), besonders aufmerksam.

Auch mit Wundererscheinungen, die man an den Gräbern zweier Männer beobachtet zu haben glaubte, deren Leben der Vertheidigung der päpstlichen Machtansprüche geweiht gewesen war, hatte sich die Synode beschäftigt, mit den zu Mailand an der Ruhestätte des 1075 gefallenen Blutzeugen Erlembald gesehenen Zeugnissen und ganz besonders mit den in Rom vom Grabmal des getödteten Präfecten Cencius bekannt gewordenen Vorgängen[25]).

Allein die zumeist für Gregor VII., wenigstens nach der Seite des deutschen Reiches hin, in das Gewicht fallenden Entscheidungen der Synode[26]) waren doch die Fragen, die mit den Personen und den Anforderungen der beiden in Deutschland sich bekämpfenden Könige sich verknüpften.

Ueber die Behandlung, die den von Heinrich IV. und von Rudolf nach Rom abgeordneten Boten zu Theil wurde, liegt allerdings wieder nur jener soeben erwähnte Heinrich IV. mißgünstige Bericht vor. Danach entließ Gregor VII. gleich nach dem Abschluß der Synode die Bischöfe Benno und Theoderich wieder von sich. Dabei soll er in der Absicht, den Gehorsam des Königs zu erproben, ihn durch die zurückgehenden Gesandten haben ermahnen lassen, bis zum Abschlusse der durch den Synodalbeschluß anzuordnenden Unterredung mit allen seinen Feinden Frieden zu halten. Außerdem jedoch gab der Papst den beiden Bischöfen Legaten mit, die zu Heinrich IV. sich zu verfügen und von ihm zu vernehmen hatten, wo und wann diese Unterredung, nach seinem Belieben, angesetzt werden sollte, so daß dann, nachdem das den Großen des Reiches und allen dahin Einzuberufenden unzweifelhaft bekannt gemacht und angekündigt wäre, der apostolische Bote nach Rom zurückkehre, damit danach die zu der Unterredung bestimmten und auserwählten Legaten des apostolischen Stuhles dorthin zur gehörigen Zeit und auf dem geraden Wege als geeignete Rathgeber, Vermittler und Zurechtweiser auf die Versammlung sich begeben könnten. Ausdrücklich findet sich aber daneben hervorgehoben, daß der Papst dieser Botschaft an Heinrich IV. durch die königlichen

---

[25]) Vergl. schon Bd. II, S. 477, in n. 48, sowie ob. S. 82, in n. 125.

[26]) Kurze historiographische Notizen über die Synode enthalten noch Bernold: Unde (sc. nach der durch Heinrich IV. — vergl. ob. S. 98, n. 5 — vorgebrachten Klage) Gregorius papa facto concilio mense Martio idoneos legatos iterum destinavit, qui facto generali colloquio causam regni juste determinarent, et omnes sinodali sententia damnavit, quicumque impedirent, ne colloquium fieret, wozu noch am Rande der Originalhandschrift beigefügt ist: in hoc concilio facta est exceptio quarundam personarum de Heinriciana excommunicatione, et hoc utique ad tempus, id est uxorum, filiorum, servorum, et reliquorum, qui non scienter vel saltim non libenter excommunicatis sociantur (gerade diese Stelle der Acta hat im ganzen Wortlaute: Quoniam multos exigentibus peccatis .... fieri non prohibemus auch der Annalista Saxo der Erwähnung der Synode angehängt, die er dem Anfange der Acta entnahm), in Italien Petrus, Chron. mon. Casin., Lib. III, c. 42: In synodo papa Gregorius constituit, ut si quis a laico ecclesiae investituram acciperet, dans et accipiens anathemate plecterentur (SS. V, 435—VI, 712 u. 713—, VII, 733), weiter Bonitho, Lib. ad amicum, Lib. VIII: Gregorius . . . sinodum

Gesandten den apostolischen Segen nicht mitgegeben habe[37]). Im Gegensatz hiezu sollen von Gregor VII. die Abgesandten Rudolf's nur heimlich und verstohlen entlassen worden sein, indem er ihnen einen versteckten und höchst vorsichtig eingekleideten Abschied ertheilte; dafür aber — heißt es — habe er durch sie an Rudolf seine väterliche Liebe, Milde und Gnade sammt dem apostolischen Ablaß und Segen geschickt, da er von dessen Gehorsam gegenüber dem apostolischen Stuhle ganz überzeugt gewesen sei, und dasselbe sei allen Höheren und Geringeren durch ihn ausgerichtet worden, die im Frieden Christi einig sich gehorsam den Befehlen des apostolischen Stuhls unterwerfen und diesem eifrig und willig förderlich sein wollten[38]).

Nach dem Abschluß der Synode ließ Gregor VII. am 9. März mehrere Schreiben ausgehen, die von den Verhandlungen der Versammlung Kunde gaben.

Eine erste derartige Verkündigung richtete sich an die Erzbischöfe, Bischöfe, Kleriker, Herzoge, Fürsten, Markgrafen und alle Höheren und Niedrigeren im deutschen Reiche, so weit sie nicht kirchlich excommunicirt waren, und bot ihnen apostolischen Gruß und Segen, falls sie den Beschlüssen der römischen Kirche Gehorsam leisteten. Sie machte bekannt, daß der Papst auf der Synode, wo überhaupt wegen des Verfalls und der Verwirrung im deutschen Reiche eifrig verhandelt worden sei, als heilsam zur Herstellung des Friedens erachtet habe, Legaten nach Deutschland zu senden, die an einer beiden streitenden Theilen passenden Oertlichkeit eine Versammlung von Geistlichen und Laien zusammenberufen würden, von der entweder Herstellung des Friedens oder eine rechtliche Entscheidung ausgehen könnte. Unter nochmaligem Hinweise auf die Beschlüsse der Synode verbot Gregor VII. — er betonte, er wisse, wie in ihrem Reiche Manche mehr Streit und Zwietracht, als den Frieden, liebten — in nachdrücklichster Weise jegliche listige oder gewaltsame Hinderung der einzuberufenden Versammlung und wieder-

---

congregavit, in qua amborum regum nuntii interfuere. Quibus beati Petri auctoritate preceptum est, ut non pugnarent, set locum eligerent, in quo ambarum partium episcopi possent secure convenire, reddituri racionem ante sanctae Romanae ecclesiae legatos (Jaffé, Biblioth. rer. German., II, 674).

[37]) Die vom Annalisten eingehender, mit Angabe von Erwägungen Gregor's VII., erzählte Entlassung der Gesandten Heinrich's IV. — und zwar ausdrücklich: absque apostolica benedictione, quam regi reportaverint . . . idcirco quia fama passim eum a legatis apostolicis excommunicatum jam fuisse, quamquam dubia aestimatione praedicaverat — wäre nach der Angabe: legatis regiis a se domnus apostolicus . . . dimissis . . . ad caetera quae adhuc synodaliter exsequenda restiterant, efficaciter se conferebat vor dem Schluß der Synode geschehen, was aber kaum anzunehmen ist, wie ja dieser ganze Zusammenhang auf die Erzählung von der Auslöschung der Kerzen (vergl. n. 20) folgt (308).

[38]) Die zwar nur dissimulatoria et satis cautissima licentia clam et furtive geschehene Entlassung der legati regis Ruodolfi soll nach dem Annalisten unter Bezeugung der paterna dilectio, pietas et gratia cum apostolica indulgentia et benedictione geschehen sein (309).

holte den schon auf der Synode angedrohten kirchlichen Fluch für Jeglichen — König oder sonst eine hochgestellte oder anderweitige Persönlichkeit —, der das versuchen würde; dieser Drohung fügte er aber noch die weitere Verwünschung hinzu, daß jeder Frevler dieser Art an Seele und Leib und an allem Besitze Gottes Strafe empfinde, im Kriege kraftlos, in seinem Leben ohne Triumph sei und, in doppelter Niederlage darniedergeworfen, so wenigstens zur Reue sich zu wenden lerne. Endlich kündigte das Schreiben an, daß dessen Empfänger mit Erzbischof Udo von Trier, der auf Heinrich's IV. Seite stehe, und dem zweiten Bischofe, der als ein passender und frommer Vertreter der Sache Rudolf's einzutreten habe, Ort und Zeit der Versammlung feststellen sollten, so daß hernach die schon vorher angekündigten päpstlichen Legaten sicher und bestimmt nach Deutschland kommen und unter Gottes Hülfe zugleich mit ihnen, denen das Schreiben galt, das Gott Wohlgefällige vollenden könnten"[99]).

Am gleichen Tage ergänzte ein an Udo gerichtetes Schreiben die in der ersten Mittheilung gegebenen Andeutungen. Gregor VII. bezog sich da, nach einem Hinweise auf die traurige im Reiche herrschende Verwirrung und die darüber in seinem Gemüthe immer mehr aufsteigende ängstliche Sorge, auf die erste von diesem Tage erlassene Kundgebung, von der er voraussetzte, sie sei Erzbischof Udo zugekommen. So bat er denn diesen, er möge nach dem Wortlaute jenes Briefes sich ohne Verzug der Sache annehmen und Allen, Geringeren und Höheren, nach Vermögen das zu Rom Berathene und wie es ihm übertragen worden sei, bekannt machen, so daß mit Gottes Erbarmen und mit Hülfe der Gott Liebenden die Wuth der wilden Zwietracht gänzlich gezähmt oder, was am meisten zu wünschen, zum vollen Frieden zurückgeführt werden könnte, oder daß, wenn das durch Versündigung Anderer nicht gelänge, wenigstens der Papst die Schuld einer Vernachlässigung von sich ablenken könne. Demnach sollten, nach Veröffentlichung des päpstlichen Rathes und Beschlusses und nach Einsammlung der Antworten von beiden Seiten, wenn Alles feststehe, so daß bei Absendung seiner Legaten für Gregor VII. kein Zweifel mehr vorliege, sowohl Udo, als jener andere Bischof von Rudolf's Seite sogleich nach Rom sich begeben, damit von da, nach gewonnener Kenntniß über die Sicherheiten, und wie die Hoffnung auf einen Frieden bestehe, die päpstlichen Legaten ohne Gefahr und mit Aussicht auf Erfolg abgeschickt werden könnten. In den weiteren Worten wurde Udo noch ganz besonders ermahnt: „Seitdem Du in der Kirche in die Stelle und die Verpflichtung des Priester-

[99]) J. 5065, Registr. V, 15 (l. c., 309—311) erwähnt einen nicht genannten praesentium portitor, so daß dann die angeredeten Empfänger una cum venerabili fratre Treverensi archiepiscopo, qui Heinrico favet, et altero, qui utilis et religiosus ad hoc sit opus episcopus ex parte Rodulfi die nothwendigen Festsetzungen treffen sollen.

thums eingetreten bist, hast Du nichts, was Gott würdiger oder Deiner Seele heilsamer wäre, gethan, als wenn Du in dieser Sache die Nichtswürdigkeit teuflischen Betrugs zerstören und mit Gottes Hülfe für das Heil von so vielen Tausenden von Menschen sorgen kannst. Und wenn das Deiner Anstrengung nicht nach Wunsch gelungen sein sollte, so bleibt Dir doch der sichere Lohn bei jenem, bei dem alles Gute nicht als ungethan angesehen erscheint, das von einem gerechten und ausharrenden Willen unternommen wird". Deßwegen sollte Udo auch allein zu Gregor VII. kommen, für den Fall, daß er den in Aussicht genommenen Gefährten der Reise von Rudolf's Seite nicht gewinnen könnte. Der Papst gebot dem Erzbischof ausdrücklich, völlig zu denjenigen sich zu halten, für dessen Sache die Gerechtigkeit sich entscheide, und nach Kräften Kleriker und Laien von Gregor's VII. Seite zum Gleichen zu ermahnen. Der durch Udo besorgte, bis fünfzehn Tage nach Schluß der Versammlung erstreckte Friede sollte unverletzt erhalten bleiben. Endlich wollte Gregor VII. durch Udo bei Heinrich IV. dafür sorgen lassen, daß seine in Deutschland weilenden Legaten, Cardinaldiakon Bernhard und Abt Bernhard von Marseille, wenn sie wollten, frei und sicher nach Rom zurückkehren könnten[80]).

Hatte hier Gregor VII. nicht gezaudert, einem offenbaren Anhänger Heinrich's IV. innerhalb der Reihen der höchsten deutschen Geistlichkeit die Einleitung zu dem neuen Versuche, die Herstellung des Friedens im deutschen Reiche zu erzielen, anzuvertrauen, so zeigte er noch in zwei weiteren nach dem Schlusse der Synode abgefaßten Schreiben wieder den Willen, vorsichtig einzulenken, mildere Maßregeln zur Anwendung zu bringen. Bischof Hugo von Die

---

80) J. 5066, Registr. V, 16 (l. c., 311 u. 312), bezieht sich vielleicht in dem ersten Satze: Quanta nobis sollicitudo quantaque tristitia sit (etc.), in communibus litteris, quas hoc in anno ad vos misimus, satis vobis declaratum esse putamus auf J. 5051, Registr. V, 7, an Udo und dessen coepiscopi suffraganei (vergl. ob. S. 88), wobei allerdings hoc in anno nicht wörtlich, sondern im Sinne von „seit Jahresfrist" zu nehmen ist; mit den nachher erwähnten litterae, quibus illud singulariter descriptum est, ist selbstverständlich J. 5065 — vergl. n. 29 — gemeint. Dünzelmann wollte, in seiner Abhandlung: Die chronologischen Noten des Registrum Gregorii VII. (Forschungen zur deutschen Geschichte, XV, 536—538), diese Briefe J. 5065, 5066 erst in den November 1078 stellen, dagegen J. 5080 — vergl. unt. n. 45 — vom 1. Juli weg hieher in den März rücken; doch ist das mit Löwenfeld (zu J. 5065) jedenfalls nicht anzunehmen. Paul von Bernried hat, l. c., in cc. 100 und 101, J. 5065 und 5066 auch ganz im Anschlusse an die Frühjahrssynode von 1078 mitgetheilt (l. c., 529—530); dagegen ist Hugo von Flavigny, der, Lib. II, ebenfalls beide Stücke einschiebt, chronologisch so verwirrt — Heinrich IV. soll (vergl. n. 6) vor Absendung der beiden Bischöfe an Gregor VII. nach Rom contra Rodulfum tertio congressus gewesen sein — (l. c., 448 u. 449), daß auf ihn hiefür kein Gewicht zu legen ist. Dünzelmann zog (l. c., 537 n. 1) auch die in n. 27 erwähnte Stelle des Annalisten heran, die erst durch seine Erklärungsweise „zum Rechte" komme, übersah aber dabei, daß die Abfertigung der beiden bischöflichen Abgesandten Heinrich's IV. durch Gregor VII. und die — weil nicht zur Durchführung gelangt, beim Annalisten ganz unerwähnt gebliebene — Beauftragung Udo's ganz verschiedene Dinge waren.

hatte als päpstlicher Legat in den beiden vorangegangenen Jahren und noch ganz zuletzt im Januar dieses Jahres in Burgund und in Frankreich, eben zuletzt noch in Poitiers, als päpstlicher Legat Synoden abgehalten und auf diesen Versammlungen Suspensionen, Absetzungen, Excommunicationen verhängt, die großes Aufsehen erregten, und dadurch selbst bei streng denkenden, der cluniacensischen Auffassung zugehörigen Anhängern Gregor's VII. Mißfallen erweckt. So sagte nun Gregor VII. am 9. März in seinem Briefe, es sei Gewohnheit der römischen Kirche, Manches zu ertragen, Manches auch nicht zu beachten: „Indem wir mehr dieser Mäßigung des Unterscheidens, als der Strenge der kirchlichen Vorschriften folgen, haben wir nicht ohne schwere Mühe die Angelegenheiten der Bischöfe von Frankreich und Burgund, die von unserem Legaten Bischof Hugo von Die suspendirt oder mit dem kirchlichen Fluche belegt worden waren, untersucht". Danach setzte der Papst solche Verurtheilte — und unter ihnen waren die Erzbischöfe Manasse von Reims, Hugo von Besançon, Richer von Sens, Richard von Bourges, Rodulf von Tours — wieder in ihre Ehren und Verpflichtungen ein. In ähnlicher Weise schrieb er zehn Tage nachher an den 1075 von Heinrich IV. für Speier bestellten Bischof Huzmann. Er ließ im Eingange des Briefes einfließen, daß er die Führung des bischöflichen Amtes Huzmann bisher nicht zugestanden habe, weil er befürchte, dieser habe wissentlich und in unüberlegter Weise gegen den päpstlichen Befehl bei der Uebernahme des Bisthums den Stab aus der Hand des Königs empfangen. Doch jetzt wollte der Papst, da Huzmann durch seinen Boten melden ließ, er habe vor der Investitur jenen Beschluß nicht bestimmt gekannt, die Verrichtungen des Amtes ihm zugestehen, nur mit der Bedingung, daß der Bischof zu gelegener Zeit vor ihm selbst oder vor Legaten, die er damit beauftrage, wegen der ihm vorgeworfenen Dinge Genugthuung gebe. Daneben wurde ausdrücklich für die Zukunft eingeschärft, daß nach Entfernung der Simonisten aus dem Sprengel in Zukunft keine Kaufhandlung für irgend welche geistlichen Aemter mehr zugelassen und ebenso über die Beobachtung der Keuschheitsgebote der Geistlichen gewacht werde [31]).

Aeußerst ungünstig war nun aber die Aufnahme, die von Seite

---

[31]) J. 5067, Registr. V, 17 (l. c., 312—314), wollte Dünzelmann, l. c., 527—534, weil die Synode von Poitiers nicht im Januar, sondern erst im Juni oder Juli 1078 stattgefunden haben sollte, erst in die zweite Hälfte dieses Jahres ansetzen; doch hat die in n. 15 citirte Dissertation von W. Wiedemann, 77—86, diese Behauptungen widerlegt, auch (82) gezeigt, daß das der Adresse entbehrende Schreiben wohl universis Galliarum episcopis et cunctis ordinibus sub eis constitutis bestimmt war (Dünzelmann hatte, l. c., 531, J. 5067 als „eine unklar zu welchem Zweck" gemachte „Zusammenstellung der verschiedenen Restitutionen" durch Gregor VII. bezeichnet). Betreffend die von Hugo abgehaltenen Synoden vergl. Hefele, Conciliengeschichte (2. Aufl.), V, 111—116. Auf Bischof Huzmann — vergl. schon Bd. II, S. 485, in n. 54 — bezieht sich J. 5070, Registr. V, 18 (314 u. 315).

der Sachsen den aus Rom gekommenen Nachrichten bereitet wurde. Keine der Erwartungen, die sich an die Absendung der durch Rudolf nach Rom geschickten Boten geknüpft hatten, war erfüllt, und die vollste Enttäuschung tritt in dem Schreiben zu Tage, das die Sachsen, als sie wußten, daß die Synode fruchtlos für ihren erwählten König zu Ende gegangen sei, an Gregor VII. erließen.

Schon in dem Gruße am Anfang des Briefes entbieten die Sachsen Gregor VII. so viel des Dienstes, als in ihrer Bedrängniß ihnen zu leisten übrig bleibt. Dann erinnern sie an die vielen schon vor dem Papste vorgebrachten Klagen, und sie meinen ihren Sünden es zuschreiben zu müssen, daß sie noch nicht Gerechtigkeit und Trost gewannen. Sie haben aber die Last, um deren willen so schweres Leid sie traf, nicht nach eigenem Rathschlusse, sondern einzig auf Befehl des Papstes übernommen, so daß sie durch seine Hand hätten erleichtert werden dürfen. Als Zeugniß hiefür werden die Briefe angerufen, durch die der Papst wegen der dem apostolischen Stuhle zugefügten Beleidigungen den König — Heinrich IV. — seiner königlichen Würde beraubt, ihnen Allen, mit schrecklicher Androhung, untersagt habe, jenem weiter als König zu dienen, unter Fesselung mit den Banden kirchlichen Fluches, sowie unter Entbindung aller Christen von dem geschworenen Eide. Die Klage wird ausgesprochen, daß von ihrer Seite zu nunmehriger großer Gefährdung diesem Befehle Gehorsam geleistet worden sei; denn weil sie nicht dem entsetzten König zur Absetzung des Papstes zugestimmt hätten, habe er mit großer Grausamkeit gegen sie gewüthet, so daß Viele von ihnen arm geworden seien oder ihr Leben verloren hätten, die Uebrigen mit Mangel in Sorgen kämpfen müßten. Dann erinnert das Schreiben an die Buße von Canossa, wo Heinrich IV. dem von ihm Verunehrten habe zu seiner eigenen Schande Ehre erweisen müssen. Allein die Frucht hievon sei nun von den Sachsen eingeerntet worden, da jener, der mit Gefahr ihrer Seelen gezwungen worden sei, die Spuren der Füße des Papstes anzubeten, ohne den Rath der Sachsen und ohne Besserung losgesprochen, die Freiheit, diesen zu schaden, wieder gewonnen habe. Weiter fährt die Ausführung wörtlich fort: „Und als jene Lossprechung von der Verfluchung uns durch Euren Brief bekannt wurde, da haben wir in Betreff des Urtheilsspruches, der wegen der Herrschaftsübung gegen Heinrich IV. gerichtet hervortrat, die Auffassung gehabt, daß nichts daran geändert worden sei; aber auch jetzt hegen wir diese Auffassung nicht, ob eine Aenderung möglich sei. Denn wie jene Lösung von den Eiden aufgehoben werden könnte, vermögen wir in keiner Weise zu erfassen. Ohne die Beobachtung der Eide aber kann das Amt der königlichen Würde durchaus nicht verwaltet werden".

Hernach treten die Schreibenden auf Rudolf's Wahl ein, die durch ihre Fürsten, nachdem das Reich über ein Jahr ohne Herrscher gewesen, vollzogen worden sei: große Hoffnung sei ihnen daraus erwachsen, das Reich werde durch diesen von ihnen erkorenen König

— statt durch die mehreren Könige — sich wieder erheben, wogegen jetzt durch die ganz unverhofft gekommenen päpstlichen Schreiben der königliche Name zweien ertheilt, an zwei Könige eine Gesandtschaft gerichtet werde. Daraus seien auch eine Theilung des Volkes und Bestrebungen der Parteien erfolgt, da in jenen Briefen stets eine Voranstellung der Person des „Pflichtvergessenen" — Heinrich's IV. — ersichtlich und von ihm als von einem Machthaber gefordert werde, daß er dem Papste Geleit nach Deutschland gebe, behufs Untersuchung der Sache. Aber auch diese Untersuchung selbst erscheint den Klagenden als ein wunderbares Ding, daß ein beendigtes Geschäft wieder von vorn begonnen, eine unzweifelhafte Angelegenheit wieder in Frage gestellt werde. Und sie werden ganz unsicher dadurch gemacht, daß, wie ihnen zugesprochen wird, fest zu bleiben, anderentheils der Gegenpartei mit Worten und Thaten Hoffnung erregt werde. Heinrich's IV. vertraute Rathgeber, die vom ganzen Reiche mit Schimpf bestraft worden und offenkundig durch ihren Dienst bei Heinrich IV. synodalen Vorschriften ungehorsam gewesen, sammt ihrem Haupte durch den apostolischen Legaten aus der heiligen Kirche ausgeschieden seien, kommen nach Rom, werden gütig aufgenommen und kehren nicht allein unbestraft, sondern sogar mit Ruhm und Ehre gekrönt zurück, und sie verspotten hoffährtig in ihrem alten Ungehorsam das Unglück der diese Klage hiemit Vorbringenden. Diesen jedoch wird, als lächerlich sich Geberdenden, zur Thorheit angerechnet, daß sie sich vom Umgange mit eben diesen vom Papste so liebreich in die Gemeinschaft Wiederaufgenommenen ferne halten.

Um den Umfang des Unheils ganz auszufüllen, soll noch hinzugekommen sein, wie die Absender des Briefes sich beklagen, daß an ihnen auch die Schuld der Gegner heimgesucht werde, da man jetzt ihrer Nachlässigkeit zuschreibe, daß nicht geeignete und häufige Gesandtschaften nach Rom geschickt würden, während die eingetretene Hinderung eben von jenen ausgegangen sei, die vielmehr geschworen hätten, keine Erschwerung dabei geschehen zu lassen. Jetzt freilich herrsche Stillschweigen über die gewaltsame Versperrung der heiligen Straße — gemeint sind die Wege durch die Alpen, die nach Rom führen — und über jenen offenbaren Meineid, und die Nichtsendung von Boten werde ihnen beigemessen. Die Schreibenden nehmen bestimmt an, Gregor VII. habe das alles in guter Absicht und nach einem fein angelegten Plane gethan; allein in ihrer Unerfahrenheit vermögen sie jene geheime Zweckerwägung nicht zu durchdringen, und sie sehen und vernehmen nur, was deutlich vorliegt, das was aus der Stärkung der einen und der anderen Partei und aus der unsicheren Verschiebung schon sicher feststehender Dinge erwachsen ist und alltäglich neu erwächst, nämlich innere Kriege, die noch schrecklicher, als Bürgerkriege, sind, unzählige Tödtungen, Verwüstungen, dazu noch eine ganze Reihe weiterer arger Leiden, als letztes bei dem Kampfe der beiden Könige eine Verschleuderung des königlichen Gutes, daß künftig die Könige überhaupt mehr aus dem Raube, als aus dem Königsgute unterhalten werden müßten.

Der letzte Theil des Schreibens redet unmittelbar Gregor VII. an: „Diese Nachtheile wären entweder gar nicht vorhanden oder sie erschienen viel geringer, wenn Eure Willensmeinung auf dem beschrittenen Wege weder zur rechten, noch zur linken Seite würde abgebogen sein. Im Eifer für das Haus Gottes habt Ihr einen steilen Pfad eingeschlagen, auf welchem weiter zu gehen mühselig, aber zurückzuschreiten unehrenhaft ist. Wollet nicht, heiligster Vater! wollet nicht auf dem Wege ermatten, und lasset nicht zu, daß durch weiteres Zögern und durch sorgsame Zurückhaltung so große Uebel von beiden Seiten wachsen und sich vervielfachen. Wenn es Euch schwer fällt, für jene zu sprechen, die für Euch das Leben in großer Gefahr eingesetzt haben, so kommt doch der in Euren Zeiten kläglich zerstörten und bei unerhörter Unterdrückung in Knechtschaft gebrachten Kirche zu Hülfe! Wenn es wegen der bevorstehenden Gefahren nicht sicher erscheint, den offenbaren Zerstörern mit offener Stirne ins Angesicht zu widerstehen, so hütet Euch wenigstens davor, das, was Ihr schon gethan habt, ungültig werden zu lassen. Denn wenn das, was auf einer römischen Synode entschieden und nachher vom Legaten des römischen Stuhles bekräftigt worden ist, mit Stillschweigen bedeckt und für nichtig gehalten werden sollte, würden wir gänzlich darüber in Unwissenheit sein, was wir inskünftig glauben und für gewiß halten sollten“.

Mit der Versicherung, daß das Geschriebene nicht aus Anmaßung, sondern einzig in der Bitterkeit der Seele vorgebracht worden sei, schließt das Schreiben, in dem Wunsche, daß Gott den Papst gegen die Feinde Christi zu solchem Eifer errege, daß die auf ihn gesetzte Hoffnung nicht zu Schanden werde[88]).

— Deutlicher konnte jedenfalls Gregor VII. kein Zeugniß dafür, daß er durch seine letzten Maßregeln seine eigentlichen Vorkämpfer im deutschen Reiche enttäuscht und von sich abgewendet habe, entgegengebracht werden. Das einseitige Vorgehen des päpstlichen Legaten auf der Versammlung zu Goslar gegen Heinrich IV.

---

[88]) Bruno, De bello Saxonico, c. 107, schließt an die erste der ob. S. 80 (bei n. 121) eingerückten Stellen gleich die Worte: Has ergo litteras ei remiserunt (sc. nostrates cathedrae Petri), quibus eum (sc. Petrum) ancillae, praesentis scilicet vitae, perterritum timore, quasi voce galli clamantis excitare, et respectu Christi confortatum (mit Bezug auf die Geschichte von Petri Verleugnung) ad pristinae virtutem constantiae revocare voluerunt, worauf c. 108 das Schreiben an Gregor VII. enthält (SS. V, 371 u. 372), das ohne Zweifel hieher zu ziehen ist, etwa in den April (vergl. Floto, Kaiser Heinrich der Vierte und sein Zeitalter, II, 169 n., sowie May, in den Forschungen zur deutschen Geschichte, XXIV, 363). Bei den mehreren in dem Schreiben erwähnten litterae vestrae (und ähnlich) ist hinsichtlich der epistola vestra — in der wörtlich in den Text aufgenommenen Stelle: gemeint ist die Bd. II, S. 771 u. 772, erwähnte Kundgebung Gregor's VII. — auf Holder-Egger's Lamperti monachi Hersfeldensis opera, 293 n. 3, zu verweisen: die ex insperato litterae vestrae advenientes, mit der gerügten Voranstellung der personae illius praevaricatoris, sind die ob. S. 55 u. 58 behandelten Briefe.

einestheils, die gänzliche Nichterwähnung dieses Schrittes durch die letzte römische Synode, der den bischöflichen Beauftragten Heinrich's IV. in Rom bereitete Empfang, die Beschlüsse dieser Synode hatten die Sachsen am Papste völlig irre gemacht. Die deutlichen Vorwürfe, die in diesem Schreiben zum Ausdrucke kamen, mußten Gregor VII. zeigen, wie sehr er nicht mehr im Stande sei, die Leitung der in Deutschland sich entwickelnden Dinge wirklich in der Hand zu halten.

Wie bestimmt der Papst selbst das erkannte, wie düster er seine Lage ansah, sprach er am 7. Mai in einem an Abt Hugo von Cluny gerichteten Briefe aus. Er entschuldigte sich gleich anfangs, daß er zu wenig dem, der ihn sehr liebe, schriebe, da er schwer ermüdet sei, und nach kurzer Berührung einiger Geschäfte fuhr er dann fort: „Von so vielen Nöthen und Beschwerlichkeiten werden wir bedrängt, wie die, welche mit uns sind, nicht nur nicht gleich uns zu leiden, sondern auch nicht zu sehen vermögen. Und obschon die himmlische Posaune ruft, woher ein Jeder nach seiner Arbeit Lohn erhalte, und der gute König verkündet: ‚Nach der Menge meiner Schmerzen haben Deine Tröstungen, Herr, in meinem Herzen meine Seele fröhlich gemacht', so ist uns doch dieses Leben häufig zum Ekel und gereicht der Tod zur Sehnsucht für mein Fleisch. Aber da der leidende Jesus, jener fromme Tröster, wahrer Gott und wahrer Mensch, die Hand darstreckt, macht er wieder den Traurigen und Angefochtenen in hohem Grade fröhlich; so bald er jedoch mich verläßt, wirft er mich sehr in Verwirrung. In mir sterbe ich ja immer; aber in ihm lebe ich zuweilen. Und wenn ich gänzlich an Kräften abnehme, rufe ich seufzend zu ihm: ‚Wenn Du Moses und Petrus ein so großes Gewicht auflegtest, so glaube ich, daß es sie beschweren würde. Was also wird mit mir geschehen, der ich gar nicht tauge, mit jenen verglichen zu werden? Es bleibt also, daß entweder Du selbst mit Deinem Petrus den Pontificat lenkest, oder daß Du mit ansehest, wie ich unterliege und dieser Pontificat zerstört werde'. Dann nehme ich zu dem Worte Zuflucht: ‚Erbarme Dich meiner, Herr!, weil ich schwach bin', oder zu jenem: ‚Wie zu einem Wunder bin ich für Viele gemacht, und Du bist ein starker Helfer', und auch jenes Wort vergesse ich nicht: ‚Denn Gott ist mächtig, aus diesen Steinen dem Abraham Söhne zu erwecken'"[88]).

Heinrich IV. hielt sich in der zweiten Hälfte des Monats März in Regensburg auf. Am 20. März schenkte er da abermals an einen seiner getreuen Bischöfe ein Stück der dem abgesetzten Herzog Welf entzogenen Güter, nämlich an Bischof Siegfried von Augsburg; es war der Ort Mering im bairischen Augstgau, dessen Grafschaft

[88]) J. 5076, Registr. V, 21 (l. c., 317 u. 318), flicht von Bibelsprüchen ein: I. Corinth. III, 8, Psalm. XCIII, 19, VI, 3, LXX, 7, Matth. III, 9.

Welf gleichfalls abgesprochen worden war. Ebenso stand jedenfalls im unmittelbaren Zusammenhang mit dem am 11. des Monats erfolgten Tode des Bischofs Ellinhard von Freising, daß die Abtei Benedictbeuren, die unter Verlust ihrer Reichsunmittelbarkeit im Jahre 1065 dem Bischof vom König übergeben worden war, wieder unter Herstellung ihrer Freiheit in den königlichen Schutz zurückgenommen wurde. In Freising folgte auf den Verstorbenen am 22. März Meginward nach, ohne Zweifel nach Heinrich's IV. Anordnung, da nachher der Bischof ganz als Anhänger des Königs erscheint[84]).

---

[84]) St. 2812 hat zwar im Datum das Incarnationsjahr 1077, muß aber hieher gezogen werden: ein Original des Dictators Adalbero C, hat es in der Arenga — pro parvis magna, pro terrenis caelestia, pro temporalibus aeterna cambire, und in der Heraushebung der in der Jungfrau Maria — Augustensi aecclesiae nomine et dominatione principans — liegenden Heilsquelle —, aber auch in der Narratio — Hervorhebung des justum judicium gegenüber Welf: duci regno nos privare volenti (schon vorher in der Arenga: quae, sc. bona, nos inhonorantibus legitime auferri justum et honestum fore monuit) — die Eigenthümlichkeiten des Stils (vergl. Gundlach, l. c., 25, 28, 29, 39). Betreffend das geschenkte praedium — Moringen situm in pago Ouvesgouve in comitatu Arnoldi: ausgenommen bleibt, quae ante hanc conscriptam cartam cyrographis aliis alii fideles nostri a nobis acceperant — vergl. Riezler, l. c., I, 539 u. 843, sowie dessen Bemerkungen, Historische Zeitschrift, XXXVI, 495—497, über die irrthümliche Verrückung der schwäbisch-bairischen Stammgrenze von der Flußlinie des Lech östlich landeinwärts auf Blatt 36 der Menke'schen 3. Aufl. des Handatlas für die Geschichte des Mittelalters und der neueren Zeit, von K. von Spruner: Riezler hält den Arnoldus für den am benachbarten Ammersee sitzenden Grafen Arnold von Diessen. — Mit sehr viel Wahrscheinlichkeit stellt, gleich den Monum. Boica, XXIX, 1, 204 u. 205, sowie Böhmer (Regesta regum atque imperatorum Romanorum inde a Conrado I. usque ad Heinricum VII., 1831), St. 2813 die bloß mit dem Incarnationsjahre versehene Zurückerstattung der Reichsunmittelbarkeit an die Abtei Benedictbeuren (vergl. Bd. I, S. 466 u. 467) hier hinein. Wieder ein urschriftliches Diplom des Adalbero C und in den gewissen Stilgewohnheiten, so der ausdrücklichen Angabe des Zwecks der Urkunde (Gundlach, l. c., 31), als solches bezeichnet, hebt es im Inhalte sehr nachdrücklich die geschehende Herstellung hervor: aecclesiam nomine Burin, quam a nostra manu et a regia potestate dimissam et alienatam sua libertate destitueramus, qualiter hanc dum resipiscendo nobis inde consultum voluimus, tum quoque ob salutem animae ac peccatorum remedia beatae memoriae patris nostri Heinrici ac matris nostrae Agnetis et ob salutem animarum duorum fidelium nostrorum, pro quibus ibi specialiter continuis intercedendum orationibus in aeternum volumus, in eam quam ab institutione sua sumpsit libertatem restituimus et immutabiliter in perpetuum destinavimus, quatinus deinceps ea utatur, ita ut in regia tutela et defensione contineatur (Gundlach, l. c., 37 u. 98, weist darauf hin, daß in der Reihe der von ihm behandelten Stücke St. 2813 das erste ist, das in solcher Weise der Eltern Heinrich's IV. gedenkt, so daß er die Urkunde später im Jahre, vor der Schlacht vom 7. August, ansetzen möchte). Von den Beziehungen zu Bischof Ellinhard spricht Chron. Benedictoburan., Chron. Burens. monast., c. 21 (im Anschluß an die Stelle von l. c., S. 467, n. 135), zunächst von Ellinhard's Tode: tangitur plaga insanabili, et scaturiens vermibus qui vulgo pediculi vocantur, fedo et miserabili exitu vitam finivit, worauf c. 22 fortfährt: Quo tali morte mortuo rursus fratres curiam imperialem adeunt, rursus libertatem recipiunt munitam tali privilegio, quale usque hodie in nostro armario videre licet et legere und über den in jener Stelle schon

Hier in Regensburg bekam nun Heinrich IV., da er, wie schon gesagt, in dieser Stadt die Rückkehr der an Gregor VII. abgegangenen Gesandten erwartete, die ersten Nachrichten vom Verlauf der römischen Synode. Freilich will jener dem Könige abgeneigte Berichterstatter, der hier wieder mit seiner Erzählung neu eintritt, die Sache so darstellen, daß Heinrich IV. nur mit nicht geringer Beängstigung auf die Entscheidung geharrt habe, da er nach dem Zeugniß seines eigenen Gewissens nur üble Eröffnungen vom apostolischen Stuhle habe erwarten dürfen, eine Auffassung, die kaum mit der wahren Sachlage übereinstimmte. Ebenso soll nach diesem Gewährsmanne, als dann Vorläufer der Gesandten, rascher als diese selbst, mit ersten Mittheilungen eingetroffen waren, der König einigermaßen bekümmert von Regensburg weggegangen sein[illegible]).

In Eile begab sich der Hof über Würzburg, wo der König das auf den 25. März fallende Fest Mariä Verkündigung beging[illegible]), nach Mainz, zur Feier des Palmsonntags, 1. April; darauf brach

erwähnten von Ellinhard gesetzten Abt Raimund klagt, daß er, bei übrigens guten Eigenschaften ultra modum lenis, hiedurch die Ursache einer im Kloster eintretenden dissolutio et negligentia exitiabilis wurde (SS. IX, 235). Nachrichten aus Freising selbst sind, mit Angaben der Tage: 5. Id. Mart. für Ellinhard's Tod, 11. Kal. Apr. für Meginward's Nachfolge, in den Annal. s. Stephani Frisingens. und in den Beifügungen zu Conradi sacristae Lib. tradit. Frisingens. nebst den gleichen Daten noch die Notiz, daß Ellinhard als fundator ecclesie sancti Andree in dieser Kirche bestattet worden sei (SS. XIII, 52. XXIV, 321). Nach Meichelbeck, Historia Frisingensis, I, 276, war Meginward vorher unter Ellinhard Mitglied des Domstiftes gewesen, und Aventin, Annales, Lib. V, c. 14, läßt Heinrich IV. handelnd erscheinen: Fruxinenslbus Meginardum episcopum . . . . designat (Sämmtliche Werke, III, 130), etwas, was bei der großen Nähe Freising's bei dem damaligen Aufenthaltsorte Heinrich's IV. leicht sogleich nach Ellinhard's Tod geschehen sein kann. War Ellinhard (vergl. Bd. II, S. 315, 325, 407, 614) seit Ausbruch des Conflictes königstreu gewesen, so tritt das nachher (vergl. zuerst zu 1080: bei n. 94) auch bei Meginward zu Tage.

[illegible]) Das sagt der Annalist von 1075 an ausdrücklich (vergl. schon ob. S. 101, n. 9), mit der Beifügung, es sei aus dem von ihm angenommenen Grunde non cum minima sollicitudine geschehen (306), und wiederholt nachher die Aussage: Rex Heinricus apud Ratisponam ex legatis suis, qui prae ceteris festinantiores ad eum praecucurrerant, quosdam praestolatos et illic conventos, mox aliquantulum subtristis . . . promovebat (309).

[illegible]) St. 2813a bezieht sich auf die canonici servientes sancto Gumperto und deren villa Oilenhofen (Dorf nordwestlich von Ansbach), die ihnen durch den venerandus Wirceburgensis ecclesie antistes Adalbero Onoldesbahc veniens et eandem injustitiam (sc. cum diu et injuste eiusdem privati essent ville sublemento) juste recognoscens — Richardo comite delegationem prodocente — zurückerstattet worden war. Das hatte Bestand: quousque sancta ecclesia in pacis vigebat tranquillitate; doch cum ex eorum perfidia qui bases videbantur ecclesie, heresis nasceretur pravissima, ut justiciam Dei irritam facerent et regem adeo constitutum destituere conspirarent, a fratribus bona prefata iterum sunt rapta: so kommen sie nach Würzburg und erhalten, ihre Unbill klagend, vom rex piissimus Heinricus III. annuntiationem sanctae Mariae ibidem celebrans die Villa zurück. Eigenthümlich ist immerhin in der der Tagesangabe entbehrenden Datumzeile die Angabe: Adalberone episcopo, wenn man Heinrich's IV. feindliche Stellung zu dem Bischof erwägt.

Heinrich IV. nach Cöln auf, nachdem er so viel kriegerische Macht, als möglich, zusammengebracht hatte, und blieb über das Osterfest hier am Niederrhein[87]). Erst in Cöln fanden sich die beiden von Rom zurückgekehrten Bischöfe Benno und Theoderich selbst, mit ihnen die Gesandtschaft des apostolischen Stuhles und die päpstliche Legation, bei dem König ein, und hier wurde ihm im ganzen Umfang über die Verhandlungen und Beschlüsse der Synode wahrheitsgetreuer Bericht gegeben. Es kann nicht überraschen, daß abermals der schwäbische Geschichtschreiber, der überall hier die einzige Quelle ist, einzig von verschlagenen Handlungen, zu denen die Ohrenbläser wieder herangezogen worden seien, zu melden weiß: man habe nun in der Umgebung des Königs dahin gearbeitet, daß es den Anschein gewinne, Heinrich IV. sei, obschon er die päpstlichen Befehle und Beschlüsse nicht beachtet habe, vom Banne befreit — es ist da an den im November 1077 zu Goslar ausgesprochenen kirchlichen Fluch zu denken —, während die ganze offenbar auf ihm lastende Verschuldung Rudolf und den Angehörigen der gegnerischen Partei überhaupt aus Rom aufgebürdet worden sei, scheinbar mit der triftigsten Ursache[88]).

Rudolf dagegen feierte den Ostertag, 8. April, zu Goslar, in sehr festlicher Weise, wie sein oberdeutscher Anhänger bezeugt. Denn neben der ansehnlichen Zahl daselbst anwesender fürstlicher und ritterlicher Vertreter des sächsischen Stammes fehlte es auch nicht an einzelnen Angehörigen anderer Theile des Reiches. Der aus Mainz vertriebene Erzbischof Siegfried hatte sich eingefunden, und mit neun weiteren Bischöfen, die zu dem kirchlichen Feste eingetroffen waren, nahm er am Ostertage die Weihe und Ordination jenes im vorhergehenden Jahre für den Bischofsstuhl von Augsburg erwählten, aber von Heinrich IV. verworfenen Wigolt vor. Ausdrücklich betont dabei die uns vorliegende Schilderung jenes Gewährsmannes, daß in ganz gesetzmäßiger Weise Alles, was zur Ordinirung gehörte, geschehen sei, der Empfang des Ringes, des Hirtenstabes und des bischöflichen Stuhles aus der Hand des Erzbischofs, die nachher folgende Uebergabe dessen, was königlichen Rechtes war, zur Verwaltung der kirchlichen Güter von Seite Rudolf's; denn Rudolf habe, in Allem gehorsam, sich nach dem, was kürzlich auf der römischen Synode beschlossen worden sei, gerichtet, daß kein Laie Kirchen, kirchliche Zehnten und Würden übergebe oder sich selbst zueigne. Außerdem bedrohte der Erzbischof

---

[87]) Der Annalist läßt den König properanter nach Mainz, dann contractis secum, quas potuit, militum suorum copiis nach Cöln (über die Osterfeier vergl. schon S. 78 in n. 116) gehen (309).

[88]) Derselbe schreibt Heinrich IV. zu, daß er — legatis suis cum apostolicae sedis nuntiis et cum apostolica pariter legatione jam ad eum reversis, und durch diese über omnia quae in Romana synodo acta sunt et decreta, relatione veraci diligentissimus belehrt — sogleich ad solitae versutiae vecordiae, und zwar: cum suis auricularii secum assumptis, zurückgekehrt sei, was er dann eben noch näher ausführt (l. c.).

den durch Heinrich IV., in nicht kanonischer Weise, für das Bisthum Augsburg bestellten Siegfried, unter Ansetzung einer Frist, mit dem Ausschlusse aus der Kirche, der auch dessen Anhänger treffen sollte, und ermahnte das Domstift und das Volk von Augsburg, den Erwählten, Wigolt, in würdiger Weise aufzunehmen. Darauf verabschiedete sich Wigolt von Rudolf, um nach Schwaben zu gehen[88]).

Heinrich IV. war bald nach dem Osterfeste aus Cöln wieder nach Mainz zurückgekehrt, und jetzt bewiesen die Maßregeln, die er folgen ließ, daß er durchaus gewillt war, den Wünschen Gregor's VII., wie sie ihm mitgetheilt worden, nachzukommen. In der nach Deutschland kund gegebenen Eröffnung seines Willens hatte der Papst die Einberufung einer Versammlung aus den beiden streitenden Lagern begehrt, auf der durch Geistliche und Laien die Herstellung des Friedens erreicht werden könnte, und nachdrücklich war die Warnung dagegen ausgesprochen worden, daß von irgend einer Seite eine Hinderung der in solcher Weise einzuberufenden Vereinigung erfolge. Sogar jene überall Heinrich IV. abgeneigte in Schwaben aufgezeichnete Erzählung, die leider auch hier wieder die alleinige Mittheilung eingehender Art bringt, läßt klar genug erkennen, daß der König darauf ausging, das Friedenswerk an die Hand zu nehmen, und es darf wohl angenommen werden, daß er dabei, gemäß dem am 9. März durch Gregor VII. gegebenen Auftrage, sich der Vermittlung des Erzbischofs Udo von Trier bediente. Der schwäbische Geschichtschreiber sagt, zwar überall mit den bei ihm unvermeidlichen Anklagen, daß nämlich Heinrich IV. nur recht unaufrichtig, ohne den wahren Vorsatz, die Versöhnung zu schaffen,

---

[88]) Von dieser solemniter satis begangenen Osterfeier des rex Ruodolfus — an einer non minima principum et militum suorum Saxonicorum multitudo, spricht wieder der Annalist und fügt daran die eingehende Erzählung von der canonice durch den Erzbischof und den obedientissimus Rudolf — in dem quicquid regii juris — fuerit vollzogenen Consecration und Ordination, nebst Commendation der procuranda bona aecclesiastica, des schon ob S. 63 (n. 98) erwähnten Wigolt (309 u. 310). Ueber diesen führt der Liber de unitate ecclesiae conservanda, Lib. II, c. 36, nach der dort n. 98 eingerückten Stelle gleich fort: qui furtive ad ordinationem ingressus per Sigefridum Moguntinae ecclesiae archiepiscopum ordinatus est Goslariae in Saxonia, cum Augusta civitas juxta Alpes sit in Rhetia; ebenso gedenkt der Annalista Saxo, a. 1085, im Vorübergehen des Wigo, quem Goslarie Sigefridus archipresul consecraverat sub Rodolfo rege (SS. VI, 723). Ueber dieses „klassische Beispiel einer korrekt kanonischen Belehnung nach dem Herzen der Gregorianer", wo allerdings die Belehnung mit den Regalien durchaus nur noch zu einem Act lediglich formeller Bedeutung herabgewürdigt erscheint, vergl. Mirbt, l. c., 500 (mit n. 3), der mit Recht Meltzer's Ansicht, Papst Gregor VII. und die Bischofswahlen, 139 u. 140, daß Rudolf hier ausdrücklich auf die königlichen Hoheitsrechte betreffend die Güter der Augsburger Kirche verzichtet habe, verwirft und mit Bernheim, Zur Geschichte des Wormser Concordates, 7 u. 21, und Bonin, Die Belehnung der deutschen Bisthümer in den letzten 30 Jahren Heinrich's IV. 1077 bis 1105 (Leipziger Dissert., 1889), 59 ff., speciell 63 u. 64, eben nur betont, daß freilich auf diese Weise dem die Regalien ertheilenden Herrscher jegliche Entscheidungskraft gegenüber dem vorangegangenen Wahlacte entfiel.

gehandelt habe, doch ganz deutlich aus, daß an die sächsischen Großen vom königlichen Hofe die Einladung erging, sich in dem für eine solche Vereinigung bequem gelegenen hessischen Platze Fritzlar mit gewissen vornehmen Herren des Reiches zu einer Zusammenkunft zum Behufe der Beilegung der vielen Spaltungen und zur Herstellung des Friedens zu vereinigen[40]).

Allein die Versammlung zu Fritzlar hatte nicht den von Gregor VII. beabsichtigten Erfolg. Allerdings stellten die sächsischen Fürsten, die nach dem erwähnten Berichte nach dem Rath Rudolf's eigens mit Ernst dazu aufgefordert waren, sich zur bestimmten Zeit in Fritzlar ein; aber sie sollen da durchaus nicht die von ihnen erwarteten Theilnehmer an der Versammlung vorgefunden haben, nicht einen einzigen Großen des Reiches neben einigen von Heinrich IV. abgeordneten vertrauten Rathgebern, so daß sie getäuscht und unwillig, wie sie waren, wieder weggehen wollten. Doch entschlossen sie sich auf dringende Bitten, zu bleiben und in die Verhandlungen einzutreten. Während nun der Berichterstatter auch hier wieder den von Heinrich IV. abgeschickten Vertretern nichts als Verdrehungen, lügnerische Drohungen — betreffend den Inhalt der Aufträge der päpstlichen Gesandtschaft von der Synode, hinsichtlich der von Gregor VII. für diese Zusammenkunft selbst aufgestellten Aufgabe — zuschreibt, sagt er doch wohl im Weiteren das Richtige über den in Fritzlar zuletzt gefaßten Beschluß. Danach willigten die anwesenden Sachsen ein, damit der obschwebende Streit öffentlich in der Vernunft entsprechender Weise geschlichtet werde, daß von ihrer Seite ein Gesandter mit jenen Räthen Heinrich's IV. zu diesem selbst und zu den auf seinem Theile stehenden Reichsfürsten sich begebe, der ihnen dann nach seiner Rückkehr Ort und Zeit für eine weitere in Aussicht zu nehmende Unterredung melde. Dieser Bote sollte zugleich am königlichen Hofe die Versicherung abgeben, daß die Sachsen völlig willfährig und bereit seien, hiezu sich einzufinden, mit Gottes Willen, unter Hintansetzung aller Verbindlichkeiten und Bedenken. So trennte man sich in Fritzlar, nach wechselseitiger Feststellung des Friedens, bis zu dieser nächsten Zusammenkunft. Ohne Zweifel können also die Versuchungen, die den sächsischen Vertretern hier sollen entgegengerückt worden sein, nicht so arg gewesen sein, da sie sonst nicht zu solchem

---

[40]) Nach dem Annalisten kehrte Heinrich IV. post pascha mox nach Mainz zurück: omnes quoscumque et quomodocumque attemptare potuit, suae parti contraxit, und dann fährt der Bericht fort: Saxonum optimatibus terrificis sive blanditiosis ad se pelliciendis sermociniis et inductionibus sub nomine et occasione apostolicae illius legationis et sententiae intimari fecit, ut causa pacis componendae et totius regni tot scismatum et discordiarum sedandarum, quibusdam primatibus et optimatibus regni apud Friteslariam occurrerent (310). Giesebrecht, Geschichte der deutschen Kaiserzeit, III, 465, nimmt sicher richtig an, Udo habe dem König als Unterhändler gedient. Schon 1074 war Fritzlar als Platz einer Zusammenkunft der Reichsfürsten, von sächsischer und von der entgegenstehenden Seite, in Aussicht genommen gewesen (vergl. Bd. II, S. 309).

Entgegenkommen sich würden herbeigelassen haben. Freilich mußte ihnen auch sehr viel daran liegen, zu beweisen, daß sie, falls der Papst selbst nach Deutschland käme, oder wenigstens vor dessen Legaten, ganz erbötig seien, dessen Ausspruch, sowie den Bestimmungen der Reichsfürsten sich zu unterwerfen, damit um keinen Preis die Königlichen ein Recht erhielten, die Schuld an dem ganzen Unheil des Streites und damit auch das vernichtende Strafurtheil des Papstes auf Rudolf und dessen Anhänger abzuwälzen, ein Verfahren, das eben nach der Anklage des hier sich äußernden Geschichtschreibers die königlichen Räthe schon in Fritzlar ausgeübt haben sollten[41]).

Noch war Heinrich IV. am Rheine, als seine Abgesandten nach Fritzlar von da mit diesem sie begleitenden sächsischen Beauftragten zurückkamen. Aber zu einer irgendwie befriedigenden Fortsetzung der begonnenen Anknüpfung kam es nun durchaus nicht, und wieder schreibt der gleiche Bericht den Vertretern Heinrich's IV. alle Verschuldung zu. Es scheint, daß zwischen den beiden streitenden Theilen die Forderung, Geiseln zu stellen, erhoben worden sei. Wenigstens mißt eben diese Schilderung den königlichen Räthen die überall geschehene Verbreitung des falschen Gerüchtes zu, daß die Sachsen solche Bürgen ihrer Treue gegeben hätten, zur Sicherheit, daß sie gegenüber Heinrich IV. den Friedensvertrag schlössen und von ihm unzweifelhaft Bestätigung der Gnade erlangt hätten. Jedenfalls zerschlugen sich nun die weiteren Verhandlungen. Der sächsische Abgesandte wurde entlassen, mit dem Bescheide, daß Heinrich IV. für keine weitere Unterredung einen Ort anweisen wolle.

---

[41]) Der Annalist läßt die sächsischen Fürsten animo libenti und suasu regis Ruodolfi ad hoc sollerter incitati nach Fritzlar condicto tempore kommen, dort jedoch als Abgeordnete Heinrich's IV. praeter suos quosdam cunicularios se nec unum saltem de regni primatibus vorfinden, so daß sie sich als delusi erschienen und subirati abreisen wollten, was sie — ab aulicis illius mysterarchis dringend gebeten — unterließen (da heißt es z. B.: se temptandi locum dare consenserant). Dann folgt eine eingehendere, aber ganz parteiisch gefärbte Darstellung der Verhandlungen, nach der die Vertreter Heinrich's IV. nihil aliud nisi mendacia et quasi comminationes quasdam ab apostolico in eos (sc. die Rudolfinischen) vorgebracht hätten, ohne etwas Wahres de sermone colloquii praedicti (sc. eben desjenigen von Fritzlar) et anathematis apostolici mitzutheilen, dagegen unter Ausladung — falso sua obstinatione — der tota illius sententiae series auf Rudolf und dessen Anhänger. Trotzdem heißt es von den Sachsen im Weiteren: ne si quasi reos in his quae illis objecerant, et quasi de adventu et sententia domni papae timidos aestimarent, immo potius percupientissimos et laetissimos fore probarent, colloquium quod destinavit (sc. papa) omnes laudabant, ipsius sive legatorum eius adventum quam vix se praestolaturos et sententiae illius omniumque regni optimatum super hoc negotio diffinitiones se per omnia observaturos, constanti animo et ratione liberrima firmissime palam protestati sunt (unter Erklärung des Ausschlusses aus der Kirche gegen omnes domno apostolico inobedientes eiusque sententiae judiciali ... refragantes) —, und die Sachsen — durch ihre irrefragabilis et justa ratio et obedientia sei die Fritzlarer Zusammenkunft zum guten Ende gekommen — geben schließlich den oben im Texte erwähnten Bescheid, so daß die Versammlung sich auflösen kann: pax ab utrisque ad usque futurum colloquium est collaudata (310).

Immerhin soll aber noch die Eröffnung ihm mitgegeben worden sein, der König sei aus Liebe zum Papste bereit, jeden reuigen Gehorsamsweigerer, wenn er sich unterwerfen würde, in seine Gnade wieder aufzunehmen[43]).

Nach der Aussage des hier überall zu Grunde liegenden Gewährsmannes nahmen jetzt Rudolf und die Sachsen hievon den Anlaß, das Urtheil als bewiesen aufzustellen und zu verbreiten, Heinrich IV. sei mit seinen Anhängern offenbar vom Banne getroffen, weil er so störrisch und ungehorsam die als unwiderruflich vom Papste angeordnete Friedenszusammenkunft vereitelt habe[44]). Doch trafen damit diese Gegner Heinrich's IV. jedenfalls nicht die damalige wirkliche Willensmeinung Gregor's VII., der vielmehr noch fortwährend sich mit dem König in Verbindung hielt und damit klar genug anzeigte, daß er die Schuld des Mißlingens seiner Absichten weit eher auf der Seite der Gegner Heinrich's IV. suche. Denn es ließe sich anders einfach nicht erklären, wie es möglich war, daß der von Rom in der Osterzeit bei Heinrich IV. eingetroffene Legat in der Umgebung des Königs blieb, statt, wie das nach der Ansicht Rudolf's und der Sachsen nothwendig gewesen wäre, mit dem Könige zu brechen, seinen Hof in möglichst auffälliger Weise zu verlassen. Es geht denn auch aus den Mittheilungen unseres schwäbischen Darstellers der ganzen Vorgänge deutlich genug hervor, daß man mit größtem Mißvergnügen auf dieses fortgesetzte Verweilen des päpstlichen Abgesandten in der Umgebung des Königs hinblickte und diese nothwendigerweise als

[43]) Nach dem Annalisten wäre bei den regis Heinrici consiliarii, als sie versus Rhenum zurückgekehrt waren, in palatio cordis der von ihnen vernommene justus et verax sermo principum Saxonicorum nicht haften geblieben. Die Räthe hatten ihr Ziel in Fritzlar nicht erreicht: Illi namque alia longe ratione et intentione exierant, ut Saxones scilicet ad se quomodocumque adducere pertemptarent (vergl. in n. 41). Jetzt verbreiten sie, enttäuscht, wie sie sind, nach ihrer Rückkehr den falsus rumor, nämlich: quod illi (sc. Saxones) pro certo obsidibus datis cum domino suo pactum pacis inirent et gratiae illius indubitanter firmitatem promeruerint. Der sächsische Gesandte soll mit dem Bescheid heimgeschickt worden sein: quod rex locum colloquio cuilibet dare nollet, sed id causa et amore domni apostolici facere promptus esset, ut quicumque sibi rebellaret, cum gratia sua donandum reciperet, si modo se sibi cum poenitentia et oboedientia dediticium exhiberet (310 u. 311). Mit sehr großer Wahrscheinlichkeit wird durch Giesebrecht, l. c., n., aus den späteren Ereignissen daraus geschlossen, daß schon jetzt die Sachsen auf Stellung von Geiseln bestanden, daß daran die Unterhandlungen sich zerschlugen.

[44]) Der Annalist fährt fort: Saxones et Ruodolfus rex hoc (sc. das in n. 42 Mitgetheilte) comperto, manifestum eum (sc. Heinrich IV.) excommunicatum cum omnibus consentaneis illius adjudicabant et comprobabant, eo quod colloquium ab apostolico tam irrefragabiliter decretum ipse tam pervicax et inoboediens annullavit (311). Ganz kurz faßt Bernold diese ganze Entwicklung der Dinge zusammen: Quod (sc. das in n. 26 Angegebene) Ruodolfus libentissime voluit fieri, Heinricus autem, utcumque potuit, illud impedire non cessavit (l. c.). Ähnlich Bonitho: Quod salubre concilium (ebenso das in n. 26 genannte Mittel zur Versöhnung), diabolo instigante, interruptum est (l. c.).

peinlich sich aufdrängende Erscheinung möglichst sich nach der eigenen Auffassung zurechtzulegen suchte. Der Erzähler will wissen, der Legat sei eine Zeit lang verborgen gehalten worden, so daß schon Viele fürchteten, er sei heimlich getödtet oder verbannt worden, worauf für ihn öffentliche Ehrenbezeugungen und unterwürfige Behandlung von Seite des Königs gefolgt seien. So sei es möglich geworden, daß jetzt Rudolf einen römischen Cardinal, Heinrich IV. einen päpstlichen Legaten an ihren Höfen hielten, so daß die Meinung über Heinrich IV., er sei gebannt, als vor aller Welt ganz entkräftet erscheine[44]). Es wird gerade aus dieser Darlegung so recht deutlich, wie unendlich schwer die Wähler von Forchheim und die ganze Anhängerschaft Rudolf's mit der unleugbaren Thatsache sich abfinden konnten, daß der Verkehr zwischen dem Papste und Heinrich IV. trotz Allem, was neuestens wieder geschehen war, unvermindert fortbestand.

Für Gregor VII. freilich war durch das abermalige Scheitern der von ihm so dringlich in Aussicht genommenen Maßregeln zur Beseitigung der das deutsche Reich zerreißenden Streitigkeiten das ganze Verhältniß in eine noch viel unbefriedigendere Lage geschoben worden. In der unerträglichsten Zwischenstellung befand er sich inmitten der einander entgegengesetzten Parteien; immer bestimmter mußte sich ihm die Ueberzeugung aufdrängen, daß die Kraft, eine Entscheidung zu bringen, nicht mehr bei ihm stehe. Diese trübe Stimmung geht deutlich aus dem Schreiben hervor, das der Papst, als ihm die Nachricht vom Mißlingen der im Frühjahr anzuordnenden Verhandlungen zugekommen war, in der Mitte des Jahres, vom 1. Juli, an alle nicht in den Banden des Fluches liegenden Geistlichen und Laien im deutschen Reiche abgehen ließ. Gregor VII. eröffnete den Brief mit einem Rückblicke auf die große Sorge, die er auf der letzten römischen Synode angewandt habe, um den Frieden und den ehemals gewohnten Glanz dem Reiche zurück-

---

[44]) Diese bemerkenswerthe Aussage des Annalisten folgt etwas weiter unten eingeschoben. Sie soll begreiflich machen, daß der ad regem Heinricum in pascha pro illo disponendo colloquio quod papa decrevit eingetroffene Legat, von dem es hier nachträglich noch heißt: quia ipsi (sc. Heinrich IV.), licet invito et nolenti, eius omnino interminationis terroribus parvipensis legationem apostolicam liberrimus intimaverit (sc. beim Eintreffen zu Cöln in der Osterzeit), am Hofe verharrte. Der Annalist will wissen: aliquantisper occultabatur, ita ut plurimorum suspicione clam interfectus sive exiliatus aestimaretur: tandem publica palam reverentia et honore ab eo (sc. Heinrich IV.) tractatus et habitus est, und danach ergeht er sich in Vermuthungen darüber, wie das zu erklären sei. Er nennt als Annahme von quidam über dieses Verbleiben des Legaten, der aber nach dieser Auffassung als tantisper ... detentus erscheint, daß Heinrich IV. die Absicht hatte: ut sese per illum ab imposita qualitercumque defenderet excommunicatione, so daß — quia, sicut rex Roodolfus cardinalem Romanum, ita ipse legatum apostolicum in testimonium suae obedientiae et innocentiae palam omnibus posset ostentare — ganz quicquid passim dictum sit de sententia synodi Romanae et de anathematis facti diffinitione für Lüge gelte: cum omnes cernerent, apostolicum legatum illi (sc. Heinrich IV.) communicare (311).

zugeben, und er erinnerte einläßlich an die dort gefaßten Beschlüsse, über die in Deutschland zu veranstaltende Versammlung, wo in Gegenwart der päpstlichen Legaten zwischen Heinrich IV. und Rudolf über den Besitz der Herrschaft entschieden werde, worauf dann der als im Unrecht stehend erklärte Theil nachgebe, der obsiegende dagegen dessen hoffnungsvoll sich getröste. Dann folgt die Klage, daß er habe vernehmen müssen, wie durch gewisse Feinde Gottes und Söhne des Teufels dieser Versuch trotz des Verbotes des apostolischen Stuhles vereitelt werde, wie diese gegen alle Gerechtigkeit im Uebermuth und zur Verwüstung des ganzen Reiches, von ihren Leidenschaften besessen, jene Versammlung nicht zu Stande kommen lassen. Infolge dessen werden die schon auf der Synode ausgesprochenen Mahnungen und angedrohten Strafen wiederholt, damit nicht solchen Frevlern Hülfe geleistet und mit ihnen Verkehr aufrecht erhalten werde, und der Papst beschwört die Empfänger des Schreibens, sie möchten um keinen Preis annehmen, daß er irgendwie wissentlich der im Unrecht stehenden Partei Gunst erweise, da er ja viel lieber für ihr Heil den Tod erleiden, als für ihr Verderben allen Ruhm der Welt gewinnen möchte. Sie sollen in keiner Weise Stimmen Glauben schenken, die auf schriftlichem oder mündlichem Wege lügnerisch das Gegentheil hievon ausstreuen wollen. Am Schlusse folgt der Wunsch, Gott möge den dergestalt Ermahnten das Herz öffnen und sie in seinen Geboten bestärken[46]).

Gregor VII. hatte in diesem durchaus allgemein gehaltenen Schreiben nicht im geringsten gezeigt, auf welche Seite er das Unrecht lege, wo er die Schuld an dem Mißlingen der in Aussicht gestellten Versammlung suche. Allein es wird aus einer auf diese Mahnung ertheilten Antwort durchaus deutlich, daß nicht etwa Heinrich IV. dadurch berührt war, sondern daß die Sachsen, die Anhänger Rudolf's sich dadurch getroffen fühlten. Von dieser Seite wird also auch zweifellos die Abneigung, auf das Zustandekommen der Unterhandlungen einzutreten, laut geworden sein, und der Papst muß davon gewußt haben, als er den Brief abgehen ließ, der dann so bestimmt die sächsischen Empfänger traf.

Ganz ausdrücklich bezeichnet der Geschichtschreiber des sächsischen Krieges, Bruno, den von ihm eingerückten Brief der Sachsen

---

[46]) J. 5080, Registr. VI, 1 (l. c., 321 u. 322), ist auch von Bruno, c. 113, doch ganz irrthümlich als ab ipsa sinodo in Theutonicas partes geschickt und zum Jahre 1079 eingerückt, aufgenommen (SS. V, 375): über Dünzelmann's nicht annehmbaren Vorschlag chronologisch abweichender Anordnung vergl. schon ob. in n. 30. In den ganz allgemein gehaltenen Worten des Schreibens: Sed quia pervenit ad nos, quod inimici Dei et filii diaboli quidam apud vos contra interdictum apostolice sedis praedictum conventum procurent in irritum ducere, et non justitia sed superbia ac totius regni desolatione suas cupiditates anhelent implere et christianam religionem destruere, ebenso weiter in dem Satze: Vos autem, fratres karissimi, de me nullo modo dubitetis, quod injuste parti scienter aliquo modo faveam vermeidet es der Papst auf das sorgfältigste, irgendwie anzudeuten, auf welcher der beiden Seiten er die Schuld sehe.

an Gregor VII. als die Antwort auf die päpstliche Kundgebung vom 1. Juli. Die Sachsen beziehen sich auf das ihnen unlängst zugekommene päpstliche Schreiben, durch das die bekannte Versammlung, zur Entscheidung über das bessere Recht des einen der streitenden Könige, angeordnet worden war, und sie stehen keinen Augenblick an, ganz unumwunden zu sagen: „Hiebei verwundern wir uns zu aller erst darüber, daß Eure Klugheit etwas, wovon feststeht, daß es in keiner Weise geschehen kann, aufgestellt hat". Denn die Schreiber des Briefes meinen, daß Gregor VII. in seinem Gedächtnisse müsse festgehalten haben, in wie häufigen Klagen ihm schon vorgelegt worden sei, daß fast alle dem Papste gehorsamen Bischöfe, von ihren Kirchen vertrieben, flüchtig, in jeder Weise verfolgt — das wird dann noch weiter ausgeführt — ganz und gar nicht im Stande seien, mit ihren Verfolgern zusammenzukommen und über die Angelegenheiten, um deren willen sie die Verfolgung getroffen habe, in Unterhandlung einzutreten. Nicht weniger jedoch halten sie das für wunderbar, daß sie die Sache „jenes Menschen" — König Heinrich IV. ist damit gemeint — überhaupt mit Leuten erörtern sollten, während doch der Legat der römischen Kirche sowohl jenen, als diese nach des Papstes Befehl von den Schwellen der Kirche weggewiesen habe. Ganz eingehend tritt dann das Schreiben auf die Frage ein, wie denn eine zweite Untersuchung über eine schon längst von einer römischen Synode entschiedene Angelegenheit möglich sei, wie eine Prüfung stattfinden dürfe, ob der noch das Recht habe, die Herrschaft im Reiche zu behaupten, dem schon vor drei Jahren — so rechnen die Sachsen etwas zu voll — die Synode diese Berechtigung genommen habe. Geradezu boshaft klingt die Bemerkung, daß in diesem Falle doch besser diese Untersuchung, statt jetzt nachzufolgen, jener Entscheidung vorangegangen wäre; doch ergänzen sich die Fragenden sogleich selbst, mit der Zwischenbemerkung, daß ja niemals unter dem Vorsitz des Papstes über eine nicht gehörig untersuchte Sache eine Entscheidung geschehe. Aber gleich nachher sagen die gleichen Tadler neuerdings, daß in dem besagten Falle kein Grund vorgelegen habe, Heinrich IV. ohne Beifügung irgend einer Bedingung die königliche Würde zu untersagen, daß es dergestalt nicht nach päpstlicher Vollmacht ihnen hätte befohlen werden sollen, einem anderen Könige zu gehorchen, ehe sicher untersucht worden sei, ob der erste wirklich nicht mehr König sein könne. Der Papst wird an sein eigenes Schreiben erinnert, durch das er seinen Legaten aufgetragen habe, jenem früheren Könige abermals die Führung der Herrschaft zu untersagen, dagegen den an dessen Stelle von ihnen Erwählten nach apostolischer Vollmacht in seiner Würde zu bestätigen und allen Angehörigen des deutschen Reichs um des allmächtigen Gottes willen zu befehlen, diesem — Rudolf — zu gehorchen: „Ist denn wohl dieses Alles zu entkräften und für nichts zu erachten?" — Noch auf eine weitere Erscheinung im damaligen öffentlichen Leben lenkt der Brief ab. Hat jene von Gregor VII. auf der römischen Synode geschehene Lösung von den Heinrich IV. geschworenen Eiden Bestand, so kann dieser, dem kein Treueid mehr gehalten werden soll, nicht mehr König sein. Sollte aber, was ferne liege, diese apostolische Lösung vom Treueide nicht mehr gelten, wie steht es dann mit den Bischöfen und mit allen Uebrigen, die im Vertrauen auf den Papst ihre Heinrich IV. geschworenen Eide brechen? Sind sie nicht des Meineides überwiesen? Denn kann Heinrich IV. mit Recht in dem Besitze der Herrschaft stehen, so haben Alle unrecht gehandelt, die jenes Joch der ihm geschworenen Treue von sich werfen. Und was wird aus den nachher Rudolf geschworenen Eiden, dessen Gebot sich die Urheber eben dieses Schreibens, nach dem päpstlichen Gebote, unterwarfen?

Der Brief schließt mit den verzweifelten Worten: „Sehet, was für eine Verwirrung der Dinge! Da mögen Alle, die gesunden Sinnes sind, aufpassen und hinblicken, ob etwas von dieser Art schon geschehen, ob jemals in der Kirche eine dieser Unordnung ähnliche Unordnung schon erhört worden ist. Ihr habet vor Augen, liebster Herr!, wie die Erde bewegt und beunruhigt ist. Wenn Ihr ihre Erschütterungen heilen wollet, so verharret fest in dem, was Ihr begonnen habt, und zerstöret nicht, was Ihr erbaut habt! Denn wenn Ihr auf dem betretenen Wege rückwärts schreiten und wegen der Schwierigkeiten Seitenwege suchen wollt, so heilt Ihr nicht nur nicht das, was verwundet ist; sondern Ihr verwundet, was gesund ist. Denn wenn Ihr in Verleugnung dessen, was Eure Vollmacht aufgestellt hat, uns mitten im Unwetter, in das wir für Euch eingetreten sind, verlasset, so ist über uns Himmel und Erde Zeuge, daß wir in ungerechter Weise vernichtet sind“ [46]. — Deutlicher hätte Gregor VII. nicht angezeigt werden können, wo er die Urheber der Störung zu suchen habe, die der von ihm gewünschten Versammlung in Deutschland in den Weg getreten war. Allein ebenso konnte er aus diesen Worten der Anhänger des in Forchheim erhobenen Gegenkönigs entnehmen, wie abgeneigt jene ganze Partei den von ihm gewählten Versuchen, die Einigung in Deutschland zu erzielen, sich erweise, wie sehr er durch diese seine vorsichtige Art vorzugehen, durch das Streben, sich zwischen Hein-

[46]) Mit Giesebrecht, l. c., 1158, in den „Anmerkungen“, der sich besonders gegen die chronologischen Ansetzungen Stenzel's, Geschichte Deutschland's unter den Fränkischen Kaisern, II, 156, und Floto's, l. c., II, 189, n., wendet, ist dieser von Bruno, c. 114, mit den Worten: Contra quam (sc. den Brief von c. 113: n. 45) [nostrates hanc quam supposui, miserunt epistolam (l. c., 376) eingeleitete Brief in den September 1078 zu setzen (wegen der Worte: aliqui illorum, sc. episcoporum, occisi sunt, quidam in captivitatem abducti muß die Schlacht vom 7. August zeitlich vorangegangen sein). Die bezeichnendste Stelle dieses so deutlich gehaltenen sächsischen Schreibens ist gleich am Anfange, das Urtheil über den auf der römischen Synode angeordneten conventus omnium episcoporum et laicorum Deum timentium ad discutiendum hoc, cui illorum, qui de regni gubernaculo certant, justitia magis faveat, des Inhaltes: In qua re hoc primum miramur, quod prudentia vestra statuit, quod nullo modo posse fieri constat.

rich IV. und Rudolf zu halten, seit einem halben Jahre dort den Boden unter den Füßen verloren habe.

Inzwischen war nun aber schon von Neuem zwischen den beiden Parteien im deutschen Reiche der Krieg zum Ausbruch gekommen. Den Anhängern Heinrich's IV. wurde von der gegnerischen Seite nachgesagt, durch sie sei die zwischen den königlichen Räthen und den Sachsen in Fritzlar verabredete Waffenruhe schon gebrochen worden, ehe nur der sächsische Gesandte nach Hause zurückgelangt sei: eine Burg sei von ihnen angegriffen und trotz der zugesagten Sicherheit erobert worden[47]. Aber auch Heinrich IV. selbst hielt es für nöthig, die Waffen zu ergreifen, um zu befürchtenden Angriffen zuvorzukommen. So wandte er sich, wohl noch vor dem Ausgang des Monats April[48], vom Rheine westwärts nach Lothringen. Auch Bischof Hermann von Metz war nämlich, nebst vielen anderen Lothringern, unter sicherem Geleite an den Rhein zu Heinrich IV. gekommen, und da soll nach der Angabe des schwäbischen Berichtes der Versuch gemacht worden sein, sie für den König willfährig zu machen. Allein nach dem gleichen Zeugnisse gaben sie nunmehr die Erklärung ab, sie wollten auf der Seite Gregor's VII. ausharren, und so verloren sie die Gunst des Königs. Doch dürfte wohl schon vorher ein gewisser Verdacht wenigstens auf Hermann gelegen haben, wenn seine schwankende Haltung zwischen den beiden feindlichen Lagern in Betracht gezogen wurde. Ohne Zweifel meinte jetzt Heinrich IV. thatkräftig vorgehen zu sollen. Denn alsbald folgte er mit dem Herzog Theoderich von Oberlothringen und mit anderen angesammelten kriegerischen Schaaren nach, und es gelang ihm, Metz unversehens mit List zu überrumpeln, Bischof Hermann mit den Seinigen aus der Stadt zu vertreiben und eine Besatzung in den wichtigen Platz zu legen[49].

---

[47]) Leider nennt hier der Annalist, wo er das contra fidem datam geschehene Ereigniß — Pacem . . . . qui ex parte regis Heinrici erant . . . omnino parvipenderant — rügt, den Namen des castellum quoddam nicht (311).

[48]) Kilian, Itinerar Kaiser Heinrich's IV., 81 u. 82, 145, setzt wohl richtig die Anwesenheit in Metz Ende April; immerhin ist der Aufenthalt in Straßburg durch den Annalisten — diebus rogationum (l. c.) — erst für den 13 bis 15. Mai (für dieses Jahr 1078) bezeugt.

[49]) Ueber das Verhalten Bischof Hermann's und der alii quamplures Lotharingorum . . . attemptandi si ad illius (sc. Heinrich's IV.) voluntatem inclinari possent — sagt der Annalist: audito apostolicae legationis contemptu se in parte domni apostolici manere et persistere palam profitentes, cum offensa ipsius gratia domum redibant; daran wird der Zug gegen Metz angeschlossen (l. c.). Sigeberti Chron. berichtet: Herimannus episcopus Hildibrando papae ad animum confederatus ac per hoc imperatori rebellis, Mettensi urbe pellitur (SS. VI, 364). Wegen des Briefes des Abtes Bernhard aus Hirsau, der auch an Hermann gerichtet war, vergl. ob. S. 90—92, auch außerdem über Hermann's Haltung S. 45. Daß sich Hermann auf einen kriegerischen Angriff vorbereitet hatte, zeigen Gregor's VII. Worte in J. 5084, vom 22. October des Jahres: pervenit ad nos, quod propter instantem inimi-

Darauf kehrte der König von der Mosel wieder an den Rhein zurück, um zunächst das seit dem 14. November des letzten Jahres, durch den Tod des Bischofs Wernher, erledigte Bisthum Straßburg neu zu besetzen. In Straßburg selbst weilte er in den Tagen vom 13. Mai an und gab nun den Propst von Constanz Thiepald, der auch sein Kappellan war, gegen den Willen des Domstiftes und den Bann des Papstes, wie der schwäbische Bericht aussagt, der verwaisten Kirche zum Vorsteher. Im Gegensatz zu den Straßburger Domherren, die infolge des päpstlichen Verbotes keinen Bischof von Heinrich's IV. Seite annehmen wollten, sondern einmüthig in Christo einen Nachfolger kanonisch zu wählen entschlossen waren, sollen die Chorherren von St. Thomas der Erhebung Thiepald's angelegentlich ihre Zustimmung und Gutheißung gegeben haben[60]. Für Heinrich IV. aber war durch diese Erhebung eines zuverlässigen Anhängers die Stellung im Elsaß, auf der linken Rheinseite, im Wesentlichen gesichert.

Das war um so wichtiger, als der König, nach Ueberschreitung des Stromes, es wegen der zu geringen Zahl von Truppen, über die er verfügte, nicht wagen durfte, so wie er das gewünscht hatte, gegen seine schwäbischen Gegner vorzugehen, sondern sich genöthigt sah, alsbald sich nach Baiern zu wenden[61]. Hier feierte er das Pfingstfest — 27. Mai — zu Regensburg. Doch war es dabei ein schlimmer Vorgang, daß Markgraf Liupold von Oesterreich eben jetzt den königlichen Hof verließ, da er sich einigermaßen durch Heinrich IV. beleidigt fühlte, wie es von dem Könige gegnerischer Seite, doch ohne daß eine bestimmte Erklärung davon gegeben worden wäre, ausgesprochen wurde[62].

Rudolf beging den Pfingsttag, abermals sehr prächtig, wie sein Anhänger lobt, in Goslar, wo eine große Zahl sächsischer und thüringischer Fürsten ihn umgab, und er begann, nachdem er sich

---

eorum tuorum infestationem tunc bona ecclesiae largitus sis quibusdam militibus, et eo modo honoris tui dignitas cotidie, quod non optamus, minuatur atque decrescat, woneben der Schluß des Briefes beweist, daß damals der Papst von Hermann's Vertreibung noch nichts wußte (Registr. VI, 5, l. c., 329).

[60]) Wegen der Erledigung des bischöflichen Stuhles von Straßburg vergl. ob. S. 71. Der Annalist verweilt eingehender bei dieser Neubesetzung und fügt dann zu seiner Genugthuung die nicht lange nachher folgende divina ultio für die canonici de sancto Thoma bei: Ignis quippe aecclesiam, claustrum et cuncta eorum aedificia et caminadas penitus combusta inaumpserat (l. c.). In bemerkenswerther Weise versehen Annal. Argentin. (irrig zu 1079) den Namen des Nachfolgers Theobaldus, im Gegensatz zu Wernher und dem nachfolgenden Otto, nicht mit der Beifügung scismaticus (SS. XVII, 88); vergl. S. 72, in n. 100.

[61]) Der Annalist wendet das in seiner Weise: rex Heinricus Alemanniam invadere proponens, set non tantos sibi coadunare valens, quod hoc sine periculo peragere posset, in Pagoariam divertit (l. c.).

[62]) Auch hievon spricht der Annalist, doch bloß andeutend — in aliquantulum ab eo (sc. rege) offensus — über den Markgrafen (l. c.). Die von Juritsch, Geschichte der Babenberger und ihrer Länder, 100 u. 101, angestellten Versuche, diesen Bruch zu erklären, geben kein befriedigendes Resultat.

mit diesen berathen hatte, die gegen Heinrich IV. beschlossene Heerfahrt vorzubereiten. Zugleich aber hatte der Gegenkönig die Genugthuung, an diesem Platze, der in Allem an das frühere Walten des aus dem sächsischen Lande nunmehr ausgeschlossenen Königs erinnerte, Gesandtschaften zu empfangen, die ihm im Namen der Auftraggeber Anknüpfungen von auswärts entgegenbrachten und Hülfe in Aussicht stellten, Versprechungen, die freilich, wie der hievon redende Gewährsmann einschiebt, nachher nicht im vollen Umfange Erfüllung fanden.

Eine dieser Botschaften kam vom König von Frankreich, Philipp. Ihr schlossen sich weitere vom lothringischen Gebiete an, so besonders eine solche von Seite der an den Rheinmündungen sitzenden Frisen; sie vertrat wohl die in Niederlothringen stetig weiter um sich greifenden Fürsten, den Grafen Dietrich V. von Holland und seinen Stiefvater, den flandrischen Robert den Frisen, für die gerade der Umstand, daß sich Heinrich IV. fortwährend dem Bischof Konrad von Utrecht günstig erwies, eine Aufforderung hatte sein müssen, Rudolf sich anzunähern. Doch in Anbetracht der Beziehungen zu dem für Heinrich IV. so wichtigen bairischen Lande mußte es ganz besonders in das Gewicht fallen, daß auch von dem nun auf den ungarischen Thron berufenen König Ladislav I. an Rudolf eine Mittheilung abgegangen war. Als Nachfolger seines Bruders Geisa wahrscheinlich erst seit dem letzten Jahre erhoben, hatte er seither gegen Heinrich IV., wie das im Hinblick auf die Ansprüche des vertriebenen Königs Salomon nicht anders sein konnte, eine ausgesprochen feindselige Stellung angenommen. War zwar auf die schon am 9. Juni 1077 durch Gregor VII. versuchte Anknüpfung einer Verbindung augenscheinlich bisher durch Ladislav noch nicht, durch Sendung einer Botschaft, wie gewünscht, eingetreten worden, so machte sich dagegen der ungarische Hof dadurch Heinrich IV. recht unangenehm fühlbar, daß einem aus dem bairischen Nachbarlande vor dem Könige flüchtig gewordenen Gehorsamsverweigerer, jenem Grafen Egbert von Formbach, vielleicht noch anderen Ungehorsamen, Aufnahme gewährt worden war, und jetzt mochte auch Markgraf Liupold hier Anlehnung suchen. Vielleicht geschah von Rudolf's Seite im Zusammenhang mit diesen Maßregeln die Uebertragung der markgräflichen Gewalt für Kärnten, im bewußten Gegensatz gegen die Eppensteiner, an Otakar II., den Sohn des nach dem Jahre 1059 für diese seine Mark Kärnten nicht mehr genannten Otakar I.; als eifriger Anhänger der päpstlichen Sache sollte da Otakar II. für Rudolf eintreten. Ebenso ist es keineswegs ausgeschlossen, daß die später nachweisbar bestehende Eheverbindung Ladislav's mit einer Tochter Rudolf's durch die nach Goslar gehende Gesandtschaft verabredet wurde[58]). Endlich

---

58) Wieder ist der Annalist die Quelle für die magnifice geschehene Pfingstfeier und das Weitere, was da geschah, wobei die Erwähnung der legati Philippi regis Galliarum et Fladirtingorum (vergl. Bd. I, S. 375, in n. 18,

jedoch ist auch kaum zu bezweifeln, daß infolge des engen Anschlusses des Böhmenherzogs Wratislav an Heinrich IV., wie sich ein solcher in Zusendung von Hülfstruppen zu dem königlichen

---

sowie Alpertus, De diversitate temporum, Lib. II, c. 21: Flaridingun — sic enim haec regio Frisiorum vocatur: SS. IV, 719) et Lotharingorum quam plurimorum, nec non regis Ungariorum, adjutorium ipsi propter Deum et sanctum Petrum ad defensionem sanctae aecclesiae et regni totius Theutonicorum studiosissime promittentium — allerdings wird beigefügt: quamvis non ita, ut promissum est, omnino perficerent — besonders wichtig ist (l. c.). Ueber Robert Friso und dessen Stiefsohn, den Grafen Dietrich V. von Holland, sowie über ihr Umsichgreifen in Niederlothringen seit 1076, den Gegensatz zu Bischof Konrad von Utrecht vergl. zuletzt Bd. II, S. 651 ff., 678, über eine 1077 geschehene Begünstigung des letzteren durch Heinrich IV. ob. S. 68 u. 69. Gregor VII. nahm sich am 25. November 1078 in dem an Bischof Hugo von Die gerichteten Schreiben J. 5090, Registr. VI, 7, des Robertus Flandrensis comes ab Huberto legato nostro et Hugone Lingonensi episcopo per machinationes inimicorum suorum excommunicatus sehr entschieden an, daß der Graf, wenn er in ungerechter Weise excommunicirt worden sei, absolvirt werde (l. c., 337). Eben dahin gehört der im Neuen Archiv, VII, 161 u. 162, abgedruckte Brief an Bischof Hugo von Langres (J. 5087). — Betreffend Ladislav von Ungarn haben die Annal. veter. Ungar., a. 1076: Magnus rex obiit et frater eius Ladizlaus in regem elevatur (in Wattenbach's Ausgabe, Archiv für Kunde österreichischer Geschichtsquellen, XLII, 503 — dagegen fehlt die Jahresnotiz in der Ausgabe, SS. XIX, 572: Annal. Posonienses): vergl. Huber, Geschichte Österreichs, 1, 208 n. 3, daß das wahrscheinliche Todesjahr Geisa's auf 1077 zu setzen ist, sowie weiter Büdinger, Ein Buch ungarischer Geschichte 1058—1100, 63 ff. (über Rudolf's Tochter 77 n. 1): über den Antheil König Boleslav's II. von Polen an Ladislav's Erhebung vergl. zu 1080 bei n. 59. J. 5036, das ob. S. 84 in n. 127 erwähnte Schreiben Gregor's VII. an einen ungarischen Bischof vom 9. Juni 1077, Registr. IV, 25, spricht vom rex qui inter vos electus est, eben den Bischof Neemia — cum aliis tuis confratribus et principibus terrae — ermahnen soll: ut apertius nobis suam voluntatem et erga reverentiam sedis apostolicae debitam per idoneos legatos denunciet devotionem (l. c., 280); aus dem zu 1079, bei n. 20, zu erörternden Schreiben J. 5120 erhellt — vergl. Riezler, Geschichte Baierns, I, 541 n. 1 —, daß drei bairische Grafen, ohne Zweifel Ekbert von Formbach (vergl. ob. S. 72 u. 73), ferner wohl Udalrich von Ratteinberg und dessen Sohn Konrad als Flüchtlinge bei Ladislav weilten. Ueber Ladislav's Vermählung handelt mittelbar Bernoldi Chron., a. 1090: Soror . . . ducis (sc. Berchtold's, Rudolf's Sohn) regina Ungarorum mense Majo obiit (SS. V, 450); Büdinger, l. c., macht es wahrscheinlich, daß sie Adelheid hieß (vergl. eine ältere einläßliche Erörterung bei Gerbert, De Rudolpho Suevico, 130—142), und es ist nicht ausgeschlossen, daß jetzt durch diese Gesandtschaft nach Goslar die Ehe eingeleitet wurde, die 1082, weil urkundlich bezeugt, jedenfalls geschlossen war. — Betreffend Otakar II. — und dessen Bruder Adalbero — vergl. schon ob. S. 21 in n. 26. Strnadt, Die Geburt des Landes ob der Ens, 57—59, spricht die Vermuthung aus, Otakar, der ungefähr von 1079 an als marchio auftritt, sei von Rudolf eingesetzt worden, und weist Otakar's Beziehungen zu Bischof Altmann, dem Grafen Ekbert von Formbach nach. Die jüngere Lebensbeschreibung des Erzbischofs Gebhard von Salzburg sagt c. 2, daß Otakarus marchio . . . intuitu dilectionis ipsius Deo digni archiepiscopi eine Schenkung an Admont vollzog — Adilbero etiam germanus marchionis, qui diutinam cum fratre guerram habuit, pro absolutione banni et multimodis injuriis coenobio in persecutione Heinrici IV. imperatoris illatis . . . (SS. XI, 36); Strnadt nimmt an, daß der nach Annal. s. Rudberti Salisburg., a. 1122, Adalbero zustehende comitatus ab Enswald usque ad Geizenerwald (SS. IX, 774) diesem von den siegreichen Anhängern Heinrich's IV. nach Gebhard's Flucht aus Salzburg zukam.

Herre immer neu erwies, Boleslav von Polen, der schon 1076 nach der Königskrone für sein Reich gegriffen hatte, gleichfalls, wegen der verwandtschaftlichen und anderweitigen Beziehungen zu dem ungarischen Könige gleich diesem, mit Rudolf engere Verbindung anstrebte[54]).

Aber schon im Laufe des Sommers kamen nun zahlreiche Fehden in Gang, die verschiedene Theile des Reichs die ganze Zeit hindurch lebhaft beunruhigten. Da die davon handelnde Mittheilung Schwaben entstammt, erstreckt sich die Kunde davon vorzüglich auf die oberdeutschen Landschaften. Schwaben, der Elsaß, die oberfränkischen Gebiete wurden dadurch betroffen, und nach jener Nachricht wären die Besiegten, Getödteten, zur Flucht Gezwungenen die Anhänger Heinrich's IV. gewesen, die für ihre Frevel, sogar gegenüber den Kirchen, nur gerechte Strafe erlitten hätten. Von einzelnen Thaten weiß der Erzähler von einem Zusammenstoß der Bischöfe Burchard von Basel und Thiepald von Straßburg mit dem Sohne des als Herzog von Kärnten abgesetzten Berchtold, des dem Vater gleichnamigen Markgrafen Berchtold, ferner von der wilden Verheerung eines großen Theiles des rechtsrheinischen Frankenlandes, durch Plünderung und Brand, von Seite dieses älteren Berchtold und des entsetzten Herzogs von Baiern, Welf. Dabei sollen jene beiden Bischöfe nach der Niederlage kaum durch die Flucht entkommen sein, wonach die Sieger nach Gefangensetzung der geschlagenen Krieger an den nach Grafschaften zur Kriegshülfe herangezogenen Bauern theilweise durch schändliche Verstümmelung ihre Rache nahmen[55]).

Unterdessen waren die beiden Gegner selbst, Heinrich IV. in Baiern, Rudolf in Sachsen, mit ihren Kampfvorbereitungen zu Ende gediehen, nachdem sie von allen Seiten nach Möglichkeit ihre Hülfstruppen zusammengebracht hatten[56]). Rudolf gedachte, den oberdeutschen Gesinnungsgenossen zum gemeinsamen Vorgehen gegen den Feind die Hand zu reichen. Durch Zusendung sächsischer Boten

---

[54]) Betreffend Boleslav von Polen vergl. zuletzt Bd. II, S. 745 u. 748.

[55]) Der Annalist läßt diese plures motus — undique — per totam aestatem entstehen, aber so, daß privatis bellis Leute ex parte Heinrici regis ... qui praedas, incendia et sacrilegia plurima in ipsis aecclesiis sacris, temerarii violatores earum, exercuerant — besiegt und vernichtet worden wären. Danach folgen bei ihm die Niederlage der beiden Bischöfe, wobei des begleitenden Factums — rusticis quos per comitatus sibi adjuratos in auxilium undique coegerant (sc. antiepiscopi), ex parte eunuchizatis — wie einer selbstverständlichen Sache gedacht ist, sowie die verwüstende Thätigkeit der beiden Herzoge (311 u. 312). In eigenthümlichem Mißverständniß zieht hier Heyck, Geschichte der Herzoge von Zähringen, 89 (n. 298) — ebenso nochmals 122, wo er Wernher bis 1079 leben läßt — die schon ob. S. 72, n. 109, mitgetheilte Stelle der Vita Willihelmi abb. Hirsaugiens. mit herein, indem er den Argentinus noch für den seit Monaten verstorbenen Wernher nimmt. Jedenfalls fällt der Schauplatz dieses Kampfes in den Elsaß oder wenigstens nahe an den Rhein.

[56]) Der Annalist schreibt hier beiden Königen eine Rüstung non minimo studio et apparatu zu (312).

wurden die Schwaben gebeten, den Sachsen entgegenzuziehen, und nach geschehener Vereinigung sollten alle Gegner gezwungen werden, sich ihnen anzuschließen, oder, falls sie sich weigerten, mit ihnen gemeinschaftliche Sache zu machen, Heimsuchung in wilder Kriegsführung erfahren. Um den 1. August wollten der ältere Berchtold und Welf — in ihrem Lager war Abt Bernhard von Marseille, der päpstliche Legat, der von Hirsau weg sich der Heerfahrt angeschlossen hatte — mit ihrer schwäbischen Kriegsmannschaft zu dem von Sachsen heranziehenden Rudolf stoßen[57]. Aber Heinrich IV. verstand es ganz geschickt, diese Vereinigung zu verhindern, indem er sich mit seinem sehr starken Heere einfach dazwischen stellte. Besonders sahen sich die oberdeutschen Bundesgenossen Rudolf's dadurch peinlich in ihrem Vorschreiten gehemmt, daß ein Aufgebot von mehr als zwölftausend fränkischen Bauern, die aus den Hundertschaften jener Gegenden für Heinrich IV. in Pflicht genommen und mit Waffen ausgerüstet worden waren, am Neckar in nächster Nähe ihnen in den Weg trat und, höchst kampfbereit und feindselig gesinnt, wie es war, sie nicht weiter ziehen ließ. So mußten diese oberdeutschen Zuzüger, so nahe sie dem Heere Heinrich's IV. standen, so sehr sie von Tag zu Tag eine Schlacht zu liefern wünschten und auf jede Gelegenheit ausspähten, um ihre Absicht, sich mit Rudolf zu vereinigen, zu erfüllen, schließlich von ihrem Vorhaben abstehen. Nicht nur, daß so jede Zusammenfügung der Lager zwischen Sachsen und Schwaben zur Unmöglichkeit gemacht war, die beiden Heere vermochten nicht einmal durch Boten sich mit einander darüber zu verständigen, was in dieser gefährlichen Lage der Dinge anzufangen sei[58].

[57]) Den Kriegsplan Rudolf's enthüllt neben dem Annalisten Bruno, c. 98, wo es heißt: Saxonicus congregatur exercitus, et missa legatione Suevos obviam sibi venire rogaverunt — das Weitere vergl. schon in Bd. II, S. 861, n. 11 (SS. V, 367). Der Annalist sagt von den Herzogen Berchtold und Welf, in deren Umgebung — cum ducibus Alemannorum — der abbas Massiliensis, sedis apostolicae legatus, war: expeditioni praesto interfuit ... cui omnia bellorum gesta ex toto non ignota fuerant (313), daß sie um den 1. August cum Alemannica militia regi Ruodolfo de Saxonia egredienti occurrere deliberabant (312).

[58]) Der Annalist ist hier ganz aufrichtig: er gesteht, daß Heinrich IV. cum maximo exercitu interveniens, ne fieri posset (sc. die Vereinigung) impediebat, daß die Oberdeutschen — bellum cottidie sperantes et occasionem suae destinationis percupientissime fieri volentes, quamvis non sine minimo periculo, e proximo regi consederant — den Zweck verfehlten: Saxones et Alemanni ab invicem sequestrati et, ne convenire aut per internuntios saltem inter se deliberare possent, quid in tantis periculis coartatis agendum sibi esset, omnimodis perhibiti. Nach den comprovinciales rustici undique per omnes illarum partium (vorher ist zuletzt von den Alemanni — n. 57 — die Rede gewesen: doch werden nachher — vergl. n. 79 — ausdrücklich Franken genannt) centenarias adversum se (sc. die Schwaben) conjurati et armis militaribus instructi, ad XII fere milia gesteht er die Bezeichnung zu: pugnacissimi et infestissimi sibi (312). Bernold freilich will Heinrich IV. bei dem contra praeceptum apostolici vorbereiteten procinctus in Saxoniam nur eine maxima multitudo flagitiosorum adunata zuschreiben; dagegen kennt auch er

Heinrich IV. wagte es nunmehr angriffsweise Rudolf entgegenzurücken, der von Thüringen her auf fränkischen Boden kam. Gewiß ist anzunehmen, der König habe es erst dann unternommen, den Main zu überschreiten, nördlich landeinwärts zu gehen, als er sicher sein durfte, daß der Neckarübergang endgültig verschlossen, dem oberdeutschen Heere der Zuzug zu Rudolf durchaus verwehrt sei. So war er über fünf Meilen nordwärts gelangt, bis an den Fluß Streu, der von der rechten nördlichen Seite sich in die fränkische Saale ergießt. Hier trafen sich, etwas über eine Meile oberhalb der Einmündung der Streu in die Saale, die Heere bei Melrichstadt [59]).

Nach der von schwäbischer Seite gebotenen Erzählung hätte Heinrich IV. durch Absendung von angesehenen Männern, die als Kundschafter sich umsahen, aber dem Schein nach als Unterhändler eines Friedens im Lager Rudolf's auftreten sollten, den Gegner listig getäuscht und so es möglich gemacht, nachdem ein Friedensversprechen gewechselt worden war, einen Angriff ganz unversehens, ohne daß ein solcher irgendwie erwartet wurde, durchzuführen [60]). Allein das ist sehr unwahrscheinlich, und viel mehr Glaubwürdigkeit ist der Schilderung des sächsischen Gewährsmannes, Bruno, beizumessen, der hier weit besser von Theilnehmern an den Ereignissen die Mittheilungen über das Geschehene einziehen konnte. Freilich ist auch seine Darstellung der Vorgänge dieses 7. August — Bruno weiß auch ganz richtig, daß es ein Dienstag war —

die pene 12 milia conjurati populi, die — cum Alemanni facto exercitu ad dominum suum regem Ruodolfum properarent — sich in den Weg stellten, und zwar, was eine wichtige Ergänzung ist, als transitum Nectarae fluvii illis perhibentis (435). Bruno, c. 96, räumt gleichfalls ein: Quod (sc. den in n. 57 citirten Zusammenhang) cognoscens Heinricus robore congregato intervenit medius, nec est passus, ut uterque in unum conveniret exercitus (367).

[59]) Die Oertlichkeit nennt Bruno gleich am Anfang, in c. 96: Exercitus ergo Saxonicus ad Methelrikestad venit, ibique Heinricum cum non parvo robore virtutis invenit, ebenso Annal. s. Petri Erphesfurd. den Ortsnamen (SS. XVI, 16). Den Fluß — Strouve, Strouvi, Streura — erwähnen Bernold (435), Frutolf, Chron. univ. (SS. VI, 203), die Würzburger Chronik (Ausg. von Buchholz, 44), weiter Annal. Mellic., doch mit der sonderbar irrthümlichen Einführung: Bellum secundum inter duos reges in Saxonia committitur (SS. IX, 499). Die unt. in n. 68 citirte später zusammengetragene Quelle hat beide Bezeichnungen. Allgemein in die orientalis Francia verlegen den Kampfplatz die sogenannten Annal. Ottenbur. (SS. V, 7) und der Liber de unitate ecclesiae conservanda, Lib. II, c. 16 (l. c., 231).

[60]) Das führt der Annalist aus, daß Heinrich IV. — in tam maximo suo confisus exercitu, prius de Saxonibus, exin de Alemannis triumphare satis artificiosus destinavit, et id facillime et absque suorum detrimento fieri posse non dubitavit — nach einem mit den Seinigen vereinbarten Plane durch exploratores quidam, viri non ignobiles, mit Rudolf und den sächsischen Großen quasi pro pace inter se confirmanda . . . simulatorie verknüpfte, dann aber — pace . . . ad invicem condicta et solito foedere ad tempus ab utrisque confirmata, dum ipsi (sc. die primates Saxonum) ad dominum suum (sc. Rudolf) festinanter redirent — astute die Feinde — sic delusos . . et . . imparatos — angriff, de repente et fere ex improviso . . . armata manu et impetu bellicoso, als ein vecors et insidiosus (312).

so wenig anschaulich und haftet fast ganz nur an den Schicksalen der einzelnen, zumal von Rudolf's Seite, an der Schlacht betheiligten Persönlichkeiten, daß durchaus kein Versuch gemacht werden darf, eine Vorführung der Einzelvorgänge eintreten zu lassen oder auch nur den Platz des Zusammentreffens genauer anzugeben[61]).

Die Schlacht begann damit, daß Rudolf bei seinem raschen Vorrücken bei Mellrichstadt Heinrich IV. mit gleichfalls nicht geringer Heeresmacht vorfand[62]). Dann entspann sich sogleich der harte, ja grausam geführte Kampf, der unaufhörlich hin und her wogte, mit ganz verschiedenartigen, rasch wechselnden Wendungen. Bald flohen die Leute Rudolf's; bald wichen die Königlichen; Gefangene gingen den Sachsen verloren und wurden wieder befreit; von beiden Seiten wurde unter Einsetzung aller Kraft gerungen[63]). Gleich im Anfang wandten sich auf Rudolf's Seite zwei geistliche Herren, der erste unter den sächsischen Geistlichen, Erzbischof Werner von Magdeburg, mit ihm Bischof Werner von Merseburg, in die Flucht. Bruno meint in einem nicht ganz des Spottes entbehrenden Tone, sie entschuldigen zu sollen, daß sie, die niemals zum Kampfe hätten kommen sollen, da sie, gleich anderen bischöflichen Schicksalsgefährten, sich besser darauf verstanden, Psalmen

---

[61]) Bruno's Schilderung beginnt in c. 96 mit den ungeduldigen Worten: Quid in narrando moram facio, cum isti nullam fecissent in agendo? und reicht bis zum Schlusse von c. 102, wo das Datum folgt für dieses proelium secundum: 7. Idus Augusti, feria 3. (367 u. 368): das gleiche Datum bezeugen auch Bernold (435), der in n. 58 citirte Liber (l. c.), die Würzburger Chronik (l. c.), Annal. August. (SS. III, 129), Annal. Mellic. (doch mit feria 4.) (l. c.), dagegen Annal. s. Petri Erphesfurd.: 8. Id. Aug. (l. c.). Wenn Gfrörer, Pabst Gregorius VII., VII, 665—671, der übrigens mit eigentlicher Indignation gegen den „im Sinne des Goslarer Hofs“ abgefaßten Bericht des „Ironie treibenden“ Annalisten — „Berthold“ — sich wendet und in Bruno, der zwar auch „fabelhafte Züge genug“ enthalte, „wahre Goldkörner“ findet, „Grundzüge des Treffens“ entwerfen will oder wenn gar Köstler, Die kriegerische Thätigkeit Kaiser Heinrich's IV. (G. von Glasenapp, Neue militärische Blätter, XXXVI, 74—79, 158—160 — ein von Köstler im Historischen Verein von Oberbayern 1887 gehaltener Vortrag über die Schlacht, wo die Grenzen des Schlachtfeldes sich südlich durch den Bahra-Bach, östlich durch den Hornburg-Wald, westlich durch die Steilhänge gegen die Streu hin bezeichnet finden, ist in seinem Inhalt von der Monatsschrift des Vereins, VI (1897), 57—60, kurz ausgeführt), trotz der Einräumung, daß nur wenige eingehende und zudem verworrene Nachrichten vorliegen, den Gang genauer zu kennzeichnen sucht und eine „Skizze“ folgen läßt, unter Ansetzung des Kampfplatzes auf das linke Flußufer zwischen Melrichstadt nördlich und dem Dorfe Ober-Streu südlich, so ist gewiß auf alles Derartige voller Verzicht zu leisten.

[62]) Diesen Anfang kennzeichnet Bruno, c. 96, klar genug (vergl. n. 59).

[63]) Bruno drängt in den einzigen Satz, l. c.: Proelium incipitur fortiter, immo crudeliter; ex utraque parte pugnatur, et hinc et inde fuit diversus eventus pugnae; fugiunt isti, fugiunt illi; nostri capiuntur sed eripiuntur, hostes interficiuntur (307) den ganzen Gang der Schlacht zusammen. Recht gut stimmt hiezu Frutolf: Heinricus rex properanti contra se cum multo exercitu Ruodolfo . . . occurrit; initoque proelio, non pauci ex his atque illis prosternuntur, ac incerta fit victoria, utrisque certatim fugientibus ad propria (l. c.).

zu singen, als bewaffnete Heerhaufen zur Schlacht zu ordnen, jetzt schon durch den einfachen Anblick der Kämpfenden flüchtig geworden seien[64]). Aber sehr schlimm war es, daß dadurch eine große Menge dazu gebracht wurde, ihnen nachzulaufen, was auch Rudolf's eigene Stellung erschütterte. Dieser glaubte, als er das erblickte, das Heer habe sich schon vollständig in die Flucht gewandt, und wie er nun die Flüchtigen auf keine Weise zum Stillestehen zu bringen vermochte, hielt er Alles für verloren. Nahezu allein, mit wenigen Gefährten, schickte er sich gleichfalls an, langsam zurückzuweichen, um die fränkische Grenze wieder hinter sich zu legen[65]).

Immerhin gab es Stellen des Kampffeldes, wo Rudolf's Sache besser stand. Von den sächsischen Streitern hatten die, welche zuerst in die feindlichen Reihen eingedrungen waren und die von den muthlosen Gefährten, die sie hinter sich zurückgelassen hatten, nichts wußten, tapfer ausgehalten, den ähnlich wackeren Gegnern Widerstand leistend, die schwächeren durch ihre Ueberlegenheit zur Flucht zwingend, und es ist etwa ein einzelner Zug aus diesen heldenhaften Zusammenstößen, in denen auch Worte zwischen den Schlägen gewechselt wurden, bewahrt[66]). Aber das Beste thaten, indem sie die Ehre des sächsischen Heeres retteten, Otto von Nordheim, der frühere Herzog von Baiern, und Friedrich, sächsischer

[64]) Bruno's Urtheil über die geistlichen flüchtigen Herrscher ist sehr bezeichnend, l. c.: Ex nostris itaque primi fecerant fugam, qui numquam venire debuissent ad pugnam, episcopi scilicet unius nominis, sed ut ita dicam non unius ominis: uterque enim Werinherus vocatur . . . . Quos omnes (nämlich auch noch die hier inzwischen weiter genannten drei hohen Geistlichen: vergl. n. 71, 72, 74), quia melius sciebant psalmos cantare eo quod nutriti sub religione essent, quam legiones armatas ad bella disponere, solo visu proeliantium versos in fugam . . . (l. c.). Auch der Annalist sagt: Insuper eiusdem partis (sc. Rudolf's) qui praesto aderant episcopi . . . cum suis in diversa fugerant, doch nach ihm bloß aus folgendem Grunde: a fugientibus quibusdam falsariis audito, quasi rex Heinricus vicerit (312).

[65]) Gleich im Anschlusse an die Stelle von n. 64 sagt Bruno weiter: . . . tanta multitudo sequitur, ut rex totum exercitum penitus fugae se dedisse arbitraretur. Quos cum rex nec victoriam certam promittendo, nec servitutem perpetuam nisi fuissent reversi minando, potuisset revocare, solum se relictum cum paucis existimans, coepit ipse etiam paulatim revertendo Saxoniae finibus (richtig wäre: der thüringischen Grenze) appropinquare (l. c.). Höchst lächerlich nimmt sich daneben die ganz erlogene Behauptung des Annalisten aus: Rex Ruodolfus vix cum suis de castris festinantissime se proripiens, et quantum in tali articulo fieri potuit, acies suas contra hostem imminentem prudenter ordinans et exhortans, ipsi (sc. Heinrich IV.) tam fortiter pugnacissimus congreditur, ut in prima statim coitione victoria Deo dante feliciter potiretur, prostratis in brevi duabus primis legionibus (312). Zwar sagt auch Bernold kurz: Ruodolfus . . . illo (sc. Heinrich IV.) fugato, ipse campum victoriae obtinuit (l. c.).

[66]) Bruno nimmt in c. 97 diese nostri, qui fortes hostibus se primo miscuerant, nichil de post terga relictis scientes vor und erzählt die Anekdote von den den Anruf an St. Petrus — quod nomen Saxones pro symbolo habebant omnes in ore — täuschenden Gegnern, wobei ein zweiter Sachse den Tod des ersten mit dem Ausrufe rächt: Ex hoc habens munus ex parte tui Heinrici, tyranni insanientis (l. c.).

Pfalzgraf, wie Bruno ausdrücklich sagt, vom Hause Sommerschenburg, also, wenn das richtig ist, nicht der in diesen sächsischen Kämpfen schon seit Jahren viel genannte Friedrich von Goseck, sondern dessen Schwestersohn, noch ein jüngerer Mann, der auf irgend eine Weise mit dem ihm zugeschriebenen fürstlichen Rang ausgestattet worden war. Indem diese auf verschiedenen Seiten tapfer kämpften, ließen sie nicht eher nach, als bis es ihnen gelang, Heinrich IV. selbst — mit dem ganzen Heere, meint Bruno versichern zu können — in die Flucht zu treiben, und darauf setzten sie noch die Verfolgung, dem Maine zu, auf längerer Strecke fort. Doch weil sie nicht neben einander ihre Erfolge errungen hatten, so daß Friedrich von Otto's Sieg nichts wußte, hoben sich nachträglich doch diese Vortheile wieder gegenseitig größeren Theils auf. Zuerst wandte sich der Pfalzgraf siegesfroh zum Schlachtfelde zurück, um durch dessen Besetzung, wie das nach der Flucht geworfener Gegner so galt, als der eigentliche Gewinner der Schlacht angesehen zu werden. Erst jetzt folgte Otto mit seiner Heeresabtheilung nach, und als er nun eine so große Menge auf dem Kampfplatze erblickte, hielt er sie für Feinde und wagte es nicht, mit seinen schon sehr erschöpften Leuten sich in einen neuen Streit, den er bevorstehend glaubte, einzulassen. Immerhin suchte er durch einen Späher die Wahrheit kennen zu lernen. Dieser blieb länger, als erwartet, aus, sodaß die Meinung entstand, er sei gefangen oder getödtet worden, und so wandte sich Otto, da er keinen bekannten Kampfgefährten zu finden vermochte, obschon thatsächlich siegreich, unfreudig, da er die wahre Sachlage nicht kannte, zur Heimkehr. Um Friedrich dagegen sammelten sich für die Nacht Alle, wie sie von verschiedenen Seiten her aus dem Kampfe zurückkehrten, und sie feierten froh, besonders im Preise Gottes, die Nacht hindurch ihren Sieg. Am nächsten Morgen dann sammelten sie Alles vom Schlachtfelde, wie es ihnen, zurückgelassen von Freund oder Feind, zufiel; das Beste, was fortzuschaffen war, nahmen sie an sich, während sie das Uebrige, um es nicht dem Feinde zukommen zu lassen, verbrannten [87]).

---

[87]) Otto's und Friedrich's, der diversis in partibus acriter pugnantes, Thaten wendet sich c. 100 zu: non ante cessaverunt, quam Heinricum cum omnibus suis ad fugam coegerunt, eosque fugientes tam diu sunt insecuti, donec eos muro Wirtzeburgensi videbant includi (: das ist selbstverständlich ganz unmöglich, da ja Würzburg 75 Kilometer, südsüdwestlich, von Melrichstadt entfernt liegt; wohl aber wird die Flucht in der Richtung gegen Würzburg gegangen sein, was eben der an Ort und Stelle nicht gut orientirte Berichterstatter mißverstand); darauf folgt erst Friedrich's — nesciens, quid Otto dux egisset —, dann Otto's — non longe post eodem reversus — Erreichung des Schlachtfeldes, des letztern — victor quidem, sed non laetus, quia nesciebat — Rückkehr ad patriam. In c. 101 ist noch von der Sammlung aller de diversis partibus a proelio revertentes um Friedrich, von der Nacht zum 8. August, deren Verbringung in laetitia et maxime in divina laude, dem Sammeln und theilweisen Zerstören der omnia quae vel socii vel hostes ibi reliquerant die Rede (368). Der Annalist hat auch hier wieder mehrere Abweichungen: Nec mora, rex ipse primicerius cum suis intimis fugam turpiter iniit; reliquus

Allein auch noch den Ruhm, den Kampfplatz nachträglich inne zu haben, scheinen die Sachsen verloren zu haben; denn es ist sehr wahrscheinlich, daß es Heinrich IV. gelang, nachher — also nach Friedrich's Weggange — auf die Stätte, wo geschlagen worden war, zurückzukommen. Nach einer einzeln stehenden, doch sicher nicht zu verachtenden Nachricht, vermochte nämlich der König sich mit dem vom Herzog Wratislav von Böhmen herbeigeführten Heere zu vereinigen und so mit starker Mannschaft an die Streu zurückzukehren. Er war vom Wunsche beseelt, nochmals die Sachsen aufzusuchen und mit ihnen den Kampf neu aufzunehmen. Aber da war eben schon der Feind weggezogen, und es blieb Heinrich IV. nur noch übrig, Getödtete und Verwundete seines Heeres aufzuheben [44]).

---

dehinc exercitus, visis quae fiebant, inbellis, timidus et mirabiliter perterritus, et ipse in diversa fugitando se salvare satis superque anxiatus omnifariam pertemptavit. Saxones plus quam ad tria miliaria persecuti sunt eos, instantes pugnaciter a tergo fugientibus ..... Profligatis et interfectis tot hostium turmis, Saxones laetanter ad locum primae belli congressionis et ad castra sua revertebantur. Ibique pernoctantes, in crastinum consilio cum rege suo inito, et jure legum suarum, ne ipsis in bello victoribus progrediendum esset ulterius (: eine ganz besonders auffallend verdrehende Erklärungsweise für den durch Rudolf kleinmüthig abgebrochenen Feldzug!), albo accepto, in Saxoniam suam cum tripudio grandi triumphatores remeabant (312). — Zu der durch Bruno in c. 100 Friedrich gegebenen Bezeichnung: palatii praefectus de Symmersenburg — ist zu bemerken, daß auf den Pfalzgrafen Friedrich (II.) von Gosek, der erst 1088 starb, diese Bezeichnung durchaus nicht passen kann (vergl. in dem in Bd. II, S. 265 n. 132, citirten Aufsatz von Gervais, am dort genannten Orte, V, 2, 8 n. 4, ebenso Giesebrecht, III, „Anmerkungen“, 1159). Da nun aber bei dem sächsischen Geschichtschreiber kaum ein Irrthum angenommen werden darf, ist vielleicht mit Nebe, Die Pfalzgrafen von Putelendorp und Sommersenburk (Zeitschrift des Harz-Vereins für Geschichte und Alterthumskunde, XII — 1879 —, 409, 415 u. 416) — anzunehmen, daß Friedrich schon 1078 im Besitze des pfalzgräflichen Titels — gegen Friedrich (II.) von Gosek — stand, sei es seit 1075 — vergl. Bd. II, S. 534 — durch Heinrich IV., von dem er eben erst wieder abgefallen wäre, oder aber erst seit 1077 durch Rudolf. Als Schwestersohn Friedrich's III. wäre Friedrich von Sommerschenburg dem Anspruche auf die Pfalzgrafschaft nahe genug gerückt gewesen, und das würde dann auch erklären, wie 1088 dieser Friedrich gleich auf die Pfalzgrafschaft in Wirklichkeit griff (vergl. in dem in Bd. II, S. 265 n. 132, citirten Aufsatze F. Kurze's, 335 u. 340). Dazu kommt, daß Friedrich (III.) nach dem Chron. Gozecense, Lib. I, c. 19, 1084 plenus dierum starb (SS. X, 148), also vielleicht schon 1078 für die von Bruno ihm zugeschriebene energische Theilnahme an der Schlacht mit seinen Kräften nicht ausgereicht hätte.

[44]) Die von den Casus monast. Petrishus., Lib. II, c. 34, gebrachte eigenthümliche Schilderung dieses bellum apud Strouve: secundum bellum, folgenden Inhaltes: Item Heinricus congregato exercitu contra Saxoniam perrexit ad expugnandum Ruodolfum. Set illi e contra congregati occurrerunt ei in provincia Bajoarie (irrige Angabe) loco fluminis quod dicitur Strouve, dicentes, nolle se regem longius fatigare. Ibi facta pugna vehementissima rex Heinricus cum suis terga vertit ... Saxones igitur adepta victoria suos sauciós et occisos levantes conciti abierunt. Rex autem Heinricus, ipsa die superveniente duce Boemiorum, cum valida manu post fugam ad locum pugnae rediit, Saxones quesivit iterumque cum eis confligere voluit. At cum eos minime repperisset, suosque quique tam occisos quam vulneratos loca-

Die Schlacht vom 7. August hatte eine größere Zahl überraschender vereinzelter Ereignisse gebracht, und in deren Aufzählung erschöpfen sich zumeist die Schilderungen des Tages.

Vorzüglich erregte das üble Schicksal einiger hoher geistlicher Anhänger Rudolf's das größte Aufsehen, wie der angesehenste von ihnen sein Leben verlor, andere gefangen genommen wurden und theilweise längere Zeit in Haft Heinrich's IV. verharren mußten.

Am schlimmsten ging es dem Bruder des verstorbenen Erzbischofs Anno, Werner von Magdeburg. Auf der Flucht fiel er im Walde, wo er Zuflucht suchte, Beute machenden Leuten des Landstriches, durch den, der Werra zu, der Rückzug angetreten werden mußte, in die Hand und wurde von ihnen umgebracht, zugleich mit den ihn begleitenden Geistlichen, wie eine Nachricht lautet; Andere freilich wollten die Unthat Räubern slavischer Abkunft zuschreiben. Aber auch die Todesart wird verschieden erzählt, daß ein Pfeil den Erzbischof durchbohrt habe, daß er erhängt worden sei[9]). Mit seinem Erzbischof war auch Bischof Werner von Merseburg von den Plünderern aufgegriffen worden: aber er kam, allerdings ganz ausgeraubt, mit dem Leben davon und unverletzt in die Heimat zurück. Er versicherte später wiederholt, er möchte nicht um Gold und Silber es verkaufen, diese Nachtheil nicht erlitten zu haben[10]).

verunt et abierunt (SS. XX, 646) ist nach der ob. S. 24 in n. 29 citirten Untersuchung Hensing's, 112 u. 117, einer die Reichsgeschichte für Heinrich IV. günstig behandelnden Quelle entnommen, während dann die mißverständlich in in c. 35 weiter folgende kurze Angabe: Tertium bellum apud Mallirichistat, in quo iterum rex Ruodolfus cum Saxonibus victor extitit, Heinricus autem fugit (l. c.) wahrscheinlich der verlorenen Lebensbeschreibung des Bischofs Gebehard III. von Constanz entstammt.

[9]) Erzbischof Werner's Tod — interceptus miserabiliter occiditur — schreibt Bruno, c. 96 (vergl. nochmals in c. 102: cecidit in fuga), gewiß richtig den incolae illius patriae zu (367), während ihn der Annalist — außerdem auch die Mißhandlung des fälschlich nach Paderborn versetzten Bischofs (vergl. n. 70) — latrones Sclavi beimißt: sagitta percussus est, und zwar in silvis, quo latibulum quaerebant (sc. der Bischof mit ihm) (312). Der Thatsache gedenken auch Bernold (l. c.), sowie Frutolf: a vulgaribus hominibus . . . in fuga occiditur sive, ut quidam dicunt, suspenditur (l. c.), Annal. August. die eben den Erzbischof cum clericis suis umkommen lassen (l. c.), der Liber de unitate ecclesiae conservanda, Lib. II, c. 16: in fuga occisus (l. c.), die Würzburger Chronik (l. c.). Das von Winter herausgegebene Nekrologium der Erzbischöfe: De anniversariis archiepiscoporum quando fiant hat VII. Id. Aug., ohne nähere Angabe über die Todesart, Werner's Namen (Neue Mittheilungen aus dem Gebiet historisch-antiquarischer Forschungen, X, 2, 266). Die Bestattung erwähnen die Gesta archiep. Magdeburgens., c. 21: Corpus archiepiscopi ab ipsis Magdeburg translatum in monasterio Sancte Marie, quod ipse construxerat, est honorabiliter tumulatum (SS. XIV, 403). Die Regesta archiepiscopatus Magdeburgensis, von Mülverstedt's, I, 308—310, verzeichnen nach Angaben der Todtenbücher von Huysburg, Quedlinburg, Hildesheim, St. Moritz in Halle, zum 7., des letzten zum 14. August.

[10]) Von Bischof Werner handelt Bruno, sehr begreiflich, am einläßlichsten, in c. 96, daß er despoliatus in patriam nudus revertitur, wozu beigefügt wird: Quod illi me non ad contumeliam, quisquis hoc legit, sed dixisse putet ad

Waren diese beiden geistlichen Fürsten von Anfang an mit einander in die Flucht gegangen, so traf das Schicksal, gefangen zu werden, auch Andere, die vielleicht an Rudolf's Seite gewesen waren. Das ist von dem päpstlichen Legaten, Cardinaldiakon Bernhard, zu vermuthen, dem aber alsbald wieder die Befreiung zu Theil wurde[71]. Dagegen blieb Erzbischof Siegfried von Mainz, der auf der Flucht mit vielen Anderen ergriffen wurde und nahezu gehängt worden wäre, so lange in der Gewalt der Landeseinwohner, die ihn, gleich jenen beiden erstgenannten, festgenommen hatten, bis ihn Pfalzgraf Friedrich auf dem Rückzuge durch den Thüringerwald wieder gewaltsam frei machen konnte[72]. Besser hatte sich Siegfried's Erzkappellan Hartwig durch die große Geistesgegenwart, mit der er eine größere Zahl von Feinden, die ihn schon umringt, durch geschickte List betrog, der Gefahr entzogen[73]. Dagegen gestaltete sich das Geschick des Bischofs Adalbert von Worms ungleich schwerer. Er wurde von denen, die sich seiner bemächtigt hatten, als Gefangener dem Könige selbst vorgeführt, und dieser verfügte darauf, da der Bischof bei ihm in großer Ungunst stand, eine länger andauernde Haft. Jedenfalls war Heinrich IV. gegen Adalbert deßwegen besonders übel gestimmt, da dieser sich nach Rom an Gregor VII. gewandt und hier die Hülfe des apostolischen Stuhles angerufen hatte[74].

gloriam, quia ab ipsius ore non semel audivi quod ipsam nullitatem non tolerasse vellet pro pondere quolibet auri vel argenti (367). Der Annalist schiebt irrig (vergl. n. 60) dieses Schicksal: captus exspoliatus et ferme nudus profugit ab eis dem Paderborner Bischof, der für das Ereigniß gar nicht genannt ist, zu. Dagegen hat der in n. 69 citirte Liber über Werner: mortem vix evadens nudus omnino dimissus est (l. c., 231 u. 232). Die später geschriebene Vita Wernheri ep. Merseburg. verbreitet sich zwar in c. 2 eingehend: De persecutione suis temporibus illata ecclesiae (SS. XII, 246 u. 247), bringt aber dieses Ereigniß nicht.

71) Bruno nennt Bernhard, l. c., läßt ihn aber non longe post — Dei clementia — (gleich Siegfried) befreit werden. Beim Annalisten ist er cum plerisque aliis satis periclitatus (312).

72) Siegfried ist bei Bruno in c. 96 gleichfalls als captus genannt; die Befreiung folgt erst in c. 101, nach den in n. 80 erwähnten Dingen: Sigefridum quoque . . . quem captum cum multis aliis adhuc servabant (sc. incolae), violenter eripiunt (368). Ebenso bezeugt der in n. 69 citirte Liber, daß Siegfried in fuga captus et vix de suspendio liberatus atque dimissus est (l. c., 231). Das Chron. Lippoldesbergense denkt, wo es, c. 3, ohne nähere Angabe, einer Gefangenschaft Siegfried's Erwähnung thut: a rege temporis illius captus et male tractatus in carcere quoque reclusus . . . . contigit ut et sanus corpore et absque rerum jactura multarum cito letus evaderet (darauf ersetzt er aus Dankbarkeit die lignea capellula in Lippoldsberg durch eine lapidea satis honesta aptaque), wohl an diesen Vorgang (SS. XX, 548).

73) Die List, die Hartwig anwandte — tunc Magontini praesulis archicapellanus . . . in gratia domini (sc. Heinrich's IV.) . . olim —, um sich den Feinden zu entziehen, konnte Bruno, wie er sie dann in c. 98 (368) gut erzählt, sehr wohl erfahren haben.

74) Adalbert wird von Bruno, c. 96, genannt: perductus est in Heinrici crudelis tyranni praesentiam; qui tamen longe post, invito tyranno, divina liberatur misericordia (367). Der Annalist kennt ihn als captus, regi Hein-

Aber auch weltliche Herren ereilte das Geschick, geplündert, ergriffen zu werden. Das geschah dem Herzog Magnus, der ausgeraubt wurde, und dessen Vatersbruder, dem Grafen Hermann, der zugleich mit dem Bischof Adalbert an Heinrich IV. ausgeliefert wurde[75]). Nahezu wäre das Gleiche auch dem Grafen Wilhelm, dem Sohne Gero's, der schon vor zwei Jahren, zugleich mit seinem Bruder, von der Elbe her Heinrich IV. zu schaffen gemacht hatte, widerfahren; doch kamen zu seinem Glücke überlegene sächsische Schaaren und hieben auf den königlichen Rath, Grafen Eberhard, in dessen Gewalt Wilhelm war und der diesen — als rechtes Siegeszeichen — zum König bringen lassen wollte, tödtlich verwundend ein, so daß der Gefangene zu den Seinigen zurückkehren konnte[76]).

So war das Glück vielfach hin und her gegangen, und ohne Zweifel war der Verlust auf beiden Seiten ein ganz ansehnlicher, mag auch eine vereinzelte Stimme aus dem Lager Rudolf's die Einbuße Heinrich's IV. gegenüber derjenigen des sächsischen Heeres in geradezu ungeheuerlicher Weise hoch ansetzen. Sicher ist aber, was zur ungleich größeren Ehre der königlichen Truppen gereicht, daß angesehene Gefallene nur von Heinrich's IV. Seite bekannt sind, während die Namen geistlicher oder weltlicher Fürsten vom Gefolge Rudolf's einzig in der Reihe der Flüchtigen und Gefangenen aufgeführt werden. Von den Kämpfern Heinrich's IV. beklagte man ganz voran jenen Grafen Eberhard — Eberhard im Bart nennt ihn Bruno, der ihn als einen besonders heftigen Anfacher dieses ganzen Krieges bezeichnet —, der, wahrscheinlich schon seit 1068, immer wieder als einer der hauptsächlichsten Rathgeber Heinrich's IV. sich bemerkbar gemacht hatte und dem deßwegen von den gregorianisch Gesinnten vornehmlich auch in Italien ein aus-

---

rico . . . contraditus (312), dann ganz kurz Bernold, Frutolf, Annal. August.: captus in custodiam mittitur (l. c.). Besonders haßte der Verfasser des in n. 60 citirten Liber den Bischof, und so führt er ihn nicht nur, l. c., vor: captus et regi Henricho oblatus, sondern nochmals c. 37: captus est fugiens de praelio Saxonum, cum esset in parte eorum contra regem Henricum, unde et custodiae traditur; sed post aliquantum temporis, intervenientibus pro eo ad regem amicis eius, solvi iubetur (l. c., 232, 264). Den Besuch in Rom erzählt Gregor VII. selbst, in J. 5137, Nr. 31 der Epist. collectae, wo er will, daß die Legaten studiosissime Adalbert's gedenken: cum esset diu ab ecclesia sua expulsus et ob id Romam veniret, ut auxilium apostolicae sedis adquireret, non solum nichil sibi profuit, sed modo etiam peius incurrit (Jaffé, Biblioth. rer. German., II, 559).

75) Frutolf nennt beide Billinger — Magnus dux despoliatur —, der Annalist hier bloß den Oheim: Herimannus, nobilis quidam comes, ganz gleich später, a. 1080, patruus Herimannus comes . . in praecedenti bello Saxonico captus ac Heinrico traditus (325).

76) Von diesem schon in Bd. II, S. 713 ff., genannten Willehalmus, Geronis comitis filius, der schon, unversehens ab Everhardo, qui de magnitudine barbae agnomen habebat gefangen, Heinrico domino suo (sc. Eberhard's) magna pars triumphi praesentandus von Eberhard's milites geführt wurde, erzählt Bruno in c. 99 (368).

geprägter Haß entgegengebracht worden war. Weiter verlor Heinrich IV. den als bewunderswerth tapfer gepriesenen Grafen Poppo, von Henneberg, aus der nächsten nördlichen Nachbarschaft des Schlachtfeldes, vom fränkischen Gaue Grabfeld. Andere Verluste bezogen sich auf den bairischen Theil des Heeres, Markgraf Dietpold vom Nordgau, Graf Heinrich von Lechsgemünd, wohl auch Graf Sigahart [17]).

Von irgend einer Entscheidung, weder nach der einen, noch nach der anderen Seite, konnte nach diesem Zusammentreffen, das vielleicht kaum mit Recht als eine Schlacht erklärt werden darf, gar keine Rede sein. Immerhin ist es noch begreiflich, wenn ein entschiedener Anhänger Heinrich's IV. sogar von einem Siege seines Königs reden will [18]).

---

[17]) Bruno, c. 102, läßt, außer Werner von Magdeburg, nemo qui dignus sit nomine von Rudolf's Seite gefallen sein, dagegen von der Heinrich's IV. de principibus nobilissimis den eben in n. 70 genannten Everhardus Barbatus, qui hujus belli erat inventor saevissimus (daß das nicht Graf Eberhard von Nellenburg ist, vergl. Bd. II, S. 43 n. 6: — nach c. 99 geschah sein Tod, während er dem gefangenen Grafen Wilhelm folgte: Et ecce copiae Saxonum majores illi de latere veniunt, et eum non multum repugnantem citius occidunt), dann Poppo, Thiebaldus, Heinrich von Lechsgemünd (368). Völlig abzuweisen ist die zum ganzen übrigen Text des Annalisten stimmende, mit ihren ganz ungleichen Zahlen den Schein von Genauigkeit erweckende Angabe: Illic ex parte regis Heinrici de nobilioribus plus quam triginta, de minoribus vero, ut ajunt, ad V milia interfecti procubuerant, et ex parte adversaria de minoribus tantum ad 80 viros cecidisse testantur (312). Bernold ist viel ehrlicher: Infinita autem multitudo utrimque occubuit, plures tamen et excellentiores ex parte Heinrici (l. c.). Frutolf theilt Rudolf plurimi de militibus Saxonicis turpiter interempti zu und hebt von Heinrich's IV. Seite bloß Poppo, vir mire fortis hervor (l. c.). Den Dietpaldus comes oder Diepoldus marchio de Giengin cum aliis multis nennen Annal. Mellic. (l. c.) und die in n. 68 citirte Quelle, c. 84, als Heinrich's IV. Verlust. Ueber Poppo vergl. Stein, Geschichte Frankens, I, 91, 119, 159, 179, 230; er war, als Gemahl der Hildegard, einer Tochter des Landgrafen Ludwig des Bärtigen von Thüringen, Stammvater der an die Popponen, Gaugrafen im Grabfeld, sich anschließenden Grafen von Henneberg (vergl. dort II, 438, die Stammtafel). Wegen des Markgrafen Dietpold, des Grafen Heinrich vergl. ob. S. 41. Auf den Sigahart comes (Necrologia s. Rudberti Salisburgens., wo — Necrol. Germaniae, II, 157 — zum 7. August neben diesem occisus noch weiter folgt: eodem die occisus est Tuoto et alii plures: ob auch zu 1078?) machte Riezler, l. c., 541 n. 2, aufmerksam: er hält ihn für einen Grafen von Burghausen (862).

[18]) Ausdrücklich nimmt der Liber de unitate ecclesiae conservanda, Lib II, c. 16, das secundum praelium atrox nimis et crudele, das die Sachsen gegen Heinrich IV. schlugen, als Sieg für diesen in Anspruch: Rudolfus rex fugatus est (l. c., 231). Ebenso sagen die Annal. August.: Saxonibus victis et trucidatis (l. c.). Noch einige weitere Notizen von der Schlacht bieten die sogenannten Annal. Ottenbur.: Expeditio Heinrici regis quinta contra Saxones, eisque pugna secunda cum eis et cum rege Ruodolfo .... ubi utrimque multi ceciderunt (l. c.), dann Annal. Einsidlens.: Pugna Heinrici regis contra Ruodolfum et Saxones (SS. III, 146), weiter die Einschiebung in der Chron. s. Petri Erfordens. moderna, Pars I, wo die Worte über Rudolf: qui regnum invaserat contra Heinricum regem gegen jenen Partei nehmen und danach folgt: Ubi idem rex Heinricus fugam iniit (SS. XXX I, 356). Die Vita Heinrici IV. imperatoris, c. 4 (SS. XII, 273), verflocht (vergl. schon ob. S. 47

Aber ein zweiter Kampf, der am gleichen Tage — dem 7. August — stattfand, war für Heinrich IV. immerhin eine Warnung, nicht etwa sich zu weit vom Main zu entfernen und besonders die schwäbischen Feinde scharf zu überwachen. Es war nämlich diesen oberdeutschen fürstlichen Gegnern des Königs schließlich doch noch gelungen, die am Neckar für den König das gegnerische Heer zurückhaltenden bewaffneten Bauernschaaren schwer zu treffen. Die beiden Führer, Berchtold und Welf, warfen die zwölftausend Mann, die theils getödtet wurden, theils wieder jenes scheußliche Schicksal der Entmannung erfuhren, eine mildere Züchtigung, wie Bernold als Berichterstatter sich auszudrücken für gut fand. Allerdings hatte nun Heinrich IV. in seiner jedenfalls bei Würzburg gewählten Stellung einen Angriff der Sieger zu befürchten[19]).

Indessen blieb schließlich der König doch im Vortheile; denn seinen Zweck, die Feinde aus einander zu halten, hatte er trotz allen Zwischenereignissen gänzlich erreicht.

Rudolf ging nach Sachsen zurück. Am besten ist wieder Bruno über die Vorgänge vom 8. August an unterrichtet. Pfalzgraf Friedrich zog mit den Seinigen, nach der auf dem Schlachtfelde zugebrachten Nacht, unter fröhlichen Gesängen den Grenzen Thüringen's zu. Doch nahmen sie, nach Ueberschreitung der Werra, an Schmalkalden und den übrigen Weilern und Dörfern der Umgebung in Plünderung und Brandstiftung wilde Rache für das, was die Landeseinwohner am Tage zuvor in Raub und Mord an den flüchtigen Heereszugehörigen sich hatten zu Schulden kommen lassen. Erst jetzt befreiten sie auch den Erzbischof Siegfried, mit den gleich ihm Gefangenen, und führten sie Alle in Freude und Gott Lobgesänge darbringend nach Sachsen. Hier sollen sie dann,

---

in n. 75) sehr wunderlich eine Erinnerung an eine durch Rudolf unweit Würzburg geschlagene Schlacht mit der später vom Gegenkönig Hermann geschlagenen Schlacht von Pleichfeld (vergl. zu 1086). Endlich ist noch aus Italien die hier ganz beachtenswerthe Stimme Bonitho's anzuschließen, Lib. VIII: Haut segnior Rudolfus Franciam invadit, bellumque committitur gravissimum et multa milia hominum ex utraque parte cecidere. Sunt qui dicunt, huius prelii Henricum fuisse victorem; quam plures autem palmam huius Rudolfo ascribunt certaminis. Set, quisquis victor, cruentissimam tamen possedit victoriam, und dann, indem eben Bonitho ungeschickterweise die Schlacht zwei Male bringt, nochmals, im Anschluß an die Fastensynode und ihre Beschlüsse (vergl. n. 26): Quod salubre concilium, diabolo instigante, interruptum est. Et iterum acriter pugnatum est — in festivitate sanctae Agathae (5. Februar), wie es nachher, nicht richtig, heißt —; in quo multa milia hominum ex utraque parte cecidere, et maxime Boemiorum, welches letztere nach n. 68, wonach die Böhmen erst nachträglich eintrafen, unwahrscheinlich ist (l. c., 673 u. 674).

[19]) Von den beiden oberdeutschen Quellen setzt der Annalist ausdrücklich ipsa die (sc. der Schlacht) den Zusammenstoß — bellum durissimum — der Herzoge cum Francorum conjuratis centenariis . . omnino profligatis et eunuchizatis an, so daß Heinrich IV. von Seite dieser victores jetzt non minimum . . . . Alemannorum impetum fürchtete (312), und hat Bernold (vergl. n. 58) den Sieg: partim occiderunt, plurimos autem misericordius castigando eunuchizaverunt (435) kurz erwähnt.

als sie sich sämmtlich von verschiedenen Seiten wieder gesammelt hatten, sich ihre tapferen Thaten, wie sie so großen Gefahren entgangen seien, einander erzählt, mit vielen Thränen einmüthig Gott für die Besiegung der Feinde, ganz besonders für die Wiederbefreiung so angesehener Geistlicher gedankt haben[80]). Doch so wenig hier aus dem Feldzuge ein Nutzen erwachsen war, noch weniger dachten die oberdeutschen Fürsten daran, ihren Sieg am Neckar auszubeuten[81]). Sie begnügten sich damit, sich eines festen feindlichen Platzes durch Sturmangriff zu bemächtigen, und wenn nach einer weiteren Nachricht noch allerlei Brandlegungen, Plünderungen, Eroberungen wirklich hinzugekommen sind, so gab das noch lange kein Recht dazu, von einer siegreichen Rückkehr zu sprechen[82]).

Heinrich IV. hatte sich vom Main sogleich nach Baiern zurückgewandt[83]). Hier sammelte er im October die Fürsten um sich, zu dem Zwecke, ein neues Heer zu einem abermaligen Feldzuge zusammenzubringen. Augenscheinlich hatte der König von Anfang an die Absicht, nach Schwaben vorzugehen und hier seine Gegner, wo möglich endgültig, zu treffen. Allein statt dessen wurde nach außen hin ein Aufgebot gegen das sächsische Land, um über den wahren Zweck des Zuges zu täuschen, vorgegeben, und es scheint, daß man in Sachsen diese Unternehmung wirklich als ernsthaft bevorstehend annahm. Ganz sonderbar unglaubliche Nachrichten hierüber, wie Heinrich IV. lügenhafte Berichte über die gänzliche Zerstörung im Sachsenlande, über die endgültige Unterwerfung des entvölkerten Gebietes, das neuer Bebauer bedürftig sei, verbreitet, dadurch die Bildung des Heeres in Baiern beschleunigt habe, wurden nachher in Sachsen aufgezeichnet[84]). Allerdings ging der König

[80]) Bruno, c. 101, bezeichnet durch die Nennung von Smelekallan et ceteri in circuitu vici aut villae, die verwüstet wurden, bestimmt die Heimat der incolae illi, die am 7. August sich vergangen hatten, und in der folgenden Erzählung malt er das Weitere, auch von victi et fugati hostes redend, aus Bes., geht aber doch nicht so weit, wie der Annalist, der — vergl. in n. 67 — von triumphatores redet. Nach den Annal. August. freilich lag die Sache ganz anders: Ruodolfus de bello . . profugus in Saxoniam rediit (l. c.).

[81]) Ein Muster sich selbst widersprechender Verdrehung der Wahrheit — die Triumphirenden gehen auf beiden Seiten auf ihren eigenen Marschwegen wieder zurück — leistet der Annalist in dem Satze, der von den Thaten der Herzoge nach dem Erfolg am Neckar handelt: Qui et ipsi vere comperta hostium fuga et sui regis victoria et reversione, successui suorum congaudebant; et . . . . reditu triumphali repatriabant (l. c.).

[82]) Neben dem glaubwürdigeren Bernold: Deinde quandam munitionem inimicorum facto impetu occupaverunt (l. c.) steht der Annalist (vergl. n. 81) mit incendiis praedisque undique devastata et expugnata oppida adversariorum quam plurima.

[83]) Der Annalist läßt Heinrich IV. absque mora nach Baiern abgehen (312).

[84]) Bruno setzt, c. 103, Heinrich's IV. Aufenthalt im October nach Regensburg und weiß dann mit großer Redseligkeit von dem dort Geschehenen zu erzählen, der Mittheilung des Königs an die principes collecti —: quod jam longo labori finem fecisset, nichilque sibi faciendum restaret, nisi ut

nun zunächst mit der gesammelten Macht bis gegen den Thüringer Wald vor, und die Sachsen vereinigten, wenn der von dem dortigen Berichterstatter genannten Zahl geglaubt werden darf, ein gewaltiges Heer, von etwa sechszigtausend Mann, die gewillt gewesen seien, tapfer zu streiten oder ihr Land zu vertheidigen: so ganz war es also Heinrich IV. gelungen, mit seinem Plan Täuschung zu erwecken, und allerdings mag die starke sächsische Rüstung den königlichen Feldherrn vollends darin bestärkt haben, wenn etwa dazwischen eine andere Rechnung in ihm aufgestiegen war, vom nördlichen Kriegsschauplatze endgültig abzusehen, seine ganze Kraft gegen Oberdeutschland hin zu verwenden[85]). Aber nur um so nachdrücklicher kam nun der Kampf hier in Schwaben zum Ausbruche.

---

illos qui secum participes erant laboris, consortes etiam faceret dignae retributionis, mit ganz unwahren Ausführungen über die Sachsen: Saxones in proximi proelii conflictu sic esse prostratos, ut nisi de gentibus exteris agrorum cultores advenirent, Saxonica tellus in solitudinem versa bestiis silvestribus habitanda remaneret; igitur ut illam terram cunctis frugum generibus opulentam secum vellent intrare rogavit, ipsisque, quod nullum qui eis intrantibus obstaret invenirent, fideliter spopondit — Zusicherungen, die dann auch durch simulati nuntii . . cum verbis compositis — ex persona ducis Ottonis et Herimanni comitis — bestätigt worden seien: se solos ex liberis hominibus, omnibus aliis in novissimo proelio interfectis, beneficio fugae in Saxonia relictos, nunc nimis sero poenitere, quod unquam multitudine suorum confisi praesumpsissent regiae potestati resistere; se regis adventum, quo terrae daret cultores, humiliter expectare; se sibi non honorem, non libertatem, sed solam vitam, quamvis vel hac essent indigni, postulare —; credula nimis aure seien diese Reden aufgenommen worden, und inani spe jam totam Saxoniam possidebant, et quasi jam possidentes, inani spe decepti, animo tumescebant; tota igitur festinatione, quo spes eos trahebat, sequi properabant, nicht mit einem exercitus valde magnus: ne singuli eo minus illius regionis acciperent, quo plures illam divisuri fuissent (368 u. 369). In Wirklichkeit hat wohl allerdings eine gewisse Vorspiegelung stattgefunden, wie der Annalist bezeugt: Autumno sequente Heinricus rex recollectis undecumque copiis militaribus, iterum expeditionem quasi in Saxoniam simulatorie disponebat, et quos contra Saxones adjuratos contraxerat, maxime Ruodolfi regis in occursum sibi pugnacissime exercitum comperiens advenisse, in Alemanniam devastandam perjuros induxerat (313). Bruno's augenfällige Uebertreibungen und Erfindungen sind ganz unannehmbar, wenn in Betracht gezogen wird, daß das Heer Heinrich's IV., das am 7. August geschlagen hatte, ja zumeist in Baiern zusammengebracht worden war, also durchaus nicht über die wahre Sachlage durch scheinbare Botschaften aus Sachsen getäuscht werden konnte: wohl aber hat augenscheinlich Heinrich IV. seine Feinde in die Irre geführt, indem er das, wie der Annalist in Oberdeutschland sehr wohl wissen konnte, anscheinend gegen Sachsen zusammengebrachte Heer dann plötzlich an seinen wahren Bestimmungsort, nach Schwaben, hineinwarf.

[85]) Bruno, c. 103, weiß von diesem Zuge ad silvam quae Thuringos separat a Francis, wo die Nachricht — quod et verum erat —: quia Saxones ex altera parte silvae cum tanta multitudine (nämlich de militibus armatis milia fere sexaginta) sederent, quantam prius numquam sint auditi collegisse — noch durch exploratores erhärtet wurde; jetzt wird der Plan verändert: multo magis redire, timore cogente, quam venire, spe trahente, properabant: sed Heinricus exrex, ne tantum frustra congregasset exercitum, cum eodem agmine Suevos petiit (369). Aber den richtigen Sachverhalt bringt die schon in n. 84 mitgetheilte Aussage des Annalisten.

Ohne Zweifel war es wohl überlegt, daß Heinrich IV. endlich in Schwaben ganz Herr zu werden wünschte. Denn es war zu befürchten, daß immer neue Stellen, von wo Widerstand erwachen konnte, hier hervorträten. So hatte auch jener durch Erzbischof Siegfried zu Ostern in Goslar für die Kirche von Augsburg geweihte Bischof Wigolt seinen Aufenthalt in die südöstlichen Theile von Schwaben verlegt, wo er, in dem in das Hochgebirge hinein sich erstreckenden Theile seines Sprengels, auf einer sehr festen Burg unweit Füssen sammt den Seinigen den Sitz aufschlug, was zur selbstverständlichen Folge hatte, daß zwischen seinen Anhängern und denen des königlichen Bischofs Siegfried der Kampf anhob[86]). Ganz besonders mußte es aber der Wunsch Heinrich's IV. sein, an Berchtold und Welf zu vergelten, was diese an Verwüstungen in den letzten Monaten angerichtet hatten.

Um den 1. November geschah der Einbruch nach Schwaben. Neben den in Baiern gesammelten Kriegern waren Franken, dann wieder Böhmen, ferner aber auch Burgunder in dem Heere vertreten. Allerdings stammen nun die eingehenderen Nachrichten durchaus nur von Seite der Feinde Heinrich's IV. Doch auch Mittheilungen aus dem königlichen Lager sprechen von Verwüstungen, Plünderungen, Brandlegungen, und die argen Dinge, die der aus Schwaben dargebotene Hauptbericht den „schlimmsten und unmenschlichsten Räubern" zuschreibt, wird kaum allzu schwarz gefärbt sein. Ganz besonders malt dieser die, wie im vorhergehenden Jahre, an Kirchen und geweihten Stätten verübten Frevel aus, wie die Priester geschlagen, ihrer heiligen Gewänder entkleidet, halbnackt mit Füßen getreten wurden, wie man die Gotteshäuser ausplünderte und in Brand steckte, die Altäre zerstörte, der heiligen Leiber beraubte, sie in der allerschändlichsten Weise besudelte, in den Kirchen Stallungen und Abtritte einrichtete. Wieder hatten die Frauen, die theilweise, auch in den Kirchen, bis zu Tode geschändet wurden, oder die man schor und in Männerkleider gesteckt wegführte, das Schlimmste zu leiden. Große Mengen von Beute, von Kirchengut schleppten die Feinde hinweg, freilich nicht überall unbestraft, sei es daß die dem Könige gegnerischen schwäbischen Fürsten, oft auch wieder mit entsetzlichen Mitteln, eingriffen, oder daß, wie der Erzähler hörte, böse Geister die Schuldigen erfaßten und bis auf den

[86]) Vergl. zuletzt ob. S. 122 u. 123. Der Annalist sagt von Wigolt: in quoddam castellum juxta Fauces Alpium sese cum suis quia firmissimum et munitissimum erat, prudenter contulit, pacem aecclesiae inibi praestolaturus; natürlich sieht der Bericht in den Augustenses die Urheber der confestim begonnenen plurimae injuriarum illationes, die Wigolt qualicumque longanimitate et patientia ertragen habe (310). Steichele, Das Bisthum Augsburg, IV, 501 u. 502, sieht diese Burg in dem Platze Falkenstein bei Pfronten, am Westende des Berges, der auf seinem Ostausläufer die Burg Füssen trägt, an den auch Sagen, schon betreffend Bischof Heinrich II. (vergl. in Bd. I), als Erbauer der Feste, sich anschließen (vergl. auch Baumann, Geschichte des Allgäus, I, 256–259).

Tod quälten. Nicht viel weniger als hundert Kirchen sollen in dieser Weise entweiht worden sein, und dabei ist kein Zweifel, daß verschiedene Theile des Landes heimgesucht wurden. Ganz voran hatte es der König, wie schon bemerkt, auf Welf und auf Berchtold abgesehen, so daß also deren Besitz vorzüglich Schweres erfuhr; aber nicht minder traf er alle anderen Gegner, insbesondere die eifrig zu Rom sich haltenden Getreuen Rudolf's. Von dem Welfenplatze Altorf, nördlich landeinwärts vom Bodensee, ist bekannt, daß einem dort aufgehängten Holzbilde des Gekreuzigten Haupt, Hände und Füße abgeschlagen wurden. Von den belagerten festen Burgen, von denen einige Zerstörung erfuhren, ist besonders Tübingen genannt. Die Belagerung dieses Platzes war eines der wichtigsten Ereignisse, und es gelang dem König, den Grafen Hugo zur Unterwerfung zu bringen. Immerhin soll es nach einer Nachricht auch noch gegenüber anderen Abgefallenen gelungen sein, durch die erzielte Hervorrufung von Schrecken bei den Feinden, von Ermuthigung bei den Freunden, ähnliche Erfolge zu gewinnen. Aus der Donaugegend — die Verwüstungen werden da den Böhmen zugeschrieben — wird berichtet, daß, wo noch eine Hütte unversehrt stand, in ihr nicht eine Klaue von einem Stück Rindvieh gelassen worden sei, und die Noth sei so groß geworden, daß nach dem Weggang der Zerstörer, bei dem Mangel der Zugkräfte, die Menschen sich vor den Pflug spannten, um eine neue Ernte möglich zu machen. Aber was am meisten die geistlichen Urheber der Geschichtsaufzeichnungen bekümmern mußte, war, daß diese Heiliges und Unheiliges unterschiedslos treffenden wilden Thaten mit Erlaubniß, unter Theilnahme der zu Heinrich IV. sich haltenden Bischöfe geschahen, daß diese zugleich mit den Kriegern in die Kirchen eindrangen [87].

[87]) Ueber diese neuen Kämpfe auf schwäbischem Boden ist der Bericht des Annalisten am einläßlichsten. Er schreibt das circa festivitatem Omnium Sanctorum Geschehene pessimis praedonibus et inhumanissimis de Boemia, Pagoaria, Burgundia, Francia, nec non quoscumque poterat de ipsa Alamannia conductis zu, so, daß, wie May, in den Forschungen zur deutschen Geschichte, XXII, 522, richtig andeutet, eine formell weitere Ausführung, in der Schilderung der Gräuel, gegenüber dem ähnlichen Abschnitte zu 1077 — vergl. ob. S. 85, n. 58 — vorliegt, doch besonders mit noch stärkerer Betonung der Entweihung der Kirchen — altaria sanctorum reliquiis inde ablatis destruxerant, super ea, quod a paganis inauditum est, cacaverant, carnibus draedae in frusta dilaniatis superinpositis ea cruentaverant —, ebenso der Mißhandlung der Frauen — Mulieres ad usque mortem constuprando nonnullas oppresserant; plerasque viriliter tonsuratas ac vestitas, captivas abduxerant —, mit Nennung des welfischen Stammsitzes Altorf (vergl. die Erwähnung der Altorfensis villa, des Altorfense cenobium in der Hist. Welforum Weingartens., cc. 4, 7, 10, ff., SS. XXI, 459 ff.) als der Stätte einer Heiligthumsschändung, an einer lignea Christi crucifixi imago, und zwar mit Hervorhebung der episcoporum, qui simul cum eis aecclesias Dei invaserant, data licentia. Dann folgt die Zahlangabe: parum minus quam centum aecclesiae . . . violatae, die Erwähnung, daß doch Alles non inpune omnino geschehen sei: quidam namque illorum, ut ajunt, ab inmundis spiritibus arrepti, usque ad mortem vexabantur; nonnulli vero a principibus Alemannis interfecti, capti, exspoliati, plurima pars eorum exaricati et detruncati sunt; immerhin war

Einer dieser am Kriege betheiligten hohen Geistlichen war der Erzbischof von Trier, Udo, als geborener Graf von Nellenburg selbst ein Schwabe. Im letzten Winter hatte der römische Legat Abt Bernhard von Hirsau aus mit ihm anzuknüpfen gesucht, und

Schwaben kläglich verwüstet: ipsi cum non minimis praedarum et sacrilegiorum honerati sarcinis, domum, non pleno tamen triumpho, tripudiantes redibant (313). Aber weitere zu 1078 gehörende Nachrichten sind denn auch noch a. 1079 eingeschoben, und weil sie zum Theil schon Gesagtes wiederholen, sind sie wohl als anderweitige Beifügungen anzusehen. Zuerst ist das in c. 85 Bruno Entnommene kürzer hier gebracht: Postquam rex Ruodolfus post peractum bellum et victoriam adeptam (sc. am 7. August) denuo sibi insurrecturum cum non modico exercitu hostem suum comperit, ipse iterum cum maximo electissimorum suorum militum pugnatorum impetu ei congredi acerrimus omnifariam attemptans, omnifariam perterritum et stupefactum a se profugavit eum. Quo facto dum nichil aliud hac vice ab eo fieri, nisi militiam suam domum a se dimissurum arbitraretur, ipse in Saxoniam suam cum suis glorianter remeavit. Ille (sc. Heinrich IV.) autem immaniter efferatus, Alemanniam, eam devastaturus ex improviso invaserat: nullum fere nominabilem praeter Hugonem comitem hac violentia ad deditionem vel conditionem fidelitatis coacturus (315 u. 316). Bernold ist viel kürzer: Rodolfo igitur in Saxoniam reverso, Heinricus derepente recollectis viribus, Alemanniam praeda, ferro et igni, circa festivitatem Omnium Sanctorum devastavit. Terram videlicet catholicorum ducum Berthaldi atque Welfonis et aliorum sancti Petri fidelium penitus dissipare aggressus est. Tunc quoque parum minus quam centum aeclesiae (May, l. c., hebt hervor, daß diese gleiche Zahl auch beim Annalisten sich findet, wobei vielleicht die gleiche Quelle vorlag) in illa expeditione violatae sunt (435). Annal. August. berichten: Rex Alemanniam invasit, vastavit et incendit; castella satis munita destruxit. Qui prius dotes et alias ecclesiasticas possessiones diripiebant (vergl. die Stelle der Annalen, a. 1077: ob. S. 38 in n. 60), ipsi inter se mutuis crassantes seditionibus, ultione divina praediis et beneficiis privantur. Annal. Einsidlens.: Devastatio Welfhardi ducis Noricorum ducatus comitis Perhtolfi de Ceringen (was Irrthum erweckend ist, als ständen sich beide Fürsten gegenüber), Annal. Zwifaltens.: Heinricus rex Sueviam igne et ferro vastat. Duwingen obsessa und Berthold von Zwifalten im Chronicon, c. 28: Heinricus rex Suevis sibi repugnantibus .... Alemanniam vastaturus cum ferocissimo et crudelissimo Boemiano exercitu intravit, igne et ferro cuncta vastavit, urbes subvertit, aecclesias solo coaequavit. Ubicumque autem tugurium aliquod ab igne intactum remansit, ibi nec una bovis ungula, nullum omnino pecus nec aliud aliquid ibi remansit. Iste procinctus belli in tantum istam provinciam afflixit et oppressit, in tantum penuriam omnium rerum adduxit, ut jumentis orbati sexaginta octo viri combinati more boum aratris terram sulcarent, semina spargerent, in futurum victus sibi necessaria providerent; ebenso geht wohl in der ob. n. 68 citirten Stelle der Petershauser Aufzeichnungen das von den Königlichen Ausgesagte: circumquaque omnia preda, ferro et igni devastaverunt auf diese Vorgänge (SS. III, 129, 146, X, 54, 111, XX, 646). Außerhalb Schwaben's haben Frutolf, allerdings irrig a. 1077: Heinricus rex Alemanniam cum exercitu petit, ibique quendam ex indigenis Hugonem aliosque sibimet ibibi rebelles non sine magna eiusdem provinciae vastatione debellat. Bruno, c. 103: ubi (sc. bei den Suevi) nec ecclesiis nec atriis ecclesiarum pepercit, et inter sacras profanasque res nullam differentiam fecit, ut illorum avaritiam insaturabilem saturaret, quos Saxoniam pollicendo (vergl. hiezu in n. 84) fefellerat, Sigeberti Chron.: Heinricus imperator Sueviam pervagatus castella frangit, et omnia depopulando inimicis suis formidinem, amicis addit fortitudinem, et multos qui ex desperatione rerum a se defecerant, ad se retrahit (SS. VI, 203, V, 369, VI, 364).

noch nach Abschluß der Synode hatte Gregor VII. im März Udo zur Herbeiführung des Friedens im Reiche heranzuziehen sich bestrebt. Ohne Frage also hatten die römischen Kreise ihm volles Vertrauen zugewandt, und sogar der grimmige Feind Heinrich's IV., Bruno, war von der Ansicht erfüllt, Udo sei ein Mann voll von Milde gewesen, habe aber eben durch seine zu große Sanftmuth gegenüber der gewaltthätigen Weise des Königs sich als nicht widerstandsfähig erwiesen, so daß er nunmehr zur Beraubung der Kirchen gleichfalls die Hand bot. So wurde denn in dem plötzlichen Tode des Erzbischofs eine göttliche Rache erblickt. Er traf ihn während der Belagerung der Burg Tübingen, am 11. November. Die Leiche brachten die Trierer in ihre Stadt und setzten sie da in ihrem St. Petrus-Dome bei. In der Bisthumsgeschichte wurde Udo ein günstiges Andenken bewahrt, und er ist da als ein sehr verehrungswürdiger Mann, anmuthig von Angesicht, beredten Mundes, hoch von Gestalt, gepriesen[88]).

Mitten in die Stürme dieser für Schwaben so verderblichen Zeit fiel aber weiter, am 5. oder 6. November, der Tod eines mächtigen weltlichen Fürsten des Landes, des gewesenen Herzogs von Kärnten, Berchtold mit dem Barte, der, obschon in höheren Jahren stehend — er zählte wohl über siebzig Jahre — noch ganz vor Kurzem kriegerisch gegen Heinrich IV. eingegriffen hatte. Auf der Limburg weilte er, in der zu einem Städtchen erweiterten Burg,

[88]) Den Tod Udo's — vergl. über ihn ob. S. 90, sowie S. 113: hieran knüpft Hugo von Flavigny, an der dort, n. 30, genannten Stelle, die Bemerkung, daß Udo . . . non multo post beato fine quievit, et sic negotium apostolicae legationis intermissum est (l. c., 449) — verflechten Gesta Treverorum, Additam. et Contin. I, c. 9, mit den Kriegsbegebenheiten: Hic in expeditione regis in obsidione castri Alamannorum, quod Tuingia vocatur, obiit, relatusque a Treberensibus in monasterio sancti Petri sepultus est, ähnlich Frutolf im weiteren Anschluß an die Stelle in n. 87, wo von Hugo die Rede war, Bruno, c. 103, gleich nach der Stelle von n. 87: Ibi . . . Udo subitanea morte miserabiliter obiit, dum timore Dei postposito, manibus profanis in sacras res licenter ire permisit, unter Verweisung auf die frühere Stelle in c. 76, wo Udo als drittes Beispiel der Bd. II, S. 77 n. 65, bezeichneten Reihe erschien, nämlich als zwar omni pietate plenus, doch nimis mansuetus tyrannidi non resistens und gegenüber Heinrich IV. zu nachgiebig: eius flammeo furori suae consensionis oleum ministrat, et ut ecclesiae depraedentur licentiam donat, so daß er mox in crastino mane todt war, quia in ecclesiarum praedatione non timuit assensum praebere (SS. VIII, 183, VI, 203, V, 360, 361: ganz kurz Annal. s. Eucharii Trevirens., a. 1079, SS. V, 10). Ueber Udo vergl. schon Bd. I, S. 509 (in n. 29 die Charakteristik durch die Gesta Trever., l. c.), ferner den Artikel von F. X. Kraus, Allgemeine deutsche Biographie, XXXIX, 129–131. Zu Bd. II, S. 26, n. 41, ist noch nachzutragen, daß nach dem Bericht De translatione Sanguinis Christi die Vermählung der Judith, der Wittwe des englischen Earl Tostig, mit Welf mediante quodam Treverensi episcopo, nostrorum principum (sc. der Welfen) consanguineo (d. h. also Udo), herbeigeführt worden sei (SS. XV, 923). Daß Abt Riza von Mettlach seine Vita Liutwini Udo widmete, vergl. die durch Weiland, SS. XXIII, 13 n. 20, citirte Stelle. Als Udo's Todestag nennt das Necrol. s. Maximini den 11. November; sein Grab fand er im Dome von Trier (Görz, Regesten der Erzbischöfe zu Trier von Hetti bis Johann II. 814–1503, 12).

die, natürlich fest, den nördlich vor dem Absturze der Alb einzeln über dem Flüßchen Lindach stehenden Bergkegel krönte, und da hatte der Anblick der ungestraft von den Königlichen ringsum verübten Verwüstungen — auch die von Berchtold in Weilheim, am nördlichen Fuß der Limburg, gestiftete Propstei war wohl zerstört — ihn nach einer durchaus glaubwürdigen Nachricht so erschüttert, daß er in Geistesstörung fiel und während der sieben Tage, in denen er auf dem Krankenbette lag, von wahnwitzigen Vorstellungen gequält, in vielen sinnlosen Worten redete, ehe ihn der Tod erlöste. Die Leiche wurde nach dem Kloster Hirsau gebracht und hier beigesetzt[89]). Außerdem verlor der Anhang Rudolf's auch noch einen Markgrafen Heinrich durch den Tod, wie Bernold meldet; indessen stand wahrscheinlich der Verstorbene, der ursprünglich aus Schwaben hervorgegangene Heinrich von Hildrizhausen, nicht mehr im Besitz seiner Markgrafschaft im Nordgau, da sie ihm wohl im vorhergehenden Jahre zu Ulm durch Heinrich IV. abgesprochen worden war[90]).

[89]) Neben dem Annalisten, der mit ausgedehnter Beifügung verherrlichender Beinamen: christianae religionis amator et defensor studiosus et secundum Deum et seculum sobrie et ordinate honestae vitae cultor non modicus (etc.) den ipsius diebus — d. h. der S. 149 u. 150 erwähnten Ereignisse — anima sua tota, qua oportuit, spe fideque in manus Dei commendata domo sua prudenter disposita felici consummatione eingetretenen Tod des dux Berhtoldus . . o utinam felicissimus meldet (313), und Bernold: Eodem tempore (sc. mit den gleichen Vorgängen) ex parte Ruodolfi Bertaldus Carinthiorum dux, piae memoriae . . . obierunt in pace (435), ist weit mehr Frutolf's Mittheilung, allerdings falsch zu 1077 (gleicherweise in den nur kurz den Tod des vir catholicus [et Heinrico omnimodis contrarius] nennenden Annal. Argentin., resp. Marbac., SS. XVII, 89) zu beachten: Berchtoldus de Zaringen dux quondam Carinthiae (hier fügt dagegen Rec. C Chron. Univ. bei: jam senex et sapientissimus in regno habitus, cuius et consilio rex super regem positus est), in quodam oppido suo Lintperg naturaliter munito positus, dum videret ex arbitrio regis impune cuncta vastari, pre dolore animi dicitur eo morbo quem medici frenesin vocant occupatus fuisse, septemque diebus postea superstes, multa amentiae verba quasi delirans protulisse sicque vitam finisse (SS. VI, 203). Das Alter geht aus der von E. Krüger, Zeitschrift für die Geschichte des Oberrheins, XLV, 580, angestellten Rechnung hervor, daß Berchtold's Geburt auf 1005 anzusetzen sei. Als Todestag geben die Notae necrologicae Bernold's: 8. Id. Nov., dagegen das Necrol. Petrishus.: Non. Nov. (Necrol. Germaniae, I, 659, 670). Betreffend die Stätte des Todes vergl. Heyck, l. c., 92, n. 308, der auch, 93 u. 94, eine Charakteristik Berchtold's versucht, und über die Bedeutung des Ausdrucks oppidum speciell Schulte in seiner n. 1 zu Maurer's Aufsatz, Zeitschrift für die Geschichte des Oberrheins, XLIII, 490; die von Buchholz, Ekkehard von Aura, I, 71 u. 72, in Frutolf's Angaben gesetzten gewissen Zweifel sind kaum berechtigt. Für die Stiftung von Weilheim und die Beisetzung Berchtold's in Hirsau liegen die Beweise in der im Kloster St. Peter aufgezeichneten Genealogia Zaringorum: Berchtoldus Cum-barba nominis huius primus . . . apud cenobium Hirsaugiense sepultus est. [Hic preposituram in villa Wilhelm constituit . .] (SS. XIII, 735; vergl. dazu noch die von Baumann edirten annalistischen Aufzeichnungen aus St. Peter, Freiburger Diöces.-Arch., XIV, 71).

[90]) Bernold nennt an der in n. 89 erwähnten Stelle als ex parte Ruodolfi gestorben auch Heinricus marchio, über den schon ob. S. 41 in n. 63 gehandelt wurde.

Wie lange Heinrich IV. in Schwaben verweilte, läßt sich nicht erkennen. Nur das steht fest, daß er Mainz, das er jetzt nach Siegfrid's Weggang sichtlich mit Vorliebe aufsuchte, wieder durch die Wahl der Stadt als Aufenthaltsort für die Begehung der Weihnachtsfeier auszeichnete. Daß dabei ganz überraschend mitten in winterlicher Jahreszeit ein von heftigem Blitz und Donner begleiteter Sturmwind ein ansehnliches Stück des Daches der Domkirche losriß und zu Boden schmetterte, mußte für die auf der Seite des flüchtigen Erzbischofs Stehenden ein Zeugniß des himmlischen Zornes bedeuten[81]).

Rudolf dagegen hatte nach der Rückkehr nach Sachsen seine aus diesem Lande ausgehobenen Truppen entlassen und der Besorgung der Aufgaben des Friedens in diesem ihm zu Gebote stehenden Gebiete neuerdings sich gewidmet. Doch bald befiel ihn eine heftige und schmerzhafte, von Fiebern begleitete Krankheit, die ihn über zwei Monate festhielt, so daß die Meisten an seiner Herstellung verzweifelten. Wohl erst kurz vor dem Weihnachtsfest, das der Genesene mit vielen sächsischen Fürsten zubrachte, hatte er sich wieder erhoben[82]).

Neben dem Tode der schon genannten hohen geistlichen Würdenträger — voran der Erzbischöfe Udo von Trier, Werner von Magdeburg — hatte das Jahr noch die Erledigung der Bischofsstühle Cur und Naumburg, sowie des Erzbisthums Cöln gebracht. Bischof Heinrich von Cur, der zwei Male als Begleiter päpstlicher Legaten oder als Träger eines päpstlichen Befehles in Gregor's VII. Zeit hervorgetreten war, starb am 23. December[83]). Den schon am 5. Mai eingetretenen Tod des Bischofs Eberhard von Naumburg wird Heinrich IV. ohne Zweifel sehr beklagt haben: denn diesem aus seinem Sprengel vertriebenen, im Bann liegenden

[81]) Der Annalist, a. 1079, läßt in seiner Weise den König das hohe Fest non satis magnifice feiern und dabei — contra nostri climatis situm: hoc eo tempore gestum, non minimum admirationi a cunctis habebatur — durch die eintretende Naturerscheinung partem non minimam de episcopalis aecclesiae tectura direptam auf die Erde geworfen werden (315). Die Bevorzugung von Mainz als Aufenthaltsort Heinrich's IV. — 1077 bis zum Abgang nach Italien 1081 neun Male, in den ersten zwanzig Regierungsjahren bis 1076 bloß vierzehn Male — ist bemerkenswerth.

[82]) Der Annalist spricht — erst 1079 eingeschoben — vom Ende des Jahres 1078 hinsichtlich Rudolf's, in Anknüpfung an das in n. 67 Eingerückte, zuerst nach Erwähnung der Saxones sui a se domum dimissi von der Sorge für pax . . judicia et justitiae (ähnlich, nur kürzer, der ob. S. 46 in n. 74 berührten Lobpreisung der Gerechtigkeitspflege Rudolf's) und von der Erkrankung: febres et pleurisis — plus quam duos menses —, dann von der Weihnachtsfeier — gloriosissime . . . cum non modico Saxonicorum principum collegio festivissimus —, mit Auslassung des Platzes im Texte: apud . . . ., der aber jedenfalls nach Sachsen fiel (316).

[83]) Vergl. über Bischof Heinrich Bd. II, S. 377 u. 570. Seinen Tod erwähnen neben dem Liber anniversariorum eccles. major. Curiens. die Libri anniversariorum et necrologium monast. s. Galli, beide zu X. Kal. Jan. (Necrol. Germaniae, I, 487, 646), sowie der Annalist ganz am Schlusse zu 1078 (315).

Anhänger des Königthums hatte ein Unfall in ganz unerwarteter Weise das Ende bereitet, während er im Auftrage Heinrich's IV. das Bisthum Würzburg verwaltete. Da war er bei dem Ritte durch einen unbedeutenden Bach, den jeder Fußgänger gefahrlos durchschreiten konnte, mit seinem starken Pferde gestürzt und so an einer Stelle, wo gar keine Besorgniß nothwendig zu sein schien, elendiglich umgekommen — ein Lebensabschluß, der selbstverständlich bei den Feinden zu hohnvollen Reden Anlaß bot[94]. Die Wiederbesetzung des erledigten Sitzes des im Herbste verstorbenen Erzbischofs Hildulf nahm der König in Mainz, jedenfalls bei Anlaß seines wegen der Weihnachtsfeier dort gewählten Aufenthaltes, vor. Er erkor als Nachfolger den Decan der Cölner Kirche, Sigewin, der vielleicht in der Form der durch Gregor VII. verworfenen Investitur in sein Amt eintrat, so daß also auch auf ihm, ganz so, wie auf Hildulf, den der schwäbische Geschichtschreiber, wie auf der Erde verdammt, so auch im Himmel auf alle Zeit gebunden erblickte, die Excommunication lag. Dagegen war durch diese Besetzung Heinrich's IV. Einwirkung auf das frühere geistliche Gebiet des Anno fortdauernd gesichert. Allerdings erschien die Voraussagung Anno's, dem der Hinweis auf diesen seinen zweiten Nachfolger in den Mund gelegt wurde, auf diesem Wege an Sigewin nicht erfüllt, die Ankündigung nämlich, dieser sei der wahre Israelite, an dem kein Falsch bestehe[95].

---

[94]) Vergl. zuletzt ob. S. 59 über Bischof Eberhard. Seinen Tod haben der Annalist, a. 1079, im Anschluß an die Stelle von S. 59 in n. 91, in den Worten: ipse excommunicatus et excommunicatis toto nisu communicans, cum his quos libenter complexus est, portionem habiturus, diem extremum infausta pertinacia totaliter clauserat, justissime in regno Dei in aeternum excludendus (323), und Bruno, c. 77, in der Reihe der in Bd. II, S. 77 n. 65, charakterisirten Fälle, mit boshaften Seitenbemerkungen über das Ereigniß: dum quendam rivum forti sedens in equo transiret ... equo cadente moriens sic interiit —, daß nämlich der heilige Kilian herbeigeführt habe: ut qui eius urbis violentus incubator injuste vinum suum bibebat, aquam quoque suam juste bibens, ultra vinum non quaerat, und dem Schlusse: et quia nobis inconciliabilis permansit, Deo irreconciliatus ab hac vita migravit (361) gleich feindselig erwähnt. Bloß ganz kurz, ohne Namenangabe, spricht das Chron. Gozecense, Lib. I, c. 14, von der Erledigung von Naumburg: Illo tempore Cicensis ecclesia suo orbata fuit antistite, woneben die Angabe, daß Abt Friedrich von Goseck die Abtei St. Georg in Naumburg interventu domini palatini (Friedrich's II.) ... a rege Rudolfo Saxonico zur Leitung erhielt (SS. X, 146), für Rudolf's Schalten in dem Bisthum, ebenso wohl dafür spricht, daß die Ertheilung des pfalzgräflichen Titels an Friedrich von Sommerschenburg (vergl. ob. S. 141 in n. 67) kaum von Rudolf ausgegangen war. Lepsius, Geschichte der Bischöfe des Hochstifts Naumburg vor der Reformation, I, 26 u. 27, erwähnt die früher im hohen Chor der Domkirche sichtbare Inschrift: III. Non. Maji o. Heberhardus eps. Nuenburg eines verschwundenen Denksteins, ohne damit behaupten zu wollen, daß die irdischen Ueberreste des Bischofs nach Naumburg zur Beisetzung gebracht worden seien.

[95]) Der Annalist spricht vom Wechsel des Erzbischofs von Cöln am eingehendsten, zuerst a. 1078 vom Tode Hildulf's — eodem autumno —, des symoniacus ille Coloniensis appositus, apostolicae auctoritatis sententia,

Zu den auf das ausdrücklichste ausgesprochenen Verurtheilungen, die Gregor VII. auf der Fastensynode verhängte, hatte der Bann gehört, der über alle Normannen, als räuberische Störer des Friedens, als Angreifer päpstlicher Gebiete, als zu befürchtende Feinde der Stadt Rom, verhängt worden war, woneben auch die Bischöfe und anderen Geistlichen, die den unter dem Bann stehenden Normannen mit kirchlichen Dienstleistungen zur Seite bleiben würden, entschiedene Verwarnung erfuhren[98]).

Seitdem in den ersten Tagen des März diese Beschlüsse gefaßt worden waren, hatten sich die Dinge in den von den Normannen beherrschten Theilen Italien's mehrfach sehr anders, für die römische Kirche unzweifelhaft günstiger, gestaltet.

Ein erster Erfolg war, daß der Sohn des Fürsten Richard von Capua, Jordanus, mit dem Bruder seiner Mutter, Roger, dem tapferen Vorkämpfer bei der Eroberung Sicilien's, dem Bruder des Herzogs Robert, nach Rom kam, wo sie mit einander, um die

---

utpote hereticus fur et latro, super terram damnatus . . . etiam in coelo perenniter ligatus, hernach a. 1079 von der Einsetzung des Sigewin für Cöln — eiusdem loci decanus —, und zwar contra decretum apostolicum . . . non canonice per ostium intrans: qui investituram illam de manu regis et ipse accipere contra fas praesumens mox excommunicationi infelix subjacebat (313, 315): das Ereigniß ist hier postea, sc. nach den in n. 91 zum Weihnachtsfeste angeführten Dingen, erzählt, ist also wohl vor dem — nach n. 26 zu 1079 am 6. Januar vorgenommenen — Acte für Trier anzusetzen. Auch der Eintrag in die Annalen von St. Alban: Hildolfus episcopus Coloniensis obiit, pro quo Sigewinus ordinatur (SS. II, 245), nach Schum, Die Jahrbücher des Sanct Albans-Klosters in Mainz, 23, als Eigenthum der dortigen Geschichtschreibung anzusehen, setzt das Ereigniß ausdrücklich zu 1078 (irrig zieht Buchholz, Die Würzburger Chronik, 44, Hildulf's Tod zu 1079). Weitere Angaben zu 1078 sind in den Annal. Brunwilarens.: obiit Hildolfus episcopus sine pallio, successit Sigewinus (SS. XVI, 725: außerdem ist in der Vita Wolfhelmi abb. Brunwilar., cc. 13–18 — SS. XII, 187–189 — einläßlicher von Hildulf die Rede, doch aus dem in Bd. II, S. 648, in n. 42, erwähnten Grunde in einer Abneigung verrathenden Weise, indem c. 18 schließt: divinitus relisa nisa frustrata illius adversatrix intentio est: morbo quippe invalescente post paucos dies obiit, et cathedram praesulatus Seguinus vir pius obtinuit), den Annal. Hildesheim.: Hildolfus Coloniensis obiit, pro quo Sigewinus ordinatur, Annal. Leodiens. Contin.: Siguinus fit archiepiscopus (SS. III, 105, IV, 29). Die Erzählung der Vita Annonis, Lib. II, cc. 7 u. 8, daß Anno, als, cum in Goslaria, villa scilicet regia, publicis majorum regni conventibus interesset, quidam ex latere regis clericus Hildolfus nomine familiaritatis intuitu petiit, ut codicem sacramentorum qui vulgo missalis dicitur, quem pontifex non parvi decoris habuerat, suis concederet petitionibus, gesagt habe: Hac interim postulatione carebis, donec juri tuo conferatur omne ministerium, quod capellulae meae claustris debetur, ferner daß der Erzbischof, in gradibus qui Coloniae insignis habentur una die residens dem anwesenden Bischof Benno von Osnabrück de archidecano suo Sigewino comminus venienle das Wort Joh. I, 47: Ecce vere Israhelita in quo dolus non est genannt habe, dann weiter: Hunc profecto noveris in sede Coloniensium meo jure quandoque recipiendum, was Beides sich erwahrt habe (SS. XI, 480 u. 487), ging hernach, in kurzer Wiederholung dieser Voraussagungen, in die Catalogi archiepiscoporum Coloniensium über, wo von Hildolf steht: Sedit annis sex quinque (ulu hohe Zahl) . . . in domo sancti Petri sepultus est (SS. XXIV, 340).

[98]) Vergl. ob. S. 109.

Gunst des Papstes sich bewerbend, die Lösung von der Excommunication erlangten und unter Gelöbniß der Treue ein Bündniß mit ihm eingingen[97]). Dann aber bequemte sich auch Richard selbst dazu, die Versöhnung mit Gregor VII. zu suchen. Während nämlich noch die Belagerung von Neapel fortdauerte, erkrankte der Fürst und gab auf dem Sterbebette seine Eroberungen in der Campagna an die römische Kirche zurück, worauf er von dem Bischof von Aversa die Lösung vom Banne empfing; er starb drei Tage vor dem Osterfeste, am 5. April, und indem jetzt Jordanus ihm in Capua nachfolgte, erscheinen die Beziehungen zum Papste vollends geordnet. Ebenso wurde nunmehr Neapel von der Belagerung befreit[98]). Aber sogleich kam danach der Gegensatz zwischen dem Erben Richard's und Herzog Robert zum Ausdruck. War dieser insbesondere wegen der Bedrängniß, die er über Benevent verhängte, auf der Synode des kirchlichen Fluches theilhaftig geworden, so konnte er jetzt, wegen dieser feindseligen Haltung des Jordanus, der Gregor's VII. Bundesgenosse geworden war, die Belagerung von Benevent nicht mehr weiter führen lassen. Schon am Ostertag, am 8. April, hörte die Umschließung der Stadt auf. Die durch Robert zum Zweck der Eroberung Benevent's gegen den Platz angelegten Befestigungen wurden zerstört, und die Höhe der ansehnlichen Geldsumme ist genau bekannt, die Jordanus für seine zu Gunsten des Papstes durchgeführte Handreichung von den Beneventanern erhielt. So hatte der in Calabrien abwesende Herzog die Belagerung nicht aufrecht zu erhalten vermocht. Aber außerdem brach jetzt gegen ihn unter den normannischen Herren in Apulien eine allgemeine Empörung aus, die seine Machtstellung auf das nachhaltigste bedrohte und auf volle zwei Jahre seine ganze Kraft in Anspruch nahm. Theils war es ein neuer Versuch Abälard's, des Stiefneffen Robert's, seine Ansprüche auf das väterliche Erbe geltend zu machen; theils hatten strenge Maßregeln des Herzogs, die Forderung großer

---

[97]) Amatus fährt in c. 32 gleich nach dem Satze von n. 22 (ob. S. 109) fort mit dem Berichte von Jordanus und Roger: volant avoir la grace de l'eglize, alerent a Rome et furent absolut de la excommunication et firent ligue de fidelité avec lo pape (l. c., 355). Vergl. Weinreich, De conditione Italiae inferioris Gregorio septimo pontifice (Dissert. von Königsberg, 1864), 39 n. 49, über die Verwandtschaft des Jordanus mit son oncle Roger.

[98]) Amatus sagt in c. 34: lo prince Ricchart chai malade, et quant il vint a la mort rendi a saint Pierre la Campaingne, et absolut de lo evesque de Averse fu mort, mit Nennung des Gründonnerstages für die Beerdigung (l. c., 358). Den Todestag bestimmen Annal. Cavens.: Riccardus princeps obiit 5. feria coena Domini, et Jordanus, eius filius, fit princeps (SS. III, 190; wozu Annal. Casin., a. 1077, noch beifügen: Capue, SS. XIX, 306) im Einklang mit dem Nekrologium von Monte Cassino: VIII. Id. Aprilis .... Riccardus princeps (Gattola, Ad histor. abbat. Cassinensis Accessiones, 859), und ebenso bezeugen Annal. Cavens.: et Neapolis est obsidione soluta (l. c.) das begleitende Ereigniß. Andere Quellen, so Lupus Protospatarius, Annal. Benevent., Cod. 3, a. 1077, Petrus, Chron. mon. Casin., Lib. III, c. 45: In obsessione (sc. Neapel's) ab excommunicatione solutus defunctus est (SS. V, 60, III, 181, VII, 735), bringen nur kurz den Tod des Fürsten.

Abgaben — zu der Aufbringung der Mitgift für die an Hugo, den Sohn des Markgrafen Albert Azzo II. von Este, zu vermählende Tochter —, den Grimm der Vassallen gereizt[99]).

Dergestalt war von den zwei angesehensten Männern unter den normannischen Eindringlingen, mit denen von Rom aus stets, in sehr abwechselnder Weise, gerechnet werden mußte, derjenige vom Tode abgerufen worden, der bei aller Unberechenbarkeit und bei aller Ungleichheit in seinem Verhalten gegenüber der päpstlichen Lehnsherrschaft doch wohl noch, weil er eben auch zu Herzog Robert oft auf gespanntem Fuß sich befand, als der minder gefährliche Nachbar von Gregor VII. angesehen worden war. Um so wichtiger war es also in diesem Augenblick für den Papst, daß eben aus dem Tode dieses Fürsten zwischen Herzog Robert und dem neuen Herrn von Capua ein Streit erwuchs, der — von den inneren Schwierigkeiten in Apulien, die noch hinzukamen, ganz abgesehen — den nach seiner kriegerischen Thatkraft und seinem unersättlichen Ehrgeize jedenfalls weit gefährlicheren normannischen Gebieter in Unteritalien zunächst davon abhielt, den Umstand, daß er jetzt allein noch als ein Eroberer ersten Ranges da stand, weiter zu Schädigungen der päpstlichen Absichten auszunutzen.

Ohne Zweifel war der Aufbruch Gregor's VII. nach Capua, im Sommer des Jahres, durch diese Vorgänge des Frühjahrs bedingt. Am 1. Juli weilte der Papst in der Hauptstadt des Fürsten Jordanus. Dann erscheint Gregor VII. am 22. August in San Germano, von wo aus er sicherlich das Kloster Monte Cassino besuchte. Jedenfalls hatten ihn die Beziehungen zu Jordanus, die Nothwendigkeit, dessen Verhältniß zur päpstlichen Kirche durch Feststellung des Lehnseides zu ordnen, nach Campanien geführt[100]).

---

[99]) Die ob. S. 103 in n. 12 mitgetheilten Stellen der Annal. Beneventani übereinstimmend usque in 6. id. April. die Belagerung dauern (l. c.). Mit der Aussage des Lupus Protospatarius: obsessio dissipata est a Rodulfo Pipino comite (l. c.) — vergl. Meinreich, l. c., 39 n. 51, daß darunter vielleicht Richard's Bruder Rainulf zu verstehen sei — ist diejenige des Petrus, l. c., zu verbinden: Exinde vero (sc. seit der Nachfolge des Jordanus) inter ducem et principem dissensiones et odii scandala orta sunt. Princeps enim favens papae Gregorio, acceptis a Beneventanis quatuor millibus quingentis bizantiis, castra quae dux ad expugnationem Beneventi firmaverat destruens, cum universis comitibus Apuliae contra eum conspirat. Quod ubi duci qui eo tempore in Calabria remorabatur, nuntiatum est, cum quadrigentis sexaginta militibus Apuliam rediit (etc.). Doch fällt für die Geschichte des nun ausbrechenden, bis 1080 dauernden Aufstandes Guillermus Apuliensis, Gesta Roberti Wiscardi, Lib. III, v. 486 ff. (SS. IX, 275 ff.), hauptsächlich in Betracht (vergl. über diese Gruppe von Ereignissen neben Meinreich, l. c., 41—52, L. von Heinemann, Geschichte der Normannen in Unteritalien und Sicilien, I, 289—292, wegen Abälards hier Bd. I, S. 122, 241, Bd. II, S. 277, 687, betreffend Hugo von Este ob. S. 13).

[100]) Vergl. die Regesten Gregor's VII., von J. 5080 (1. Juli: das schon ob. S. 127 u. 128 behandelte Schreiben) bis J. 5081, 5082 (22. August). Von dem Aufenthalt in Capua spricht auch Petrus, l. c., c. 42, daß Gregor VII. eine da vor ihn gebrachte Klage der Geistlichen von Capua gegen Monte Cassino nach geschehener Untersuchung abgewiesen habe (l. c., 733 u. 734).

Inzwischen war auf dem Boden des deutschen Reiches am 7. August die Schlacht geschlagen worden, deren Sieg sich beide Theile, Heinrich IV. und die sächsischen Streiter Rudolf's, zuschrieben, und die Nachricht von dem Ereignisse hatte sich auch nach Italien verbreitet, allerdings, wie der auch hier wieder gegen den König Zeugniß ablegende schwäbische Geschichtschreiber sagt, in einer einseitigen ganz nur Heinrich's IV. Erfolg hervorkehrenden Weise; an Gregor VII., an die Römer, an alle Lombarden soll so in erdichteter Weise briefliche Mittheilung geschehen sein. Aber ebenso kennt dieser Bericht auch den „unermüdeten Zerstörer der Lügen und in Wirklichkeit geeigneten Zeugen der reinen Wahrheit", den Abt Bernhard von Marseille, der jetzt, da er erkannt habe, daß ein Boden für eine gedeihliche Wirksamkeit in Deutschland ihm als Legaten nicht vergönnt sei, schleunig zu seinem Auftraggeber zurückkehrte, um, was er aus eigener Beobachtung wohl habe wissen können, den in Zweifel und Gram Versetzten — dem Papste voran — mitzutheilen[101]).

Es ist kaum zu bezweifeln, daß Gregor VII. neben derartigen, wie nach dieser Schilderung anzunehmen wäre, gefärbten Nachrichten noch weitere Botschaft aus dem deutschen Reiche erhielt, so daß er über die eigentliche Lage der Dinge wohl richtige Kunde hatte. So entschloß er sich — er war im Herbste nochmals, dieses Mal nordwärts, nach Tuscien, aufgebrochen —, in diesem Jahre noch eine zweite Synode zu veranstalten, und wenn er auch in zwei, vom 8. und vom 22. October, erlassenen Schreiben, an zwei deutsche Bischöfe, von dieser Synode nichts erwähnt, so war doch ohne Zweifel die Ausschreibung damals schon erfolgt. Der eine dieser Briefe war an den Bischof Heinrich von Lüttich gerichtet, allerdings gleich mit der vorausgeschickten Einschränkung zum segnenden Gruß, daß dieser nur gelte, wenn sich der Empfänger von den Verächtern der Fastensynode ferne halte: im Inhalte wird der Bischof wegen des der Ehrfurcht ganz sich entschlagenden Schreibens, das er in der Angelegenheit eines entgegen seiner Auffassung in Rom vom Banne losgesprochenen Angehörigen seines Sprengels an den Papst gerichtet habe, heftig getadelt. In hievon sehr abweichender Weise sprach die an Bischof Hermann von Metz gerichtete Weisung die liebevollste Gesinnung Gregor's VII. aus: sie betraf die Untersuchung, die in der schon länger dauernden Sache des Bischofs Pibo von Toul geführt werden sollte, wofür man sich

---

101) Der Annalist klagt über die falsarii et mendaciorum commentarii regis Heinrici, die circum circa terrarum Heinrich's IV. Sieg impudenter verbreiteten, auch nach Italien, wo nun Bernhard — vergl. ob. S. 130 in n. 57 —, der properanter aus Deutschland zurückkehrt: quia nullum impositae legationis et aecclesiasticae utilitatis profectum apud apostolicae sedis adversarios se nec habuisse nec habiturum fore perspexerat, die Wahrheit Gregor VII. und den übrigen mendaciis mirabilibus non parum nutantibus ac sese desolantibus mittheilt (313).

jetzt, angesichts der Aufregung im Reiche, mit der Zusammenberufung von vier Bischöfen zu begnügen hätte[107]).

Ein auf die in Aussicht genommene Synode zu beziehendes Einladungsschreiben Gregor's VII. an die französischen Bischöfe zeigt, was der Papst von der Versammlung erwartete.

Auch dieses Schreiben begann mit der Hervorhebung der Leiden und Gefahren, der Belastungen und Verfolgungen der römischen Kirche, und daran knüpfte es den Vorwurf gegenüber den Empfängern, daß sie nicht mit Rath und Beistand der Kirche zur Seite träten, wie das in dem Bibelwort vorhergesagt erscheine: „Wenn die Ungerechtigkeit überhand genommen haben wird, wird das Herz Vieler erkalten". So setzt sich der Vorwurf gegen die nachlässigen und furchtsamen und deßwegen des Namens von Söhnen unwürdig gewordenen Brüder noch weiter fort: die Verfolger der christlichen Religion haben mit Aufwand aller Anstrengungen unter Hingabe des Besitzes, und indem sie selbst dem Tode sich überlieferten, in vollem wildem Trotze sich eingesetzt, während von den Liebhabern der Gerechtigkeit keiner oder nur die wenigsten solche Gefahren und Opfer auf sich genommen haben. Um so höher preist der Brief mit unermeßlichem Danke Gottes Schutz und Hülfe, der die Schwäche des Angegriffenen stärkte und ihn ungebrochen in allem Drucke bewahrte und zur Hoffnung auf eine Zeit der Ruhe aufrecht erhielt. So ordnete der Papst an, daß, damit die Ursache der Zänkereien und die Zwietracht, die zwischen dem Reiche und dem päpstlichen Stuhle schon längst hin und her gehe, mit Gottes Zulassung ein angemessenes Ende finden mögen, eine Synode in der Mitte des Monates November zusammentrete, zu der eben hiemit die Aufforderung zur Betheiligung ausgehe. Gregor VII. wollte, die Eingeladenen möchten wissen, daß seine Getreuen durch Eidschwur von den Angesehenen, die am Hofe Heinrich's IV. — des „sogeheißenen Königs": heißt es da — sich befänden, Sicherung erhalten hätten, so daß sie unversehrt zur Synode kommen und unter Gottes Schutz in ihr Vaterland zurückkehren könnten: „Wir wünschen also zugleich mit Euch zu verhandeln, gestützt auf die göttliche Hülfe, wie wir den Frieden befestigen und die Schismatiker mit Gottes Beistand zum Schoß der heiligen Mutter Kirche zurückrufen können"[108]).

[107]) J. 5083, aus Acquapendente — 8. October — bezeichnet als contemptores synodi solche, qui aliquo ingenio vel violentia conati sunt impedire, ne concilium aut conventus fieret in Teutonicis partibus, in quo sollerti inquisitione recognosceretur, utrum Heinrico an Rodulfo magis justitia faveret de gubernaculo regni, und J. 5084 — vergl. schon ob. S. 131 in n. 49 —, aus Sutri sagt — 22. — sagt, daß pro repellenda ea, quam sibi (sc. dem Wibo) injuste objectam esse contendit, infamia (vergl. Bd. II, S. 430, 447—449) jetzt propter imminentem regni commotionem nicht einmal sechs Bischöfe sich zusammenrufen ließen (Registr. VI, 4, 5, l. c., 327—329).

[108]) Diesen Brief Gregor's VII. an die archiepiscopi episcopi abbates in Gallia constituti, qui in gremio sanctae Romanae ecclesiae permanere

Da es sich als sehr wahrscheinlich herausstellt, der Papst habe darüber die Gewißheit gewonnen, daß eine eigentliche Entscheidung in dem schweren kriegerischen Zusammenstoß im deutschen Reiche nicht eingetreten sei, so bewog ihn wohl eben dieser Umstand, daß noch immer die Lage in Deutschland eine zweifelhafte war, diese zweite kirchliche Versammlung in dem gleichen Jahre einzuladen. Denn wieder wurde Gregor VII. von den beiden Seiten her aus Deutschland angerufen, eine ausdrückliche Entscheidung in der Sache von ihm begehrt. Es ist ganz ersichtlich, daß er sich jetzt, gegenüber der Lage der Dinge im Frühjahr, weniger gehemmt fühlte, wohl zumeist infolge der Verschiebungen in den zunächstliegenden Beziehungen zu den normannischen Fürsten. Wenn er nun auch gegenüber den abermals sowohl von Heinrich IV., als von Rudolf abgeschickten Boten sich von neuem zurückhielt und einen entscheidenden Ausspruch wieder verschob, so nahm er dagegen auf dieser Synode wenigstens weit schärfere Verfügungen hinsichtlich der Fragen vor, die schon seit dem Beginn seines Pontificates für die Regierung der Kirche im Allgemeinen ihn beschäftigten, ganz besonders im Bezug auf die Investitur.

Nicht zum wenigsten war wohl Gregor VII. zu diesem Schritte auch durch einen abermaligen Nothschrei veranlaßt, der ihm, in Gestalt eines Briefes, von Deutschland her, und zwar, wie wohl am richtigsten angenommen wird, von Seite der durch Heinrich IV. und seine Anhänger bedrängten päpstlich gesinnten Bischöfe, zugegangen war. In den nachdrücklichsten Worten wurde hier die Klage laut, untermischt mit erneuten Vorwürfen gegen den Papst, daß er zu wenig sich der Seinigen annehme. Das Schreiben beginnt damit, daß es Gregor VII. nicht unverborgen sein könne, wie seine Absender gleich zur Schlachtbank geführten Schafen zum allgemeinen Gerede und zum Schimpf preisgegeben seien. Wenn sie also trotz der für den Papst erduldeten Verfolgung seiner Gnade nicht theilhaftig seien, so werde ihnen sogar die Gerechtigkeit verweigert. Sie sind dem von Gregor VII. mit allem Rechte gegen Heinrich IV. erlassenen Urtheile gehorsam geblieben: weßhalb wird

videntur — Nr. 23 der Epist. collectae (l. c., 548—550), im Codex Udalrici, Nr. 58 (l. c., 123—125) — zog Löwenfeld, von Jaffé abweichend, als J. 5259, zu 1083, in Uebereinstimmung mit Giesebrecht, III, 553 (dazu „Anmerkungen", 1171) — auch Sander, Der Kampf Heinrich's IV. und Gregor's VII. von der zweiten Exkommunication des Königs bis zu seiner Kaiserkrönung (Straßburger Dissert., Berlin 1893), nahm ihn, 138 u. 139, 207 n. 5, entschieden für 1083 (vergl. dort in n. 21) in Anspruch —, wogegen Meltzer, l. c., 227 (in den „Anmerkungen"), und ganz besonders Martens, Gregor VII., sein Leben und Wirken, I, 177 u. 178 (mit n. 1), die Ansetzung zu 1078 festhalten. Hauck, Die Kirche Deutschland's unter den sächsischen und fränkischen Kaisern, 812 n. 1, nimmt hiegegen an dem Ausdrucke dicti regis bei dem Satze: a majoribus qui sunt in curia Heinrici Anstoß; doch ist dieser in einem an die französischen Bischöfe gerichteten Einladungsschreiben — denn Gallia ist, entgegen Martens, l. c., 178, doch wohl wörtlich zu nehmen — kaum so sehr auffällig. Der Bibelspruch steht Matth. XXIV, 12.

jedoch gegen jene, die im Gegentheil diesem Urtheile übermüthig widerstreben, nicht nach Recht vorgegangen, und wie soll jenen gestattet sein, was ihnen, den Urhebern des Schreibens, untersagt ist? Darauf folgte eine nähere Ausführung darüber, wie jene von keiner Strafe des päpstlichen Stuhles getroffenen Widerspenstigen, ohne Widerspruch von Rom her zu erfahren, Heinrich IV. als ihrem Könige dienen, ihm Hülfe zur Behauptung seiner Königsherrschaft leisten, während er doch durch den Papst als abgesetzt erklärt, von Seite der Legaten der römischen Kirche nochmals mit Untersagung der Herrschaftsführung bestraft, von den Schwellen der heiligen Kirche losgetrennt worden sei, so daß auch alle Bande des Eides ihm gegenüber gelöst erscheinen: dennoch leihen jene alle ihre Kräfte dazu, die Klagesteller zu unterdrücken, und diese anderntheils erdulden alles Böse von jenen, die der Papst hieran hindern sollte. So lange nicht Gregor VII. hier hemmend entgegentrete, werden jenen gegenüber die Zügel nicht straff angezogen werden, so daß sie fortwährend diejenigen, welche diese Klage führen, dem Untergange preisgeben können. Darauf verschärft sich noch gegen das Ende hin der Ton des Briefes: „Jene Eure hochgerühmte Emsigkeit, die nach dem Apostel immer fertig stand, allen Ungehorsam zu rächen, weßhalb rächt sie nicht diesen? Weßhalb geht sie über diesen hinweg, und zwar über einen solchen Ungehorsam, aus dem unerhörte Uebel entstehen, Uebel, für die es keine Zahl giebt? Wenn einmal wir armen Schafe in etwas gefehlt haben, ist sogleich ohne Aufschub, ohne Verzögerung die Ahndung der apostolischen Strenge gegen uns eingeschritten. Jetzt aber, wo man zu den Wölfen gelangt ist, die mit offenen Angriffen gegen die Heerde des Herrn wüthen, wird Alles mit Geduld und Langmuth hinausgeschoben, Alles im Geiste der Milde ertragen. Wir bitten Euch also im Namen des Herrn Jesu, daß, sei es daß der Schrecken vor dem sündigen Manne, dessen Ruhm nur Koth und Würmer ist, Euch vom Geleise abweichen ließ, sei es daß die weichliche Ueberredung vertrauter Personen Euch besänftigt hat, Ihr jetzt zu Eurer Beherztheit zurückkehrt, daß Ihr eingedenk seid der Ehrbarkeit und der Furcht vor dem Herrn, und wenn Ihr nicht um unsertwillen uns schont, so tragt wenigstens bei dem Vergießen so reichlichen Blutes Sorge für Eure Unschuld! Denn wenn Ihr jenen, die Ihr hindern sollt und könnt, das Wüthen gegen uns noch länger zulaßt, so ist zu befürchten, daß Ihr vor dem gerechten Richter, in dem, was unser Verderben angeht, eine Entschuldigung nicht besitzet" [104]).

---

[104]) Ueber diese Synode vergl. im Allgemeinen neben Hefele, l. c., V, 124—127, und Giesebrecht, in der ob. S. 110 in n. 24 genannten Abhandlung, 139—141, sowie Meltzer, l. c., 146—151, besonders noch Martens, l. c., 177—180, wo auch J. 5106 (Epist. collectae, Nr. 25, l. c., 550 u. 551 — durch Jaffé zum Februar 1079 gesetzt —, ferner auch bei Paul von Bernried, Vita Gregorii VII., c. 105, l. c., 537 u. 538, aufgenommen, sowie bei Bruno, als c. 118, l. c., 378, wo die Einschiebung der Worte: atque in Saxonico, zu:

Die Synode wurde am 10. November in der Laterankirche eröffnet[105]). Der Besuch war kein sehr beträchtlicher[106]).

Die beiden in Deutschland sich bekämpfenden Gegner waren, wie im Frühjahr, auf der Synode vertreten. Gesandte Heinrich's IV. sowohl, als Boten Rudolf's traten vor der Versammlung auf, und der eine, wie der andere Theil beschwor, daß von seiner Seite keine Hinderung der auf der letzten Synode für das deutsche Reich in Aussicht genommenen Verhandlung eingetreten sei, daß er sich als unschuldig an etwa eingetretener List oder Täuschung hin-

Teutonico. . . regno, mit Martens, l. c., 180, wohl als tendenziöser sächsischer Zusatz anzusehen, also nicht zu beachten ist, sowie bei Hugo von Flavigny, Lib. II, l. c., 449 u. 450, wo überall allerdings zu 1079) hieher zu 1078 gezogen wird, unter Hinweis darauf, daß im Wesentlichen das Decret der Fastensynode dieses Jahres — vergl. ob. S. 104, n. 19, und den Wortlaut des Decrets De causa regis ob. S. 106 u. 107 — zu Grunde liegt. Die Synode vom November ist historiographisch erwähnt durch den Annalisten, unter Einschiebung des ganzen Inhaltes der Decreta in eadem synodo facta (vergl. in n. 105), wonach dann die sententia anathematis data in omnes symoniacos et nicolaitas hereticos, weiter multa etiam ad utilitatem aecclesiae praeter ista promulgata, quae nunc recensere non est temporis angehängt werden, 313—315, ferner durch Bernold, 435, durch Bonitho, Lib. VIII, der aber — vergl. ob. S. 146 in n. 78 — hier vielfach verwirrt ist und die Synode unrichtig zu 1079 schiebt: Quod ut papae nuntiatum est (sc. die Schlacht von Mellrichstadt), in proxima quadragesima sinodum congregavit, in qua amborum regum nuncii interfuere, qui proprio ore juravere, concilium non culpa dominorum suorum interruptum. Set quis eorum fuerit perjurus, quia non satis apparet, dicere omitto (l. c., 674)), weiter kurz durch Paul von Bernried, c. 102, l. c., 536, und durch Hugo von Flavigny, Lib. II, auch mit ein wenig verkürzender Einfügung der decretalia capitula (423 u. 424). — Das von Bruno, c. 115, eingeschaltete Schreiben der nostrates an Gregor VII. (376 u. 377), das nach den einleitenden Worten post aliquod temporis intervallum auf das in c. 114 stehende, ob. S. 128—130 (vergl. n. 46) etwa zum September eingefügte Schreiben der Sachsen folgte, ist mit Giesebrecht, l. c., 1159, in den „Anmerkungen", ungefähr dem October zuzuschreiben und als von den verjagten deutschen Bischöfen abgefaßt anzunehmen. Die im wörtlich aufgenommenen Stücke citirten Bibelstellen stehen: II. Epist. ad Korinth., X, 6 und I. Makkab. II, 62 (in der Stelle über den vir peccator); bei der familiarium personarum mollita persuasio ist mit Giesebrecht, l. c., 475 n. 3, wohl an Mathilde zu denken.

[105]) Die Acten, Registr. VI, 5 b (l. c., 330—335, wovon die ausführlicheren, dreizehn einzelne Punkte enthaltenden Decreta 332—335), kündigen sich an als vom 13. Kalendas Decembris . . . . Rome in ecclesia sancti Salvatoris pro restauratione sanctae ecclesiae, und Bernold hat das gleiche Datum, ebenso Paul von Bernried. Dagegen enthält der als c. 112 bei Bruno eingeschaltete Brief der Sachsen die Angabe von der sinodus, quae 17. Kal. Decemb. habita est (374), und der Annalist rückt gar die Abhaltung zu 5. Idus Novembr. (315). Wenn Berengar die Verhandlungen schon zum 1. November ansetzt — Mansi, Sanctorum conciliorum nova et ampliss. collectio, XX, 516—518, das Juramentum Berengarii Turonici —, so ist wohl mit Giesebrecht, III, 1159 (in den „Anmerkungen") anzunehmen, daß in seiner Angelegenheit Verhandlungen schon vor Eröffnung der Synode gehalten worden waren.

[106]) Das geht aus Berengar's eigenen Worten über diesen in festivitate Omnium Sanctorum gehaltenen conventus episcoporum hervor, die Verschiebung usque ad conventum qui futurus erat apud eum (sc. papam) in quadragesima episcoporum sei geschehen: sperantes tunc frequentiorem affuturam turbam (Mansi, l. c., XIX, 761).

zustellen vermöge. So forderte jeder der zwei einander gegenüberstehenden Theile vom Papste und von der Synode die Verurtheilung des anderen. Aber Gregor VII. wies Beides ab. Heinrich IV. hatte verlangen lassen, daß Rudolf wegen Anmaßung der königlichen Herrschaft von der Kirche ausgeschlossen werde; von Rudolf's Seite war jedenfalls vorgebracht worden, daß jener vom Legaten Cardinaldiakon Bernhard neuerdings über Heinrich IV. verhängte Bann, vom vorhergehenden Jahre, Bestätigung erhalte. Statt dessen stellte Gregor VII. sein Urtheil über Heinrich IV. erst auf die nächstfolgende Fastensynode fest; dagegen sprach er es ebenso bestimmt aus, daß er die Erzbischöfe und Bischöfe, von denen Rudolf's Königsweihe ausgegangen sei, aus ihren Würden, Rudolf aus der Königsherrschaft entfernen werde, falls sie ihre Vertheidigung in dieser Angelegenheit nicht durchzuführen vermöchten. Demnach war die Entscheidung in dieser für das deutsche Reich wichtigsten Frage abermals verschoben. Dagegen wurde die schon vorher verhängte Excommunication derjenigen, durch deren Schuld jene Verhandlung im Reich unterblieben war, erneuert, und ebenso erneuerte Gregor VII. die schon nach der Fastensynode geschehene Ankündigung der bevorstehenden Aussendung apostolischer Boten, zum Behufe der Versammlung von Bischöfen und Laien zur Herstellung von Frieden und Gerechtigkeit, in einem nach dem deutschen Reiche an geistliche und weltliche Große, aber auch an alle gehorsamen Gläubigen überhaupt gerichteten Rundschreiben[107]).

---

[107]) Der Annalist spricht voran hievon, wieder in sehr bemerkenswerth von seinem Standpunkt aus bemessener Weise: Synodus magna Romae facta est, tum ob plurimas aecclesiae sanctae necessitates, tum maxime ob tyrannidem Heinrici regis qualitercumque sedandam. In qua utriusque regis legati ex causa dominorum suorum se proclamaverunt, eosque jurejurando, ne colloquium, quod domnus papa in proxima synodo, ne quis impediret, sub anathemate constituit, ipsi nulla arte vel ingenio impedirent, innocentes esse testificati sunt. Legato autem regis Ruodolfi ab optimis quibusque optime credebatur; alii vero perjurii incriminati sunt. Tandem vero pro invasione regni anathema ab apostolico in regem Ruodolfum extorquere attemptabant; set econtra tota synodo vix suffragante, ne id in regem Heinricum ob inoboedientiam et tot sacrilegia mendaciorumque versutissimas illusiones illius judicialiter retorqueret, ipsi datis ei ad conversionem et responsionem ad usque proximam synodum vel infra induciis, domum cum dedecore et absque apostolica benedictione confusibiles remeabant (313 u. 314). Kürzer sagt Bernold: utriusque regis legati licet non eadem veritate in synodo juravere, quod domini eorum non impedierint colloquium pro causa regni statuendum. Unde et papa ea vice inter eos judicare non potuit, quamvis bene sciret, cui parti magis justicia faveret (l. c.). Die Acten selbst haben hierüber: Juraverunt quoque legati Heinrici et Rodulfi, quisque pro domino suo, quod nullis dolis colloquium legatorum sedis apostolicae in Teutonico regno habendum impedierint (l. c., 330: mit der falschen Wortform: impedirent ging die Stelle an Paul von Bernried über), sowie in den Beschlüssen: Ut iterum excommunicentur illi, quorum culpa colloquium remansit (331). Giesebrecht, III, 1159, weist in den „Anmerkungen" darauf hin, daß Gregor's VII. Worte in J. 5237, Registr. VIII, 51, wo auch auf Früheres zurückgewiesen wird: nos in synodo decernentes firmavisse, nisi archiepiscopi et episcopi, qui illum (sc. Rodulfum, qui rex ab ultramontanis ordinatus est und von

Anderntheils war die Synode durch eine ganze Reihe von Beschlüssen allgemeiner Art, die im Sinne der durch Gregor VII. gewollten Besserung der kirchlichen Angelegenheiten gefaßt wurden, sehr wichtig.

Das Verbot der Investitur wurde viel ausdrücklicher, als das noch im Frühjahr auf der Fastensynode geschehen war, ganz unbedingt wiederholt: „Weil wir in Erfahrung gebracht haben, daß gegen die Festsetzungen der heiligen Väter von Laienpersonen an vielen Stellen Investituren mit Kirchen geschehen und hieraus die meisten Verwirrungen in der Kirche erwachsen, woraus die Zertretung der christlichen Religion hervorgeht, so beschließen wir, daß kein Kleriker die Investitur mit einem Bisthum oder einer Abtei oder einer Kirche aus der Hand eines Kaisers oder Königs oder irgend einer Laienperson, Mann oder Frau, empfange. Wenn er sich dessen unterfangen hat, soll er wissen, daß jene Investitur nach apostolischer Machtvollkommenheit ungültig ist und daß er bis zur würdigen Bußleistung der Excommunication unterliege". Ordinationen, die ohne die kanonisch geforderte allgemeine Uebereinstimmung von Klerus und Volk, durch Geld oder durch Bitten oder infolge einer irgend einer Person dargebrachten Dienstleistung, geschehen sind und von denen, die das Recht auf die Weihe haben, nicht gebilligt werden, gelten als ungültig. Damit verband sich auf das engste das abermalige Verbot der Simonie, daß nämlich ein Bischof, wie er ja sein Bisthum umsonst erhalten habe, Pfründen, Archidiakonate, Propsteien und kirchliche Aemter verkaufe oder sonst gegen die Vorschriften der heiligen Väter verleihe, bei Gefahr der Enthebung von seinem Amte[108]). Weitere Bestimmungen stellten fest, daß Zehnten, deren Stiftung nach kanonischer Vorschrift für fromme Zwecke bestimmt sei, nicht von Laien besessen werden dürften, sondern an die Kirche zurückgegeben werden müßten, unter Androhung ewiger Verdammniß für das Verbrechen des Kirchenraubes, mögen nun Bischöfe, Könige oder sonst jemand diese Bezüge zu Eigen gegeben haben. Doch sollte gelten, daß kirchliche Güter aller-

---

dem der Papst bezeugt: non nostro praecepto sive consilio regnum (tunc suscepisse) ordinaverant, hoc factum suum recte defendere potuissent, tam ipsos a dignitatibus suis quam et praefatum Rodulfum a regno deponere (l. c., 504), wohl auf diese Synode vom November 1078 zu beziehen seien. Das Rundschreiben Gregor's VII. ist der in n. 104 mit Martens, l. c., zu 1078 genommene Brief J. 5106: omnibus archiepiscopis et episcopis in Theutonico regno commorantibus omnibusque principibus, cunctis etiam majoribus atque minoribus, qui non sunt excommunicati et obedire voluerint, der im Wesentlichen nur die ob. S. 106 u. 107 eingeschalteten Worte wiederholt.

[108]) Das ist der dritte Punkt in den Decreta — neben der Erwähnung in den Acta (l. c., 331) —, woran sich die zwei folgenden, der erste speciell gegen die Simonie, anschließen, und zwar, wie Hauck, l. c., n. 2, gegenüber Kirbi, l. c., 495, ausführt, das Investiturverbot, das allerdings nur die empfangenden Kleriker in den Strafbestimmungen ausdrücklich nennt, weit schärfer gefaßt, als die viel vorsichtiger zurückhaltende Bestimmung der Fastensynode — vergl. ob. S. 110 — gewesen war.

dings von den Bischöfen zu Lehen gegeben werden dürften, nämlich von solchen, die vom Papst als Metropoliten gewählt seien, im Falle seiner Zustimmung, und von den anderen Bischöfen bei der Einwilligung ihres Erzbischofs und ihrer Brüder; dagegen sollten Verleihungen, die nicht so geschehen würden, die Suspension zur Folge haben, und wo Verkauf oder Ausgabe als Lehen geschehen ist, sei der kirchliche Besitz an die Kirche zurückzugeben. Im Besonderen wurden Kriegsleute, die von einem Könige oder weltlichen Fürsten oder von Bischöfen, von Aebten oder irgend welchen Vorstehern von Kirchen kirchliche Güter angenommen oder solcher sich bemächtigt hätten und sie mit deren verwerflicher Zustimmung festhielten, mit dem Banne bedroht, wenn sie nicht diese Güter den Kirchen zurückerstatteten [109]). Allen Bischöfen wurde ferner eingeschärft, in ihren Kirchen den Unterricht in den Wissenschaften besorgen zu lassen, den Kirchenschmuck den Kirchen nicht zu entziehen, außer wenn ein gewisser Nutzen oder schwere Nöthigung in Frage kommen [110]). Abermals erscheinen ferner in ganz begreiflicher Weise die Verordnungen gegen das unkeusche Leben der Geistlichen und gegen Laien, die in incestuöser Ehe lebten: die Suspension wurde einem Bischof angedroht, der besonders irgend einem Geistlichen auf Bitten oder um Geld solches in seinem Sprengel zulassen würde [111]).

Ferner wurden verschiedene Excommunicationen durch die Synode verhängt, unter denen vorzüglich der gegen den neuen Inhaber des kaiserlichen Thrones von Constantinopel gefällte Spruch von der hohen Ansicht zeugte, die Gregor VII. von seiner Stellung hegte. Den Kaiser Michael VII., mit dem der Papst gleich im Beginne seiner Regierung in einen Austausch eingetreten war, der einen friedlichen Verkehr zu verbürgen schien, hatte Nikephoros Botoniates im Frühling des Jahres vom Throne gestürzt, und dieser wurde nunmehr vom Bannfluch getroffen. Unter den gemaßregelten hohen Geistlichen befand sich, wie das nachher von Gregor VII. erlassene Schreiben meldete, auch Erzbischof Wibert von Ravenna. Der schon auf der Frühjahrssynode verurtheilten Normannen wurde in so weit ebenfalls wieder gedacht, als im Besonderen beschlossen

[109]) Das ist hinsichtlich der decimae in den Decreta als Satz 7 und auch in den Acten an zweitletzter Stelle (l. c., 332), für die praedia ecclesiae nur in den Acten (l. c., 330, 331 u. 332): erstlich De Teutonicis contradicendis, ne praedia ecclesiastica, a regibus data sive ab invitis episcopis, detineant und Ut omnes episcopi firmamentum faciant, ne praedia ecclesiastica vendant, auch danach im folgenden Satze bezüglich des in beneficium tribuere ausgesprochen. Vergl. Mirbt, l. c., 496. Der erste Satz der Decreta ist der speciell gegen die milites — oder cuiuscumque ordinis vel professionis persona — gerichtete; der elfte bezieht sich insbesondere auf die praedia beati Petri apostolorum principis, ubicunque posita.

[110]) Die Acten bringen diese Erwähnung der artes litterarum und der ornamenta ecclesiae an drittletzter Stelle (l. c., 332).

[111]) Neben kurzer Erwähnung in den Acten steht das im zwölften Satze der Decreta.

wurde, jeder Verletzer der Güter des Klosters Monte Cassino, ein Normanne oder ein Anderer, der auf zweimalige oder dreifache Ermahnung nicht Genugthuung geleistet habe, unterliege der Excommunication [112].

Ebenso geschahen aber auch, wahrscheinlich schon vor der Zeit der Synode, Verhandlungen in der Angelegenheit des Berengar von Tours, der nach seiner eigenen Aussage schon einige Zeit in Rom selbst lebte. Die Behandlung seiner Sache, deren sich der Papst selbst hier annahm, wurde auf die nächste Fastensynode verschoben [113].

Wie regelmäßig nach der Abhaltung von Synoden, ist auch aus der Zeit nach dieser Versammlung eine größere Zahl von päpstlichen Schreiben erhalten, und insbesondere geht eines, das von größerer Wichtigkeit ist, auf die Verhandlungen unmittelbar zurück, die verschärfte Verurtheilung Wibert's. Am 25. November nämlich sandte Gregor VII. allen Ravennaten, Angesehenen und Geringen, die den heiligen Petrus und seinen Sohn, den heiligen Apollinaris, verehren, Botschaft, daß „jener, von dem jetzt ausgesagt wird, er sei Bischof der Kirche von Ravenna“, von dem aber die Ravennaten wissen, wie er diese Kirche, einst die reichste ebenso wie auch die gottesfürchtigste, durch tyrannische Ausplünderung verwüstet und durch das Beispiel eines unfrommen Lebens verdorben habe, wegen seines Uebermuths und seines Ungehorsams unwiderruflich durch die Synode abgesetzt worden sei. Augenscheinlich war also die auf der Frühjahrssynode ausgesprochene Suspension, ohne Zweifel unter Wiederholung des Bannfluchs, zur Absetzung gesteigert worden. Das Verbot wurde ausgesprochen, Wibert ferner den einem Bischof geschuldeten Gehorsam zu leisten, unter Bedrohung derjenigen mit dem kirchlichen Fluche, die sich diesem Befehle nicht unterwerfen würden [114].

Andere Verfügungen bezogen sich darauf, daß Graf Robert von Flandern, der nach Anstiftung seiner Feinde in ungerechter Weise excommunicirt worden sei, vom Bann wieder gelöst werde [115]), und auf den Streit zwischen Bischof Kunibert von Turin und dem

---

112) Die Acten erwähnen — als excommunicirt — den Constantinopolitanus imperator mit Offenlassung des Namens — wegen der Beziehungen zu Michael vergl. Bd. II, S. 274 u. 275, 341 —, dann Monte Cassino: defendatur ab omnibus Normannis (l. c., 330 u. 331), woneben der zweite Satz der Decreta nochmals eingehender des Schutzes des Klosters gedenkt. Wegen Wibert's vergl. bei n. 114.

113) Vergl. die in n. 105 u. 106 genannten eigenen Zeugnisse Berengar's. Auch Bernold sagt: Beringarius Andegavensis canonicus, ut ab heresi sua resipisceret, sinodaliter convenitur, eique induciae usque ad proxime futuram sinodum conceduntur (l. c.).

114) J. 5091, Registr. VI, 10 (l. c., 339 u. 340), bezieht auch Köhncke, Wibert von Ravenna, 34, mit der Vita Gregorii VII., des Petrus Pisanus ed. Watterich, l. c., I, 299), auf diese Novembersynode, als Erneuerung der Excommunication. Wegen der Suspension vergl. ob. S. 107.

115) Vergl. ob. S. 134 in n. 53.

Abte Benedict II. des Klosters San Michele della Chiusa, dessen sich Gregor VII. schon 1074 angenommen hatte, worauf aber der Gegensatz alle diese Jahre fortgeführt worden war, bis jetzt der Papst denselben durch sein Gebot geschlichtet zu haben glaubte[116].

Erst im December folgte noch, vom 15. des Monates, eine Kundgebung, die abermals beweist, wie weit hinaus Gregor VII. seine Einwirkung zu erstrecken gedachte. Der Papst hatte schon 1077, in einem Schreiben vom 6. November, den Sohn und Nachfolger des Dänenkönigs Svend, Harald Hein, daran erinnert, daß seinem Vater in sorgsamer Weise Ehre und Berücksichtigung vom römischen Stuhle zugedacht worden sei, wie denn dieser zu jener Zeit fast nirgends unter den Königen einen zweiten so treuen und ergebenen Sohn habe finden können, wobei nur dessen fleischliche Gelüste seiner Vollkommenheit im Wege gewesen seien. Die gleiche Gesinnung wollte jetzt der Papst dem Sohne, König Harald Hein, entgegenbringen, und so gab er ihm seine eindringlichen Ermahnungen, ganz besonders, daß er für die Armen, die Waisen und Wittwen hülfreich sorge und die Kirche in seinem Lande vor bösen Menschen schütze, zu diesem Zwecke sich mit dem Papst in Verbindung halte und Boten an ihn sende. Nunmehr, ein Jahr später, schrieb Gregor VII. an den König Olaf den Stillen von Norwegen, um ihm ähnliche Wünsche und Ermahnungen mitzutheilen. Denn er weiß, daß für diesen gleichsam am äußersten Rande des Erdreichs gebietenden Herrscher die sorgfältige Wachsamkeit des apostolischen Stuhles um so größer sein muß, je geringer dort die Menge der christlichen Lehrer und ihrer Hülfsmittel sein könne. So will Gregor VII. den König in seinem Glauben bestärken. Gerne möchte der Papst getreue und wohl unterrichtete Brüder zu Olaf hinaussenden, um ihn im Glauben zu befestigen; aber wegen zu großer Entfernung und mangelnder Sprachkenntniß schlägt er nun ein anderes Mittel vor, das er auch schon dem Dänenkönig mitgetheilt habe. Olaf soll aus den jüngeren angesehenen Leuten seines Landes geeignete Personen nach Rom senden, damit sie von da, unter den Fittigen der Apostel Paulus

116) Zu dieser vom 24. November datirten päpstlichen Feststellung der pax, J. 5085 (Registr. VI, 6, l. c., 335 u. 336), vergl. schon Bd. II, S. 484 n. 178. Lehmgrübner, Benzo von Alba (Historische Untersuchungen, herausg. von J. Jastrow, VI. Heft), zieht, 70 u. 71, aus Benzo, Ad Heinricum IV. imperatorem, Lib. V, das in c. 8 stehende Gedicht herbei: Taurinensi episcopo, in dem der Bischof zu einer lange gewünschten, endlich gewonnenen Erwerbung beglückwünscht wird (SS. XI, 653). Er muthmaßt, daß die im Gedichte erwähnte trinitas — non est in terra, nisi in episcopis — auch in den abgekürzten Worten E. T. A. gemeint sei — Ego (sc. Benzo), Taurinensis, Astensis (der auch in J. 5085 wegen seiner existimatio im Streit mit San Michele angerufene Bischof Ingo) —, sowie daß man unter der Eva — Nam si dixeris hoc Evae, amittes pomerium; generabit tibi lingua perpes improperium — die Markgräfin Adelheid von Turin zu verstehen habe, vor der Benzo augenscheinlich — vergl. Lehmgrübner, 64, in n. 5 — Furcht empfand.

und Petrus in den göttlichen Gesetzen fleißig unterrichtet, mit den Aufträgen des apostolischen Stuhles nach Norwegen zurückgehen und dort als in der Sprache, dem Wissen, den Sitten wohlerfahrene Prediger für Gott wirken könnten. Aber daneben hält der Papst auch die staatlichen Angelegenheiten des Nordens wohl im Auge. Er weiß von den Anfechtungen des Königs Harald Hein durch die eigenen Brüder, voran durch Knut, und daß diese die Hülfe Olaf's für ihre eigensüchtigen Absichten anrufen wollten. So legt er Olaf dringend an das Herz, daß er sich nicht zur Leistung von Beistand hiefür verlocken lasse, damit nicht aus der Zersetzung des dänischen Reiches der Zorn Gottes gegen ihn erwachse; denn es heiße in einem Ausspruche Christi: „Ein jedes Reich, das in sich selbst getheilt ist, wird entvölkert werden und das Haus auf das Haus fallen“. Der König soll dafür sorgen, daß Harald Hein seine Brüder mit Liebe im Reiche aufnehme und nach Vermögen ihnen von den übrigen Gütern und Ehren zutheile, so daß hier so nahe an den wilden Heiden Verwirrung unter dem christlichen Volke und Schädigung der Kirchen vermieden würden [117]. So nahm sich der Papst dieser Reiche gegen Mitternacht auf das fleißigste an; doch davon, daß sie in ihrem kirchlichen Ausbau durch gültige Anordnungen seiner Vorgänger dem Verbande der Hamburger Erzkirche eingefügt seien, schwieg er, angesichts der Stellung, die Liemar an Heinrich's IV. Seite einnahm, völlig.

Noch ganz am Schlusse des Jahres hatte endlich Gregor VII. einem oberdeutschen Fürsten, der sonst stets zu den eifrigsten Anhängern des römischen Stuhles zählte, sowie einigen Bischöfen eine deutliche Zurechtweisung zu ertheilen für gut befunden. Am 30. December ging in erster Linie an Welf, den abgesetzten Herzog von Baiern, ein Schreiben ab, das mit den Worten begann: „Wenn Ihr aufmerksam nach dem Maßstab der Billigkeit des bischöflichen Amtes, nicht nach Eurem eigenen Willen erwäget, was wir thun, was wir über die allgemeine Sachlage, oder vielmehr über die so sehr große Verwirrung Eures Reiches, aussprechen, so werdet Ihr gegen uns nicht murren, sondern erkennen, daß wir auf dem Wege unserer Väter unter Gottes Führung nach dem Verdienste des heiligen Apostels Petrus einherschreiten“. Unter Hinweis auf das, was der heilige Geist auf der römischen Synode — Gregor VII. zielt da im Besonderen auf die Fastensynode, nachher auch auf die Novembersynode zurück — gewirkt habe, will der Papst, daß Welf und die an seiner Seite stehen, die Macht des heiligen Petrus anerkennen, in der Hoffnung auf Besseres Dank sprechen, statt zu

---

[117]) Zu J. 5054 (Registr. V, 10; vergl. ob. S. 64 in n. 127) ist J. 5096 (Registr. VI, 13, l. c., 343–345) heranzuziehen. Gregor VII. sagt da: Relatum nobis est, fratres regis Danorum (sc. Haraldi Hein) ad vestram se contulisse excellentiam (sc. zu Olaf), ut, vestris viribus copiisque nitentes, quatinus cum illis regnum dividat, fratrem cogere intendant, und ertheilt danach seine Weisungen (der Bibelspruch steht Luc. XI, 17). Vergl. auch Bd. II, S. 743.

tadeln. Theils die Theilnehmer an den Synoden, theils die von Gregor VII. ausgegangenen Schreiben werden genügenden Aufschluß hierüber ertheilen. Endlich erhält Welf selbst die Aufforderung, im Vertrauen auf die Gerechtigkeit und den Schutz des heiligen Petrus sich in Gott und in der Macht seiner eigenen Kraft zu stärken, da ihm bei solcher treuer standhafter Gesinnung rasch Sieg und Frieden würden zu Theil werden [118]).

Auch noch diese letzte unleugbaren Tadel einmischende Antwort an einen getreuen Vorfechter der päpstlichen Sache zeigt auf das deutlichste, wie wenig die Anhänger Rudolf's im deutschen Reiche, die Oberdeutschen nicht besser, als die Sachsen, mit der Haltung des Papstes, die dieser auf den beiden Synoden gezeigt hatte, einverstanden waren, wie sehr sie es ihm verdachten, daß er nicht, gleich ihnen, mit Heinrich IV. durchaus gebrochen hatte, sondern stets noch seine mittlere Stellung festzuhalten suchte.

---

[118]) J. 5097 (Registr. VI, 14, l. c., 346). Aus den Worten: secundum aequitatem pontificalis officii und der Anrede: fratres carissimi schließt Jaffé, l. c., n. 2, mit Recht, daß das Schreiben neben Welf noch an einige Bischöfe gerichtet war. Martens, l. c., 179 n. 1, bezieht die Worte Gregor's VII.: nostrae litterae vobis missae in dem Satze: Quid autem sit actum in quadragesimali synodo, sive in ea, quam in mense Novembri fecimus, vestri fideles, qui interfuerunt, et nostrae litterae . . . indicare possunt auf das in n. 104 und 107 erwähnte, durch ihn zu 1078 herübergenommene Schreiben J. 5106.

1079.

Für Papst Gregor VII. begann das Jahr mit den nothwendigen Vorbereitungen für die schon im vorangegangenen November in Aussicht genommene regelmäßige Fastensynode. Dabei war es von besonderer Wichtigkeit, daß jetzt auch der Cardinaldiakon Bernhard und die Bischöfe Altmann von Passau und Hermann von Metz nach Rom kamen, allerdings nur mit großen Schwierigkeiten, heimlich und auf verschiedenen Wegen, wobei sie zahlreichen Nachstellungen und aufgestellten Wachtposten mit Mühe entgangen waren. Aber es fiel nun sehr in das Gewicht, daß dergestalt der Legat, der so lange bei Rudolf geweilt, daß zwei der heftigsten bischöflichen Gegner Heinrich's IV. bereit standen, als Zeugen vor der Versammlung aufzutreten [1]).

Am 11. Februar wurde die in sehr ansehnlicher Zahl — von mehr als anderthalbhundert Bischöfen und Aebten und unzähligen Geistlichen — beschickte Synode in der Kirche des Lateran eröffnet [2]).

---

[1]) Diese Reise der drei hohen Geistlichen nach Rom — licet furtivo vix diverticulo . . . plerisque insidiarum et custodiariorum articulis Dei gratia secure pertransitis — erwähnt der Annalist von 1075 an (SS. V, 316). Auch die allerdings erst später verfaßte Vita Altmanni ep. Pataviensis, c. 14, fügt betreffend diese Reise ein: Post haec adiit apostolorum limina, exponens papae Gregorio cuncta suae tribulationis discrimina; cui etiam pontificium reddidit, eo quod illud a laica manu susceperit. Apostolicus vero eius condolens casibus, retinuit eum secum per aliquod tempus (SS. XII, 234). Daß übrigens Altmann in diesem Jahre auch auf sächsischen Boden kam, zeigen die von Scheffer-Boichorst hergestellten Annales Patherbrunnenses, 97: Poppo episcopus Patherbrunnensis et Altmannus episcopus Pataviensis dedicaverunt aecclesiam monasterii sanctorum Petri et Pauli in Patherbrunn, post civitatis incendium (vergl. Bd. I, S. 153) anno vigesimo primo.

[2]) Für die Fastensynode, deren Datum beim Annalisten steht, liegen als Nachrichten vor: der von Sudendorf, Registrum, I, 19, mitgetheilte Vortrag des Gesandten Heinrich's IV., die im Registr. VI, 17 a, eingereihten Acta (Jaffé, Biblioth. rer. German., II, 352—355) — Beides, ohne den Abschnitt betreffend Berengar von Tours, jetzt auch in den Monum. German., Leg. Sect. IV. Constitutiones et acta publica imperatorum et regum, I, 552—554 —, ferner

Wieder waren sowohl von Seite Heinrich's IV., als von Rudolf Botschaften anwesend, um die Sache ihrer Auftraggeber vor der Versammlung zu vertreten.

Für König Heinrich IV. gab der Sprecher vor der versammelten Synode eine ausführliche Erklärung ab. Darin wurde angekündigt, er habe im königlichen Auftrage die bevorstehende Ankunft von Getreuen des Königs anzuzeigen, die dieser in naher Zeit an den Papst abzusenden beschlossen habe, und zwar Mehrere aus den Angeseheneren, nicht etwa einen Einzelnen von den Geringeren im Reiche, zum Zwecke der Herstellung des Friedens, zuverlässige und gewissenhafte Männer, denen der Papst mit Recht vertrauen dürfe, deren Abmachungen auch Heinrich IV. sich unterwerfen könne. Der Bote war bereit, eidlich zu bekräftigen, sowohl daß er selbst nach dem Rathe der Fürsten durch den König mit diesem Auftrag abgeschickt worden sei, als daß die in Aussicht gestellten Träger der königlichen Willensmeinung wirklich, es wäre denn, daß eine gesetzliche Hinderung vorläge, sich einstellen würden. Dann ging die Eröffnung des Sprechers auf die gegen Heinrich IV. vorgebrachten Anklagen über, deren Urheber als Verleumder vor der Versammlung gar nicht angehört werden sollten, zumal da deren Aussagen durch jene in Aussicht gestellten königlichen Abgesandten ganz widerlegt werden würden. Im Weiteren folgte die Bitte, der Papst möchte nicht wider den Abwesenden, der in Allem gehorsam sein wolle, auf solche Vorbringungen seiner Feinde hin ein Urtheil gegen den König fällen, und ferner wurde die Synode selbst aufgefordert, den Sinn des Papstes hievon abzulenken, da am allerwenigsten die Persönlichkeit eines Königs verurtheilt werden dürfe, ehe sie nach dem Wortlaute des Kirchenrechtes überwiesen sei. Ebenso soll noch nach einer anderweitigen Angabe von den Boten öffentlich betheuert worden sein, Heinrich IV. habe nur nothgedrungen, nicht aus Böswilligkeit es versäumt, an Gregor VII.,

— auch hinsichtlich der im Weiteren folgenden päpstlichen Maßregeln — die in n. 3, 7, 11, 12, 15, 16, 19, 20, 22 herangezogenen Stücke des Registrum und der Epistolae collectae Gregor's VII., dazu betreffend Berengar von Tours dessen eigener Bericht (Mansi, Sacrorum conciliorum nova et amplissima collectio, XIX, 762 ff.), dann von historiographischen Mittheilungen der Annalist, l. c., 316—319, sehr einläßlich, doch mit Einschiebung eines Stückes aus den Acten der Fastensynode von 1078 (vergl. ob. S. 104 in n. 13), Bernoldi Chron. (SS. V, 435 u. 436) erheblich kürzer, was auffallend ist, da Bernold nach seinem eigenen Zeugniß, im Tractate de Berengarii damnatione: Ultimae quoque generali synodo sub Gregorio papa septimo anno dominicae incarnationis 1079 nos ipsi interfuimus et vidimus, quando Berengarius in media synodo constitit (Ussermann, Monumentorum res Alemannicas illustrantium Tom. II, 435), selbst bei der Synode anwesend war, deren Theilnehmerzahl er erwähnt; dagegen bietet Paul von Bernried, Vita Gregorii VII., c. 103, nur kleine Stücke aus den Acta und Epist. collectae, Nr. 31. Ueber die Synode handelten neben Hefele, Conciliengeschichte (2. Aufl.), V, 128—132, neuestens besonders auch Martens, Gregor VII., sein Leben und Wirken, I, 180—188, und Hauck, Die Kirche Deutschlands unter den sächsischen und fränkischen Kaisern, 812 u. 813.

in Erfüllung des gegebenen Versprechens, Beauftragte, behufs sicherer Führung der Legaten nach Deutschland, abzusenden[3]). Auf das deutlichste trat aus all dem die Absicht Heinrich's IV. hervor, jedenfalls eine Entscheidung hinauszuschieben, durch die ausdrückliche Verwahrung gegenüber einer Verurtheilung, die unter Billigung der von den Feinden vorgebrachten Anklagen auf der Synode erfolgen könnte, den Papst von einer Erklärung gegen den König abzuhalten. Diese Handlungsweise steht ohne Zweifel in allerengster Verbindung mit den nachher zu würdigenden, gleichzeitig gemachten Versuchen, mit den Sachsen sich in unmittelbarer Anknüpfung von Verhandlungen aus einander zu setzen.

Dem gegenüber wurden aber auf der Synode die Klagen der Gegner Heinrich's IV. laut. Denn neben dem Cardinaldiakon Bernhard und den Bischöfen Altmann und Hermann, die nicht versäumten, ihre, wie versichert wird, von der Versammlung wohlwollend aufgenommenen Beschwerden zu äußern — außerdem scheint Bernhard noch in engerem Kreise, vor dem Papste und den angesehensten Römern und weiteren Gutgesinnten, Mittheilungen gemacht zu haben, wie wenig er der Kirche habe in Deutschland zu Nutzen sein können —, traten Abgesandte Rudolf's auf. Sie wiesen, wie die Verhandlungen der Synode bezeugen, auf die Leiden der Landschaft nördlich der Alpen hin, wie Heinrich IV., unter Schonung weder des Ortes noch der Person das Land schwäche und darniedertrete, wobei kein Schutz in der dem Einzelnen geschuldeten Ehre und seiner Würde geboten sei, so daß gleich gemeinen Hörigen

---

[3]) Daß diese — in n. 2 erwähnte — Ausführung angesichts der Synode geschah, als Erklärung des Boten für den König — Dominus meus H. rex supplex me misit ad vos, venerande pater .... Appello misericordiam omnium vestrum, qui adestis sanctae Romanae ecclesiae filii — und nicht als solche Heinrich's IV. selbst, ist Hauck, l. c., 812 n. 4, ganz zuzugeben. Dagegen nennt er nicht richtig Bischof Benno II. von Osnabrück als den Sprecher; wenn Giesebrecht, Geschichte der deutschen Kaiserzeit, III, 477, muthmaßt, es sei ein Kleriker des Bischofs Ruopert vom Bamberg gewesen, so schloß er wohl hierauf aus dem Umstande, daß Gregor VII. am 17. Februar in J. 5105, Registr. VI, 19, die schon in Bd. II, S. 541, n. 127, erwähnte Weisung an sieben namentlich aufgeführte milites Babenbergensis ecclesiae richtete, mit dem Hinweise des in eo concilio, quod nuper celebravimus, diffinitum, nämlich Androhung der Excommunication, wenn nicht innerhalb der Frist von zwanzig Tagen nach Einlauf des Befehles die Rückgabe der entfremdeten Güter an die Bamberger Kirche erfolgt sei (dabei ist in den Worten: nisi ... res ecclesiae ... de manu episcopi acceperitis und si ... ad episcopum veneritis ... liceat episcopo vos ... solvere entschieden auf Ruopert Rücksicht genommen). Auch der Annalist spricht, in der Färbung, die ihm eigen ist, vom legatus Heinrici regis, daß er causas ipsius, quamvis revera non justissimas, plurimis sibi, ut fieri solet, consentientibus, qualitercumque depromebat, und eben er bezeugt nachher, dieser Bote habe palam professus betreffend Heinrich IV. geäußert: quod non callide set necessitate coactus dimiserit, quod sondum juxta quod in proxima synodo papa sanctivit, tales ei legatos direxerit, qui legatos apostolicos pro tam maxima sedanda discordia in Theutonicam patriam securos ducere possent (317).

nicht nur Priester, sondern sogar Erzbischöfe und Bischöfe gefangen genommen, in Fesseln gelegt, ja sogar getödtet würden[4]).

Ebenso lag wohl neben diesen mündlichen Ausführungen auch eine einläßliche, sehr lebhafte schriftliche Klage der Sachsen Gregor VII. und der Kirchenversammlung vor, die zum Behufe der Vorlesung vor der Synode eingeschickt worden war. Das Schreiben, das allerdings kaum zur öffentlichen Mittheilung gelangt sein wird, begann mit der Erinnerung an die Gewaltsamkeiten und Ungerechtigkeiten, die die Beschwerdeführer von Heinrich IV. erlitten hätten und noch erlitten, einzig aus dem Grunde, weil sie dem heiligen Stuhle gehorsam seien. Darauf wurde auf die letzte Synode — es muß die vom November des vorhergehenden Jahres gemeint sein — hingewiesen, wo nach Vernehmen die Frage aufgeworfen, von gewisser Seite bezweifelt worden sei, ob Heinrich IV. der Excommunication zu unterwerfen sei, oder nicht. So halten es — fährt das Schreiben fort — dessen Absender für angemessen, nach dem Maßstab ihrer Urtheilskraft anzukündigen, aus welchen gültigen Ursachen Heinrich IV. nicht nur die Excommunication verdiene, sondern auch in Wahrheit auf vielfache Weise schon wirklich excommunicirt sei, und darauf beziehe sie sich auf die vor drei Jahren, 1076, auf der Fastensynode gefällte Verurtheilung, wie Heinrich IV. für so große Verbrechen und eine unerhörte Anmaßung dort mit dem Banne belegt worden, nachdem er in seiner Geringschätzung vieler Ermahnungen des apostolischen Stuhles immer ärger geworden sei. Hernach soll gemustert werden, ob der vor drei Jahren unverbesserlich Erfundene seither so sich bekehrt habe, daß man in Wahrheit jetzt anstehen könnte, gegen ihn den Spruch zu fällen, und in einer der feindseligen Auffassung ganz entsprechenden Weise wird nunmehr ein Rückblick auf das inzwischen Geschehene gethan. Heinrich IV. — so heißt es in dieser Erörterung über die Dinge der letzten Jahre — hat sich ja endlich, nachdem er längere Zeit in Hartnäckigkeit das apostolische Strafurtheil gering achtete, zur Lösung des Bannes gestellt und durch einen Eid darüber, daß er hinsichtlich aller ihm vorgeworfenen Dinge Genugthuung geben wolle, diese erlangt, dann jedoch, als der Papst im Vertrauen auf diesen Schwur Boten und Briefe hinausschickte, deren Träger durch seine Anhänger ergreifen

[4]) Gleich den Acta, die das hier in den Text Gesetzte enthalten, bezeugt der Annalist, im Anschluß an den in n. 1 erwähnten Zusammenhang, zuerst das Auftreten der dort Genannten als in audientia totius synodi se proclamantes, dann das des legatus regis Ruodolfi — also nur eines Einzigen —: Alemannicae devastationis calamitosas multum miserias seriatim conquerendo enumerans, nec non caeteras regis Heinrici tam tyrannicae praesumptionis per totum ubicumque regnum insanias proclamatorie satis exaggerans (316); nachher aber wird nach erzählt, wie Bernhard seinen eingehenden Bericht, auch über das 1077 in Goslar Geschehene (vergl. S. 77 in n. 115), dem Papste anvertraut und Romanorum praecipuis et quibusque optimis der Reihe nach mitgetheilt habe (318). Bernold bringt gleichfalls die Klage der legati regis Ruodolfi super Heinricum: eo quod totum regnum confundere et sanctam aeclesiam conculcare non cessaret (436).

und auf das übelste behandeln lassen, und ebenso, als ihm erneute apostolische Mahnungen und Schreiben zugingen, theils nichts erwidert, theils die Entgegennahme der dargebotenen Briefe verweigert. Aber jetzt habe der apostolische Legat, Cardinaldiakon Bernhard, obschon es ganz sicher gewesen sei, daß Heinrich IV. infolge seines zum Ungehorsam hinzugefügten Meineides in der Fessel der früheren Verfluchung noch verstrickt gewesen sei, von der er ja nur auf Zeit bedingungsweise gelöst war, an jene erste die zweite durch den apostolischen Stuhl ihm aufgetragene Verurtheilung angeschlossen, zugleich mit der Bestätigung eines Anderen in der königlichen Würde laut apostolischer Machtvollkommenheit (gemeint ist damit die vom Legaten aus Goslar am 12. November 1077 verhängte Excommunication, mit der dabei ausgesprochenen Bekräftigung der Königswürde Rudolf's). Auch hierüber habe Heinrich IV. sich hinweggesetzt, die königliche Gewalt weiter geübt, das Königsgut verschleudert, so daß er nach dessen Vergeudung gewaltsam auf den Kirchenbesitz mit räuberischer Hand gegriffen, ärger, als frühere Gewaltherrscher, über verschiedene ganze Bisthümer, unter Vertreibung der Bischöfe, zu seinem und der Seinigen unrechtmäßig geltend gemachten Vortheile, ganz die Hand geschlagen habe: deßwegen sei vom Papste schon im November des vergangenen Jahres der Bann über die, welche solche Güter an sich gerissen hätten, ausgesprochen worden, was aber auf Heinrich IV., den offenbaren Urheber und Theilhaber des gewaltthätigen Eingriffes, keinen Eindruck gemacht habe, so daß er von diesem Treiben nicht abließ und jene Excommunicirten aus seiner Gemeinschaft nicht entfernte. Im Anschlusse an diese Aufzählung der Ereignisse — bemerkenswerth ist besonders die Klage, daß bei dem fast gänzlichen Mangel eines Königsgutes gar nicht mehr von einem Königthum geredet werden könne — wird dann eingehend die Klage ausgeführt, die gegen Heinrich IV. erhoben werden müsse und für deren Wahrheit die Ankläger mit solcher Bestimmtheit eintreten, daß sie im Falle des Nachweises der Falschheit die Strafe des Angeklagten selbst auf sich nehmen wollen. Deren Inhalt sei, daß mit Heinrich's IV. Erlaubniß die Seinigen in die geistlichen Güter eingebrochen seien und daß er ihnen auf ihre Bitten nach Gutdünken im Einzelnen davon ausgetheilt habe, so daß sie durch diesen Lohn dafür gewonnen wurden, seiner ungerechten Handlungsweise ihre Kräfte zu leihen, ferner, daß er, was von jener Austheilung des Vermögens der Bischöfe an die Kriegsleute übrig war, zum eigenen Nutzen gebrauche, als ob es ihm nach Erbrecht zugekommen wäre. Ebenso werden die kürzlich erst im Lande Schwaben geschehenen Verbrennungen von Kirchen, Zerstörungen von Altären, unzähligen Tempelschändungen hervorgehoben, wobei der Raub mit Einwilligung und Erlaubniß Heinrich's IV. und fast aller dabei anwesenden Großen geschehen sei, in der Erwägung, auf andere Weise könne das kirchenschänderische Heer nicht erhalten werden. Gleicherweise erinnern die Ankläger daran, daß Heinrich IV. dem

Papste eidlich zugesichert habe, weder selbst, noch durch einen der Seinigen, so weit er sie im Zaume halten könne, irgend jemand zu hindern, der von irgend einem Orte zu den Schwellen der Apostel gehen wolle, wie dann aber dieses eidliche Gelöbniß in Wirklichkeit gehalten worden sei. Gestützt auf das, sprechen sie also den Wunsch aus, der heilige apostolische Stuhl möge nachforschen und urtheilen, ob nicht die, welche solches begehen oder in solche Thaten einwilligen, als excommunicirt und als kirchenschänderisch zu erachten seien. Am Schlusse wird als Begehren zusammengefaßt: „Siehe, Eure Heiligkeit hat gehört, auf wie vielfache Weise jener Mann mit den Seinigen verurtheilt ist und in Wahrheit verurtheilt werden soll. Wir bitten Euch also im Namen unsers Herrn Jesu Christi und bei dem, an dessen Stelle Ihr stehet, daß Ihr, wenn Ihr es auch nicht für nothwendig erachtet, zu den schon gegen die gleichen Leute erlassenen Urtheilssprüchen etwas noch beizufügen, doch in bestimmtester Weise das verhindert, daß sie an diesem heiligen Sitze oder irgend anderswo zur Gemeinschaft aufgenommen werden, bevor sie den Kirchen, die sie verletzt haben, Genugthuung verschaffen, damit nicht die Euch anvertraute Heerde ferner von ihnen befleckt werde und nicht dieser schlimmste Sauerteig die ganze Masse verderbe" 5).

5) Dieser Brief ist von Bruno, De bello Saxon., c. 111, als tertia epistola quam jusserant in sinodo Romana recitari eingeführt und als c. 112 eingeschaltet (SS. V, 373—375). Weil im Eingange von der sancta sinodus Romana nuper habita und nachher im Verlaufe von der sinodus quae 17. Kal. Decemb. habita est die Rede ist, wollte Giesebrecht, l. c., 1160, in den „Anmerkungen", die erste Erwähnung auf diese Synode von 1079, die zweite, wie selbstverständlich, auf die vom November 1078 beziehen, das Schreiben also „in die Zeit der vereitelten Pfingstsynode 1079" (vergl. n. 13) setzen, entgegen Stenzel, Geschichte Deutschlands unter den Fränkischen Kaisern, I, 446 u. 447, oder Floto, Kaiser Heinrich IV. und sein Zeitalter, II, 203 u. 204, die dasselbe hierher zum Februar 1079 zogen. Es ist vielmehr Dünzelmann, Forschungen zur deutschen Geschichte, XV, 536, und May, XXIV, 365 u. 366, zuzugeben, daß doch gar nicht ausgeschlossen ist, die Briefschreiber hätten unter der sinodus habita beide Male die gleiche Synode vom November 1078 im Auge gehabt. Dagegen ist mit Floto allerdings anzunehmen, daß Gregor VII. jedenfalls den Satz: sedis apostolicae legatus domnus Bernhardus cardinalis .... praedictum virum (sc. Heinrich IV.) pro adjuncto inobedientiae perjurio prioris anathematis vinculo innodatum, de quo jam ad tempus conditionaliter absolutus fuit, tamen quod sibi ab apostolica sede injunctum est superimposuit: jussione igitur apostolica regni gubernacula denuo ei contradicendo, a corpore et sanguine domini nostri Jesu Christi et a liminibus sanctae ecclesiae separavit tam illum quam omnes sibi consentientes et virum alium in regia dignitate confirmavit apostolica auctoritate, sowie die weitere ob. S. 77 in n. 115 eingeschaltete Stelle — also über die Goslarer Vorgänge vom 12. November 1077, Dinge, die er gar nicht selbst bisher anerkannt hatte — nicht veröffentlicht sehen wollte, so daß die Vorlesung vor der Synode kaum geschehen sein wird. Im Inhalt des Schreibens bezieht sich der Hinweis auf die quinas domni apostolici litterae — da wo von der Excommunication vom Februar 1076 die Rede ist — jedenfalls auf den in Bd. II, S. 696 ff., behandelten Brief Gregor's VII.; weitere Stellen sind schon ob. S. 30 (n. 42) und 58 (n. 88) angeführt. Die von den Verfassern des Schreibens formulirte Anklage betreffend die bona

Ausdrücklicher konnte der Haß, der Heinrich IV. verfolgte und dessen kirchliche Verurtheilung herbeizuführen begehrte, nicht zum Ausdrucke gebracht werden. Allein Gregor VII. ließ sich noch nicht aus seiner Zurückhaltung herausreißen; er wollte nicht, wie es in den Synodalacten heißt, das apostolische Schwert aus der Scheide ziehen lassen, sondern die Entscheidung verschieben[8]). So wurde nun, wie den Boten Rudolf's, so demjenigen Heinrich's IV. ein Eidschwur abgenommen. Dieser schwur, nach der Vorschrift seines Königs, dem Papste zu, daß königliche Gesandte bis zum Tage der Himmelfahrt Christi — 2. Mai — eintreffen würden, die bestimmt seien, die Legaten des römischen Stuhls sicher zu führen und zurückzubringen, und ebenso, daß der König diesen Legaten in allen Dingen nach der Gerechtigkeit und nach ihrem Urtheilsspruch gehorsam sein werde. Für Rudolf dagegen wurde eidlich versprochen, daß dieser, wenn nach päpstlicher Vorschrift eine Zusammenkunft auf deutschem Boden verabredet sein werde, zu der festgesetzten Zeit und am bezeichneten Orte sich vor dem Papste oder dessen Legaten entweder selbst einfinden oder aus seinen Bischöfen und Getreuen dorthin eine Abordnung schicken wolle, und daß er bereit sei, dem durch die heilige römische Kirche in der Angelegenheit des Reiches gefällten Urtheile sich zu unterziehen, ebenso daß er in keiner bösen Absicht eine vom Papste oder dessen Legaten festgestellte Versamm-

ecclesiastica soll die Erwiderung sein auf die excusationes, die Heinrich's IV. defensores entgegenstellen: quod ipse de bonis ecclesiarum nulli aliquid praestiterit, neque de manu eius acceperit, vel aliquis ipso jubente invaserit, was aber gar nicht zutreffe: quod nec nos illi obicimus. In bemerkenswerther Weise ist auch wieder die Beschwerde gegen Gregor VII. eingestreut: huc ad hoc venire solent (sc. die Anhänger und Genossen Heinrich's IV. und deren fautores), ut injustitiae latebras defensionis obtendant et tantorum scelerum patroni existant, cumque in concilio huius sanctae ecclesiae, quae semper ab excommunicatis abstinere docuit, se quasi oratores exhibent, ita patienter audiuntur, sicut et nostri, nullo discrimine inter laesos et laedentes habito. Der Satz über den Verlust des Krongutes lautet: regnum . . . usque adeo demolitus est dissipando (sc. Heinrich IV.), ut jam regnum dici non valeat, cui nulla pene regalia supersunt.

[8]) Ausdrücklich heißt es in den Acta: Decreverunt ergo quam plures concilii, in illius (sc. Heinrici) tyrannidem gladium apostolicum debere evaginari; sed distulit apostolica mansuetudo. Juraverunt igitur legati Heinrici regis (etc.). Im Gegensatz hiezu will der Annalist wissen: . . zuerst schon: non sine lacrimosa domni papae perplurimeque commiserantium amaritudine, prout oportuerat, cum collegatis suis dignanter audiebatur (sc. legatus regis Ruodolfi: vergl. n. 4), und: qui cum suis (sc. legatus Heinrici regis: vergl. n. 3) a papa falsitatis convicti sunt, wozu: aliis (sc. den Rudolfinischen) autem ab optimis quibuslibet optime satis credebatur, und über Gregor VII.: Publice nimirum in synodo . . legationes Heinrici regis mendosas esse professus est, seque eum a regno judicialiter deposuisse, nec postea aliquatenus restituisse protestatus est, dann aber eben ganz besonders noch: Unde et ilico eum anathematizaret (nämlich der Papst Heinrich IV.), nisi quod omnibus utriusque partis auditoribus hoc potius placuerat, quod usque in ascensam Domini adhuc exspectando differretur, ob id praecipue, ne quid inordinatum synodus Romana in eum praecipitanter fecisse causari potuerit (316 u. 317).

lung hindern wolle, wie er denn auch sich bemühen werde, dafür, daß die päpstliche Legation zur Herstellung von Frieden und Eintracht im Reiche gelange, und zwar, sobald er einen sicheren Boten des Papstes gesehen haben werde, der zum Behufe der Aufstellung und Befestigung des Reichsfriedens sich einstelle[7]).

Dadurch daß Gregor VII. sich von beiden Theilen die Eide hatte schwören lassen, war von ihm nochmals der Beweis geleistet worden, daß er sich äußerlich auf der mittleren Bahn, zwischen den beiden sich streitenden Lagern, zu halten gedenke. Anderntheils hielt er sich auch darin innerhalb seiner früheren Verordnungen, daß er neuerdings Alle, die die ausgeschriebene Zusammenkunft im letzten Jahre gehindert hatten, oder die in Zukunft in solcher Weise hemmend dazwischentreten würden, excommunicirte[8]). Und ebenso scheute er sich nicht, gegen einzelne Anhänger Heinrich's IV. schon schärfer vorzugehen. Herzog Theoderich von Oberlothringen und Graf Folmar hatten an den Besitzungen der Kirche von Metz sich vergriffen und waren, wenigstens der erste, deßwegen von Bischof Hermann excommunicirt worden, und Gregor VII bestätigte jetzt dieses Urtheil. Ebenso traf die gleiche Verfluchung Alle, welche Güter von Bischöfen, die von ihren Sitzen vertrieben worden waren, so des Erzbischofs Siegfried von Mainz, unrechtmäßig sich angeeignet hatten. Das gleiche Schicksal, und zwar ohne die Hoffnung einer Wiedererlangung der Versöhnung, hatten von italienischen hohen Geistlichen Thedald, der „sogenannte“ Erzbischof von Mailand, wie ihn die Verhandlungen der Synode bezeichnen, die Bischöfe Roland von Treviso, Grisforanus von Fermo, sämmtlich mit ihren geistlichen wie weltlichen Anhängern, weiter die Bischöfe Siegfried von Bologna und Hugo von Camerino. Auch Bischof Gandulf von Reggio wurde genöthigt, seinem Bisthum eidlich zu entsagen[9]). Ganz besonders zeigte Gregor VII.

---

[7]) Neben dem in den Acta wörtlich aufgenommenen Sacramentum nunciorum Henrici regis (doch kann es thatsächlich nur ein einziger gewesen sein, wie Hauck, l. c., 813 n. 1, zeigt) und Jusjurandum nunciorum Rodulfi regis, itidemque Rodulfi steht für das erste Gregor's VII. eigenes Zeugniß in J. 5113, Registr. VI, 22: legatus regis in praesentia universalis synodi juravit ex praecepto domini sui, eum nostris mandatis per omnia obtemperaturum (l. c., 350), und ebenso ist auch im Annalisten (317) der Inhalt jedes Eides kurz erwähnt: weiter gedenkt Bernold dieser Eide, besonders daß Heinrich's IV. Gesandter legatos papae, priusquam abirent, . . . securos fecit de conductu et obedientia domini sui (436). Martens, l. c., 182, ist der kaum zutreffenden Ansicht, die „Einschaltung“ der Worte in den Eid der Rudolfinischen, daß Rudolf zu dem colloquium ex vestro (sc. Gregor's VII.) praecepto constitutum eventuell ante praesentiam vestram sich einstellen werde, sei vom Papste „verfügt“ worden, da dieser auch nach den bisherigen ungünstigen Erfahrungen sich nicht von seinem ursprünglichen Plane — selbst über die Alpen zu gehen — habe trennen lassen.

[8]) Das bezeugt bloß der Annalist (317).

[9]) Diese Excommunicationen — der italienischen Bischöfe, wo zu Roland vergl. Bd. II, S. 692, mit n. 24, zu Grisforanus S. 576 (n. 165), dazu noch das Sacramentum Regiensis episcopi: . . episcopatum contra interdictum

in einem einzelnen Falle, gegenüber dem Patriarchen Heinrich von Aquileja, wie er sich zu einer durch Heinrich IV. vollzogenen Erhebung eines „Erzbischofs" — denn absichtlich wird in den Verhandlungen diese Bezeichnung dem Patriarchen angeheftet — zu verhalten gedenke. Der selbst auf der Synode anwesende Patriarch mußte, um seine Anerkennung durch Gregor VII. zu gewinnen, seine Investitur durch den König gänzlich verleugnen. Nachdem nämlich allerdings durch Heinrich glaubwürdig bewiesen worden war, daß seine Wahl kanonisch sei — er hatte eben sehr wahrscheinlich inzwischen die Zustimmung seiner kanonischen Wähler erlangt —, hatte er, da der Papst ihn abwies, weil er gegen das kanonische und apostolische Gesetz von einem Laien die Investitur anzunehmen gewagt habe, keinen anderen Weg, als öffentlich zu beschwören, er habe jene Verordnung nicht gekannt und nichts davon gehört gehabt. Die Synode selbst hatte ihn zu dieser Erklärung aufgefordert, und jetzt legte sie ihr Fürwort bei dem Papste für Heinrich ein, worauf er Ring und Stab und die übrigen Zeichen seines Amtes in kanonischer Weise erhielt, nach Leistung eines einläßlichen, dem Wortlaute nach in den Verhandlungen der Synode niedergelegten Eides, daß er in jeder Weise fortan dem heiligen Petrus und Papst Gregor VII. und dessen Nachfolgern treu gehorsam, hülfreich und unterwürfig sein werde, einer Verpflichtung, welche alle Dienste eines Lehnsträgers in sich enthielt. In der deutlichsten Weise war demnach hier von Gregor VII. dargelegt, in einem wie großen Umfange er diese vom Papstthum ausgehende nachträgliche Genehmigung einer ursprünglich von Rom nicht gebilligten Einsetzung eines hohen Geistlichen an einer Kirche des Reichs verstehe. Heinrich mußte schwören, seine Reue darin zu beweisen, daß er an keinem Rathschlusse und keiner That sich betheilige, wodurch Gregor VII. und seine Nachfolger das Leben, die Glieder, die päpstliche Würde, die Freiheit einbüßen könnten; auf die Vorladung, persönlich oder durch Legaten oder durch Briefe, wird er in kanonischem Gehorsam entweder selbst kommen oder durch Legaten sich vertreten lassen; das Papstthum und die Regalien des heiligen Petrus wird er behaupten und vertheidigen helfen; keinen Rathschlag, der ihm durch die Päpste selbst oder deren Boten oder Briefe anvertraut ist, wird er zu ihrem Schaden verbreiten; päpstliche Legaten werden von ihm beim Kommen und Gehen ehrenvoll aufgenommen und nach ihren Bedürfnissen unterstützt werden; mit den vom Papste Excommunicirten wird er wissentlich nicht ver-

—

vestrum aut vestri legati octo diebus non teneho — nennen die Acten, die anderen — doch auch die Thebald's (und dazu noch Wibert's) — der Annalist (317), wobei zu Theoderich noch die Stelle von J. 5113 hinzukommt: Excommunicatum . . ducem ab episcopo Mettensi quia non ignoras (sc. Mathilde: vergl. n. 24), nos sententiae in illum prolatae noveris assensum dedisse et eam firmavisse, nisi infra viginti dies, postquam mandata nostra receperit, jussis nostris oboedierit et nisi civitatem et bona sancti Stephani, quae injuste invasit, libera dimiserit et ecclesiae satisfecerit (l. c.).

lehren; endlich — und das ist besonders bezeichnend — wird der Patriarch kriegerische Hülfe getreulich, nach geschehenem Aufgebote, für die römische Kirche leisten. Der Papst begehrt unverkennbar in der hier auferlegten Verpflichtung das, was ein Vassall seinem Herrn schuldet[10]).

Eine weitere auf das ganze italienische und deutsche Gebiet bezügliche Verordnung des Papstes von der Synode ging noch gegen die in Unkeuschheit lebenden Priester, Diakone und Subdiakone, denen wieder, so lange sie nicht bereuen und Buße thun, der Eintritt in die Kirche verweigert wurde, und ebenso lautete das Verbot neuerdings dagegen, daß eine geistliche Amtsverrichtung dieser den Segen in Verwünschung, das Gebet in Sünde wendenden Halsstarrigen von irgend jemand angehört werde[11]).

Endlich aber war ja die Synode ganz besonders der Behand-

---

[10]) Ueber Heinrich's Erhebung durch Heinrich IV. vergl. ob. S. 66. Ueber das Austreten vor der Synode spricht eingehend der Annalist, wie der Patriarch — pro investitura contra canonicam et apostolicam sanctionem a laica persona sibi usurpata a papa reprobata — diffinitionis eiusdem statutum se ignorasse et non audisse, synodo id ita judicante, jurejurando palam comprobavit, worauf der Inhalt des nachher für den Papst abgelegten Eides (dieses sacramentum, mit dem wichtigen Satze: Romanam ecclesiam per saecularem militiam fideliter adjuvabo, cum invitatus fuero — steht im ganzen Umfang in den Acta) kurz angegeben wird, freilich mit dem Beifügen: set non cum eo (sc. Gregor VII.) deinceps usquequaque fideliter egit (317 u. 318). Auch Bernold sagt kurz: In eadem sinodo Heinricus Aquileiensis patriarcha papae juravit, nulli se deinceps communicaturum, quem sciret a papa excommunicatum (435 u. 436). Die Tragweite dieser Einsetzung durch den Papst, unter Wegschiebung der königlichen Investitur, so daß also die Regalien bei jener inbegriffen erscheinen, beleuchtet besonders Meltzer, Papst Gregor VII. und die Bischofswahlen (2. Aufl.), 152—154.

[11]) Diese Kundgebung Gregor's VII. von der Synode — Epist. collectae, Nr. 28 (l. c., 554 u. 555), J. 5109 — ist theilweise auch vom Annalisten (317), von Marianus Scottus, a. 1101 (resp. 1079) (SS. V, 561), ganz von Gerhoh von Reichersberg, In psalmum X. (Libelli de lite, III, 417 u. 418) aufgenommen. Bernold gedenkt zur Synode dessen, daß papa presbiteros deinceps in fornicationem lapsos absque spe recuperationis deposuit, und fährt dann fort: scriptum quod dicitur sancti Uodalrici ad papam Nicolaum de nuptiis presbiterorum, et capitulum Pafnutii de eadem re, immo omnia sacris canonibus adversa, dampnavit (436). Die zwischen 1074 und 1078 in Deutschland verfaßte, unter den Namen des 973 verstorbenen Bischofs Udalrich von Augsburg gesteckte Schrift: rescriptio beati Uodelrici episcopi, in qua papae Nicolao de continentia clericorum non juste, sed impie, non canonice, sed indiscrete tractanti, ita respondit (Libelli de lite, I, 255—260; vergl. dazu Mirbt, Die Publizistik im Zeitalter Gregor's VII., 295—298 — das von Waitz in einem Merseburger Codex gefundene Fragment einer wohl vor der Synode von 1079 verfaßten Entgegnung auf diese epistola Pseudo-Udalrici ist durch Dümmler in den Supplementa, l. c., III, 585—587, herausgegeben) erwähnt selbst in ihrem Zusammenhang den ägyptischen Bischof Paphnutius, des 4. Jahrhunderts — unus ex illis martyribus, quos Maximianus imperator, oculis eorum dextris evulsis et sinistris poblitibus suis incisis, dampnavit — als honorabiles confessus nuptias et castitatem esse dicens concubitum cum propria uxore (257). Hefele, l. c., 132, widerspricht kaum zutreffend Bernold, daß diese Dinge auf die Fastensynode von 1078 zu übertragen seien, da ja vielmehr Bernold hier als Augenzeuge zumeist in das Gewicht fällt.

lung der Angelegenheit Berengar's gewidmet; dieselbe war geradezu das erste Geschäft, das an die Hand genommen wurde. Berengar zeigte sich nicht fest in seiner Ueberzeugung, indem er sich vom Papste zur Beschwörung eines Glaubensbekenntnisses in der Frage des Abendmahles bestimmen ließ, das freilich nicht scharf gefaßt war, von dem er denn auch bald wieder abwich. Trotzdem blieb Gregor VII. dem französischen Gelehrten, den die Kirche in ihrer Mehrheit als Häretiker anfocht, gewogen. Er kündigte das Anathem gegen diejenigen an, die es wagen würden, Berengar, „den Sohn der römischen Kirche“, sei es in Person, sei es in allein seinem Besitzthum, zu kränken, oder die ihn als Häretiker bezeichnen würden: er entlasse hiermit, mit einem seiner eigenen Getreuen als Begleiter, den lange in seiner Umgebung Zurückgehaltenen in dessen Heimat[18]).

Es entsprach dem Umstande, daß Gregor VII. sich auf der Synode ebenso von Seite Heinrich's IV., wie von der Rudolf's hatte eidliche Versprechungen geben lassen, daß er jetzt nach dem Schluß der Versammlung nicht zögerte, an Heinrich IV. geradezu eine Gesandtschaft abgehen zu lassen[19]).

---

[18]) Diese hier nicht im Einzelnen zu verfolgende Angelegenheit Berengar's beleuchten neben dem Eingange der Acta die in n. 2 genannten Ausführungen, dann Gregor's VII. J. 5103 (Epist. collectae, Nr. 24, l. c., 550), dessen Inhalt oben angegeben ist, von deutschen Historiographen kurz der Annalist (317) und Bernold (435).

[19]) Der Annalist ist, zwar nach seiner Art stets parteiisch, die beachtenswerthe Quelle für die Auffassung der gegen Heinrich IV. Gesinnten über die Lage beim Schluß der Synode. Zuerst spricht er, im Anschlusse an die in n. 6 erwähnte Aussetzung der Frist bis 2. Mai, von der Wirkung, die dieser Schritt Gregor's VII. gehabt habe: Praedictis induciis omnium Romanorum animos sibi conciliavit in tantum, ut non ulterius anathema in Heinricum regem differri petant, si modo sibi oboedire contemnat. Nichil vero de rebus papa nunc sancivit, nisi quod Pataviensi et Metensi episcopis aliisque collegatis eorum, quantum pro temporis necessitate oportuit, non usquequaque displicuit. Omnes siquidem meliores in parte Ruodolfi regis firmissime constiterunt, quem obedientissimum domno papae per omnia comprobaverant (317). Hernach wird die Haltung des Papstes gegenüber dem, was auf der Synode über Heinrich's IV. Verhalten mitgetheilt wurde, beurtheilt: Domnus apostolicus miro quodam ingenio jam plus quam annum haec omnia sibi non ignota quasi dissimulando sustinuerat. Quod nonnullis magnae fuit admirationi cur fecerit; nisi forsitan illud colloquium, quod pro tam maxima discordia sedanda denuo jam jamque sub anathemate constituerat, ad efficiendum quod voluerit, solum sibi sufficere non dubitaverit. Sin autem, colloquium impedituris et sibi ad pacem et concordiam non obedituris, tunc ad priora sua anathemata quasi ex improviso accumulatum, justissimus ac severissimus judex tanto magis in aeternum damnandis imponere destinaverit: ut quem mitem et dissimulantem perduelles contempserant, vindicem tunc durissimum perditissimi experiantur (318). Endlich wird am Schlusse behauptet: Domnus apostolicus pro causa praedicta (d. h. den Streit zwischen Heinrich IV. und Rudolf) diffinienda synodum denuo in ebdomada pentecostes fieri destinavit (318); allein Hauck, l. c., 818 n. 1, bezieht sich dagegen sehr richtig darauf — er zieht allerdings in erster Linie den ob. S. 162, n. 104, zu 1078 gerückten Brief J. 5106 als Beweis heran —, daß in Gregor's VII. Kundgebungen nach der Februarsynode von dieser neuen Versammlung nirgends die Rede sei.

Der päpstliche Auftrag lautete dahin, daß Heinrich IV. der Ordnung nach Alles mitgetheilt werde, was über ihn auf der Synode durch den Papst beschlossen worden sei. Im Weiteren sollte dem Könige überlassen bleiben, mit den Legaten in kurzer Frist nach seinem Gutdünken und nach dem Maßstab seiner Muße die Zeit und den Ort der Zusammenkunft festzustellen, wogegen er jetzt auch den schon oft in Worten nach Rom gelobten Gehorsam durch die That beweisen sollte. Zur Darlegung dieses Gehorsams wurde also Heinrich IV. auferlegt, bis zur Vorladung dieser Zusammenkunft mit allen seinen Gegnern festen Frieden zu schließen, den von ihren Sitzen vertriebenen Bischöfen die freieste Verfügung über ihre Kirchen und Besitzthümer und den sicheren und friedlichen Wiedereintritt und die Bestimmung, sich jener zu bedienen und den Besitz auszunutzen, ohne jegliche Schädigung und Hinterlist, einzuräumen. Ebenso sollte Heinrich IV. sieben aus seinen mächtigeren und frömmsten Leuten zu Gregor VII. nach Rom zur bestimmten Zeit abschicken, die diesem durch einen Eid Sicherheit verschaffen würden, daß sie seine an die erwähnte Zusammenkunft abgesandten Legaten im Frieden geleiten und nach Erfüllung ihres Auftrages in jeder Weise geschützt nach Rom, sicher und in vorsichtigster Weise, zurückbringen wollten[14]). Als Träger dieses seines Auftrages erlas der Papst den Cardinalbischof Petrus von Albano, einen frommen Mann, wie er gerühmt wurde — er hatte früher als Mönch in Vallombrosa im Gottesurtheil der Feuerprobe gegen Bischof Petrus von Florenz sich eingesetzt und so als „der Feurige" sich durch die Bekämpfung der Simonie sein Bisthum verdient —, und den Bischof Udalrich von Padua, den ein eifriger Gregorianer als höchst beredt und Heinrich IV. in hinreichendem Grade treu gesinnt kennzeichnet, nebst weiteren Getreuen, und ihnen wurde der eben erst auf der Synode in die Gnade aufgenommene Patriarch Heinrich von Aquileja als Beschützer beigegeben[15]).

---

[14]) Diese Aufträge an Heinrich IV. zählt der Annalist auf (318 u. 319).

[15]) Die Persönlichkeiten der Legaten gehen aus Gregor's VII. eigenen Worten hervor — in J. 5137, Epist. collectae, Nr. 31, wo nur Petrus und Udalrich auf die legatio vestra hin angeredet werden (l. c., 557), und ebenso aus J. 5131, Registr. VI, 38, daß Heinrich mit einem Briefe beehrt wurde, quia legatos nostros — Petrus und Udalrich — benigne tractasse et fideliter sicut oportuit adjuvisse dinosceris (l. c., 376). Es ist also irrig, wenn der Annalist den patriarcha vor dem vir religiosus Petrus und Udalrich — cum aliis suis fidelibus — als einen der legati nennt (318), und wenn ebenso Bonitho, Lib. ad amicum, Lib. VIII, wo aber (vergl. S. 162, n. 104) die Novembersynode von 1078 als diese Fastensynode von 1079 aufgefaßt erscheint, erzählt: Venerabilis pontifex religiosos episcopos ultra montes mittere destinavit, qui regibus interdicerent ut non pugnarent, et episcopos ad concilium vocarent, Petrum scilicet episcopum Albanensem, virum religiosissimum (dann ist für ihn an das Bd. I, S. 600, erwähnte Ereigniß erinnert), et Uodalricum Paduanum episcopum, virum valde eloquentissimum et Heinrico regi satis fidelissimum, et Aquileiensem patriarcham (Jaffé, Biblioth. rer. German., II, 674 u. 675). Bernold dagegen kennt als legati pro causa regni determinanda (daß gerade das nicht Gregor's VII. Wille war, vergl. in n. 16)

Ganz ausdrücklich war es Gregor's VII. Wille, daß sich diese Legaten nur auf ihren eigentlichen Auftrag einschränken sollten — gemeinsame Feststellung von geeigneter Oertlichkeit und Zeit für die in Aussicht genommene Versammlung zur Entscheidung der Streitfrage im Reiche, Wiedereinsetzung der vertriebenen Bischöfe in ihre Sitze, Ermahnung, daß man sich von den Excommunicirten ferne halte —, daß sie dagegen von der Entscheidung über das Reich in den zwischen Heinrich IV. und Rudolf schwebenden hauptsächlichsten Fragen ihre Hand durchaus fern hielten[16]. Diese Dinge hatte der Papst ja ganz nur sich selbst aufbewahrt. Aber freilich hielt sich der Papst nun auch wieder nicht in Allem an das, was noch soeben durch Heinrich's IV. Boten beschworen worden war. Denn es ist sicher keine Frage, daß die Absendung der Legaten alsbald nach dem Schlusse der Synode, wohl noch im Februar, vor sich ging, daß er also jene bis zum 2. Mai in Aussicht gestellte Ankunft der königlichen Abgesandten nicht abgewartet hatte[17]. Und auch sonst wird deutlich, daß Gregor VII. sich nicht scheute, einen gewissen Druck auf Heinrich IV. dadurch auszuüben, daß er gegenüber den Gegnern des Königs gewisse entgegenkommende Schritte in Aussicht nahm, die sich freilich mit der angekündigten Unparteilichkeit nicht überall vertrugen. Es ist nicht nothwendig, daraus zu schließen, daß schon eine innerliche Lossagung aus der beabsichtigten schiedsrichterlichen Stellung darin zu erkennen sei; aber es lagen einzelne Erscheinungen in seinen verschiedenartigen Kundgebungen der nächsten Zeit allerdings schon vor, die einen Zweifel an der Aufrichtigkeit des Papstes, von der Stellung Heinrich's IV. aus gemessen, zuließen[18].

---

ad Teutonicas partes nur den Petrus (dessen Name igneus und wie er Albanensem episcopatum promeruit obtinere, ist hier gleichfalls erklärt) und mit diesem den Udalrich (436). Die Vita Anselmi ep. Lucens., c. 19, stellt irrig die Absendung der beiden Bischöfe — Albanensis et Paduanus — an Heinrich IV. — Wibertinum adorans daemonium — zu 1080, nach der Papstwahl Wibert's (SS. XII, 19).

[16]) Den Zweck der Legation umschreibt Gregor VII.: Nos injunximus eis (etc.) in J. 5138, Registr. VII, 3, und noch schärfer besonders nach der negativen Seite in dem schon in n. 15 erwähnten Briefe J. 5137: Volumus autem, ut de causa regum vel regni ... nullum praesumatis exercere judicium (l. c., 383, 557).

[17]) Hierauf macht Hauck, l. c., 813, mit Recht aufmerksam. Daß die Legaten am 3. März schon unterwegs waren, zeigen die Worte in J. 5113: nos jam misisse legatos nostros, credo tuam scientiam (sc. Mathilde) non latere (im Anschluß an die Stelle in n. 7).

[18]) Gregor's VII. Haltung ist sehr verschieden beurtheilt, durch Giesebrecht, III, 480: „So schürte der Papst mit der einen Hand das Kriegsfeuer; in der anderen erhob er die Friedenspalme“ — und daneben: „Wie sehr seine Aussichten auf eine gütliche Unterwerfung Heinrichs unter die Entscheidung der römischen Kirche herabgestimmt sein mochten, er hatte doch noch nicht alle und jede Hoffnung aufgegeben“, oder durch Martens: „Das Princip des schiedsrichterlichen Eingreifens ist keineswegs verlassen worden“ — „Man mag über Gregors Eingreifen urtheilen, wie man will, seine 1077 inaugurirte Politik eine ungeschickte, verfehlte nennen: aber jeder Versuch, den Papst als doppel-

Unter diesen verschiedenen Schreiben, die der Papst, in mehr oder weniger enger Verbindung noch mit den Verhandlungen der Synode selbst, in der nächsten Zeit nach derselben ausgehen ließ, ist besonders das an Rudolf — den „König" und an alle sich zu ihm haltenden Bischöfe, Herzoge, Grafen und Angesehenere und Geringere gerichtete von Bedeutung. Der Papst gab da, unter Hinweis auf verschiedene Bibelstellen — daß die Wahrheit selber spreche, Aller, die um der Gerechtigkeit willen leiden, sei das Reich der Himmel, und ferner, daß niemand, der nicht recht gekämpft habe, gekrönt werden könne — der Ermahnung an die Empfänger des Briefes Ausdruck, sie möchten inmitten der Kriegswuth, die sie schon lange Zeit verfolge, nicht erlahmen und nicht durch die Lügen irgend einer täuschenden Persönlichkeit in Zweifel über seine treue Hülfe gerathen: „Vielmehr strenget Euch mehr und mehr an für den Schutz der kirchlichen Wahrheit, für die Vertheidigung der Freiheit Eures Adels, zu der Arbeit, die nun schon schneller ihr Ende haben wird, und kümmert Euch darum, Euch von der entgegengesetzten Seite zu erheben und Eure Leiber gleich einer Mauer für das Haus Israel entgegenzustellen". Dann wird hinsichtlich der Beschlüsse der zwei letzten Synoden auf die abgeschickten Briefe und auf die Legaten — falls diese nicht etwa gefangen worden seien — verwiesen, durch die wohl schon Alles bekannt gemacht sein werde, und wenn etwas Weiteres zurückbleibe, so wird auf künftige Berichte von noch in Rom weilenden und den Ausgang der Sache abwartenden Persönlichkeiten, der Bischöfe von Metz und Passau und des Abtes von Reichenau, abgestellt. Darauf ist ferner die Zusicherung gegeben, daß der Papst in inständigster Weise durch anhaltendes Gebet und mit dem ganzen Ernste seines Amtes für das Beste der angeredeten Briefempfänger fürsorglich eintrete. Dagegen hält freilich auch Gregor VII. mit offenem Tadel nicht zurück. Er hat vernommen, daß um das Erzbisthum Magdeburg, wie es seit dem Tode des Erzbischofs Werner erledigt stand, Streit zwischen einigen Söhnen jener Kirche erwachsen sei, und er beschwört nun die Angehörigen dieses Sprengels, daß sie dafür sorgen möchten, daß verhindert werde, daß etwa den ehrgeizigen Bewerbern

---

günstig oder perfid darzustellen, ist verwerflich und muß ernstlich zurückgewiesen werden" (l. c., 186, 187). Man wird der Haltung des Papstes am besten so gerecht, daß festgehalten wird, er habe eine von einem Monat zum anderen weniger durchführbare mittlere Position, zwischen zwei unvereinbaren Gegensätzen, auf einer haarscharfen Linie zu behaupten gesucht, wobei er nothwendig in Widersprüche mit sich selbst fallen mußte. Im Zusammenhang mit dem schon ob. S. 182, n. 104, betonten Gesichtspunkt, daß auf die von Bruno eingeschobene Erwähnung eines regnum Saxonicum kein Gewicht zu legen sei — man ziehe z. B. J. 5138 herbei, wo es sicher für Gregor VII. sehr nahe gelegen hätte, diese doppelte Eintheilung anzurufen, wo aber einzig von omnes fideles sancti Petri in Teutonico regno commorantes die Rede ist —, ist Giesebrecht's Erklärung, l. c., 481, Gregor VII. habe unter den vorliegenden Umständen eine Theilung des deutschen Reiches zwischen Heinrich IV. und Rudolf in Aussicht genommen, abzulehnen.

ihr Streben zur Verdammniß ausschlage, daß vielmehr nach dem göttlichen Willen unter dem apostolischen Segen in gemeinsamer Wahl durch alle Guten, die Geistlichen, wie die Laien, die Neubesetzung erfolge, damit nicht, wie das, unter Vernachlässigung der Einrichtungen der Väter, bei der Einsetzung von Bischöfen geschehen sei, Blutvergießen daraus erwachse und zu den bisherigen Irrthümern noch schlimmere hinzukommen [19]).

Wenn weiter erwogen wird, mit wie großem berechtigtem Mißtrauen Heinrich IV., seitdem seine bairischen flüchtigen Gegner bei König Ladislav Aufnahme gefunden hatten, auf den ungarischen Hof nothwendigerweise blickte, erscheint auch der am 21. März an diesen Herrscher ausgegangene päpstliche Brief in eigenthümlichem Licht. Gregor VII. wollte da aus häufiger Berichterstattung der Getreuen Ladislav's und aus der Betheurung seiner eigenen Leute wissen, daß der König zum Dienste für den heiligen Petrus und zum Gehorsam für den Papst in ganzer Liebe und Hingebung des Herzens bereit sei. Dafür ertheilte er Ladislav Lob und Glückwunsch, da er sich so auf den Spuren der besten Könige halte, und im Vertrauen auf diese gerühmten Eigenschaften stand er nun nicht an, ihn einzuladen, zu den bloßen Worten, die vollen Glauben gefunden haben, noch die That hinzuzufügen, damit ihm von Rom aus eine noch größere Hochschätzung, vor den übrigen Trägern königlicher Würde, zugewandt werden könne. So wollte Gregor VII., daß die Grafen Ekbert von Formbach, Udalrich von Kaltelnberg und dessen Sohn Konrad, die wegen ihrer Treue gegenüber dem heiligen Petrus und als Beschützer der Gerechtigkeit infolge eines ungerechten Richterspruches in die Verbannung getrieben wurden, dem Könige von seiner Seite empfohlen seien, so daß sie, wie sie bisher schon durch Ladislav's eigene Thätigkeit unterstützt wurden, fühlen sollten, durch diese päpstliche Empfehlung habe das Geschenk der Hülfe und Tröstung noch reichlicheren Zuwachs erhalten. Im Weiteren erhielt der König die Ermahnung, auf dem Wege der

---

[19]) Dieses bei Bruno, c. 120, erst zu 1080 eingeschaltete, aber mit J. 5108 jedenfalls hier zum Februar 1079 einzureihende, jedoch, da Abt Eggehard hier schon als in Rom weilend angegeben ist, erst nach dem in n. 22 erwähnten Briefe J. 5104 verfaßte Schreiben, Epist. collectae. Nr. 27 (l. c., 553 u. 554; im Codex Udalrici Nr. 59, Jaffé, Biblioth. rer. German., V, 125 u. 126, und zwar hier mit dem bei Bruno fehlenden Schluß, in dem der sächsische Geschichtschreiber die tadelnden päpstlichen Bemerkungen betreffend Magdeburg — der Papst sagt ausdrücklich: de vestro archiepiscopatu Magdeburgensi, um den pro acquirendo seculari habitu et honore der Streit walte — ungern gesehen hatte), hat wieder das soeben in n. 18 gekennzeichnete Stichwort: in regno Saxonum. Die Bibelstellen stehen Matth. V, 10, 11. Timoth. II. 3 und besonders — in der wörtlich übersetzten Stelle — Ezech. XIII. 5; gewiß ist mit Hauck, l. c., 814, n. 1, zu setzen, daß Martens, l. c., 185—187, sich vergeblich bemüht, diesen kriegerischen Worten, die zumal auch die Prophetenaussage schärfend umwandeln, einen Sinn zu verleihen, der auf „moralisches Eintreten“, zu Herstellung des Friedens, abziele (ähnlich ist Hefele, l. c., 135 n. 2, unzureichend in der Abschwächung des von Giesebrecht, l. c., 479, und in den „Anmerkungen“, 1160, Gesagten).

Gerechtigkeit stets zu wandeln, Wittwen, Waisen und Pilger zu schützen, die Kirchen nicht zu verletzen und vor anderer Angriffslustiger Leichtsinn und Frechheit zu vertheidigen, überhaupt sorgsam der richtigen Einsicht zu folgen. Endlich erinnerte Gregor VII. daran, daß Ladislav allerdings einmal Boten nach Rom habe abgehen lassen, denen der Auftrag mitgegeben worden sei, sie sollten den König zur Entsendung Anderer behufs noch größerer Bekräftigung für den Papst auffordern. Das ist jetzt noch nicht geschehen, und der Papst ist im Ungewissen, ob nur seine Aufträge zu Ladislav gelangt seien. Demnach wiederholte er, wie die Bitte wegen der Grafen, so auch diese wegen der Abordnung von Boten nach Rom, unter Anfügung von Segenswünschen[80]).

Endlich liegt es nicht weit ab, in den schon erwähnten Maßregeln des Papstes auf der Synode, in dem Schreiben, das bezweckte, die Stimmung gegen die in der Ehe lebenden Geistlichen anzustacheln, durch das Verbot, deren Messen anzuhören, und in der erneuerten Verhängung sehr weitgehender Strafen gegen simonistische Bischöfe der lombardischen Kirchen, den Ausdruck der Absicht zu erkennen, in Deutschland und in Italien die Gemüther zu bearbeiten, besonders auch den Versuch zu machen, die Dienstbereitschaft der Patariner in den Städten von Oberitalien neu zu befestigen[81]).

Andere Schreiben, die kurze Zeit nach der Synode folgten, bezogen sich auf einzelne Fragen, die den Papst beschäftigten.

Noch von der Synode weg mußte am 14. Februar ein oberitalienischer Bischof, Eberhard von Parma, gemahnt werden, weil von ihm ein zu der Versammlung nach Rom reisender deutscher Abt — es war Eggehard von Reichenau — festgenommen worden war. Unter schwerem Tadel dieses großen Vergehens wurde der Bischof angewiesen, den Gefangenen, falls er ihn nicht schon entlassen habe, gleich mit Empfang dieses Schreibens ehrenvoll zur Gräfin Mathilde führen zu lassen. Inzwischen sollte er deßwegen von der Ausübung des bischöflichen Amtes, bis er selbst zum Papst käme, und würde er dem Befehle nicht gehorchen, von der Betretung der Kirche ausgeschlossen sein[82]). Eine zweite auf der Synode selbst am 17. des Monates erlassene Weisung ging an die

---

[80]) Vergl. ob. S. 72 u. 73, 129 mit n. 53. J. 5120, Registr. VI, 29 (l. c., 365 u. 366) bringt in überraschender Weise die Bitte für die Grafen drei Male — zuerst eingehender, dann: decrevimus . . . itidem de comitibus, quod jam postulavimus, iterando inculcare, zuletzt: praenominatis comitibus praesidii manum familiarius proniusque in cunctis porrigere studens — vor: so bestimmt lag das dem Papst am Herzen.

[81]) Giesebrecht, l. c., 479 u. 480, macht diese Seite der bei n. 11 und 9 hervorgehobenen Beschlüsse geltend.

[82]) J. 5104, Registr. VI, 18, ist in synodo gegeben (l. c., 355 u. 356): dessen, daß Parmensis episcopi milites deßwegen mit dem Anathem belegt wurden, der Bischof selbst ab officio suspensus," gedenkt der Annalist (317). Betreffend den gefangenen Abt vergl. unt. bei n. 38.

sieben mit Namen aufgeführten Lehensleute der Bamberger Kirche, denen geboten wurde, die ungerecht festgehaltenen Besitzthümer des dortigen Bisthums innerhalb der Frist von zwanzig Tagen nach Empfang dieser Botschaft entweder zurückzuerstatten oder aus der Hand des Bischofs entgegenzunehmen, bei Strafe der Excommunication, die der Bischof selbst lösen dürfe, wenn die Schuldigen in sich gingen und zu ihm kämen, um die Zurückgabe vorzunehmen. Augenscheinlich wünschte der Papst den Bischof Ruopert für sich zu gewinnen [23]). Dann wurde, zwei Wochen später, am 3. März, an Mathilde eine Antwort gegeben, deren Inhalt zeigt, daß auch die Gräfin, die so hingebende Anhängerin der römischen Kirche, noch die Ansicht festhielt, es werde gelingen, den Frieden zwischen Gregor VII. und Heinrich IV. herzustellen. Denn sonst würde sie nicht, wie aus dem päpstlichen Schreiben hervorgeht, den Vorschlag nach Rom gemacht haben, den Herzog Theoderich von Oberlothringen mit dieser Sache zu beauftragen. Freilich trat nun Gregor VII. hierauf nicht ein. Wie er eine Mittheilung der Gräfin über eine von Theoderich beabsichtigte Eheschließung kühl von der Hand wies, so gab er auf diese andere Anfrage bloß kurz zur Antwort, daß der Vertreter Heinrich's IV. auf der Synode selbst im Auftrage seines Herrn vollen Gehorsam gegenüber den päpstlichen Befehlen versprochen habe, worauf die entsprechenden Boten des Papstes schon an den König abgegangen seien [24]).

Von der Art und Weise, wie Heinrich IV. die päpstlichen Legaten aufnehmen, Gregor's VII. Begehren nach der Einberufung der Versammlung behufs Feststellung des Friedens erfüllen würde, schien nun die Entscheidung abhängig zu sein.

Indessen hatte Heinrich IV. seit dem Beginn des Jahres auch schon seinerseits den Versuch gemacht, von sich aus den Frieden im Reiche herbeizuführen.

Der König war von Mainz, wo er das Weihnachtsfest gefeiert hatte, zunächst nach Trier gegangen, um den hier durch Udo's Tod erledigten erzbischöflichen Stuhl wieder zu besetzen [25]). Freilich kam es nun auch hier wieder zu einer in den Augen der Anhänger Gregor's VII. ganz der kirchlichen Ordnung widerstreitenden Ausfüllung der Lücke, wenn auch allerdings aus Trier nur ein sehr einseitiger dem Könige und dem Neuerwählten gleich ungünstiger

---

[23]) Zu J. 5105 vergl. schon ob. S. 173 in n. 3.

[24]) In dem schon in n. 7, 9, 17 herangezogenen Schreiben J. 5113 ist Theoderich in der Frage des conjugium als von .... adeo notus nobis bezeichnet, und Mathilde wird angeredet: De eodem duce item significasti, quod, si placeret nobis, de componenda pace inter nos et Heinricum regem se intromitteret.

[25]) Vergl. ob. S. 155 über die Weihnachtsfeier in Mainz, S. 152 über den Tod des Erzbischofs Udo.

Bericht vorliegt, dessen Einzelheiten übrigens betreffend die Vorgänge daselbst wohl als glaubhaft anzunehmen sind. Hienach hatte der aus einem vornehmen bairischen Geschlechte stammende Dompropst und Scholasticus der Kirche von Passau, Egilbert, schon dort gegenüber seinem Bischof Altmann bei Anlaß der Verkündigung des päpstlichen Gebotes in das Angesicht sich widersetzt, durch die Erklärung, daß der König nicht die Zugehörigkeit zur Kirche verlieren könne, wenn er seine Regalien — nicht um die geistlichen Angelegenheiten handle es sich dabei — entweder umsonst, oder für Entgelt, wenn er wollte, zutheile. So war Egilbert von dem Bischofe nach lebhafter zwischen ihnen geschehener Erörterung von der Kirche ausgeschlossen worden. Nach einer auch von anderer Seite bestätigten Angabe hatte er nun im Auftrage Heinrich's IV. nach Italien sich begeben und als einer der Vertreter des Königs der letztjährigen Novembersynode beigewohnt. Auf dem Rückwege nach Deutschland kam ihm zu Ohren, Erzbischof Udo sei gestorben, Heinrich IV. nach Trier gekommen, um für die Nachfolge Vorsorge zu treffen, und so habe er — wird erzählt — sich beeilt, eben dahin zu gelangen, um zu versuchen, für den dem Könige geleisteten Dienst hier die Nachfolge zu gewinnen. Inzwischen wurden drei Tage hindurch von der Geistlichkeit von Trier ein Name nach dem anderen bei Heinrich IV. in Vorschlag gebracht, ohne daß er seine Zustimmung zu erkennen gab. Endlich erklärte er sich, als Egilbert sich ihm vorgestellt und seinen Bericht über den erhaltenen Auftrag abgelegt hatte, für diesen, und so wurde am vierten Tage Egilbert hervorgezogen; am 6. Januar erhielt er ohne Zögern von Heinrich IV. Ring und Stab. Allerdings hatte sich von den Bischöfen des Sprengels einzig Theoderich von Verdun für ihn erklärt, dazu ein gewisser Theil des Volkes von Trier. Andere Bischöfe — unter diesen wird Pibo von Toul genannt — wagten zwar nicht dem König zu widersprechen, gaben aber ihre Zustimmung nicht ab, ebenso die Geistlichkeit und das übrige Volk. So kam keine Weihehandlung für den neuen Erzbischof zu Stande, indem die Bischöfe einfach nach Hause eilten, unter der Anklage, daß Simonie bei dieser Besetzung des geistlichen Amtes eingetreten sei[26]). Dagegen war auf diesem Wege für Heinrich IV., so kurze

[26]) Die sehr einläßliche, mit der Tagesangabe versehene locale Berichterstattung, Gesta Treverorum, Additam. et Contin. I, c. 11, führt zuerst den Egilbert nach seinem Auftreten in Passau vor; doch ist das Weitere: demum voluntas ei Romam proficiscendi incidit, verumptamen rege inconsulto ire illo noluit; a quo rege, inquam, accepta ad eum, quem superpositum papae diximus, mandata detulit — deßwegen etwas zweifelhaft, weil hier auf die in c. 10 vorangehend erzählte, aber ja erst 1080 eingetretene Wahl Wibert's abgestellt wird. Die Darstellung der Vorgänge in Trier ist ganz gehässig gegen Heinrich IV., z. B. daß dieser die Vorgeschlagenen ablehnte: nullus enim eorum benivolentiam eius digna taxatione praevenerat —, sowie, dem Ganzen entsprechend, gegen Egilbert: a Deo missus, si tamen dici potest a Deo dirigi via hominis, qui culpa sua meruit ab ecclesiae communione suspendi; ob Bischof Hermann von Metz richtig als anwesend erwähnt wird, erscheint nach

Zeit nach der Besetzung des Erzbisthums Cöln, ein zweiter unleugbarer Vortheil auf dem Boden von Lothringen errungen.

Alsbald muß danach Heinrich IV. zum Rhein sich zurückbegeben haben. Denn am 27. Jannar weilte er wieder in Mainz. Es darf nämlich angenommen werden, daß schon am 30. October 1077 auf dem Tage zu Worms, wo eine so wichtige Entscheidung gegen einen sächsischen fürstlichen Hochverräther gefällt wurde, vom Könige auch zu Gunsten des ihm so anhänglichen Bischofs Benno II. von Osnabrück ein Beschluß gefaßt worden war, der dessen Verdienste zur Anerkennung zu bringen geeignet schien. Dieser betraf — in einem schon längst, seit nahezu zwei Jahrhunderten, dauernden Streite — die Zuweisung von Zehnten, die dem Abt von Korvei und der Aebtissin von Herford, wegen ihres Anschlusses an Rudolf, abgesprochen worden waren, an die Kirche von Osnabrück. Allein die schon damals aufgesetzte Urkunde muß zurückgehalten worden sein, so daß sie erst jetzt, zu Anfang des zweitfolgenden Jahres, eben während der König in Mainz sich aufhielt, das Datum erhielt und ausgefertigt wurde. Denn Heinrich IV. gedachte jetzt, Benno's Treue neuerdings zu erproben, ihn mit einer Sendung nach Italien zu betrauen[87]).

Auch noch über den Januar hinaus bis in die Mitte der Fastenzeit — also bis in die ersten Tage des März — blieb der König am Rheine[88]), und es wird zutreffend in diese Wochen ein Aufenthalt in Speier gesetzt, der durch eine gegen Rudolf durchgeführte Maßregel bezeichnet erscheint. An den Bischof Burchard von Lausanne wurden nämlich für seine Kirche, deren Besitzungen er durch seine treuen Dienstleistungen für den König stärker erschöpft hatte, sechs einzeln aufgeführte Höfe, unter denen Murten und das am Genfersee unweit Lausanne liegende Lutry zuerst genannt wurden, geschenkt, ferner aller Landbesitz, den Rudolf und

---

den ob. S. 131 u. 171 erwähnten Thatsachen ganz fraglich (SS. VIII, 184 u. 185). Der Annalist schob schon a. 1078 die Erhebung Egilbert's ein, als eines der ob. S. 164 in n. 107 erwähnten schimpflich und beschämt von Rom heimkehrenden Boten Heinrich's IV. (das spricht nun allerdings für die aus Trier behauptete Sendung nach Italien): E quibus unus, Egilbertus, Pataviensis praepositus, qui jam ab episcopo suo judicialiter excommunicatus est, ad regem Heinricum sic perjurus rediens, ecclesiae Trevirensi ab ipso, eo qui a clero et populo canonice electus est reprobato, solita violentia sua invitis et nolentibus cunctis symoniace est praelatus (314). Egilbert selbst spricht — seiner Auffassung gemäß — in dem unt. zu 1080 (n. 86) zu behandelnden Briefe im Codex Udalrici, Nr. 61, von diesen seinen Erfahrungen: Cum enim Treveris pari consensu tam cleri quam plebis essem electus episcopus, tamen eo (sc. Gregor VII.) impediente, nullam culpam obtendente, fere per biennium consecrationem habere non potui (l. c., 129).

[87]) Zu St. 2814 — vergl. schon ob. S. 73, in n. 110 — und den anderen dazu gehörenden Urkunden vergl. Excurs V, über den Tag zu Worms ob. S. 68 u. 69. Wegen des Benno neu gegebenen Auftrages vergl. unt. bei n. 62.

[88]) Der Annalist sagt: rex juxta Rhenum usque in mediam quadragesimam qualitercumque (vergl. zu diesem hämischen Ausdrucke ob. S. 78 n. 116) commoratus (315).

die Seinigen in weit ausgedehnten Grenzen — innerhalb des Flusses Saane, des Großen St. Bernhard, der Brücke von Genf und zwischen Jura und Alpen — inne gehabt, der ihm jedoch wegen seiner vielen frevelhaften Vergehungen gegen König und Reich nach göttlichem und menschlichem Gesetze, da er an Leben und Besitz geächtet und verurtheilt worden, abgesprochen war [29]).

Jedenfalls blieb Heinrich IV. in dieser Gegend am Rhein in der ganz bestimmten Absicht, dem Platze Fritzlar möglichst nahe zu sein. Denn mag auch die Darstellung des gesammten Sachverhaltes nur aus der wieder völlig geflissentlich gegen den König gefärbten schwäbischen Erzählung geschöpft werden können, so ist doch nicht zu bezweifeln, daß damals vorübergehend eine Aussicht für Heinrich IV. vorhanden zu sein schien, durch unmittelbar mit den Sachsen angeknüpfte Friedensverhandlungen, ohne eine weitere Einmischung von irgend einer Seite, zum Ziele, einer Aussöhnung mit dem feindlichen Stamme, zu gelangen. Wahrscheinlich hatte Graf Hermann, der Billinger, der seit der Schlacht des letzten Jahres als Kriegsgefangener in des Königs Haft lag, dabei als Unterhändler gedient; er war von Heinrich IV. freigelassen und, unter dem Versprechen der Treue, beauftragt worden, unter seinen Stammgenossen für Heinrich IV. den Boden zu bereiten. Nicht genug kann der Gewährsmann, der hievon uns berichtet, ausmalen, wie hier Heinrich's IV. Hinterlist neuerdings hervorgetreten sei, in der Aufhetzung gegen Gregor VII., dem er das gegebene Wort gebrochen habe, in der hartnäckigen Weigerung, den päpstlichen Anordnungen sich zu fügen. So aber sei auch das ganze Auftreten gegenüber den Sachsen nur Täuschung und aus unwahren Handlungen zusammengesetzt gewesen. Die Schilderung der begonnenen Verhandlungen läßt erkennen, daß Heinrich IV. im Namen seiner Großen Gesandte an die sächsischen Vornehmen abgehen ließ, um einen Waffenstillstand herbeizuführen. Freilich sollen diese königlichen Vertrauensmänner dann nur unwahre Betheuerungen, heuchlerische Klagen über die entstandenen Störungen des Friedens vorgebracht haben, mit allen schönen, wenn nothwendig durch Eide und Geiseln zu erhärtenden Zusicherungen über Heinrich's IV. Gehorsam gegen den Papst und über die besten gegenüber den Sachsen

---

29) St. 2815 (auch in Fontes rer. Bernensium, I, 342 u. 343, aber da falsch zu 1080 eingereiht) ist wieder ein Stück des Dictators Adalbero C, was außer durch die Wortfülle der Arenga durch die von Gundlach, Ein Dictator aus der Kanzlei Heinrich's IV., 49, mit anderen ähnlichen Kennzeichnungen — des Verlustes an Lehen durch Verrath — zusammengestellte Wendung — von ob. S. 38 in n. 60 — dargethan wird; auch die Hervorhebung des Bischofs Burchard: nobis . . . pre ceteris placuit adjunctius, servivit diligentius, adhesit familiarius (dazu: si quas ecclesie sue res, ut fit plerumque, largius insumpserat et attriverat), seiner ecclesia auxiliatrix potentissima ist bezeichnend. Ueber die Rudolf abgesprochenen Besitzungen, die zur Ausstattung des unter Heinrich IV. geschaffenen, später so geheißenen Ducats oder Rectorats von Burgund gezählt hatten, vergl. Bd. I, S. 655 (mit n. 8), sowie auch Breßlau, Konrad II., II, 115 n. 2.

gehegten Absichten. Jedenfalls ist hieraus dann die Ansetzung einer Zusammenkunft in der Fastenzeit, zu Fritzlar, hervorgegangen. Wie darauf aber da die Beauftragten von beiden Seiten zusammengetreten waren, konnte man sich nicht einigen. Selbstverständlich schiebt der Heinrich IV. so abgeneigte Bericht wieder alle Schuld den Königlichen zu. Diese haben in allen denkbaren Erfindungen und Beschönigungen zuerst erklärt, sie wollten, wenn nur die Sachsen sich Heinrich IV. unterwerfen würden, ihnen bei ihrem Herrn möglichst zu Hülfe kommen; aber als nun die Sachsen ihrerseits eine Unterwürfigkeit unter den Papst, wie sie selbst sie zeigten, Bereitschaft zum Frieden, zur Eintracht, zum Gehorsam für den apostolischen Stuhl von der Gegenpartei begehrten, da sollen die Vertreter Heinrich's IV. erklärt haben, daß ihr Herr und sie selbst weder um den Frieden, noch um den Papst sich kümmerten. Ohne allen Zweifel ging also die Versammlung ohne Ergebniß auseinander[80]). Allein nach den hier aus Schwaben gebrachten Mit-

---

[80]) Die Quelle für diese Ereignisse ist einzig der Annalist, wo aber in ganz ungeordneter die Dinge aus einander reißender Weise an zwei Stellen, zu 1079, von der Sache gesprochen wird. Zuerst heißt es, gleich im Anschlusse an die Stelle von n. 28, von Heinrich IV.: iterum omnes, quos contra apostolicam dignitatem conducere et provocare poterat, privatim ad inoboedientiam et rebellionem adjuratos contraxerat; et non solum id privatim et clam molitur; verum potius apud Friteslariam in colloquio, quo Saxonum optimates et ipsius intimi astutores his diebus convenerant, palam omnibus fecit praedicari, quia in nullo quod ad se pertinuerit actu vel negotio curam vel respectum prorsus in domno apostolico habere voluerit. Quod etiam hoc argumento probavit, quia legatos quos in proxima synodo ab eo sibi Romam ad sequentem synodum papa pro causae illius responsis mittendos constituit, omnino contumax mittere contempsit (315), und dann, nach der in das Jahr 1078 zurückgreifenden Erwähnung der ob. S. 151 u. 154 in n. 87 u. 92 gebrachten Ereignisse, als ob es sich um ein neu zu erwähnendes Factum handle: Quod (sc. das bei n. 31 Folgende) dum ille (sc. Heinrich IV.) primum comperit, seque ei (sc. Rudolf) in tam brevi temporis articulo non posse resistere vidit, consilio cum suis inito, non ex sua set ex optimatum suorum persona, legatos quasi pro pace quantulacumque ad invicem componenda ad optimates Saxonum astutissime fallendos properanter dirigebat, qui bella et seditiones, aecclesiarum desolationes et tot facinorum immanitates simulatorie conquerentes detestarentur, quique domno papae, ipsis et optimis quibusque sese dominumque suum regem Heinricum consentaneos et in huiusmodi causis emendandis per omnia oboedituros firmissime protestarentur, et si aliter verbis fidem non haberent, jurejurando datisve obsidibus ea sibi comprobarent. Quo audito Saxones . . . (vergl. die Stelle in n. 31) certum diem in proxima quadragesima ad colloquendum sibi apud Fritesloriam constituunt . . . . (ebenso) Demum vero cum, ut condixerant, convenirent, optimates regis Heinrici commenta sua et vecordias qualitercumque defendentes et dissimulantes, se non alia ratione venisse testati sunt, quam ut Saxones apud dominum suum, quantum possent, adjuvarent, si modo ad deditionem venire vellent. Illi vero, quamvis frustra se venisse solitisque fallaciis et dolis delusos esse persensissent, bona tamen patientia ad pacem, concordiam et apostolicae sedis oboedientiam ipsos secundum sese paratissimos fieri oportere, satis admonebant. Isti autem econtra, nullam pacis neque papae curam sese et dominum suum habituros fore, publica conclamatione professi, fide pariterque pace ad invicem renuntiata, sic temere provocati repatriabant (316). Zu diesen Dingen ist wahrscheinlich die Angabe, a. 1080, über die beiden

theilungen soll zugleich auch ein Kriegsunternehmen Rudolf's durch diese von Heinrich IV. herbeigeführte Fritzlarer Unterhandlung lahm gelegt worden sein. Denn der Berichterstatter will wissen, Rudolf habe bis zum letzten Drittel des Januar schon eine ansehnliche Truppenrüstung in Sachsen gegen Heinrich IV. zusammenzubringen vermocht, mit der er vorzugehen gedachte, und nur um dieser Gefahr zu entgehen, gegen die er in so kurzer Zeit einen Widerstand nicht hätte rüsten können, habe Heinrich IV. überhaupt jene Waffenstillstandsverhandlungen begonnen gehabt: die süßen Schmeichelworte der königlichen Unterhändler hätten denn auch bei den Sachsen so gewirkt, daß sie eben Zutrauen faßten, Rudolf von der schon begonnenen Heerfahrt abriethen und unter Ausschreibung des Fritzlarer Tages, nachdem sie sich feierlich Frieden zugesagt, die Rüstung auflösten, um dann, jeder von seiner Heimat her, sich nachher nach Fritzlar zu begeben. Wahrscheinlich hat sich die Sache in Wirklichkeit kaum ganz so verhalten[81]). Dagegen ist sicher, daß wenigstens ein Theil des sächsischen Landes unter der Nachwirkung dieser Ereignisse bald schwer zu leiden hatte. Die Bemühungen Heinrich's IV., in Sachsen günstige Stimmung für sich zu erwecken, scheinen doch einen gewissen Erfolg gehabt zu haben, und so sah sich Rudolf veranlaßt, einen Kriegszug zu unternehmen, um gegenüber solcher Gesinnung Rache zu üben. Die westlichsten Theile des sächsischen Landes, Westfalen, wo von Anfang an die Stimmung gegen Heinrich IV. nicht so gereizt gewesen war, wie in den mittleren und östlichen Gebieten, wurden für ihre Haltung gezüchtigt, und die Bewohner mußten unter Ablieferung von Geschenken ihren Frieden mit Rudolf machen. Außerdem aber erfuhr auch das hessische Land Heimsuchung, und Fritzlar erduldete die Strafe dafür, daß es dem Versuch des Königs, mit den Sachsen sich auszusöhnen, als Stätte gedient hatte. Der ehrwürdige, dem heiligen Petrus geweihte kirchliche Bau, den der heilige Bonifacius daselbst gegründet hatte, vor dem die Zerstörung durch die heidnischen Sachsen in der Zeit Karl's des Großen stehen geblieben war, wurde jetzt durch die sächsischen Schaaren, die sich als die rechten Kämpfer für die Sache des heiligen Petrus im deutschen Reiche

---

Billinger: Herimannus ... jam ab illo (sc. Heinrich IV.) pro fidei conditione et promissione quam ipse ac dux (sc. Magnus) sibi juraverant, relaxatus ac liberatus est (325).

[81]) Auch davon spricht der Annalist, indem er von Rudolf sagt: mox ante septuagesimam undecumque recollectis militum suorum turmis (Waitz bezweifelt, Forschungen zur deutschen Geschichte, XXII, 523, daß Rudolf dergestalt alsbald nach seiner längeren Krankheit — vergl. ob. S. 154 — schon bis zum Sonntag Circumdederunt, in diesem Jahr 21. Januar — eine so große Expedition vorbereitet habe) expeditionem in regem Heinricum accelerare deliberat und dann an den hier in n. 80 ausgelassenen Stellen fortfährt: Saxones in brevi eis (sc. legatis), utpote tam dulcissime blandientibus, nimium creduli facti, expeditionem inceptam in primis domino suo (sc. Rudolf) dissuadebant. Dehinc .... pacis foedere clam condicto, domum ab invicem gratulantes discedunt (316).

hielten, den Flammen preisgegeben, zugleich mit der neben der kirchlichen Anlage erwachsenen städtischen Ortschaft[83]).

Vom Rheine wandte sich Heinrich IV. nach Oberdeutschland. Denn dort war schon vor der Fastenzeit eine neue für die Königlichen sehr verderbliche Friedensstörung eingetreten, und so erschien die Anwesenheit des Königs in größerer Nähe recht nothwendig. Jener gewesene Herzog von Baiern, Welf, dessen Verbindung mit Gregor VII. durch einen Brief des Papstes am Ende des abgelaufenen Jahres neu bewiesen worden war, hatte einen kriegerischen Einfall mit ansehnlicher Macht in das curische Rätien durchgeführt, Verwüstungen, Plünderung und Brandstiftung da verübt, insbesondere auch einen Engpaß mit starker Hand erobert, wobei die Vertheidiger getödtet, gefangen oder in die Flucht getrieben wurden, so daß er, wie der schwäbische Berichterstatter rühmt, mit sehr großer Gewalt als Sieger zurückkehren konnte. Hauptsächlich war durch diesen für Rudolf gewonnenen Waffenerfolg der als Anhänger Heinrich's IV. schon genannte Graf Otto I. von Buchhorn getroffen worden, zu dessen im Hause der Udalrichinger angestammten Gauen eben auch das von Welf hier heimgesuchte Oberrätien zählte; denn Otto's Sohn, Otto II., war der Vertreter des Vaters in Rätien gewesen und mußte nun mit noch einigen weiteren vornehmen Männern Rudolf seinen Eid ablegen. Vielleicht war Welf auch durch den Umstand, daß die Kirche von Cur durch den Tod des Bischofs Heinrich verwaist stand, zu diesem Einbruch veranlaßt worden[84]). So wandte jetzt Heinrich IV. von Regensburg aus,

---

[83]) Hiervon reden die in n. 1 citirten Annales Patherbrunnenses, 97: Rex Ruodolfus expeditionem movit super Westfalos, qui muneribus datis pacem cum eo fecerunt. Item eiusdem expeditio in Hassiam fuit, in qua Fridislar cum monasterio, quod sanctus Bonifacius construxit, est exustum (sehr ähnlich Annal. Palidens., doch mit der Anknüpfung: Inde perrexit in Hassiam, vastatque provincia, worauf erst die Verbrennung des oppidum Fridislar cum ecclesia folgt, SS. XVI, 70). Die sogenannten Annal. Ottenbur. sprechen nur von der expeditio Ruodolfi regis in Hassiam, ganz in den gleichen Worten, wie sie hier schon mitgetheilt sind (SS. V, 7). Darauf, daß, wie Waitz, Deutsche Verf.-Gesch., V, 2. Aufl., 187 u. 188, ausführt, Westfalen zumeist vom übrigen Sachsen abgetrennt und selbst in einem gewissen Gegensatz zu diesem erscheine, wohl auch weil das billingische Herzogthum ursprünglich sich nicht hierauf bezog, ist diese Haltung der Westfalen auch zurückzuführen (vergl. die Breslauer Dissertation von G. Sieber, Haltung Sachsens gegenüber Heinrich IV. 1081—1106, 4 — 1883). Daß Fritzlar — vergl. auch Rettberg, Kirchengeschichte Deutschlands, I, 594—598, über die Gründung — im Jahre 774, was die Kirche anbetrifft, verschont blieb, vergl. Abel-Simson, Karl der Große, I, 2. Aufl., 199 u. 200.

[84]) Vergl. über Gregor's VII. Beziehungen zu Welf ob. S. 169 u. 170. Den Einfall des dux Welfo, diebus ante quadragesimam, in die Raetia Curiensis, die Unterwerfung des comitis Ottonis filius und die Eroberung der quaedam clusa, worauf Welf quosdam alios deinceps subacturus zurückgekehrt sei, erwähnt der Annalist (316). Vergl. ob. S. 25 u. 30 über den Grafen Otto I., S. 154 über die Erledigung des Bisthums Cur, sowie über die Lage der Clus im rätischen Gebirge n. 149 meiner Ausgabe der Continuatio Casuum sancti Galli, am ob. S. 16 in n. 20 genannten Orte, 59 u. 60. Im

wo er das Osterfest — 24. März — feierte und wahrscheinlich bis zum Ende des Monates blieb, den schwäbischen Angelegenheiten äußerst nachdrücklich seine Sorge zu[84]).

Das schwäbische Herzogthum war seit der Absetzung Rudolf's, nachdem sich dieser als Gegenkönig gegen Heinrich IV. hatte aufstellen lassen, noch immer erledigt. Allein die Wirren, die in dem für den König so wichtigen Stammgebiete fortdauernd störend hervortraten, erforderten dringlich, daß ein neuer und dem König durchaus zuverlässig erscheinender Herzog bestellt werde. So setzte Heinrich IV. noch von Regensburg aus den Grafen Friedrich, der selbst dem schwäbischen Stamme angehörte, als Herzog ein[85]).

Der neu erkorene Herzog hatte ohne Zweifel durch kriegerische Tapferkeit und klugen Rath schon seit einiger Zeit sich am Hofe Heinrich's IV. hervorgethan und in den Kämpfen, wohl besonders in Schwaben, um den König sich Verdienste erworben, als er dergestalt an die Spitze seines Stammes gestellt wurde. Aber erst mit ihm trat sein Haus in ein helleres Licht, wenn auch augenscheinlich der gräfliche Name ihm schon eigen war, ehe die Erhöhung zur herzoglichen Gewalt eintrat. Zwei Geschlechtsfolgen sind vor Herzog Friedrich I. bekannt, der Großvater Friedrich und der gleichnamige Vater, der sich noch nach der kleinen Burg Buren, auf der Hochfläche südlich ob der Rems, nannte und mit einer angesehenen Frau Namens Hildegard vermählt war, von der ein Theil des späteren staufischen Grundbesitzes im Elsaß, das Erbgut in der Gegend von Schlettstadt, des Platzes der 1094 gegründeten, mit einem Kloster verbundenen Kirche der heiligen Fides, herrührte. Ein geistlicher Bruder, Otto — der nachher durch Heinrich IV. der Kirche von Straßburg gegebene Bischof — und drei weltliche, darunter der als Pfalzgraf später bezeichnete Ludwig, standen als Geschwister neben Friedrich; dieser selbst hatte, vielleicht schon als Graf, auf dem die Höhe zwischen den Flüssen Rems und Fils einzeln überragenden Berggipfel die Burg Staufen errichtet, von da aus die sehr wahrscheinlich unter ihm stehenden nördlich und südlich anstoßenden Gaue verwaltet[86]). Doch noch höher stieg nun

---

16. Jahrhundert unterwarf diese Dinge Campell in seiner Historia Raetica, c. 16 a. E., einer einläßlichen Erörterung (Quellen zur Schweizer Geschichte, VIII, 183 u. 184).

[84]) Der Annalist bietet diese Angabe, 319, wieder verächtlich mit Beifügung von quomodocumque. Betreffend St. 2814a, eine Urkunde, die, zwar unecht, zum 30. März nach Regensburg gestellt ist, vergl. den in n. 27 angerufenen Excurs V; mit Kilian, Itinerar Kaiser Heinrich's IV., 84, darf das Datum dem gefälschten Stücke als glaubwürdige Zugabe entnommen werden.

[85]) Der Annalist knüpft gleich an die Erwähnung der Osterfeier an: ducatum Alemanniae in erroris irritamentum comiti Friderico ibidem commendans (l. c.). Ganz kurz sprechen davon auch Annal. August. (SS. III, 130), sowie Casus monast. Petrishus., Lib. II, c. 33, wo der Empfänger des ducatus Suevorum als Fridericus de Stouphin bezeichnet wird (SS. XX, 646).

[86]) Für die Abstammung des neuen Herzogs ist die Aufzählung in der Tafel über die zu nahe Verwandtschaft Kaiser Friedrich's I. mit seiner Ge-

Friedrich alsbald als Herzog dadurch empor, daß König Heinrich IV. ihm seine einzige Tochter, die allerdings noch ganz junge Agnes,

---

mahlin Adela, Nr. 408 der Wibaldi epistolae, maßgebend: Fridericus genuit Fridericum de Buren; Fridericus de Buren genuit ducem Fridericum, qui Stophen condidit (Jaffé, Biblioth. rer. German., I, 547). Bischof Otto von Freising, der selbst in Stiefverwandtschaft dem staufischen Hause mittelbar angehörte, führte später, Gesta Friderici imperatoris, Lib. I. c. 8, den comes quidam, Fridericus nomine, ex nobilissimis Sueviae comitibus originem trahens, der in castro Stoiphe dicto eine colonia gegründet habe, den consilio providus, armis strenuus, ad curiam imperatoris assumptus .. strenuissimique ac nobilissimi militis officium implens, der per multos dies ibidem (sc. am Hofe Heinrich's IV.) militarat .. in omnibus periculis suis viriliter imperatori astiterat, ein, nebst der Heinrich IV. bei dem Anlaß der Erhebung zur Herzogswürde in den Mund gelegten Anrede (SS. XX, 357). Gegen Chr. Fr. Stälin, Wirtemberg. Geschichte, II, 228 u. 229, der vornehmlich wegen der in n. 35 erwähnten Nennung — einfach von Staufen — das Geschlecht nur „von einem kleinen Ursprunge", eines „freien Herrn", ausgehen lassen wollte, hob insbesondere Baumann, Die Gaugrafschaften im Wirtembergischen Schwaben, 94 u. 95, hervor, daß vielmehr die Staufer vor ihrer Herzogswürde schon ein Grafenamt verwaltet haben müssen, und daß sie vielleicht ein von der oberen Donau an die Rems versetzter Zweig des gräflichen Hauses von Berg (im jetzigen wirtembergischen Oberamt Ehingen) gewesen seien, ansässig im Drachgau am Oberlauf der Rems, an dessen Südrand die noch heute sichtbare, durch ihre starken alten Mauern bemerkenswerthe Burg Büren (oder Beuren: das sogenannte Wäscherschlößchen) sich befindet, und im südlich daran angrenzenden, nach dem gleichnamigen Flusse genannten Filsgau, an dessen Nordende sich südöstlich von Büren die Burg Hohenstaufen erhob. Vergl. auch P. Fr. Stälin, Geschichte Württembergs, I, 389 ff. Für die Beziehungen zum Elsaß und ebenso für die Kenntniß der Namen der Geschwister Herzog Friedrich's I. ist die Urkunde seiner Mutter Hildegard, von 1094 — 1095 ist das Todesjahr —, von Wichtigkeit, in der diese cum filiis suis, videlicet Ottone Argentoratensis ecclesiae episcopo Suevorumque duce Friderico, Ludovico (nach einem urkundlichen Zeugniß des Herzogs, von 1103, palatinus comes), Walthero, Conrado et filia sua Adelheida carissima handelt, worauf König Friedrich I. 1153 in St. 3658 zurückgriff (Würdtwein, Nova subsidia diplom., VI. 256 u. 257, VII, 160—162). Durch Witte, Zeitschrift für die Geschichte des Oberrheins, LI, 218—222, wird — entgegen älteren Erklärungen, die auch noch bei Meister, Die Hohenstaufen im Elsaß (1890), 38 ff., wiederkehren — Hildegard als Tochter des Grafen Gerhard I. von Egisheim und Schwester des in Bd. II, S. 430 (n. 173), erwähnten Grafen Gerhard vom elsässischen Nordgau, ferner des in Forschungen zur deutschen Geschichte, VIII, 149—159, behandelten Grafen Arnold von Genf hingestellt, was dann die Herbeiführung eines ansehnlichen elsässischen Familienbesitzes für den schwäbischen Gatten ganz begreiflich macht. Als 1892 bei Anlaß der Restauration der St. Fides-Kirche zu Schlettstadt in einem gemauerten Grabe innerhalb der alten Apsidenanlage durch geschickte Behandlung Reste einer liegenden weiblichen Leiche, in dem bewerkstelligten Ausguß der Hohlform, erhalten und Kopf, Schultern und Theil der Brust zu einer Büste gestaltet werden konnten, glaubte man zuerst dergestalt die Leiche der Hildegard gefunden zu haben, die nach Grandidier, Oeuvres historiques inédites (Ed. Liblin, 1865), II, 138 (n. 2), an der Pest gestorben sein soll. Allein die Altersverhältnisse der unzweifelhaft hohen Frau, die da zur Bestattung gekommen war, von etwa 38 zu 45 Jahren, stimmen nicht zu Hildegard, die wenigstens siebzigjährig war, als sie starb. So wird vermuthet, es möchte die Stifterin von St. Fides, die Gräfin Adelheid, sein, die etwa, um die pestkranke Mutter und den gleichfalls 1095 verstorbenen Bruder Konrad zu verpflegen, herbeigeeilt war und dann starb, wobei sie, da der Verdacht vorliegen mochte, sie sei auch von der Pest angesteckt, in der bei der Auffindung ent-

die nach der kaiserlichen Großmutter den Namen erhalten hatte, zur Braut gab[87]).

Aber auch einen geistlichen Anhänger vom Boden des schwäbischen Stammgebietes bedachte Heinrich IV. während des österlichen Aufenthaltes in Regensburg. Abt Eggehard von Reichenau war auf seiner Reise nach Rom, wo er eine Streitsache, wahrscheinlich gegenüber Abt Udalrich von St. Gallen, Gregor VII. vorlegen wollte, als er den Po überschritten hatte, bei Borgo San Donnino von Leuten des Bischofs Eberhard von Parma ergriffen und, wie schon erwähnt, eben diesem Bischof zur Haft übergeben worden. Der Papst, der den Abt umsonst zur Synode in Rom erwartet hatte, schrieb an den Bischof den hier früher genannten Brief, um Eggehard's Freilassung zu erzielen. Aber diese war erst nach einiger Zeit, auch durch Hülfe der Gräfin Mathilde, möglich geworden, und nicht ohne daß der Abt eidlich eine Summe Geldes hatte versprechen müssen. So war er, wohl unter Vermittlung der Mathilde, glücklich, jedenfalls nur kurz nach dem Ende der Synode, nach Rom gelangt, wo der Papst selbst in dem früher aufgeführten Schreiben an Rudolf und die Sachsen seiner Anwesenheit gedachte, und nicht ohne Gefahr kehrte er hernach nach Schwaben zurück. Aber hier war inzwischen eine gänzliche Aenderung zu seinen Ungunsten geschehen. Eggehard zählte als Gegner des Abtes Udalrich zu den Anhängern Rudolf's, und man war in Schwaben der bestimmten Ansicht, eben diese Gegnerschaft gegen Heinrich IV. habe ihm die Gefangensetzung in Italien eingetragen. Und jetzt ertheilte eben der König aus Regensburg die Abtei Reichenau gleichfalls an Udalrich, so daß sich Eggehard bei seiner Rückkehr vertrieben fand; die St. Galler Geschichtschreibung stellte freilich die Sache so dar, man habe angenommen, Eggehard sei nicht mehr am Leben[88]).

---

deckten eigenthümlichen Weise begraben wurde (vergl. Der Grabfund zu Schlettstadt, 1893, aus den Mittheilungen der Gesellschaft für Erhaltung der geschichtlichen Denkmäler im Elsaß, XVI, ferner L. Dacheux, L'empreinte humaine de Schlestadt, beide mit photographischen Abbildungen des Grabfundes, sowie Schwalbe's Referat im Corresp.-Blatt der Deutschen Anthropologischen Gesellschaft, Nr. 1, 1894).

[87]) Der Agnes gedenkt nur die spätere, in n. 35 citirte Petershauser Erzählung: filiam suam junxit ei in matrimonium, quae genuit ei Fridericum et Cuonradum postea regem (l. c.), und Bischof Otto läßt in der in n. 36 erwähnten Anrede Heinrich IV. zu dem neuen Herzog sagen: Filiam quippe unicam quam habeo, tibi in matrimonium sortiendam trado (l. c.). Da nach Bd. II, S. 85 (n. 82), die Jahre 1070 — dahin gehört die früh verstorbene Tochter Adelheid — und 1071 für die Geburten früherer Kinder schon vorausgenommen sind — nach S. 327 kam 1074 Konrad nach —, so muß Agnes 1079 noch ganz in zarten Kindesjahren, höchstens sieben Jahre alt, gewesen sein, so daß also eine Vermählung noch in weiter Aussicht stand.

[88]) Ueber Eggehard vergl. ob. S. 184 u. 186. Ganz besonders spricht Gregor VII. in dem unt. in n. 89 angeführten Briefe J. 5137 von der Angelegenheit des Abtes: qui nuper ad apostolorum limina veniens non solum captus est, sed etiam in loco eius quidam est tyrannice subrogatus, wobei nochmals der in apostolica sede . . a memet consecratus und tanto privilegio

Selbstverständlich verschärfte jetzt diese Zutheilung von Reichenau an den Abt von St. Gallen den schon vorher vorliegenden Zwist zwischen Udalrich und den Anhängern Rudolf's in Schwaben. Udalrich erschien persönlich in Reichenau und schlug die Hand über die Abtei. Aber das machten sich sogleich sowohl Berchtold, der Sohn des kürzlich verstorbenen Berchtold mit dem Barte, als Welf, der eben erst Rätien heimgesucht hatte, zu Nutze. Im Breisgau, am oberen Neckar verwüstete Berchtold mit Raub und Brand die Besitzungen von St. Gallen, und Welf hauste in ähnlicher Weise, wohl nördlich vom Bodensee, so daß St. Gallen auf Jahre hinaus aller Erträgnisse und Ablieferungen aus diesen Landschaften beraubt wurde und die Mönche in die größte Noth geriethen, werthvoller Stücke ihres Kirchenschatzes sich entäußern mußten. Freilich leistete Udalrich auch kräftigen Widerstand. So kam es bei einem Orte, der wohl unweit des Flusses Töß zu suchen ist, zu einer eigentlicher Feldschlacht zwischen den Königlichen und den Anhängern Rudolf's. Dann rächte sich der Abt im Bunde mit dem vorhin erwähnten Grafen Otto I. von Buchhorn, durch die Eroberung und Verbrennung des festen Platzes Markdorf im Linzgau, vielleicht zur Schädigung Welf's; dem feindlich gesinnten Udalrichinger Grafen Markward wurde die Stadt Bregenz zerstört, er selbst gefangen genommen; die feste Burg des Grafen Hartmann, eines grimmigen Feindes Heinrich's IV., Kiburg, wurde vernichtet, unter Abführung des Sohnes — es war wohl Hartmann II. — in die Gefangen-

munitus — Eggehard — dem invasor ille, dem rebellis — Abt Udalrich von St. Gallen — gegenübergestellt wird. Der Annalist gedenkt seines Schicksales ebenfalls an zwei Stellen einläßlich, daß der Abt pro causa sua proclamanda zur Synode wollte — im zweiten Male heißt er a fratribus suis regaliter electus et juxta privilegii eiusdem loci statutum a papa legitime ordinandus (irrthümlich, da ja Eggehard's Weihe durch Gregor VII. schon nach Ostern 1073 stattgefunden hatte) — und aus seiner Haft, cum aliter se non posse liberari persentisceret, pecunia suis pacta ac jurata captoribus, dimissus ab eis endlich nach Rom kam: inde causa sua apud papam ad libitum peracta, non sine periculo ad Augiam quandam suam revertitur, die aber inzwischen — jam in pascha — Heinrich IV. dem tyrannus anathematicus, quem etiam cellae sancti Galli destruendae superposuerat, als einem antialbas — more suo — zugewiesen habe; an der zweiten Stelle heißt es noch von Reichenau, die Abtei sei jam bis symoniace vendita — von Seite Heinrich's IV. — gewesen, als Eggehard dort, 1073, eingetreten war (vergl. Bd. II, S. 3, 44 u. 45, 407—409), und dann wird Eggehard als quia injuste parti eius (sc. Heinrich's IV.) favere non ausus est, nunc injuste reprobatus et in captione detentus bezeichnet, worauf die Einsetzung des tyrannus — des invasor et devastator von St. Gallen — auch hier an dem chronologisch richtigen Platze — zu Ostern — folgt (317, 319). Gerade diese Wiederholungen und kleinen Widersprüche scheinen auch für eine Compilation des Buches an dieser Stelle zu sprechen. Die St. Galler Geschichtschreibung bringt diese Dinge selbstverständlich gleichfalls. Die in n. 33 citirte Continuatio, c. 23, hat: abbas Augensis Romanum iter aggressus, in oppido sancti Domnini martyris captus, Parmensi episcopo est traditus; set post satis longam captionem pape et Mathildis comitisse adjutorio est liberatus. Interim dum in hac captione laborasset, divulgata in Theutonicis partibus eius morte, abbas sancti Galli eius abbatiam a rege Heinrico suscepit (l. c., 32 u. 53).

schaft. Allerdings gelang dem Abte auch nicht Alles, was er in Angriff nahm, und er hielt es für gerathen, zwei an den Flüssen Glatt und Thur angelegte Befestigungen, die seine Kraft nur zersplitterten, wieder aufzugeben und sich zur größeren Sicherung in die hinteren Theile der St. Gallen überragenden Berglandschaft, an die obere Sitter, zurückzuziehen, wo er auf einem Felsen zwischen den Bergen seinen Sitz aufschlug. Diese Kämpfe, die gleichfalls durch eine längere Zeit sich hinzogen, warfen weithin Alles in Feindschaft und Zerrüttung[59]).

Aber überhaupt verschärfte sich in Schwaben der Gegensatz der Anhänger Heinrich's IV. und Rudolf's in jeder Weise in diesem Jahre, und ganz besonders geschah das dadurch, daß nunmehr auch die Anhänger Rudolf's, gleich Heinrich IV., darauf

---

[59]) Gleich nach der Stelle in n. 38 fährt das gleiche c. 23 der Continuatio fort: Quae res maximam cladem utrique monasterio et maximas inimicicias hominum suscitavit, worauf Udalrich's Eintritt in Reichenau, Berchtold's und Welf's Waffenerhebung und die St. Gallen zugefügten Schädigungen folgen, in c. 24 die infolge dessen wegen des Mangels geschehende Veräußerung einzeln aufgezählter multa et innumera ecclesie ornamenta durch die St. Galler Mönche, außerdem die durch Udalrich an den Feinden, den ob. S. 31 genannten Grafen Markward und Hartmann, geübte Vergeltung, in c. 25 die Anlage von Befestigungen durch den Abt (l. c., 54—63). Der dort, l. c., an die Ausgabe der Continuatio angehängte Excurs handelt, 123—127, über diese Kämpfe von 1079, speciell auch über die Lage der in c. 25 erwähnten Burg in quadam rupe nomine Rachinstein natura et situ loci — inter montana — nimis munita et satis tuta. Die dort, im Commentar, 62, in n. 155, noch unerklärt gelassene, c. 24 a. E. genannte Cochirsburch dürfte seither, 1897, durch Rahn an das Licht gezogen worden sein (vergl. dessen Publication, Die mittelalterlichen Architektur- und Kunstdenkmäler des Cantons Thurgau, 230 u. 231, wo auf die Spuren einer früh verschwundenen Burg nebst einem sich anschließenden Städtchen bei dem Dorfe Weiler, auf der linken Thurseite, nahe der Südgrenze des Kantons, hingewiesen wird). Daraus, daß in c. 24 ausdrücklich bloß vom Prigantium oppidum die Rede ist (vergl. l. c., 60, n. 150), zieht J. Zösmair, Über Schloß Bregenz, Schriften des Vereins für Geschichte des Bodensees und seiner Umgebung, XXVI, 1897, 9 u. 10, den Schluß, daß 1079 eine Burg Bregenz — auf dem heute sogenannten Gebhardsberge — noch nicht bestanden habe, sondern erst durch Markward's Bruder und Erben Udalrich IX. erbaut worden sei. Die Benutzung der St. Galler Annalen durch Gallus Öhem — vergl. das Citat ob. S. 16 in n. 20 — hat bei dem in c. 23 stehenden Zusammenhang noch Weiteres von einer für die Rudolfischen schließlich unglücklichen Schlacht „vor Feltheim“ (wohl Veltheim bei Winterthur) und von Eroberungen von Schlössern, „Wißneck“ und Zimmern (vergl. l. c., 55 u. 56, n. 141: wahrscheinlich beruhen auch einschlägige Angaben der allerdings erst dem 16. Jahrhundert angehörenden Zimmerischen Chronik, Ausgabe Barack's in der Bibliothek des Litterarischen Vereins in Stuttgart, XCI, 73, auf älteren Nachrichten) durch Berchtold (Brandi's Ausgabe, 98 u. 99). Über Wiesneck, resp. den Grafen Adalbert von Haigerloch, der sich nach diesem breisgauischen Besitze ebenfalls benannte und auf Abt Udalrich's Seite focht — Wiesneck's Trümmer lagen oberhalb Zarten und Kirchzarten —, vergl. Witte, Die älteren Hohenzollern und ihre Beziehungen zum Elsaß, 27 u. 28. Daß die Ereignisse dem Jahre 1079 zuzuweisen sind, geht aus der Anordnung bei Gallus Öhem hervor, der allerdings alle diese Dinge irrthümlich zu 1077 stellt, dabei aber durch die Hereinziehung der Romreise Eggehard's zeigt, daß vielmehr 1079 zu verstehen sei.

ausgingen, das Herzogthum Schwaben, als dessen Leiter sie selbstverständlich den vom König ernannten Friedrich nicht anerkannten, in ihrem Sinne zu besetzen.

Rudolf hatte seinen Sohn Berchtold, wie es scheint, als er nach Sachsen ging, in der Obhut Welf's zurückgelassen. Denn dieser und mit ihm weitere Häupter der Heinrich IV. feindlichen Gruppe von schwäbischen Großen — Berchtold II., eben der gleichnamige Sohn Berchtold's mit dem Barte, war wohl betheiligt — stellten jetzt den jedenfalls noch in recht jungen Jahren stehenden Berchtold als Herzog für Schwaben auf. Sie nahmen ihn mit sich nach Ulm, und hier, also an der gleichen Stätte, wo 1077 Heinrich IV. gegen Rudolf, Welf und Berchtold die Absetzung von ihren Herzogsämtern ausgesprochen hatte, geschah durch allgemeine Erklärung der Versammlung die Wahl des jungen Vertreters des Hauses von Rheinfelden, und diese Alle, Fürsten, wie Bürger, unterwarfen sich dem neuen Herzog nach gewohntem Recht. Dabei wurde nicht versäumt, zu betonen, Heinrich IV. habe diesem schon, wie er noch ein ganz kleiner Knabe war, die Nachfolge im Herzogthum des Vaters zugesagt[40]).

Mit diesem neuen Herzog trat nun jedoch auch Berchtold II. alsbald in engste Verbindung. Die Tochter Rudolf's, Agnes, wurde nach Ostern mit Berchtold II. vermählt, und so stand fortan dieser schwäbische Vorkämpfer der rudolfinischen Partei als Schwager dem jungen Gegenherzog schützend zur Seite[41]). Und zieht man nun daneben in Erwägung, daß wohl damals König Ladislav von Ungarn, der mit den bairischen Unzufriedenen in so enger Verbindung gegen Heinrich IV. stehende östliche Nachbar der oberdeutschen Landschaften, schon mit einer anderen Schwester des Gegenherzogs verlobt, ja vielleicht vermählt war[42]), daß weiterhin

---

[40]) Auch hievon spricht einzig der Annalist und nennt Welf — cum nonnullis senioribus qui ad eum pertinebant — als Urheber des Schrittes, der so geschildert wird: ei se cum civibus (sc. von Ulm) jure solito subdiderunt, communique suffragio (Heyck, Geschichte der Herzoge von Zähringen, 118, erklärt das als „allgemeine Umfrage") et laudamento dominum sibi et ducem nunc denuo confirmaverunt (319). Auf die einzig hier gebotene Bezeugung über Berchtold: cui jam parvulo adhuc ducatus Alemanniae a rege Heinrico delegatus est ist kaum das Gewicht zu legen, das Heyck, l. c., der Stelle beimißt, auch zur Berechnung des Alters Berchtold's, da parvulus vom Jahre 1065 aus bemessen werden müßte (immerhin zeigen die Ausdrücke: assumptum ... perduxerunt, daß 1079 Berchtold sehr willenlos mitgeschleppt wurde, also wohl noch recht jung war).

[41]) Der Annalist setzt die Vermählung des Berhtoldus marchio, des spectabilis multumque liberalis adolescens et omnifariis morum honestate decorans se et satis virtuose agens, mit der Agnes, Ruodolfi regis filia, et ipsa admodum in suis omnibus non minus marito virtuosa ausdrücklich postpascalibus diebus an (320). Otto von Freising gedenkt in dem in n. 36 erwähnten Zusammenhang, c. 7, der Verbindung des quidam ex nobilissimis regni optimatibus, Berhtolfus nomine de castro Zaringen mit der Rudolfi filia (ebenso die Genealogia Zaringorum: Berchtoldus 2 dux . . Agnes uxor, filia Ruodolfi regis: SS. XIII, 736).

[42]) Vergl. hiezu ob. S. 133 (mit n. 53).

noch eine dritte Schwester, Bertha, gleichfalls möglicherweise schon jetzt — oder wenigstens sicher nicht viel später — durch die eheliche Verbindung mit dem Neffen des vorhin unter Heinrich's IV. Feinden genannten Grafen Markward, dem jungen Udalrich X., dem Sohn des Grafen Udalrich IX. von Bregenz, in diese einem größeren Zusammenhang eingeflochtene Berechnung mit hereingezogen erschien[48]), so liegt es deutlich ausgesprochen vor, daß Heinrich IV. und sein getreuer Anhänger in Schwaben einer hinreichend überlegten Anhäufung verschiedenartiger gegnerischer Pläne sich gegenübergestellt sahen.

Ganz besonders tritt von dieser Zeit an eben das schwäbische Haus hervor, das früher im Besitze des herzoglichen Titels für Kärnten gewesen war, das jetzt aber im Gemahl der Agnes von Rheinfelden, in Berchtold II., vertreten erschien. Indessen hatte schon der Vater, Berchtold mit dem Barte, wenigstens bis 1061, wo durch seine Ernennung zum Herzog von Kärnten Aenderungen in seiner Stellung für Schwaben sich ergaben, in diesem Lande eine ansehnliche Macht inne gehabt. Als Nachfolger seines gleichnamigen Vaters — doch ist die Form Bezelin für dessen Namen gebräuchlich gewesen — war Berchtold mit dem Barte im Breisgau, im Thurgau, in der Ortenau, ferner im Albgau, möglicherweise in einem Theile der Baar, Graf gewesen, und ebenso hatte sich vielleicht auch die Vogtei über die in Schwaben liegenden Besitzungen des Bisthums Bamberg in seiner Hand befunden. Daneben stand Berchtold in einem ausgedehnten Grundbesitz durch verschiedene Theile von Schwaben, westlich vom Schwarzwald am Oberrhein,

---

[48]) Ueber Udalrich IX. vergl. ob. S. 31 (n. 45). Von seinem Sohne Udalrich X. (vergl. die dort erwähnte Stammtafel Baumann's) ist in den Casus monast. Petrisbus., Lib. III, c. 26, die Rede: comes adhuc adolescens filiam Wernheri comitis de Habichisburc sibi desponsaverat et ei sponsalia juramento firmaverat; set priusquam eam acciperet, devenit cum Welfone duce ad Chalamingam et concubuit latenter cum Berhta filia Ruodolfi regis, remque latere voluit. Set puella promulgavit, sicque factum est, ut propinquorum eius potentia ipsam in matrimonium accipere cogeretur, et juramentum, quod filiae Wernheri juraverat, emendavit et omnia quae illi spoponderat de suis propriis reddidit (SS. XX, 655). Immerhin ist wohl daraus, daß nicht Rudolf selbst, sondern die propinqui zur Rettung der Ehe Bertha's eintraten, zu schließen, diese Dinge seien erst kurz nach Rudolf's Tode, also nicht schon 1079, eingetreten. Durch Baumann wurde, Zeitschrift des Historischen Vereins für Schwaben und Neuburg, IV, 1—16 („Ueber die angebliche Grafschaft und Grafenfamilie Kelmünz") — wiederholt abgedruckt, Forschungen zur Schwäbischen Geschichte (1899), 277—295 —, nachgewiesen, daß die erst einige Jahrzehnte nach ihrem Tode irrig „Gräfin von Kelmünz" genannte Persönlichkeit mit der Tochter Rudolf's identisch sei, sowie daß die Feste Kelmünz — am rechten Ufer der Iller gelegen (vergl. E. Krüger's Aufzählung der zur Herrschaft Kelmünz gehörenden Orte, Zeitschrift für Geschichte des Oberrheins, XLVI, 479 u. 480) — wohl als ein Stück der alaholfingischen Erbschaft anzusehen ist, das durch Herzog Hermann II. von Schwaben auf die Urenkelin Mathilde — Heinrich's IV. Schwester (vergl. ob. S. 21 in n. 26) — und durch diese an ihren Gemahl Rudolf gekommen war, der dann dieser Tochter zweiter Ehe vorzugsweise dieses Besitzthum zugewiesen zu haben scheint.

wo die breisgauischen Güter den dichtesten Kern, als die wahre Grundlage der Macht des Hauses, bildeten, dann stromabwärts in der Ortenau, und zumal in der Baar, vom Quellgebiet der Donau, wo der Ort Villingen für den Vater Bezelin mit dem Marktrechte ausgestattet worden war, bis zum Oberlauf des Neckar. Diesen ganzen Familienbesitz hatte Berchtold, als er 1077 bei seiner Ächtung der Reichslehen verlustig erklärt wurde, nicht eingebüßt[44]).

Berchtold mit dem Barte hinterließ bei seinem Tode nach zweimaliger ehelicher Verbindung nur Nachkommenschaft aus der ersten Ehe. Die Abstammung der ersten Gemahlin, Richwara, läßt sich wahrscheinlich nicht feststellen; nur das ist sicher, daß sie bei der Ausstattung jener dem heiligen Petrus geweihten Propstei Weilheim im Neckargau, deren Zerstörung Berchtold noch kurz vor seinem Tode ansehen mußte, betheiligt gewesen war[45]). In zweiter Ehe hatte sich Berchtold mit Beatrix, der Tochter des burgundisch-lothringischen Grafen Ludwig, der nach seiner Burg den Namen von Mömpelgard führte, vermählt, eine Verbindung, die Beziehungen zur Gräfin Mathilde nach Italien hin bedingte; denn Ludwig's Gemahlin Sophie, Tochter des Herzogs Friedrich von Oberlothringen, war die Schwester der tuscischen Markgräfin Beatrix, der Mutter der Mathilde. Beatrix, die wohl wesentlich jünger, als Berchtold, gewesen war, ging, wie es scheint, nach Berchtold's Tode zu ihrer Mutter nach Lothringen zurück. Da lebte sie noch mehr als vierzehn Jahre und fand auch, als sie, ein

---

[44]) Ueber Berchtold mit dem Barte liegt die ältere Monographie Fickler's, Berchtold der Bärtige erster Herzog von Zähringen (1856) vor. Vergl. weiter neben Heyck, l. c., 19 ff. — die Uebersicht, 508 ff., läßt bei der tabellarischen Anlage die historische Entwicklung des Hausgutes nicht klar genug erkennen — E. Krüger, Zur Herkunft der Zähringer, l. c., XLV, 577—580. Daß 1077 wohl nur die Reichslehen Berchtold's eingezogen wurden, vergl. ob. S. 86 (mit n. 60).

[45]) Richwara erscheint im Rotulus Sanpetrinus, in einer urkundlichen Aufzeichnung von 1111 betreffend die aecclesia . . . apud villam quandam Nekkergaugiae Wilheim appellatam cum omnibus quae . . . . pertinere videbantur (in omnibus allodiis . . in Nekkergaugia) — vergl. ob. S. 153 —, genannt: dux Berhtoldus primus cum thori sui consorte domna Richwara (ed. Fr. von Weech, Freiburger Diöces.-Arch., XV, 139 u. 140), ebenso in der Genealogia Zaringorum: Berchtoldus dux de Zaeringen. Richwara uxor (l. c.). E. Krüger bekämpft, da zähringischer Antheil am alaholfingischen Erbe schon vorher, unter Bezelin, sich vorfinde, l. c., XLV, 581, XLVI, 516, 520, die nach einer Vermuthung Baumann's im Commentar zur Continuatio Casuum sancti Galli, l. c., 80 u. 81, in n. 213 vorgebrachte, durch Heyck, l. c., 27, n. 81, 95, u. 317, aufgenommene Hypothese, daß Richwara eine Tochter des 1039 verstorbenen Herzogs Konrad II. von Kärnten gewesen sei, daß sie die Weilheim (im jetzigen wirtembergischen O. A. Kirchheim) zugewiesenen Güter — das später als Herrschaft Teck vom Zähringer Gesammtbesitz abgetrennte Territorium — aus dem alaholfingischen Gute, von der alten alemannischen Herzogsfamilie her, ihrem Gemahl Berchtold mit dem Barte zugebracht habe. Dagegen hat Witte, in den ob. S. 21 n. 26 genannten Genealogischen Untersuchungen, l. c., 309—371, l. Bertold von Zähringen und die Ezzoniden, Richwara als Tochter des 1061 verstorbenen Herzogs Konrad III. von Kärnten (vergl. Bd. I, S. 208 u. 209) zu erweisen gesucht.

Jahr vor der Mutter, nach langwieriger Krankheit starb, 1092 ihr Grab in Toul [46]).

Von den Kindern Berchtold's und Richwara's lebten 1078, als der Vater starb, außer einer Tochter Liutgard, die mit dem eifrigen Anhänger Heinrich's IV., dem Markgrafen Dietpold, vermählt gewesen war, ihren Gemahl aber schon vor kurzem in der Schlacht bei Melrichstadt verloren hatte [47]), die zwei jüngeren Söhne, eben Berchtold, der jetzt als ein Hauptführer der Rudolfinischen stets mehr an Bedeutung gewann, und Gebehard, der dem geistlichen Stande angehörte und später erst berufen war, in Schwaben mächtig gegen Heinrich IV. einzugreifen. Dagegen hatte der älteste Sohn Hermann [48]) schon längere Zeit vor dem Vater sein Leben abgeschlossen.

Hermann war in der Mitte des Jahrhunderts, wo er 1050 als etwa zehnjähriger Knabe einer Rechtshandlung an der Seite des Vaters beigewohnt hatte [49]), zum ersten Male hervorgetreten.

[46]) Beatrix ist sammt ihrem Bruder, Friedrich, in Bernoldi Chron., a. 1092 und 1093, erwähnt, zuerst: Erat (Fridericus comes) filius dominae Sophiae et Ludowici comitis, quae erat matertera comitissae Mathildis . . . . Beatrix, soror Friderici marchionis et uxor quondam Bertholdi ducis tandem . . . . diem clausit extremum 7. Kal. Novembris (nach einer diuturna infirmitas), et in civitate Leucorum ab episcopo loci honorifice sepelitur, dann eben zum folgenden Jahre nochmals (beim Tode der Mutter): comitissa Sophia, vidua Ludowici comitis, mater piae memoriae Beatricis ducis et Friderici marchionis (SS. V, 454, 455—456). Durch Herim. Aug. Chron., a. 1044, ist der Vater, Graf Ludwig, ausdrücklich mit dem castellum eius quod Mons Piligardae dicitur in Verbindung gebracht (SS. V, 125). So interessant es, wegen der daraus sich ergebenden Verstärkung der Interessengemeinschaft zwischen Berchtold und der Gräfin Mathilde, wäre, das Jahr der zweiten Vermählung des Herzogs zu kennen, so ist dasselbe höchstens annähernd, etwa um 1070, wegen der Altersverhältnisse der Beatrix, zu bestimmen, wie mit Heyck, l. c., 96, anzunehmen ist.

[47]) Die schon in n. 38 citirte Tafel über Friedrich's I. Verwandtschaft mit Adela hat auf der einen Seite als dritte bis fünfte Generation: Bertolfus cum Ilarba genuit Liutgardim; Litgardis genuit marchionem Theobaldum. Ueber Liutgard's königlich gesinnten Gemahl, den Markgrafen Dietpold, vergl. ob. S. 41 (mit n. 66) u. 145.

[48]) Daß Hermann Berchtold's I. ältester Sohn war, wurde bis auf die neueste Zeit nicht anerkannt, obschon bereits Fickler, l. c., 34 ff., und nochmals, Quellen und Forschungen zur Geschichte Badens und der Ost-Schweiz, CIX ff., dafür eingetreten war. Erst durch H. Maurer wurde, Zeitschrift für die Geschichte des Oberrheins, XLIII, 478—491, in einer Ausführung über Hermann I., dieses Altersverhältniß bewiesen, und sowohl von Weech, Badische Geschichte, 6 (n.) u. 13, als Heyck, l. c., 99, schlossen sich seiner Darlegung an; dagegen stimmt die Zuweisung der beiden jüngeren Söhne an Beatrix als Mutter, durch Maurer, nicht zu den Altersverhältnissen. Krüger, l. c., XLV, 582, möchte das Geburtsjahr Hermann's etwa zu 1040 ansetzen und annehmen, daß Berchtold um zehn bis funfzehn Jahre jünger gewesen sei. Vergl. weiter Fester, Regesten der Markgrafen von Baden und Hachberg 1050—1515, I, 1 u. 2, die Regesten Hermann's I., sowie den Aufsatz von Jul. Mayer: Markgraf Hermann I., der Stammvater des markgräflichen und großherzoglichen Fürstenhauses von Baden (Freiburger Diöces.-Archiv, XXVI — 1898 —, 241—266).

[49]) In der, wie Baumann in der Erläuterung zum Abdruck, Quellen zur Schweizergeschichte, III, 1, 7 u. 8, die Schwierigkeit beseitigt, erst nach 1061

Als Berchtold 1061 als Herzog von Kärnten ernannt worden war, erhielt der älteste Sohn nach der mit Kärnten verbundenen Mark Verona den Titel eines Markgrafen, doch ohne daß dieser Amtsbezeichnung eine thatsächliche Führung von Befugnissen entsprochen hätte: dagegen erschien Hermann 1064 ausdrücklich mit der Amtsgewalt eines Grafen im Breisgau, weil hier diese Würde vom Vater auf den Sohn übertragen worden war [80]). Hermann war vermählt, und zwar war seine jedenfalls aus vornehmem Hause hervorgegangene Gemahlin Judith wahrscheinlich dem schwäbischen Grafenhause von Calw entstammt, als Tochter des Grafen Adalbert: der Eifer frommer Gesinnung, der den Grafen Adalbert zur Erneuerung des Klosters Hirsau angespornt hatte, lebte auch in Judith [81]). Das Leben der beiden Ehegatten fand in geistlichen Kreisen hohes Lob. Aber außerdem hielt jedenfalls Judith ihren Gemahl kaum zurück, als er die Neigung verrieth, alles Weltliche von sich abzuthun und ganz als wahrer Nachfolger Christi und als armer Träger des armen Kreuzes, wie er bald gerühmt wurde, unter Hingabe allen Besitzes, in voller Selbsterniedrigung im Kloster Cluny die strengsten Verpflichtungen des Mönchthums über sich zu nehmen. So verließ er 1073 noch in jungen Jahren, obschon auch ein Sohn ihm geboren worden war, die Dinge dieser Erde. Doch

---

geschriebenen Notitia des Klosters Allerheiligen von Schaffhausen über den 1050 zu Hilzingen — am Fuß des Hohentwiel — vollzogenen Tausch ist Herimannus marchio, filius Bertholdi) ducis — des als Vogt der Bamberger Kirche Anwesenden — als erster Zeuge genannt, mit einem eben erst nach 1061 (vgl. n. 50) möglich gewordenen Titel.

[80]) Daß die in n. 49 erwähnte Bezeichnung marchio sich — trotz der Anzweiflung durch Ficker, Forschungen zur Reichs- und Rechtsgeschichte Italiens, I, 266, n. 4 — auf Verona bezieht, beweist die undatirte, aber nicht lange vor 1072 anzusetzende schon in Bd. II, S. 160, n. 87, citirte Urkunde, Recueil des chartes de l'abbaye de Cluny, IV, 557, in welcher Hermann im Breisgau als marchio marchie Veronensis handelt: Hesso's Tradition seines Besitzes in Rimsingen in manum Hermanni marchionis (etc.), worauf — 558 u. 559 — Heinrich's IV. Bestätigung in St. 2757: vergl. Bd. II, S. 160, n. 87). In der Urkunde Heinrich's IV. vom 1. März 1064 — vergl. Bd. I, S. 371 n. 11 — ist der Breisgau als comitatus Herimanni comitis erwähnt. Vergl. auch Bd. II, S. 160 n. 87, wo Beziehungen Hermann's zu Cluny schon 1072 oder noch früher sich ergeben.

[81]) Den Namen der Gemahlin Hermann's nennt Bernold, a. 1091: Juditha piae memoriae marchionissa, nobilis genere sed nobilior in sanctitate, uxor quondam Heremanni religiosissimi marchionis (453). Daß sie eine Tochter Adalbert's sei, die Hypothese Schöpflin's, Historia Zaringo-Badensis, I. 278 u. 279, welche Heyck, l. c., 103, n. 343, aufnahm, steht mit der Nichterwähnung dieser Tochter in der Bd. II, S. 97 n. 108, hier zuerst erwähnten Urkunde keineswegs in Widerspruch, da ja Judith jedenfalls bei ihrer Vermählung schon abgefunden war und ihre Zustimmung zur Rechtshandlung wegen Hirsau also nicht mehr, wie die zwei in der Urkunde genannten Schwestern, auszusprechen hatte. Vergl. auch Fester, l. c., 3 u. 4. Indessen ist neuestens durch Klemm, Zur Verwandtschaft der Herren von Backnang — Zeitschrift für die Geschichte des Oberrheins, LI, 521 u. 522 —, die Vermuthung ausgesprochen worden, Judith sei eine Tochter Hesso's I. von Backnang, Brudertochter des in Bd. I, S. 214, n. 26, erwähnten Grafen Hesso vom Sülichgau, gewesen.

nur wenig über ein Jahr konnte er diesem der Regel ganz entsprechenden klösterlichen Leben widmen; denn er starb in Cluny schon am 26. — oder 25. — April 1074[52]). Um das Andenken des deutschen Fürsten, der in solcher Weise im Streben nach evangelischer Vollkommenheit vorgedrungen war, legte sich bald ein Kreis heiliger Offenbarungen, die ihm die Mönche zu verdanken glaubten, und ein aus Baiern stammender Klosterbruder, Udalrich, beschrieb das Leben des Verstorbenen, wie er ihm auch die Grabschrift gedichtet hatte[53]) Während der mehr als siebzehn Jahre ihrer Wittwenschaft wetteiferte Judith mit ihrem gestorbenen Gemahle in frommem Leben[54]).

Durch den frühen Tod Hermann's, durch Gebehard's Eintritt in den geistlichen Stand blieb einzig Berchtold II. als Erbe der Stellung, die der Vater Berchtold I. inne gehabt hatte. Denn der junge Sohn Hermann's, Hermann II., Berchtold's II. Neffe, tritt erst dreizehn Jahre nach des Vaters Tode sichtbar in Thätigkeit,

[52]) Compil. Sanblas., a. 1073, die hier wohl direct auf Berthold zurückgeht, erwähnt in den oben in den Text gestellten Ausdrücken vollen Lobes den Eintritt des adolescens adhuc Hermann in das Mönchsleben, fügt aber dabei schon gleich den Todestag — 7. Kal. Maji — an, während Bernold richtiger — nach der schon im durch ihn benutzten Texte der Compilatio vorgefundenen Angabe: solo hoc anno parum plus anno — die ganze Nachricht überhaupt, sammt der Anführung des Todes, zum Jahr 1074 hinüber einschaltete (SS. V, 276, 430); von Judith bezeugt auch Bernold, a. 1091: cum marito suo religiose vixit (l. c., 453). Feiter, 2, weist hinsichtlich des Textes der Compilatio nach, daß dort, statt: cum uxore et filio unico, omnibus quae possederat relictis, zu lesen sei: uxore . . . . omnibusque . . . relictis. Als Hermann's Todestag haben die Notae necrolog. Bernoldi: 6. Kal. Maji — Herimannus ex marchione monachus obiit (diese Notiz ging wörtlich in die Annal. Zwifalt., a. 1074, SS. X, 54, über), ebenso das Necrologium Zwifalt. (Necrol. Germaniae, I, 658, 250). Die Historia Hirsaugiens. monast., c. 3, schiebt zu Hermann's Charakteristik noch den Zug ein: suos clam fugiens . . . . pastor pecorum Cluniacensium monachorum factus (SS. XIV, 257). Heyck, l. c., 105 n. 348, bezweifelt das mit Recht, als spätere Ausschmückung im Munde der Mönche; außerdem nimmt er, 573, die vorher, 103, durch ihn geäußerte Ansicht, der Bd. II, S. 160 n. 87, erwähnte Hesso habe sich gleichfalls, schon vor Hermann, dem Mönchsleben gewidmet, zurück. Eigenthümlich ist die aus den Annal. Palidens. (SS. XVI, 76 u. 77) durch die Sächsische Weltchronik, c. 22 (Mon. Germ., Deutsche Chroniken, II, 195), übernommene Ausschmückung der Erzählung von Hermann's Entschluß und seinem Leben in Cluny; übrigens ist da schon der Markgraf mit der Burg Namens Badhon in Verbindung gebracht.

[53]) Compil. Sanblas. sagt nach Erwähnung des Todes Hermann's: crebris revelationum oraculis pro occultis et negligentiis suis monitor adhuc fratrum existens (l. c., 270). Wegen der — verlorenen — Biographie, welche noch der Anonymus Mellicensis, De scriptoribus ecclesiasticis, sah, nach c. 110: Composuit quoque (sc. Udalrich, über den E. Hauviller, Ulrich von Cluny — Kirchengeschichtliche Studien, III, 3 — 1896 — handelt, speciell hiezu 65 u. 66) vitam et epitaphium sancti Hermanni ex marchione monachi, filii ducis Berchtaldi, fratris Gebhardi Constantiensis episcopi (Pez, Bibliotheca Benedicto-Mauriana, 469), vergl. Helmsdörfer, Forschungen zur Geschichte des Abtes Wilhelm von Hirschau, 22.

[54]) Bernold bezeugt, a. 1091: post (mariti) obitum 19 annos (: diese Zahl ist zu hoch angesetzt) in viduitate et sancta conversatione permansit (l. c., 453). Vergl. über Judith's Tod zu 1091.

und er war 1078 jedenfalls noch nicht befähigt gewesen, selbständig zu handeln. Bis 1077, wo zweifellos auch dieses Amt ihm entzogen wurde, mag der Großvater Berchtold mit dem Barte auch die Grafschaft im Breisgau wieder verwaltet haben. In ähnlicher Weise wird Hermann II. dann, im Besitz einer gegenüber dem markgräflichen Titel geringeren Rangstufe, nach des Großvaters Tode an die Seite des Oheims Berchtold II. getreten sein, obwohl in ihm der ältere Zweig des Geschlechtes vertreten war; wenigstens steht der höhere Titel des Markgrafen zuerst bei Berchtold II., während sich Hermann II., in seiner Amtsstellung im Breisgau, anfänglich mit der geringeren Bezeichnung eines Grafen begnügen mußte[53]).

Jedenfalls stand also Berchtold II. nunmehr neben Welf, als ein Hauptgegner, dem Herzog Friedrich gegenüber, und Heinrich IV. mußte in ihm eine wesentliche Gefahr für die königliche Machtstellung in Schwaben erblicken.

Der Gegenkönig, dessen Sache in Schwaben so eifrig in der bis dahin geschilderten Weise von seinen Anhängern vertheidigt wurde, hatte inzwischen in Sachsen, wie auf seiner Seite behauptet wurde, in prächtiger Weise das Osterfest begangen und dabei einerseits wieder, nach der Versicherung des gleichen Zeugen, sich nachhaltig bestrebt, in Beobachtung aller Billigkeit allen Angehörigen des Stammes sorgfältig Recht zu sprechen; anderentheils aber war er auch gewillt, einen Heereszug gegen Heinrich IV., so bald es seinen Großen gerathen schiene, in das Werk zu setzen[54]). In diesen Feiertagen, am 25. März, gab Rudolf auch, aus Quedlinburg, auf Fürbitte des Markgrafen Ekbert II. von Meißen an den Bischof Benno zum Besten der Meißener Stiftskirche ein Dorf, in einem Burgward an der Elbe, das aber in That und Wahrheit schon 1074 durch Heinrich IV. diesem Bisthum gegeben worden war, so daß dann hiebei jedenfalls jene frühere Schenkungsurkunde einfach unterdrückt und durch diese neue ersetzt wurde; in der Ausfertigung dieses Zeugnisses tritt Rudolf's Kanzlei hervor, nämlich als Kanzler der früher im Dienste Heinrich's IV. thätig gewesene Adalbero, der zugleich mit dem Erzkanzler, Erzbischof Siegfried,

---

[53]) Vergl. Heyck, 148 n. 512, daß Hermann II. wohl 1087 zuerst handelnd — als comes — auftritt, sowie 106 u. 107 über das Verhältniß zum Oheim Berchtold II., sowie Fester, l. c., 2 u. 3. Ueber die Führung des Titels des Markgrafen vergl. Heyck, 114.

[54]) In seiner einförmigen gedehnten Erzählungsweise läßt der Annalist den Gegenkönig magnifice das Osterfest begehen und — tota Saxonia pace firmissima mirabiliter comita — als aequi servantissimus für jedermann legalis suis jure et constitutione, absque personarum acceptione und sollertissime Recht sprechen (vergl. die ähnliche Stelle zu 1077 ob. S. 46 in n. 74), daneben jedoch auch — in Heinricum acerrimus — satis prudenter die Heeresfahrt — quam primum optimatibus suis oportunum videretur — anordnen und nennt dabei, was nach n. 57 ein Irrthum sein muß, Goslar als Aufenthaltsort (319).

von Heinrich IV. abtrünnig geworden sein muß[57]). Allein zu dieser gleichen Zeit hatte Rudolf auch schon einen sehr empfindlichen Verlust erlitten. Seine Gemahlin Adelheid war, als er nach Sachsen abgegangen war, in Schwaben zurückgeblieben und hatte sich auf der Burg Twiel im Hegau und auf anderen Burgen in der Nähe des Rheines zu halten gesucht, so gut das eben ging. Aber Noth, Kummer, Widerwärtigkeiten verschiedener Art hatten ihre Kraft so erschöpft, daß diese der Krankheit, dem Tod bringenden Fieber, keinen Widerstand mehr zu leisten vermochte. Die Gemahlin des Gegenkönigs, die durch die Zwietracht im Reiche der eigenen den Thron neben ihrem Gemahl einnehmenden königlichen Schwester, Bertha, entgegengestellt worden war, wurde im Kloster St. Blasien in sehr feierlicher Weise, unter gebührenden Ehrenerweisungen, zur Ruhe bestattet. Unter den ausdrücklich hervorgehobenen Anordnungen der Sterbenden für die Bestellung ihres Hauses wird auch die Sorge für die Töchter gewesen sein, von denen ja zwei in Schwaben ihren dauernden Wohnsitz fanden. Für Rudolf jedoch war in Adelheid eine Stütze in seinem früheren herzoglichen Gebiete dahingesunken[58]).

---

[57]) Die Handlung von St. 2997, Rudolf's einzig erhaltenem Originaldiplom (Kaiserurkunden in Abbildungen, Liefer. II, Taf. 28), ist in pasca Domini . . . VIII. Kal. Aprilis nach Quedlinburg angesetzt. Rudolf schenkt der Meißener Kirche — rogatu et interventu marchionis Ekiberti pro remedio animae ipsius et patris eius piae memoriae Ekiberti marchionis — die villa Ilokelortdorf sita in pago castri Zalin (vergl. Bd. II, S. 400, n. 130), wobei aber Heinrich's IV. vorangegangene Schenkung, von 1074, muß cassirt worden sein (vergl. l. c. über St. 2779). Betreffend den jetzt — regnante Ruodolfo rege . . . . anno tertio ordinationis et regni domni Ruodolfi regis — für Rudolf, statt für Heinrich IV., thätigen Kanzler: Adelberone cancellario existente vice Sigefridi archicancellarii Magontini archiepiscopi (die Recognition ersetzt durch den bloßen Hinweis auf die Amtsführung des Kanzlers: vergl. Ficker, Beiträge zur Urkundenlehre, II, 171) vergl. ob. S. 43 in n. 69, sowie Breßlau's Text zu Liefer. II, 39. Breßlau beschrieb, Neues Archiv der Gesellschaft für ältere deutsche Geschichtskunde, VI, 575, das an dieser Urkunde erhaltene Sigel Rudolf's.

[58]) Der Annalist spricht, nachdem er — vergl. ob. S. 89 — zuletzt zu 1077 Adelheid erwähnt, hier zum Frühjahr — Rudolf ist zur Osterzeit jam viduus factus — wieder von ihr, wie sie, ex quo ipse (sc. Rudolf) Saxoniam intravit, in episcopatu Constantiensi in Duello et in aliis castellis juxta Renum qualitercumque conservata, egestate, moerore variisque adversitatum calamitatibus confecta, demum aegritudinum mortaliumque febrium aliquamdiu confecta molestiis starb und in St. Blasien begraben wurde (319). Ueber die Frage, wie der Twiel zähringisch geworden, ob er von Rudolf an die Zähringer gekommen sei, vergl. meine Ausführung zur Continuatio der Casus sancti Galli, l. c., 70 u. 80, in n. 213, und dem entgegen Heyck, l. c., 527 u. 528, der die Burg als Zähringer Lehen des Bisthums Bamberg erklärt (gegen Heyck's Beweisführung aus dem Wortlaute in c. 31 der Continuatio: suam munitionem Tivela ist einzuwenden, daß bei den bekannten Beziehungen Berchtold's von Rheinfelden zu seinem Schwager Berchtold II. von Zähringen eine Burg des ersten sehr leicht als Berchtold II. zugehörig bezeichnet werden konnte, weil nur dessen Kraft die Sache des Anderen aufrecht erhielt). Wegen der Töchter vergl. S. 199 u. 200; daß Bertha in der in n. 48 geschilderten Weise die Ehre geraubt wurde, spricht für ihre mutterlose Unberathenheit.

König Heinrich IV. fühlte sich nach den von Regensburg aus getroffenen Bestimmungen aufgefordert, nach zwei Seiten hin Kraftentfaltungen eintreten zu lassen, nach den östlichen Theilen von Baiern und nach der Mark Oesterreich, ferner in Schwaben. Die Zeit bis zum Pfingstfeste wurde hiemit ausgefüllt. Heinrich IV., der in die östlichen Theile Baiern's und in die Mark Oesterreich, aber auch noch bis über die Grenze des ungarischen Reiches vorrückte und die Einwohner die Schärfe seiner Waffen empfinden ließ, erreichte es, daß Markgraf Liupold, der im vorhergehenden Jahre abgefallen war und wohl auch mit König Ladislav im Einverständniß stand, jetzt mit noch einigen Anderen, die zu Rudolf hielten, zum Gehorsam zurückzukehren für gerathen fand, eine Unterwerfungserklärung, die auch zur größeren Sicherung des Reiches gegenüber Ungarn beitragen mußte. Denn für Ladislav kam noch der Umstand hinzu, daß eben zu dieser Zeit in Polen eine Veränderung sich vollzogen hatte, die geradezu als eine Schwächung seiner eigenen Stellung in Ungarn ausgelegt werden konnte. Jener Boleslav, der sich als Beherrscher Polen's 1076 in bewußtem Gegensatz gegen Heinrich IV. der königlichen Gewalt bemächtigt hatte, von dem verschiedenartige förderliche Handreichungen nach Ungarn hinüber, für seine dortige königliche Verwandtschaft, stets gegen den Schützling Heinrich's IV., Salomon, geschehen waren, hatte infolge des Widerstandes der Adeligen und seiner Verfeindung mit der polnischen Kirche — er ließ sich zur Tödtung des Bischofs Stanislaus von Krakau hinreißen — sich gezwungen gesehen, Polen flüchtig zu verlassen, und belastet mit dem kirchlichen Banne mußte er bei König Ladislav als Vertriebener Aufnahme erbitten. So war der König von Ungarn ohne Zweifel von geringerer Streitlust gegen König Heinrich IV., als das vorher der Fall gewesen war, erfüllt[59]). — Dagegen erschien der neu ernannte Herzog

[59]) Neben der Angabe des Annalisten über das verwüstende Auftreten in orientalibus Ungariae et Norici sinus partibus — usque in pentecosten ferme —: Liupaldum marchionem ad deditionem sibi cum aliis quibusdam coartando (319) steht noch die kurze Notiz der Annal. August.: Rex Ungariae fines invasit (SS. III, 129). Entgegen dem von Büdinger, Ein Buch ungarischer Geschichte 1058—1100, 60 n. 3, geäußerten Zweifel gegenüber der letzteren Angabe ist bei der Zuverlässigkeit der Augsburger Annalen doch mit Giesebrecht, III, 1160, in den „Anmerkungen", ebenso mit Riezler, Geschichte Baierns, I, 542, und Huber, Geschichte Oesterreichs, I, 230, dieselbe wohl anzunehmen, was auch durch die wieder ob. S. 185 u. 186 beleuchteten Verhältnisse ganz nahe gelegt wird. Ueber Boleslav — vergl. Bd. II, S. 745 u. 746, dessen Anreißung der Königskrone — und dessen Sturz, die Flucht nach Ungarn (Chronicae Polonorum, Lib. I, c. 27: De exilio Bolezlavi Largi in Ungariam — sehr vorsichtig spricht sich der Autor über Boleslav's Schuld aus: Qualiter autem rex Bolezlavus de Polonia sit ejectus, longum existit enarrare; sed hoc dicere licet, quod non debuit christianus in christianos peccatum quodlibet corporaliter vindicare. Illud enim multum sibi nocuit, cum peccato peccatum adhibuit, cum pro traditione pontificem truncationi membrorum adhibuit. Neque enim traditorem episcopum excusamus, neque regem vindicantem sic se turpiter commendamus; sed hoc in medio deferamus et ut in Ungaria receptus fuerit,

Friedrich weniger glücklich in seiner Kriegsführung auf dem Boden von Schwaben. Mit durchaus nicht verhehlter Freude führt der Heinrich IV. so ungünstig gesinnte schwäbische Berichterstatter aus, wie zwar Friedrich, nachdem die Einführung des jungen Berchtold in das schwäbische Herzogthum zu Ulm geschehen sei, in Heinrich's IV. Namen Ostfranken, Schwaben, Baiern und sonst noch weitere erhältliche Truppen gesammelt habe, um nun seinerseits Ulm's sich zu bemächtigen und dort die Pfingstfeier zu begehen: er drang, nicht ohne Gefahr, ein, räumte aber schon nach einer einzigen Nacht, zugleich mit den drei Bischöfen, die mit ihm waren, den Platz wieder, da er von dem in Eile durch Welf vorbereiteten Angriff Kunde erhielt. So zog Welf in Ulm abermals ein und nahm dann durch Wurfmaschinen nach mehr als zweiwöchiger Belagerung eine benachbarte feste Burg, der Friedrich nicht durch Annahme einer Schlacht Hülfe zu bringen gewagt hatte, und zerstörte sie. Auch nachher soll Friedrich, obschon er abermals Streitkräfte angehäuft hatte, nicht den Muth besessen haben, sich in einer Schlacht zu messen, da er sich zu schwach fühlte, und so sei er beschämt, nachdem sich sein Heer überall zerstreut hatte, zurückgekehrt[60].

Heinrich IV. war bis zum Pfingsttage, 12. Mai, wieder nach Regensburg gelangt, und hier empfing er nun die von Gregor VII. nach Abschluß der Fastensynode an ihn abgeschickten Legaten, Cardinalbischof Petrus und Bischof Udalrich, die, geleitet vom Patriarchen Heinrich von Aquileja, sich hier am Hofe einfanden[61].

---

disseramus: vergl. im Anfang des Capitels, daß Boleslav in sede — sc. von Ungarn — Wladislaum . . . collocavit — spätere legendarische Zeugnisse über die durch keine authentische Nachricht bezeugte Tödtung des Bischofs Stanislaus vergl. SS. XXIX, 504—517, c. 28: De susceptione Bolezlavi per Wladislavum regem Ungariae: SS. IX, 441) vergl. Röpell, Geschichte Polens, I, 199—206, über die Folgen des Ereignisses für Ungarn Büdinger, 68. Ueber Markgraf Liupold vergl. S. 132.

[60]) Der Annalist allein spricht davon, von der durch Friedrich ex parte regis sui von überall her gesammelten Austrifranci, Raeti, Vindelici (Waitz, Deutsche Verf.-Gesch., V, 2. Aufl., 179 n. 3, erklärt beide Namen als gleichbedeutend mit Alamanni), Pagoarii et quaecumque . . . militares copiae, wobei tres sui episcopi, von dem Eindringen nach Ulm: illic pentecosten acturus, von der als höchst schmählich ausgemalten Flucht Friedrich's vor Welf, und eingehend, leider ohne Nennung des proximum quoddam firmissimum castellum, von dem weiteren Kampfe, wo dann die machinamenta balistica quae mangones theutonizant (Waitz, l. c., VIII, 190, in n. 4, bezweifelt, daß der Ausdruck deutsch sei, und Lexer, Mittelhochdeutsches Handwörterbuch, I, 2029, zeigt die Ableitung aus dem mittellateinischen manga oder mangana, manganum gleich dem griechischen Stammworte) zur Verwendung kamen, so daß Alles für Friedrich elend — cum dedecore timidus et imbellis weicht er aus, und cum dedecore . . tristissimus schließt er den ganzen Feldzug — verläuft (319 u. 320).

[61]) Der Annalist: Patriarcha caeterique sedis apostolicae legati . . . circa pentecosten ad eum (sc. Heinrich IV.) Ratisponam pervenerunt (320), Annal. August.: Legati papae cum patriarcha Heinrico Ratisponam . . . veniunt (l. c.), aber auch Bonitho (im Anschluß an die ob. S. 182 in n. 15 ein-

Der König hatte auch schon in der Zwischenzeit, ehe diese Gesandtschaft bei ihm sich einstellte, neuerdings mit Gregor VII. anzuknüpfen gesucht. Freilich rühren die Nachrichten, die wir hierüber besitzen, abermals durchaus nur von Geschichtserzählungen her, die alle Dinge in einem Heinrich IV. ungünstigen Sinne darzustellen gestimmt sind. Erstlich soll der Patriarch Heinrich gleich anfangs, nachdem ihm vom Papste der Auftrag nach Deutschland ertheilt worden war, einen eigenen Boten eiligst an Heinrich IV. nach Regensburg — das wäre also gegen Ende März gewesen —, um des Königs Willensmeinung — ob er dem Papst zu gehorchen bereit sei, legt der schwäbische Geschichtschreiber diesen Auftrag aus — zu erforschen, und dann sei er absichtlich, um seine Mitgesandten auf ihrer Reise zu längerem Aufenthalte zu nöthigen, nach Aquileja zurückgekehrt, während jene in Padua warteten. Und hierauf — heißt es weiter — habe Heinrich IV., indem er sich den Anschein gab, als wüßte er gar nichts von einer unterwegs befindlichen päpstlichen Gesandtschaft, den Bischof Benno von Osnabrück bloß zu dem Zweck als Bote nach Rom geschickt, um mit fälschlich vorgespiegelter Unterwürfigkeit den Papst zu täuschen, dessen Vorbereitungen und Maßregeln in jeder Weise zu durchkreuzen. Die Legaten sollen darauf noch vor ihrem Eintreffen in Regensburg, wie durch vorausgeschickte Boten, so besonders durch den Bischof Benno selbst, diese Versicherungen einer allerdings nur vorgeschützten Unterwürfigkeit Heinrich's IV. erhalten haben[62]).

prägte Stelle): Qui, Alpes transeuntes, regem in Bajoaria inveniunt bezeugen das einstimmig.

[62]) Der Annalist übertrifft sich hier wieder geradezu in seinen Heinrich IV. anklagenden Aeußerungen: erstlich über Heinrich, den patriarcha qui unus ex intimis regis Heinrici fuerat, ,non optima fide et studio impositam sibi legationem observans, wie er den nuntius secretalis . . . pro se an den König nach Regensburg richtete und collegatos suos hac vice retardando selbst nach Aquileja abbog, weiter aber vorzüglich eben gegen den König selbst, der sollte contumacia . . utpote non observaturus (sc. gegenüber den Weisungen der zu erwartenden Legaten) . . quasi legationis apostolicae inscius den Bischof Benno - non modicis fallaciis dolisque instructus — abschickte: ad condictas inducias . . qui quolibet ingenio et oboedientia illius tantotiens falso simulata, hac etiam vice papam deluderet, et ut anathematis illius sententiam et synodum jam in tyrannidem regis compescendam specialiter ferme destinatam (vergl. schon ob. S. 181 in n. 13, daß diese — auf die Pfingstwoche in Aussicht genommene — Synode zu den nicht glaubwürdigen Behauptungen des Annalisten zählt) artificiosus plurimum qualitercumque impediret (319); und nochmals heißt es nachher, die Legaten seien vor der Ankunft in Regensburg de responsa quamvis simulatae oboedientiae Heinrich's IV. per nuntios quos praemiserant et Osniburgensem episcopum kundig geworden (320). Thyen wollte in der Abhandlung über Benno, Mittheilungen des historischen Vereins zu Osnabrück, IX (1870), 170—172, den schon ob. S. 171 in n. 2 erwähnten, dort zur Fastensynode gezogenen Vortrag eines königlichen Vertreters hier Benno in den Mund legen. Aber auch Giesebrecht, III, 485, sagt in den Worten über Benno, daß er in Rom keine ungünstige Aufnahme gefunden habe, daß die von ihm geltend gemachten Entschuldigungsgründe Anerkennung gewonnen, mehr, als quellengemäß bezeugt ist.

Wenn auch die eingehenderen Mittheilungen über die in Regensburg geschehenen Verhandlungen mit den Legaten abermals nur von gegnerischer Seite geboten werden, so ist doch nicht zu bezweifeln, daß sie keinen befriedigenden Verlauf nahmen. Heinrich IV. soll sich ziemlich abweisend verhalten haben, und durch die Legaten sei trotz aller Anstrengung kaum seine Zustimmung zu der doch schon in Rom auf der Synode von seiner Seite zugesagten Berathung erhältlich gewesen. Ganz ausdrücklich behauptet denn auch der schwäbische Erzähler, daß die Einladungen zu einer neuen nach Fritzlar angesagten Verhandlung von den Legaten ausgegangen seien; theils an Rudolf und die anderen Fürsten in Sachsen, theils an Welf und die angesehenen und vornehmeren schwäbischen Herren sollen die Aufforderungen gerichtet worden sein[63]).

Doch auch dieser zweite Tag zu Fritzlar brachte nicht das erwartete Ergebniß, und zwar beschuldigte das allein uns vorliegende Zeugniß darüber wieder in völlig einseitiger Weise König Heinrich IV. Nach der schwäbischen Geschichtsdarstellung sollen nämlich die schwäbischen Theilnehmer, Welf und die anderen berufenen Männer, durch die Treulosigkeit Heinrich's IV., der die zu Ertheilung sicheren Geleites bestimmten Führer zurückrief, von Fritzlar fern gehalten worden sein. Ebenso stellten sich zwar, dem Rufe folgend und den apostolischen Vorschriften treu gehorsam, Rudolf und die sächsischen Fürsten in Fritzlar ein; doch sollen andere Vertreter des sächsischen Stammes, die auch schon auf dem Wege zu der Versammlung gewesen waren, durch den von Böhmen her durch zahlreiches Kriegsvolk geschehenden Angriff zurück gehalten worden sein: kein Anderer, als Heinrich IV., habe dergestalt den Landesfeind — es ist ein Versuch Herzog Wratislav's, sich der ihm zugetheilten Markgebiete zu bemächtigen — den Sachsen in den Rücken gehetzt; allerdings sei das zum eigenen Schaden der verwüstenden Angreifer ausgefallen, da die in der heimgesuchten Mark aufgebotenen Truppen die böhmischen Krieger theils niedergemacht,

[63]) In kurzen Worten charakterisiren Annal. August. gut die Sachlage: Legati papae . . . de pace tractaturi veniunt; sed parum proficiunt (l. c.). Der Annalist dagegen schiebt wieder Heinrich IV. alle Schuld zu: non satis magnifice acceptati bemühen sich die Legaten, um pro viribus ihren Auftrag zu vollziehen, erreichen aber — plurimum toto ingenio et artificio regi instantes et surripientes — kaum, verbaliter tantum, quamquam pacis simulata et colloquii Romae in synodi audientia per legatum ipsius jurati laudamentum et consensum; dann lassen die Legaten missis statim prae se . . . legatis, nach Sachsen und nach Schwaben, den Tag nach Fritzlar ansagen (320). Auch Bonitho beschuldigt Heinrich IV. in sachlich entstellender Weise, indem er nach den Worten in n. 61 fortfährt: sed neque supplicationibus neque precibus neque aliqua quavis calliditate potuerunt efficere, ut synodum pateretur rex Heinricus in suo regno eos celebrare, nisi Rudolfum absque vocatione vellent excommunicare; quod dum illi facere noluissent interdicentibus canonibus (vergl. unt. n. 86). Freilich sagt auch Giesebrecht, III, 483, in den Worten: „Die Legaten fanden die beste Aufnahme, und der König erklärte sich abermals den Convent zu fördern bereit“ — mehr, als in den Quellen bezeugt ist.

theils gefangen genommen hätten, mit einigen Ausnahmen solcher, die zu entfliehen vermochten. Die in Fritzlar Versammelten dagegen, voran Erzbischof Siegfried von Mainz, alle Uebrigen, Vornehme und Geringe, nahmen die vom Patriarchen Heinrich und anderen Vertrauten Heinrich's IV. dorthin begleiteten Legaten mit allen Ehren auf. Die Vertreter des Papstes machten darauf die Ursache ihrer Sendung bekannt und verkündeten allen Freunden des Friedens und Gehorsams den apostolischen Segen. Freudig sollen Rudolf und die sächsischen Fürsten das aufgenommen und im Namen Aller, die zu ihrer Sache sich zählten, Gehorsam in allen Stücken für Gregor VII. zugesagt haben, so daß der anbefohlene Friede bewahrt, die Ursache des Streites und Aufruhres nach Recht und Gerechtigkeit untersucht, der päpstliche Befehl hinsichtlich der längst festgestellten Berathung erfüllt werde, nur unter der Bedingung, daß auch von Heinrich's IV. Seite eine Erklärung, unter Austausch von Geiseln und Eidschwüren, über seine Uebereinstimmung mit dieser Anordnung geschehe, da sie sonst zu ihm kein Zutrauen fassen könnten. Der Patriarch und die königlichen Vertrauten sollen sich dann lange gesträubt und erst eingewilligt haben, als sie die Neigung der Legaten, die sächsischen Forderungen anzunehmen, erkannten, worauf sie — diese Zusage wird wieder als von vorn herein unwahr hingestellt — schließlich versprochen hätten, den König, wenn nothwendig, im Fall des Widerstrebens, zur Annahme der aufgestellten Forderungen zu zwingen. Unter dieser Bedingung wollten die Sachsen mit Rudolf in Allem, so weit es mit Frieden und Sicherheit geschehen könnte, dem Papst gehorsam sich erweisen. Von beiden Seiten wurde dann Würzburg als Platz einer neuen Zusammenkunft in Aussicht genommen, und darauf löste sich die Versammlung zu Fritzlar auf. Die Legaten gingen mit ihren Begleitern eiligst nach Regensburg zurück, während Rudolf und die Seinigen nach Sachsen sich begaben[64]).

---

[64]) Wieder spricht einzig der Annalist von diesen Vorgängen vor und auf dem Tage von Fritzlar (320). Der König geht mit der solita eius perfidaque vecordia wortbrüchig gegen Welf und die anderen de Alemannis illuc (d. h. nach Fritzlar) advocati vor, und ebenso sendet er — eadem perfidia molitus invidias — die Böhmen den Sachsen in den Rücken, allerdings zum eigenen Schaden der Angreifer, qui . . . eos (sc. die Sachsen, dum marcham invaserant) hostiliter omnimodis molestarent, während doch die Sachsen — Nec mora . . . . cum rege suo praeceptis apostolicis oboedientissimi, juxta quod demandatum est — ganz richtig in Fritzlar sich eingefunden hatten. Dann folgt die Erzählung von den Verhandlungen in Fritzlar, den Eröffnungen der Legaten, der Antwort der sächsischen Fürsten und Rudolf's — wieder mit Klagen über die tantoliens experta perfidia et vecordia —, worauf aber der Patriarch Heinrich caeterique regis familiares, quos legati apostolici in suo comitatu secum adduxerant, Schwierigkeiten erheben: huiusmodi pactum (sc. die sächsischen Vorschläge) quasi non necessarium diu multumque recusantes laudare noluerant, so lange bis die Legaten dem Verlangen der Sachsen — utpote probabiliori — sich zuneigen: wie Heinrich und die familiares das merken, widersprechen sie nicht mehr, sondern geben ficta et vecordi pollicitatione die Zusicherung: dominum suum quamvis refragantem ad hoc pactum se

Heinrich IV. blieb augenscheinlich nach der Rückkehr von dem Kriegszug gegen Ungarn längere Zeit in Regensburg, von wo er am 23. Juli der bischöflichen Kirche von Padua die Immunität und die älteren Rechte und Freiheiten bestätigte, in einer Ausfertigung, in der auch die neu bestellte Kanzlei für Italien — der Kanzler Bischof Burchard von Lausanne für den Erzkanzler Erzbischof Sigewin von Cöln — zuerst hervortritt. Zugleich war diese Gewährung für den Bischof Udalrich, den Legaten Gregor's VII., der selbst den König darum gebeten hatte, ein neuer Beweis engerer Verbindung des Königs mit dem Vertreter des Papstes[65]). Darauf begab sich der Hof auf den Weg nach Würzburg, und am 10. August verpfändete der König an den Abt Walter von Niederaltaich ein Gut in der Weise, daß bei einer allfälligen Einlösung die Entschädigung an das Kloster in anderen Gütern bestehen solle und vom Kloster aus erklärt werde, dasselbe habe keinen Schaden erlitten, Alles dafür, daß in diesem bairischen Kloster opferwillig für die Förderung seiner Rüstungen der Schatz der Kirche angegriffen worden war[66]).

---

coacturos fore; daraus Festsetzung des Tages für Würzburg und Rückkehr beider Theile, der Königlichen — cum legatis apostolicis — ad dominum suum nach Regensburg. In den Annal. August. werden die Verhandlungen von Fritzlar und von Würzburg zusammengeworfen, die Vorwürfe wegen Untreue aber ganz auf die Sachsen abgewälzt (vergl. in n. 72). Was den böhmischen Angriff betrifft, so war er selbstverständlich gegen die sächsische Ostmark und die Mark Meißen gerichtet, die 1075 und 1076 an Herzog Wratislav durch Heinrich IV. zugewiesen worden waren (vergl. Bd. II, S. 526 u. 718), und die vom Besuche der Fritzlarer Versammlung abgehaltenen Fürsten waren wohl Ekbert und seine Schwiegermutter Adela, die nachher zu 1080 der Annalist verzeigt: clandestina perfidiae conjuratione (vergl. zu 1080 bei n. 4) ipsi cum suis omnibus marchionissa Adala generque suus marchio Eggebertus confoederati . . . apostatae rebellabant (326).

[65]) St. 2816 stimmt mit St. 2554, einer durch Heinrich IV. dem Bischof Bernhard 1058 ertheilten Bestätigung (vergl. Bd. I, S. 85), nicht überein. Am Schlusse der Aufzählung der für die Kirche von Padua bestätigten verschiedenartigen Rechte, Bezüge, Einkünfte stehen septem librae monete Venetiarum quas in nostro adventu in regnum Italicum Saccenses (d. h. die Einwohner der Grafschaft Pieve di Sacco bei Padua) ex precepto patris nostri dicunt se nobis debere. Vergl. über die Kanzleigewohnheit in der mindestens achtjährigen Besorgung durch Burchard Breßlau, in den Mittheilungen des Instituts für österreichische Geschichtsforschung, VI, 127 u. 128.

[66]) St. 2817 ist ein Original des Dictators Adalbero C, der in der Arenga, mit der Wendung: Ecclesiarum justa est consuetudo et sancta, ut ex hiis quibus sepe habundant, Dei nutu, argenti vel auri thesauris indigentibus succurrant tempore necessitatis, quae tamen ne detrimentum patiantur, recipere debent dignis commerciis, bezeichnend genug sich herausstellt. Dann sagt Heinrich IV. von sich aus: ituri in expeditionem non habuimus omnia necessaria que a dilecto abbate nostro Walgero ex hiis quae habuit Altahensis ecclesia in auro et argento, nobis mutuo sunt concessa. Die Angabe predium Peringen in pago Drisgouve in comitatu Cuononis palatini comitis ist, da Bischof Wernher von Straßburg (vergl. ob. S. 71) schon am 14. November 1077 gestorben ist, gar nicht auffallend: der König hatte eben darauf, um gegen Berchtold I. — oder schon Berchtold II. — im Breisgau eine weitere Stütze zu gewinnen, die Grafschaft an seinen bairischen Anhänger, den schon ob. S. 41 genannten Pfalzgrafen Kuno, gewiesen, und die von Riezler, l. c., I, 542 n. 3,

So traf denn Heinrich IV. nach Mitte des Monats August gut gerüstet, mit zahlreichen Streitkräften der Bischöfe und seiner übrigen Anhänger, in Würzburg ein[67]). Aber hier nahmen vollends die Dinge durchaus nicht die von Gregor VII., als er die Legaten nach dem deutschen Reiche abgehen ließ, gewünschte Wendung. Es war deutlich, daß jetzt der König den sächsischen Feinden den vollen Ernst zeigen wollte und nicht daran dachte, sich durch Stellung der von der anderen Seite begehrten Geiseln irgendwie zu binden. So aber blieben selbstverständlich auch die Sachsen und die mit diesen im Einverständniß befindlichen Schwaben von Würzburg weg. War es schon fast auffällig gewesen, daß sie überhaupt zu Fritzlar eingewilligt hatten, sich zu Würzburg einzufinden, in der so ganz königlich gesinnten Stadt, von der es im sächsischen Lande hieß, es gebe da fast keinen Menschen, der nicht excommunicirt sei, so mußte ihnen vollends die Lust vergangen sein, das zu thun, als sie vernahmen, der König sei kriegsbereit, mit starker Rüstung, auf dem Wege nach dem Main, von wo, wie der Verlauf der Dinge im letzten Jahre gelehrt hatte, der Marschweg nach Thüringen hin gleich angetreten werden konnte. Allein außerdem ergab sich ja aus dieser Lage der Dinge heraus für die Sachsen wieder der erwünschteste Anlaß, Heinrich IV. anzuklagen, daß durch ihn die Bemühungen des Papstes, den Frieden im Reiche zu stiften, gescheitert seien, daß seine verdammungswürdige Verstocktheit und Widersetzlichkeit, seine meineidige Haltung die Sachsen durchaus rechtfertigten, wenn sie die in Fritzlar gemachten Festsetzungen jetzt nicht hielten. Und außerdem konnten auch die Legaten dadurch, daß sie dergestalt sich stets bei Heinrich IV. hielten, zuerst wieder in Regensburg, jetzt in Würzburg, wohin sie eben den König begleiteten, nur in ein schiefes Licht gerückt werden; bald hieß es von ihnen unter den Sachsen, sie seien durch Geschenke bestochen, eingeschüchtert durch Furcht

---

erfundene Schwierigkeit ist weggefallen. Allerdings ist nun ein Ort des Namens im Breisgau zunächst nicht nachweisbar, und so schlug Wittmann, Die Pfalzgrafen von Bayern, 178, n. 226, im Anschluß an eine Hypothese von K. von Koch-Sternfeld, vor, in pago Vilsgouve, mit Beziehung auf die Orte Ober- und Niederpering rechts der Isar, zu lesen; allein nach Riezler, l. c., ist die Schreibung Brisgouve im Original der Urkunde ganz sicher.

[67]) Der Annalist läßt Heinrich IV. undecumque non modicis suae partis episcoporum caeterorumque complicum suorum contractis copiis nach Würzburg kommen: circa sanctae Mariae assumptionem (321), ebenso die Annal. August.: cum exercitu (l. c., 129). Daß er mit Kriegsabsichten sich schon auf dem Weg dahin trug, erhellt aus dem Inhalte der in n. 66 besprochenen Urkunde, wo von der expeditio, der Erwägung des Königs, der von sich aussagt: de reditu incertus . . de salute anime sollicitus, das Kloster Niederaltaich jedenfalls schadlos zu halten, ganz deutlich die Rede ist. Würzburg war durchaus königlich gesinnt. Zu diesem abermaligen Aufenthalte Heinrich's IV. in Würzburg sei auch auf die Angabe seiner Feinde im Schreiben nach Rom vom Februar des Jahres, bei Bruno, c. 112, hingewiesen: Cuius prohibitionis (sc. des Bischofs Adalbero: vergl. den Schluß der Stelle von S. 77 in n. 115) auctor non incertus est, qui etiam in eiusdem sedis civitate, in qua pene nemo non excommunicatus est, frequentissime moratur (l. c., 375).

und Drohungen, durch List und Schmeichelei schon fast für Heinrich IV. gewonnen, so daß sie nicht mehr dazu geeignet seien, als Vermittler mit dem Vertrauen der Gegner des Königs beehrt zu werden"[86]).

Ueber die Verhandlungen dürfte dagegen der Heinrich IV. gegnerisch gesinnte Bericht wohl ziemlich das Zutreffende, mochte er auch dazwischen allerlei Verunglimpfungen mischen, gebracht haben. Der König selbst erhob in sehr eindringlicher Weise, ganz beredt und in packenden Worten, wie auch von der anderen Seite zugegeben wurde, die Anklage vor der Versammlung und den Legaten gegen Rudolf und die Seinigen. Er konnte, von seiner Auffassung ausgehend, darauf hinweisen, daß er jetzt durch sein Erscheinen den apostolischen Beschlüssen Folge geleistet habe, während seine Gegner — Rudolf, seine sächsischen und schwäbischen Bundesgenossen waren ja trotz ihrer in Fritzlar ertheilten Zusage von Würzburg ferne geblieben — nunmehr des Ungehorsams überführt und durch nicht zu widerlegende Beweise ihrer Schuld dem kirchlichen Banne verfallen seien. So verlangte er dringend und noch mehr als dringend, die Legaten möchten Rudolf und die zu ihm hielten, infolge der päpstlichen Machtvollkommenheit, mit dem von diesen verdienten kirchlichen Fluche treffen. Allein die Legaten lehnten es ab, das zu thun. Sie erklärten, sie seien, um Frieden zu stiften, abgeschickt, und zu dem Behufe, für eine Unterhandlung Zeit und Ort festzusetzen, nicht jedoch für eine solche, wie sie jetzt in dieser Würzburger Zusammenkunft sich darstelle, vielmehr für eine von anderer Beschaffenheit, so wie sie zu Rom vom Papste in Aussicht genommen

[86]) Der Annalist stellt wieder die Dinge, wie sie in Würzburg thatsächlich sich darstellten, schief und unter ungenügender Enthüllung der wahren Sachlage, wie oben im Texte versucht wird sie zu erfassen, vor die Augen, in weitgehender Belastung Heinrich's IV. Die Erzählung ist für den Standpunkt der gegnerischen Partei bezeichnend: Ipse (sc. Heinrich IV.) fidei pactum quod condixerant (sc. seine Beauftragten, in Fritzlar) dum ei notificarent, corde verboque pertinaci parvipendens, pacificumque propitiumque se illis (sc. Saxonibus) exhibiturum fore ob domni papae honorem pariter et amorem, vix ab eis (sc. den von ihm beauftragt gewesenen Vertretern in Fritzlar) constrictus profitebatur, sed si ad deditionem sibi indilate occurrere et humiliari non detractarent (sc. die Sachsen). Eaque conditione colloquium, quod Romae in synodo (sc. der diesjährigen Fastensynode) a legato suo juratum, et excommunicationis auctoritate a nullis partium utrarumque personis non modo non impediri, quin potius omnimodis observari decretum est, se cum Saxonibus habiturum (sc. zu Würzburg) laudabat, aliter autem nequaquam. Quod cum primatibus Saxonum Alemannorumque caeterisque suis commilitonibus compertum fuisset, quamquam ad condictum colloquium (sc. zu Würzburg) jam consentaneos se domno apostolico exhiberent, tunc simul omnes pertinacem regis Heinrici vecordiam comminantes et contumacem inoboedientiam detestantes, sollicitudines necessitatesque suas Deo per omnia commendantes domi unanimiter se continuerunt (: damit ist eben das Wegbleiben von Würzburg nur in Form einer Beschuldigung gegen Heinrich IV. erklärt). Ipse (sc. Heinrich IV.) autem . . . ad praedictam civitatem (sc. Würzburg), ac si per hoc apostolico se excusabilem, anathemate perjuriique reatu immunem posset efficere . . . . cum legatis apostolicis, et ipsis, ut ajunt, muneribus partim corruptis, partim metu nimisque confractis et blanditiis, astutiis omnique ingenio in illius favorem ferme seductis, temerarius satis pervenit (320 u. 321).

worden sei, um auf diesem Wege den Gehorsam einer jeden der beiden Parteien zu prüfen und über das Ergebniß der Prüfung dem apostolischen Stuhle Bericht abzulegen; ebenso gaben sie die Versicherung ab, daß sie nicht allein, sondern mit anderen geeigneten Mitgesandten, die der Papst noch bestimmen werde, als Richter zur Beseitigung der Ursache der Aufstände und Kämpfe im Reiche ernannt seien, und daß das nicht in diesem Augenblicke, sondern erst in Zukunft geschehen könne[69]). Damit hatte die ganze Verhandlung in Würzburg ihr Ende gefunden, und der schwäbische Berichterstatter traf wohl das Richtige, wenn er von Heinrich IV. sagte, dieser sei bestürzt und aufgebracht von Würzburg weggegangen[70]).

Der König schickte nun wirklich, und zwar so, daß ihn die Legaten begleiteten — er nahm sie mit sich, wie der Schwabe sich ausdrückt — sein gar nicht unbeträchtliches, von überall her zusammengezogenes Heer in feindseliger Absicht gegen die Sachsen, um sie mit Drangsal heimzusuchen, höchst unbesonnen, wie jener gegnerische Beurtheiler meinte. Aber Heinrich IV. konnte hier, formal zutreffend, betonen, daß er gerade nach der von Gregor VII. durch die Legaten aufgestellten Beurtheilung der Sachlage im Rechte sei, daß also die Legaten folgerichtig ihm sich anzuschließen hätten, wenn er gegen die Sachsen seine Waffen richte. Diese hatten sich ja durch die Nichtbesendung des Tages von Würzburg verfehlt; so sollte jene von Seite des Königs, der sich dort eingefunden, die Vergeltung für diese Hinderung des Friedens erreichen[71]). Indessen

---

[69]) Ganz ungünstig spricht selbstverständlich der Annalist von der Würzburger Versammlung, als von einer synodus simulatoria, dem anathematicum concilium tergiversatione recordi tam execrabiliter initiatum, tam execrabilius finitum: Heinrich IV. habe — ad libitum suum synodo .... omnifariam per suos synodicos et causidicos secundum cor suum disputaturos disposita — seine Klage vor den Legaten über die regni sui disturbatores et invasores, und zwar intentione satis suasoria, aber tumultuosa nimis animositate importuna ... non sententione, vorgebracht und das Begehren betreffend Bestrafung Rudolf's und der Seinigen satis superque geäußert, nämlich multa .. adinventionum accusationumque clamosarum, sed non, ut ferunt, ex omni parte idonearum excogitamenta; hernach hätten die Legaten — spiritu libertatis non, ut oportuerit, roborati — allerdings die Zumuthung abgelehnt, aber in einem responsione artificiosum — via se ab inclamantibus et tumultuantibus liberabant —, erfüllt von der Einsicht: regem Heinricum cum consentaneis omnibus suis colloquii ab apostolica auctoritate statuti non modo non observatorem, quin potius temerarium impeditorem exstitisse et in hoc anathemati se apostolico palam cum suis complicibus substravisse, nec non ipsum praesentis synodi suae simulatoriae locum cum incolis suis justo jam judicio ab episcopo suo similiter damnatum fuisse (Adalbero hatte wohl 1077, als er aus Würzburg weichen mußte — vergl. ob. S. 47 —, diesen Fluch ausgesprochen: vergl. auch hier in n. 67), seque ipsos his omnibus contra fas et jus canonicum periculose satis communicasse (321).

[70]) Der Annalist bezeichnet hier Heinrich IV. als turbidus satis et animosus (321).

[71]) Die gleiche Quelle läßt nun eben hier den König kriegerisch vorgehen: assumptis secum legatis apostolicis, exercitum quem non mediocrem undecumque contraxerat, in Saxones hostiliter devastandos temerarie multum abhinc dimoverat (l. c.). Auch die sogenannten Annal. Ottenbur. haben hier: Expeditio Heinrici regis sexta contra Saxones (SS. V, 7).

zeigte sich Rudolf der Gefahr, die ihm drohte, gewachsen. Zwar war er zuversichtlich gewillt, sich, wenn nöthig, zum Kampfe zu stellen, und er führte sein gleichfalls gar nicht schwaches und sorgfältig gesammeltes Heer in guter Ordnung gegen den Feind. Doch wählte er jetzt, statt es auf den Entscheid der Waffen ankommen zu lassen, das Mittel, durch Anknüpfung von Verhandlungen den Anmarsch des Gegners zum Stillstand zu bringen. Allerdings bietet abermals allein der auf Seite Rudolf's stehende Berichterstatter die Möglichkeit, das Weitere, was jetzt eintrat, zu erkennen; aber im Wesentlichen ist wohl, was er, freilich ganz nach seiner einseitigen Art die Dinge beleuchtend, bringt, als wahr anzunehmen. Rudolf schickte Boten an alle Großen des Heeres des Königs und beschwor sie, mit demüthigen Bitten, sie möchten mit ihrem Herrn Heinrich IV. die von Gregor VII. zur Herstellung von Frieden und Einheit in der Kirche und im ganzen Reiche angeordnete Unterhandlung annehmen und ihm einen Ort, wo sie veranstaltet werden könnte, in Treue und ehrlichem Frieden einräumen, so daß er sich mit allen Seinigen dort dem Papste und den übrigen Großen des Reiches in der vorliegenden Streitangelegenheit geneigt und zum Gehorsam erbötig erweisen könnte. Dagegen eröffnete er ihnen für den Fall, daß ihm dieses Anerbieten hartnäckig von der entgegengesetzten Seite abgeschlagen würde, er wollte ihnen als scharfer Feind unter Gottes Schutz mit den Waffen entgegentreten, wo sie dann nicht daran zweifeln möchten, daß er sie als fluchwürdige und verhärtete Feinde des Friedens und der Gerechtigkeit züchtigen werde. Diese Ankündigung und die sicher gewonnene Kunde, daß Rudolf's Heer ansehnlich sei und erbittert zum Kampfe bereit stehe, sollen nun die ohnehin in ihrem Gewissen beunruhigten Empfänger der überbrachten Mittheilungen bewogen haben, in Heinrich IV. so lange zu setzen, bis er, nach langer unter Thränen fortgesetzter hartnäckiger Weigerung, sich herbeiließ, nach ihrem Rathe sich von der drohenden Gefahr zu befreien und den Kampf nicht zu wagen, dem er sammt seinen Heereskräften nicht gewachsen sein würde. Allerdings habe sich dabei eine starke Trennung im Heerlager des Königs ergeben: während die dergestalt Heinrich IV. dringlich Mahnenden die Sachsen als solche ansahen, die eine gerechte Sache begehrten, seien die Bischöfe in der Umgebung des Königs in ihren Reden ganz kampflustig und gewillt gewesen, es nicht zur Verständigung kommen zu lassen. Aber die Freunde des Friedens wandten sich an die Legaten und riefen in eifriger Verhandlung deren Vermittlung an, daß sie die beiden Heere bei Strafe des Bannes verpflichten sollten, nicht zur Schlacht zusammenzustoßen, sondern daß diese Heere vielmehr in wechselseitig beschworenem Frieden, als Diener und Theilhaber des Reiches, eine Zusammenkunft veranstalteten und durch dazu ausgewählte Vornehme den Versuch anstellten, durch gerechten Spruch die Ursache des so großen Zwistes auszugleichen. Weiter sollen auch noch unmittelbar nach gegenseitigen Friedenszusicherungen zwischen einzelnen Anhängern Heinrich's IV. und den Sachsen Berathungen stattgefunden haben, mit dem Ergebnisse, daß Alle einmüthig sich dem Theile zuwenden sollten, dessen Sache bei der nach päpstlichem Befehle angesagten Berathung als die gerechte die Anerkennung finden würde. Daraufhin traten die Heere aus einander, und durch den somit abgeschlossenen Waffenstillstand war der Kampf glücklich vermieden. Ein Anhänger Heinrich's IV. gab über die ganze Entwicklung sein Urtheil dahin ab, daß die treulosen Sachsen den König und die Legaten listig durch einen Eid getäuscht und so ihr Ziel, der Schlacht auszuweichen, erreicht hätten. Die schwäbische Geschichtserzählung dagegen glaubte, im Gegentheil, die Königlichen hätten dergestalt von den Sachsen sich mit List frei gemacht und so sich gesichert, so daß sie jetzt sammt ihrem Könige im fluchtartigen Rückzuge vom Platze hinwegzugehen vermochten: zuerst ein beträchtlicher Theil der durch den Anblick der sächsischen Heeresrüstung in Schrecken gesetzten Baiern, hernach in lärmender Weise auch das ganze übrige im Lager befindliche Heer. Darauf habe Heinrich IV., wie es eben ging, die nach Hause eilenden Leute, die unter Täuschung gegenüber den Sachsen den Vertrag über die Zusammenkunft für nichts achteten, wieder zum Stehen gebracht und ihnen ganz der Reihe nach den Eid abgenommen[72]).

[72]) Von allen diesen Dingen spricht wieder ganz einläßlich der Annalist. Zuerst wird Rudolf vorgeführt: comperto tam hostilis incursionis in se subsequente impetu . . . in Deo ejusque miseratione confisus et corroboratus fiducia, wie er sich mit dem non modicus quem studiose collegerat suae militiae apparatus zur Abwehr anschickt, dann aber ad omnes exercitus hostilis optimates durch Boten seine hier im Text angeführten Bedingungen schickt, mit der Ankündigung, im Falle einer Abweisung sollten sie glauben: se eis hostem Deo propitiante acerrimum armis congressurum et ut in pacis ac justitiae anathematicos induratosque contemptores oportuerit, se in illis fore vindicaturum, minime dubitarent; dann ist von den Anhängern Heinrich's IV. die Rede, wie sie — non parum quidem cum belli instantis, tum injustitiae, excommunicationis et inoboedientiae suae conscientia perterriti — in den König — quamvis lacrimoso ejulatu diu multumque pertinacissime reluctantem (hienach ist er also selbst im Heer anwesend, während der Ausdruck dimoverat — vergl. in n. 71 — möchte annehmen lassen, er habe das Heer nicht selbst begleitet) dringen, auf die Bedingungen einzutreten, mit der Behauptung: justam causam a se Saxones cum domino suo expostulare (dabei verunglimpft der Erzähler die diesen Bedingungen entgegenwirkenden königlich gesinnten Bischöfe als quippe lingua tantum pugnaces: ipsos — sc. Heinrich's IV. Anhänger — cum nostris gladiis experiri indefessi semper et inportuni instigabant, cum per ab his egressa et initiata est tam immanem sanctae ecclesiae regnique totius desolationem, discordiam et iniquitatem sic miserabiliter tueri ac corroborare perditissimi satis existimantes); immerhin setzen diese Fürsprecher einer Verständigung bei Heinrich IV. — legatis apostolicis ad se vocatis — ihre Bemühungen weiter fort, daß beide Theile utpote regni subministeriales et communicipes zur Veranstaltung des — nothwendigen, stets neu erwähnten — colloquium zusammenwirken möchten, ebenso durch Anknüpfung Einiger aus ihnen mit den Sachsen behufs Herbeiführung eines gemeinsamen Beschlusses. Doch nun fährt der Text fort: Hoc quasi honoris defensorio quodam argumento sese artificiose liberantes Saxonibus, qui pactum pacis prius dari precantes respuebant, tunc gratissima ipsius capitulatione communiti, fugaci vix reversione inde cum rege suo confusi valde discedebant. Quod in primis utique non modica Bajoariorum pars, viso Saxonico procinctu obstupe-

Jedenfalls ist es als sicher anzunehmen, daß eine Vereinigung von Vertrauensmännern von beiden Seiten, mit gegenseitig beschworener Sicherheit, nicht zu Stande kam, daß überhaupt die ganze vom Papste beabsichtigte Besprechung der Streitangelegenheit unterblieb. Man war gegen das Ende des Jahres der Absicht, zu kämpfen, wieder ganz nahe gerückt. Rudolf ging in „sein Sachsen", wie der Schwabe ausdrücklich die Beziehung des abgesetzten schwäbischen Herzogs zu dem niederdeutschen Lande bezeichnet, zurück. Da er, wie es da heißt, sich in schmerzlicher Erkenntniß in der Rolle des Getäuschten sah, dadurch daß Heinrich IV. und seine mitschuldigen Großen die Sachsen trügerisch hintergangen hätten, rüstete er sich vorsichtig abermals, um der gegen ihn verabredeten Heerfahrt tapfer und mit aller Festigkeit entgegenzutreten, entschieden darauf bedacht, ein zweites Mal Heinrich IV. nicht davonkommen zu lassen [73]). Der König anderentheils verbrachte die Herbstzeit in Baiern, wohin — nach Regensburg, bis zum 24. October — vom östlichen fränkischen Lande her der Hof wieder gekommen war [74]), und vom gegnerischen Lager aus wurde ihm dabei vor-

---

facta, inceperat, deinceps tota pariter castrorum series tumultuose multum peregerat. Sic se domum qualitercumque proripientes, ac colloquii pactum Saxonibus delusis flocci pendentes, iterum rex suos toto nisu ipsos non minimum seductiles in eundem procinctum coartabat, et eos in id ipsum more solito tantotiens pejeratos examussim adjurabat (321 u. 322). Neben dieser wieder in der deutlichsten Weise Heinrich IV. entgegengehenden Auffassung des schwäbischen Schriftstellers steht die kurz zusammenfassende, an die Stelle von n. 64 anschließende Aussage der Annal. August. ganz auf dem Standpunkte Heinrich's IV.: Rege cum legatis ad Fritisla (das ist Verwechselung mit Würzburg) veniente, Saxones perfidi regem et legatos cum dolo fallentes cum juramento pactionem fecerunt et ita bellum dirimitur, woraus Kilian, l. c., 85, 146, irrig einen im September zu Fritzlar geschlossenen Waffenstillstand macht (l. c., 129 u. 130). Die sogenannten Annal. Ottenbur. schließen an den Satz in n. 71 an: sed Dei nutu rursum pax facta est (l. c.).

[73]) In Anknüpfung an das in n. 72 aufgenommene Stück fährt der Annalist nachher fort: Rex Ruodolfus in suam se Saxoniam recipiens ac colloquium, quod cum Saxonibus primates et complices Heinrici callide mutuum condixerant, tam falso laudatum quam non observatum persentiscens non parum triste tulit, quod eorum tantotiens expertum illum sic astutissime vecordia delusit. Attamen se prudenter conjuratae illorum contra se expeditioni tunc occurrere magnanimus et constantissimus praeparavit, et si ultra sibi occasio talis ut antea Deo propitiante succederet, ne ita se deluso Heinricus cum suis divaserit, toto nisu incessabiliter praemeditari non quievit (321).

[74]) St. 2818 — vom 19. October, aus Hirschaid, südöstlich von Bamberg am Wege nach Nürnberg, gegeben — für den serviens noster Ebbo, betreffend Besitz in Dietersdorf im Nordgau in der Grafschaft Heinrich's: ut Ebbo . . . mansos . . . . possideat, quo ab imperatrice augusta Agnete matre nostra acceperat, und St. 2819 — vom 24. aus Regensburg — für den in gleicher Stellung befindlichen Rafold, über einen mansus regalis zu Wald im bairischen Isengau in der Grafschaft Udalrich's, sind, die erste Urkunde urschriftlich, wieder vom Dictator Adalbero C, der in gewissen eigenthümlichen Wendungen, so in der ersten: ea conditione, ut idem Ebbo eosdem mansos eodem jure eadem mensura possideat, in der zweiten: ita tamen ne (mansus) de nostra potestate exeat, unverkennbar hervortritt.

geworfen, er habe sich mit allen denkbaren Kunstgriffen bemüht, in recht ansehnlichem Umfange wieder für einen nach dem Weihnachtsfeste in das sächsische Land zu bewerkstelligenden Einfall sich zu rüsten und daneben unter den Sachsen durch vertraute Beauftragte mit heimlichen Versprechungen großer Gaben und Güter Werbungen zu treffen, so daß er dann ohne Schwertstreich mit Hülfe dieser bestochenen ihm vereideten Anhänger das ganze Land rasch sich unterwerfen könnte[14]). Neben der Gemahlin, Königin Bertha, sind der Patriarch Heinrich von Aquileja, die Erzbischöfe Sigewin von Cöln, Egilbert von Trier, Bischof Tiedo von Brandenburg, ein zweites Mal neben Bertha der junge Königssohn Konrad, neben dem Patriarchen noch Bischof Meginward von Freising zu dieser Zeit als Begleiter Heinrich's IV. bezeugt[16]).

Von Baiern aus machte der König einen raschen Einfall nach Schwaben[17]), und danach erschien er, um das Weihnachtsfest in Mainz zu feiern, neuerdings am Rheine. Mit dem Aufenthalt wegen der kirchlichen Feier — neben der Theilnahme der Königin scheint auch die Anwesenheit des Bischofs Konrad von Utrecht und des Herzogs Theoderich von Oberlothringen bezeugt zu sein — verband er da ununterbrochene Kriegsrüstung, von allen Seiten her, aus burgundischen, fränkischen, schwäbischen, bairischen, böhmischen Schaaren, um dann gleich im ersten Monat des folgenden Jahres den Angriff auf Sachsen an die Hand zu nehmen[18]). Für die den burgundischen Angelegenheiten aus Mainz geschenkte Aufmerksamkeit ist die auf die Bitte der Königin und der Bischöfe Huzmann von Speier und Burchard von Lausanne zu Gunsten des Bischofs Ermenfrid von Sitten verfügte Entlassung von Gütern aus dem Lehensverband ein Beweis[19]).

---

[14]) Ganz abgeneigt gegen Heinrich IV. fährt der Annalist gleich fort: Heinricus autem per totam circa errabundus Bawariam autumnando qualicumque potuit ingrato et ipse cum suis contrahere non cessavit militum pregrande collegium, mox post nativitatem Domini Saxoniam invasurus. Saxonum quoque plerosque clandestinis maximis munerum et possessionum promissis per internuntios suos familiarissimos incessanter attemptans, sibique corruptos et adjuratos conjungere qualitercumque festinans, indubitatem spem totius Saxoniae sine bello in brevi subiciendae acquisivit (324).

[16]) Das sind die Intervenienten in St. 2818 (über Tiedo vergl. Bd. II, S. 69, n. 56) und 2819.

[17]) Die Notiz der Annales Patherbrunnenses: Similiter expeditio Heinrici in Sueviam contra fautores Ruodolfi fuit, die Scheffer-Boichorst in seiner Reconstruction, 97, n. 2, allerdings mit der beabsichtigten Unternehmung gegen die Sachsen identificiren wollte, ist doch wohl, mit Giesebrecht, III, 1161, in den „Anmerkungen", als glaubwürdig zu erachten.

[18]) Der Annalist, a. 1080, setzt das non dignitate regia set qualitercumque — nach seiner Beurtheilungsweise — von Heinrich IV. gefeierte Weihnachtsfest und die Truppenansammlung nach Mainz (324).

[19]) St. 2820 für Ermenfrid, den fidelis nostrorum charorum fidelium defunctorum apud Dominum intercessor, über die duae curtes quas in beneficium habet, Noteis und Leuk, im Wallis, die Ermenfrid und seinen Nachfolgern ad utilitatem suam et ecclesie sibi commisse gegeben werden, ist auch von dem oft genannten Dictator (Stumpf nimmt an, im Datum sei eventuell vor Kal. Jan.

Rudolf dagegen, dessen Aufenthaltsort am Weihnachtsfeste nicht bekannt ist, sah sich sorgfältig vor. Er berieth im Vorbedacht sehr eifrig mit den Seinigen, wie er Heinrich IV., dessen Angriffsversuch schon ganz vorauszusehen war, ohne Nachtheil Widerstand zu leisten vermöchte[80]).

Nochmals hatte Papst Gregor VII. durch die Absendung der Legaten auf den von unaufhörlichem Zwist zerrissenen Boden des deutschen Reiches den Versuch gemacht, sich zwischen die beiden im Kampfe liegenden Theile zu stellen, durch Erreichung einer Vermittlung und die Fällung seines Schiedsspruches dem Reiche den Frieden zu geben und damit zugleich das Ansehen des römischen Stuhles wesentlich zu erhöhen.

In einem Schreiben, das wahrscheinlich im Beginn des Sommers an Rudolf und die mit ihm für den christlichen Glauben Kämpfenden geschickt worden war, hatte der Papst wieder zuerst seinen Schmerz über die Verwüstung und Verwirrung im Reiche der Deutschen, „bis dahin dem edelsten unter allen Reichen der Welt", ausgesprochen, daß einzig der alleinige Prüfer aller menschlichen Herzen wisse, mit wie unablässigem Seufzen seine Seele hierüber traure. Nach einem Hinweise darauf, daß zwar häufig Botschaften Heinrich's IV. zu ihm nach Rom kämen, theils durch eigene Boten, theils durch Verwandte und durch Fürsten anderer Länder, bald mit Zusicherung des Gehorsams, bald mit verschiedenartigen Vorschlägen, die alle dahin abzielten, seine Geneigtheit für die auf diese Weise vorgebrachten Gedanken zu erzielen, setzte er fest, was der römische Ernst und die apostolische Mildigkeit zugleich ihm auf dem in der Mitte liegenden Wege der Gerechtigkeit zu thun vorschrieben: „Mit allen Mitteln, deren ich mich bedienen kann,

---

die Ziffer ausgefallen: sicher ist Actum Moguntiae). Vergl. Breßlau, Konrad II., II, 115 n. 3, daß diese Verfügung in St. 2820 nicht mit der in St. 2815 (vergl. ob. S. 190, n. 29) zusammenzustellen ist. Außerdem ist mit Kilian, l. c., 88, wohl auch St. 2825 — mit dem Jahresdatum 1080, Actum Moguntie — heranzuziehen, gegeben dem Adelis Sigebert und, wie die Nennung der geschenkten Villa, Wadgassen im Saargau in comitatu eiusdem Sigeberti zeigt, eben dem Grafen des Gaues, der nach Eltester's Geschichtlicher Übersicht, Urkundenbuch zur Geschichte der jetzt die preußischen Reg.-Bez. Coblenz und Trier bildenden mittelrheinischen Territorien, II, XXXIII u. LXV, zu den die Grafschaft im Saargau bekleidenden Vorfahren der Grafen von Saarbrücken, mit dem stets wiederkehrenden Namen Sigebert, gehört haben muß. Gundlach nimmt, l. c., 5, n. 11, für den Dictator Adalbero C hier nur das Protokoll in Anspruch. Giesebrecht, III, 1164, in den „Anmerkungen", wollte St. 2825 in den zu 1080 bei n. 160 erwähnten Mainzer Aufenthalt ziehen.

[80]) Der Annalist läßt, a. 1080, wieder im gewohnten Gegensatz zu Heinrich IV. (vergl. n. 78), Rudolf an einem Orte, dessen Bezeichnung im Texte in einer Lücke offen gelassen worden ist, magnifico plurimum apparatu regio .... sollemnissime das Fest feiern und dabei prudenti cum suis, ut oportuit, intentissime consilio communicato seine Vorbereitungen treffen (324).

muß ich danach trachten, wie ich die wahre Gerechtigkeit von der falschen, den vollkommenen Gehorsam von dem vorgeschützten nach dem Richterspruch des heiligen Geistes zu unterscheiden und in richtiger Ordnung die Angelegenheit zu Ende zu führen vermag". Dann wies er auf die Legaten hin, die besser, als das Schreiben es könne, mit dem lebendigen Worte vor den Empfängern dieses Briefes über Alles Zeugniß ablegen werden[61]).

Inzwischen waren die beiden Legaten, Cardinalbischof Petrus und Bischof Udalrich von Padua, in der schon geschilderten Weise, vom Patriarchen Heinrich von Aquileja geführt, nach Deutschland zu Heinrich IV. gelangt. Noch am 16. Juni äußerte sich Gregor VII. gegenüber dem Patriarchen sehr zufrieden über die Art, wie dieser den Auftrag gegenüber den Legaten durchgeführt habe, in treuer Erfüllung der übernommenen Verpflichtungen, aber auch sonst darüber, wie von ihm für die Herstellung des Friedens eifrige Bemühungen geleistet worden seien. Zur Belohnung hiefür erhielt Heinrich den durch einen eigenen Boten demüthig erbetenen erweiterten Gebrauch des Palliums zugesagt, eine Ehre, die nur zuweilen infolge von Verdiensten wohl sich empfehlenden hohen geistlichen Amtspersonen gewährt werde[62]). Allein schon während der nächstfolgenden Zeit müssen Nachrichten über das Verhalten der Legaten, die ja allerdings sich den schwierigsten Verhältnissen gegenübergestellt sahen, bei dem Papste eingelaufen sein, die seine Mißbilligung wach riefen.

So schrieb Gregor VII. an den Cardinal Petrus und an Bischof Udalrich selbst über alle diese Fragen in längerer Ausführung seine Willensmeinung, wahrscheinlich gleichfalls um die Mitte des Jahres. Im Eingange erwähnte er die den Legaten zur Last gelegten Dinge: „Es sind Viele, denen wir jedoch nicht glauben, die über Eure Sendung zu murren beginnen, indem sie argwöhnen, daß Ihr in anderer Weise Euch zeigen wollt, als es von unserer Seite vorgeschrieben worden ist, und sie klagen den einen von Euch an, er werde allzu ehrlich, den andern jedoch, er werde nicht so ehrlich handeln". So ermahnte das Schreiben zur Anwendung der sorgfältigsten Vorsicht, damit jeder Verdacht er-

---

[61]) Dieser Brief, J. 5107, bei Bruno, c. 119, doch dort — aus dem gleichen Grunde, wie J. 5108 (vergl. ob. S. 185 in n. 19), nicht ganz mitgetheilt, sondern durch Pertz (SS. V, 378 u. 379, in n. 55) aus einem Trierer Codex am Schlusse ergänzt, als Nr. 28 in den Epist. collectae (l. c., 552 u. 553), ist mit Giesebrecht, III, in den „Anmerkungen, 1160, etwa in den Mai, nicht mit May, Forschungen zur deutschen Geschichte, XXIV, 367, erst in den October, wo die Absicht der Legation als gescheitert sich schon herausgestellt hatte, anzusehen.

[62]) J. 5131, Registr. VI, 38, woraus eine Stelle schon ob. S. 182 in n. 15 mitgetheilt ist (dann schließt sich an: postremo quia pro componenda pace multum desudasse probaris), ertheilt an Heinrich auf dessen Bitte den usus pallii, doch bloß in tua vita, non loco tuo, über die bisherigen Privilegien der Kirche von Aquileja hinaus noch an zwei weiteren namentlich aufgeführten Festtagen (l. c., 376 u. 377).

lösche, und betonte, daß das nur dann geschehe, wenn die Legaten sich ganz an ihre nicht nur in Worten, sondern auch schriftlich empfangene Vorschrift halten. Zu diesem Zwecke wiederholte der Papst die gegebenen Aufträge nochmals. Die Legaten sollten über die Angelegenheit der Könige und des Reiches, ebenso über die für die Stühle von Trier, Cöln und Augsburg Erwählten — also Egilbert, Sigewin und Siegfried — oder über alle diejenigen, die die Investitur durch Laienhand empfangen haben, kein Urtheil auszusprechen sich anmaßen, sondern ihren ganzen Eifer darauf verwenden, daß, wenn König Heinrich IV. sich ihnen in den streitigen Fragen angenähert hätte, betreffend die Feststellung der Zusammenkunft und der Befestigung des Friedens im Reiche und die Herstellung der Bischöfe auf ihren Sitzen, all das durch sie sogleich dem Papste gemeldet würde, sei es daß sie selbst zurückkehrten, sei es daß sichere Boten abgingen, damit dann zur bestimmten Zeit an jene Versammlung geeignete päpstliche Vertreter abgeschickt werden könnten, die zugleich mit den Legaten die so wichtige Angelegenheit mit Gottes Hülfe zu Ende führen könnten. Die allgemeinen Gedanken, die dieser Art der Beauftragung zu Grunde lagen, faßte dann Gregor VII. wieder zusammen: „Inzwischen aber erweiset Euch so als beiden Theilen Euch gleichstellend und von jedem Muttermal des Argwohnes, so viel an Euch liegt, mit Hülfe der göttlichen Gnade frei, so daß Ihr immer der Gerechtigkeit und in keiner Weise den Parteien Gunst zeiget, so wie Ihr unsere Vollmacht in der Hand habt, wie wir denn, nachdem das Urtheil in diesem so wichtigen Geschäfte in die Hand des heiligen Petrus übergeben worden ist, nichts Anderes, wofür Ihr Zeugen seid, anstreben, als daß wir auf dem Pfade der Gerechtigkeit einherschreiten mögen. Zu keinem Theile hin haben wir die aufrichtige Gesinnung der apostolischen Gewalt abgelenkt; keinen Versprechungen oder Schreckmitteln sind wir gewichen, und wir hegen das Vertrauen, daß wir unter Gottes Schutz niemals anders handeln werden". — Dann erhielten die Legaten noch zwei besondere Aufträge in den Angelegenheiten zweier deutscher geistlicher Anhänger Gregor's VII., die für diesen ihren Gehorsam hatten büßen müssen. Sie sollten dafür sorgen, daß dem Abte Eggehard von Reichenau die entrissenen Güter unter Ausweisung des Eindringlings und Anführers — Abt Udalrich von St. Gallen ist gemeint — zurückerstattet würden, und jedenfalls dürfte er, wenn gegen ihn irgend eine Streitsache anhängig gemacht würde, niemals anderswo, als vor dem päpstlichen Richterstuhl, als ein von Gregor VII. selbst Gewählter, zur Verantwortung gezogen werden, während gegen Udalrich, wenn er trotzig die Rückgabe verweigern würde, durch die Legaten sogleich die Excommunication verhängt werden sollte. Immerhin wurden diese angehalten, bei allen ihren Maßnahmen stets brieflich und durch Boten den Papst zu benachrichtigen. Bischof Adalbert von Worms, der noch von der Schlacht bei Melrichstadt her in Heinrich's IV. Haft lag, war der zweite Name, dessen die Legaten eingedenk bleiben sollten. — Endlich wünschte ihnen der Papst, daß Gott sie vor allem Uebel bewahre und zur vollen Wahrheit führe, damit sie Alles, was sie an die Hand nähmen, nach der Furcht Gottes und zum Nutzen der heiligen Kirche glücklich durchführten[58]).

Aber bis zum Herbste gewann Gregor VII. die Ueberzeugung, daß er seine Getreuen im deutschen Reiche geradezu beruhigen müsse, da diese augenscheinlich wegen der Stellung der Legaten an der Haltung der päpstlichen Regierung völlig irre geworden waren. So begann das am 1. October erlassene Schreiben an diese Anhänger des heiligen Petrus geradezu mit dem Satz: „Es ist zu uns gelangt, daß Einige von Euch an mir zweifeln, als ob ich — unter einem jetzt eben eintretenden Zwange — mit weltlichem Leichtsinn vorgegangen sei. Eben in dieser Angelegenheit leidet und erträgt gewiß niemand unter Euch, abgesehen von der unmittelbaren Nähe der Schlachten, größere Beängstigungen und Unbilden, denn ich. So weit nämlich die Italiener in Frage kommen, loben und vertheidigen sie mit sehr wenigen Ausnahmen Alle die Sache Heinrich's, und sie zeihen mich der allzu großen Härte und Pflichtvergessenheit gegen ihn. Diesen Allen widerstehen wir durch Gottes Gnade so weit, daß wir noch nach keiner der beiden Seiten nach unserem Einsehen abweichen, außer gemäß der Gerechtigkeit und Billigkeit." Im Weiteren aber kam nun der Papst auf seine Legaten zu reden. Er bedauerte es, wenn diese etwas gegen ihre Aufträge gethan haben würden; aber er meinte, so wie er die Dinge vernommen habe, daß sie dergestalt nur, weil durch Gewalt gezwungen oder durch List hintergangen, gehandelt hätten. Dann rief er die den Legaten ertheilten Vorschriften nochmals in Erinnerung, mit der Versicherung, er billige es nicht, wenn diese, gezwungen oder getäuscht, dagegen sich bethätigten. Allein die Getreuen, denen das Schreiben bestimmt war, sollten wissen, daß kein Mensch weder durch Liebe, noch durch Furcht, oder durch irgend ein Verlangen den Papst jemals vom geraden Pfade der Gerechtigkeit abzubringen vermöchte, und so ermahnte er sie, in Wahrheit und in nicht erheuchelter

---

[58]) J. 5137, Epist. collectae, Nr. 31 (l. c., 557—559), steht durch Hugonis Flaviniacens. abb. Chron., Lib. II, als geschrieben: cum aliqua sinistra referrentur (sc. de missis legatis), eingeschaltet (SS. VIII, 450 u. 451), ein kleines Stück aus der Mitte auch bei Paul von Bernried, l. c., c. 103. Die Zeit der Abfassung des Schreibens kann nicht erst „c. Oct. 1." sein, wie Jaffé Nr. 31 ansetzt und Martens, l. c., I, 168 — sogar: „im Anfang oder in der Mitte des October" — sich äußert; sondern es ist mit Giesebrecht, l. c., 1160 u. 1161, gleichfalls etwa in den Juni zu rücken. Betreffend den Abt Eggehard — nuper . . . captus (auch diese Angabe spricht gegen eine Ansetzung des Schreibens erst in den Herbst) — vergl. ob. S. 196 in n. 88, sowie hinsichtlich des Bischofs Adalbert von Worms S. 144 in n. 74. Gegen Giesebrecht, Die Gesetzgebung der römischen Kirche, Münchener historisches Jahrbuch für 1866, 141, der in den Worten: Ut . . . . . de omnibus istis qui investituram per manum laicam acceperunt, nullum praesumatis exercere judicium eine Art Concession Gregor's VII. in der Investiturfrage sehen wollte, äußert sich Meltzer, l. c., 159, mit Recht: der Papst behielt einfach sich selbst die letzte Entscheidung vor.

Liebe in diesen Bedrängnissen der römischen Kirche getreu zu bleiben. In Betreff des vorliegenden Geschäftes bedauerte er, nichts melden zu können; denn dafür müßte er die Rückkunft der Legaten abwarten. Sobald diese eingetroffen sein würden und die Erkundigungen von ihnen eingezogen wären, wurde eine Antwort verheißen[84]).

Die Rückreise der Legaten war, als dieser Brief abging, wohl gleich bevorstehend oder vielleicht schon im Gange. Doch stehen für die Erkenntniß der Wirkung ihres Eintreffens in Rom und ihrer Mittheilungen an den Papst wieder nur jene ganz einseitig zeugenden Erzählungen des schwäbischen Berichterstatters in eingehendem Ausführung zur Verfügung.

Reich beschenkt sollen die Legaten zurückgekehrt sein; aber sie bewerkstelligten ihre Ankunft in Rom nicht zur gleichen Zeit. Bischof Udalrich von Padua stellte sich zuerst ein, und zwar soll er, bestochen durch die großen Geschenke, die er empfangen hatte, absichtlich seinem Gefährten, dem Cardinalbischof Petrus, einem allzu arglosen und heiligen Manne, den er diesseits der Alpen zurückließ, vorausgeeilt sein, um, in vielerlei Spitzfindigkeiten und Bescheiden erfundener Gattung wohl unterrichtet, wie er war, zum voraus den Boden in seinem Sinne zu bearbeiten. So wirkte er im Vorbeigehen bei den Lombarden, hernach bei den Römern, und sogar den Papst habe er zu berücken gesucht, um ihn in irgend einer Weise wie immer mit „seinem Heinrich" zu versöhnen. Udalrich gab sich den Anschein, der Träger des demüthigsten vollständigen Gehorsams, der weitgehendsten Unterwerfungsversprechen Heinrich's IV. zu sein, und er wollte den Nachweis leisten, daß er selbst in Erfüllung der ihm aufgetragenen Geschäfte, in seiner Legation im deutschen Reiche, sowohl hinsichtlich der angeordneten Zusammenkunft, als sonst, seine eigene Dienstfertigkeit hinlänglich dargelegt habe. Da stellte sich nun, um diese Lügengewebe zu zerreißen, ein schon vor Udalrich in Rom eingetroffener Bote Rudolf's und der Anhänger desselben, ein Mönch, der in Deutschland zur Zeit der Legation selbst den sich entwickelnden Angelegenheiten nahe gewesen war, den Verrichtungen

---

[84]) Hugo läßt nach dem in n. 83 erwähnten Briefe, nach einer kurzen Ueberleitung über die Legaten — corrupti muneribus a sententia et proposito gravitatis apostolicae deviaverunt, aliud quam quod eis impositum fuerat agentes (dann ist ganz unrichtig viel zu viel gesagt: Heinricum in regnum reformantes et Rodulfum pervasorem et invasorem regni ab aecclesia publice precidentes: etc.) — und über die Getreuen in Deutschland: cum .... rei veritate minus inspecta a sede hoc apostolica ita processisse crederent et dubitarent, sogleich J. 5138, Registr. VII, 3 (l. c., 383 u. 384), an omnes fideles sancti Petri in Teutonico regno commorantes folgen (l. c., 451). Ein Satz dieses Briefes ist ob. S. 183 (n. 16) herangezogen. Der Satz: Quotquot enim Latini sunt, omnes causam Heinrici praeter admodum paucos laudant ac defendunt ist mit Giesebrecht, III, 1161 — „Anmerkungen" — so, und nicht mit Jaffé, 383, mit der Lesart: laici zu verstehen; Giesebrecht weist auf die analoge Wendung in dem Satz von Registr. VIII., 26: fiducia, ut Italici, remoti ab H(einrico), nobis immo beato Petro fideliter adhereant (l. c., 474).

und Verhandlungen Udalrich's vielfach beigewohnt oder durch glaubwürdige Zeugen sichere Nachricht darüber erhalten hatte, den weiteren Behauptungen des Legaten in den Weg. In vollem Erstaunen über die Keckheit der Vorbringungen des Bischofs, der dergestalt so viele und so angesehene Männer zu berücken versucht habe, sei der Mönch vor Gregor VII. und den übrigen Römern Udalrich gegenübergestellt worden und diesem in das Angesicht entgegengetreten: dabei habe er den Bischof durch so sichere Beweise überwunden, daß dieser, widerlegt, wie er war, zum Bekenntniß gezwungen und vor aller Augen in ganzer Verwirrung beschämt worden sei, da er gegen die kräftigeren Zeugnisse seines in allen Dingen gut unterrichteten Gegners nichts habe ausrichten können. So mußte Udalrich, seiner Würde durch Gregor VII. entkleidet und als abgesetzt erklärt, mit seiner Schande belastet tief zerknirscht nach Hause zurückkehren.

Darauf ließ der Papst den zurückgebliebenen Cardinalbischof Petrus auf brieflichem Wege so rasch als möglich nach Rom rufen. Dieser erschien gehorsam, und nach seinem ehrenvollen Wiedereintritt in Rom enthüllte er jetzt — nach dem Zeugnisse der schwäbischen Geschichtsquelle — alle die von Udalrich vorgebrachten Unwahrheiten, wie Heinrich IV. vielmehr in Wirklichkeit voller Ungehorsam, Falschheit, Hinterlist, von unerhörter Verkehrtheit gewesen sei, wie er in seiner herrischen Gewaltübung gegen Gott und Gerechtigkeit sich verfehlt habe. So sei endlich der Papst wahrheitsgetreu über das, was seine Legaten gethan hatten, unterrichtet worden und habe von da an nicht nach weiterer Auskunft über Heinrich IV. begehrt. Dagegen wird da auch noch von einem Schreiben berichtet, das Gregor VII. an Rudolf und dessen Gesinnungsgenossen habe abgehen lassen. In diesem soll er bekannt haben, er ertrage die Erfolglosigkeit der Sendung nach Deutschland recht schwer, mit Beifügung der feierlichen Betheuerung, daß bei ihm durchaus nicht die von einigen Seiten angenommene Bevorzugung gewisser Leute in der schwebenden Angelegenheit vorhanden, daß er auch nicht leichtsinnig zu Werke gegangen sei, sondern bisher nach seiner besten Einsicht für die Gerechtigkeit zu wirken sich bestrebt habe. Dieser Mittheilung fügte er in väterlichen Worten die Ermahnung hinzu, daß auf der Seite der Empfänger des Schreibens in der von Anfang an bewiesenen Festhaltung der Gerechtigkeit verharrt werden möge [88]).

[88]) Der Annalist (322 u. 323) knüpft an die in n. 72 (S. 218) zuletzt erwähnten Vorgänge mit den Worten an: Legati vero apostolici his negotiis, ut ajunt, ac si inviti intermanentes . . . regressi sunt, und zwar, wie gleich da anfangs gesagt wird: infectis pro quibus missi fuerant omnibus. Das am Schlusse der Darstellung des Annalisten erwähnte Schreiben nach Deutschland: sed tamen regi Ruodolfo caeterisque suis consentaneis missis litteris demandavit (etc.) ist durchaus nicht, wie Hefele, l. c., V, 140 n. 1, annimmt, der hier in n. 84 erwähnte Brief vom 1. October, J. 5138. Die Hauptschale des Zorns schüttet der Autor über Udalrich, den perfidiosus ypocrita, den pseudolegatus, den inverecundus . . . mendacissimus . . . . cum suis com-

So hatte der Papst selbst offen eingeräumt, daß sein nochmals angestellter Versuch, von sich aus den Frieden der Kirche herzustellen, gänzlich gescheitert sei[86]). Hatte er noch in jenem nachträglichen Schreiben an die Legaten nach Deutschland Heinrich IV., ganz so wie Rudolf, den Königsnamen zugestanden[87]), so mußte er jetzt darauf verzichten, noch weiter auf Heinrich IV. Rücksicht zu nehmen. Die Zeit des Schwankens, der Zurückhaltung war für Gregor VII. zu Ende, und er hatte jetzt, da er mit seinen Maßregeln entschieden unterlegen war, die einzige Wahl, sich einfach Rudolf's Sache anzuschließen. Aber er konnte sich nicht verhehlen, daß bei den Sachsen unzweifelhaft das Mißtrauen gegen Rom gewachsen war. Die Volksmeinung lautete da recht ungünstig über das letzte Erscheinen römischer Legaten: sie kämen häufig zu beiden Theilen, sagten bald hier, bald dort, den Sachsen, dann deren Gegnern apostolische Begünstigungen zu, wobei aber die Hauptsache sei, nach römischer Weise möglichst viel Geld zusammenzubringen und mit sich fortzunehmen[88]).

mendacibus, den palam mentiens ac tot tantisque suis falsitatibus dementans, aus, während Petrus als fidei ac veritatis plenitudine testimonium erscheint. Hinsichtlich der Persönlichkeit des quidam frater a rege Ruodolfo suisque consentaneis qui illuc (sc. nach Rom) missus hunc (sc. den Udalrich) praevenerat... quippe cum illo pariter in Ultramontanis gestis illius ac negotiis multotiens aut ipse commoratus, aut a veridicis cognitoribus rem totam exploratam sibi diligenter enarrantibus edoctus wies schon Floto, l. c., II, 215, n., auf den durch Bernold, a. 1080, als verstorben erwähnten Gisilbertus religiosissimus presbiter et monachus et Ruodolfi regis ad papam legatus (l. c., 436 u. 437) hin, oder Pertz setzte zur Ausgabe, l. c., 322, in n. 73, die Vermuthung: ipse Bertholdus? Wenn nun B. Meyer in der in Bd. II, S. 906, n. 8, charakterisirten Weise diesen frater — eben Gisilbert — zum Verfasser der von ihm construirten „zweiten Fortsetzung Hermann's von Reichenau" stempelt, so ist das ganz abzulehnen, wie es denn völlig müßig ist, einen Autor der ja allerdings wahrscheinlich recht bunt componirten Arbeit im Annalisten von 1075 an aufstellen zu wollen (vergl. auch May, in den Forschungen zur deutschen Geschichte, XXII, 524, der nicht bestreiten will, daß der frater und Gisilbert identisch seien, von einer Autorschaft dieser Persönlichkeit an den Annalen aber nichts wissen möchte).

[86]) Ganz kurz reden noch von dieser Erfolglosigkeit der Legation Bernold: Legati igitur sedis apostolicae in Teutonicam terram pervenientes, obedientiam Ruodolfi et inobedientiam Heinrici indubitanter probaverunt; quod et postea cum redirent, papae viva voce protestati sunt, sowie zu 1080 bei Erwähnung der Synode: ad quam de Teutonicis partibus sedis apostolicae legati redierant et omnimodam Ruodolfi obedientiam et Heinrici inobedientiam domno apostolico renunciaverunt (l. c., 436), sowie Bonitho, l. c., Lib. VIII, wo die Stelle von n. 63 schließt: infecto negocio Romam rediere.

[87]) In dem in n. 83 erwähnten Schreiben J. 5137 ist die Rede von der causa regum, dann von Heinrich IV. in dem Satze: si rex adquieverit vobis de statuendo colloquio (etc.).

[88]) Das ist der so bezeichnende Inhalt von Bruno, c. 116, der damit seine Mittheilungen über das Jahr 1079 abschließt: Sic totus annus ille consumitur, ut fere nichil memorabile fieret in nostris partibus, nisi quod apostolici legati frequenter ad utrasque partes venerunt, et nunc nobis, nunc hostibus nostris apostolicum favorem promittentes, ab utrisque pecuniam, quantam poterant more Romano conquirere, secum detulerunt (SS. V, 377).

Gerade unter solchen Umständen mußte auch Gregor VII. es schmerzlich empfinden, daß Abt Bernhard von St. Victor zu Marseille ihm, schon am 20. Juli, durch den Tod entrissen worden war. Denn wie der Papst in einem an die Mönche des verwaisten Klosters geschriebenen Briefe es aussprach, daß ihm in Bernhard eine hülfreiche Kraft, ein kluger und geschickter Rathgeber genommen worden, der sowohl bei den Angelegenheiten jenseits der Alpen, als in Italien der römischen Kirche von großem Nutzen gewesen sei, so hatte ja der Abt wirklich auch für den Papst die wichtige Sendung des Frühjahrs 1077 nach Deutschland übernommen und auf derselben in jener Haft des Grafen Udalrich von Lenzburg um seinetwillen auch gelitten. Die schwäbische Geschichtserzählung widmete dem Verstorbenen einen warmen Nachruf, und daß man da die näheren Umstände des Todes — Bernhard starb auf dem Wege von Rom nach Marseille am Fieber — und der Bestattung kannte, war ein Zeugniß für die Wichtigkeit, die man auch in der Ferne diesem Todesfalle beimaß[89]).

Ohne Zweifel hatte Gregor VII. durch den Verlauf der Ereignisse, wie sie in diesem Jahre sich gegen ihn entschieden, eine eigentliche Niederlage erfahren[90]).

Inzwischen hatten die Dinge im deutschen Reich, und ganz besonders in Schwaben, stets mehr jene klägliche Gestalt angenommen,

[89]) Der Annalist redet von Bernhard — vir non minimae sanctitatis, sapientiae, religionis caritatisque, qui nonnullas pro justitia jam jamque constanter sustinuerat persecutionis injurias, et quem pro incomparabili tantarum virtutum industria intimum familiarem nec non prae caeteris omnibus re vera sibi dilectissimum domnus papa unice sibi praerogavit, et idcirco Romanae sancti Pauli aecclesiae satis idoneum tunc jam primicerium incardinavit — ganz besonders eingehend, wie er 14. Kal. Augusti — tota cordis alacritate ad coelestia suspensus — gestorben und apud monasterium, quod in via regia Romam euntibus situm est, ubi „Nar albus aqua" eis sanctum Dionisium transvadari solet (das Citat lehnt sich an Vergil, Äneis, Lib. VII, v. 517: sulphurea Nar albus aqua, an, und unter der „Königsstraße" ist wohl die alte bei Narni die Nera überschreitende flaminische Straße zu verstehen) bestattet worden sei (323 u. 324). Auch Bernold sagt kurz: In hac aestate venerabilis abbas Massiliensis Bernardus, vir plenus caritate, requievit in pace, 13. Kal. Augusti (l. c.: das gleiche Todesdatum auch in Bernold's Notae necrologicae, Necrol. Germaniae, I, 658). Der Brief Gregor's VII., J. 5144, Registr. VII, 8, an die dilecti in Christo Massiliensis congregationis fratres, über den Tod des talis tantusque adjutor nobis e latere sublatus, ist vom 2. November und enthält auch schon die mit Befriedigung ausgesprochene Erwähnung: quod caritas vestra filium vestrum et presbyterum cardinalem Riccardum loco germani ipsius in abbatem velit eligere (l. c., 388—390).

[90]) Während Hauck, l. c., 815, in zutreffendster Weise mit größter Schärfe hier, im „Mißlingen der Friedensaktion", „die zweite Niederlage Gregor's" — „Sie traf ihn noch härter, als die erzwungene Absolution in Canossa" — erblickt, ist es, ganz so wie für 1077 — vergl. Bd. II, S. 910 (zu S. 763) —, Langen, Geschichte der römischen Kirche von Gregor VII. bis Innocenz III., 24 ff., entgangen, daß hier eine Hauptwendung vorliege.

die ein königstreuer Verfasser von Jahresaufzeichnungen, eben auf schwäbischem Boden, zu diesem Jahre in sein Buch eintrug: „O beklagenswerthes Antlitz des Reiches! Wie man bei einem gewissen Komiker: „Alle sind wir gedoppelt“ liest, so sind die Päpste gedoppelt, die Bischöfe gedoppelt, die Könige gedoppelt, die Herzoge gedoppelt“ [91]).

Dadurch daß sowohl von Seite Heinrich's IV., wie durch Rudolf Besetzungen erledigter bischöflicher Stühle geschahen, daß selbstverständlich in jedem Falle von dem entgegengesetzten Theile der Wunsch laut wurde, seinerseits der gleichen Kirche sich zu bemächtigen, erwuchsen solche bedenkliche Gegnerschaften, die zu steigender Erbitterung überall den Anstoß bieten mußten.

Die seit dem Tode Erzbischof Werner's, nach der Schlacht von Melrichstadt, erledigte erzbischöfliche Kirche von Magdeburg hatte die Aufmerksamkeit des Papstes sehr lebhaft in Anspruch genommen. Schon im Februar des Jahres war von Gregor VII. gleich nach der Fastensynode höchst dringlich an Rudolf und dessen sächsische Anhänger hierüber geschrieben worden, weil Nachricht über entstandenen Zwist wegen der Neubesetzung nach Rom gelangt war, und darauf hatte um die Pfingstzeit ein weiterer Brief an die gleichen Empfänger wieder die Frage dieser Besetzung herangezogen. Der Papst sagte da, er habe von der Verwaisung Magdeburg's und dem daraus erwachsenen Streite gehört, und er gab die Mahnung, in aller Gottesfürchtigen, sowohl der Erzbischöfe, als der Bischöfe und ebenso auch der Kleriker und Laien, gemeinschaftlicher Uebereinstimmung und Wahl für einen würdigen Verwalter des Gotteshauses zu sorgen. Dabei nannte er die Namen dreier Männer guten Zeugnisses, eines Goslarer Decans, des Sohnes Berchtold's mit dem Barte, Gebehard, und des Sohnes eines Grafen Siegfried, Hartwig. „Einen von diesen erwählet und ordiniret ihn zum Erzbischof nach meiner Anordnung und Zustimmung. Wenn aber unter diesen dreien ein Würdiger nicht wird gefunden werden können, so wendet Euch in Zerknirschung des Herzens in Gebet und Fasten zu Gott, mit dem Flehen, daß durch Offenbarung seiner Gnade die Persönlichkeit, die für dieses Amt passend sein mag, gezeigt werden könne, wie Ihr denn ohne Zweifel wisset, daß so, wie ich den, der in ungeordneter Weise durch Bewerbung bei der weltlichen Gewalt eingetreten sein würde, mit der Fessel der Excommunication binden werde, ich auch denjenigen, der nach kanonischer Erforderniß eingesetzt ist, von den Sünden lossprech und mit dem apostolischen Segen segne“ [92]). Unverkennbar nahm hier der Papst ein Vor-

[91]) Diese mit Recht stets wieder zur Kennzeichnung der Lage im Jahre 1079 herangezogenen Worte enthalten Annal. August. (SS. III, 130). Der angerufene quidam comicus dürfte nach der gefälligen Auskunft meines Collegen Kägi Plautus sein, dessen Stelle, Amphitruo, v. 786: omnes congeminavimus der Autor frei citirte.

[92]) Zu J. 5108 vergl. schon ob. S. 184 (n. 19) und betreffend J. 5107 S. 221 n. 81. Gregor VII. nennt in dem zweiten Briefe (l. c., 552 u. 553) den legatus meus B. (d. h. doch wohl den hier bei n. 69 behandelten Bernhard)

schlagsrecht für einen der wichtigsten erzbischöflichen Stühle im deutschen Reiche unmittelbar für sich in Anspruch, und gegenüber Rudolf, dem nunmehrigen Führer des sächsischen Stammes, der von Gregor VII. seine Anerkennung als König erwartete, ließ sich voraussetzen, daß er als Vertreter der weltlichen Gewalt seine Hülfe in einer Form eintreten lassen werde, die nicht etwa der deutlich genug angedrohten Verwerfung von Seite der römischen Kirche ausgesetzt wäre.

Es ist nun auch nicht zu bezweifeln, daß der Papst seinen Willen erreichte. Denn allerdings hatte man anfangs in Magdeburg den Wunsch gehegt, einen Angehörigen der eigenen Kirche, Gunther, den Bruder jener beiden Grafen Dietrich und Wilhelm, die in den letzten Jahren stets als ganz besonders eifrige Kämpfer gegen Heinrich's IV. Machtstellung in Sachsen sich erprobt hatten, für den erledigten erzbischöflichen Sitz zu erwählen. Allein hiezu kam es nicht; sondern Magdeburg empfing wirklich den durch Gregor VII. an dritter Stelle vorgeschlagenen Hartwig als Erzbischof. Ein Sohn des rheinfränkischen Grafen Siegfried von Spanheim, der reiches Erbgut in Kärnten durch seine Vermählung mit der Richardis ererbt, aber schon nach seiner Theilnahme an der deutschen Pilgerfahrt 1065 sein Leben abgeschlossen hatte, wurde Hartwig, der an der erzbischöflichen Kirche von Mainz in einem geistlichen Amte stand, nach einer weiteren Nachricht auch als Propst in Erfurt bethätigt war, jetzt begünstigt, und er erlangte, wie man von der Seite Rudolf's die Sache auffaßte, in ordnungsgemäßer Wahl die erledigte Würde; Späteren erschien sogar — sie verstanden das natürlich unter der Annahme, daß päpstliche Anordnungen vollstreckt worden seien — die Sache so, daß Rudolf selbst den Erzbischof bestellt habe. Genau am 7. August, ein Jahr nach dem Tode Werner's, der inzwischen in Magdeburg feierlich beigesetzt worden war, geschah die Einführung. Der gleiche Bischof Godschalk von Havelberg, der schon Werner geweiht hatte, vollzog wieder die feierliche Handlung, und Gregor VII. bezeugte seine gänzliche Zustimmung durch die Uebersendung des Palliums an Hartwig. Gunther dagegen fand seine Entschädigung, allerdings nun wohl durch Rudolf, der sich bemühen mochte, hier beschwichtigend einzutreten,

---

als Berichterstatter über die metropolis Magdeburgensis jam diu viduata et nunc perversa quorundam contentione, ne disponi posset, turbata. Sdralek, Die Streitschriften Altmann's von Passau und Wezilo's von Mainz, 1890, 23, nimmt an, das bonum testimonium über die drei Genannten gehe auf den in Rom weilenden Bischof Altmann von Passau zurück. Ueber die eigenthümliche Art und Weise des päpstlichen Vorschlages vergl. Bonin, in der S. 123 n. 39 citirten Dissertation, 66—68 (Bonin's Bemängelung der Glaubwürdigkeit Wenrich's, 60 u. 61, wo „tendenziöse Entstellung der wirklichen Thatsachen" vorgeworfen wird, ist ganz verfehlt: vergl. zu 1081 n. 118), sowie schon Meltzer, l. c., 154 u. 155. Bezeichnend sind besonders die Worte: me praecipiente et consentiente eligite und: illum qui ambitu secularis potentiae inordinate intraverit, vinculo excommunicationis alligabo. Bei dem erstgenannten Candidaten A. Goslariensis decanus ist die Persönlichkeit nicht näher bekannt.

in der Zuweisung des durch den Tod Eberhard's ebenfalls leer gewordenen Naumburger Bischofssitzes. Aber in der Frage der so viel wichtigeren Kirche von Magdeburg hatte, mit Mißachtung des Wahlrechtes der berufenen Wähler, indem Rudolf auf ein eigenes Eingreifen verzichtete, Gregor VII. gesiegt [33]).

—

[33]) Ueber die Wiederbesetzung des Erzbisthums handelt besonders Aufschluß gebend Annalista Saxo: Rodolfus rex in Magedaburch Hartwigum constituit archiepiscopum (in Anlehnung an Bruno's nachher hier zu erwähnende Aussage), worauf er fortfährt: Prefecit quoque Ciccensi eclesie Gunterum, fratrem Willehelmi comitis de Camburh, quem Magedaburgensis eclesia cuius filius erat, sibi preesse satis desiderabat (SS. VI, 716 u. 717). Dagegen behauptet der Annalist: Parthenopolis isdem diebus pro suo jam feliciter martyrizato archipraesule tandem Hartwigum, Mogontiae aeccclesiae camerarium (bei Bruno: archicapellanus), electione canonica provisorem acceperat (823), und Bruno, c. 98, gedenkt nur ganz kurz in dem schon ob. S. 143 n. 73 erwähnten Zusammenhang des Ereignisses: Hardwigus . . . . in eodem die (d. h. der Schlacht von Melrichstadt) post annum urbem Magedburgensem archipraesul ingressurus. Die Magdeburger Geschichtschreibung hat in den Gesta archiepiscoporum Magdeburgensium in c. 22 — in c. 21 ist noch am Schluß von der Bestattung Werner's in monasterio sancte Marie, quod ipse construxerat, sowie von verschiedenen sacralen Handlungen des Verstorbenen die Rede — einen längeren Abschnitt über Hartwig, der allerdings in seinen Anfängen ganz Bruno, so weit derselbe reicht, entnommen ist und im Eingange Hartwig als Maguntinensis ecclesie canonicus ac Erfordensis prepositus, vir de principibus Francorum nobilitate clarissimus bezeichnet, der instituente Rodolfo rege Erzbischof geworden sei: qui ordinationem a Godescalco Havelbergensi episcopo (vergl. Bd. I, S. 354, n. 96), pallium vero a Gregorio VII., qui et Hildebrandus, percepit, in den Annal. Magdeburg. bloß die kurze Notiz: Rodulphus rex constituit . . . Hartwigum eodem die post annum, quo predecessor suus interfectus est (SS. XIV, 403 u. 404, XVI, 175). Den Nachweis für die Identität des Erzbischofs Hartwig mit dem dritten der durch Gregor VII. für den erzbischöflichen Stuhl Vorgeschlagenen (vergl. S. 228) leistete Frensdorff, Die älteren Magdeburger Burggrafen (Forschungen zur deutschen Geschichte, XII, 303 ff.): ein Bruder des seit dem Anfang des 12. Jahrhunderts im Amte stehenden Burggrafen Hermann, ist Hartwig aus dem rheinfränkischen Geschlechte der Grafen von Spanheim, ein Sohn des Siegfried, der eine Gräfin Richardis aus dem Kärntner Lavantthale zur Frau hatte, wo dann auf diesen angeerbten Erbgütern Graf Engelbert, Hartwig's (vergl. Annal. Ratisbonens. major. fragmentum, a. 1088: preses Engilpreht . . . frater Magadapurgensis episcopi, SS. XIII, 50) und Hermann's älterer Bruder, das Kloster St. Paul gründete. Davon handelt die Schrift: Fundatio monasterii s. Pauli in Carinthia, wo speciell in c. 7 vom affectu et natura germanus (v. Engelbert's) Hartwic Magdeburgensis archiepiscopus, sowie hernach vom Vater Siegfried die Rede ist: Sigfridi natale solum Spanheimmense fuerat castrum; Rickkart Laventinis oriunda extitit oris. Hunc in reditu ab Jerusalem defunctum (vergl. Bd. I, S. 391, wo aber Siegfried's Abstammung nicht richtig erklärt war: vergl. auch Witte, Ueber die älteren Grafen von Spanheim. Zeitschrift für die Geschichte des Oberrheins, I., 204 u. 205) et in Vulgaria sepultum conjux plena fide precio dato recepit ac tumulandum propriis laribus contulit (SS. XV. 1060). Neugart's nachgelassenes Werk: Historia monasterii Ordinis Sancti Benedicti ad sanctum Paulum in valle inferioris Carinthiae Lavantina (Klagenfurt, 1848, 1854), speciell I, in welchem Theile die Spanheimer Grafen als fundatores huius monasterii, und zwar Hartwig 22—24, behandelt werden, ist auch Aufschluß gebend. Betreffend die Nachfolge in Naumburg stimmt ebenfalls der Annalist zum Annalista Saxo: Cui (voran gehen die Stellen von S. 39 n. 91 u. S. 155 n. 94) successit (hier fehlt der Name)

In einem anderen Theile des sächsischen Landes, doch innerhalb des Mainzer Erzsprengels, galt es, ein weiteres erst im Laufe dieses Jahres selbst offen gewordenes bischöfliches Amt neu zu besetzen, in Hildesheim. Denn am 5. August war Hezilo, der seit 1054 dieses Bisthum geleitet hatte und jedenfalls schon in höheren Jahren sich befand, gestorben. In der Zeit seines rüstigen Schaffens war der Bischof auch für bauliche Schöpfungen eine Zeit hindurch, durch die geschickten Rathschläge und die Hülfe Benno's, des nachherigen Bischofs von Osnabrück, hiebei gefördert, eifrig thätig gewesen; nach den Bauarbeiten am Dome, die der Vorgänger Bischof Azelin in umfangreichster Weise begonnen hatte, war Hezilo unter Anschluß an den noch nicht weggeräumten alten Chor, auf Grundlage eines Planes von beschränkterer Ausdehnung, so weit gediehen, daß durch eine feierliche Weihehandlung eine sechsjährige Arbeit 1061 hatte beendigt werden können, in der Art, daß Hezilo's Bau noch den Kern der jetzigen, zwar vielfach veränderten Kirche bildet, und dann war durch den Bischof auch ferner für den Schmuck des Domes allerlei hinzugefügt worden. Außerdem war, abgesehen von einer neuen Ordnung der Domgeistlichkeit, die von ihm gegeben wurde, eine weitere mit einem Chorherrenstift verbundene kirchliche Anlage in Hildesheim durch ihn begründet worden, deren Gotteshaus er allerdings nicht mehr selbst zu weihen vermochte, so daß dann Bischof Burchard von Halberstadt diese Handlung auf den Namen des heiligen Kreuzes und der beiden Apostelfürsten vollziehen mußte; ebenso hatte Hezilo, dem selbst ein vorzüglicher Unterricht zu Theil geworden war, wie er denn das durch seine Belesenheit darlegte, für die Pflege der Schule rege Sorge bewiesen. Seit dem Hervortreten des Gegensatzes zwischen Heinrich IV. und den Sachsen waren die guten Beziehungen, die lange zwischen dem Könige und Hezilo vorhanden gewesen waren und in einer Reihe von Gunstbezeugungen für die Kirche von Hildesheim ihre Bestätigung gefunden hatten, in empfindlicher Weise vermindert, und der Bischof war dann auch, nachdem er sich 1076 anfänglich scheinbar dem Vorgehen Heinrich's IV. gegen Gregor VII. angeschlossen hatte, nachher von der Feindseligkeit gegen den Papst zurückgetreten, indem er sich durch Bischof Adalbero von Würzburg die Lösung vom Banne ertheilen ließ. Immerhin galt er noch so viel bei dem Könige, daß ihm infolge ansehnlicher Geldzahlung, bei einem der kriegerischen Einbrüche nach Sachsen, die gänzliche Schonung des bischöflichen Gebietes vor Raub und Brand von Seite des königlichen Heeres zugesichert und dieses Versprechen gehalten wurde.

Parthenopolitanae ecclesiae canonicum, canonica electione huic subrogatum (329): über Gunther's Familienzugehörigkeit vergl. Bd. II, S. 713 u. 714, n. 164. Posse, Die Markgrafen von Meißen und das Haus Wettin, 239 u. 240, nimmt an, die Grafschaft Camburg sei wohl schon im Besitze des Grafen Gero gewesen, worauf dann von den Söhnen Dietrich Brehna, zwischen dem Unterlauf von Saale und Mulde, Wilhelm das höher an der Saale südwestlich von Naumburg liegende Camburg übernahm.

Sein Grab fand Hezilo in dem dem heiligen Moritz geweihten Kloster auf dem gleichnamigen Berge westlich von der Stadt, wo er in die von Bischof Godehard geschaffene Stiftung zuerst Nonnen und darauf Kanoniker gelegt hatte, an dem von ihm selbst vorbereiteten Platze. Gewiß ist nicht zu bezweifeln, daß die Neubesetzung der Hildesheimer Kirche durch den einem edeln sächsischen Geschlechte entstammenden Angehörigen dieser Kirche, Udo, unter Rudolf's Einwirkung sich vollzog[94]).

[94]) Vergl. über Hezilo's Nachfolge Steindorff, Heinrich III., II, 287, über die Wirksamkeit des Bischofs überhaupt neben den zahlreichen Stellen in Bd. I, besonders S. 328—331 (dazu S. 664—668), 578 u. 579 (betreffend Benno), und Bd. II, vornehmlich S. 233—235, 292, 622, im Zusammenhang Lüntzel, Geschichte der Diöcese und Stadt Hildesheim, I, 247—261, Lindner's Artikel in der Allgemeinen deutschen Biographie, XII, 382—383, über den Antheil am Dombau Mithoff, Kunstdenkmale und Alterthümer im Hannoverschen, III, 98 u. 99. Die Hauptstelle zur Würdigung der Thätigkeit Hezilo's, sowie über Tod und Bestattung, enthält das Chron. Hildesheim., c. 17, wo ganz einläßlich davon gesprochen wird —: nach der laut c. 16 durch Azelin für den Dom gestifteten corona auro et argento radians et coram principali altari pendens gab Hezilo die corona imaginem caelestis Jerusalem praesentans (den noch heute im Dome aufgehängten großen Radleuchter): über die Beziehungen zu Heinrich IV. ist da, ohne Angabe der Zeiten, in die die Ereignisse fallen, die Rede, zuerst: Hic cum Heinricus rex huius nominis quartus totam pene Saxoniam rapina vastaret et incendio, data infinita pecunia, ut ne una domus in omni nostro episcopatu combureretur, effecit, — dann: Si quis autem obiciat pro eo non orandum quem excommunicationis poena dicimus innodatum (sc. Hezilo), certissime sciat, Adalberonem Werzeburgensem episcopum cum Eilberto Mindensi episcopo auctoritate apostolica Corbeiae absolvisse, eo quod postea cum corpore, numquam autem animo excommunicatis communicasse (SS. VII, 853 u. 854). Weiter fallen die durch Sudendorf, Registrum, publicirten Briefe ganz wesentlich zu Hezilo's Beurtheilung in Betracht (die in Bd. III, 1—8, vorangestellten drei Briefe, vom Herausgeber zu etwa 1018 bis 1035 zeitlich angesetzt, rücken Hezilo's Bildungszeit so weit vor, daß er allerdings 1079 in höherem Alter gewesen sein muß: auch in dem Bd. II, S. 321, n. 93, herangezogenen Briefe spricht Erzbischof Liemar zum pater ·mus, pater; ganz besonders aber läßt der als Bischof Richbert von Verden erklärte Schreiber in dem l. c., III, 38 u. 39, mitgetheilten Briefe — an den pater amantissimus, mit dem Satze: Tu enim senex es, ego vero puer vel adolescens — Hezilo als ganz wesentlich älter erkennen). Ueber Hezilo's Tod sprechen kurz Annal. Hildesheim., mit Erwähnung der Nachfolge des Udo, nobilis canonicus (SS. III, 105) — betreffend Udo's Abstammung aus dem Geschlechte der Grafen von Reinhausen (bei Göttingen) vergl. Cohn, Forschungen zur deutschen Geschichte, VI, zu 584: Stammtafel I, sowie VII, 616 — und der Annalist mit der bezeichnenden Wendung: ex hac lacrimarum valle, o utinam gratulanter! emigravit ad Dominum, dazu über Udo, ecclesiae suae canonicus (823), sowie die Annales Patherbrunnenses (l. c., 97): dazu kommen die ganz kurzen Angaben der Annal. necrol. Prumiens., der Hildesheimer Bischofskataloge (SS. XIII, 222, 849, 748). Den Todestag Hezilo's — Non. Aug. oder IX. Id. Aug. — nennen übereinstimmend Hildesheimer Aufzeichnungen (Todtenbuch des Domstiftes, des St. Michael-Klosters, von St. Godehard, ersteres mit der Beifügung: XVII. episcopus, das dritte mit: prius monachus et praepositus Goslariensis: fundavit collegia in Monte et ad S. Crucem — Vaterländ. Archiv des histor. Vereins für Niedersachsen, Jahrgang 1840, 92, Jahrgang 1843, 21, Lüntzel, l. c., 262 n. 4), ebenso andere sächsische nekrologische Aufzeichnungen, wie das Hugsburger Todtenbuch (Zeitschrift des Harz-Vereins für Geschichte u. Alterthumskunde, V, 130), das Abdinghofer Todtenbuch zu Paderborn (Scheffer-

Dagegen ist ganz sicher feststehend, daß die Wiederbesetzung des Bisthums Cur, das schon seit dem letzten Jahre erledigt war, durch Heinrich IV. geschah. Auch hier scheint nach dem Berichte des schwäbischen Geschichtschreibers, der wieder seine Gesinnung da auf das deutlichste aussprach, eine in Cur vorausgegangene regelrechte Wahl, durch die Geistlichkeit, die kriegerischen Vassallen, das Volk der dortigen Kirche, die auf deren Propst gefallen war, nicht vom König anerkannt worden zu sein. Gewaltsam, gegen den Willen der Betheiligten, wurde diese Wahl von Heinrich IV. verworfen, und statt dessen der Propst der Augsburger Kirche, Nortpert, für Cur bestellt. Nach der Ansicht des Berichterstatters war ein sehr frommer Mann dergestalt durch einen habgierigen Simonisten verdrängt worden, der an Verkehrtheit mit dem Urheber seiner Erhebung, dem Könige, wetteiferte. Da er seiner unrechtmäßigen Einführung, in den Schafstall der Kirche, statt durch die Thüre, nach dem biblischen Vergleiche, auf falschem Wege, wohl bewußt gewesen sei, habe er versucht, die Zutheilung des Bisthums Cur zum Erzsprengel von Mainz — so wie sie seit der Entstehung des ostfränkischen Reiches erwachsen war — rückgängig zu machen und, durch Vorlegung neuer gefälschter Privilegien, die Zugehörigkeit zum Erzbisthum Mailand zu betonen, so daß er, der Ketzer, dann vom dortigen ketzerischen Gegenerzbischof — Thebald ist gemeint — geweiht würde. Freilich erreichte Nortpert seinen Zweck nicht, und er mußte noch bis zum sechsten nachfolgenden Jahre warten, ehe die feierliche Handlung an ihm vollzogen wurde [96]).

— Ein etwas späterer Geschichtschreiber, der seine große Reichsgeschichte auf herübergenommenen älteren Materialien auch noch in diesen Zeitabschnitten zumeist wörtlich aufbaute, leitete seinen Jahresbericht über das hier abgeschlossene Jahr zusammenfassend mit den Worten ein: „Die Theilung des deutschen Reiches, vielmehr dessen Verwirrung, und der ehrgeizige Streit der beiden Könige um die Festhaltung des Reiches und unter diesen Dingen die Zerstörung, ferner

Boichorst, Annales Patherbrunnenses, 36, n. 2), das Todtenbuch von St. Michael zu Lüneburg (Wedekind, Noten zu einigen Geschichtschreibern des deutschen Mittelalters, III, 57), dagegen ausnahmsweise das Möllenbecker Todtenbuch (Schannat, Vindemiae liter., I, 140) VIII. Idus Aug.

[96]) Der Annalist läßt — illo quem clerus, militia et populus aecclesiae ipsius (sc. Curiensis) canonico elegerant eiusdem domus praeposito, viro valde religioso, reprobato — den symoniacus avarissimus et quo sui erroris non facillime sibi parem consensorem adinvenire nequiverit (sc. Heinrich IV.), den Nortpert, invitis et nolentibus universis violenter in Cur eintreten: Qui non omnibus modis et artibus suae, ut semper solebat, avaritiae industrius [illegible], woneben noch der Versuch: Mediolanensi heretico antiepiscopo se adtinere et ab ipso ordinari debere hereticum, unter Verweisung von nova et pseudographa quaedam privilegia gegen die Zugehörigkeit von Cur zum Erzbisthum Mainz (vergl. Dümmler, Gesch. des ostfränk. Reiches, I, 2. Aufl., 210, daß Cur infolge des Vertrages von Verdun durch den definitiven Anschluß Rätien's an Schwaben vom Erzbisthum Mailand abgetrennt worden war): Sed tamen in hoc non maxime profecit (323). Gleich dieser Nachricht bringen kurz Annal. August. die Erhebung des Augustensis praepositus (l. c.).

die unerhörte Knechtschaft und Unterdrückung der Kirche Gottes dauerten fort, wie sie begonnen hatten. Doch wurden unterdessen Schlachten unterlassen, und nur in Gesandtschaften wurde die Sache betrieben. Denn ein jeder der beiden Könige suchte Unterstützung vom apostolischen Herrn, und häufig gingen die Träger der Briefe zwischen den beiden Theilen hin und her"[96]).

Das war in der That noch das Kennzeichen des Jahres gewesen. Aber jetzt war diese Zeit des Zuwartens zu Ende. Die von beiden Seiten zurecht gestellten Rüstungen waren abgeschlossen, und an die Stelle der Zögerung traten die neuen Entscheidungen: nach der hinhaltenden Unentschlossenheit setzte der offene Bruch ein.

[96]) Das ist die Einführung des Annalista Saxo zu dem im Uebrigen ganz Bruno entnommenen Berichte über das Jahr 1079 (SS. VI. 714). Beigefügt ist noch von dem Annalista selbst: Verum hi qui erant Rodolfi regis partium, difficulter nuncios mittebant, quia iter illud omnibus antea pervium Heinrici ac suorum fautorum factione his claudebatur.

1080.

In Mainz war Heinrich IV. auf das eifrigste mit seiner Heeresrüstung gegen Rudolf beschäftigt, und bis zur Mitte des Monats Januar sah er sich im Stande, mit einer ganz ansehnlichen Heeresmacht und begleitet von Herzog Friedrich von Schwaben den Aufbruch gegen Sachsen vom Rheine aus zu bewerkstelligen[1]. Im sächsischen Lande wollte man wissen, der König sei zu diesem Angriff in ganz ungewohnter Zeit — mitten im Winter — durch eine irrige Voraussetzung veranlaßt worden, durch die Annahme, die Sachsen ließen sich jetzt nicht in größerer Zahl dazu herbei, sich in das Feld zu stellen, so daß es ihm gelingen werde, sie zu überraschen und durch die Uebermacht zu erdrücken, und es ist wohl nicht zu bezweifeln, daß der König seinem Heere die Aufgabe leichter, als sie sich darbot, dargestellt hatte, daß er zu vertrauensselig vorging[2]. Allerdings war es ihm durch die Versuche, die

---

[1]) Vergl. S. 219 über die betriebenen Rüstungen. Von Heinrich's IV. Kriegsabsicht sprechen der Annalist von 1075 an: Heinricus . . . mox post octavas theophaniae (d. h. nach 13. Januar) in Saxoniam expeditionem hostili impetu acerrimus promovere non cessavit und Bernoldi Chron.: Iterum Heinricus post epiphaniam cum exercitu in Saxoniam venire disponens, dann Bruno, De bello Saxon., c. 117: mense Januario Heinricus iterum congressus non parvae multitudinis exercitu Saxoniam volebat invadere, ferner nur ganz kurz die sogenannten Annal. Ottenbur., als von der expeditio septima contra Saxones, und wohl auch, obschon zu 1079, Annal. Leodiens. Contin.: Rex Heinricus contra Saxones vadit (SS. V, 324, 436, 377, 7, IV, 29), ebenso die Annales Patherbrunnenses in der Herstellung durch Scheffer-Boichorst, 97: Rex Heinricus iterum expeditionem movit contra Saxones. Daß Friedrich von Schwaben den König begleitete, ist aus Annal. August. zu schließen: Interim (sc. zur Zeit der Flarchheimer Schlacht) rege et duce Friderico absente ... (SS. III, 130).

[2]) Das sagt Bruno, l. c.: reputans (sc. Heinrich IV.) Saxones, utpote quietem dum pax erat amantes, non frequentes exire hiemis tempore (l. c.). Der Annalist verbreitet sich da wieder sehr in allgemeinen Redensarten, von denen, dessen ungeachtet aber sogar eidlich bekräftigten Versprechungen Heinrich's IV., der milites suos solita infamans suae calliditatis et falsitatis vecordia, daß absque bello et omni repugnantia hostili . . Saxoniae regnum

ihm schon im Herbst des vorhergehenden Jahres zugeschrieben worden waren[3]), die Feinde unter einander zu trennen, bis zu einem gewissen Grade wirklich gelungen, Zwietracht bei den Sachsen hervorzurufen. Die beiden Billinger, sowohl der Oheim, Graf Hermann, als der Neffe, Herzog Magnus, der jüngere ganz besonders, weil er, wie schon erwähnt, aus der Gefangenschaft gegen Zusicherung der Treue vom Könige freigelassen worden war, sollen einen Rudolf geschworenen Eid geradezu gebrochen haben, worauf sie sich heimlich vor dem vorauszusehenden kriegerischen Zusammenstoß mit dem königlichen Heere zu vereinigen suchten. In ähnlicher Weise erwiesen sich die Markgräfin Adela und ihr Schwiegersohn, der 1077 durch Heinrich IV. als abgesetzt erklärte Markgraf Ekbert von Meißen, als keineswegs zuverlässig für Rudolf; in Sachsen wurde angenommen, Ekbert habe darauf gewartet, auf welche Seite sich der Erfolg wenden werde, um dann dem Sieger unter Darbringung seiner Glückwünsche sich anzuschließen. Außerdem aber waren Graf Dietrich, der Sohn Gero's von Camburg, der Bruder des kürzlich in Magdeburg übergegangenen Gunther, Wiprecht von Groitsch, der in den Kämpfen um diese östlichen Markgebiete noch so vielfach später hervortrat, und ein wahrscheinlich aus dem Lande Engern stammender Wibekind, nebst anderen Leuten des sächsischen Stammes, offen zu Heinrich IV. hinübergetreten, durch viele Versprechungen gelockt, wie angenommen wurde[4]).

Aber Rudolf war keineswegs unvorbereitet zum Kampfe[5]).

---

sibi patere und daß — per Saxonum majores, quippe quos omnes ferme sibi adjuratos et confoederatos habuerit — leicht die Festnahme und Auslieferung Rudolf's gelingen werde: idcirco eis (sc. den Königlichen) nihil periculi aut difficultatis obstare, quin potius, pro quo tot laborum insumpserint, sibi secum de caetero tamdiu adoptato libitu corregnare praesto propediem restare: so habe Heinrich IV. die seductiles sibique nimium creduli facti — cavillatorie satis — in das Verderben geführt (324).

[3]) Vergl. S. 219.

[4]) Bruno sagt ausdrücklich, l. c.: solita calliditate Saxones ab invicem multa promittendo diviserat (sc. Heinrich IV.), mit der Folge, daß non die ante diem proelii Wibekin, Wiprecht und Dietrich von den Sachsen abfielen, Ekbert — cum sua legione neutrae parti accedens . . . lentus sich nachher nicht fern vom Schlachtfelde hielt: eventum belli dubius expectans, ut cui parti victoria cederet, ei congratulando socius accederet. Der Annalist handelt an den ob. S. 192 in n. 30, S. 211 in n. 64 schon herangezogenen Stellen von den Billingern: fidem et auxilium quam ipsi jam antea regi Roodolfo jurejurando contra omnes sibi adversantes confirmaverunt, perfidi plurimum infringentes, collectis omnibus quos poterant, addere se fraudulenter ante inceptum bellum praedicto tyranno (sc. Heinrich IV.) pertemptabant, sowie von Adela und Ekbert, die mit den Billingern einer eigentlichen clandestinae perfidiae conjuratio angehört hätten (325 u. 326). Den von Bruno zuerst erwähnten Namen deutete Giesebrecht, Geschichte der deutschen Kaiserzeit, III, in den „Anmerkungen“, 1161 n. 1, auf Wibekind II. von Schwalenberg (also im engerischen Lande links der Weser), da der Name nur in diesem Hause gebräuchlich gewesen sei. Wegen Dietrich's vergl. schon S. 240 in n. 93, daß die Versagung der Magdeburger Nachfolge für den Bruder, Gunther, die günstige Stimmung Dietrich's für Rudolf abgekühlt haben mag.

[5]) Vergl. schon S. 220.

Wie sein schwäbischer Verherrlicher nicht genug rühmen konnte, vermochte er, im Vertrauen auf Gott und seine gute Sache, es beinahe nicht zu erwarten, bis er mit seinem gleichfalls recht ansehnlichen Heere zur Schlacht dem Feinde entgegenziehen würde, und ebenso erwiesen sich die Sachsen ganz anders, als das von Heinrich IV. angenommen worden war, abgehärtet, lebhaft im Wunsche, mit ihrer ganzen Kraft den Angriff von ihrem Lande abzuwehren[6]). So war denn das Heer Rudolf's über die thüringische Grenze Heinrich IV. entgegengerückt, so daß dieser nahezu unvermuthet auf den Gegner gestoßen wäre; doch wandte sich darauf Rudolf, als er die unmittelbare Nähe des Königs durch Kundschafter erfahren hatte, rückwärts. Der gleiche Gewährsmann, der soeben schon erwähnt wurde, stellte das als eine wohl überlegte List, als verstellte Flucht dar, wodurch Rudolf den Feind, der diese Bewegung als wirkliche Aeußerung der Furcht, nicht als bloß scheinbar angesehen habe, verlockte, ihm zu folgen und nach Thüringen einzurücken[7]).

Schwer hatte nun zunächst die von den Königlichen nach ihrem leichten Einbruche erreichte Landschaft dafür zu büßen, daß die erzbischöfliche Kirche von Mainz hier Besitzungen hatte. Diese wurden verwüstet, und vor den Anderen thaten sich die Böhmen, deren Herzog Wratislav selbst im königlichen Heere anwesend war, in Verwüstung und Brandlegung hervor. Allerdings verhängte deßwegen Erzbischof Siegfried, der, wie anzunehmen ist, gleich Erzbischof Gebehard von Salzburg, jetzt auf sächsischem Boden sich aufhielt, nach einer Berathung mit diesem und mit den anderen ihm beistimmenden Bischöfen, über Heinrich IV., als den Anführer

---

[6]) Ueber die Sachsen — multis jam laboribus exercitati et per multas inquietudines a somno quietis expergefacti — berichtet Bruno, l. c. Dagegen ist der Annalist wieder geradezu unleidlich breit über Rudolf und dessen praegrandis suorum militum exercitus, wie er occursare animosus plurimum Deique misericordiae eiusque iustitiae fiducia summopere corroboratus, vom validus zeli Dei ardor so entzündet gewesen sei: ut si aecclesiae sanctae statum eiusque jus legitimum per hoc recuperare posset, se in omne periculum et in ipsam mortem dare nequaquam detrectasset (324).

[7]) Es ist zwar etwas auffällig, daß der Sachse Bruno von den militärischen Bewegungen vor dem Schlachttage ganz schweigt. Doch schließt das nicht aus, daß der Annalist doch glaubwürdig ist, wenn er erzählt, daß Heinrich IV. auf dem Anmarsch von Mainz schon ex improviso ferme auf Rudolf's praegrande exercitus sui collegium et in bellum nimis promptissimum gestoßen wäre, worauf Rudolf — quasi illorum (sc. der Königlichen) metu fugam simulans — cum suis retrogradus artificiose für die Königlichen einen locus invadendi provinciam (d. h. nothwendig von Hessen nach Thüringen hinein: illi fugam Saxonum veram et non dispensatoriam arbitrantes) aufgeschlossen habe; wenn dann weiter gesagt wird, Rudolf habe so auf den Zusammenstoß hin gehandelt: ne . . . . ipsi (sc. die Königlichen) a se persequente tanto minus more suo diffugissent, quanto infra patriae illius terminos (sc. in Thüringen) a compatriotis omnibus undique impeti et circumdari Deo propitiante potuissent, so blickt da wieder die volle Feindseligkeit des Autors durch (324).

bei dieser zerstörenden Arbeit, und dessen Mitschuldige die Excommunication*).

Am 27. Januar, einem Montage, kam es in dem nordwestlichsten Theile des thüringischen Stammgebietes zur Schlacht. Die äußerst rauhe Beschaffenheit der Winterjahreszeit, die eingetreten war, hatte schon vorher beiden Heeren zu schaffen gemacht; vollends am Schlachttage selbst brach ein sehr heftiger Schneesturm über die Kämpfenden herein, so daß es in dem herrschenden Dunkel schwer fiel, auch nur die zunächst stehenden Mitkämpfer zu unterscheiden, und jedenfalls ist durch diesen Umstand die geschickt begonnene Kriegslist des Königs, durch die derselbe den Feind zu vernichten hoffte, gefördert worden, freilich ohne daß schließlich damit der Sieg für ihn gewonnen wurde.

Rudolf hatte in der welligen Landschaft, die sich von dem nach Osten allmählich abfallenden bewaldeten Höhenzuge des Hainich gegen den obersten Lauf der Unstrut hin ausdehnt, an dem südlich schauenden Steilrande des Ufers einer der mehreren hier in gleicher Richtung neben einander dem Flusse zuströmenden Bäche seine Aufstellung gewählt. Da wollte er — das Dorf Flarchheim lag wohl südlich vor der Aufstellung der Sachsen, das Dorf Dorla auf der nördlichen Seite hinter ihrem Rücken — den von der Südseite her anrückenden Feind erwarten, und der im Vordertreffen aufgestellte ehemalige Herzog von Baiern, Otto von Nordheim, war bestimmt, zuerst, von der Höhe des Abhanges herab, die voraussichtlich nach Ueberschreitung des nicht breiten, aber tiefen Baches emporsteigenden Gegner zu treffen und zurückzuwerfen. Allein nun setzte Heinrich IV. jene schon erwähnte listige Umgehung Rudolf's in das Werk. Von seinem Lager aus, das kaum allzu nahe an der Aufstellung der Sachsen aufgeschlagen worden war, wich er zunächst, wahrscheinlich in westlicher Richtung, dem feindlichen Heere, auf das er bei geradem Vorrücken alsbald gestoßen wäre, weit aus, um dann von des Gegners rechter Flanke und von dessen Rücken her diesen, wenn er sich ihm wieder würde angenähert haben, zu fassen. Es muß angenommen werden, daß jene ausdrücklich bezeugte dunkle Luft, die an dem Tage herrschte und dann bis zum Nachmittage in dem Ausbruch wüthenden Sturms und Schneewetters ihren Abschluß fand, diese Bewegung des königlichen Heeres den Augen Rudolf's und vollends Otto's ganz verschleierte; auch scheint eine genügende Aufklärung der Gegend von den Sachsen versäumt worden zu sein. Denn sonst ließe sich kaum begreifen, wie diese es dem Feinde erlaubt haben würden, bis ungefähr zur dritten Stunde des Nachmittags seine Bewegung auszuführen, die dann ja auch

---

*) Auch das ist nur durch den Annalisten bezeugt, der für die Verwüstungen durch den dux Boemianus auf Heinrich IV., als den sacrilegus huius dissipationis armiductor — cum suis complicibus universis — die anathematis strictura fallen läßt (924). Daß aber die Plünderung Erfurt's nicht hier hineinzuziehen ist, vergl. unt. in n. 170.

nahezu zum Gelingen kam. Auf einen Schlag erschien Heinrich IV., nach einer Nachricht, in einer Schlachtordnung, die den Böhmen unter Herzog Wratislav nach ihrem Wunsche den ersten Vorstoß zuwies, im Rücken der Sachsen ganz unversehens, so daß, während noch die Angegriffenen vorwärts blickend der Waffen sich bedienen zu müssen meinten, von der entgegengesetzten Seite die Gefahr ihnen drohte. Zwar schickte jetzt sogleich Rudolf an Otto einen Eilboten und beschwor ihn bei Gott, er möge, seiner alten Tapferkeit eingedenk, sich nicht scheuen und nach der zuerst getroffenen Anordnung den Kampf eröffnen. Aber dagegen machte Otto mit Recht begreiflich, daß er zwar selbstverständlich sein Wort eingelöst haben würde, wenn die Feinde — nach der vom Anfang gehegten Erwartung — von vorn gekommen wären: jetzt jedoch könne er seine Schlachtordnung nicht umdrehen, sondern einzig versprechen, so bald wie möglich zu Hülfe kommen zu wollen — jener Theil des Heeres, gegen den nunmehr der Feind zuerst herangeprallt sei, solle mit ganzer Kraft die Abwehr leisten. Auf diese Weise hatte sich demnach der ganze Kampf umgewendet, und die die letzten gewesen waren, standen jetzt voran, während die Leute Otto's, die die ersten hätten sein sollen, die letzten waren. Mit größter Heftigkeit, während jener Sturm die Kämpfer vor einander selbst verhüllte, wurde, jedoch nur kurze Zeit, gekämpft. Denn jetzt zeigten die Sachsen ihre ganze Kraft, und diese bewährte sich. Zwar sollen die Böhmen Rudolf's königliche Lanze errungen haben, die dann Wratislav erhielt, und seither wurde dieses Ehrenzeichen mit Heinrich's IV. Erlaubniß bei jedem festlichen Umzug den Inhabern der böhmischen Herzogswürde vorangetragen; aber andererseits scheinen gerade auch die Böhmen größere Verluste an Menschen erlitten zu haben. Dann aber trennte die hereinbrechende Nacht die Kämpfenden. Von gegnerischer Seite wurde zwar Heinrich IV. angeklagt, gleich im Anfang des Zusammentreffens schon — zugleich mit den Baiern und Franken — gewichen zu sein. Jedenfalls aber war die Verfolgung durchaus nicht von ernsthafter Art. Denn nachdem Rudolf von überall seine Schaaren gesammelt und bis Mitternacht das Schlachtfeld behauptet hatte, verließen diese wegen der allzu arg ihnen zusetzenden Kälte und infolge der großen Erschöpfung durch die Kampfarbeit — Viele waren auch verwundet — den Platz und zogen, ohne sich weiter um die herumliegenden Todten und Halbtodten zu kümmern, zur Herstellung ihrer Kräfte in ein benachbartes Dorf, von wo sie allerdings schon vor Tagesanbruch zurückkehrten. Dann verharrten sie während des ganzen Tages, bis zum Morgen des zweiten Tages nach der Schlacht, siegesfreudig, wie von Rudolf's Seite behauptet wurde, auf der Kampfstätte.

Heinrich IV. hatte noch am Schlachttage selbst durch eine Abtheilung des feindlichen Heeres, die sich auf sein Lager warf, arge Verluste erlitten. Die Knappen und Schildträger, Leute vom Troße, waren vom König, als er zur Umgehung des Feindes aus dem Lager ausrückte, daselbst zur Bewachung zurückgelassen worden; fern von den Kämpfenden, waren sie angewiesen, auf den Ausgang der Schlacht zu warten. Aber unter Ausnutzung des trüben Wetters stürzten sich jene Leute vom Heere Rudolf's auf diese Wachmannschaft, vernichteten sie und bemächtigten sich einer sehr ansehnlichen Beute. Die Saumrosse, Fuhrwerke, alles Gepäck und was überhaupt an Lebensmitteln, Kleidern, weiterem Bedarfe vorhanden war, aber auch Pferde, Waffen, dann Gewürze, kostbare Stoffe und reiche Gewänder, goldenes und silbernes Geschirr, Alles wurde geplündert und weggeschleppt. Denn ganz besonders hatten Patriarch Heinrich von Aquileja und andere italienische Fürsten wahre große Reichthümer im Lager mit sich geführt. Nach einer Nachricht hätte Heinrich IV. auf dem Rückzuge noch den kläglichen Anblick des ausgemordeten Lagers gehabt. Jedenfalls sah er sich, schon durch den Verlust dieser ganzen Habe, der Vorräthe, wenn er sich nicht dem ärgsten Mangel ausgesetzt sehen wollte, gezwungen, auf dem eben erst zurückgelegten Wege wieder rückwärts zu weichen. Ein Getreuer, Ludwig, führte ihn auf verborgenen Pfaden durch den Wald. Aber dann erlitt das königliche Heer, noch auf thüringischem Boden, als es — etwa an dem der Schlacht nachfolgenden Tage — in der Nähe der Wartburg durch Speise und Ruhe sich erquicken wollte, in der dortigen eng eingeschlossenen Landschaft noch einen Ueberfall durch die Besatzung der Burg, der recht schädigend wirkte[9]).

Ueber die Menschenverluste der beiden Heere in der Schlacht läßt sich durchaus nichts sagen. Denn mögen auch von einer Seite — zu Ungunsten Heinrich's IV. — sogar scheinbar ganz genaue Einzelzahlen geboten werden, so ist das Verhältniß der Verlustziffern zu einander ein so ganz ungleiches, daß von einer ernsthaften Verwendung dieser Angaben gar keine Rede sein kann. Von Seite Heinrich's IV. scheinen allerdings die Böhmen zumeist gelitten zu haben. Als gefallen wird der Burggraf von Prag erwähnt, dann weiter auf Seite des Königs ein Folkmar. Die Leute Rudolf's wollten nur zwei Männer höheren Ranges eingebüßt haben, von denen freilich der eine bekannten Namens war. Das war der Burggraf von Magdeburg, Meginfrid, der beim Beginn des sächsischen Aufstandes gegen Heinrich IV. sich gestellt, dann aber aus der Welt sich zurückgezogen hatte; man hielt es für eine Strafe Gottes, daß er jetzt in der Schlacht fiel, da er um weltlichen Gewinnes willen die Waffen neuerdings ergriffen und es so wohl verdient habe, durch Waffen zu fallen[10]).

[9]) Vergl. den Excurs II.

[10]) Vergl. in Excurs II. Den Namen Meginfrid's führen auch die hier sonst nicht selbständigen Annal. Patherbrunnens. (ed. Scheffer-Boichorst, 97): Meinfrith comes caesi sunt pluresque alii — und Annal. Magdeburg. (SS. XVI, 175) auf. Von Meginfrid — vergl. über ihn Bd. II, S. 245, 247 u. 248 — handelt eingehender, nicht ohne Einmischung von Tadel: arma jam

Heinrich IV. war zum Weichen gebracht worden; er hatte eben wohl auch, da er durch die Lagerplünderung seiner Vorräthe sich beraubt sah, Thüringen wieder verlassen. Aber besiegt war er nicht eigentlich, mochte er sich nun auch veranlaßt sehen, sein Heer zunächst wieder aufzulösen [11]). Dagegen durfte Rudolf sich jedenfalls nicht wirklich als Sieger ansehen. Denn wenn er thatsächlich einen durchschlagenden Erfolg davongetragen hätte, würde sicher der Abfall angesehener sächsischer Herren, wie er schon vor der Schlacht begonnen hatte, nicht fortgedauert haben. Die ganz auf Rudolf's Seite stehende Geschichtserzählung räumt vielmehr vollkommen ein, daß die beiden Billinger, Hermann und Magnus, zwar von einigen sächsischen Großen, die Rudolf anhingen, zurückgetrieben worden seien — von einer Unterwerfung unter Rudolf ist dabei keine Rede —, daß aber vollends Ekbert und seine Schwiegermutter auch noch nach der Schlacht im Widerstand entschieden verharrten, mit Hülfe ihrer Kriegsleute sich einiger sehr fester Burgen bemächtigten [12]).

Rudolf begab sich zunächst nach Goslar und war bis zum Beginn der Fastenzeit — das will sagen, bis gegen Ende Februar — noch stark in Anspruch genommen, um die stets fortdauernden Feindseligkeiten zu beruhigen, da die Aufständischen geradezu kriegerische Bewegungen gegen ihn ins Werk setzten. Ganz besonders scheinen Ekbert und Adela ihm zu schaffen gemacht zu haben. Allerdings dürfte er dieser Gehorsamsweigerung schließlich Herr geworden sein, wie wenigstens die schwäbische Geschichtserzählung behauptet, und ebenso sollen die Gedemüthigten ihren Abfall schwer bereut haben, soll die Hinüberführung ihrer Vassallen in den Dienst Rudolf's und darauf Belehnung mit Gütern der Besiegten, überhaupt Uebertragung der

---

vita pro Deo deposita ob turpes quorundam praediorum quaestus apostata factus erat, unde et Dei justi judicis ultore gladio illic confossus perierat — der Annalist (325). Die Theilnahme Meginfrid's an der Pilgerfahrt erwähnt die Vita sancti Heimeradi, c. 32, vom praefectus Magadeburgensis Meginfridus cum multis aliis Ierosolimam tendens (SS. X, 606). Vergl. Frensdorff, in dem S. 230 in n. 93 citirten Aufsatze, l. c., 298—300.

[11]) Der Annalist malt in seiner Weise Heinrich's IV. Lage in einläßlichen Worten sehr kläglich aus, daß er cum suae tyrannidis complicibus sic adversariorum suorum persecutoria immanitate, famis internecione, frigoris asperitate tamque fugae dedecorosae et infaustae satis superque profligatus exacerbatione ipse vix wieder auf sicheren Boden gelangt sei: Caeteri autem nimis miserabiles, turpes, ac tot miseriis ipsi non impariter contabescentes patriam suam unusquisque non gloriantes multum repetiverunt (325), während Frutolf, Chron. univ., unrichtig a. 1079, eben nur kurz berichtet: Rex, amisso exercitu, in orientalem Franciam cum paucis divertit (SS. VI, 203).

[12]) Vergl. in Excurs II, besonders aber — im Anschluß an das hier bei n. 4 Gesagte — die Zeugnisse des Annalisten, daß zwar die beiden Billinger a quibusdam Saxonum primatibus illorum perfidiam exploratibus mox repulsi ac refugati, vix demum ab eis salvi se proripiebant, vollends aber Ekbert und Adela auch noch post eventum belli fronte satis aperta, quibusdam munitissimis castellis militum suorum subsidiis derepente occupatis, regi suo pertinaces, apostatae blieben (325 u. 326).

Markgebiete und der Lehen Ekbert's und Adela's an Andere, ferner Vertreibung und Verfolgung der Schuldigen von Ort zu Ort, als Folgen des Abfalles, zur ärgsten Schädigung der endlich Unterworfenen eingetreten sein[13]).

Heinrich IV. dagegen war — durch das östliche Franken — nach Baiern gegangen, wo er in Regensburg zunächst seinen Sitz aufschlug[14]). Jedenfalls von hier aus wurde der Versuch des Königs begonnen, durch eine Sendung nach Rom nochmals in nachdrücklichster Weise auf den Papst, gegen Rudolf, einzuwirken, und ohne alle Frage liegt darin wieder ein deutlicher Beweis dafür, daß sich der aus Thüringen zurückgekehrte Inhaber des königlichen Namens durchaus nicht als durch den ihm gegenüber gestellten Gegenkönig besiegt betrachtete. Die Träger der königlichen Botschaft waren Erzbischof Liemar von Bremen und Bischof Ruopert von Bamberg, neben denen noch ein Archidiakon Burchard genannt wird. Das italienische Zeugniß, das hievon spricht, ist jedenfalls den unklaren Worten des schwäbischen Berichtes vorzuziehen; aber es bezeichnet den Inhalt des Auftrages allerdings als unerhört und als ein Zeichen des Uebermuthes. Danach soll Heinrich IV. gefordert haben, daß Gregor VII. ohne weiteres Urtheil Rudolf als excommunicirt erkläre: dann wolle er dem Papst weiter den geschuldeten Gehorsam leisten —, oder, wenn Gregor VII. das nicht thue, gedenke er, sich einen Papst zu verschaffen, der nach seinem Willen handeln werde. Wenn dann noch der Schwabe beifügt, die königlichen Beauftragten seien mit Gold und Silber reich versehen gewesen, um auch durch Bestechung in Rom zu wirken, so mag das nicht ausgeschlossen gewesen sein[15]). Außerdem findet sich da die

[13]) All das bezeugt einzig der Annalist, ganz in seiner Weise, wonach post maximum bellum Rudolf der victor gloriosus war, wozu nur das gleich Folgende: dehinc his non parum minoribus adusque quadragesimam sollicitus laboraverat tot rebellium et adversantium sibi bellicosis motibus, donec eos sibi subactos deditiososque, prout oportuerat, perdomuit nicht völlig stimmt (zumeist scheint der Kampf gegen Ekbert und Adela gerichtet gewesen zu sein: Quos — sc. diese Genannten — denique Deo favente omnes in id ipsum suam ad deditionem in brevi coegit, et hoc non absque illorum dampnis hisque non minimis, worauf die von Rudolf angewandten Mittel, besonders auch Entziehung der beneficia et marchiae, folgen, mit dem Schlusse: tam multifaria eos coarctavit et humiliavit acerbitate, quoadusque re ipsa experti sunt, quam stultum atque dampnosissimum sit, regi ac domino suo quomodolibet gratis ac fraudulenter recalcitrare (328): vergl. auch nachher hier zu 1080 in n. 168. Aber all das widerspricht einem durchschlagenden Siege in der Schlacht vom 27. Januar. Ebenso ist wohl Ekbert schließlich doch auf Heinrich's IV. Seite fest geblieben.

[14]) Vergl. in n. 11 die Nennung des östlichen Frankenlandes. Der Annalist sagt: ipse vix Ratisponam suam qualitercumque revisitarit (325).

[15]) Der Annalist stellt hier wieder Heinrich IV. als ganz hinterlistig hin: cum neque bello neque clandestina hac, quam cum Saxonum primatibus gerebat, conjuratione (vergl. in n. 4) ad libitum suum perficeret, quin potius teste sua conscientia justitiae Dei palam contumacem et inoboedientem, et ob id jam apostolica censura excommunicatum cum suis, se repugnare non ignoraret, simulans tandem ob tot et tantas sanctae aecclesiae miserias et

Angabe aufbewahrt, daß im Weiteren Bischof Udalrich von Padua, der aus seiner anfänglichen Stellung als Legat Gregor's VII. seit dem Ende des letzten Jahres ganz zu Heinrich IV. hinübergetreten war, gleichfalls mit einigen Vertrauten, mit dem gleichen Zwecke, reich mit Geld beladen, nach Rom abgegangen sei. Allein er erreichte sein Ziel nicht: einer seiner Begleiter erstach ihn unterwegs — absichtlich, wie gesagt wird — mit einer Lanze, und so endigte plötzlich das Leben dieses begabten, aber nach kaum ganz abweisbaren Zeugnissen sittlich minderwerthigen geistlichen Fürsten[16]).

---

desolationes, quas ipse cum suis ei intulerat, sedis apostolicae metum, Romam . . . direxerat, mit Nennung der Boten, die in des Annalisten Augen antiepiscopi sind, und des Auftrages über das mitgegebene magnum, ut ajunt, auri et argenti pondus: quo Romanos corrumpere ad suum votum pertemptarent (326). Bonitho, Lib. ad amicum, beginnt Lib. IX mit der Aussage: Interea rex Heinricus deliberato consilio misit Romae legatos, Lemarum scilicet Bremensem archiepiscopum, et Pabenbariensem episcopum et alios quam plures, superbiam et inauditam portantes legationem, ut si vellet papa Rodolfum absque judicio excommunicare, debitam ei preberet obedientiam, sin aliter, acquireret sibi papam, qui faceret secundum eius voluntatem (Jaffé, Biblioth. rer. German., II, 675), und Martens, Gregor VII., sein Leben und Wirken, I, 191, ertheilt mit Recht dieser Mittheilung den Vorzug. Außerdem nennt noch Wenrich, der Trierer Scholasticus, in seiner Epistola sub Theoderici episcopi Virdunensis nomine composita, c. 8, die Gesandten und dazu einen dritten Namen: Atqui longe aliud merebantur (voran geht die unt. in n. 26 aufgenommene Stelle) vel Bremensis archiepiscopi gravitas et non mediocris in lege Domini scientia vel dignitas Babenbergensis episcopi vel claritas et modestia domni Burchardi archidiaconi, qui etsi episcopus non erat, tamen, ut verbis utamur beati Ieronimi, minus est episcopum esse quam mereri (Libelli de lite, I, 297).

[16]) Mit der Erwähnung des Udalrich, der 1079 nach Deutschland als Legat geschickt worden sei (vergl. ob. S. 182) und den jetzt Heinrich IV. eadem intentione (sc. wie nach n. 15 Liemar und Ruopert abgeschickt waren) cum quibusdam aliis suis familiaribus pecunia copiosissima onustum et suffarcinatum gleichfalls abgeordnet habe, der aber — jam ab ipso muneribus non minimum corruptus, set et ad corrumpendum alios intentus — jetzt unterwegs a quodam suo comite — ex industria — ad inferna corruptissimus quam repente Dei judicio praecipitatus umgekommen sei, worauf noch ein Satz: Thesaurus, propter quem . . . beginnt (326), bricht der Annalist, weil der Codex Vindobonensis I* (vergl. SS. V, 264 u. 265) nicht weiter reicht, plötzlich ab. Daß Gfrörer, Pabst Gregorius VII. und sein Zeitalter, VII, 724 u. 725, auch wieder sich die Gelegenheit nicht entgehen ließ, zu muthmaßen, weshalb „Berthold" — „zu Reichenau" — so plötzlich zu schreiben aufhörte, kann nicht überraschen: Abt Eggehard ist jetzt aus der Gefangenschaft nach Reichenau zurückgekehrt, und Abt Udalrich bedroht von St. Gallen her stets das Kloster Berthold's, so daß Gfrörer fortfährt: „Ist es zu verwundern, wenn Berthold den Muth verlor, weiter zu schreiben, nachdem die Umstände eine solche Wendung genommen hatten, daß ihm einer Seits der eigene Abt zumuthete, aus Parteirücksichten die Geschichte zu fälschen, während er anderer Seits Gefahr lief, mit seinem Kloster morgen in die Hände des St. Galler Abtes zu gerathen und von ihm wegen Dessen, was er zum guten Theil wider seinen Willen zu Gunsten der Rudolfiner geschrieben, thätlich mißhandelt zu werden?" Was Udalrich betrifft, so ist bei seiner Beurtheilung gewiß viel weniger Gewicht auf die Verunglimpfungen des Annalisten — vergl. besonders S. 225 in n. 85 —, als auf das Urtheil des Bischofs Wido von Ferrara, De scismate Hildebrandi, in Lib. II.: Simili modo delicate nimis Odelricum Pataviensem

Aber auch Rudolf hatte schon gleich nach der Schlacht nicht versäumt, neuerdings an Gregor VII. sich zu wenden, und über das Geschehene durch einen Boten dem Papste Nachricht gegeben[17]. Außerdem wurde aus dem Kreise der „Getreuen Gregor's VII. und des heiligen Petrus" nochmals eine längere Kundgebung an den Papst erlassen.

Zuerst erinnern die Sachsen — sie sind ja in erster Linie als die Briefschreiber zu denken — den Papst daran, daß fortwährend der Verkehr mit Rom für sie sehr erschwert erscheine, weil der Weg, der zu allen Zeiten allen Völkern, Stämmen und Zungen offen und zugänglich gewesen, jetzt gesperrt werde, zumal ihnen, denjenigen, die sich nicht am wenigsten für die Ehre dessen eingesetzt haben, zu dem eben dieser Weg führt. Sie meinen, es wäre Gregor's VII. Ehre und ihrer eigenen Noth ganz entsprechend, wenn ein gewisser Vortheil, ein Trost ihnen aus dem, was sie unter so großer Schwierigkeit verrichten, erwüchsen. Statt dessen haben sie sich darüber zu beschweren, daß, so viel sie Fragen und Klagen an den apostolischen Stuhl bringen, der doch stets der Lehrer der Gerechtigkeit war, keine bestimmte Antwort ihnen zu Theil wird, vielmehr Alles unentschieden der Zukunft vorbehalten bleibt. Die Klageführer weisen dann auf das Auftreten des Cardinaldiakons Bernhard gegen Heinrich IV., im Jahre 1077 zu Goslar, hin: sie hatten gehofft, daß, wenn das in Rom bekannt werde, ihre eigene Sache Fortschritte machen und gedeihen werde. Aber nach langem Warten, als endlich ihr Bote zurückgekehrt war, hatte er ihnen keinen Trost gebracht, außer dem Bescheide, Gregor VII. habe der Botschaft keine Glaubwürdigkeit beigemessen. Ebenso fragen sie, ob denn dem Papste auch die so wahrhaften Berichterstattungen der Bischöfe Adalbero von Würzburg, Altmann von Passau, anderer frommer Männer als unglaubwürdig erschienen seien. Dann fahren sie fort: „Gewiß, Herr! in Worten der Lüge Befreiung zu finden, hegen wir nicht das Vertrauen; sondern wir glauben vielmehr, daß die Wahrheit uns befreien wird. Gott, der die Wahrheit ist, der allein

---

habuit (sc. Gregor VII.), qui vitiorum omnium sentina fuit, quem ajebant etiam pueris abuti solere in ore, quod dictu sit turpe (Libelli de lite, I, 558) zu legen. Ob bei den aliqua sinistra, die aus Deutschland berichtet wurden, worauf Gregor VII. den ob. S. 221—223 erwähnten Brief schrieb — vergl. an der dort in n. 83 citirten Stelle bei Hugo von Flavigny, l. c., 450, Z. 21 —, Aehnliches mit unterlief, bleibe dahin gestellt. Auf Udalrich bezieht sich auch der schon in Bd. I, S. 547 n. 96, citirte Brief mit der Erwähnung des ad dedecus sanctae ecclesiae dictus Pataviensis episcopus. Ughelli, Italia sacra, V, 415, dehnt Udalrich's Regierung irrthümlich bis 1090 aus.

[17]) Bernold schließt an die Erwähnung der Schlacht an: de qua expeditione Ruodolfus legatum (das war wohl der weiter unten im gleichen Jahresbericht genannte, schon S. 226 in n. 85 besprochene Gisilbert, religiosissimus presbiter et monachus et Ruodolfi regis ad papam legatus, der am Tage der Schlacht bei Volta — vergl. n. 145 — in der Lombardei starb) statim Romam ad sinodum (das kann, da die Synode doch nicht sogleich folgte, nicht ganz wörtlich genommen werden) direxit (l. c.).

die Anstrengung und den Schmerz in Betracht zieht, hat die auf ihn Hoffenden nicht verlassen, sondern uns in seiner Barmherzigkeit und seinen Thaten des Erbarmens heimgesucht. Denn unser König Rudolf hat, stark in dem, der den Königen das Heil zutheilt, kräftig über die Feinde des Herrn triumphirt; Heinrich aber ist nach seiner gewohnten Sitte mit seinen Spießgesellen, außer denjenigen, die durch das Schwert gefallen sind, in die Flucht gewendet worden, in Begleitung und unter Theilnahme des Mannes, dessen Bosheit im Guten zu überwinden Ihr umsonst versucht habt, nämlich des Ruopert von Bamberg, der für alle diese Dinge der Urheber und Anbläser ist".

Im weiteren Verlaufe tritt das Schreiben noch unmittelbar mit verschiedenen Vorschlägen für Gregor VII. hervor. Die Absender möchten, daß der Papst über Heinrich's IV., sowie seiner Genossen Falschheit zur vollen Ueberzeugung käme. Die Frage eines persönlichen Auftretens Gregor's VII. im deutschen Reiche selbst wird nochmals berührt: allein der Papst soll sich nicht durch Vorspiegelungen, zur Verspottung seines heiligen Namens, neuerdings irre führen lassen, so daß er immer und immer wieder, nach erfahrener schmerzlicher Täuschung, von Heinrich IV. Geleit verlange: „Eure Ankunft bei uns wäre uns so erwünscht, wie nothwendig; aber wir wissen in Wahrheit, daß Ihr niemals nach dem Willen jener Leute zu uns kommen werdet, wenn sie nicht vorher dessen sicher sind, daß Ihr ihrer Sache zustimmen werdet, nicht um der Gerechtigkeit willen, sondern weil sie so wollen. Wollet deßwegen nicht Eure Hoffnung auf die Bürgschaft derjenigen setzen, durch deren Treulosigkeit Ihr so vielfach betrogen worden seid! Sehet! Ihr habt es vor Euch, wie vervielfältigt die Uebel auf der Erde sind, die Uebel, deren es keine Zahl giebt, und nunmehr wird der Kampf, der durch Euch begonnen und nach Eurem Befehl aufgenommen ist, nicht durch Euch, noch durch Eure Befehle beigelegt, sondern dem Urtheil der Schwerter zur Beendigung überlassen. Darum bitten wir Euch und beschwören wir Euch bei dem Herrn, daß Ihr Euch jetzt, indem Ihr die Schmeichelworte und die Zögerungen bei Seite leget, mit dem Eifer der Gerechtigkeit umgürtet und, wenn nicht unsertwegen, doch wegen der Ehre des heiligen Stuhles der Kirche, das fest machet, was der Legat desselben Stuhles vollführt hat, so daß Ihr theils mit lauter Stimme, theils mit Schreiben, die überall hin verschickt werden, ohne allen Doppelsinn verkündiget, was bei dieser Zertheilung der Kirche festzuhalten, was zu befolgen sei. Würde das schon längst geschehen sein, sind wir sicher, daß der ungerechte Theil schon so sehr die Kräfte verloren hätte, daß er weder Euch, noch uns weiter zu schaden vermöchte. Möge Eure Heiligkeit nicht fortfahren, in sicher feststehenden Dingen Zweideutiges und nach beiden Seiten Wendbares aufzustellen, Aussprüche, von denen uns bisher scheinen wollte, sie seien eben so weit für uns günstig, daß sie doch auch unsere Feinde nicht aufbrächten. Aber es ist gewiß, daß Ihr in keiner Weise die Euch anvertraute

Kirche aus ihrem Elend werdet retten können, wenn Ihr nicht gewillt seid, die Feindschaft Eurer Feinde zu ertragen".

Endlich wird noch eine einzelne Frage hervorgehoben. Die Absender des Briefes sind empört darüber, daß — Augsburg wird als Beispiel genannt — die Leichen Gebannter, die bei der Verfolgung der Kirche ihr Leben verloren, auf den Kirchhöfen begraben würden, und sie wünschen Verbot des Gottesdienstes, wenn das der Fall sei. Sie meinen, es werde Gregor VII. leicht fallen, durch Pilger die nothwendigen schriftlichen Befehle den geistlichen Körperschaften in Augsburg zukommen zu lassen [18]).

— So war jetzt Gregor VII. von beiden Seiten für die bevorstehende Fastensynode zur Entscheidung gedrängt.

Schon gleich im Beginn der Fastenzeit, in den ersten Tagen des Monats März, trat die römische Synode zusammen [19]). Die

[18]) Mit Giesebrecht, l. c., 1161, in den „Anmerkungen" (zu 489 u. 490), ist das durch Bruno, l. c., in c. 110 (l. c., 372 u. 373) mitgetheilte, in c. 109 mit: ut quia non primo quasi galli cantu, sicut secundum Marcum nec Petrus est excitatus (vergl. S. 118 in n. 32), saltem cum secundo, quasi gallus, populus ecclesiae vocem daret, a torpore dubitationis ad constantiam Petri cum Petro suscitatus exurgeret — eingeleitete Schreiben der beati Petri fideles et sui an Gregor VII. hier angesetzt, ganz besonders entgegen neueren Ausführungen Dünzelmann's und May's, Forschungen zur deutschen Geschichte, XV, 534 u. 535, XXIV, 364 u. 365 (auch Hauck, Die Kirche Deutschlands unter den sächsischen und fränkischen Kaisern, 811, n. 2, zieht den Brief zu 1078). Zumeist nöthigt die Aufführung des Bischofs Ruopert, in den Worten, Heinrich IV. sei geflohen: comite illo et participe cuius malitiam vos in bono vincere frustra temptastis, Ruperto scilicet Babenbergensi, qui horum omnium auctor et incentor est — zur Ansetzung zu 1080, wo ja Ruopert sogleich als Träger eines Auftrags Heinrich's IV. nach Rom geht; eine Rücksichtnahme auf Ruopert, wie sie in dem S. 173 in n. 3 erwähnten Briefe Gregor's VII. vom 17. Februar 1079 hervortrat, kann nur vor, nie nach dem Briefe, wie er in c. 110 steht, stattgefunden haben. In dem Inhalt des Schreibens wird auf die S. 77 in n. 115 und S. 176 in n. 5 berührten Ereignisse von Goslar von November 1077 hingewiesen, und in so weit ist der Ausdruck super indicavimus, wenn man ihn mit Hauck, l. c., auf den Brief von c. 108 bezöge, etwas auffällig, weit weniger, wenn das auf die im Brief von c. 112 — im Jahr 1079 — geschehene Wiedererwähnung des gleichen Factums ginge. Betreffend die Nennung der fratres vestri (so, mit Giesebrecht, 1161 n. 2, statt nostri) et coepiscopi . . . et alii viri religiosi ist auch auf S. 77 in n. 115 zu verweisen. Die Worte des Schreibens: Eiusdem loci (sc. Augsburg's) congregationibus litteras vestras per discurrentes peregrinos satis mittere potestis sind ein bemerkenswerthes Zeugniß für den starken Verkehr von Rom her nach dem Norden über Augsburg.

[19]) Die Acten der Synode sind Registr. VII, 14 a (Jaffé, Biblioth. rer. German., II, 398—404), aufgenommen, ferner im Liber pontificalis, ed. L. Duchesne (in der Bibliothèque des écoles françaises d'Athènes et de Rome, III), II, 286—289 (wo der Anfang des einleitenden Stücks in die Erzählung hineingenommen erscheint), außerdem aber auch neuerdings als Nr. 391 in Monum. Germ., Leg. Sect. IV, Constitutiones et acta publica imperatorum et regum, I, 555—559, abgedruckt. Nur die Excommunicatio regis Heinrici steht — mit kleinen Abweichungen — in Hugonis Flaviniacens. abb. Chron., Lib. II

Versammlung war zahlreich besucht, von Weltgeistlichen der verschiedenen Grade und von Aebten, sowie von Laien; die Zahl der anwesenden Erzbischöfe und Bischöfe wird auf fünfzig angegeben [20]. Als ihre Aufgabe ist in den allgemeinen Einleitungsworten zu der Niederschreibung der Ergebnisse der Synode bezeichnet, daß der Papst Vieles, was zu verbessern gewesen sei, verbesserte und, was gestärkt werden mußte, bestätigte.

Die von Rudolf und den ihm anhangenden Fürsten unmittelbar an Gregor VII. gerichtete Beschwerde über Heinrich IV. wurde vor der Synode vorgebracht. Die Anklagen lauteten dahin, „daß jener Heinrich, den Ihr nach apostolischer Machtvollkommenheit von dem Reiche abgesetzt habt, eben in dieses Reich gegen Eure Untersagung in tyrannischer Weise eingedrungen ist und Alles rings herum mit Eisen, Plünderung, Brand verwüstet, Erzbischöfe, Bischöfe von ihren Bisthümern mit gottloser Grausamkeit hinausgestoßen und deren Bischofsitze seinen Günstlingen zu Lehen vertheilt hat. Durch sein tyrannisches Treiben ist auch der Erzbischof Werinher von Magdeburg frommen Angedenkens umgebracht worden; der Bischof Adalbert von Worms wird noch von ihm gegen die Vorschrift des apostolischen Stuhls in Gefangenschaft gepeinigt; viele Tausende von Menschen sind durch seinen Anhang getödtet; sehr viele Kirchen erscheinen, nachdem die Reliquien hinweg genommen worden, verbrannt und gänzlich zerstört. Unzählige Gewaltthaten gewiß liegen vor, die der gleiche Heinrich gegen unsere Fürsten vollführt hat, dafür daß sie ihm nicht als einem Könige gegen die Vorschrift des apostolischen Stuhles haben gehorchen wollen. Und das Gespräch, deren Veranstaltung Ihr zum Behufe der Erforschung der Gerechtigkeit und der Herstellung des Friedens befohlen habt, ist durch die Schuld Heinrich's und seiner Günstlinge nicht vorwärts gegangen". Aus allen diesen Ursachen wurde die Bitte an Gregor VII. gerichtet, den Urhebern, oder vielmehr der Kirche selbst, gegenüber dem eidbrüchigen Einbrecher Gerechtigkeit zu verschaffen [21]. — Als eine

(SS. VIII, 451—453) und im Codex Udalrici (doch von Jaffé — vergl. l. c., V, 12 — nicht wieder abgedruckt), dann, mit einer vorangehenden erzählenden Einführung, in cc. 106 u. 107 (Watterich, Pontificum Roman. vitae, I, 538) in Paul von Bernried, Vita Gregorii VII. Darüber, daß bei Mansi, Sacrorum conciliorum nova et amplissima collectio, XX, 517, zwei Kanones dieser Synode irrig bei 1078 eingeschaltet sind, vergl. Giesebrecht, l. c., III, 1162, in den „Anmerkungen".

[20]) Zu der nur allgemein gehaltenen Angabe der Einleitung der Acta: archiepiscopi et episcopi diversarum urbium, nec non et abbatum ac diversorum ordinum clericorum et laicorum innumerabilis multitudo bringt Deusdedit, Collect. canonum, Lib. IV, c. 54 (Ed. Martinucci, 379), die genaue Zahl: in Romana synodo L episcoporum, considente presbyterorum et abbatum multitudine.

[21]) Zu den Worten des Paul von Bernried, c. 106, daß legati Rudolphi regis et principum regni Teutonici (vergl. S. 244) erschienen seien und huiusmodi querimoniam protulerunt super tyrannidem Henrici (l. c.) gehört die Propositio, die in der in n. 19 citirten Sammlung als Nr. 390, 555, mitgetheilt ist und, so unrichtig selbstverständlich die Ueberschrift bei Mansi, l. c.,

der ersten Anschuldigungen gegen den König wird schon hier die Austheilung von Bischofssitzen, eben ganz besonders der durch Gewaltschritte erledigten, hingestellt, und es ist ja keine Frage, daß Heinrich IV. in den letzten Jahren, seit den zu Canossa getroffenen Abmachungen, hierin völlig nach seinem Gutdünken geschaltet hatte. In zwei erzbischöflichen Kirchen, von Cöln und von Trier, und in dem Patriarchate von Aquileja, in der Besetzung der Bisthümer Augsburg, Straßburg, Hildesheim, Cur hatte er ganz, wie es ihm gut schien, eingegriffen, und durch den Papst war den Legaten noch im letztvergangenen Herbste eingeschärft worden, von sich aus in diesen Fällen, wo die Ertheilung der Investitur in Frage kam, nichts zu entscheiden[illegible]). Jetzt war die Stunde gekommen, wo Gregor VII. selbst sein Urtheil fällen wollte.

So richten sich die ersten in den Synodalbeschlüssen ausgeführten Sätze gegen die Investitur: „Indem wir den Bestimmungen der heiligen Väter folgen — so wie wir auf früheren Concilien, die wir mit Gottes Erkorenen gefeiert haben, über die Besetzung der kirchlichen Würden feststellten —, so beschließen wir auch jetzt und bestätigen, daß, wenn jemand von jetzt an ein Bisthum oder eine Abtei aus der Hand irgend einer den Laien angehörenden Person angenommen hat, er in keiner Weise unter die Bischöfe oder Aebte gezählt, noch irgend ein Gehör ihm, wie einem Bischof oder Abt, zugestanden werde. Ueberdies untersagen wir ihm auch die Gnade des heiligen Petrus und den Zutritt zur Kirche, so lange als er nicht die Stelle, die er unter dem Vergehen sowohl des Ehrgeizes, als des Ungehorsames, was das Verbrechen der Abgötterei ist, genommen hat, reuig verläßt. In ähnlicher Weise verfügen wir auch über die niedrigeren kirchlichen Würden." Und gleich daran schließt sich das zweite Verbot: „Ebenso soll, wenn jemand, von Kaisern, Königen, Herzogen, Markgrafen, Grafen, oder wer immer von weltlichen Machtinhabern oder Personen die Investitur von Bisthümern oder irgend einer kirchlichen Würde zu geben sich erdreistet haben wird, dieser wissen, daß er mit der Fessel des gleichen Urtheilsspruches gebunden sei. Ueberdies empfinde er auch, wenn er nicht bereuen und der Kirche die ihr eigene Freiheit lassen sollte, die Rache der göttlichen Bestrafung in diesem gegenwärtigen Leben so wohl an seinem Leibe, als an seinen übrigen Dingen, damit sein Geist bei der Ankunft des Herrn errettet werde". Aber enge hängt hiemit noch ein dritter Kanon, „über die Wahl der Bischöfe", zusammen. Dieser schreibt vor: „So oft, nach dem Tode des Hirten irgend einer Kirche, zur Nachfolge ein Anderer

516, ist, mit der Bezeichnung Rudolf's als rex Romanorum, Heinrich's IV. als imperator, doch nicht mit Martens, l. c., I, 192 u. 193, als „nicht echt", „später aus Brunos Sachsenkriege und gegnerischen Stücken komponirt" bezeichnet werden darf.

[illegible]) Vergl. ob. S. 222, sowie die in n. 81 eingeschalteten Worte des Papstes.

in kanonischer Weise zu erwählen ist, sollen auf die Aufforderung des als Visitator eintretenden Bischofes, der vom apostolischen Sitz oder von dem des Metropolitans dorthin abgeschickt ist, Geistlichkeit und Volk, unter Fernhaltung aller weltlichen Bemühung, Furcht und Gunst, mit Zustimmung des apostolischen Sitzes oder ihres Metropolitans sich den Hirten gemäß Gottes Willen erwählen. Wenn diese aber, durch irgend ein Vergehen verführt, anders zu handeln sich vorgenommen haben, werden sie aller Frucht aus der unrecht vollzogenen Wahl entbehren und kein Recht zur Wahl für die Folgezeit haben; vielmehr soll alle Befugniß zur Wahl in der Erwägung des apostolischen Stuhles oder ihres Metropolitans beruhen". Dieser Verlust des Wahlrechtes wird davon abgeleitet, daß auch, wer nicht regelrecht eine Weihehandlung vollziehe, die Gnade, den Segen zu ertheilen, einbüße. — Durch die beiden ersten Vorschriften erscheinen im Wesentlichen, im Ausdrucke etwas verschärft, nur die Gesetze der zweiten, im November gehaltenen Synode des Jahres 1078 wiederholt. Aber zu der mit scharfen Strafandrohungen, schon für dieses Leben, verbundenen Untersagung der Ertheilung der Investitur, gegenüber allen Laien, die da in Betracht fallen könnten — nicht mehr bloß gegenüber den Empfangenden, sondern auch gegenüber den die Investitur Ertheilenden —, kommt nun in der Ordnung der einzig noch nach der Auffassung des Papstes als kanonisch geltenden Wahl das Ziel zu Tage, im Falle einer pflichtvergessenen Besorgung des Wahlgeschäftes von Seite der ersten Berechtigten, der Geistlichkeit und des Volkes der erledigten Kirche, die Besetzung des erledigten Stuhles für den apostolischen Sitz selbst in Anspruch zu nehmen. Jedenfalls erscheint jeglicher Einfluß irgend einer weltlichen Gewalt auf die Besetzung geistlicher Stellen, nebst allen daraus sich regelnden Folgerungen hinsichtlich der Verfügung über das Kirchengut, damit völlig ausgeschlossen [23]).

Zwischen diese auf die Bischofswahlen bezüglichen Sätze sind Strafurtheile gestellt, die gegen einzelne als ungehorsam betrachtete hohe Geistliche gerichtet werden. Die schon früher gefällten Sprüche gegen die Erzbischöfe Thedald von Mailand und Wibert von Ravenna, sowie gegen Bischof Roland von Treviso, auf Absetzung und Excommunication, werden bestätigt, und gegen einen südfranzösischen Bischof, der als Eindringling in die Kirche von Narbonne angeklagt erscheint, ist die Verdammung eben aus-

[23]) Unter den — nach den Worten der Einleitung — perpetuae memoriae pro posteris scribenda sind die beiden Kanones über die Investitur Nr. 1 und 2 — diese irriger Weise durch Hugo von Flavigny, Lib. II, schon bei 1075, SS. VIII, 412, aufgeführt (vergl. Bd. II, S. 452, in n. 7) —, der Canon de electione pontificum Nr. 6 in der Monum. Germ., l. c., gewählten Aufzählung. Zu den zwei ersten vergl. ob. S. 165, über die gesammte hier zu Grunde liegende Absicht des Papstes besonders Mirbt, Die Publicistik im Zeitalter Gregor's VII., 497 ff., sowie auch schon Meltzer, Papst Gregor VII. und die Bischofswahlen, 2. Aufl., 163 ff.

gesprochen[24]). Dann aber richtete sich eine abermalige ernste Mahnung des Papstes gegen die von der normannischen Seite fortwährend bestehende Gefahr: „Wenn einer von den Normannen die Ländereien des heiligen Petrus, nämlich jenen Theil der Mark Fermo, der noch nicht von ihnen durchschritten ist, und das Herzogthum Spoleto und Campanien und die Maritimä und Sabinum und die Grafschaft Tivoli und das Kloster des heiligen Benedictus Monte Cassino und die ihnen zugehörenden Ländereien, überdies auch Benevent anzugreifen oder auszuplündern sich erfrecht haben wird, untersagen wir ihm die Gnade des heiligen Petrus und den Eintritt in die Kirche bis zur Leistung der Genugthuung. Wenn aber jemand unter ihnen gegen die Bewohner dieser Ländereien irgend eine gerechte Streitsache haben wird, mag er vorher von uns oder von den daselbst eingesetzten Vorstehern oder Untergebenen Gerechtigkeit verlangen, und wenn sie ihm verweigert sein wird, räumen wir ihm ein, daß er zur Wiedererlangung seiner Besitzthümer von jenem Land in Empfang nehme, nicht jedoch über das Maß hinaus und nicht nach Art von Räubern, sondern wie es einem Christen ziemt und dem, der eher das Seinige zurückzunehmen strebt, als fremdes Gut zu plündern, und der fürchtet, Gottes Gunst zu verlieren und in die Verfluchung des heiligen Petrus zu gerathen". Immerhin lautet hier, wenn das Vorgehen Gregor's VII. mit den früheren scharfen Verhängungen von Strafen gegenüber den Normannen verglichen wird, der Ausdruck ungleich milder, mehr eingeschränkt; es wird zugegeben, daß nicht bloß ein gewaltsamer Angriff, sondern die Aufsuchung einer Rechtsforderung ein Eingreifen über die Grenzscheide hätte hervorrufen können. — Dann warnt der Papst in einer sehr eingehenden Ausführung Alle, die ihr Seelenheil nicht verfehlen wollen, vor falschen Bußübungen, und die Aufzählung der Vergehen, für die eine wahrhaftige Reue gefordert wird, zeigt wieder sehr deutlich, welche üblen Thaten vor der Synode zumeist hervorgehoben werden sollten, nämlich absichtlicher und vorbedachter Mord, Meineid aus Ehrsucht oder Habgier, oder ähnliche Ausschreitungen, wie Weigerung der Rückerstattung entfremdeten Gutes, Führung der Waffen gegen die Gerechtigkeit, Festhaltung von Haß im Herzen, Betheiligung an Dingen, die nur mit Trug und Falschheit und mit Täuschung der Mitmenschen sich vollführen lassen. Dringend wird die Mahnung geäußert, daß die von Reue Bewegten zur Buße nicht zu denen laufen, „in welchen weder religiöses Leben, noch das Wissen zu Rathertheilung vorhanden ist, die vielmehr die Seelen der Menschen mehr zum Untergang, als zum Heile, führen", sondern zu denjenigen, „die, unterrichtet in der Religion und in der Lehre der Schriften, den Weg der Wahrheit und des Heiles zu zeigen vermögen"[25]).

[24]) Diese bestätigte sententia gegen die drei — Thebald heißt wieder dictus archiepiscopus — wird als eine jam pleramque data bezeichnet.

[25]) Der Kanon betreffend die Normannen und der längere über die falsae poenitentiae sind Nr. 4 und 5 in der Reihe. L. von Heinemann, Ge-

Doch die Hauptangelegenheit, mit der die Synode sich zu befassen hatte, war ja selbstverständlich das Verhältniß zu König Heinrich IV., dessen Botschaft an die Versammlung abgegangen war. Aber diese Vertreter der königlichen Sache, voran Erzbischof Liemar und Bischof Ruopert von Bamberg, kamen gar nicht dazu, vor der Versammlung ihren Auftrag auszuführen. Zuerst schon gar nicht vor dem Papste zugelassen, beriefen sie sich vergeblich auf die kanonischen Bestimmungen, durch die sie ihre Angelegenheit ganz rechtmäßig zu verfechten im Stande waren; sie mußten nach den lauten Drohungen, die sie vernahmen, die weitgehendste Gefährdung erwarten, falls sie ihre Sache vor der Synode hätten vorbringen wollen. So kamen sie nur unter vielen großen Schwierigkeiten wieder aus der Stadt heraus und trugen nur Schmach und Schrecken nach Hause zurück. Heinrich IV. machte es den Römern im folgenden Jahre zum lauten Vorwurfe, daß seine Gesandten mit schimpflicher Mißhandlung, über die maßlose Wildheit aller Barbaren hinaus, beleidigt worden seien, und noch weit später brachte er es nachdrücklich bei Liemar in Anschlag, wie er unter großer Bedrängniß und Aengstigung gegenüber „dem Verwirrer der Welt Hildebrand" seine Sache verfochten habe[39]).

schichte der Normannen in Unteritalien und Sicilien, I, 295 u. 296, sieht in Gregor's VII. viel glimpflicherem Verfahren (vergl. die von Martens, l. c., II, 78, gegebene Zusammenstellung) den Hinweis darauf, daß der Papst schon die Möglichkeit eines Anschlusses an die Normannen, als an die Schützer im Kampfe gegen Heinrich IV. und die demselben anhänglichen Bischöfe, erwog, und damit stimmt Sander, Der Kampf Heinrich's IV. und Gregor's VII. von der zweiten Exkommunikation des Königs bis zu seiner Kaiserkrönung, 170 u. 171, in Excurs § 4, überein (doch wird da noch weitergehend — vergl. 38 — geradezu der Abschluß einer „spätestens im Februar 1080" festgestellten „vorläufigen Waffenruhe" supponirt).

[39]) Ueber die Behandlung der königlichen Gesandten berichten Heinrich IV. selbst und Wenrich. Jener sagte 1081 in seinem Briefe an die Römer, Codex Udalrici, Nr. 66, hierüber: ipsi vos nostis, legati nostri — viri honorati et reverendi — quam infami contumelia ab eo, unde minime oportuit, supra omnium barbarorum immanitatem anno praeterito affecti sunt (Jaffé, Biblioth. rer. German., V, 139). Dieser berührt in dem ob. S. 243 in n. 15 citirten Briefe den Vorgang: viri dignitate clari, scientia prompti, moribus compositi, ut nihil intemptatum relinquerent, supplices legationes Romam iterum perferendas susceperunt. Quo venientes, nova quadam et inusitata Romani pontificis humanitate, cum tanta sunt karitate suscepti, ut a conspectu et colloquio prohiberentur, conviciis turpibus scurrarum et parasitorum agitarentur, minis terribilibus sicariorum premerentur. Concilium quaerentes theatrum offenderunt; canones, quibus causam suam regulariter tuerentur, postulantes, nisi placita loquerentur, gladios sibi paratos multis minitantibus audierunt. Beato Petro propitio, multis et magnis periculis evasis, domum reversi, nisi contumelias et terrores nihil reportaverunt. Gegenüber Liemar speciell gedachte Heinrich IV. in den Worten: semel apud sedem apostolicam contra Hildebrandum, perturbatorem orbis (Lücke) magnis difficultatibus et anxietatibus legatione nostra functus est, in St. 2851 von 1089 (vergl. dort in n. 15) dieser Dinge. Auch Petrus Crassus erwähnte in der unt. in n. 62 genannten Defensio, c. 7, die Gesandten, H(enrici) regis advocati, quos ipse monachus in suo contempsit audire judicio (Libelli de lite, I, 446). Wenn Hefele, Conciliengeschichte (2. Aufl.), V, 143, die „offenbare Parteiangabe (seit

So geschah am letzten Tage der Synode, am 7. März [27]), die Erklärung Gregor's VII. gegen Heinrich IV. Wieder kleidete der Papst, ähnlich wie das 1076 geschehen war [28]), diese erneuerte Verkündigung des Bannfluches gegen den König und dessen Anhänger in die Form feierlichen Gebetes ein.

„Seliger Petrus, Fürst der Apostel, und Du, seliger Paulus, Lehrer der Völker" — so begann der Papst — „würdiget mich, ich bitte, Eure Ohren zu mir zu neigen und mich gnädig zu hören! Weil Ihr die Schüler und die Freunde der Wahrheit seid, so helfet, daß ich zu Euch die Wahrheit spreche, unter Fernhaltung der Falschheit, die Ihr gänzlich verabscheuet, damit meine Brüder mir besser Glauben schenken und es wissen und verstehen, daß ich aus Vertrauen zu Euch nächst Gott und seiner Mutter, der immerwährenden Jungfrau Maria, den Schlechten und Ungerechten widerstehe, Euren Getreuen aber Hülfe leiste. Denn Ihr wisset es, daß ich nicht gerne zu dem heiligen Stande herzugetreten und gegen meinen Willen über die Berge mit dem Herrn Papst Gregor hinweggegangen bin, aber noch widerwilliger mit meinem Herrn dem Papste Leo zu Eurer eigenen Kirche zurückkehrte [29]), in der ich Euch wie nur immer gedient habe, dann sehr widerwillig mit vielem Schmerz und Seufzen und Klagen auf Euren Thron, sehr unwürdig, eingesetzt worden bin. Das sage ich deßwegen, weil nicht ich Euch, sondern Ihr mich erwählt und das sehr schwere Gewicht Eurer Kirche auf mich gelegt habet. Und weil Ihr mir befohlen habt, auf den erhabenen Berg zu steigen und zu rufen und dem Volke Gottes sein Verbrechen und den Söhnen der Kirche ihre Sünden auszukündigen [30]), so haben die Glieder des Teufels begonnen, gegen mich sich zu erheben, und sich erfrecht, bis auf das Blut ihre Hände auf mich zu werfen. Denn ihnen standen die Könige der Erde und die weltlichen und kirchlichen Fürsten zur Seite; auch die Hofleute und die von der Volksmenge kamen an einem Platz gegen den Herrn und gegen Euch, seine Gesalbten, zusammen, sprechend: „Laßt uns ihre Fesseln zerreißen und ihr Joch von uns abwerfen!" [31]), und um mich gänzlich durch den Tod oder die Verbannung zu zerschlagen, haben sie in vieler Art und Weise versucht, gegen mich sich zu erheben.

wann sind denn die Bischöfe auf Synoden mit Schwertern umgürtet?)" in Zweifel zieht, so hat er das ganz ähnliche wohl bezeugte Ereigniß auf der Synode von 1076, die Bedrohung des damaligen königlichen Boten — vergl. Bd. II, S. 633 u. 634 — übersehen und auch nicht beachtet, daß ja von Ausschreitungen jedenfalls der Laienumgebung angehöriger, mit verächtlichen Ausdrücken bezeichneter Leute die Rede ist.

[27]) Das Datum: Acta Rome Nonis Martii ist jedenfalls voran zu der excommunicatio regis Heinrici, mit der die Acten schließen, zu ziehen.

[28]) Vergl. Bd. II, S. 638—641.

[29]) Vergl. Steindorff, Heinrich III., I, 314 n. 1, II, 73 n. 2.

[30]) Jesaj. LVIII. 1.

[31]) Psalm. II. 3.

„Unter diesen hat besonders Heinrich, den sie König nennen, Kaiser Heinrich's Sohn, gegen Eure Kirche die Ferse erhoben, nachdem er mit vielen Bischöfen von jenseits der Alpen und von Italien eine Verschwörung angestiftet, mit dem Bemühen, die Kirche, indem er mich stürze, sich zu unterjochen. Seinem Uebermuth widerstand Eure Gewalt, und Eure Macht hat ihn zerstört. Dieser hat, als er zerschmettert und niedergebeugt zu mir nach der Lombardei kam, die Freisprechung vom Kirchenbanne von mir verlangt. Da ich ihn nun niedergebeugt sah, gab ich ihm, nachdem ich viele Versprechungen über die Besserung seines Lebens von ihm empfangen hatte, die Wiedervereinigung mit der Kirche allein zurück; nicht jedoch habe ich ihn in der Reichsregierung, von der ich ihn auf der römischen Synode abgesetzt hatte, wieder hergestellt und nicht einen Befehl hinsichtlich der Treuverpflichtung Aller, die ihm geschworen hatten oder noch schwören wollten, von der ich Alle auf der gleichen Synode losgesagt habe, daß sie ihm bewahrt werden sollte, ertheilt[52]). Und das habe ich deßwegen vorbehalten, auf daß ich zwischen ihm und den Bischöfen oder Fürsten jenseits der Alpen, die ihm infolge des Befehls Eurer Kirche Widerstand geleistet hatten, Recht schaffen und den Frieden festhalten könnte, sowie es Heinrich selbst eidlich durch zwei Bischöfe mir versprochen hat[53]). Die vorgenannten Bischöfe und Fürsten jenseits der Alpen aber haben sich, als sie hörten, daß jener mir nicht halte, was er versprochen hatte, da sie gleichsam über ihn in Verzweiflung geriethen, ohne meinen Rath — Ihr seid Zeugen! — Herzog Rudolf zum König erwählt. Dieser König Rudolf nun zeigte schleunig, indem er einen Boten an mich schickte, an, daß er, zwar gezwungen, dennoch das Steuerruder des Reiches an sich genommen habe, daß er bereit sei, mir in aller Art und Weise zu gehorchen. Und damit dem in wahrhaftigem Grade Glaube geschenkt werde, sandte er mir von der Zeit an immer die gleiche Zusage, wozu er noch eine Bestätigung in der Geiselschaft seines Sohnes und des Sohnes seines getreuen Herzogs Berchtold hinzufügte[54]). Inzwischen begann Heinrich mich zu bitten, daß ich ihn gegen den vorgenannten Rudolf unterstützen möchte. Ihm habe ich geantwortet, daß ich es gerne thue, wenn ich von beiden Theilen Rechenschaft würde vernommen haben, um zu wissen, wem das Recht günstiger sei. Er aber verachtete, in der Meinung, mit seinen Kräften jenen niederwerfen zu können, meine Antwort[55]). Nachdem er jedoch deutlich wahrgenommen, daß er nicht so, wie er gehofft, handeln könne, kamen zwei Bischöfe, nämlich der von Verdun und der von Osna-

---

[52]) Vergl. zu dieser Stelle schon in Bd. II, S. 902, mit n. 26. Die darin erwähnte Romana synodus ist diejenige von 1076 (l. c., S. 638—641).

[53]) Vergl. l. c., S. 761 u. 895: es waren die Bischöfe Gregor von Vercelli und Benno von Osnabrück.

[54]) Vergl. ob. S. 8, n. 6.

[55]) Vergl. ob. S. 16, n. 18.

brück, aus seinen Gesinnungsgenossen, nach Rom und ersuchten mich auf der Synode von Heinrich's Seite, daß ich ihm Gerechtigkeit verschaffen möchte[36]). Daß das geschehe, hießen aber auch Rudolf's Boten gut[37]). Endlich stellte ich, so wie ich glaube, unter Gottes Beistand, auf der gleichen Synode fest, daß in den Gegenden jenseits der Alpen ein Gespräch veranstaltet werde, so daß dort entweder der Friede beschlossen oder zur Erkenntniß gebracht werde, wem das Recht günstiger sei. Denn ich habe, so wie Ihr, Väter und Herren, mir Zeugen seid, bis heute bestimmt, keinen Theil zu unterstützen, außer den, dem das Recht günstiger wäre. Und weil ich annahm, daß der mehr im Unrecht stehende Theil das Gespräch, wo die Gerechtigkeit ihre Stärke bewahren sollte, zu hintertreiben sich bemühen würde, habe ich alle Personen, mag es die eines Königs oder eines Herzogs oder Bischofs oder irgend eines Menschen sein, die das Gespräch aus irgend einer Sinnesweise hindern möchte, so daß es nicht stattfände, excommunicirt und mit dem Fluche gebunden[38]). Aber der vorgenannte Heinrich ist mit denen, die ihn begünstigen, da er die Gefahr des Ungehorsams, welche das Verbrechen der Abgötterei ist[39]), nicht fürchtete, dadurch daß er das Gespräch hinderte, in die Excommunication verfallen und hat sich selbst mit der Fessel des Fluches gebunden, und er hat eine große Menge von Christen dem Tode übergeben und Kirchen zerstören lassen und beinahe das ganze Reich der Deutschen der Entvölkerung überliefert.

„Deßwegen unterwerfe ich, vertrauend auf das Urtheil und die Barmherzigkeit Gottes und seiner frömmsten Mutter, der immerwährenden Jungfrau Maria, gestützt auf Eure Machtvollkommenheit, den oft genannten Heinrich, den sie König nennen, und Alle, die zu ihm halten, der Excommunication und binde sie mit der Fessel des Fluches. Und abermals nehme ich, indem ich ihm das Reich der Deutschen und das von Italien von Seite des allmächtigen Gottes und der Eurigen untersage, alle Macht und königliche Würde von ihm hinweg und untersage, daß irgend einer von den Christen ihm wie einem Könige gehorche, und ich löse Alle, die ihm geschworen haben oder in Betreff der Herrschaft über das Reich schwören werden, von dem Versprechen des Eides ab. Er, Heinrich, selbst aber soll mit denen, die ihm anhangen, in jedem kriegerischen Zusammentreffen keine Kräfte und keinen Sieg, so lange er lebt, behaupten. Damit aber Rudolf, den die Deutschen sich zum König erwählt haben, das Reich der Deutschen lenke und vertheidige, begabe, beschenke und begnadige ich ihn mit der von Eurer Seite durch Euch ihm geschuldeten Treue[40]): Allen, die ihm treu anhangen, schenke

[36]) Vergl. ob. S. 99, n. 6.

[37]) Vergl. ob. S. 101, n. 8.

[38]) Vergl. ob. S. 107, n. 20.

[39]) I. Samuel., XV, 23 (nicht I. Reg., wie Jaffé unrichtig setzt, l. c.).

[40]) In dem Satze: ut autem Rodulfus regnum Teutonicorum regat et defendat, quem Teutonici elegerunt sibi in regem, ad vestram fidelitatem ex

ich die Lossagung von allen Sünden und den Euch zukommenden Segen in diesem und im künftigen Leben, im Vertrauen auf Eure Treue. So wie nämlich Heinrich für seinen Uebermuth, seinen Ungehorsam und seine Falschheit von der Würde des Reiches in gerechter Weise verworfen wird, so wird an Rudolf gemäß seiner Demuth, seines Gehorsams und seiner Wahrhaftigkeit die Macht und die Würde des Reiches zugestanden.

„Wohlan, jetzt bitte ich, heiligste Väter und Fürsten, daß alle Welt einsehe und erkenne, daß Ihr, wenn Ihr vermöget im Himmel zu binden und zu lösen, auf der Erde die Kaiserthümer, die Königreiche, die Fürstengewalten, die Herzogthümer, die Markgrafschaften, die Grafschaften und die Bisthümer aller Menschen nach ihren Verdiensten einem jeglichen nehmen und zugestehen könnet. Denn Ihr habt die Patriarchate, die Primate, die Erzbisthümer, die Bisthümer häufig den Verderbten und Unwürdigen genommen und den frommen Männern gegeben. Wenn Ihr nämlich Geistliches bemtheilt, was ist zu glauben, daß Ihr über Weltliches vermöget? Und wenn Ihr die Engel, die allen stolzen Fürsten gebieten, richten werdet[41]), was vermögt Ihr hinsichtlich der Knechte jener zu thun? Die Könige und alle Fürsten der Welt mögen jetzt vernehmen, wie groß Ihr seid, was Ihr vermöget, und sie mögen Furcht davor empfinden, den Befehl Eurer Kirche gering anzuschlagen. Und an dem vorgenannten Heinrich übet so schnell Euer Gericht, daß Alle wissen, daß er nicht durch Zufall, sondern durch Eure Macht stürzen wird. Er wird zerschlagen werden, wenn doch nur zu seiner Buße, damit sein Geist am Tage des Herrn geborgen sei“ [42]).

In dieser unmittelbaren Anrufung der beiden Apostel zeigte Gregor VII. den vollen Entschluß, mit Heinrich IV. gänzlich zu brechen, Rudolf jetzt als König des deutschen Reiches anzuerkennen, aber freilich so, daß dieser als der im Namen der Apostel oder — mit anderen Worten — als der vom Papste mit der Herrschaft ausgestattete Gebieter das Reich lenke. Heinrich IV. muß, da er ungehorsam war, dem Verderben preisgegeben werden, und auf Rudolf, der zwar nicht mit des Papstes Rath gewählt worden sei, liegt der uneingeschränkte Segenswunsch des Papstes. Allerdings windet sich der Spruch des Richters, zumal wo er scheinbar einen Rückblick auf die Vorgänge der letzten Jahre wirft, diese aber nur sehr lückenhaft ausführt, so daß in dürftiger Weise die dabei angestrebten Grundlagen für das eigene Thun sich herausstellen,

---

parte vestra dono, largior et concedo zog Giesebrecht, l. c., III, 496, in seiner Uebersetzung der Rede Gregor's VII. die Worte ad vestram fidelitatem — „in treuer Gesinnung gegen Euch“ — in den Relativsatz, während sie mit Martens l. c., I, 196, so zu verstehen sind, daß Rudolf als ein fidelis der beiden Apostelfürsten, d. h. des Papstes, zu regieren habe (es wird da auch angedeutet, daß Gregor VII. wohl absichtlich nur das deutsche Reich hier nennt, Italien nicht, da der Papst bei diesem vielleicht schon an Robert Guiscard gedacht habe).

[41]) I. Corinth., VI, 3.

[42]) I. Corinth., V, 5.

zwischen allen jenen Dingen hindurch, in deren Mitte der Redende diese ganze Zeit hindurch eine ihn selbst so wenig befriedigende Zwischenstellung eingenommen hatte. Wie sehr die jetzt hier gegebene Schilderung dessen, was zunächst nach den Festsetzungen von Canossa zwischen König und Papst geschehen war, der damaligen eigenen Handlungsweise des Papstes widersprach, wie von seiner Seite nunmehr ganz umgewandelte Ansichten über die politische Tragweite der damals Heinrich IV. gespendeten Absolution ausgesprochen wurden, beweist jede Vergleichung mit den eigenen vor drei Jahren vorgebrachten Aeußerungen Gregor's VII. Und ebenso entspricht — von der ganz aus der Luft gegriffenen Anschuldigung gegen den König, er habe Gregor VII. nach dem Leben getrachtet, sei gar nicht geredet — die Nennung der Ursache, um deren willen Heinrich's IV. neue Verurtheilung geschehe — völlig einseitig wird einzig die Vereitelung des in Deutschland abzuhaltenden Gesprächs betont und diese Hinderung ebenso unzutreffend nur dem Könige zugeschoben —, bloß ganz ungenügend dem wahren Sachverhalte, wie er im jetzigen Augenblick vorlag. Aber nicht besser zutreffend ist, wie das Verhältniß des römischen Stuhles zu den deutschen Fürsten, so wie es zur Zeit der Wahl Rudolf's sich gestaltet hatte, hier gewendet wird. In dem ganzen mit Berechnung so wirksam zusammengefügten Aufbau dieses rednerischen Gebetes ist eine durchgängige, wohl abgewogene Vertheidigung der Stellung, die Gregor VII. zu den Ereignissen zur Zeit der Synode einnahm, zu erblicken[48]).

[48]) Ueber die feierliche Verfluchung (daß unter den fautores Heinrich's IV. auch Bischof Otto von Constanz mit verurtheilt wurde, vergl. unt. n. 166) und ihren so eigenthümlichen Inhalt urtheilt besonders eingehend Martens, l. c., 193—204, wo auch mit Recht die Art und Weise, wie Gfrörer, l. c., VII, 727 u. 728, und Hefele, l. c., V, 143—145, diese wichtige Kundgebung behandeln, Tadel erfährt; ebenso ist in der 1889 erschienenen Dissertation von Halle, F. Dehnicke, Die Maßnahmen Gregor's VII. gegen Heinrich IV. während der Jahre 1076 bis 1080, Capitel IV, 57—68, speciell dieser Excommunication zugetheilt, und Mirbt widmet in Abschnitt II. (l. c., 131—238) den ganzen Inhalt der Beurtheilung dieser Excommunication im Verhältniß zu derjenigen von 1076. Sehr gut charakterisirt kurz Hauck, l. c., 807, die „von tiefer Leidenschaft erfüllte Enunziation“, wie sie für den Papst charakteristisch sei: „Apologie des eigenen Verhaltens, Anklage wider den Gegner, Anordnungen für die Gegenwart und Weissagungen für die Zukunft gehen neben einander her“. — Von geschichtschreiberischen Erwähnungen der Excommunication ist unter den italienischen wohl Bonitho voranzustellen, der, l. c., Lib. IX, zwei Male von der Sache spricht, zuerst (im Anschluß an die Stelle von ob. S. 248 n. 15): Venerabilis vero pontifex, qui pro veritate mori paratus erat, non solum Rodolfum racionem pretendentem non condempnavit; set etiam ipsum regem superbe loquentem excommunicavit. Quod factum populo Romano magnam dedit fluctuationem, und hernach: Secunda vero excommunicatio propterea facta est: ut, cum semel et bis et ter ammonitus fuisset a domno papa, ut non pugnaret et locum daret in suo regno celebrandi concilii, et renuisset ... rebellionem superbi filii excommunicando compescere curavit, non volens eum mortificare, set ad penitentiam vocare (l. c., 675, 685). Ganz kurz sagt die Vita Anselmi ep. Lucens., c. 19: Atqui dum non emendatur (sc. Heinrich IV.)

Der Papst hatte, indem er unmittelbar an Petrus und Paulus in seiner Anrede sich wandte, unverkennbar gezeigt, daß er als Nachfolger der Apostelfürsten sich selbst in der Weise, wie er Heinrich IV. verwerfe und Rudolf annehme, in die Stellung der beiden Apostel, über die irdischen Angelegenheiten ohne Einschränkung zu verfügen, gänzlich hineinversetzte; in seiner nunmehr errungenen Kraft vollen Entschlusses hatte er sich über die vom gewöhnlichen Verlauf der Dinge ihm gesetzten Bedingungen hinaus selbst erhoben[44]), und wie er in einer öffentlichen Verkündigung das von ihm Verfügte aller Welt kundgab[45]), so hielt er sich vollends nicht davon zurück, geradezu gegen den als Feind der Kirche verdammten

---

rursum periculosissime excommunicatur, und Donizo, Vita Mathildis, Lib. II, c. 1, v. 197—199: Cum quibus (sc. dem cunctus clerus totus quoque vulgus) et regem maledixit (sc. Gregor VII.) denuo recte absolvitque viros, qui jurarant sibi, micros (d. h. parvos) ac proceres grandes, illum si linquere mallent (SS. XII, 10, 383). Gegen die später bei Paul von Bernried, l. c., c. 107, hineingelegte Auffassung, Gregor VII. habe — sentiens et imminere diem, quam sibi in visione beata Dei Genitrix ad proferendam damnationis sententiam in adversarium ecclesiae designaverat et ne ultra differret praecipiendo interminaverat — die Verkündigung der Excommunication gravi cum dolore et gemitu . . . (parturivit) . . . auscultante atque aspirante consilio vorgebracht, macht Martens, l. c., 197, richtig eine Einwendung. Von deutscher Seite spricht besonders Bernold, l. c., von dem Vorgange: Gregorius papa synodum Romae Martio mense collegit . . . . in fine sinodi Heinricum deposuit, ipsumque cum omnibus fautoribus anathematizavit, et Ruodolfum apostolica auctoritate in regia dignitate confirmavit; ganz kurz halten sich die Annal. Mellic.: Gregorius papa Heinricum excommunicavit (SS. IX, 499). Sehr scharf spricht sich begreiflicherweise die Vita Heinrici IV. imperatoris, c. 6, allerdings in einer chronologisch verwirrten Abtheilung des Werkes, aus: Cum ergo cernerent nullum se habere successum, nec in armis, nec in electione regum (sc. adversarii), linguam se conviciis armaverunt, et eum (sc. Heinrich IV.) apud apostolicum praeter alia multa et nefanda criminati sunt, quod reges christianissimos, quos ipsi non sine auctoritate apostolici creassent, ille ob crimen suum extorris a regno factus occidisset, sanguine regnum usurpasset, igne, praeda, ferro cuncta vastasset et tyrannidem suam adversus aecclesiam et regnum omnibus modis exercuisset. Ad quorum criminationem apostolicus eum iterum banno, ut ipsi jactabant, illigavit. Sed non magni ponderis ille bannus habebatur, eo quod non rationis sed arbitrii, non amoris sed odii esse videretur (SS. XII, 275). Durch Hugo von Flavigny wird an der ob. S. 246 in n. 19 genannten Stelle die Urtheilsverkündigung damit eingeleitet, daß Heinrich IV. neben dem objectum jugum obedientiae, ipsum colloquium impediendo noch außerdem alia innumerabilia mala, homicidia, perjuria, adulteria, fornicationes, symonia, aecclesiarum quoque destructio non minima, zur Schuld gelegt worden seien (l. c., 451).

[44]) Hierauf, daß hinzuzudenken ist, der Papst vermöge eben das, was Petrus und Paulus vermögen, macht Martens, Heinrich IV. und Gregor VII. nach der Schilderung von Ranke's Weltgeschichte, 64 u. 65, sehr richtig aufmerksam.

[45]) Von diesem nicht mehr vorliegenden Rundschreiben spricht Wenrich in der ob. S. 243 in n. 15 erwähnten Schrift, in c. 4, zuerst: litterae vestrae, domni mei regis depositionem et Rodulfi vestri inthronizationem continentes, dann: Singulari porro familiaritate ad tam ordinatae maledictioni subscribendum gloriosos principes terrae domnus papa litteris suis invitat, et ut alumnum suum recognoscant, se ab eis lactatum et nutritum spirituali confessione satis opportune commemorat (l. c., 288, 289).

König eine Weissagung auszusprechen, die diesem auf einen bestimmten Tag den Untergang ankündigte. Denn als Gregor VII. im folgenden Monate, am zweiten Ostertage, 13. April, in der St. Peterskirche die feierliche Messe hielt, verband er mit der wiederholten Verkündigung des Bannfluches die ausdrückliche Voraussagung des bevorstehenden Unterganges Heinrich's IV.: wenn der von der Excommunication Getroffene — so sagte der Papst — bis zum bevorstehenden Feste des heiligen Petrus, dem auf den 1. August fallenden Tage Petri Kettenfeier, nicht zur Buße sich herbeigelassen haben werde, solle er todt oder darniedergeschmettert sein, und wenn das nicht eingetroffen sein werde — wurde beigefügt —, möge dem Verkündiger dieser Weissagung nicht mehr Glaube geschenkt werden[48]).

---

[48]) Von dieser durch Bonitho, l. c., auf die secunda feria post pasca apud sanctum Petrum angesetzten Verkündigung (cum regem excommunicaret: Omnibus nobis notum sit, quod, si usque ad festivitatem sancti Petri Heinricus non resipuerit, mortuus erit aut depositus (d. h., da ja die Absetzung schon am 7. März verkündigt war, kriegerisch darniedergeworfen). Quod si hoc non fuerit, mihi credi amplius non oportet — handelt eben dieser Geschichtschreiber voran (l. c., 682—684), und zwar ganz einläßlich, da er ja sich gezwungen sieht, zu zeigen, wie die Voraussagung doch erfüllt worden sei, obschon Heinrich IV. über diesen 1. August hinaus am Leben blieb, nämlich in der Form der dritten Art der tres mortes, der penalis, de qua scriptum est: Anima, que peccaverit, ipsa morietur (Ezech. XVIII, 4): qua morte mortuum eum, qui apud Brixianorium pronus adoravit bestiam, nulli dubium est . . . Satis liquido patet, eum mortuum fuisse et depositum eo die, quo Guibertum pronus adoravit (d. h. am 25. Juni 1080, was allein schon zeigt, daß Jaffé, l. c., 683 n. 2, sehr unzutreffend diese ganze Erzählung zu 1078 ziehen will, wie auch Holder-Egger, Neues Archiv der Gesellschaft für ältere deutsche Geschichtskunde, XIX, 680—682, nachweist). Von der gegnerischen Seite spricht die im Uebrigen nicht abweichende Erzählung in den Gesta Romanae aecclesiae contra Hildebrandum, Lib. I, c. 7, wo die Einführung ganz ähnlich lautet: In pascha Domini feria secunda, cum ad aecclesiam sancti Petri ad missam clerus et populus convenisset, post evangelium in ambonem ascendit, sicut erat indutus pontificalibus indumentis, et in presentia episcoporum et cardinalium, in frequentia cleri et senatus et populi Romani publice clamavit inter multa suae divinationis verba, die fast gleich Bonitho's Rede lauten, bloß noch mit der Beifügung zu a regno penitus deiciendum: — in tantum ut ulterius non posset congregare plus quam sex milites, sowie mit der Ausmalung: Nullo modo habete me pro papa ulterius, sed ab altari me avellite, wenn nämlich das Verkündigte nicht eintreffe; selbstverständlich wird dann aus dem Nichteintreffen der für Gregor VII. vernichtend lautende Schluß gezogen, dabei im Weiteren auf die auch von Bonitho herangenommenen callida argumenta, als solche, die der Papst selbst vorgebracht: persuadens vulgo indocto non de corpore regis, sed de anima prophetasse, Bezug genommen (Libelli de lite, II, 371 u. 372). Außerdem erwähnt noch Sigeberti Chron.: Hildebrandus papa quasi divinitus revelatum sibi predixit, hoc anno falsum regem esse moriturum. Et verum quidem predixit; sed fefellit eum de falso rege conjectura secundum suum velle super Heinrico rege interpretata — mit Hinweis darauf, daß Rudolf vielmehr in der Schlacht des Jahres umgekommen sei (SS. VI, 364). Insbesondere gegenüber Gfrörer's „seichtem Raisonnement", l. c., VII, 728 u. 729, behandeln, wie auch schon Saur in seinen „Studien über Bonizo", Forschungen zur deutschen Geschichte, VIII, 402—464, für Bonitho's Glaubwürdigkeit eingetreten war, Mirbt, l. c. 589—591, und Martens, l. c.,

Zu dieser schon von Anfang an den Sieg vorausnehmenden Sicherheit war Gregor VII. vielleicht noch durch einen Umstand ermuthigt worden, dessen Eintreten bis um die Zeit der Synode, vielleicht sogar während der Dauer der Versammlung selbst, sicher angenommen werden darf. Es ist nämlich über dem Zweifel erhoben, daß eine allerdings noch nicht abgeschlossen vorliegende, aber doch jetzt versprochene und in absehbarer Zukunft mit Gewißheit zu erwartende ansehnliche Verstärkung der weltlichen Grundlage der päpstlichen Gewalt nunmehr eingetreten war. Die schon längst erprobte hülfreiche Bundesgenossin Gregor's VII., die Markgräfin Mathilde, hatte ihr gesammtes Eigengut, so wohl in Italien, als in Lothringen, der römischen Kirche geschenkt und als Lehen, mit dem Rechte freiester Verfügung, vom Papste wieder zurück erhalten. Der ausgedehnte Landbesitz des Hauses Canossa, ganz voran auf der Nordseite des Appennin in den Grafschaften Reggio und Modena und in der Romagna um Bologna bis zum Laufe des Po und auch noch nördlich von diesem Strome in den Grafschaften Mantua und Brescia und flußabwärts durch die Grafschaft Ferrara bis nahe an die Meeresküste, ebenso nordwärts zwischen Po und Etsch in der Grafschaft Verona, bot eine Sicherung auf den ganzen Verbindungswegen von den Südausläufern der Alpen nach Mittelitalien hinüber; an der Mittagsseite der Appenninkette lag Eigengut ganz besonders nördlich und nordwestlich von Lucca, in den Landschaften Garfagnana, am Oberlauf des Serchio, und Versilia, am Mittellauf; die ohne Zweifel auch bei Siena und Perugia vorliegenden Besitzungen lassen sich näher nicht nachweisen. Endlich aber standen Mathilde noch aus der Erbschaft ihrer Mutter Beatrix in Lothringen Gütern zu, die zerstreut, ostwärts bis an den Lauf des Rhein, lagen. Ein italienischer Zeuge sagt, Mathilde habe aus Furcht vor einem kriegerischen Angriffe Heinrich's IV. diese Schenkung an die römische Kirche vollzogen: ohne Zweifel sollte eben auf einen solchen Fall hin Gregor's VII. Vertheidigungsstellung befestigt werden[47].

[illegible]—210, dieser in längerer Ausführung, die auch durchschlagend die Ansetzung zu 1080 — statt zu 1076 — besonders unter Hervorhebung des unabweisbaren Zeugnisses Sigebert's verficht, diese „österliche Prophezeihung" als glaubwürdig.

[47]) In der Monum. Germ., Leg. Sect. IV, I, 654 u. 655, zuletzt edirten Schenkung der Gräfin Mathilde von 1102 lauten die auf Gregor's VII. Zeit bezüglichen Sätze: Tempore domini Gregorii VII. papae, in Lateranensi palatio in capella sanctae Crucis in praesentia Centii Frajapane, Gratiani, Centii Francolini et Alberici de Petri Leonis, Cice et Beneincasa fratris eius et Uberti de Tascio et aliorum plurium, ego Matilda Dei gratia comitissa pro remedio animae meae et parentum meorum dedi et optuli ecclesiae sancti Petri per interventum domini Gregorii VII. papae omnia bona mea jure proprietario, tam quae tunc habueram quam ea quae in antea acquisitura eram, sive jure successionis sive alio quocumque jure ad me pertinerent, et tam ea quae ex hac parte montis habebam, quam illa quae in ultramontanis partibus ad me pertinere videbantur, omnia, sicut dictum est per manum domini Gregorii VII. papae, Romanae ecclesiae dedi et tradidi et cartulam inde fieri

— Trotz aller Sicherheit, mit der Gregor VII. hervortreten zu können sich den Anschein gab, der Art, daß er voran für Italien eine Einwirkung vom deutschen Reiche für die Zukunft geradezu auszuschließen gedachte, war doch gerade hier die Lage der Dinge eine keineswegs zu einem solchen Vertrauen berechtigende. Die Herausforderung, die auf der Synode hervorgetreten war, fand gleich

---

rogavi. Durch Scheffer-Boichorst ist in den Mittheilungen des Instituts für österreichische Geschichtsforschung, IX, 185—191 (wozu noch nachträglich XI, 119—121), eingehend gegen Giesebrecht, l. c., III, der aber auch nachher in der 5. Auflage, in den „Anmerkungen“, 1222 u. 1223, seine Ansicht festhält, der Nachweis geleistet worden, daß an der von der Urkunde erwähnten früheren Schenkung nicht zu zweifeln sei. Nach Pannenborg, Studien zur Geschichte der Herzogin Matilde von Canossa (Abdruck aus dem Osterprogramm des Göttinger Gymnasiums 1872), 31 ff. — besonders betreffend die Datirung der Schenkung, 32 u. 33 —, hat namentlich Overmann, Gräfin Mathilde von Tuscien, ihre Besitzungen, Geschichte ihres Gutes von 1115 bis 1230 und ihre Regesten (Innsbruck, 1895), 143 u. 144, 239 u. 240, über die Schenkung an Gregor VII. gehandelt, und mit Overmann ist als Zeit die Ansetzung zwischen 17. September 1079 und 26. März 1080 als das Wahrscheinlichste anzunehmen (vor 18. April 1076, dem Todestag der Beatrix, oder Januar 1077, den Ereignissen von Canossa, ist der Act nicht anzusetzen: die Vereinigung der Handlung mit der Fastensynode von 1080 selbst ist nicht ausgeschlossen). Von der Schenkung redet Donizo, l. c., Lib. II, c. 1, in dem schon ob. S. 79 in n. 117 erwähnten Zusammenhange, v. 173 ff.: Propria clavigero sua subdidit omnia Petro (sc. Mathilde); janitor est caeli suus heres, ipsaque Petri. Accipiens scriptum de cunctis papa benignus, tunc libertati Cannsinam sanctificavit aecclesiam, cartam libertatis sibi largam dictans, et mandans, violenter ne eas tangat ullus homo prorsus, sit ob hoc anathemate tortus. Hortatu magnae comitissae papa dat hanc rem; tempora mille Dei tunc septem septuaginta (l. c.), so daß also hienach (vergl. Pannenborg, l. c., 31 u. 32) die Schenkungsurkunde vor Mai 1077 in Canossa ausgestellt gewesen wäre, was nicht der Fall sein kann (eine Angabe des Codex Cannsinus Donizo's, die zum Jahre 1082 führt, l. c., 385, n. 14, ist gleichfalls unannehmbar). Dagegen berichtet Petrus, Chron. monast. Casin., Lib. III, c. 49: Anno inc. Dom. 1079 — nach der maßgebenden Editio Veneta — Matilda comitissa Henrici imperatoris exercitum timens, Liguriam et Tusciam provincias Gregorio papae et sanctae Romanae ecclesiae devotissime obtulit. Unde inprimis causa seminandi inter pontificem et imperatorem odii initium fuit. Quapropter pontifex opportunitatem nactus eundem imperatorem quod sibi jura usurparet ecclesiae, communione privavit — mit Anschluß der schon Bd. II, S. 699, eingeschalteten Ausführung über die Dinge von 1077 (SS. VII, 738), und dieses so bestimmt genannte Jahr ist immerhin, nach Pannenborg's und Overmann's Ausführungen, am besten mit dem Itinerar Mathildens zu vereinigen (Martens, l. c., II, 73, wollte freilich gerade aus dieser Stelle des Petrus auf 1074 schließen). Dagegen würden die Worte des Petrus über den Inhalt der Schenkung, wie auch Ficker, Forschungen zur Reichs- und Rechtsgeschichte Italiens, II, besonders 359 u. 360, 467, annimmt, zeigen, daß Mathilde für Gregor VII. in der Schenkung auch ihre Reichslehen mit inbegriffen habe — Ficker meint, sie habe nachher 1102 das Geschenkte auf die Allodien eingeschränkt —; doch ist durch Pannenborg, 33—35, vornehmlich gezeigt, daß sich die erste und zweite Schenkung nicht unterscheiden, die Amtslehen 1079 oder 1080 nicht mit eingeschlossen waren. Overmann, 4—39, bietet die Uebersicht des mathildischen Gutes, unter Ausscheidung des Allods und der Reichs- und Kirchenlehen (dazu die Karte der italienischen Besitzungen, mit Unterscheidung der verschiedenen Gattungen): besonders in der Grafschaft Parma und in Tuscien findet sich das Eigengut in viel geringerem Umfange, als die bisherige Annahme war, nachgewiesen.

nachher einen für die Erwartungen des Papstes enttäuschend wirkenden Wiederhall.

Die nach den mehrfachen Zeugnissen so wenig ehrenvoll behandelten Vertreter des Königs in Rom, Erzbischof Liemar und Bischof Ruopert, hatten gezwungen, nach ihrer Zurückweisung, sogleich den Rückweg angetreten[48]. Aber sie benutzten reichlich die Gelegenheit, unterwegs, so sehr sie ihre Rückkehr beschleunigten, zuerst schon in Tuscien, dann in der Lombardei, für die Sache des Königs zu werben, günstige Stimmung zu erwecken. Wie ein eifriger Anhänger Gregor's VII. mit Ingrimm bemerkt, gelang es ihnen, schon vor der Ueberschreitung des Appennin in jeder Weise gegen Mathilde die Gemüther zu bearbeiten, was ihnen bei der stets neuerungssüchtigen, zur Untreue ihrer ganzen Anlage nach geneigten tuscischen Bevölkerung nur zu leicht gelungen sei; nach ihrem Weggang — heißt es da weiter — hätten Markgraf Albert und Graf Boso ihre Arbeit noch weiter fortgesetzt. Dann aber luden diese Abgesandten Heinrich's IV. vollends in der Lombardei, indem sie da unter den weltlichen und geistlichen Kreisen Zwiespalt erweckten, alle Fürsten zu einer für die bevorstehende Anwesenheit Heinrich's IV. in Aussicht genommenen Besprechung ein[49].

Für die Stimmung, die in den oberitalienischen Gegenden neuerdings zu lebhafter Gereiztheit gegen die päpstlichen Befehle neigte, war es jedenfalls sehr bezeichnend, daß auch der leidenschaftliche, vor keiner Schmähung und keiner Aeußerung des gegen die römische Auffassung gerichteten Hasses zurückschreckende Bischof Benzo wieder sein Wort laut erhob.

Benzo hatte, seit er als eifriger Gehülfe des Cadalus in Italien wirkte, seit seine schon damals gehegte Erwartung, daß Heinrich IV. durch sein persönliches Erscheinen unter seinen italienischen Anhängern seine Sache zum Siege führen werde, un-

[48]) Schröder, De Liemaro Hammaburgensi archiepiscopo (Hallenser Dissert., 1869), weist, 29, darauf hin, daß der Erzbischof schon am 22. und 23. März als Zeuge in Urkunden des Erzbischofs Sigewin von Cöln, für Schenkungen an das St. Gereon-Stift, neben Bischof Benno von Osnabrück, erscheint (Lacomblet, Urkundenbuch für die Geschichte des Niederrheins, IV, 762 u. 763).

[49]) Bonitho, l. c., 675 u. 676, spricht hievon und klagt die plebs semper cupida novarum rerum, infida prioribus dominis in Tuscien, wo die Gesandten a subjectione excellentissimae comitissae Matildae . . . omnino temptabant avertere, an, eben besonders das tuscische Volk — plebs naturaliter infida —, so daß die Gesandten facillime ihr Ziel erreichten und, nach Besuch der Lombardei und Einladung an omnes principes Longobardorum ad colloquium apud Brixinorium, diviso regno et sacerdotio ad regem remearunt. Der nach Bonitho in Tuscien zurückgelassenen Führer der Königlichen gedenkt auch Bernold, a. 1085, unter den dort namentlich aufgeführten sechs capita schismaticorum (443). Die Wirkung der Thätigkeit der königlichen Boten erscheint auch in J. 5206, Registr. VIII, 26, der durch Gregor VII. 1081 ausgesprochenen Klage über die milites der Mathilde, in ihrem Benehmen: cum sui (sc. eben diese Vassallen) resistere (sc. Heinrich IV.) recusaverint (l. c., 474). Gfrörer, l. c., VII, 732, will Albert's und Boso's Persönlichkeiten nachweisen.

erfüllt geblieben war, als leidenschaftlicher Parteigänger nie geruht; aber er war immer neuen Enttäuschungen gegenüber gerückt worden, in seiner eigenen Stellung peinlich unterlegen. Immer wieder waren seine eigenthümlichen, in diesen Jahren durchgängig in Verse gekleideten Ermahnungen an die hohen Geistlichen seines Landes, die er bei seiner Auffassung festhalten wollte, ergangen. Denn Benzo war der Ansicht, er sei als der Einzige übrig geblieben, um die Ueberläufer von dem Irrthum des Gottesdienstes zur Pflege des katholischen Glaubens und zur Erhaltung der Treue gegenüber König Heinrich IV. zurückzurufen, im Einzelnen und im Allgemeinen seine Schriften zu solchem Zwecke hinauszuwerfen[60]).

So war durch Benzo seit der Wahl Gregor's VII. und besonders seit der ersten Excommunication des Königs gekämpft worden, und er selbst hat später die Gelegenheitsgedichte, die er so an verschiedene Bischöfe gerichtet hatte, gesammelt, so daß sie seit der schließlichen Zusammenstellung des Ganzen das vierte Buch seines an Heinrich IV. gerichteten Werkes füllen. Schon in dem zeitlich zuerst, zu 1074, vielleicht 1075, anzusetzenden Gedichte hatte sich Benzo, als ein Fürsprecher der gemeinschaftlichen Sache der lombardischen Bischöfe, gegen einen einzelnen derselben, den sonst als Gegner der Pataria sehr wohl bekannten Bischof Dionysius von Piacenza, mit dem Vorwurfe gewandt, er handle selbstsüchtig für sich allein, unter Beifügung dringender Ermahnung, sich nicht von seinen Genossen abzutrennen, wenn er sie nicht veranlassen wolle, ihrerseits ihn im Stiche zu lassen[61]). Dann war etwa ein Jahr später, Ende 1075

[60]) In der schon in Bd. I, S. 247, n. 22, charakterisirten Schrift von Lehmgrübner, Benzo von Alba, ist in eingehender Weise, 30—66, die Entstehung von Ad Heinricum IV. imperatorem, Lib. IV (SS. XI, 634—647), als einer Sammlung von Gedichten, die bei verschiedenen, ganz bestimmten Anlässen und also zu verschiedener Zeit verfaßt waren, die aber in mancher Beziehung einen uniformen Charakter tragen, erklärt worden. Die Stelle betreffend den solus frater Benzo, insanias falsas contradicens eis, in spiritu et habitu Hysmahelis, de quo dicit scriptura: quia manus eius contra omnes et manus omnium contra eum (Genesis, XVI, 12) steht in Lib. III, c. 29, ganz am Ende (l. c., 634), in einem Zusammenhang, wo sie, wenn sie das Entstehen der ea quae continent sequentia libri erklären sollte, gar nicht paßt, weil ja dieses c. 29 noch zu den Ereignissen von 1064 gehört (vergl. Bd. I, S. 381, in n. 29). Benzo hat augenscheinlich diesen überleitenden Schlußsatz erst in der letzten Redaction, als sich ihm der Zusammenhang der Dinge schon verschoben hatte, eingefügt.

[61]) Als c. 2 (636) eingereiht, wobei freilich nicht einleuchtet, weßhalb der Herausgeber — K. Pertz — diese gleichfalls gereimte Ammonitio (z. B. gleich anfangs: Dionisio . . . mixolidio, oculum . . . poculum: u. s. f.) nicht gleich allen weiteren in Verszeilen druckte. Ueber Dionysius lautete Benzo's Klage: cur me inconsulto perquisistis illicitas gratias?, hernach: Sibi soli providet, suae causae invigilat, und so schließt Lehmgrübner, 39 ff., wohl mit Recht, der Bischof habe allein für sich mit dem Papste, und zwar schon mit Gregor VII., zu verhandeln gesucht, wobei an den Bd. II, S. 453, n. 11, erwähnten Brief des Papstes J. 4900 angeknüpft wird, der ja allerdings darauf hinzudeuten scheint, daß Dionysius, angesichts der patarinischen auch ihn bedrohenden Angriffe, einen leidlichen Frieden gesucht habe; doch müsse ihm das, wie ja aus l. c., S. 458, genügend hervorgeht, unmöglich gemacht worden sein, so daß er

oder im Beginn des folgenden Jahres, ein ähnlicher längerer Aufruf an Erzbischof Thedald von Mailand ergangen, da auch von ihm zu befürchten stand, er suche eine Aussöhnung mit Gregor VII., was ja auch eine Beendigung der Bekämpfung der Pataria zur Folge gehabt hätte: so wies denn Benzo den obersten Vorsteher der lombardischen Kirche so nachdrücklich, wie möglich, auf Vorgänger, auf lombardische Bischöfe hin, die mit aller Kraft früheren Anmaßungen der päpstlichen Gewalt Widerstand geleistet hatten, und er forderte die jetzigen Inhaber dieser Bischofssitze auf, die Einigkeit der früheren gegenüber den bösen Geistern festzuhalten[87]). Ebenso hatte wohl noch um die gleiche Zeit, eben 1076, Bischof Kunibert von Turin seine Zurechtweisung erhalten, abermals im Sinne einer Aufmunterung, im einträchtigen Zusammenstehen beharrlich festzuhalten, gegen die durch die Sprengel dahinschleichenden, zum Unglauben aufreizenden Patariner, von denen jetzt nach einer erlittenen Niederlage eine noch nichtswürdigere weitere Nachfolge den Angriff erneuere, den Kampf fortzuführen[88]). Darauf war ein folgendes Gedicht Bischof Ogerius von Ivrea gewidmet, den Benzo augenscheinlich sehr hoch stellte. Auch in diesen Versen sollte das „goldene Zeitalter" der unter einander sich hülfreich fördernden Bischöfe aus vergangenen Jahren den vielfach geringwerthigeren der Gegenwart gegenübergestellt werden, mit dem Hinweise darauf, wie die Hinterlist der Verfolger die eingetretene Uneinigkeit und Zerfahrenheit zwischen den königlich gesinnten

---

sich wohl mit einem Hülfsgesuch an seine antipatarinischen Mitbischöfe gewandt habe, worauf dieses brüske Gedicht Benzo's vielleicht die Antwort sei.

[87]) Diese Ammonitio steht als c. 1 (634—636), und Lehmgrübner, 39—37, weist auf die Bd. II, S. 576 u. 577, berührten Schreiben Gregor's VII. vom December 1075 hin, die eine Annäherung Thedald's an den Papst verrathen, der nun eben Benzo mit seinem Vorwurfe entgegentritt: Non habentes cor virile dicendi sunt feminae, timidi .... fugitivi (etc.) und mit dem Hinweise auf frühere Vorgänge: Vos qui estis vere viri, respicite secula, zuerst auf Männer des alten Testamentes, dann auf die gemma praesulum Leo von Vercelli und zahlreiche weitere adjutores desselben nostra sub aetate, noch zuletzt Bischof Riprand von Novara, der 1046 an Gregor's VI. Absetzung durch die Synode Heinrich's III. theilnahm: Vos debetis idem sequi, ebenso mit der Aufforderung an die lombardischen Bischöfe überhaupt: Qui tenetis horum loca in sanctis aecclesiis, jenen früheren Inhabern, den adhlete mirabiles, die invicem se aspergebant ramusculis hysopi, zu folgen. Thedald bleibe fest: Numquid patribus premissis vos estis deterior?

[88]) Ueber diese Ammonitio von c. 3 (636 u. 637) spricht Lehmgrübner, 44—46. Bezeichnend sind Worte, wie Fides perseverantiam diligit et constantiam, dat insulas constantibus, regia perseverantibus; qui incipit et deficit, hunc ab borchestra deicit, aber auch: Huius erant signiferi seniores episcopi. Weil nach Erwähnung der Patariner — heretici, ebrii et frenetici — und ihres Treibens folgt: Sed victi a nostratibus cessarunt a latratibus und das ohne Zweifel auf Erlembald's Katastrophe 1075 zu beziehen ist, so hat man unter den nachher folgenden nequiores (Nunc nequiores spiritus in nos faciunt impetus, conantur nos invadere: etc.) wohl ein neues Stadium der patarinischen Bewegung zu erkennen, das eben 1076 einsetzte. Vergl. schon ob. S. 168, in n. 116, über das gleichfalls an Kunibert gerichtete Gedicht, in Lib. V, c. 8.

Bischöfen ausnutze, so bald sich nämlich diese nur wie geringe Weiber erweisen, nicht als Männer sich zeigen wollen, während doch der König auf sie sein Vertrauen setze: eben deßhalb suchte da Benzo den Ogerius, als dessen „unterwürfigen Freund" er sich bezeichnete, in seiner Gesinnung zu bestärken, damit er die Wankenden zurückbringe und so der Erste im Gemache des Königs werde[84]). Dann besonders hatte wieder eine länger gedehnte, ohne Ueberschrift gelassene Reihe von Versen, die aber namentlich viele Verdunkelungen des in die Worte gelegten Sinnes enthält, recht geflissentlich eine von Gräueln und Verbrechen erfüllte Stadt Babylonia, als Gründung des Unglaubens, und eine unter dem Schirm des Glaubens stehende Gemeinschaft der Gerechten und Guten in Gegensatz zu einander gebracht und dabei unter jener selbstverständlich Gregor VII. und dessen Anhang, unter der zweiten die königlich Gesinnten zu zeichnen versucht[85]). — Hierauf jedoch muß in Benzo's eigenem Schicksale die tief eingreifende Veränderung vorgegangen sein, die dann sein ganzes weiteres Leben zerstörte. Schon in jenen an Erzbischof Thedald gerichteten Versen hatte sich

---

[84]) Dieses c. 4 (637—639) nennt Lehmgrübner, 46—52, mit Recht eines der interessantesten, aber auch vielfach der Erklärung die größten Schwierigkeiten in den Weg stellenden Gedichte. Daß unter dem nichtgenannten Hyporeiensis episcopus Bischof Ogerius zu verstehen sei, hatte schon Dümmler, Forschungen zur deutschen Geschichte, IX, 380, festgestellt: er heißt hier bei Benzo lucerna praesulum, sapientiae vibratu qui lustrabas seculum, weiter unten: in katalogo virorum .. scriptus illustrium und verax cultor fidei. Ganz ausdrücklich stellt der Dichter die aetas aurea — sub Leone et Warmundo, den Bischöfen von Vercelli und von Ivrea, zur Zeit Otto's III. und Heinrich's II., den regum laterales et fortunae socii — in das Licht, unter Vergleichung der jetzigen Bischöfe — nos sumus ... tenebrae et lubricum, und: nos ab invicem sejungit invidens socordia — mit den früheren, des domnus Cunibertus in metri dulcedine, dem gegenüber Landulfus (Bischof von Turin 1011 bis 1038) cum sua pinguedine entschieden melior war, des Bischofs Ingo von Asti (nach Lehmgrübner's Angaben, 49, von 1072 bis 1079 urkundlich genannt) — satis celer in adolescentia, in humana qui condidit nimis sapientia — gegenüber dem pocior ... Alricus, tardus corpulentia (Bischof Adelrich von Asti, 1035 gestorben), und ebenso heißt Erzbischof Wido von Mailand vir probatissimus, im Gegensatz zu einem ei substitutus, unter dem wohl Thedald zu verstehen ist, und werden noch Bischof Siegfried von Piacenza (gestorben 1031) und abermals Riprand von Novara gelobt. Zur Bestimmung der Zeit macht Lehmgrübner auf die Verse: Vel post fugam nos ad luham ducat verecundia, ferner: Rex in nobis multum fidit, et cum dimittimus? Nos a vulgo sequestravit ponens cum principibus, et ad alium migramus quo nichil iniquius, sowie auf die directe Aufforderung an Ogerius: fugientibus occurre ... consule quocumque modo potestati regiae aufmerksam, daß das Gedicht aus den Tagen im Anfang des Jahres 1077 stamme, wo seit 1076 die Pataria sich neu erhoben, Gregor VII. nach den Vorgängen auf Canossa mit Mailand sich versöhnt hatte (vergl. Bd. II S. 768 u. 769).

[85]) Zu dem c. 5 (639—642) vermag Lehmgrübner, 52—54, nur sehr spärliche Erklärung zu bringen. Die Verse: Et si stellae recidissent de coelo ad Tartarum, de Novariensi sole quis sentiret catharum? bezieht er auf den wahrscheinlich 1078 gestorbenen Bischof Otto von Novara, dessen angezweifelte Königstreue Benzo vielleicht vertheidigen wollte, so daß also jedenfalls dieses Gedicht etwa zu 1077 oder 1078 anzusetzen ist.

Benzo über einen gewissen verabscheuungswürdigen Buzi beklagt, der in Benzo's eigenem Sprengel Alba die Gläubigen gegen Thebald aufreize und mit den von ihm hineingetragenen Ketzereien sogar schon unter angesehenen Männern Unheil anrichte, und der Erzbischof war da gebeten worden, selbst nach dem Bisthum Benzo's zu kommen, da vor seinem Erscheinen der Wolf wohl davon ablassen werde, die Gläubigen zu zerfleischen; überhaupt führte Benzo die ganze neue patarinische Bewegung, die auf die früher von Arialb ausgegangene Beunruhigung gefolgt sei, auf diese Buzianer zurück. Aber diese Anfechtungen hatten auf die Länge doch wirklichen Erfolg gegen die der Pataria entgegentretenden Bischöfe, zumal wohl, weil sie, entgegen Benzo's so dringenden Ermahnungen, sich nicht gegenseitig unterstützten, sorglos einer den andern aus den Augen ließ, so ganz entgegen der nach Benzo's Ansicht nicht genug zu preisenden Einmüthigkeit der früheren Inhaber ihrer Sitze. So war Benzo zum „Bischof ohne Bisthum" geworden, aus seiner Kirche von Alba vertrieben, und die dichterischen Anrufe an seine Genossen im Bischofsamte, an einzelne oder an alle lombardischen zugleich, nahmen nun ein wesentlich anderes Gepräge an. Nicht mehr mit Geringschätzung wird von den Patarinern darin gesprochen; sondern es wird beklagt, daß deren Macht, und damit ihre Bosheit, stets gewaltiger emporsteige, und mit den wehmüthigen Rückblicken auf jene zurückliegende bessere Zeit mischen sich die Bitten, daß die Angeredeten sich Benzo's, des unglücklichen Bruders, beim Könige annehmen, diesen um Belohnung des treuen Dieners, für das, was er gewirkt, aber auch gelitten, ersuchen möchten[56]). So wandte sich nun Benzo, wohl gleich im Frühjahr 1077, an den jetzt von ihm hoch gepriesenen Erzbischof Thebald[57]),

[56]) Vergl. in c. 1 (635) die Verse: Quidam Busi, sacerdotis proles detestabilis, contra vos, qui super omnes estis honorabilis, debriat nobis subjectos (d. h. also im Bisthum Alba) Arrianis crapulis. Jam invasit error iste quosdam de principibus, qui insultant universis nostris participibus, ferner in c. 3 die Erwähnung der schon in n. 53 genannten nequiores, aber besonders in Lib. VI, c. 2, nach der Aufzählung der successive zeitlich auf einander folgenden drei Gruppen von Feinden — dort im Prologus, c. 1: describit Patarinos per genus tripharium —, nämlich Patarini (: Araldinus Patariam primus edocuit: vergl. Bd. 1, S. 670, n. 6), Buziani (: Busi filius illusiam concepit ... vomuit) nec non et Prandellici (vergl. Lehmgrübner, 45), die in allen Beschimpfungen sich bewegende Schilderung des Saonensis Buzianus .. quidam homuntio (659). Daß Buzi durchaus nicht mit Bischof Bonitho von Sutri identificirt werden darf, wie Saur, l. c., 413 u. 414, wollte, ist durch Lehmgrübner, 131 u. 132, in n. 4, zur Genüge bewiesen. Gerade aus der Vergleichung der zu Lib. IV zusammengefügten Gedichte gewinnt Lehmgrübner, 7, 54 ff., die gewiß zutreffende Ansicht, Benzo's Vertreibung müsse 1076 oder 1077, eben infolge der in n. 54 erwähnten neuen Erhebung der Pataria, geschehen sein: er stellt den veränderten Ton in den Gedichten von c. 6 (vergl. n. 57) an, gegenüber denjenigen von cc. 1—5, fest.

[57]) In c. 6 ist eine erneuerte Ammonitio ad archiepiscopum (642 u. 643) enthalten, die nach Lehmgrübner, 57—60, ganz kurz nach der Wahl des Gegenkönigs Rudolf geschrieben sein muß: Infernus (sc. Gregor VII.) totum vomuit quod habet et quod potuit, turbavit terram, maria atque sanctuaria, ad quem

an Bischof Ogerius von Ivrea[58]): er kennt die Beiden als Vorkämpfer für den König, als Vertheidiger der Wahrheit, und so richtet er an sie die flehentliche Bitte, seine alten Verdienste um die Sache Heinrich's IV., seinen jetzigen Eifer im Kampfe für denselben in schriftlichen Empfehlungen hervorzuheben. Wieder in einem anderen poetischen Briefe sollte Bischof Wilhelm von Pavia, der augenscheinlich wegen einer vor kurzem von Heinrich IV. empfangenen Gunstbezeugung mit einem Glückwunsch angeredet wurde, sich ermuntern lassen, zum Danke dafür die Sache des Königs nachdrücklich zur seinigen zu machen[59]), und ähnliche Ansprachen enthielten noch drei weitere an „alle Bischöfe" sich richtende Gedichte Benzo's[60]).

debemus fugere (sc. Heinrich IV.), ausus est concutere: hoc est principem principum (eben Heinrich IV.), qui tenet legis vinculum, ipsum temptavit prellis, divulsis maceriis, opponens ei hydolum falsum atque frivolum (sc. Rudolf). Die Pataria ist sehr mächtig geworden: Altera fides colitur . . . hanc Paterini predicant . . . Antichristina tempora quorumdam tenent pectora; ob hoc quidam episcopi, sponte facti miseri, heu! relictis labaris, adheserunt Patris und Benzo's Gesinnungsgenossen leiden: Quantas patimur furias, quantas et injurias, non potest penna scribere cunctas fraudes vipere. Daß Theodald jetzt eine ehrenvolle Ausnahme gegenüber jenen quidam episcopi mache, als Gregor VII. widerstehe, als Achates, als signifer aecclesiae, wird völlig anerkannt: Tu solus et in proelio, decertans pro imperio et pro fide catholica atque apostolica. So soll er für Benzo beim König — ante vultum principis — Bitten einlegen, wie danach breit ausgeführt wird, bis zum Schlusse: Tu . . . dum mea laudas vulnera, tua quaeris munera, cum agonistam predicas, temet ipsum dedicas.

[58]) Die an den Hyporeiensis episcopus, gleich c. 4 (vergl. n. 54), sich richtende Klage von c. 7 (643) ist eine kürzere Wiederholung des in n. 57 geschilderten Gedankenganges, mit besonderer Erwähnung des Buzi . . sacerdotis proles putidissima, der inportuni canes, die als novi Buziani sich ihm anschließen. Ogerius soll u. a. Benzo bei Heinrich IV. empfehlen, mit Erinnerung daran: quid passus fui Romae pugnando cum haspide (vergl. Bd. I, S. 247 ff.) . . . quod pro rege incessanter dimico. Dümmler, Anselm der Peripatetiker, nebst anderen Beiträgen zur Literaturgeschichte Italiens im elften Jahrhundert (1872), weist in seiner Charakteristik des Ogerius, 88—91, darauf hin, daß dieser Bischof 1075 in einer Schenkungsurkunde zugleich Heinrich's III. und der vitaeque productio invictissimi regis iterum Henrici nunc superstitis gedachte.

[59]) Zur zeitlichen Ansetzung von c. 9 (644) an Wilielmus, rector Papiensium, weist Lehmgrübner, 60—62, der die frühere den Anruf: honor regni nicht verdienende, in Bd. II, S. 217, 285 (vergl. dagegen S. 435, 457) hervorgetretene Haltung Wilhelm's damit in Gegensatz stellt, auf Heinrich's IV. Aufenthalt in Pavia im April 1077 (vergl. ob. S. 13, mit n. 14) hin, da die Verse: Postquam rex te ad honorem levavit feliciter (Bischof in Pavia war Wilhelm allerdings schon 1073), sancti Syri ampliavit aulam multipliciter eine königliche Gunstbezeugung anzudeuten scheinen, für die Wilhelm seinen Dank beweisen müsse: Respondere debes certe tantis beneficiis, hostibus regis occurrens mille artificiis.

[60]) Die cc. 8, 10 und 12 (644—646) sind, weil allgemeineren Inhaltes, nur allgemein etwa den Jahren 1077 bis 1080 einzureihen. Der Gedanke, daß der lombardische Episkopat zum König halten müsse, findet sich in den Schlußversen von c. 10: Aecclesiarum vos columpnae aureae, tumentem flatum non curantes boreae, in fide recta durate viriliter, state cum rege omnes mani-

Aus solcher Gesinnung heraus ließ sich nun der vertriebene Bischof von Alba auch unter dem frischen Eindruck der neuen Vertheilung Heinrich's IV. durch die Synode hören. Mit aller Leidenschaft seiner heftigen Sinnesart muß er jene Eröffnungen der beiden königlichen Gesandten über die nahe bevorstehende Zusammenkunft mit dem Könige vernommen haben, und schon bereitete er sich darauf vor, mit seinen Rathschlägen, wann die Synode heranahen würde, zu Hülfe zu kommen, da er sich bei seiner früher gewonnenen Kenntniß der römischen Verhältnisse dazu wohl befähigt glaubte. Die Verurtheilung des Königs durch Gregor VII. vergalt er in den lautesten Schmähungen gegen den „falschen Mönch Brandellus", mit seinen tausend Lastern, den Mißgestalteten, der aus der Kirche entfernt werden müsse: „Es ist Zeit, daß ihn der höchste Richter vernichte", und er malte aus, wie über alle Wuthausbrüche der Rasenden hinaus dieser geistige Mörder gegen Gott, gegen den König immerfort kläffend wüthe[81]).

— Von wesentlich anderer Art, wenn auch in der feindseligen Haltung im Einklange mit Benzo, ist eine zweite Stimme, die sich aus Italien gegen Gregor VII. zu dieser gleichen Zeit erhob. In strenger Beweisführung suchte ein gelehrter Kenner des römischen Rechtes darzulegen, daß Heinrich IV. trotz aller Behauptungen der Gegner, weil in ihm der Vertreter des Rechtes der römischen Kaiser erscheine, seine Sache aufrecht zu erhalten habe. Das geschah in der als „Vertheidigung des Königs Heinrich IV." geschriebenen Abhandlung eines Laien, der als Rechtskundiger zur Umgebung des Erzbischofs Wibert von Ravenna zählte, des Petrus Crassus. Ein genauer Kenner auch der Bibel, der Kirchenväter, der kanonischen Litteratur, im classischen Alterthum, in der Geschichte in einem gewissen Umfang gleichfalls bewandert, erscheint der Verfasser selbstverständlich voran im Besitz einer eingehenden Kunde der justinianischen Rechtsquellen. Sein Buch ist der beste Beweis für die Tüchtigkeit dieser Ravennater Rechtsschule[82]).

---

unter, sowie von c. 12: Ergo, seniores episcopi, estote pro rege solliciti, quid vobis fecit rex perpendite et causas eius vos defendite — ausgedrückt.

[81]) Vergl. unt. bei n. 90, 92 über die Gedichte, Lib. IV, c. 13, Lib. VI, c. 2. Im letzteren Stücke (659 u. 660) findet sich die Stelle: Ultra furias frementum furit iste rutrifer, ein Wort, das Martens, l. c., II, 197 n. 1, auf rutrum, „Grabscheit", bezieht, das Werkzeug, mit dem Romulus den Bruder tödtete, also gleich gestellt dem geistigen Mörder des Königs, dem römischen Papste.

[82]) Diese Defensio Heinrici IV. regis ist nach der Publication in Sudendorf, Registrum, I, 22—50, und durch Ficker, Forschungen zur Reichs- und Rechtsgeschichte Italiens, IV, 106—124, neuerdings in den Libelli de lite, I, 434—453, herausgegeben worden, und zwar hat, während Sudendorf und Ficker — dieser auch, l. c., III, 112—114, in der Ausführung über die „Klagschrift" — den Tractat zum Jahre 1080 zogen, hier der Herausgeber, von Heinemann, 432 u. 433, die Schrift zum Jahre 1084, nach der Einnahme Rom's durch Heinrich IV., angesetzt — so z. B. auch Meltzer, in den „Anmerkungen", l. c., 216 —, wogegen freilich Sackur, Addenda et emendanda, 629, sich erklärte immerhin so, daß Petrus Crassus allerdings vor der Synode von Brixen

Petrus Crassus begann in den an König Heinrich IV. gerichteten einleitenden Worten damit, daß das gegenwärtige Zeitalter eine Art Menschen hervorbringe, die ganz von der Weise früherer Zeit sich unterscheide, da sie Treue, Gerechtigkeit, Wahrheit und die übrigen Tugenden so verabscheue, daß es scheine, sie kenne diese Dinge überhaupt nicht oder hasse sie, falls sie dieselben noch erkenne: so könne einer von diesen einmal gegen den König selbst vorbringen, seine Krone sei nicht nach Gesetz und Recht, sondern durch Gewalt und Waffen erworben. Deßwegen habe er jetzt sich daran gemacht, das hiemit eingeleitete kleine Buch zu schreiben, in dem er solchen Irrthum der Gegner und dem gegenüber die Wahrheit, daß vielmehr die königliche Macht auf Billigkeit und Gerechtigkeit beruhe, zu zeigen gedenke. Wenn aber außerdem der aus der Versammlung des Satans hervorgegangene Mönch vielleicht in seinem Gerichte die römischen Gesetze habe verwerfen wollen, deßhalb, weil, wie aus diesem Briefe hervorgehen werde, eben diese Gesetze in heftiger Weise als seine Gegner gegen ihn streiten — gemeint ist hiemit selbstverständlich Gregor's VII. Bannspruch vor der Synode —, so will Petrus Crassus, um dem entgegenzutreten, im Falle der Noth an Heinrich IV. noch das Buch senden, in dem der selige Papst Gregor I. Gesetze beiderlei, weltlichen und kirchlichen, Rechtes zusammengestellt habe, eine Sammlung, deren sich die Kirche bediene[48]).

die Defensio verfaßte, sie aber damals Heinrich IV. nicht überreichte, sondern erst für die 1084 nach der Eroberung Rom's stattfindende Synode (dagegen zog Sander, l. c., 144 n. 1, die genannte Synode zu der Verhandlung vom November 1083) die Schrift in umgearbeiteter Form übergab, wie das Mirbt, l. c., 18—20, ausführt: ob die Schrift in ihrer ersten Gestalt nachträglich doch veröffentlicht worden war, ist offen zu lassen. Daß dagegen also der wesentliche Theil der Defensio durchaus bei 1080 behandelt werden muß, darüber sind insbesondere auch Giesebrecht, l. c., III, 499 u. 500 (mit „Anmerkungen", 1162), Waitz, Deutsche Verf.-Gesch., VIII, 448 n. 1, Ranke, Weltgeschichte, VII, 300—302, Hauck, l. c., 819, ganz einig. Den Verfasser wies Ficker, l. c., III, 113, mit dem Wohnsitze Ravenna, in einer Urkunde Erzbischof Wibert's von 1074 als den unter den Laienzeugen stehenden Petrus Grasso nach, und von Heinemann, l. c., 432 n. 2, macht auf eine Lectura super actionibus domini Petri Craxi unter dem Titel De taxationibus petiarum in den Bologneser Statuten aufmerksam; ebenso spricht Fitting, Die Anfänge der Rechtsschule zu Bologna, 38—40, von der Ravennater Rechtsschule und ihrem Ansehen, ihren wissenschaftlichen Kämpfen mit Petrus Damiani (doch ist ihm da nicht beizustimmen, wenn er — u. g) — bestreitet, daß Petrus Crassus selbst der Urheber der Schrift gewesen sei). Vergl. Wattenbach, Deutschlands Geschichtsquellen im Mittelalter (6. Aufl.), II, 230 u. 231, über weitere Arbeiten der Ravennater Rechtsschule, über den da, 230 n. 5, genannten Brachylogus juris civilis auch Ficker, l. c., III, 114—117.

[48]) Am Ende dieses c. 1 (434) sagt Petrus Crassus: mittam ... librum ..., in quo beatus Gregorius utrasque composuit leges, et utraque in sancta usu est ecclesia, woran sich die Erörterung Maassen's, Sitzungsberichte der Wiener Akademie, philos.-histor. Classe, LXXXV (1877), 227—257 (Maassen spricht da, 229—237, auch eingehend vom gelehrten Apparat des Petrus Crassus überhaupt), anknüpft, es sei hier die unter dem Namen der Avellana bekannte Sammlung gemeint, während P. Ewald (Histor. Zeitschrift, XL — 1878 —

Der gelehrte Verfasser will ganz voran die Sache des Königs, den er sich richtete, als die gerechte darstellen. Nach göttlicher Anordnung ist Heinrich IV. in das Reich eingetreten, wo er ein Schützer des Friedens sein soll, nach den Worten des Propheten Daniel, daß dem Herrn — nicht dem Papste der Patariner, wie ausdrücklich eingeschoben wird — das Reich zustehe, und daß er es, wem er will, geben werde. So ist Heinrich IV. der gerechte, starke, gestrenge, hochherzige, freigebige, wohlthätige, edelmüthige, gerichtliche König, und für ihn sprechen sich die Lehrsätze der heiligen Väter, Gregor, Augustinus, Hieronymus, und Anderer, aus, die mit ihren geheiligten Privilegien sein Königthum offenbar wie mit einem Walle rings umgeben und vertheidigen. Vorzüglich steht über jedem Zweifel, daß der Antritt der Regierung des Königs gänzlich nach der gesetzlichen Nachfolge, rechtlich und körperlich, geschehen ist, ohne Widerspruch und ohne Rechtseinwand, in einer fortgesetzten Reihenfolge, für die zahlreiche geschichtliche Beispiele sich anführen lassen, die jeden Zweifel darüber ausschließen, daß nach göttlichem Willen die Einsetzung der königlichen Regierungen, von Vätern auf die Söhne, geschieht, und vollends ist das der Fall bei der Uebertragung der Vertheidigung der heiligen römischen Kirche und derjenigen Italien's, wie das gegenüber Karl dem Großen, gegenüber Otto I., zuletzt für die Vorfahren Heinrich's IV., stets mit durchgängiger Nachfolge, geschehen ist[64]).

Aber hiegegen erhebt sich jetzt der Mönch Hildebrand, den das unwissende römische Volk zu seinem Hirten gemacht, ohne zu beachten, daß das die Person sei, vor der sich zu hüten schon der heilige Augustinus gemahnt habe, so daß er eben mit Gewalt in verwegener Weise den römischen Stuhl einzunehmen vermochte. So schändet er durch seine Predigt und durch sein Gericht die Gerechtigkeit und die Wahrheit, dort, wo er Frieden in Krieg, Eintracht in Aufruhr verwandelt, hier, wo er sich erfrecht, gegen den König sein Urtheil auszusprechen. Durch solche ungerechte Beleidigung des Königs jedoch verletzt er offenbar auch jene rechtgläubigen Kaiser, die in früherer Zeit durch ihren frommen Eifer, zugleich mit den Predigern, auf der Grundlage der Apostel die

---

—160, und W. Meyer, Index scholarum acad. Georgiae Augustae a. 1888 (Sommersemester), dagegen den Beweis führten, daß vielmehr das Registrum Gregor's I. hier gemeint sei.

[64]) In c. 3 (437) findet sich die an Daniel, IV, 14, sich anlehnende Stelle, in c. 2 (435) die Aufzählung der Eigenschaften, in c. 4 (440) die Anrufung der sancti patres gegen die von den domestici H(ildebrandi) bewiesene insania. In c. 6 zeigt der Autor die legitima possessio: zuerst von Konrad II. über Heinrich III. zu Heinrich IV., dann noch viel weiter ausholend von Augustus, qui Tyberium privignum suum regni heredem constituit — poturatne filium postponere, si filium haberet? — über Constantin und die Kaiser des 4. Jahrhunderts zu Karl dem Großen, zu Otto I., wo wieder dispensatione divina in regno filius, filio nepos successit, bis endlich eadem divina ordinatione imperii dignitas ad H(enrici) regis parentes et ad ipsum devoluta erscheint (444, 445).

heilige Kirche erbaut haben. In ähnlicher Weise wird durch Petrus Crassus an einer anderen Stelle, wo vom Verdienste der kaiserlichen Regierungen um Italien im Besonderen die Rede ist, wogegen kein Feind sich zu erheben gewagt habe, Hildebrand als der Feind der Gesetze, der Feind des Friedens, der Feind der ganzen Christenheit hingestellt, da er selbst oder durch hinterlistig aufgestiftete Leute jetzt solcher Verletzung der kaiserlichen Hoheit sich erdreiste[65]). Wieder an einer anderen Stelle werden unmittelbar die Patariner angeredet, die nur wissen sollen, wie ihr Gregor durch die Beleidigung Heinrich's IV. in diesem den Gewährleister des Friedens, die Prediger des Friedens und die Schützer des Friedens gleichmäßig verletzt habe: die Patariner selbst, wenn sie sagen, ihre Vertheidigung Gregor's, der als ein Heiliger auf dem heiligen Stuhle sitze, geschehe um Gottes Willen, thun nichts Anderes, als Gott um Gottes Willen verletzen. Denn Gregor VII. hat selbst die heilige Kirche Gottes und den Frieden der ganzen Welt erschüttert und ist also, wie er wegen seiner Grausamkeit des Namens eines Vaters unwerth erscheint, der Verfluchung würdig[66]).

Zum weiteren Beweise der gegen Gregor VII. vorgebrachten Anschuldigungen zeigt der Verfasser im Folgenden auf einzelne Vorgänge hin, in denen sich das Thun des Papstes darlege. Die Gesetze, durch die von den Kaisern und Königen die Ungerechtigkeit der schlechten Menschen gezähmt worden war, sind zerstört, die heiligen Vorschriften der Väter hintangesetzt; Willkür und Begehrlichkeit greifen am römischen Stuhle zusammen, und der Mönch Hildebrand erscheint als Vernichter der heiligen kanonischen Gebote; das römische Reich hat mit der Zerstörung der Gesetze seinen ganzen Schmuck verloren. Als Beweise für diese Verwirrung in Reich und Kirche werden auffällige Dinge aus der Lombardei genannt, daß in Mailand einer, dem wegen seiner Frevelthat Lippen, Ohren, Nase abgeschnitten worden seien, trotz dieser Verstümmelung noch in der Kirche habe dienen können, daß in Cremona eine Frau öfters in der Kirche auftrat[67]). Ebenso ist die Art und Weise, wie Gregor

[65]) In c. 2 wird gleich begonnen mit dem Hinweise auf die tertia persona, quam cavendam esse praemonuit (sc. Augustin, Serm. CXXXVII, c. 5) und in dessen weiterem Verlaufe folgen dann dafür, daß die orthodoxe fidei imperatores Großes leisteten: ad aream dominicam interdum plures manipulos imperando quam praedicatores praedicando portaverant, die ersten Citate aus Gesetzen des 4. Jahrhunderts aus dem Codex Justiniani (435 u. 436). Die Anklage gegen den Mönch Hildebrand, wegen der Störung der Italiae defensio, steht im c. 6 (445).

[66]) Gleich schon im Beginn von c. 3 (437 u. 438) sind die Paterini angeredet, und an einen Brief des Basilius I. — imperator benignissimus — knüpfen die Erörterungen gegen Gregor VII., daß dieser des in dem Briefe erwähnten Anathema würdig sei. In c. 4 steht: hic monachus in tanta crudelitate pater appellari nullatenus potest (441).

[67]) Das steht im weiteren Theile von c. 4 (439). In der Aufzählung von Beispielen, Folgen davon, daß H(ildebrando) monacho copia nummorum

zum apostolischen Sitze gelangt sei, beleuchtet und aus der Vorschrift des heiligen Benedictus, ganz besonders über die Vermögenslosigkeit der Mönche, dargethan, daß jener ganz entgegengesetzt gewandelt habe[88]). Aber hauptsächlich stehen doch stets Gregor's Verbrechen gegen den König in erster Reihe. Nachdem der Rechtskenner aus Sätzen des kanonischen Rechtes die Begriffe der Erbschaft, der Rechtsnachfolge, der Verjährung festgestellt hat, überträgt er diese Auffassung sogleich auf die öffentliche Stellung des Königs, in seinem Recht der Nachfolge im Reiche, wodurch er eben gesetzlicher Inhaber des Reichs sei[89]), und dem stellt er dann ausdrücklich Gregor's VII. Vorgehen gegen Heinrich IV. gegenüber. Denn nach seiner Ansicht hat Gregor VII. mit höchster Frechheit schon zu öfteren Malen den König vor sein Gericht gerufen und, wie nicht allgemein bekannt sei, mit ungerechter und heimtückischer

. . . negari coepit, bezieht sich die Erwähnung des Mailänder Priesters, quem domine mensae servire deputatum ad suam sibi servire mensam nullus voluisset cardinalium, auf den in Bd. II, S. 474 u. 476, erwähnten 1075 grausam verstümmelten Liutprand (der ganz gekünstelte Erklärungsversuch Panzer's, Wido von Ferrara de scismate Hildebrandi, Leipziger Historische Studien, II, 44, n. 1, ist durch Wattenbach, Neues Archiv der Gesellschaft für ältere deutsche Geschichtskunde, VI, 205, abgewiesen); als drittes Beispiel erscheint die Nonantulensis ecclesia . . . acephala.

[88]) Der Satz: Juste ergo judicate . . . de tam facinoroso homine, qui nihil aut modicum monasterio tribuens sibi totam substantiam ecclesiae beati Petri subripuit faßt das vom Anfang von c. 5 an Gesagte zusammen (441), worauf bis zum Ende (442 u. 443) noch weitere Anklagen gegen den ecclesiasticae disciplinae contemptor perniciosissimus folgen: te monachica palliatum veste subdole ad apostolicam sedem subrepere operam dedisse, unter directer Einführung einer Reihe von biblischen und anderweitigen Aussagen gegen Gregor VII., bis das Capitel nach der Anklage: populus Romanus, suo more maiorum canones secutus, ad apostolicum eum sedis apicem provexit (vergl. zu 1083 in n. 13) mit der Frage schließt: Quis ergo dubitat hunc cum ordinationibus suis manifestissime Gregoriani anathematis maledictione (d. h. eines vorher eingeschalteten Satzes des Papstes Gregor I.) esse percussum?

[89]) Petrus Crassus führt das in c. 6 durch (443—445), wo er die Frage entwirft: Estne inter mortales . . . homo aliquis tam inscius . . . cui cogitare vel fas sit credere, in tantum regem licere fieri, quod cuiquam privato homini legum sanctione fieri prohibetur und darauf die schon in n. 64 erwähnten historischen Ausführungen über die regnorum ordinatio nach Erbrecht und Nachfolge (vergl. Mirbt, l. c., 548 n. 6) folgen läßt. Den Satz dieses Zusammenhanges: Quis enim ab insania eius non abhorreat, qui sine legibus contra legem praedicat imperatores et reges progenitos a se heredes regni habere non posse? . . . . imperatoribus et regibus haec semper licentia fuit (445) bringen die für die Ansetzung zu 1084 eintretenden Kritiker mit der Stelle in Gregor's VII. J. 5201, von 1081, die dort in n. 42 herausgehoben erscheint, zusammen, um zu zeigen, daß Petrus Crassus hier auf jenes Schreiben Bezug nehme — wäre das der Fall, so erschiene der Satz als eine der in n. 62 erwähnten nachträglich eingefügten Stellen —; doch kann mit Schnitzer, Die Gesta Romanae ecclesiae des Kardinals Beno, Münchner Historische Abhandlungen, II, 68, n. 5, recht gut das Argument diesem ganzen Zusammenhang der juristischen Beweisführung zugeschrieben werden, so daß dann Gregor VII. eher mit seiner später folgenden Bestreitung des Erbrechtes auf diesen Zusammenhang Bezug genommen hätte.

Verschlagenheit nach den Gründen gesucht, um jenen anklagen zu können, ein Thun, das wieder ganz dem christlichen Wesen widerstrebe, welches nicht suche, was zu tadeln, sondern nachsehe, was zu bessern sei. Dann sei König Heinrich IV. selbst zum Papste gekommen, in bewundernswerther unerhörter Erniedrigung, indem er ihn als seinen geistlichen Vater erachtete; aber da soll dieser, nach dem Hörensagen, weiterhin zwar öffentlich vor allen Anwesenden über Heinrich's IV. Seelenheil gehandelt, außerdem jedoch heimlich und im Verborgenen das Allerschlimmste gegen den König und die Seinigen bewerkstelligt haben[70]. Allein noch über Weiteres wird Klage geführt: nach der Einsetzung des Herzogs — Rudolf's Wahl als Gegenkönig ist gemeint — und nach hinterlistiger Heeresrüstung zum Behuf des Einbruchs in das Reich ist Gregor VII. nach Rom zurückgekehrt, hat ein Concil versammelt, den König wiederum vor Gericht geladen, wobei die Frage sich erhebt, ob überhaupt der König vor das Gericht dessen zu treten habe, durch dessen Trug er von Seite eines bewaffneten Feindes in seinem Besitze des Reiches angefochten wird. Nun aber habe der Papst — so läßt der Verfasser die Patariner selbst sagen — keine Ankläger gegen Heinrich IV. finden können, ein Umstand, der sich nur dadurch erklären lasse, daß Gregor VII., während er für sich jenen Rudolf mit Herren und mit allem Volk der Sachsen gegen den König verwenden konnte, wegen der Falschheit seiner Anschuldigungen und wegen seiner falschen Hinterlist einen Ankläger gegen diesen zu gewinnen nicht im Stande gewesen sei, und so sei er eben selbst in seinem Gerichte als Kläger, Zeuge und Richter zugleich aufgetreten, was doch schon durch den Papst Fabianus und auch sonst ausdrücklich verboten worden sei. Aus all dem müsse geschlossen werden: „Nach beiderlei Recht wird Angeschuldigter, wer, was er vorwirft, nicht zu beweisen vermag. Denn eben bei diesem Mangel der Beweisführung wird der Angeklagte sofort befreit; der Ankläger aber sei nach Maßgabe von beiderlei Gesetz schuldig der den Schaden betreffenden Strafe und verrufen"[71].

Aber die Schrift sendet außerdem ihre Sätze mehrfach noch an verschiedene Stellen, denen er die Schuld an dem Geschehenen beimißt.

Wie schon angedeutet, ist eine längere Abtheilung unmittelbar

[70]) Bei dieser Uebersicht der Vorgänge seit 1076 am Schlusse von c. 6 (446) ist bemerkenswerth, daß ausdrücklich über Gregor VII. gesagt wird: incognitum aequanimitati vestrae (sc. der Saxones: vergl. n. 74) penitus aestimatur, quod calliditate iniqua et dolosa, unde eum (sc. Heinrich IV.) accusare potuisset, vestigando argumenta quaesivit (doch widerlegt Mirbt, l. c., 180, n. 2, diese antigregorianischen Anklagen, und das Gleiche gilt natürlich von den nachher Gregor VII. zur Last gelegten perditissima, die dieser clam et in occulto de subreptione regni morteque sua ac filiorum eius in summo dolo et fraude überlegt habe).

[71]) Das erste bis zu dem übersetzten Satze reichende Stück von c. 7 (446 u. 447) soll zu dem in n. 78 erwähnten Theile hinüberleiten.

an die Patariner gerichtet[12]). In ähnlicher Weise redet Petrus Crassus auch das Volk von Rom selbst an, dem es selbstverständlich zum Vorwurf gereicht, einen solchen Papst zu haben[13]). Aber vorzüglich sind noch die Sachsen, als Heinrich's IV. Hauptfeinde auf dem deutschen Boden, mehrfach dazu auserlesen, in scharfen Aeußerungen getadelt zu werden. Zuerst geschieht das, um die Sachsen, die in der heiligen Taufe durch Annahme des Glaubens der Wahrheit die Hand gereicht haben, darauf hinzuweisen, daß die Hartnäckigkeit eines einzigen Mönches — Gregor VII. ist natürlich gemeint — die Gesetze, die von den frommsten Kaisern für die Sachsen und deren Söhne und für der ganzen Christenheit Rettung aufgerichtet worden seien, aufzulösen und zu zerstören sich bestrebe, und dann leitet der Verfasser auf jene für ihn so wichtige unverbrüchliche Gültigkeit der Gesetze, zu Gunsten Heinrich's IV., über. Allein eben hier haben die Sachsen schwer gefehlt: sie haben dem Wahnsinn des einen Mönches, durch dessen Mund sie meinten, den heiligen Apostel Petrus sprechen zu hören, sich anschließend, gegen göttliche und menschliche Gesetze, gegen das Völkerrecht, gegen das bürgerliche Recht, gegen die guten Sitten, gegen alle im menschlichen Leben gültige Billigkeit mit bewaffneter Macht in das Reich einen Einfall gemacht, während sie doch hätten einsehen sollen, daß es weder in dieses Mönches Hildebrand, noch in ihrer Gewalt liege, über das König Heinrich IV. von Gott gegebene Reich zu verfügen[14]). Zuletzt ist noch der ganze Schlußabschnitt für die Sachsen berechnet. Sie nämlich sollen mit ihrem Meister — dem Papste — von den Gesetzen selbst vor jenes Gericht gerufen erscheinen, für dessen Veranstaltung ja die ganze Schrift von Petrus Crassus abgefaßt wurde, um da dem Könige wegen ihres Einbruches in das Reich Rechenschaft abzulegen. Wieder werden da Stellen des römischen Rechtes, unter noch dreimaliger Anrufung der Sachsen, eingerückt, um diesen zu beweisen, wie ihnen Alles daran liegen müsse, die ganze Sache der Barmherzigkeit des Richters anheim zu stellen, damit der

---

[12]) Vergl. schon in n. 66 über c. 3. In c. 5 folgt nochmals: Nimis caute, ut aestimant, opponunt mihi hi, qui vocantur Paterini, nämlich mit einem Hinweise auf Gregor I. (442), sowie in der bei n. 71 im Texte erwähnten Stelle von c. 7 der Satz: Ad hoc inquiunt Paterini adversus praesentiam regis accusatores haberi non potuisse (447).

[13]) In c. 7 erscheint der Romuleae urbis populus angerufen, zu hören, was abermals Gregor I. de tuo papa, quem pro Deo causa summorum colis, legt, und ihm wird vorgehalten: Nec te justificari confidas, quod, qui te decepit, in apostolica sede sedet (448).

[14]) In c. 6 findet sich eben die in n. 69 berührte längere Erörterung über hereditas, successio, temporis praescriptio und Aehnliches an die Saxones, die mehrfach angeredet werden, gerichtet; die prudentia vestra, die aequanimitas vestra werden interpellirt: die prudentes viri, rationis amici sollen einsehen lernen, daß sie einen großen Fehler begingen, einem nauta qui portum capere navigando sine remis contendere (der Satz ist nicht vollständig) sich anzuvertrauen (443—446).

König die Menge der Gesetze ihnen gegenüber mäßige und nachsichtig auf ihre Bitte ihnen Verzeihung schenke[76]).

Einem Gerichte nämlich sollte die ganze Arbeit, die hier aus Ravenna dargeboten wurde, als Einleitung dienen.

Petrus Crassus führt schon gleich kurz nach den ersten Abschnitten die Vernunft sprechend ein, die ihn bewogen habe, einige Sätze niederzuschreiben, wodurch die Weisheit der zu dem Könige haltenden Geistlichen aufgefordert würde, auf seinen Befehl eine synodale Versammlung zusammenzurufen. Da soll dem römischen Hirten in kanonischer Weise der Krieg angesagt und ihm ebenso aufgetragen werden, daß er selbst zum Concil komme[78]). Dann wird im Weiteren genauer festgestellt, was diese Richter im Einzelnen zu thun hätten. Sie sollen ergründen, wie Gregor VII. zum apostolischen Sitze gelangt sei, und danach mag dieser aus dem Urtheile heraushören, wie schwer er sich gegen die schon erwähnte Vorschrift in der Regel des heiligen Benedictus verfehlt habe. Dann haben vorerst sie den Richterspruch zu vernehmen, den Gregor VII. in seiner eigenen Gerichtshaltung über den König fällte, dabei aber, wie denn ein jedes Gericht ordnungsgemäß zu halten ist, auch die Fürsprecher des Königs, die jener dazu anzuhören verachtet hat, heranzuziehen; freilich werden sie den Spruch nicht anerkennen, da ja eben der Papst Anklage, Zeugenschaft, Urtheil in sich vereinigte[77]). Aus all dem geht als Schluß hervor, daß Heinrich IV. in ganz ungültiger Weise verurtheilt wurde, daß die Ungerechtigkeit des Mönches gegen den, welchen deutliche Worte des heiligen Petrus empfehlen, und seine Ruhmredigkeit darüber, daß er dem ganzen Reiche Schaden zugefügt habe, den Urtheilsspruch der Richter eben auf Gregor VII. lenken müssen, und so sollen diese bei dessen Fällung beachten, daß sie gerade über den zu Gericht sitzen, der die der Gesetze Unkundigen von der Treue, dem Frieden, der Eintracht, dem Wohlwollen zum Zorne, zum Hasse, zum Eidbruch, zur Mord-

[76]) Das ist der Inhalt von 3 (452 u. 453, unrichtig steht da am Anfang die Ziffer 7).

[78]) In c. 4 ist dieses synodale concilium zuerst erwähnt, und zwar fordert die ratio, die als Rathgeberin eingeführt ist, die Einberufung der religiosi episcopi, quorum magna extra Italiam et in Italia est copia, moribus et vita ac literarum doctrina simulque facundia ornati — und zwar: quia sunt quam plures in clero, qui hunc tam longum nutriunt errorem (d. h. wohl den vorher in c. 3 erörterten Irrthum der Paterini über Gregor VII. als Papst, qui extra ecclesiam sententia omnium esse convincitur) —, ferner der economi ecclesiarum quae per Italiam diffusae noscuntur, simulque cum his sui ordinis quam plures, quos religio ac literarum peritia commendat. Im Weiteren folgt dann eine Unterredung des Autors mit der ratio, endlich nach der Ausführung, daß die kaiserlichen und königlichen Gesetze nichts mehr gelten, die Klage: vexat regnum injustitia, gaudet habere regiam in militia potestatem H(ildebrandus) monachus, sanctorum canonum contemptor, sowie der schon bei n. 67 erwähnte Zusammenhang (438 u. 439).

[77]) Das erste Argument ist in c. 5 — vergl. schon bei n. 68 —, das zweite — vergl. den Eingang wegen der advocati schon ob. S. 251 in n. 26 — in c. 7 am Anfang (446 u. 447) gebracht.

that gegen den eigenen Herrn verführt habe. Ausgeschlossen von der Kirche muß Hildebrand mit seinen Anhängern werden; denn die ganze christliche Religion ist verwirrt, seit sie diesen Wächter erhalten hat[78]). Und diese Forderung, daß Gerechtigkeit zu üben, daß der nach den übereinstimmenden Aussagen der heiligen Väter [illegible] Mönch aus der Kirche auszustoßen sei, kehrt noch fortwährend in den Mahnungen an die Richter wieder, mit immer neuen Beweisgründen, daß dieser Alt und Jung, Mann und Weib betrübt habe, oder daß Rudolf durch ihn aufgestachelt sei, oder daß Gregor VII. lange Zeit Schwarzkunst geübt habe, so daß also die Mutter Kirche selbst die Richter anflehe, so großes Verbrechen nicht ungestraft zu lassen[79]).

In dieser Weise wünschte der Ravennater Vertheidiger Heinrich's IV. den Verlauf der in Aussicht genommenen Synode des Königs sich gestalten zu sehen. Aber was das Eigenthümliche jener Beweisführungen ausmacht, ist eben, daß er zuerst als letztes Beweismittel überall das alte kaiserliche Recht hervorzog, daneben jedoch diese Sätze ganz ebenso gut mit Beweisen aus den christlichen Schriften zu stützen wußte. Den Gehorsam gegen den Kaiser, die Unterwürfigkeit unter den König weiß er aus beiderlei Gesetz abzuleiten[80]).

König Heinrich IV. war von Baiern, um das Osterfest zu begehen, nach Niederlothringen aufgebrochen; in den Aufenthalt zu Lüttich fiel der 12. April mit seiner kirchlichen Feier[81]). Aber

[78]) Das wird im ferneren Verlauf von c. 7 (448 u. 449) ausgeführt. In diesem Zusammenhang (448) steht der Satz: Taceamne, quod idem monachus [illegible]) ducem cum sequacibus suis in anima et corpore mortificavit, quem manifestissime in perjurium et homicidium proprii domini perduxit?, um dessen willen die Niederschreibung dieser Stelle erst nach Rudolf's Tode angenommen wurde; aber Mirbt, l. c., 19, n. 3, weist gewiß richtig nach, daß hier geistliche und leibliche Tod als die nothwendige Vergeltung für Rudolf's [illegible] gegenüber dem Könige eben als Strafe vorausgenommen gedacht wurde. Mit mehr Recht bezieht der Herausgeber (im Weiteren (450, wozu n. 1) die Andeutung der Absendung eines quidam — von Seite der deutschen Anhänger Gregor's VII. — ad defensionem istius monachi diversis instructus sententiis, quem apostolicus habilem non oratorem, sed erratorem esse demonstravit, auf die von Bernold, a. 1083 (vergl. unt. bei 1083 in n. 86), erwähnten Sendlinge.

[79]) Diese Dinge folgen sich noch — besonders zuletzt die nigromantia — gegen Schluß von c. 7 (451 u. 452). Der Satz: et laudem et lucra temporalia Ruberto Dei inimico regnum promittendo quaesivit, der sich auf das zu [illegible] Geschehene beziehen soll (vergl. unt. in n. 135), muß allerdings zu den in n. 62 berührten erst 1084 gemachten Einschiebungen zählen.

[80]) Gerade in c. 7 (450) finden sich innerhalb der aufgestellten Schlußfolgerungen bemerkenswerthe derartige Sätze: ... imperatori serviendum est ... [illegible] apostolus subjectionem praestare regibus.

[81]) Gegen die Ansicht, daß Heinrich IV. Ostern in Bamberg gefeiert habe — Stenzel, l. c., VII, 783, und Giesebrecht, III, 500, stimmen hierin überein —, macht Kilian, Itinerar Kaiser Heinrich's IV., 86 u. 87, sehr richtig auf die unabweisbaren localen Nachrichten aus Lüttich aufmerksam, der Annal. s. Ja-

bis zum Pfingsttage — 31. Mai — war er schon wieder bis Mainz gelangt[57]). Es ist ganz sicher, daß er durch die Nachrichten, die von Rom gekommen waren, bewogen worden war, sich an den Rhein zu begeben.

Denn inzwischen hatten schon die königlich gesinnten Bischöfe gegenüber der Erneuerung des kirchlichen Fluches, wie sie am 7. März geschehen war, ihre ausdrückliche Erklärung abgegeben. In der Stadt des einen der beiden königlichen Boten, die Gregor VII. anzuhören verschmäht hatte, in Bamberg, waren sie zur Osterfeier zusammengetreten, und da geschah am heiligen Tage zwischen der Feier der Messe die Ankündigung gegen den Papst. Wie ein aus dem Heinrich IV. gegnerischen Lager kommender Bericht es ausspricht, schleuderten die Versammelten zahlreiche und ehrenrührige Schimpfworte gegen Gregor VII. und verkündigten öffentlich, daß er von nun an in alle Zukunft auf keine Weise als apostolischer Vater anerkannt werden dürfe: von da an hätten sie sich dann — heißt es da weiter — durch das ganze Reich verbreitet, indem sie und die ihnen sich anschließenden Gehülfen überall das Gleiche verkündigten. So scheinen diese eifrigen geistlichen Anhänger Heinrich's IV. ihrem Könige selbst vorausgeeilt zu sein, besonders indem sie auch an anderen Orten das in Bamberg Ausgesprochene wiederholen ließen[58]).

---

cobi Leodiensis: Rex Heinricus pascha celebrat Leodii und des Ruperti Chron. s. Laurentii Leodiensis, c. 44, wo, freilich ohne Nennung des Jahres, ein Ereigniß ausdrücklich Heinrico rege pascha celebrante Leodii zeitlich fixirt erscheint (SS. XVI, 639, VIII, 277). Die Begebenheit betrifft den schon in Bd. II, S. 517, n. 66, erwähnten Abt Wolbodo des St. Laurentius-Klosters, der in seinem Conflicte mit Bischof Heinrich, von dem in c. 44 die Rede ist (vergl. auch J. 5031, Gregor's VII. Schreiben — Registr. IV, 21 — vom 6. April 1077 an Bischof Hermann von Metz, als dessen portitor eben Wolbodo genannt ist, der gebeten habe: quatinus eum apud episcopum Leodiensem, qui eum de monasterio suo jecerit, ut clementius in illum ageret, apostolicis interventibus juvaremus: l. c., 271), jetzt 1080 nach langen Reisen — a Pulania et Anglia — nach Lüttich kam und am Ostertage selbst inter missarum sollempnia coram rege procidit, conquirens et regiam auctoritatem implorans, worauf Heinrich sich zu einer neuen gerichtlichen Untersuchung herbeiläßt und dazu einen Tag ansetzt, den freilich Wolbodo more suo nicht inne hält (: Wolbodo cum rege recessit: daß der König in solcher Weise den Abt mit sich fortnahm, geschah ohne Zweifel, um nicht den Bischof Heinrich von sich zurückzustoßen). Gregor VII. hatte sich noch ganz kurz vor dieser Osterfeier des Bischofs Heinrich in einer Streitsache desselben, mit dem Grafen Arnulf von Chiny, der Heinrich in vigilia natalis Domini 1079 gefangen genommen hatte, angenommen, vorzüglich den Bischof von dem durch den Grafen ihm aufgenöthigten Eide gelöst, in zwei Schreiben vom 30. Januar dieses Jahres, an Bischof Theoderich von Verdun und an Heinrich selbst, J. 5153 und 5154, Registr. VII, 13 und 14, wozu noch Epist. collectae, Nr. 34 ((l. c., 396—398, 562).

[57]) Vergl. nachher in n. 84 die Heinrich's IV. Anwesenheit bezeugenden Quellenstellen.

[58]) Davon spricht Erzbischof Gebhard von Salzburg in seiner Epistola an Bischof Hermann von Metz, c. 15 (Libelli de lite, I, 270), die eben auch diese Anwesenheit von Bischöfen zum Osterfeste bezeugt: multa et inhonesta in domnum papam convicia jaculantes, omnibus, qui congregati sunt, denuntia-

Erst am Pfingstfeste nämlich sammelten sich nunmehr zu Mainz Fürsten des Reiches, darunter neunzehn deutsche Erzbischöfe und Bischöfe, um den König. Wie Bischof Huzmann von Speier, einer der Theilnehmer, alsbald über die Verhandlungen einen Bericht gab, wurde der Beschluß gefaßt, wenn es möglich sei, einen gemeinsamen Rathschlag darüber zu halten, daß die Verwirrung, in der das Reich sich befinde, beschwichtigt und die königliche Gewalt hergestellt werde, ebenso daß die hier Vereinigten der Kirche zu Hülfe kämen, damit sie nicht völlig Schiffbruch leide. Als Mittel zur Erreichung des Zweckes vermochten sie einzig die Entfernung des Papstes aus seiner Stellung in Aussicht zu nehmen. Huzmann faßte diesen Beschluß in den leidenschaftlichsten Ausdrücken zusammen: das Haupt der Pest verbreitenden Schlange sollte gänzlich abgeschnitten werden, durch deren gifterfüllten Hauch die vorliegenden Geschwüre emporgeschwellt seien —: so hätten sie, Fürsten und übriger Stehende, nachdrücklich und verbindlich beschlossen, daß Hildebrand, der hinterlistig sich des apostolischen Stuhls bemächtigt und in abscheulicher Weise göttliche und menschliche Gesetze in Unordnung gebracht habe, mit Gottes Hülfe vollkommen entfernt und ein anderer würdigerer auf den apostolischen Stuhl erwählt werde. So war für das Vorgehen gegen Gregor VII. der Boden bereitet, allerdings vielleicht nicht ohne Ausübung von Zwang gegenüber den zur Mitwirkung herangezogenen geistlichen Fürsten; aber zunächst war ein einmüthiges Vorgehen unverkennbar[44]).

---

erunt extunc in reliquum nequaquam pro apostolico habendum esse. Ibique incipientes pertransierunt per universum regnum eadem predicando, adjunctis sibi et aliis ejusdem verbi ministris. Sander, l. c., 22 n. 2, meint, die Bischöfe hätten sich zuvor des Einverständnisses des Königs versichert.

[44]) Für die Geschichte der Mainzer Versammlung stehen ziemlich reichliche Quellen. Aus Mainz selbst stammt die Nachricht des Marianus Scottus, Chron., a. 1101, resp. 1079: Heinricus rex [Rec. alt.: in conventione episcoporum, abbatum ceterorumque regni primatum ac clericorum Teutonicorum] in pentecosten Mogontiae deponit Hiltibrandum papam (womit zu viel gesagt ist), und daneben hat Sigeberti Chron., a. 1079: Heinricus imperator in pentecoste conventu habito Moguntiae decernit Hildibrandum a papatu esse deponendum (SS. V, 561 u. 562, resp. XIII, 79 —, VI, 364 —: Guba, Der deutsche Reichstag in den Jahren 911—1125 — Historische Studien, XII —, erwähnt, 124, diese und die nachherige Mainzer Versammlung). Besonders aber ist in officiellen Actenstücken davon die Rede. Zuerst sagt Bischof Huzmann von Speier in dem vom Codex Udalrici, Nr. 60, in Monum. Germ., Leg. Sect. IV, I, 118, hinübergenommenen Briefe: Super regni perturbatione regiaeque potestatis derogatione nec non etiam super vacillante statu ecclesiae non minus ego dolens quam ceteri principes regni, decrevimus Moguntiae inire simul consilium, si fieri possit, ut et regni perturbatio sedetur regiaque potestas redintegretur et sanctae matri ecclesiae, ne omnino naufragium patiatur, succurramus. Quonam autem modo hoc fieri possit, excogitare nequivimus, nisi caput pestiferae serpentis penitus abscideretur, cuius venenoso afflatu hec exorta hactenus intumuerunt .... Quo inito consilio, tam primates quam minores firmiter fideliterque decrevimus, ut Hildebrandus ille sedis apostolicae subdolus invasor, divinarum humanarumque legum execrabilis perturbator, Deo opitulante omnimodis abdicetur aliusque dignior illo in sedem apostolicam eligatur. Ebenso steht im Synodalbeschluß von Brixen

Von diesen hier in Mainz gefaßten Beschlüssen wurde alsbald in weite Kreise hinaus Mittheilung gemacht. Denn neben dem schon erwähnten Schreiben Bischof Huzmann's stehen noch Briefe des Erzbischofs Egilbert von Trier und des Bischofs Theoderich von Verdun, die geeignet waren, von der Entschlossenheit der auf Seite des Königs stehenden hohen Geistlichkeit des deutschen Reiches, Rom entgegenzutreten, genügendes Zeugniß abzulegen.

Die Verkündigung Huzmann's war geradezu an die Erzbischöfe, Bischöfe, Herzoge, Markgrafen, Grafen und an alle Angeseheneren und Geringeren der ganzen Lombardei gerichtet. Sie sollte nach der Aufführung des in Mainz gefaßten Beschlusses, der Betonung der Erwartung, der an Stelle des zu entfernenden Hildebrand gewählte Papst werde das Zerstreute sammeln, das Zerbrochene befestigen, keine Zwietracht, keine Kriege, sondern wie ein guter Hirte in der heiligen Kirche den Frieden wünschen, eben ganz besonders das Zutrauen der italienischen Anhänger Heinrich's IV. zu der Haltung

am Ende, daß die da Versammelten legatis ac litteris freti decem et novem episcoporum die sancto preteriti pentecostes Mogontiae congregatorum den Urtheilsspruch gegen Gregor VII. gefällt hätten (l. c., 119). Endlich redet Bischof Theoderich von Verdun von seiner Theilnahme im Briefe des Codex Udalrici, Nr. 63: consilio meorum, satis importuno et teste Deo mihi contrario, in pentecosten veni ad curiam. Terribiliter astrictus, multipliciter coactus sum ibi agere contra ordinem . . . Abrenuntiavi sedenti in sede apostolica (l. c., 132). — Im Briefe des Bischofs Konrad von Utrecht an Bischof Udo von Hildesheim, der schon ob. S. 68 in n. 106 erwähnt wurde, sagt der erstgenannte: rediens de Fresia hanc tuam legationem suscepi Groninne in ipso itinere, quod coepi Magontiam, ubi principes regni condixerant in festum sanctae Margarethae; die Botschaft bezog sich darauf, daß Konrad an Udo eine solche geschickt hatte: respondisti pro voto, precipue quod marchio E. (Markgraf Ekbert von Meißen, über den zuletzt vergl. ob. S. 236, 241) in sua spe frustrabatur, dum te frustra dando et pollicendo in meam, ut ait, controversiam sollicitare nitebatur, und daß darauf Antwort gekommen war: Quod autem, sicut mandasti, omnes vos inquietat ad meam oppressionem et, nisi acquiescatis, suam vobis minatur subtrahere fidelitatem, hinc certe est, quod jam affectavit sibi viam et accessum ad gratiam domini nostri regis et, quod postea domino volente non poteat si in hanc partem concesserit, per Saxones, si posset, prius mihi nocere et insidiari festinat. Unde non juste argueris vel periculum times a vicinis, si sui causa mihi nocere aliquatenus distuleris; Konrad wünscht jetzt mit Udo locus et tempus colloquii, zu Austausch ihrer Geheimnisse facie ad faciem ore ad os viva voce, festzustellen. Posse, Die Markgrafen von Meißen und das Haus Wettin, 185—187, handelt hievon und möchte, n. 94, die Mainzer Versammlung, von der die Rede ist, mit dieser vom 25. Mai, wie Posse meint, richtiger zu Pfingsten, identificiren, trotz der auf den 13. Juli fallenden Tagesangabe, so daß eben der Termin vom 13. Juli vorgerückt worden sei. Sander, l. c., 29 n. 1, macht darauf aufmerksam, daß vielleicht der ganze Satz, der von dem Gespräche in Mainz handelt: ubi . . . . Margarethae, der auch durch das Plusquamperfect auffalle, ein Einschiebsel sei. Da nämlich Konrad in Brixen mit anwesend war (vergl. unt. S. 285), ist es auch ausgeschlossen, daß etwa der 13. Juli ursprünglich als Termin für die nachher in den August versetzte Mainzer Versammlung (vergl. unt. S. 285) angesetzt gewesen sei; denn damit vertrüge sich nicht der Aufbruch nach Mainz von Groningen her, da gewiß Konrad im Gefolge des Königs von Nürnberg her eintraf. So dürfte immerhin am ehesten der Brief in die Zeit vor Pfingsten 1080 gesetzt werden.

der königlichen Regierung sichern. Denn das Schreiben schloß mit den Worten, deren Hinweis auf die Vorgänge vor vier und drei Jahren, zwischen Papst und König, ganz unverkennbar sich den Empfängern aufnöthigen mußte: „Und Euch möge von der Durchführung dieser Angelegenheit nicht abschrecken, daß wir früher bei einem ähnlichen Rathschlusse uns im Hafen hielten und Euch der gefährlichen Bewegung der Stürme überließen. Handelt vielmehr gleich Männern, und Euer Herz möge sich bestärken, die Ihr in dem Herrn Hoffnung heget, die Ihr für sicher wißt, daß leichter der Hand des Hercules die Keule entwunden werde, als daß wir, wenn das Leben uns erhalten bleibt, in dem gegenwärtigen Kampfe von Euch weggerissen werden". So war, freilich noch ohne eine unmittelbare Ankündigung der nothwendigen nächstfolgenden Versammlung, hinreichend deutlich gesagt, was auf einer solchen geschehen sollte[88]).

Ganz ähnlich sprechen sich aber auch die beiden anderen Absender von Schreiben aus, die ohne Zweifel im Einverständnisse unter einander dabei handelten.

Erzbischof Egilbert, dem stets noch die kirchliche Weihe für den ihm übertragenen Erzsprengel von Trier fehlte, brauchte gleichfalls die heftigsten Worte gegen den Papst. Er begann, zwar sei es nicht behutsam, vielmehr wahnwitzig, gegen den an Stelle des heiligen Petrus die Gesandtschaft Christi vertretenden apostolischen Vater ein Urtheil zu fällen, etwas gegen ihn zu wagen, daß es jedoch anderntheils eine große Gefahr für die Mutter Kirche und eine völlig gottlose That wäre, wenn man nicht diesem jetzigen Eindringling auf den apostolischen Stuhl entgegentreten würde, da er in unerhörter Anmaßung sich selbst erhoben habe, da er nach ruchlosen Neuerungen strebe, sich an seinem erlauchten Namen ergötze, während der Schreiber des Briefes ihm nicht einmal den Namen eines Christen beimessen möchte. Und dann werden auf diesen Namen alle Vorwürfe gehäuft, in den lebhaftesten Fragen alle die Thaten aufgezählt, die es verböten, ihm die Bezeichnung eines wahren Papstes, eines guten Hirten, eines gerechten Priesters zu ertheilen, neben den immer wiederholten Anschuldigungen, der Hervorrufung von Zwietracht, der Zerstörung des kirchlichen Friedens, der Herbeiführung von Blutvergießen, der grausamen Urheberschaft von Tödtung, noch im besonderen die ketzerische Ansicht in der Abendmahlslehre. Mit einer Hervorhebung der Gottlosigkeit und Frevelhaftigkeit, des Abscheulichen und Verwünschenswerthen in Allem, was er betreibe, während er die einen gegen den König bewaffne, die anderen zum Kriege anhetze, den er selbst Allen zuzufügen suche,

---

[88]) Vergl. schon in n. 84 den wesentlichen Inhalt der ersten Hälfte des Schreibens, das sich als von Huzmann persönlich abgefaßt ankündigt. Die im Texte übersetzten Worte wollte Martens, l. c., II, 211 u. 212, als durch Huzmann eingeleitete eigene Rede des Königs auffassen: aber Huzmann war eben 1076 selbst auch einer der portum tenentes gewesen (vergl. Bd. II, S. 730).

schließt diese unmittelbar gegen Gregor VII. gerichtete Ausführung. Allerdings kommt dann zu Tage, daß Egilbert noch ganz von sich aus sich aufgefordert fühlte, gegen Gregor VII. zu schreiben: „Denn unter den vielfachen Unglücksfällen und Mühseligkeiten, welche die heilige Kirche erleidet und beklagt, ist auch mir von ihm ein ebenso übermüthiges, als gewaltsames Unrecht zugefügt worden“. Danach ergeht sich der Verfasser des Schreibens in der Erinnerung daran, daß Geistlichkeit und Volk von Trier ihn im Einklang unter einander zum Bischof erwählt hätten, ohne daß er die Weihe, eben infolge der Hinderung durch Gregor VII., habe erhalten können, obschon alle Söhne und Suffragane dafür eingetreten seien und schwer sich über die ungewohnte Wittwenschaft ihrer Metropole beklagt hätten: weder sein unbefleckter Eintritt und seine gesetzmäßige Wahl, so wenig als der einstimmige Wille der Bischöfe und die eifrige Verwendung von Trier hätten bei dem Papst etwas erreicht. Doch schließlich lenkt Egilbert wieder zum Allgemeinen zurück und wiederholt, daß er Gregor VII. fortan nicht mehr Gehorsam erweisen wolle und daß nach seinem Ausspruch dieser nicht mehr länger an der Stelle und in der Vertretung des heiligen Petrus sitzen werde, dem er nicht nachfolge, zumal in dem erstaunenswerthen Mißbrauche, den er in seinem völlig ungewöhnlichen Begehen und dem unerhörten von der Synode erlassenen Decrete bewiesen habe[86]).

Egilbert's Suffraganbischof Theoderich von Verdun wandte sich an alle geistlichen und weltlichen Großen und an alle Geistlichen und Laien des römischen Reiches mit seiner Klage: „Die Verwirrung unseres Reiches und, um wahrhaftiger zu sprechen, wenn nicht Gott es abwenden mag, dessen allzu nahe bevorstehende Vernichtung regt uns zum größten Schmerze auf, ruft uns zu Thränen, beseelt uns zu jämmerlicher Klage vor Gott und den Menschen. Hildebrand, der das Haupt der Kirche genannt wurde, ist nunmehr deren Schweif, der die Grundlage war, ist ihr Abbruch, der die Zierde war, ihre Schande“. Und so geht der Jammer fort, über den, der sammeln sollte und zerstreut, der lieben sollte und haßt, der die heilige Kirche befestigen sollte und sie bis zur allfälligen Ketzerei schwächt. Unerhört ist die Anmaßung des über allen Ruhm

[86]) Des E(gilbertus) designatus episcopus Treverensis ecclesiae offener Brief, der an die patres non fratres, domini non amici gerichtet ist, steht im Codex Udalrici als Nr. 61 (l. c., 127—129). Die schon ob. S. 189 in n. 26 theilweise eingerückte Stelle zeigt Egilbert's subjective Eingenommenheit gegen Gregor VII. (wäre das in derselben stehende Zeitmaaß: fere per biennium buchstäblich zu nehmen, so wäre es allerdings kaum möglich, den Brief mit Jaffé schon Jan. ineunte anzusetzen). Der Vorwurf betreffend die Abendmahlslehre lautet: sicut dubitat, si illud, quod sumitur in dominica mensa, sit verum corpus et sanguis Christi, ita non penitentibus etiam ea, que juste facta sunt, condonat sacramenta. Aus dem unt. bei n. 162 folgenden Briefe Theoderich's braucht nicht mit Sander, l. c., 23 n. 3, geschlossen zu werden, daß Egilbert in Mainz fehlte: Theoderich muß eben, um seine Gesinnungsänderung zu erklären, ausführlicher auf die Mainzer Versammlung zurückgreifen.

sich selbst rühmenden Menschen, der über alle Bosheit übel handelt, das Reich und den katholischen König zu vernichten sich vorsetzt, die Ungerechten rechtfertigt, die Frommen ungerecht verdammt, die Beschlüsse der Väter verdreht, einen verfälschten König erhebt, den rechtmäßigen König sogar bis zum Gedächtniß des königlichen Namens zu vertilgen sich vorsetzt und droht. Alle Treue ist zu Meineid verkehrt, der Vater der Lüge aller Wahrheit widersprechend. „Gott möge zusehen und richten, sehet Ihr zu und richtet! Den gottlosen Menschen, den verabscheuungswerthen Menschen, der die Glieder der Kirche umstürzt, sollten wir uns zum Haupte machen? Wir sollten einen, der sich von aller kirchlichen Ehre in der furchtbarsten Weise hinwegstellt, uns zum Vater aufstellen? Sein eigenes Leben klagt ihn an; seine Verkehrtheit verdammt ihn; die Hartnäckigkeit seiner Bosheit belegt ihn mit dem Fluche. Und dabei weist er es nicht von sich (— so wendet sich der Bischof an die Empfänger seines Schreibens —), mit Euch verbunden zu sein, mit Euch zu thun, mit Euch den Kampf zu bestehen, so wenig als unsere Zustimmung, Rath und Hülfe. Doch wir werden mit Euch unter Gottes Hülfe es bewerkstelligen, einen Papst zu erwählen, der die Irrthümer verbessere, das Verlassene herstelle, der das in solchem Maaße Freche vernichte; unter Gottes Zustimmung werden wir mit Euch stimmen, und für die Ehre der Kirche und die Wiedererlangung von König und Reich werden wir an keiner Stelle Euch den Beistand entziehen“ [87]).

Solchen Beweisen offenbarster Feindseligkeit gegen Gregor VII., wie sie aus den höchsten Kreisen der deutschen Geistlichkeit hervorgingen, entspricht in ganz bestätigender Weise eine Aeußerung von der entgegengesetzten Seite, die bezeugt, wie sehr man sich unter den Anhängern des Papstes verlassen fühlte. Einer der vornehmsten Wortführer war hier ohne Frage der aus Salzburg vertriebene Erzbischof Gebehard, und dieser schrieb etwas später unter dem Eindruck der Vorgänge nach der neuen Excommunication Heinrich's IV. an seinen Gesinnungsgenossen Bischof Hermann von Metz über die Vereinzelung, in die er sich versetzt fühlte: „Ekel erregend und überflüssig erscheint es, daß die, welche niemand zu hören würdigt, zur Vorbereitung von Antworten Mühe aufwenden. Es ist eine seltene Art von Mißgeschick, die wir erleiden, da wir in Vielem angeklagt werden und doch keine Stelle, wo wir uns entschuldigen, haben können“ [88]).

Aber ebenso fanden die aus Deutschland erklingenden anschuldigenden Stimmen abermals ihren lauten Wiederhall in Italien. Es ist ganz begreiflich, daß ein Feind von solcher Erbitterung gegen Gregor VII., wie der von seinem Bischofssitze flüchtige Benzo, jetzt

[87]) Der Brief — Codex Udalrici, Nr. 62 (l. c., 129 u. 130) — hat am Eingang über Hildebrand in der Uebersetzung nicht wiederzugebende Wortspiele: caput — cauda, fundamentum — detrimentum, decus — dedecus.

[88]) Vergl. in dem schon in n. 83 genannten Briefe, in c. 1 (l. c., 283 u. 284).

mit ganzer Kraft gegen den Gegner, mit den gewohnten Mitteln, neuerdings vorging.

Wieder sind es Gedichte, in denen Benzo seine Stimmung auszudrücken suchte. In der unmittelbaren Erwartung, daß jetzt das Gericht über Gregor VII. zusammentrete und besonders in der Anklage wegen Meuchelmord sein Urtheil fällen werde, bedauert Benzo, da die Schmerzen, die ihn bisher in den Füßen quälten, ihm jetzt in die Augen getreten seien, an der Versammlung nicht theilnehmen zu können, und bittet deßhalb einen der dort sich einfindenden Bischöfe, für ihn dort anwesend sein, ihn entschuldigen zu wollen, vorzüglich aber auch seine Sache Heinrich IV. zu empfehlen. Den Bischof selbst aber ermahnt er: „Stehe für den König gegen alle seine Gegner! Denn er hat Dich und die Deinigen zu den Ansehnlichen im Reiche gemacht" [89]). Aber noch ausdrücklicher bezieht sich der unaufhörlich eifrige Mahner in einem Gedichte, das er an Bischof Burchard von Lausanne, den Kanzler Heinrich's IV. für Italien, richtete, auf die unmittelbar bevorstehende Synode, zu der Burchard soeben, von Benzo beglückwünscht, eingetroffen ist. Es werden da dem Kanzler eingehend allerlei Rathschläge ertheilt, wie er reden, überhaupt gegenüber der Versammlung sich verhalten solle, auch wieder mit Nennung der gottlosen und überall unchristlich handelnden neuen Buzianer, wie er danach zu suchen habe, daß die Versammelten die Verwegenheit des ganz gegen Gott Petri Stelle Einnehmenden, wie er es verdient, lästern möchten; doch fast als das wichtigste erscheint Benzo, daß der Kanzler die Gräfin Adelheid heranziehe und für die Sache ihres königlichen Schwiegersohnes gewinne [90]). Allein auch außerdem noch ließ Benzo

[89]) Die ob. S. 262 in n. 50 citirte Untersuchung Lehmgrübner's setzt, 62—64, zutreffend von den Gedichten Benzo's, Lib. IV, gleich das erste hier in Betracht kommende, c. 11 (l. c., 645), unmittelbar mit der bevorstehenden Brixener Synode in Verbindung. Weil die passio, die ihn lange Zeit in den Füßen quälte, jetzt die capitis preciosa lumina ergriff, muß Benzo vom judicium — davon heißt es: sicariam dic legem heresis de vitio — fern bleiben und den Bischof Dionysius von Piacenza, dem gegenüber er jetzt — verglichen mit dem ob. S. 262, bei n. 51, genannten Gedicht — einen völlig anderen Ton anschlug, als seinen Vertreter in Anspruch nehmen. Aus den Anfangsworten: Senex puerum portavit, porta puer vetulum, quia nimis conturbatum me conturbat seculum schloß Lehmgrübner auf ein Pietätsverhältniß, vielleicht als Schüler, des Dionysius zu Benzo.

[90]) Dieser Schluß von Lib. IV, c. 13 (646 u. 647), geht an den cancellarius (vergl. S. 212, n. 65), der gekommen ist, um eine Versammlung zu leiten: Gratulamur te venisse, pater cancellarie; te suscipimus in ulnis omnes voluntarie; sapienter cogitato, quid dicas primarie —, d. h. ohne Frage die Brixener Synode. Beginnend mit dem Verse: In exordio loquendi monstra letam faciem geht dann durch einen längeren Zusammenhang der Rath, wie sich Burchard zu verhalten habe, darunter die Erwähnung der novi Buziani, qui non colunt Dominum (u. s. f.), und hernach ganz besonders der noch in n. 143 zu erörternde Rath: Madeleidam appella in regali federe. Am Schlusse rechtfertigt Benzo seine Keckheit, solche Rathschläge vorzubringen, mit seiner Kenntniß der Dinge in Rom: Scio enim quibus vinclis Protheus ligabitur, quo ligato rex cum grege ad coelum levabitur et aecclesia sub rege in pace

in diesen aufregungsvollen Tagen sich hören. So kann vielleicht ein weiteres Gedicht unter dem Eindruck des Briefes des Bischofs Huzmann entstanden sein. Zuerst steht eine längere klagende Ausführung über die seit Heinrich's III. Tode eingetretenen schlimmen Veränderungen, deren Einzelheiten in der gewohnten Weise dargestellt sind: die Patariner und andere abtrünnige Verschwörer zuerst gegen die Kaiserin Agnes, dann gegen den jungen König, die Entwicklung ihres gesammten Treibens, im Anschluß erst an Alexander II. — Asinander des Prandellus, wie er da gröblich wieder heißt —, dann an Gregor VII. Hernach aber wird eben Gregor VII. selbst in die Mitte des Gedichtes gerückt und ganz so dargestellt — als der Urheber des gegenchristlichen Treibens, der Irrthümer, der Störungen von Frieden und Ordnung —, wie in jenem Sendschreiben des deutschen Bischofes. Die Erwählung eines anderen Papstes, der Heinrich IV. zum Kaiser krönen werde, soll in Aussicht genommen werden, und dann wird der Kaiser, die Hoffnung der Kirchen, dem kaiserlichen Vater nachfolgen, als ein Triumphator in hoch erhobenen Ehren; zu ihm will da auch Benzo schutzflehend fliehen, auf daß sein Dolch die Plünderer des Heiligthums verderbe und er Gott und den Menschen theuer sei, ein Stifter des Friedens auf der Erde und an allen Enden[91]). Und ebenso zählt hieher noch ein durch Benzo, bei seiner späteren Zusammenstellung der einzelnen Stücke, in einem nachher folgenden Zusammenhange untergebrachtes Gedicht längeren Inhaltes, das zum Theil ganz mit den hier schon erwähnten Hervorbringungen

---

moratur. Daß Bischof Burchard eine in den streng kirchlich denkenden Kreisen anrüchige Persönlichkeit war, zeigt die Vita posterior S. Udalrici prioris Cellensis, c. 25, wo von Udalrich bezeugt wird: Burchardum Lausannensem praesulem . . . Salvatori suo laborabat lucrifacere, quem omnem viam carnis ingressum, nec ad Jesum Christi, sed ad sua lucra cognovit prona mente intendere . . . . Sed episcopus suae saluti inimicus . . . admonitiones pii patris non attendit, auditum a veritate avertendo et spatiosas mundi vias ambulando (SS. XII, 260).

[91]) Das ist c. 1 in Lib. V (647—649), dessen Zeit Lehmgrübner, 68 u. 69, sehr zutreffend „unmittelbar vor oder kurz nach dem Brixener Concil“ ansetzt, eben unter Hervorhebung der großen Aehnlichkeit mit dem S. 277 charakterisirten Briefe Huzmann's. Die Patariner werden als spiritus silvatici angeführt, daneben als ambrones, als artabati, als ligna colligentes sacro die sabbati, als conspirantes contra matrem, contra regem filium, u. s. f., charakterisirt, und der monachellus Hildebrand: Ab his (sc. von den Patarinern) suscepit . . . . publicam audaciam — wird in jeder Weise gebrandmarkt. Es heißt von ihm: Cum dedecore pellatur ab Urbe circellio (d. h. Gregor VII.); orthodoxus ordinetur in Petri subsellio, cuius capud gestet mitram de lapide bdellio (vergl. Genesis II, 12). Heinricum talis debet coronare cesarem, totam legem qui cognoscat et novam et veterem, und eben diese Andeutungen passen ja völlig auf die Brixener Synode, die Wibert erheben sollte. Benzo spricht auch da wieder von sich selbst: Quia nemo mei memor in tantis laboribus, quibus Romae desudavi pro regis honoribus, quaedam paucis explicabo, rex magne, sermonibus, und dann erzählt er vom Kriege, den er in Rom geführt habe: Bellum egi cum Prandello atque cum Badaculo (etc.), mit der stolzen Erinnerung, daß omnes nobiles Romani, nati ex patriciis, erant mecum colligati (vergl. ob. S. 266 in n. 58).

zusammenstimmt, in der Entschuldigung dafür, daß er, wegen seiner Krankheit, sich nicht mit dem König an der Zertrümmerung des Colosses — die Absetzung Gregor's VII. ist gemeint — betheiligen könne, in der ganzen Beurtheilung Gregor's VII. und seines Anhanges. An einen düster gehaltenen Rückblick in die vorangegangene Zeit, mit ihren nach einander emportauchenden drei Gruppen böser Feinde, mit der Betonung, deren letzte, der tausendfach lasterhafte falsche Mönch Prandellus, habe sich selbst als den Antichrist bekannt, an die trübe Schilderung der Gegenwart, daß sie die letzte Zeit vor dem Ende der Welt sei, schließt sich auch hier wieder der Wunsch für den König, daß er auf der Siegeslaufbahn der früheren Könige weiter schreite und den Schaaren derer, die ihm folgen, die Länder zum Besitz gebe. Im Besonderen ermahnt aber Benzo seine auf den lombardischen Bischofsstühlen sitzenden Brüder, die bei der Versammlung sich einfinden können, während ihm das versagt bleibt, was sie besitzen, weise hervorzukehren, damit der König aus den von ihnen in großer Zahl dargelegten Gesinnungen heraus die Kampfmittel gegen die Albernen gewinnen möge[91]).

Ohne Zweifel war schon in den Pfingsttagen zu Mainz die Zeit für die Versammlung festgesetzt gewesen; denn Heinrich IV. muß sogleich vom Rheine her zu den Alpen aufgebrochen sein und ohne Aufenthalt, nach deren Uebersteigung, den für eine Zusammenkunft von deutschen und italienischen Reichsfürsten wohl ausgewählten Platz erreicht haben.

Brixen war, als der südlich — neben Cur — am weitesten vorgeschobene Bischofssitz des deutschen Kirchengebietes — ganz bis nahe daran erstreckt sich das flußabwärts angrenzende Bisthum Trient des Patriarchatssprengels von Aquileja — für die aus Italien erwarteten Bischöfe leicht erreichbar; dazu kam, daß die dortige Kirche einen der treuesten Anhänger des Königs, Altwin, zum Bischof hatte. Allerdings erschien die Lage des Ortes, inmitten des schneebedeckten Hochgebirges, zwischen den höchsten Fels-

---

[91]) Daß Lib. VI, c. 2 (659 u. 660), gleichfalls hieher zu 1080 zu ziehen sei (vergl. Lehmgrübner, 75—78, wo am Schluß nur nicht vom „Anfang" des Jahres geredet sein sollte), erhellt aus Benzo's Entschuldigung: Crure subinflato retinetur Benzo grabato, oppressus morbis . . . non possum cum rege ferire colossum (vergl. hier n. 89). Die Stelle über die drei successiven Phasen der Gegner ist schon ob. S. 265 in n. 56 angeführt, S. 267 in n. 61 die über den rutrifer Gregor VII., der hier übrigens auch u. a. noch als deformis, carne leprositus, ab aecclesia tollendus hac sola malicia, oder wieder als compar baspidis, cuius cor vincit rigorem adamantis lapidis bezeichnet, oder wegen seiner Abstammung — matre suburbana, de patre caprario — verhöhnt wird. Gewünscht wird: Nabuchodonum qui vertit de rege in bestiam, destruat hunc monachellum, defendat aecclesiam, et coronet regem nostrum cum filio (vergl. aber unt. n. 112: diese eventuelle Krönung Konrad's ist ganz zweifelhaft) etiam. Die in den Schlußversen angeredeten fratres, regis amici erklärt Lehmgrübner richtig als die in Brixen besonders zahlreich vertretenen lombardischen Bischöfe.

klippen, wo stets Hunger und Kälte herrschen, wo kaum der Name eines Christenthums vorhanden sei — so erscheint die Schilderung in der Lebensbeschreibung eines der hingebendsten Diener Gregor's VII. und der Mathilde, des Bischofs Anselm von Lucca —, den vom Süden kommenden Reisenden wohl rauh genug [23]).

Bei dem König und der Königin war der vor drei Jahren in Italien zurückgelassene nunmehr sechs Jahre alte Sohn Konrad wieder erschienen. Aus den weiter abliegenden Theilen des deutschen Reichs hatten sich Erzbischof Liemar von Hamburg, der eine der beiden Abgeordneten Heinrich's IV. zur letzten Synode, und Bischof Benno von Osnabrück aus dem sächsischen Stammgebiete, dann Bischof Tiedo von Brandenburg, der wohl als Begleiter Liemar's gekommen war, weiter Bischof Konrad von Utrecht eingestellt; vom oberdeutschen Boden waren die Bischöfe Ruopert von Bamberg, der andere der königlichen Gesandten, Meginward von Freising und der rätische Bischof Norpert von Cur anwesend; für Altwin verstand sich die Mitwirkung von selbst. Von den deutschen Bischöfen, die 1076 in Worms bei der erstmaligen Verurtheilung Gregor's VII. betheiligt gewesen waren, erscheinen hier einzig Benno und Tiedo, und auffallend ist es, daß Huzmann von Speier, von dem doch das ermahnende Schreiben ausgegangen war, der damals in Worms nicht gefehlt hatte, nunmehr ausblieb. Vom burgundischen Boden war, gleich wie in Worms, abermals Bischof Burchard von Lausanne der einzige Vertreter; schon als italienischer Kanzler durfte er sich nicht entziehen, und Benzo hatte ihn ja noch eigens angerufen. Selbstverständlich war weit die größere Zahl der Anwesenden — unter der vielleicht mit gewisser Abrundung genannten Gesammtzahl von dreißig Bischöfen zwanzig Namen — aus Italien. Im Range standen voran die Erzbischöfe Thedald von Mailand und Wibert von Ravenna, der Patriarch von Aquileja Heinrich. Aus der mailändischen Kirchenprovinz waren Cuno von Brescia, Otto von Tortona, Udo von Asti, Reginger von Vercelli, Arnold von Cremona, Arnold von Bergamo der Reihe nach sich folgende Namen, ebenso aus der von Aquileja die Bischöfe Reginald von Belluno, Bruno von Verona — der einzige früher in Worms als anwesend genannte italienische Bischof —, Milo von Padua, Dibald von Vicenza, Roland von Treviso, der — als früherer Träger der Botschaft gegen Gregor VII. nach Rom zur Synode von 1076 — ausdrücklich noch zur Unterschrift seine große Bereitwilligkeit aussprach, endlich vom ravennatischen Erzsprengel Dionysius von Piacenza, den Benzo als seinen Vertreter angerufen hatte, Eurard

[23]) Ueber Bischof Altwin vergl. besonders Bd. II, S. 664—667, 671, hier S. 42. Die abschreckende Schilderung der Lage Brixen's: in loco horrido et asperrimo, in mediis nivalibus Alpibus, ubi fames assidua et frigus pene semper continuum .... altissimis circumdatis scopulis, ubi etiam vix nomen obtinetur christianitatis bringt Bardo in der Vita Anselmi ep. Lucens., c. 19 (SS. XII, 19).

von Parma. Dann folgen Bischof Wilhelm von Pavia, Bischof Konrad von Genua und Bischof Wernher von Bobbio, zuletzt aus Mittelitalien der Erwählte Hugo von Fermo[94]).

Die in solcher Weise zusammengesetzte Versammlung[95]) führte

[94]) Die 28 Namen der hohen geistlichen Theilnehmer — den Cardinalpriester Hugo inbegriffen — enthalten die Unterschriften des nach Codex Udalrici, Nr. 64 (l. c., 133—136), auch Leg. Sect. IV, 1, 118—120, stehenden Decretum synodi (die Zahl der im Decretum erwähnten 30 episcopi ist, wenn man den nicht unterschreibenden Wibert und den ja auch anwesenden Benno — vergl. n. 95 — hinzuzählt, gerade genau erreicht —: doch kann ja auch dreißig einfach eine runde Zahl sein, wie Köhncke, Wibert von Ravenna, 37, annimmt); mit Jaffé, l. c., 136, ist in der Liste der Name des Bischofs von Verona Bruno, statt Segebono, zu setzen (zu dem Bischof von Bergamo vergl. J. 5132, Registr. VI, 39, von 1079, über den Arnulfus Pergamensis ecclesiae electus); Bischof Roland setzte libentissime vor subscripsit (vergl. Bd. II, S. 630—634). Außerdem kommen noch für Benno's Anwesenheit Vita Bennonis ep. Osnabrug., c. 22 (SS. XII, 72 u. 73), St. 2822 durch den interventus nostre dilecte jugalis Berthe atque Chuonradi dilecti nostri filii für diese nächsten Angehörigen des Königs in Betracht (über Konrad vergl. ob. S. 20, sowie nachher in n. 112).

[95]) Die historiographischen Zeugnisse über die Brixener Synode fließen ziemlich reichlich. Von deutscher Seite bietet Frutolf, Chron. univ., einen aus der Würzburger Chronik: Apud Brixinam Noricam triginta episcoporum magnaeque partis optimatum regni conventus contra Hiltibrandum habetur (Ausg. von Buchholz, 45) und dem Decretum synodi nahezu wörtlich ausgebauten Bericht, mit Einfügung eines längeren Stückes vom Schlusse des Decretum, doch mit der Beifügung, daß die Versammelten nach Absetzung Gregor's VII. — quamvis absens — Wigpertum Ravennensem archiepiscopum ipsi subrogandum eligerant (SS. VI, 203 u. 204: vergl. dazu Buchholz, Ekkehard von Aura, I, 73—75, mit der Ausführung, daß sich der Autor eines eigenen Urtheiles über diese Vorgänge enthalten habe). Die Brixen räumlich zunächst stehenden Annal. August. zeigen eine ihrem sonstigen streng königlichen Standpunkt nicht entsprechende, wenigstens Gregor's VII. Ersetzung durch Wibert mißbilligende Haltung: Colloquium regis in Brixina. Gregorius VII. ab episcopis transalpinis et cisalpinis praesumptuose repudiatus excommunicatur. Wicbertus, Ravennas episcopus, minus sapientum consensu Gregorio VII. superponitur. Ruodolfus et Welf, duces erroris, cum omnibus sequacibus eorum excommunicantur (SS. III, 130). Daß Bernold auf das schärfste sich ausspricht, versteht sich von selbst: Unde (sc. in Folge der römischen Synode) emulus eius (sc. Heinrich IV.) congregata multitudine omnium scismaticorum sive excommunicatorum apud Briximam legitimum papam abjuravit, et Gaibertum Ravennatem quondam episcopum, set jam triennio a papa Gregorio inrecuperabiliter depositum et anathematizatum, sibi non in papam set in heresiarcham elegit, also unter völliger Betonung der Ernennung durch den König (SS. V, 436, wozu auch, 400, im Papstkatalog, zu vergleichen ist: Guibertus . . . heresiarcha sedem apostolicam tirannice invasit). Marianus Scottus, l. c., enthält in den an die Stelle von n. 84 unmittelbar sich anschließenden Worten die Zeitangabe für die wieder dem Könige zugeschriebene Handlung: Heinricus . . . Vugbertum Ravennae episcopum in nativitate Johannis baptistae Pressea episcopatu pro eo (sc. Gregor VII.) fecit papam [Rec. alt. fast gleich: . . . papam designavit]. Auch Sigeberti Chron., allerdings a. 1079, hat im Anschluß an die Stelle in n. 84: et Langobardiam petens, Guibertum Ravennae archiepiscopum pro Hildibrando papam designat, also ebenfalls unter völliger Zuweisung der Ernennung an Heinrich IV. (l. c.: vergl. auch Willelmi Malmesberiens. Gesta pontif. Anglorum, Lib. I, c. 49: Guibertus electione imperatoris Theutonum, SS. XIII, 136). Hugo von Flavigny, Chron., Lib. II, läßt irrig das Ereigniß erst auf den zu 1079 angesetzten

theils unmittelbar das schon auf der Mainzer Versammlung gegen Gregor VII. beschlossene Verfahren fort; im Weiteren knüpfte sie

---

Tod Rudolf's sequenti anno folgen: Witbertum invasit sedem apostolicam, a dampnatis et excommunicatis suique similibus in apostaticum, non apostolicum electus. Quae conspiratio primum facta est apud Brixiam, ubi congregati aliqui episcoporum de sinagoga satanae, traditi in reprobum sensum, contra fidem, quae est confessio Petri, et sanctam sedem eius Romanam aecclesiam turpia et nefanda jacientes, ad plenitudinem dampnationis suae elegerunt Witbertum heresiarcham de suis similibus, et desperata superbia apostolicum eum vocantes, apostatam, non apostolicum effecerunt — mit anderen Ausführungen dieses Gedankens, so, daß: cum . . . quesitum esset, quis ad impugnandum sanctum virum, papam videlicet Gregorium, falsitatis vexillum susciperet, nemo omnium tam audax . . . inventus est, qui naufragium fidei subire deligeret, preter eum solum . . . ut ruinam archiepiscopatus Ravennensis, quem pro suis criminibus eodem Gregorio praesidente synodali judicio perdiderat, susceptione oblati periculi compensaret. Aderat in conventu illo malignantium multus numerus dampnatorum . . . . eum solum invenit diabolus promptiorem, cui maliciae suae omnem principatum committeret —, worauf für das Einzelne des Vorganges noch Erzbischof Gebehard's Brief, Codex Udalrici, Nr. 69 (l. c., 141 u. 142), an Bischof Hermann von Metz — scripta veridica, quibus utique nullus cum justitia obviare praevalet — eingeschoben ist (SS. VIII, 459 u. 460). Wegen der Mitwirkung und des eigenthümlichen Verhaltens des betreffenden Bischofs fällt ferner die Vita Bennonis ep. Osnabrug., in ihrem ganzen c. 22, in Betracht, wo nach einem einleitenden Satze über die inter regem et apostolicum semel exorta discordia es heißt: Congregata apud Ticinum Italiae civitatem (irrthümliche Angabe, jedoch nicht in Verwechselung mit einer 1081 — vergl. dort bei n. 57 — abgehaltenen Synode von Pavia, da mit Unrecht die Existenz einer solchen angenommen worden ist: vergl. ob. S. 18, n. 22 —: in ähnlicher Weise setzt die kurze Erwähnung der Gesta Treverorum, Additam. et Contin. I, c. 11, die Heinrich IV. zugeschriebene Erhebung Wibert's, wo die Worte quem et Clementem nominavit erst zu 1084 — vergl. dort in n. 12 — Platz finden können, in una civitatum Italiae an: SS. VIII, 183) episcoporum multitudine, qui regiae parti favebant et papae eo ferebantur infensi, quia indiscretus nimium dicebatur ab eis, cum de nequitia eorum saepe vera loqueretur, cum eorum consilio et instinctu rex alium papam in sede apostolica sublimare disponeret, interfuit etiam conventui illi episcopus Benno, quamvis invitus, sed eo tamen prudentiae oculo, quem secum semper portare solebat. Videns enim in utraque parte plurima magis odio quam ratione tractari, et regi semper fidelis, nunquam autem papae inobediens esse desiderans, sed et quem tanta res finem habitura esset ignorans, diligentissime intendere coepit, quonam rationis astu fieri posset, ut salva honestatis pristinae integritate neutra in parte posset jure culpari (nun folgt die anschauliche eingehende Erzählung über das oben im Texte gebrachte Auskunftsmittel: der Verfasser der Lebensbeschreibung, Abt Norbert, bezeugt, daß Benno in Iburg ad similitudinem — nämlich des in Brixen vorhandenen altare, quod retro concavum foramen, quo quis intrare vix posset, panno praependente obtexerat — hoc nostrum altare postea ipse quasi insensibili materiae gratias reddens jussit exstrui) — und dann, nach Erzählung der Neuwahl: jam die declinata in vesperam, cum papam abdicassent eiusque in locum constituissent Ravennatem episcopum, qui etiam adhuc nomine Clemens Romanae praesidet ecclesiae, plurimaque alia statuissent, quibus episcopus iste, si praesens esset, minime praeberet assensum — mit dem Satze geschlossen wird: Exinde igitur praeclara felicique prosperitate vel animi prudentia, utriusque papae, quod profecto perpaucis ea tempestate possibile fuit, amicitia usus, regiam quoque nunquam incurrebat offensam, efficaciter apostolum audiens: Si fieri potest, quod ex vobis est, cum omnibus hominibus pacem habentes (Roman. XII, 18) (SS. XII, 72 u.

an das, was 1076 zuerst in Worms und nachher in Utrecht zur Verurtheilung des Papstes geschehen war, wieder an. Ganz be-

78: vergl. dazu auch die ob. S. 100 in n. 6 citirte Monographie Thaner's, 176 ff.). Auch die Vita Heinrici IV. imperatoris, c. 6, bringt eine an die ob. S. 257 in n. 43 eingeschaltete Stelle unmittelbar sich anlehnende, durch ihre freimüthige Objectivität sich auszeichnende Beurtheilung: Cernens autem rex, apostolicum ad hoc tendere, ut se regno privaret, nec alia sui oboedientia contentum, nisi ut regno renunciaret, ex oboedientia in rebellionem, ex humilitate in tumorem relabi coactus, hoc apostolico facere parabat, quod apostolicus sibi faciendum intenderat. Cessa, obsecro, rex gloriose, cessa ab hoc molimine, ut aecclesiasticum caput de suo culmine deicias, et in reddenda injuria te reum facias! Injuriam pati, felicitatis est; reddere, criminis. Quaerebat itaque rex causas et occasiones, qualiter eum eiceret, inventumque est, cum Romanam sedem olim abjuratam insedisse, quam iccirco abjuraverit, quia ad eam, dum archidiaconus esset, adhuc vivente domino suo per seditionem aspirare voluerit. Utrum haec vera sint an falsa, parum comper. Alii asserebant, alii figmentum esse dicebant; utrisque Roma fuit in argumentum: his, quod Roma mundi domina nunquam pateretur tale nefas; illis, quod ea cupiditatis ancilla facile permitteret ob precium omne nefas. Mihi autem in medio res relinquenda est, cum incerta nec possim defendere, nec ausim affirmare (SS. XII, 275). In kurzen annalistischen Notizen ist von der Brixener Versammlung die Rede in den Annal. Rosenveld.: Apud Brixinam Noricam item hereticorum contra papam Hildebrandum conventus injuste habetur, worauf unrichtig erst zu 1081 folgt: Henricus Wicbertum papam Gregorio substituit, dann in den Annal. s. Benigni Divion. — zu 1078 (und daraus Annal. Beneventani zu 1080): Wicbertus invasit sedem apostolicam (SS. XVI, 100, V, 42, resp. II, 249). In manchen nicht genauer chronologisch angelegten Schilderungen — z. B. Orderici Vitalis Hist. eccles., Lib. VII (SS. XX, 59) — oder in ganz allgemeinen Fassungen (so Gesta episcoporum Mettens., c. 50: Imponebatur .... papa super papam — SS. X, 543) — läßt sich nicht unterscheiden, ob der Act von 1080 oder der römische von 1084 gemeint sei. Bemerkenswerth ist, wie im 12. Jahrhundert Otto von Freising in seinen Gesta Friderici imperatoris, Lib. I, c. I, geradezu in der Würdigung des Zwiespaltes im imperium gravissime scismam nach nur ganz kurzer Erwähnung des Anathems gegen Heinrich IV. von der curia magna der plures ex Italia, Gallia, Germania apud Bajoariae civitatem Brixinorum in ipso Pyrenaeo haud procul a valle Tridentina sitam coadunati episcopi den Ausgang nimmt, unter eingehenderer Nennung der dortigen Vorgänge — Gwibertus .... ejusdem principis urbis episcopus creatur —, aber mit unrichtiger Hereinziehung eines Stückes der 1076 gegen Gregor VII. gegebenen Erklärung am Schlusse (SS. XX, 352 u. 353). — Von italienischen Berichten ist wohl Bonitho, Lib. IX, mit Weglassung einiger Reflexionen (z. B. daß ein factum diabolicum non auditum a die, qua gentes esse ceperunt, usque ad diem hanc vorliege), voranzustellen: Cum haec gererentur (sc. das Zusammentreffen in Ceperano), Longobardorum episcopi et principes apud Brixianorium conveniunt; haut segnis ibi rex occurrit cum suis episcopis ac ultramontanis principibus. Ubi communicato pessimo consilio eligitur Guibertus in Romanum pontificem a consimilibus, nullo ibi Romano astante clerico vel laico ... nullo Romanorum clericorum vel laicorum ibi presente vel consentiente, excepto Hugone Candido, qui peccatis suis exigentibus ab ecclesia jam diu fuerat sequestratus — worauf ausdrücklich: elegit sibi rex Heinricus in pontificem (sc. den Wibert), et huic, suadente Dionisio Placentino episcopo, ore proprio juravit, ab eo coronam imperialem suscepturum .... omnes qui ibi aderant pseudoprophetam adoravere proni ... Guibertus .. papalia secum deferens indumenta — vergl. über die Immantation, die Martens, Die Besetzung des päpstlichen Stuhls unter den Kaisern Heinrich III. und Heinrich IV., 314 ff., in Excurs I. behandelt, Deusdedit, Libellus contra invasores et symoniacos, c. I, 11: elegerunt ...

sonders war das auch darin der Fall, daß der gleiche Ankläger, wie damals in Worms, wieder gegen Gregor VII. auftrat. Hugo

---

prius Cadalum Parmensem, postea Guibertum Ravenatem induentes eos apostolicis insignibus, Libelli de lite, II, 310 (l. c., 676 u. 677: nachher, 681, ist der Antheil des solus Hugo nochmals stark hervorgehoben). Dann spricht davon Wido von Ferrara, De scismate Hildebrandi, Lib. I, c. 19: convenerunt adversus eum (sc. Yldebrandum) principes, et congregati in unum Italiae et Galliarum episcopi dampnationis in eum sentenciam protulerunt, Heinrico rege jubente et consensum praebente voluntati eorum, worauf c. 20 fortfährt: Data ... in Yldebrandum sentencia, et quantum in eis erat eodem ab apostolatu dejecto, quem super eum eligerent apostolicum sepe dictus rex et omnes sibi faventes episcopi diu habuere incertum ... Tandem aliquando deliberato consilio apud Brixiam Noricam Heinricus rex, universis quos habere potuit adscitis episcopis, W(ibertum) Ravennatem episcopum in apostolatum promovit — danach die Erörterung: jure id fuerit, an non jure (Libelli de lite, I, 548). Heinrich's IV. alleinige Urheberschaft der Erhebung Wibert's hebt Bardo, l. c., sehr leidenschaftlich hervor: — c. 18: audet ille, quod potentissimi olim imperatores, sive illi haeretici aut apostatae vel etiam pagani fuerint, nunquam praesumpserunt, audet, inquam, convocatis aliquot haereticis episcopis, vivente papa Gregorio, cui obediens factus est etiam jurejurando, nullo habito universali concilio, absque judicio, audet certe in papam eligere Wibertum, Ravennatem quondam episcopum, tunc autem multis jam annis excommunicatum, worauf weitere Ausführungen heftiger Art und in c. 19 das Nähere über die Brixener Versammlung folgen: Talem ... cum suis fautoribus in papam elevat Heinricus. Roma non quaeritur nec Romanus aut clerus aut populus. Unus quidem affuit Hugo nomine, candidus facie, nigerrimus mente, cardinalis olim, sed dudum jam pro suis sceleribus juste excommunicatus et abjectus. Hic dampnatus dampnatum, perjurus perjurum, parricida laudat parricidam .... locus ipse vicus est pro civitate, qui Brixanerium vocatur (vergl. in n. 20) (SS. XII, 18 u. 19). Landulf, Historia Mediolanens., Lib. III, c. 32, sagt von Heinrich IV.: imperator ... inenarrabili militum multitudine necnon episcoporum multorum corona vallatus venit in Italiam (ungewöhnlich von 1081 vorausgenommen). Ubi cum pervenisset et de eligendo pontifice primates consulerent Romano et domnum Thealdum id ipsum venerantem eligere universi disposuissent, Guibertum Ravennatensem archiepiscopum simulque cardinalem elegerunt (SS. VIII, 99). Endlich hat Benzo in seiner, wie Lehmgrübner, l. c., 74 u. 75, nachweist, nachträglich, nach Vollendung des Ganzen, hinzugefügten Praefatio libri sexti auch über die Brixener Synode sich verbreitet: Celebravit (sc. Heinrich IV.) generalem conventum cum suis satrapis, scilicet Suevis et Italicis, penes Brixanorium, tractans cum eis de suo itinere ad Romanum solium. Inter quos prefuerunt duo archontae, qui Sophye debriati mellifluo fonte, videlicet tocius Lyguriae primas (sc. Thedald) et Hemilie rector Ravennas, simulque eorum suffraganei, in perditione falsae cucullae consentanei. Quibus erant inmixti de senatoribus Romanorum insignes legati (diese Anwesenheit von Römern ist gegenüber Bonitho's und Bardo's ausdrücklicher Leugnung, ebenso dem Zeugnisse Papst Victor's III. auf der Synode von Benevent 1087 — Petri Chron. mon. Casin., Lib. III, c. 72, SS. VII, 752 — ganz unwahrscheinlich), adstipulantes, quod cuncti ordines publicae rei cottidie stabant parati ad receptionem cesaris Heinrici .. Cesar .. designavit in jam dicto conventu inceptionem suae expeditionis. Indicavit preterea universis regius praeco, quia in die pentecostes ... erit presentia regis coram sancto Petro, affectu scilicet suae conversationis (l. c., 656). — Das Synodaldecret — decretum a nobis (sc. Hugo von Brixen) promulgatum —, nach Codex Udalrici, Nr. 64, in Leg. Sect. IV, I, 118—120, wiederholt, beginnt nach dem Datum: VII. Kalend. Julii feria quinta mit dem einleitenden Satze: cum apud Brixinam Noricam triginta episcoporum conventus nec non et optimatum exercitus non solum Italiae

der Weiße hatte schon auf jener Wormser Reichsversammlung in der weitgehendsten Weise seine Anschuldigungen gegen das gesammte Leben und die Thätigkeit des Papstes vorgebracht, und hauptsächlich durch ihn war, da sich die Versammlung von seiner Beweisbares und Unmögliches, vollkommen Erfundenes durch einander verschlingenden Vortragsweise hatte bestechen lassen, die Verurtheilung des Papstes in der für Heinrich IV. so verhängnißvoll sich gestaltenden, übereilten und formlosen Art und Weise zu Stande gekommen. Seither war der Cardinalpriester von San Clemente auf der Fastensynode von 1078 neuerdings in den schärfsten Ausdrücken mit dem kirchlichen Fluche belegt worden; seines Weilens in Rom war nicht mehr, und er war wohl mit Wibert von Ravenna her in Brixen eingetroffen[96]. So kam Hugo auf der Versammlung zu Worte, und auf ihn ist die Erklärung zurückzuführen, die nun gegen Gregor VII. von der Synode erlassen wurde.

Der Inhalt dieser erneuerten Absage an Gregor VII. war der nachfolgende:

„Eine einzige Stimme wurde gleichsam von Aller Munde laut, die sich in furchtbarer Weise über den gräßlichen Wahnwitz des gewissen Hildebrand, des falschen Mönches, des sogenannten Papstes Gregor VII. beklagten, weßwegen der immer unbesiegte König es litte, daß dieser Wahnwitz so lange ungeschwächt wüthe, da doch das Gefäß der Erwählung Paulus bezeuge, daß der Fürst nicht ohne Ursache das Schwert trage[97]), und Petrus, der erste der Apostel, ausrufe, daß der König nicht nur voranstehe, sondern daß auch die Herzoge von ihm auszusenden seien, zur Bestrafung nämlich der Schlechten, zum Lobe aber der Guten[98]). Zu deren Genugthuung nun schien es dem gleichen ruhmwürdigsten König und seinen Fürsten gerecht, daß ein Richterspruch der Bischöfe als Urtheil der göttlichen Strafübung dem weltlichen Schwerte gegen denselben Hildebrand vorausgehe, so daß, wen die Vorsteher der Kirchen vorher von dem übermüthig geführten Herrscheramte absetzten, über den nachher die königliche Macht die Verfolgung unbeschränkter beschließen könnte. Wer also von den Getreuen, der ihn kennt, möchte sich scheuen, gegen ihn das Geschoß der Ver-

---

sed et Germaniae jussu regio congregaretur. Martens, Gregor VII., der — nach Köhncke, Wibert von Ravenna, 35 ff. — ganz besonders, I, 211 ff., der Brixener Synode Aufmerksamkeit schenkte, hat für die von ihm einzeln beleuchteten ungeheuerlichen Anschuldigungen Gregor's VII. im Decrete, 215 u. 216, auf die Historiae Farfenses hingewiesen, als eine vielleicht benutzte Vorlage, weil einige allerdings ziemlich spärliche Anklänge des über Hildebrand in Brixen Vorgebrachten an das erinnern, was Abt Hugo, cc. 5—13 (SS. XI, 535—538), über einen Farfa schwer schädigenden verbrecherischen Mönch Hildebrand erzählt.

[96]) Vergl. Bd. II, S. 618 ff., ob. S. 108. Giesebrecht, III, 502, läßt gewiß richtig Hugo „das Gnadenbrod Wibert's essen" und ihn mit Wibert von Ravenna gekommen sein.

[97]) Aehnlich den Worten Roman., XIII, 4.

[98]) Zum Theil wörtlich gleich I. Petri, II, 13 u. 14.

dammung zu schleudern? Gegen ihn, der vom Beginn der Jugend sich in der Welt bestrebt hat, durch leeren Ruhm, ohne daß Verdienste ihm dabei helfen, über die Menschheit sich zu erheben und Traumdeutungen und eigene und Anderer Weissagungen über die göttliche Ordnung zu setzen, dem Aufzuge nach ein Mönch zu scheinen und nach dem Bekenntniß es nicht zu sein, sich von der kirchlichen Zucht, keinem Meister unterworfen, ausgenommen zu erachten, mehr noch, als die Laien, ekelhaften theatralischen Schauspielen seine Thätigkeit zuzuwenden, auf die Tische der in der Vorhalle ihr Gewerbe treibenden Wechsler um des schändlichen Gewerbes willen öffentlich zu lauern. Nachdem er also durch diese Erwerbsquellen Geld angehäuft, ist er in die Abtei des seligen Paulus, nach Niederwerfung des Abtes, eingedrungen. Indem er darauf den Archidiakonat an sich riß, hat er durch Täuschung einen Gewissen, Namens Mancius, verführt, daß er ihm das Amt verkaufte, und gegen den Willen des Papstes Nikolaus hat er es, begleitet von einem Volksaufstand, erzwungen, daß er zum Verwalter befördert wurde [99]). Ueberwiesen ist er nämlich, in Betreff des argen Todes von vier römischen Päpsten — nämlich durch die Hand eines gewissen ihm sehr vertrauten Johannes Brachiutus, durch dargereichtes Gift — als Mörder aufgetreten zu sein, wie der bei der Herbeiführung der Todesfälle den Dienst Leistende, da die Anderen schwiegen, selbst bezeugte, obschon er erst spät Reue empfunden hat, unter dem drängenden Augenblick des Todes, in schauerlichem Geschrei [100]). Dieser oft genannte verderbliche Mensch hat endlich in der gleichen Nacht, in der die Leichenfeier des Papstes Alexander in der Basilika des Erlösers unter Verrichtung der Bestattung besorgt wurde, die Thore und Brücken der Stadt Rom, ihre Thürme und Triumphbogen mit Kampfordnungen Bewaffneter geschützt, den lateranensischen Palast in feindseliger Weise mit ausgerüsteter Kriegsmacht besetzt, die Geistlichkeit, damit sie nicht zu widersprechen wage, weil Keiner ihn wählen wollte, durch die gezückten Schwerter der Gefolgsleute unter Androhung des Todes in Schrecken gebracht, und er ist früher auf den längst besetzten bischöflichen Stuhl gesprungen, als den Körper des Gestorbenen das Grab in Besitz nahm. Während aber einige von ihnen das Decret des Papstes Nikolaus, das von hundertfünfundzwanzig Bischöfen unter Androhung des kirchlichen Fluches, mit Billigung des gleichen Hildebrand, verkündigt worden war, ihm in das Gedächtniß zurückrufen wollten: „daß wenn jemand ohne Zustimmung

[99]) Ueber den wahren Sachverhalt vergl. Bd. I, S. 170 u. 171, wo auch des Mancinus gedacht ist, sowie Steindorff, Heinrich III., II, 75 n. 3, daß Hildebrand's Ernennung zum oeconomus wohl schon lange vor Nikolaus II., in Leo's IX. Zeit fiel.

[100]) Unter den vier in dieser ganz unerhörten Anschuldigung genannten Päpsten waren wohl Victor II., (oder schon Leo IX.?), Stephan IX., Nikolaus II., Alexander II. zu verstehen. Ueber Johannes Bracjutus vergl. Bd. I, S. 82 n. 57, 219.

des Fürsten des römischen Reichs als Papst zu walten sich erdreisten würde, er nicht als Papst, sondern als Apostat von Allen betrachtet werden sollte", da hat er geleugnet, daß er irgendwo von einem Könige Wissen habe, und behauptet, er könne die Willensmeinung der Vorgänger für eitel erklären[107]). Was mehr? Nicht nur Rom, sondern der römische Erdkreis selbst bezeugt nämlich, daß jener nicht von Gott erwählt, sondern daß er sich selbst mit Gewalt, Trug, Gold in der schamlosesten Weise hat entgegenwerfen lassen. Seine Früchte machen die Wurzel offenbar, durch deren Werk sie die Absicht verkündigen: er, der die kirchliche Ordnung umgeworfen, die Leitung des christlichen Reiches verwirrt hat, der gegen den katholischen und friedfertigen König den Tod des Körpers und der Seele plant, der den eidbrüchigen und verrätherischen König vertheidigt, der zwischen den Einträchtigen Zwietracht gesät hat, zwischen den Friedfertigen Streitigkeiten, Aergernisse zwischen den Brüdern, Scheidungen zwischen Ehegatten, und der Alles erschüttert hat, was zwischen den fromm Lebenden für die Ruhe fest zu stehen schien. Deßwegen, wie vorauf gesagt ist, urtheilen wir, unter Gottes Beistand zugleich Versammelte, die wir auf die Boten und Briefe der neunzehn am heiligen Tage des verflossenen Pfingstfestes zu Mainz vereinigten Bischöfe vertrauen, daß eben dieser allerfrechste Hildebrand, der Heiligthumsentweihungen und Brandstiftungen predigt, Eidbrüche und Mördereien vertheidigt, den katholischen und apostolischen Glauben betreffend Leib und Blut des Herrn zur Untersuchung stellt, der alte Schüler des Ketzers Berengar, der öffentlich überwiesene Pfleger von Weissagungen und Traumdeutungen, der im zauberischen Geist arbeitende und deßwegen vom wahren Glauben abirrende Schwarzkünstler[108]) nach kanonischer Weise abgesetzt und fortgetrieben und, wenn er nach Anhörung dieser Dinge nicht von eben diesem seinem Sitze herabgestiegen sein wird, auf alle Zeit verdammt werden solle".

Als erster erschien unter den sich anschließenden Unterschriften eben Hugo selbst, der sich dabei den Anschein gab, im Namen aller römischen Cardinäle zu handeln[109]). Dann kommen nach einander, doch in eigenthümlicher anscheinend ganz willkürlicher Reihenfolge, durchaus nicht etwa in der Rangordnung oder nach gewisser geographischer Anknüpfung — allerdings zunächst Erzbischof Thedald, dann aber nach neun Italienern und einem Deutschen erst der Patriarch Heinrich, und so geht es fort — die siebenundzwanzig Vertreter der Erzsprengel und Bisthümer; zuletzt steht König Heinrich IV.

[107]) Vergl. Bd. II, S. 204 ff., über die ja allerdings tumultuarische Erhebung Papst Gregor's VII. Vergl. unt. im Excurs IV, bei n. 10, daß hier auf die echte päpstliche Fassung des Wahldecretes Bezug genommen wird.

[108]) Diese Ausführung über den divinationum et somniorum cultor manifestus, nicromanticus phytonico spiritu laborans et idcirco a vera fide exorbitans stimmt zu den ob. S. 275 erwähnten Anklagen des Petrus Crassus.

[109]) Vergl. im Excurs IV, am Anfang.

In der weitgehendsten Ausdehnung fanden der Haß und die Vergeltungslust, die gegen Gregor VII. gehegt wurden, hier ihren Ausdruck. Noch über weitere Fragen, als das schon in Worms geschehen war, breitet sich die Aufführung von Dingen, die zur Anklage gedreht werden konnten, aus. Vorgänge, die lange vor der Papstwahl von 1073 liegen, sind herangezogen; das weltliche Treiben, das Gregor VII. vorgeworfen wird, aber besonders seine häretischen Auffassungen, die Berührungen mit wüster Zauberei und ähnlichen lichtscheuen Thätigkeiten nehmen einen breiten Raum ein; aber das Aergste ist, daß jetzt gar die Behauptung auftaucht, Gregor VII. habe den meuchlerisch herbeigeführten Tod von vier Vorgängern auf dem päpstlichen Stuhle auf seinem Gewissen, wie der bestellte Giftmischer in seiner Todesangst selbst eingeräumt habe. Es ist hier ein Maß von Frechheit in der lügnerischen Verzerrung von Thatsachen erreicht, das sich eben nur mit dem Wesen eines Mannes, wie der Verleumder Hugo der Weiße war, vereinbaren läßt.

Indessen war trotz aller Ungeheuerlichkeit der Anschuldigungen in dem Decrete selbst in den letzten Worten die Einleitung eines kanonischen Verfahrens gegen Gregor VII., der wegen aller dieser Entsetzlichkeiten nicht länger Papst bleiben dürfe, in Aussicht genommen. Die Absetzung selbst war in dieser Ausführung eben noch nicht wirklich vollzogen[104]).

Neben Gregor VII. kamen aber die Träger der Sache des römischen Papstes in Deutschland ebenfalls an die Reihe. Denn auch den Gegenkönig Rudolf, den als abgesetzt erklärten Herzog Welf und deren Anhänger schloß die Synode von der Kirche aus[105]).

Darauf jedoch galt es nunmehr, den letzten Schritt, der schon in Mainz beschlossen worden war, zur Durchführung zu bringen, an der Stelle Gregor's VII. einen der Auffassung des Königs entsprechenden anderen Papst an die Spitze der Kirche zu stellen. Die letzten Vorgänge bei dieser Aufstellung des neuen Heinrich's IV. Sache vertretenden Papstes liegen nicht völlig klar. Wenn eine aus Mailand dargebotene Nachricht Recht hätte, daß zuerst auf Erzbischof Thebald sich die Aufmerksamkeit gelenkt habe, worauf aber dieser die ihm zugedachte Würde ablehnte, so würden wohl längere Verhandlungen, in denen ein gewisses Schwanken hervorkam, eingetreten sein. Nur das ist sicher, daß man an einem einzigen Tage bis zum Abend an den Abschluß gelangte[106]).

[104]) Hierauf macht Hauck, l. c., 821 n. 2, mit Recht aufmerksam. Eine Reihe der in n. 95 aufgeführten historiographischen Zeugnisse spricht zu weit gehend von einer unmittelbar durchgeführten Absetzung.

[105]) Daß — vergl. n. 95 — gerade in Augsburg, das sich Welf besonders feindselig gegenübergestellt fühlte, hievon die Rede ist, erscheint ganz begreiflich.

[106]) Vergl. in n. 95 Landulf's Angabe wegen Thebald's, die Martens, l. c., I, 217 u. 218, nicht annehmen möchte. Der Schilderung des Verhaltens des Bischofs Benno durch Nortpert, die Giesebrecht, III, 1163, in den „Anmerkungen", kaum mit Recht als „wenig zuverlässig" bezeichnet, ist sicher zu

Dieser lautete dahin, daß Wibert zur päpstlichen Würde erhoben wurde. Durch Heinrich IV., der allerdings der Zustimmung der Bischöfe dabei ganz sicher war, war aus eigener Machtvollkommenheit diese Erhebung geschehen; von einer Wahl durch die Bischöfe konnte dabei nicht geredet werden. Als „Gipfel und Urheber eines verpestenden Rathschlusses", wie Gregor VII. nach kurzer Zeit sich ausdrückte, war Heinrich IV. hier vorangegangen [107].

Aber bei aller Entschiedenheit verstand es der König doch noch am Abend des Tages gegenüber einem deutschen Bischofe, der es an diesem Tage gerade hieran hatte fehlen lassen, in milder Weise Verzeihung zu üben. In ganz eigenthümlicher Weise wußte nämlich ein anwesender deutscher Bischof, der sonst zu den getreuesten Anhängern des Königs zählte, Bischof Benno II. von Osnabrück, sich der Nothwendigkeit, mit eigener Hand in die Sache einzugreifen, zu entziehen. Wie der Verfasser der Lebensbeschreibung des Bischofs ganz aufrichtig in seiner Vorführung des Vorganges Benno beurtheilt, wollte dieser zwar Heinrich IV. treu bleiben, aber auch nicht Gregor VII. ungehorsam erscheinen, und so suchte er, da es ihm vorkam, auf beiden Seiten herrsche mehr der wild erregte Haß, als die vernünftige Ueberlegung, einen Weg zu finden, wie er, zumal da ja der Ausgang der Angelegenheit ganz und gar nicht sich voraussehen ließ, unter unbefleckter Bewahrung seiner Ehrbarkeit sich so halten könnte, daß man ihn von keiner der beiden Seiten anschuldigen könne. So benutzte er eine von ihm, als er gewohnter Weise seiner Andacht allein oblag, erspähte abweichende Einrichtung im Ausbau des Altares der Kirche, wo die entscheidende Versammlung stattfinden sollte; es war eine nach der Rückseite sich öffnende Nische, in die ein Mensch knapp sich einschmiegen und, durch ein vorgehängtes Tuch, sich verborgen halten

entnehmen, daß — vergl. die Worte in n. 95 — die Erhebung Wibert's noch am gleichen Tage geschah.

[107]) Ueber die Form der Erhebung Wibert's vergl. die Zeugnisse in n. 95. Besonders durch Bernold, Marianus Scottus, Sigebert, ferner durch Bardo, Wido von Ferrara, wo in den Worten: universis quos habere potuit adscitis episcopis, Wibertum . . . in apostolatum promovit die Sachlage am richtigsten geschildert ist, findet sich Heinrich's IV. „souveräner Nominationsakt" scharf betont. Diese gänzliche Zurückdrängung einer Wahlhandlung haben Scheffer-Boichorst, Die Neuordnung der Papstwahl durch Nikolaus II., 113 (n. 2), und Martens, l. c., I, 218 (noch bestimmter als vorher, in dem in n. 95 citirten Werke: Die Besetzung (etc.), 204—207), hervor, während Köhncke, l. c., 39—41, Heinrich IV. als dem designirenden römischen Patricius eine erste und entscheidende Stimme einräumen, sonst aber eine Wahl der Bischöfe „in aller Form" annehmen wollte (vergl. auch Gregor's VII. eigene Äußerung unt. bei n. 137). Daß hiebei Heinrich IV. in seiner Eigenschaft als Patricius gehandelt habe, ist erst ganz vorzüglich im Liber de unitate ecclesiae conservanda, Lib. II, c. 6: consentiente pariter et agente rege Henricho eodemque patricio Romanae ecclesiae (sc.: bei Wibert's Erhebung geschehen), c. 21: Wigherdus . . . per suffragium Henrichi regis eiusdemque Romani patricii est ordinatus (Libelli de lite, II, 217, 238) hervorgehoben, und ebenso stellen die in n. 115 erwähnten Fälschungen den Patriciat in den Vordergrund.

konnte. So trat Benno in dieses Versteck und zog den Vorhang über. Den ganzen Tag harrte er da aus, wie der Verfasser der Lebensgeschichte sagt, nur um so eifriger dem Gebete hingegeben, je mehr die Stunde der Entscheidung sich näherte. Inzwischen war Benno vermißt, und es war vielfach nach ihm in seiner Wohnung vom Könige, von ausgesandten Boten gesucht worden, bei voller Ungewißheit, ob er entflohen oder erkrankt sei, ob er in ungetreuer Weise die Versammlung vermeide. Aber am Abend des Tages, als die Entscheidung gefallen war, war der Bischof, der ungesehen seinen Zufluchtsort verlassen hatte, plötzlich bei dem Altare, wo er vorher bei seiner Andachtsverrichtung den Sitz gehabt hatte, zum Erstaunen Aller sichtbar, und als sie sich neugierig erkundigten, bezeugte er, mit allen Heiligen könne er beschwören, daß er den ganzen Tag nicht von dieser Stätte weggegangen sei. Dann reinigte sich der Bischof, vor Heinrich IV. geführt, von allem Verdachte der Untreue, und der König zog es vor, statt ihn mit Schrecken zu erfüllen, mit milden Worten ihn zu ermahnen, daß er in der früheren Treue fest verharre. So — meint der Erzähler — habe es Benno, was sicherlich nur sehr Wenigen zu der Zeit geglückt sei, zu erreichen gewußt, in der Freundschaft der beiden Päpste zu stehen und zugleich nirgends den König zu beleidigen, nach dem Worte des Apostels Petrus, daß man, so viel als möglich ist und an dem Menschen liege, mit allen Menschen Frieden halte[108]).

Wohl am 25. Juni war in der, wie erwähnt, augenscheinlich den ganzen Tag ausfüllenden Versammlung Wibert als Papst erhoben worden[109]), und gleich am folgenden Tage suchte der König ihn durch eine Gunsterweisung zu ehren. Damit nämlich, daß der Erzbischof zur päpstlichen Würde emporgestiegen war, gab er seine bisher verwaltete Kirche keineswegs auf, und so ertheilte ihm Heinrich IV. alsbald, auf die Verwendung der Königin Bertha und seines Sohnes Konrad, die Bestätigung der Rechte und Besitzungen, ganz so, wie er selbst sie vor siebzehn Jahren Wibert's Vorgänger Heinrich ausgesprochen hatte, unter Berufung darauf, daß von früheren Königen und Kaisern das Gleiche für Erzbischof Gebehard — dieser war in Heinrich's III. Zeit, 1044, gestorben — geschehen sei. Ausdrücklich nannte der König den Empfänger der Bestätigung zugleich Erzbischof und erwählten apostolischen Inhaber des höchsten Sitzes. Eine derartige Bekräftigung des Besitzstandes aber mochte wohl in dieser Zeit für Ravenna besonders erwünscht

[108]) Vergl. in n. 95.

[109]) Was die zeitliche Ansetzung dieser Ereignisse betrifft, so muß durchaus von St. 2822, vom 26. Juni, ausgegangen werden, wo Wibert als summe sedis electus apostolicus durch Heinrich IV. aufgeführt erscheint. So ist wohl der vorangehende 25. der Tag der Erhebung gewesen, wie denn das Decretum synodi auch diesen VII. Kalend. Julii feria quinta trägt. Die irrthümliche auf den 24. Juni führende Angabe des Marianus Scottus (vergl. n. 95) sucht Giesebrecht, III, 1163, zu verbessern.

erscheinen; denn wenigstens von Gregor's VII. Seite wurde alsbald ausgesprochen, daß die Kirche von Ravenna unter Wibert schwere Verluste — eben wohl im Kampfe für die Sache des Königs — erlitten habe[110]).

An die Erhebung Wibert's hatten sich ohne Zweifel die weiteren dessen neue Stellung bestätigenden Handlungen von Seite des Königs und der Seinigen alsbald angeschlossen. Erstlich war — der feindselig gesinnte Berichterstatter entsetzt sich allerdings über diese dem „Lügenpropheten" erwiesene Ehre — Wibert von allen Anwesenden die Anbetung dargebracht worden, und man hatte ihm die päpstlichen Abzeichen überreicht, ihn damit bekleidet. Darauf war zur Darlegung der dauernden Verbindung zwischen dem König und seinem Papste, wie von einer Seite mitgetheilt wird, auf den Rath des Bischofs Dionysius von Piacenza, von Heinrich IV. ausdrücklich eidlich zugesagt worden, daß er von Wibert die kaiserliche Krone zu empfangen gedenke, und im Weiteren hatte Heinrich IV. auch schon jetzt, wie bestimmt von einem zwar nicht stets ganz zuverlässigen Zeugniß gesagt ist, in Aussicht gestellt, daß er am Pfingstfest des nächsten Jahres in Rom zu erscheinen und dort dieses Ziel zu erreichen gedenke[111]).

Darauf blieben König und erwählter Papst noch kurz bei einander, um das Fest der beiden Apostelfürsten — 29. Juni — gemeinsam zu feiern, und danach kehrte Heinrich IV. über die Alpen zurück, um die deutschen Dinge zu ordnen, Rudolf abermals entgegenzutreten, während sich Wibert mit den Seinigen wieder nach Italien, ohne Zweifel nach Ravenna, begab[112]).

[110]) Ausdrücklich sagt Donizo, Vita Mathildis, Lib. II, c. 10, v. 833 u. 834, von Wibert: Propter papatum non linquerat hic dominatum Ravennae credens quandoque relinquere sedem (SS. XII, 396). St. 2822 ist eines der in Urschrift erhaltenen Stücke des Dictators Adalbero C, im Uebrigen aber inhaltlich — sachlich, wenn auch nicht ganz im Wortlaute — gleich der 1061 an Erzbischof Heinrich gegebenen Bestätigung St. 2621 (vergl. Bd. I, S. 334, n. 53). Außerdem tritt in St. 2822 zum ersten Male Sigewinus archicancellarius in der Kanzleiunterschrift genannt entgegen; aber sehr bald, schon 1081 — St. 2829, 2830, 2832, 2833, 2835, 2837, 2838 und 2839 —, werden Name und Titel des Erzkanzlers weggelassen, ohne daß irgendwie daraus auf einen Bruch zwischen Heinrich IV. und dem königstreuen Cölner Erzbischofe zu schließen wäre: der Notar hatte sich eben beim offenen Abfalle des deutschen Erzkanzlers an die eigenartig geformte Unterschrift ohne Erzkanzlernamen gewöhnt (Gundlach, Ein Dictator aus der Kanzlei Kaiser Heinrich's IV., 13). Betreffend die Intervention vergl. ob. n. 94. Gregor's VII. Worte stehen in J. 5187 (vergl. unt. in n. 148).

[111]) Bonitho und Benzo ergänzen sich hier in ihren Mittheilungen (vergl. n. 95).

[112]) Bonitho berichtet, daß nach gemeinsamer Feier der apostolorum principum festivitas Heinrich IV. und Wibert sich trennten: rex, tanti pontificis auctus benedictione, remeavit ad propria; Guibertus vero cum suis complicibus . . . intravit Italiam (l. c., 677). Wenn Giesebrecht, III, 504, Heinrich IV. „den Knaben Konrad in der Hand des Erwählten gleichsam als Pfand seines Versprechens" zurückbleiben, Wibert „vom Sohne des Königs begleitet" nach Ravenna zurückkehren läßt, so beruht das auf der Annahme, der durch

In der Aufstellung Wibert's als Gegenpapst wider Gregor VII. waren jene erbitterten auf schon weit älterer Nebenbuhlerschaft erwachsenen Streitigkeiten zwischen Rom und Ravenna zu vollem Leben neu erwacht, wie sie unter dem gewaltigen Vorgänger Gregor's VII., Nikolaus I., gegenüber Erzbischof Johannes hervorgetreten waren. Nur war jetzt in Wibert noch der weitere Kampf, der sich in ihm von der Lombardei nach Ravenna übertragen hatte, der königstreuen lombardischen Bischöfe gegen die Pataria, auf das schärfste zur Ausprägung gelangt. Schon von seinem ersten Auftreten an, in der Zeit der Regentschaft der Kaiserin Agnes, als Inhaber des Kanzleramtes für Italien dem deutschen Hofe enge verbunden, gewillt, die künftige Kaiserkrönung des jungen Königs herbeiführen zu helfen, war Wibert 1061 bei der Wahl des Bischofs seiner Vaterstadt Parma, Cadalus, als Papst gegen den von der deutschen Regierung verworfenen Alexander II., in hauptsächlicher Weise betheiligt; dagegen hatte anderentheils die Verschiebung der Verhältnisse am deutschen Hofe, durch die Veränderung in der Besetzung der Regentschaft, für Wibert die Folge, daß er sein Amt als Kanzler verlor. Nachdem er dann 1072 zwar nicht die von ihm gewünschte Nachfolge als Bischof von Parma, sondern die wichtigere Stellung an der erzbischöflichen Kirche zu Ravenna gewonnen hatte, gelang es ihm, durch ein Gehorsamsgelöbniß, in dem er allerdings in weitgehendem Grade die Stellung Ravenna's gegenüber Rom preisgab, sich noch von Alexander II. die Anerkennung zu verschaffen und ebenso zu dessen neugewähltem Nachfolger Gregor VII. auf guten Fuß sich zu stellen. Hernach jedoch, bei der neuen Erhebung der antipatarinischen Partei von seinem Amte suspendirt, setzte er sich mit Erzbischof Thedald von Mailand gegen Rom in Verbindung, und so folgten neue synodale Verurtheilungen, die von Wibert seinerseits, in der unter seiner Leitung ausgesprochenen Excommunication Gregor's VII. durch die lombardischen Bischöfe, beantwortet wurden. Zum letzten Male hatte Gregor VII. eben erst auf der letzten Fastensynode Wibert's Absetzung und Ausschließung von der Kirche wiederholt [118]).

Bonitho, Lib. IX. bei Anlaß der Schlacht bei Volta (vergl. n. 145) genannte älteste Heinrich's IV. sei kein Anderer, als eben Konrad, gewesen. Allein — vergl. Bd. I, S. 613 in n. 14 — dieser Sohn ist mit Stenzel, Geschichte Deutschlands unter den Fränkischen Kaisern, I, 471 n. 34, und Dümmler, in dem Commentar zu Libelli de lite, I, 536 n. 1, 613 n. 2, als der früher geborne natürliche Sohn des Königs zu erklären. Man hat wohl eher anzunehmen, daß jetzt Konrad, dessen Name längere Zeit nirgends genannt wird, die königlichen Eltern nach Deutschland zurückbegleitete.

[118]) Durch Giesebrecht, III, 504—507, ist Wibert's Stellung als Gegenpapst und die Wirkung, welche die Vorgänge in Brixen nothwendig auf Heinrich's IV. Verhältniß zu der allgemeinen Kirche und Reich durchsetzenden Feindschaft im Sinne weiterer Verschärfung ausüben mußte, eingehend gewürdigt. Ueber den schon im 9. Jahrhundert wieder scharf hervorgetretenen Gegensatz zwischen Ravenna und Rom vergl. Dümmler, Geschichte des Ostfränkischen Reiches, 2. Aufl., II, 53 ff. Zu Wibert's Geschichte bis 1080 vergl. Bd. I,

So war Ravenna selbstverständlich die Stätte geworden, wo sich aller Widerspruch gegen Gregor VII. sammelte. Wibert war der Name, auf den sich unzweifelhaft die Stimmen vereinigen mußten, wenn es galt, gegen Gregor VII. einen Vertreter der königlichen Ansprüche auf den römischen Stuhl zu bringen. Und so lag es nahe, daß auch Versuche, diese Anforderungen Heinrich's IV. in schriftlicher Feststellung auszusprechen, an das Licht traten. Zwei Erscheinungen dieser Art, kecke Anläufe, durch fälschende Hand Beweistitel zu schaffen, dürften hieher gehören.

Die Rolle, die Hugo der Weiße in Brixen spielte, wie er bei der Anfeindung Gregor's VII. sich voranstellte und seinen Namen an die Spitze der Unterschriften „im Namen aller römischen Cardinäle" rückte, obschon er als der einzige, außerdem als ein von der römischen Kirche selbst verworfenes Glied, anwesend war, ist so eigenthümlich, daß es nicht fern liegt, eine in diese Zeit anzusetzende und ausdrücklich dem Kreise der Anhänger Wibert's zugeschriebene Fälschung mit Hugo in Verbindung zu setzen. Denn wenn man in den zum Papstwahldecrete des Papstes Nikolaus II. von 1059 hinzugefügten Abänderungen die Ersetzung der Cardinalbischöfe, als Erstbetheiligter bei einer Neuwahl, durch die Cardinäle überhaupt bemerkt und dazu ermißt, daß Hugo zu den Cardinalpriestern gezählt hatte, wenn ferner diese Erwähnung der Cardinäle mit der Beifügung, auch einer geringen Zahl sei unter gegebenen Umständen die Verlegung des Wahlortes von Rom hinweg gestattet, enge verbunden wird, so scheint die Absicht der gemachten Einschiebungen und Auslassungen sehr deutlich zu erhellen; die stärkere Hervorhebung des Antheils des Königs an den einzelnen Theilen der Wahlhandlung steht dabei erst in zweiter Erwägung. Hugo mochte es für gerathen halten, diese in hervorragender Weise in Brixen von ihm gespielte Rolle durch solche Mittel zu erklären und als nothwendig hinzustellen [114]).

Ganz gewiß hängt aber außerdem mit diesen Vorgängen noch eine Fälschung zusammen, die aus der Umgebung der Anhänger Wibert's hervorging und der ihr Zweck, die Ernennung eines Papstes, das eigenmächtig vom Könige in Brixen ausgeübte Recht, einfach dem Inhaber der königlichen Würde zuzuschieben, auf das deutlichste auf die Stirne geschrieben steht. Das ist die der Auffassung der in Ravenna thätigen Rechtsschule völlig entsprechende neu geschmiedete päpstliche Erklärung, die als Ertheilung eines Vorzugsrechtes dem Papste Leo VIII. gegenüber König Otto I. in den Mund gelegt wurde, ein unechtes Stück, das mit einer zweiten Erfindung, der durch Papst Hadrian I. abgehaltenen römischen Synode, sowie der ähnlichen Vollmachtsübertragung an den fränkischen

S. 118 (vergl. S. 677 u. 680), 224 ff., 323, Bd. II. S. 163 ff., 200 ff., 212 (doch vergl. dazu S. 216 u. 217), 478 ff., 574 ff., 643, 676, hier in Bd. III. S. 107, 249.

[114]) Vergl. Excurs IV.

König Karl, enge zusammenhängt. Nach dem Wortlaute des gefälschten Synodaldecretes hätte Leo VIII. an Otto I., den deutschen König, und an alle seine Nachfolger in der Königsherrschaft über Italien mit der Würde des Patriciates das Recht gegeben, sowohl für sich selbst einen Nachfolger zu erwählen, als den Papst auf dem höchsten apostolischen Sitze zu ordiniren, und hiedurch die Erzbischöfe und Bischöfe, so daß diese von den Königen die Investitur annehmen und die Weihe empfangen sollten. Demnach würde niemand fortan das Recht haben, einen König oder Patricius oder Papst zu erwählen oder irgend einen Bischof zu ordiniren, als allein der König des römischen Reiches, doch ohne alle Geldzahlung. Ein von Geistlichkeit und Volk gewählter, aber vom Könige nicht anerkannter und investirter Bischof darf von keiner Hand geweiht werden. Durch die Aufstellung solcher Sätze schien allerdings Wibert's päpstliche Würde, die einzig von Heinrich IV. ausgegangen war, auf altem zwar vom Papstthum her verliehenem königlichem Rechte zu beruhen[118]).

[118]) Bernheim machte zuerst, Forschungen zur deutschen Geschichte, XV, 618 ff., speciell 629, in der Abhandlung: Das unechte Dekret Hadrian's I. im Zusammenhang mit den unechten Dekreten Leo's VIII. als Dokumente des Investiturstreites — darauf aufmerksam, daß die drei als gefälschte Stücke eingereihten J. 3704 — jetzt in Leg. Sect. IV, I, 666 u. 667, als Leonis VIII. privilegium minus —, 3705 — l. c., 667—674, als privilegium majus —, 3706 — l. c., 674—678, als cessio donationum — in die Zeit Heinrich's IV. ihrem Ursprung nach zu stellen seien, und zwar so, daß zuerst das Privileg gefälscht worden sei, in dem Leo VIII. an Otto I. sämmtliche Besitzungen der römischen Kirche zurückgegeben haben soll, J. 3706, dessen Unechtheit schon seit Baronius erkannt ist, woran sich die Anfertigung von J. 3705 — „Text a" — mit der ausführlicheren Redaction der dem Kaiser durch den Papst über Papstwahl und Investitur verliehenen Rechte angeschlossen habe: dann sei durch einen weiteren Fälscher die kürzere Redaction — „Text b" in J. 3704 — gefolgt und im engen Zusammenhang damit die Verfertigung eines weiteren Spuriums (J. bei † nach 2406), Hadriani I. decretum de investituris, von der erfundenen Synode von 774 (vergl. Abel-Simson, Karl der Große, I, 175—178), l. c., 659 u. 660. Doch ist durch P. Genelin, Die Entstehung der angeblichen Privilegien Leo's VIII. für Otto I. (Programm der Landes-Normalschule zu Proßnitz in Mähren, 1879), darauf hingewiesen worden, daß J. 3704, Text b, domno Ottoni primo Teutonico regi gegeben sei, dagegen J. 3705, Text a, Ottonem inclitum virum, primum ex genere Teutonicorum .... Romanorum imperatorem ac perpetuum augustum nenne, so daß also anzunehmen ist, die Fälschung des privilegium minus sei vor, die des majus nach Heinrich's IV. Kaiserkrönung geschehen, und das Gleiche gilt dann von J. † nach 2406, wo Karl der Große rex Francorum heißt und demnach eben das Stück 774 entstanden sein will, und von J. 3706, das Ottoni ... imperatori augusto ertheilt zu sein den Anspruch erhebt, so daß demnach das erstere auch vor dem 31. März 1084, das zweite nach diesem Tag gefälscht sein muß. Diese Resultate Genelin's nahm Weiland, in der einleitenden Ausführung zu seiner Edition, l. c., 664, an. Die Urheberschaft des Petrus Crassus scheint, nach einer Andeutung Ficker's, die Genelin aufnahm (vergl. auch Wattenbach, l. c., II, 231), wegen der vielfachen Aehnlichkeit in der Beweisführung des majus, für dieses — J. 3705 — nicht ausgeschlossen zu sein, und jedenfalls ist mit Weiland, l. c., die Autorschaft aller dieser Fälschungen in den Kreis der Wibertiner und der Ravennater Juristenschule zu rücken. Immerhin kehrt sich so das durch Bernheim angenommene Verhältniß von Text a und Text b um, und Text b, den dieser

Daß freilich Wibert für die Aufgabe, die ihm durch die Entscheidung Heinrich's IV. auf der Brixener Versammlung zugewiesen war, durchaus geeignet erschien, bewiesen die Urtheile über seine Eigenschaften, die sogar in dem Munde der Gegner nicht ungünstig lauteten. Ansehnliche Abkunft, hervorragende geistige Bildung, vorzügliche wissenschaftliche Kenntniß, überraschende Beredtsamkeit, höchste Klugheit, vorsichtige Berathung, ein unsträflicher Lebenswandel, nebst Würde und Freiheit des Benehmens, werden Wibert nachgerühmt, und bei allen wilden Verwünschungen, die von den Gegnern auf ihn gehäuft wurden, konnten sie nicht umhin einzuräumen, daß er allerdings, wenn er auf dem richtigen Wege dazu gelangt sein würde, auch für die höchste kirchliche Würde geeignet gewesen wäre[116]). Daß der Erzbischof von Ravenna die

(631) um die Zeit von Victor's III. Wahl ansetzen wollte, kommt in diejenige nach der Synode von Brixen zu stehen, damit auch die Fälschung, in der Hadrian I. redend eingeführt wird; denn ohne Zweifel ist mit Bernheim — 631 u. 632 — die Erwähnung des Leo VIII. vorschwebenden exemplum beati Adriani sedis apostolice episcopi . . . qui eiusmodi sanctam synodum constituit et domno Karolo victoriosissimo regi Francorum atque Longobardorum ac patricio Romanorum patriciatus dignitatem ac ordinationem apostolicae sedis et episcopatum concessit im Privilegium minus (l. c., 666) auf die parallel liegende zweite Fälschung, von der Hadrians-Synode, zu beziehen, wo § 6 lautet: . . . Adrianus papa cum . . . universa sancta synodo tradidit Karolo augusto omne suum jus et potestatem eligendi pontificem et ordinandi apostolicam sedem, dignitatem quoque patriciatus similiter ei concessit (660). Eine erste Kunde von der Fälschung hat Wido, De scismate Hildebrandi, Lib. II, wo es von der Investitur heißt: Hanc concessionem Adrianus apostolicus Karolo, Leo tercius Ludoico (Verwechselung mit Leo VIII.), alii vero Romani pontifices aliis atque aliis imperatoribus confirmaverunt (Libelli de lite, I, 565); weitere Erwähnungen führen Bernheim, l. c., 635 u. 636, Waitz, l. c., VII, 274 n. 2, auf.

[116]) Gegenüber Wido von Ferrara, der an der in n. 95 eingerückten Stelle von c. 20 fortfährt, Wibert einen virum nobilem non moribus minus quam genere, urbanitatis egregiae, summae prudenciae, consilio providum, scienciae praerogativa praecipuum, ingenii vivacitate praecelsum zu nennen, stehen Hugo von Flavigny, Lib. II, wo gleich auf die Aussage, Wibert sei als ein sal insipidum infatuatus zu erachten, als Anerkennung folgt (SS. VIII, 460): vir litteris adprime eruditus, disciplinis aecclesiasticis imbutus, sanctionis aecclesiasticae non ignarus, tenens in aecclesia magnae dignitatis et praelationis locum (der nach Henking's ob. S. 24 in n. 29 genannter Untersuchung, 109, augenscheinlich einer anderweitigen Quelle entnommene günstig urtheilende Satz der Casus monast. Petrishus., Lib. II, c. 30: Erat tamen litteris adprime eruditus et lingua facundissimus et, si justus, huic officio satis esset idoneus — SS. XX, 645 — klingt hier an). Donizo, l. c., der neben alsbald folgenden heftigen länger ausgedehnten Verwünschungen, so c. 1, v. 154 u. 155: Lubricus et mendax . . . aberrans, conscius et consors homicidarum quoque fautor, oder v. 218 u. 219: fallax, vastator apertus aecclesiae Christi, doch Wibert, v. 120, doctus, sapiens et nobilis ortus nennt (SS. XII, 382, 384), auch noch später Vita Gelasii II.: homo literatus et nobilis et qui Deo forsitan placuisset, nisi hoc piaculum fieret (Watterich, l. c., II, 92). Köhncke, l. c., 125 ff., bespricht diese verschiedenartigen Zeugnisse, auch Gregor's VII. Aussage über Wibert (über günstige Äußerungen vergl. Bd. II, S. 217 n. 50, 444 n. 2, betreffend das sehr freundschaftlich gehaltene Einladungsschreiben), stimmt aber Martens, Die Besetzung des päpstlichen Stuhles, 208, zu, daß der Papst aus-

für die Führung der königlichen Sache in Italien ganz geschaffene Kraft in sich darstellte, war keine Frage. Aber er hatte sich doch nicht leicht zu der Annahme der in Brixen ihm angebotenen Stellung entschlossen, jedenfalls in der klaren Voraussicht der Kämpfe, die sich daraus für ihn ergeben mußten, für die seine eigene und die Macht seiner Ravennater Kirche, wie leicht anzunehmen war, möglicherweise nicht ausreichten. Gegenüber Abt Desiderius von Monte Cassino soll er geradezu sich nachher dahin ausgesprochen haben, daß er einzig aus Rücksicht auf Heinrich IV. willig sich gefügt habe; denn nur durch einen Papst, den der König aufstellte, vermochte dieser, wie jetzt die Dinge lagen, die Krönung als Kaiser für sich zu erhoffen[117]).

Gregor VII. hatte schon auf der Fastensynode seine den Normannen entgegengerückten Androhungen weit milder ausgesprochen, als das bei früheren ähnlichen Verkündigungen geschehen war. Der völlige Abbruch der Beziehungen zu Heinrich IV. zwang den Papst, aus seiner bisherigen feindlichen, wenigstens durchaus mißtrauischen Haltung gegenüber den rücksichtslosen Eroberern der unteren Hälfte von Italien, die trotz der längst übernommenen Verpflichtungen auch gegenüber der römischen Kirche so gerne immer wieder keck zugriffen und ihrer Zusagen sich entschlugen, herauszutreten, auf eine abermalige Annäherung ganz besonders an Robert Guiscard zu denken[118]).

Herzog Robert hatte sich aus der bedenklichen Lage, in die er mit dem Jahre 1078 versetzt gewesen war, glücklich neu erhoben. Er war des gefährlichen Aufstandes seiner Vassallen, der von Apulien aus über Calabrien und überhaupt über alle seine Gebiete in Unteritalien sich ausgebreitet hatte, Meister geworden, zwar unter großen Anstrengungen; allein gegenüber der Mehrheit, der es an Zusammenhang fehlte, siegte seine Thatkraft, und während noch am Ende von 1078 und am Beginn des nächsten Jahres, besonders durch den Abfall von Bari, die Empörung sich weiter ausgedehnt hatte, begann die Wendung damit, daß die Stadt Giovinazzo treu blieb und daß eine Schlacht nahe bei Bari für Robert günstig endigte. So war Robert in den Stand gesetzt, auch nach der anderen Seite seine Aufmerksamkeit zu lenken, wo der Fürst von

---

[illegible] zwar Wibert's schismatisches Treiben als flagitia verwarf, jedoch keine gemeinen ähnlichen Vergehen ihm zuzuschreiben vermochte.

[117]) Petrus, Chron. monast. Casin., Lib. III, c. 50, erzählt von dem Gespräch des Abtes Desiderius mit Wibert, das 1082 (vergl. dort bei n. 14) stattfand, wo Wibert auf die Frage: cur ... de papatu se intromisisset, sich äußerte: — non leviter reprehendit: sed cum multis rationibus satisfacere voluisset, nec valuisset, invitum se fecisse respondit; nam si hoc non fecisset, honorem suum imperator procul dubio perdidisset (SS. VII, 741). Vergl. über die Tragweite dieser Aussage Sander, l. c., 23 u. 24, sowie Köhncke, 128.

[118]) Vergl. schon ob. S. 250.

Capua Jordanus einestheils in einer für den Herzog sehr unerwünschten Weise mit Gregor VII. sich näher eingelassen, ein Einverständniß gegen Robert geschlossen hatte, während er andererseits durch seine Haltung die Aufständischen zum Ausharren in ihrem Ungehorsam ermuthigte[119]). Aber jetzt kam es, zumal da auch schon 1079 die engeren Beziehungen des Fürsten von Capua zu Rom durch eine von ihm gegen Monte Cassino ausgeführte Gewaltthat sich sehr gelockert hatten[120]), zur Aussöhnung zwischen Herzog Robert und Jordanus, die in einem eigentlichen Friedensschlusse zu Ende gebracht wurde: von Salerno her, wohin sich Robert begeben hatte, anfangs noch von der Absicht erfüllt, den Fürsten von Capua kriegerisch anzugreifen, reichte er jetzt vielmehr die Hand zur Verständigung, die durch die Vermittlung des Abtes Desiderius von Monte Cassino zu Stand gebracht wurde, so daß jetzt Jordanus und ebenso dessen Oheim Rainulf aus der Reihe der Gegner des Herzogs ganz ausschieden; zu Sarno, an dem gleichnamigen in den Golf von Neapel sich ergießenden Flusse, also an einem Platze zwischen Salerno und Capua, fand die Zusammenkunft statt, die dieses günstige Ergebniß herbeiführte[121]). Denn auch Robert war jetzt dadurch sehr erleichtert; er vermochte sogleich mit den Resten des Aufstandes nunmehr ein Ende zu machen; auch die letzten Widerspenstigen mußten jetzt die Schärfe des Schwertes fühlen, entweder sich unterwerfen und ihre Strafe empfangen, oder, wie Abälard, sich durch die Flucht entfernen; mit der Zurück-

---

[119]) Vergl. zuletzt S. 156—158, wegen des Aufstandes gegen Robert speziell in n. 99.

[120]) Das war die in J. 5128, Registr. VI, 37 — an Jordanus, 21. April 1079 — und in J. 5129 und 5130, Epist. collectae, Nr. 29 und 30 — an die Mönche von Monte Cassino — (l. c., 373 u. 376, 555—557), erwähnte, Jordanus wegen seiner perfidia schwer zum Vorwurfe gemachte räuberische Wegnahme der von Bischof Dodo von Rosella im Klosterschatze von Monte Cassino niedergelegten Geldsumme von der heiligen Stätte hinweg. Vergl. auch Petrus, l. c., Lib. III, c. 46 (l. c., 736).

[121]) Petrus bezeugt, l. c., c. 45, von Robert: contra principem super fluvium Sarnum ire disposuit. Desiderius interea pater haec audiens, ducem adiit, eumque ad pacem redire rogabat. Cuius monitis Robbertus obtemperans, pacem cum principe facit (l. c., 735). Aehnlich berichtet Guillermus Apuliensis, Gesta Roberti Wiscardi, Lib. III, v. 617—640, daß Robert nach Salerno kam, daß mit Jordanus und auch cum Rannulfo der Friede zu Stande gerieth (SS. IX, 278). Sander will etwas künstlich, indem er die von ihm angenommene Feststellung eines Waffenstillstandes schon im Februar zwischen Gregor VII. und Robert — vergl. ob. S. 251 in n. 25 — heranzieht, 33 n. 1, 34 n. 2, den Frieden von Sarno „spätestens April 1080" ansetzen. Daß erst dieser Friede für Robert die Herstellung der Ordnung im aufständischen Gebiete möglich machte — vergl. n. 122 —, ist allerdings ganz sicher. Daß Robert 1079 einen Angriff auf Rom gemacht habe, wie die unzutreffend sogenannten Annal. Seligenstadens.: Dux Robertus venit Romam debellaturus; sed obsistentibus Romanis cum papa Gregorio, sine effectu reversus est (SS. XVII, 31) behaupten, liegt außer jeder Möglichkeit (vergl. Giesebrecht, III, 1163, in den „Anmerkungen": Scheffer-Boichorst wies, Forschungen zur deutschen Geschichte, IX, 383 ff., Berührungen besonders mit den Annal. Cavens. und Annal. Casinens., daneben die Verderbniß des Textes nach).

eroberung von Bari, dem Falle von Trani, Tarent und anderer Städte war bis zum dritten Jahre — eben 1080 — die Gefahr beseitigt[124]).

Jetzt hatte der Herzog die Hände frei, und er konnte daran gehen, für sich die Frucht zu pflücken, die sich für ihn aus der vollen Feindseligkeit Gregor's VII. gegen Heinrich IV. ergeben mußte; es war abermals ein Bekenntniß des Papstes, daß er aus seiner früher in der Behandlung der italienischen Dinge festgehaltenen Bahn hinausgeworfen sei, als er jetzt dem Eroberer von Salerno entgegenkam.

Die Vermittlung besorgte abermals der Abt des reichen Klosters, dem jegliche Feindseligkeit an den Grenzen des normannischen Machtbereiches nur schaden konnte, das stets darauf bedacht sein mußte, für gute Beziehungen zwischen Rom und den kriegerischen Eroberern des Südens der Halbinsel eifrig einzutreten. Desiderius fügte zu der Friedensstiftung zwischen Robert Guiscard und dem Fürsten von Capua nunmehr die zweite derartige Hülfeleistung. Im Auftrage Gregor's VII. ging der Abt selbst, von Cardinälen begleitet, zu dem Herzog und nahm als Vertreter des Papstes den kirchlichen Fluch von seinem Haupte hinweg. Aber daneben mögen auch weitere Anknüpfungen, vielleicht schon vorher, auf geheimem Wege, hin und her gegangen sein, und wenigstens eine von Gregor VII. selbst veranlaßte Sendung eines in Rom weilenden Franzosen, der aus einem angesehenen hochadeligen Kriegsmanne zu einem weltabgeschiedenen nur der Andacht lebenden Mönche geworden war, des Grafen Simon von Crépy, scheint hier hinein zu gehören. Auf Bitte des Papstes hin soll Simon, noch von einem anderen frommen Manne begleitet, zu dem Herzog sich begeben und besänftigend auf ihn eingewirkt haben, worauf er in Rom nach seiner Rückkehr von einem guten Erfolge seiner Reise habe Meldung ablegen können[125]). Aber das Wesentliche war ja selbstverständlich

[124]) Petrus leitet, l. c., unmittelbar im Anschluß an die Stelle in n. 121, zu die weiteren Erfolge Robert's gegenüber den Aufständischen über: Exinde autem dux movens exercitum supra castrum quod Monticulus (Montichio in der Landschaft Capitanata) dicitur obsidionem fecit (etc.) (l. c., 735 u. 736), und ähnlich Guillermus Apuliensis, l. c., v. 641 ff. Vergl. von Heinemann, Geschichte der Normannen, I, 292, ebenso Sander, l. c., 39 u. 40, über die hier nicht näher zu erörternden Einzelnheiten der Niederwerfung. Da von Tarent nach Lupus Protospatarius, a. 1080: civitas Bari reversa est in potestate Roberti ducis, et idem dux obsedit civitatem Tarenti, et in mense Aprilis comprehendit eam (SS. V, 60) und nach dem Anonymi Barensis Chron., a. 1080 (Muratori, Script. rer. Italic., V, 153), feststeht, wann seine Einnahme geschah, so muß Robert sich schon einige Zeit vorher den östlichen Gegenden zugewendet haben, so daß der Friede von Sarno, der dieser gänzlichen Beschwichtigung des Aufstandes voranging, nicht erst nach dem Ende des Winters 1079 auf 1080 anzusetzen ist (vergl. n. 121).

[125]) Für diese Annäherung ist Petrus, l. c., c. 45, das Hauptzeugniß: Desiderius praeterea (sc. neben dem Zwiste zwischen Robert und Jordanus: vergl. n. 121) aegre ferens, ducem a matris ecclesiae gremio diu extorrem manere, Romam adiit et papam Gregorium rogare coepit, ut ducem ab ana-

das, was Desiderius durchgeführt hatte. Erst nachdem Robert in die Kirche wieder aufgenommen war, konnte Gregor VII. mit dem Herzoge in unmittelbare Berührung eintreten.

Der Papst war ungefähr zur gleichen Zeit, als Heinrich IV. und die ihn bis nahe an die Grenze Italien's über die Alpen begleitenden deutschen Fürsten nach Brixen auf dem Wege waren, nach dem zunächst an dem Gebiete des Fürstenthums Capua liegenden äußersten Orte des römischen Machtbereiches, Ceperano[124]), gekommen und hatte hier schon am 10. Juni von Jordanus den Eid der Treue empfangen[125]), in Erneuerung der früher 1059 gegenüber Nikolaus II. von dem Vater, dem Fürsten Richard, abgegebenen Zusicherungen[126]). Aber ungleich wichtiger war, was am 29. des gleichen Monates, also am gleichen Tage, wo der neu ernannte königliche Papst Wibert noch mit Heinrich IV. in Brixen beisammen war, zwischen Gregor VII. und Herzog Robert aufgerichtet wurde.

Der Herzog von Apulien und Calabrien und Sicilien von Gottes und des heiligen Petrus Gnaden, wie er sich in seinem Eidschwur selbst bezeichnete, legte in diesem den Frieden mit Gregor VII. besiegelnden Treuversprechen zunächst die gleichen Zusicherungen nieder, die auch er schon vor einundzwanzig Jahren in

---

thematis vinculo quo eum ligaverat solveret. Quo impetrato pacis amator et conservator Desiderius cum cardinalibus ad ducem profectus, eum ab excommunicationis vinculo solvit (l. c., 736). Wenn daneben Sander, l. c., 34 n. 2, sehr richtig auf die Vita Simonis comitis Crespeiensis, c. 20, aufmerksam macht, wonach geschah: quod domnus papa et Robertus quidam Apuliae princeps ab invicem dissentirent, und Gregor VII. metuens, ne civitas belli contentione in aliquo perturbaretur, Simonem accersivit, summopere deprecans, ut pacandi gratia illuc proficisceretur: cui statim obediens, se profecturum promittens, adjuncto sibi viro religiosissimo, iter arripit cum benedictione jubentis. Eo igitur adveniens principem quaerit et invenit; quem inventum quasi epulis in viam suo refecit; unde pacem reformans, quod voluit opere perpetravit. Omnibus itaque illac pacificatis, revertitur . . . . und c. 21: Ad Urbem itaque regressus, pontificem adiit et quicquid egerat de pace narravit (SS. XV, 906), so kann sehr leicht, obschon die Erzählung ohne irgend genauere zeitliche Ansetzung dasteht und deßwegen durch Mabillon, zu seiner Ausgabe in den Acta Sanctorum Ord. s. Benedicti, Saeculum VI, II, 374, ad annum MLXXXI et sequentem, durch Floto, Kaiser Heinrich IV. und sein Zeitalter, II, 249 u. 250, sogar zu 1082 gezogen wurde, wirklich die Ausführung hieher zu ziehen sein, so daß Simon's Thätigkeit vielleicht als erste Anknüpfung vor derjenigen durch Desiderius ergangen war. Aber Sander will auch daraus zu viel schließen, wenn er sie als „erste Annäherung der Kurie an den Hof von Salerno", im Zusammenhang mit der schon ob. in n. 25 erwähnten Datirung „spätestens in den Februar" ansetzt und die auch von Hirsch, Desiderius von Monte Cassino — Forschungen zur deutschen Geschichte, VII, 72 — im Anschluß an Petrus angenommene Einleitung der wirklichen Verhandlungen durch den Abt bestreiten möchte.

[124]) Ueber Ceperano vergl. schon Bd. I, S. 546.

[125]) Deusdedit, Collect. canonum, Lib. III, c. 159 (Ed. Martinucci, 342). Vergl. dazu Gregor's VII. Worte in J. 5179 (vergl. unt. n. 138): nos tam per nos ipsos quam et per legatos nostros cum duce R(oberto) et Jordane caeterisque potentioribus Normannorum principibus fuisse loquutos.

[126]) Vergl. Bd. I, S. 147 u. 148.

Melfi ausgesprochen hatte. Die Aufrechterhaltung der Treue, mit der Verheißung, der römischen Kirche in Festhaltung und Vertheidigung ihrer Rechte und Besitzungen hülfreich sein, niemals selbst diese irgendwie angreifen oder schädigen zu wollen, ferner die Unterstützung der berechtigten Wähler bei einer neuen nothwendig werdenden Papstwahl, endlich die Zahlung eines jährlichen Zinses an den Papst, der ganz in der gleichen Weise, wie damals, im Einzelnen festgesetzt und beschworen wurde, kehrten hier in gleicher Weise wieder. Die Versprechungen gegenüber Nikolaus II. und Gregor VII. stimmen fast wörtlich überein; einzig in einigen kleinen Abweichungen ist auf das inzwischen Geschehene Rücksicht genommen. Ganz besonders sind Salerno, Amalfi, der von Robert besetzte Theil der Mark Fermo Gebiete, von denen Gregor VII. ausdrücklich es aussprach, der Herzog habe sie mit Unrecht inne, von denen auch Robert einräumt, daß für sie eine Festsetzung noch nicht bestehe, ausgenommen von dem Landbesitz, hinsichtlich dessen Gregor VII. die Investitur an den Normannen ertheilte, und Robert will auch hievon keine Verpflichtung gegenüber dem Papste als auf ihm liegend anerkennen. Ferner gesteht der Herzog ein, daß künftig zu erwählende Päpste auch berechtigt wären, ihm die Investitur, wenn durch seine Schuld Hinderungen sich ergeben sollten, nicht zu bestätigen. Dagegen ertheilte nun eben Gregor VII. an Robert die Belehnung mit den Gebieten, die ihm schon von Nikolaus II. und Alexander II. übergeben worden seien, doch mit Ausnahme jener eigenmächtig von Robert an sich gerissenen Landstriche. Für diese sollte noch ein Uebergangsverhältniß einstweilen bestehen: „Hierin belasse ich Dich duldend, zur Stunde im Vertrauen auf den allmächtigen Gott und auf Deine gute Gesinnung, daß Du nachher von nun an zur Ehre Gottes und des heiligen Petrus Dich so verhaltest, wie es sich für Dich ziemt, daß Du handelst, und für mich, daß ich es leide, ohne Gefahr für Deine und für meine Seele" [127]). So war am bezeichneten Tage Schwur

---

[127]) Registr. VIII. enthält in 1a den Eid Robert's, in 1b (J. 5176) die Investitur durch Gregor VII., in 1c die Feststellung des Lehnszinses (l. c., 426—428). Der Inhalt von 1a ist bis auf kleine Abweichungen wörtlich gleich der in Bd. I, S. 148, n. 55, erwähnten Eidesformel gegenüber Nikolaus II., mit folgenden wichtigeren Änderungen: — in dem Satze über den Beistand für Papst und Kirche betreffend die regalia sancti Petri eiusque possessiones ist nach das Wort defendendum (nach tenendum und acquirendum) eingeschoben, ebenso der Zwischensatz: excepta parte Firmanae marchiae et Salerno atque Amalfi, unde adhuc facta non est diffinitio (d. h. hierauf soll sich die Verpflichtung Robert's nicht beziehen); zu den Worten: terram sancti Petri (et principatus stand noch 1059) nec invadere nec adquirere quaeram ist jetzt noch der Relativsatz mit Beifügung: quam nunc tenes vel habiturus es, postquam scivero tuae esse potestatis hinzugesetzt; unbedeutend ist die Ersetzung des Ausdrucks im Satze über künftige Päpste: qui ad honorem sancti Petri intraverint durch das Verbum: ordinati fuerint; im letzten Satze ist noch zu qui michi firmaverint investituram der Zwischensatz: si mea culpa non remanserit eingeschoben (Sander, l. c., 42, n. 1, hält irrthümlich die Worte: ad fidelitatem sanctae Romanae aecclesiae, bei der Zusicherung: defensor ero illarum, ec.

und Belehnung in Ceperano geschehen, und dabei hatte Robert in der ehrerbietigsten Weise, in Kniebeugung und Fußkuß, die der Papst seinerseits durch ehrenvolles Emporheben des den Gruß Darbringenden erwiderte, seine Unterwürfigkeit äußerlich dargelegt [128]). Aber gerade die letzten von Gregor VII. nur noch in halben unsicheren Worten, gewissermaßen als schüchterne Erwähnung, fest-

aecclesiarum quae in mea persistunt dominatione, für einen Zusatz gegenüber dem Eide von 1059). Dagegen stimmt 1c ganz mit der Formel von 1059 überein. In 1b werden als die terra quam injuste tenes (sc. Robert), über die der Papst sagt: De illa terra . . . nunc te patienter sustineo, bezeichnet: Salernus et Amalfia et pars marchiae Firmanae. Martens, Gregor VII., II 77—81, erörtert diese Bedingungen gleichfalls und stellt richtig das Zurückweichen Gregor's VII. von seinem früheren Standpunkte dar (nur sollte nicht, 77, gesagt werden, Desiderius habe „im Namen Robert's" den Papst um Lösung des Banns ersucht: nach Petrus ging der Abt ganz aus eigenem Antriebe nach Rom): dagegen sieht z. B. von Heinemann, l. c., 207, gerade hier Gregor's VII. „ganze Hartnäckigkeit des Charakters, mit der er in zäher Ausdauer an seinen Ueberzeugungen und Grundsätzen festhielt", nicht richtig ausgesprochen.

[128]) Von der Zusammenkunft in Ceperano sprechen in historiographischen Zeugnissen Guillermus Apuliensis, Bonitho und besonders auch von byzantinischer Seite Anna Komnena. Der erste, Lib. IV, v. 16 ff., versetzt erstlich unrichtig das Ganze nach Benevent: Illis Gregorius Beneventum papa diebus advenit (dann wird die Belagerung Benevent's — vergl. ob. S. 157 — erwähnt: aegre papa tulit) . . . Veniam Robertus ut huius impetret offensae, papae properavit ad urbem, supplicat et pedibus (sancti) dans oscula patris, suscipitur; tanti persona vigoris honore digna videbatur — considere papa coegit, und dann bringt er: Soliloquium, cunctis astantibus inde remotis, consilium tenuere diu; tum papa fideles convocat; ea papae secretum jussibus horum panditur; allatus liber est evangeliorum; dux papae jurat (etc.) über den Inhalt des Eides nichts Näheres; erst nach längerer Abschweifung auf Heinrich IV. und Rudolf, dessen Tod schon gebracht wird (v. 65 ff. verschieben zeitlich die Dinge: Heinrich IV. rückt gegen Rom: — Hoc prudens comperto papa favorem curat habere ducis, succurrat ut ipse labori promptus ad arma suo, vires et deprimat hostis), schließen dann v. 69 u. 70: Pacis perpetuae Beneventi foedere pacto Gregorius Romam remeavit, duxque Salernum (SS. IX, 280 u. 281). Bonitho, Lib. IX, sagt: Interea venerabilis pontifex post pentecosten cum Roberto Normannorum duce colloquium citra Aquinum (Ceperano ist, von Rom gerechnet, der letzte größere Ort vor Aquino) habuit eumque ab excommunicatione absolvit. Qui, eius proprius factus miles, omnem Apuliae et Calabriae ab eo suscepit principatum (l. c., 676: vergl. dazu bei Watterich, l. c., I, 336, die weitere Ausführung dieser Stelle durch das Papstleben des Cardinals Boso). Wie Wilmans, Archiv der Gesellschaft für ältere deutsche Geschichtskunde, X, 93—110, in seiner Untersuchung über die Gesta Roberti Wiscardi Wilhelm's, nachweist, fußt Anna Komnena, Alexias, Lib. I, c. 13, auf der gleichen Quelle normannischen Ursprungs, die auch Guillermus Apuliensis benutzte: auch sie läßt den von Rom kommenden Papst, den von Salerno eintreffenden Robert in Benevent sich treffen, doch beide von Heeren begleitet: *μετὰ τοῦ οἰκείου συντάγματος . . . , μετὰ στρατιᾶς . . . . καθ' οὕτως τῶν στρατευμάτων γεγονότων ἐκ διαστήματος ἱκανοῦ, ἑκάτερος τοῦ οἰκείου τάγματος ἀποστάς, συνηλθέτην τὼ ἄνδρε*, worauf die Eide geschworen worden seien: aber *Λέγεται δ' ἄρα ἦσαν τὰ τῶν ὅρκων παρ' ἀμφοτέρων τελούμενα* (Ed. Reifferscheid, I, 46). Richtig nennen Romoaldi Annal. und Chron. Amalphitan., c. 40, Ceperano als Ort der Ablegung des Eides, den Juni als die Zeit (SS. XIX, 408, Muratori, Antiquit. Ital. med. aevi, I, 214). Vergl. über das Ereigniß auch Weinreich's ob. S. 87 n. 120 citirte Dissertation, 52—58.

gehaltenen Einschärfungen betreffend Stücke des thatsächlichen Machtbereiches, in die der Normanne ganz gegen den Willen des Papstes, trotz aller Abmahnungen, siegreich eingebrochen war, die er als Eroberungen trotz alle dem festhielt, bewiesen auf das klarste, wie sehr Rom hier vor der rohen Gewalt zurückwich. Indem Gregor VII. sich zu dieser abermaligen Zusammenkunft herbeigelassen hatte, war von ihm wieder einer jener Verzichte auf früher festgehaltene Gedanken über die Gestaltung der staatlichen Angelegenheiten eingetreten, so wie er solche seit 1076 mehrfach hatte geschehen lassen müssen.

Dagegen traten unverkennbar gerade jetzt, nachdem einmal Friede und Bundesgemeinschaft mit Herzog Robert geschaffen worden waren, noch neue Berechnungen in den Gedankenkreis Gregor's VII. ein, oder vielmehr, es wurden ältere, seither mehr zurückgelegte Auffassungen neu hervorgezogen.

Gregor VII. hatte sich schon am Beginne seiner päpstlichen Regierung mit Kaiser Michael VII., zur Herstellung der Eintracht der römischen und constantinopolitanischen Kirche, in näheres Einverständniß zu setzen gesucht, und großartige Hoffnungen, dem Hülferuf des durch die Seldschuken bedrängten östlichen Kaiserreichs in einer umfangreichen, mit gemeinschaftlicher Anstrengung des Abendlandes unternommenen Kriegsfahrt gegen die Bekenner des Islam nachzukommen, hatten ihn erfüllt; dabei war Gregor VII., bei der damaligen Verfeindung mit Herzog Robert, der Ansicht gewesen, gemeinsam mit Heinrich IV. und gestützt auf die Hülfeleistung seiner Bundesgenossin Mathilde das gewaltige Unternehmen durchführen zu können[109]). Seither hatte sich in diesen Fragen sehr Vieles anders gestaltet. Robert Guiscard, der im Gegensatz gegen das Reich von Constantinopel seine Herrschaft in Unteritalien geschaffen hatte, war auf andere Bahnen hinübergetreten und geneigt geworden, Werbungen Michael's VII., die eine Annäherung an das Normannenreich zum Zwecke hatten, ein günstiges Ohr zu leihen, so daß bis spätestens in den Anfang des Jahres 1076 eine Tochter Robert Guiscard's als Braut für den noch im zartesten Kindesalter stehenden erstgeborenen Sohn des Kaisers, Constantin, nach Constantinopel geschickt wurde, wo sie den Namen Helena beigelegt erhielt: so war dem Herzog von Apulien die Möglichkeit geboten, auch auf den seinen italienischen Besitzungen gegenüber liegenden Küsten, jenseits des adriatischen und des jonischen Meeres, wenn sich ihm ein passender Vorwand ergab, festen Fuß zu fassen, und diese Gelegenheit des Eingreifens trat schon im Frühjahr 1078 zu Tage, als eine Umwälzung in Constantinopel die Besetzung des kaiserlichen Thrones veränderte. Michael VII. hatte sich nach keiner Seite hin, weder gegenüber den von Kleinasien immer gefährlicher

[109]) Vergl. Bd. II, über Gregor's VII. Beziehungen zu Kaiser Michael VII. S. 274 u. 275, ebenso über die orientalischen Pläne des Papstes S. 340 u. 341, 441—443.

eindringenden Seldschuken, noch in der Abwehr der von der Donau her sich erhebenden barbarischen Völker, irgendwie ausreichend erwiesen, und so stieß ein Aufstand der Truppenführer den Kaiser vom Throne; mit seinem Sohne mußte sich Michael in ein Kloster zurückziehen, und die junge normannische Prinzessin war in Constantinopel gefangen, während nun einer der siegreichen Heerführer als Nikephoros III. Botoniates die Anerkennung für sich gewann[180]). Allerdings war durch Gregor VII. schon auf der November-Synode des gleichen Jahres noch der Bannfluch gegen den neuen Kaiser ausgesprochen worden[181]); dagegen hatte sich Robert durch den eben damals ausbrechenden apulischen Aufstand gehindert gesehen, etwas für die Befreiung seiner Tochter zu thun, in diese Fragen sich einzumischen.

Anders lagen nun die Dinge zur Zeit des Zusammentreffens in Ceperano. Robert hatte den Aufstand bemeistert, und gewisse Anzeichen, daß die kaiserliche Regierung dabei mit betheiligt gewesen sei — so war Abälard, nachdem seine Sache verloren war, nach Constantinopel entflohen[182]) —, mußten ihn vollends auffordern, auch nach jener Seite thatkräftig die Folgen aus seinem Siege zu ziehen. Dabei erwies es sich, daß Gregor VII. in diesen Auffassungen ganz mit ihm einverstanden war, wohl in der Erwartung, so die früheren Pläne auf anderem Wege dennoch zu vollenden. Ganz besonders in einer Angelegenheit, die Robert geschickt als Kampfmittel gegen Nikephoros III. zu verwenden gedachte, trat der Papst hülfreich ein. Der Herzog hatte sich in enge Verbindung mit einem bei ihm erschienenen Griechen — in Byzanz wollte man wissen, er habe in Wahrheit Rhäktor geheißen und sei Mönch gewesen — eingelassen, der für den aus seiner klösterlichen Gefangenschaft entflohenen Kaiser Michael VII. sich ausgab und am herzoglichen Hofe mit höchsten Ehren empfangen wurde, auch unter dem Volke Zustimmung fand. Ohne Zweifel war Robert, wenn er je anfangs an die Behauptungen des Betrügers geglaubt hatte, sehr bald eines Besseren belehrt worden, zumal da Leute seiner eigenen Umgebung, die den wahren Michael früher gesehen hatten, ihm zu bezeugen vermochten, daß bei diesem höchstens im entferntesten Grade eine kleine Aehnlichkeit mit dem Kaiser vorliege. Aber es diente Robert bei seinen Absichten, die er für einen Angriff hegte, sich zu stellen, als ob er an den Betrüger und dessen rechtmäßige Ansprüche auf den Kaiserthron glaube, um so unter dem Vorwande, ihn zurückzuführen, den Krieg eröffnen zu können: auch normannische Berichte stellen die Sache so dar, daß der Herzog gegen sein richtigeres Wissen seine Rüstungen,

---

180) Vergl. über diese hier nicht näher zu behandelnden Fragen bei von Heinemann, l. c., Anmerkung 44, 393—396, zu 300—303.

181) Vergl. ob. S. 166.

182) Sander, l. c., 36, bringt Beweise dieser fortgesetzten Intriguen und der Anlehnungen unteritalischer Oppositionselemente an Constantinopel.

gleich wie für den Schutz des Rechtes gegen Nikephoros III. Botoniates, betrieben habe. Aber die byzantinische Kaiserstochter, die später im einleitenden ersten Buche ihrer Alexias auf diese Ereignisse in Robert Guiscard's Zeit zurückgriff, gab noch einer zweiten Auffassung den Vorzug, nach der der Herzog, „der viel verschlagenste Barbar“, überhaupt von Anfang an den ganzen Betrug eingefädelt und durchgeführt hätte[136]). Nun war es augenscheinlich Robert auch gelungen, in Ceperano Gregor VII. von der Glaubwürdigkeit dieser ganzen Angelegenheit zu überzeugen und ihn für die Sache des Flüchtlings in Bewegung zu bringen. Denn nicht einmal einen vollen Monat später schrieb der Papst an die apulischen und calabrischen Bischöfe, er halte dafür, von Mitleid bewegt, wie er sei, daß den Bitten des um Hülfe flehenden ruhmreichsten Kaisers, der in unwürdiger und arglistiger Weise von seiner kaiserlichen Höhe gestürzt worden sei, sowie den damit übereinstimmenden Wünschen Herzog Robert's Gehör zu schenken sei und von den Getreuen des heiligen Petrus Unterstützung geliehen werden müsse. Eine hauptsächliche Förderung sah Gregor VII. darin, daß kriegerische Hülfskräfte in rechtem Glauben zur Vertheidigung und Hülfeleistung, ohne Zurückhaltung und mit Ausdauer, sich für den vertriebenen Kaiser in Bewegung setzen sollten, und so verfügte er, daß die hiezu Entschlossenen treu in dem, was christliche Ehre und Pflicht er-

[136]) Kurz erwähnen Lupus Protospatarius, zu 1080: Imperator Michail descendit in Apuliam, quaerendo auxilium a Roberto duce contra Botaniati (SS. V, 60), Anonymi Barens. Chron., ebenda: Ipse dux familiare fecit ibi Michael imperatorem (l. c.) das Factum ohne weitere Beifügung. Dagegen bricht Gaufredus Malaterra, Historia Sicula, der Lib. III. c. 13, einläßlich hievon handelt, es offen aus, daß es sich um einen Graecus quidam sub nomine Michaelis imperatoris Constantinopolitani . . . in Apuliam veniens a duce imperiali honore susceptus gehandelt habe: Et hoc quidem totum ex industria dux faciebat . . . ut sub nomine Michaelis . . . ipse imperator fieret, worauf im Weiteren folgt: Erant autem tunc etiam quidam cum duce, qui in palatio tempore Michaelis imperatoris servientes faciem eius se novisse, et hunc similem minime vel in modico assimilari dicerent: sed fraudulenter hunc spe alicuius a duce accipiendi muneris advenisse. Porro dux, sterne, ac pro certo esset aequipendens, cum multus susurrus inter suos super tali negotio fieret, ab incoepto minime deterrebatur . . . (Muratori, Script. rer. Italic., V, 580). Aus der wieder gemeinsam zu Grunde liegenden Quelle (vergl. in n. 128) gewannen auch Guillermus Apuliens., l. c., v. 162 ff.: Mentitus se Michaelem venerat a Danais quidam seductor ad illum . . . . Lacrimantem dux et honeste suscipit et tractat . . . . Hunc adhibens socium sibi dux, ut iustior esset causa viae (sc. der seit v. 122 erörterten Expedition nach dem Osten) (l. c., 282 u. 283), und noch ausgeprägter Anna Komnena, l. c., c. 12, die Ansicht, daß ein Betrug vorliege, letztere auch mit Angabe des richtigen Namens, eines Mönches Rhaiktor, des Betrügers, woneben freilich die byzantinische Erzählerin — *Αὐτὸς δὲ ἐντεῦθεν ἐφέρετο λόγος* — noch eine zweite hievon abweichende, für Robert ungleich belastendere Version kennt und ausführlich vorbringt: *Ἕτερος δέ με περιβομβεῖ πιθανώτερος λόγος ἐπέκεινα φημιζόμενος, ὡς οὔτε μοναχός τις τὸν βασιλέα Μιχαὴλ ὑπεκρίνατο, οὔτε τοιοῦτόν τι τὸν Ῥομπέρτον πρὸς τὸν κατὰ Ῥωμαίων ἐκίνησε πόλεμον, ἀλλ' αὐτὸς ὁ βάρβαρος πολυτροπώτατος ὢν τὰ τοιαῦτα ῥᾳδίως ἐπλάττετο* (l. c., 41 u. 42).

heischen, ausharren und sich nicht in verrätherischer Wendung auf die entgegengesetzte Seite reißen lassen möchten. So forderte er die Bischöfe auf, diejenigen, die mit Robert und dem, welchen dieser als Kaiser Michael anerkannt habe, über das Meer fahren wollten, nach ihrer Pflicht geflissentlichst zu ermahnen, daß sie als gute Christen sich dabei in jeder Art erproben möchten, und sie von ihren Sünden loszusprechen [134]). In nachdrücklichster Weise nahm also der Papst die kriegerischen Absichten des Herzogs gegen Constantinopel in seinen Schutz, und damit kam er auch ohne Zweifel Robert in seinen Beziehungen zu den eigenen eben erst wieder zur Unterwerfung gebrachten Unterthanen zu Hülfe, indem er durch solche geistliche Mittel deren Gehorsam stärkte und sie zur Betheiligung an dem geplanten Unternehmen williger machte. Sehr enge hing damit zusammen, daß nach zwiefachem Zeugniß eine geweihte Fahne des heiligen Petrus durch den Papst dem Herzog auf diese Fahrt eingehändigt wurde, und ebenso sind die Gerüchte darüber, daß sogar eine Königskrone Robert in Aussicht gestellt worden sei, hiemit in Verbindung zu setzen, Sagen, die sich weiter verbreitet haben müssen, wenn ihnen auch jede sichere Grundlage abging [135]).

Gregor's VII. Verhalten, das in diesen Beziehungen zu Robert und zu dessen hochfliegenden Plänen zu Tage trat, stimmte allerdings in mancher Hinsicht sehr wenig zu den Voraussetzungen, unter denen er ohne Zweifel sich in die Herstellung des Friedens mit dem normannischen Herzog eingelassen hatte. Die Aufrichtung der Ruhe in Unteritalien, der Anschluß an die normannischen Ge-

[134]) Das ist der Brief an die fratres et coepiscopi in Apulia et Calabria commorantes, J. 5178, Registr. VIII, 6, vom 25. Juli, wo Gregor VII. geradezu einleitend sagt: Qui (sc. gloriosissimus imperator Constantinopolitanus, Michahel, ab imperialis excellentiae culmine indigne potius et malitiose quam juste aut rationabiliter dejectus) auxilium beati Petri nec non filii nostri gloriosissimi ducis Roberti flagitaturus, Italiam petiit (l. c., 435 u. 436). Weinreich, l. c., 60 n. 7, hob ganz richtig hervor, daß der falsche Michael jedenfalls vor der Zusammenkunft von Ceperano bei Robert eingetroffen war. Ueber die Frage, ob er selbst hiebei anwesend gewesen sei, was wohl zu verneinen ist, vergl. von Heinemann, l. c., 304 n. 3.

[135]) Romoaldi Annal. (l. c.) und Guillermus Apuliens., Lib. IV, v. 408 u. 409, gedenken des vexillum sancti Petri, der letztere: vexillo quod sibi (sc. Robert) papa sub Petri dederat summi pastoris honorem (l. c., 287). Des Gerüchtes betreffend die Krone, wo wieder Guillermus, l. c., v. 31 u. 32: Romani regni sibi (sc. Robert) promisisse coronam papa ferebatur (sc. wegen Heinrich's IV. Verdammung) (l. c., 280) und die Alexias, l. c., c. 13: *Οἱ δὲ ὅρκοι ἦν· ὁ μὲν πάπας τήν τε τοῦ ῥηγὸς ἀξίαν περιθείη αὐτῷ καὶ συμμαχίαν δοίη καιροῦ καλοῦντος κατὰ Ῥωμαίων* (l. c., 46) zusammentreffen, gedenkt auch später Petrus Crassus in der ob. S. 275, n. 79, mitgetheilten Stelle. Sander, l. c., 42 u. 43 (n. 1), möchte eventuell bei dieser doch nur ganz gerüchtweise erwähnten corona, auf die ein weiteres Gewicht gar nicht zu legen ist (Gfrörer, l. c., VII, 747 u. 748, Weinreich, l. c., 62 n. 15, bezogen das auf die Kaiserkrone von Constantinopel), an einen auf die Mark Fermo bezüglichen Titel denken, was doch gewiß ganz ausgeschlossen ist, in Anbetracht des Mangels irgend einer definitio zwischen Papst und Herzog, betreffend dieses Gebiet (vergl. in n. 127).

bieter der reichen Landschaften jenseits des Garigliano war ihm nothwendig erschienen, um alle diese Verbündeten Rom's gegen Wibert, als den Vertreter Heinrich's IV. in Italien, zusammenfassen zu können. Wenn er nun durch seine laute Billigung Robert's ehrgeiziges Begehren gegen das byzantinische Reich förderte und weiterhin anreizte, wenn er seine eigene innere Theilnahme an einer solchen kriegerischen Unternehmung darlegte, die aber Robert's Streitkräfte, statt sie gegen Ravenna zur Verfügung zu stellen, im Gegentheil in der Richtung über das Meer ostwärts fesselte, so gefährdete er selbst seine Berechnungen für den näher liegenden Kriegsschauplatz.

Aber zunächst scheint der Papst diese Empfindung noch nicht gehabt zu haben. Denn die in den weiteren Sommermonaten und bis in den Beginn des Herbstes fallenden Kundgebungen — Gregor VII. begab sich vom Garigliano nach Rom zurück[186]) — entwickeln den Vorsatz, entschieden gegen Wibert vorzugehen, und zählen dabei auch auf normannische Hülfe.

An die Bischöfe von Unteritalien, der ehemals langobardischen, jetzt zumeist normannischen Fürstenthümer, von Apulien und Calabrien, an die auch das oben erwähnte Schreiben vom 25. Juli gerichtet war — gerade das zeigt wieder, wie sehr Gregor VII. auf Handreichung von dieser Seite hoffte —, wandte sich ein vom 21. des gleichen Monates erlassener Aufruf gegen Wibert. Da heißt es, daß mehrere Schüler des Satans, die unter falschem Namen in verschiedenen Gegenden für Bischöfe erachtet werden, entflammt von teuflischem Uebermuth, es versucht hätten, die heilige römische Kirche zu verwirren, daß aber diese ungerechte Ueberhebung durch Gottes Hülfe und die Macht des heiligen Petrus den Veranstaltern nur Schande und Niederlage, dem römischen Stuhle Ruhm und Erhöhung eingetragen habe: das habe vom Niedrigsten bis zum Höchsten, nämlich bis zu König Heinrich IV., der als Gipfel und als Urheber des Pest bringenden Rathschlusses anzusehen sei, diese ganze Gegnerschaft empfunden. In sonderbarer Entstellung der wahren Thatsachen schreibt dann Gregor VII. im Weiteren geradezu Heinrich IV. die in der Zeit der Regentschaft der Kaiserin Agnes geschehene Erhebung des Cadalus gegen Alexander II. zu, mit geflissentlicher Betonung, wie sehr der König mit diesem seinem Papste in die Grube gefallen sei, während Rom in diesem Kampfe an Ehre und Siegen große Fortschritte gemacht habe. Dann erinnert der Papst an das vor drei Jahren Geschehene, wie sich gegen ihn unter Leitung Heinrich's IV. voran die lombardischen Bischöfe be-

[186]) Die Stücke von J. 5177 an fallen in diese Zeit, wovon J. 5177 — 21. Juli — aus Ceccano, also noch ganz nahe an Ceperano auf dem Wege nach Rom, J. 5180 — 18. September — aus Rom datirt. Sander, l. c., 49 n. 2, möchte aus der in n. 129 citirten Vita Simonis, c. 22, nach der Gregor VII. der Bestattung des am 30. September — des Jahres 1080, wie Sander annimmt — verstorbenen Simon nicht beiwohnte: Praesul tamen non affuit infirmitate detentus (l. c.), schließen, der Papst sei Anfang October krank gewesen.

waffneten, daß er aber durch die Vertheidigung des heiligen Petrus unversehrt geblieben sei, nicht ohne große Erhöhung seiner eigenen und der Ehre der Seinigen, während jene, unbelehrt durch die frühere Niederschmetterung, von der Fußsohle bis zum Scheitel in unheilbarem Schlage getroffen worden seien. „Aber" — so fährt das Schreiben wörtlich fort — „indem sie in all dem, feilen Dirnen gleich, verhärtete Stirnen zeigten und in ihrer Schamlosigkeit für sich den Zorn eines gerechten Urtheils aufspeicherten, haben sie, die in Betrachtung ihrer Schmach zur Besinnung hätten zurückkehren sollen, vielmehr, ihrem Vater nachfolgend, der gesagt hat: „Ich werde meinen Sitz vom Norden nehmen und dem Höchsten ähnlich sein" —, den Versuch gemacht, die frühere Verschwörung gegen den Herrn und die allgemeine heilige Kirche zu erneuern und den gottlosen und gegen die heilige römische Kirche eidbrecherischen und durch die ganze römische Welt durch die abscheulichsten Verbrechen gekennzeichneten Menschen — wir sprechen von dem Verwüster der heiligen Kirche von Ravenna, Wibert — sich als den Antichrist und Ketzerherrscher zu bestellen. In dieser Zusammenkunft des Satans sind unstreitig jene anwesend gewesen, deren Leben verabscheuenswerth und deren Ordination ketzerisch ist bei der Unermeßlichkeit vielfachen Verbrechens. Zu diesem Wahnwitz hat sie nämlich endlich jene Verzweiflung gezogen, darüber daß sie weder durch Bitten, noch durch Versprechungen von Dienstleistungen oder Geschenken die Verzeihung für ihre Verbrechen bei uns zu erlangen vermochten, außer denn wenn sie dem kirchlichen Gerichte und unserem Urtheile, so daß die Barmherzigkeit, wie es unserem Amte zukommt, dazwischen getreten wäre, sich unterwerfen wollten". Gregor VII. versichert, daß er diese Gegner um so geringer schätze, je höher ihr Selbstvertrauen reiche, und er hofft sicher auf ihren bald eintretenden Sturz und die aus der Besiegung der Feinde erwachsende Erweiterung der für die Kirche hergestellten Ordnung. So werden die Bischöfe aufgefordert, durch Gebete und in anderer Weise, als die gesetzmäßigen Söhne der Kirche, dieser zu Hülfe zu kommen, und im Uebrigen auf die Boten verwiesen, die Gregor VII. zu ihnen senden werde[137]).

In einem weiteren Schreiben, das sich an alle Getreuen des heiligen Petrus, Bischöfe, Geistliche, Laien, richtete, tritt Gregor's VII. angriffslustige Stimmung gegen Wibert noch stärker hervor. Zuerst berichtete er da über die mit den normannischen Fürsten, vornehmlich Herzog Robert und Jordanus, gepflogenen Unterhandlungen, die zum Erfolge gehabt hätten, daß sie einstimmig versprachen, nach ihren Eiden für die Vertheidigung der römischen Kirche und der Ehre des Papstes gegen alle Sterblichen Hülfe zu leisten, und fügte

---

[137]) J. 5177, Registr. VIII, 5 (l. c., 432—434), richtet sich, in Ausdehnung des Kreises der Empfänger des in n. 134 genannten Schreibens, an die coepiscopi per principatus et Apuliam et Calabriam constituti (die Stelle steht Jesaia, XIV, 13 u. 14, auf Lucifer sich beziehend).

dann bei, daß auch weit und breit rings um Rom und in Tuscien und den übrigen Gegenden die Fürsten das Gleiche fest versprachen. Deßwegen kündigte nun Gregor VII. ausdrücklich auf die Zeit nach dem 1. September, wenn die Witterung kühler zu werden begonnen habe, einen Feldzug gegen Ravenna an, zu dessen Befreiung, da jene heilige Kirche aus den gottlosen Händen gerissen und ihrem Vater, dem heiligen Petrus, zurückgegeben werden müsse. In den stets wiederkehrenden, die Geringschätzung der gottlosen Feinde aussprechenden, die eigene Siegeszuversicht verkündigenden Worten wurden dann die Dienstleistungen der gottesfürchtigen und dem heiligen Petrus getreuen Empfänger des Aufrufes in Anspruch genommen[128].

Obschon nun der 1. August, der Tag, auf den der Papst in seiner kühnen Voraussetzung Tod und Vernichtung für Heinrich IV. in Aussicht gestellt hatte[129]), ohne diese Hoffnung irgendwie zu erfüllen, vorübergegangen war, verharrte er in unverminderter Zuversicht auf einen siegreichen Erfolg seiner Sache. So legte er in einem Briefe an Erzbischof Alfanus von Salerno, vom 18. September, die dort geschehene Auffindung des Leibes des heiligen Apostels Matthäus, weil sie in dieser seiner Zeit eingetreten sei, in der hoffnungsfreudigsten Weise aus: er glaubte, alle Heiligen und der ganze Himmel sammt der Gottesgebärerin Maria seien so von Jubel hierüber erfüllt, daß ihr Eifer für das Menschengeschlecht jetzt viel geneigter und überströmender sein werde, als zu anderen Zeiten. Er sprach so sein Vertrauen aus, daß die lange in schweren und mannigfaltigen Stürmen herumgetriebene Kirche jetzt die Sicherheit des ruhigen Ufers nahe vor den Augen habe und unzweifel-

[128]) Dieses Schreiben an die fratres et coepiscopi christianam religionem defendentes ceterique clericalis ac laicalis ordinis sancti Petri fideles — J. 5179, Registr. VIII, 7 (l. c., 436 u. 437) —, aber ebenso J. 5186, Registr. VIII, 12 (und im Zusammenhang damit J. 5187 und 5189, Registr. VIII, 13, 14: vergl. n. 148 u. 150), wollte Dünzelmann, Forschungen zur deutschen Geschichte, XV, 539 u. 540, zu 1081 hinübersetzen, weil Gregor VII. in J. 5186 sage: Ipse (sc. Wibert) in sancta synodo Romae celebrata omnium episcoporum qui aderant consona sententia jam ex triennio gladio anathematis sine spe recuperationis percussus est (l. c., 442), was nur auf die November-Synode von 1078 (vergl. S. 167), nicht auf die Fastensynode des gleichen Jahres (vergl. S. 107) bezogen werden könne, infolge dessen — wegen des Satzes von J. 5186: Praedictam igitur Ravennatem ecclesiam de manibus violentis eripere et ad pristinum statum pro officio, quod licet indigni gerimus, reducere cupientes, talem personam eligendam atque in ea praeficiendam fore censuimus (etc.) (l. c.) — dann auch J. 5179 wegen der ganz ähnlichen Wendung: cupientes sanctam Ravennatem ecclesiam de manibus impiis eripere et patri suo beato Petro restituere zu 1081 zu stellen sei. Allein Sander, l. c., 172—174, widerlegte, im Excurs § 5, diese Auffassung (vergl. auch Köhncke, l. c., 42 n. 8), und es wäre auch unbegreiflich, wenn Gregor VII., bei seinem allseitigen Vorgehen gegen Wibert, bis 1081 mit der Entsetzung Wibert's gezögert hätte; andererseits stimmt auch das über die Normannen Gesagte (vergl. n. 125) ganz zu den Zusammenkünften im Juni, ohne daß es nothwendig ist, mit Sander, l. c., noch weitere persönliche Verhandlungen anzunehmen.

[129]) Vergl. ob. S. 258.

haft im Hafen liegen werde. Alfanus sollte den ruhmreichen Herzog Robert und dessen edle Gemahlin ermahnen, daß sie im Hinblicke auf diesen für Salerno gewonnenen Schatz sich in vollster Hingebung anstrengten, des Heiligen Gunst und Hülfe zu verdienen[140]. Und ebenso wurden nur vier Tage später die der römischen Kirche Getreuen im deutschen Reiche, Erzbischöfe und Bischöfe, Kleriker und Laien verschiedener Rangstufen, aufgerufen, angesichts der Bedrohung der Kirche in der Erfüllung ihrer Pflichten nicht zu wanken; besonders wandte sich dabei die Mahnung an die geistlichen Führer. Denn Gregor VII. ließ da Großes vorausahnen: „Die Bosheit des Gegners hat sich nämlich ihrem Ende genähert, so daß die, die sich selbst aufgeben und gegen den Herrn und die Mutter Aller, die heilige römische Kirche, sich aufgebäumt haben, die Strafe für ihre Verwegenheit, da die verdiente Vernichtung nicht lange verzieht, bezahlen. Einige jedoch werden, was wir von Sämmtlichen wünschen möchten, durch Gottes Barmherzigkeit von ihrem Irrthum und dem Weg der Ungerechtigkeit reuig sich zum Schoß der Mutter Kirche kehren“[141].

Ein eigentlicher Feldzug war dann noch auf den Herbst gegen Wibert von Ravenna in Aussicht genommen worden[142]. Dabei meinte Gregor VII., wie auf die Normannen, voran auf Herzog Robert, so auf die Herren aus dem zunächst um Rom liegenden, weiter aus dem tuscischen Gebiete rechnen zu können. Der Hülfe der Markgräfin Mathilde durfte er von vorne herein gewiß sein. Aber ohne Zweifel war es auch für den Papst erwünscht, daß augenscheinlich die Versuche, die Schwiegermutter des Königs, die einflußreiche und mächtige Markgräfin Adelheid von Turin, für die auf der Versammlung von Brixen betriebene Angelegenheit zu gewinnen, mißlungen waren. Der italienische Kanzler, Bischof Burchard, hätte, nach jenem Gedichte des vertriebenen königlichen Anhängers, Bischof Benzo, zu schließen, sich anstrengen sollen,

[140]) J. 5180, Registr. VIII, 8, preist Gott, dessen dignatio thesaurum magnum totique mundo profuturum nostris temporibus misericorditer revelavit: — certissime tunc potissimum speranda sunt eorum (sc. sanctorum) auxilia, cum sanctissima ipsorum corpora nobis quasi rediviva divino nutu manifestantur (l. c., 437 u. 438). Vergl. Sander's Erwähnung — l. c., 51 n. 2 — der Verleihungsurkunde Robert's für die Domkirche San Matteo vom 6. October 1080 (Paesano, Memorie per servire alla storia della chiesa Salernitana, I, 136 u. 137, wo, 138, noch Inschriften folgen, die sich auf den durch Robert — imperator maximus triumphator — de erario peculiari ausgeführten Bau der Kirche für den patronus urbis beziehen).

[141]) J. 5181, Registr. VIII, 9, ist an omnes archiepiscopi episcopi diversique ordinis ac potestatis clerici et laici in Teutonico regno morantes, illi dumtaxat qui sanctae Romanae aecclesiae fideliter oboediunt gerichtet (l. c., 438 u. 439).

[142]) Kämpfe der Ravennaten und der mit ihnen verbündeten Lombarden mit den Einwohnern von Faenza, die im Chronicon Tolosani canonici Faventini, c. 43, eingehend erzählt werden (Mittarelli, Rerum Faventinarum Scriptores, 45—52), fallen schon vor die Synode von Brixen, in den Anfang des Mai.

Adelheid günstig zu stimmen. Aber das war nicht geglückt, und jedenfalls hielt sich die thatkräftige Fürstin noch längere Zeit vom Könige zurück, so sehr sich Benzo Mühe gab, in angeknüpften Verhandlungen einen Erfolg zu erzielen[148]).

[148]) Benzo legte auf diese Angelegenheit ein ganz besonderes Gewicht. In dem schon ob. S. 282, in n. 90, herangezogenen Gedichte an Bischof Burchard, Lib. IV, c. 13, heißt es nach dem ersten Adelheid's Namen erwähnenden Verse weiter: Voca eam regis matrem, si vis hostem perdere. Per legatum clama eam magistram concilii, dominam atque ductricem communis consilii, ut Hegeria dux fuit in causis Pompilii, und — wenn das gelinge — plus profuerit hoc regi thesauris innumeris (SS. XI, 646 u. 647). Ebenso beziehen sich die, am Ende von Lib. V, in c. 9 eingeleiteten und cc. 10—13 füllenden Briefe Benzo's ganz auf Adelheid, die Dux A. domna superdomna, Domna Adelegida, Romani senatus patricia, Domna Adelegida, cuius prima medietas dominia est genitivus sive dativus vocabuli primi dominis, und wie sie weiter angeredet wird — c. 14 ist ein Adelheid betreffender Brief an Heinrich IV. —, wobei aber die Quedam prolocutio in c. 9, zumal da auch darin vom imperator Heinricus die Rede ist, als bei der letzten Redaction vom Autor eingeschoben anzusehen ist (l. c., 653—656). In dieser „Einleitung" sagt Benzo, daß er alia manu, als sonst, mit der domna Adeleida habe verhandeln müssen: Ipsa igitur, quasi regina piscium, ammirabilis balena, non poterat capi neque hamo neque catena, sondern nur mellifluis verbis .... planetarum cantilenis —, und er sagt von sich: cotidie infundebat auribus eius Ambrosianas melodias, maritimis associatus Syrenis, et ita lyrizando, organizando, deduxit eam in sagenam fidei traxitque ad litus ante pedes imperatoris Heinrici; dann will er pro testimonio veritatis Beispiele bringen: de pluribus hec pauca. Gleich der erste Brief, von c. 10, ist, in Anbetracht der Beschaffenheit des diesen Text enthaltenden, von Benzo in seinem Originalcodex eingefügten Pergamentzettels, als das Concept des betreffenden an Adelheid abgeschickten Briefes anzusehen. Wie weit dieser erste und die vier weiteren Briefe, so wie sie in Lib. V. aufgenommen sind, den ursprünglich abgeschickten Schriftstücken entsprechen, ist nicht zu sagen: daß aber solche Briefe geschrieben worden sind, ist nicht anzuzweifeln. Lehmgrübner, l. c., der auch hier wieder die Frage sicher zutreffend erörterte, zuerst 19 (wo nur statt „V 15" zu lesen ist: „V 10"), dann 63 n. 5 (mit Anknüpfung an Giesebrecht, III, 1168, in den „Anmerkungen"), 65, 72—74 (vergl. ob. S. 168 in n. 116), führt aus, daß sich Adelheid jedenfalls zur Brixener Synode nicht habe herzuziehen lassen, was schon dadurch, daß keiner ihrer Bischöfe sich unter dem Decrete unterzeichnet findet, nahe gelegt sei, daß aber Benzo hernach die Unterhandlungen weiter geführt habe, wohl meist mündlich, so daß die Auswahl von Briefen wenig Reales zeige, bis dann endlich 1082 (vergl. dort bei n. 32), freilich um hohen Preis, Adelheid sich zur Vermittlung zwischen Heinrich IV. und Mathilde herbeigelassen habe. Schon in c. 10 stellt Benzo in Aussicht: favente Deo post regem Italiae dominaberis. Certe, si dignaris credere consiliis meae parvitatis, cum tranquillitate sedebis sub rege in solio regifico majestatis et videbis ante te duces cum principibus, orbis terrarum opes tibi ministrantibus — doch: Secretum meum michi, tibi et illi (sc. Heinrich IV.); non addas quartam personam trinitati; dann fordert er in c. 12, im dritten Briefe, Adelheid auf: Porrige dexteram Romae mergenti; succurre regi piis oculis te respicienti. In his duobus pendet tota aecclesia, vide quid facias sancta Adelegida; aber nach c. 13 stockt die Unterhandlung: Cum sim fidelis et cotidie dictis et factis ostendo meam fidelitatem, cur opponis, o domna, meae fidei duritiam cordis atque incredulitatem? . . . domna mea michi, noto sibi. dedignatur credere? . . . Qui me spernit, ad suum dampnum me spernit. Et non solum me spernit, verum etiam eum, qui me misit (sc. Gott); endlich erhellt aus dem letzten an Heinrich IV. gerichteten Briefe — c. 14 — die conversio talis domnae, wonach Alle sagen: „Consumatum est" und „Gloria tibi, Domine!", wobei aber Heinrich IV. sich

Freilich nahm nun schließlich das Unternehmen Gregor's VII. ebenfalls gar nicht den Ausgang, den er erwartet hatte. Denn eine Haupthülfe, auf die der Papst gerechnet hatte, blieb aus: Herzog Robert erfüllte das von ihm Gehoffte nicht. Wie der Papst im folgenden Frühjahre es gegenüber Abt Desiderius offen aussprach, war von Robert bis dahin trotz aller Voraussetzungen, obschon aus der Nachricht von der Schließung des Friedens zwischen der Kirche und dem Herzog ein Eindruck der Furcht auf die Feinde erwachsen war, nichts geschehen, was den Hoffnungen der Getreuen entsprochen haben würde. Statt seine Hülfe gegen den in Brixen aufgestellten Gegenpapst zu leihen, weilte der Herzog im Herbste in den dem östlichen Meere zugewandten Theilen seines Gebietes; es war deutlich, daß ihn einzig die Vorbereitungen zu dem Aufbruche gegen den Kaiser von Constantinopel beschäftigten [144]).

So geschahen die Dinge an zwei Stellen in Italien im Herbste gegen Gregor's VII. Berechnung.

Einen sehr empfindlichen Schlag erlitt Mathilde durch die Niederlage ihres Heeres bei dem Castell Volta, im Mantuanischen, auf der Westseite des Mincio, kurz nach dem Austritte dieses Flusses aus dem Gardasee; da wurden die lombardischen Anhänger Heinrich's IV., nach der Mitte des October, mit einem fast aus allen Theilen des Landes gesammelten Heere, unter der wenigstens dem Namen nach von ihnen anerkannten Führung eines jungen, einer nicht gesetzmäßigen Verbindung entsprungenen Sohnes des Königs, der Gegner Meister [145]), und Mathilde sah sich nun auf

vor Rathschlägen zu hüten habe, die dahin zielen würden: quominus adimpleas quae regia promisit celsitudo, vielmehr durch Abraham's Nachgiebigkeit gegenüber Sarah sich belehren lassen solle: audi vocem eius (sc. was immer Adelheid rathen werde, auch wenn sie sagen oder gegentheils abrathen würde: Eice Sarabaitam et omnes sequaces eius!, was Sander, l. c., 119, dahin auslegen will, Adelheid habe sogar einen maßgebenden Einfluß auf Heinrich's IV. Kirchenpolitik in Anspruch genommen): — Non igitur est pavendum, ut non audias vocem eius, quoniam ad te est conversio eius. Postquam autem fuerit ad te conversa, audies vocem eius in quampluribus; ipsa vero audiet et faciet voluntatem tuam in omnibus, quia tu dominaberis illius. Noli ergo, o bone rex, denegare quae sibi placita videntur, quoniam una die dabis, altera die centuplicata ad te revertentur. Neque enim est denegandum beneficium, quod scimus posse reverti ad idem principium!

[144]) J. 5207, Registr. VIII, 27, vor 4. April 1081 geschrieben, enthält einleitend: Satis novit dilectio tua, quantum commodi de pacatione ducis Roberti sancta Romana ecclesia speraverit, quantumve ex hoc inimici eius timuerint; neque enim te latere putamus, huic apostolicae sedi ex parte illius quid utilitatis accesserit. Unde, quia plurimorum fidelium super eo spes, sicut palam cernitur, huc usque non processit . . . . (l. c., 477). Lupus Protospatarius, a. 1081, hat die nach seiner Zeitrechnung noch zu 1080 zu rechnende Notiz: Robertus dux intravit Tricarim (auf der Ostseite des Appennin, in Apulien) mense Octobris (SS. V, 60).

[145]) In Deutschland sprach von der Niederlage Bernold: Eodem die decessionis eius (sc. Rudolf's) in Longobardia milites prudentissimae ducis Mathildae fugantur ab exercitu pene totius Longobardiae, apud Vultam prope Mantuam (SS. V, 436), in Italien Bonitho, Lib. IX, auch im Anschluß an die Erwähnung der Schlacht vom 15. October: Post paucos vero dies . . . . eius

längere Zeit sehr eingeengt und auf die Vertheidigung ihrer allerdings zahlreichen festen Plätze beschränkt[140]). Dazu griff die Bewegung noch weiter, und auch die nicht lange nachher eintretende Vertreibung eines der hingebendsten Bischöfe vom Anhange Gregor's VII., des Anselm von Lucca, aus seiner Stadt schädigte das Ansehen der Markgräfin schwer[141]).

Es war nicht zu vermeiden, daß diese Niederlagen auch auf die Maßregeln zurückwirkten, die der Papst gegen Wibert geplant hatte.

Am 15. October hatte Gregor VII. in zwei Schreiben die Absichten angekündigt, die er hinsichtlich der Neuordnung der Dinge für die Kirche von Ravenna hegte. Das erste war an alle der römischen Kirche gehorsamen Bischöfe, Aebte, Geistlichen und Laien in den Markgrafschaften Tuscien und Fermo und im Exarchat von Ravenna gerichtet und ging von dem Gedanken aus, daß die Kirche von Ravenna früher in hohem geistlichem Ansehen und in einer Ueberfluß aufweisenden äußeren Stellung gewesen sei und von Anfang des christlichen Glaubens sich in stetem Anschluß an die römische Mutterkirche gehalten habe: das aber habe zu schwerem Kummer des Papstes für jene, die in großer Verwüstung liege, sich verändert. Als Ursache dieser doppelten Entwürdigung, der religiösen Verderbniß und der Plünderung des Besitzes, wird der Zerstörer Wibert, der Erzbischof geheißen ist, hingestellt. Dann werden die Verbrechen Wibert's, des übermüthigsten Menschen, der sich verruchter Frevel bewußt sei, aufgezählt: Meineid, Verschwörung gegen den apostolischen Stuhl, Plan des Einbruches auf denselben, und im Weiteren erinnert das Schreiben an die auf der Synode zu Rom vollzogene unwiderrufliche Verfluchung des Schuldigen: „Da wir also wünschen, die Kirche von Ravenna aus den gewalt-

---

(sc. Heinrich's IV.) filius (vergl. ob. S. 297, n. 112) cum exercitu excellentissimae M(atildae) pugnavit et victoriam obtinuit (l. c., 677). Der italienischen Angabe über die Zeit ist im Hinblicke darauf, daß volksthümliche Auffassung gern große Entscheidungen auf einen und denselben Tag setzt, der Vorzug zu geben (vergl. Sander, l. c., 52 n. 2).

[140]) Donizo, Vita Mathildis, Lib. II, spricht zwar von der Niederlage bei Volta nicht, läßt aber mittelbar erkennen, daß die Markgräfin in den nächsten Jahren, im Kampfe gegen den in Italien erscheinenden König, auf die festen Plätze eingeschränkt war, so in c. 1, v. 207 u. 208: Insuperabilia loca sunt ubi plurima fixa: diligitur valde, villas defendit et arces, auch in c. 2, v. 294, wo bei Schilderung der Kämpfe zwischen Heinrich IV. und Mathilde: Qualiter castra regem et Guibertum exarserit domina Mathildis — auch voran nur von Festungen die Rede ist: pugnando plures, castellaque sepius urens — (sc. Mathilde: regis ab obsequio jugiter disjungit iniquo —: bei Anderen geschah das anderswie: Multos cum feudo, multos munus tribuendo) (SS. XII, 383, 385).

[141]) Ueber die Vertreibung des Bischofs Anselm aus Lucca, die allerdings wohl schon eine Nachwirkung der Niederlage bei Volta war und gegen Mathilde ebenfalls ihre Spitze richtete — Bardo sagt in der Vita, c. 9: sed et praedictae dominae rebelles penitus facti sunt (sc. Lucenses) (l. c., 16) — vergl. bei 1081 n. 62.

samen Händen zu reißen und zum früheren Stande, dem Amte gemäß, das wir, zwar unwürdig, führen, zurückzubringen, so haben wir dafür gehalten, daß eine solche Persönlichkeit ausgewählt und zum Vorsitz in dieser Kirche erhoben werden müsse, deren Frömmigkeit und Klugheit mit Gottes Gunst sowohl das inwendige Licht der Heiligkeit in ihr herzustellen, als auch die Schäden der äußeren Dinge auszubessern versteht und sich befleißigt". Deßwegen werden die Empfänger des Schreibens aufgerufen, in voller Uebereinstimmung Unterstützung zu leisten, die geeignete Kraft suchen zu helfen, damit die Kirche des heiligen Apollinaris wieder in Freiheit emporgehoben und die Fürbitte des Heiligen für die Theilnehmer an dieser Herstellung gewonnen werde. — Das zweite Schreiben ging an die Geistlichen und Laien von Ravenna selbst und führte in etwas abweichenden Worten die gleichen Gedanken aus. Von der Trennung Ravenna's von Rom, von dem Willkürtreiben Wibert's, der nach Verwüstung Ravenna's die gleichen Gelüste gegenüber Rom hege, wird gesprochen und betont, daß das faule Glied — Wibert — durch das Schwert der Excommunication schon abgetrennt erscheine, dann aber ausdrücklich darauf hingewiesen, wie nun der Papst für die Heilung des Schadens thätig zu werden gedenke. Mit Hülfe einer von Rom abgeschickten Abordnung von Cardinälen, nämlich Bischöfen, Archidiakon und übrigen Diakonen, die in Gregor's VII. eigenem Namen zu handeln hätten, sollten die Ravennaten den Ersatz für die Leitung ihrer Kirche finden[148]).

Allein angesichts der jetzt von Deutschland eintreffenden Nachrichten über die hier gleich nachher zu behandelnden Ereignisse — vom Tode Rudolf's — kann auch dieser Schritt keine Folge gehabt haben, so daß eine solche Wahl nicht zu Stande kam[149]). Das geht deutlich aus einer neuen am 11. December von Gregor VII. erlassenen Aufforderung hervor, die dieses Mal außer an die Ravennaten und an die Mark Fermo auch an die Pentapolis und das Herzogthum Spoleto sich wandte, und zwar jetzt mit Ausschluß von Excommunicirten, so daß also wohl in der letzten Zeit — gegen Wibert's Anhänger — solche Strafurtheile gefällt worden

---

[148]) J. 5186, Registr. VIII, 12, beklagt hinsichtlich Ravenna's gleich stark beide schädliche Wirkungen des pervasor destructorque Wibert: religionem eius (sc. von Ravenna) disperdidisse et bona dilapidasse —; wegen der zeitlichen Ansetzung vergl. n. 138 —, und J. 5187, Registr. VIII, 13, an die Ravennaten, nennt speciell das von Gregor VII. gewählte Mittel: ut toto affectu mentisque intentione talem personam una cum confratribus nostris episcopis et archidiacono caeterisque diaconis, quos propterea ad vos nostra vice direximus, studeatis eligere, quae tanto honori, scilicet vestri archiepiscopatus regimini, secundum Deum videatur competere; die ob. S. 298 in n. 110 berührte Stelle lautet: quae dampna, quae detrimenta non modo religionis sed etiam bonorum suorum . . . pertulerit (sc. die Kirche von Ravenna), maximeque per tyrannidem W. dicti archiepiscopi quantum in utraque re destructionem perpessa sit . . . (l. c., 441—444).

[149]) Vergl. unt. S. 319. Köhncke, l. c., 43, schließt wohl richtig, man habe die Gesandten in Ravenna gar nicht eingelassen.

waren. Nach einer einleitenden Gegenüberstellung der gehorsamen, Gott liebenden Söhne der römischen Kirche und der aufrührerischen ihrem eigenen Heile widerstrebenden Feinde des Kreuzes Christi, die den Papst ganz besonders deßwegen hassen, weil er sie aus den Schlingen des Teufels reißen und zum Schoß der Mutter Kirche zurückführen möchte, werden die Empfänger des Schreibens aufgemuntert, ihre gute und getreue Gesinnung gegen den heiligen Petrus jetzt, wo die Gelegenheit sich zeige, zu beweisen: „Also sei Euer Eifer darauf gerichtet, unseren Bruder Richard, den Erzbischof von Ravenna, den nach langwierigen und unzähligen Besetzungen durch Eindringlinge, wie einst den Apollinaris vom seligen Petrus, so diesen neuestens von der römischen Kirche die von Ravenna zu empfangen verdient hat, sowohl wegen der Liebe zu dem heiligsten Blutzeugen, durch dessen Stuhl und dessen Reliquien jene Kirche geziert wird, als wegen der geschuldeten Ehrfurcht vor dem apostolischen Sitze, durch Eure Rathschläge und Hülfeleistungen zu befestigen und ihm gegen den tempelräuberischen und verdammten Verwüster jenes heiligen Ortes, Wibert, in jeder Art und Weise zu Hülfe zu kommen. Denn wir schreiben vor, daß Ihr nach dem Rathe unseres Legaten, der dieses Schreiben hinträgt, unserem vorgenannten Bruder dem Erzbischofe so sicher Euren Rath und Beistand versprechet, daß, so bald das die Feinde vernommen haben werden, sie gezwungen werden und mit Recht in der Lage sind, für ihre Sache Furcht zu hegen, daß aber, wenn unsere Freunde und Getreuen das erkannt haben, diese zugleich mit uns auf das bestimmteste über Eure Versprechungen Hoffnung hegen können". Aber wenn so der Kirche von Ravenna ein dort nicht gewählter, von Rom aus gesetzter geistlicher Vorsteher anstatt Wibert's aufgezwungen werden sollte, so ist auch das augenscheinlich nicht gelungen; denn kein Beweis liegt vor, daß dieser Richard wirklich in Ravenna festen Fuß fassen konnte [140]).

So lagen beim Ablauf des Jahres die Dinge für Gregor VII. sehr unerwünscht gestaltet in Italien vor, und dazu war zu erwarten, daß Heinrich IV. alsbald sich hier diesseits der Alpen zeigen werde, um seinen in Brixen aufgestellten Papst nach Rom

---

[140]) J. 5189, Registr. VIII, 14, ist omnibus episcopis abbatibus comitibus atque militibus in parroechia Ravennati et in Pentapoli nec non et in marchia Firmana et in ducatu Spoletino commorantibus, illis videlicet qui beatum Petrum diligunt neque vinculis excommunicationis tenentur (in J. 5186 und 5187 standen in der Adresse bloß die, qui sanctae Romanae aecclesiae sicut christianos oportet obocdiunt) zugeschickt (l. c., 444 u. 445 —; sollte unter der ausdrücklich genannten sedes in der Wendung: cuius — sc. des heiligen Apollinaris — sede et reliquiis illa decoratur ecclesia etwa der mißverständlich auf St. Apollinaris bezogene kunstgeschichtlich hervorragende, noch im Dome von Ravenna stehende elfenbeinerne Stuhl des Bischofs St. Maximian verstanden sein?). Auch Petrus Pisanus, Vita Gregorii VII., gedenkt — nach Erwähnung des in n. 137 genannten Schreibens J. 5177 — dieser Notification betreffend den Richardus episcopus (J. 5189 hat bloß die Abkürzung R.) (Watterich, l. c., I, 805).

zu führen und da endlich mit der kaiserlichen Krone sich schmücken zu lassen.

Aber, wie noch das Schreiben in Betreff des eben erwähnten Richard beweist, Gregor VII. war dessen ungeachtet in seinen Erwartungen unerschüttert, und noch eine Reihe weiterer diesem Jahre angehöriger Zeugnisse legt dar, wie hoch und weit gespannt fortgesetzt die Ziele waren, die der Papst sich setzte. Denn mancherlei Anzeichen sind unverkennbar vorhanden, nach denen Gregor VII. für seinen Kampf gegen Heinrich IV. auch nach Anlehnungen in anderen europäischen Reichen sich umsah[151]).

Dabei fällt das Hauptgewicht durchaus auf England, wie das übrigens nach den Beziehungen, die schon seit den Anfängen Gregor's VII. feststanden, zu erwarten war, in weit höherem Grade, als auf Frankreich, wo König Philipp I. geradezu dem päpstlichen Legaten Bischof Hugo von Die und dessen Wirksamkeit schroff entgegengetreten war, wo im Anschluß an das Königthum hohe, wie niedere Geistlichkeit Rom widerstanden[152]), oder auf die spanischen Reiche, wohin zwar sich aufzumachen, um den nothwendigen Gehorsam für Rom herzustellen, der Papst selbst einmal die Absicht aussprach[153]). Gregor VII. versicherte in dem nach

---

[151]) Giesebrecht, III, 513—515, weist im Zusammenhang auf diese mannigfaltigen auswärtigen Beziehungen hin.

[152]) Vergl. die Straßburger Dissertation W. Lühe's, Hugo von Die und Lyon Legat von Gallien (Breslau, 1898), in § 3, Die Legatenthätigkeit Hugo's zur Zeit Gregor's VII., 33 ff. In den 1080 noch an Erzbischof Manasses I. von Reims gerichteten Briefen, J. 5152, 5163, Registr. VII, 12, 20, ist von König Philipp I. gar nicht gesprochen, und erst eines der vier am 27. December in der Angelegenheit des jetzt als abgesetzt erklärten Erzbischofs von Gregor VII. erlassenen Schreiben, J. 5193—5196, Registr. VIII, 17—20, die sich sämmtlich auf diese Verurtheilung beziehen, ist an Philipp gerichtet, das vierte, J. 5196 (l. c., 451 u. 452), in dem nach kühler, sehr bedingt geäußerter Anerkennung des als in ecclesiasticis negociis diligens devotusque sich zeigenden Königs und auf eine gewisse Entschuldigung der bisherigen Haltung — Qua in re procul dubio minus vigilanter multumque negligentius, quam sanum fuerit, olim te habuisse te cerneris. Sed nos, adolescentiae tuae praeterita delicta spe correctionis tuae portantes, ut deinceps castigatis moribus ad ea quae oportet invigiles, ex debito officii nostri monemus — dringendste Mahnung folgt: ut Manasse, Remensi archiepiscopo dicto, sed propter suas iniquitates, quae non praetereunt scientiam tuam, irrecuperabiliter deposito, nullum alterius favoris tui solacium praebeas (etc.), oder auch daß Philipp die neu in Reims vorzunehmende Wahl in keiner Weise hindere: Age igitur et, jam aetate vir factus, in hac re procura, ut non frustra tuae juventutis culpis pepercisse nec in vanum te ad emendationem expectasse videamur. Ueber Manasses' Absetzung vergl. die in Bd. II, S. 461 n. 22, genannte Dissertation Wiedemann's, 63 u. 64, sowie Lühe, 72—75.

[153]) Schon 1079 war an König Alfonso VI. von Leon und Castilien, gloriosus rex Hispaniarum (vergl. Bd. II, S. 351, mit n. 58) J. 5142, Registr. VII, 6, mit Anerkennung der bona voluntas (und Empfehlung des Empfängers von J. 5143, Registr. VII, 7, den der Papst nun schon zum zweiten Male an den König schickt — des Riccardus cardinalis in legatione Hyspaniae constitutus — an Alfonso), abgegangen (l. c., 383—388), und 1080 folgte J. 5174, Registr. VIII, 3, an den gleichen König, mit verschiedenen Mahnungen, wie denn J. 5173, Registr. VIII, 2, an Abt Hugo von Cluny, über Alfonso heftige

England abgeschickten Schreiben stets von neuem, wie sehr er den König Wilhelm unter den Inhabern dieser höchsten weltlichen Würde immer besonders liebe, wie er es also auch empfindlicher verspüre, wenn gerade dieser anmaßlich gegen den apostolischen Stuhl sich aufbäumen und in solcher Weise sich leidenschaftlich in die Brust werfen würde; doch verschwieg er dabei nicht, daß freilich in der That viel Anlaß zu Klagen gegen den König vorliege, wenn dieser, was nicht einmal bei heidnischen Königen erlebt werde, in ganz unehrerbietigem Sinne die Erzbischöfe und Bischöfe von den Schwellen der Apostel fern zu halten sich bestrebe. Der Papst verhehlte sogar durchaus nicht, daß er zwar bis dahin Wilhelm geschont, seinen Zorn zurückgehalten habe, in alter Erinnerung an frühere Freundschaft, daß er aber, wenn der König, dessen nicht eingedenk, daß er Dank schuldig sei, um die Gunst des heiligen Petrus nicht zu verlieren, in der Verkürzung der Ehre für den römischen Stuhl verharren würde, eine solche Mildigkeit länger nicht festhalten könnte. Abermals wandte sich der Papst am 24. April jetzt unmittelbar an Wilhelm und nochmals am 8. Mai in drei Schreiben, neben einander, an diesen selbst, an die Königin Mathilde und den ältesten Sohn des Paares, Robert. In dem ersten längeren Schreiben führte er dem Könige zu Gemüthe, mit welchen Segenswünschen und Hülfeleistungen er einstmals den Eroberer nach England begleitet habe, und daraus leitete er das Recht ab, dem Könige seinen Rath zu eröffnen, darüber wie diesem zu thun sich gezieme. So ermahnt er jetzt diesen seinen theuersten Sohn, da er die Mutter Kirche so schwer leiden sehe, in wahrer und nicht erlogener Liebe für ihre Ehre und ihre Rettung hülfreich einzutreten, so seinen Gehorsam, als Edelstein unter den Fürsten, darzulegen: „Nicht nur die Herrlichkeit des ewigen Lebens, sondern auch diejenige in dieser Welt wird Dir und Deinen Erben, in Sieg, Ehre, Macht, Größe, reichlicher vom Himmel ertheilt werden" —, und je mehr die vielen schlechten Fürsten, deren nichts-

Klage ausspricht, daß er von dem in Spanien in übelster Weise wirksam gewordenen, von Cluny ausgegangenen Robertus pseudomonachus (über den auch J. 5174 handelt) sich habe gewinnen lassen: Regem quoque, illius fraude deceptum, diligenter litteris tuis intelligere facias: beati Petri iram et indignationem atque, si non resipuerit, gravissimam adversum se et regnum suum ultionem provocasse, quod legatum Romanae aecclesiae (sc. eben den Richard, an den der gleichzeitige Brief J. 5175, Registr. VIII, 4, gerichtet ist) indecenter tractavit et falsitati potius quam veritati credidit; de quibus digne Deo et beato Petro satisfacturus, sicut legatum nostrum dehonestavit, ita et se sibi per debitam humilitatem et condignam reverentiam commendabilem faciat ac devotum. Significare etiam te sibi, dignum ducimus, nos eum, si culpam suam non correxerit, esse excommunicaturos et, quotquot sunt in partibus Hispaniae fideles sancti Petri, ad confusionem suam sollicitaturos. Qui si minus praeceptioni nostrae obedirent, non gravem existimaremus laborem nos ad Hispaniam proficisci et adversum eum, quemadmodum christianae religionis inimicum, dura et aspera moliri —: dann wird J. 5174 dem Abte Hugo zur Besorgung an den König übertragen (l. c., 428–430).

würdiges Treiben den König nicht von seinem tugendhaften Wege abbringen darf, in das Verderben stürzen, um so mehr ziemt es für ihn, sich in frommer Ergebenheit aufzurichten und in Gehorsam sich zu erheben. Dann gleitet das Schreiben im Weiteren, obschon es der an Wilhelm gerichteten päpstlichen Botschaft gedenkt, über die peinlichen sie begleitenden Vorgänge ganz hinweg und spricht nur, auf weitere mündlich mitgegebene Aufträge verweisend, die Hoffnung aus, der allmächtige Gott werde in Wilhelm und durch ihn zu seiner Ehre seine Thätigkeit entfalten. Die Gruppe der kurz darauf folgenden drei Briefe hält sich kürzer. Im ersten wird Wilhelm nach einer einleitenden Auseinandersetzung, über das Wesen des durch Gottes Allmacht angeordneten königlichen Amtes, darüber belehrt, daß durch die apostolische und päpstliche Würde die Könige, christliche und andere, vor dem Richterstuhl Gottes vertreten würden und daß der Papst für ihre Vergehen Gott die Rechenschaft schulde: so möge er ermessen, ob nicht für sein Heil Gregor VII. auf das sorgfältigste wachen müsse und könne, er selbst aber die Pflicht habe, zu diesem seinem eigenen Heile, ohne Verzug, dem Papste zu gehorchen, Gott und die Ehre Gottes über die eigene Ehre zu setzen, Gott reinen Herzens zu lieben. Die Königin Mathilde dagegen erhält auf ihre alle Anerbietungen in sich schließende, Gehorsam und liebevolle Anhänglichkeit versichernde Botschaft zur Antwort, daß ein reines Leben, Mildthätigkeit gegenüber den Armen, Liebe zu Gott und den Nächsten die Gaben seien, die der Papst von ihr fordere, und die Waffen, mit denen sie ihren Gemahl ausrüsten solle; im Uebrigen verweist der Papst auf die Aufträge, die er nach England abgehen lasse. Der Königssohn Robert endlich muß hören, daß nach günstigen Zeugnissen über sein Leben auch mißlichere Gerüchte Gregor VII. zu Ohren gekommen seien, worauf freilich jetzt zu großer Befriedigung des Papstes erfreuliche Nachricht darüber nach Rom gebracht worden sei, daß Robert den väterlichen Rathschlägen gehorche, von der Genossenschaft der Gottlosen sich ganz fern halte. So wird jetzt der Prinz dringend ermahnt, zu bedenken, wie sein königlicher Vater Alles, was er besitze, seinen Feinden mit starker Hand abgerungen habe, wie er aber ganz besonders auch dafür tapfer einstehe, daß er das Seinige seinen Erben hinterlassen könne: deßwegen soll Robert als Glied Christi ehrbar leben, die Bösen vermeiden, um nicht den Vater zu beleidigen, die Mutter zu betrüben, und in Allem dem Willen des Königs sich anschließen. — Doch alle diese Aufforderungen, die Geduld, die der Papst gegenüber dem Könige von England bewies, führten nicht dazu, daß von jener Seite geschah, was ohne Zweifel als der eigentliche Zweck bei allen diesen Schritten vorschwebte. Denn nunmehr sollte der päpstliche Legat Hubertus in einer besonderen Sendung nach England abgehen und den König an die Ablieferung des Peterszinses erinnern, die Ablegung des Lehnseides für das Reich, das ja allerdings von Wilhelm unter der Fahne des heiligen Petrus erobert worden war, von diesem begehren.

Aber der Abgesandte fand zwar für jene Zahlung geneigtes Entgegenkommen, dagegen hinsichtlich der Forderung des Treueides eine gänzliche Verweigerung: wie seine Vorgänger hievon nichts gewußt hätten — antwortete der König —, so gedenke er nicht hiezu sich zu bequemen. Auch sonst erfüllten sich Gregor's VII. Erwartungen nicht. Wie nämlich schon vor sechs Jahren einmal anscheinend das Gerede die niederdeutschen Landschaften berührt hatte, König Wilhelm werde gegen Heinrich IV. in die Kämpfe, die das Reich bewegten, eingreifen, hatten wohl jetzt ähnliche Hoffnungen den Papst bewegt, als er den „Edelstein" unter den Fürsten so eindringlich ermunterte, der Mutter Kirche hülfreich zu sein. Allein Wilhelm hielt sich zurück; im folgenden Jahre mußte Gregor VII. schreiben: „Der König der Engländer hält sich in gewissen Dingen nicht so gewissenhaft, wie wir es wünschen". Auch hier wieder stand Gregor VII. vor einer Enttäuschung[164]).

Keinen besseren Ausgang hatte das Streben des Papstes, den Nachfolger des dänischen Königs Svend, um dessen gute Gesinnung von ihm früher so eifrig geworben worden war, Harald Hein, zu gewinnen. Schon am 15. October 1079 hatte ein an Harald abgegangenes Schreiben diesen gelobt, seinen Eifer und seine Treue gegenüber der römischen Kirche anerkannt; dabei war er gebeten worden, einen Geistlichen nach Rom zu schicken, der über die Verhältnisse in dem weit entfernten Lande vollen Aufschluß geben und die Aufträge des apostolischen Stuhls wieder dahin bringen könne. Aber besonders durch den am 10. April 1080 erlassenen Brief

[164]) Hier kommen die Briefe J. 5121, Registr. VI, 30, vom 25. März 1079, an Erzbischof Lanfrank, J. 5135, Registr. VII, 1, an den römischen Subdiakon Hubert, J. 5166, 5168—5170, Registr. VII, 23, 25—27, von 1080, an König, Königin und den filius regis (l. c., 366 u. 367, 379—381, 414—416, 419—421) in Betracht (eine Stelle aus J. 5166 ist schon in Bd. I, S. 584 u. 585, eingerückt), daneben König Wilhelm's Antwort, speciell wegen der Forderung der fidelitas, zuerst: Hubertus, legatus tuus, religiose pater, ad me veniens, ex tua parte me admonuit, quatenus tibi et successoribus tuis fidelitatem facerem, und dann im weiteren Verlauf: Fidelitatem facere nolui nec volo, quia nec ego promisi, nec antecessores meos antecessoribus tuis id fecisse comperio (Baronius, Annal. ecclesiast., XI, 521), wozu auch die Antwort gehört, die Erzbischof Lanfrank auf Gregor's VII. Vorwürfe gab: Verba legationis vestrae cum legato (sc. Huberto) vestro, prout melius potui, domino meo regi suggessi; suasi, sed non persuasi. Cur autem voluntati vestrae omnifariam non assenserit, ipsemet vobis tam verbis quam litteris innotescit (Migne, Patrologia, Ser. Lat., CXLVIII. 735). Für die Ansetzung der Mission Hubert's, mit der Forderung des Lehnseides für Rom, nach dem 8. Mai, vergl. H. Böhmer, Kirche und Staat in England und in der Normandie im XI. und XII. Jahrhundert (1899), 134, n. 3. Bemerkenswerth ist allerdings, daß der streng päpstlich gesinnte Bernold, a. 1084, Wilhelm nicht genug rühmen kann: qui totam Anglorum terram Romano pontifici tributariam fecit, nec aliquem in sua potestate aliquid emere vel vendere permisit, quem apostolicae sedi inobedientem deprehendit (SS. V, 439). Ueber ein 1074 umlaufendes Gerücht von einem Angriffsgelüsten Wilhelm's gegen das deutsche Reich vergl. Bd. II, S. 389 u. 390, 401. Die Worte: Rex Anglorum, licet in quibusdam non ita religiose sicut optamus se habeat . . . stehen 1081 in J. 5208, Registr. VIII, 3 (l. c., 478).

waren lebhafte Mahnungen an den König gerichtet. Er sollte die königlichen Tugenden seines Vaters Svend nachahmen, der allen Königen, sogar Kaiser Heinrich III., der doch der römischen Kirche näher verbunden gewesen, nicht ausgenommen, in seinem Leben vorangeleuchtet habe, dessen Tod vom Papste auf das wärmste beklagt worden sei. So wird Harald vom Vergänglichen auf das Ewige hingewiesen und aufgefordert, die Vertheidigung der Kirchen, die Ehrfurcht vor dem priesterlichen Stande, Gerechtigkeit und Barmherzigkeit bei allen seinen gerichtlichen Urtheilen fest im Sinne zu behalten. Dann nimmt der Papst noch auf eine besondere tadelnswerthe Sitte des dänischen Volkes, die er verbieten will, Bezug, daß nämlich Erscheinungen der Natur, schlimme Beschaffenheit der Witterung, ungünstige Winde, gewisse Krankheiten der Schuld der Priester oder auch der Weiber zugeschrieben würden: der König soll diesen Ausschreitungen gegen Unschuldige, die Gottes Zorn hervorrufen, entgegentreten. Allein diese Mahnungen fanden den Herrscher, an den sie gerichtet waren, nicht mehr am Leben vor. Harald Hein war nach einer Regierung von nicht vollen vier Jahren schon am 17. April gestorben[155]).

Endlich konnte auch eine schon früher berührte in der slavischen Welt vorgegangene Verschiebung der Machtverhältnisse dem Papste höchstens neue Schwierigkeiten bereiten. Denn dadurch, daß schon 1079 der Sturz Boleslav's von Polen eintrat, war die hohe gebietende Stellung, die dieser gegenüber Rußland und Ungarn eingenommen hatte, dahin gesunken[156]). Das aber hatte unmittelbar, infolge der augenblicklichen Verringerung des polnischen Ansehens, dem Nebenbuhler des polnischen Reiches, dem Herzog von Böhmen, dem eng verbundenen hülfreichen Anhänger Heinrich's IV., genützt, und ein Versuch Gregor's VII., der gleich in den ersten Tagen von 1080 angestellt worden war, Herzog Wratislav günstig für Rom zu stimmen, war augenscheinlich ohne allen Erfolg geblieben. Der Papst hatte das Schreiben zwar mit dem Geständniß begonnen, daß er nicht ohne Zaudern den apostolischen Segen dem Herzog zusende, da dieser mit Excommunicirten verkehre; dann aber wandte

[155]) Vergl. über Gregor's VII. Beziehungen zu Harald Hein ob. S. 168, über die früheren Werbungen bei Svend Bd. II, S. 444 u. 445, 556 u. 557. Hier fallen J. 5141 und 5164, Registr. VII, 5 und 21 (l. c., 384 u. 385, 412—414), wieder an Acouus rex Danorum gerichtet, in Betracht. Daß aber König Harald Hein schon am 17. April des Jahres gestorben war, vergl. im Necrologium Lundense: XV. Kal. Maji Annivers. Haroldi regis Danorum (Langebek, Scriptores rer. Danicarum medii aevi, III, 443, mit n. (n)). Erwähnt sei hier noch J. 5185, Registr. VIII, 11, vom 4. October 1080, I(nclyto) glorioso Sueтонum regi: Gregor VII. freut sich, daß quidam sacri verbi ministri — von der Gallicana aecclesia — nach Schweden gekommen seien, und will, daß der König aliquem vel episcopum vel idoneum clericum . . . . qui et terrae vestrae habitudines gentisque mores nobis suggerere et apostolica mandata, de cunctis pleniter instructus, ad vos certius queat referre, nach Rom sende (l. c., 440 u. 441).

[156]) Vergl. schon ob. S. 207 in n. 59.

er sich in dringenden Mahnungen an den Angeredeten, so auch darüber, daß der Herzog die slavische Sprache für die heiligen Handlungen zu gebrauchen wünsche, was er um keinen Preis zulassen könne, und kündigte die Absendung von Legaten nach Böhmen an, freilich so, daß Wratislav vorher nach Rom Boten abgehen lasse, damit der Papst über die Sicherheit der von ihm abzusendenden Legaten beruhigt sein könne. Es ist also keine Frage, daß Gregor VII. unmittelbare Verhandlungen mit dem Herzog angestrebt hatte[157]).

Dergestalt hatten nach verschiedenen Richtungen die Berechnungen, die von dem Papste angestellt worden waren, sich in das Gegentheil verkehrt, und jetzt war für Rom, nach dem Tode des aufgestellten Gegenkönigs, Heinrich's IV. Anrücken bestimmt zu erwarten.

Heinrich IV. hatte von Brixen[158]), wohl begleitet von einigen Theilnehmern an der Versammlung — wenigstens erscheint neben der Königin Bertha auch Erzbischof Liemar alsbald an seiner Seite — den Weg nach dem östlichen fränkischen Lande genommen, wo er in Nürnberg am 22. Juli an den Bischof Udalrich, in Anerkennung der fleißigen und treuen Dienstleistung, in genau bestimmtem, ansehnlich ausgedehntem Umfang den Wildbann in zwei Gauen auf der linken Seite der Altmühl, im südlichen Theile des bairischen Nordgaues, zu Gunsten der Kirche von Eichstädt zutheilte[159]). Dann wurde der Weg an den Rhein fortgesetzt, wo, wohl im Lauf des August, zu Mainz eine Versammlung abgehalten

---

[157]) Gregor's VII. Schreiben an Wratislav, J. 5151, Registr. VII, 11, vom 2. Januar 1080, ist wegen des Begehrens betreffend die Sclavonica lingua von besonderer Wichtigkeit, auf das der Papst antwortete: Ex hoc nempe, saepe volventibus liquet, non immerito sacram scripturam omnipotenti Deo placuisse quibusdam locis esse occultam: ne, si ad liquidum cunctis pateret, forte vilesceret et subjaceret despectui aut, prave intellecta a mediocribus, in errorem induceret. Neque enim ad excusationem juvat, quod quidam religiosi viri hoc, quod simpliciter populus quaerit, patienter tulerunt seu incorrectum dimiserunt, cum primitiva ecclesia multa dissimulaverit, quae a sanctis patribus postmodum, firmata christianitate et religione crescente, subtili examinatione correcta sunt (l. c., 392—394).

[158]) Bonitho, Lib. IX, sagt von Heinrich IV. im ob. S. 296 in n. 112 berührten Zusammenhang: remeavit ad propria (l. c.).

[159]) St. 2823 ist wieder vom Dictator Adalbero C verfaßt, wie besonders gewisse Anklänge der Arenga (vergl. Gundlach, l. c., 24, 26, 29) zeigen. Udalrich heißt fidelis et carus . . antistes und sein assiduum et fidele servicium wird anerkannt, als Inhalt der von im Texte genannten Intervenienten unterstützten petitio angegeben: ut inter cetera quae aecclesiae illius contulimus, venationis etiam commoditatem alicubi concederemus, worauf der wiltbannus in den Gauen Solanzgau und Rudmarsberg in comitatu Heinrici comitis de Wizenburch et in comitatu Heinrici comitis de Sinzingen gegeben wurde. Die genau angegebenen Grenzen lassen sich auf Blatt 34 des Spruner-Menke'schen Hand-Atlas für die Geschichte des Mittelalters und der neueren Zeit, 3. Auflage, ziemlich vollständig verfolgen.

wurde: Heinrich IV. ließ da durch eine möglichst große Zahl von Bischöfen die Erhebung Wibert's bestätigen[160]).

Der König mochte diese Befestigung der in Brixen geschehenen Maßregel um so mehr für nothwendig halten, da ihm auf deutschem Boden unfraglich Anzeichen davon entgegentraten, daß die Aufstellung des Gegenpapstes auch unter den eigenen Anhängern nicht überall gebilligt werde. Jene Auffassung, die noch später, nach Heinrich's IV. Tode, von einem der treuesten Pfleger des Andenkens des Königs, offen ausgesprochen wurde, mochte schon damals auch diesem selbst gegenüber laut geworden sein, nachdem ihm bereits in Brixen in dem eigenthümlichen Benehmen des sonst so unerschütterlichen Anhängers Bischof Benno von Osnabrück ein solcher Beweis vor die Augen gekommen war. Daß dem Könige durch den Papst, in der Verhängung der Excommunication, Unrecht geschehen sei, wurde von jenem Schriftsteller völlig zugegeben, und ebenso sah man ein, Heinrich IV. sei, indem er diesen Schritt mit der Absetzung Gregor's VII. beantwortete, nothgedrungen in den Widerstand, in den Hochmuth gefallen; aber jedenfalls wurde doch vielfach mit Angst und mit Befremden auf das Vorgehen des Königs, auf die von ihm gesuchten Gründe, die gegen den Papst hervorgeholt wurden, geblickt, und in dem gut königstreuen Augsburg wurde offen nach der Brixener Versammlung geurtheilt, es sei vermessen dort gehandelt und Wibert's Erhebung nach dem Rathschlage der minder Weisen durchgeführt worden[161]). — Aber wohl eine der peinlichsten Erfahrungen, die von Seite der königlich gesinnten deutschen Bischöfe gemacht wurde, bestand darin, daß einer der Ihrigen, der nach der Mainzer Pfingstversammlung auf das schärfste gegen den Papst sich ausgesprochen hatte, Theoderich von Verdun, jetzt wesentlich anders sich vernehmen ließ. Jedenfalls schon sehr bald nach jener Vereinigung, die der Brixener einleitend vorangegangen war, schrieb nämlich dieser Bischof an seinen Vorgesetzten, den Erwählten Egilbert von Trier, für dessen Anerkennung durch Gregor VII. er in einem eigenen an den Papst gerichteten Briefe jedenfalls gar nicht lange vorher sehr nachdrücklich eingetreten war, und gab da eine gerade Egilbert ohne Zweifel zumeist überraschende Erklärung ab. Nachdem er einleitend das Beste über seine Beziehungen zu dem erwählten Erzbischof ausgesprochen, daß niemand besser, als er, für seine Würde den Willen hegen könne, daß niemand der einstimmigen Wahl mehr Beifall gespendet habe, und wie hernach diese Gefühle des Sohnes für den Vater, des Untergebenen zum Vorgesetzten noch weiter ausgeführt wurden,

---

[160]) Einzig Bernold erwähnt diesen Tag in Mainz: Deinde apud Moguntiam conventu facto, eandem ipsam electionem (sc. Wibert's) a quibuscumque potuit confirmari fecit (l. c., 436); doch ist sicher nicht an der Richtigkeit der Nachricht zu zweifeln.

[161]) Vergl. die Stellen der Vita Heinrici IV. Imperatoris und der Annal. August. ob. S. 288 u. 296 in n. 95.

gab er da zu erkennen, daß er in einer sehr wesentlichen Angelegenheit der Einladung Egilbert's doch nicht zu folgen vermöge. Von dem Erwählten, der sich erst vor kurzem über den Aufschub seiner Weihe als Erzbischof, von Seite Gregor's VII., heftig beklagt hatte[167]), waren zwei Boten, einer davon der Archidiakon, an Theoderich geschickt worden, mit der Aufforderung, nach Trier zu kommen, der Ordination beizuwohnen und die nicht länger aufzuschiebende Weihe zu vollziehen. Aber der Bischof kann diesem Rufe nicht folgen, zu seinem größten Schmerze, weil zu dieser Zeit diese Handlungen durchzuführen gefährlich und höchst verderblich wäre. Zwar ist er ja, wie er jetzt unter Anrufung göttlichen Zeugnisses sagt, zu Pfingsten zwar ziemlich widerwillig nach Mainz gekommen und hat, vielfach mit Schreckmitteln genöthigt, an den Schritten gegen Gregor VII., die ganz ordnungswidrig gegen den nicht vorgeladenen, nicht angehörten Angeklagten geschahen, theilgenommen und so gegen sein Heil, gegen die kirchliche Würde gehandelt. Doch dafür hat ihn bei seiner Rückkehr nach Verdun seine Kirche beim Empfang nicht in der gewohnten feierlichen Weise aufgenommen, ihm den Bruderkuß verweigert und ihn sogar wegen der gegenüber dem Papste bewiesenen unerhörten Frechheit nicht nur vom bischöflichen, sondern vom priesterlichen Amte bis zur Leistung der Genugthuung für den Statthalter Petri ausgeschlossen. Im Uebrigen versichert Theoderich, daß er mit Egilbert in engerem Verkehr zu bleiben wünsche, daß er seine Ordination und Weihe zu hindern weit entfernt sei — Pibo von Toul oder irgend ein anderer Diöcesanbischof könne ihn ersetzen —, daß er für den Erwählten freiwillig Leib und Seele darbieten wolle. Aber er muß es diesem überlassen, ob er finde, er könne in dieser Zeit der Verfolgung, der schismatischen Zersetzung in der Kirche ordinirt werden, und ebenso, welchem von den Beiden, dem durch die Absage Weniger Vertriebenen, oder dem durch eine gesetzmäßige Wahl noch nicht Bestellten — Wibert ist natürlich gemeint —, er Gehorsam, Unterwerfung geloben wolle[168]).

—

[167]) Vergl. ob. S. 279 u. 280.

[168]) Der enorm wortreiche Brief Nr. 63 des Codex Udalrici (l. c., 130—133): E. sanctae Treverensis ecclesiae patri reverentissimo unanimiter electo, canonice admisso bringt die Gesinnung, die der einleitende Theil noch zeigen soll, schon in den weiteren Grußworten: id quod est debitam dilectionem, ex dilectione subjectionem, ex subjectione servitutem, ex servitute intimam in omnibus servata ratione devotionem. Nicht weniger voll greift Theoderich nachher z. B. in seiner Ablehnung der Einladung nach Trier: Tam justae tam saluberrimae monitioni non moram non difficultatem aliquam praetendissem, si in hoc tam meam tam vestram salutem non attendissem, si non benedictionem pro maledictione, consecrationem pro execratione, ordinationem pro depositione hoc tempore reputassem; quod enim maximo cum dolore vobis refero, ab ordine suspensum vos ordinare, periculosum esset. Die Stelle über die Theilnahme an der Mainzer Pfingstversammlung steht schon ob. S. 278 in n. 64. Aus dem Satze: cui promissionem ... vovere debeatis, hoc per abrenuntiationem nostram (sc. zu Mainz: für Gregor VII.) expulso, alio (sc. Wiberti) per legitimam electionem nondum relocato ist zu ersehen,

Gefährlicher noch für Heinrich IV. war, gegenüber dieser vereinzelten Erscheinung auf dem oberlothringischen Boden, was sich auf dem Gebiete des schwäbischen Herzogthums zu Ungunsten der königlichen Sache ereignet hatte.

Bei der heftigen gegenseitigen Spannung waren wieder Feindseligkeiten wohl an verschiedenen Stellen im Gange. Genaueren Bericht bieten bloß von zwei Orten aus, von Augsburg und von St. Gallen, die Nachrichten. In der königstreuen Bischofsstadt mußte aufgezeichnet werden, daß zwei Male im Jahre Angriffe der Feinde, die Plünderungen und Brandlegungen zur Folge hatten, geschehen seien, zuerst, als Heinrich IV. und Herzog Friedrich von Schwaben im Januar gegen Rudolf auf dem Kriegszuge waren, bei einem Einbruch nach Rätien, dann am 11. Juni, als die Gegner — und jetzt ist der kurz danach in Brixen vom Banne getroffene abgesetzte Herzog Welf ausdrücklich als Urheber genannt — die Vorstädte von Augsburg zerstörten und dabei auch die St. Peterskirche nicht verschonten[164]). Vollends für St. Gallen war das

---

daß der Brief nach dem Eintreffen der Brixener Nachricht geschrieben worden ist. Das zu dem Vorgehen Theoderich's in diesem Brief an Egilbert so wenig stimmende Schreiben an Gregor VII. findet sich in den Gesta Treverorum. Additam. et Contin. I, c. 18, aber an chronologisch nicht zutreffender Stelle, eingeschaltet (SS. VIII, 186); es muß zu 1080 gehören, weil von der Kirche von Trier gesagt ist: Vidua per biennium fere quanta passa est et patitur, und zwar zur ersten Hälfte des Jahres, da das Schreiben theils vor der Mainzer Versammlung, theils — und noch mehr — vor der mittelbaren Absage an Egilbert liegen muß (gehören vollends noch die Worte: Quomodo rex sit tecum et tu cum rege, modo michi rescribas tuo wirklich zu diesem Briefe, so muß es auch vor die Fastensynode fallen). Denn Theoderich tritt da sehr entschieden für Trier, d. h. für Egilbert, ein: Treverensis ecclesia cum gravi dolore pedibus paternis advolvitur; filia dominum pulsat . . . Elegit virum de plebe dignum sacerdotem, idoneum patrem, communi assensu, teste conscientia mea coram Deo et coram te, quod nichil symoniacum contra jus ecclesiasticum intercurrerit, quod nichil symoniacum etiam peticione remota intervenerit. Consecrationem eius miramur differri, dilationem tam gravem miramur potuisse tibi inculcari: illud maxime, quod pateris hac desolutione nos adeo gravari. Gravissimum onus est michi, solum esse in medio nationis pravae atque perversae, solum, patre et fratre, illo expulso (: damit ist Bischof Hermann von Metz gemeint, von dem es weiter oben im Briefe heißt: Monitus a te suscepi confratrem meum Mettensem ut te ipsum, eine allerdings im Hinblick auf Heinrich's IV. Stellung zu dem von ihm vertriebenen Hermann wieder sehr sonderbare Handlungsweise), alio (sc. Egilbert) non consecrato. Von einem Zusammenstoß Bischof Theoderich's mit seinem Klerus spricht auch Hugo von Flavigny, Chron., Lib. II; doch ist die ganze Erzählung schon — vergl. Bd. II, S. 661 n. 69, 673 n. 87 — zu 1076 gebracht worden, wohin sie ohne Zweifel gehört, wenn auch vielleicht dem Berichterstatter Einiges von dem Conflicte von 1080 mit hinein floß, so besonders das Versagen der processio durch die clerici (vergl. im Briefe an Egilbert: Reversum solito gravius ecclesia me suscepit; usitatum processionis ordinem non exhibuit).

[164]) Die Annal. August. unterscheiden die zur Zeit der Flarchheimer Schlacht (vergl. ob. S. 245 n. 1) geschehenen praedae ac incendia der adversarii et seguaces eorum Retiam invadentes und die 3. Id. Junii eingetretene Verwüstung und Verbrennung der sanctae Augustensis ecclesiae suburbana, nebst der St. Peterskirche (diese lag, auf der Südseite, auf dem in der Vita

Jahr ein solches der ärgsten Heimsuchungen. Abt Udalrich hatte, in der klaren Einsicht, daß er zur Zeit sich im Besitze der Abtei nicht halten könne, freiwillig St. Gallen verlassen, da er der Nothlage nicht abzuhelfen vermochte, und jetzt ergossen sich drei Male nach einander, zuletzt am Weihnachtsfeste, die Angriffe des Abtes Eggehard von Reichenau, der, aus seiner Haft schon im vorhergehenden Jahre entlassen, alle Zeit hatte, seine Rachezüge gegen das Nachbarkloster vorzubereiten, auf die schutzlos liegende dem Könige getreue Abtei. Der erste Besuch hatte dem Abthofe gegolten, der dabei bis auf den Boden vernichtet wurde; beim dritten suchte Eggehard jenen Lutold, den Rudolf nach seiner Wahl als Gegenkönig St. Gallen schon 1077 hatte als Abt geben wollen, den Mönchen aufzuzwingen, die freilich in ihrer Noth sich völlig zerstreut hatten [165]). Immerhin schien zunächst St. Gallen für Heinrich IV. verloren zu sein.

Außerdem hatte sich nun aber Gregor VII. gerade das ansehnlichste schwäbische Bisthum als eine Stelle ausersehen, um von da aus seine Hebel einzusetzen. Einer der befähigtsten deutschen Bischöfe aus der Reihe seiner Anhänger, der von Passau vertriebene Altmann, sollte hier wirken. Schon auf der Fastensynode war Bischof Otto von Constanz unwiderruflich verurtheilt und als abgesetzt erklärt worden, weil er trotz aller Mahnungen und gegen alles Erwarten seit drei Jahren fortwährend sich ungehorsam erwiesen und auf Seite der Schismatiker sich gehalten habe; Otto sollte die Strafe dafür erhalten, daß er Heinrich IV. seine Treue bewahrt hatte. Jetzt erhielt der Stellvertreter des Papstes in Deutschland, als welcher Altmann ausdrücklich anerkannt war, den Auftrag, in Constanz einen neuen Bischof erwählen zu lassen, und der Legat stellte infolge dessen einen Bertolf, von dem nichts Weiteres, als der Name, bekannt ist, an Stelle Otto's auf. Doch kam dieser, mochte auch die Wahlhandlung durchgeführt worden sein, nie zur Geltung an dem ihm zugewiesenen bischöflichen Sitze; die Krankheit, die ihn traf, hinderte es, daß auch nur seine Weihe voll-

—

sancti Udalrici ep. August. — SS. IV — mehrmals genannten collis qui dicitur Perleihc, dem Perlach, damals noch außerhalb der Stadt, und ist auch a. 1102 bei den suburbana wieder genannt, ist also wohl von der a. 1084 erwähnten ecclesia sancti Petri in curte episcopali zu unterscheiden) (SS. III, 130). Daß Welf der Feind war, sagen Annal. Mellic. (Cod. Zwetl.): Welfo dux hostiliter Augustam civitatem invasit et depredavit atque incendit (SS. IX, 499). Dagegen ist Giesebrecht's Angabe, III, 512 u. 513, Augsburg's Heimsuchung sei durch den gegen den dortigen königlichen Bischof vorgehenden Legaten Altmann herbeigeführt worden, eine durch kein Quellenzeugniß belegte Combination.

[165]) Vergl. zuletzt über die Ereignisse betreffend St. Gallen ob. S. 106—196. Das 1080 Geschehene ist in der ob. S. 17 n. 20 citirten deutschen Wiedergabe der „St. Galler Annalen", 258, in c. 26 festgestellt (vergl. in der Ausgabe der Continuatio Casuum sancti Galli, zu diesem c. 26, n. 166). Ueber die in c. 25 in eigenthümlich verhüllender Weise mitgetheilte Abwesenheit Abt Udalrich's von St. Gallen vergl. das richtige Urtheil von J. von Arx, Geschichten des Kantons St. Gallen, I, 283. Wegen des interpositicius abbas Lutold vergl. ob. S. 29.

zogen wurde, und außerdem wurde er nach einer Nachricht geradezu nachher vertrieben[166]). Aber auch sonst griff wohl der Legat ohne Zweifel auf das entschiedenste, neben den weltlichen Häuptern des päpstlichen Anhanges, voran Welf, in diese Kämpfe ein, und ihm stand als kräftiger Helfer Abt Wilhelm von Hirsau zur Seite, dessen Einfluß sich fortwährend über weitere Klöster von Schwaben ausdehnte — gerade zur Zeit der Fastensynode hatte Graf Burkhard von Nellenburg das in Verfall gerathene Kloster Allerheiligen in Schaffhausen an Wilhelm zum Behufe dauernder Herstellung mit urkundlich bestätigter Freiheit übergeben[167]) — und der den

[166]) Vergl. über die Angelegenheit des Bischofs Otto zuletzt ob. S. 24—26. Bernold, Epistola apologet. pro Gebhardo, c. 7, sagt: In eo autem, quod idem Otto in partem scismaticorum sponte discessit, se ipsum juxta sanctionem sanctorum patrum proprio judicio dampnavit. Quapropter domnus papa Gregorius in Romana synodo synodali judicio anno d. i. MLXXX indictione III in prima ebdomada quadragesimae predictum Ottonem jam triennio frustra premonitum et expectatum, ut resipisceret, absque spe recuperationis dampnavit et anathematizavit et venerabili Pataviensi episcopo Altmanno vices suas commisit, ut ad Constantiensem ecclesiam migraret eique legitimum pastorem ordinare procuraret. Quod idem episcopus exequi summopere procuravit; sed perpetrata electione infirmitas electum impedivit, ne penitus umquam consecrari potuerit (Libelli de lite, II, 111: Gallus Öhem, Ausgabe von Brandi, 101, Z. 1—9, hat ein zu 1086 gestelltes Einschiebsel, das augenscheinlich auf dieser Stelle Bernold's beruht — ebenso hat Bonitho, Lib. VII, bei Erwähnung der in Bd. II, S. 801 n. 4), gebrachten Absetzung Hermann's von Bamberg: Quod et itidem de Constantiensi episcopo factum est, l. c., 658), und dazu bringt der Abschnitt der Annal. August., a. 1084, den Namen: Vivente adhuc Ottone, Constantiensi episcopo, Pertolfus quidam ad episcopatum coactus prorsus mutus usque ad mortem efficitur (l. c., 131); aber auch der von Dümmler, Neues Archiv der Gesellschaft für ältere deutsche Geschichtskunde, XI, 408, mitgetheilte Eintrag in einen Weingartner Psalmencommentar, über Constanzer Domgeistliche, hat den Namen: Pertolfus episcopus, sed expulsus (vergl. dazu Ladewig's Notiz, Zeitschrift für die Geschichte des Oberrheins, XL, 224, 227). Bei der Erwähnung des Umstandes, daß plerique episcoporum mit Heinrich IV. ita connexi, ut nulla ratione ab eo potuissent divelli, heben Casus monast. Petrishus., Lib. II, c. 46, außerdem hervor: In quibus Otto Constantiensis episcopus, cum juramenta quae ei (sc. Heinrich IV.) juraverat nullatenus ex jussione et auctoritate apostolici infringere vellet, a religionis catholicis repudiatus est (SS. XX, 648). Die sehr minderwerthige Vita Altmanni ep. Pataviensis, c. 14, hat hier im Anschlusse an die S. 171 n. 1 mitgetheilte Stelle eine Geschichte, wie — cum quodam die in ecclesia positus (sc. Gregor VII.) Altmannum restituendum cum cardinalibus disponeret et ipse humiliter onus episcopatus renueret — eine Taube sich auf Altmann's Haupt niederließ: ... papa nil cunctatus, mitram de capite suo tollens capiti Altmanni imposuit eumque episcopum et Romanae sedis legatum constituit, et auctum benedictione in propriam sedem cum gaudio remisit — ohne dann irgend etwas vom Inhalt der so wichtigen Legation beizufügen (SS. XII, 233). Die auf Altmann's Legation — vicem nostram in Teutonicis partibus prudentiae tuae commisimus — bezüglichen Schreiben Gregor's VII., J. 5206 und 5217, gehören erst dem Jahre 1081 an (vergl. dort bei n. 28, sowie bei 1082 n. 38).

[167]) J. 5167, Registr. VII, 24 (l. c., 417—419), an Abt Wilhelm gerichtet, betreffend Bestätigung der Freiheiten des Klosters Allerheiligen (vergl. über dessen Stiftung Bd. I, S. 566), ist zwar nach Pflugk-Harttung, „Scheinoriginale deutscher Papsturkunden", Forschungen zur deutschen Geschichte, XXIV, 426 u. 427, nach einem vorliegenden echten Original Gregor's VII. und nach Urkunden

Willen hatte, in den Insassen dieser Stiftungen die Kraft des Widerstandes gegen den König zu befestigen.

Es war ganz ausgeschlossen, daß der König seinen Aufbruch nach Italien bewerkstelligen konnte, ehe er den Versuch erneuert hatte, mit dem Gegenkönig endgültig abzurechnen, und so mußte mit dem Herbste eine neue Kriegsrüstung gegen Thüringen hin, um den Sachsen neuerdings die Spitze zu bieten, aufgenommen werden.

Allerdings scheinen auch schon die letztvergangenen Monate nicht ohne Erschütterungen für den Theil des Reiches, auf den sich Rudolf stützen konnte, vorübergegangen zu sein, wenn auch allerdings die eingehenden Nachrichten aus der nur in einer späteren und in anderen Theilen vielfach sehr unglaubwürdigen Quelle vorliegen. Zu den nach der Schlacht bei Flarchheim durch Rudolf gezüchtigten und aus ihren Lehnsbesitzungen vertriebenen Anhängern Heinrich's IV. hatte hienach auch Wiprecht gezählt, der seine Burg Groitsch verlassen und an einen Gegner übergehen sehen mußte; er fand mit seiner kleinen Schaar bei Herzog Wratislav von Böhmen

---

Urban's II. angefertigt (dagegen, daß einer solchen Privilegiumsertheilung gerade 1080 der hier vorliegende Inhalt gegeben worden wäre, spricht auch die ganz allgemein gehaltene Fassung des Satzes: ut, si aliquo tempore Constantiensi ecclesiae praesidens ab apostolica sede discordaverit eique inobordiens fuerit . . . liceat abbati — etc. —, während gerade zur Zeit, wo J. 5167 verfaßt sein will: 8. Mai, dieser Fall bei Bischof Otto auf das bestimmteste vorlag). Dagegen steht durch die sogenannte Relatio Burcardi comitis Wilhelm's Berufung zu Schaffhausen für 1080 ganz fest: Igitur cum post obitum patris mei (sc. des Bd. II, S. 43, n. 8, besprochenen Grafen Eberhard, der also 1079 nicht mehr lebte) omnem laborem, quem in prefato monasterio (sc. sancti Salvatoris) adhibuit, parum valere et vitam monachicam pene ex toto ibi deficere cernerem, anno i. d. MLXXVIIII, indictione II., divae memoriae Willehelmum, Hirsaugiensem abbatem, qui tunc strennissimus atque nobilissimus regularis vitae institutor habebatur, adii et, ut desiderio nostro in regendo loco satisfacere dignaretur, humillimis precibus rogavi et obtinui. Qui non multo post, assumptis monachis suis, ad locum venit, regularem vitam ibi decenter instituit et, ut, si vellem stabile Dei servitium ibi manere, locum ipsum libertate donarem, crebrius mihi inculcare non destitit. Cuius ego saluberrimis consiliis assensum prebens in proxima quadragesima (sc. 1. März 1080) post illius ad nos adventum in litore Reni contra Basileam sibi et matri meae (sc. Itae, quae, monachicam vitam professa, in cella sanctae Agnae in eadem villa constructa — sc. St. Agnes in Schaffhausen — cum quamplurimis Dei ancillis modo omnipotenti Deo sub regula sancti Benedicti militare videtur) occurri et villam Scaphusam cum publica moneta, mercato et omnibus pertinentiis suis cum consensu et manu matris meae monasterio tradidi et statim omni proprietate, potestate, hereditario jure et advocatia me abdicavi (Quellen zur Schweizer Geschichte, III, 1, 15). Bernold, Chron., erwähnt, a. 1083, des coenobium sancti Salvatoris, quod Scefhusin, id est navium domus, dicitur, als eines der Klöster, die in Deutschland als regularibus disciplinis instituta egregie pollebant, und, a. 1091, als eines der monasteria jam dudum aedificata, die Wilhelm regularibus disciplinis instituit, und in der Vita Willihelmi abb. Hirsaugiens., c. 22, steht Schaffhausen als eines der hergestellten cenobia paene jam destructa (SS. V, 439, 451, XII, 219).

Zuflucht. Aber etwa bis zur Mitte des Jahres ging nun der Herzog, von Wiprecht und den Seinigen begleitet, in die Markgebiete an der Mulde vor und wagte es, während Wiprecht einen Streifzug gegen die Elbe in die Gegend von Belgern hin machte, bis nach Leipzig hin vorzustoßen. Indessen trat jetzt Rudolf, der dem Anscheine nach schon vorher selbst gegen Böhmen vorzugehen den Plan gehabt hatte, Wratislav in den Weg, und die Böhmen wären übel weggekommen, hätte sich nicht Wiprecht noch rechtzeitig zu ihrer Hülfe eingestellt und damit die Schlacht gegen die Sachsen gewandt; diese erlitten erhebliche Verluste, und Wratislav vermochte sich mit seinem Heere ohne Gefahr nach Böhmen zurückzubegeben. Allerdings endigte so sein Einbruch mit einem Rückzuge, und er hielt sich in den nächsten Monaten ohne Zweifel stille; aber ebenso hatte Rudolf seinen Plan eines Angriffes auf Böhmen mit einem Mißerfolg preisgeben müssen[163]). Und nach

---

[163]) Ueber Wiprecht's Uebertritt zu Heinrich IV. vergl. ob. S. 236. Sander hat, l. c., 26—28, sowie 160—170 — §. 3. Zur Kritik der Pegauer Annalen —, die auf Wiprecht bezüglichen Fragen eingehend untersucht. Von der in die Annal. Pegaviens. verarbeiteten Lebensbeschreibung des Stifters von Kloster Pegau, Wiprecht von Groitsch, wird hinsichtlich des ersten bis zu 1080 reichenden Theiles (SS. XVI, 234—242) der Nachweis geführt, vollständiger, als das seit der ersten Grund legenden Untersuchung L. A. Cohn's über die Pegauer Annalen (Mittheilungen der Geschichts- und Alterthumsforschenden Gesellschaft des Osterlandes, IV, 472 ff., 1858) durch Flathe und Irmer, in den Abhandlungen über Wiprecht, Archiv für die sächsische Geschichte, III, 82 ff. (1864), und Mittheilungen des Vereins für Anhaltische Geschichte, II, 109 ff., 371 ff., 518 ff. (1880), sowie in der Jenenser Dissertation von Gust. Blumschein, Wiprecht von Groitzsch (1881), geschah, daß der auf den fast gänzlich unbrauchbaren Bericht von der Romfahrt Heinrich's IV. folgende Theil über dem Kloster Pegau näher liegende Begebenheiten weit glaubwürdiger, wenn auch gleichfalls mit großer Vorsicht zu benutzen sei. Das, 236, Erzählte von Wiprecht's Flucht aus Groitsch und der Zuflucht zu Wratislav von Böhmen bezieht sich wohl auf das ob. S. 242 in n. 13 Berührte, Rudolf's Vergeltung an den Abgefallenen nach der Schlacht bei Flarchheim, und das danach, 236 u. 237, Folgende über persönliche Unterhandlungen Wiprecht's mit König Heinrich IV. möchte Sander in die Sommermonate von 1080, vor oder nach der Brixener Versammlung, setzen. Ganz besonders ist aber der ausdrücklich Anno Domini 1080 angesetzte, mit den Worten: rex Boemiae Vratislaus Saxones disponens invadere, Wiperto praeduce per pagum Nisen transiens, a Worzin (vergl. Sander, 26 n. 3, daß Wurzen, gegen Flathe, darunter zu verstehen sei) usque Libiz (sc. Leipzig) subita irruptione facta, cuncta depopulatus est, a Wicperto consilio accepto, ut donec ipse quae circa Belgor (sc. Belgern, am linken Elbufer) erant devastaret, apud Worsin eius praestolaretur adventum (241) eingeleitete Abschnitt über einen Zusammenstoß, der damit endet: Wicperto superveniente, Saxones in fugam convertuntur, plurimis eorum occisis, sicque remeandi facultas Boemis ferro patuit — zu verwerthen. Sander zieht dazu auch noch, 169 n. 2, herbei, was die Casus monast. Petrishus., Lib. II, c. 38, von dem bellum apud Elstere: quartum bellum — erzählen: Interim rex Ruodolfus congregato exercitu Boemiam voluit intrare eamque devastare; set dux Boemiorum cum Sclavis, adjunctis sibi etiam aliis complicibus regis Heinrici, occurrit et in flumine quod vocatur Elstere, ibique facta pugna validissima multi ex utraque parte ceciderunt — jetzt folgt Rudolf's Tod, also die Schlacht vom 15. October —: In hoc bello victoria dubia fuit, quoniam ex utraque parte fugerunt; attamen Sclavi regionem

kurzer Zwischenzeit mußte er sich auf den großen Kampf, der vom Westen her bevorstand, gefaßt halten.

Heinrich IV. hatte nämlich bis zum October seine Vorbereitungen zum Kriege vollendet. Wie der Geschichtschreiber des ganzen Krieges zwischen dem Könige und den Sachsen, Bruno, der hier gegen den Schluß seines Buchs nochmals als Hauptberichterstatter eintritt, ganz offen einräumt, erwies sich der König dabei von neuem als unermüdlich in den Anstrengungen für den Kriegsdienst, so daß es ihm gelang, wieder ein Heer zum Angriffe auf das „Sachsenreich", wie da ausdrücklich das sächsische Land genannt wird, zurecht zu stellen. Der Aufbruch geschah wohl mit dem Beginn des Monats, und der Weg, den das königliche Heer nahm, wird auf der gleichen Straße gewählt worden sein, die schon im Sommer 1075 bevorzugt worden war, als jene Schlacht bevorstand, in der Rudolf noch als Herzog von Schwaben das Beste für Heinrich IV. zur Niederschmetterung der Sachsen geleistet hatte. Ueber die Fulda und Werra wurde durch die gleiche Gegend, am Nordwestende des Thüringerwaldes, wo, nach dem ersten Zusammenstoß in diesem gleichen Jahre, nahe der Wartburg, das zurückgehende königliche Heer noch nachträglich, wie hier gezeigt wurde, zu Schaden gekommen war, der Marsch gegen die Unstrut hinaus gewählt. Rudolf's Heer war nach der Versicherung des sächsischen Erzählers unzählbar, und er hatte in nächster Nachbarschaft der Stelle, wo 1075 von Heinrich IV. vor der Schlacht bei Homburg das Lager aufgeschlagen gewesen war, nach dem ersten Drittel der Entfernung zwischen dem Passe nahe an der Wartburg und dem Laufe der Unstrut, seine Lagerstätte gewählt, bei dem Hofe Künkel. Aber Heinrich IV. brachte das in geschickter Weise durch Späher in Erfahrung, und er verstand es, zunächst ein Zusammentreffen zu vermeiden und die feindliche Uebermacht zu trennen, um so dann besser gegen den einen Theil vorgehen zu können. Eine Abtheilung des königlichen Heeres, die aus den schnellsten Reitern bestand, wurde nordwärts so vorausgesandt, daß es den Anschein gewann, es sei ein Vorstoß gegen Goslar und den Kern des sächsischen Landes beabsichtigt; diese Reiterei war aber nur beauftragt, einige Dörfer auf ihrem Wege in Brand zu stecken und darauf schleunigst ihre Rückkehr zum großen königlichen Heere

nam ab invasione Saxonum defensarunt (SS. XX, 647: es ist einer der schon ob. S. 142 in n. 68 gekennzeichneten Abschnitte aus der Heinrich IV. günstig gesinnten Reichsgeschichte): da nun ohne Frage am 15. October die Böhmen nicht betheiligt waren, da ferner Rudolf damals gar keinen Angriff gegen Böhmen hin im Sinn haben konnte, so passen diese Mittheilungen vortrefflich zu den von Annal. Pegaviens. berichteten Dingen und verdienen keineswegs Giesebrecht's abschätziges Urtheil, III, 1165, in den „Anmerkungen": doch müssen dem schwäbischen Annalisten die beiden kurz auf einander in den fernabliegenden Markgebieten geschehenen Ereignisse sich vermischt haben. Sander möchte, 26 n. 4, den ersten kriegerischen Zusammenstoß etwa in die Zeit der Brixener Versammlung setzen.

zu bewerkstelligen. So geschah es. Während Heinrich IV. in Wirklichkeit in östlicher Richtung mit dem ganzen Heere gegen Erfurt hin aufbrach, ließen sich jetzt die Sachsen täuschen; denn während sie doch durch ihre Kundschafter den Abmarsch des Königs ostwärts in Erfahrung gebracht hatten, ließen sie sich durch den an der Nordseite aufsteigenden Rauch der hinter ihrem Rücken brennenden Ortschaften irre machen, und so bogen sie von der Richtung gegen Erfurt, wo sie, wie Bruno meint, den Feind leicht hätten einholen, ja vielleicht ihm zuvorkommen können, gänzlich ab und eilten insgesammt gegen die Unstrut hin, um ja den König von Goslar fern zu halten[169]. So vermochte der König Erfurt ungestört zu erreichen, und über diesen wichtigen Platz innerhalb der thüringischen Besitzungen der Mainzer Kirche wurde nun Plünderung und Brand verhängt; zu spät hatte Rudolf seinen Irrthum erkannt und, unter Zurücklassung eines großen Theils seines Heeres, an Fußvolk und Reiterei, die Verfolgung Heinrich's IV. in der Richtung von Erfurt aufgenommen[170]. Der König wollte im

[169]) Bruno beginnt c. 121 (l. c., 379) mit dieser mense Octobri geschehenen Heeresammlung durch den als militiae laboribus infatigabilis gekennzeichneten König, zum Einbruch in das Saxoniae regnum, und ebenso berichtet er allein von den weiteren Vorgängen auf thüringischem Boden. Vergl. zu dem Ganzen in der ob. S. 138 n. 61 genannten Abhandlung Köstler's, 251 u. 252, wo auch, wie schon durch Giesebrecht, III, in den „Anmerkungen", 1164, die Erklärung für den locus qui Cancul dicitur — in Uebereinstimmung mit A. Witzschel, Anzeiger für Kunde der deutschen Vorzeit, Neue Folge, XXIII (1876), 4—11 — auf das Vorwerk Künkel, 8½ Kilometer westnordwestlich von Eisenach ganz nahe der Grenze des Großherzogthums Sachsen gegen das Gotha'sche Gebiet, bezogen wird (entgegen der von Pertz gebrachten Deutung auf Groß-Keula nördlich von Mühlhausen oder der von Giesebrecht in den früheren Auflagen gewählten auf Küllstädt nordwestlich von Mühlhausen: Orte, die beide viel zu weit nördlich abliegen). Schon durch die Analogie des in Bd. II, S. 498 u. 499, 875 (mit n. 4), beleuchteten früheren Anmarsches vom Juni 1075 ist ganz bestimmt der Hinweis auf den Künkel-Hof gegeben, weil auch damals der König diese Straße gegen die Unstrut hin zog und Künkel gerade mitten zwischen den von Lambert von Hersfeld dazu genannten Orten Lupnitz, im Süden, und Behringen, im Nordosten von Künkel gelegen, sich befindet: die Sachsen hatten sich auch damals zuerst bei Lupnitz zum Kampfe stellen wollen (Witzschel möchte sogar den Namen Cancul „Konickel", „Künikel", „Kungkel" mit dem 1075 hier vorhanden gewesenen „Königslager" Heinrich's IV. zusammenbringen, wie auch „Königsthal" als ein alter Flurname bezeugt sei). Nach Bruno handelte Heinrich IV. nicht anders, als mit der ars malitiae, der doli calliditas, bei der gelungenen Täuschung der Sachsen: bei dieser Scheinbewegung einer Absendung der velocissimi equites: retro contra Goslariam — ist natürlich an eine Vorausſendung dieser Abtheilung in der Richtung gegen die Unstrut hin zu denken.

[170]) Nach Bruno (l. c.) war Erfurt's Schicksal schon entschieden — oppidum jam succensum fuerat depraedatus (sc. der König), als Rudolf — magna turba peditum simul et equitum derelicta (das ist jedenfalls so zu verstehen, daß diese Abtheilungen auf dem irrthümlich nordwärts — gegen Goslar hin — eingeschlagenen Marsche gelassen wurden) — die Verfolgung der Königlichen begann. Vom Schicksal Erfurt's sprechen die Annal. s. Petri Erphesfurdens.: Erphesfurt incensum est ab exercitu regis Heinrici, et ecclesia in Monte sancti Petri et sancti Severi monasterium cum multitudine populi qui illic

Weiteren auch die Kirche von Naumburg dafür bestrafen, daß sie seit dem vorigen Jahre einen auf Rudolf's Seite stehenden Bischof zum Vorsteher hatte; aber das sächsische Heer war ihm schon zu nahe auf den Fersen, und da zudem durch einen geschickten Eilmarsch Naumburg schon vor dem Eintreffen Heinrich's IV. durch Rudolf's Truppen besetzt worden war, mußte darauf verzichtet werden, die Stadt zu verwüsten[171]. So setzte Heinrich IV. seinen Weg ostwärts in die Markgebiete hinein weiter fort. Ohne allen Zweifel wollte er den durch Boten von seinem Anrücken unterrichteten Heeresabtheilungen des Herzogs Wratislav und der von Ekbert heranzuführenden Leute des Meißner Landes die Hand reichen, um hernach, wie von sächsischer Seite befürchtet wurde, nach Vereinigung einer großen Macht über Merseburg und Magdeburg das ganze sächsische Gebiet verwüstend zu durchziehen und es sich wieder zu unterwerfen. Der König kam so unter steter wilder Zerstörung des Landes, mit Feuer und Schwert, bis an den Lauf der Elster; da aber soll ihn die unerwartet vorgefundene Beschaffenheit des Flußlaufes — große Tiefe sagt Bruno dem Wasser der Elster nach — bewogen haben, auf die Ueberschreitung zu verzichten, vielmehr auf dem diesseitigen linken Ufer zu bleiben und da ein Lager aufzuschlagen. Hier machte Heinrich IV. am 14. October eine Schenkung von Besitzungen im Remsthalgau an die Domherren und an die Kirche von Speier, und die Art und Weise, womit er in den eigenartiger gestalteten Einleitungsworten die Jungfrau Maria um ihren Schutz, den einzigen, durch den sich Gott allein seiner Getreuen erbarme, anflehte, sowie die Ausdrücke, in denen er seiner Vorfahren, des Großvaters, Konrad's II., des Vaters, Heinrich's III., der Großmutter, Kaiserin Gisela, die in Speier begraben liegen, sowie der Mutter, der Kaiserin Agnes, gedachte, im Hinblicke darauf, daß, so wie diese, auch er selbst zur Speirer Kirche seine Zuflucht nehme, zeigen, daß er damit ein Gelöbniß

---

intus fuit — und die Beifügung des Cod. s. Petri Erfurtanus (5) zu Rec. C Chron. min., a. 1079, wo es heißt: civitas Erphesfurt exusta est ab exercitu Heinrici regis: multitudine, ut mos est, in aecclesias confugiente, aecclesiae sanctorum incenduntur, eben das monasterium s. Severi — Altum monasterium — cum multitudine populi exustum, postea destructum est, und: in monte eiusdem loci monasterium s. Petri quod dudum Dagobertus rex Francorum construxerat, incensum est, quod exinde vetustate simul et incendio dilapsum destruitur (SS. XVI, 18, VI, 209, in Holder-Egger's Monumenta Erphesfurtensia Saec. XII. XIII. XIV., Scriptores rer. German., als Annal. s. Petri Erphesfurtens. breves und S. Petri Erphesfurtens. auctar. Ekkehardi, 48 u. 89). Heinrich IV. wollte wohl auf diese Weise den ihm sonst nicht erreichbaren Erzbischof Siegfried von Mainz besonders treffen.

171) Bruno (l. c., 380 u. 381) erwähnt gleichfalls diese Absicht auf Naumburg: der properus cursus per montana der Sachsen muß etwa nördlich parallel mit dem directen Vormarsch Heinrich's IV., über die Höhen der Schmücke und Finne oder auch, wenigstens theilweise, an der Unstrut abwärts geschehen sein, so daß eben Naumburg vor dem Könige erreicht wurde. Wegen der Besetzung des Naumburger Bischofsstuhles durch Gunther vergl. ob. S. 229 u. 230 (mit n. 93).

in Voraussicht der unmittelbar bevorstehenden Schlacht zu vollführen im Sinne hatte. Bei der wohl feierlicher vollzogenen Handlung standen ihm von geistlichen Fürsten die Erzbischöfe Sigewin von Cöln, Egilbert von Trier, Liemar von Hamburg, weiter die Bischöfe Ruopert von Bamberg, Otto von Regensburg, sowie der Bischof von Speier Huzmann zur Seite[172]). Aber augenscheinlich war der von Osten her, von der Elbe, durch den König erwartete Zuzug noch nicht in der Nähe, als nun schon das sächsische Heer, allerdings keineswegs vollständig — denn wegen der Raschheit des Vormarsches und der schlechten Beschaffenheit der Wege hatte Rudolf, besonders vom Fußvolk, Viele zurücklassen müssen — und stark erschöpft durch die schnelle Verfolgung, sich der Aufstellung der Königlichen näherte, und jetzt wollte Heinrich IV. nicht, daß durch seine Schuld die Schlacht verzögert werde. So ließ sich auf den folgenden Tag die Schlacht erwarten[173]).

[172]) St. 2824, ein urschriftliches Stück des Dictators Adalbero C, ist von besonderer Eigenthümlichkeit durch die von Gundlach, l. c., 37 (mit n. 1: vergl. dazu ob. S. 120 n. 34), hervorgehobene Beschaffenheit theils der Arenga mit der Erwähnung der Jungfrau Maria, theils der Einfügung der Erwähnung des Seelenheils der Großeltern und der Eltern Heinrich's IV. in den Eingang der Narratio: precipue illius perpetuae virginis Mariae debemus querere patrocinia, per quam solam solus omnium Dominus misertus est cunctis fidelibus. Ad huius misericordiam patres nostri habent refugium, sub cuius protectionem et nos confugimus ad Spirensem aecclesiam specialiter suo nomine in nomine filii eius attitulatam. Huic igitur aecclesiae pro patris et avi nostri Chuonradi, Heinrici imperatorum et Gisilae imperatricis ibidem quiescentium et Agnetis matris nostrae, imperatricis augustae, nec non et pro nostra salute consilio principum (es folgen die im Texte als Theilnehmer am Zuge erwähnten geistlichen Fürsten) . . . . firmavimus (etc.). Wie schon Dümgé, Regesta Badensia, 113, in der Urkunde eine „Votiv-Urkunde" sah, so ist in der wohl auf freiem Felde am Vorabend der Schlacht für die Grabstätte der Ahnen gemachten Schenkung eine im Hinblick auf die nachfolgende Entscheidung bewußt vollzogene Handlung des Königs zu erblicken. Diese Schenkung der duo praedia . . . videlicet Winterbach et Waibelingen in pago Ramesdal . . . in comitatu Popponis, und zwar Winterbach für die Spirensis aecclesiae canonici, Waiblingen für die Spirensis aecclesiae commoda, hat auch noch deßwegen ein Interesse, weil 1086 in St. 2873 nochmals eine Schenkung Heinrich's IV. an Speier, des tale praedium quale in Weibelingon habuimus situm, folgt, wobei fraglich sein kann, ob damit der ganze Besitz erschöpft war, oder, was eher zu vermuthen, weiterer übrig blieb, da ja Waiblingen sehr wahrscheinlich unter dem salischen Erbe der Staufer inbegriffen war und zu den bedeutendsten staufischen Besitzungen in der Nähe der Stammburg zählte (Besitz des Bisthums Speier daselbst ist in späterer Zeit nicht bezeugt). Uebrigens ist Waiblingen, wie es schon karolingische Pfalz war, wohl ursprünglich Reichsgut (vergl. die historische Uebersicht, Beschreibung des Oberamts Waiblingen — 1850 —, 105—106), dann aber mit dem salischen Erbe — vielleicht noch abgerechnet jene Schenkungen an Speier — an die Staufer übergegangen. Daß der Beiname von Waiblingen nicht Konrad II. beigelegt werden darf und, durch Verwechslung, von Konrad III. auf diesen übertragen wurde, zeigt Breßlau, Konrad II., I, 350 u. 351, und P. Stälin führt den Beweis ebenso, Württembergische Vierteljahrshefte für Landesgeschichte, IV (1881), 120—122.

[173]) Vergl. über die Borereignisse und über die Schlacht vom 15. October Excurs III.

Heinrich IV. hatte nach den vereinzelt vorliegenden Andeutungen, die über die ihn begleitenden Fürsten geboten sind, Angehörige der südlichen und westlichen deutschen Stämme in seinem Heere, insbesondere sechszehn geistliche hohe Herren, Erzbischöfe und Bischöfe, die wohl, Liemar abgerechnet, von ihren Aufgeboten begleitet waren. Von Oberdeutschland waren die Baiern und Schwaben, diese unter ihrem Herzog Friedrich, vertreten, und vom fränkischen Lande ist der Zuzug des Bisthums Bamberg bezeugt. Aber in besonders reicher Zahl sind die Sprengel vom Rheine genannt, und die Lothringer scheinen von dem reichen Grafen Heinrich von Laach geführt gewesen zu sein. Dagegen fehlten eben die Böhmen und die Leute der Mark Meißen.

An dem Donnerstag, 15. October, stellte Heinrich IV. bei Tagesanbruch sein Heer auf, und zwar war er augenscheinlich von der Elster wieder etwas westwärts über die Ebene bis an den Rand eines Baches, der Grune, gezogen, da dessen Lauf und die sumpfige Beschaffenheit seiner Ufer eine Hinderung des Angriffes der Feinde, die von der Saale herkamen, erwarten ließ: es vermochte auch da von der rechten höher liegenden Seite des Baches, welche das gegenüberliegende Ufer etwas überragte, ein Ueberblick des Weges, auf dem Rudolf's Heer erschien, sich darzubieten. Das sächsische Heer entbehrte aus dem schon erwähnten Grunde zahlreicheren Fußvolkes, und so wurde angeordnet, daß nur jene Reiter, die sich auf ihre Pferde völlig verlassen konnten, beritten bleiben sollten, während alle diejenigen, deren Thiere schwächer waren, statt diese noch mehr zu ermüden, abzusteigen und zu Fuß zu kämpfen befehligt wurden. Jetzt näherten sie sich langsam der Aufstellung der Königlichen, und die Bischöfe ermahnten alle anwesenden Geistlichen — Bruno war wohl unter den Merseburger Priestern betheiligt —, andachtsvoll den Psalm Asaph's, ein Gebet zu Gott, um Hülfe, daß er die Feinde der Kirche strafe, anzustimmen: „Gott, dessen die Rache ist, o Herr! Gott, dessen die Rache ist, erscheine!" So kamen sich die Heere dergestalt nahe, daß Spottworte und Schmähungen aus beiden Reihen ausgetauscht und vernommen werden konnten: die Königlichen von oben, die Sachsen von unten riefen sich an, jegliche zuerst den Uebergang zu wagen. Aber die sumpfige Beschaffenheit des Bodens hielt sie aus einander, so daß sie unbeweglich stehend sich anblickten. Endlich fanden die Sachsen, daß es möglich sei, in nicht zu weiter Entfernung das obere Ende des Sumpfes zu erreichen und um dasselbe herum den Feinden auf den Leib zu rücken: so machten sie sich südwärts auf den Weg, und so bald das die Königlichen erkannten, zogen auch sie in der gleichen Richtung aufwärts. Dergestalt vermochten sie auf festem Boden sich zu finden, und so konnte die Schlacht beginnen, die sogleich eine mörderische Gestalt annahm.

Bei der Abtheilung, auf die der sächsische Angriff zuerst traf, war wohl Heinrich IV., da er gleich anfangs in die Flucht verwickelt gewesen sein muß und von dem Schlachtfeld weit hinweg gerissen wurde. Dagegen hielten andere Theile des königlichen Heeres — voran die Baiern, wie es scheint — nicht nur tapfer aus, sondern bedrängten auch die Sachsen mit solchem Ungestüm, daß unter diesen die Flucht einriß und Einzelne schon den Rücken wandten, woraus das Gerücht entstand, die Sachsen seien besiegt. Dieses Gerede verpflanzte sich bis in das an der Elster aufgeschlagene königliche Lager, und die dort anwesenden Bischöfe von Heinrich's IV. Partei sangen freudvoll mit ihren Geistlichen das „Herr Gott, Dich loben wir!" Da wandte sich das Glück plötzlich. Otto von Nordheim hatte thatkräftig eingegriffen und faßte nun die Fußkämpfer zusammen, führte sie gegen die schon siegesgewiß verfolgenden Feinde und zwang sie, ihrerseits die Flucht zu ergreifen. Sie kehrten den Rücken, und Otto ließ sie nicht aus den Augen, ehe er sah, daß sie mitten durch ihr eigenes Lager hindurch die Elster gewonnen und mit großer Gefahr den Fluß überschritten hatten. Den im Lager Weilenden war zuerst durch die Träger der Leiche des im Kampfe gefallenen bairischen Grafen Ratpoto von Cham die Kunde von der ungünstigen Veränderung gebracht worden, mit dem Rufe: „Flieht, flieht!" Schon wollten jetzt die sächsischen Verfolger sich zur Plünderung auf das Lager werfen, als Otto sie noch rechtzeitig zurückhielt, da vom Rücken her noch stets Gefahr drohe. So kehrte er mit dem Fußvolke zum Schlachtfelde zurück, wo die von Heinrich von Laach geführte Abtheilung sich im Besitze des Sieges wähnte und voll von Jubel das Kyrieeleison sang. Otto hegte anfangs Furcht vor der Uebermacht — Bruno bezeichnet diesen von dem Lothringer befehligten Theil als den größten des Heeres —, und er wollte mit seiner an Zahl geringeren Schaar ausweichen; dann aber faßte er Muth und ging vor. Sichtlich war ein Angriff da gar nicht mehr erwartet worden: so gelang der Stoß, und auch dieser königliche Heerestheil wurde ostwärts geworfen und, so viele nicht in der Elster ertranken, über den Fluß versprengt. Jetzt erst erlaubte Otto den Seinigen, sich auf die Schätze des Lagers zu werfen, deren Werth und Menge Bruno mit großer Beredtsamkeit ausmalt. Was die reichen geistlichen und weltlichen Fürsten mit sich geführt, kostbare Zelte und Schreine der Bischöfe voll von heiligen Gefäßen und Gewändern, dann Geschirr von Gold und Silber, andere Stücke, Münzen aus Edelmetall, alle Arten von Waffen, Festkleider, weiteres Gewand in Menge, zahlreiche und vortreffliche Pferde wurden gefunden; dabei war noch die aus Erfurt mitgeschleppte Beute. So rühmte Bruno, der diesen ganzen, allerdings zu einer klaren Erkenntniß des vollen Ganges der Schlacht gewiß nicht ausreichenden Bericht bietet, in lauten Worten: „Also hat, was immer gegen uns die Unstrut, wo wir besiegt worden sind, gesündigt hat, die Elster für uns in doppelter Weise gerächt. Dort nämlich haben wir auf der Flucht nur unsere Besitzthümer verloren; hier haben wir sowohl die Dinge des Feindes, als die unserigen, welche die fliehenden Feinde uns bei der Plünderung fortgetragen hatten, den Flüchtlingen und den Getödteten abgenommen".

Ebenso malte er noch mehrfach den Schrecken der Flucht, die Schicksale der Flüchtigen aus. Die Schwierigkeiten der Ueberschreitung der Elster, zumal für die Reiter, und die dabei sich ergebenden Verluste, das Ungemach in den Wäldern und Sümpfen, dann was die Flüchtlinge zu erdulden hatten, oder die durch die Bauern mit Beilen und Knütteln erschlagenen Männer, die von geringen Leuten gefangenen vornehmen Herren, die bei ihrem quälenden Hunger für ein Stück Brod ihre Pferde und Schwerter hergaben: all das wird vorgeführt, um die Größe des Sieges auszumalen.

Der König war über die Elster weiter hinaus in das Markgebiet geeilt, und da scheint er nun die Böhmen und Meißener, deren Ankunft für die Schlacht er nicht hatte abwarten können, gefunden und sich mit ihnen vereinigt zu haben. Auf einer Burg, wahrscheinlich nicht zu weit von der Elster ostwärts in der Zeizer, oder noch weiter in der Meißener Mark, fand er Zuflucht, und da mochte wohl der Gedanke aufgeworfen werden, ob nicht ein neuer Versuch, mit dem wieder gesammelten Bestande des geschlagenen Heeres, zu wagen sei. Freilich meinte Bruno, daß der Wille der Königlichen, die Sache nochmals auf einen Kampf abzustellen, sehr gering gewesen sei, wie denn auch manche biedere Sachsen den gefangenen Königlichen, zumal Verwundeten, Wohlthaten erwiesen und sie so von ihrer feindseligen Gesinnung abgebracht hätten. Von dem Hauptereignisse der geschlagenen Schlacht auf feindlicher Seite wußte übrigens, da alle Verbindung unterbrochen war, Heinrich IV. längere Zeit — nach einer Nachricht sogar durch acht Tage hin — gar nichts, vom Tode Rudolf's.

Als nämlich am Schlachttage die mit Beute beladenen Sieger vom königlichen Lager in ihr eigenes frohlockend zurückgekehrt waren, fanden sie Rudolf an zwei tödtlichen Wunden leidend vor. Die rechte Hand war ihm abgehauen, und am Unterleibe war er auf das schwerste getroffen. Obschon er seine klagenden Freunde über die Hoffnungslosigkeit seines Zustandes hinwegzubringen suchte, sah er doch selbst seinen Tod voraus, und so sprach er, als er von dem Siege seines Heeres die Kunde erhielt, jetzt werde er im Leben oder Sterben freudig erdulden, was der Herr über ihn verhängt habe. Noch erfreute er sich über das einmüthige Gelöbniß aller anwesenden sächsischen Fürsten, daß bei seinem Leben, und wenn er auch noch die andere Hand verlöre, das Sachsenland einen anderen König sich nicht erwählen würde, und dann starb er, wohl sicher noch am Abende des Schlachttages, im Lager nahe dem Schlachtfelde. Dann aber wurde die Leiche nach Merseburg in die Kirche des Bischofs Werner gebracht und hier beigesetzt. Eine kaum sehr lange nachher auf das Grab im Dom niedergelegte Erzplatte zeigt das Bild des Verstorbenen, im vollen Glanze der königlichen Gewänder, mit Krone, Scepter und Reichsapfel, und die Umschrift des Denkmals preist den für das Gesetz der Väter beklagenswerth gefallenen König, das heilige Opfer des Krieges, der für die Kirche sein Leben hingegeben habe: hätte Rudolf im Frieden herrschen können, kein König seit Karl dem Großen wäre ihm, der Weisheit des Rathes und der Tapferkeit des Schwertes nach, gleich gekommen. Und in ähnlicher Weise priesen die anderen aus dem päpstlichen und dem sächsischen Lager laut werdenden Stimmen den verstorbenen „König der Sachsen".

Rudolf's Tod war der denkbar schwerste Schlag, der die Sache Gregor's VII. in Deutschland treffen konnte, und dazu war der Papst, der so übermüthig sicher den Untergang König Heinrich's IV. vorausgesagt hatte, gleichsam unmittelbar in seiner Person berührt. Es war ganz begreiflich, daß man in den Kreisen der Königlichen von einem Gottesurtheile redete, das den Eidbrecher Rudolf zerschmettert habe, daß allerhand Geschichten bald herumgingen, darüber daß Rudolf noch sterbend, allerdings unter Abschiebung eines Theiles seiner Schuld auf die Bischöfe, denen er nachgegeben habe, als sie ihn verlockten, sich selbst angeklagt habe. Da legte man ihm die Worte in den Mund: „Siehe, das ist die Hand, mit der ich meinem Herrn Heinrich die Treue durch den Eid bekräftigt habe" —, womit er auch reumüthig aus dem Leben geschieden sei, und es ist ganz selbstverständlich, daß sich Heinrich IV. durch diesen Ausgang seines Feindes mächtig bestärkt fühlte. Ein italienischer Anhänger Gregor's VII. faßte sein Urtheil geradezu in dem Satze zusammen: „Bald erhob Heinrich sein Horn in die Höhe und sprach gegen Gott Unbilliges (in Anknüpfung an ein Psalmwort) und er glaubte, da er die Verschlagenheit des Satans nicht erkannte, seine Sünde habe Gott gefallen". Ein deutscher Vertheidiger der Sache des Königs dagegen machte es Rudolf ganz besonders zum Vorwurfe, daß er früher der Vorfechter des Reiches und der Feind der Sachsen gewesen sei und nachher zum Angreifer gegen das Reich und der König der Sachsen wurde.

Eben dadurch, daß Rudolf zum Herrscher eines „Reiches der Sachsen" zuletzt hatte werden müssen, war er von der eigentlichen Grundlage seiner Macht, vom Herzogthum Schwaben, ganz abgetrennt worden. In den letzten drei Jahren seines Lebens hatte er da nicht wieder festen Fuß zu fassen vermocht. Und auch sein Geschlecht fand nicht mehr lange in der heimischen Landschaft seine Stätte. Allerdings war ja der Gemahl der einen Tochter Rudolf's, Agnes, einer der Vorkämpfer der gegen Heinrich IV. in Schwaben den Krieg führenden eng in sich geschlossenen Partei, Berchtold II. — von den weiteren Schwestern war die eine Königin von Ungarn, Gemahlin jenes Ladislav, der schließlich bis 1088 endgültig zum Sieg über den Schwager Heinrich's IV., König Salomon, seinen Nebenbuhler, gelangen sollte, und die andere, Bertha, mit einem schwäbischen Grafen, der auch Heinrich IV. entgegenstand, verbunden —, und die zähringischen Nachkommen der einen Tochter haben eine ansehnliche Stellung dauernd in Schwaben eingenommen. Dagegen war Rudolf's Sohn, Berchtold von Rheinfelden, mochte ihn auch Gregor's VII. Anhängerschaft schon 1079 zu ihrem Herzog in Schwaben erhoben haben, zu einer wenig ehrenvollen Rolle, so lange er lebte — er starb schon 1090 —, verurtheilt[174]).

Jedenfalls war durch den Tod Rudolf's Gregor's VII. ganze Rechnung, die er nach den Vorgängen der Brixener Versammlung für das deutsche Reich aufgestellt hatte, umgeworfen.

Der König war bis zum Anfang des December wieder an den Rhein zurückgekehrt, und am 7. des Monats gab er aus Speier zwei Schenkungen an zwei oberrheinische Kirchen; die Königin Bertha, Bischof Huzmann, wie sich von selbst versteht, und weiter die Bischöfe Konrad von Utrecht, Burchard von Basel, Burchard von Lausanne werden dabei in seinem Gefolge genannt. Bischof Burchard von Basel, dessen Treue hervorgehoben wird, so daß er wohl zu den in dem königlichen Heere betheiligt gewesenen Bischöfen gerechnet werden darf, erhielt für die Jungfrau Maria an seine Kirche die Grafschaft im Buchsgau, auf der linken Seite der mittleren Aare, geschenkt, und der im Bisthum Speier, auf der linken Seite des Rheines landeinwärts, liegenden Abtei Klingenmünster wurden die Rechte, die sie von früheren Königen erhalten hatte, bestätigt[175]). In diesen gleichen Tagen nahm nun Heinrich IV.

---

[174]) Vergl. ob. S. 199 u. 200. Die weiteren Schicksale Bertha's sind durch Baumann in der ob. S. 200 in n. 43 genannten Abhandlung, 286, erörtert: 1097 Wittwe des Grafen Udalrich X. von Bregenz, von dem sie zwei Söhne, Rudolf und Udalrich (XI.), hatte, kämpfte sie 1108 nach dem Zeugnisse der Histor. monast. Marchtalanens., c. 4: quedam nobilissima comitissa de Clementia, orta de progenie ducum, Hertha nomine . . . eadem comitissa, que cum comitibus de Chirperch Iliedungeshain viriliter pugnavit, ubi multitudinem magnam utrimque cesam esse, ex multorum relatione notissimum est (SS. XXIV, 665) (nach Baumann zählte eben Kelmünz zum Erbe der Herzogstochter, und Jedesheim liegt nördlich von Kelmünz, rechts von der unteren Iller etwas landeinwärts) und starb in einem Zeitpunkte nach den Jahren 1131 bis 1134, worauf sie in der Kirche des von ihr, nebst anderen Klöstern, beschenkten Klosters Mehrerau (bei Bregenz) bestattet wurde. Ueber Rudolf selbst ist des hochgelehrten Abtes von St. Blasien M. Gerbert: De Rudolpho Suevico, comite de Rhinfelden (etc.), 1785, eine stets noch sehr schätzenswerthe Monographie.

[175]) St. 2827 (auch Fontes rer. Bernensium, I, 341 u. 342, wieder abgedruckt) nennt die Intervenienten. Auf den Dictator Adalbero C weist wieder die Arenga: Rebus transitoriis non transitoria comparare est, procul dubio, sapere, sicut pro non manentibus manentia negligere est desipere, ebenso in der Narratio-Dispositio die Sätze: Burkardum .... respeximus, dum petitionem eius in petitionis effectum duximus, quia talis fuit petitio, in quo honor esset Deo et episcopi satisfecerimus fideli servitio. Ueber die Wichtigkeit der Schenkung, des comitatus nomine Härichingen (das Dorf Herkingen, im Kanton Solothurn, lag etwa in der Mitte des von West nach Ost zwischen Jura und Aare sich länger ausdehnenden Gaues und ist — vergl. Waitz, Deutsche Verf.-Gesch., VII, 24 n. 1 — wohl als Gerichtsstätte, die dem Gau den Namen gab, anzusehen: vergl. J. von Arx, Geschichte der zwischen der Aar und dem Jura gelegenen Landgrafschaft Buchsgau mit Hinsicht auf den Hauptort Olten, 1819, 40 u. 41) in pago Buchsgouve situs, spricht A. Burckhardt, Bischof Burchard von Basel (Jahrbuch für schweizerische Geschichte, VII, 79): „Es war dies kein geringer Machtzuwachs für das Bisthum, indem so die beiden Hauensteinpässe, sowie der Aareübergang zu Olten vollkommen in

eine neue kriegerische Unternehmung nach dem sächsischen Lande in Aussicht.

Daß der Tod Rudolf's die Lage im sächsischen Stammgebiete für den König verbessert hatte, geht besonders aus zwei Vorgängen aus diesem letzten Theile des Jahres, vom westfälischen und vom engernschen Boden, hervor. Bischof Benno von Osnabrück zählte zu jenen flüchtigen Anhängern Heinrich's IV., die nunmehr wieder den Muth hatten, unter das Sachsenvolk an ihre längere Zeit verlassenen Sitze zurückzukehren, und so kam er, nachdem er noch in Mainz vom Abte des dortigen St. Alban-Klosters sich Unterstützung erbeten hatte, nach Osnabrück, wo er mit entblößten Füßen unter vielen Thränen, überall auf das freundlichste begrüßt, seinen Einzug hielt und dann sogleich dem weiteren Ausbau des schon früher auf dem Berge Iburg begonnenen Klosters sich zuwandte[176]). Und ebenso konnte es Heinrich IV. wagen, für den erledigten bischöflichen Stuhl von Minden von sich aus einen Bischof zu bestellen. Am 1. December war nämlich Egilbert ge-

---

die Gewalt des Bischofs gelangten, wodurch auch den Großen des Landes gegenüber, den Grafen von Homburg und Froburg, mit größerem Nachdruck konnte aufgetreten werden". St. 2826 — für die Abtei Klinga — ist ein Original des genannten Dictators und kennzeichnet sich wieder durch Eigenthümlichkeiten der Arenga: Antecessorum nostrorum regum vel imperatorum decreta corroborare est reges et imperatores sibi in successoribus suis providere, videlicet ut sicut ipsi sua statuta firma permanere in posterum cupiunt, ita suorum antecessorum gesta numquam labefactare presumant, ea tamen que rationabiliter et catholice eos fecisse cognoscunt. Es wird gesagt, daß decreta von Dagobertus antecessor — es heißt nachher: fundator devotus . . construxit, Moguntine ecclesie attitulavit . . . quam legem habitura foret a prelatis abbacie prescripsit sollicitus —, von Ludovicus rex, Heinricus secundus imperator hier bestätigt werden sollten, und zwar so, daß Klingenmünster frei von allem Dienste sei: excepto quod Moguntino nostro presuli unum caballum modium tritice farine portantem ad regalem expeditionem transmittat. Aeltere echte Urkunden für das Kloster existiren außer der König Ludwig's von 849 — Mühlbacher, Die Regesten des Kaiserreichs unter den Karolingern, I, 533 (Nr. 1351) —, nicht, und besonders das falsche Diplom, das von Dagobert gegeben sein will, geht weit eben über den hier Dagobert's Anordnung zugeschriebenen Inhalt hinaus. Vergl. zu St. 33, dem unechten Stück Heinrich's I. von 931, die Ausführung, Die Urkunden der deutschen Könige und Kaiser, I, 75, wo nachgewiesen ist, daß dieses, nebst der Fälschung mit Dagobert's Namen und ebenso St. 2926 das als von Heinrich IV. 1094 gegeben sich darstellt, wohl erst nach 1115 angefertigt worden ist. Vergl. auch Gundlach, l. c., 28, 31, 39, 59.

[176]) Norbert sagt in der Vita Bennonis, c. 23 — vergl. ob. S. 99 in n. 6 das in c. 21 Erzählte, wozu auch die dort citirte Abhandlung Thyen's, 185 ff. —, daß nach Rudolf's Tode — vergl. die in Excurs III eingerückte Stelle vom Anfang des Capitels — episcopus noster se jam liberum posse domum redire conspiciens, quid ante egressum Deo devoverit, diligenter intendere coepit, worauf er, cum redeundo Moguntiam devenisset, in beati Albani monasterio abbatem aggreditur und da den nöthigen Rath und die Hülfe für sein Vorhaben sich holte: . . . Osnabrugam perexit, ubi ipse nudis pedibus et multis lacrymis ab omnibus honorifice gratissimeque receptus, und jetzt folgt die Erzählung von der Fortsetzung des Klosterbaues zu Iburg (l. c., 74).

storben, der seit 1055 dort Bischof gewesen war, jedenfalls in höheren Jahren, da noch Erzbischof Anno von Cöln in Bamberg seinen Unterricht an der dortigen Schule besucht hatte, und jetzt hatte man in Minden den dortigen Propst Reinhard als Nachfolger erwählt, den hernach Erzbischof Hartwig von Magdeburg, unter scharfem Eingriff in das Recht des Metropolitans, Erzbischof Sigewin von Cöln, ordinirte. Aber Heinrich IV. kümmerte sich nicht um diese Wahlhandlung, sondern setzte von sich aus Folkmar als Bischof ein, und es scheint, daß Reinhard vor diesem königlichen Bischof weichen mußte, daß also auch hier die päpstliche Sache unterlag[177]).

Jetzt wollte der König diese günstiger gewordene Lage noch weiter ausnutzen. Er nahm sich, wie eine den sächsischen Fürsten zugebrachte Botschaft ankündigte, im December einen nochmaligen Kriegszug nach Sachsen vor, um da in Goslar das Weihnachtsfest zu feiern. Doch da innerhalb dreier Tage ein ansehnliches sächsisches Heer aufgeboten wurde und dieses sich seinem Unternehmen in den Weg stellte, sank seine Hoffnung wieder dahin, und er entließ sein Aufgebot[178]). Nun aber hoffte er um so mehr sich die Bahn zur

---

[177]) Ueber Bischof Egilbert vergl. Steindorff, Heinrich III., II, 289, 315, sowie hier Bd. I, S. 337 u. 338, ebenso Anno's Prophezeihung schon von 1055 in einem Brief an Egilbert: Et tu me terrae commendes! (Vita Annonis archiep. Colon., Lib. II, c. 9, SS. XI, 487). Von Egilbert spricht und seine Grabinschrift nennt Hermannus de Lerbeke, Chron. episcoporum Mindens. (Leibniz, Scriptores rer. Brunswicens., II, 172 u. 173), und den Todestag enthalten das Kalend. necrolog. monast. Visbecrens., das Necrol. Mollenbecc. (Böhmer, Fontes rer. German., IV, 499, Schannat, Vindemiae literariae, I, 141: an letzterer Stelle die Beifügung: cum summa devotione contulit nobis LX panes, dimidios albos et dimidios silligineos, unum porcum, X modios avenae). Von der Nachfolge sprechen die Annales Patherbrunnenses: Eilbertus Mindensis episcopus obiit, pro quo electus est Reinhardus eiusdem loci praepositus; sed Folcmarus a rege substitutus successit (ed. Scheffer-Boichorst, 98), wozu die Series episcoporum Mindens. zu vergleichen ist: Reynhardus episcopus 18. Sub quo invasit sedem Volcmarus (SS. XIII, 289) —; vergl. die Beifügung: in scismate in der Hildesheimer Aufzeichnung (SS. VII, 848). Der Liber de unitate ecclesiae conservanda spricht mehrfach von der Angelegenheit, zuerst Lib. II, c. 24, wo Hildebrant angeklagt wird: Coloniensem ecclesiam suis quoque privilegiis spoliavit, qui Hartvigo Magadaburgensis ecclesiae episcopo hoc concessit et hoc jussit, ut terminos patrum transgrediendo invaderet parrochiam alterius metropolitani episcopi et ordinaret episcopum quendam Reginhardum in Mindensi ecclesia ad contemptum et ad injuriam Sigiwini Coloniensis archiepiscopi, und nochmals, c. 24, wo das Urtheil Sigewin's gegen Hartwig erwähnt wird, postquam nullo modo potuit adduci, ut satisfacere vellet ecclesiae pro injusta ordinatione cuiusdam Reginhardi in episcopatu Mindensi (Libelli de lite, II, 241, 244).

[178]) Bruno, l. c., c. 125, ist hier wieder allein der Berichterstatter: Deinde mense Decembri, cum principes nostri congregati de statu regni sui tractarent, ecce nuncius aderat qui diceret, Heinricum ad suos de proelio reversum jactasse, quod rege Saxonum occiso totam Saxoniam suae ditioni subjecisset, et nunc exercitu congregato adventare, ita ut Goslariae natalem Domini celebraret. Sed nostri magno exercitu per triduum collecto, ei perrexerunt obviam, virtute suam defensuri patriam. Quod ille cognoscens a magna spe cecidit, quia Saxones, dum non haberent rectorem, facile vinci posse

Erfüllung des anderen Vorsatzes, den er schon seit dem Weggange von Brixen hegte, öffnen zu können, nämlich nach Italien sich auf den Weg zu machen, seinen Papst Wibert in Rom einzusetzen, aus seiner Hand die kaiserliche Krone zu empfangen.

---

operavit. Igitur exercitu suo dimisso consilioque mutato . . . (l. c., 381). Giesebrecht, l. c., III, 522, sagt mit den Worten: „Die Sachsen waren genau in Berathungen über die Königswahl vertieft" mehr, als in der Nachricht Bruno's enthalten ist.

1081.

Heinrich IV. hatte den festen Willen, seinen Abgang nach Italien zu beschleunigen; aber das vermochte er in gesicherterer Weise nur zu bewerkstelligen, wenn er das deutsche Reich möglichst beruhigt hinter sich zurücklassen konnte. So hatte er eben nochmals den Versuch begonnen, die Sachsen mit Waffengewalt zum Gehorsam zu bringen, denselben jedoch alsbald aufgegeben. Nun schlug er, ganz am Ausgange des ablaufenden Jahres, einen zweiten Weg ihnen gegenüber ein. Er betrat die Bahn der Unterhandlung, und dabei scheint er sogar das Mittel angewandt zu haben, die Sachsen dadurch für sich zu gewinnen, daß er ihnen seinen kleinen Sohn, den noch keine vollen sieben Jahre zählenden Konrad, als König zur Wahl anbot, wohl in der Weise, daß dieser dann ganz allgemein als deutscher König anerkannt worden wäre und dem Namen nach die Reichsverweserschaft während des Vaters Abwesenheit gehabt hätte; so wäre jeder Wahl eines anderen Gegenkönigs an Rudolf's Stelle von vorn herein entgegengewirkt worden. Aber als dieses Anerbieten zu den Sachsen kam, soll Otto von Nordheim, dem Bruno die Gabe zuschreibt, sehr ernsthafte Dinge scherzhaft mit einem Witzwort zu verhüllen, die gröbliche Antwort gegeben haben, er habe schon oft gesehen, daß von einem schlechten Rinde ein schlechtes Kalb gekommen sei, und so habe er nicht nach dem Sohne und nicht nach dem Vater ein Begehren[1]).

[1]) Bruno, De bello Saxonico, c. 125, fährt gleich im Anschlusse an die Stelle von S. 343, n. 178, fort: misit ad Saxones legatos (sc. Heinricus), ut quandoquidem nollent esse sine rege, filium suum sibi facerent regem, seque illis jurare, quod numquam intraret terram Saxoniae, worauf Otto — sicut solitus jocose magna seria nonnullo schemate ludendi velare — die in den Text gesetzte Antwort gegeben habe (SS. V, 381). Jedenfalls hat hier der Sachse das Angebot des Königs, das gar nicht unwahrscheinlich ist, ganz nach seiner Weise interpretirt. Kaum ist irgendwie mit Sander, Der Kampf Heinrich's IV. und Gregor's VII. von der zweiten Exkommunication des Königs bis zu seiner Kaiserkrönung, 54 n. 1, anzunehmen, daß etwa „im Rate der sächsischen Großen" „der ja an sich sehr naheliegende Gedanke einer Erhebung des jungen Konrad zum Gegenkönig" ernstlich erwogen worden sei (vergl. Bruno, l. c., c. 130: Principes Saxoniae cunctis gentibus Theutonicae linguae ... legatos miserunt, rogantes, ut Heinrico filioque eius excepto quemlibet alium rectorem eligerent —: l. c., 384).

Wieder ist einzig Bruno unter den Geschichtschreibern der Berichterstatter über die im Februar folgende weitere Entwicklung der Dinge, und im Wesentlichen schildert wohl, was er mittheilt, die Vorgänge zutreffend, wenn auch freilich die Worte, die er den Mithandelnden in den Mund legt, von ihm selbst eingeschaltet sein werden. Nach seiner Erzählung ging der Gedanke, ungeachtet der bisherigen ablehnenden Haltung der Sachsen nochmals in Verhandlungen einzutreten, von den Vertrauten Heinrich's IV. aus, die sich überlegt hätten, es sei angesichts der gereizten Stimmung im sächsischen Volke nicht gerathen, nach Italien zu ziehen und das eigene Land einem Angriffe der Sachsen ohne kriegerischen Schutz bloß zu stellen: so seien Boten an die sächsischen Fürsten abgeschickt worden, mit dem Begehren, es möchte in einer besonderen Unterhandlung Zeit und Ort festgesetzt werden, wo von beiden Seiten ausgewählte Fürsten zusammenkämen, um über das gemeinsame Beste zu verhandeln. Die Vereinigung fand nunmehr — etwa im Anfang des Februar — ganz am Nordrande des hessischen Landes, ohne Frage in dem von der Kaiserin Kunigunde unter Hülfe ihres Gemahles, Heinrich's II., gestifteten Kloster Oberkaufungen, das dem Kaufungerwalde den Namen gab, in der angedeuteten Weise statt. Von des Königs und von der Sachsen Seite traten je fünf geistliche Fürsten in die Berathung ein. Heinrich IV. war durch die Erzbischöfe Sigewin von Cöln und den Erwählten Egilbert von Trier, die Bischöfe Ruopert von Bamberg, Huzmann von Speier und den Erwählten Konrad von Utrecht vertreten; die Sache der Sachsen erschien in den Erzbischöfen Siegfried von Mainz, Hartwig von Magdeburg, Gebehard von Salzburg, den Bischöfen Poppo von Paderborn und Udo von Hildesheim dargestellt, neben denen aber fast alle angesehenen Sachsen und Thüringer anwesend waren. Darauf sollen die königlichen Gesandten eine geheime Unterredung mit den Fürsten allein verlangt haben, wovon die Sachsen nichts hätten wissen wollen, da alle Anwesenden, Vornehme, wie Geringe, alle gewechselten Reden mit anhören dürfen sollten, und dann habe langes Stillschweigen in der Versammlung gewaltet, da die Sachsen auf die Anträge der Königlichen warteten, diese aber sich den Anschein geben wollten, als seien nicht sie die Einladenden gewesen, sondern auf Bitten der Sachsen erschienen. Aber endlich müssen die Sachsen doch zuerst das Wort ergriffen haben; denn von ihrer Seite erhob sich jetzt, auf ihren Wunsch, als Führer der Rede, Erzbischof Gebehard. Sein Vorschlag scheint dahin gezielt zu haben, daß nach den kirchlichen Gesetzen und Gewohnheiten der Beweis geleistet werde, entweder von königlicher Seite, daß Heinrich IV. nach Recht König sei, oder von dem anderen Theile, für den eben Gebehard sprach, daß das Gegentheil erwiesen vorliege, mit der Absicht, daß der volle Friede hieraus hervorwachsen werde. Allein so weit wollten die königlichen Abgesandten nicht gehen; sie erklärten, nicht zur Verhandlung dieser Dinge gekommen zu sein, wie sie denn ohne Vorbereitung, wie sie seien, zur Entscheidung einer so wichtigen Angelegenheit sich gar nicht im Stande fühlten, zumal da diese ja auch nicht nur vor sie, sondern vor den König und alle Unterthanen des Reiches gehöre, und sie äußerten sich, daß sie einzig um Gewährung einer von beiden Seiten beobachteten Waffenruhe von diesen Tagen an über mehr als vier Monate bis zur Mitte des Juni zu bitten hätten. Ein Reichstag sollte inzwischen berufen und diesem die gleiche Angelegenheit, wie sie jetzt zur Verhandlung vorgeschlagen war, vorgelegt werden, so daß dann auf dieser Versammlung aller Reichsfürsten hierüber entschieden würde. Auf diese Weise war für dieses Mal die von Gebehard gewünschte grundsätzliche Entscheidung über Heinrich's IV. königliches Recht ganz abgelehnt. Nun jedoch sollen die Sachsen den Trug der Gegner durchschaut haben, daß es diesen nur darauf ankam, in listiger Weise sich die Möglichkeit zu schaffen, ohne Beunruhigung der in Deutschland bleibenden Königlichen nach Italien zu gehen und da Gregor VII. durch Waffengewalt zu erniedrigen. Immerhin erklärten sich die Sachsen bereit, wenn der Waffenstillstand voll und ganz gelten sollte, einen solchen Frieden bis zu jener genannten Zeitgrenze nehmen und geben zu wollen, und jetzt gaben die Königlichen ihre Zustimmung dazu zu erkennen, daß sie gegenüber allen deutschen Gegnern Heinrich's IV. — also nicht bloß in Sachsen, in Thüringen, sondern auch in den übrigen Stammgebieten — die Waffenruhe zu beobachten gedächten. Aber Otto von Nordheim fuhr dagegen auf, und es ist sehr wahrscheinlich, daß der Inhalt der ihm zugeschriebenen Rede seinem Sinne, das ist der Meinung der unversöhnlicheren Feinde Heinrich's IV., wirklich entsprach. Er soll mit der Frage begonnen haben, ob sie denn von den Königlichen für so einfältig gehalten würden, daß sie den schlauen Anschlag, der in diesem Anerbieten liege, nicht durchschauten: diese verlangten für die eigenen Gebiete Sicherheit, um nach Italien zu gehen, dort den Papst, das Haupt der Partei, für die er spreche, zu mißhandeln, um dem Leibe, dem man den Frieden zugestehe, dieses sein Haupt abzureißen, es zu erniedrigen, es zum Spotte zu machen; deßwegen solle vielmehr der volle Friede — dieser, oder gar keiner — Allen, auch den Gesinnungsgenossen in Italien, nicht bloß im deutschen Reiche, gelten. Der Schluß der Ansprache wird zur eigentlichen Drohung: „Das aber sagen wir voraus, daß Ihr in Euren Grenzen rasch unerwünschte Gäste haben und bei der Rückkehr aus Italien Eure Besitzthümer nicht so, wie Ihr möchtet, bewahrt finden werdet. Denn das wollen wir Euch nicht verhehlen, daß wir so schnell wie möglich einen einzigen Lenker haben werden, der sowohl uns vor Ungerechtigkeiten mit Gottes Hülfe tapfer vertheidigen, als diesen, die uns Unbill zugefügt haben, nach dem Maß der Billigkeit vergelten mag“! Bruno schließt seine Mittheilung über die Berathung mit einer Nachricht, deren Glaubwürdigkeit wieder ziemlich fraglich erscheint. Nach Otto's Worten sollen die anwesenden Vertreter der auf königlicher Seite stehenden gemeinen Ritterschaft laut den Sachsen zugerufen haben, der von diesen gekommene Vorschlag sei billig, während ihre eigenen Fürsten nur Unbilliges anböten und annehmen wollten: sie hätten nun gesehen, wie gerecht die sächsische Sache sei, und seien in Zukunft bei weitem nicht so, wie bisher, zum Kampfe bereit, und diese Kaufunger Versammlung habe den Sachsen mehr, als ihre drei siegreichen Treffen, genützt, da jene jetzt mit eigenen Ohren sich über die Dinge, die sie früher nicht glaubten, von der einzigen demüthigen Forderung der Gerechtigkeit durch die Sachsen, überzeugt hätten. Nach all dem ging man aus einander, und nach Bruno hätte also die schärfere Auffassung Otto's das Uebergewicht behalten, insofern als nur auf sieben Tage die Waffenruhe gegenseitig bewilligt worden sei[8]). Aber ganz so kann es nicht gewesen

---

[8]) Von den Ereignissen des Februar spricht einestheils sehr eingehend Bruno, l. c., cc. 126—128 (l. c., 382 u. 383). Zuerst wird die Erwägung der familiares Heinrich's IV. — für den Fall seiner bevorstehenden Abwesenheit in Italien — gebracht: non tutum . . fore, Saxonibus recenti proelio vehementer exacerbatis invadendos fines suos relinquere, cum de adventu illorum dubitationem nullam haberent, si pergentes in Italiam suam patriam sine virtute militari dimitterent — und dann fortgefahren: Miserunt ergo principibus nostris nuntios, qui singulare colloquium rogantes tempus et locum praefinirent, quo ex utraque parte principes electi de communi bono tractaturi convenirent. Nach Ausführung des Zusammenkunftsortes — ultra fluvium qui Wisara dicitur, in silva quae inde Capuana vocatur, quia ad urbem quae Capua nominatur pertinere cognoscitur (die Dörfer Ober- und Nieder-Kaufungen — über die Gründung der Frauenabtei in Ober-Kaufungen 1018 vergl. Hirsch, Heinrich II., III, 73—78 — ungefähr eine Meile südöstlich von Kassel, so daß also unter der Wisara die Werra zu verstehen ist) — und Nennung der je fünf geistlichen Vertreter der beiden Lager folgt die Schilderung der Berathungen: Cumque qui ex illa parte erant, secretum, quod soli principes audirent, habere colloquium voluissent, nostri nullum sermonem conferre volebant, nisi quem cunctis qui convenerant, magnis et parvis, audire liceret (: es erweckt Verdacht gegen Bruno's Darstellung der Thatsachen, daß nach ihm Heinrich IV. und seine Beauftragten stets in gleicher Weise, bei Verhandlungen mit den Sachsen oder anderen Gegnern, mit dem Versuche, in Einzelunterhandlungen diese unter einander zu trennen und zu schwächen: vergl. Bd. II, S. 257 (n. 114) zu c. 30, S. 490 (n. 55) zu cc. 37 und 45, S. 840 u. 841 zu c. 66, S. 888 u. 889 zu c. 68 — vorgegangen sein sollen). Jam vero sedentes ex utraque parte diu tacebant, quia et nostri, qui rogati illis occurrerant, quid illi vellent expectabant et illi non se rogasse nostros, sed nostris rogatos venisse videri volentes, quid a nostris peteretur, auscultabant. Tandem nostri rumpentes silentium, ut omnium faceret verbum, Gevehardum petierunt . . . surgens vir per omnia prudens et honestus et honori quem gerebat non minimum conferens honoris, vultu modesto, voce mediocri, sensum profudit sapientis et pii pectoris, worauf c. 127 die Rede bringt. In c. 128 wird weiter erzählt: Tunc illi (sc. die Königlichen) responderunt, se non ad causam tractandam convenisse, nec se tantae esse sapientiae, ut tam magnam rem ex improviso praesumant agendam accipere, praesertim cum non ad se solum, sed ad regem cunctosque regno eius subditos pertinere videatur. Rogabant autem, ut ab initio Februarii, quod tunc erat, usque ad medietatem Junii pax ex utraque parte daretur, intra quod tempus conventu facto, eadem causa, quam nostri nunc agere volebant, communi totius regni partis utriusque consilio tractaretur. Nostri vero dolos illorum percipientes, quia propterea tam longum tempus pacis habere volebant, ut hi

oder wenigstens nicht geblieben sein, da — nach Bruno's eigenem Zeugniß — nachher doch erst im Juni von Seite der Sachsen der Krieg eröffnet wurde[8]).

Jedenfalls ließ sich jetzt Heinrich IV. nicht mehr länger vom Aufbruch nach Italien zurückhalten. Der Eindruck, den die beobachtenden Gegner auf deutschem Boden davon hatten, ist wieder durch Bruno niedergelegt. Man meinte da, es sei nicht ausgeschlossen, daß Heinrich IV. in Italien der Zwangslage, in der

qui domi remanebant essent tuti, donec illi qui in Italiam pergebant contumeliam facerent apostolicae dignitati, responderunt, se nec decipere velle nec decipi, sed firmam et integram pacem dare et petere usque ad terminum temporis praedicti. Cumque illi Theutonicis omnibus, nostrae partis adjutoribus, pacem se dare promitterent, dixit Otto dux (folgt dessen Rede, in der die Worte: Ergo nobis et nostris omnibus date et vobis et vestris omnibus accipite pacem aut integram aut nullam eben auch auf Italien — ille qui nostrum caput est, Gregor VII., soll auch vor Angriff geschützt sein — sich erstrecken). Milites ergo plebei partis adversae conclamant, nostros aequam rem offerre, suos principes aequum nec praebere nec accipere; se posthac ad pugnandum minus fore paratos quam actenus fuissent, quia causam justitiae cum Saxonibus esse cognovissent, plusque nobis illum conventum quam in tribus proeliis victoriam prodesse, quia, quod numquam credere poterant, nostros humiliter justitiam postulare simul et offerre, ipsi praesentes vidissent. Sic ab invicem disceditur, tantum per septem dies altrinsecus pace data. Ferner bietet eben Erzbischof Gebehard selbst in seiner Epistola an Bischof Hermann von Metz, c. 1, wo er als Zeugen für das vorher von ihm Ausgesprochene (vergl. unt. bei n. 9) die fünf geistlichen Vertreter des Königs in Kaufungen meint und dann fortfährt: Istis pene omnes Saxoniae et Turingiae majores, ubi condictum est, obviam venerunt et in ea, quam prediximus sententia (vergl. l. c.) concordantes, ultro se discutiendos obtulerunt, ea conditione, ut, si causam suam juxta leges et consuetudines ecclesiasticas defendere non possent, sanioribus illorum consiliis acquiescerent, non confusionem hoc reputantes, si meliora et viciniora saluti ab illis docentes errorem suum relinquerent, und c. 2: Haec in auribus omnium qui aderant non contentiose, sed humiliter proponentes, nichil profecimus (Libelli de lite, I, 264). — Wenn auch Bruno kaum mit Vogeler, Otto von Nordheim in den Jahren 1070—1083, 105 n. 3, als „Augenzeuge" anzusehen ist — er hätte sonst kaum die ohne Zweifel im Kloster Kaufungen geschehene Versammlung, für diese Jahreszeit vollends, in die silva verlegt, und sein bischöflicher Herr von Merseburg fehlte ja dabei —, so stimmt im Allgemeinen, was er, gewiß nach seinen eigenen Ausführungen, Gebehard in den Mund legt, zu dessen eigener kirchenrechtlich theoretischen Schrift, auch der Schluß (von c. 127): Haec igitur est summa nostrae peticionis, ut dominum Heinricum vel vos jure posse regnare nobis probabiliter ostendatis, vel nos vobis, eum non posse, veraciter ostendere sinatis, et cum res alterutra fuerit demonstrata, nos igni ferroque persequi cessetis, während freilich die Rede selbst zu sehr im gewöhnlichen Tone der sächsischen Anklagen gegen Heinrich IV. gehalten ist, als daß sie nicht Bruno's eigener Arbeit zugeschrieben werden könnte. Vergl. betreffs auch die Hallenser Dissertation von L. Spohr, Über die politische und publizistische Wirksamkeit Gebhard's von Salzburg (1890), 23—26, und Sander, l. c., 57—59.

[8]) Bruno sagt das bestimmt in c. 130: Mense Junio, exercitu collecto, perrexerunt (sc. principes Saxoniae) in orientalem Franciam (l. c., 384). Sander, l. c., 59 n. 1, schließt wohl mit Recht hieraus, daß „die Männer, welche die Friedensversammlung gesprengt hatten, mit ihren kriegerischen Gelüsten ziemlich vereinzelt" dastanden.

er sich befinde, dadurch ein Ende setze, daß er — natürlich wurde da angenommen, unaufrichtig — den Papst durch Leistung der Unterwerfung, ähnlich wie es 1077 geschehen war, dazu bringe, die Excommunication aufzuheben, oder aber, daß er durch Anwendung von Gewalt Gregor VII. hiezu zwinge; freilich sei es wahrscheinlicher, des Königs wahre Absicht bestehe darin, daß er Gregor VII. gewaltsam vom apostolischen Stuhle verjagen und Wibert an dessen Stelle setzen wolle, um dann mit aller Freiheit ganz nach seinem Gelüsten handeln zu können. Aber auch von königlicher Seite wurde noch später zugegeben, daß ein Vertrag mit dem Papst anfangs noch nicht als unmöglich erachtet worden sei[4]).

Zunächst brach Heinrich IV. nach der Donau hin auf, vielleicht unter Berührung von Ulm: sicher dagegen ist seine Anwesenheit zum 18. März für Regensburg bezeugt. Da waren außer der Königin Bertha noch Bischof Siegfried von Augsburg, Herzog Wratislav von Böhmen und der sächsische Fürst Ekbert bei einer Schenkung namentlich aufgeführt, und es ist im höchsten Grade wahrscheinlich, daß der König hier wichtige Verfügungen in den Angelegenheiten der östlichen Markgebiete traf. Dem jungen Ekbert wurde, dafür daß er sich zu dem König gewandt hatte, in Anbetracht seiner Jugend, seiner nahen verwandtschaftlichen Beziehungen, und daß er reumüthig um Verzeihung gefleht hatte, die königliche Gunst voll zurückgegeben, und er erhielt, was ihm genommen worden war, wieder erstattet, das will sagen, die 1076 an Herzog Wratislav übertragene Mark Meißen, und noch Weiteres gedachte Heinrich IV. ihm hinzuzufügen. Außerdem fiel die gleiche Gnade ohne Zweifel auch Ekbert's Schwager zu, dem jugendlichen Heinrich, dem Sohn des Markgrafen Dedi und der Adela, dem, schon 1075, durch die Zuweisung der sächsischen Ostmark an Wratislav, das gleiche Schicksal, wie Ekbert, bereitet worden war; mit einander werden die beiden Marken an die Schwäger zurückgegeben worden sein. Denn Wratislav wurde, gewiß eben jetzt, reichlich entschädigt, was dafür spricht, daß er den Anspruch auf jene beiden nördlichen Gebiete eben jetzt aufgab, als er mit Ekbert am königlichen Hofe weilte. Markgraf Liupold von Oesterreich hatte sich schon 1078 als unsicher im Gehorsam Heinrich IV. gegenüber erwiesen, was angesichts der ge-

[4]) In c. 120 am Anfang steht, der exrex habe den Aufbruch bewerkstelligt, ut imponeret aliquem finem rerum suarum longo labori, scilicet ut vel domno papa Gregorio humiliatione ficta placato, sive vi tyrannica coacto, vincula banni, quibus erat ligatus, exueret, vel quod magis volebat, Gregorio per vim de sede pontificatus ejecto et in ipsa sede Wiperto Ravennate collocato, qui jam per triennium juste fuerat excommunicatus, libere faceret omnia quae suae tyrannidi placerent, cum de sede apostolica omnis suae voluntatis favorem haberet (l. c., 382 u. 383). Die Stimme aus dem königlichen Lager ist der Liber de unitate ecclesiae conservanda, Lib. II, am Anfang von c. 17: . . paravit Henrichus rex secundam profectionem in Italiam, si quo pacto posset flectere ad misericordiam Hildebrandum papam, ut pacem aliquando diligens misereretur vel ecclesiae vel rei publicae (Libelli de lite II, 212).

spannten Beziehungen zu Ungarn gefährlich für die Südostgrenze des Reiches war; doch war er 1079 zur Unterwerfung zurückgekehrt. Seither aber zeigte er sich von neuem von Abfallsgelüsten erfüllt, und jetzt hatte er sich durch den heftigsten Feind Heinrich's IV., den Stellvertreter Gregor's VII. in Deutschland, Bischof Altmann von Passau, geradezu in offene Gegnerschaft gegen den König wieder hinreißen lassen. Zu Tulln an der Donau, inmitten seines Markgebietes, hatte er mit den angesehenen Männern seines Landes dem Könige offen den Eid abgeschworen, unter lauter Lobpreisung Altmann's, in vollem Anschluß an denselben; darauf folgten Handlungen der Verfolgung gegen die Anhänger Heinrich's IV. und Maßregeln der Vertheidigung zu Gunsten des Legaten des römischen Stuhles, nämlich Altmann's. Aber diesen offenen Abfall beantwortete nun eben Heinrich IV., indem er die bairische Ostmark in die Hand seines Bundesgenossen Wratislav von Böhmen gab. In geschickter Weise schien auf diese Art, von dem mittleren Laufe der Elbe, in der sächsischen Ostmark, im Norden, über das ganze obere Elbgebiet bis zur Donau und zu den nordöstlichen Ausläufern der Alpen südlich geschlossen, ein einheitliches Vertheidigungsgebiet gegen Angriffe von Osten, von Ungarn her, gesichert zu sein, wenn es nämlich Wratislav gelang, Oesterreich's sich zu bemächtigen. Dazu war die schon bei Rudolf's Leben begonnene Trennung der sächsischen Fürsten weiter bestätigt[8]).

[8]) Bruno muß, c. 129, bei den Worten: Heinricus intrante Martio intravit Italiam (l. c., 383) etwa an den Aufbruch vom Rheine gedacht haben; denn nach St. 2828 war Heinrich IV. am 16. März erst in Regensburg anwesend. Wenn nämlich auch nach Breßlau's Text zu Kaiserurkunden in Abbildungen, Liefer. II, 36 u. 37, die Nachzeichnung des Originaldiploms des Dictators Adalbero C erst dem 12. Jahrhundert angehört und der Inhalt gefälscht ist — Schenkung von Gütern im Gau Chutiz an Chitele, quidam fidelis —, so steht doch in der letzten Zeile des Diplomes die Datirung fest, und es ist wahrscheinlich auch als der Vorlage entstammend anzusehen, was sich auf die Intervention bezieht: ob interventum Bertae dilectae conjugis nostrae . . . Sigefrido Augustensi episcopo . . Wratizlao duce Boemiorum . . . in comitatu Eggebertis, consensu et petitione ipsius. Zwar wollte Sander, l. c., 62 n. 1, die Möglichkeit bezweifeln, daß Heinrich IV. bis zum 4. April so hätte Verona erreichen können; aber nach den durch Fr. Ludwig, Untersuchungen über die Reise- und Marschgeschwindigkeit im XII. und XIII. Jahrhundert, I (Straßburger Dissert., 1897), 97, gebotenen Zusammenstellungen können Zahlen bis auf 30 Kilometer als Durchschnittsresultat für kaiserliche Heerzüge nach Italien angenommen werden, was eine Erreichung Verona's, allerdings in nachhaltiger Zeitausnützung, als möglich erscheinen läßt. Die Anwesenheit Wratislav's ist insofern wichtig, als gewisse Nachrichten der ja — vergl. die ob. S. 302 in n. 168 erwähnte kritische Untersuchung Sander's — allerdings nicht ohne große Vorsicht zu benutzenden Lebensbeschreibung Wiprecht's in den Annal. Pegaviens. hier vielleicht heranzuziehen sind: Ea tempestate werra vel dissensio maxima est exorta inter regem Heinricum . . et Saxones, ita ut sedari posse diffideretur, nisi, quod absit, sanguinis judicio. Imperator vero animo gerebat in Longobardiam et Italiam expeditionem ferre et Saxonum tumultuosam factionem interim declinare. Wicpertus igitur consummandi quod animo gerebat negocii tempus fore ratus oportunum, imperatorem paucis suorum assumptis adiit, seque cum ipso in altionem

An der oberen Donau sammelte aber Heinrich IV. auch sein, so viel zu schließen, nicht sehr beträchtliches Heer, das ihn nach

hostium rei publicae cum sexaginta suorum militum et eorum apparatu bellico, suis etiam stipendiis militantibus profecturum spondet, ea tamen conditione, ut si regia magnificentia caeterique primates eum rei publicae probarent necessarium, eius munificentia omne restitueret ei dampnum in Orientali plaga (vergl. ob. S. 331) nuper allatum et remuneraret obsequium. Gratanter haec principes et ipse imperator accepit . . . . ille (sc. Wiprecht) intulit . . . imperiali dignitati . . . prodesse, si Boemiae ducem Vratizlaum in regem pateretur ac juberet coronari, et ille quatuor milia talentorum gazis regiis appenderet, insuper et filium suum cum trecentis armatis in expeditionem Italicam cum ipso destinaret . . . . Wicpertus dato sacramento peragendae cum sexaginta militibus expeditionis, regiae sponsionis omnes principes fidejussores exstiterunt . . . Cum hac pollicitatione a rege et a principibus cum salutationis officio dimissus, deinde ad Vratizlaum in Boemiam reversus . . . intimavit, utque 4000 marcharum argenti transmitteret imperatori et 30 libras imperatrici, insuper et filium suum Borwi cum 300 militibus in Italiam destinaret, luculenta ratione persuasit (: an diese für 1080 bis 1081 wahrscheinlichen Dinge sind aber Nachrichten über eine curia in Würzburg angeknüpft, von der Begebenheiten erzählt werden, Wratislaw's Königskrönung, die viel später fallen, woneben jedoch wieder Angaben sich finden über Wiprecht's und des filius Borwi — cum 300 militibus — Abgang zum königlichen Heere: apud Ulmam civitatem Sueviae occurrerunt —, sowie vom Uebergang dieser reliquum exercitum itinere superantes: primi juga Alpium transvolant — nach Italien, Mittheilungen, die freilich vielleicht theilweise durch Verwechslung mit Friedrich's I. Romfahrt 1158 hieher gezogen wurden, während im Uebrigen wirklich diese italienische Expedition von 1081 bis 1084: imperator . . . triennio circiter . . . duravit — dem Biographen vorzuschweben schien) (SS. XVI, 236—238: dagegen gehört das — a. 1080, l. c., 241 — von einer curia apud Radisponam Erzählte jedenfalls nicht hieher, da dort imperator ab Ytalia rediens curiam suam Boemo . . . indixit) —: jedenfalls sind alle diese zum Theil zwar sehr einläßlichen, im Einzelnen genau scheinenden Angaben wegen der ungenügenden chronologischen Feststellung nur sehr vorsichtig zu gebrauchen. — Wohl aber darf, wie schon Giesebrecht, III, 1166, in den „Anmerkungen“, ausführte, Heinrich's IV. Vorgehen zu Gunsten Ekbert's und im nothwendigen Zusammenhang damit auch dasjenige für Wratislaw in diesen März-Aufenthalt zu Regensburg verlegt werden. Heinrich IV. sagt 1086 in St. 2879 von Ekbert: nos Egberto marchioni rebellionem, quam ipse adhuc puer cum ceteris Saxonibus adversum nos exercuerat, cum ad requirendam graciam nostram humiliatus fuisset, respectu etatis eius et consanguinitatis, qua nos contingebat, indulsimus, sua sibi misericorditer restituentes et alia superaddere meditantes, ebenso im gleichen Jahr in St. 2880 ganz ähnlich: nos marchionem Ekbertum post priorem rebellionem, quam ipse adhuc puer cum ceteris Saxonibus in nos exercuerat, graciam nostram requirentem data venia ad nos benigne recepimus, receptum omnino sicut filium amplexi sumus, magis videlicet etati eius et consanguinitati condescentes, quam impietatis facta pensantes, und zum dritten Male heißt es 1089 in St. 2893: Ekbertus . . . non recordatus, quod noster miles marchio et consanguineus et, quod majus est, noster juratus fuit. Nos autem consanguinitatis memores simulque puericie eius parcentes nullam vindicte vicem ei rependimus; sed penitentem statim recepimus et omnia sua, que lege perdiderat, ex gratia sibi reliquimus et, ne denuo in nos peccaret, credidimus. Vergl. in Bd. II, S. 526 u. 718, über die Zuweisung der sächsischen Ostmark und der Mark Meißen an Wratislaw, und es wird sicher richtig geschlossen, daß beide Marken jetzt zurückgegeben wurden (daß in St. 2828 von Ekbert's comitatus schon gesprochen ist, erscheint als Zeugniß für das schon Durchgeführte). — Betreffend die Aenderung in der bairischen Ostmark fallen

Italien begleiten sollte. Es scheint aus der eigenen Rüstung königlicher Ministerialen und aus einem für Sold geworbenen Theile gebildet gewesen zu sein, in der Weise, daß beispielsweise Wiprecht von Groitsch auf Grund eines eigentlichen beschworenen und verbürgten Vertrages mit sechszig seiner Leute und ihrer kriegerischen Ausstattung sich eingestellt hatte. Weiter schloß sich nach anderen vorher festgestellten Abmachungen Herzog Wratislav's Sohn Boriwoi, mit dreihundert in ähnlicher Weise gelöhnten Rittern, dem königlichen Heere an[6]). In großer Beschleunigung wurde nun der Weg angetreten, so daß bis zum Ostertage — 4. April — Verona erreicht und hier das hohe kirchliche Fest begangen werden konnte[7]).

Als Heinrich IV. so entschlossen nach Italien ging, um endlich hier seine Macht aufzurichten, waren die im deutschen Reiche weilenden Vertreter der Sache Gregor's VII. augenscheinlich tief

die Nachrichten der Vita Altmanni ep. Pataviens., c. 25: Interea marchio Liupaldus coadunatis primoribus sui regiminis in villa, quae Tulna dicitur, dominium Heinrici tyranni jurejurando abnegat, Altmannum praesulem magnis laudibus praedicat, omnes fautores Heinrici de sua potestate expellit, omnes apostolicae sedi et eius legato obedientes totis armis defendit. Unde Heinricus ira succensus marchiam Liupaldi tradidit duci Poemiorum, instigans eum ad odium Christi bellatorum (SS. XII, 236), und die Annal. Mellicens. (Cod. Zwetlens.) setzen zu 1081 dieses Ereigniß fest: Altmannus antistes marchioque Lupoldus aliique principes jurabant contra regem Heinricum (SS. IX, 500). Gegen Palacky, Geschichte von Böhmen, 1, 316 u. 317, Mayer, Die östlichen Alpenländer im Investiturstreite, 74 u. 75 — auch Juritsch, Geschichte der Babenberger und ihrer Länder 976–1246, 105, schließt sich dieser Ansicht an, daß Heinrich IV. erst nach dem Gefechte bei Höchstädt (vergl. unten bei n. 128) von Italien her zu Gunsten Wratislav's eingegriffen habe — ist mit Giesebrecht, III, 526, ohne Frage die Uebertragung der bairischen Ostmark noch vor dem Abgang nach Italien anzusetzen. Ueber Liupold's Haltung in den vorhergehenden Jahren vergl. ob. S. 132 n. 207.

[6]) Sander, l. c., 60 n. 5, weist dafür, daß Heinrich IV. neben königlichen Ministerialen unter den fürstlichen Contingenten auch Soldtruppen mit sich führte, richtig auf den durch die Annal. Pegaviens. (vergl. in n. 5) bezeugten Soldvertrag mit Wiprecht hin. In der im flandrischen Kloster Anchin allerdings erst im 12. Jahrhundert aufgezeichneten Geschichtserzählung, Fundatio monast. Aquicinctini, Prologus, wo vom Conflicte zwischen Heinrich IV. und Gregor VII. der Ausgang genommen wird, heißt es von Heinrich IV. — victor factus interempti Rodulphi —, daß er Rom cum plurimo exercitu tam suo quam alieno aere conducto angegriffen habe (SS. XIV, 580), und ebenso schrieb in Italien Cardinal Deusdedit im Libellus contra invasores et symoniacos, Lib. II, c. 11, Heinrich IV. zu, daß er relictis ad resistendum in Germania copiis, assumpto partim suo, partim conducticio sive gregario exercitu Rom angegriffen habe (Libelli de lite, II, 329: wörtlich übergegangen in Petri Chron. monast. Casin., Lib. III, c. 70, SS. VII, 751). Für die Höhe des böhmischen Contingentes weist Baltzer, Zur Geschichte des deutschen Kriegswesens in der Zeit von den letzten Karolingern bis auf Kaiser Friedrich II., 34, nach, daß diese Stärke ein für alle Male fixirt war, wozu allerdings Sander, l. c., 163 n. 1, den Zweifel äußert, ob hier nicht ein Rückschluß aus dem späteren Brauche vorliege.

[7]) Daß der Paß über den Brenner gewählt wurde, ist aus Bernoldi Chron.: Heinricus post obitum Ruodolfi regis Veronam in pascha venit (SS. V, 437) nothwendig zu schließen.

entmuthigt. Eine ernsthafte Anfechtung der Stellung ihres Papstes in Rom selbst war in nächster Zeit zu erwarten; ihren Anhängern im deutschen Reiche fehlte der Zusammenschluß, der in dem Gegenkönig, mochte auch Rudolf bloß in Sachsen in ansehnlicher Stellung gewesen sein, sich dargestellt hatte; bei übeln Nachrichten, von Siegen des Königs in Italien, konnte vielleicht ihre Sache noch mehr an Boden verlieren. Unter diesen Umständen verfaßte einer der angesehensten geistlichen Führer der Gregorianer, Erzbischof Gebehard von Salzburg, eine Schrift, die, in Form eines Briefes, jedenfalls nicht allzu lang nach dem Mißlingen des im Februar angestellten Verständigungsversuches zu Oberkaufungen und nach dem Abgang des Königs nach Italien, entstand. Gebehard wollte da, was ihm dort mißglückt war, nämlich in mündlicher Erörterung mit den Gegnern seine Auffassungen zu vertheidigen, vielleicht jene selbst dafür einzunehmen, nachholen, in schriftlicher Behandlung seine Stellung zu den alle Welt beschäftigenden Angelegenheiten zur Kenntniß bringen. Den Ausgang nahm er davon, daß er von Bischof Hermann von Metz, wie dieser in seiner Unsicherheit schon früher, 1076, und jetzt abermals um Rath und Stärkung an Papst Gregor VII. selbst sich gewandt hatte, schon zum zweiten Male darum gebeten worden war, ihm einen Fingerzeig in dieser Zersetzung der Kirche zu geben, wie er sich zu halten habe, um den Gegnern der Kirche Bescheid geben zu können[1]).

Gebehard beginnt mit der Klage, daß er und seine Freunde viel beschuldigt würden und doch die Möglichkeit, sich zu vertheidigen, nicht fänden, weil die Bischöfe von der entgegengesetzten Seite nicht ihr Gehör leihen wollten, um die Erwiderungen, die man an sie richten möchte, zu vernehmen: niemals habe man es von ihnen erbitten können, daß sie behufs Herstellung der kirchlichen Eintracht zur Unterhandlung die Hand gereicht hätten, und zwar trotz der weitgehenden von Gebehard's und der Seinigen Seite gebrachten Anerbietungen. Und nun weist der Erzbischof neben einigen einzelnen an manche dieser Bischöfe gerichteten Botschaften auf die in Oberkaufungen geschehene Vereinigung hin, wo er in aller Demuth, nicht streitsüchtig, aber eben doch umsonst, vor Aller Ohren sich in dieser Weise bemüht habe[2]).

[1]) Diese — zuletzt Libelli de lite, I, 263—279, herausgegebene Epistola ist durch Spohr, l. c., 42—63, am eingehendsten behandelt und charakterisirt worden. Bischof Hermann hatte schon 1076 die in Bd. II, S. 719—721 (vergl. n. 173), daß Hermann multa interrogando den Brief hervorgerufen, stehende Antwort Gregor's VII. veranlaßt, und ebenso war er die Ursache, daß der hier bei n. 37 folgende Brief Gregor's VII. J. 5201 geschrieben wurde. Gebehard sagt einleitend in c. 1 ausdrücklich: Mandavit jam secundo karitas tua michi meisque in persecutione sociis, indicare tuae paternitati, quid in hac aecclesiae dissensione tenendum sentiendumque censeamus, ut respondere valeas his qui contraria sentiunt et locuntur (263), ebenso Gregor VII. am 15. März in J. 5201: Quod autem postulasti, te quasi nostris scriptis juvari ac praemuniri contra illorum insaniam, qui (etc.).

[2]) Gebehard sagt in c. 1 von dem Anerbieten an die contrariae partis episcopi Folgendes: numquam illos, licet frequenter et devote orando, exorare

Im Weiteren beklagt es Gebehard, daß das jetzt so weiter gehe. Unaufhörlich, und nicht ohne Wirkung, werden er und die Seinigen von den gegnerischen Bischöfen als Verführte und Verführer, als Meineidige, als Haupt und Ursache der drohenden Uebel hingestellt; denn die königliche Freigebigkeit unterstützt diese Ankläger, so daß Gebehard die Abwendung der eigenen Schafe von seiner Stimme sehen muß. Da wo die Bischöfe, die seine Auffassung theilen, vertrieben sind, besetzen jene den Platz und verbreiten in solchen ihnen gar nicht angehörenden Kirchen verderbliche Lehren, so daß die Hörer ihre eigenen Hirten nicht nur zu verachten, sondern selbst zu verfolgen für recht halten.

So meint Gebehard, da er augenscheinlich nicht geeignet sei, etwas bei den Gegnern auszurichten, daß vielmehr Hermann als Vermittler eintreten solle, weil er leichter Zutritt zu jenen gewinnen könne, bei der örtlichen Nachbarschaft, bei der Unmöglichkeit, daß er eine Zurückweisung zu gefährden habe. Hermann wird aufgefordert, von den Gegnern zu vernehmen, was Gebehard von ihnen hören wollte, nämlich auf welche kirchliche Sätze sie ihre Auffassung stützen und diejenige der Anhänger Gregor's VII. verwerfen, so daß Gebehard gewissermaßen durch Hermann's Mund diejenigen mit seinem Ohre zu erreichen vermöge, die selbst zu hören ihm nicht beschieden sei, und durch diesen seinen Gesandten erhalte, was er durch den eigenen Mund nicht habe erlangen können. Hermann soll dabei, wenn die Gegner von ihm Gegenrecht begehren, ihnen Alles mittheilen, was er von seiner eigenen Seite weiß und zu sagen hat, da ja all dieses Wissen einfach die von den Vätern empfangene Kunde, ohne eigene Zugabe, ist.

Nun tritt das Schreiben auf die Angelegenheit, die Gebehard die wichtigste zu sein scheint, ein und erörtert die Frage, daß mit Excommunicirten nicht verkehrt werden dürfe, einen Grundsatz, der, bis auf diese widernatürlichen Zeiten, vom Anbeginn der Christenheit, stets in der katholischen Kirche festgehalten gewesen sei[10]). Er ist der Ansicht, daß die verschiedene Auffassung der Priester in dieser Sache das Verderben des Volkes, die eigentliche Wurzel des Uebels gewesen sei. Gebehard ist sich bewußt, hierin einzig das zu lehren und zu thun, was die Apostel und deren Nachfolger auf dem apostolischen Stuhl gelehrt haben. Dagegen haben nun die Gegner aus den heiligen Schriften Sätze herausgepflückt, in denen

---

potuimus, quatenus ad reformandam aecclesiae concordiam et nos illos audire et audiri ab illis concederent, promittentes, si parti illorum justiciam favere constaret, nos sine dubio sententiam illorum secuturos, und nachher leiten die Worte: Ad faciendam igitur verbis nostris fidem . . . ipsas personas exprimimus, cum quibus in publico colloquio vivis vocibus haec tractata sunt die Aufzählung der fünf Namen der königlichen Vertreter (vergl. S. 349 in n. 2) ein (264).

[10]) Die Ausführung über: excommunicatis — precipue illis, qui a precipua et prima sede excommunicantur — non est communicandum, die dissensionum causa et seditionum, (vergl. Mirbt, Die Publizistik im Zeitalter Gregor's VII., 215) reicht von c. 5 bis zu c. 16 (265—270).

die heiligen Väter sich gegen die Maßlosigkeit solcher Priester wenden, die vorschnell ohne scharfe Unterscheidung in Urtheilssprüchen die Excommunication verhängen oder aber aufheben; doch dabei sind andere Sätze mit Stillschweigen übergangen worden, die ebenso sicher feststehen und zur richtigen Erkenntniß der Sachlage unumgänglich nothwendig sind. Wenn nämlich über einen solchen Urtheilsspruch Streit entsteht, soll eine genaue Untersuchung von beiden Seiten angestellt und danach die Verhängung der Excommunication entweder gebilligt werden, oder aber eine Verbesserung des Urtheils geschehen. Doch über diese Vorschriften setzen sich die Gegner völlig hinweg und bewegen ihre Anhänger dazu, daß sie ein gegen sie gefälltes Urtheil ohne weitere Untersuchung gänzlich verachten, entgegen der seit ältester Zeit feststehenden Forderung, daß vor einem derartigen Urtheilsspruch eines Hirten, ob er gerecht, oder ob er ungerecht sei, Scheu beobachtet werden muß; sie stützen sich dabei auf Zeugnisse in den heiligen Schriften, die besagen, daß derjenige, welcher einen Unschuldigen verflucht, sich selbst mehr schade, als dem, dem er zu schaden begehrt. Gebehard bekennt, daß er hiemit übereinstimme, freilich nicht damit, daß deßwegen, wie jene behaupten, auf das bloße Wort eines Excommunicirten hin, der Spruch habe ihn ungerechterweise getroffen, das Urtheil als ungültig hinzustellen sei; denn daraus würde sich ergeben, daß das jeder Excommunicirte für sich in Anspruch nähme, weil keiner einräumen würde, der Spruch sei nach Verdienen gegen ihn geschehen. So wäre die ganze von den Vätern aufgestellte kirchliche Ordnung aufgehoben.

Um dieses zu bekräftigen, flicht Gebehard den Hinweis auf Gesetze ein, die von Synoden aufgerichtet worden seien. Nach einer Erwähnung verschiedener in Nikäa auf dem Concil von 325 gefaßter Beschlüsse geschieht das besonders mit dem siebzehnten Capitel der Synode von Sardica [11]) von 347, wo ausdrücklich auch für den Fall einer im Zorn oder sonst rasch und ungestüm geschehenen Verurtheilung ganz nothwendig eine bis zu Ende durchgeführte sorgfältige Untersuchung verlangt wird, ehe auch ein dergestalt etwa unschuldig Verurtheilter wieder in die Kirche aufgenommen werden darf.

Nun tritt das Schreiben der Frage näher, um deren willen die Gegner eben jene Beweisgründe aus den Concilsbeschlüssen und den Gesetzen der Päpste zusammentrugen: das war die von den Anhängern Heinrich's IV. vorgebrachte Entschuldigung, es sei ein Verstoß gegen die kirchliche Vorschrift geschehen, die fordere, daß den Verurtheilten Gehör nicht verweigert werden dürfe, und hier im Falle des Königs sei eine solche vorgesehene Untersuchung nicht angeordnet worden. Aber Gebehard will zur Abwendung dieses Vorwurfes die Thatsachen selbst sprechen lassen. So erinnert er

---

[11]) Unrichtig sagt Mayer, l. c., 56, daß in c. 13 (289) hiefür citirte concilium sei das von Nikäa.

an die auf der Fastensynode zu Rom 1080 gegen Heinrich IV. ausgesprochene Excommunication, die alsbald am Ostertage durch die zu Bamberg versammelten Bischöfe mit der Ankündigung einer Absetzung Gregor's VII. beantwortet worden sei[12]): so sei in der kurzen Zwischenzeit eine Berufung vor den Papst und eine Untersuchung der Sache ganz unmöglich gewesen, und eine derartige Prüfung sei also ebenso wenig gesucht, als verweigert worden.

Dann wird zu Weiterem übergegangen[13]). Denn nicht nur das Urtheil des Papstes, sondern auch den Papst selbst haben die Gegner verurtheilt, und sie haben das letztere ohne Verhandlung der Angelegenheit gethan, ohne Gregor VII. vorgeladen, angehört, überwiesen zu haben, und dagegen einen Anderen, der kurz vorher vom apostolischen Stuhle aus verurtheilt worden war, auf den gleichen Sitz, von dem aus das geschehen war, ohne Mitwissen und ohne Einwilligung der römischen Kirche erhoben[14]). Zwar weiß Gebehard, daß gegen den Wahnsinn, der ganz offenbar in diesem Vorgehen durch Heinrich IV. bewiesen worden sei, Gesetze ja gar nicht bestehen; doch zum Beweise dafür, wie dabei verfahren wurde, weist er doch darauf hin, daß Papst Gregor I. ganz bestimmt die Vorschriften für das Vorgehen bei Verurtheilungen gegeben habe, die nun aber nirgends bei Gregor's VII. Absetzung beachtet worden seien, und daß sich ähnliche Fingerzeige auch vielfach anderswo in den päpstlichen Geboten hätten finden lassen, darüber daß ein Bischof einzig durch eine gesetzliche, auf Gebot des Papstes zusammenberufene Synode verurtheilt, daß ohne Vollmachtsertheilung durch den Papst kein gültiges Concil berufen werden könne, und dessen ungeachtet haben jetzt die in Brixen Versammelten in einer ganz neuen gerichtlichen Ordnung gegen den ihr Urtheil gefällt, der von keinem Menschen gerichtet werden kann. Was vollends den dort Gewählten betrifft, so kann von ihm, abgesehen davon, daß er excommunicirt und daß der päpstliche Stuhl gar nicht erledigt ist, schon deßwegen keine Rede sein, weil ihn weder der Klerus der Kirche, auf die er nun seinen Anspruch erhebt, gewählt, noch das Volk verlangt hat.

Damit glaubt Gebehard Hermann's Wunsch erfüllt, ihm über die Frage wegen des verbotenen Verkehrs mit den Excommunicirten, ebenso wegen Gregor's VII. Absetzung und Wibert's Wahl geantwortet zu haben. Nachdem er nun noch betont hat, daß alle Beschimpfungen der Gegner gegen Gregor VII. nicht als Anklagen irgendwo aufgenommen werden könnten, geht er zu einer letzten Erörterung über. Das ist die Frage, ob diejenigen, die — gleich

---

[12]) Vergl. ob. S. 270, mit der in n. 83 eingerückten Stelle aus c. 15 (270).

[13]) Hier mit c. 17 (270) tritt Gebehard auf einen weiteren Punkt, über die Unrechtmäßigkeit der Absetzung Gregor's VII. und der Wahl Wibert's, über.

[14]) Am Ende von c. 17 ist so von der Brixener Wahl die Rede: illum (sc. Gregor VII.) suo et non synodali judicio refutaverunt et alium, qui paulo ante a sede apostolica damnatus est, eidem sedi, quae illum damnaverat, pontificem designaverunt, Romana aecclesia nec conscia nec consentiente (271).

dem Verfasser des Schreibens und seinen Gesinnungsgenossen — Heinrich IV. verlassen, damit einen Eidbruch begangen hätten [15]).

Gebehard räumt vollkommen ein, daß kein Mensch gesunden Sinnes leugnen werde, der Meineid sei eine schwere Sünde. Aber er versteht die Vorschriften des göttlichen Gesetzes, die den Meineid verbieten, mehrfach anders, als die Gegner. Aeußerste Vorsicht ist nämlich bei der Beschwörung von Dingen verschiedener Art anzuwenden; denn es fehlt nicht an solchen Dingen, die nicht beschworen werden sollen und die, wenn sie beschworen wurden, nicht gehalten werden müssen, noch können, oder die, wenn sie dennoch gehalten werden, zu einer anderen größeren oder wenigstens gleich großen Gefahr führen. Den gegnerischen Stimmen wird entgegengehalten, daß ihre ganze Hervorkehrung dieser Frage wegen der geschworenen und aufgehobenen Eide einzig geschehen sei, damit das dort von ihnen begangene Unrecht, der Verkehr mit den Excommunicirten, der Angriff auf Gregor VII., verdeckt werden könnte, und gerade diese hiedurch zu bemäntelnden Ueberschreitungen — so wird nun gezeigt — sind nach dem alten Testament mit dem Tode, nach dem neuen durch die Scheidung von Christus und vom himmlischen Reiche bestraft. Uebrigens haben die Ankläger selbst in Brixen in ihrem Eide den Namen Gottes mißbraucht, indem sie etwas schwuren, von dem sie wußten, daß sie es nicht schwören durften. Nochmals verbreitet sich dabei der Verfasser eingehender über diese Brixener Versammlung [16]) und stellt die Frage auf, ob

---

[15]) Gebehard geht gegen Ende des c. 23 mit dem Satze: Sed et in hoc, ut audimus, studium exhibent, quatenus ex multis scripturarum collectionibus suis sequacibus ostendant (sc. die Königlichen), quanti reatus sit perjurium incurrere et nomen Domini in vanum assumere (273) auf das neue Thema über, nachdem er schon am Anfang von c. 22 mit den Worten: Ecce, ut jussisti, o dilectissime presul, quid in hac re mediocritati nostrae videatur, karitati tuae expositum est (272) den ersten Theil abgeschlossen und die Ergebnisse zu sammeln begonnen hat. Wenn Spohr, l. c., mit dem zweiten Satz von c. 23: Sed si, his quae ad rem pertinent omissis, jurgia et vituperationes, ut dicitur, in domnum apostolicum dictitant, quid hoc nostra interest? (273) geradezu einen zweiten Theil der Abhandlung, die ursprünglich nur die Hälfte ausgemacht haben soll, beginnen lassen will, der sich in seinem Charakter — unversöhnlicher gegen Heinrich IV. — nicht unwesentlich vom ersten unterscheide, so wäre erstlich weit eher bei den Worten: Sed et in hoc (etc.) der Abschnitt anzunehmen und geht zweitens der Text so im Zusammenhang weiter, daß es kaum möglich ist, eine solche Scheidung eintreten zu lassen. Allerdings ist ja nach den bei n. 17 anzumerkenden Stellen die Schrift erst abgefaßt, als man schon vom siegreichen Vorrücken Heinrich's IV. gegen Rom hin in Deutschland Kunde hatte; aber damit ist nicht gesagt, daß ein erster Theil der Schrift als ein für sich stehendes Stück gleich nach der Kaufunger Zusammenkunft schon abgeschickt worden sei. Die hier gebotenen Erörterungen Gebehard's über die Lösung des Unterthaneneids behandelte Mirbt schon in der Abhandlung: Die Absetzung Heinrich's IV. durch Gregor VII. in der Publizistik jener Zeit, Kirchengeschichtliche Studien, Hermann Reuter zum 70. Geburtstag gewidmet (1888), 95—144.

[16]) In c. 28 charakterisirt Gebehard die in Brixen Versammelten als moderni pontifices (im Gegensatz zu den prophetae und apostoli), immo ex pontificibus palatini conjuratores effecti (274 u. 275).

dieser oder ob dem nikänischen Concil mehr Ehrfurcht gebühre, ganz besonders im Hinblicke auf die Gewaltsamkeiten, die jetzt aus den in Brixen gefaßten Beschlüssen herauswachsen[17]). Heinrich's IV. Anhänger hielten es eben für leichter und verzeihlicher, das Maß jeglicher Verbrechen zu erfüllen, als ihre in einer thörichten und pflichtverletzenden Versprechung niedergelegten Gelübde zu brechen.

Im Weiteren sucht das Schreiben zu zeigen, daß auch als gesetzlich betrachtete Eide etwa unter gewissen Umständen, um nicht in einen schwereren Vorwurf zu gerathen, rückgängig gemacht werden müssen. So werden Diener oder Gefolgsleute ihre ritterlichen Vasallen geschworenen Eide nicht halten, wenn sie infolge der Ablegung derselben zur Ausübung von Räubereien oder zur Ermordung eines Fürsten oder Geistlichen, zur Plünderung von Kirchen oder zur Gewaltthat gegen Gott geweihte Jungfrauen verpflichtet werden sollten. Oder es schwuren Leute der Kirche oder vom königlichen Grundbesitze den Eid an Bischöfe, Herzoge oder andere hohe Herren, und diese verlieren ihre Würden, so daß jene, die den Eid abgelegt haben, jetzt andere Herren erhalten und sich jenem früheren auf ihrem Treueide beruhenden Verhältnisse entziehen, so daß sie also nicht freiwillig, sondern gezwungen ihr eidliches Versprechen rückgängig machen und für diese ihre Verschuldung — sie haben ja nicht aus übelm Willen gehandelt — von denen, die Macht haben, zu binden und zu lösen, die kirchliche Verzeihung erlangen; aber die von Gebehard in dieser Schrift bekämpften Gegner sprechen auch hier wieder einzig von Eidbruch[18]). Und abermals trifft gerade die an den Brixener Vorgängen betheiligten Bischöfe der ganz besondere Vorwurf, daß sie eben dort ihre am Tage ihrer Ordination früher übernommenen Gelübde brachen, daß sie höher, als das vor dem Altar und vor den Reliquien unter Anrufung Christi und der Kirche abgelegte Bekenntniß, die verschwörerischen Beschlüsse stellten, die im Geräusche der königlichen Pfalz im Gemache Heinrich's IV. entstanden waren.

Vielleicht machen aber — so wirft Gebehard sich selbst ein — die Theilnehmer an den Brixener Beschlüssen zu ihrer Rechtfertigung

---

[17]) Eben der Satz von c. 26: Et nunc quidem, ut quod inique promiserant (sc. in Brixen) crudeliter adimpleant, in ore gladii, in sanguinis effusione non modica, in sacrilega bonorum beati Petri vastatione grassantur, ebenso der von c. 32 über Heinrich IV.: ut loca sanctorum sanguine consecrata famulorum sancti Petri cruenta strage incessanter polluat (275, 278) werden mit Recht auf Heinrich's IV. Vorgehen gegen Rom im Sommer des Jahres bezogen.

[18]) Auf diesen Zusammenhang in c. 27, der gegen die novi dogmatistae sich richtet (275), stützt Francke, in der Einleitung zur Ausgabe (262 n. 6), die Behauptung, Gebehard habe zahlreiche Schriften von Gegnern bekämpft, was Mirbt, l. c., 22 u. 23, mit Recht bestreitet (dagegen weist er, 23 n. 2, für die Stelle in diesem Capitel: eos super cathedram Moysi jam non sedere astruunt, quia Moyses dixit: Non perjurabis — auf Wenrici scolastici Trevirensis epistola hin, wo in c. 6 — Libelli de lite, I, 293 — allerdings ein ganz ähnlicher Zusammenhang sich findet: vergl. unt. bei n. 112).

geltend, daß sie Scheu gehegt hätten, die geschworene Treue zu brechen. Dem stellt Gebehard entgegen, daß, wenn ein König, dem er geschworen, im Vertrauen auf die dadurch bedingte Hülfe Dinge an die Hand genommen hätte, die schädigend für die Ehre von Reich und König sich darstellten, und er selbst hieran mit betheiligt erscheine, eben er selbst als ein Verletzer des Eides und der Treue und als ein Feind nicht nur der Kirche, sondern auch des Staates angesehen werden müßte. Dazu war Heinrich IV., als ihm der Eid geschworen wurde, obschon an Würde im Vorrang, doch dem Alter nach noch ein junger Mann, und so hätte es der Pflicht und der Treue entsprochen, wenn das reifere Alter durch vernünftige Einwirkung die unvernünftigen Bewegungen des jugendlichen Gemüthes gemildert hätte, statt sie durch schädliche Zustimmung anzureizen. Durch eine Reihe von Zeugnissen[19]) wird danach abermals bewiesen, daß Eide, die ungerechte Versprechungen in sich schließen und in noch größere Gefahr zu verwickeln geeignet sind, nicht gehalten werden müßten. Gebehard will es durchaus nicht anerkennen, wenn die Gegner sagen: „Ihr habt dem Fürsten Treue geschworen, und wenn Ihr ihm treu sein wollt, so versaget die Treue und den Gehorsam dem apostolischen Herrn" — und hält dem entgegen, das klinge, wie jenes Wort aus der römischen Kaiserzeit: „Willst Du des Kaisers Freund sein, so opfere den Göttern, und thust Du das nicht, so wirst Du gestraft werden".

Im Folgenden hebt Gebehard noch eine letzte Frage hervor. Er will erörtern, ob es in Pflicht und Ordnung des Priesterthums liege, dazu Rath und Hülfe zu leisten, daß ein christlicher Fürst die Menschen zwinge, sich vom christlichen Gesetze zu trennen, und die, welche das nicht wollen, verfolge, daß er also nach Vertreibung der Priester die Heiligthümer gleichsam durch Erbschaft inne habe, daß er — kurz gesagt — eben das thue, was jetzt Heinrich IV., dem Bekämpfer des Papstes in Rom, von den Anhängern Gregor's VII. vorgeworfen werde. Aber all das schreiben jetzt die Gegner, diese neuen Lehrer, der Treue gegen den König zu, indem sie behaupten, sie seien zwar dem heiligen Petrus und dem apostolischen Stuhle ergeben: doch dem jetzt diesen Stuhl besetzt haltenden Papste werde, nach Verdienen, die Begehung ungewöhnlicher Ungerechtigkeiten beigemessen, daß er nämlich gegen solche, die das doch nicht in gerechter Weise sich zugezogen, gegen König Heinrich, gegen die verurtheilten Bischöfe, einen so außerordentlichen Spruch der Verdammung verkündigt habe. Diese Vorwürfe beantwortet das Schreiben damit, daß es ausführt, es habe sich, obschon in jenen Synodalurtheilen allerdings dadurch das Maß der Milde überschritten worden sei, daß der Papst in ausnahmsweisem Vorgehen und nicht der Sache gemäß seine Hand auf jene Schuldigen schwerer

[19]) Dieses c. 30 (276 u. 277) enthält beispielsweise größere Zahlen von Stellen aus den Schriften des Ambrosius, des Bischofs Isidor, des Beda Venerabilis.

gelegt habe[30]), bennoch geziemt, daß rechtgläubige Bischöfe ihrem katholischen Fürsten nahe gelegt hätten, sein erlittenes Unrecht nicht so zu rächen, daß er dadurch die Rache Gottes gegen sich wach rufe, die Ordnungen der Kirche völlig zerstöre, eine Sache, die durch kirchliche Verhandlungen zu betreiben wäre, in Mordthaten, Brandlegungen, Verwüstungen führe. Doch auch an jener von Seite des Papstes verhängten Strafe, durch die die Gegner beeinträchtigt zu sein sich beklagen, haben sie selbst die Schuld auf sich; denn von ihnen zuerst ist der Brand gelegt worden, von dem verbrannt zu sein sie nun die Klage erheben. Und jetzt erinnert Gebehard geradezu an die Wormser Reichsversammlung von 1076, mit ihrem Rufe an Gregor VII.: „Steige herab, steige herab! Wir untersagen Dir alles Recht des Papstthums“[31]).

Gebehard schließt das Schreiben mit den wieder auf die Gegner, mit denen Bischof Hermann es aufnehmen soll, gemünzten Worten: „Wenn sie aber eine entsprechende Rechenschaft zu erstatten nicht im Stande sind, nein im Gegentheil, deßwegen weil sie das zu thun nicht vermögen, so müssen sie als die Urheber der neuen Verwirrung, als die Störer des alten Friedens und der Ruhe, als die Verächter göttlicher und menschlicher Gesetze sich bekennen. Doch möchten sie nur lieber gestehen, als das, was mit Unrecht eingetreten ist, behaupten, und ein Geständniß vielmehr verbessern, als durch Vertheidigung das Unheil noch vervielfältigen“[32]).

— In dem wohlgefügten Zusammenhang dieses Schreibens, mit seinen eine reiche Belesenheit verrathenden zahlreich aus der Bibel, den heiligen Schriften der Kirche überhaupt genommenen Beweisstellen, hatte sich der Erzbischof durchaus als Träger der Eigenschaften erwiesen, die auch eine Stimme aus dem königlichen Lager an ihm rühmte[33]).

---

[30]) Gerade diese für die Beurtheilung der Auffassung Gebehard's sehr in das Gewicht fallenden Worte in c. 32 (276): tametsi in illis synodalibus judiciis districtio mansuetudinem excessisset, ita ut domnus apostolicus plus solito et non pro materia super eos manum aggravaverit — widersprechen abermals Spohr's schon in n. 15 abgewiesener Ansicht, daß Gebehard in einem zweiten nachträglichen Theile „den versöhnlichen Ton“ gegenüber Heinrich IV. „vermissen“ lasse.

[31]) In cc. 33—35 ist von den inicia dolorum, der Wormser Reichsversammlung (vergl. Bd. II, S. 614—628), die Rede, vor der, wie dazwischen in c. 34 im Hinblick auf die kurz vorangegangene Neubesetzung des Bamberger Bischofssitzes mit Rupert gezeigt wird (vergl. l. c., S. 542, mit der in n. 125 mitgetheilten Stelle aus diesem Schreiben), noch manifesta indicia huc usque permanentis concordiae — zwischen Papst und König — vorhanden gewesen waren (278 u. 279). Mirbt, l. c., 483, betont dieses einzige von Gebehard gegebene Zeugniß über die Besetzung geistlicher Stellen durch Heinrich IV.

[32]) Das ist der Inhalt des zweitletzten c. 36 (279).

[33]) Liber de unitate ecclesiae conservanda, Lib. II. c. 18: Gebehardus .. apud suos maxime .. scientia scripturarum sive eloquentia reverendus (Libelli de lite, II, 231 u. 235).

Gregor VII. war in der letzten Zeit des abgelaufenen Jahres schwer enttäuscht worden. Der Versuch, durch eine Neuordnung der Besetzung des Stuhles von Ravenna Wibert zu entwurzeln, war gescheitert; die Niederlage des Heeres der Bundesgenossin Mathilde bei Volta war ein äußerst empfindlicher Schlag für die ganze Machtstellung des römischen Papstthums in Oberitalien; der Tod des Gegenkönigs Rudolf hatte im deutschen Reiche die Nachwirkungen, die alsbald in Heinrich's IV. Aufbruch nach Italien zu Tage traten, beschleunigt. Aber es müssen auch noch in größerer Nähe von Rom neue Vorgänge entmuthigender Art hinzugekommen sein. In der römischen Campagna erwiesen sich zwei Herren des Adels, Ildimundus und Landus, mit ihren Helfershelfern, als Störer der Ordnung, und ebenso muß jener Neffe des Herzogs Robert Guiscard, Robert von Loritello, den Gregor VII. 1075 wegen seines Einbruchs in die Güter des heiligen Petrus mit einer kirchlichen Strafe belegt und der auch seither durch siegreiches Umsichgreifen sich einen gefürchteten Namen geschaffen hatte, neuerdings sich in gefährlicher Weise zum Schaden der Besitzungen der römischen Kirche bemerkbar gemacht haben, obschon der Oheim dem Papste versprochen hatte, daß sich Robert mit den Ländereien, die er inne habe, begnügen und nicht weiter greifen wolle, eine Zusicherung, die auch von diesem selbst bekräftigt worden war[24]). Es waren Alles deutliche Anzeichen dessen, was zu befürchten stehe, wenn Heinrich IV. selbst sich mit seiner Rüstung Rom nähern werde.

Aber all das vermochte die Zuversicht Gregor's VII. nicht zu erschüttern. Die von ihm in der Kirche des Lateran versammelte Fastensynode, die zwar kaum zahlreicher besucht gewesen sein kann, wies in ihren Verhandlungen nur Strafurtheile auf, die bewiesen, daß der Papst von den durch ihn festgehaltenen Auffassungen nicht im mindesten abzuweichen gedachte. Die Excommunication gegen Heinrich IV., gegen alle seine Anhänger, die ihren Sinn bei der vorhergehenden Excommunication verhärtet hatten, wurde abermals ausgesprochen. Dann wurde der Fluch gegen die beiden vorhin erwähnten Feinde aus der Campagna geschleudert. Das von den apostolischen Legaten schon verkündigte Urtheil der Absetzung und Excommunication der beiden Erzbischöfe Aicard von Arles und

---

[24]) In den Acten der Fastensynode — Registr. VIII, 20a — steht: Anathematizavit item Ildimundum et Landum Campaninos omnesque adjutores eorum, und in dem Briefe an Abt Desiderius — Registr. VIII, 27 — ist gesagt: Preterea de nepote suo (sc. ducis Roberti) Roberto de Loritello ad ipsius ducis memoriam revoces, qualiter de illo nobis promisit: videlicet quod idem comes, se terras apostolice sedis, preter quas habebat, ulterius non invasurum (vergl. Bd. II, S. 454, sowie S. 680), spopondit; quas tamen pro posse suo invadere, sicut audivimus, adhuc non desistit. Suadens igitur admoneas eum, ut memorati nepotis sui sacrilegam compescat audaciam atque hortetur illum, et praeterita corrigendo et in futuro se abstinendo, beatum Petrum propitium sibi facere, in cuius irritatione ruinam, et in gratia vitam et felicitatem possit obtinere perpetuam (Jaffé, Biblioth. rer. German., II, 452, 477 u. 478).

Petrus von Narbonne wurde bestätigt. Endlich ist von den Beschlüssen noch die Suspension gewisser Bischöfe, die, trotz der Einladung, weder selbst auf der Synode erschienen waren, noch sich durch Boten hatten vertreten lassen, ausgesprochen [86]).

Außerdem hatte jedoch der Papst schon vor dem Zusammentritt dieser Synode den Versuch gemacht, aus den im letzten Jahre mit Herzog Robert festgesetzten Verabredungen unmittelbare Vortheile für den römischen Stuhl zu gewinnen; denn das Schreiben an Abt Desiderius, in dem sehr einläßlich von den auf Robert's Hülfe abgestellten Voraussetzungen Gregor's VII. die Rede ist, muß vor der Synode, noch in der ersten Hälfte des Februar, von Rom abgeschickt worden sein. Nach einer Klage darüber, daß bis dahin aus dem Vertrage des Herzogs mit der römischen Kirche für diese erst so geringer Vortheil entstanden sei, forderte jetzt der Papst den Abt auf, die Sinnesweise wahrhaft zu ergründen, die der Herzog gegenüber dieser Kirche hege. Ganz besonders aber sollte in Erfahrung gebracht werden, ob der Herzog den Willen hege, für eine Kriegsfahrt, die Gregor VII. nothwendigerweise nach Ostern auszuführen sich vorgesetzt hatte, in vertrauenswürdiger Weise zu versprechen, sei es selbst, sei es durch seinen Sohn, in geziemendem Maß Hülfe zu leisten, oder aber, falls dieses kriegerische Unternehmen nicht eintreten würde, wie viele Kriegsleute er nach dem Osterfeste unzweifelhaft nach Rom zu bestimmen versprechen könnte, so daß sie dort in der Haustruppe des heiligen Petrus dienen würden. Ferner sollte Desiderius auch darauf sein Augenmerk richten, daß der Herzog einwillige, die Tage der Fastenzeit, wo sonst die Normannen vom Kampfe zu ruhen pflegten, unter der Bedingung Gott darzubringen, daß er zugleich mit Gregor VII. oder seinen Legaten einige Länder des heiligen Petrus in der zu treffenden kriegerischen Rüstung betreten würde: durch solchen Gehorsamsbeweis würde Robert die Guten in der Treue gegenüber dem Papste befestigen, die Aufrührer und Widerstandslustigen zur Ehrfurcht und zum Dienste, den sie der römischen Kirche schuldeten, durch Schrecken oder Gewalt zurückrufen und Gott ein freiwilliges Geschenk in seiner Dienstleistung darbringen. Im Weiteren hatte der Abt dafür zu sorgen, daß der Herzog seinen Neffen Robert von Loritello dazu bringe, von seiner gottlosen Frechheit abzulassen und sein dem Papste gegebenes Wort zu halten. Und endlich meinte

[86]) Vergl. die schon in n. 24 citirten Synodalacten, in denen die Suspension der quidam episcopi, qui, ad concilium invitati, neque ipsi neque nuncii eorum pro ipsis venerunt (l. c.), auf einen geringeren Besuch der Versammlung schließen läßt, und auch die Einfügung von: his qui aderant collaudantibus, bei der Bestätigung des Urtheils gegen die beiden Erzbischöfe, klingt sehr bescheiden. Da nach J. 5168 Bischof Hubert von Thérouanne Ende 1080 auf die synodum quam Deo auctore in prima ebdomada quadragesime celebraturi sumus von Gregor VII. vorgefordert war (Neues Archiv der Gesellschaft für ältere deutsche Geschichtskunde, VII, 162), muß die Synode in die Zeit vom 21. zum 27. Februar angesetzt werden.

der Papst am Schlusse in Bezug auf Heinrich IV. beifügen zu können: „Von Neuigkeiten von jenseits der Berge haben wir nichts Sicheres, außer daß beinahe alle von dort her Eintreffenden bestätigen, Heinrich IV. habe sich niemals in unglücklicherer Lage befunden“ [56]).

Aber bald müssen, trotz der von Heinrich IV. angeordneten und wohl im Wesentlichen wirksamen Sperrung der Alpenpässe, die richtigere Nachrichten von Deutschland nur schwer nach Rom gelangen ließ [57]), neue Mittheilungen bei Gregor VII. eingelaufen sein, die eine hievon wesentlich abweichende Vorstellung von der Lage der Dinge bei ihm hervorriefen. Bischof Altmann von Passau und Abt Wilhelm von Hirsau waren diese Berichterstatter gewesen [58]), und an sie war die hierüber Aufschluß gebende Antwort des Papstes, die im Laufe des Monats März aus Rom abgegangen sein muß [59]), gerichtet.

In diesem für die eigenthümliche Lage, in der sich Gregor VII. in dieser Zeit vor Ostern befand, sehr bemerkenswerthen Schreiben erklärt er zuerst, wie er sich zu gewissen Rathschlägen verhalte, die ihm seit Rudolf's, des Königs seligen Angedenkens, Tode von allen seinen Getreuen gegeben worden seien. Es werde ihm da — sagt der Papst — in häufigen Ermahnungen nahe gelegt, Heinrich IV., von dem ja auch Altmann und Wilhelm wüßten, daß er schon länger bereit sei, dem Papste gegenüber ein Mehreres zu thun, in seine Gnade wieder aufzunehmen, zumal da ihm fast alle Einwohner Italien's zugeneigt seien; dazu werde ihm noch weiter beigefügt, er werde, wenn Heinrich IV. nach seinem Willen nach Italien komme, ohne mit ihm, dem Papste, Frieden schließen zu können, und dann gegen die Kirche vorgehen werde, vergeblich auf Hülfe

---

[56]) Ueber die zeitliche Ansetzung von J. 5207 — Registr. VIII, 27 (l. c., 477 u. 478) — ist Sander's Ausführung, § 6, l. c., 174 u. 175, ganz beizustimmen. Der Anfang des Schreibens ist schon ob. S. 316 in n. 144 aufgenommen worden, der Satz über Robert von Loritello hier in n. 24. Zu der familiaris militia beati Petri, der Herzog Robert milites zuschicken soll, vergl. Bd. II, S. 340 n. 44, sowie das von Wido von Ferrara, De scismate Hildebrandi, Lib. II, erwähnte satellitium, das Gregor VII. schon als adulescentulus monachus .. quasi sub specie defendendi et liberandi Romanam ecclesiam gesammelt habe (Libelli de lite, I, 554). Aus dem letzten Theil über Heinrich IV.: Henricum nunquam se infelicius habuisse . . . affirmant — geht hervor, daß die ungünstige Auffassung, die in J. 5208 — vergl. bei n. 28 — zu Tage tritt, noch nicht durch die schlimmen deutschen Nachrichten geweckt war.

[57]) Auf solche Sperre lassen Bernold's Worte, a. 1080, schließen: His temporibus Heinricus totam Italiam adeo conturbavit, ut nullus secure ad limina apostolorum posset ire, qui non prius abjuraret, quod ad papam Gregorium diversurus non esset (l. c.).

[58]) Gregor's VII. Antwort, J. 5206 — Registr. VIII, 26 (l. c., 473—476) —, sagt gleich im Eingang: Prudentiae vestrae (sc. Altmann's und Wilhelm's) ex hoc satis gratulamur, quia, sicut oportebat, nunciare nobis vera summopere studuistis, praesertim cum multa et varia ex partibus vestris apud nos referantur.

[59]) Diese Abfassungszeit, nicht lange nach der Fastensynode: quam nuper . . . celebravimus, stellt Sander, l. c., 66 n. 3, fest.

von Deutschland her sich Hoffnung machen. Doch all dem gegenüber betont Gregor VII., daß, auch wenn diese Hülfe ihm abgehen würde, er das nicht so schwer empfände, da er den Uebermuth Heinrich's IV. gering anschlage. Wohl aber meint er, daß der Gräfin Mathilde, wenn ihr von Deutschland her nicht Beistand geboten werde, bei der Abgeneigtheit ihrer Vassallen, Widerstand zu leisten[30]), nichts Anderes übrig bleibe, als zwangsweise sich einem Frieden mit Heinrich IV. anzubequemen, oder aber Alles zu verlieren. So muß also von Deutschland her Alles versucht werden, sie darüber sicher zu stellen, ob sie von jener Seite sicher Schutz erwarten dürfe. Deßhalb will Gregor VII., daß Bischof Altmann[31]), für den Fall, daß Heinrich IV. die Lombardei betreten haben würde, seine Ermahnung an Welf richte, er möge seine Treue für den heiligen Petrus beweisen, so wie er das mit dem Papste früher festgestellt hatte, wofür ihm auf die Zukunft hin, auf den Tod seines Vaters, des Markgrafen Albert Azzo II. von Este, dessen Lehen zugesagt worden war[32]). Der Papst betont nun hier geradezu, er wünsche Welf ganz in den Schoß des heiligen Petrus aufzunehmen und ihn zu dessen Dienst im Besonderen aufzurufen, und er will, daß Altmann bei Welf und anderen mächtigen Männern, bei denen er den Willen, für die Sache des heiligen Petrus einzuwirken, voraussetzen kann, diesen Vorsatz zur That umzuwandeln sich anstrenge und sorgfältig sichere Kunde davon nach Rom übermittle. Denn Gregor VII. hofft, so mit Gottes Hülfe es erreichen zu können, daß die Italiener von Heinrich IV. sich abtrennen und ihm, genauer gesagt, dem heiligen Petrus, in Treue sich anschließen.

Dann wendet sich das Schreiben der seit Rudolf's Tode in Gregor's VII. Augen wichtigsten Frage innerhalb der deutschen Angelegenheiten zu, der Wahl eines Nachfolgers für den gestorbenen Gegenkönig. Auch da soll eine Ermahnung an alle gottesfürchtigen Deutschen stattfinden. Denn sie sollen nicht etwa, aus irgend einer Gunsterwägung oder aus Furcht, blindlings sich beeilen und irgend eine Wahl treffen, wo nicht die Sinnesart und das ganze Wesen

---

[30]) Dieser auf Mathilde Bezug nehmende Zusammenhang ist schon ob. S. 281 in n. 49 erwähnt (vergl. auch S. 316 u. 317).

[31]) An Altmann, den karissimus frater, wendet sich Gregor VII. hier und dann nochmals, bei der Erinnerung an Rudolf, ganz besonders, also mehr, als an den venerabilis abbas Wilhelm.

[32]) Aus den Worten des Briefes: ut fidelitatem beato Petro faciat (sc. dux Welfo), sicut coram imperatrice A(gnete) et episcopo Cumano (Rainald erscheint hier, schon 1063, 1065, dann 1073 und 1074, neben der Kaiserin genannt: vergl. Bd. I, S. 322, 425 u. 429, Bd. II, S. 211, 280 u. 281, 377) mecum disposuit, concesso sibi — post mortem patris (des Markgrafen Albert Azzo II. von Este: vergl. Bd. II, S. 24 u. 25) — eius beneficio. Illum enim totum in gremio beati Petri desideramus collocare et ad eius servitium specialiter provocare (474) geht hervor, daß man schon lange vor Mathilde's Vermählung mit Welf's IV. Sohn Welf, 1089, auf das königsfeindliche Welfenhaus, als auf eine Stütze der Bundesgenossin Rom's, von dort aus den Blick geworfen hatte.

des Gewählten der Aufgabe, die christliche Religion zu vertheidigen, entsprechen würden. So scheint es besser, eine gewisse Verzögerung hier eintreten zu lassen, bis für einen geeigneten König zur Ehre der Kirche nach dem Willen Gottes gesorgt werden könne, statt in zu großer Eile irgend einen unwürdigen König zu bestellen. Zwar wisse der Papst, wie sehr die Brüder im deutschen Reiche durch den langen Kampf und die verschiedenen Stürme ermüdet würden; aber es erscheine als das edlere Loos, für die Freiheit der Kirche viele Zeit zu kämpfen, als einer teuflischen elenden Knechtschaft zu unterliegen, einer Knechtschaft, aus der gerade die Glieder Christi jene unglücklichen Anhänger des Teufels zur christlichen Freiheit zurückführen möchten. Diesen Gedanken führt dann der Papst noch weiter aus. Ein neuer König muß so gehorsam und der heiligen Kirche demüthig hingegeben sein, wie es einem christlichen Könige ziemt und wie das Gregor VII. selbst von Rudolf gehofft hatte; sonst müßte einem solchen die Kirche, weit entfernt davon, ihn zu begünstigen, geradezu widersprechen. Altmann weiß, was Rudolf versprochen, was die Kirche von ihm erwartet hatte, und so muß der Papst von einem Nachfolger Aehnliches sich versprechen dürfen. So rückt denn Gregor VII. geradezu die Formel eines Eides ein, den der neu zu wählende König als Ausdruck seines Versprechens abzulegen hätte[83]): „Von dieser Stunde und fortan werde ich in rechter Treue mich dem seligen Apostel Petrus und dessen Stellvertreter, dem Papste Gregor, der jetzt am Leben ist, getreu erweisen. Und ich werde Alles, was mir der Papst selbst, nämlich unter diesen Worten: durch den wahren Gehorsam, befohlen haben wird, getreu, wie ein Christenmensch soll, beobachten. In Betreff der Besetzung der Kirchen und der Länder und des Zinses, die der Kaiser Constantin oder Karl dem heiligen Petrus gegeben haben[84]),

---

[83]) Dieses sacramentum eligendi regis (475 u. 476) theilt Weiland auch Monum. Germ., Leg. Sect. IV, Constitutiones et acta publica imperatorum et regum, 1, 559, mit, dabei von der Ansicht ausgehend, der Eid sei auch schon 1077 von Rudolf gefordert worden, was wenig wahrscheinlich ist, da ja Gregor VII. es Altmann überließ: si quid minuendum vel augendum censueris.

[84]) Sander zieht, l. c., 176 n. 1, in Excurs § 7, als Analogon hiezu das Stück von J. 5209 — Registr. VIII, 23 (l. c., 468 u. 469) — heran, wo im Anschluß daran, daß omnibus Gallie vorzuschreiben sei: ut una quaeque domus saltem unum denarium annuatim solvat beato Petro, si eum recognoscunt patrem et pastorem suum, more antiquo, der Satz steht: Nam Karolus imperator — sicut legitur in thomo (d. h. Papyrus-Urkunde) eius, qui in archivio ecclesiae beati Petri habetur (Breßlau, Handbuch der Urkundenlehre für Deutschland und Italien, 1, 124 n. 9, bezieht das auf die Fälschung Nr. 331, zu 797, bei Mühlbacher, Die Regesten des Kaiserreichs unter den Karolingern, 1, 136) — in tribus locis annuatim colligebat mille et ducentas libras ad servitium apostolicae sedis, id est Aquisgrani, apud Podium Sanctae Mariae (Puy en Velay) et apud Sanctum Egidium (St. Gilles les Boucheries, bei Nimes), excepto hoc, quod unusquisque propria devotione offerebat. Idem vero magnus imperator Saxoniam obtulit beato Petro, cuius eam devicit adjutorio, et posuit signum devotionis et libertatis, sicut ipsi Saxones habent scriptum et prudentes illorum satis sciunt. Giesebrecht, III, 1174, in den

und aller Kirchen und Güter, die von irgend welchen Männern oder Frauen zu irgend einer Zeit dem apostolischen Stuhle dargebracht oder gewährt worden sind und sich in meiner Gewalt befinden oder befunden haben, werde ich mich mit dem Papste so vereinbaren, daß ich nicht die Gefahr einer Gottlosigkeit oder der Verderbniß meiner Seele laufe. Und mit Christi Beistand werde ich Gott und dem heiligen Petrus die würdige Ehre und nützlichen Dienst erweisen. Und an dem Tage, wenn ich ihn zum ersten Male sehen werde, werde ich getreulich mit meinen Händen mich als Vassall des heiligen Petrus und als der seinige hinstellen". Dabei überläßt es der Papst an Altmann, ob er an dieser Formel etwas mindern oder vermehren wolle, wenn nur die Versicherung der Treue und das Versprechen des Gehorsams, die dem Könige aufzutragen sind, unberührt bleiben.

Im Anschlusse hieran steht noch eine Antwort auf die Frage Altmann's und Wilhelm's, wie es mit den Priestern in Deutschland zu halten sei. Da soll zur Zeit wegen der unter den Völkern herrschenden Wirren und bei dem Mangel an guten Priestern, weil nur sehr wenige den getreuen Christen die Dienstleistungen der Religion darzubieten vermögen[85]), die Strenge der kirchlichen Gesetze gemildert werden. Erst in der Zeit des Friedens und der Ruhe wird geziemender und vollständiger die Ordnung in diesen Dingen bewahrt werden können[86]).

Endlich gedenkt Gregor VII. nach der kürzlich abgehaltenen Synode, wo er alle Excommunicirten abermals bis zu einer würdigen Genugthuung excommunicirt und die Menge der anwesenden Brüder gebeten habe, sie möchten die Barmherzigkeit Gottes jeden Tag anflehen, daß er jene Gebannten in wahrer Treue zur Kirche zurück-

„Anmerkungen", wollte J. 5203 zu 1084 setzen, weil nur zu diesem Jahre eine Legation der mit dem Schreiben beauftragten legati nostrae apostolicae sedis in Gallias, Bischof Petrus von Albano und Gisulf princeps Salernitanus, nachzuweisen sei: aber Sander zeigt, l. c., wenigstens für Gisulf in J. 5235 — Registr. VIII, 49, das zu 1082 anzusetzen ist —, daß — carissimus noster Salernitanus princeps noviter rediit (l. c., 501) — damals eine Sendung Gisulf's vorkam, und ebenso wird da darauf Bezug genommen, daß ja Galli gar nicht bloß auf Frankreich nothwendig zu beziehen ist (vergl. Scheffer-Boichorst's Zusammenstellung von Anwendungen des Wortes Gallia für Deutschland, auch das rechtsrheinische, Mittheilungen des Institutes für österreichische Geschichtsforschung, XIII, 108—110). Die Untersuchung Scheffer-Boichorst's — Die Ansprüche Gregor's VII. auf Gallien als zinspflichtiges Land und auf Sachsen als Eigenthum der Kirche (Ergänzungsband IV. zu den „Mittheilungen", 77—90) — geht geradezu von diesem J. 5203 aus.

[85]) Die Worte: propter bonorum (sc. sacerdotum) inopiam quia paucissimi sunt qui fidelibus Christianis officia religionis persolvant (476) sind bezeichnend für die damalige Nothlage der deutschen Kirche.

[86]) Nach diesem Absatze folgt: Ceterum de Baggone, cuius malitiam significastis (also beide, Altmann und Wilhelm), nedum tantam potestatem, videlicet absolvendi, sibi tam temere commisisse, nec etiam recordamur nos aliquando eum vel sermone vel visu notum habuisse (476). Sollte ein Burchard, etwa einer der königlich gesinnten Bischöfe, unter diesem Namen gemeint sein?

führe. „Denn wir suchen keines Menschen Verderben, sondern wünschen das Heil Aller in Christus". —

Neben diesem Schreiben an seine beiden hauptsächlichsten geistlichen Vertrauten in Oberdeutschland schickte aber Gregor VII. außerdem noch in der Fastenzeit, am 15. März, an Bischof Hermann von Metz, auf dessen angelegentliche Bitte, eine Kundgebung, die aber eine viel allgemeinere Bedeutung hatte; denn sie richtete sich nach der Ueberschrift „gegen jene, die thörichterweise sagen, daß der Kaiser vom römischen Papste nicht excommunicirt werden könne". Mit der nachdrücklichsten Kraft legte hier der Papst seine Ansichten über das Verhältniß der Kirche gegenüber der weltlichen Gewalt, im Sinn des völligen Vorwiegens des bischöflichen Ansehens vor dem Königthum, aus einander[87]).

Gregor VII. nahm für dieses sein Schreiben an Hermann sein früheres, das er am 25. August 1076 an den Bischof gerichtet hatte, zur Grundlage. Dabei ging er von Lobsprüchen für den Bischof aus, daß dieser bereit sei, Beschwerden und Gefahren für die Vertheidigung der Wahrheit auf sich zu nehmen: das könne nur als ein Geschenk Gottes angesehen werden, der ja versprochen habe, daß seine Auserwählten nie ganz abirren könnten, und der sie nie völlig zu Fall gerathen lasse, weil er die allerdings durch nützliche Prüfung zur Zeit der Verfolgung Erschütterten nach einer gewissen Zeit der Beängstigung[88]) wieder befestige, fester als sie vorher gewesen waren. Aber der Papst will nun eben den Bischof ermahnen und seine Freudigkeit, für die christliche Religion unter den Ersten in der Schlachtreihe zu stehen, noch mehr stärken. Denn der Bischof hat ihm ja das Verlangen ausgesprochen, durch eine schriftliche Aeußerung gegen den Wahnwitz derjenigen unterstützt und geschützt zu werden, die dem apostolischen Stuhle das Recht absprechen wollen, König Heinrich zu excommuniciren, „den Menschen, der das christliche Gesetz verachtet, den Zerstörer der Kirchen und des Reiches, den Anstifter und Gesinnungsgenossen der Ketzer", und

---

[87]) Das Schreiben an Bischof Hermann, der — vergl. ob. S. 354 n. 8 — um ein solches Vorgehen des Papstes sich beworben hatte, steht mit der Ueberschrift: Contra illos, qui stulte dicunt, imperatorem excommunicari non posse a Romano pontifice im Registr. VIII, 21, J. 5201 (l. c., 453—467); aber auch Bruno nahm in c. 73, gleich zu 1076, im Anschluß an die in Bd. II, S. 695—701, behandelte Kundgebung, J. 4999, das Schreiben auf (l. c., 356—361), und Hugo von Flavigny, Lib. II, der das Gleiche that, rühmt die epistola als ita auctoritatibus scripturarum divinarum munita atque referta doctrinaeque apostolicae sale condita, ut haec sola sufficiat fidelibus ad confutandam adversariorum ineptam stultitiam (SS. VIII, 453—458). Martens, Gregor VII., sein Leben und sein Wirken, II, 49—66, gab von dem früheren Briefe Gregor's VII. an Hermann, J. 5000 (vergl. Bd. II, S. 719—721), sowie von dieser Kundgebung eine eingehende Analyse. Mirbt, l. c., 23, nennt den Inhalt dieses Schreibens „ein Parteiprogramm in großem Styl".

[88]) Die Worte: post trepidationem aliquam gehen auf Hermann's Haltung auf der Wormser Reichsversammlung 1076 (vergl. Bd. II, S. 614, 621 u. 622), und der Ausdruck: inter ignavos alium, quo turpius alio fugiat, timor exanimat ist wohl auch nicht absichtslos gewählt (453).

die dem Papste nicht zuerkennen, daß es in seiner Befugniß liege, von dem Heinrich IV. geleisteten Eide der Treue irgend einen Menschen zu lösen.

Zwar hält Gregor VII. eine einläßliche Erläuterung gar nicht so sehr für nothwendig, da für dieses Recht in den heiligen Schriften so viele und so ganz sichere Zeugnisse sich finden, und er meint, jene Leugnung geschehe nicht so sehr aus Unwissenheit, als aus der Raserei elender Verzweiflung. Aber er beginnt doch seine Ausführung, und als ein erstes Zeugniß wird das auf Petrus bezügliche Wort Jesu: „Du bist Petrus, und auf diesen Felsen werde ich meine Kirche bauen" mit der daran sich anschließenden Verheißung vom Binden und Lösen durch Petrus angeführt: so seien auch die Könige von dieser allgemeinen Macht des Petrus zum Binden und Lösen nicht ausgenommen, und auch wer etwa dessen Gewalt übermüthig abschüttle, werde sie am Tage des Gerichtes um so härter empfinden. Im Weiteren wird dann in diesem Zusammenhang aus einander gesetzt, auf welche Weise die heiligen Väter diesen festen Grund der Leitung der Kirche, dieses dem heiligen Petrus als dem Apostelfürsten durch himmlischen Rathschluß ganz besonders zugesicherte Recht weitergehend angenommen und festgehalten hätten. Durch eine Reihe von Beispielen, von denen freilich gleich schon das zweite Pseudo-Isidor entnommen ist[39]), soll gezeigt werden, daß diese Väter auf Concilien und in ihren übrigen Verhandlungen und Schriften die heilige römische Kirche ihre gemeinsame Mutter nannten, daß sie neben den Glaubenslehren auch deren richterliche Aussprüche aufnahmen, so daß keine Berufung von da hinweg, keine Wiedererwägung oder Aufhebung irgendwie eintreten könne. Besonders soll noch an Hand einer Aeußerung des Papstes Gregor I., die allerdings in ganz eigenthümlich mißverständlicher Weise ausgenutzt erscheint[40]), zur Ueberzeugung gebracht werden, dieser heilige Papst, der doch unter den Lehrern der Kirche jedenfalls der mildeste sei, habe festgestellt, die Könige sollten ihre Würde verlieren, falls sie sich vermessen, Vorschriften des apostolischen Stuhles zu verletzen.

Das bietet nun Gregor VII. den gewünschten Anlaß, auf Heinrich IV. überzugehen. Er meint, habe Gregor I. da die Könige, welche seine Festsetzungen, die in diesem einzelnen Falle ein einziges Spital betrafen, verletzen würden, so nicht bloß mit Absetzung, sondern mit Excommunication und der Verdammniß vor dem Weltgerichte bedroht, wer könnte denn ihn, Gregor VII., deßwegen anfechten, daß er Heinrich — dieser wird dabei wieder mit den

[39]) Von Julius I., J. 196.

[40]) Es ist aus Gregor's I. Registr., Lib. XIII. ep. 8, des Papstes Ausspruch an den Abt Senator, mit der bloßen Imprecationsformel: Si quis vero regum, sacerdotum, judicum atque saecularium personarum hanc constitutionis nostrae paginam agnoscens contra eam venire temptaverit (etc.) (455 u. 456). Vergl. auch Sdralek, Die Streitschriften Altmann's von Passau und Wezilo's von Mainz, 127, n. 2.

schlimmsten Namen belegt — abgesetzt und excommunicirt habe. Ein Pseudo-Isidor angehörendes Schreiben des heiligen Petrus über die Ordination des Papstes Clemens soll dabei darlegen, daß der, von dem der Papst wegen seiner Handlungen sich abwendet, am meisten vom Gerichte des heiligen Petrus getroffen werde.

Aber der Brief soll zur Sache selbst zurückkehren: „Soll etwa die Würde, die von weltlichen Menschen — die auch nicht einmal etwas von Gott wissen — erfunden ist, nicht jener Würde, die des allmächtigen Gottes Vorsehung zu seiner Ehre erfunden und mitleidsvoll der Welt gegeben hat, unterworfen werden?" Wer wüßte nicht, daß Könige und Herzoge von denen ihren Ursprung genommen haben, die, indem sie von Gott nichts wissen, durch Hochmuth, Räubereien, Treulosigkeit, Mordthaten, kurz gesagt, durch Verbrechen fast jeglicher Art, auf Betreiben des Teufels, des Fürsten der Welt, danach trachteten, mit blinder Gier und unerträglicher Anmaßung über ihres Gleichen, d. h. über die Menschen, zu herrschen? So seien denn diese weltlichen Fürsten, wenn sie sich anstrengen, die Priester des Herrn auf ihre Fährten abzulenken, mit keinem anderen, als mit dem Satan, richtig zu vergleichen.

Danach soll durch eine Reihe ausgewählter geschichtlicher Thatsachen bewiesen werden, daß die Priester Christi als die Väter und Lehrer der Könige und Fürsten und aller Gläubigen anzusehen seien, so daß es als bemitleidenswerther Wahnwitz erscheine, wenn der Sohn den Vater, der Schüler den Meister sich unterwerfen wolle. Diese Zeugnisse sollen darlegen, daß zahlreiche Bischöfe das eine Mal Könige und das andere Mal Kaiser — so der heilige Ambrosius den Kaiser Theodosius — excommunicirt haben, und das gleichfalls als Beispiel gewählte Vorgehen des Papstes Zacharias gegen den letzten Merovinger, die Einsetzung Pippin's, die dabei gänzlich als Handlung des Papstes hingestellt wird, bietet Gregor VII. Gelegenheit, auf die Losbindung der Franken von dem Treueide, der gegenüber dem gewesenen Könige geschworen gewesen war, hinzuweisen: solches thue ja jetzt die heilige Kirche auch häufig, wenn sie Vassallen vom Bande des Eides löse, gegenüber Bischöfen, die ihrer Würde durch die apostolische Machtvollkommenheit verlustig erklärt worden sind.

Ganz eigenthümlich ist der Weg der Beweisführung, auf die der nächste Theil des Schreibens übergeht. Dem Exorcisten — meint Gregor VII. — ist als „einem geistigen Feldherrn", behufs Austreibung der bösen Geister, eine größere Gewalt zugestanden, als jemals eine solche irgend einem Laien zugetheilt werden kann. Denn über alle Könige und Fürsten der Erde, die nicht gottesfürchtig leben und Gottesfurcht in ihren Handlungen nicht nach Gebühr zeigen, gebieten die bösen Geister. Ueber diese Knechte und Glieder der bösen Geister also besitzen die Exorcisten die Gewalt, so bald ihnen die bösen Geister selbst unterworfen sind. Da aber die Priester über den Exorcisten stehen, so ist vollends der gänzliche Vorrang der Priester vor Königen und Fürsten bewiesen[41]). Eben das soll dann noch in der Erörterung weiterer Fragen zur Ueberzeugung gebracht werden, unter Anderem darin, daß das Sacrament der Taufe, die Darstellung von Leib und Blut Christi durch das Wort, die Kraft des Bindens und Lösens, weitere wichtigste Verrichtungen einzig den Priestern, nie aber Kaisern oder Königen zustehen. So weit erhebt sich also die priesterliche Gewalt über alle weltliche: „Wer also, der auch nur ein wenig bei Sinnen ist, kann daran zweifeln, daß die Priester den Königen vorangesetzt werden? Wenn aber die Könige für ihre Sünden von den Priestern zu beurtheilen sind, von wem werden sie richtiger, als vom römischen Papste, beurtheilt werden müssen? Zum Schlusse: es ziemt sich, daß irgend welche gute Christen viel zutreffender, denn schlechte Fürsten, als Könige angesehen werden". Diese Unterscheidung spitzt sich nachher noch mehr zu, zwischen dem Christen und dessen Gegenwart, der nur das Seinige, nicht Gottes Sache sucht, der seine Mitmenschen tyrannisch unterdrückt: dieser letztere, der Eigensüchtige, zählt zum Leibe des Teufels und geht mit dem Fürsten der Finsterniß in ewiger Verdammniß zu Grunde. Freilich stimmen die bösen Bischöfe dem ungerechten Könige bei, den sie, nachdem einmal von ihm die Würden in übler Weise ihnen verliehen worden sind, lieben und fürchten, und so verkaufen sie Gott um schlechten Lohn, indem sie in simonistischer Weise einen Jeglichen ordiniren. So viel will der Papst von den Königen und Kaisern gesagt haben, die, von eitler Ruhmsucht aufgeblasen, nicht für Gott, sondern für sich herrschen.

Aber eben deßwegen gedenkt Gregor VII., im Weiteren noch den Kaisern, den Königen und übrigen Fürsten Ermahnungen zu geben und die Waffen der Demuth, die ihnen ganz besonders nothwendig sind, zu verleihen. Gefahrvoll und furchtbar ist nämlich die kaiserliche und königliche Würde, in der nur sehr Wenige zum Heile kommen, während im Gegensatze hiezu in der heiligen Kirche durch das Urtheil des heiligen Geistes viele arme Leute verherrlicht werden. Vom Anfang der Welt bis zur Gegenwart meint der Papst in allen zuverlässigen Schriften nicht sieben Kaiser oder Könige gefunden zu haben, deren Leben so durch Frömmigkeit und Wunderkraft geziert wäre, wie eine unzählbare Menge derjenigen, die die Welt verachten, obschon ja zu glauben sei, daß doch mehr als diese Siebenzahl bei Gott Barmherzigkeit gefunden habe, und dann sucht er nach solchen Herrschern, die Wunder verrichtet hätten, die heilig gesprochen worden seien. Um so mehr sollen sich demnach die Herrschenden fürchten, nach dem Worte der Weisheit Salomonis (Cap. VI, v. 7): „Die Gewaltigen werden in gewaltiger Weise Qualen erleiden"; denn so viele Menschen ihnen untergeben waren,

---

[41]) Es wird hier damit operirt, daß das Pontificale Romanum bei der Ordination der Exorcisten diese als spirituales imperatores ad abiciendos daemones bezeichnet, so daß also durch Gregor VII. abgeleitet wird: exorcistae super demones a Deo imperium habent (459).

für so viele werden sie Gott Rechenschaft schuldig sein. Wenn der Spruch der heiligen Kirche ferner für die Tödtung eines einzigen Menschen so große Buße auflegt, wie wird es denen gehen, die viele Tausende für die Ehre dieser Welt dem Tode übergeben? So zieht denn Gregor VII. den Schluß, daß Buße aus ganzem Herzen da Noth thue, und wenn diese Herrscher der Welt nicht preisgeben wollen, was sie mit diesem vergossenen Menschenblute erworben oder festgehalten haben, so ist auch ihre Reue ohne die Frucht der wahren Reue vor Gott, und eben deßhalb haben sie so viel Ursache zur Furcht. Dann werden Vergleichungen fortgesetzt, zwischen den vom eiteln Ruhme angelockten Königen und Fürsten der Erde einestheils, den gottesfürchtigen, Gottes Reich höher achtenden Bischöfen auf der anderen Seite. Aehnlich stellt Gregor VII. den apostolischen Stuhl, auf dem die ordnungsgemäß Ordinirten durch Verdienst des heiligen Petrus besser werden und zu dem die Gottesfürchtigen — er meint die als Päpste Erkorenen — nur gezwungen mit großer Furcht herantreten, und den königlichen Thron einander gegenüber, dieses Sinnbild der Welt, den man vollends nur mit Angst besteigen könne, da auch die Guten und Demüthigen — Saul und David seien Beispiele — auf demselben schlechter werden. Aus diesem Grunde sollen jene, die durch die heilige Kirche nach deren freien Willen zum Königsthrone oder zur Kaiserherrschaft, nach vorangegangener reiflicher Ueberlegung, herangerufen würden, nicht für vergänglichen Ruhm, sondern demüthig zum Heile Vieler Gehorsam leisten. Noch eine ganze Reihe heilsamer Vorschriften wird hierauf nach dieser Richtung hin ertheilt. Ganz besonders sollen diese so Ermahnten stets bestrebt sein, die Priester, die Augen des Herrn, als ihre Meister und Väter anzuerkennen, sie infolge dessen gebührend zu ehren, da ja noch viel mehr, als die leiblichen Väter und Mütter, die Geistlichen diese Ehre verdienen[49]). Der ehrt nicht nach Christenpflicht Gott und seinen Nächsten, der es versäumt, bei einer so hohen und dringenden Noth für seine heilige Mutter Kirche nach Kräften zu sorgen. Den Christus demüthig Nachfolgenden wird verheißen, daß sie aus dem knechtischen und vergänglichen Reiche in das der wahren Freiheit und Ewigkeit übergehen dürfen.

Am Schlusse weichen verschiedene Fassungen des Schreibens von einander ab. In der kürzesten Form wendet sich Gregor VII. außer an Hermann noch an die Mitbischöfe, sie möchten nicht aus Furcht vor den Fürsten es versäumen, diesen die Wahrheit zu sagen. Die längste Fassung bewegt sich noch über verschiedene Stellen aus Gregor's I. Schriften hinweg: „Immer haltet im Ge-

[49]) In diesem Zusammenhang steht die schon ob. S. 271 in n. 69 erwähnte Stelle: Non carnali amore illecti studeant filium suum gregi, pro quo Christus sanguinem suum fudit, praeponere, si meliorem illo et utiliorem possent invenire, ne, plus Deo diligendo filium, maximum sanctae ecclesiae inferant detrimentum (464).

dächtnisse, was weiter ausgeführt ist, wenn nicht, weil der Sünder Gregor es Euch schreibt, so doch, weil der heiligste Gregor einstmals darüber gehandelt hat" — und schließt mit einer allgemein gehaltenen Ermahnung. Eine dritte wendet sich im Besonderen nochmals an Bischof Hermann und überträgt ihm die Vollmacht über ganz Lothringen, in den Bisthümern das, was zum bischöflichen Amte gehört, zu vollziehen, wo deren Bischöfe wegen Anhänglichkeit an Heinrich IV. excommunicirt seien, so lange als die Excommunication daure und die Bischöfe nicht aus Rom losgesprochen seien oder ein gesetzmäßiger Nachfolger seinen Eintritt gehalten habe[48]).

— Diese Wochen der Fastenzeit, nach der in deren Anfang abgehaltenen Synode, als die Gefahr des Vorrückens Heinrich's IV. immer klarer sich darstellte, gehören zu den unter vielfachsten Bedingungen stehenden Zeitabschnitten innerhalb der Beziehungen zwischen dem Könige und Gregor VII.

Während der König seinen Marsch nach Italien in das Werk setzte, hatte er selbst den Gedanken noch keineswegs völlig aufgegeben, sich unter Verständigung mit dem Papste, wie das vor vier Jahren gelungen war, vom kirchlichen Banne zu lösen, und ebenso war durch Gregor VII. den vertrauten Vertretern in Deutschland, Bischof Altmann und Abt Wilhelm, keineswegs verhehlt worden, wie laut sich Stimmen in seiner nächsten Nähe dafür erhöben, daß er solchen friedfertigen Gedanken des Königs sich nicht feindselig gegenüberstellen möchte, für den Fall, daß Heinrich IV. ernsthaft zur Verständigung die Hand bieten wollte. Daß die Kunde hievon auch im Kreise der Anhänger Gregor's VII. in Deutschland bis zu einem gewissen Grade verbreitet war, trug wohl gleichfalls zur Entmuthigung, vorzüglich im sächsischen Lande, bei und führte dazu, daß trotz der nur auf kurze Frist lautenden Kaufunger Abmachungen die Waffen bis zum Juni in Deutschland ruhten, während auf der anderen Seite Gregor VII. aus dem gleichen Grunde jenen Rath mochte gegeben haben, mit der Wahl eines Nachfolgers für Rudolf nicht zu voreilig zu sein: würde dann freilich ein solcher bestellt werden, so sollte er seine Abhängigkeit vom römischen Stuhle vollkommen bekennen. Was aber die Lage in Italien betraf, so stand Gregor VII. hier abermals den mannigfaltigsten Erwägungen gegenüber. Durch den schweren Schlag, der Mathilde's Heeresrüstung bei Volta getroffen hatte, waren die Berechnungen des Papstes, die sich auf Oberitalien, auf die von dort her erwartete Hülfe bezogen, ganz zerrissen: ja er meinte, so sehr er sich zugleich den Anschein gab, Heinrich's IV. Uebermuth gering zu schätzen,

---

[48]) Die erstgenannte Form bietet Bruno (361), die zwei anderen die von Jaffé (465—467) neben einander gestellten Redactionen. Ewald, Walram von Naumburg, 37 u. 38, will als die ursprüngliche Form des Briefes die mit dem Worte: abiciant schließende, durch drei Handschriften repräsentirte, l. c., 465, abgedruckte Redaction anerkennen.

Mathilde werde sich nur halten können, wenn sie von Deutschland her thatkräftig unterstützt werde, und so ergingen jene dringenden Mahnungen an Altmann, die Kraft Welf's für eine solche kriegerische Unternehmung in Bewegung zu setzen. Schließlich lag für Gregor VII. die ganze Entscheidung darin, ob jene schon länger so eifrig begonnenen, durch den angerufenen Beistand des Abtes Desiderius fortgesetzten Versuche, Herzog Robert und seine Normannen wirklich ernsthaft für die Vertheidigung Rom's in Gang zu bringen, Erfolg haben würden.

Herzog Robert trug sich schon seit dem Sturze des Kaisers Michael VII. mit Angriffsplänen gegen das byzantinische Reich, Gedanken, auf die auch Gregor VII. sich nicht ohne Eifer eingelassen hatte[44]), und seit dem vorhergehenden Jahre waren die Vorbereitungen des normannischen Beherrschers von Unteritalien noch weiter vorgeschritten. Robert hatte den Weg nach dem Osten sich durch mehrere Mittel zu öffnen gesucht. An den Kaiser Nikephoros III. Botoniates war als Gesandter des Herzogs einer der angesehenen Herren des Hofes, Graf Raoul, aus Salerno abgeschickt worden, um auf Byzanz eine Einwirkung hervorzurufen: der Bote sollte Rechenschaft für das begehren, was gegen Michael und dessen Haus geschehen war, und besonders auch wegen der Tochter des Herzogs Genugthuung fordern. Daneben gedachte Robert, wenn diese Einschüchterung nichts helfen würde, mit kriegerischen Rüstungen zu drohen, und wohl gleich darauf ging, im März, eine kleinere Flotte voraus, um die Küste des illyrischen Landes und weiter südwärts aufzuklären, etwa einer Burg oder Stadt sich zu bemächtigen, auf die man nachher sich stützen könnte; besonders scheint es auf die Insel Korfu abgesehen gewesen zu sein. Außerdem jedoch setzte sich der Herzog mit dem kaiserlichen Statthalter von Durazzo, dieses stark befestigten wichtigsten byzantinischen Platzes an der Westküste, Monomachatos, in Verbindung, um ohne Kampf in den Besitz dieser Hauptfestung zu gelangen[45]). Vielleicht diente auch Gregor VII. von sich aus gerade diesen Absichten Robert's, indem er an den Dogen und an das Volk von

---

[44]) Ueber Herzog Robert Guiscard's Pläne gegen Constantinopel vergl. zuletzt ob. S. 307—311.

[45]) Vergl. über die in erster Linie durch die Alexias der Anna Komnena, Lib. I, erhellten Beziehungen Robert's zu Byzanz von Heinemann, Geschichte der Normannen, I, 305 ff., 309 ff., sowie Sander, l. c., 69 ff., 77 ff., 183 ff. Die Sendung des πρέσβυν τις τῶν ἀμφ' αὐτὸν (sc. Robert) μεγιστάνων Ῥαοὺλ ἐπονομαζόμενος und die Verhandlungen mit Monomachatos erzählt die Alexias, Lib. I, cc. 15 u. 16 (Ed. Reifferscheid, I, 50 ff.). Die Zeit der Expedition der Flotte, die Robert's eigenem Aufbruch voranging, nennt Anonymi Barensis Chron.: Mense Martio ipse dux Robbertus direxit navigia et obsedit Corfo (Muratori, Script. rer. Italic., V, 153). Doch werden alle diese Ereignisse hier nur insofern näher verfolgt, als sie sich mit den gegenüber Gregor VII. und vollends Heinrich IV. vorliegenden Fragen berühren.

Venedig schrieb, sie möchten sich hüten, mit den Excommunicirten irgendwie in Verbindung sich zu halten, mit weiteren Worten, nicht den Griechen gegen den unter dem Schutze des heiligen Petrus stehenden Herzog Robert beizustehen[46]).

Aber freilich geschah nun in Constantinopel selbst eine abermalige Veränderung, die auch auf die Pläne Robert Guiscard's einwirken mußte. Die Kaiserherrschaft des Nikephoros war nicht von langer Dauer. Es war zwischen ihm und dem Neffen des früheren Kaisers Isaak Komnenos, Alexios, der anfänglich die Erhebung des Nikephoros wesentlich unterstützt hatte, zu Reibungen gekommen, und alsbald erwies sich hiebei, daß Alexios, der als Staatsmann und Feldherr den neuen Kaiser weit überragte, entschieden im Uebergewichte diesem gegenüber sich befinde. Nachdem Alexios die Hauptstadt verlassen hatte, kehrte er mit einem rasch gesammelten Heere gegen dieselbe zurück und erlangte am 1. April den Eingang, worauf schon am Osterfeste drei Tage später seine Krönung als Kaiser nachfolgte[47]).

Doch Robert setzte seine Vorbereitungen zum Aufbruche in unverminderter Weise fort[48]). Auch über Weigerungen, die ihm unter seinen Vassallen, aber noch weit mehr unter den unkriegerischen Unterthanen in den eroberten italienischen Gebieten entgegengestellt wurden, setzte er sich schroff hinweg und schrieb die Sammlung der Truppen in Otranto vor. Ebenso ordnete er auf die Zeit seiner Abwesenheit die Bestellung einer Stellvertretung, durch seinen ältesten Sohn aus der zweiten Ehe mit Sigelgaita, Roger, in der Weise an, daß ihm zwei Rathgeber zur Seite gegeben würden. In Rom konnte der Umstand nur lebhaftes Mißtrauen erwecken, daß einer dieser Rathgeber der gleiche Robert von Loritello, Neffe des

[46]) J. 5210, Registr. VIII, 31, vom 8. April, an den gloriosus dux (Dominicus Silvius) et gens Venetorum, hi tamen qui non communicant excommunicatis, enthält eben im Wesentlichen die Mahnung — cum tempus oportunum (quod, Domino favente, cito futurum speramus) advenerit —: ut summa diligentia et cautela vos ab excommunicatis custodire curetis, ac permaxime caveatis, amicitiam forte vel gratiam illorum captando, itidem vos laqueis damnationis innectere (l. c., 482 u. 483). Vergl. Sander, l. c., 71, n. 4.

[47]) Vergl. über den Tag des Eintritts in Constantinopel Alexias, Lib. II, c. 10 (l. c., 87), über den der Kaiserkrönung: dominice resurrectionis die — Romoaldi Annal. (SS. XIX, 409).

[48]) Allerdings haben Annal. Benevent., aber (Cod. 1) a. 1080, im gleichen Zusammenhange: Heinricus imperator venit Romam (in Cod. 3 zu 1081: Heinricus rex venit Romam mense Madio). Et in eodem anno Robertus dux perrexit super civitatem Tiburtinam (SS. III, 181), und Hirsch, Desiderius von Monte Cassino — Forschungen zur deutschen Geschichte, VII, 77, mit n. 1, setzt diese Nachricht hieher zu 1081 — „wahrscheinlich während der Fastenzeit" (ähnlich von Heinemann, l. c., 1, 308, wo zwar n. 2 auch die Möglichkeit einer Verschiebung zu 1082 andeutet). Aber sogar angenommen, die Nachricht gehörte zu 1081, so ist gewiß nicht von einem „kurzen Vorstoß" (so von Heinemann) zu sprechen, sondern höchstens, wie Hirsch vorschlägt, von einem Zug „nur mit wenigen Truppen", „ohne Bedeutung, ohne wesentlichen Vortheil für den Papst". Robert's ganzes Augenmerk war ostwärts gerichtet.

Herzogs, war, über dessen Uebergriffe gegen das Gebiet des heiligen Petrus Gregor VII. so ernsthaft sich beschwert hatte[49]).

Allein auch die dringenden Gesuche des Papstes, um Waffenhülfe gegen das voraussichtliche Anrücken Heinrich's IV., sind ohne Frage völlig unerfüllt gegeben. Wie der Papst selbst durch den schon erwähnten Brief an den Abt Desiderius den Herzog an die Erfüllung seiner Verpflichtungen hatte erinnern wollen, so müssen sich auch die Römer auf den Schutz der normannischen Waffen berechtigte Hoffnung gemacht haben[50]). Doch nicht nur blieben alle diese Versprechungen leere Worte; sondern der Papst sah sich noch weiter durch Nachrichten beunruhigt, die zum weitgehendsten Mißtrauen gegen den normannischen Lehensfürsten Anlaß zu bieten schienen.

Als ganz sichere Mittheilung kam nämlich von Seite der Gräfin Mathilde dem Papste die Kunde zu Ohren, daß Heinrich IV. sich nach seiner Ankunft in Italien mit Robert Guiscard in Verbindung gesetzt habe. Die Nachricht besagte, der König habe unter der Bedingung mit dem Herzog eine Verbindung anzuknüpfen gesucht, daß sein Sohn Konrad sich mit einer Tochter Robert's vermähle und diesem vom Könige die Mark Fermo, jenes wichtige Gebiet am adriatischen Meer, das Robert's Reich nordwärts in so erwünschter Weise fortgesetzt hätte und nach dem er schon länger in heftigem Gegensatze gegen Rom rang, zugetheilt werde. Gregor VII. fürchtete ernsthaft, die Römer möchten aus Robert's Versäumniß, die Hülfsverpflichtung für die Vertheidigung des Papstes zu erfüllen, den Schluß ziehen, daß zwischen dem König und Robert wirklich ein Abschluß zu Stande gekommen sei[51]).

[49]) Vergl. hiezu von Heinemann, l. c., I, 309 u. 310. Hier haben Guillermus Apuliensis, Gesta Roberti Wiscardi, Lib. IV. v. 122 ff., v. 186 ff. (SS. IX. 282, 283), und die Alexias, Lib. I. c. 14 (l. c. 49), wieder die gleiche ob. S. 306 in n. 128 angedeutete gemeinschaftliche normannische Quelle vor sich gehabt.

[50]) Sander folgert, l. c., 72 n. 1, mit Recht, insbesondere aus den Worten des Briefes Gregor's VII. an Desiderius J. 5218 — Registr. VIII, 34: si viderint (sc. Romani), ducem adjutorium, sicut juramento fidelitatis vobis promisit, subtrahere, sowie aus J. 5225 — Registr. VIII, 40 — an Robert: gesti belli proventum et adeptae victoriae palmam nobis et Romanis notificasti (l. c., 486, 491), sowie aus noch späteren Anzeichen, daß auch zwischen den Römern und Herzog Robert eine Abmachung bestand, laut welcher infolge eingegangener Verpflichtung des letzteren die Stadt Rom auf normannische Kriegshülfe sich Rechnung machen durfte.

[51]) In dem in n. 50 citirten Briefe J. 5218 steht: comitissa Matildis litteras ad nos direxit, quibus continetur hoc, quod, quemadmodum a familiaribus ipsius pro certo cognovit, rex (sc. Heinricus dictus rex) placitum cum R(oberto) duce habeat, videlicet hoc, ut filius regis filiam ipsius ducis accipiat et rex duci marchiam tribuat. Quod Romani facile credent (: hieran schließt sich die Stelle in n. 50). Unter der marchia ist die marchia Firmana zu verstehen, die ja auch noch 1080 in den Abmachungen von Ceperano als streitig zwischen Gregor VII. und Robert erschien (vergl. ob. S. 305). Ebenso redet Guillermus Apuliensis, l. c., v. 171 ff. hievon, allgemeiner: Ante tamen paulo quam transeat (sc. Robert, nach dem Osten), accelerare hunc regis man-

Jedenfalls war auch nach dieser Richtung die Aussicht für Gregor VII. durchaus verdüstert.

Heinrich IV. hatte bis zum Osterfeste — 4. April — Verona schon erreicht[52]), und nun sollte in umfassender Weise die Grundlage einer sicheren Machtstellung zunächst in Oberitalien geschaffen werden. Die königlich Gesinnten empfingen Heinrich IV. freudig, in ehrenvoller Weise; hatte er vor vier Jahren, gehindert durch die Wahl Rudolf's, Italien gerade nach Ostern verlassen, sich nach Deutschland zurückwenden müssen, so wollte er jetzt die Widerspenstigen bezwingen, wenn nothwendig, durch weitere Züchtigung für ihren Trotz bestrafen. Die Anhänger Gregor's VII. freilich erkannten in seinem Auftreten nur die Fortsetzung dessen, was er schon im deutschen Reiche gethan, der Aussaat der Zwietracht, damit überall das Gift des Bürgerkriegs die Ruhe des Friedens störe[53]).

Das Heer, das den König begleitete, war auch in der Lombardei nicht viel über den Bestand der Kräfte, die von Deutschland her mitgekommen waren, hinausgewachsen; denn nach den sichersten Zeugnissen ging im Weiteren eine im Verhältniß keineswegs ansehnlichere Macht mit Heinrich IV. gegen Rom vor[54]). Zehn Tage

data monent . . . ut conferat illi auxilium contra papam tumidosque Quirites l. c., 263), und ebenso — vergl. nachher in n. 64 — die Alexias, die wieder die gleiche Quelle, wie Guillermus, hier benutzt hat.

[52]) Vergl. ob. S. 353. Sander's Annahme, l. c., 63 (n. 3), Heinrich IV. habe gedacht, schon binnen weniger Monate mit der kaiserlichen Autorität ausgestattet zurückkehren zu können, und daß deßhalb die königlichen Bevollmächtigten im Februar nur bis Mitte Juni Waffenstillstand verlangt hätten, ist sehr gewagt.

[53]) Von königsfreundlicher Seite sprechen Annal. August.: Rex Heinricus Italiam proficiscens honorifice suscipitur; toto aestivo tempore illic moratus, rebelles domuit, ecclesiis injuste subtracta restituit, Annal. Einsidl.: Heinricus rex Italiam cum exercitu intrat, aliquos sibi adversos devastat, die Vita Heinrici IV. imperatoris, c. 6: Igitur cum exercitu rex Romam pergebat, proterens in via quicquid obstabat. Oppida fregit, tumida pressit, ardua curvavit, factiones dissipavit, von der anderen Bruno, c. 129 (im Anschluß an die Stelle in n. 5): seminaturus et ibi (sc. in Italien), sicut pridem in Theutonica fecerat terra, discordiam, quo nullam regni sui partem placatam dimitteret atque civilium bellorum venenis pacis quietem omnino corrumperet, und Donizo, Vita Mathildis, Lib. II, c. 1, v. 200—202: rex . . . coadunans denuo fortes Italiam rursum spacium post temporis unum ingreditur, terram totam maculabat aberrans (SS. III, 130, 146, XII, 275, V, 383 u. 384, XII, 383). Ganz kurze Notizen haben Annal. Laubiens. Contin.: facto rex exercitu vadit Italiam contra resistentem sibi Gregorium papam, qui et Hildebrandus vocatur, Annal. Leodiens. Contin.: Rex Heinricus Romam vadit, Hildebrandum debellaturus (SS. IV, 21, 29: letztere Stelle in Sigeberti Chron., SS. VI, 364, hinübergenommen).

[54]) Ueber die Stärke des jetzt in Italien zu Heinrich's IV. Verfügung stehenden Heeres spricht sich Gregor VII. in dem schon in n. 50 genannten Schreiben J. 5218 aus: Quem (sc. Heinrich IV.) scimus ex ultramontanis et Longobardis parvam manum habere (l. c., 485). Aehnlich schreibt Frutolf, Chron. univ., allerdings erst bei den Kämpfen vor Rom, dem Könige eine parva manus zu (SS. VI, 204). So sind entgegenstehende Zeugnisse ganz abzulehnen: des Marianus Scottus, Chron., Rec. alt., a. 1104, resp. 1082, daß Heinrich IV.

nach dem Osterfeste, am 14. April, weilte der König, wie Verfügungen zu Gunsten zweier Klöster beweisen[55]), in der Hauptstadt der Lombardei[56]), und nachher muß er sich nach Pavia begeben

---

cum multo milite denuo Italiam ingressus, Hugonis Flaviniacens. abb. Chron., Lib. II, wonach er cum papa suo exercitu innumerabili fultus gegen Rom aufbrach, Fundat. monast. Aquicinctini, c. 1: cum plurimo exercitu tam suo quam alieno aere conducto (vergl. schon S. 359 n. 6), und noch später Helmold's Chron. Slavorum, Lib. I, c. 30: grandi collecta expeditione, aber auch italienische, wie Landulf, Hist. Mediolan., Lib. III, c. 32, daß der König inenarrabili militum multitudine necnon episcoporum multorum corona vallatus nach Italien gelangt sei, die sogenannten Annal. Seligenstadens.: Henricus imperator valida manu Romam venit, Annal. Cavens.: Henricus rex cum magno exercitu venit Romam, Guillermus Apuliens, l. c., Lib. IV (zwischen andere Dinge eingeschoben), v. 65 u. 66: Romam obsessurus magna cum gente venire nititur (SS. XIII, 79, VIII, 460, XIV, 580, XXI, 33—VIII, 99, XVII, 31, III, 190, IX, 281).

[55]) St. 2829 und 2830, verfaßt vom Dictator Adalbero C, beweisen, als erste Stücke einer langen bis zu St. 2862 reichenden Reihe (vergl. Gundlach, Ein Dictator aus der Kanzlei Kaiser Heinrich's IV., 5, 98 u. 99), daß derselbe am Römerzuge Heinrich's IV. theilnahm. Das erste Diplom ist für Rolinda abbatissa Oroni monasterii (im nördlichen Stadttheil von Mailand) ausgestellt, die bat: quatenus iteraremus scriptum quoddam monasterii, quod igne destructum est, quia carentia eius a quodam castro suo — nomine Zisano — fodrum vel et injuste requisitum est, das zweite für das monasterium sanctorum Gervasii et Protasii seu Simpliciani (San Simpliciano, im nordwestlichen Theile der Stadt) et eiusdem monasterii abbas, mit dem Inhalt, daß homines in loco Trivillio qui dicitur Grasso habitantes qui se suasque possessiones sub potestate eiusdem monasterii obligaverunt von allen öffentlichen Lasten befreit sein sollten, praeter nostrum regale fodrum, quando in regnum istud devenerimus, et scudasseiam quam comitibus suis singulis annis debent. Besonders auf gewisse Eigenthümlichkeiten in der Arenga — St. 2829: Si ecclesiis Dei .... adversitatibus et tribulationibus oppressis condolebimus — weist Gundlach, 25, hin.

[56]) Giulini's Annahme, Memorie della città e della campagna di Milano, IV, 233 ff., Heinrich IV. habe jetzt auch die lombardische Krone in Mailand empfangen, der u. a. auch noch Giesebrecht, III, 527 („Anmerkungen", 1166), sich anschloß, die Anemüller, Geschichte der Verfassung Mailands in den Jahren 1075—1117 (Hallenser Dissert., 1881), 10, besonders 42 — im Excurs I über den Werth der Chronik des Galvaneus Flamma, dessen Nachricht von einer Krönung hierher gehören soll —, neu vertheidigte, ist durch Sander, 74 n. 2, zuletzt zutreffend zurückgewiesen worden. Paul von Bernried, Vita Gregorii VII., c. 86, fährt nach der in Bd. II, S. 770 n. 41, mitgetheilten Stelle fort: quae tamen non multo post contra bannum domni papae resumere et interdicta regni gubernacula usurpare non timuit (Watterich, Pontif. Roman. vitae, I, 526), Worte, die mit Sander, l. c., und May, Zur Kritik mittelalterlicher Geschichtsquellen (Beilage zum Jahresbericht d. Gymnas. Offenburg 1888—89), 45, als aus Bernold's ob. S. 37 n. 60 angeführter Angabe abgeleitet anzusehen sind. Vergl. auch Waitz, Deutsche Verf.-Gesch., 2. Aufl., VI, 222 n. 2, daß alle diese Beweise nicht in das Gewicht fallen. Dagegen darf vielleicht eine Angabe aus dem schon ob. S. 352 in n. 5 beurtheilten Zusammenhang der Annal. Pegaviens. hieher gezogen werden: Coadunata dehinc riteque disposita tocius exercitus multitudine Mediolanum venit (sc. imperator), et a consulibus ac primoribus civitatis tam pacifice quam honorifice suscipitur (SS. XVI, 237; dagegen paßt das Folgende, von Unterwerfung der circumpositae civitates urbes et castella — Cremona, Pavia, Lodi, Mantua, Crema, cum aliis munitionibus ... praeter Veronam — quadriennii obsidione plurimoque labore (etc.) wieder kaum hieher, da ja gerade Verona Heinrich IV. von Anfang an offen stand).

haben, wo er noch kurz vor Ende April sich aufhielt, um seine Rüstungen aus der lombardischen Ritterschaft zu ergänzen. Eine Warnung, die ihm hier ein in weiten Kreisen hoch angesehener Geistlicher, Bernhard von Menthon, der im Geruche der Heiligkeit stehende Stifter oder wahrscheinlich Erneuerer der mit einem kirchlichen Gebäude verbundenen Pilgerherberge auf der Höhe des Passes über den Großen St. Bernhard, entgegenstellte, er sollte davon ablassen, gegen den Papst zu ziehen, scheint Heinrich IV., wie zu begreifen stand, mißachtet zu haben, worauf ihm von Bernhard das Mißlingen des Unternehmens vorausgesagt worden sein soll[97]). Dann aber eilte das kleine Heer nach Ravenna, um von hier den in Brixen gewählten Gegenpapst mit sich zu nehmen[98]), und ebenso hatte der König jedenfalls auch schon jene Botschaft an Herzog Robert nach Süditalien abgehen lassen.

[97]) Vergl. schon ob. S. 18 in n. 22, daß von einer Ansetzung einer Synode in Pavia zu 1081 keine Rede ist. In so weit irrt also Lütolf, Ueber das wahre Zeitalter des hl. Bernhard von Menthon und die bezüglichen Quellen, (Tübinger) Theologische Quartalschrift, LXI (1879), 191 u. 192, wenn er auch diese Synode zu Pavia annimmt. Sonst aber beweist er in sehr zutreffender Weise, daß die Stelle der Vita s. Bernardi Menthonensis, nämlich derjenigen des Manuscriptum Bodecense (Acta Sanctorum, Junii II, 1082—1085), von dem Zusammentreffen Bernhard's mit Heinrich IV.: Papiam usque pervenit, in cuius partibus rex quidam Henricus milites omnibus modis ibidem adunabat, ut causa delendi papae Romam peteret excidio, worauf die Unterredung mit dem König und Bernhard's Voraussagung, dann: Dei vero servus Papiae commoratus paululum, Novariam inde progressus expetiit, et credo Domino dispensante professum natalis beati Laurentii sacerdotis et martyris ipso die quo advenit celebrabatur, d. h. nach Lütolf, 194 u. 195, der 30. April, der Tag des Novareser Localheiligen Laurentius. Eine Sequenz, l. c., 1082, spricht auch von dem Zusammentreffen, und sie war augenscheinlich die Grundlage für den Biographen; sie sagt: Adit Romam rex Henricus, perdat papam, quod iniquus, malus, prorsus inimicus, cognita malitia. Regis nefas dehortatur; hinc adversa comminatur. Fine rei demonstratur sancto ita qui profatur. Dann läßt die Vita den Heiligen sex hebdomadas et eo amplius in Krankheit in Novara liegen und decimo septimo Kalendas Junii (mit Lütolf, 195, zu verbessern in: Julii) sterben. Vergl. auch Wattenbach, Deutschlands Geschichtsquellen im Mittelalter, 6. Aufl., II, 241 n. 2, sowie Hauck's Artikel, Realencyklopädie für protestantische Theologie und Kirche, 3. Aufl., II, 640 u. 641, wo aber, wohl zu weitgehend negativ, die Angabe über den Todestag in Zweifel gezogen wird. Sander, l. c., 75 n. 8, zeigt, daß Heinrich IV. noch um den 28. April — nach dieser Vita — in Pavia gewesen ist.

[98]) Köhncke, Wibert von Ravenna, 44, läßt Wibert Heinrich IV. gleich nach Ostern entgegenziehen, was in den angerufenen Stellen, Bonitho, Liber ad amicum, Lib. IX: His elatus successibus (vergl. ob. S. 316 n. 145) derepente Italiam intravit (sc. Heinrich IV.). Et post pasca, ducens suam bestiam (sc. Wibert), Romam tendit (Jaffé, Biblioth. rer. German., II, 677), und Bernold: inde (sc. von Verona) ad invadendam Romam, cum suo non apostolico set apostata Guiberto, sipote domni apostolici non semel perjuro et anathematizato, profectus est (SS. V, 437) — keineswegs steht, die ja Ravenna gar nicht nennen. Bei der sichtlichen Eile, die Heinrich IV. hatte, würde er ohne Zweifel den starken Umweg von Pavia über Ravenna nach Rom nicht gemacht haben, wenn Wibert schon bei ihm gewesen wäre; jedenfalls wollte sich auch der König in Ravenna persönlich zeigen. Auf eine wichtige von Wibert noch am 6. Mai ausgestellte Urkunde macht Köhncke, 44 u. 45, aufmerksam: es ist die Vereinigung der Geistlichkeit der erzbischöflichen Kirche in einem Kanonikatsstifte.

Heinrich IV. blieb wahrscheinlich während der ersten Woche des Mai bei Wibert in Ravenna und war da beschäftigt, aus dem Gebiete von Ravenna selbst und der anstoßenden Mark Fermo noch weitere Kräfte für den Zug nach Rom heranzunehmen; es hieß, er wolle um Pfingsten nach Rom kommen. Ueber diese Sachlage, ebenso über die Anknüpfung mit Herzog Robert wurde, wie schon erwähnt ist, der Papst durch die Gräfin Mathilde sogleich unterrichtet; dabei vernahm er noch, daß beim Durchzuge dem König und seinem nicht großen Heere die Lebensmittellieferungen verweigert worden seien — eine Nachricht, die allerdings für alle jene Gebiete, wo man ihn mit Zustimmung willkommen hieß, nicht zutreffend sein konnte —, und deßhalb meinte Gregor VII., wie er in einem Schreiben an Abt Desiderius von Monte Cassino wenigstens sich den Anschein gab, in einen wirklich eintretenden Vormarsch des Königs noch Zweifel setzen zu dürfen[59]). Aber alsbald wurde von Heinrich IV. der Appennin, wohl in der zweiten Woche des Monates[60]),

[59]) Der in n. 50 zuerst citirte Brief J. 5218 beginnt mit der Nachricht: quod, sicut pro certo didicimus, Heinricus dicitur rex in suburbanis Ravennae moratur, disponens, si poterit, Romam circa pentecosten (23. Mai) venire (: folgt die Stelle von n. 54). Audivimus autem: quod ex his, qui circa Ravennam vel in marchia morantur, putet exercitum, cum quo veniat, colligere. Quod fieri minime credimus, quoniam nec etiam fotrum (vergl. Waitz, l. c., VIII, 169 n. 5, 232) ex his, per quos transitum habet, habere potest. Jetzt wendet sich der Papst an Abt Desiderius: Tu vero ipse, amande frater, cognoscis, quia, si nos amor justitiae et honoris sanctae ecclesiae non teneret tamque pravae voluntati ac nequitiae regis et suorum vellemus favere, nullus aliquando praedecessorum nostrorum ab antecessoribus regibus seu etiam archiepiscopis tam amplum et devotum servitium, sicut nos ab hoc rege et ab archiepiscopo (sc. Wibert), habere potuerunt. Verum, quoniam et illorum minas et servitia pro nichilo ducimus (vergl. die ob. S. 363 angeführten ähnlichen Worte in J. 5208: illius, sc. Heinrich's IV., superbiam parvi pendimus), magis, si necesse fuerit, mortem suscipere parati erimus, quam impietatibus eorum assensum praebere aut justitiam relinquere. Quapropter rogamus atque monemus, ut, quemadmodum te decet, ita nobis adhereas, quatenus sanctae matris tuae Romanae ecclesiae honor, quae de te multum confidit, nunc et semper robur optineat. Nach den in n. 51 und n. 50 mitgetheilten Stücken kommt am Schlusse: Sed prudentia tua sollicite invigilet et, quid super hac re actum sit, diligenti examinatione cognoscat. Tu ipse etiam quantocius ad nos propera. Scias praeterea, quod Romani et, qui circa nos sunt, fide et prompto animo Dei et nostro servitio parati per omnia existunt (l. c., 485 u. 486). Sander, l. c., 75 n. 1 u. 6, sowie 182 (Excurs § 9, über die Datirung dieses Briefes J. 5218), zeigt, wegen der Erwähnung der durch Mathilde an Gregor VII. weiter gegebenen, jedenfalls schleunigst berichteten Neuigkeiten, daß Heinrich's IV. Ankunft in Ravenna in das erste Drittel des Mai anzusetzen ist, worauf Gregor VII. spätestens um die Mitte des Monates diese Dinge wußte und etwa in der zweiten Maiwoche diesen Brief an Desiderius abgehen ließ. Was die so große Zuversicht anscheinend ausdrückenden Worte Gregor's VII., von Heinrich's IV. und Wibert's amplum et devotum servicium, betrifft, so hat Sander, l. c., 79 n. 2, jedenfalls Recht, wenn er leugnet, daß diese absichtlich optimistisch gehaltenen Aussagen irgend einen Hinweis darauf enthielten, daß neue unmittelbare Anerbietungen Heinrich's IV. vorangegangen wären.

[60]) Wegen der in n. 58 erwähnten Urkunde Wibert's vom 8. Mai, dem letzten Tage der ersten Maiwoche, muß der Aufbruch von Ravenna etwa am 10. oder 11. Mai (vergl. Sander, l. c., 81 n. 2) geschehen sein.

überstiegen, und ungefähr in die Mitte des Mai fällt ein kurzer Aufenthalt in dem auf der toscanischen Seite des Gebirges hoch über dem Thale des oberen Arno liegenden Kloster Vallombrosa, wo dem Heere nach Uebersteigung des höchsten Kammes der Gebirgskette die nothwendige Ruhe gegönnt wurde[81]).

Heinrich IV. wurden hier in Vallombrosa die Angelegenheiten einer Stadt vorgelegt, die bisher zu den wichtigsten Abtheilungen im südappenninischen Machtbereiche der Gräfin Mathilde gezählt hatte. Lucca war schon, seit Bischof Anselm da 1073 als Bischof eingesetzt worden war, von Bewegungen gegen die von diesem eifrigen Anhänger Gregor's VII. vertretenen Bestrebungen erfüllt. Dadurch daß Anselm den Kanonikern des Domstiftes St. Martin eine strengere neue Ordnung auflegen wollte, gerieth er mit ihnen in einen langwierigen Zwist, in den auch Gregor VII., selbst anwesend, 1076 und hernach noch mehrfach durch Absendung von Schreiben, endlich in Verhängung der Excommunication eingriff, worauf 1080 nochmals eine Synode gegen die Verschwörer die kirchliche Strafe aussprach; augenscheinlich hatte sich der Gegensatz von den Geistlichen auf die Bürger der Stadt Lucca selbst ausgedehnt. Ein Subdiakon Petrus galt in den Augen der dem Bischof anhänglichen Partei als Hauptanzettler; der Graf Ugiccio, der Bruder des in der Grafschaft Chiusi ansässigen Grafen Rainerius, betheiligte sich von außen her an der Anfeindung Anselm's. So traf die Nachwirkung jener Niederlage des Heeres der Gräfin Mathilde bei Volta auch den Bischof von Lucca, und wahrscheinlich noch vor dem Ende des ablaufenden Jahres mußte er flüchtig davon gehen; die Empörung gegen ihn war schon im Vertrauen auf das baldige Erscheinen Heinrich's IV. in Italien geschehen. Offen schloß sich dann die Stadt, die dabei auch gegen Mathilde sich durchaus erklärte, dem Könige an, und eben in Vallombrosa erschien vor ihm eine Gesandtschaft aus Lucca, die den Subdiakon

---

[81]) Diese Ergänzung des Itinerars geht aus der poetischen Vita Anselmi Lucensis episcopi des Rangerius hervor, die — vergl. Bd. II, S. 163 n. 93 — bis jetzt nur in der äußerst seltenen 1870 in Madrid erschienenen Ausgabe von Vincentius de la Fuente vorliegt; der Text wird SS. XXX zum Abdruck gelangen, und durch die Gefälligkeit der Centraldirection der Monumenta Germaniae konnte hier der für jenen Neuabdruck bereinigte Text in der Madrider Ausgabe benutzt werden, so daß also überall die Verse in der Zählung jener künftigen Ausgabe citirt werden. Das hier in Frage kommende Stück, v. 4286 ff., gehört einem jener Abschnitte an, die von Rangerius selbständig verfaßt und nicht der Vita Anselmi des Bardo entnommen sind; es lautet: Jamque per angustos aditus rex advolat, atque fessus in Umbroso gramine (poetische Umschreibung des Namens Vallombrosa) castra locat. Nec Uuitbertus abest, dux et comes impietatis, deducens secum caecos ad interitum, und Overmann, in der im Neuen Archiv der Gesellschaft für ältere deutsche Geschichtskunde, XXI, gebrachten Abhandlung über Rangerius zeigt, 430 u. 431, daß dieser Aufenthalt in Vallombrosa (vergl. Bd. I, S. 81) hieher in den Mai 1081 fallen muß. Nach dem Besuch von Vallombrosa fiel ohne Zweifel der in n. 84 erwähnte Aufenthalt in Arezzo (Sander, l. c., 92, setzt ihn weniger gut erst in den Juli).

Petrus als Bischof für sich erbat, ein Wunsch, den Heinrich IV. erfüllte[88]).

[88]) Vergl. Bd. II, S. 354 u. 355, 768 u. 769, sowie ob. S. 317. Bardo, Vita Anselmi, führt zuerst, c. 6, die Bemühungen des Bischofs gegenüber den canonici ecclesiae majoris in civitate Lucana ... in honore sanctissimi episcopi et confessoris Martini dedicata, nämlich: ut regularem agant vitam, wozu er nach c. 7 die hier eingehender charakterisirte Mathilde zur sui studii adjutrix anrief, vor, ferner, wie — c. 8 — in dieses Geschäft auch Gregor VII. zuerst in Lucca anwesend (wohl Ende 1076: vergl. Bd. II, S. 739, n. 190), hernach nec semel aut bis, sed saepe ac multum handelnd eingriff (vergl. auch J. 5045, Registr. V, 1, vom 11. August 1077, J. 5092, Registr. VI, 11, vom 28. November 1078, J. 5136, Registr. VII, 2, vom 1. October 1079, die zwei ersten an die canonici selbst, das dritte an Lucensis clerus et populus über gegen diese verhängte kirchliche Strafen), bis endlich 1080 — nach cc. 8 u. 9 — quamplures episcopi ... cum Lucensi episcopo sancto Anselmo, wobei der ob. S. 182 erwähnte Cardinalbischof Petrus von Albano Gregor VII. vertrat, die Excommunication gegen die Widerspenstigen nochmals aussprachen —: in c. 9 folgt dann: unde insolabiliter illi (sc. conspiratores) dolentes et indignati totam civitatem malitiose commoverunt, freti auxilio perditissimi hominis quondam dicti regis Heinrici (Sander, l. c., 69, n. 4, sieht hierin richtig einen Hinweis darauf, daß Heinrich's IV. Ankunft in Italien da schon vorauszusehen war) religiosissimum episcopum a civitate repulerunt (: nun folgt der Satz von ob. S. 317 n. 147). Hujus utique conspirationis praefatae caput et princeps fuit quidam nomine Petrus, falsa professione canonicus, ordine dampnationis suae subdiaconus, mente superbus, incontinens moribus, verbis procax, corpore incompositus, vir sanguinum et fomes omnium spurcitiarum. Qui propter immensitatem malitiae suae factus est subito contumax praeco Heinricianae tyrannidis, et post aliqua fit etiam familiaris curiae iniquitatis, quam justa quidem interpretatione a cruore dico cruriam, vel potius universae turpitudinis sentinam, hernach in c. 10: Hic denique post tempora non plurima, veniente in Tusciam Heinrico cum haeresiarcha Wiberto ... quoniam instanti videbatur opportunus insanire, eo quod nec in Deum timorem nec reverentiam habebat in hominem, imponitur episcopus erroris ejusdem Lucanae civitatis, qui, adjunctis sibi totius terrae nequissimis, videlicet perjuris, latronibus, fornicariis et adulteris, terram ecclesiae invadit, castella et homines vi aut fraude vel precio sibi asciscit. Unum solummodo castrum (nach Rangerius, v. 4880 ff., die Bergfeste Mariana, jetzt Moriano, über Ponte Moriano am Serchio flußaufwärts nördlich von Lucca, ein bischöfliches Schloß, das in sehr nachhaltiger Weise die Straße nach der Lombardei, nach Modena, zu sperren vermochte), venerabili remansit episcopo, quod etiam tyrannus ille, eo quod civitati erat proximum, quasi quotidie incurrens devastavit praediis, incendiis atque homicidiis. Ille autem mansuetissimus omnium omnia gaudens sustinuit, paupertatem pro Christo optavit, qui et duobus capellanis contentus ac paucis servientibus cum reverendissima matrona (sc. Mathilda) humilis permansit (SS. XII, 15 u. 16: — cc. 11 u. 12, l. c., 16 u. 17, handeln dann noch weiter von der altera Delbora, sola atque unica dux et marchionissa Mathilda in fide permanens — ne tanquam sola deficiat, custodienda .... commendator a beatissimo magistro, sc. Gregor VII., fidelissimo discipulo, sc. Bischof Anselm, wozu die Worte: Mater, ecce filius tuus und Ecce mater tua des Gekreuzigten herangezogen werden: — am Schlusse heißt es von Bischof Anselm: ipse suo a magistro beatissimo papa Gregorio sic didicerat). Noch am 14. October 1080 erscheint Anselm in einer Urkunde für Lucca, nachher nicht mehr (Memorie e documenti per servire all' istoria del principato Lucchese, V, 1, 355: vorher, 352, ist die von Bardo, c. 8, erwähnte bischöfliche Versammlung apud sanctum Genesium als zu 1080 gehörend festgestellt). Auf Anselm's Vertreibung aus Lucca bezieht sich auch Gregor's VII. Schreiben J. 5219 an zwei Geistliche, die für Ugicio Bulgarelli filius de renta

Inzwischen war die Zeit des Pfingstfestes herangekommen, und Gregor VII. mußte jetzt das Ausrücken des königlichen Heeres vor Rom erwarten.

Der Papst hatte sich angestrengt, zur Abwehr des Feindes die Maßregeln zu ergreifen, die im Bereiche der Möglichkeit lagen. Die Befestigung der Städte und Burgen war verstärkt worden[83]), und jedenfalls hatte sich diese Fürsorge ganz voran auch auf die Mauern von Rom selbst erstreckt. Dann war aber nochmals der ernsthafte Versuch gemacht worden, die normannische Waffenhülfe heranzuziehen. Wohl in der ersten Hälfte des Mai schickte der Papst an Herzog Robert, der noch in Salerno weilte, ein Hülfsgesuch des Inhaltes, der Herzog möge sein kriegerisches Unternehmen, das ihn über das Meer hinüber an die Küsten des illyrischen Landes führen würde, verlagen und statt dessen zunächst mit seiner Waffenmacht der römischen Kirche gegen Heinrich IV. Beistand leisten[84]), und wahrscheinlich gleich darauf ging jener schon erwähnte Brief an Abt Desiderius ab. In demselben zeigte Gregor VII. allerdings, wie er sich den Anschein gab, noch guten Muth. Er meinte, wenn ihn nicht die Liebe zur Gerechtigkeit und zur Ehre der römischen Kirche abhielte, würde er von Heinrich IV. und von Wibert so umfangreiche und so ergebene Dienstleistung

---

suo non resipiscens neque culpam suam confitens sich verwendet haben, einen der principes Tusciae, comes (über Ugiccio vergl. schon ob. S. 109), der an der sacrilega conspiratio Lucensium theilnahm: episcopum Lucensem legaliter et canonice ordinatum de ecclesia sua expelli consensit vel permisit (Neues Archiv — etc. —, IV, 403: wenn Davidsohn, Geschichte von Florenz, I, 270 u. 271, in diesem Schreiben schon das Anzeichen der Rückkehr Ugiccio's zu Gregor VII. sehen will, so geht er darin viel zu weit, wenn auch — nach der am 4. Januar 1082 geschehenen Dankbezeugung Ugiccio's an den als Vermittler aufzufassenden Petrus Igneus — eine Annäherung nachher eingetreten zu sein scheint). Außerdem aber ist Rangerius als junger Priester ein Augenzeuge aller dieser Vorgänge in Lucca gewesen, und so widmete er einen an Anschaulichkeit und frischer Lebendigkeit ganz besonders hervorragenden ansehnlichen Theil seines Werkes, v. 4260—5777, diesen Ereignissen, die Anselm, dessen Vertreibung, die Einsetzung des Petrus als Bischof, die weiteren daran sich anschließenden Kämpfe, u. s. w., betreffen. Nach seinem Zeugniß kam eben nach Vallombrosa eine Gesandtschaft aus Lucca, um von Heinrich IV. Petrus als Bischof zu erbitten, was der König erfüllt: — v. 4292 ff.: Mittit ad Henricum mercari pontificatum et Guibertino se dare servitio. Nec mora: promissis vendit festinus uterque, praeventus fama criminibusque viri.

[83]) Das hebt Sigeberti Chron. hervor: contra quem (sc. Heinrich IV.) papa urbibus et castellis munitis se ad rebellandum (das bezieht sich auf das in c. 33 stehende Wort der von Sigebert aufgenommenen Stelle der Annal. Leodiens.: ad debellandum papam) accingit (SS. VI, 364).

[84]) Die Alexias, Lib. I, c. 13, berichtet: *Ἐνθύμιον ἐνταῦθα* (sc. infolge des vorher erwähnten Anrückens Heinrich's IV.) *λαμβάνει ὁ πάπας τὰς συνθήκας καὶ τοὺς ὅρκους τοῦ Ῥομπέρτου καὶ διαπρεσβεύεται πρὸς αὐτὸν εἰς συμμαχίαν ἀποπειρώμενος. Καὶ δὴ κατὰ ταὐτὸν καὶ ὁ Ἑνρῖχος συμμαχίαν ᾔτει, πέμψας κατὰ τῆς πρεσβυτέρας Ῥώμης ὁρμώμενος* (vergl. ob. in n. 51). *Ἀλλ' ἔδοξεν ἑκάτερος τότε λῆρος Ῥομπέρτῳ τοιαῦτα ἐπιζητεῖν*, dazu in c. 14: *Ταῦτα μὲν ἐν Σαλέρνῳ συνεπεπτώκει Ῥομπέρτῳ, πρὶν εἰς Ὑδροῦντα παραγενέσθαι* (l. c., 48, 49).

empfangen können, wie je einer seiner Vorgänger von irgend einem König oder Erzbischof, daß er aber, obschon er die Drohungen und die Dienste der Beiden ganz gering schätze, dennoch lieber den Tod erleiden, als ihren Gottlosigkeiten zustimmen würde. So bat er den Abt, der heiligen Mutter Kirche treue Anhänglichkeit zu bewahren und vorzüglich hinsichtlich der zu befürchtenden Anknüpfung Heinrich's IV. mit Robert nach seiner Klugheit eifrig zu wachen und fleißig zu prüfen, was darin geschehen sei; auch sollte Desiderius so rasch wie möglich zum Papste eilen. Dann gab schließlich Gregor VII. beruhigende Auskunft über die Lage in Rom: „Du magst wissen, daß die Römer und die um uns sind, in Treue und willfährigem Muthe für Gottes und für unseren Dienst in allen Dingen gerüstet stehen“ [65]).

Allein Robert war nicht Willens, das Gesuch des Papstes zu erhören. Zwar gab er zu erkennen, daß wirklich Heinrich IV. ihm die von Gregor VII. in Erfahrung gebrachten Eröffnungen habe zugehen lassen, fügte aber zugleich bei, er habe ablehnend darauf geantwortet —: allerdings war dieser mündlich ertheilte zurückweisende Bescheid in verbindlicher Form geschehen. Doch andererseits enthielt auch der von dem Herzog — noch aus Salerno — an Gregor VII. abgesandte Brief, der auf das Hülfsgesuch erfolgte, einen Abschlag: — hätte er gewußt, daß der feindliche Angriff bevorstehe, so würde er die Rüstung zur Fahrt nach dem Osten nicht begonnen haben; doch jetzt seien die Vorbereitungen schon zu solchem Umfange gediehen, daß von einer Aenderung hier keine Rede mehr sein könne [66]). Es war jedenfalls nur ein sehr schwacher Ersatz für die in solcher Weise unmittelbar abgeschlagene Hülfe nach Rom, wenn der junge Roger und die ihm zur Seite gestellten Räthe, darunter der in Rom mit Recht so scheu angesehene Robert von Loritello, den Auftrag erhielten, in Herzog Robert's Abwesenheit dem Papste die Hülfeleistung, zu der sie sich in den Stand gesetzt sehen würden, nicht zu verweigern [67]). Denn jetzt hielt es

---

[65]) Vergl. die Worte in n. 59.

[66]) Im Anschlusse an die Stelle von n. 64 heißt es, Alexias, in c. 13: *Ἐκεῖνος* (sc. Robert) *δὲ πρὸς μὲν τὸν ῥῆγα ἄλλον τρόπον καὶ ἀγράφως ἀπεκρίνατο, πρὸς δὲ τὸν πάπαν ἐπιστολὴν διεχάραξεν* (: der Wortlaut des wohl von Anna Komnena selbst componirten hier eingeschalteten Briefes stimmt mit der Angabe des Guillermus Apuliensis). *Οὕτως ἐκεῖνος καὶ ἀμφοτέρων τῶν εἰς συμμαχίαν καλούντων τοὺς πρέσβεις, τοὺς μὲν ἐν τῇ ἐπιστολῇ ταύτῃ, τοὺς δὲ πιθανοῖς τισι λόγοις διακρουσάμενος ἀπεπέμψατο* (l. c., 48), und ähnlich entnahm Guillermus Apuliensis, l. c., v. 177—184, der gleichen vorliegenden normannischen Quelle die folgenden Nachrichten: Dux quamquam placidi dederit responsa favoris, legati (sc. regis) redeunt sine quolibet emolumento. Gregorio papae, cui pura mente favebat, omnia notificat damnati nuncia regis, et que fatetur iter nullatenus illud inisse, adventum hostilem praenoscere si valuisset; sed quia jam tantos compleverat ipse paratus, a tantis se posse negat desistere coeptis (l. c., 283).

[67]) Wieder sprechen Alexias, Lib. I, c. 14, in Bezug auf die Bestellung der Verweserschaft Roger's — vergl. S. 375 — *ἐπέταξεν* (sc. der Herzog), *ἐπειδὰν ὁ τῆς Ῥώμης θρόνος πρὸς βοήθειαν αὐτοὺς* (sc. Roger und Robert

den Herzog nicht mehr länger in Italien. Es hatte dem Kaiser Alexios nichts genützt, daß, um den Vater zu beschwichtigen, der Braut Constantin's, die als Schwiegertochter des gestürzten Kaisers Michael VII. in Aussicht genommen gewesen war, Helena, größte Aufmerksamkeit bewiesen wurde. Der Herzog hatte durch die Anknüpfung mit Monomachatos, durch die Vorraussendung der schon im März abgeschickten Flotte, durch die umfassenden Rüstungen zu Wasser und zu Lande im Gegentheil den neuen Herrscher in Constantinopel genöthigt, durch stärkere Befestigung der Westküste, durch Maßregeln zur Sicherung von Durazzo sich gegen den von Apulien her drohenden Angriff sicher zu stellen. So war Robert selbst noch etwa um die Mitte des Mai von Salerno nach Otranto aufgebrochen, wo die Flotte sich sammelte; in Brindisi hatte er vorher den von Byzanz, ohne einen Erfolg seiner Botschaft, zurückgekehrten Grafen Raoul getroffen, der zu seinem Unheil den Herzog von der Abfahrt abzumahnen suchte und außerdem noch dadurch dessen Zorn erweckte, daß er nach in Constantinopel gewonnener genauester Kenntniß den angeblichen Kaiser Michael, der sich unter Robert's Schutz befand, offen als schamlosen Betrüger hinstellte: dafür mußte er schleunigst durch Flucht der Gefahr, mit dem angedrohten Tode bestraft zu werden, sich entziehen. Von Otranto aus stach dann Herzog Robert mit einem sehr ansehnlichen Heere von normannischen Rittern und sonstigen Kriegern ungefähr am 20. Mai in See[33]).

Als in solcher Weise der Bundesgenosse, auf den Gregor VII. noch immer, trotz der ohne Frage im Innern gehegten Zweifel, gerechnet hatte, Italien verließ, war Heinrich IV. in voller Annäherung an Rom begriffen. Einige Namen aus seiner Umgebung stehen sicher fest. Außer Wibert, um dessen Einsetzung in Rom es

von Loritello) προσκαλοῖτο κατὰ τοῦ Ἐνερίχου ῥηγὸς προθυμότατα πρὸς αὐτὸν ἀφικέσθαι καὶ τὴν δυνατὴν εἰσενεγκεῖν συμμαχίαν (l. c., 49 u. 50), sowie Guillermus Apuliensis, l. c., v. 198 u. 199: Hos (sc. Roger und seine ihm beigegebenen Rathgeber) rogat, ut papae solatia, siqua valebunt, non adhibere negent (l. c.).

[33]) Vergl. über den hier gleichfalls nicht näher zu behandelnden Ausbruch Robert Guiscard's Sander's Excurs § 10, l. c., 182—187, wo einige Verwechslungen zwischen den Expeditionen von 1081 und 1084, die aus der Alexias in die sonst erschöpfende und noch am eingehendsten dieses Thema behandelnde Arbeit von K. Schwartz, Die Feldzüge von Robert Guiscard gegen das byzantinische Reich (Fulda, 1854), übergingen, verbessert werden und die Abfahrtszeit von Otranto, nicht von Brindisi (immerhin irrt Sander, 184, wenn er sagt, Raoul — Alexias, Lib. I, c. 15: ἤγγελτο — sc. Robert — τῷ Βορτζηλῷ ... τὸν Βελανιώδην ὁ Ῥαούλ — l. c., 51 — sei in Otranto mit dem Herzog zusammengetroffen), festgestellt wird. Vergl. außerdem von Heinemann, l. c., 306, 310 ff., wonach die Abfahrt „noch im Mai" geschehen sein soll. Wegen der schonenden Behandlung der Helena durch Alexios vergl. Guillermus Apuliensis, l. c., v. 155—158: Roberti genitae non parvum blandus honorem exibet, audierat quem velle venire; laborans pacificare ducem, quo sic avertere mentem posset ab inceptis (l. c., 282).

sich handelte, und dem italienischen Kanzler Bischof Burchard von Lausanne waren das die Erzbischöfe Thebald von Mailand, Liemar von Hamburg-Bremen, der zuletzt im vorhergehenden Jahre in Rom als Vertreter Heinrich's IV. gewesen war und jetzt unter den Räthen des Königs ganz voranstand[9]), ferner der seit dem Ende des letzten Jahres von Gregor VII. gänzlich verworfene Erzbischof Manasses von Reims, der aber nach der Versicherung des Bischofs Benzo als Beauftragter des französischen Königs Philipp nunmehr dem gebannten deutschen Herrscher gegen den Papst folgte[10]); eben auch der nie ermüdende Feind der Pataria und Gregor's VII., Bischof Benzo von Alba, kam jetzt, wie einst vor neunzehn Jahren mit Cadalus, gleichfalls wieder gegen Rom heran. Sehr wahrscheinlich war der junge Sohn des Königs, Konrad, im Lager des Vaters, und es ist nicht ausgeschlossen, daß lombardische Bischöfe, vielleicht auch der Patriarch von Aquileja und Sprengelbischöfe seiner Provinz, einzelne Markgrafen von Oberitalien, die wenigstens nachher im königlichen Gefolge erscheinen, bereits vor Rom anwesend waren[11]).

[9]) Annal. Stadens.: Rex Heinricus Romam profectus est habens in comitatu suo Liemarum Bremensem archiepiscopum, penes quem tunc summa consilii erat (SS. XVI, 316).

[10]) Vergl. ob. S. 320 in n. 152. Wiedemann, in der l. c. genannten Dissertation, 64, nimmt nach der Angabe des Guibert von Nogent, De vita sua, Lib. I, c. 11, über Manasses: . . . exilio relegatus aeterno, cum se ad excommunicatum tunc temporis Heinricum imperatorem ipse excommunicatus contulisset, hac illacque oberrans sine communione postremo defungitur (in Bouquet, Recueil des historiens des Gaules et de la France, XII, 248) an, daß der gebannte Erzbischof schon vorher an Heinrich's IV. Hof nach Deutschland sich begeben habe. Daß er Gesandter des Königs Philipp I. gewesen sei, hat vielleicht nur Benzo hinzu gedichtet.

[11]) Sander stellte, l. c., 81, n. 3—10, die Persönlichkeiten in Heinrich's IV. Umgebung, mit den Beweisen, zusammen. Ganz sicher belegt sind Wibert in den schon in n. 58 erwähnten Zeugnissen, Erzbischof Thebald — Ambrosianus vicarius, universae Liguriae archos et primarius —, Erzbischof Manasses — nobilis et litteratus, Phylippi regis Franciae venerabilis legatus — und Bischof Benzo — in seinem Selbstzeugniß: Surrexit frater Benzo, Albensis episcopus, qui erat unus de numero residentium — durch Benzo's schon ob. S. 2[illegible]9 in n. 95 erwähnte Praefatio zu Lib. VI seines Werkes (SS. XI, 656—658, speciell 657), Bischof Burchard von Lausanne cancellarius als Recognoscent von St. 2832 und 2833 (hier auch: pro consilio et interventu fidelis nostri Burchardi — etc.), Erzbischof Liemar durch Heinrich's IV. Zeugniß in St. 2851, von 1083, in den Worten: tribus vicibus ad expugnandam urbem Romam et capiendam nobiscum venerat. Sollte anzunehmen sein, daß der am 20. Juli nachher in Lucca eintretende Intervenient von St. 2839 filius noster Conradus und die als Italien angehörenden Zeugen der Handlung noch außer Thebald genannten sieben Bischöfe, drei Markgrafen und weitere Persönlichkeiten den König auch schon nach Rom begleitet hätten, wie Sander muthmaßt, so würde Heinrich IV. von sehr reichlichen Contingenten aus Oberitalien begleitet gewesen sein. Doch können diese letzteren ebenso leicht auch erst nachträglich zu dem Könige, nach dessen Abzug von Rom, gestoßen sein. Vielleicht darf auch darauf hingewiesen werden, daß Benzo mehrere der ihm so wohl bekannten, von ihm in Gedichten — vergl. ob. S. 262 ff. — angeredeten lombardischen Bischöfe, nach seiner wortreichen Weise, würde bei der Berathung der sapientes episcopi

Der König hatte in geschickter Weise schon vor seinem Eintreffen vor der Stadt die Römer zu beruhigen, auf seine Ankunft vorzubereiten, sie für seine Sache zu gewinnen versucht. Das geschah in einer Erklärung an Geistlichkeit und Volk von Rom, in der des Königs Absichten erklärt wurden: „Mit wie großer Treue und welchem Wohlwollen Ihr unseren Vater heiligen Angedenkens geehrt habt, und mit wie großer Ehrerbietung er selbst öffentlich und für sich allein sowohl die Würde Eurer Kirche, als die gesammte Hoheit des römischen Namens gefördert hat, haben wir durch die sehr zahlreiche Berichterstattung der älteren Großen unseres Reiches erkannt. Aber in nicht geringerer Liebe und Ehrfurcht habt Ihr nach seinem Tode unsere Kindheit gehegt, und durchaus seid Ihr in getreuer Beharrlichkeit, so weit das infolge der Gottlosigkeit gewisser schädlicher und übermüthiger Menschen möglich war, uns hülfreich geblieben. Allein daß wir nicht Eurer so beständigen Liebe in schuldiger Erwiderung durch Darbringung von Dank vergolten haben, daran lag die Ursache zuerst in der Ohnmacht des Lebensalters. Nachdem wir aber in die Mannesjahre eingetreten sind, hat eine so große Wuth grausamer Treulosigkeit gegen uns sich aufgebläht, daß die höchste Nothwendigkeit uns zwang, zu deren Unterdrückung alle Sorge unserer Lebensarbeit aufzuwenden. Jetzt jedoch, weil wir nicht durch unsere, sondern durch Gottes Kraft mit dem Schwerte sowohl das Leben, als den Uebermuth der trotzigsten Feinde vernichtet und zum größten Theile die Glieder des gewaltsam getrennten und zersprengten Reiches wieder zusammengebracht haben, nehmen wir uns vor, zu Euch zu kommen, nämlich dazu, um mit der gemeinsamen Zustimmung und Gunst von Allen unter Euch die uns geschuldete und erbliche Würde von Euch zu empfangen und Euch die verdienten Gunstbezeugungen in jeder Gattung von Ehre zuzutheilen. Wir wundern uns aber, daß, obschon unser Anmarsch bekannt ist, keine Gesandtschaft von Eurer Seite nach der üblichen Sitte uns entgegenkommt. Denn daß wir dessen überhoben gewesen sind, unsere Gesandten an Euch zu schicken, wißt Ihr selbst, da unsere Abgesandten, in Ehren stehende und verehrungswürdige Männer (das Schreiben zielt hier auf Erzbischof Liemar und Bischof Ruopert von Bamberg), in entehrender Schmach von dem, durch den es am wenigsten hätte geschehen sollen, im vorhergehenden Jahre über die Rohheit aller Barbaren hinaus behandelt worden sind. Da jedoch diese gleichen Störer des Friedens und der Eintracht uns aufgebürdet und gegen uns ausgestreut haben, die Absicht unserer Ankunft sei die, daß die Ehre des heiligen Petrus, des Apostelfürsten, vermindert und Euer Aller Gemeinwesen durchaus zerrüttet werde, so haben allerdings jene hierin nichts gethan, das ihren Sitten widerspräche. Aber getreulich machen wir Euch bekannt, daß das gänzlich unser Wille und unsere

---

et opinaties profundioris consilii eingeflochten haben (vergl. in n. 75), wenn sie schon vor Rom anwesend gewesen wären.

Meinung ist, so viel an uns liegt, Euch friedfertig zu besuchen, so daß dann, unter Zusammenlegung des Rathschlages vorzüglich von Allen unter Euch und Anderer von unseren Getreuen, die langwierige Zwietracht zwischen Königthum und Priesterthum aus dem Wege geräumt und Alles im Namen Christi zum Frieden und zur Einigkeit zurückgerufen werde“ [75]).

Jetzt rückte Heinrich IV. vor Rom auf. Es war wohl am Freitag vor dem Pfingstfeste, am 21. Mai, als sein Heer auf dem rechten Tiberufer, nördlich vor der Leo-Stadt, erschien, und dann am folgenden Tage wurde wahrscheinlich auf den sogenannten neronischen Wiesen das Lager aufgeschlagen [76]). Denn der Versuch

[75]) Das Manifest: clero populoque Romano, majoribus et minoribus steht im Codex Udalrici Nr. 66 (Jaffé, Biblioth. rer. German., V, 138 u. 139) und ist, wie Floto, Kaiser Heinrich IV. und sein Zeitalter, II, 245, richtig sagt — vergl. die Worte: ad vos venire intendimus — unterwegs, „etwa von Toskana aus“, erlassen worden. Giesebrecht, III, 1167, in den „Anmerkungen“, möchte Liemar als Verfasser annehmen, vielleicht auch, weil von dessen Thätigkeit als Vertreter Heinrich's IV. in Rom 1080 speciell darin die Rede ist (vergl. ob. S. 251, wo in n. 20 der Inhalt mitgetheilt ist — die diesen Hinweis auf jene legati einleitenden Worte: quod nostros ad vos legatos mittere supersedimus sind auch wieder ein Zeugniß gegen die Glaubwürdigkeit der schon ob. S. 289 in n. 95 zurückgewiesenen Nachricht Benzo's über die Anwesenheit einer römischen Gesandtschaft in Brixen). Daß unter der debita et hereditaria dignitas, die Heinrich IV. von den Römern empfangen will, einzig das Kaiserthum verstanden werden kann, nicht der Patriciat, wie Scheffer-Boichorst, Die Neuordnung der Papstwahl durch Nikolaus II., 107 n. 1, annimmt, ist mit Martens, Die Besetzung des päpstlichen Stuhls unter den Kaisern Heinrich III. und Heinrich IV., 207, ganz festzuhalten.

[76]) Ueber Heinrich's IV. Erscheinen vor Rom berichten von italienischer Seite Bonitho, Lib. IX: Et in vigilia pentecostes in prato Neronis castra metatus est, worauf in Ausrufen und Fragen bewegte Sätze folgen, die mit dem ironischen: Quam a Romanis honorifice suscipiebatur (sc. Wibert)! Nam cernere erat pro cereis lanceas et pro clericorum choris armatos, pro laudibus convicia, pro plausibus ululatus abschließen (l. c., 677), ganz besonders eingehend aber Benzo, zuerst am Eingange des in n. 71 erwähnten Zusammenhanges: Venit igitur sexta feria ante pentecosten ad diem constitutum (vergl. ob. S. 296, wozu in n. 95 von S. 289); sed Romani, prevaricatores effecti, clauserunt ei introitum. Rex vero, commotus ira iustissime indignationis, precepit figi castra in prato Neronis. Prandellus itaque, qui Romuleos fascinaverat, ascendit in Crescentii castellum, monuit quod nullus eorum exiret ad bellum (hernach legt Benzo dem Papste, ebenso den sapientes episcopi et optimates profundioris consilii — circumsteterunt domino nostro regi — directe Reden in den Mund), hernach Lib. VI, in dem langen, zu 1082 in n. 34 erörterten Gedichte von c. 4: Post hec ventum est ad Romam, summere imperium; sed turbavit Agarenus nostrum desiderium, viam sepsit, qua transitur ad Petri pomerium (daraus ist nicht zu schließen, daß etwa normannische Hülfstruppen, Schaaren des jungen Roger, Gregor VII. zur Verfügung standen, wie von Heinemann, l. c., 316 n. 1, vorschlägt, sondern nur mit Sander, l. c., 83, anzunehmen, man habe eben im Umkreise Heinrich's IV. gern auf einen bestimmten Grund den widerwärtigen in Rom vorgefundenen Widerstand zurückgeführt: — SS. XI, 656, 662), die sogenannten Annal. Seligenstadens. (vergl. in n. 54), dagegen von deutschen Quellen Frutolf, Chron. univ.: Romam perveniens in vigilia pentecostes, resistente sibi Hiltibrando papa cum Romanis, ante castellum sancti Petri castra posuit, Marianus Scottus, Chron., a. 1103, resp. 1081: Heinricus rex a pentecosten diebus quadragesima Romam contra Hildi-

des Königs, die Gemüther der Römer für sich einzunehmen, war nicht geglückt. Die Thore der Stadt blieben ihm verschlossen, und als Gregor VII. die Engelsburg bestieg, um von da aus die nahe draußen lagernde Rüstung Heinrich's IV. zu besichtigen, konnte er dessen sicher sein, daß die Stadt Wibert nicht in ihre Mauern aufnehmen und damit auch Heinrich IV. ausschließen werde. Es scheint besonders die ausgesprochene Abneigung der Römer gegen den Erzbischof von Ravenna, den ohne Mitwirkung von römischer Seite erhobenen Erwählten von Brixen, hiebei maßgebend gewesen zu sein. Durch den Anspruch, den Wibert auf den Stuhl von Rom für sich geltend machte, fühlten sich die Römer in ihrem Papste Gregor VII. beleidigt, und Heinrich IV. hatte dafür zu büßen, daß er seit der Versammlung von Brixen seine Sache mit der Wibert's untrennbar verknüpft hatte[14]). So sah eben,

---

brandum papam expugnat, non intrare petivit — Rec. alt., a. 1104, etwas abweichend: a media quadragesima (der Irrthum hat hier seine Fortsetzung gefunden) Romam non intravit usque pentecosten, papa prohibente —, Bernold, Chron. (vergl. in n. 58 —: dann nur ganz kurz: set inacte reversus est, sc. Heinricus) (SS. VI, 204, V, 562—XIII, 79, V, 437). Ueber die Lage der neronischen Wiesen vergl. schon Bd. 1, S. 256, sowie darüber, daß die Einholung eines zur Kaiserkrönung kommenden Königs regelmäßig durch einen feierlichen Auszug des Volkes von Rom vor die Stadt zum Monte Mario, eben zu dieser sogenannten neronischen Wiese, geschah — darauf bezieht sich Bonitho's hohnvolle Anspielung — Waitz, l. c., Bd. VI, 2. Aufl., 240 (mit n. 3) ff. (Gesta Berengarii imperatoris, Lib. IV, v. 111 u. 112: Interea princeps collem, qui prominet urbi, praeteriens, ubi se prato committit amoeno, mit der Glosse: id est prato Neronis: ed. Dümmler, 130). Daß auch bei Rangerius, v. 5780, wo zwar — vergl. Overmann's Abhandlung, l. c., 425 — sich eine unklare Vermischung der Ereignisse des ersten und des zweiten Romzuges findet, unter dem Platz haud procul a muris et Petri sede sacrata die neronischen Wiesen zu verstehen sind, ist durchaus anzunehmen. Die benachbarte Engelsburg — Crescentii castellum (vergl. Bd. 1, S. 255) — war dagegen von 1062 bis 1064 der Stützpunkt des Cadalus gegen Alexander II. gewesen. Betreffend den Tag des Eintreffens des königlichen Heeres vor Rom (nur die Monatsangabe in der Stelle der Annal. Benevent., Cod. 3, ob. in n. 43) ist ein Gegensatz zwischen den Angaben Benzo's — Freitag, 21. Mai — und Frutolf's und Bonitho's — 22. Mai — vorhanden, den Giesebrecht, III, 1167, in den „Anmerkungen", wohl am besten dadurch löst, daß am 22. Mai vielleicht erst das Lager bezogen wurde; ebenso erklärt er den Schreibfehler bei Marianus Scottus, wo es quadraginta heißen muß. Sander, l. c., 82 n. 2, verwirft als ganz unmögliche Angabe den 25. Mai, als Datum der Ankunft, die auf eine gemeinsame Quelle bei Martini Chron., imperatores, und dem Chron. pontificum et imperatorum ex cod. Veneto (SS. XXII, 467, XXIV, 114) zurückgehen muß.

[14]) Sander, der das betreffend die Abneigung gegen Wibert Gesagte, l. c., 83 u. 84, erörtert, macht richtig besonders auf Ausführungen bei Bonitho aufmerksam, schon in dessen in n. 73 noch übersprungenen Sätzen: An non videbant (sc. die spöttisch tanti prudentes viri genannten Anhänger Heinrich's IV.), qui (sc. Wibert) ab eis ducebatur?, dann außer in den schon ob. S. 288 in n. 95 angeführten Stellen wieder in der Gegenüberstellung zu Gregor VII.: Et ille quidem (Gregor VII.) cum Petro regnat in celestibus; hic vero, omnibus odiosus, a nemine viventium, quamvis a quibusdam gratia regis dicatur, (Lücke) et apostolicus habetur, die eine längere Beweisführung für die Unerschütterlichkeit des Pontificates Gregor's VII. einleitet (l. c., 680). Besonders die Annal. Cavens.: obsistentibus Romanis cum papa Gregorio (SS. III, 190)

wie ein gregorianischer Geschichtschreiber spöttisch ausführte, der König „Lanzen statt der Wachslichter, Bewaffnete statt der Chöre der Geistlichen", vernahm er „Schmähungen statt der Lobsprüche, wildes Geschrei statt der Beifallsbezeugungen".

Ganz besonders gestaltete sich die Feier des Pfingstfestes, die nach der Ansicht des Königs durch die Einsetzung Wibert's als Papst und durch die kaiserliche Krönung hätte verherrlicht werden sollen, sehr kläglich, und der Bericht, den Benzo von der Begehung des Tages bringt, klingt, so sehr der Fürsprecher der königlichen Sache das Ganze in hellen Farben erscheinen lassen will, recht ungünstig. Man wollte nämlich im königlichen Lager die an dem hohen kirchlichen Festtage gewohnte Handlung, daß der König zuerst in einer Kirche des Platzes, wo er seinen Aufenthalt hatte, sich in die königlichen Kleider hüllen und die Krone auf sein Haupt setzen ließ, worauf er in eine zweite sich begab und da vor ihm, während er die Krone trug, die Messe gelesen wurde, nicht vermissen, mußte aber, weil hier keine zwei Kirchen zur Verfügung standen, auf ein Auskunftsmittel sich besinnen. Nun nahm später Benzo für sich in Anspruch, daß er in der Berathung, die zwischen den hohen Geistlichen vor dem Angesichte des Königs gehalten wurde, gegen die kleinmüthigere Ansicht des Erzbischofs Manasses und dessen Rath, unter diesen Umständen Verzicht zu leisten, sich erhoben und es durchgesetzt habe, daß an die Stelle der zwei Kirchen zweierlei Zelte gesetzt wurden, ein Vorschlag, dem Erzbischof Thebald zustimmte, den Heinrich IV. selbst als eine Eingebung des heiligen Geistes an Benzo pries, den Wibert auszuführen befahl. So ging nun der feierliche Zug innerhalb der Zelte des Lagers von dem einen in das andere hinüber, und die verschiedenen im Lager vertretenen Völker riefen in ihren Sprachen ihre Lobpreisungen zur Dreieinigkeit empor, während aus den Lagerstätten ringsum die Zinken und Trompeten laut wurden, so daß Gregor VII. wohl auf der Engelsburg den Klang vernehmen konnte[75]).

heben — gleich Frutolf (vergl. in n. 73) — das Gemeinsame im Thun gegen Heinrich IV. hervor.

[75]) Benzo spricht lang und breit in der schon in n. 71 citirten Praefatio von dieser Angelegenheit, so sehr, daß Gfrörer, Pabst Gregorius VII. und sein Zeitalter, VII, 810 u. 811, obschon er die Handlung als „Fastnachtsspiel", als „einfältige Mummerei" bezeichnet, meinte, das Ganze sei eine „Kaiserkrönung" gewesen, von der freilich später, da man sich ihrer schämte, nirgends mehr die Rede gewesen sei (Inhaltsverzeichniß, XX). Bei der Nähe der Engelsburg mag der Zug wahr sein: Quarum (sc. tubarum) bombis atque tonitruis Sarabaita cum suis fiunt similes mortuis, d. h. daß man das Blasen aus dem Lager dort vernahm. Dann fährt Benzo fort: Protinus auditum est in nationibus, quod rex Heinricus fecit novam Romam ex tentoriis et papilionibus, ubi ad Prandellianorum dedecus atque injuriam disposuit novam curiam. Ex qua creavit novos centuriones, tribunos ac senatores, prefectum et numenculatorem aliasque dignitates, secundum antiquum morem: eine möglicherweise nach Art Benzo's ganz aus der Luft gegriffene Behauptung, wenn nicht vielleicht mit Gregorovius, Geschichte der Stadt Rom im Mittelalter, IV, 213 — vergl. auch Sander, l. c., 86 —, geschlossen werden will, der König habe auf diese

Ohne Frage vermochte Heinrich IV., der sich nicht auf eine Belagerung der Stadt eingerichtet hatte, dessen kleines Heer nicht an den Versuch einer Erstürmung der Mauern gewagt werden durfte, nicht viel vor Rom auszurichten. Er begnügte sich im Wesentlichen damit, die Umgebung der Stadt zu verwüsten, durch Vernichtung der Felder die Römer in Noth zu bringen, diese überhaupt für ihre Weigerung des Gehorsams zu züchtigen[76]). Es scheint auch

weise seine Partei in der Stadt, durch den Versuch, ihr eine gewisse Organisation zu verleihen, stärken wollen. Die nachher noch durch Benzo, 658, hier erzählte Geschichte — ein miraculum — bezieht sich darauf, daß Heinrich IV. relicto prato zu einem clivus, desub cuius pede evomit Stix lacum internitionis amicum sich begeben habe, wo das Heer propter sulphureum fetorem fumantem ab eodem stagno in Furcht gerieth, bis Gottes Hülfe half: compressit fumum diebus ac noctibus, induxitque super nos hybernum frigus (wenn Sander, 137 n. 5, hiezu aus hybernum auf den Winter — nach dem ersten Aufenthalt vor Rom — schließen wollte, so ist das gar nicht nothwendig, da vielmehr eben im Sommer diese „der winterlichen ähnliche“ Kälte erfrischend eingetreten sein muß), per quod factus est locus ille salubris et apricus: ist da etwa an die vulcanische Gegend des etwas mehr als 25 Kilometer nordwestlich von Rom liegenden Lago di Bracciano zu denken (so schloß schon Stenzel, Geschichte Deutschlands unter den Fränkischen Kaisern, I, 476), in dessen Nähe die heiße Schwefelquelle der Bäder von Vicarello schon den Alten bekannt war? Das wäre dann der Anfang des Rückmarsches gewesen.

[76]) Von den kriegerischen Vorgängen sprechen Bonitho, l. c.: Post agrorum vastationem et multa et varia homicidia, post varias clades et miserias, quas Romani, nolentes pseudopapam suscipere, perpessi sunt, cum eodem rex Longobardiam infecto negotio rediit (l. c., 677 u. 678), Frutolf (l. c.): ubi etiam crebris per biennium (zu 1082 ist hernach von Heinrich IV. gar nicht gesprochen) incursibus urbanorum infestatus, parva manu multa viriliter peregit, ganz besonders aber die Vita Heinrici IV. imperatoris, c. 6, recht im Einzelnen ausmalend (mit Anklängen an Lucan und Vergil), aber schematisch, und so, daß wohl auch der Kampf von 1082 hereingezogen erscheint: Igitur cum exercitu rex Romam pergebat, proterens in via quicquid obstabat. Oppida fregit, tumida pressit, ardua curvavit, factiones dissipavit. In cuius adventu Roma persuasa, quae debuerat honores, arma, tamquam Poenus Hannibal Alpes transcendisset, parabat et regi suo velut hosti portas praecludebat. Unde rex justa commotus indignatione, urbem obsidione, qua res postulabat, occlusit, et qui sibi aditum, illis exitum negavit. Missi circumquaque, qui castella frangerent, villas everterent, bona diriperent, provinciaeque nocuit exterius, quod Roma se clauserat interius. Foris bella, intus metus erat. Undique machinae surgebant; hinc murum aries pulsabat, inde miles scalis ascendere parabat. Econtra qui in urbe erant, tela, saxa, praeustas sudes ignemque jactabant; interdum egressi comminus committebant. Utrimque fortiter pugnatum est; hos causa, illos periculum audaces fecit (SS. XII, 275). Sehr fraglich ist die Verwendbarkeit der Angaben der Annal. Pegaviens., die auf vierjährige Kämpfe des imperator in der Lombardei (vergl. in n. 56: quadriennium: — Hisque peractis coepto itinere partes aggreditur Italiae) ein Vorgehen gegen Rom folgen lassen: turbida Roma, quae semper aut malis patuit aut pravorum incursus tulit, se quoque nunc imperatoris offensam incurrisse nondum poenituit. Imperator tum Ytalici quam Teutonici fidens exercitus copia, Romam arta obsidione vallavit, et triennio circiter in eodem statu duravit. Quo evoluto, quia cultores ab agris deerant, alimenta quoque regis exercitui defecerant, et patitur saevam, veluti circumdatus alia obsidione, famem (SS. XVI, 237 u. 238: — es ist also ganz unsicher, in welches der Jahre 1081 bis 1083 — sogar zu 1084 käme man mit dem triennium evolutum — die hernach erzählten Thaten Wiprecht's und der sociati sibi tam regis milites

aus den die Stadt umgebenden Landschaften ein gewisser Zuzug zum Lager des Königs stattgefunden zu haben, und ebenso trafen Botschaften aus Tuscien am Hofe ein, wie das durch die Urkunden belegt ist, besonders durch diejenige, die durch eine Abordnung der Bürgerschaft von Lucca erbeten worden sein muß[77]. So verharrte der König wohl etwa vierzig Tage[78] vor Rom, bis zum 23. Juni ganz nachweisbar[79], aber wahrscheinlich noch länger, bis zum Ende dieses Monates. Vielleicht hatte er sich zuletzt aus der durch die Sommerhitze gefährlich gewordenen näheren Umgebung Rom's in

---

quam Roemi vom Autor gesetzt werden wollen, wohl zu 1083, da hernach die Schilderung augenscheinlich auf dieses Jahr sich bezieht — vergl. bei 1083 in n. 12 — und da jedenfalls die Zeitangabe: Imminebat autem tunc festivitas ascensionis dominicae — zu 1081: 13. Mai —, während Heinrich IV. erst mindestens acht Tage später aufrückte — nicht paßt —: vergl. auch Sander, l. c., 162 u. 163). Ebenso wenig ist zu verwenden, was Petri Chron. monast. Casin., Lib. III, c. 70, bringt, erstlich da er den Guibertus aeresiarcha mit Victor papa kämpfen läßt, dann die Ereignisse vor Rom: Heynricus imperator... Romam et suburbana eius depraedationibus et incendiis ac caedibus quibus valuit quadriennio devastavit innerhalb der vier Jahre zu einem Satze zusammenfaßt (SS. VII, 750 u. 751). — Nur ganz kurze Angaben haben endlich betreffend die Kämpfe von 1081 —; die Würzburger Chronik: Heinricus rex Romam obsedit (Ausg. von Buchholz, 45), Annales Patherbrunnenses: Rex Italiam ingressus, Romam obsedit (wozu weiter unrichtig: Hildebrandum papam expulit) (ed. Scheffer-Boichorst, 98), Sigeberti Chron. (im Anschluß an die Stelle von n. 69): eumque Romam hostiliter adeuntem non recipit (sc. papa), Annal. Laubiens. Contin. (ebenso, zu n. 53): totam ex omni parte obsidet Romam. Lupus Protospatarius: Alamannorum rex Henricus venit Romam, ut eiceret exinde papam Gregorium (SS. V, 61).

[77]) Das könnte aus Benzo, l. c., geschlossen werden: Concurritur ab omnibus certatim; confluit ex vicinis marchiis inaestimabilis populus (658). Vergl. weiter n. 84, ebenso n. 79.

[78]) Vergl. in n. 73.

[79]) Von diesem Tage ist noch St. 2833 (vergl. über den Inhalt bei n. 81) Rome (uneigentlich, weil aus dem Lager vor der Stadt) ausgestellt. St. 2832, vom 4. Juni, war dem Abte Petrus und den Mönchen des Klosters San Eugenio de Pilosiano, das südlich vor Siena liegt, ertheilt worden: ihr Inhalt — Klage, quod famis ac nuditatis indigentia ibidem Deo servire non possent, eo quod curtes terrasque (folgt die lange Aufzählung), quas antecessores nostri ad sumptum eorum contulerant, pravi homines abstulissent, und Abhülfe — ist ein Beleg für die dem Könige durch die Annal. August. (vergl. in n. 59) zugeschriebene Thätigkeit. Sander, l. c., 91 u. 92, macht für diese Frage auch auf das Klageschreiben der Mönche der südöstlich von Siena liegenden Reichsabtei San Salvator von Monte Amiate (Ficker, Forschungen zur Reichs- und Rechtsgeschichte Italiens, IV, 126 u. 127) aufmerksam, das — nach Ficker, l. c. — in den Juli 1081, Heinrich's IV. Aufenthalt in Tuscien, anzusetzen ist. Es ist da zuerst an die Zeit erinnert: cum vos primum olim Langobardie in partibus advenissetis (1077), worauf die gräflichen Verfolger des Klosters ihre Mißhandlungen noch verschärft hätten, zumal cum tui adventus fama crebesceret, wie im Einzelnen ausgemalt wird — von hundert Mönchen: in domo tua . . servire consueverant ac pro salute vestre conservatione Deum exorare können kaum noch zwölf unterhalten werden —: der Schluß des Bittgesuches lautet: Expectantes enim auxilium consolationemque vestram jam dudum in angustiis et laboribus viximus; nunc ergo per vestra ac patrum vestrorum salute ea, que intimavimus, ut memorie habeas, deprecamur, ne domus Dei, quae ad serviendum Deo a piissimis regibus facta est, avibus atque feris ab hominibus derelicta tradatur.

den südlichsten Theil des tuscischen Landes begeben, ehe er den Umkreis der Stadt völlig verließ[80]).

Ganz unleugbar war diese Abweisung des Königs vor Rom der Beweis, daß die Bevölkerung der Stadt in ihrer geschlossenen Haltung — eine vielleicht vorhandene Minderheit kam augenscheinlich gar nicht dagegen in Betracht — zu Gregor VII. hielt, und eben dadurch eine arge Enttäuschung, eine eigentliche Niederlage für Heinrich IV. gewesen. Ohne Erfolg, ohne etwas erreicht zu haben, wie die königsfeindlichen Berichterstatter sagen[81]), war er hinweggegangen.

Um so mehr wird nunmehr das ganze Bestreben des Königs und seiner Rathgeber darauf gerichtet gewesen sein, durch eingreifende Verfügungen in Italien die Stellung Gregor's VII. und seiner Anhänger abzuschwächen, die eigenen Parteigänger zu erhöhen und zum Widerstande zu stählen. Eine Reihe von Maßregeln, die schon während der Belagerung von Rom begonnen haben, sind als Zeugnisse hiefür zu nennen.

Gregor VII. selbst wurde dadurch getroffen, daß Heinrich IV. über das Herzogthum Spoleto und die Mark Fermo eine Entscheidung gab, die den Ansprüchen der römischen Kirche entgegentrat. Der Papst hatte seit 1076, seit dem Tode Herzog Gottfried's von Niederlothringen, die beiden wichtigen Gebiete als Länder, die dem heiligen Petrus gehörten, angesehen, und so war durch Gregor VII. noch im vorhergehenden Jahre in Ceperano gegenüber Herzog Robert von der Mark am adriatischen Meere als einem Gebiete gesprochen worden, auf das er die vollsten Ansprüche zu erheben habe. Heinrich IV. dagegen sah die Verwaltung dieser beiden Gebiete als erledigte Reichsämter an, und so hatte er schon im Frühjahr an den gleichen Herzog Robert von sich aus jenes Anerbieten gemacht, ihn als Markgrafen von Fermo anzuerkennen, das allerdings abgelehnt wurde. Jetzt aber griff der König hier ein. Sehr wahrscheinlich ist der nunmehr als Herzog und Markgraf von Heinrich IV. ernannte Rainer der Angehörige einer Familie gewesen, die schon früher sich im Besitze von Spoleto befunden hatte, der Widonen von Tuscien; denn auf Rainer I. war, noch bei dessen Leben, in der letzten Zeit Heinrich's II., im Herzogthum Spoleto dessen Sohn Hugo-Ugiccio I. gefolgt, nach dessen Tode Papst Victor II. 1055 durch Heinrich III. mit der Verwaltung von Spoleto betraut worden war, und als Sohn dieses Hugo-Ugucció trat nun eben dieser zweite Rainer nach Heinrich's IV. Verfügung in das Amt des Vaters — daneben in Fermo als Markgraf — ein. Seine Ernennung wurde in Rom jedenfalls sehr ungern gesehen. Denn der neue Herzog-Markgraf war — damals

---

[80]) Vergl. die Stelle Benzo's in n. 75 betreffend die Erreichung eines locus salubris et apricus, gerade auf dem Wege nach Siena (vergl. n. 84).

[81]) Bonitho läßt (n. 76) Heinrich IV. infecto negotio, die Annal. Cavens. und Bernold sine effectu und inacte (SS. III, 190, V, 437) hinweggehen.

vor der Erhöhung seines Ranges wurde er als in der Grafschaft Chiusi wohnhaft bezeichnet — 1075 und vollends 1078 als straffällig durch den Papst genannt worden, unmittelbar neben jenem Ugiccio, der in Lucca sich als Gegner des Bischofs Anselm so sehr auffällig machte, und er blieb stets in den Augen der päpstlichen Partei ein Haupt der Schismatiker[42]).

Doch noch schwerer fiel der Schlag, den andere Verfügungen Heinrich's IV. brachten, auf die Gräfin Mathilde. Schon vor Rom hatte der König, am 23. Juni, den Bürgern von Lucca gegenüber sich sehr freigebig erwiesen. In Anerkennung der wohl bewährten Treue und der eifrigen Dienstleistung der Stadt bewilligte er ihr Rechte im Sinne der Zurückführung der markgräflichen Gerechtsame auf das frühere Maß, und er sprach sich geradezu auf das schärfste gegen das Andenken des 1052 verstorbenen Vaters der Gräfin aus: „Auch die verkehrten Rechtsgewohnheiten, die in harter Weise von der Zeit des Markgrafen Bonifacius her ihnen auferlegt sind, untersagen wir völlig und befehlen, daß sie nicht weiterhin gelten sollen". So gab er Lucca die Zusicherung, daß die Stadtmauer, die alte, wie die neue, im ganzen Umkreise unversehrt bleiben, daß kein Haus innerhalb der Mauer gebrochen, daß auch keine königliche Pfalz im städtischen Mauerringe mehr gebaut werden solle. Andere Sätze handeln von Befreiung von gewissen Leistungen und Abgaben, auf bestimmt genannten Strecken, von der Sicherung der freien Bewegung fremder Kaufleute oder der Leute von Lucca selbst, die auf dem Meere oder auf den Flüssen Serchio und Motrone oder auf der Straße von Lucca her Handel treiben, mit der bestimmten Feststellung in einem Falle, daß der Vorzug für die Florentiner nicht gelten solle, oder von dem Verbote, innerhalb eines gewissen Umkreises außerhalb Lucca's Befestigungen anzulegen. Die Sicherheiten, die von den Markgrafen oder einer anderen Amtsgewalt gegenüber den Lucchesen festgestellt worden waren, sollten aufrecht bleiben; auch für das Gerichtsverfahren, betreffend Schirm gegen willkürliche Verhaftung, Einschränkung der Beweisführung durch den Zweikampf, erhielt Lucca schützende Vorschriften[43]). Es

---

[42]) Vergl. Bd. I, S. 32 u. 33, Bd. II, S. 658 (n. 62), 690 n. 104, 692, ferner ob. S. 305 u. 376. Die jetzt 1081 geschehene neue Besetzung ist durch Sander, l. c., 80 u. 87 (wo auch Betonung der Folgen der Zuweisung durch Heinrich IV. an Rainer für Herzog Robert, infolge der Abmachungen von Ceperano), eingehend dargelegt, und besonders ist, 86 n. 5, bewiesen, daß der seit Februar 1082 als dux et marchio nachweisbare Rainer wohl schon vor dem 20. Juli 1081 in seine Aemter eingesetzt worden war. Seine wahrscheinliche Abstammung wies Breßlau, Konrad II., I, 448—450, nach (vergl. auch Sansi, Duchi di Spoleto, 117 ff.). Rainer ist durch Gregor VII. an den ob. S. 109 in n. 22 genannten Stellen erwähnt, und Bernold läßt 1085 Reginberus marchio als einen der capita scismaticorum elendiglich sterben (SS. V, 443).

[43]) St. 2833 (resp. St. 2834, eine Urkunde, die nach Gundlach, l. c., S. 27: Hinweis auf die Arenga mit den Worten: condecet devotos fideles que cives in petitionibus eorum dignis tam pro conservate fidelitatis sinceritate, tam pro studiosi famulatus devotione exaudire, 41 — die im Texte gebrachten

war selbstverständlich, daß alle diese Vorrechte, die die Stadt von der markgräflichen Gewalt fast unabhängig machten, zu dem Zwecke ertheilt worden, um die Bürgerschaft von Lucca in ihrem Kampfe gegen die Gräfin und gegen den vertriebenen Bischof Anselm zu ermuthigen. Aber noch weit schärfer traf Heinrich IV. die Feindin durch die im Juli in Lucca selbst abgehaltene Gerichtshandlung.

Der König war nach seinem Abzuge vor Rom zunächst nach Siena gegangen. Da erscheint er am 10. Juli, in einer urkundlich niedergelegten Angelegenheit, die abermals höchst bezeichnend für das äußerst gespannte Verhältniß ist, in dem sich Heinrich IV. zur Gräfin Mathilde befand. Bei dem Durchmarsche nach Rom hatte Heinrich IV. in Arezzo, wo er kurz geweilt haben muß, zu Gunsten eines gewissen Teuzo, der vor ihm erschien, einen Entscheid gefällt, augenscheinlich da Teuzo ihm hatte begreiflich machen können, ein Landgut, auf das er und seine Brüder Anspruch habe, sei ihm durch Mathilde gewaltsam und widerrechtlich weggenommen worden, worauf der König ihm diesen Besitz zuwies. Erst hernach, als Bischof Burchard von Lausanne, der Kanzler, wieder über Arezzo kam, traten die Domherren, die von dem König jedenfalls gar nicht angehört worden waren, vor ihn und bewiesen ihm ihr eigenes Recht an diesem Grundstück, daß Heinrich IV. getäuscht worden sei, und als Burchard darauf in Siena die Angelegenheit vorlegte, stellte er dabei den Sachverhalt in richtiger Weise Heinrich IV. vor, worauf dieser in der allgemeinen Bestätigung für die Kirche von Arezzo auch die Verfügung zu Gunsten jenes unwahren Menschen rückgängig machte und das Gut an die Domherren auslieferte[84]). Von

---

Worte der Narratio —, auch vom Dictator Adalbero C verfaßt ist) ist nach den durch Ficker, l. c., III, 408—410, gegebenen Ausführungen hernach, IV, 124 u. 125, hergestellt abgedruckt worden (vergl. zum Inhalte auch I, 258). Speciell zu dem wichtigen Satze: Preterea concedimus civibus, ut nostrum regale palatium intra civitatem vel in burgo eorum non hedeficent aut inibi vi vel potestate hospitia capiantur macht Breßlau, l. c., I, 67 n. 1, auf analoge Fälle in italischen Städten — Lucca war da lange voraus — aufmerksam. Zu dem Satze über die licentia emendi et vendendi der Lucchenser in mercato sancti Domnini et Comparmuli der Ausgabe bringt Davidsohn, l. c., I, 260 n. 3, die erwünschte Berichtigung, daß, statt des zweiten Ortsnamens, in foro Parmensi — die Septembermesse von San Ercolano in Parma, was zur Nachbarstadt Borgo San Donnino vorzüglich paßt — zu lesen ist, laut der Bestätigung durch Kaiser Otto IV. vom 12. December 1209 (Böhmer, Regesta imperii, V, 1, ed. Ficker, 103 u. 104). Für das Verbot, daß ein Langobardus judex Gericht halte, wird eine Ausnahme festgestellt, nämlich für den Fall der Anwesenheit des Königs, weiter aber: filii nostri presente persona vel etiam cancellarii nostri. Ficker, III, 410, stellt als nicht unmöglich hin, daß schon Heinrich III. 1055, als er die markgräflichen Lande in seinem Besitze hatte, solche Begünstigungen gab (vergl. Steindorff, Heinrich III., II, 316). Vergl. Overmann, Gräfin Mathilde von Tuscien (etc.), 149, daß Ficker die Bedeutung des Privilegiums, auch des nachfolgenden für Pisa, wohl unterschätzt. Ueber die Beziehungen Lucca's zu Heinrich IV. handelt Davidsohn, l. c., I, 260—263, und derselbe, Forschungen zur älteren Geschichte von Florenz, 61 ff., in der Ausführung: Lucca und Florenz in den Kämpfen der Großgräfin Mathilde gegen Heinrich IV.

[84]) St. 2835 ist den canonici sanctae Aretinae ecclesiae, in qua pretiosissimum corpus beati Donati episcopi et martiris humatum, d. h. der Dom-

Siena weg erschien dann der König in Lucca, wo er zum 19. und 20. Juli ausdrücklich bezeugt ist. Er war da von zahlreichem ansehnlichem Gefolge umgeben, das ihn zum Theil wohl schon von Rom her begleitet hatte. Als nämlich dem Patriarchen Heinrich von Aquileja auf seine Bitte, in Anerkennung der von ihm bewiesenen hingebenden Dienstleistung, die beiden Bisthümer Parenzo in Istrien und Triest geschenkt wurden, so daß die Patriarchen da fortan im Besitz des vollen Rechtes stehen und beim Tode der Bischöfe die Nachfolger wählen und bestellen sollten, waren Fürbitter der Sohn Heinrich's IV., Konrad, und der Kanzler Bischof Burchard. Zeugen eine größere Anzahl italienischer geistlicher und weltlicher Fürsten. Neben Erzbischof Thedald standen aus der Mailänder Provinz die Bischöfe Kunibert von Turin und Ogerius von Ivrea; aus dem Erzsprengel Wibert's — dieser selbst ist hier nicht genannt, während er in Lucca anwesend gewesen sein muß — war Bischof Dionysius von Piacenza zugegen, und als Suffragane des Patriarchen Heinrich selbst gaben Milo von Padua, Reginald von Belluno, Roland von Treviso, Ezelo von Vicenza ihr Zeugniß ab. Die Markgrafen Rainer, der eben erst als solcher und als Herzog von Spoleto ernannt worden war, Albert, wohl jener, der schon 1080 in Tuscien als Feind Gregor's VII. gegolten hatte, und Hugo, einige Ritter des königlichen Gefolges, zwei Kappellane sind noch weiter genannt[86]).

Kirche, gegeben — und zwar interventu domni Burchardi Lausanensis ecclesiae episcopi nostrique gloriosi cancellarii — und bestätigt die im Einzelnen aufgezählten Besitzungen. Als Gutthäter königlicher Stellung werden dabei die gleichen Ugo et Lotharius — Vater und Sohn — genannt, die auch in der von Breßlau, Neues Archiv (etc.), V, 443—451, abgedruckten Chronik des Capitels von Arezzo erscheinen: Ugo rex cum Lothario filio suo ob devotionem ad corpus sancti Donati veniens . . . magna praedia contulit ipsis canonicis (ein Teuzo, eine Teuza erscheinen da in der Erzählung genannt, aber ganz besonders auch ein a Guinigildo filio Gisi Teusi, was an den quidam Teuzo filius Guinildi de Uma von St. 2835 sehr stark anklingt, so daß es gar nicht ausgeschlossen ist, daß der Teuzo . . . fraudulenter adiens nostram regiam serenitatem, der Urheber der fraus in hoc negotio facta zu der durch die niedrigsten materiellen Interessen verknüpften, die Laien ausbeutenden Bande der Custoden des Aretiner Domes zählen würde). Heinrich's IV., wie es scheint, übereilte Entscheidung für Teuzo — nostra regia majestas Aritium venit — fiel gewiß in den beschleunigten Marsch gegen Rom (vergl. n. 61), wogegen des Kanzlers Burchard Anwesenheit in Arezzo — paucis deinde interjectis diebus, cum domnus Burchardus, prudentissimus noster cancellarius, pro quibusdam rei publicae nostrae utilitatibus Aretium devenisset — wahrscheinlich vor den Aufenthalt des Königs — 10. Juli — in Siena trat. Heinrich IV. gedachte hier bei Bestätigung der Rechte der Kanoniker auch der vestigia avi nostri Conradi imperatoris: Konrad II. gab 1027 und 1038 (St. 1925a, 2105c) Bestätigungen für Arezzo. Die Abneigung gegen Mathilde tritt in der Wendung von St. 2835: Teuzo . . . conquestus est, quod Mathildis violenter et sine aliquo jure abstulisset sibi fratribusque suis quendam terram (etc.) ebenfalls hervor. Davidsohn, l. c., I, 264, wollte in dem Umstande, daß diese Entscheidung zu Gunsten der Kirche von Arezzo gerade aus Siena's Mauern geschah, der Arezzo feindlichen Nachbarstadt, eine Äußerung des königlichen Zornes gegen Siena, eine Strafe der sienesischen Eigenliebe, sehen.

[86]) St. 2837, vom 19., nennt als Intervenienten den Kanzler Burchard und ist eine Bestätigung der Güter und Rechte für das Nonnenkloster sancti

Diese fürstlichen Namen darf man nun wohl neben weiteren für die feierliche Gerichtssitzung heranziehen, die unter Vorsitz Heinrich's IV. in Lucca über die Gräfin Mathilde als über eine der Anklage des Hochverraths Schuldige öffentlich gehalten wurde. Mathilde wurde nach gerichtlichem Spruche durch den König ihrer Lehen und Güter verlustig erklärt und geächtet, unter Verheißung von Belohnungen, unter Zuweisung der abgesprochenen Lehen an andere Besitzer. Damit sollte an die mächtige Stellung der Bundesgenossin Gregor's VII. endgültig in Italien, wie in Lothringen, die Axt gelegt werden; aber dadurch, daß Mathilde zu Gunsten des Papstes und seiner Nachfolger auf dem römischen Stuhle schon im vorhergehenden Jahre ihre Verfügung getroffen hatte, war auch gegen Gregor VII. selbst der Schlag geführt. Zwar scheint allerdings die Aechtung nur in Lothringen, und auch nur an einzelnen Stellen, thatsächliche Folgen gehabt zu haben, während für Italien, wenn auch etwa der König noch einzelne Stücke von Eigen- oder Lehnsgut weggab, eine Wirkung davon kaum geblieben ist, wie denn auch der König stets wieder die Vermittlung eines Friedens mit der Gräfin für die Zukunft in Aussicht nahm [86]).]

Salvatoris, quod dicitur Brisciani, quod est infra murum urbis Lucae constructum, und dessen Äbtissin Heritha. St. 2838 und 2839, fast wörtlich gleich, sind vom 20. und schenken die erste Urkunde den Parentinus episcopatus in provincia Ystrie situs, die zweite den Tergestinus episcopatus in provincia Istriae situs an den Patriarchen von Aquileja, mit Nennung des consilium und testimonium der vielen Fürsten, nach den zwei Intervenienten Konrad und Kanzler Burchard (daß der hier nicht genannte Wibert in Lucca wirklich zugegen war, zeigt Rangerius, der, v. 4840 ff., die Weihe des Bischofs Petrus ihm zuschreibt: Primo illum — sc. den Petrus — quasi pontificem pro munere ponit et sacrat, immo magis execrat, ille miser, d. h. eben Wibert). Die beiden Urkunden sind wieder vom Dictator Adalbero C verfaßt, und besonders ein Theil der Arenga spricht für seine eigenthümliche Ausdrucksweise: Si loca venerabilia quodam privilegio dignitatum a regibus et a summis viris sublimata .... nostro largitatis munificentia more et exemplo priorum venerando sublimaverimus. Die durch Gander, l. c., 93, n. 4, hervorgehobene Verdächtigung von St. 2838, weil in St. 2845 nur von Triest, nicht auch von Parenzo gesprochen sei, fällt mit der Unglaubwürdigkeit von St. 2845 (vergl. zu 1082 in n. 27) hinweg.

[86]) Urkundlich ist von der Ächtung der Mathilde erst in St. 2883, von 1085, für das Bisthum Verdun, die Rede —: da heißt es von gewissen Orten des Allods: quae comitissae Matildis fuerunt et in potestatem nostram (sc. Heinrich's IV.) seu proprietatem lege et judiciario jure pervenerunt, und weiter steht: antequam comitissa Matilda rea fuisset majestatis imperialis, sowie: praedia comitissae Mathildis, facta juris nostri, postquam judicata est rea majestatis imperialis, hernach nochmals 1086 in St. 2872 und 2878 für das Bisthum Speier und das Stift St. Guido in Speier, dort: quale .... Mathilda italica, nostra neptis, habuerat, et quod in potestatem nostram lege et judiciario jure pervenerat, hier mit den ganz gleichen Worten. Die zeitliche Ansetzung dieses Vorganges in Lucca folgt aus Rangerius, der, v. 4820 ff., erzählt: Ille (sc. Heinrich IV.) tribunali posito, mediante corona nobilium, vulgo circumeunte foris, alloquitur. Primo grates suis officiose reddit et inde suo provocat auxilio; praemia promittit, aliis

Aber um so bestimmter war für den Augenblick noch eine weitere einer benachbarten Stadt gegebene Gunstbezeugung Heinrich's IV. unzweifelhaft wieder gegen die Gräfin berechnet. Denn die freilich der Tagesangabe entbehrende Gewährung von Rechten für die getreuen Bürger von Pisa, die in Pisa selbst vom Könige ertheilt wurde, muß dieser gleichen Zeit des Jahres angehören. Der König ging hier, für die durch die Machtstellung zur See ungleich wichtigere Stadt, die schon länger sich auf einer höheren Stufe freiheitlicher Entwicklung befand, als Lucca, noch weiter und versprach gegenüber den Pisanern geradezu, für Tuscien keinen Markgrafen ohne ihre Einwilligung zu ernennen, was in sich schloß, daß er diese Markgrafschaft als erledigt ansah, daß er Mathilde in dieser Stellung nicht mehr anerkannte. Pisa befand sich schon auf dem besten Wege dazu, unter der selbstgewählten Obrigkeit seine inneren Angelegenheiten zu ordnen, und wenn hiegegen in der letzten Zeit von Seite der markgräflichen Gewalt, die im Namen des Reiches die hohe Gerichtsbarkeit ausübte, Versuche gemacht worden waren, diese Befugnisse zum Schaden der städtischen Gemeinde zu erhöhen, so trat nun eben Heinrich IV. einer solchen Richtung nachdrücklich entgegen, indem er über die letzten markgräflichen Amtsführungen hinweg die Umschreibung wieder so bemaß, wie sie unter dem Markgrafen Hugo am Ende des letztvergangenen Jahrhunderts gewesen war. Gleich wie für Lucca, bezogen sich dann noch weitere ausdrücklich aufgestellte Zusicherungen und Befreiungen auf Schutz gegen Willkür, gegen Beeinträchtigungen verschiedener Gattung, auf strenge Beobachtung der Ordnung im Gerichtsverfahren, dann auf Freiheit gegenüber der Anforderung öffentlicher Leistungen, auf die ungestörte Bewegung von Handel und Verkehr, auf weitere für die ungehemmte Ausbildung der Gemeinde unentbehrliche Gestaltungen [87]).

largitur honores; Matildam veteri privat ab officio; denn dieser Vorgang ist in die Anwesenheit Heinrich's IV. nach seinem ersten Zuge gegen Rom gestellt. Zwar möchte Davidsohn, l. c., I, 287, annehmen, der Spruch gegen Mathilde sei schon vor Rom gefällt, in der alten tuscischen Hauptstadt Lucca nur erst feierlich kundgethan worden; für diese Vermuthung sprechen gerade des Rangerius Aussagen nicht. Durch Overmann, Gräfin Mathilde, ist, Beilage III, 232—238, die Ächtung der Gräfin, mit ihren Folgen, beleuchtet, auch schon, obschon der Verfasser die Angabe des Rangerius erst nachher kennen lernte, 149, 238, ganz richtig „in die Sommertage 1081" gesetzt. Zutreffend zog auch Overmann Schlüsse aus der Form der Nennung der Gräfin in den Urkunden von 1086, bloß als Mathilda, als Italica, als neptis, nicht als comitissa; also erachte der Kaiser sie nach Verlust ihrer Reichslehen nicht mehr als des Titels comitissa, der zwar 1085 in der Metzer Urkunde noch sich findet, fähig, und ebenso ist schon in St. 2835 — vergl. n. 84 — bezeichnend, daß neben der Aufführung des Gottifredus dux und der Beatrix comitissa nur noch ganz ohne Titel von der Mathildis gesprochen wird. Wegen der Schenkung an Gregor VII. vergl. ob. S. 259, wegen des zwischen den lothringischen und italienischen Gütern anscheinend bestehenden Unterschiedes in der Behandlung durch Heinrich IV. Overmann, l. c., 237.

[87]) Zu St. 2836 ist neben Pawinski, Zur Entstehungsgeschichte des Consulates in den Comunen Nord- und Mittelitaliens, XI.—XII. Jahrhundert

So hatte sich Heinrich IV. wenigstens mit zwei städtischen Gemeinwesen Tuscien's gegen die ihm im Wege stehende fürstliche Gewalt verbunden, und es ist offenbar, daß die Bürgerschaften dieser Städte, von denen ja Pisa schon länger einen so stolzen Aufschwung genommen hatte — der Antheil an der Eroberung Sicilien's für die christliche Herrschaft gehört den Anfängen der Regierungszeit des Königs an —, in ganz ähnlicher Weise, wie diejenigen der Städte am Rheine und in anderen Theilen des deutschen Reiches, die Nothwendigkeit eines Anschlusses an die königliche Macht klar erkannten. Wenigstens von Lucca steht der fortgesetzte angestrengte Kampf an der Seite des Königs völlig fest. Dagegen nahm Florenz, wohl infolge der Eifersucht gegenüber den näher an der Küste liegenden Städten, augenscheinlich eine abweichende Stellung ein, wie denn ja Heinrich IV. schon gleich in der Urkunde vom 23. Juni den Florentinern, die andererseits durch Mathilde weitgehende Begünstigungen erfuhren, eine für Lucca gewährte Freiheit bestritt[88]).

(1867), wo, 29—40, von den Verhältnissen von Lucca und von Pisa gesprochen wird (Davidsohn behandelte, Deutsche Zeitschrift für Geschichtswissenschaft, VI, Jahrgang 1891, II, 22 ff., die Entstehung des Consulates in Florenz), auch Hermann's Ausführung, Neues Archiv, l. c., 434 u. 435 — bezüglich der parallelen Entwicklung Lucca's (vergl. n. 83) — heranzuziehen. Der wichtige Satz über die markgräfliche Gewalt lautet: Nec marchionem aliquem in Tusciam mittemus sine laudatione hominum duodecim electorum in colloquio facto sonantibus campanis, und andere Andeutungen über die Zurückführung der gesteigerten markgräflichen Befugnisse auf ein geringeres Maß stehen in Wendungen, wie: Fodrum de castellis Pisani comitatus non tollemus, nisi quomodo fuit consuetudo tempore Ugonis marchionis, die noch zwei Male ähnlich wiederkehren, wobei einmal von einem Eide die Rede ist: nec aliquam consuetudinem super imponemus, nisi quantum tres meliores homines propter saramones per villas et castella juraverint, quod eorum consuetudo fuit tempore Ugonis (: ohne Frage der unter Otto III. in hochansehnlicher Stellung sich befindende Markgraf Hugo, der 1001 starb). Nec castaldio vel aliquis noster missus, den Heinrich IV. weiter nennt — in civitate vel comitatu eorum ad placitum faciendum eis superesse non sinemus de alio comitatu — erklärt Ficker, l. c., I, 256, als den Beamten, der die Autorität ausübt, gleich dem markgräflichen Vicecomes, der die Gerichtsbarkeit in der Hand hatte, so weit die Markgräfin sie nicht selbst übte. Betreffend die Bestimmung: Nec domum in praedictis terminis relevari neque ad triginta sex brachia interdici permittemus, die auf die Höhe der auf privatem Boden, jedoch nur in bestimmtem Maß, gestatteten Thürme sich bezieht, ist die von Pawinski, 31 ff., erörterte Friedensurkunde des Bischofs Daibert durch ihre weiteren Ausführungen wichtig. Sander, l. c., 94 n. 5, macht noch darauf aufmerksam, daß im Verlaufe der Urkunde mehrmals — fodrum de castellis Pisani comitatus, und hominibus in villis habitantibus de eorum comitatu fodrum non tollemus, wieder: Puellae nec viduae maritum interdicemus in comitatu Pisano — von der Grafschaft Pisa so gleich im Zusammenhang mit der Stadt gehandelt wird, daß es nahe liegt, anzunehmen, Pisa habe schon eine Art Vorherrschaft über den ganzen Grafschaftsbezirk besessen.

[88]) In St. 2833 steht ausdrücklich in Betreff der in n. 83 erwähnten lucchesischen licentia emendi et vendendi auf den zwei genannten oberitalienischen Märkten die Bedingung: ut Florentini licentiam non habeant. Daß dagegen Florenz durch die Gräfin Mathilde Begünstigungen erfuhr, vergl. Davidsohn, l. c., I, 269 u. 270, 271 u. 272, sowie dessen „Forschungen", 62.

Florenz widersetzte sich dem Könige; aber es scheint, daß Heinrich IV. jetzt noch keine ernsthafteren kriegerischen Anstrengungen gegen die Stadt eintreten ließ[67]).

Um so heftiger entbrannte der Kampf im tuscischen Lande überhaupt. Heinrich IV. fand, während der Abfall von Mathilde immer weiter um sich griff — auch nördlich vom Appennin in ihren lombardischen Gebieten —, die freudigste Aufnahme, wie der selbst an diesen Dingen, auf Seite des Bischofs Anselm betheiligte Geistliche der Kirche von Lucca, Rangerius, der spätere Nachfolger auf Anselm's bischöflichem Sitze, eingehend schildert. Die Adligen, voran jener Graf Ugiccio, den Gregor VII. als Haupturheber der Vertreibung Anselm's anklagte, stellten dem Könige ihre Mannschaft zu Gebote; die obersten Leiter der Städte zeigten ihre Unterwerfung an; das Landvolk strömte herbei, Heinrich IV. zu sehen und zu begrüßen, den Saum seines Gewandes zu fassen. Jene in Lucca abgehaltene große Gerichtssitzung, die die Achtung der Gräfin Mathilde zur Folge hatte, bewies das königliche Ansehen. Inmitten der Edeln, von zahlreichem Volke umgeben, sprach Heinrich IV. hier neben jenen Strafen auch Belohnungen aus, für den durch Wibert hier nunmehr geweihten, schon von Vallombrosa aus durch den König bestellten Bischof Petrus, dem die Regalien und der Oberbefehl über die Streitkräfte des Bisthums zugewiesen wurden. Ebenso wurde mit freudiger Zustimmung der ganzen versammelten Menge beschlossen, einen neuen Feldzug zur abermaligen Belagerung Rom's zu unternehmen, und von den Grafen war es sicher, daß sie mit starker Mannschaft zum königlichen Heere stoßen wollten. In Lucca begann darauf ein den Anhängern Anselm's unerträglich hart erscheinendes Walten des königlichen Bischofs Petrus, unter Verfolgung jener Getreuen, so daß mit Ausnahme der Bergfestung Moriana fast das ganze Bisthum allmählich denselben entrissen wurde. In Lucca selbst stützte sich dabei Petrus auf das niedere Volk, während die Erfolge außerhalb der Stadt, die Eroberungen von Burgen, die Verwüstungen und Brandlegungen, zur Schädigung der Gräfin Mathilde, von dem königlichen Heere ausgegangen sein werden. Anselm selbst hatte bei der Gräfin Zuflucht gefunden, deren sicherste Stütze er nunmehr durch seine wohlüberlegten Rathschläge wurde. Nicht genug vermochten seine Verehrer diese Beziehungen zwischen der Deborah und ihrem geistigen Sohne — denn man verglich ihr Verhältniß mit dem der Maria zu dem Lieblingsjünger Christi, Johannes — zu preisen, und daß dann Gregor VII. dem Vertriebenen für das eine verlorene Bisthum reichen Ersatz gegeben habe, indem er Anselm zu seinem Stellvertreter in der Lombardei ernannte. Auf der Burg Canossa war der Widerstand gegen den König in der Gräfin und ihrem geistlichen Berather vereinigt.

---

[67]) Vergl. über die Belagerung von Florenz durch Heinrich IV. zu 1082. n. 26.

Ueber diesen Kämpfen müssen die Monate seit dem Juli für Heinrich IV. vorübergegangen sein[89]). Denn er erscheint erst am

[89]) Die Monate des Spätsommers und Herbstes werden sicher richtig für die kriegerischen Unternehmungen Heinrich's IV. im mathildischen Gebiete in Anspruch genommen (vergl. Kilian, Itinerar Kaiser Heinrich's IV., 90, sowie Sander, l. c., 76 n. 4, Overmann, Gräfin Mathilde, 149 u. 150). Die schon ob. in n. 62 herangezogenen Aussagen Bardo's, die in c. 20 ihre Fortsetzung finden: . . Romam tendit (sc. Heinrich IV.) atque primo mox ingressu omnem furorem suum in dominam Mathildam convertit, villas incendit, castella diruit, quae tamen, divina se protegente misericordia, non nimium detrimenti sustinuit. Tunc, inquam, hominis ingenium et sapientiam, utpote sancti episcopi Anselmi, laudare posses: hier folgt, ähnlich wie in c. 11, eine beredte Ausführung über die Beziehungen zwischen Anselm und Mathilde: illa potestatem exercebat, ille regebat; illa praeceptum et ille dedit consilium. Excellebat tamen ille in omnibus, quia obedierunt sanctitati suae tam ipsa, quam sui omnes, plus tamen ipsa —, weiter in c. 21: Quis potentum unquam suum, ut illa, deduxit exercitum? Recesserunt tamen ab illa plurimi suorum et abierunt retrorsum. Corroborati sunt hi, qui permanserunt . . . . egregius ille pastor et doctor (Anselm) die noctuque affuit illis, spiritualibus doctrinis et admonitionibus illud maxime inter caetera replicans, ut ab excommunicatis se observarent (etc.), auch c. 23: factus est ille unius olim civitatis episcopus, innocenter quidem expulsus, multarum civitatum praesul magnificus. Nam potestatem ei et vicem suam domnus papa commisit per omnem Longobardiam, ubi catholici non haberentur episcopi, qui tunc inveniebantur certe rarissimi (SS. XII, 19—21). Aber noch viel eingehender und aufschlußreicher sind nun die Mittheilungen, die sich aus Rangerius neu ergeben, aus dem langen Abschnitte v. 4260—5277 (übrigens erhebt derselbe auch schon v. 3560 ff. die dem König entgegentretende Debbora, die una domus veteri de nobilitate creata et fundata fide nobilitata magis, mit dem wachsamen hingebenden Anselm, der neben der socia steht), wo v. 4788 ff. das Zusammenströmen der ex urbibus officiales, der ruricolae . . . ex agris, v. 4810 ff. das Eintreffen der comites Tusci e finibus omnes, darunter des Ugicio, vir magnanimus (vergl. S. 381): se spondet in arma, v. 4808 u. 4809 die Ertheilung an Petrus: quae sunt Lucae regalia . . . militiam ducere per patriam, v. 4820 ff. die schon in n. 86 erwähnte Gerichtssitzung, v. 4840 ff. Petrus' Weihe durch Wibert, v. 5266 ff. Petrus' Verbindung mit den minores gentes: Concurrunt et de populo pars magna minore, quae propter pretium laudat habetque Petrum: — vergl. hiezu Overmann's Abhandlung, l. c., 427 u. 428, 431—433, 435, wobei der Gegensatz der Entwicklung gegenüber Pisa hervorgehoben wird, wo nur die Vornehmen die Parteikämpfe ausfochten und die 1087 vollendet erscheinende Consulatsverfassung aus der durch den Bischof Daibert erreichten Vereinigung der Adeligen hervorging (zeitlich geht aber vielleicht der Consulat für Lucca noch dem von Pisa um wenige Jahre voran). Dann spricht von diesen Kämpfen weiter Donizo, Vita Mathildis, Lib. II, c. 1, v. 200 ff.: . . rex . . . Italiam . . . ingreditur, terram totam maculabat aberrans. Sola restitit ei Mathildis filia Petri. Rex exardesceps contra quam concitat enses, proelia, terrores et castris obsidiones. Ad nichilum pugnat; non haec superabitur unquam (worauf die Stelle von ob. S. 317, n. 146), c. 2, v. 269 ff., wo Mathilde gelobt wird: Munda domus sola Mathildis erat spaciosa; catholicis prorsus fuit haec tota quasi portus. Nam quos dampnabat rex, pellebat, spoliabat pontifices, monachos, clericos, Italos quoque Gallos, ad vivum fontem currebant funditus omnes, scilicet ad dictam dominam jam, mente benignam, quaeque requirebant, apud ipsam repperiebant (etc.), worauf v. 281 ff. auf Anselm übergehen, lucens Anselmus maxime prudens, lege Dei doctus, monachus bene religiosus, mit deutlicher Anlehnung an Bardo's c. 12 (vergl. n. 62) über die Beziehungen zu Mathilde: Gregorius presul Romanus, ut egit Jesus in cruce qui moriens dat discipulo genitricem, commisit dominam sic Anselmo comitissam (etc.): vergl. noch l. c., in n. 146 (SS. XII, 383, 385).

Ende des Jahres wieder, und zwar jetzt nördlich vom Appennin, in Parma, der Stadt des Bischofs Eberhard. Am 3. und am 4. December wurden da im Gerichte des Königs Sprüche gefällt, und dabei waren der Patriarch Heinrich von Aquileja, Bischof Albert von Novara, von weltlichen Herren Markgraf Albert, Graf Boso und andere Große an der Seite Heinrich's IV.[91]). Wo das Weihnachtsfest gefeiert wurde, ist nirgends überliefert[92]).

— Gregor VII. selbst war für sich gegenüber dem ersten Angriff des Gegners auf Rom in diesem Jahre aufrecht geblieben; der Stoß war an der Mauer der Stadt abgeprallt. Aber eine Wiederholung des feindlichen Vorgehens des königlichen Heeres ließ sich bestimmt für das folgende Jahr schon jetzt erwarten, und es war sicher, daß der Bundesgenosse, auf den der Papst gerechnet hatte, Herzog Robert, noch nicht zur Stelle sein werde, wann die Noth neuerdings hereinbrach. Denn das normannische Heer war gegen des Herzogs Erwarten dadurch, daß der Verräther Monomachatos aus der Befehlsführung entfernt worden war, zu einer langwierigen Belagerung von Durazzo, dessen sich Robert ohne Schwertstreich hatte bemächtigen wollen, gezwungen worden; auch von Venedig wurde zu Gunsten des Kaisers Alexios zur See in den Kampf an der illyrischen Küste eingegriffen. Allerdings siegte dann der Herzog am 16. October in einer großen Feldschlacht gegen das Heer, das Alexios selbst, um den belagerten Platz zu entsetzen, herbeigeführt hatte, und in einem Schreiben nach Rom gab er auch Gregor VII. und den Römern Kunde von diesem glänzenden Erfolge[93]). Gregor VII. schrieb ihm darauf seinen Glückwunsch, mahnte ihn aber zugleich daran, daß er fest im Gedächtniß halten müsse, da Undankbarkeit Unwillen erzeuge, daß er dem heiligen Petrus und dessen Schutze seinen Sieg verdanke, daß er also der heiligen römischen Mutter Kirche eingedenk bleibe, die zu ihm unter den anderen Fürsten ein besonderes Zutrauen hege, wie sie ihn in

[91]) Die beiden richterlichen Urtheile — St. 2840, 2841 — sind für die canonici sanctae Parmensis ecclesiae gefällt. In St. 2841 ist auch die presencia . . . domini (der Name fehlt) episcopi de Ostete (Eichstädt? oder Asti, wie Sander, l. c., 97 n. 3, annehmen möchte) genannt, und daß daneben Bischof Albert von Novara erscheint, widerspricht der von Lehmgrübner, Benzo von Alba, 53, geäußerten Ansicht, daß dieser auf gregorianischer Seite gewesen sei.

[92]) Wenn Giesebrecht, III, 540, den König noch über den Po „zurückweichen" läßt, so ist er auf diese durch keine Angabe berechtigte Combination nur dadurch gebracht worden, daß er unrichtig (vergl. zu 1082 n. 36) Heinrich's IV. Uebergang über den gefrorenen Po in den Winter 1081 auf 1082 setzte. Wibert war am 1. December in Ravenna anwesend (vergl. Köhncke, l. c., 45). Vielleicht beging der König das Weihnachtsfest bei ihm, da er 1082 durch die Romagna nach Rom aufbrach (vergl. zu 1082 n. 1).

[93]) Vergl. über diese Ereignisse von Heinemann, l. c., 318—320. Sander, l. c., 102 u. 103 (n. 1), bezieht mit Recht die schon ob. S. 378 in n. 50 erwähnte Meldung Robert's auf die Schlacht, nicht, wie Giesebrecht, III, 545, annahm, auf den Fall Durazzo's, Februar 1082, so daß also auch Gregor's VII. Schreiben an den gloriosus dux — J. 5225, Registr. VIII, 40 (l. c., 491 u. 492) — zu 1081 gezogen werden muß.

Sonderheit liebe. Da möge er die Erfüllung der gemachten Versprechungen nicht länger hinausschieben: „Denn Du weißt wohl, wie ein großer Sturm durch Heinrich den sogenannten König gegen die Kirche entstanden ist und wie sehr sie Deiner Hülfe, der Du ihr Sohn bist, bedarf. Handle also, damit, so viel der Sohn der Ungerechtigkeit feindselig zu handeln sich bestrebt, die Mutter Kirche nicht weniger über die von Deiner Ergebenheit kommende Hülfe sich Glück wünschen muß“ [94]). Allein es ließ sich unzweifelhaft erwarten, daß der Ruf ein vergeblicher sein werde; die Belagerung Durazzo's konnte Robert unmöglich abbrechen wollen.

Um so mehr fiel die sichere Bundesgenossenschaft der Gräfin Mathilde, mochte sie auch zur Zeit noch so sehr bedrängt, durch den Verlust der Stellung in Tuscien sogar von Rom abgeschnitten sein, für den Papst in Betracht. Canossa war der Zufluchtsort der Flüchtlinge, der sichere Hafen der katholisch Gesinnten, der, wie der Lobredner der „in ihrem Gemüthe gütigen Herrin“ rühmt, für die Bischöfe, die Mönche und Geistlichen, aus Italien und anderen Ländern, so weit sie von dem Könige verurtheilt, vertrieben, beraubt worden waren, offen stand [95]). Doch ganz besonders wichtig war eben, daß der aus Lucca vertriebene Bischof Anselm hier zur Seite der thatkräftigen Fürstin war, und Heinrich IV. hatte geradezu die ihm gefährliche Gegnerschaft verstärkt, indem er den gänzlich im Sinne Gregor's VII. handelnden, im Besitze voller kirchlicher Gelehrsamkeit stehenden und in der schriftlichen Ausgestaltung seiner Kenntnisse höchst gewandten Geistlichen gezwungen hatte, sich zu Mathilde zu begeben. Der gleiche Zeuge, der eben angerufen wurde, sagte: „So war dieser Mann großen Rathschlages in diesen Jahren der Bote, dessen klugen Vorschlag die Gräfin befolgt“. In jeder Weise suchten sie die Gegner zu trennen, die Anhänger von Heinrich IV. hinweg zu sich herüber zu bringen, durch Gaben und Ertheilung von Lehen, Andere durch Gewalt, indem sie bekämpft und und geschädigt wurden [96]). Anselm selbst legte einige Jahre später, in einer gegen Wibert gerichteten Schrift, ein beredtes Zeugniß von dieser seiner geistigen Bundesgenossenschaft mit der ausgezeichneten Frau ab. Wibert muß es Anselm zum Vorwurfe gemacht haben, daß er Mathilde, die edelste der Frauen, umgarne, betrüge und täusche, und so ruft Anselm Gott zum Zeugen an: „Nichts, was mit der Erde und dem Fleische zu thun hat, wünsche ich bei ihr und von ihr aus eigener Absicht, und ohne Unterlaß bete ich, daß ich es verdienen möchte, rasch aus dieser nichtswürdigen Welt gerissen zu werden, von tiefem Ekel erfaßt, wie ich bin, während ich

---

[94]) Das ist eben J. 5225 (n. 93). Bemerkenswerth ist der ähnlich auch in J. 5242 — Epist. collectae, Nr. 40 (l. c., 568) — wiederkehrende Schlußsatz: Dubitavimus hic sigillum plumbeum ponere, ne, si illud inimici caperent, de eo falsitatem aliquam facerent.

[95]) Vergl. die Worte Donizo's in n. 90.

[96]) Das sagt Donizo eben an der gleichen Stelle, v. 289—295.

thatsächlich meinen Aufenthalt hienieden sich verlängern sehe, im Dienste, wie ich stehe, bei Tag und bei Nacht jene Frau zu bewachen, für meinen Gott und für meine heilige Mutter Kirche, durch deren Vorschrift sie mir anvertraut ist. Ich hoffe, daß mir durch Gottes Gnade durch den Schutz über sie reichliche Vergeltung erwachse, weil sie nicht für eitle Dinge, wie Du sagst, das Ihrige hinaustheilt, sondern einen nie versiegenden Schatz im Himmel sich sammelt, den keine Motte frißt, an dem nicht die Diebe graben und den sie nicht stehlen, dadurch daß sie bereit steht, für die Vertheidigung der Gerechtigkeit nicht allein alles Irdische zu vertheilen, sondern bis auf das Blut für den Ruhm und für die Erhöhung der heiligen Kirche, zur Erreichung Eurer Niederschmetterung und zur Herbeiführung Eurer Ehrfurchtsbezeugung, den Kampf zu führen, bis der Herr seinen Feind in die Hand der Frau übergebe"[91]). Daß geradezu Canossa eine Stätte der Verknüpfung der verschiedenartigsten Fäden, zum Vortheil Gregor's VII., im Wetteifer mit Rom selbst[92]), wurde, zeigt beispielsweise ein Versuch, die Hülfe eines mächtigen Fürsten für den Papst zu gewinnen, der bisher noch stets, trotz der auf ihn gesetzten Hoffnungen, nicht das für die Kirche geleistet hatte, was der Papst nach früher geschehenen Zusicherungen erwarten zu dürfen meinte, des Königs Wilhelm von England. Der Papst hatte in diesem gleichen Jahre in einem an die Bischöfe Hugo von Die und Amatus von Oleron gerichteten Schreiben sich über den König ausgesprochen: er zeige sich zwar nicht so eifrig und ergeben, wie es zu wünschen wäre, dürfe aber doch mehr, als andere Könige, geehrt werden, da er die Kirchen weder zerstöre, noch verkaufe, Frieden und Gerechtigkeit aufrecht erhalte, sich der Einladung der Feinde des Kreuzes Christi, gegen den apostolischen Stuhl einen Vertrag zu schließen, entzogen habe, da er gegen verheirathete Priester und Zehnten entfremdende Laien eingeschritten sei, so daß er von Rom aus milder behandelt zu werden verdiene und daß in Rücksicht auf seine Biederkeit den Unterthanen seiner Krone und den Seinigen, trotz ihrer Nachlässigkeiten,

[91]) Diese Stelle über die nobilissima feminarum steht in dem 1085 oder 1086 geschriebenen Liber Anselmi Lucensis episcopi contra Wibertum et sequaces suos, gegen Ende (Libelli de lite, I, 527). Der Schlußsatz des hier mitgetheilten Abschnittes: donec tradat Dominus inimicum suum in manu feminae zieht eine andere alttestamentarische Heldin heran, mit der man Mathilde gern verglich, die Judith (Judith. XVI, 7).

[92]) In das Jahr 1081 fallen in Gregor's VII. Correspondenz mit fremden Höfen noch in Betracht: J. 5205 — Registr. VIII, 25 — an König Alfonso VI. von Leon und Castilien, u. a. zu Verdankung eines munus amplum et magnificum, J. 5221 — Registr. VIII, 37 — an die Wisigothorum gloriosi reges (Inge) et A(lstanus) et populi (vergl. schon ob. S. 324 n. 155: der Inhalt aller dieser Schreiben an die nordischen Könige ist stets wesentlich der gleiche. Ermunterung zur Erweiterung des Christenglaubens, zur Zehntenzahlung, zu fleißigem Verkehr mit Rom), endlich J. 5202 — Registr. VIII, 22 — an eine nicht näher festzustellende Königin A., daß sie auf ihren Gemahl einwirken möge (l. c., 470—473, 468 u. 469, 467 u. 468).

Nachsicht zu erweisen sei. Jetzt suchte auch Anselm von sich aus, in einem eigens an Wilhelm gerichteten Briefe, ihn zu ermahnen. Auch diesem normannischen Fürsten wurde da, ähnlich wie Robert, dargelegt, welche großen Thaten er vollbracht habe, wie er aber dafür Gott zu danken verpflichtet sei. Er war der Hammer, das Beil, das die Völker getroffen hat; doch Gottes Hand leitete das Werkzeug, und diese Erkenntniß, abhängig zu sein, die Danksagung, die dafür nothwendig ist, soll der König nicht in Selbstüberhebung vergessen. Anselm selbst ist der von Wilhelm erfahrenen Thaten des Wohlwollens eingedenk und will sie ihm vergelten. Aber Wilhelm soll, da er das Schwert führt, die römische Kirche, die auf ihn vertraut, nicht ohne Hülfe lassen: „Zu der Kirche mußt Du, als zu dem Haupte und zu Deiner Mutter, kommen, um sie, so viel an Dir liegt, schleunig den Händen der Fremden zu entreißen"[99]).

Wenn noch ein starkes Bollwerk in Italien außerhalb Rom's für den Papst vorhanden erschien, so war ein solches in der Stellung der Gräfin Mathilde gegeben.

Im deutschen Reiche drängten die Dinge seit dem Weggange des Königs nach einer neuen Entscheidung hin. Von der einen, wie von der anderen Seite sammelte man die Kräfte. Hatte Erzbischof Gebehard von Salzburg in seinen Sendschreiben seine Auffassung dargelegt, daß man sich von Excommunicirten ferne zu halten habe[100]), so erhoben sich hinwider von Trier aus, der Stadt, deren geistlicher Vorsteher Egilbert infolge der päpstlichen Weigerung immer noch der Weihe entbehrte, laute Stimmen gegen Gregor VII. Einerseits muß ein Mönch Theoderich, der anfangs im Kloster Tholey weilte und für dessen Mönche die Lebensbeschreibung des 1066 ermordeten Erwählten von Trier, Konrad, schrieb und der dann mit Erzbischof Egilbert in Verbindung kam, für diesen zwei Bücher gegen Gregor VII. verfaßt haben, deren Inhalt als eine Vertheidigung der Schuldlosigkeit und Heiligkeit des Königs und seines Papstes Wibert bezeichnet wird, während Gregor VII. in sehr ge-

---

[99]) Gregor's VII. schon ob. S. 323, n. 154, herangezogenes Schreiben mit der Stelle über Wilhelm ist J. 5208. Das Schreiben Anselm's an Wilhelm — Haec ego propria manu scripsi et committo tibi soli — theilt Sudendorf, Berengarius Turonensis, 237—239, mit, und Giesebrecht, III, 539, zog es an dieser Stelle heran, mit der Bemerkung, „Anmerkungen", 1167, es müsse vor der Gefangensetzung des Bischofs Odo von Bayeux durch den König, seinen Halbbruder, geschrieben worden sein, also 1081 oder spätestens 1082. Bemerkenswerth ist auch, daß Wilhelm von Malmesbury, Gesta reg. Angl., Lib. III, c. 289, der Mathilde rühmend gedenkt: aequiori, ut videbatur, causae affuit militia Matildis marcisae, quae oblita sexus, nec dispar antiquis Amazonibus, ferrata virorum agmina in bellum agebat femina (SS. X, 476).

[100]) Vergl. ob. S. 355—357.

schickt zusammengefügten — nach der Ansicht des Berichterstatters freilich lügenhaften — Aussagen durch diese Schrift in übeln Ruf gestellt werde. Aber das Buch ist nicht mehr vorhanden. Daß freilich Theoderich, den danach Egilbert zum Lohne an die Spitze der Abtei St. Martin, nördlich vor den Mauern Trier's an der Mosel, stellte, zu solcher Arbeit wohl befähigt sich erwies, zeigt der Umstand, daß er, als ein wissenschaftlich wohl unterrichteter Mann, durch Egilbert an Wibert abgeschickt worden war, um das Pallium für den Erwählten zu erbitten[101]).

Aber auch Bischof Theoderich von Verdun hatte abermals in auffallender Weise seine Gesinnung geändert. Hatte er sich noch vor ganz kurzer Zeit, im vorangegangenen Jahre, als die Mißbilligung seiner königsfreundlichen Haltung ihm durch seine Geistlichkeit fühlbar gemacht worden war, von Heinrich IV. getrennt, sich gegenüber Gregor VII. reuig zu zeigen sich beflissen, so wandte er sich jetzt wieder zum Könige zurück. Dessen Aufbruch nach Italien, sein Vorgehen, gemeinsam mit Wibert, gegen Rom, die darüber einlaufenden Nachrichten bewogen den Bischof, die ihm gebrachte Verzeihung Gregor's VII. zu verschmähen, öffentlich über das Gebot des Papstes sich hinwegzusetzen und ihm den Gehorsam zu verweigern[102]). So kam es, daß unter seinem Namen eine von einem sehr geschickten Kämpfer verfaßte Schrift, etwa im Sommer, gegen Gregor VII. ausgehen konnte[103]).

---

[101]) Vergl. über diesen Mönch Theoderich schon Bd. I, S. 508, wo in n. 27 die über seine litterarische Thätigkeit handelnden Stellen der Gesta Trever., Additam. et Contin., I, c. 14, sowie Theoderich's Selbstzeugniß in der Vita et passio Conradi archiep. Trever., c. 4, mitgetheilt sind. In dem eben citirten c. 14 steht noch von dem quidam consectaneus (sc. Egilbert's) . . . arte nigromanticus, professione monachus, scientia litterarum valde praeditus: — misit (sc. Egilbert) quaesitum Clementem suum apostolicum et inventum transmittere sibi expeteret pallium (SS. VIII, 187).

[102]) Vergl. über die letzt vorangegangene Phase in der Haltung des Bischofs Theoderich ob. S. 326 u. 327. Der Satz des Hugo von Flavigny, Chron., Lib. II, über die Rückkehr des Abtes Rodulf von Rom, SS. VIII, 461, wurde Bd. II, S. 673 (n. 67), zu den vorher, l. c., 459, erzählten Ereignissen, wo Hugo schon den Rodulf genannt hatte, zum Jahre 1076 gezogen, und bei der vielfach vorhandenen chronologischen Verschiebung der Ereignisse in Hugo's Texte erscheint eine solche Versetzung nicht ausgeschlossen (oder ist Rodulf zwei Male — also 1076 und wieder 1081 — nach Rom gegangen, so daß dann eben Hugo beide Reisen zu einer einzigen zusammenzog?). Das aber ist sicher, daß der, 461, folgende Satz: Verum quia Wibertum execratum et regem obstinato animo Romam tendere jam fama vulgaverat, intumuit animus hominis (sc. des Bischofs Theoderich), et quidquid egerat, quicquid dampnaverat vilipendens, ad vomitum rediit, culpam non solum fateri non erubuit, quin potius gravioribus se vinculis peccati et pertinaciae innodare non pertimuit. Nam subito per semetipsum absolutus, pontifex in vestitu sacerdotali apparuit, missas celebravit, et quicquid illud est quod sacerdotali officio convenit, quod totiens caverat inplere non formidavit (etc.) einzig und allein auf das Jahr 1081 bezogen werden kann.

[103]) Die Streitschrift Wenrich's — Libelli de lite, I, 284—299, mit der sehr instructiven Einleitung über Bischof Theoderich, 280 ff., von K. Francke herausgegeben — hat als Titel: Theodericus Virdunensis episcopus Hilde-

Auf einer in Trier abgehaltenen Versammlung war beschlossen worden, eine derartige Kundgebung zu veröffentlichen, in der Art, daß deren Verfasser als Beauftragter der Theilnehmer an der Zusammenkunft überhaupt, im Besonderen freilich als Wortführer für den Bischof von Verdun erscheinen sollte[104]. Zu der Aufgabe wurde Wenrich auserlesen, der von Verdun nach Trier als Vorsteher der Schule berufen worden war, ein Mann, dem auch von gegnerischer Seite eine große schriftstellerische Begabung, unleugbare Gewandtheit im Ausdrucke nicht abgestritten wurden[105].

brando papae und am Schlusse: Explicit epistola Theodrici episcopi edita ex persona ipsius a Guenrico scolastico Treverensi. Mirbt, l. c., 24, nennt die Schrift Wenrich's „eine Perle unter den Streitschriften". Als Abfassungszeit hatte Giesebrecht, III, 1054, das Jahr 1083 angenommen; doch ist durch Francke, 283 u. 284, sowie durch Mirbt, 25, sicher als Zeit der Abfassung der Sommer 1081, die Zwischenzeit vor der Wahl des Gegenkönigs Hermann, anzunehmen. Einen guten Ueberblick des Inhaltes des „gelesensten und besten Manifestes für den König" gab Floto, l. c., II, 295—298. Gewisse Berührungen der nachträglich, Libelli de lite, III, 609—614, abgedruckten Schrift eines Unbekannten: De paenitentia regum et de investitura regali collectanea hebt der Herausgeber H. Böhmer, 608 u. 609, gegenüber Wenrich's Schreiben hervor.

[104]) Von diesem in Trier abgehaltenen totius malignancium conventus, dessen consilium opprimendi justi spricht Manegold, Contra Wolfelmum liber, c. 24 (Libelli de lite, I, 307 u. 308): nemo illorum, qui in cathedris pestilenciae sederunt, idoneus inventus est, qui sciret ad increpandum innocentem et subvertendam justiciam verba componere et ornate detrahere sermonibus veritatis. Injuncta fertur esse huius negocii cura cuidam homini grammatico Wirrico Treverensi magistro, qui sub persona Eliphat Temanitis, Virdunensis scilicet episcopi, fraudulentis verbis et dolosa percunctatione augeret dolorem sancti Job (etc.: der Themaniter Eliphas ist der erste der Freunde, die mit Hiob sprechen). Ille vero grammaticus ad exprobrandum Deo viventi de Philisteorum cetu electus gaudens suscepit operam atque more scolarium rethorum, qui in suscepto themati non attendunt, quid gestum vel non gestum sit, sed in fictis causis preacuentes linguas tantum elocuntur, quantum quilibet vel inferre injuriam vel ipse sustinere potuerit, fecit epistolam contumeliis sanctae ecclesiae redundantem.

[105]) Neben der Stelle in n. 104 nennt einerseits Sigebert von Gembloux, De scriptoribus ecclesiasticis, c. 160, den Verfasser: Wenricus ex scholastico Treverensi episcopus Vercellensis scripsit librum sub persona Theoderici Virdunensis episcopi ad Hildebrandum sive Gregorium papam de discordia regni et sacerdotii, non eum increpans, sed ut seniorem obsecrans et patrem, et amicabili inductione quasi affectu dolentis suggerens ei omnia, quae contra jus legum et fas religionis eum fecisse et dixisse divulgabat loquax fama: eine ganz vorzüglich zutreffende Charakteristik der Schrift (Fabricius, Biblioth. ecclesiast., 113), andererseits nochmals Manegold selbst in der anderen Schrift, Ad Gebehardum liber, Praefatio: Episcopus Virdunensis, immo ex persona et rogatu ipsius Winricus scolasticus Treverensis nuper contra sedem apostolicam, contra ecclesiasticam disciplinam, contra religionem catholicam conpilavit libellum, cui denique nonnulla scripturarum testimonia indidit, aliqua etiam inventa male intelligendo depravavit, quedam vero non inventa falsa denunciacione fronte carens et omni inpudencior prostituta confinxit, sed et spurcissimis presulem apostolicum conviciis deturpavit ceterosque catholice religionis duces et preceptores ad levitatis sue testimonium, tum oblique notando, tum publice plasphemando, acerrima reprehensione derisit (Libelli de lite, I, 311). Was die Angabe Sigebert's betreffend Bekleidung des Bischofsamtes in Vercelli durch Wenrich betrifft, so ist Reginger schon ob. S. 285 zu

Wenrich's Schreiben an Hildebrand ist schon in seiner Zeit selbst durch den so vielseitigen Schriftsteller Sigebert, Mönch von Gemblour, von dessen Auffassung aus, sehr richtig beurtheilt worden. Dieses Buch über den Zwiespalt zwischen Reich und Priesterthum — wird da gesagt — sei so geschrieben worden, daß darin Gregor VII. nicht eigentlich getadelt, sondern wie ein Vorgesetzter und Vater beschworen worden sei, so daß der Verfasser in freundschaftlich gehaltener Ausführung, gleichsam als fühle er selbst Schmerz darüber, dem Papste all dasjenige dargelegt habe, von dem das geschwätzige Gerücht verbreitete, der Papst habe es gegen das gesetzliche Recht und gegen das religiöse Gebot gethan und gesagt.

Wenrich begann seine Schrift mit dem Wort aus den Sprüchen Salomon's: „Zu aller Zeit liebt, wer ein Freund ist, und ein Bruder wird in der Bedrängniß als wahr dargethan" (XVII, 17). Von einer Andeutung der Anfechtungen, die der Verfasser und seine Kirche zu erleiden haben, lenkt der Anfang der Schrift auf das hinüber, was über den Papst als Tadel und Anklage vorgebracht werde. Um nun den Gegnern Gregor's VII. antworten und diese Angriffe abwehren zu können, will Wenrich aufzählen, was er von Getreuen vernommen oder selbst über das Leben des Papstes erfahren hat. Von der Knabenzeit an bis zur Gegenwart verfolgt er dann, unter vollster Anerkennung, in gedrängter Würdigung das Leben des Papstes[108]), nicht ohne daneben zu betonen, daß auch Haß und Anfeindung gegen diesen sich erhoben hätten; aber er versichert, das hier durch ihn selbst Vorgebrachte von Gregor VII. zu glauben. Freilich werden nun den günstigen Beurtheilungen die Stimmen der Gegner unmittelbar gegenübergestellt. So heißt es bei der Erwähnung des Umstandes, daß Hildebrand die Verpflichtungen eines Mönches über sich genommen habe, daß es vielmehr wenige italienische, deutsche, französische Städte gebe, die er nicht, statt im Kloster zu verharren, durcheilt, wenige Fürsten dieser Zeit, die er nicht begrüßt habe, oder es sei, da doch Beobachtung des Stillschweigens da eine Hauptverpflichtung sei, keine Ehre, keine Würde — vom Priester bis zum Erzbischof — von ihm mit Beschimpfungen, mit völlig anstößigen Benennungen verschont worden, wobei auch gegen ganze Völker leichtfertiger Spott oder schreckliche

---

1080 und wieder in St. 2852 — vergl. zu 1083 in n. 27 — zu 1088 bezeugt, dann für 1084 — vergl. dort n. 34 — durch Histor. Farfens., Gregorii Catinens. opera, c. 8: eo (sc. Heinrich IV.) jubente, Rainerius Vercellensis episcopus ... investivit dominum Berardum abbatem de ecclesia sancti Valentini ad proprietatem huius monasterii, sc. von Farfa (SS. XI, 561), so daß Breßlau (vergl. Libelli de lite, I, 628, Addenda) mit Recht bezweifelt, ob diese Bekleidung eines Bischofsamtes durch Wenrich anzunehmen sei. Außerdem nennt das Todtenbuch von St. Vannes zu Verdun den am 30. September verstorbenen Wenricus praesul illustris einfach clericus canonicus sanctae Mariae (zu Verdun) (Francke's Einleitung, l. c., 283).

[108]) Zu diesem c. 1 macht Holder-Egger, 285 n. 1, darauf aufmerksam, daß Hugo von Flavigny, Lib. II, zu seiner ähnlichen Schilderung, SS. VIII, 422 ff., wohl aus Wenrich geschöpft habe.

Drohungen geschleudert worden seien. Oder es wird gegenüber der Versicherung des Papstes, daß er vor dem höchsten geistlichen Amte stets geflohen sei, erwähnt, ihm werde vorgeworfen, daß er vielmehr unter Verschmähung keines einzigen Mittels, sogar von catilinarischer Färbung, danach gejagt habe, unter Gewaltsamkeiten jeder Art: so habe er durch Verkauf seiner Hülfeleistung, auch in kirchlichen Angelegenheiten, sehr viel Vermögen angesammelt, damit sich die Gehülfenschaft verderbter Menschen erworben, sich so eine wohl gerüstete bewaffnete Schaar gebildet, in deren Mitte er, einem Mönche sehr ungleich, mit kostbaren Kleidern über der Kutte, zu Pferde erschienen sei, und ringsum habe er Städte und Burgen als Stützen seiner Macht sich verschafft: dergestalt sei von ihm endlich, nachdem er erkannt, daß die öffentlichen Dinge genugsam in Verwirrung gebracht worden seien, so daß keine Rechenschaft von ihm über die unordentliche Weise seines Eintrittes werde verlangt werden, die päpstliche Gewalt gewonnen worden. Aber noch Weiteres komme hinzu: das Reich habe er hernach durch geheime Unterwühlung und öffentliche Absendung von Botschaften in Verwirrung und Zwietracht gestürzt, zuletzt seinen König — Rudolf — aller Welt empfohlen und auf den Thron gesetzt, und im Innern der Kirche sei kein Bisthum, kein Kloster, keine Gemeinschaft geblieben, die nicht in Kampf und Ungewißheit ihrer Ordnung hineingerissen worden wären. Dann geht das Schreiben auf Voraussagungen von Dingen über, die Gregor VII. verkündigt habe, ohne daß sie sich erfüllt hätten, auf die verbreitete Erzählung von der Auferweckung eines Todten durch den Papst — wahr sei, daß viele Tausende von Menschenleben durch des Papstes Schuld vernichtet worden seien —, sowie darauf, daß man nach dem Schriftworte das Urtheil über einen Menschen nach den Früchten seiner Thaten zu gestalten habe: da vergleiche man den früheren und den jetzigen Stand von Kirche und Staat, den Frieden und die Ruhe, die der Papst vorfand, mit diesem gefährlichen Schiffbruch des Glaubens und aller Tugenden, mit dem von ihm verursachten Verderben des Eidbruches und der Verfluchung, und dann sehe man, ob in Gerechtigkeit und Wahrheit dieser Heilige seinen Vorgängern im Papstthum, den apostolischen Männern, gleichgerückt oder gar ihnen vorangestellt werden dürfe. Hierauf schließt Wenrich diesen Abschnitt ab: „Darüber, dieses Alles über Eure Väterlichkeit vernehmen zu müssen, erröthe ich, fühle ich erröthend Schmerz, widerspreche ich im Schmerzgefühl. Aber aufgerufen bei den so großen und so offen liegenden Anzeichen der Verwirrungen und Uebel, welche jene Stimmen erwähnen — Wenrich meint die Tadler Gregor's VII. —, habe ich, wenn ich nicht von Euch unterrichtet werde, nichts zur Hand, was als Antwort gegeben werden kann“ [107]).

[107]) Das ganze c. 2 (286 u. 287) ist mit diesem abweichenden Bilde Gregor's VII. angefüllt, das eröffnet ist durch den Satz: Sed laudabilem hunc sanctitatis vestrae profectum eis longe aliter immutantibus et ordinantibus,

Wenrich tritt im Folgenden auf eine Reihe von Gesetzen und Anordnungen ein, die in Gregor's VII. Zeit päpstlicher Regierung erlassen worden sind.

Da wird zuerst das Gesetz über die Enthaltsamkeit der Geistlichen, das durch die Einmischung der Laien aufrecht zu erhalten sei, herangezogen, und der Verfasser hebt hervor, es werde ihm schwer verdacht, daß er einmal für dasselbe eingetreten sei: man schelte ihn als einen ganz einfältigen und stumpfen Menschen, daß er in dem Honig nicht den offenbaren Giftbecher und in der Milch nicht die Fliege, wie es sprichwörtlich heiße, bemerkt habe; denn das Gesetz habe als eine Höllengeburt, indem Dummheit und Wahnwitz es aufstellten und festhalten, nur zum Aergerniß und zur schlimmsten Verderbniß gewirkt, zur Untergrabung des Friedens in der Kirche, zur Erschütterung des Glaubens, zur Verwirrung der von Gott als dem Hausvater so wohl geschaffenen Ordnung. Dann wird hervorgehoben, wie der Zwang, der die Ehe der Priester verbietet, nicht das Mittel sei, um wirkliche Unsittlichkeit im priesterlichen Stande zu bekämpfen und zu entfernen: einen Mauerriß bessere man nicht aus, dadurch daß die Grundfeste des ganzen Hauses ins Wanken kommt, und ebenso wird betont, daß das Verbot der Priesterehe mit dem kirchlichen Recht, mit der heiligen Schrift des alten und des neuen Testaments, von Evangelien und Aposteln, im Widerspruche sich befinde. Zwar hält Wenrich auch hier wieder sein Urtheil zurück: „Alle die Zeugnisse hier einzuflechten halte ich sowohl für lästig, als für überflüssig; Euch jedoch, wenn Ihr so befehlet, sie zur Einsicht zu übersenden, erachte ich für mich, der ich hierüber unterrichtet zu werden wünsche, für nothwendig" [108]).

Dagegen schämt sich nunmehr Wenrich geradezu, wenn er sich daran erinnert, wie Gregor's VII. Schreiben über die Absetzung des — von Wenrich als „mein Herr König" bezeichneten — Heinrich IV. und über die Inthronisation seines Rudolf [109]) in aller Leute Munde verhöhnt und als ein Ausdruck der Frechheit des Papstes hingestellt worden sei: „So oft wir es vorbringen, daß unbehutsam gegen Euch Beschluß gefaßt und unordentlich zu Eurer Absetzung (gemeint ist hier der zu Brixen gefaßte Entscheid) vorgegangen worden sei, werden wir nicht ohne unsere Beschämung leicht überwunden, indem dieses Euer Schreiben vorgelegt wird".

non absque gravi verborum nostrorum subsannatione repellimur, und dann bilden die hier übersetzten Worte den Anfang von c. 9. Eine Stelle wegen der an Rudolf nicht erfüllten Voraussagung des Papstes steht in Excurs III, n. 20.

[108]) Vergl. Bd. II, S. 348, 438 u. 439, wegen dieser lex de clericorum incontinentia per laicorum insanias cohibenda, die in c. 8 (287 u. 288) behandelt wird.

[109]) Die in c. 4 (288 u. 289) genannten litterae Gregor's VII. sind schon ob. S. 257 in n. 45 erwähnt. Im zweiten Satze des Capitels bezog Floto, l. c., 296, unrichtig hominum sapientissimus — König Salomon — auf Heinrich IV., den sacerdos — Sadoch — auf Gregor VII.

Dann greift der Verfasser nach allerlei historischen Vorgängen als Beispielen, von König Salomon, oder aus Ludwig's des Frommen Regierungszeit, wie damals gegen Bischof Jesse von Amiens, gegen Erzbischof Ebbo von Reims, wegen ihrer Untreue gegenüber dem Kaiser, Strafen verhängt wurden. Aber als etwas ganz Neues und Unerhörtes stellt Wenrich das auf, daß von Seite geistlicher Gewalten Versuche gemacht werden, die Reiche der Völker so leicht zu zertrennen, die Namen von Königen durch ein plötzliches Verfahren auszulöschen, die Gesalbten des Herrn, wie es beliebt, wie es in niedrigem Stande zugeht, als wären es Meier[110]), umzutauschen, Könige, die man aus dem Reiche ihrer Väter weggehen hieß, wenn sie nicht sogleich gehorchen, mit dem kirchlichen Banne zu verfluchen. Durch eine ganze Reihe von Schriftstellen soll danach bewiesen werden, wie sehr ein solches Verfahren von den Vorschriften der Apostel abweiche, sowohl hinsichtlich des Verhaltens der geistlichen Hirten überhaupt, als insbesondere über deren Beziehungen zur königlichen Gewalt: auch der heilige Papst Gregor I. sei in Worten, Sitten, sogar in allen seinen tadelnden Aeußerungen demüthig und mild gewesen. Zwar[111]) wird dann dagegen Gregor's VII. Wort geworfen: „Den ich mit dem Anathem belegt habe, beleget auch Ihr mit demselben!" Aber — so fährt Wenrich gleich fort — dieses Donnerwort bedeute keine so große Gefahr, als es Schrecken einflöße; denn er sehe die Folgerichtigkeit nicht ein: anders wäre es, in der That schrecklicher und auch wirksamer, wenn es hieße: „Wen Ihr mit dem Anathem belegt habet, den belege auch ich damit". Denn übel wäre wahrlich für die menschlichen Dinge gesorgt, wenn die göttliche Verdammung gleich auf wie immer beschaffene Bewegungen eines gereizten Gemüthes folgen würde, so wie das der Zorn irgend eines Menschen Gott vorschreiben möchte, ihm, der Alles nach Maß und Gewicht und Zahl vertheilt, bei dem keine Aenderung und kein Schatten eines Wechsels ist: Gott wird nicht so leicht herumgeführt, noch theilt er so leichtsinnig seine Segenssprüche und seine Verfluchungen aus, so daß er sie plötzlich ausstreuen würde, wenn danach gefragt wird, nach Gunst oder Haß irgend eines Menschen, statt nach dem, was ein Leben als Lohn oder Strafe verdient. Weder die heilige Schrift bezeugt, noch die Vernunft verpflichtet, daß Excommunicationen, die wegen persönlicher Beweggründe gefällt werden, die Kraft einer eigentlichen Verdammung erhalten. In langer Reihe werden auch hiefür, daß ein Bischof, der solches verschuldet hat, selbst unter schwerer Anklage steht, falls er in seinem Thun verharrt, Zeugnisse, ganz vorzüglich des heiligen Augustinus, geltend gemacht.

---

[110]) Diese Vergleichung: christos Domini . . . sicut villicos mutare ist ein unverkennbarer Anklang an das Wort des Erzbischofs Liemar über die Art und Weise der Behandlung der deutschen Bischöfe durch den Papst (Bd. II, S. 446).

[111]) Hier beginnt c. 5 (291—293).

In einem weiteren Abschnitte[118]) erörtert Wenrich die Frage, daß von der heiligen und zu allen Zeiten bei allen Völkern festgehaltenen Gültigkeit des Eides durch den Papst jetzt auf das leichteste eine Lösung erfolge. Während der Apostel Paulus den Eid als das nothwendige Ende eines jeden Streites bezeichnet hat, wird jetzt befohlen, nach Durchlesung eines von irgend einem beliebigen Boten vorgewiesenen Blättchens den Eid als ungültig aufzufassen, so bald da geschrieben steht, daß der Papst Alle von dem Heinrich IV. geschworenen Eide lossage. Ob man will, oder nicht, man ist vom Eide gelöst; diese Lösung wird nicht gesucht, sondern angeboten; sie wird verweigert und denen, die sie nicht wünschen, auferlegt. Wenrich geht den Folgerungen, die sich aus diesem: „Ich sage Alle vom Eide los, den Ihr Heinrich IV. geschworen habt" im Ferneren ergaben, nach, und er kommt zum Schlusse mit den Worten, die wieder jenen Anklägern Gregor's VII. in den Mund gelegt werden: „Nicht hören wir in dieser Sache auf Dich, Herr Papst; nicht verweigern wir ihm die Treue, die wir versprochen, nicht bloß versprochen, sondern beschworen haben; denn wenn der Mund, der einfach lügt, die Seele tödtet, so ist es sehr unfolgerichtig, daß der Mund, der mit Meineid lügt, die Seele nicht tödte, und wenn er Alle verdirbt, die eine Lüge sagen, verdirbt er noch vielmehr Alle, die einen Meineid sprechen. Darin aber, daß Du durch Deine Machtvollkommenheit in dieser Sache uns Straflosigkeit versprichst, wolle nicht, ich beschwöre Dich, wolle nicht gegen die Brüder sündigen, wolle nicht die noch Schwachen in Christus zum Aergerniß führen, wolle nicht durch eine verkehrte Sicherheit die unfesten Herzen der Hörer mit Dir in einen unabänderlichen Fall versenken! Das vermögen wir nicht zu befolgen, und Du vermagst nicht, es vorzuschreiben". Wie Moses gebot, den Namen Gottes nicht eitel zu nehmen, nicht einen Meineid zu schwören, keine fremde Götter zu haben, solle der Papst nicht den Meineid befehlen dürfen. Zwar sage ja nun Gregor VII.: „Ein verderbter Mensch ist es, dem Du geschworen hast; ein Gottloser ist er; ein Meineidiger ist er; ein Verbrecher ist er: Treue schuldest Du ihm nicht": — das stehe in dem überall vom Papst verbreiteten Schreiben und werde durch alle Welt gepredigt. Aber das wird nicht geglaubt: vielmehr hat man mit eigenen Augen den Rudolf unwiderruflich in verkehrter Weise handeln gesehen, den pflichtvergessenen Mann, den verrätherischen Menschen mit eigenen Ohren gehört. Seine Eidbrüche sind leicht zu erweisen, nicht leicht aufzuzählen; seine Mordthaten lassen sich noch mit dem Finger aufzeigen; drei Gemahlinnen kennt und nennt man, die er in öffentlicher feierlicher Hochzeit heimführte, die zur gleichen Zeit leben[119]).

[118]) Mit c. 6 (293—296): der Spruch aus Paulus steht Hebr. VI. 16. Betreffend die Stelle über Moses vergl. schon ob. S. 359, n. 18.

[119]) Wenn Wenrich tres uxores .. eodem simul tempore viventes Rudolf zuschreibt (294), so ist das allerdings übertrieben. Die erste Frau, Mathilde,

Daran schließen sich die bittersten Aeußerungen Wenrich's über diesen als Sohn des heiligen Petrus, als Freund des Papstes, als siegreicher Fürst bezeichneten Gegenkönig, der durch seine ausgezeichneten Frevel den königlichen Namen gewonnen habe. Doch sind neben ihm noch Andere, die in tyrannischer Gewaltsamkeit in Reiche eingebrochen sind, sich durch Blut den Weg zu Thronen bahnten, ein blutbeflecktes Diadem an sich rissen, mit Mord und Raub und Verstümmelungen und grausamen Strafen sich die Herrschaft befestigten, die die Ehrenstellen nächster Angehöriger durch deren Tödtung für sich gewannen [114]), und auch diese wieder heißen Freunde des Papstes, werden durch seine Segenssprüche geehrt, als sieggekrönte Fürsten von ihm begrüßt. Heinrich IV. dagegen, der nur sein von Vater und Großvater ererbtes Reich festhalten will, wird ein Verbrecher genannt, nach vorgefaßten Urtheilen verdammt, mit Excommunicationen bedrängt. Aber selbst, sei er nun wirklich der Gottlose, sei er, was der Papst noch in schärferen Ausdrücken gegen ihn sagen will, soll man ihm deßhalb den Eid brechen und, weil jener schlecht sei, dadurch sich selber als Meineidiger bewußt die ewige Verdammniß zuziehen? „Durchaus muß ich das nicht thun und thue es auch nicht" — und abermals fehlen im Anschluß hieran nicht die sprechenden Beispiele, die heilige Väter, glorreiche Männer, getreue Verehrer Gottes hiefür gegeben haben, von Abraham bis auf die Propheten [115]). Endlich werden noch alle Vorwürfe gegen Gregor VII. zusammengefaßt [116]). Denn von Bischöfen wird ganz offen gestanden, daß sie unter anderen Ermahnungen des Papstes von seinem Munde vernommen hätten, man müsse den Besitz des heiligen Petrus mit der Hand vertheidigen, und wer dabei gefallen sei, von dessen Vergehen übernehme er die Verantwortung, also für den, der sich nicht gescheut habe, um Christi willen einen Christenmenschen zu tödten, so daß demnach geradezu eine gewisse Ermuthigung zum Blutvergießen hier vorliege.

Zuletzt kommt noch die Frage wegen des Verbots der Investitur an die Reihe. Diese Untersagung der Einführung der Bischöfe durch die Hand der Fürsten, diese Entziehung der kirchlichen Lehen von aller Einwirkung der Laien ist zwar geeignet,

---

starb schon 1060 (vergl. Bd. I, S. 203); die zweite, Adelheid, wurde freilich von Rudolf verstoßen, dann aber wieder anerkannt (vergl. l. c., S. 614 u. 615, Bd. II, S. 27). Immerhin lautet hier die Angabe so bestimmt, daß wohl mit Gfrörer, l. c., VII, 791 n. 2, zu schließen ist, Rudolf habe, ehe er, von Alexander II. gezwungen, seine unter schändlichem Vorwande verstoßene zweite Gemahlin wieder zu sich nahm, eine dritte Ehe geschlossen gehabt.

[114]) Gewiß denkt da Wenrich zuerst an die von Rom so viel umworbenen Fürsten normannischen Ursprungs, König Wilhelm und Herzog Robert.

[115]) Gegenüber der Brüsseler hat hier die Wiener Handschrift noch eine längere Stelle aus Augustinus am Ende von c. 6.

[116]) So beginnt c. 7: Haec omnia contra eam, quam fecistis, absolutionem (sc. vom Eide) contexentes ad alia quoque refellenda retorquent, quae

durch die Neuheit der Erscheinung auf den ersten Anblick Anstoß zu erregen; doch könnte das Gesetz wenigstens einen gewissen Anschein von Vernunft gewinnen, wäre die Sache nicht in solcher Zeit aufgebracht und mit solchem Ungestüm beeilt und mit solcher Kampflust betrieben worden. Denn man sehe ja deutlich, daß nicht aus religiösem Eifer, sondern aus Haß gegen den König die Angelegenheit geführt werde, da Personen, die durch Rudolf's [117]) geweihte Rechte nicht eingeführt, sondern eingeschmuggelt worden sind, die Weihen nicht versagt, die Pallien sogar in das Haus überschickt werden [118]), da ferner mit denjenigen, die unter andern Königen leben [119]), milder verfahren wird, unseren rechtmäßig erwählten Bischöfen und Erzbischöfen dagegen, die in gemeinsamer Zustimmung von ihren Sprengelangehörigen empfangen sind, auch der Umgang mit den Laien verwehrt und sie, die von keiner Schuld festgehalten erscheinen, als straffällig beurtheilt werden, deßwegen weil sie Heinrich IV. allein die Treue halten und sich scheuen, Meineid zu verüben. Eben aus dieser Ursache haben seit Anfang dieser stürmischen Bewegungen solche, die für den Frieden nichts unterließen, die in voller Unterwerfung unter die Füße Gregor's VII. bereit waren, alles ihnen Auferlegte zu tragen, nichts erreicht, wohl aber Alles erduldet, zwar die Bedingungen des Friedens gesucht, sie aber nicht gewonnen. Dann wird von dem Schicksal der durch Heinrich IV. an den Papst abgeschickten Legaten gesprochen, von Leuten, gleich Engeln Gottes, die bis zur Erleidung des Unwürdigen dienten, sich in Sehnsucht nach dem Frieden und der Ruhe Allem unterwarfen, und ganz vorzüglich im Besonderen ist an die Erlebnisse Erzbischof Liemar's und seiner Begleiter erinnert, als sie 1080 an die römische Synode abgesandt worden waren [120]). Für die Investitur aber wird der Beweis geliefert, wie sie seit den heiligen Vätern bis auf die jetzige Zeit gegolten habe. Schon das alte Testament zeigt, daß die königliche Gewalt die Hohenpriester

vos concedere asserunt vel precipere, und am Schluß steht auch hier wieder: In hac parte quoniam ipsa rei inconvenientia per se satis elucet, nullam se in disputando operam ajunt velle insumere, quomodo haec non pontificali, non apostolicae, sed christianae perfectioni conveniant, prudenti intellectori judicandum relinquere (296 u. 297).

[117]) Deßwegen weil hier in c. 8 (297) die Brüsseler Handschrift noch die in der Wiener fehlenden Worte: vel Herimanni zu der Stelle: cum personis per sacram Rodulfi dexteram non introductis, sed subintroductis interpolirt enthält, wollte man die Schrift als nach Hermann's Wahl geschrieben ansehen. Aber Wenrich spricht überall nur von einem Gegenkönige, Rudolf, nicht von zweien: — in c. 2: regem suum publice commendans et attollens, c. 4: literae vestrae .... Rodulfi vestri inthronizationem continentes, c. 6: Rodulfum irrevocabiliter perversum oculis vidimus (etc.).

[118]) Mirbt, l. c., 482 n. 1, bezieht, da Wenrich die an die Stelle der persönlichen Einholung gesetzte Uebersendung des Palliums tadelnd hervorhebt, diesen Vorgang auf Erzbischof Hartwig von Magdeburg, 1079 (vergl. ob. S. 229).

[119]) Ohne Zweifel meint Wenrich auch hier wieder König Wilhelm von England.

[120]) Vergl. die Stellen von c. 8 ob. S. 251 in n. 28, S. 243 in n. 14.

und Priester einsetzte, weil sonst die Könige von Israel niemals hätten die Priester absetzen, diese durch neue ersetzen können, und andere Vorgänge ähnlicher Art enthält die Geschichte der christlichen Kirche, ja die von Rom selbst, wie denn Gregor I. das Recht des Kaisers bei seiner eigenen Erhebung anerkannte. So muß es, weil sich die Sache so verhält, den aufmerksamen Beobachtern ganz unangemessen erscheinen, daß eine bis dahin erlaubte Einrichtung so schleunig abgeschafft, daß, ehe nur ein Verbot vernommen wurde, die Excommunication verkündigt wird.

Jetzt eilt Wenrich dem Schlusse zu; denn er will zuletzt noch etwas erwähnen, worüber nicht bloß jene Angreifer Gregor's VII. weinen und seufzen, sondern auch Anhänger des Papstes selbst erröthen, weil sie, erschreckt durch die Entsetzlichkeit des Vorganges, das Verderben bringende Ereigniß mit jenen Anderen mißbilligen, verwünschen und darüber sich entsetzen. Gemeint ist jene Schändung und Verhöhnung des heiligen Salböls in Mailand, im Jahr 1074, durch Erlembald, eine That, die, sei es auf Befehl, oder auf Ermahnung, oder mit Zustimmung, jedenfalls mit Vorwissen Gregor's VII. geschehen sei[121]).

Das Schreiben endigt mit den Worten: „Eure Heiligkeit wird, indem sie dieses, das an Euch gerichtet worden ist, mit Liebe aufnimmt, den Dienst meiner Beflissenheit mit einem lange wünschenswerthen Lohne vergelten, wenn sie meine Geringheit, die nachdrücklich hierum bittet, würdigen wird, sie über die zutreffend vernunftgemäße Widerlegung, die sicher gewichtige Aufhebung aller dieser Einwürfe, womit man mich quält, zu unterrichten".

Von Gregor VII. war den Anhängern im deutschen Reiche die ausdrückliche Weisung gegeben worden, nicht in übereilter Weise bei der Frage einer neuen Wahl an der Stelle des gefallenen Rudolf vorzugehen, und außerdem hatte in dem hierüber an die Vertrauten des Papstes gerichteten Schreiben jenes eidliche Versprechen seinen Platz gefunden, das, falls eine Wahl geschehen würde, dem Neugewählten abgenommen werden sollte[122]). Immerhin aber war es doch ganz begreiflich, daß mit der Mitte des Jahres, als die Nachricht davon, Heinrich IV. habe gegen Rom nichts ausgerichtet, sich verbreitet haben mochte, der Wunsch in diesen Kreisen wuchs, Rudolf's Stelle neu zu besetzen.

Nach der Versicherung Bruno's war von den sächsischen Fürsten an alle Völker deutscher Zunge, feindliche, wie freundlich gesinnte, eine Botschaft ausgegangen, mit der Bitte, einen Nachfolger für Rudolf gegen Heinrich IV. und dessen Sohn zu erheben, mit dem Versprechen, ihm, wo es auch sei, treu zu dienen, nur damit alle

---

[121]) Vergl. über diese That Erlembald's Bd. II, S. 370, wo Wenrich's Stelle aus c. 9 in n. 78 eingerückt ist.

[122]) Vergl. ob. S. 365—367.

Glieder des Reiches, wie ehedem, als ein einziger Körper unter einem einzigen Könige wieder zusammenkämen[133]). Aber zunächst scheint diese Aufforderung, wenn sie wirklich so ergangen ist, eine Frucht nicht hervorgerufen zu haben.

Statt dessen kam es mit dem Monat Juni, nach Sammlung eines Heeres, zum kriegerischen Ausbruche in das ostfränkische Land. Unter wilden Verheerungen, unter Brand und Plünderung rächten die Sachsen an den Franken, was diese an ihnen verübt hatten, und so kamen sie, indem Flammen ihren Weg weit und breit bezeichneten, bis in die Gegend von Bamberg, wo die schwäbischen Feinde des Königs zu ihnen stießen[134]). Alsbald sollen nun auch zwischen Sachsen und Schwaben, in gemeinsamem Rathschlage, über das gemeinsame Geschäft der Erhebung eines Königs an Rudolf's Stelle Verhandlungen begonnen haben, die aber durch vielfache

---

133) Bruno, c. 130, erzählt: Principes vero Saxoniae cunctis gentibus Theutonicae linguae, non minus inimicis quam amicis, legatos miserunt, rogantes, ut . . . quemlibet alium rectorem (sc. statt Heinrich's IV.: vergl. ob. S. 345 in n. 1) eligerent: se ei, quicumque esset, fideliter servituros pollicentes, quatenus omnia regni membra, sicut olim fuerant, in unum sub uno rege convenirent (l. c., 384).

134) Auch hievon spricht — vergl. schon ob. S. 349 n. 3 — Bruno, l. c. speciell von der Ankunft der flammis latam facientes iter innerhalb des östlichen Franken non longe a Babenberg, weiter von dem Zusammentreffen mit den Suevi veteres amici, wozu aber Bd. II, S. 881 n. 11 — wo diese Stelle eingerückt steht — heranzuziehen ist. Frutolf sagt kurz: Saxones et Alamanni ad colloquium venientes in orientalem Franciam, non sine magna clade eiusdem provinciae redierunt (SS. VI, 204: — vorher ist von einer verheerenden Feuersbrunst, die mit diesen Kriegsereignissen nichts zu thun hat, die Rede: Monasterium Babenbergense crematur in vigiliis paschae, ein Ereigniß, das auch anderwärts, zum Theil neben einem großen Brandunglück in Mainz, das zwar auch Chron. univ. C. D. E. hier beifügen, erwähnt wird: so in der Würzburger Chronik, ed. Buchholz, 45 — der Mainzer Brand: Monasterium sancti Martini Mogontiacensis exustum est et tria monasteria prope posita et pene omnis civitas exusta est ist da, 46, als Eigenthum der St. Albaner Annalen hingestellt —, in den Annal. Patherbrunnens., ed. Scheffer-Boichorst, 98: Magontia, Bavenberg cremata, in den sogenannten Annal. Ottenbur.: Monasteria Mogontiae et Babenberg exusta sunt, bei Marianus Scottus, Chron., a. 1103 resp. 1081: Mogontia civitas intra octavas pentecosten ex parte majore et monasterium episcopale aliaque tria monasteria igne consumta — Rec. alt. noch mit genauer Tagesangabe —, in Annal. August.: Ecclesia in Babenperch . . concremata, in Herbord's Vita Ottonis ep. Babenberg., Lib. I, c. 21: kathedralis ecclesiae monasterium . . . Deo permittente usque ad solos muros superstites conflagratum erat incendio: SS. V, 7, 562 — XIII, 79 —, III, 130, XX, 712 —: außerdem sprechen aber auch der Liber de unitate ecclesiae conservanda, Lib. II, c. 9: proximo dehinc anno — sc. nach Rudolf's Tode — uterque locus, qui erat particeps et electionis — Forchheim zählt zur Diöcese Bamberg — et ordinationis eius — Mainz —, ex Dei iudicio per ignem consumptus est. Nam opus illud speciosum Heinrichi regis secundi et imperatoris primi, scilicet Babenberg, in cuius episcopio ille electus est, ignis consumpsit in sabbato sancto pascae; caput autem Galliae atque Germaniae Moguntiam similiter ignis consumpsit infra pentecosten eodem anno — Libelli de lite, II, 221 — und ganz kurz die Vita Heinrici IV. imperatoris, c. 1: Mogontia . . . ad reparandam monasterii sui ruinam, SS. XII, 270).

Zwischenspiele müssen unterbrochen worden sein [125]); denn es dauerte bis in den zweiten Monat, ehe ein Erfolg zu Tage kam.

Erst im August, in den ersten Tagen des Monates, trat zu Ochsenfurt, im Bisthum Würzburg, einige Stunden aufwärts von der Bischofsstadt am Main gelegen, eine Versammlung zusammen, auf der eine Wahl gelang. Doch es war nichts weniger, als eine stattliche Vereinigung von Fürsten, und jene beschönigenden Nachrichten, die von Einstimmigkeit, von zahlreichen anwesenden geistlichen, wie weltlichen Fürsten zu sprechen sich erdreisten, sind ganz abzuweisen. Die nachher hervortretende Haltung des ersten sächsischen Fürsten, Otto von Nordheim, beweist, daß er durchaus nicht zustimmte, also gewiß nicht anwesend war, so daß demnach noch weit eher der schwäbische, als der sächsische Stamm etwas vollständiger vertreten erschien. Aber auch bei den Oberdeutschen erscheint einzig Welf ausdrücklich genannt, und wenn die Schwaben überhaupt als Wähler besonders erwähnt sind, so kann auch hier von Vollzähligkeit keine Rede gewesen sein. Am ehesten waren wohl noch Lothringer eingetroffen, da der Gewählte aus ihrer Mitte hervorgangen war [126]).

---

[125]) Bruno, l. c.: de communi negotio regis constituendi communi consilio tractaverunt, et post multos tractatus . . . . unanimiter omnes consenserunt (sc. Sachsen und Schwaben).

[126]) Von Hermann's Wahl sprechen folgende Quellennachrichten. Bernold berichtet: principes regni Teutonicorum, scilicet archiepiscopi, episcopi, duces, marchiones et comites (diese von Guba, Der deutsche Reichstag in den Jahren 911—1125, 40, sehr stark hervorgehobene Stelle hat höchstens theoretische Bedeutung, da Bernold's Angaben hier thatsächlich weit übertrieben lauten), conventu facto, Heremannum nobilem virum sibi in regem elegerunt ... Electus est autem ante festivitatem sancti Laurentii, Marianus Scottus, Chron., a. 1103, resp. 1081: Suevi in autumno Cuonradi fratrem Herimannum, Heinrici de Lacha fratris filium, pro Rodolfo faciunt regem, Annal. August.: Interim vero rege absente, dux Welf aliique regis adversarii Herimannum quendam regem sibi fecerunt ... Herimannus a Suevis rex constitutus, Frutolf (unrichtig a. 1082): Herimannus quidam vir prepotens ac nobilis ex Germania a Saxonibus et Alamannis rex constituitur. Cui cum suis in partibus, hoc est in Lotharingia vel Germania, nemo bellicis in rebus atque divitiis posset aequiparari, sumpto regis nomine tam suis quam alienis coepit in brevi despectui haberi (SS. V, 437, 562, III, 130, VI, 205). Dagegen hat Bruno, c. 130, zu der Stelle von n. 125 bloß die Worte: ut Herimannum regem eligerent eingeschoben. Weitere meist ganz kurze Erwähnungen enthalten die Annal. Patherbrunnens., l. c.: Electio Herimanni comitis de Locelinburg in Osinvuort a Suevis et a Saxonibus, die St. Galler Annalen in der ob. S. 16 in n. 20 genannten Continuatio Casuum sancti Galli, c. 27: Hermannus de Luzilanburch ab Alamannis rex constituitur, Heinrico rege propter quedam negotia Rome posito (l. c., 67), Casus monast. Petrishus., Lib. II, c. 39: proceres Saxonum et Suevorum convenerunt in loco qui vocatur Ohsenefurt et Herimannum constituerunt regem, genere Francum de Gilcberg, virum nobilem, decorum, strenuum et idoneum (diese Worte lauten für Hermann günstig) a. i. D. 1081, regnavitque annis septem (SS. XX, 647), Annal. Brunwilarens., a. 1080: In eius (sc. Rudolf's) locum Saxones Herimannum filium Giselberti de Luccelenburch substituunt (SS. XVI, 725), andere Quellen noch kurzer, in bloßer Nennung des Vorganges und des Namens des Gewählten, so Annal. Mellicens. (SS. IX, 500). Bei Anderen tritt die Abneigung gegen Hermann hervor, so in der Würzburger Chronik, a. 1082: Herimannus

Als Nachfolger für Rudolf wurde nämlich Hermann erhoben, der dem Hause Lützelburg entstammte und wohl den Namen eines Grafen von Salm trug. Ein Neffe des 1065 verstorbenen Herzogs Friedrich von Niederlothringen, des 1072 verstorbenen Bischofs Adalbero III. von Metz, ferner ebenso des Pfalzgrafen Hermann II. von Lothringen, Bruder des Grafen Konrad von Lützelburg, zählte er ohne Zweifel zum angesehensten und reichsten Adel des lothringischen Landes und war ein Mann, hervorragend an kriegerischem Ruhm und an Besitz, wie auch von gegnerischer Seite anerkannt wurde, und wie vollends seine Anhänger rühmten, ausgezeichnet an Weisheit, Bescheidenheit, Tapferkeit. Vielleicht hatten ihn die nahen Beziehungen zu Bischof Hermann von Metz, der wohl wesentlich die Hand im Spiele hatte, besonders empfohlen. Aber es war das Schicksal des Lothringers, daß, wie schon seine Wahl nicht besonders ehrenvoll sich herausgestellt hatte, er durch seinen in Anspruch genommenen Titel an thatsächlicherer Geltung, je länger, je mehr, verlor und schließlich sogar bei den Seinigen in Mißachtung sank[187].

regnum invadit (ed. Buchholz, 46), oder in der Annal. Leodiens. Contin., a. 1082: Herimannus in Saxonia tyrannidem arripit, woraus Sigebert, Chron. a. 1082: In Gallia Herimannus, miles Herimanni episcopi, corona sibi imposita, post Rodulfum in Saxonia tirannidem exercet (SS. IV, 29, VI, 364). Aehnlich schreibt Norbert in der Vita Bennonis ep. Osnabrugens., c. 25, von einer nova Saxonum tumultuatio: quendam sibi Hermannum principem praeponentes, oder die Vita Heinrici IV. imperatoris, c. 4: gens dura nec damno monita est, nec signo (d. h. durch Rudolf's Tod); quin potius ut obstinatione vinceret, quod manu non poterat, Herimannum novum sibi regem constituit (SS. XII, 75, 274). Dagegen bringen die Annal. s. Disibodi zu 1082: Katholici per Saxoniam constituti ex constantia domini apostolici roborati constituerunt super se regem Hermannum. Iste Hermannus natus fuit de Lothoringia, vir sapientia, modestia, genere fortitudineque insignis. Ipsius filius erat Otto palatinus comes de Rinecke (vergl. Bernhardi, Lothar von Supplinburg, 522 ff.) (SS. XVII, 8). — Die Zeugnisse beweisen, daß jedenfalls sehr in eingeschränkter Weise auch nur von einer Wahl durch die Sachsen und Schwaben zu sprechen ist, und dabei dürfte, da in mehreren maßgebenden Quellen, nicht bloß auf schwäbischem Boden, die Suevi oder Alamanni allein als Wähler genannt sind, der Antheil der schwäbischen päpstlich Gesinnten noch vorangestellt werden. Der Wahltag wird durch Giesebrecht, III, 1168, in den „Anmerkungen", in richtiger Interpretation der Angabe Bernold's, als vor dem 10. August — Laurentius-Tag — liegend bezeichnet (nicht als Vorabend des Heiligentages, da sonst der Schlachttag, 11. August — vergl. n. 124 — zu nahe am Wahltage läge). Stein, Geschichte Frankens, I, 180, macht für die Wahl von Ochsenfurt als Wahlort geltend, daß man die Wahlhandlung, wie hergebracht, auf fränkischer Erde vollziehen wollte, während doch Forchheim, als zum Bisthum Bamberg des Ruopert gehörig, und jede größere fränkische Stadt überhaupt verschlossen war.

[187]) Vergl. die Stellen über Hermann's Person und Abstammung in n. 126. Seine Geschichte ist durch H. Müller, Hermann von Luxenburg Gegenkönig Heinrich's IV., Dissert. von Halle (1888), monographisch bearbeitet, ferner durch H. Größler, Hermann von Luxemburg der Knoblauchskönig, Mansfelder Blätter, V (1891), 123—154, der speciell der Localtradition von Eisleben nachgeht. Ganz unbedeutend ist eine Jenenser Dissertation (1867) von W. Heinecke, Die Regierungszeit des Gegenkönigs Hermann von Luxemburg (1081—1088)

Zwar schien der erste Anfang Glück verheißend zu sein. Ein alsbald nach der Wahl vom Main nach der Donau begonnener Feldzug brachte für Hermann einen Waffensieg.

Wohl durch die aus Schwaben gekommenen Theilnehmer an der Wahlhandlung war eine kriegerische Unternehmung gegen das

---

nach den Quellen dargestellt. — Hermann's Abstammung wird nach rückwärts noch durch die Genealogia Comitum Flandriae, c. 6, erhellt, wo als Brüder genannt werden: Adalbero Metensis episcopus, Fredericus dux Lotharingie, Henricus dux Bajoarie, Gislebertus de Salinis, Theodericus de Lucelenbarch (SS. IX, 318); diesen ist aber als weiterer Bruder noch der seit 1064 (in der Bd. I, S. 372 n. 14, erwähnten Urkunde St. 2643 steht Herimannus comes palatinus zum ersten Male genannt) in der Stellung eines Pfalzgrafen von Lothringen hervortretende, auch ob. S. 44 erwähnte Hermann II., zweiter Gemahl der Bd. I, S. 566 n. 32, als Gemahlin Adalbert's von Ballenstedt genannten Adelheid, beizufügen —: alle sind sie Söhne des 1019 verstorbenen Friedrich von Lützelburg, Grafen im Mosel- und Hessengau (vergl. nach den Historisch-kritischen Erörterungen zur Geschichte der Pfalzgrafschaft am Niederrhein — etc. —, Annalen des historischen Vereins für den Niederrhein, insbesondere die alte Erzdiöcese Köln, XV, 1864, 35—39, besonders neuestens die ob. S. 21 n. 26 citirten Genealogischen Untersuchungen Witte's, l. c., 442 ff., wozu Stammtafel II: Haus Luxemburg-Gleiberg). Die Bd. I, S. 43 (n. 37) als Aufrührer gegen Heinrich IV. 1057 aufgeführten Friedrich von Gleiberg und seine Brüder — zu ihnen zählte der Bd. II, S. 502, 522, angeführte Graf Hermann von Gleiberg, sowie der ob. S. 337 u. 338 genannte Heinrich von Laach — sind als Söhne des Dietrich von Lützelburg einzureihen. Als Sohn Giselbert's dagegen wird durch die Lothringen entstammende sicher glaubwürdige Nachricht (vergl. n. 126) Hermann, der Gegenkönig, aufgeführt (Witte, l. c., 445 n. 3, nimmt an, Marianus Scottus habe in seiner in n. 126 mitgetheilten Angabe, statt Herzog Heinrich's von Baiern, irrthümlich Heinrich von Laach als Oheim Hermann's genannt; dagegen ist der als Bruder Hermann's dort bezeichnete Caonradus ohne Zweifel der besonders in den Angelegenheiten des Klosters Stablo — vergl. Bd. I, S. 464, 471, 571 — viel hervortretende Graf Konrad von Lützelburg); die Gemahlin des Gegenkönigs, Sophie, möchte Witte, l. c., 446 n. 3, wegen ihrer Beziehungen zum Kloster Götweih als vielleicht dem Heinrich IV. so feindselig gesinnten bairischen Grafenhause von Formbach entstammt annehmen. Die richtigste Bezeichnung für den Gegenkönig ist wohl, nach dem Vater, diejenige eines Grafen von Salm (die Burg Salm südlich vom Kloster Stablo): die von der Petershauser Klosterchronik ertheilte Benennung: de Glicberg beruht wohl auf Verwechslung mit den beiden eben genannten Hermann von Gleiberg, dem Oheim, Pfalzgrafen Hermann II., oder dem Vetter, Heinrich's IV. Mitkämpfer von 1075. Jüngere Nachrichten, wo auch die Nennung dux Lotharingiae erscheint, hat noch Müller, l. c., 5 n. 1. Hirsch, Heinrich II., 1, 530 ff. (Excurs XI: Die Ausbildung der luxemburgischen Grafschaft), und Wenck, Hessische Landesgeschichte, III, 164—242, wo §§ XIV—XVIII die „Grafen von Gleiberg" behandeln, kennzeichnen die territoriale Macht des Hauses links und rechts vom Rheine. Der Gegenkönig Hermann insbesondere stand noch nach Sigebert (vergl. n. 126) in Lehensbeziehungen zu Bischof Hermann von Metz (vergl. Müller, l. c., 15 u. 16, sowie hier S. 486). Auch solche Zeugnisse, die dem Gegenkönig ganz abgeneigt sind — Frutolf, die Petershauser Chronik — reden von ansehnlicher Stellung. Immerhin urtheilt Nitzsch — Historische Zeitschrift, XLV, 296 — gewiß richtig über Hermann's Wahl, sie zeige, „daß die Laienfürsten der gregorianischen Partei keine mächtigen Könige wollten, ja daß die bedeutenderen unter ihnen den Werth und den Einfluß der königlichen Gewalt sehr niedrig anschlugen". Daß Gregor's VII. Antheil an der Wahl ja nicht zu hoch anzuschlagen ist, vergl. zu 1082 in n. 37.

der Obhut des Herzogs Friedrich von Heinrich IV. übergebene Land begehrt worden, damit dort die Anhänger des Königs in Schrecken gesetzt würden. Herzog Friedrich hatte nämlich über ein aus schwäbischen und bairischen Abtheilungen zusammengesetztes Heer — von dem erstgenannten Volksstamme werden im Besonderen Rieser und Augsburger aufgeführt — den Befehl übernommen und an der Donau, vom schwäbischen nach dem bairischen Gebiete hinüber, Erfolge gewonnen. Einige feste Plätze in Baiern waren genommen worden; dann war das schwäbische Donauwörth zum Gegenstand des Angriffs gemacht und gefallen. Aber plötzlich kam nunmehr über das königliche Heer Hermann's Rüstung heran, deren eigentliche Stütze jedenfalls in Welf's Theilnahme am Kampfe sich darstellte; sie muß ganz aus schwäbischen Kämpfern zusammengesetzt gewesen sein — von Sachsen ist nirgends die Rede —, so daß also hier die Angehörigen des gleichen Stammes sich in den beiden Heeren feindlich begegneten. Bei Höchstädt, flußaufwärts von Donauwörth, also ohne Zweifel auf dem nördlichen Flußufer, entbrannte der Kampf, am 11. August. Unentschieden verlief der Anfang des Zusammenstoßes, bis eine unerwartete Wendung zu Gunsten Hermann's eintrat: einer der auf seiner Seite fechtenden Schwaben soll seinen Leuten zugerufen haben, tapfer zu fechten, da er die Feinde fliehen sehe: „Seht die Baiern auf der Flucht! Laßt keinen von ihnen davonkommen!“, und das habe die Baiern, die dem Inhalte des Geschreies glaubten, veranlaßt, den Rücken zu wenden und die Flucht anzutreten. Aber Viele gerade von ihnen fielen, darunter ihr Führer, Graf Kuno, der Sohn des bairischen Pfalzgrafen Kuno. Die Leute Welf's rühmten sich ihres Sieges um so mehr, je ungleicher das Verhältniß der Stärke beider Heere gewesen zu sein scheint; denn Herzog Friedrich soll an Zahl überlegen gewesen sein. Hermann schlug in der folgenden Nacht sein Lager auf dem Felde des Sieges auf[188]). Dann zog er über die Donau gegen Augs-

[188]) Von dem Kampfe an der Donau sprechen am einläßlichsten die Casus Monast. Petrishus., Lib. II, c. 40, wo wieder die schon oben S. 142 in n. 62 erwähnte heinricianische reichsgeschichtliche Quelle zu Grunde liegt: De bello apud Hôste; quintum bellum. Post haec dux Suevorum Fridericus et Cuono palatinus de Fohiburch cum ceteris Heinrici regis satellitibus congregati quasdam munitiones in Bajoaria ceperunt et usque ad munitionem quae vocatur Werde accesserunt eamque ceperunt. Inde cum abirent, ecce Herimannus rex cum exercitu Suevorum supervenit eosque in loco qui vocatur Hôste comprehendit. Inito autem bello acriter ex utraque parte pugnaverunt, cumque animose pugnarent et neutra pars cedere vellet: hier folgt die Geschichte vom trügerischen Rufe des unus ex parte Alamannorum . . malignus: Eia, Suevi, fortiter pugnate, ecce fugientes Bajoarios videte; nullum ex eis abire dimittite!, worauf getäuscht — putantes ita esse — Bajoarii . . omnes pariter terga verterunt et unus alium fuga prevenire ceperunt, plures autem ibi ceciderunt. Ibi cecidit Cuono palatinus de Fohiburch cum aliis multis (SS. XX, 647). Daneben stehen Annal. August.: Pugna inter ducem Fridericum et Welfonem et Herimannum et fautores eorum apud Hohstat, Frutolf: Item aliud (sc. bellum) inter Alamannos et Bajoarios 3. Idus Aug. juxta Danubium apud Hohcstein, ubi palatini comitis Chononis filius Chuono occisus

burg, um diese Stadt von Heinrich IV. loszureißen, und hier wird nun als ein Theilnehmer am Kampfe auch Markgraf Liupold von Oesterreich ausdrücklich genannt. Doch obschon Hermann drei Wochen vor Augsburg lag, die Vorstädte in Brand steckte, die zunächst anliegenden Ortschaften verheerte und verbrannte, richtete er in Wirklichkeit nichts aus. Zahlreiche Hülfskräfte rückten zum Entsatze der Stadt heran, so daß er unter Abschluß eines Vertrages, der allerdings nach der in Augsburg verbreiteten Ansicht ein trüglicher war, abzog[129]).

---

est. Bernold: qui (sc. Hermann) statim de eodem conventu (vergl. in n. 126) aciem contra fautores Heinrici direxit. Ipsi enim electionem eius impedire volentes, eodem tempore maximam multitudinem contraxerunt; set novo rege ex improviso irruente, omnes penitus aut cede prostrati sunt, aut inrevocabiliter fugati, licet regiis militibus se insequentibus non parvo praestarent numero. Quapropter rex de divino auxilio tali triumpho certificatus, eadem nocte in campo victoriae castra metatus est, et postea ad subjugandum sibi regnum digressus est .... in sequenti die post festivitatem (sc. sancti Laurentii) de inimicis triumphavit in confinio Bajoariae, in loco qui dicitur Hostete, Annal. Mellicens.: Quintum bellum Heinrici regis contra Suevos juxta Danubium apud villam quae dicitur Hohestetin, feria 4., 3. Idus Augusti (SS. III, 130, VI, 204 u. 205, V, 437, IX, 500), dann Annal. Patherbrunnens.: Pugna eius (sc. Herimanni) juxta Danubium, ubi Chuono junior, palatinus comes Bajoariae, cecidit (l. c.), die Würzburger Chronik: Item bellum inter Suevos et Bajoarios juxta Danubium loco qui vocatur Hohstetin 3. Idus Augusti (l. c.). Aus den St. Galler Annalen hat nicht die Continuatio Casuum, sondern bloß Gallus Öhem die eigenthümliche Nachricht bewahrt: Derselbig (sc. Hermann) behielt das veldt aines strittes uff der Tonow wider herzog Friderichen und denen von Riess, von Payer und Ougspurger (ed. Brandi, 100). Nach der Petershauser Chronik ist wohl zu schließen, Friedrich sei durch den Feind wirklich überrascht worden, was ja auch Bernold — ex improviso — geradezu ausspricht, während nach seiner übrigen viel allgemeiner gehaltenen Schilderung die Königlichen hätten die Wahl hindern, also nordwärts ziehen wollen: doch vielmehr hatten sie sich an der Donau im Kampfe verbissen, und Baiern waren Haupttheilnehmer am Kriege auf ihrer Seite, so daß die fränkische Ueberlieferung — die Würzburger Chronik, Frutolf — geradezu Hermann's Schwaben gegen die Baiern — diese auf Heinrich's IV. Seite — kämpfen läßt (Heyck, Geschichte der Herzoge von Zähringen, 127, n. 433, zieht irrig — wegen Welf's — die Baiern als Sieger hervor). Aehnlich schrieben auch die anderen Quellen Hermann ein schwäbisches Heer zu. Was die Person des gefallenen bairischen Grafen betrifft, so nennt ihn einzig Frutolf richtig, während die Petershauser und die Paderborner Annalen falsche Angaben enthalten; denn Kuno ist allerdings der Sohn des Bd. I, S. 212, 452, erwähnten Pfalzgrafen Kuno, dieser letztere aber kein Markgraf von Vohburg gewesen, ein Geschlecht, das erst um 1082 mit Ratpoto dann in die Pfalzgrafschaft eintrat (vergl. Riezler, Geschichte Baierns, I, 546 n. 1, 747, 865).

[129]) Das Zeugniß geben hier natürlich Annal. August.: als Angreifer finden sich neben Hermann hier marchio Liupaldus et alii nequitiae eorum fautores genannt, und vom Weggange steht: nihil proficiens cum pactione fraudulenta discedit, multis ad depulsionem fautorum illius confluentibus (daneben ist noch, ohne daß die Feuersbrunst hiemit in Verbindung gebracht wird, die Einäscherung des monasterium sancti Mauritii in Augusta erwähnt) (SS. III, 130). Interessant ist eine urkundliche Aufzeichnung einer Handschrift des Schenkungsbuches von Kloster Reichenbach (Benedictiner-Priorat, von Hirsau aus im oberen Murgthale gestiftet), betreffend die Schenkung eines Gutes an

Aber überhaupt müssen die oberdeutschen Landschaften von allerlei Kämpfen auch sonst erfüllt gewesen sein, wenn auch nur ganz vereinzelte Nachrichten vorliegen. So steht fest, daß in diesem Jahre von Seite des Abtes Eggehard von Reichenau ein vierter Versuch angestellt wurde, St. Gallen gänzlich zu unterwerfen. Nach einem erneuerten feindlichen Einbruche hatte Eggehard auf einem südwestlich das Kloster unmittelbar überragenden Berge eine Befestigung angelegt und mit einer Besatzung versehen; aber Abt Udalrich, der jetzt wieder thatkräftig handelnd selbst eingriff, eroberte und zerstörte die Anlage, wobei in dem vernichtenden Kampfe der von Eggehard bestellte Anführer, Folknand, aus dem Hause Toggenburg, das Leben einbüßte[180]). Andererseits beweist Herzog Friedrich's Eingreifen auch an der bairischen Donau, daß dort die Sache Heinrich's IV. einer durchgreifenderen Vertheidigung bedurfte. Markgraf Liupold trennte sich nach der mißlungenen Belagerung vor Augsburg allerdings von Hermann; aber er muß auch auf dem Rückwege nach seinem Lande die schon bestehende Verbindung mit Bischof Altmann von Passau noch enger geschlossen haben. Vom 30. September liegt ein Vertrag vor, dessen Inhalt den Markgrafen zum Schutzvogte über die in seiner Ostmark liegenden Besitzungen des St. Nikolaus-Klosters in Passau machte, während Graf Heinrich von Formbach, der Bruder des eifrig gregorianisch gesinnten Ekbert, schon länger in den bairischen Theilen des Klosterbesitzes diese Stellung inne hatte[181]).

Hirsau durch quidam ex capitaneis Germaniae nomine Diemarus de Trivels (dieser selbst überträgt nachher castellum suum, quod vocatur Trivels — älteste Nennung der Reichsfeste Trifels — regi, d. h. Hermann?, und kommt nach Hirsau: arma deposuit . . et ibidem conversus omnem obedientiam domno abbati W. professus se de cetero permansurum spopondit), und zwar so, daß eine erste Form der Uebertragung juxta Augustam in expeditione geschah, quando illic Suevi convenerant adversus Heinricum imperatorem seniorem, worauf noch eine zweite Uebertragung an Hirsau selbst — cum postea esset de Augusta reversus — folgte. Die genannten Zeugen — voran Cuonradus de Wirdeberch et comes Liutholdus de Achelme et comes Hurch de Tuingen et frater eius Heinricus — kommen allerdings erst für die zweite Tradition in Betracht: doch stehen ihre Namen für die Zugehörigkeit zur gregorianischen Partei in Schwaben fest, ebenso diejenigen der noch weiteren Zeugen der Uebertragung des Diemar bei seinem Eintritt in Hirsau: advocatus (sc. Abt Wilhelm's) comes A. ed dux B. de Zaringen . . . comes Cuono de Wuolvelingin et comes F. de Zolre . . . et comes Heinricus de Hiltiratehusen et frater eius Huc de Craunegge und Anderer — cum consensu . . comitis H. de Argentina, qui sororem eiusdem Diemari habuit (Württembergische Vierteljahrshefte für Landesgeschichte, Neue Folge, I, 1892, 61—63).

[180]) Vergl. zuletzt ob. S. 329, wo im Anschluß an die in n. 165 berührten Ereignisse die St. Galler Nachrichten citirt sind, in denen in der deutschen Uebersetzung, 258 u. 259, das 1081 Geschehene festgestellt ist (vergl. zur Ausgabe der Continuatio, 65 u. 66, im Excurs, 127 u. 128).

[181]) Wegen Liupold's vergl. ob. S. 350 u. 351. Den Vertrag mit Bischof Altmann verzeichnet von Meiller, Regesten zur Geschichte der Markgrafen und Herzöge Oesterreichs aus dem Hause Babenberg, 10. Vergl. in den Monum. San-Nicolaitana, Diplomat. miscell., in Nr. IV, Litterae fundationis, daß Graf

Auch ein Vorgang in Ungarn, der diesem Jahre angehört, kann als eine Stärkung für die Gegnerschaft Heinrich's IV. angesehen werden. König Ladislav von Ungarn war durch seine Beziehungen zu Liupold, zu dem eben genannten Grafen Ekbert von Formbach, der mit anderen Gegnern Heinrich's IV. schon länger aus Baiern zu ihm flüchtig gegangen war, ferner als Schwiegersohn Rudolf's, durch seine Stellung theils zu Polen, theils zu Böhmen entschieden darauf angewiesen, sich gegen Heinrich IV. auf der Hut zu halten, und mochte auch Salomon, der Schwager des deutschen Königs, schon seit 1074 aus Ungarn verdrängt sein, so bestanden doch seine Ansprüche auf den ungarischen Thron weiter, und es war stets zu erwarten, daß sie wieder von Heinrich IV., in feindseligem Sinne gegen Ladislav, im günstigen Augenblick würden geltend gemacht werden. Nun war Heinrich's IV. Festhaltung in Italien ganz geeignet, den Muth Ladislav's zu stärken, während selbstverständlich Salomon durch diesen Umstand seine Hoffnung auf eine Wiederherstellung auf dem Throne verringert sah. So entschloß sich Salomon, gegen ein Jahrgeld, das ihm Ladislav auswarf, der Krone zu entsagen, und damit schien die Angelegenheit zwischen den beiden Verwandten endgültig geregelt zu sein, freilich in einer Weise, die — mochte auch die Aussicht, Salomon nach Ungarn zurückzuführen, noch so gering gewesen sein — eine neue Niederlage für das deutsche Reich in sich enthielt[102]).

— Inzwischen hatte sich Hermann, der wohl von Welf schon

Heinrich super omnia predia monasterii, quocunque loco in Bawaria sunt posita, als der advocatus perpetuus bestellt wurde, woneben freilich auch schon Liupold super omnia predia, quocunque loco superius vel inferius in suo marchionatus districtu posita, in gleicher Stellung genannt wird (Monum. Boica, IV, 298).

[102]) Vergl. ob. S. 193 über Ladislav's Stellung, Bd. II, S. 385 ff., zuletzt S. 743 u. 744, über Salomon. Die Annal. veter. Ungar., ed. Wattenbach (Archiv für österreich. Geschichte, XLII, 503 — auch SS. XIX, 572, als Annal. Posonicns.) sagen kurz: Ladizlaus rex et Salomon frater eius (mit falscher Angabe der Verwandtschaft: sie waren Brüderssöhne) pacem fecerunt. Das Chron. Dubnic., resp. Chron. Budense, c. 112 (damit im Einklang die Bilderchronik, c. 62), sagt von der Versöhnung: Porro Salomon erat in Poson; reverendissimi autem episcopi laborabant pacificare eos. Rex autem Ladislaus quamvis sciret, Salomonem nimis esse trucem et impatibilem, victus tamen, pietate et maxime justicia conpellente, quia jus legitimum Ladislaus non habebat contra eum, sed omnia ex facto fecit, non de jure: quarto anno regni sui pacificatus est cum Salomone, donans ei stipendia ad regales expensas sufficiencia. Optimates autem regni futura pericula bellice cladis caute precaventes, non patiebantur regnum partiri cum Salomone, ne novissima pejora prioribus (Florian, Histor. Hungar. Font. domest., Scriptores, III, 94, II, 193 u. 194). Für die Behauptung Giesebrecht's, III, 618, Salomon habe 1081, von Böhmen aus unterstützt, einen neuen Einfall in Ungarn gemacht, und das Kriegsglück sei ihm nicht günstig gewesen, so daß Ladislav Frieden mit ihm gemacht habe, fehlt also die Grundlage; ebenso ist aber auch kaum mit Büdinger, Ein Buch ungarischer Geschichte 1058—1100, 69, n. 4, anzunehmen, daß Salomon, der nicht einmal einen Antheil an der Herrschaft erhielt, den Königstitel behalten habe.

gleich nach dem Abzug vor Augsburg sich trennte, nach Sachsen begeben[183]); denn hier lag die Gefahr vor, daß er die Stellung, die ihm als Erbschaft von Rudolf bestimmt schien, einbüße. Nicht nur jene angesehenen sächsischen Stammesangehörigen, die schon bei Lebzeiten Rudolf's sich Heinrich IV. zugeneigt hatten, waren nicht mehr als Stützen für die Sache des Gegenkönigs zu rechnen[184]); sondern sogar der Sieger in der letzten Schlacht Rudolf's, Otto von Nordheim, wollte sich von dem in Ochsenfurt erwählten Lothringer trennen. Nicht nur hatte er sich an der Wahl nicht betheiligt: der Verlauf der Wahlhandlung war ein solcher gewesen, daß er von dem Ergebnisse nichts wissen wollte. Mochte er sich selbst Hoffnung gemacht haben, Rudolf's Nachfolger zu werden, oder erschien in seinen Augen Hermann als ungeeignet, um den Kampf gegen die Königlichen in Deutschland zu führen[185]), es liegt kein Grund vor, hier Bruno, der ja Hermann's neue Stellung geradezu in das Licht zu rücken sich bestrebt und deßwegen gewiß nichts, das zu dessen Ungunsten lautet, erfunden hat, zu mißtrauen, wenn er erzählt, Otto sei schon im Begriffe gewesen, sich von Hermann völlig zu scheiden; nur ist es bei diesem Geschichtschreiber ganz selbstverständlich, daß er wieder das Ganze auf eine böswillige Anzettelung der Fürsten der königlichen Partei, statt auf einen in Otto selbst entstandenen Entschluß, zurückführt. Demnach sollen diese Anstifter einer hinterlistigen Berechnung Otto zu einer besonderen Besprechung eingeladen und durch viele Verheißungen wankend gemacht haben, ohne freilich eine bestimmte Zusage zu erlangen: immerhin sei so der ganze Sommer vorübergegangen, fast ganz Sachsen durch die Unbeständigkeit des mächtigen Fürsten erschüttert worden. Erst im November soll dann durch das Eingreifen einer höheren Hand verhütet worden sein, daß Otto — so drückt sich Bruno aus — das Verdienst so vieler für das Vaterland erduldeter Mühen in seinen letzten Tagen verlöre. Als Otto nämlich, zu einer neuen Besprechung eingeladen, schon ganz im Begriffe stand, sich auf die Seite Heinrich's IV. zu stellen, da sei das Pferd, auf dem er zu der Zusammenkunft sich begeben wollte, auf der ebenen Erde gestürzt und habe Otto eine solche Verletzung des einen Beines verursacht, daß dieser sich fast einen ganzen Monat

[183]) Bernold fährt nach der in n. 128 angeführten Stelle fort: Postea in Saxoniam consecrandus discessit (l. c.).

[184]) Vergl. ob. S. 216, besonders über die Billinger, Hermann und Magnus, Ekbert, und Andere.

[185]) Durch Giesebrecht, III, 536, wird gewiß richtig angedeutet, es scheine, daß sich Otto selbst Hoffnung auf die Krone gemacht habe, und der gleichen Ansicht ist Vogeler, Otto von Nordheim in den Jahren 1070—1083, der, 107, in Hermann's Wahl „einen Schlag der Süddeutschen, vor allem Welf's, gegen Otto" sehen will. Es fällt auf, daß durch Nitzsch, Geschichte des deutschen Volkes, 2. Aufl., II, 108, der doch sonst — vergl. Bd. II, S. 10, n. 22 — auf Otto ein so großes Gewicht legt, diese Verhältnisse von 1081 gar nicht erkannt worden sind, so daß er sogar „Anfang August 1081 Herzog Welf sich am Main mit den Sachsen unter Otto's Führung vereinigen" läßt.

hindurch mußte tragen lassen. Dieser Unfall sei Otto als ein Wink Gottes erschienen, daß er gesündigt habe und durch Gottes Barmherzigkeit gezüchtigt sei, so daß er durch verschiedene Botschaften den Fürsten auf königlicher Seite absagte und versprach, mit den Sachsen in Treue und Eintracht zu verharren. Daß die Dinge so, wie hier Bruno will glauben machen, sich zutrugen, ist bei einem so willensstarken und rücksichtslosen Fürsten, wie Otto sich stets als solcher erwiesen hat, einfach ausgeschlossen: er selbst stand vielmehr ohne Zweifel in der Mitte und war der Urheber der ganzen Zögerung, und von ihm wird die Handreichung — man denkt wohl, voran zu Herzog Friedrich nach Schwaben hin — ausgegangen sein. Daß dann allerdings der Unfall, der den alten Mann traf, auf ihn nachdrücklicher einwirken mochte, ihn zur Sinnesänderung brachte, mag richtig sein[186].

Immerhin mußte Hermann sich nochmals einer Wahl, einer im Besonderen sächsischen Ergänzungswahl, nachträglich unterwerfen. Diese fand wahrscheinlich im Hassegau, in Eisleben, statt und hatte nun die Anerkennung Hermann's auch durch den sächsischen Stamm zur Folge[187]. So konnte nun Hermann — wohl gleich darauf —

[186]) Bruno widmet — c. 131 (l. c.) — den größten Theil dieses seines letzten Capitels diesen an Otto sich anheftenden Angelegenheiten, die er aber eben ganz nach seiner Auffassung dreht: Rückkehr der Saxones (domum: resp. von der in n. 125 erwähnten Zusammenkunft non longe a Babenberg) laeti gloriosique, cum . . . multum dubium de recipiendo rege retinerent, dagegen die principes adversae partis: artis antiquae non obliti, quia electum regem valde timebant, electionem eius, ne perficeretur, modis omnibus distorbare quaerebant; Ottonem ergo ducem solum sibi loqui rogabant (vergl. ob. S. 348 in n. 2: wieder die längst verbrauchte beliebte Geschichte vom secretum colloquium: hier in c. 131 folgt alsbald, daß Otto iterum vocatus . . . ad soliloquium) multisque pollicitationibus ei, ut in electione vacillaret, persuadebant, endlich Otto: dubitans magnaque parte eius dubitationi consentiens, aber: Dei misericordia faciente . . ad se, gratia Dei movente, reversus, se peccasse et divina pietate correptum esse intellexit, so das Schlußresultat: Missis legationibus diversis, ut hostibus renuntiavit, et civibus suis se semper fore fidelem et concordem fideliter repromisit. Die Zeitangabe: in Novembre mense für den Unfall: ut fere integro mense nisi portatus ire non posset ist maßgebend für die in n. 187 erörterte Nachwahl.

[187]) Allerdings erst dem 12. Jahrhundert angehörende Nachrichten, Annal. Palidens., a. 1082. mit der Angabe: Herimannus, cognomento allium pro eo, quod electus Isleven, ubi allium habundat (daraus Sächsische Weltchronik, c. 188, wo koning Cluflok, Mon. Germ., Deutsche Chroniken, II, 179), Helmold, Chron. Slavorum, Lib. I, c. 30: Saxones, postquam de cede (sc. der Schlacht vom 15. October 1080) vires recuperaverunt, statuerunt sibi regem Hermannum quendam cognomento Clufloch (SS. XVI, 70, XXI, 39), wozu Breßlau's Abhandlung: Die sagenhafte sächsische Kaiserchronik aus dem 12. Jahrhundert, Neues Archiv der Gesellschaft für ältere deutsche Geschichtskunde, XX, 113 u. 114, zu vergleichen ist, reden von dieser Wahl. Gfrörer, l. c., VII, 819 u. 820, nimmt die Nachricht mit Entschiedenheit auf, während Müller, l. c., 9 (wo in n. 6 noch weitere abgeleitete Quellen, nach den Annal. Palidens.) u. 10, 13—15, sie verwirft. Aber am allerwenigsten kann etwa gegen eine zweite Wahl der Einwand erhoben werden, Bruno schweige darüber: er spricht ja auch von der Ochsenfurter Wahlhandlung nicht und verhält sich überhaupt über die ganze ihm augenscheinlich peinliche Frage der Betheiligung der Sachsen an der Wahl so zu sagen stillschweigend. Besonders Größler, l. c.,

die Krone auf das Haupt gesetzt werden. Wie Bruno rühmt, empfingen die Fürsten des sächsischen Landes hocherfreut ihren König in Goslar, mit großem Jubel, wenige Tage vor dem Weihnachtsfeste. Am Tage des heiligen Stephan, welcher Heilige Hermann's Schützer war — auch das spricht wieder für engere Beziehungen Hermann's zur Kirche von Metz, so daß Bischof Hermann in Ochsenfurt wohl der eigentliche Königsmacher gewesen ist —, am 26. December, empfing Hermann mit Zustimmung der Reichsfürsten die Salbung zur königlichen Würde und die Krone aus der Hand des Erzbischofs Siegfried, der also auch hier an der ungewohnten Stätte, auf sächsischem Boden, seinen Anspruch festhielt[188]). Denn Hermann war ebenso, wie vorher Rudolf, „der König der Sachsen" in den Augen der Königlichen, die auch meinten, die sächsischen geistlichen Fürsten, voran Erzbischof Hartwig von Magdeburg und Bischof Burchard von Halberstadt, seien Hermann's eigentliche Stützen, bei denen er seinen Sitz aufgeschlagen habe[189]).

126, 141—148, spricht sich entschieden gegen Müller aus und vertheidigt, gestützt auf die Eislebener örtliche Tradition, die bei ihm allerdings viel zu stark betont wird, die Glaubwürdigkeit der Angabe. Die ganze Sachlage spricht für die Nothwendigkeit einer solchen sächsischen Ergänzungswahl, ebenso die Wahl von Eisleben" — vergl. Bd. II, S. 242, über den benachbarten Platz Wormsleben, der Versammlung der Sachsen 1073 — als Ort der Zusammenkunft. Daß eine solche Ergänzungswahl verfassungsgemäß, ja herkömmlich war von Seite nicht an der Hauptwahl betheiligter Fürsten, ohne daß dadurch die Vollgültigkeit der Hauptwahl beeinträchtigt wurde, zeigte Rodenberg, Ueber wiederholte deutsche Königswahlen im 13. Jahrhundert, Untersuchungen zur deutschen Staats- und Rechtsgeschichte, herausgegeben von Gierke, XXVIII, 48 ff., wo allerdings dieser Fall Hermann's nicht erwähnt ist (dagegen ist Seeliger, Nachträge zu Waitz, Deutsche Verf.-Gesch., VI, 2. Aufl., 624, der Ansicht, eine im Lande bestehende Tradition, die zudem nach Bernheim, l. c., 113 n. 4, in den ersten nachweisbaren Spuren nicht älter, als das 15. Jahrhundert, ist, über innige Beziehungen Hermann's zu Eisleben, sei irrig gedeutet worden). Bernheim, l. c., hält die Bezeichnung „Knoblauchskönig" für einen in der Tradition erhalten gebliebenen Beinamen des Gegenkönigs: dazu liegt Pöhlde so nahe bei Eisleben, daß gerade hier die Erinnerung an den Wahlort haften bleiben konnte (dagegen ist für Eisleben, nach Bernheim, 114, in n. 4, ein stärkeres Vorkommen der betreffenden Pflanze nicht mehr nachweisbar).

[188]) Diese Krönungsfeier erwähnen Bruno, l. c.: principes Saxoniae valde laetati regem suum Herimannum magno tripudio Goslariae susceperunt, paucis diebus ante natalem Domini, worauf am Tage des protomartyr Siegfried's feierliche Handlung: in regem venerabiliter est unctus (l. c.), Bernold, a. 1082: Heremannus rex natalem Domini gloriosissime celebravit Goslarie; ibi etiam in festivitate sancti Stephani, eo quod patronus eius fuerit, regiae dignitatis unctionem et coronam, principibus regni annitentibus, ab episcopis sollempniter accepit (l. c.), weiter Marianus Scottus, Chron., a. 1103: in nativitate Domini in Saxonia ungitur in regem (wozu Rec. alt., a. 1104, noch: a Sigefrido episcopo) (l. c.), Annales Patherbrunnenses, a. 1082: Ordinatio Herimanni regis Goslariae a Sigifrido Mogontino praesule (l. c.), die sogenannten Annal. Ottenbur., a. 1082: Herimannus a Sigifrido Mogontiae episcopo Goslariae rex ordinatur (SS. V, 7). Vergl. Waitz, Deutsche Verf.-Gesch., VI, 2. Aufl., 210, 212, über das ganz Unregelmäßige der Weihe zu Goslar, wo dennoch der Mainzer Erzbischof die Vollziehung der Handlung für sich durchsetzte.

[189]) Der Liber de unitate ecclesiae conservanda, Lib. II, schreibt in c. 16 dem in c. 22 rex Saxonum genannten Hermann die curia sive palatium

— In dieses gleiche Jahr, das das zweite Gegenkönigthum gegen Heinrich IV. aufrichtete, fiel aber auch die Geburt eines dritten Sohnes des Königs. Er empfing in der Taufe den Namen des Großvaters und Vaters, den wahrscheinlich schon der 1071 geborene und gleich nach der Geburt verstorbene erste Sohn getragen hatte[140]).

Die Nachricht von Hermann's Krönung ist das letzte Ereigniß, von dem das Geschichtswerk sächsischen Ursprunges redet, das für die Zeit von neun Jahren eine Stellung ersten Ranges unter den Quellen zur Geschichte Heinrich's IV. einnimmt, mag es auch in vielen Dingen nur mit großer Vorsicht gebraucht werden dürfen, das „Buch vom sächsischen Kriege" des Bruno. In einem früheren Abschnitte seines Lebens, als Angehöriger der Magdeburger Kirche, dem 1078 gestorbenen Erzbischof Werner, wohl auch in dessen Kanzlei, dienstbar, dann mit Bischof Werner von Merseburg nahe verbunden, ist Bruno vielleicht nach Hermann's Krönung in dessen Kanzlei eingetreten, da in Hermann's Urkunden ein Kanzler seines Namens sich nennt; Bruno hätte in diesem Falle jedenfalls um seiner schriftstellerischen Thätigkeit willen sein Amt erlangt[141]).

Das Buch hatte er freilich nicht Hermann, sondern dem Bischof von Merseburg, als seinem Herrn, einer seiner Diener, dargebracht.

---

apud Hartvigum dictum Magadaburgensis ecclesiae episcopum sive apud Burcardum Halberstatensem episcopum zu (Libelli de lite, II, 231, 239).

[140]) Heinrich's Geburt erwähnen kurz Annal. s. Albani: Heinricus rex natus est, junior filius (SS. II, 245; Schum, Die Jahrbücher des Sanct-Albans-Klosters zu Mainz, 25, erweist die Selbständigkeit dieser Nachricht, die allerdings nicht vor 1099, der erfolgten Weihe als rex, könne eingetragen worden sein). Spätere Eintragungen sind selbstverständlich die Beifügungen von Codex 1b, 5 zum Chron. univ.: Heinricus nominis huius quintus, qui patrem regno privavit, natus est, sowie im Annalista Saxo zu dem letzten aus Frutolf genommenen Satze: Heinrico regi filius Heinricus junior natus est (SS. VI, 205, 720). Betreffend die Herübernahme des Namens vergl. Bd. II, S. 327. Wo Heinrich geboren wurde, ist, weil es nicht sicher ist, ob Bertha gleich den Gemahl nach Italien begleitete — immerhin ist es, da ja die Kaiserkrönung beabsichtigt war, sehr wahrscheinlich —, nicht festzustellen (jedenfalls war Bertha in Lucca im Juli nicht an des Königs Seite, da sie sonst dort — vergl. S. 396 — urkundlich genannt worden wäre).

[141]) Bruno's Beziehungen zu Erzbischof Werner, seine Zugehörigkeit zu Magdeburg gehen aus cc. 38, 40 und 52 (vergl. Bd. II, S. 490, in n. 55, S. 507, in n. 75) — in c. 38: catulum sine mora mori vidimus, et quia episcopus — Werner — talem medicinam — das von Heinrich geschickte Gift — non gustaverat, laetati sumus, in c. 40: in Magedaburgensi prato vidimus corvos, in c. 52: cum Magedaburgensis urbis praefectus . . nobis audientibus archipraesuli nostro retulisset hervor, diejenigen zu Bischof Werner aus dem ganzen Prologus, schon aus den Worten Bruno, licet perexigua suae tamen familiae portio, sowie aus c. 96 (vergl. ob. S. 143 in n. 70). Daß St. 2999 und 3000 Bruno cancellarius vice Sigefridi archicancellarii als Recognoscenten aufweisen, legt die Annahme des Eintrittes in Hermann's Dienst nahe. Wattenbach, Deutschlands Geschichtsquellen im Mittelalter, 6. Aufl., II, 88 n. 5, macht noch darauf aufmerksam, daß 1100 Dompropst und magister scholarum in Magdeburg Bruno hießen.

In seinem Vorworte ließ er eine wortreiche Verherrlichung der Wissenschaft vorausgehen. Denn — so erklärt er — als die beste Gabe, die er darbringen kann, durch die er den Eifer seines Gemüthes für den Bischof auch äußerlich zu erklären vermag, scheint ihm einzig dieses Geschenk, das er hiemit überreicht, sowohl seiner Verehrung, als der Würde des Empfängers würdig zu sein: nichts ist von höherem Nutzen und von bleibenderer Dauer. Das wird danach in beredter Weise weiter ausgeführt, der weit höhere Werth der Wissenschaft gegenüber dem vergänglichen Golde, das sogar schimpflichen Zwecken zur Befriedigung dient, das selbst nicht dauerhaft ist, dargethan. Dann geht Bruno — mit von Sallust erborgten Worten — auf den Gegenstand seines Buches über: „Den Krieg also, den König Heinrich mit den Sachsen geführt hat, will ich kurz und wahrhaft beschreiben, so wie ich von denen, die an den Dingen Antheil hatten, sie habe in Erfahrung bringen können". Bruno meint, dieser Kampf sei durch seine Größe denkwürdig, ebenso aber auch durch Gottes Barmherzigkeit, die er in demselben den Sachsen bewiesen habe, indem er den Wein der Strenge mit dem Oele des Erbarmens mischte. Vorher jedoch, ehe die Erzählung auf den Krieg selbst eintrete, will Bruno Einiges über Kindheit und Jugend Heinrich's IV. voraussenden, damit der Leser sich nicht so sehr darüber verwundere, daß dieser als Mann den inneren Krieg begonnen habe. Sein Buch will der Verfasser durch Bischof Werner's Namen, den er auf die erste Seite setzte, vor Beschimpfung schützen[148]).

Nach seinem Vorsatze folgt nun also Bruno in den ersten Capiteln seines Buches dem Jugendleben Heinrich's IV., vom Tode Kaiser Heinrich's III. an, wie die Regentschaft der Kaiserin Agnes eingesetzt wurde, der Knabe aber, von königlichem Hochmuthe aufgebläht, die Ermahnungen der Mutter wenig beachtete, so daß Anno mit Gewalt ihn der Mutter entriß und Sorge trug, ihn mit allem Fleiß zu erziehen, wobei er weniger Heinrich's IV., als des Reiches Vortheil im Auge hatte. Aber mit dem Jünglingsalter schied nun Heinrich IV. völlig vom Tugendpfade und beschloß, ganz seinen Begierden nachzugehen, so daß er sich von Anno's Leitung lossagte und, da er eigenen Rechtes wurde, von diesem entlassen war. In eingehender Weise, unter Einflechtung verschiedener, von Haß gegen die angeklagte fürstliche Persönlichkeit erfüllter Geschichtchen, soll nun Erzbischof Adalbert in seinem eiteln hochmüthigen Wesen gekennzeichnet werden: dieser habe sich zu Heinrich's IV. vertrautem Genossen gemacht, als er ihn, gleich einem zügellosen Pferde, auf der abschüssigen Bahn des Frevels dahinstürmen sah, zu dem Zwecke, die Keime des Lasters mit dem Thau der Schmeichelei zu benetzen, die Saat der Tugend, wo sie etwa noch hervorsprießen wollte, durch böse Lehren zu ersticken. Auf diese Weise wurde der König in der Bosheit bestärkt und stürzte sich vollends in die Abgründe der Lüste.

[148]) Das ist der Hauptinhalt des Prologus (SS. V, 329).

ganz besonders durch den Umgang mit Kebsweibern, durch stete Angriffe auf die Ehre von Frauen und Mädchen, auch nachdem er, durch die Fürsten wider seinen Willen zur Ehe gezwungen, seine edle und schöne Gemahlin gewonnen hatte: diese sei ihm ganz verhaßt gewesen, so daß er sich von ihr scheiden lassen wollte. Und hier stellt nun Bruno jene ekelhaften Erzählungen in sein Buch, die den König als Verüber der unerhörtesten Laster hinstellen und zugleich wieder in lächerlichem Lichte erscheinen lassen sollen, mit der Versicherung, viele und große weitere Schandthaten übergehe er. Wieder andere Geschichten, deren eine zwar sogar Bruno als zweifelhaft hinstellt, da er ihre Wahrheit nicht ganz habe erfahren können[143]), sollen zeigen, daß der König auch gegen die eigenen Freunde und Genossen seines Lebens, wenn es seine wechselnden Launen so fügten, mit Hinterlist und Mord vorgegangen sei. Endlich geißelt ein Capitel noch die Art und Weise, wie der König die Bisthümer verkauft, ja, wenn ein zweiter mehr Geld bot, als ein erster, sogar zwei Male habe Bischöfe weihen lassen, so daß dann zwei Bischöfe, keiner des bischöflichen Namens würdig, in vielen Städten einander gegenüber standen[144]).

Jetzt erst geht Bruno, mit der Erwähnung des Burgenbaues, der verschiedenartigen Bedrückungen, der dadurch herbeigeführten Unzufriedenheit, auf die Ursachen des sächsischen Aufstandes und damit auf seinen eigentlichen Stoff über, und mit den Ereignissen von 1073 und den folgenden Jahren wird er nunmehr immer ausführlicher, bis er eben, zuletzt wieder etwas gedrängter erzählend, das Ziel, das er sich mit dem 26. December 1081 setzte, erreicht. Allerdings streut Bruno dann auch hier dazwischen wieder nach seiner Art Geschichten ein, die nur seiner Leidenschaft Ausdruck verleihen sollen. So will er in dem einen Zusammenhang zeigen, daß Heinrich IV. nach dem großen Siege von 1075 ärgerlich gewesen sei, darüber, daß nicht mehr Fürsten auf seiner Seite in der großen Schlacht gefallen seien, so daß er, statt ihnen den erhofften Lohn für ihre tapfere Hülfe zu bieten, versucht habe, sie durch Nachstellungen zu vernichten, wovon dann vier Fälle, Mordanschläge gegen die Herzoge Rudolf und Berchtold, erzählt werden, und an anderer Stelle wieder sind mit wahrem Behagen die Umstände aufgeführt, unter denen acht Männer, hohe Geistliche, weltliche Fürsten, andere Getreue Heinrich's IV., lauter Persönlichkeiten, auf die Bruno ganz schlecht zu sprechen war, in recht erschrecklicher und unerwarteter Weise um das Leben gekommen seien; da versäumt er, bei Bischof Eberhard von Naumburg, denn auch nicht, einmal

[143]) Diese bemerkenswerthe Einräumung: Sed quia huius rei veritatem michi non contigit agnoscere, placuit michi eam inter ambigua relinquere schließt c. 12 ab (333).

[144]) Mit diesem c. 15 bricht der erste Abschnitt ab, und mit c. 16: Inter haec omnia jam abeunte adolescentia tritt das Buch den sächsischen Dingen näher.

etwas Belustigendes, wie er nämlich die Sache auffaßt, einzuflechten [145]). Aber die Hauptsache ist ihm doch immer der große Gegensatz zwischen der in Heinrich IV. vertretenen verhaßten Königsgewalt und dem für sein Recht kämpfenden sächsischen Volke. Man wird Bruno einzig verstehen, wenn man ihn als den Vertreter der ausgeprägt sächsischen Auffassung bis zu den letzten und übertriebensten daraus erwachsenden Folgerungen, also auch, wenn es ihm gut scheint, bis zur vollendetsten Lügenhaftigkeit, auffaßt, dem sogar das Verhältniß der Sachsen zum Papstthum, zu Gregor VII., so gern sich die Sachsen als die Vorfechter des heiligen Petrus hinstellen, von den maßgebenden sächsischen Wünschen abhängig erscheint. Einzig von diesem Gedanken aus hat Bruno sein ganzes Buch verfaßt. Durchdrungen von der Ueberzeugung, daß der in seinem ganzen Wesen von Grund aus verkehrte Sinn des Königs, daß alle diejenigen, die zu ihm gehören, nur von bösen Gelüsten, von übeln hinterlistigen Absichten gegenüber den Sachsen erfüllt sein mochten, so kann die ganze Erzählung, wie sie sich darstellt, nur von Einseitigkeit getragen sein; es ist vielfach schwer zu entscheiden, ob bewußte Lüge oder eine nicht gewollte Entstellung der Thatsachen zu Grunde liege. Das aber ist sicher, daß häufig mit Absicht über Dinge leicht hinweggegangen wird, die zur Unehre oder sonst nicht zum Vortheile der Sachsen lauten mußten. Manchmal jedoch konnte auch Bruno, angewiesen wie er war, auf die Erinnerung, auf mündliche Mittheilungen, die Dinge nicht besser wissen, und so erklären sich zum Theil wenigstens Unzuverlässigkeiten und Irrthümer; auch die eingefügten wichtigen Briefe und anderen Stücke sind nur ganz äußerlich, einige sogar an den unpassendsten Stellen, eingeschoben. Dessen ungeachtet wäre es völlig unrichtig, dem Buche Bruno's, so anstößig es in manchen Theilen erscheint, die Glaubwürdigkeit schlechtweg zu bestreiten. Bei der engen Fühlung des Verfassers mit dem Stamme, von dessen Haltung Heinrich's IV. Geschick Jahre hindurch abhing, bei der genauen Kenntniß, die ihm von vielen Dingen inne wohnen mußte, steht der Werth des Werkes, wo es sich eben überwinden kann, die Wahrheit nicht mehr oder weniger zu verschleiern, unleugbar fest [146]).

---

[145]) Das sind einerseits cc. 60—63 (vergl. Bd. II, S. 874, n. 84), andererseits von c. 74 (über Bischof Wilhelm von Utrecht — vergl. Bd. II, S. 670, n. 81) ausgehend cc. 75—81.

[146]) Das Buch Bruno's ist, seit Stenzel 1828, l. c., II, 55—67, in seiner Kritik der Quellen eingehender, im Ganzen günstig, über dasselbe gehandelt hatte, vielfach beurtheilt worden. Ranke kam, Zur Kritik fränkisch-deutscher Reichsannalisten (Sämmtliche Werke, LI/LII, 126—130), zu einem höchst ungünstigen Urtheile über Bruno, besonders auch indem er ihn mit Lambert verglich. Gfrörer dagegen — vergl. Bd. I, S. 613, n. 14 — glaubte sogar jene von ekelhaftem Gestanke erfüllten Geschichten von den sinnlichen Ausschweifungen des Königs aufnehmen zu sollen. In ziemlich oberflächlicher Weise versuchte 1881 in einem Offenburger Schulprogramm R. Trewitz, Würdigung von Bruno's Liber de bello Saxonico im Vergleich mit den Annalen Lambert's von Hersfeld (also bloß bis zum Jahre 1077), Bruno als glaubwürdig hinzustellen, eine

Eine Annahme freilich war Bruno, mochte er nun wirklich an sie glauben, oder stellte er sich nur so, wie eine Lehrmeinung erwachsen, die Auffassung von der Gleichheit der Bedingungen des öffentlichen Lebens im Reiche für zwei Stämme, die thatsächlich stets wieder so gegen einander standen, wie sie sich räumlich nicht berührten, der Sachsen und der Schwaben. Nirgends that Bruno den thatsächlichen Verhältnissen so Gewalt an, wie hier[147]). Und auf der Grundlage dieser von ihm geforderten Eintracht und gegenseitigen Unterstützung sollte nun neuerdings — nach seiner Meinung — der von den Schwaben und von den Sachsen gewählte, gegen Heinrich IV. gesetzte, soeben gekrönte Hermann den Kampf weiter führen. Die Aufgabe seiner Geschichtschreibung über den Kampf der Sachsen schien Bruno mit der Feier in Goslar, die jene Eintracht neu dargelegt hatte, abgeschlossen zu sein[148]).

---

nicht beachtenswerthe Schrift, wogegen 1884 May, Ueber Brunos Schrift vom Sachsenkrieg (Forschungen zur deutschen Geschichte, XXIV, 341—367), ganz instructive kritische Ausführungen brachte. Sehr zutreffend ist die durch Wattenbach, l. c., 86—88, gegebene, ebenso seine in der Einleitung zur Uebersetzung, Die Geschichtschreiber der deutschen Vorzeit, XI. Jahrhundert, VIII, gebrachte Charakteristik des Buches. Martens, Gregor VII., II, 155 u. 156, verwirft Bruno so völlig, daß er auch, 160 ff., die in den Text Bruno's eingerückten „Sachsenbriefe" als „von Bruno geschaffene Dokumente" nicht annimmt, wie denn schon Smolka in der Breslauer Dissertation De Brunonis bello Saxonico, 1858, Cap. III. De epistolis totiusque operis auctoritate, 30 ff., die Echtheit der Actenstücke bezweifelt, spätere Einschiebung in den Text angenommen hatte. Die neueste von Holder-Egger durchgeführte Kritik der Geschichtschreibung Lambert's — vergl. Bd. II, S. 794 — führte im Wesentlichen zu einer höheren Werthung wichtiger Abschnitte des Bruno'schen Buches, Ergebnisse, denen sich für wesentliche Theile der Schilderung des Sachsenkrieges Bd. II dieses Werkes anschloß, so besonders in einzelnen Abtheilungen des von der Glaubwürdigkeit Lambert's handelnden Excurs I.

[147]) Vergl. Bd. II, S. 861, n. 11.

[148]) Giesebrecht, III, 1051, kennzeichnet Bruno's Absicht, bei der Niederschreibung seines Buches 1082, sicher zutreffend.

Heinrich IV. hegte die bestimmte Absicht, zum zweiten Male gegen Gregor VII. vorzugehen, und er brach schon früh im Jahre auf, um, ungehindert durch die Wirkungen der wärmeren Jahreszeit, die ihn im vorhergehenden Jahre vertrieben hatten, vor Rom aufzurücken.

Zuerst machte der König einen verwüstenden Einfall in die Romagna [1]). Dann wurde der Marsch gegen Rom angetreten [2]), wo Heinrich IV. wahrscheinlich gegen Ende des Monates Februar eintraf [3]). Das Heer, das er mit sich führte, läßt sich nicht sicher schätzen. Feststehend ist nur, daß die schwäbische Kerntruppe, wie im Vorjahre, neben italienischen Abtheilungen, die wohl zumeist aus der Lombardei kamen und eine größere Zahl ausmachten, ihn be-

---

[1]) Bonitho, Liber ad amicum, Lib. IX, bezeugt: Sequenti vero hieme .... iterum Romaniam intravit. Et depopulans urbes, et castra evertens .. (Jaffé, Biblioth. rer. Germ., II, 678).

[2]) Sander, Der Kampf Heinrich's IV. und Gregor's VII. von der zweiten Exkommunikation des Königs bis zu seiner Kaiserkrönung, 187—191, zeigt im Excurs § 11 sehr richtig, daß Kilian, Itinerar Kaiser Heinrich's IV., 91—93, irrthümlich den Zug Heinrich's IV. über Borgo San Sepolcro, Foligno, Terni, Farfa nach Rom leitete und den König erst um den 20. März vor der Stadt ankommen ließ. Zu Sander's Beweisen kommt noch hinzu, betreffend St. 2844 für den Abt Rodulf des Klosters St. Johann in Borgo San Sepolcro, daß das dort liegende Original nach Scheffer-Boichorst's gefälliger directer Mittheilung — vom 22. März 1898 — Actum Rome aufweist, so daß also die Combination eines Aufenthaltes in Borgo San Sepolcro ganz wegfällt.

[3]) Sander berechnet, 97 n. 5, ganz gegen Kilian's Ausführungen, 92 u. 90, die nicht annehmbar erscheinen, diese Zeit des Eintreffens daraus, daß Heinrich IV. spätestens zwanzig Tage vor dem 17. März (vergl. n. 8) von Rom wieder aufgebrochen sein muß, so daß er also jedenfalls vor dem 25. Februar vor Rom angekommen sein müsse. Die Aussage des Cardinals Boso, der seine Lebensbeschreibung Gregor's VII. sonst ganz aus Bonitho schöpfte, an dieser Stelle: Anno quoque secundo per Spoletanum ducatum ad Urbem iterum rediit (etc.: das Uebrige stimmt, mit unbedeutender Erweiterung, zu Bonitho's Texte) (Liber pontificalis, ed. L. Duchesne, II, 367) wird man mit Sander, l. c., 97 n. 4, nur kurz erwähnen müssen.

gleitete[4]). Ausdrücklich genannt erscheinen in Heinrich's IV. Umgebung neben Wibert, Erzbischof Thedald von Mailand, Patriarch Heinrich von Aquileja die Bischöfe Dionysius von Piacenza und Benzo von Alba, von jenseits der Alpen Erzbischof Liemar, sowie die Bischöfe Burchard von Lausanne und Ermenfrid von Sitten, von denen der letztere dabei zum ersten Male als burgundischer Kanzler hervortritt[5]).

Wieder hatte sich der König in einem vorausgesandten Aufruf den Römern angekündigt, in der Weise, daß die Kundgebung auf dem Wege nach Rom geschah und vor dem Erscheinen des Heeres vor Rom hier bekannt gemacht wurde. Gerichtet war das Schreiben an alle Cardinäle, an Geistliche und Laien, Höhere und Geringere, Getreue des Königs, die schon längst getreu waren oder noch zur Treue geführt werden sollten.

Die Schrift begann gleich mit dem Hinweis auf die Gerechtigkeit, durch die die Machtvollkommenheit Rom's, die päpstliche Gewalt, stets in Kraft stehen müsse, und zwar gegenüber allen Völkern, in um so höherem Grade, je mehr für die Untergebenen entweder das Vergehen oder aber das Verdienst Rom's zur Schädigung oder zur Hebung des rechten Lebens gereiche. Das könnte sichtbar zu Tage treten, wenn nicht den Römern das in einem gewissen Menschen gegebene Hinderniß schädlich im Wege stünde —: daß unter diesem

[4]) Bernold, Chron., sagt von Heinrich's IV. Vormarsch: Heinricus autem in Italia ... iterum Romam invasurus proficiscitur adunata multitudine scismaticorum (d. h. wohl Lombarden, Ravennaten, u. s. f.), und Benzo, Ad Heinricum IV. imperatorem, Lib. VI, Praefatio, nennt in dem in n. 8 erörterten Zusammenhang auch den Suevorum cuneus (SS. V, 437, XI, 658). Sander, 98 n. 4, schließt aus Petrus, Chron. mon. Casin., Lib. III, c. 50: Imperator per comites Marsorum misit epistolam ad patrem Desiderium, ut iret ad eum (SS. VII, 739), daß vielleicht auch einige mittelitalienische Contingente im Heer des Königs jetzt vorhanden gewesen seien und daß Gregor VII. wohl durch das in J. 5180, vom 12. December 1080 — Registr. VIII, 15, Jaffé, l. c., 440 — bezeugte scharfe Auftreten gegen Transmund, Bischof von Valva — vergl. Leo, Chron. mon. Casin., Lib. III, c. 25, wo Trasmundus Oderisii Marsorum comitis filius genannt ist, l. c., 715 —, die Grafen gegen sich aufgebracht habe.

[5]) Die Anwesenheit dieser Persönlichkeiten ist bezeugt, für Wibert durch Bonitho: ducens secum pestiferum, Benzo: cum domno Ravennate, Bernold: assumpto Guiberto, für Thedald und die übrigen Italiener durch Benzo: Frater Benzo erat castrametatus ... erectus est Placentinus ... transiit dominus noster rex navigialiter cum domno .. Aquilegiano ... vadavit Mediolanensis archiepiscopus (vergl. n. 8), für Liemar durch die schon ob. S. 386 in n. 71 citirte Urkunde St. 2851, für Burchard und Ermenfrid durch St. 2842: pro venerabilium episcoporum, Bernenfridi Sedunensis episcopi, cancellarii Burgundie, et Burcardi Lausannensis episcopi, cancellarii Italici, et ceterorum regni nostri primatum consilio, ebenso für Burchard durch St. 2843 und 2844 durch die Recognition (in St. 2843 auch durch den interventus), sowie für St. 2844 wegen der Worte: interventu Lausannensis episcopi et cancellarii Burchardi. Was den Bischof Ermenfrid betrifft, so möchte Breßlau, Die deutschen Gemeinden im Gebiet des Monte Rosa und im Ossolathal (Zeitschrift der Gesellschaft für Erdkunde, XVI, 179), die Erwerbung der Güter im Eschthal für die Kirche von Sitten am ersten in dessen Zeit setzen.

gewissen Menschen Gregor VII. zu verstehen sei, wird alsbald deutlich. Denn das Schreiben fährt fort: „Deßwegen ist es auch weniger Euch beizumessen, wenn Ihr in etwas minder sorgfältig gewesen seid, da jener, der ein Spiegel des rechten Lebens hätte sein sollen, nicht nur Euch, sondern Allen, die Rom's vorragende Stellung im katholischen Glauben verehren, ein Anstoß geworden ist, in so hohem Grade, daß die Kirche schon nicht den Fall, sondern leicht den unherstellbaren Untergang voraussehen läßt. Da wir das sahen und nicht länger ertragen wollten, sind wir nach Rom gekommen. Wir hofften hier Euch alle getreu zu finden, und zu Eurer Gerechtigkeit, zu der gewissenhaften Festhaltung des ererbten Treuversprechens, das Ihr uns gegenüber bewahrt habt, hegten wir das Vertrauen, daß wir, auch wenn wir allein oder mit ganz wenigen Kriegern kommen würden, in staatlichen und priesterlichen Dingen alles Gesetzmäßige mit Euch behandeln könnten. Aber weit anders, als wir es erhofften, fanden wir Euch vor. Denn die wir für Freunde gehalten haben, empfanden wir als Feinde, als wir rein nur um der Gerechtigkeit willen zu Euch kamen, zu dem Zwecke, den Frieden zwischen dem Reich und dem Priesterthum nach Eurem Rathe und der kirchenrechtlichen Vorschrift festzusetzen". An diesen Rückblick auf die 1081 bei dem ersten Erscheinen vor Rom gemachten Erfahrungen schließen die Worte des Königs den Ausdruck der Ueberzeugung, daß an all dem bloß die Umtriebe „jenes Herrn Hildebrand" die Schuld trügen; denn als Freunde der Gerechtigkeit hätten die Römer dem Könige die Gerechtigkeit nicht verweigert, würde ihnen nicht zu Gehör gebracht worden sein, Heinrich IV. komme um der Ungerechtigkeit willen und zur Verwirrung von Rom. Der Verführer aller Welt weit und breit und der Urheber des Blutvergießens unter den Söhnen der Kirche, der Alle gegen einander in die Waffen brachte, er vermochte auch die Einwohner Rom's zu betrügen. Grausamer, als die Verfolgung durch Kaiser Decius, ist diese jetzige Verfolgung, da die für Christus durch den Papst Gemordeten nicht, wie in jenem Falle, von Christus im Himmel gekrönt, sondern nach dem Verlust ihres Lebens in die Hölle verdammt werden. Eben um diesen Gräueln ein Ende zu machen — heißt es weiter —, habe die Kirche Gregor VII. öfters vorgeladen, damit er sich von dem ihm beigemessenen Verbrechen reinige und die Kirche von dem Ärgernisse befreie: „Aber er verschmähte es, obschon selbst gerufen, zu kommen, und unsere Boten hat er weder selbst angehört, noch hat er Euch gestattet, sie anzuhören, in der Befürchtung, Eure Gunst zu verlieren, wenn Ihr die wahre Lage der Dinge würdet vernommen haben". So wendet sich jetzt Heinrich IV. an die allgemeine Gerechtigkeit, daß unter Mithülfe der Römer Gregor VII. sich stelle, die Klagen der Kirche höre, wie das ja seiner wahren Aufgabe, eines Hirten der Kirche, der die ihm anvertraute Heerde nicht zu Grunde gehen läßt, entspreche. Er soll eidliche Versprechungen und Geiseln vom Könige empfangen, für sichere Ankunft und Rückkehr, möge er nun den apostolischen Stuhl behalten oder abgesetzt werden: „Siehe, wir werden, wenn Gott uns gnädig ist, nach Rom zur festgesetzten Zeit kommen. Wenn er (— es ist selbstverständlich Gregor VII. gemeint —) will, so mag die Sache dort vor sich gehen. Wenn er vorzieht, mit unseren Boten uns entgegenzugehen, so willigen wir auch hierin ein. Ihr selbst, so viele Ihr wollt, kommt mit ihm, hört, urtheilet! Wenn er Papst sein soll und kann, werden wir ihm gehorchen; wenn nicht, so mag nach Eurem und unserem Gutdünken ein Anderer, der der Kirche nothwendig erscheint, für die Kirche vorgesehen werden. Das sollt Ihr nicht versagen: wenn es recht ist, einen Priester beizubehalten, so ist es auch recht, einem Könige zu gehorchen. Weßhalb versucht Hildebrand die Ordnung Gottes zu zerstören? Und wenn er selbst es versucht, warum wird ihm nicht von Euch entgegengetreten? Gott hat gesagt, daß nicht ein Schwert, sondern zwei Schwerter genügend seien. Jener aber beabsichtigt herbeizuführen, daß ein einziges besteht, da er danach strebt, uns zu entsetzen, uns, den doch Gott, obschon wir unwürdig sind, gerade von der Wiege an zum König eingesetzt hat und von dem er jeden Tag zeigt, daß er die Einsetzung vollzogen habe, wenn man nämlich erwägt, wie er uns vor Hildebrand und dessen Förderer Nachstellungen bewahrt hat; denn noch stehen wir trotz seines entgegenstehenden Willens in der Königsgewalt, und unseren Vasallen, den Meineidigen, den er zum König über uns eingesetzt (— da ist auf Rudolf abgezielt —) hat Gott gefällt". So beschwört der König die Römer, die Konrad II. und Heinrich III. und bis dahin Hildebrand bewahrte Treue ihm nicht zu verweigern, oder, wenn sie verweigert werde, ihm wenigstens eine Erklärung darüber zu geben. Denn der König ist bereit, alle Gerechtigkeit den Römern angedeihen zu lassen, alle Ehre dem heiligen Petrus zu erweisen, diejenigen, die einen Lohn verdienen, zu belohnen: „Wir kommen nicht, Euch zu bekämpfen, sondern die Euch anfechten, von Euch abzuwehren". Rom soll nicht bei der Unterdrückung der Kirche, dem Kampfe gegen die Gerechtigkeit an Hildebrand's Seite stehen. Im Angesicht der Kirche geschehe die Untersuchung, so daß also die Römer Gregor VII. als Papst vertheidigen, wenn es recht ist, daß sie ihn behalten, daß sie aber nicht für einen Menschen, der lichtscheu wie ein Dieb sich erweist, eintreten; denn auf dem Wege der Gewalt soll man nicht die Gerechtigkeit einbüßen. Gregor's VII. Ausspruch laute, er könne von niemand gerichtet werden, als ob es gälte: „Was mir beliebt, ist erlaubt", während Christus lehrt: „Wer der Größere unter Euch ist, wird Euer Diener sein"; also soll, wer sich „Knecht der Knechte Gottes" nennt, nicht Diener Gottes gewaltsam unterdrücken. Gregor VII. soll sich nicht schämen, sich zu demüthigen, um das Ärgerniß, das allen Getreuen schwer aufliegt, durch deren Gehorsam er erhöht werden soll, zu entfernen. Denn Gott sage, daß dem, der einen von den Geringsten ärgert, besser wäre, es wäre ihm ein Mühlstein an den Hals gehängt, und jetzt sei es die Klage der Geringen und der Großen, daß von ihnen das in dem Papste gegebene Ärgerniß genommen werde. — Das Schreiben, das hier auf Gregor VII. zurücklenkt, schließt folgendermaßen: „Unerschrocken mag er also kommen. Wenn sein Gewissen rein ist, wird er gewiß sich dessen in Aller Gegenwart erfreuen, weil, wenn Alle von ihm völlig zur Ueberzeugung gezwungen worden sind, der Ruhm ihm zufallen wird. Er mag dessen sicher sein, daß er keine Gefahr des Lebens bestehen wird, auch wenn er nach Eurem Urtheile und nach der Rechtsforderung der kirchlichen Gesetze der in ungerechter Weise von ihm besessenen Würde beraubt werden muß. Wir sind bereit, nichts ohne Euch, Alles mit Euch zu betreiben, wenn wir Euch nur nicht unseren Wohlthaten widerstrebend erfunden haben werden. Zum Schlusse: nichts suchen wir, als die Gerechtigkeit an jener Stätte, für die es am meisten ziemt, daß da die Gerechtigkeit vorhanden sei. Diese wünschen wir in Euch zu finden; wenn wir sie gefunden haben, setzen wir uns vor, sie, mit Gottes Gnade, zu belohnen“.

So entschieden der Inhalt dieser abermaligen Ankündigung sich über Gregor VII. und die ihm zur Schuld angerechneten Dinge ausdrückte, so ist doch immerhin im Verlaufe des Schreibens eingeräumt, daß vielleicht die in Aussicht genommene Entscheidung im Sinne der Aufrechterhaltung der päpstlichen Würde für diesen Papst geschehen könnte. Das war ohne Zweifel geschickt auf die Stimmung der Römer bemessen, mit der Heinrich IV. nach der Erfahrung des vorhergehenden Jahres zu rechnen hatte, auf deren gründliche Abneigung gegen eine Anerkennung Wibert's. So betont denn die Schrift nachdrücklich genug, daß den Römern voller Antheil an der durchzuführenden Entscheidung zukomme, und ebenso ist von Wibert, dem in Brixen Erwählten, mit keinem Worte gesprochen, sondern ausdrücklich in Aussicht gestellt, daß bei einer eintretenden Verwerfung Gregor's VII. nach dem Gutdünken der Römer und des Königs für die neue Besetzung des päpstlichen Stuhles zu sorgen sei, ohne daß irgendwie ein Vorrecht Wibert's für diesen Fall zur Erwähnung gebracht wird. So weit kam also Heinrich IV. der Eigenliebe der Römer entgegen[5]).

[5]) Heinrich's IV. Aufruf — Epistolae Bambergenses, Nr. 9 (Jaffé, Biblioth., V, 498—502) — ist nach Sander, l. c., 98 n. 9, in den Februar, eben kurz vor Heinrich's IV. Ankunft vor Rom, zu setzen. Gundlach, Ein Dictator aus der Kanzlei Kaiser Heinrich's IV., 80—82, zeigt an den Stileigenthümlichkeiten des Briefes, daß auch dieses Stück dem Dictator Adalbero C zugeschrieben werden darf: sehr bezeichnend ist z. B. der Satz: Non venimus vobis repugnare, sed vos impugnantes impugnare, während Giesebrecht, III, 1168, in den „Anmerkungen“, ihn mit der ersten Proclamation übereinstimmend fand und also Erzbischof Liemar (vergl. 1167) zuschreiben wollte. Vergl. zum Inhalt auch Sander, l. c., 100 u. 101. Die Theorie von den duo gladii lehnt sich an Luc. XXII, 38, steht aber schon in dem Bd. II, S. 665—667, behandelten Schreiben an Bischof Altwin von Brixen von 1076, das ja übrigens — vergl. dort n. 75 — auch von dem Dictator Adalbero C verfaßt war; den durch Heinrich IV. erwähnten paternus honor noster, nobis a vobis (sc. den Römern) transmissus per patris manum, den die Römer nicht

Aber augenscheinlich ist diese Werbung um eine günstigere Stimmung in Rom ohne Erfolg geblieben. Denn als der König vor der Stadt aufrückte, fand er ihre Thore wieder verschlossen; abermals mußte die Belagerung der widerspenstigen Krönungsstadt begonnen werden. Diese kriegerischen Versuche, die sich wieder, gleich dem vorhergehenden Jahre, gegen die Leo-Stadt richteten, dehnten sich durch die volle Fastenzeit, also wohl durch die ganzen Monate März und April, aus, und es scheint, daß von neuem alle Anstrengungen gemacht wurden, den Weg durch die Mauern offen zu legen. Außerdem bemühte sich das belagernde Heer, rings herum die weitgehendsten Verwüstungen, an Häusern und Anlagen, an Aeckern und Oelbäumen, Obstgärten und Weinbergen, mit Feuer und Schwert, anzurichten, die festen Plätze der feindlichen Gewalt zu entreißen. Daß einmal nur durch Gregor's VII. eingreifende Thatkraft eine ernstere Bedrohung von der Leo-Stadt, in der schon ein größerer Brand zum Ausbruch gebracht worden war, abgelenkt werden konnte, ist wohl den Berichten zu glauben, die allerdings das Ereigniß in nicht genügend klarer Weise vorführen und dazu noch eine Wunderthat des Papstes hineinlegen. Nach diesen Erzählungen wäre, da außerdem eine Bresche in der Mauer die Angreifer zum Eindringen einlud, die Unachtsamkeit der Vertheidiger, deren Wachsamkeit durch jene Feuersbrunst noch mehr abgelenkt wurde, nahezu die Ursache der Einnahme des belagerten Stadttheiles geworden, wenn nicht eben Gregor VII. selbst eingegriffen hätte. Nach einem Zeugnisse, das allerdings die Dinge sehr im Sinne der Sache des Königs zu färben liebt, hätte Heinrich IV. selbst, in einer Anwandelung der Milde, auf den Erfolg einer Erstürmung Verzicht geleistet und statt dessen einen Streifzug in größere Entfernung von Rom angeordnet [7]).

---

enthalten sollen, möchte Jaffé, l. c., 501, n. 3. auf 1055 gegenüber Heinrich III. ausgesprochene Zusicherungen (vergl. Steindorff, Heinrich III., II, 305 ff., über die Zusammenkunft des Kaisers mit Victor II. in Florenz) beziehen; im letzten unmittelbar gegen Gregor VII. gerichteten Theile nimmt das Schreiben auf Matth. XX, 26 u. 27, und XVIII, 6, Bezug.

[7]) Ueber diese zweite Belagerung Rom's durch Heinrich IV. handeln von italienischen Quellen Bonitho, l. c.: ad ultimum per omne quadragesimale tempus Romam obsedit. Et post pascha . . . remeavit, Benzo, l. c., doch nur in Vorführung eines als miraculum — non parva cura est Deo circa benevolentiam pueri sui, regis Heinrici — behandelten Einzelvorganges: Quadam nocte in hora conticinii factum est terribile signum civilis exterminii. A fundamentis quoque corruit longa series murorum per spacia fere mille cubitorum. Quod cum cognovissent facto mane regalia castra: Amplissimam portam — inquiunt — fecit nobis, qui numerat astra! Fit clamor: Intro, intro! vociferantium: corripiunt arma de more bellantium. Quo rex audito, compressit per velites tumultuantium clamores, jubens ad se venire omnes: — nun hält Heinrich IV. eine Rede zum Preise Gottes, mit der Andeutung: Sine ulla difficultate valemus eos (sc. inimicos) invadere atque morti tradere, aber mit dem Entschlusse — veni . . ad salvandum —, ihnen Zeit zum Besinnen zu geben, daß sie sich unterwerfen, woneben Gott, wenn die Römer sich nicht zum Besseren entschließen, immer noch nachher den Erfolg gegen diese schenken

Daß ein solcher vorübergehender Abzug des Königs, jedenfalls nur mit einem Theile seiner Truppen, geschah, steht außer allem Zweifel. Denn ein Theilnehmer an dem Streifzuge flußaufwärts, Bischof Benzo von Alba, spricht ganz eingehend, freilich in seiner wunderlichen Art und Weise, die von ihm erzählten Vorgänge aufzufassen und vorzuführen, von diesem Ereignisse, das ihn nachdrücklich an eine stets mit Vorliebe von ihm wieder hervorgezogene Reihe früherer Begebenheiten, seine eigene Betheiligung am Feldzuge des Cadalus gegen Rom im Jahre 1062, erinnern mußte. Die Ursachen, aus denen der König mit seinen Begleitern — genannt sind durch Benzo als Gefährten der nach ihm recht beschwerlichen Unternehmung Wibert, Erzbischof Thebald, der Patriarch von Aquileja, der Bischof von Piacenza — den auffallenden Weg einschlug, zuerst auf dem rechten Tiberufer um den Berg Soracte herum, dann erst noch weiter oben, oberhalb der Mündung der Nera in den Tiber, über diesen Strom, und erst hernach wieder, nunmehr unter Ueberschreitung jetzt der Nera, dieses linken Neben-

---

werde: qui nobis dormientibus pessumdedit machinas murales, ipse dabit virtutem ad destruendas turres et antemurales: — dann folgt die in n. 8 aufgenommene Fortsetzung der königlichen Rede —, und nur kurz Annal. Benevent., und zwar Cod. 1 zu 1081: Heinricus imperator iterum (vergl. ob. S. 875 in n. 48) Romam venit, Cod. 3 zu 1082 gleichlautend (SS. III, 181 u. 182), Lupus Protospatarius (a. 1082): hoc tempore (vorher ist ein Ereigniß aus dem Januar erwähnt) rex Henricus obsedit Romam, ut ibi introiret et faceret ibidem papam Ravennensem archiepiscopum (SS. V, 61). Unter den deutschen Berichten tritt neben Bernold: ibi (sc. vor Rom) ea aestate moratus (von Heinrich IV. ausgesagt, eine weitgehende Uebertreibung) pene incassum laboravit, nisi quod milites suos quibusdam castellis, ut facerent werram Romanis, imposuit (vergl. n. 17), quia eum nec hac vice Romam intrare permiserunt. Ignem quoque in domum sancti Petri per quendam traditorem immittere voluit; set Dei misericordia protegente non potuit. Cogitavit enim, ut de improviso portas irrumperet, si Romani derelictis propugnaculis ad incendium restinguendum concurrerent, unde ignem domibus quibusdam sancto Petro contiguis immitti fecit. Set domnus apostolicus huic versutiae obviavit; nam primum viso incendio, omnes milites Romanos ad propugnacula defendenda transmisit; ipseque solus fiducia sancti Petri fretus, facto signo crucis contra incendium ignem progredi ulterius non permisit (l. c.: die letzte Geschichte vom Wunder der Stillung des Feuers hat Paul von Bernried, Vita Gregorii VII., c. 8, chronicis venerabilium virorum, d. h. eben sicher Bernold, immerhin noch vergrößernd, entnommen — Watterich, Pontif. Roman. vitae. I. 477), neben die Contin. Annal. Leodiens. in den Annal. s. Jacobi Leodiens.: Rex Heinricus Romam Leonianam obsidet (SS. IV, 29, resp. XVI, 639) und Marianus Scottus, Chron., a. 1104, resp. 1082: Multa homicidia et predationes inter Heinricum regem et Hildibrandum papam, ita ut in nocte palmarum multi sunt occisi (SS. V, 562) die schon ob. S. 891 in n. 76 herangezogene Schilderung der Vita Heinrici IV. imperatoris, die eben ganz so gut wie zu 1081, in vielen einzelnen Zügen auf 1082 Bezug haben kann. Dagegen scheint, wie der Herausgeber Waitz durch die beigesetzte Jahreszahl andeutet, in der Notiz der Fundatio monast. Aquicinctini, Prologus, wirklich von der Belagerung von 1082 die Rede zu sein: . . . ut Henricus . . . Romam caput orbis . . . obsideret, villas quae circa erant, domos, sata cum vineis, arbores cum olivetis ferro, igne omnia vastaret (SS. XIV, 580), wogegen das Folgende auf 1083 sich beziehen muß (vergl. dort in n. 12).

flusses des Tiber selbst, in wieder südlich gerichtetem Marsche, liegen ganz im Dunkeln. Einzig darüber verbreitet sich Benzo recht einläßlich, wie es ihm durch List und Thatkraft gelang, das Heer, nachdem Tage über unnützem Zank verloren gegangen seien, zum Uebergang über die Nera mit sich zu reißen, dem Zögern und dem Gelüsten einzelner Abtheilungen, den Kampf gegen die Gräfin Mathilde aufzunehmen, ein Ende zu machen, indem er zuerst für sich zwei kleine Fahrzeuge für das Gepäck erlangt und eine Furth hatte ausfindig machen lassen[8]). Auf der linken Seite des Tiber

[8]) Benzo geht, l. c., auf diese Episode mit besonderer Beflissenheit ein. Er läßt Heinrich IV. eine längere Anrede mit den Worten schließen: Transeamus, si placet, fluenta Tybridis et Tusculanos aliosque faciamus consortes nostri itineris, worauf Alle zustimmen, und danach erzählt er weiter: Per circuitum denique montis Soractis gradientes, post novem dies venimus ad fluminis ripam, ubi ceperunt musitare maligni, quod magis valeret reditus ad devastandam Mathildam (auch das paßt ja am besten in einen solchen Abstecher von Rom hinweg, wo man nur den Weg nordwärts weiter verfolgen mußte, um gegen Mathilde den Kampf eröffnen zu können); caret enim pontibus et vadis harenas involvens turbidas amnis. Quibus autem erat inflexibilis fides, dicebant: Itinere trium vel quattuor dierum ibimus, et apud Narniam facile transibimus —, et scisma erat inter eos. Plures eorum instigabat retrotensio, minime transeundi fluvii intentio. Inter has ambiguitatis vicissitudines preterierunt decem dies (: das macht eben, mit den schon genannten neun, zusammen etwa zwanzig Tage: vergl. n. 3). Loquebantur autem inter se illi et ipsi, et falsi ac veridici, si forte valuissent seducere sanos infirmi. Extendebatur quoque usque ad tres miliarios ordo castrorum. Frater Benzo erat castrametatus quasi in medio rerum: — nachdem nun so Benzo zu der Erwähnung seiner eigenen Person gelangt ist, wird er nach seiner Art sehr wortreich und erzählt von seinen geschickten Anschlägen, wie er einen Ausweg gefunden, die Böswilligkeit und Hinterlist der Anderen überwunden habe: Fecit enim emere duas naviculas, quibus posset transportare suas sarcinulas, was eines Tages inter nonam et vesperam geschieht, so daß Benzo jetzt jenseits lagert, worauf ein Hinübersenden der sermones pravi durch die am Ufer stehenden perfidi atque mendaces über den Fluß hinüber. Dann folgt Lyburnis eisdem Bischof Dionysius, cuius fides est flamigera ut ardens caminus; aber für die anderen Bischofe vergeht die Nacht noch an der bisherigen Stelle cum psalmis et hymnis; erst diluculo fahren Heinrich IV., Wibert, der Patriarch über: trahens secum Suevorum cuneum, und den Albensis episcopi milites zeigen Landeseinwohner duo vada, wo Thebald et pene aliorum omnium exercitus hinübergehen. Das Weitere verliert sich wieder in unklaren allgemeinen Ausführungen: Cumque fuerunt ultra, ceperunt murmurare milia multa, quod ea tellus esset advenis et peregrinis mortifera, licet ad diversos usus hominum haberetur fructifera (: Sander, l. c., 115 n. 2, möchte das — kaum richtig — schon auf das Herannahen der heißen Jahreszeit, mit ihren Fiebern, beziehen) (etc.) (l. c., 658 u. 659). Gegen Kilian's unrichtige Erklärung führt nun Sander in § 11 (vergl. n. 2) sehr gut aus, daß diese ganze Geschichte vom Flußübergang — und es muß wegen der Nennung von Narni die Nera, der linke Nebenfluß des Tiber, nicht dieser selbst, gemeint sein — in einen von Rom aus unternommenen Streifzug einer Abtheilung des königlichen Heeres, unter Heinrich's IV. Anführung, hinein gehört. Sander erinnert auch daran, daß Benzo stets mit großer Vorliebe seiner 1062 mit Cadalus vollzogenen Thaten gedachte und so auch die damals am Fuß des Soracte bei Fiano durchgeführte Ueberschreitung des Tiber — auf dem Wege nach Tusculum — heranzog (vergl. Bd. I, S. 259). Daß Heinrich IV. bei dem Streifzuge, also auch in Farfa (vergl. n. 9), nur von einem

ging hernach der Zug wieder abwärts gegen Rom hin, und auf diesem Marsche traf Heinrich IV. am 17. März in der Reichsabtei Farfa ein. Von dem Abte Berard, dem noch Heinrich III. die Führung des Klosters übergeben hatte, und den Mönchen feierlich empfangen, in die Brüderschaft unter Einzeichnung seines Namens und einiger seiner Getreuen, zur Festhaltung des Gedächtnisses, aufgenommen, setzte der König das Gotteshaus wieder in den Besitz der nahe gelegenen Burg Fara, die ihm nebst anderen gesetzlich zustehenden Besitzthümern durch Rusticus, einen Anhänger Gregor's VII., entrissen worden war. Dadurch, daß Heinrich IV. alsbald sich aufmachte, den gewaltsamen Schädiger Farfa's vertrieb und den festen Platz wieder in die Hand Berard's zurücklegte, ist der Name einer jener Burgen festgestellt, um die in allen diesen Monaten so vielfach in der näheren und weiteren Umgebung Rom's gekämpft wurde. Dann brach der König wieder nach Rom auf[9]), wobei er vielleicht den Platz Tusculum am Nordrand des Albanergebirges berührte[10]).

Es ist kaum zu bezweifeln, daß die kriegerische Darlegung der Kraft Heinrich's IV. auch über Rom's nächste Umgebung hinaus, durch das Tiberthal hin, der Stellung des Königs Nutzen gebracht hatte. Wenigstens Benzo rühmte, daß Unterwerfung vornehmer Herren, von Führern städtischer Gemeinwesen — er meinte, im größten Umfange —, daß Hinzufügungen von Verstärkungen zur Heeresmacht des Königs eingetreten seien[11]). So stellten sich hier

---

Theile des Belagerungsheeres begleitet war, ist mit Sander, 189 u. 190, gegen Killian, 93, selbstverständlich anzunehmen.

[9]) Gregor von Catina erzählt, Chron. Farfensis, c. 8, in genauester Zeitangabe, zum Donnerstag 17. März 1082: prima videlicet ebdomada quadragesimae, tertia hora diei, Heinrich's IV. — des nimis qui ante ab omnibus fuerat desideratus — Eintreffen und Empfang in Farfa, über die! für den Abt Berard (vergl. über seine Investitur Steindorff, Heinrich III., II, 115 u. 116) de castro Pharae et de omnibus istius monasterii rebus quocumque tempore legaliter acquisitis et a quibuscumque injuste aliquando inimicis sanctae aecclesiae invasis et contra rationem retentis durch Heinrich IV. geschehene Investirung und die weiteren Ehrungen des Königs, worauf dieser gegen Fara mit dem exercitus suus (vergl. n. 8, a. E.) vorgeht und den Rusticus verjagt: Quo facto, Romam perrexit (wonach allerdings der Autor irrig paulo post die Stadt gewonnen werden läßt). Auch die Annal. Farfens. haben zu 1082: Heinricus IIII. rex ad hoc monasterium primo venit (SS. XI, 561, 589). Betreffend Rusticus: Crescentii quondam filius, sowie andere von gregorianischer Seite geschehene Beeinträchtigungen Farfa's vergl. noch die von Sander, l. c., 106, n. 2 u. 3, angeführten urkundlichen Zeugnisse.

[10]) Das schließt Sander, l. c., 107 n. 1, aus der Erwähnung bei Benzo (in n. 8, in der Heinrich IV. zugeschriebenen Rede); dagegen ist seine Vermuthung, nach der Rückkehr habe sich Heinrich's IV. Angriff gegen das linkstiberinische Rom gerichtet, doch recht gewagt (dann hätte ja auch die vor der Leo-Stadt liegende, vor Rom zurückgelassene Heeresabtheilung verlegt werden müssen).

[11]) Benzo sagt das einerseits am Ende der Praefatio zu Liber VI, nach dem längeren in n. 8 stehenden Stück: cunctarum urbium proceres concertatim humiliant se ad vestigia domini nostri regis, quos benigne suscipiens fecit

vor Rom die Kanoniker der bischöflichen Kirche St. Felician in Foligno, der Abt des Klosters St. Johannes in Borgo San Sepolcro, mit Bitten um Bestätigung oder Schenkung, vor dem König ein [18]). Dagegen ist aber auch ein einzelner Zusammenstoß für diesen späteren Theil der Belagerung, für die Nacht des Palmsonntags — dieser fiel auf den 17. April — bestimmt bezeugt, bei dem es sehr blutig zugegangen sein soll [19]).

Das Osterfest — 24. April — feierte dagegen der König, begleitet von Wibert, vom Kanzler Bischof Burchard, ebenso vom Bischof von Sitten, von anderen geistlichen und weltlichen Großen, aber auch mit dem zu den Anhängern Gregor's VII. zählenden Cardinalbischof Otto von Ostia, wieder weiter von Rom entfernt, in Albano. Während dieses Aufenthaltes im Albanergebirge gewann der König wesentliche Erfolge.

Heinrich IV. hatte augenscheinlich den dringenden Wunsch, den Abt Desiderius von Monte Cassino, der wegen seiner Beziehungen zu den normannischen Gewalten, dann wegen der hohen Wichtigkeit der Reichsabtei, an deren Spitze er sich befand, eine so wichtige Stellung einnahm, auf seine Seite hinüberzubringen. So war, durch die Marser Grafen, eine erste Aufforderung des Königs an den Abt, vor ihn zu kommen, ergangen; aber Desiderius hatte der Ladung nicht Folge geleistet. Darauf hatte Heinrich IV., schon mit Einfügung von Drohungen, mit strafenden Worten, daß der Abt nicht gekommen sei und nicht einmal geantwortet habe, die Vorrufung, und zwar nach Farfa, jedenfalls also auf jenen 17. März, wiederholt. Jetzt erwiderte Desiderius, doch wieder unter ablehnenden Worten, mit Vorbringung vieler Gründe, daß er wegen der Normannen nicht kommen könne; daneben ließ er freilich einfließen, daß er vielleicht, wenn Heinrich IV. mit Gregor VII. Frieden schließen wollte — weder Königthum, noch Priesterthum könnten bei der kirchlichen Entzweiung ungeschädigt bestehen — Gelegenheit fände, sich einzustellen. Der König mußte über dieses Verhalten des Abtes um so mehr in Zorn gerathen, als er genau

---

participes sui gregis, dann in der — nach n. 34 einige Zeit nach Heinrich's IV. Weggang vor Rom 1082 gedichteten — Narratio, c. 4, in den Versen: Porticanos (sc. die von ihm belagerten Einwohner der Leo-Stadt, des Porticus des St. Peter, wie auch Bonitho, in der von Jaffé, Biblioth. rer. German. II, 517, n. 1, citirten Stelle, Decreti Lib. IV, erklärt: civitatem quae hodie Porticum nominatur . . Leoninam —: vergl. Gregorovius, Geschichte der Stadt Rom im Mittelalter, III, 98 u. 99) rex dimittens transmeavit fluvium (vergl. in n. 8: Lehmgrübner, Benzo von Alba, 78 n. 4, bezieht das irrig auf den Wegzug nach der ersten Belagerung 1081); omnes currunt velut aque, quas urguet diluvium, dare fidem seniori omnibus est studium (l. c., 659, 662).

[18]) St. 2843, hinsichtlich welcher Urkunde nach Sander, l. c., 191 n. 1, die von Stumpf geäußerten Bedenken betreffend die Echtheit wegfallen (ganz zu verwerfen ist, daß, wie Stumpf will, die Urkunde, wenn echt, „nur 1083 Juni“ ausgestellt sein könnte), und St. 2844, über welche schon ob. S. 432, n. 2 zu vergleichen ist (geschenkt werden curtis et terra de Farnito), haben beide, ohne Tagesdatum, Rom als Ausstellungsort.

[19]) Vergl. Marianus Scottus' Aussage in n. 7.

wußte, daß der Vorwand, die Rücksicht auf den Fürsten Jordanus von Capua — denn auf diesen bezog sich die Erwähnung der Normannen — halte Desiderius zurück, eine Unwahrheit enthalte. Denn schon waren zwischen Heinrich IV. und Jordanus Verhandlungen im Gange, die die Annäherung des Normannenfürsten an den königlichen Hof zur Folge hatten. Jordanus und die Seinigen fürchteten nämlich ohne Frage, daß bei einer Erreichung ihrer Grenzen durch den König Aufstände der lombardischen Insassen der eroberten Gebiete eintreten möchten, und so hielten sie es für angemessen, Heinrich IV. entgegenzukommen. Allerdings hatten sie dabei anfangs den Wunsch gehegt, auch mit dem Papste dabei auf gutem Fuße zu verharren und zwischen diesem und dem König den Friedensschluß herbeizuführen, und es war ihre Absicht gewesen, dabei eben der Vermittlung des Desiderius, dem sie ihre Gedanken mittheilten, sich zu bedienen. Als nun aber in der bezeichneten Weise der Abt sich gegenüber dem Könige abweisend verhielt, suchte dieser nun vielmehr auch gegen Monte Cassino die Normannen für sich auszunutzen. Mit einer abermaligen Gesandtschaft an Jordanus, daß er sich — eben zum Osterfeste in Albano — vor Heinrich IV. stellen möge, ging zugleich die Aufforderung an den Fürsten von Capua ab, er solle, wenn Desiderius noch länger sich weigere, an den königlichen Hof sich zu begeben, von sich aus in jeder Weise das Kloster schädigen; dabei wollte der König, daß diese Weisung an Jordanus vor Desiderius sorgfältig geheim gehalten werde. Zugleich jedoch wurde jetzt an den Abt eine dritte Mahnung abgefertigt, er sollte keinesfalls versäumen, selbst sich am Osterfeste bei dem Könige einzufinden und die Feier mit ihm zu begehen; auch den Mönchen schilderte ein gleichzeitig abgehendes Schreiben die Lage der Dinge, so daß sie zu erkennen vermochten, was ihnen bei fortgesetztem Ungehorsam ihres Abtes bevorstehe. Desiderius, der inzwischen in seiner Noth Gregor VII. um Rath gebeten hatte, war ohne Antwort von Rom geblieben. Doch sprach nun Jordanus, der, wie es scheint, selber nach Monte Cassino hinaufkam, um den Abt mit sich zu nehmen, die dringende Einladung aus, daß dieser ihn nach Albano begleiten möchte. Der selbst dem Kloster Monte Cassino angehörende Berichterstatter über alle diese Vorgänge, der Mönch Petrus Diakonus, legte später Desiderius eine längere Ansprache an die Klosterbrüder in den Mund, worin ausgemalt werden sollte, weßwegen der Abt der Zwangslage sich füge; so brach denn Desiderius, nachdem er sich dem heiligen Benedictus empfohlen, augenscheinlich mit Jordanus und dessen zahlreichen normannischen Gefolge, zu Heinrich IV. auf. Doch obschon nunmehr viele geistliche und weltliche vornehme Herren, auch der Kanzler Bischof Burchard, unter den Bischöfen sogar Freunde des Desiderius, ihnen entgegenkamen, vermied es der Abt anfangs gänzlich, diesen den Empfangskuß zu geben, überhaupt mit ihnen zu verkehren. Und ebenso entzog er sich eine ganze Woche hindurch in Albano jeder Gelegenheit, sich irgendwie dem Könige zu nähern. Er wollte weder in das von ihm geforderte Verhältniß der Mannschaft zu Heinrich IV. treten, noch die Abtei aus seiner Hand entgegennehmen, unter nachdrücklicher Betheuerung, daß er das weder für die Abtei, noch für die Ehre der ganzen Welt thun werde. So war der König, den das heftig aufbrachte, schon Willens, zur Strafe dafür Monte Cassino an Jordanus zu weisen, so daß der Fürst mit königlichen Bevollmächtigten sich nach dem Kloster begebe und sich in dessen Besitz einweisen lasse. Aber Jordanus selbst legte sich in das Mittel, und so gelang es, Desiderius dazu zu bringen, daß er dem König in Gegenwart des Fürsten wenigstens Freundschaft versprach und sich verpflichtete, ihm nach Kräften zur Erwerbung der Kaiserkrone behülflich sein zu wollen. Dagegen wies er auch jetzt die Investitur durch den König von der Hand; er gab einzig die Zusicherung, daß er eintretenden Falles, wenn Heinrich IV. die Kaiserkrone empfangen haben werde, nach seinem Gutdünken die Abtei von ihm entgegennehmen wolle, falls er nicht, wenn es ihm so belieben würde, dann die Abtwürde niederlege. Petrus Diakonus weiß ferner noch von verschiedenen eifrigen Erörterungen, die Desiderius mit Wibert und mit dem gleichfalls anwesenden Cardinalbischof Otto von Ostia gehalten habe, über die wichtigen Fragen der Beziehungen zwischen Königthum und Papstthum, über das Verhältniß der kaiserlichen Gewalt zur Papstwahl, also auch über das Papstwahldecret Nikolaus' II., gegen dessen Inhalt sich Desiderius auf das bestimmteste, so weit es einen Einfluß des deutschen Königs, durch seine kaiserliche Gewalt, auf die Wahl zulasse, erklärt habe. Von Wibert soll bei solcher Unterredung, wo er umsonst sich zu rechtfertigen suchte, jene Äußerung gefallen sein, er habe nur wider Willen die in Brixen auf ihn gefallene Wahl angenommen, da bei einer Weigerung seinerseits Heinrich IV. ohne Zweifel seine Würde würde verloren haben, was er nicht habe verschulden wollen. Immerhin kehrte schließlich Desiderius mit einer Bestätigungsurkunde des Königs über die Besitzungen von Monte Cassino, die mit einer goldenen Bulle versehen war, nach Verabschiedung von Heinrich IV., nach seinem Kloster zurück. Ungleich wichtiger war, daß die Zusammenkunft in Albano den Normannen Jordanus völlig zum Anschluß an die Sache des Königs brachte. Der Fürst von Capua leistete einerseits eine sehr beträchtliche Zahlung für Unterstützung der Kriegsführung Heinrich's IV. und stellte anderntheils dem Könige den eigenen Sohn als Geisel; daneben trennte er sich völlig von Gregor VII., also auch von den für die römische Kirche abgelegten Treuversicherungen, und unter gänzlichem Beitritt zur Sache des Königs erhielt er von diesem eine gleichfalls mit der goldenen Bulle ausgestattete urkundliche Bestätigung des ganzen Fürstenthums Capua, sammt allen dazu gehörenden Besitzungen, mit einziger Ausnahme, für König und Reich, der Abtei Monte Cassino mit ihren Besitzungen [14]). Eine Betonung des Umstandes, daß mit der Zahl

[14]) Die Zusammenkunft in Albano wurde, wie schon durch Stenzel, Geschichte Deutschlands unter den Fränkischen Kaisern, I, 538, II, 280, durch

der Getreuen das königliche Ansehen sich mehre und höher und höher steige, im formelhaften Theile einer eben zu Albano ausgestellten

---

Hirsch, in der Abhandlung über Desiderius, Forschungen zur deutschen Geschichte, VII, 81 u. 82 (n. 1), Kilian, l. c., 93—96, von Heinemann, Geschichte der Normannen in Unteritalien und Sicilien, I, 316 u. 317, und im Besonderen durch Sander, l. c., 105 u. 106, 108 ff., und vorzüglich in dem Excurs § 12, 191—209, für das Jahr 1082 in Anspruch genommen, während z. B. Panzer, Wido von Ferrara De scismate Hildebrandi, 42, 54—56 (Historische Studien, II), die letzten Wochen des Jahres 1083, Giesebrecht, III, 556 (wozu in den „Anmerkungen", 1171, n. 1), den Februar 1084, Köhncke, Wibert von Ravenna, 51, den März dieses Jahres in Vorschlag bringen. Aber die Beleuchtung der für das Ereigniß in Frage kommenden Quellenmittheilung, wie sie am einläßlichsten eben durch Sander gebracht worden ist, spricht ganz für die Ansetzung in die Dauer der zweiten Belagerung Rom's, d. h. also 1082. Es ist Petrus, Chron. monast. Casin., Lib. III, c. 50, der an in c. 49 zuletzt mit hoc etiam anno angeführte Ereignisse von 1081 anknüpfend fortfährt mit den Worten (der Edit. Veneta): Henricus interea sequenti anno exercitum congregans Romam advenit (das Weitere, das zu 1083 gehört, aus den Annal. Cavens.: vergl. dort in n. 12). Hoc (sc. das in Rom Geschehene) audito omnes fere istarum partium homines adversus Normannos uno animo unaque voluntate conspirant, ut cum imperator Romam transiret, omnes in illos unanimiter insurgerent. Hoc illi explorato perterriti consilium invicem ineunt, ut cum imperatore foedus quoquo pacto componant: ne si Roma ille potiretur, adjunctis illi Romanis et omnibus per circuitum gentibus, ipsi sedibus suis pellerentur: — jetzt gehen Boten zwischen den Normannen und Heinrich IV. hin und zurück, und nachher rufen jene den Abt Desiderius auf, als den, dem sie zumeist trauten, daß er mit ihnen zu Heinrich IV. gehe: doch wollten sie nicht nur propter securitatem suam mit Heinrich IV. verhandeln, sondern — causa fidelitatis Romanae ecclesiae — auch de pace inter pontificem et imperatorem: — Hoc ubi Gregorio papae nuntiatum est, supradictum imperatorem cum omnibus suis sequacibus a liminibus ecclesiae separavit, worauf jedoch die Normannen, trotz aller bisherigen aufrichtigen Treue für den Papst, sich von diesem lossagen. Inzwischen schickt Heinrich IV. per comites Marsorum die Aufforderung, vor ihm zu erscheinen, an Desiderius: ad quam epistolam nullum omnino responsum dedit, quia nesciebat cujus modi salutationem ei scriberet. Heinrich IV. fordert ihn zum zweiten Male satis minando, quod nec ad eum ierit, nec ad scripta sua responderet, hiezu auf, und zwar: ut Farvae sibi occurrere non moraretur. Jetzt aber antwortet zwar Desiderius, entschuldigt sich jedoch durch multae rationes: se propter Normannos non posse illum adire, wobei er einfließen läßt, er könnte vielleicht, si forte cum Romano pontifice vellet pacem facere, einen Anlaß zum Besuch des Hofes (es heißt: inveniret aliquam occasionem illum adire, d. h. den König, nicht etwa den Papst) finden. Darauf untersagt Heinrich IV. — iratus et multa contra Desiderium indignatione commotus — den Boten, die er an den princeps (Jordanus) abgehen läßt, mit Desiderius zu sprechen, und gebietet dem Fürsten, ut Desiderium (wenn er nicht gefügig werde) quantum valeret laederet. So wendet sich der Abt um Rath an Gregor VII., ohne jedoch Antwort zu bekommen. Dagegen erhält Desiderius Heinrich's IV. dritte Einladung, ut nullo modo dimitteret quin ad eum in pascha iret et cum eo ipsam festivitatem celebraret, und ebenso geht ein davon handelnder Brief Heinrich's IV. an die Mönche von Monte Cassino ab. Doch noch immer verschiebt Desiderius den Aufbruch an den Hof. Da aber gehen princeps et omnes Normanni zu Heinrich IV., und der Fürst mahnt den Abt, mit ihm zu gehen, worauf Desiderius die Mönche zusammenberuft (der Autor läßt ihn eine Ansprache über die Lage der Dinge halten) und den Weg antritt. So trifft er in Albano ein und weilt da per totam ebdomadam, hält sich aber sehr ängstlich von Berührung mit den ihm begegnenden multi episcopi et honorati

Schenkungsurkunde — für einen burgundischen Grafen, Verwandten des Kanzlers Bischof Burchard, der auch neben Bischof Ermenfrid

—— ....

viri, amici etiam sui quamplurimi, et imperatoris cancellarius (Bischof Burchard von Lausanne) — die Jordanus und Desiderius entgegen gezogen waren —, ebenso von Heinrich IV. selbst, fern, obschon dieser ihm — neben minae — sagen ließ, ut sibi fidelitatem faceret et homo ipsius per manus devenirет et abbatiam de sua manu reciperet, was Alles Desiderius ablehnt. Doch obschon anfänglich Heinrich IV. heftig hierüber zürnt, läßt er sich dann durch Jordanus, dem er anfangs, zur Strafe für den Abt, Monte Cassino durch Bevollmächtigte hatte zuweisen lassen wollen, besänftigen, so daß dieser den Abt vor Heinrich IV. führt und Desiderius in Gegenwart des Fürsten dem Könige Freundschaft verspricht: ut . . . et de corona imperiali acquirenda illum pro suo posse adjuvaret, salvo tamen ordine suo, ebenso hinsichtlich der ihm von Heinrich IV. zugemutheten Empfangnahme der virga abbatiae antwortet: quia cum Romani imperii coronam eum habere vidisset, tunc si sibi videretur, abbatiam ab eo reciperet, si vero nollet, dimitteret. Für Jordanus, der Heinrich IV. magnum quantitatis pretium einhändigt, wird per praeceptum aurea bulla bullatum das Fürstenthum Capua bestätigt, retento sibi et imperio monasterio Casinense (vergl. in Fortsetzung der ob. S. 375 in n. 48 angeführten Stelle der allerdings schon a. 1080 gebrachten Mittheilung der Annal. Benevent. — Cod. 1 —: et Jordanus princeps fecit pactum cum praedicto Heinrico imperatore, SS. III, 181, besonders aber auch die allerdings an chronologisch viel späterer Stelle eingeschobene Nachricht des Guillermus Apuliensis, Gesta Roberti Wiscardi, Lib. V, v. 110 ff., über Jordanus: Jordanis princeps perterritus advenientis Henrici fama . . . . firmae secum componens foedera pacis illi se subigit; genitus conceditur obses; et cum prole dedit solidorum munera multa. Hoc, ne privetur dominatus jure paterni, fecit, si regi sit ad Appula transitus arva, SS. IX, 293). Durch die ganze Zeit seines Aufenthaltes pflegt aber der Abt auch tägliche Erörterungen de honore apostolicae sedis, bei denen der Autor länger verweilt, cum episcopis qui cum imperatore erant, besonders auch cum episcopo Ostiensi qui etiam papae Gregorio favere videbatur — d. h. Otto, dem späteren Papste Urban II. —, ferner mit Wibert, wobei Desiderius gegenüber Otto, in eifriger Vertheidigung — justis rationibus convincebat — die freie Wahl des Papstes, mit Ausschluß eines Einflusses des deutschen Königs, verfochten und sogar das gegen ihn geltend gemachte Papstwahldecret des Papstes Nikolaus II. als gültig bestritten habe; ebenso siegreich habe er gegen Wibert gestritten, dessen Annahme der Papstwahl heftig getadelt (vergl. ob. S. 301 in n. 117). Desiderius kehrt dann, mit einem praeceptum aurea bulla bullatum über die klösterlichen Besitzungen von Heinrich IV., und von diesem verabschiedet, nach Monte Cassino zurück (SS. VII, 738—741). Wie Sander, l. c., 195, auseinander setzt, paßt die Berufung des Desiderius zuerst nach Farfa, vor derjenigen auf das Osterfest nach Albano, ganz und gar zum Jahre 1082, und sehr zutreffend wird auch. 196—198, der Einwand entkräftet, den die Vertheidiger einer späteren zeitlichen Ansetzung aus der Erwähnung des episcopus Ostiensis ziehen wollten: — da nämlich allerdings Otto 1083 — vergl. dort in n. 35 — Gefangener Heinrich's IV. geworden ist, wurde geschlossen, dieses Zusammentreffen am Hofe des Königs habe erst nach dem Tage der Ergreifung, d. h. nach 11. November jenes Jahres, geschehen können, während Sander mit Recht betont, daß erstlich Otto als Gefangener kaum als Begleiter des Hofes nach Albano mitgenommen worden wäre, daß aber besonders zweitens der Bischof gerade von einer Sendung an den gebannten König zurückkam, als ihm das Schicksal, gefangen zu werden, widerfuhr, so daß also anzunehmen ist, er sei auch schon vorher in ähnlicher Weise, eben zur Osterzeit 1082, bethätigt gewesen. Sander macht auch noch in höchst erwünschter Weise zur Ansetzung der Dinge zu 1082 — statt zu 1084 — darauf aufmerksam, daß nach einem Briefe des Erzbischofs Hugo von Lyon, den dieser nach der Wahl des Desiderius als Papst Victor III.

für den Bittsteller sich verwendete, unzweifelhaft einen der königlichen Begleiter — war vielleicht der Ausdruck der Genugthuung Heinrich's IV. über den gegenüber dem normannischen Fürsten gewonnenen Erfolg[15]).

Nach dem Osterfeste kehrte wohl der König mit seinen Begleitern nochmals zur Belagerung von Rom zurück. In diesem letzten Theile der Lagerung vor den Mauern der fortwährend widerspenstigen Stadt genoß da Heinrich IV. noch die Befriedigung, daß neben anderen Gegnern auch einer seiner grimmigsten Feinde, Bischof Bonitho von Sutri, der nachher auch mit seiner schriftstellerischen Begabung der Sache der römischen Kirche zu dienen wußte, gefangen in die Gewalt der königlichen Partei fiel. Es scheint, daß die Bevölkerung von Sutri sich gegen Bonitho, der schon einige Zeit im Besitze der dortigen bischöflichen Kirche stand, erhoben und ihn vertrieben hatte, so daß er dann eben wahrscheinlich auf der Flucht auf diese Weise seine Freiheit verlor[16]). Doch mußte

---

an die Gräfin Mathilde schrieb — darüber, daß feststehe: eum (sc. Desiderium) indubitanter infamiam incurrisse, quoniam quidem excommunicationem domni papae Gregorii per annum integrum et continuum et eo plus sine canonica penitentia sustinuisset (Hugo von Flavigny, Chron., Lib. II, SS. VIII, 467) — der Abt von Monte Cassino, wie das ja die Klosterchronik aussagt, nachdem der Papst die Nachricht von dem Geschehenen bekommen hatte, von der Excommunication — nach seiner Berührung mit Heinrich IV. — mit betroffen worden war, während eine solche kirchliche Censur gegen Desiderius zu 1084 durchaus keinen Platz findet.

[15]) St. 2842 (auch wieder in den Fontes rer. Bernensium, I, 345 u. 346) wird zwar nicht dem Dictator Adalbero C zugeschrieben — betreffend die Intervenienten vergl. ob. S. 433 in n. 5 —, zeichnet sich aber doch durch eine ungewöhnliche Beifügung in der Arenga aus, die Sander, l. c., 111 u. 112, mit Fug hervorhebt: unde quidem nostrorum fidelium numerus succrescit et augetur et honor noster procedet et sublimatur. Die erst dem 15. Jahrhundert angehörende Handschrift des Donationenbuches von Kloster Altenryf (Kant. Freiburg) bietet Schwierigkeiten bei den Eigennamen: Nonno comiti justa desideranti atque potenti (und dessen Erben) annuimus .... castrum Arcunciacum (Ergenzach, französisch Arconciel, am rechten Ufer der Saane, etwa anderthalb Stunden südwestlich von Freiburg) cum ipsa villa posita in pago qui dicitur Ohtlanden (Uechtland) in comitatu Tirvosi (nach Wurstemberger, Geschichte der Alten Landschaft Bern, II, 182, n. 6, vielleicht von der Ortschaft Rechthalten, französisch Tir-Lares, südöstlich von Freiburg, abgeleitet: eine andere Erklärung gab Gisi, Anzeiger für schweizerische Geschichte, V, 89) et villam Favernem et Salam (Ferpigny, südwestlich von Ergenzach, und Sales, zwischen Romont und Bulle). Entgegen den Ausführungen im Anzeiger für schweizerische Geschichte, die in Bd. II, S. 171, n. 104, citirt sind, nach denen der Name Nonnus auf den Grafen Ulrich von Fenis, Bruder des Bischofs Burchard von Basel und des Bischofs Cono von Lausanne, zu beziehen wäre, wollte allerdings die jedenfalls auf von Stürler zurückzuführende kritische Note der Fontes, l. c., 346, die auch von Jaffé — nach Stumpf, zu St. 2842 — gebilligte Lesart Nonnus beibehalten und den Namen des Grafen unerklärt lassen, während hinwider Gisi, l. c., novo comiti lesen wollte und die Bezeichnung auf den Grafen Wilhelm I. von Greyerz deutete. Die Urkunde ist ohne Tag, actum Albano.

[16]) Von dieser Gefangensetzung Bonitho's spricht einzig Bernold, l. c.: capto venerabili episcopo de Sutria aliisque nonnullis; denn Benzo, in dem

schließlich der König erkennen, daß ein Waffensieg über die Römer, nachdem so wiederholte Anstrengungen in diesem Jahre fruchtlos geblieben waren, kaum mehr — zumal bei dem Anbruch der wärmeren Jahreszeit — für ihn selbst erreichbar sein werde, und so rüstete er sich zum Aufbruche. Gestützt auf die rings um Rom durch Abtheilungen königlicher Truppen besetzten festen Plätze, sollte fortan Wibert von Tivoli aus die Sommermonate hindurch die stete Beunruhigung der städtischen Bevölkerung aufrecht erhalten; es galt, durch fortgesetzte Plünderungszüge, durch Verwüstung der Saaten, durch Brandlegungen, durch Ueberfälle und Tödtungen, Verstümmelungen einzelner erreichbarer Gegner Schaden zu verbreiten, die Römer in Noth und Bedrängniß zu bringen, ihnen die Lebensmittel zu entziehen, so lange sich der König in Oberitalien von der unmittelbaren Befehdung der päpstlichen Stadt ferne hielte [17]).

Es ist aber kaum zu bezweifeln, daß in die Zeit der Anwesenheit Heinrich's IV. bei Rom noch eine weitere höchst erwünschte Verbindung für die Machtstellung des deutschen Hofes sich ergeben hatte. Je stärker Herzog Robert mit seinen Heereskräften darauf ausging, jenseits des Meeres an der illyrischen Küste, auf den dem epeirotischen Ufer vorgelagerten Inseln, festen Fuß zu fassen, um so mehr mußte sich herausstellen, daß Kaiser Alexios und Heinrich IV. in das gleiche Lager gegen die unbändige Eroberungslust des rücksichtslosen normannischen Herrschers zusammengeführt seien; es war die nothwendige Aufgabe des Kaisers, Robert in Italien

---

im n. 11 citirten Gedichte: Vadit Deus ante eum (sc. Heinrich IV.) complanando singula; eius ira sunt rebelles complures in vincula; lex jubet, ut resistentes ferri stringat cingula (l. c., 664), nennt einen Namen. Lehmgrübner, l. c., der, 140, es wahrscheinlich macht, daß Bonitho schon vor 1078, wo er als Bischof von Sutri sicher genannt erscheint (vergl. Dümmler, Einleitung zur Ausgabe Bonitho's, Libelli de lite, I, 568 n. 8), an die Spitze dieses Bisthums gesetzt worden sei, führt, 141, aus, Bonitho sei wohl von der für Heinrich IV. sich erhebenden Gegenpartei aus Sutri verjagt und dann auf der Flucht ergriffen worden, weil Bernold, a. 1089, ausdrücklich von dem Sutriensis episcopus aussage, er sei jam dudum expulsus (l. c., 449), so daß es also wahrscheinlicher erscheine, er sei nicht etwa bei einer Eroberung Sutri's durch Heinrich IV. in die Gewalt der Feinde gefallen.

[17]) Von Heinrich's IV. Weggang vor Rom und dem weiteren Kriegsverlauf sagt Bonitho, l. c., im Anschluß an die Stelle von n. 7: exercitu per civitates et vicina castra undique circumfuso, dimittens apud Tyburim Guibertum, ipse Longobardiam remeavit. Guibertus vero ut Alcimus (I. Macc., VII, 21) satis agebat pro sacerdotio suo. Nam per omne estivum tempus magnas depredationes et varias Romanorum civium truncationes faciebat; dehinc segetes et agros flamma depopulans de penuria vel fame filiorum male cogitabat, und Bernold, l. c., führt nach der Erzählung in n. 7 fort: Igitur Heinricus . . . . suo apostata Guiberto in Tiburtina urbe ad infestandos Romanos derelicto, ipse Longobardiam revertitur. Sigebert, Chron., gedenkt wenigstens der expugnata urbes et castella, quae contra se (sc. Heinrich IV.) pro Hildibrando erant (SS. VI, 364), ähnlich Benzo in dem in n. 11 citirten Gedichte: Urbibus rex ordinatis et locis muniminum, dereliquit Gomorreos (sc. die Römer) amatores criminum (SS. XI, 662).

Schwierigkeiten zu bereiten, seine dortigen Feinde zu vereinigen, zu stärken, und dergestalt ist es auch gar nicht ausgeschlossen, daß bei der Verbindung des Fürsten von Capua mit Heinrich IV., die Robert so peinlich berühren mußte, griechische Einwirkungen betheiligt gewesen sind. Noch so lange der König vor Rom lag, war nun auch eine byzantinische Gesandtschaft vor ihm erschienen. Mit einem Schreiben des Alexios, das sie ohne Zweifel mit sich brachte, wurden Heinrich IV. als Geschenk Stücke des heiligen Kreuzes, der Dornenkrone, des Schweißtuches Christi überreicht und jedenfalls ganz ausdrückliche Anerbietungen einer engeren Anknüpfung, der Zuwendung von Hülfsgeldern zur Führung des Kampfes entgegengebracht. Die Tragweite der Verhandlungen kann man höchstens aus dem Inhalte eines erst dem nächsten Jahre angehörenden einläßlichen kaiserlichen Schreibens mittelbar erschließen; dagegen scheinen jetzt schon gleich als Beauftragte des Königs ein Graf Burchard und ein gewisser Albert nach Constantinopel abgegangen zu sein[18]).

[18]) Diese Gesandtschaft des Kaisers Alexios an Heinrich IV. ist durch Benzo in dem schon soeben erwähnten Gedichte, Lib. VI, c. 4, erwähnt: Ante Romam confert ei regna circumstantium, Africam Siciliamque, per Romae Bisancium. Basileus misit ei multa sanctuaria, quae in templis seu bellis sat sunt necessaria; nulla dona super terram his habentur paria (: folgt die Aufzählung) (l. c., 664: — vergl. auch Lib. I, c. 17: Basileus Constantinus — d. h. eben Alexios, nicht etwa Constantin Dukas, wie K. Pertz hiezu, l. c., 606, n. 48, irrig bemerkt: es will dort heißen, gleich der Erwähnung hier in dem Gedichte, Lib. VI, c. 4, „der Kaiser, der auf Constantin's Thron sitzt" — misit tibi signa similia, videlicet de sudario Domini, de cruce, simulque de corona spinea). (Auch die Erwähnung der Vita Heinrici IV. imperatoris, c. 1: Ipse rex Greciae, ut metum dissimularet, amicitiam eius — sc. Heinrich's IV. — expetebat, et quem futurum hostem timuit, muneribus ne fieret hostis, praevenit, SS. XII, 271, ist eine selbstverständlich für Heinrich IV. viel zu günstig gestempelte Bezugnahme auf diese Anknüpfung, während dann das nachher erwähnte nobile donum in eine spätere Zeit, doch nicht in die Reihe der Geschenke aus dem Jahre 1083 — vergl. dort bei n. 16 —, gehören muß). Dazu ist die Nachricht der Anna Komnena, Alexias, Lib. III, c. 10, heranzuziehen: *ὑπὲρ πάντας δὲ τούτους* (es sind vorher erwähnte Schreiben des Alexios, an den *ἀρχηγὸς Λογγιβαρδίας Ἑρμάνος* — Hermann, als Sohn Humfred's der Stiefbruder Abälard's, Neffe Robert's, der auf die Longobardia, am adriatischen Meere bei Bari, griff —, ferner an Gregor VII., an den Erzbischof von Capua Herveus, an die *πρίγκιπες*, die *ἅπαντες οἱ ἀρχηγοὶ τῶν Κελτικῶν χωρῶν*, mit der Aufforderung gegen Robert Guiscard sich auf Alexios' Seite zu schlagen) *τὸν ῥῆγα Ἀλαμανίας γινώσκων δυνάμενον πᾶν ὅ τι καὶ βούλοιτο κατὰ τοῦ Ῥομπέρτου καταπράξασθαι ἅπαξ καὶ δὶς γράμματα πρὸς αὐτὸν ἐκπέμψας καὶ διὰ μειλιχίων λόγων καὶ παντοίων ὑποσχέσεων ὑποποιησάμενος ἐπεὶ κατανενευκότα τοῦτον ἐγνώκει καὶ τῷ αὐτοῦ ὑπεῖξαι θελήματι ὑπισχνούμενον, μεθ' ἑτέραν αὖθις γραμμάτων τὸν Χοιροσφάκτην ἐξέπεμψε τάδ' ὑπαγορευόντων*, worauf das längere Schreiben eingeschaltet steht (Ed. Reifferscheid, I, 120—123). Mit Giesebrecht, III, 1171, in den „Anmerkungen", ist der Brief, den die Prinzessin zu 1081 rückt, dem Jahre 1083 — vergl. dort n. 16 — zuzuschreiben; doch zeigt die Einführung deutlich, daß schon vorher, vor dem kaiserlichen Schreiben von 1083, der Verkehr zwischen dem Kaiser und Heinrich IV. begonnen hatte (vergl. auch Sander, l. c., 110, n. 2). Dagegen fehlt von Heinemann, l. c., 396—398, in Anmerkung 45 (zu 314 u. 315), infolge dessen, daß er das Gedicht Benzo's

Während in solcher Weise die Gestalt der Dinge für Heinrich IV., mochten auch seine Anstrengungen gegen die Stadt Rom selbst ohne Erfolg geblieben sein, sich wesentlich verbesserte, war Gregor VII. unleugbar in einer wachsenden Nothlage. Die Bedrängnisse der Belagerung Rom's hatten die Versammlung einer Fastensynode unmöglich gemacht. Aber auch die steigende Belastung des päpstlichen Schatzes durch den in ungemessener Weise emporgeschnellten Bedarf für die kriegerischen Ausgaben machte sich in peinlicher Weise bemerkbar[19]).

Die Erwartungen, die aus Rom auf eine Hülfe Robert Guiscard's gesetzt gewesen waren, hatten sich durchaus nicht erfüllt. Dem Herzog war es zwar bis zum 21. Februar gelungen, Durazzo nach langer Belagerung in seine Hand zu bringen. So lag ein großer Erfolg für ihn vor, und es erschien ganz begreiflich, daß nunmehr, als die Nachricht hievon bei Gregor VII. eingelaufen war, angesichts der Bedrängniß, in der sich Rom durch Heinrich IV. befand, ein neuer dringender Mahnruf an Robert abging, er möge jetzt seiner Verpflichtung sich erinnern und, nachdem er so in den Besitz des wichtigen Küstenplatzes gelangt sei, nach Italien zurückkehren und gegen den König Hülfe leisten. Allein der errungene Sieg reizte den Sinn des Normannen nur zu weiterem Vordringen, von der Küste landeinwärts durch die Mitte der Halbinsel auf der großen Straße gegen Constantinopel hin, und es bedurfte eines ganz anders gearteten Drucks, ehe er sich entschloß, zunächst von dieser lockenden Beute im Osten für sich selbst abzulassen. Diese Änderung des Entschlusses war durch die bedenklichen Berichte bedingt, die im zweiten Vierteljahr von Italien her im Heerlager Robert's eingetroffen sein müssen. Daß der König vor Rom liege,

---

Lib. VI, c. 4, irrig in die letzten Monate von 1081 oder ganz in den Anfang des Jahres 1082 stellt, die Ankunft der byzantinischen Gesandtschaft unzutreffend in die Zeit der ersten Belagerung Rom's 1081 (ähnlich auch früher Floto, Kaiser Heinrich der Vierte und sein Zeitalter, II, 254). Die im hier genannten Briefe des Kaisers namhaft gemachten Abgesandten Heinrich's IV., Burchard und Albert — κατὰ τὴν ἑρμηνείαν τοῦ πιστοτάτου καὶ εὐγενεστάτου σου κόμητος τοῦ Βουλχάρδου ... ὁ πιστός σου Ἀλβέρτης (121, 122) — sind wohl, wie Sander, 111, annimmt, gleich von Heinrich IV. nach Constantinopel abgeordnet worden. Daß der Anschluß des Jordanus an Heinrich IV. der Sache des Kaisers von Byzanz ebenso sehr nützte, wie sie Robert Guiscard schädigte und bedrohte, ist Sander, 110 u. 111, ganz zuzugeben, so daß vielleicht auch hier Einflüsse des Alexios mitgewirkt haben.

19) Eine einzelne Aeußerung dieser Einschränkung tritt in einer Aufzeichnung über römische Volksfeste zu Tage, die das zwischen 1140 und 1143 geschriebene Polypticum des Canonicus von St. Peter zu Rom, Benedictus, enthält: da wird geklagt, die bei dem Feste der Cornomanie vom Papste ausbezahlten nicht unbeträchtlichen Geldbeträge seien nicht mehr entrichtet worden: hoc fuit usque ad tempus Gregorii VII.; sed postquam expendium guerre crevit, renuntiavit hoc (vergl. Archiv der Gesellschaft für ältere deutsche Geschichtskunde, XV, 624 u. 625, in einer Notiz über die Ausgabe des Polyptyque durch P. Fabre, Lille, 1889).

wußte man schon; aber der Anschluß des Fürsten von Capua an Heinrich IV., vielleicht auch die Kunde von der engen Anknüpfung zwischen Kaiser Alexios und dem deutschen Hofe, endlich und am meisten die einzelnen Bestätigungen von den wachsenden Aufruhrserscheinungen in verschiedenen Theilen des normannischen Festlandgebietes, diese Mittheilungen müssen auf den Herzog bestimmend eingewirkt haben. Schon im vorhergehenden Jahre hatte Ascoli durch den als Vertreter des Vaters zurückgelassenen jungen Grafen Roger wieder zum Gehorsam gebracht werden müssen, und andere Empörungen, der Stadt Troja, dann vollends, nach der Abtrennung des Fürsten Jordanus, auch in den Landschaften Capitanata, Longobardien, Apulien, waren gefolgt, wobei im Nordwesten, von Cannä her, der Neffe Robert's, Hermann, wohl unter Anlehnung an das westlich benachbarte Fürstenthum Capua, die Leitung in der Hand hatte. Aber noch bezeichnender war, daß Abälard, Hermann's Stiefbruder, der dem Oheim Robert schon so viel zu schaffen gemacht, geradezu in Constantinopel um die Hülfeleistung des Kaisers gegen den Herzog warb. So eilte Robert, etwa Ende Mai, nach Italien zurück. Während der Herzog sein ganzes Heer, unter dem Befehl seines Sohnes aus der ersten Ehe, Boemund, damit derselbe die gegen Alexios erzwungenen Erfolge weiter fortsetze, im Osten ließ, kehrte er mit wenigen Begleitern — zwei Schiffe genügten zur Ueberfahrt — nach Otranto zurück; aber gleich nach der Ankunft erfuhr er, daß durch Gaufred von Conversana, den Leiter des apulischen Aufstandes, die landeinwärts liegende Stadt Oria bedrängt werde, so daß er demnach sofort dort zuerst die Belagerer zum Abzuge zwingen mußte. Auch in den anderen vom Aufruhr erfüllten Gebieten kehrte der Gehorsam allmählich zurück; aber von einer völligen Herstellung der Unterordnung war in diesem Jahre noch keine Rede, und so war es auch ausgeschlossen, daß der Herzog, wie er doch gewiß schon jetzt die Absicht hegte, gegen Jordanus kriegerisch vorgehen konnte, noch gar etwa zum Entsatz von Rom, zur Eröffnung des Angriffs auf den die Stadt im Schach haltenden Wibert, sich aufzumachen vermochte[80]).

[80]) Vergl. über Robert zuletzt ob. S. 402 u. 403. Vergl. über Robert's Thaten von Heinemann, l. c., 320 (den Tag der Eroberung von Durazzo bietet wieder der Anonymus Barensis: Muratori, Scipt. rer. Italic., V. 154). Die nochmalige Absendung eines um Hülfe für Rom bittenden päpstlichen Boten erwähnen Gaufredus Malaterra, Historia Sicula, Lib. III, c. 33, wonach Robert — apud Bulgaros fortiter, omnia sibi subjugando, agens — im Jahr 1082 a Romanae sedis apostolico viro Gregorio literis continentibus angustiam suam acceptis, ut in adjutorium sanctae Romanae ecclesiae reditum acceleret (der Ansicht der Regesta pontificum Romanorum, 2. Ausg., I, 646, diese Angabe sei mit dem Hülferuf von 1084 — vergl. dort in n. 30 — identisch, ist sicher nicht beizustimmen), multis precibus cohortatur (mit nachfolgender Ausführung der Bedrängniß Rom's durch Heinrich IV.) und Anonymi Vaticani Hist. Sicula: Ob haec (sc. Gregor's VII. Bedrängniß) nuntianda legatus quidam Romanus ad ducem Biscardum transfretaverat ex parte Gregorii, festinum ab eo implorans auxilium (Muratori, l. c., V. 586,

In der Umgebung Gregor's VII. waren vielleicht, in der auf Rom lastenden Bedrängniß, gewisse Regungen, die auf Erringung

---

VIII, 772), sowie Wilhelm von Malmesbury, Gesta regum Anglorum, Lib. III, c. 262, wo die Aussage: Robertus . . . . statim Dirachio capto, super Alexium imperatorem Constantinopolitanum ulterius progrediebatur. Sævientem retinuit nuncius Hildebrandi apostolici (wegen der Belagerung Rom's durch Heinrich IV.) auf diesen Zeitpunkt sich beziehen muß (SS. X, 473). Ueber die Regungen der Empörung in Unteritalien gegen Robert vergl. neben von Heinemann, 317 u. 318, besonders auch Sander, l. c., 123—125. Robert's Rückkehr nach Italien erzählt vornehmlich Guillermus Apuliensis, Gesta Roberti Wiscardi, Lib. IV, v. 524 ff.: Robertus geminis exacto navibus anno — Sander, 121 n. 3, setzt deßwegen (vergl. ob. S. 335) Robert's Rückkehr Ende Mai an — Adriacis undis loca rursus ad Appula transit. Is primogenito populum commiserat omnem, cui nomen Buamundus erat, pariterque Brieno (: dann folgt die Wiederunterwerfung der Aufständischen) (SS. IX, 289), und ebenso führt Gaufredus Malaterra in jenem c. 33 fort: Dux vero, quamvis ad id quod coeperat, intendere omnibus utilitatibus in animo praefert, tamen calamitatem sanctae Romanae ecclesiae audiens et dominum suum, sub quo omnia quae habebat, possidere se cognoscebat, in tantum angustiari . . . . filio suo Boamundo strenuissimo militi, quae coeperat exequenda committens, copiis omnibus sibi delegatis, ipse cum paucis placido remige versus Apuliam versus Hydruntum applicat (in c. 34: Duce revertente frans populum premitur ist von der Bekämpfung der Rebellen die Rede, Dinge, die hier nicht näher zu berühren sind: daß freilich Bari erst 1083 zum Gehorsam zurückkehrte und für seinen Abfall büßte, sagt wieder der Anonymus, l. c.). Daß der Uebertritt des Jordanus zu Heinrich IV. für Robert einen Grund zur Ergreifung der Waffen gegen Capua darstellte, sagen Guillermus Apuliensis, Lib. V, v. 106 ff.: Tempore Robertus multis intentus in illo praecipuas contra Jordanem bella gerendi curas, infectum nil dimissurus, habebat (l. c., 292), sowie Gaufredus Malaterra, im darauf folgenden c. 35, ganz ausdrücklich, letzterer in den Worten: Nam cum antea inter ipsos (sc. Robert und Jordanus) diversis controversiis inimicitiae efferbuissent, hoc ira in principem plurimum incalescebat, quod noviter in damnum apostolici, imperatoris hominem ipsum effectum, et terram suam sub ipso deserviendam suscepisse audierat (l. c.). Dagegen aber, daß durch von Heinemann, l. c., 398, in Anmerkung 46 (zu 321), die allerdings zu 1082 sich darbietenden Nachrichten des Lupus Protospatarius: Et hoc tempore (vorher ist die Einnahme Durazzo's genannt) praedictus rex Heinricus obsedit Romam, ut ibi introiret et faceret ibidem papam Ravennensem archiepiscopum. Et dux Robertus rediens ab Epidauro, relicto ibi Boamundo filio suo, perrexit Romam, ferens auxilium papae Gregorio, cum jam rex in partibus moraretur Liguriae ad debellandam Mathildae provinciam, quae cum papa tenebat Gregorio, sowie die überhaupt hier überall sehr verwirrten und wenig zuverlässigen Romoaldi archiep. Salernitani Annal., a. 1081: Quo audito (sc. Wibert's Einsetzung als Papst in Rom) dux Robbertus in ultramarinis partibus sibi rebus ordinatis, dimittens Boamundum filium suum, ut eandem terram custodiret, ipse cum uxore Apuliam repetiit. Dehinc assumens exercitum una cum filio suo Rogerio Gregorium papam adiit, hostes eius ab Urbe propulit ac civitatem Tiberim obsedit, acriter eam expugnans; illuc enim magna pars militum imperatoris simul cum falso papa Clemente se receptaverat (SS. V, 61, XIX, 410) — hieher zu Robert's Thaten im Jahre 1082, während Wibert ja allerdings in Tivoli saß, gezogen werden, erhebt Sander, l. c., 125 n. 4, mit Recht Widerrede, da gewiß in beiden Malen an das große Ereigniß von 1084 gedacht wurde. Daß Anna Komnena irrte, wenn sie, Alexias, Lib. V, c. 3, Robert deßwegen mit Zurücklassung Boemund's nach Italien sich begeben läßt, weil jemand zu ihm gekommen war: ἀπαγγέλλων τὴν τοῦ ῥηγὸς Ἀλαμανίας εἰς Λογγιβαρδίαν (vergl. in n. 18) ὅσον ἤδη ἄφιξιν (l. c., I, 160 u. 161) ist selbstverständlich.

eines möglichen Friedens abzielten, nicht völlig stumm geblieben. Daß der Cardinalbischof von Ostia um die Osterzeit in Albano weilte, hing möglicherweise mit solchen Auffassungen zusammen, mochte auch Otto nicht etwa unmittelbar durch den Papst beauftragt gewesen sein. Und ebenso geht aus den Verhandlungen zwischen Heinrich IV. und Abt Desiderius unleugbar hervor, daß an eine Vermittlung, die der Abt, zum Behuf der Erlangung der Kaiserkrone für Heinrich IV., doch keineswegs ganz von der Hand wies, noch von des Königs Seite gedacht wurde; das konnte aber in diesem Falle nur eine von Gregor VII. ausgehende Krönung sein, und deßwegen scheint also der König in dieser österlichen Zeit dem Gedanken einer Versöhnung mit dem römischen Papst, das will aber sagen, einer möglicherweise geschehenden Preisgebung der in Brixen geschehenen Wahlhandlung, nicht völlig fern geblieben zu sein [31]). Aber mochte etwa auch Gregor VII. kurze Zeit eine solche Lösung gleichfalls vorschweben, er lenkte alsbald wieder in die volle Gegnerschaft gegen den König zurück. Denn am 24. Juni — dem Tage Johannes des Täufers — verhängte der Papst gegen Wibert und Heinrich IV., aber auch gegen Alle, die ihnen folgten, demnach ebenso gegen sämmtliche Besucher des Hofes, die kürzlich sich in Albano dem Könige zugesellt hatten, den Fürsten Jordanus von Capua, aber nicht weniger gegen Abt Desiderius von Monte Cassino, der zuletzt doch nicht mehr dem Könige fern geblieben war, von neuem den Bann [32]).

Indessen war der Papst daneben noch weiter, in Rom selbst, den schwierigsten Verhältnissen fortwährend gegenüber gestellt. Gregor VII. muß alsbald nach den Vorgängen in Albano den Versuch gemacht haben, auf außerordentliche Weise, angesichts der Geldnoth und der für die Bekämpfung Wibert's unumgänglichen Anforderungen, sich eine ungewöhnliche Einnahmequelle durch Verpfändung von Kirchengütern zu eröffnen. Selbstverständlich wurde

---

[31]) Vergl. mit den ob. S. 443 erwähnten Thatsachen Sander's Ausführungen, l. c., 112, 109.

[32]) Sander zieht hiezu, l. c., 122 n. 1, in gewiß zutreffender Beweisführung für die Stelle Bernold's, a. 1084, über Gregor's VII. Synode von Salerno: Domnus papa .... iterum sententiam anathematis in Gibertum heresiarchen et Heinricum et in omnes eorum fautores promulgavit, quod et in festivitate sancti Johannis Baptistae praeterita jam dudum Romae fecit, cum Heinricus adhuc ibi moraretur (l. c., 441) den Schluß, daß diese Verkündigung an einem 24. Juni von den Jahren 1084, aber auch 1083 — vergl. dort in n. 21 —, abzutrennen und zu 1082 zu nehmen ist, wie denn ja Bernold — vergl. ob. S. 438 in n. 7 — im Irrthum befangen war, Heinrich IV. sei bei der zweiten Belagerung aestate moratus bei Rom gewesen. Die in n. 14 gebrachte Berichterstattung des Petrus, Chron. monast. Casin., erwähnt ja auch, im Zusammenhang mit den zur Zusammenkunft von Albano gehörenden Ereignissen, eine Excommunication des Königs cum omnibus suis sequacibus, zu denen — nach dem am Ende von n. 14 stehenden Zeugniß — auch Desiderius, sowie nach J. 5235, Registr. VIII. 49, Jordanus, qui scienter perjurus beato Petro et nobis et ob hoc anathematis nodis ligatus est (l. c., 501), zählten.

dabei voran an römische Kirchen gedacht, und so ging die dem Papste eine schwere Enttäuschung bereitende Antwort auf das Begehren auch aus dem Kreise der städtischen Geistlichkeit von Rom und derjenigen der nächsten Umgebung hervor. Siebzehn Theilnehmer an einer Zusammenkunft vom 4. Mai sind mit Namen aufgeführt, voran die vier Bischöfe Johannes von Porto, Johannes von Tusculum, Hugo von Palestrina, Bruno von Segni, dann aber noch sieben weitere Cardinäle, unter ihnen Beno, ein Abt, vier Erzpriester, daneben noch mehrere Andere erwähnt. Allein es ist durchaus anzunehmen, daß die Versammelten nicht durch den Papst einberufen waren, daß sie vielmehr von sich aus eine Erklärung in der sie sehr unmittelbar betreffenden Angelegenheit gegen Gregor VII. abzugeben im Sinne hatten, und der Inhalt dieser Kundgebung zeigt vollends, daß sie ganz dem Papste zuwider abgefaßt worden ist. Es wurde nämlich in derselben ausgesprochen: „Indem gleichzeitig Bischöfe, Cardinäle, Äbte, Erzpriester zusammenkamen, um darüber sich zu unterrichten, ob Güter der Kirchen zum Pfande gesetzt werden könnten zum Behuf des Widerstandes gegen Wibert, Erzbischof von Ravenna, der versucht, auf den römischen Stuhl einzudringen, haben sie, nachdem sie die Aussprüche und die Beispiele der Heiligen untersucht, einstimmig ihr Zeugniß dahin abgegeben, daß die heiligen Besitzthümer der Kirchen in keiner Weise für weltlichen Kriegsdienst verwendet werden dürften, sondern nur für die Ernährung der Armen, für die heilige Ausübung der gottesdienstlichen Handlungen und für den Loskauf der Gefangenen. So waren ja unter der Verwaltung des Joseph die Güter der Priester von der Kopfsteuer ausgenommen, und das Blutgeld wurde weder verrechnet, noch in den Gotteskasten gelegt, und Heliodor, der Räuber heiliger Besitzthümer, ist unter dem Hohenpriester Onia nicht ungestraft geblieben". In empfindlichster Weise war also, unter Heranziehung von geschichtlichen Beispielen aus der Bibel, die für Gregor VII. sehr vorwurfsvoll lauteten, dem Begehren, aus römischem Kirchengute den Kampf gegen den König und den aufgestellten Gegenpapst zu bestreiten, entgegengetreten worden[28]).

[28]) Der aus Mansi, Sanctorum Conciliorum nova et amplissima collectio, XX. 577 u. 578, bei Watterich, Pontif. Roman. vitae, I. 452, wiederholte Conventus Romanus — Anno Gregorii VII. papae nono, IV. Nonas Maji (durch Hefele, Conciliengeschichte, V, 2. Aufl., 164, irrig zu 1081 gesetzt und in seiner Tragweite nicht erfaßt, während Watterich, l. c., n. 1, auf das Richtige hindeutet) — wird durch Sander, l. c., im Excurs § 13, 203—206 — vergl. dazu 113—115 —, als protestirende Erklärung gegen das von Gregor VII. eingeschlagene Verfahren erklärt, so daß der Inhalt weit davon entfernt sei, „ein kirchlich giltiger Synodalbeschluß" zu sein. Bewiesen wird diese höchst annehmbare Behauptung theils durch die ganze Form des Protokolls, das keine Berufung, Leitung durch Gregor VII. enthalte, auch von einer Mitwirkung des Papstes ganz schweige, dann dadurch, daß noch — nach dem schon 1080 gegen Wibert Geschehenen (vergl. ob. S. 317—319) — Wibert als archiepiscopus Ravennas bezeichnet werde (vergl. Hauck, Die Kirche Deutschlands unter den sächsischen und fränkischen Kaisern, 828 n. 5, besonders daß Ugo — statt

So mußte sich Gregor VII. nach anderweitiger Hülfe umschauen, und es steht fest, daß von Seite seiner treuesten Bundesgenossenschaft, jedenfalls bis zum Herbste, eine sehr beträchtliche Unterstützung geleistet wurde. Der ganze ansehnliche Kirchenschatz des Klosters auf Canossa wurde auf den Antrieb des Rathgebers der Gräfin Mathilde, des bei ihr weilenden Bischofs Anselm von Lucca, eingefordert und eingeschmolzen, und diese siebenhundert Pfund Silbers und neun Pfund Goldes wurden durch Mathilde nach Rom abgeführt[34]).

Während sich Gregor VII. durch Wibert fortwährend in Rom bedrängt sah, war Heinrich IV. nordwärts gezogen[35]) und hatte zunächst gegen Florenz nachgeholt, was er wohl schon im vorhergehenden Jahre durchzuführen beabsichtigt hatte. Der König legte sich vor die Stadt und suchte sie, wie denn in zunehmender Weise

Umbertus — zu lesen ist). Auch die Nennung des Beno cardinalis sancti Martini ist gewiß weit eher, als durch Schnitzer, Die Gesta Romanae ecclesiae des Kardinals Beno, 3 — Beno beweise durch die Theilnahme an einer „Synode" „an Gregor's Seite", daß er damals (irrig ist 1081 genannt) noch nicht abgefallen gewesen sei —, eben durch diese gegnerische Haltung der Versammelten gegen Gregor VII. zu erklären. Die der Bibel entnommenen Beispiele der Erklärung stehen Genes. XLVII, 26, Matth. XXVII, 6, II. Maccab. III, 23—29.

[34]) Donizo, Vita Mathildis, Lib. II, schließt c. 2 mit den Versen (800—803): Mittere cui gratis crebro solet in Lateranis xenia multa nimis; quam papa pie benedicit. Bis centum libras domna argenti Canusina tunc misit papae; quam debet papa beare (SS. XII, 385, wozu n. 14 die als urkundlich zu betrachtende Eintragung einer gleichzeitigen Hand in den Codex Canusinus des Donizo zeigt: Anno Domini 1082 comitissa Mathildis cum episcopo Anselmo, qui et vicarius erat papae Gregorii VII. in illis diebus in Longobardia, thesaurum ecclesiae Canusinae postulavit abbati Gerardo, qui tunc preerat prefatae ecclesiae, ad dirigendum papae pro defensione Romanae ecclesiae, quae illo tempore persecutionem grandem habebat a Guiberto heresiarcha. Itaque prenominatus abbas una cum congregatione fratrum, fidelem amorem et dilectionem habens in beato Petro et Romana ecclesia, vicario eius et comitissae petitioni alacriter thesaurum obtulit, qui 24 coronae erat et una illarum aurea cum crucicola una itidem aurea, et duae tabulae altarium argenteae, et coopertura argenti arcae altaris sancti Apollonii et turibulum grande argenteum. Quod decoctum Canusii septingentae librae argenti fuit, et novem librae auri —: dann folgt die Erwähnung der Uebersendung nach Rom, und daß auf Gregor's VII. Befehl durch Bischof Anselm, als vicarius qui et hunc episcopatum tunc jussione papae regebat, dem Abte von Kloster Canossa pro aliquantula restauratione ablati thesauri zwei Kappellen überwiesen wurden). Als Zeit dieser Vorgänge möchte Sander, l. c., 116 n. 2, etwa die Monate bis gegen den Herbst annehmen, da das schon in n. 11 citirte, nach Eintritt des Herbstes (vergl. n. 34) geschaffene Gedicht Benzo's bereits in den Versen: Facie exterminati nudant monasteria; hii Prandello tradunt opes, se velant miseria (sc. Mathilde und Anselm) (SS. XI, 663) der Sache gedenkt.

[35]) Das von Kilian vorgebrachte Itinerar — l. c., 96, wo übrigens auf Rimini (vergl. n. 29) nicht einmal Rücksicht genommen worden ist —, verschiebt sich nach n. 26 und 27 sehr wesentlich und ist bedeutend reicher geworden.

der Vorgang in späterer Erzählung weiter ausgeschmückt wurde, durch Verwüstung der Umgebung, unter vielfachen Kämpfen, mürbe zu machen; allein es scheint, daß besonders durch die Herstellung und Verstärkung der alten Mauern die Bürgerschaft an Muth und Wehrfähigkeit gewonnen hatte, und so ließ der König am 21. Juli von weiteren Anstrengungen ab [26]). In Pisa hielt er sich dann in den ersten Tagen des August auf [27]). Der fortgesetzte Kampf um

[26]) Die durch Hartwig, Quellen und Forschungen zur ältesten Geschichte der Stadt Florenz, II, 271 ff., herausgegebenen Gesta Florentinorum bringen gleich als erste Angabe: Nel MLXXX lo detto Arrigo (IV.) venne a oste a Florenza a dì XXI di Luglio e levossene ad modo di sconfitta (vergl. dazu l. c., 256 u. 257, die Zusammenstellung mit den Erweiterungen, wozu nun noch — vergl. Davidsohn, Forschungen zur älteren Geschichte von Florenz, 64 — der dort, 165—167, als Verfasser des ältesten in Florenz entstandenen Geschichtswerkes in italienischer Sprache eingeführte Piero Bonfante kommt, bis auf Giov. Villani, Cronica, Libro IV, c. 23, wo Heinrich IV. tornando . . da Siena per andarsene in Lombardia bei den Florentinern Ungehorsam findet: Sì si puose ad oste alla città di Firenze — dalla parte ove oggi si chiama Cafaggio, e dov'è oggi la chiesa de Servi Santae Mariae — Cafaggio, Cafagium, nordöstlich vor den damaligen Vorstädten: die Halle der Bruderschaft Servi di Maria liegt an der heutigen Piazza dell' Annunziata — in fino all'Arno, e fece gran guasto alla detta città — es folgen während einiger Zeit viele Kämpfe auf dem Lande, doch ohne Erfolg für den König: imperciocchè la città era fortissima e cittadini bene in concordia e in comune, so daß die Städter einen Angriff auf das königliche Lager machen und Heinrich IV. dieses verläßt und abzieht: e ciò fu nel detto anno di Cristo 1080 a dì 21 di Luglio — partito di Toscana si tornò in Lombardia, e di là ebbe grande guerra colla contessa Matelda — Collezione di storici e cronisti italiani, I, Villani, herausgegeben von Franc. Gherardi Dragomanni, I, 171 —, sowie Hartwig's Bemerkungen, l. c., I, 92 u. 93, zu deren einer, von der Unglaubwürdigkeit einer von Villani behaupteten Betheiligung von Normannen am Kampf der Florentiner gegen Heinrich IV., Sander, l. c., 96, n. 2, einwenden will, daß von Robert Guiscard gar wohl habe Hülfe kommen können, während freilich in Wirklichkeit diese Normannen ohne Zweifel als Söldner in diesen Krieg auf eigene Faust nach Tuscien liefen: vergl. n. 28, daß sie auch in Heinrich's IV. Dienst fochten). Davidsohn, Forschungen, 64, zeigt, wie in den vorauszusetzenden ursprünglichen lateinischen Gesta aus der richtigen Zeitangabe MLXXXII° decimo Kal. Augusti ein MLXXX II° decimo (etc.) werden konnte. Die Florentiner Kaiserchronik hat: Henricus III[us] . . . . MLXXXI. Anno XXX. civitas Florentina ampliata est muris et turribus, civibus et potentia, ut in cronica Florentinorum apparet (ed. Holder-Egger, Neues Archiv &c., XVII, 515): allein es muß sich hier um eine Herstellung der alten ursprünglichen Mauer der römischen Stadt gehandelt haben (Hartwig, l. c., I, 93—95, scheint die Errichtung des zweiten Mauerkreises schon zu dieser Zeit ansetzen zu wollen, während nach Davidsohn, Geschichte von Florenz, I, 532 u. 539, die erweiterte — zweite — Mauer erst 1172 begonnen wurde). Da nun der 21. Juli als Tag der Aufhebung der Belagerung von Florenz durch den König ohne Zweifel feststeht, dieser Termin aber — mit einem vorauszusetzenden längeren vorhergehenden Aufenthalt vor Florenz — zu 1081 (vergl. S. 395 u. 396) durchaus keinen Platz hat, während dagegen 1082 die Aufenthaltsorte Heinrich's IV. nach Ende April oder Anfang Mai eine große Lücke aufweisen — vergl. Kilian, l. c., 96, 147, wo aber die in n. 27 besprochene Gerichtsurkunde vor Pisa, aus den ersten Augusttagen, noch nicht benutzt erscheint —, ist mit Davidsohn, l. c., 271 u. 272, wozu eben Forschungen, l. c., die Belagerung zu 1082 anzusetzen.

[27]) Davidsohn, Forschungen (etc.), 175 u. 176 (Regesten Nr. 17), zog die erst 1893 bekannt gewordene Urkunde Heinrich's IV. — mit dem Tagesdatum

die Festung Moriana, wo sich die gregorianische Partei zu halten vermochte und dem königlichen Bischof von Lucca, Petrus, fortwährend Widerstand leistete, so daß die Wirkungen der Abwehr bis gegen die Stadt Lucca selbst sich erstreckten, nahm ohne Zweifel des Königs Aufmerksamkeit in Anspruch. Rangerius schildert uns die kriegerischen Anstrengungen der Lucenser, die um jeden Preis die Bergfeste zum Falle bringen wollten, besonders eingehend den Versuch eines Sturmes, der gewagt werden sollte, wobei ein gewaltiges Gewitter den Vertheidigern zu Hülfe kommt und die Angreifer zurückschreckt, und nennt dabei auch eine Schaar von Normannen, die Heinrich IV. selbst zur Verstärkung der Belagerer geschickt habe. Möglicherweise hatte eben jetzt der König diese Leute, die durch den Anschluß des Jordanus zu ihm gekommen sein mochten, herbeigeführt[80]). Dann aber verließ Heinrich IV. diese

. . Nonas Augusti — von 1082, hervor, in der der König außerhalb Pisa's mit genannten weltlichen Herren — Graf Hermann, Markgraf Gottfried, Graf Ulrich (Odelricus), sowie dem erwählten Bischof Wilhelm von Massa, zu Gericht sitzend, einen gewissen Nobilandus nebst Söhnen und Besitzungen in Schutz nimmt, in einer notitia pro securitate et fuctura ostensione. Indem so die Anwesenheit des Königs zu einem Tage vom 2. bis 4. August bezeugt ist, fällt die ohnehin schon bezweifelte Glaubwürdigkeit von St. 2845 — V. (Mittheilungen des Instituts für österreichische Geschichtsforschung, I, 296 u. 297, haben in ihrem Abdrucke: X. — Mühlbacher wollte da, 275 u. 276, St. 2845, als der Vertheidigung der Uebertragung Triest's an Aquileja, gegenüber „verleumderischer" Auslegung, geradezu die Bedeutung eines „politischen Manifestes" beilegen) Kalendas Augusti . . . Actum Papiae —, das zwar schon Stumpf, Acta imperii inde ab Heinrico I. ad Heinricum VI. usque adhuc inedita, 449—451, nur als „verdächtig" zum Abdruck brachte, dessen eigenthümlich beschaffene Narratio aber noch Gundlach, l. c., 55, dem Dictator Adalbero C zuschreiben wollte, jedenfalls ganz dahin, wie Davidsohn, l. c., 63 u. 64, gegen Sander, l. c., 118, der das Stück nochmals vertheidigte, ausführt. Schon Lehmgrübner, l. c., 147 u. 148, hatte die Unmöglichkeit der Erwähnung des consilium . . . Donizi Placentini . . . episcopi (es müsse heißen: Dionysii) hervorgehoben; aber Davidsohn macht auch auf Bischof Conipertus von Turin aufmerksam, von dem nicht feststeht, ob er 1082 noch lebte (die bestimmte Angabe des Jahres 1080 als Todesjahr ist freilich irrig: vergl. Lehmgrübner, l. c., 44). Auch ist ja nach St. 2830 — vergl. ob. S. 398 — die so bald wiederholte Bestätigung der Verleihung von Triest sehr auffallend.

[80]) Rangerius, Vita Anselmi Lucensis episcopi, schildert, nach Erwähnung der ob. S. 400 erzählten Uebergabe von Lucca an Bischof Petrus, der Härte des Auftretens dieses Vorfechters der königlichen Sache, v. 4872 ff. die Wichtigkeit Moriana's für die Anhänger Anselm's: Una domus restat, quam dum pervadere temptat (sc. Petrus), sepius oppositum comperit esse Deum. Illuc conveniunt ex omni parte fideles et pugnant telis communiri et gladiis. Obscingunt urbem velut obsidione perhenni et servant Domino cum pietate fidem. Ymmo fides illos tanto munimine firmat, ut metuat muros perdere Luca suos. Mons est preruptis circumsitus undique saxis, vitibus atque oleis arboribusque frequens. Angustus limes vix suscipit advenientes, et labor est homini ferre per culta gradum. Aspicitur geminus in montis vertice murus, et gemine turres edictora tenent. Regia sublimis late spectacula prebet, atque loco robor conficit et speciem. Ad latus incerta prelabitur Auseris unda cum Frigianus aquae nomen iterque tulit. Et quia cum rastro fluvium detorsit, ab illo tempore nomen ei Sarculus est et erit (Serchio). Hoc igitur castrum jam nominat ultimus orbis, et Moriana stupet bella remotus homo —;

Stätte eines noch immer weiter dauernden Kriegs und begab sich über den Appennin nach Rimini, um am adriatischen Meer hin die Gebiete der Mathilde, so weit sie auf der Nordseite des Gebirges lagen, neuerdings zu überziehen [79]).

Die Gräfin mußte es erdulden, daß ihr, während sie sich wieder auf ihre Burg Canossa zurückgezogen hatte, feste Plätze, Klöster, Höfe entrissen wurden, sowie sie ihr durch die vom Könige ausgesprochene Ächtung entzogen worden waren; immer höher stieg ihre Noth, so daß auch ihr Gegner Bischof Benzo erklärte, dieselbe nicht mehr in Worte fassen zu können. Aber zugleich begriff da dieser grimmige Feind der Pataria und aller Freunde Gregor's VII. in seinen oft so sonderbar gewählten Bildern die Gräfin und ihren hochbefähigten geistlichen Gehülfen und Bundesgenossen Bischof Anselm als die von Hildebrand zur unaufhörlichen Schädigung des Königs zusammengeführten bösartigen Gegner, die sich gegenseitig ermuthigen, im Kampf gegen das Reich bestärken, und er bewies in dieser Betonung ihrer Thätigkeit, welches Gewicht die königlich Gesinnten überhaupt dieser Feindschaft zuschrieben. Denn mochte auch Mathilde ihre Stellung in Tuscien fast ganz eingebüßt haben, ihre dortigen Großen im Heere Heinrich's IV. zu erblicken sich gezwungen sehen, auf der von Canossa beherrschten Seite des Appennin hielt sie in bewunderungswürdiger Kraft aus. Es mochte so leicht die Ansicht sich verbreiten, Gregor VII. habe der Gräfin es zur Vergebung ihrer Sünden auferlegt, Heinrich IV. zu betriegen [80]).

---

dann ist von den Kämpfen um die Burg die Rede, und v. 1920—1923 lauten: Collectaque manu valida Nordmannigenarum, quos Henricus eis miserat auxilio, et comitum cuneis Morianum cingere fossa temptant atque novis turribus opprimere, und v. 1962 ff. malen in anschaulicher Weise jenen durch das Gewitter und die Wassermassen gestörten Sturmangriff aus.

[79]) Benzo's ganz bestimmte Angabe über Heinrich IV. im Anschluß an die in n. 17 gebrachten Verse: Lento pede iter habens devenit Ariminum wird nicht abzuweisen sein. Dann folgt: Post hec transit per Mathildam, stantem in Canussia, contorquentem manus suas pro amissa Tuscia (l. c., 663).

[80]) Den Charakter des Kampfes gegen Mathilde bezeichnet wieder Benzo in den Versen, die sich an den Zusammenhang in n. 20 anschließen: Sed adhuc expectat eam acrior angustia. Ad se traxit rex castella, cortes et cenobia; cui rerum serviebat diversarum copia, huic, rege faciente, adsistit inopia. Tanta perdidit Mathilda: non sum de Gubernula (Governolo, unweit der Mündung des Mincio in den Po, ein von Mathilde bevorzugter Aufenthaltsort in der Grafschaft Mantua — vergl. Overmann, l. c., 16 u. 17: der Name wohl wesentlich wegen des Reimes von Benzo gewählt — Lindner, Forschungen zur deutschen Geschichte, VI, 499, n. 2, erklärt die geringschätzige Erwähnung richtig dahin, daß Benzo sagen wollte, er habe mit jener Landschaft, wo Mathilde hause, nichts zu schaffen) (l. c.). Daß diese Kämpfe nicht, wie Overmann, l. c., 150, annimmt, in „die Monate April bis Juli" fallen können, geht aus S. 455 hervor. Ueber Anselm's wesentlichen Antheil an der Leistung starken Widerstandes (den Bischof versteht Benzo — neben Mathilde — selbstverständlich unter den duo Abacuci: Prandellus edocuit et per eos regi nostro et nocet et nocuit — l. c.) vergl. schon ob. S. 409. Sander, l. c., 117, schließt aus der Angabe Benzo's (in n. 8), daß im März im Heere Heinrich's IV. der reditus ad devastandam Mathildam begehrt worden sei, zu viel,

Mit dem Eintritt der herbstlichen Jahreszeit wandte sich der König aus den Landschaften am Unterlauf des Po weiter westwärts. Ein Feind aus dem markgräflichen Hause der Aledramiden, Wido, wurde kriegerisch überzogen, seine an der Bormida liegende Burg Sezze gebrochen[31]). Allein ohne Zweifel war der eigentlich bestimmende Grund zu diesem Aufbruch in das obere Gebiet des Polandes der Wunsch Heinrich's IV. gewesen, die Vermittlung seiner Schwiegermutter, der mächtigen Markgräfin Adelheid, gegenüber Mathilde anzurufen, um vielleicht auf diesem Wege zum Friedensschluß mit der Gebieterin von Canossa zu gelangen. Denn so entschieden der König der Bundesgenossin Gregor's VII. entgegentrat, so wenig ist zu bezweifeln, daß er eine Verständigung mit der willensstarken Frau, eine Hereinziehung ihrer immer noch ansehnlichen Hülfskräfte an die Seite der königlichen Rüstung dem fortgesetzten Kampfe vorgezogen haben würde. Es muß eine Zusammenkunft Heinrich's IV. mit der Markgräfin Adelheid vor sich gegangen sein, und Benzo hoffte von der Begegnung einen zukünftigen Erfolg. Aber etwas Wichtigeres kann kaum dabei sich ergeben haben. Ohne Zweifel blieb die Spannung gegenüber Mathilde unvermindert[32]). Dann kehrte der König nach Verona zurück.

---

nämlich, die Gräfin habe damals gegen die in der Lombardei Zurückgebliebenen wieder die Offensive ergriffen, und so hätte die Furcht für Haus und Hof bei den im Heere befindlichen Lombarden gewirkt und nahezu den voreiligen Abbruch des Unternehmens gegen Rom herbeigeführt. Dagegen verweist er, l. c., n. 4, sehr zutreffend auf das Zeugniß, das Sigebert von Gembloux noch später hinsichtlich der Beziehungen Gregor's VII. zu Mathilde ablegte, in der 1103 verfaßten Epistola Leodiensium adversus Paschalem papam, wo es in c. 13 heißt: Solus Hildebrandus papa . . . quem legimus precepisse Mathildi marchisae in remissionem peccatorum suorum, ut debellaret H. imperatorem (Libelli de lite, II, 464); es lehnt sich wohl an die auch von Overmann, l. c., 151, angemerkte Stelle der durch den Herausgeber W. Arndt — nach Waitz, Neues Archiv, V, 222—224 — fälschlich sogenannten Anselmi ep. Lucens. Vita primaria (SS. XX, 694).

[31]) Benzo fährt nach der Stelle in n. 30 fort: Ab aestate separato jam jam solis radio, visitavit rex Widonem everso Sezadio (l. c.). Das war ein Feldzug in das Gebiet des Tanaro, indem Wido (II.), Sohn Otbert's II., von der Linie von Sezzè, dem Hause der Aledramiden angehörte (vergl. Breßlau, Konrad II., I, 395, wonach Wido, der bis ungefähr 1103 lebte, noch 1077 und 1079 mit dem Hause von Turin — Adelheid — in Verbindung gewesen war, also wahrscheinlich erst seither sich zu Heinrich's IV. Gegnern hinüber gewandt hatte: schon 1084 war er möglicherweise mit dem König wieder versöhnt, und seine zerstörte Burg wurde auch wieder aufgebaut).

[32]) Vergl. schon ob. S. 315, mit n. 143. In dem schon oft citirten Gedichte, c. 4, spricht nun Benzo, wieder eingehend, von dieser Hereinziehung der Markgräfin Adelheid: Omne coelum sit serenum, veris tempus prodeat, apparere ante solem nulla nubes audeat: de adventu principissae totus mundus gaudeat. Cuius parem non assignat orbis ephymerida (vergl. schon Lib. V, c. 9, in der prolocutio zu den Briefen: domna Adeleida, cuius parem non assignat orbis ephymerida: l. c., 653), pecii filium regem domna Adeleida; inter regem et Mathildam fieri vult media. Ipsa quidem se et suo dabit regi filio, ut sit frequens ceu Martha in regis consilio, et Hegeria secunda recenti Pompilio (l. c., 663). Wenn Sander, l. c., 119, annimmt, gestützt auf die hier früher, l. c., behandelte Correspondenz, Benzo selbst sei, als

Auf dem Wege dahin hielt Heinrich IV. am 6. November zu Palosco am Oglio, in der Grafschaft Bergamo, da wo zwischen Bergamo und Brescia der Fluß überschritten wird, eine Gerichtssitzung, in Anwesenheit der Bischöfe Arnold von Bergamo und Albert von Novara, und am 15. des Monats war er abermals, eben in Verona, in Anwesenheit des Herzogs Liutold von Kärnten, in einer gerichtlichen Entscheidung zu Gunsten des Bischofs Heinrich von Trient, dem er einen Besitz bei Mantua zuwies, thätig[69]).

Dieser Herbstzeit des Jahres gehört nun abermals eine eigenthümliche, in der beliebten dichterischen Form gehaltene Äußerung des Bischofs Benzo an, in der er seine Auffassung der Lage König Heinrich's IV., zumal seiner Stellung in Italien, zum Ausdrucke brachte. Die ganze gegen zweihundert Verse enthaltende Beurtheilung der Dinge, halb Klage, halb Zeugniß wieder gewachsener Zuversicht, umfaßt eben nicht bloß die letztvergangenen Ereignisse, sondern greift in das vorhergehende Jahr zurück. Nach einer raschen Uebersicht der Thaten der Vorgänger Heinrich's IV., von Karl dem Großen über die Ottonen bis auf Heinrich III., malt Benzo die gegen Heinrich IV. von dessen Jugend an ausgeübten Nachstellungen aus, wie man ihn der Mutter entrissen, ihm den Zutritt zur Kaiserkrönung — zur „Krone von Latium" — versperrt habe; über den Alexandrellus und Prandellus — Alexander II. und Hildebrand — zwei Ungeheuer, die Rom gegen ihn ausgesandt, über Merdulfus — den Gegenkönig Rudolf —, der von Rom her gegen ihn aufgehetzt wurde, gießt der Dichter wieder seinen Zorn aus. Dann begleitet er den König zur ersten Belagerung Rom's, wo diesem aber der Weg zum heiligen Petrus durch die Bosheit des Feindes abgeschnitten wird, und er stellt die Sache so dar, daß Heinrich IV., trotz der Begierde, gleich Großvater und Vater, barfuß die heiligen Stätten mit seinen Getreuen zu betreten, voll Scheu, unter Blutvergießen zum Bereiche des Heiligen vorzudringen, draußen viele Tage stehen blieb, während freilich sein Kriegsheer zornig aufgebracht war. Rasch springt die Fortsetzung zum zweiten Erscheinen

„am Hofe Adelheid's wohl gelitten", „unmittelbar nach Aufhebung der Belagerung Rom's im tiefsten Geheimniß nach Turin gesandt" worden, so ist dem sicher nicht beizustimmen: hätte ein so sehr auf Lob, Dank, Belohnung erpichter Autor von diesem neuen persönlichen Verdienst um Heinrich's IV. Sache geschwiegen? Er macht ja auch gar nicht sehr viel aus der ganzen Sache, erwartet auch erst noch von der Zukunft — dabit — einen eigentlichen Erfolg.

[69]) St. 2846 ist zu Palosco in casa edificata propo castrum ausgestellt, in juditio, zum Rechtsschutze des Johannes presbyter et prepositus sancti Alexandri in Bergamo, gegen die dortigen canonici sancti Vicentii, wobei neben den Bischöfen auch Gisilbert, Arialb, Reginer comites Pergamenses mitwirken. St. 2847 zeigt Heinrich IV. wieder in judicio, in casa solariata quae aedificata est prope monasterium sancti Zenonis, ad justitias faciendas ac deliberandas, zu Gunsten Bischof Heinrich's von Trient, und als Richter anwesend Litaldus dux, Bonifacius comes und Andere. Vergl. wegen Liutold's Beziehung zu Verona auch ob. S. 21 in n. 26.

Heinrich's IV. vor Rom über, verweilt aber lieber, als bei diesem, bei den hernach folgenden Schlägen gegen die Gräfin Mathilde und bei den weiteren bis zum Herbst des Jahres in Oberitalien eingetretenen Ereignissen, zuletzt bei der von der Markgräfin Adelheid erhofften Vermittlung. Und jetzt lenkt Benzo mit argen Beschimpfungen auf Bischof Anselm von Lucca und Mathilde über, die von Gregor VII. aufgestachelten Bösewichte, die in jeder Weise dem Könige schaden, die zu Hildebrand's Vortheil Klöster plündern, deren Mönche durch die Länder laufen, gegen den König hetzen, auch die Frauen gegen ihn aufregen. Offen räumt darauf Benzo ein, daß Heinrich IV. durch viele Anfechtungen erschüttert, ringsum zurückgeschlagen werde, daß er beinahe der Ueberwältigung ausgesetzt sei. Aber der König bedient sich weise des Schildes der Geduld, und Gottes Rathschlüsse sind ja verborgen, wie schon die Schicksale der Persönlichkeiten der Bibel zeigen. Eben an solchen Beispielen richtet sich der Dichter wieder auf. Solche Heimsuchung ist des Schöpfers wahre Liebe und für die, welche ausharren, die Vollendung des Glaubens. So hat auch der gnädige Gott den König mit Anstrengungen geprüft, damit er, dem Golde gleich, geläutert aus der Schmelzhitze hervorgehe. Dergestalt geht Gott vor dem Könige her: schon hat er in seinem Zorn Aufrührer dem König zur Züchtigung in die Hand gegeben. Als dieser vor Rom lag, kamen aus der Ferne Beweise der Ehrerbietung vor ihn, die Geschenke des Kaisers von Byzanz. Die Fremden suchen sehnsuchtsvoll den König auf, während die Ungetreuen ihm die Thore schlossen. Aber ein glänzendes Bild der Zukunft soll noch zuletzt den Sinn Heinrich's IV. aufrichten. Die Schlechten werden vertrieben werden, und der Herrscher wird den Seinigen das Capitol übergeben. In Ketten werden manche Aufrührer nach Sachsen geführt und zerstreut werden, wie einst die Juden in Babylonien; die Bestattung sogar soll ihnen verweigert sein. Vom König aber sollen die Nachkommen sehen, daß er ein neues Rom und ein neues Jahrhundert schuf[84]).

[84]) Die Entstehung dieses c. 4 (l. c., 661—664), dessen Inhalt hier schon mehrmals zur Sprache kam, ist durch Lehmgrübner, l. c., 79—85, und Sander, l. c., 116 n. 2, übereinstimmend in völlig zutreffender Beurtheilung, in die Zeit nach Eintritt des Herbstes 1082 angesetzt worden, während etwa nach Heinemann's Vermuthung, l. c., 396 u. 397, das Gedicht falle an das Ende von 1081 oder in die zwei ersten Monate des folgenden Jahres, abzuweisen ist — ebenso macht Giesebrecht, III, 1170, in den „Anmerkungen", an unrichtiger Stelle, zum Ereigniß des 3. Juni 1083, auf das Gedicht aufmerksam (im kurzen c. 3 geht ein Prologus des auro carens vel argento Albensis opilio an Heinrich IV. voran: — dieser soll den früheren Königen folgen: adversarios cogat fiero cum stridore dentium — 660). Die ersten 22 Verse enthalten den einleitenden Rückblick, v. 23 ff., mit besonders eingehender Betonung des Thuns und der schließlichen Bestrafung des Merdulfus (vergl. in Excurs III) von v. 44 an, die Geschichte Heinrich's IV. bis zur Schlacht gegen Rudolf und dessen Tod; dann beginnt mit v. 83 die Ausführung über die erste Belagerung Rom's 1081 (vergl. die ob. S. 388 in n. 73 eingerückten Verse), die mit den

Dieser Aufforderung, wieder den Weg nach Rom hin einzuschlagen, kam Heinrich IV. alsbald nach. Aber andererseits hatte er ohne Zweifel bei dem Aufenthalt in Verona Maßregeln auch nach anderer Seite hin in Aussicht genommen, um Gefahren, die seiner Machtstellung in Italien vom Norden drohen konnten, entgegenzutreten. Von dem Gegenkönig Hermann waren nämlich Rüstungen begonnen worden, um Gregor VII. zu Hülfe zu kommen, und hier galt es, sich ja vorzusehen, so daß also diese Zusammenkunft mit Herzog Liutold, wohl auch die mit Bischof Heinrich von Trient, nicht vorbeigegangen war, ohne daß der König eine Sperre der Päffe durch die Alpen, sowohl durch Kärnten, als an der Etsch entlang, angeordnet hätte[85]). Doch scheint der König nochmals von Verona westwärts gegangen zu sein, da er die vom Erzbischof Thebald von Mailand und den treu gebliebenen Bischöfen seines Sprengels gestellten tausend auserlesenen Ritter alsbald mit sich nahm. Der bei Piacenza überschrittene Po war infolge der eisigen Kälte des December hart gefroren, so daß die von den königlich Gesinnten als ein Wunder angesehene Zurücklegung des Stromes leicht vor sich ging[86]).

Versen: Audi, Christe, regis vocem, exauditor omnium; contumatiam elide superborum hominum et in cunctis creaturis te ostende dominum abschließt. Jetzt folgt mit v. 98 — der in n. 11 aufgenommenen Stelle, welcher sich die von n. 17 anschließt — nicht so sehr die Geschichte der zweiten Belagerung, als von begleitenden Erscheinungen und insbesondere vom Weggang des Königs, der in v. 103 nach Rimini abgeht und dann den Kampf gegen Mathilde, gegen Wibo eröffnet und mit Adelheid zusammentrifft (vergl. n. 29, 30, 31, 32): das reicht bis zu v. 124. Mit v. 125 wirft sich Benzo auf die duo Abacuci: unus de porcarana, alter de vacteria (vergl. n. 30), mit ihrem bösen Treiben (vergl. n. 24: nach den dort gebrachten Versen weiter: Horum monachi vicissim contra regem mussitant et per omnes regiones nocturi cursitant, etiam adversus eum feminellas suscitant). Mit v. 134 kehrt das Gedicht zur Person des Königs zurück, um ihm die Trostgründe darzubringen, die torques aurea, die im alten Testamente den Geprüften, Joseph, Daniel, zu Theil wurde. Dann kommt — v. 139 ff. — die Stelle über die gefangenen Rebellen (in n. 16), v. 162 ff. die über die Gesandtschaft des Kaisers Alexios (in n. 18).

[85]) Bernold bezeugt: Heremannus autem rex multum de adversitate sedis apostolicae dolens, eamque de manibus Heinrici liberare volens, expeditionem in Italiam paravit (l. c., 437). Giesebrecht, III, 547, schließt aus Liutold's Anwesenheit (vergl. n. 83) auf die Verabredungen in Verona.

[86]) Benzo, Lib. I, c. 20, hebt unter dem Titel: Spectamen pulchrum Moyses it per mare Rubrum; rex calcat dorsum Padi, fremit unda deorsum — als ein miraculum hervor, daß das calcare dorsum Heridani submurmurantibus aquis Zeuge non solum Placentia, verum etiam tota Italia gewesen sei und Heinrich IV. diese vom Schöpfer an ihm erwiesene Großthat wohl erwägen möge (l. c., 607): Lehmgrübner, l. c., 26—30, weist nach, daß cc. 4—38 dieses ersten Buchs zwischen 1085 und 1086 geschrieben wurden. Aber auch Landulf, Historia Mediolanensis, Lib. III, c. 32, erzählt hievon, allerdings irrig im directen Anschluß an die Geschichte der Erwählung (und Consecration) Wibert's (vergl. ob. S. 289 in n. 95): Hoc facto imperator cum universa multitudine et Pado nimio gelu rigidus ipsum et militiam universam tamquam serviens continente (SS. VIII, 99). Gegen Giesebrecht, der, III, 1164, in den „Anmerkungen" (zu 540), von der irrigen Ansicht ausgehend, Landulf verwirre Heinrich's IV. zweiten und dritten Zug gegen Rom — vielmehr sagt dieser

Zum dritten Male hatte nunmehr Rom den Angriff des Königs zu erwarten.

Im deutschen Reiche vertrat seit dem vorhergehenden Jahre die Gegnerschaft gegen Heinrich IV. der Gegenkönig Hermann; aber es liegt kein Beweis dafür vor, daß zwischen ihm und Gregor VII. irgend ein Verkehr im Gange war, wie er so lebhaft zwischen dem Papst und Rudolf bestanden hatte. Auch davon, daß Hermann auf Veranlassung des päpstlichen Einflusses gewählt worden sei, ist keine Spur vorhanden; in der allerdings mit den letzten Jahren Gregor's VII. spärlicher werdenden Briefsammlung ist der Name des Gegenkönigs nirgends genannt. Es darf sogar aus dem an Bischof Altmann und Abt Wilhelm im Frühjahr 1081 abgesandten Briefe geschlossen werden, daß man in Rom am liebsten die Wahl Welf's gesehen hätte[87]).

Immerhin suchte nun Hermann zunächst innerhalb des sächsischen Stammgebietes durch kriegerisches Auftreten in Gegenden, wo er noch Widerstand leisten sah, Schrecken zu verbreiten. So rückte er schon vor der Fastenzeit in das westfälische Land und richtete da unter Brandstiftung und Plünderung überall Verwüstung an. Eine eingehendere Nachricht liegt allerdings nur über die Belagerung des festen Platzes Iburg vor, jener Anlage, für deren Umwandelung in ein Kloster Bischof Benno II. von Osnabrück sich schon so große Mühe gegeben hatte. Als Anhänger Heinrich's IV. längere Zeit flüchtig, war Benno am Ende des Jahres 1080 nach dem Bisthum zurückgekehrt. Aber gemäß seiner Geschicklichkeit, auch mit der Gegenpartei nicht ganz zu brechen, war er noch seither in Rom stets im Auge behalten worden, und Gregor VII. hatte geradezu

---

vom zweiten kein Wort —, diesen Uebergang in den Winter von 1081 auf 1082 setzte (vergl. ob. S. 402 n. 92), haben Kilian, l. c., 97 u. 98, und Lehmgrübner, l. c., 80—82, von einander unabhängig das allein Richtige, die Ansetzung zum December 1082, bewiesen. Ueber die in der Lombardei aufgebrachte Verstärkung des königlichen Heeres, die Heinrich IV. augenscheinlich mit sich nahm, spricht wieder Landulf, in unmittelbarer Fortsetzung: domno Thealdo omnibus cum suffraganeis, praeter illos quos ipse Gregorius infinite saeva interjocante Pathalia, quam ipse incitaverat, a beati Ambrosii ecclesia abraserat, quam ob misterium Ambrosianum, quod ultra fas et nefas oderat, et militibus mille et electis quos ipse summis et ex propriis dispendiis docendo alebat, in mense Decembris Romam castris ordinatis universis consedit (sc. Heinrich IV.). Dagegen, daß die in diesem letzten Satz stehende zeitliche Angabe auf die Ankunft vor Rom auch sofort zu beziehen sei, wie Kilian, l. c., 98, wollte, wendet sich Sander, l. c., 129 n. 2, mit gutem Grunde.

[87]) Die Tübinger Dissertation von F. Rödge, Die Politik Gregors VII. gegenüber den Gegenkönigen (1879), die zwar allerdings für diese späteren Jahre dem Papste eine stärkere Beherrschung der Verhältnisse zuschreibt, als das der wirklichen Sachlage entspricht, bestreitet, 39 ff., daß Gregor VII. Hermann's Wahl wünschte, mit dem Gewählten Beziehungen anknüpfte. Sicher ist bezeichnend, daß Bonitho, der von Rudolf oft genug spricht, Hermann's mit keinem Wort gedenkt.

seinem Stellvertreter in Deutschland, Bischof Altmann von Passau, den Auftrag gegeben, unter den Männern, die er mit Herbeiziehung des Raths des Erzbischofs Gebehard von Salzburg und anderer Bischöfe aus der Anhängerschaft Heinrich's IV. gewinnen und in brüderlicher Weise herüberzuziehen sich anstrengen solle, Bischof Benno besonders in das Auge zu fassen; Gregor VII. wollte von demselben vernommen haben, er gedenke dem Papste treu anhänglich zu werden, und deßwegen wurde es eben anbefohlen, daß sich diese Beauftragten Rom's des Bischofs in Güte annehmen und ihn, wo es möglich schiene, mit brüderlicher Hülfe gegen jegliche Unbill unterstützen möchten. Wirklich verstand es nun auch Benno wieder, bei dieser gegen ihn durch die ansehnliche feindliche Rüstung verhängten Belagerung in geschickter Weise der Sache eine gute Wendung zu geben. Er rechnete auf die alte Freundschaft zweier angesehener Männer in diesem sächsischen Heere, auf Bischof Udo von Hildesheim und den Markgrafen Ekbert, der also augenscheinlich, nach seiner unberechenbaren Weise, seit Heinrich's IV. Weggang nach Italien nun wieder abgefallen war und dem gegnerischen Lager sich angeschlossen hatte. Nach einer freilich wohl für den Bischof allzu wohlwollend lautenden Auffassung wäre es Benno sogar gelungen, durch seine unendliche geistige Beweglichkeit, in seiner beredten Art zu verhandeln, die beiden Fürsten zu Heinrich IV. zurückzubringen; jedenfalls glückte es ihm, der Belagerung ledig zu werden, so daß das Heer vor Iburg abzog[illegible]).

[illegible]) Die Annales Patherbrunnenses erzählen: Expeditio Herimanni regis contra Westfalos ante quadragesimam; omnemque regionem incendiis ac praeda vastavit (Ed. Scheffer-Boichorst, 98, der dazu — n. 5 — die Angabe einer Paderborner Urkunde anmerkt, die betreffende Tradition sei eo tempore . . . quo princeps Herimannus Westfalos cum exercitu adiit, geschehen); hiezu haben die Annal. Yburgens. noch die Beifügung: domnum etiam Bennonem supra castrum obsidere nisus est, nisi instantia Ecberti marchionis et Udonis episcopi Hildenesheimensis ob antiquam amicitiam domni Bennonis desisteret, atque reversus est (SS. XVI, 437). Diese Dinge hat aber besonders Abt Norbert von Iburg in c. 25 seiner Vita Bennonis, das deutlich an diese Notiz der Annalen anknüpft, näher ausgeführt. Es beginnt: Sed hoc (sc. das in c. 24 Erzählte, über den chorus noviter exstructus, nondum consummato toto templo, sc. von Iburg: vergl. ob. S. 342) iterum nova Saxonum tumultuatione differtur; nam quendam sibi Hermannum principem praeponentes cum ingenti exercitu has iterum partes invadunt. urbem hanc (daß hierunter Iburg — castrum —, nicht Osnabrück zu verstehen ist, beweist Wilmans, in den beigefügten n. 78) undique studiosa obsidione vallantes; da hilft Benno's — ingeniosi viri — facundia, gegenüber den in exercitu illo — quamvis hostes viderentur — in der antiqua amicitia et privata quaedam familiaritas verharrenden Udo und Ekbert, die ihn zu einem colloquium einladen, in der sicheren Voraussetzung: se illum ad deditionis assensum facillima persuasione lecturos, während vielmehr res in contrarium cedit: qui eo venerant, ut ad regem suum Hermannum illum converterent, imperatori potius sese fidelitatem velle jurare eius sunt oratione perducti, was auf Reliquien beschworen wird: Peracto sacramento supradicti viri reversi ad suos omnia prospera pollicentes urbem obsidione liberant, cum omnibus revertentes in patriam, graviter tamen ab eis prius hac omni regione vastata (SS. XII, 75). Für Benno's Stellung zwischen den Parteien (vergl. schon ob. S. 294 u. 295) ist auch Gregor's VII.

Hermann muß nachher in Sachsen während des Sommers geblieben sein; denn am 3. August war eine größere Zahl von Fürsten um ihn in der königlichen Pfalz zu Goslar versammelt, als er dem Abte Markward von Korvei für diese Abtei und für Herford die früher ertheilten Vorrechte bestätigte[39]). Dann aber wandte sich die Aufmerksamkeit des Gegenkönigs einer anderen Aufgabe zu. Die Erwägung, es sei seine Pflicht, Gregor VII. aus Heinrich's IV. Gewalt zu befreien, dem schwer bedrängten apostolischen Stuhle zu Hülfe zu kommen, bewog ihn, eine Heerfahrt nach Italien vorzubereiten und zunächst seine Thätigkeit nach Oberdeutschland zu verlegen, von wo ja allein die Romfahrt unmittelbar gerüstet werden konnte. In Sachsen ließ er Otto von Nordheim als Stellvertreter zurück[40]).

Doch fand der Gegenkönig, so weit das die zwar ziemlich spärlichen Nachrichten erkennen lassen, die Lage der Dinge in den oberdeutschen Landschaften keineswegs günstig gestaltet vor. Daß es in Schwaben und Baiern an verschiedenen Stellen zu Zusammenstößen, Brandstiftungen, Plünderungen kam, bezeugen Nachrichten aus Augsburg, die außerdem gegen den grimmigen Feind der dortigen Kirche, Welf, die Anklage richten, daß er aus einem Hinterhalte mehrere Leute aus deren Angehörigen gefangen genommen, getödtet, einige auch geblendet habe[41]). Dagegen waren

Schreiben J. 5217, Registr. VIII, 33, an Bischof Altmann von Passau, über dessen Verfahren gegenüber Benno, quem nobis velle fideliter adherere audivimus (l. c., 484 u. 485), bezeichnend genug. Daß man sogar in Benno's Umgebung dem Bischof nicht recht traute, über dessen Haltung ungewiß war, verräth in recht auffälliger Weise der sonst Benno's Haltung stets rechtfertigende Biograph Norbert, eben in dem hier erwähnten c. 25: die Reliquien zur Beschwörung des Eides zwischen Benno und Udo mit Ekbert sind gebracht, wobei nun aber das Volk des Osnabrücker Bisthums annimmt: illum (sc. Benno) eis (sc. den Beiden) consensisse (im Sinne des Anschlusses an Hermann) urbemque Saxonibus cum juramento velle tradere, und infolge dessen unruhig wird: pene eis (sc. den Beiden) jam vim inferentes, illum infidelem et perjurum clamitare ceperunt, worauf Benno die Aufgeregten artificiose beruhigt: ut interim, pavore deposito, rei exitum praestolarentur exhortans.

[39]) St. 2999 (neuerdings auch durch Philippi, Osnabrücker Urkunden-Buch, I, 167 u. 168, 1892, abgedruckt) ist die erste der beiden ob. S. 427 in n. 141 genannten Urkunden Hermann's — coram multis principibus in palatio regio Goslare — für den venerabilis abbas Corbeyensis Marchwardus, mit der Bestätigung der cyrographa predecessorum nostrorum, und zwar der apostolica et imperialia scripta, für die duo cenobia sibi (sc. dem Abte) commissa, also auch für das Frauenstift Herford. Die wichtige Stelle betreffend die Zehnten vergl. in Excurs V.

[40]) Giesebrecht, III, 546, sagt mehr, als in der in n. 35 stehenden Quellenstelle bezeugt ist, wenn er vom „Boten des Papstes" spricht, die den Schutz angerufen hätten. Bernold bezeugt, a. 1083, daß Hermann — a. 1082: de Saxonia in Sueviam venit — als in Saxonia pro capite omnium eorum Otto zurückgelassen hatte (l. c.).

[41]) Die Annal. August. lassen — rege adhuc morante in Italia — die pugnae, incendia et praedae, und zwar in diversis partibus Alamannorum et Bawariorum, geschehen, und sie erwähnen die Missethaten des dux Welf an den Angehörigen der familia sanctae Mariae (SS. III, 130).

die Anhänger Gregor's VII. im bairischen Stammgebiete, schon im Mai, von einem furchtbaren Schlage getroffen worden. Herzog Bratislav von Böhmen suchte, gestützt auf die Hülfe seiner beiden Brüder, der Markgrafen von Mähren Otto und Konrad, seine ihm von Heinrich IV. zugewiesenen Ansprüche auf die Mark Oesterreich, gegen Liupold, den der König seines Amtes entkleidet hatte, zur Geltung zu bringen. Zwar mag, wie von böhmischer Seite angegeben wird, der obenaufliegende Anlaß ein Streit an der Grenze zwischen Mähren und der bairischen Ostmark gewesen sein. Denn an dem die Gebiete scheidenden Flusse Thaya schienen zwischen den Grenzanwohnern nächtliche Einfälle, Viehraub, Plünderungen und Verwüstungen die Stimmung gereizt zu haben, so daß zunächst Konrad für seine Leute mit Klagen an Liupold und, als er hier nicht Gehör fand, mit seinen Beschwerden an seinen herzoglichen Bruder sich wandte. Jedenfalls griff dieser mit Begierde den Vorwand auf und sammelte ein gewaltiges Heer, zu dem ganz Böhmen und Mähren, dieses unter seinen eigenen Fürsten, ihre Streiter lieferten; sehr wichtig war aber auch, daß der innere Gegensatz im deutschen Reiche gleichfalls hier eingriff, daß aus Baiern dem Böhmenherzog Beistand gegen die Ostmark des Stammgebietes geliefert wurde und eine auserlesene Reiterschaar aus den Vassallen des Bischofs Otto von Regensburg zu dem Heere Wratislav's stieß. Zwar soll auch Liupold sein ganzes Volk, bis zum letzten Sauhirten, mit allen denkbaren Waffen, aufgeboten haben, und er stellte sich an der Nordgrenze gegen Mähren, am Nordabhang des das Thayathal südlich begleitenden Höhenzuges, bei Mailberg, den arge Verwüstung anrichtenden Feinden entgegen. Da kam es am 12. Mai zur Schlacht. Die Lebensbeschreibung des Bischofs Altmann, des mit Liupold so enge verbundenen Vertreters Gregor's VII., malt den Vorgang aus, wie zuerst von beiden Seiten die Trompeten schmetterten, Pfeile und Wurfspeere geschleudert wurden, dann erst der Nahekampf mit den Schwertern anhob, und diese Erzählung giebt auch die gänzliche Niederlage Liupold's und der Seinigen zu, wie denn von böhmischer Seite der völlige Sieg in Anspruch genommen wurde. Das Heer Liupold's löste sich nach furchtbaren Verlusten in der Flucht völlig auf, und auf der Verfolgung richteten die Sieger durch Tödtung oder durch Wegführung Gefangener noch weiteren großen Schaden an; das ganze Land wurde in eine Einöde verwandelt, und entsetzliche Noth erlitten die Ueberreste der Bevölkerung[42]). Indessen scheint doch, so schwer die

---

[42]) Annalistische Erwähnungen des Ereignisses bei Mailberg enthalten Annal. August.: Liupaldus marchio fugatur; pars maxima de sequacibus eius prosternitur et sauciatur, ferner die österreichischen Aufzeichnungen: Annal. Mellicens.: Hoc anno 4. Idus Maji, feria 5., bellum ad Mauriberch est actum et cum maximo nostratium excidio terminatum (gleichlautend in Annal. Gotwicens.), daneben Cod. Zwetlens.: Bawarii et Boemii cum Lupoldo marchione dimicaverunt et vicerunt Moureberge, Contin. Claustroneoburgens. I,

Niederlage gewesen war, ein größerer dauernder Erfolg dem Böhmenherzog nicht zugefallen zu sein. Denn bei aller ruhmrednerischen

---

Cod. 5. 7: Hoc anno 4. Idus Mai, feria 5., Chunradus dux Boemorum auxilio Bawarorum cum marchione Austriae Liupoldo ad Mauriberch bellum iniit et maxima orientalium hominum caede terminavit et marchionem ad fugam compulit, dann unrichtig zu 1083 Auctar. Vindobonense: Dux Boemie Radizlaus dimicavit Maurberch cum marchione Liutpoldo und ähnlich Contin. praedicatorum Vindobonens.: A. D. 1083 Radislaus dux Bohemie auxiliantibus Bawaris cum marchione Leupoldo prope Meuweperge dimicavit et vicit (SS. III, 130, IX, 500—601 —, 608, 723, 725). Die Würzburger Chronik, ed. Buchholz, hat zu 1081 (45): Bellum inter Liupoldum marchionem et Cuonradum fratrem ducis Boemiae 4. Idus Maji, und ebenso stellt Frutolf, Chron. univ., das Ereigniß unrichtig zu 1081: Bellum in orientali Bajoaria inter Chuonradum, ducis Boemiae fratrem, et Liutpoldum marchionem commissum est 4. Idus Mai (SS. VI, 204). Sehr eingehend spricht die Vita Altmanni ep. Pataviens., c. 25, von der Schlacht, wobei sie mit dem Satze einleitet: Dux (vergl. die vorangehende Stelle S. 353 in n. 5) animo crudelis, collectis Sclavis et Bawaris, fines Altmanni et Liupaldi hostiliter intrat, cuncta igne et ferro vastat, cui Liupaldus cum omni populo suo in loco, qui Mouriberch dicitur, occurrit, eum ultra progredi non sinit, worauf die anschauliche Schlachtschilderung, dann diejenige der magna fames, quae reliquias populi consumpsit, qui manus hostium vix evasit, und der hingebenden Anstrengungen Altmann's (vergl. hin n. 43) (SS. XII, 236 u. 237). Dagegen bringt Cosmas, Chron. Boemorum, Lib. II, c. 35, den Eindruck von Seite des Siegers: dux Wratizlaus et sui fratres Chuonradus atque Otto contra orientalem marchionem Lupoldum, filium Lucz (vergl. Bd. II, S. 716, daß Liupold vielmehr der Sohn des 1075 gefallenen Markgrafen Ernst war), commiserunt bellum. Sed prius videndum est, unde ortae sunt tantae inimicitiae inter Lupoldum et Chonradum diarcham Moraviae; nam antea semper fuerant amici ad invicem, worauf die Grenzverhältnisse am rivulus nomine Dia — cum utrarumque provinciarum terminos non silva, non montes, non aliqua obstacula dirimant — erörtert werden, mit den daraus erwachsenen Streitigkeiten: cum frequenter Chonradus ad marchionem huiusmodi de compescenda mitteret seditione et ille tumido fastu despiceret eius verba, supplex adiit fratrem suum Wratizlaum ducem Boemorum, rogans eum sibi in auxilium contra superbiam Teutonicorum. Qui suis quamvis non diffidens viribus, tamen Ratisponensis episcopi unam scaram ex electis militibus precio conducit sibi in auxilium. Nec celat marchionem dux adventum suum; sed mittens unum de satrapis quasi per antiphrasin loquens ei mandat, ut sibi paret grande convivium, seque ipsum pollicetur aleam Martis cito venire lusum. Ad haec marchio efficitur laetus, et a subulco usque ad bubulcum armatos omnigena specie ferri, a subula usque ad stimulum, omnes jubet paratos esse ad bellum. Venerat dux Wratizlaus cum Bohemis simul et Teutonicis qui erant praesulis Ratisponensis; ast alia de parte Otto et Conradus adjungunt se cum suis omnibus qui sunt in tota Moravia militibus. Quos ut vidit marchio longe in plano occurrere campo, praeordinat suos lignei in modum cunei, et corroborat animos eorum huiusmodi monitis alloquii (: es folgt eine längere höchst rhetorisch ausgemalte übermüthige Anrede, die der Böhme dem Deutschen in den Mund legt: Plura locuturus erat, sed eius verba impetus Boemorum adbreviat). Für die — demnach werthlose — Schlachtbeschreibung — die Deutschen rechts, Wratislaw inmitten, Konrad und Otto links — hat dann aber Cosmas, nach Loserth, Studien zu Cosmas von Prag, Archiv für österreichische Geschichte, LXI, 1 ff. (1880), die Chronik des Regino zu 891 (SS. I, 603) benutzt. Dann schließt der Bericht: paucis ex suis amissis (vier Todte werden namentlich aufgezählt) Boemi de plaga orientali famosum referunt triumphum .... a. d. i. 1082 4. Id. Mai (SS. IX, 89 u. 90). Einzelne nekrologische und urkundliche Angaben zu dem Ereignisse stellte

Hervorhebung des Sieges spricht der böhmische Berichterstatter nicht von einer bleibenden Besetzung der Ostmark. Vielleicht hatte die Verwüstung nur bis zur Donau südwärts sich erstreckt. Denn Bischof Altmann war im Stande, auf dem südlich von diesem Strome etwas landeinwärts liegenden Berge, auf dem er kurz darauf seine klösterliche Stiftung Götweih einweihte, Tausenden von Nothleidenden, die bei ihm Zuflucht suchten, Beistand zu gewähren. Allerdings erschöpfte er dabei die ganzen Mittel seines bischöflichen Haushaltes; aber man pries ihn dafür als den Vater der Armen[43]). — Immerhin aber war durch die Schwächung, die Heinrich's IV. Gegner hier im Südosten des Reiches durch die Niederlage bei Mailberg erfahren hatten, eine größere Sicherung für die Stellung des Königs in Italien gegeben.

Das Weihnachtsfest beging der Gegenkönig auf dem schwäbischen Boden, von Fürsten des Reiches umgeben[44]).

Der durch die Bekämpfung Rom's in Italien festgehaltene König war während des Jahres wohl wesentlich durch die Aufgaben, die seiner sich hier bemächtigt hatten, von dem deutschen Reiche abgezogen. Wenigstens wird nur an einer einzigen Stelle berichtet, daß eine deutsche Angelegenheiten betreffende Frage von ihm geregelt worden sei.

In einem Theile von Niederlothringen war nämlich, um die Folgen der Friedensstörungen, denen gegenüber die bisherigen Mittel der Abwehr nicht mehr ausreichten, fern zu halten, zum ersten

---

Juritsch, Geschichte der Babenberger und ihrer Länder (976—1246), 106, n. 3, zusammen: — von Klosterneuburg: IIII. Idus Mai memoria occisorum Mauerberge, von St. Florian: Albinus cum multis aliis occisus, in der Schenkung des Grundstücks in loco qui Tabilarin vocatur durch den Vogt von Götweih, Graf Udalrich, an dieses Stift: pro suis militibus, qui Mauribergiensi bello succubuere. Huber, Geschichte Oesterreichs, I, 231, nimmt an, Liupold habe doch wahrscheinlich seine Burgen behauptet, so daß der böhmische Sieg ohne bleibende Folgen gewesen sei; wenn er, n. 3, feststellt, Cosmas verschweige die wahre Ursache des Kriegs, so ist doch gar nicht ausgeschlossen, daß den augenblicklichen Anstoß — neben dem großen Gegensatze aus der Zuweisung der Mark an den Herzog durch Heinrich IV. — jene Grenzzänkereien gegeben hatten.

[43]) Auch daß nach der Vita Altmanni, c. 25, von dem Bischof bezeugt wird, und zwar gleich im Anschlusse an die Erwähnung der Schlacht (vergl. n. 42): necessitate (sc. der Hungersnoth) compulsi, omnes Altmannum adeunt, alimoniae auxilium petunt, und daß der Bischof in monte Gotwicensi multa milia pauperum pavit, in quo monte saepius cum dilectis spiritalia tractavit — in einem Excurse, cc. 26—28, will dann der Biograph die ethimologia vocabuli huius montis (a Gothis et Wich — d. h. Mark —, wobei c. 28 auch das in Bd. I, S. 348, erwähnte Schwert des Attila, mit dem sich anschließenden Sagenkranze, heranzieht, — mons vocatur Gotewich) bringen —, daß also augenscheinlich Altmann nicht fliehen mußte, spricht nicht für eine wirkliche dauernde Besetzung des Landes durch die Böhmen (vergl. n. 42, a. E.). Ueber die Weihe der Kirche der klösterlichen Gemeinschaft in Götweih vergl. zu 1084, bei n. 141.

[44]) Bernold läßt (a. 1083) Hermann das Fest cum principibus regni satis honorifice (immerhin etwas bescheidenerer Ausdruck gegenüber demjenigen von S. 426 in n. 138) in Suevia feiern.

Male auf dem Boden des deutschen Reiches eine durch kirchliche Bestrebungen in Frankreich und in Burgund schon weit länger eingeführte Einrichtung zur Anwendung gebracht worden. Bischof Heinrich von Lüttich hatte sich mit einer Reihe weltlicher hoher Herren von Niederlothringen in Verbindung gesetzt und schon vor dem Osterfeste mit Glück den Versuch gemacht, für seinen Sprengel einen Gottesfrieden aufzurichten, der dann von allem Volke öffentlich beschworen wurde. Danach sollte vom ersten Adventstage bis zum Abschluß des Tages des Epiphanienfestes und von Beginn des Sonntags Septuagesima bis zum achten Tage nach dem Pfingstfeste im Bisthum Lüttich niemand Waffen tragen, außer wenn er über die Grenzen des Sprengels nach außen sich begiebt oder von dort nach Hause zurückkehrt. Niemand soll Brandstiftung, Plünderung, gewaltthätigen Angriff verüben, niemand mit einem Knüttel oder Schwerte oder irgend einer Gattung von Waffen gegen irgend einen Menschen zu Verstümmelung oder Tödtung vorgehen. Ein Freier, der sich hiegegen verging, verliert sein Erbe, wird seines Lehens beraubt, aus dem Bisthum verwiesen. Ein Unfreier oder ein Gotteshausmann büßt seine ganze Habe ein und verliert die rechte Hand. Bei Anklagen wegen Verletzung des Friedens hat ein Freier zwölf Eideshelfer zu Hülfe zu nehmen. Ein Unfreier mag sich durch das Gottesgericht reinigen, wenn offenbare Anzeichen vorliegen, sonst sich auch durch Eideshelfer, und zwar durch sieben, als unschuldig erweisen. Die Beobachtung des Friedens gilt außer jenen schon erwähnten heiligen Zeiten in jeder Woche von Freitag in der Morgenfrühe bis zum Anfang des Montags, und er wird an allen Festtagen der Kirche von Lüttich und an sämmtlichen, die die allgemeine Kirche begeht, und vorzüglich am Tage des heiligen Lambert, des Bischofs und Schutzherrn der Lütticher Kirche, und am Kirchweihtage, und an diesen beiden Festen auch an den zwei vorangehenden und den zwei nachfolgenden Tagen beobachtet, um die Ankommenden und Wegreisenden, die sich zu diesen Festen einfinden, zu schützen. Endlich gilt die Vorschrift auch noch an den Festtagen der Quatember und an allen Vortagen der genannten Festtage; nur soll an diesen das Waffentragen gestattet sein, freilich unter der Bedingung, daß niemand davon Schaden leide. Wer diese Vorschriften verletzt, unterliegt der Excommunication. Das waren die Ordnungen, die Bischof Heinrich feststellte, und er gewann durch diesen großen Dienst, den er dem Frieden leistete, den Ehrennamen des Friedfertigen, des Freundes des Friedens und der Religion. König Heinrich IV. aber trat dieser Einrichtung, indem er sie unter seinen Schutz nahm, bei. Er bestätigte von Italien her die neue Ordnung und gab darüber dem Bischof schriftliches Zeugniß[45]).

[45]) Der allerdings erst der Mitte des 13. Jahrhunderts angehörende Ägidius von Orval, Gesta pontif. Leodiensium, Lib. III, c. 13, führt den Henricus Pius (nachher, c. 18, heißt Bischof Heinrich I. Henricus Pacificus) ein, wie er angesichts der terra repleta sanguine occisorum, terra absque

gubernatore, terra indisciplinata, der tot hominum cedes, incendia quoque et prede continue atque rapine, weiterer ausgemalter Uebelstände — Hec autem rabies natale Domini sive quadragesima appropinquante plurimum deserviebat —, maximo dolore commotus, sich vielfach bemühte, ut principes terre legem aliquam ponerent, cuius timore cessarent tot illa homicidia et cetera mala intolerabilia in suo episcopatu. Mit großer Mühe und vielem Aufwand führte er assensu domini pape ... et imperatoris Henrici und von Fürsten — Graf Albert III. von Namur und dessen Bruder, Graf Heinrich von Durbuy, Pfalzgraf Hermann II., Markgraf Gottfried IV. von Antwerpen, Graf Konrad von Lützelburg, Graf Heinrich von Limburg, Graf Heinrich von Laach, Graf Arnulf von Los, Graf Heinrich III. von Löwen, eines Grafen Cono (n. 9: ob Graf von Montaigu?) — eine infra episcopatum zu beobachtende pax in das Leben: dann folgt der oben in den Text gesetzte ohne Zweifel der Friedensurkunde selbst entnommene Inhalt. Eine Randbeifügung hat noch zu der Versicherung, daß die Feststellung des Friedens omnium consensu et collaudante omni populo infra Leodiensem episcopatum teneri geschehen sei, die Zeitangabe: anno 1081, sexto Kal. Aprilis, und die Gesta episcoporum Leodiens. abbreviata setzen in den abgekürzten Text, wo nur Albert Graf von Namur als Rath ertheilend und mitwirkend genannt ist: a. D. 1082 ... roborata et firmata et a Henrico rege quarto episcopo est data et confirmata, sc. pax (SS. XXV, 89 n. 90, 131: n. 11 zeigt hier, daß Ägidius' Jahresangabe, da er das Jahr mit Ostern beginnt, zu 1082 im gewöhnlichen Umfang stimmt). Daß die Anfänge des Gottesfriedens für das deutsche Reich hier zu suchen seien, ist allgemeine Annahme. Vergl. im Besonderen Wohlwill, Die Anfänge der landständischen Verfassung im Bisthum Lüttich (1867), 34 u. 35 (speciell n. 1 zu 35, wo schon als bedenklich bezeichnet wird, wenn die erst dem 14. Jahrhundert angehörende Positio pro justificatione judicii pacis pro parte episcopi Leodiensis Avinione exhibita in consistorio publico contra ducem Brabantiae zur Erklärung dieser ursprünglichen Einrichtung des Gerichtes herangezogen werden soll, wie das dann doch Nitzsch, Heinrich IV. und der Gottes- und Landfrieden, Forschungen zur deutschen Geschichte, XXI, 269 ff., wo die Beilage, 287—297, die Positio enthält, gethan hat). Daß noch Friedrich I. 1155 in St. 3725 dem Bischof Heinrich II. von Lüttich die pax Henrici episcopi in Leodiensi episcopatu erneuerte und bestätigte, ist ein weiterer Beweis für die Richtigkeit der Aussage des Ägidius. Vergl. auch Herzberg-Fränkel, Die ältesten Land- und Gottesfrieden in Deutschland (Forschungen zur deutschen Geschichte, XXIII, 131 ff.), wo aber noch auf Gislebert, Chron. Hanoniense, aufmerksam gemacht wird, nach welchem laut den Worten: cum quampluros principes, duces et barones, scilicet et comites et alii nobiles et eorum homines pacis Leodiensis justicie habeant respondere et satisfacere, comites Hanonienses vel homines eius pacis eidem justicie nequaquam tenentur respondere (SS. XXI, 494) schon 1071 unter Heinrich's I. Vorgänger Dietwin eine solche Friedenseinrichtung bestanden hätte (vergl. aber Bd. II, S. 68 n. 58, daß gerade dieser Zusammenhang des hundert Jahre später geschriebenen Werkes nicht schwer in das Gewicht fällt, wenn auch Herzberg-Fränkel die Nachricht nicht ganz verwerfen möchte, wogegen aber Weiland, n. 1, zu Legum Sect. IV, I, 603, gleichfalls sich wendet). Vergl. ferner Kluckhohn, Geschichte des Gottesfriedens (Leipzig 1857), 69 ff., sowie besonders Waitz, Deutsche Verfassungs-Geschichte, VI, 2. Aufl., 539, n. 1 (mit Seeliger's Ergänzungen), sowie ob. S. 18 n. 22. Ueber die Werthlosigkeit der Angabe des Paul von Bernried, c. 98, vergl. im Excurs I, n. 4. Heinrich's I. Lob als amator pacis et religionis verkündet Sigebert, Chron., a. 1091, bei der Angabe des Todes des Bischofs (SS. VI, 366). Der Bestätigung durch Heinrich IV. gedenkt auch das späte Magnum chronicon Belgicum: Quae pax anno pontificatus Henrici XIV. (das ist unrichtig: vergl. Bd. II, S. 515 ff.) in expeditione Romana per Henricum regem IV. et principes confirmata et episcopo Henrico datae litterae (Pistorius, Rerum German. Veteres Script., Ausgabe von 1731, III, 136).

1083.

Am Ablaufe des zweiten Jahres, das Heinrich IV. in Italien abschloß, hatte er, als er neuerdings gegen Rom sich in Bewegung setzte, jedenfalls nicht ohne eine gewisse Beunruhigung auf die Möglichkeit einer Störung hingeblickt, die ihm von Seite des Gegenkönigs Hermann, im Versuche, auch seinerseits eine Romfahrt anzutreten, verursacht werden konnte. Aber diese Besorgniß sank alsbald dahin, da Hermann es nach der Nachricht vom Tode Otto's von Nordheim, die er schon im Laufe des Januar erhielt, für gerathen erachtete, auf den weiteren Vormarsch zu verzichten und sich nach Sachsen zurückzuwenden [1]).

Inzwischen war aber durch Heinrich IV. der Marsch gegen Rom weiter fortgesetzt worden, und der König scheint da etwa in den ersten Wochen des Jahres, vielleicht auch erst im Februar, aufgerückt zu sein [2]). Gregor VII. war schon ganz im Beginn des

---

[1]) Bernold, Chron., sagt das ausdrücklich: Inde (sc. von Schwaben) cum exercitum in Longobardiam promovere vellet, molesta sibi legatio de Saxonia venit, quippe quod Otto dux prudentissimus miles obierit . . . ., in cuius obitu maximum scisma futurum non dubitaret, nisi huiusmodi scisma anticipare maturaret. Hac igitur necessitate, postposita expeditione, Saxoniam festinanter redire compellitur (SS. V, 437). Vergl. über Otto's Tod unter n. 44.

[2]) Die Frage, wann Heinrich IV. wieder vor Rom eintraf, ist nicht mit voller Sicherheit zu entscheiden. Daß Bernold in den Worten: Heinricus . . . ante pentecosten Romam impugnaturus aggreditur (l. c., 437 u. 438) keine verläßliche Angabe bietet, ist selbstverständlich. Andererseits sagt Landulf, Hist. Mediolanens., Lib. III, c. 32, im Anschluß an die S. 462, in n. 36, eingerückte Stelle: Ubi (sc. vor Rom) cum per menses septem imperator . . . laborasset (SS. VIII, 99), woraus Kilian, Itinerar Kaiser Heinrichs IV., 98, schließen wollte, daß — vom December 1082 bis Juni 1083 (Einnahme der Leostadt) sieben Monate gerechnet — Heinrich IV. noch im December vor Rom eingetroffen sei. Bonitho, Liber ad amicum, Lib. IX.: Sequenti hieme iterum rex Romae reversus est (Jaffé, Biblioth. rer. German., II, 678) ist zu allgemein gehalten. Sander, Der Kampf Heinrich's IV. und Gregor's VII. von der zweiten Exkommunikation des Königs bis zu seiner Kaiserkrönung, 128 n. 2, macht es sehr wahrscheinlich, daß das erneute Aufrücken des königlichen Hoflagers vor Rom etwa in den Februar 1083 fiel und daß Landulf die sieben Monate an der Abwesenheit des mailändischen Contingentes von der Heimat bemaß.

Jahres nach Unteritalien gegangen: am 6. Januar erscheint er da in Benevent[3]); es ist sehr wahrscheinlich, daß der Wunsch, Robert Guiscard näher zu sein, ihn endlich zum Aufbruch nach Rom zu bewegen, ihn dahin geführt hatte. Doch wird wohl der Papst schon wieder seinen Sitz in Rom aufgeschlagen haben, als König Heinrich IV. vor den Mauern der Stadt sich zeigte.

Allein inzwischen waren in Rom selbst Stimmen laut geworden, die, wenn ihre Begehren zur Erfüllung gebracht worden wären, den Erfolg Heinrich's IV. mächtig beschleunigt haben würden. Die Friedenspartei war nämlich neuerdings stark hervorgetreten, und in der Zwischenzeit zwischen dem Abzug des Königs im vorhergehenden und dem abermaligen Aufrücken seines Heeres im Beginn dieses Jahres war eine Gesandtschaft aus Rom an jenen abgegangen, um Verhandlungen über einen solchen Vergleich anzuknüpfen[4]). Ebenso scheint es, daß die aufs neue vom König angeordnete Absendung des Bischofs Benno II. von Osnabrück, der von früher her die Lage der Dinge in Rom gut kannte, mit diesen Anknüpfungen im Zusammenhange stand. Heinrich IV. muß gerade diesen Unterhändler mit Bedacht ausgelesen haben, da er von dem Bischof wußte, daß auch Gregor VII. die Hoffnung, auf dessen Beistand zu rechnen, stets noch nicht aufgegeben hatte. Weil mehr als ein Jahr verweilte Benno zur Zeit der wieder aufgenommenen königlichen Belagerung vor Rom und widmete seinen Fleiß den Versuchen, zwischen König und Papst Frieden zu stiften, so daß der Verfasser seiner Lebensbeschreibung meinte, Benno habe fast täglich, als Unterhändler zwischen Heinrich IV. und Gregor VII. hin und her rennend, sich für Herstellung des Friedens mehr angestrengt, als er je in einem Kriegszuge geleistet habe[5]). Aber der Versuch der auf

---

[3]) In J. 5256 ist diese Abwesenheit Gregor's VII. von Rom bezeugt.

[4]) Das bezeugt Lupus Protospatarius, im Beginn des Jahresberichtes: Et hoc tempore Romani a papae Gregorii societate discedentes, legatos ad praedictum direxerunt regem (sc. Heinrich IV.), quo cum Romae mitterent (SS. V, 61): das gehört, wie Sander mit Recht, l. c., 125 n. 1, gegen Giesebrecht, III, 550 — noch schärfer stellt von Heinemann, Geschichte der Normannen in Unteritalien und Sicilien, I, 321 (dazu 399), diese Dinge erst nach Einnahme der Leostadt — ausführt, in die Zeit vor Heinrich's IV. Auftreten vor Rom (von diesem spricht die Quelle erst in einem nachfolgenden Satze: vergl. n. 12), und da Lupus das Jahr mit dem 1. September beginnt, ist die Zeit der Gesandtschaft etwa in die letzten Monate von 1082 oder ganz in den Anfang des Jahres 1083 zu setzen.

[5]) Norbert sagt in der Vita Bennonis, c. 28: . . iterum regio jussu dominus episcopus in Italiam est profectus, ubi anno integro et tribus mensibus in Romanae civitatis obsidione est detentus; nilque aliud tanto temporis spacio ibi perhibetur egisse, nisi si forte cum aliis, quorum Deus tetigerat corda, pacem inter eos et concordiam Dei opitulante clementia facere posset. Pene enim cotidie inter regem et papam internuntius currens, plus pene dicitur in pace facienda laborasse, quam in aliqua facere consueverat expeditione bellorum (SS. XII, 77). Die angegebene Zeitfrist — Benno muß vorher, nach Herstellung des Friedens in seinem Bisthum — vergl. S. 463 — an Heinrich's IV. Hof berufen, mit seinen Aufträgen ausgestattet worden

den Frieden hin arbeitenden Römer muß von Anfang an aussichtslos geblieben sein. Denn von einer Seite, die, wenn sie den Willen einzugreifen haben wollte, in Rom sehr wirksam aufzutreten vermochte, war eine starke Hinderung solcher Versuche ausgegangen. Sobald Herzog Robert, nach seiner Rückkehr nach Italien, von der Neigung, die in Rom erweckt war, mit Heinrich IV. sich auszusöhnen, Kunde gewann, beeilte er sich, die Kriegslust im Gegensatz hiezu in der Stadt zu steigern. So ließ er wenigstens, da ihn die schwierigen, wenn auch allmählich sich bessernden Verhältnisse in Unteritalien noch stets festhielten, die ansehnliche Summe von über 30000 Solidi nach Rom abgehen, um den kriegerischen Sinn in der Stadt für die bevorstehende dritte Belagerung zu bestärken und die Römer zu ermuthigen, an Gregor's VII. Seite auszuhalten. Damit waren die Anstrengungen derjenigen, die an den Frieden mit dem König gedacht hatten, lahm gelegt, und die sehr nothwendige Zuversicht, daß der Herzog seiner Verpflichtungen für die Vertheidigung des Papstes eingedenk geblieben sei, war dadurch befestigt, dagegen die Aussicht auf eine von Heinrich IV. wohl abermals erhoffte Einschüchterung und eine für ihn günstige Gesinnungsveränderung der Römer sehr verringert [8]).

Die Anstrengungen, die nun Heinrich IV. gegen Rom richtete, hatten abermals die Eroberung der Leostadt zum Ziele. Gregor VII. selbst bezeugte nachher, daß zwei Male der Sturm gegen deren Mauern unternommen worden sei, doch ohne Erfolg für die Angreifer; ein dritter Versuch richtete sich nach dem gleichen Zeugnisse gegen die bei dem Kloster San Paolo fuori le Mura angelegte feste

---

sein — läßt annehmen, daß der Bischof schon vor Februar 1083 Osnabrück verlassen habe (vergl. die richtige Angabe in Thyen's Biographie, Mittheilungen des historischen Vereins zu Osnabrück, IX — 1870 —, 195, wo die Zeit von Februar 1083 bis April oder Anfang Mai 1084 angenommen wird, während Sander nicht richtig, 128 n. 1, die fünfzehn Monate, statt auf die Anwesenheit vor Rom, auf dessen Aufenthalt „außer Landes" bezieht); dagegen hat Sander, 128, ganz Recht, wenn er Benno's Verwendung in Rom daraus erklärt, daß der Bischof eben Gregor's VII. Vertrauen nicht völlig verloren und so sich dazu geeignet habe, als Bevollmächtigter den Friedensverhandlungen zu dienen, wie denn sichtlich die Römer Gregor VII. nicht völlig preiszugeben gedachten, ganz so wie Heinrich IV. auch gern seinerseits auf diese geschickte Persönlichkeit griff. Vergl. zuletzt ob. S. 463 über Benno's eigenthümliche Zwischenstellung.

[8]) Nach der Stelle in n. 4 fährt Lupus Protospatarius fort: sed dux hoc anticipans, direxit plus quam triginta milia solidorum Romanis, quatenus sibi eos papaeque reconciliaret; quod et factum est. Entgegen diesem ausdrücklichen italienischen Zeugnisse dafür, daß die Sendung solcher Hülfsgelder vor Heinrich's IV. Ankunft vor Rom (vergl. n. 12) fiel, darf keineswegs, wie von Heinemann, l. c., will, die ganz vage deutsche Nachricht Bernold's, l. c.: Multi tamen jam ex Romanis Heinrico consenserant (438) als Beweis dafür, daß der ganze Nachrichtencomplex des Lupus erst nach Einnahme der Leostadt anzusetzen sei — dabei hat von Heinemann außerdem bei seiner Anlehnung das Plusquamperfectum noch völlig übersehen —, genommen werden. Vergl. auch Sander, l. c., 127 n. 4, über die richtige zeitliche Ansetzung, und 129, ob vielleicht diese Geldsendung durch Gregor's VII. Reise nach Benevent angeregt worden sei, was leicht denkbar wäre, aber nicht zu beweisen ist.

Stellung, die schon in den Kämpfen des Cadalus zwanzig Jahre früher hervorgetreten war, aber gleichfalls nicht mit Glück. Dagegen mißlang ebenso ein von den Römern gegen das königliche Heer gemachter Ausfall, indem schnell der Gegenstoß, theils im Schwertkampfe, theils durch die Berittenen, gegen den Angriff eintrat; dabei erlitten die Ausfallenden, wenigstens nach einer deutschen Nachricht, wesentliche Verluste, theils eben in diesem Zusammenstoß, theils durch Festhaltung Einiger als Gefangener, und andere Römer wurden dabei auf der Flucht in den Tiber gejagt, so daß nur eine kleine Zahl entkam. Ein Gedicht, das nachher auf den Waffensieg des Königs gemacht wurde, hob sogar Heinrich's IV. eigene Theilnahme am Kampfe, wie er zur Entflammung der deutschen Kriegswuth das hochragende Streitroß bestiegen habe, nachdrücklich hervor[7]). Dazwischen war der König zuweilen in größerer oder geringerer Entfernung von der Belagerung abwesend. So feierte er das Osterfest, am 9. April, zu San Rufina, nordwestlich von Rom etwa halbwegs von der Küste gelegen[8]). Eine zweite derartige Aufspannung des königlichen Zeltes in der Umgebung Rom's ist zum

---

[7]) Gregor's VII. Angaben stehen in den Nachrichten über die Novembersynode (vergl. n. 33), Registr. VIII, 58: Tres autem synodos quadragesimales (das ist nicht etwa von in drei successiven Jahren liegenden Synoden, sondern von einer drei Male durch Angriffe Heinrich's IV. 1083 gestörten Synode in der Fastenzeit — der König muß also schon vor Ostern vor Rom gewesen sein — zu verstehen) eiusdem H(einrici) persecutio prepedivit. Qui, semel Beatum Paulum (vergl. Bd. I, S. 311 u. 314, über die sancti Pauli munitio, das opidum Pauli), bis Beatum Petrum aggressus (Jaffé, l. c., 516). Frutolf, Chron. univ., bringt die Nachricht: Heinricus rex pascha celebravit apud Sanctam Rufinam, moxque Romam tendens (nach n. 2 kann Heinrich IV. unmöglich erst nach Ostern zuerst vor Rom ausgerückt sein), castra posuit ubi et prius, ad occidentalem portam castelli Sancti Petri (SS. VI, 205). Den Ausfall der Römer berichten Annal. August.: Rex biennio dolis induciisque protractus, Romam invadit et obsidione circumdedit. Romani suasione et seductione circumventi, tandem urbem egressi, bella temptant; sed citius Dei nutu ab exercitu regis partim gladiis, partim equis sternuntur; partim flumine mersi intereunt, et paucis evadentibus alii captivantur, alii truncantur (SS. III, 130), sowie wohl auch Annal. Pegaviens. an der in n. 12 aufgeführten Stelle. Die erste Hälfte des Libelli de lite, I, 433 u. 434, wieder abgedruckten Gedichtes von n. 13, wenigstens sicher die Strophen 2—10, beziehen sich wohl auch auf diesen Ausfallskampf: vergl. besonders in Strophe 4: Henricus rex terribilis Romanos muros circuiit insidiasque posuit, Quirites multos perdidit, Strophe 5: Vicissim cadunt milites, dum pugna surgit acriter; Romano instat acies et regis fundit maxime, sowie Strophe 6 und 7: Sed rex dum videt talia, sublimi equo scanderat, collegit iram maximam, Romana caedit agmina. Romana nam prudentia, quae mundum totum vicerat, jam equos dextrorserat, in fuga multos verterat, Strophe 8 und 9: Jam plena cum victoria discurrit ad tentoria; sed ira Theutonica non fert haec opprobria. Contra Quiritum agmina ruunt in certamina; cum spatis cedunt corpora et foras pellunt animas, wonach Strophe 10: Sed illi, qui evaserant, se condunt in foramina auf das Folgende (vergl. n. 13) überleitet.

[8]) Vergl. Frutolf's Angabe in n. 7. San Rufina war damals noch Bischofssitz, da erst Papst Calixtus II. die Kirche von Silva Candida — San Rufina und San Secunda — mit dem Bisthum Porto vereinigte (Ughelli, Italia sacra, I, 103 ff., 148).

24. Mai bezeugt, als in Gegenwart des Erzbischofs Liemar, der Bischöfe von Novara, Vercelli und Tortona und weltlicher Herren vor Heinrich IV. zu Gunsten der Abtei Farfa von einem Inhaber unrechtmäßig besetzten Gutes darauf Verzicht geleistet wurde[9]). Aber auf das Pfingstfest kehrte der König zur Belagerung zurück[10]), und jetzt trat ein Erfolg für seine Anstrengungen ein.

Für das Gelingen der kriegerischen Thätigkeit Heinrich's IV., wenigstens bis zur Festsetzung in der rechtstiberinischen Stadt, trug nicht wenig bei, daß in Rom selbst eine Ermüdung durch die nun schon seit zwei Jahren dauernden Mühen eingetreten war. Sogar der Papst räumte es nachher ein, daß ein Ueberdruß an den Kämpfen und deren bevorstehenden Folgen erklärlich geworden sei. Der Verkehr der Städter mit den benachbarten Orten und festen Plätzen war unterbunden; die Leute der Umgebung, die vielfach Heinrich IV. verpflichtet worden waren, versäumten es oder wurden verhindert, Lebensmittel zum Verkauf in die Stadt hinein zu bringen, so daß arger Mangel einriß. Manche Römer verließen deßwegen die Stadt, und die Zurückgebliebenen wurden lässiger, versäumten die gehörige Besorgung des Wachtdienstes und bewiesen überall ihre Unlust zum Kampfe[11]). So kam es am 3. Juni — es war der Samstag der Pfingstwoche — zur Einnahme der Leostadt. Das Ereigniß — brachte es doch die Kirche des Apostelfürsten Petrus in die Gewalt des Königs — erregte weithin großes Aufsehen. Ganz einläßliche Schilderungen des Vorganges wurden in verschiedene Geschichtserzählungen eingefügt, und von mehrfachen Seiten wurde der Anspruch betont, daß bestimmt hervorgehobene Theilnehmer am Kampfe die Gewinnung dieses rechts vom Tiber gelegenen wichtigen Stadttheiles ermöglicht hätten. Ein Mailänder Bericht wollte zwei Leuten aus der von Erzbischof Thedald herangeführten Heeresabtheilung, aus den Angehörigen der Kirche des heiligen Ambrosius, dieses Verdienst zuweisen; die Lebensbeschreibung des im böhmischen Zuzuge vor Rom tapfer bewährten Wiprecht von

[9]) Die Verzichtleistung des Guido quondam Guidonis comitis — per fustem, quem in manu habebat — geschah, betreffend Güter in Minione und Viterbo, in loco et finibus prope urbem Romam, ubi dicitur Pusterula ad Pertusum, intus tentorium domini regis Heinrici presentia bonorum virorum, bei deren Namen Giesebrecht, III, 1273, zum Abdruck des Stückes — St. 2848 — in n. 1 u. 2 die Verbesserungen Vercellensis und Veronensis anbringt. Das Stück schließt: Andreas notarius et judex domini imperatoris confirmando subscripsi.

[10]) Sander, l. c., 130 n. 1, macht mit Recht geltend, daß die in n. 2 angeführten Worte Bernold's wohl auf diese Rückkehr vor Rom — ante pentecosten: Pfingsten fiel auf den 28. Mai — sich beziehen.

[11]) Gregor VII. fährt nach den Worten von n. 12 fort: Romanum siquidem vulgus, pars videlicet copiosior civitatis, biennio bello fatigatum, acri inedia laborabat, cum nec ipsis ad vicina oppida vel castra liceret exire, nec illi jurati H(einrici) in Urbem vellent negociatum venire; multi quoque fame abacti Urbem reliquerant; proinde ceteri, bello remissius attenti, rem ex animo minus gerebant et a custodiis, prout cuique libebat, sine timore negligentius aberant (l. c., 517).

Groitsch macht einen böhmischen Krieger namhaft; die nach Heinrich's IV. Tode verfaßte Lebensbeschreibung des Kaisers, die gleichfalls mit besonderer Vorliebe diese Begebenheit ausmalt, hebt einen ungenannten Kämpfer hervor, von dem es nicht einmal deutlich ausgesprochen ist, ob er, was zwar das Wahrscheinlichste ist, dem deutschen Heer angehört habe. Dagegen lautet das Wesentliche der Schilderung überall gleich und steht auch mit den anklagenden Worten Gregor's VII. in Uebereinstimmung. In sträflicher Pflichtvergessenheit hatten es nämlich die Römer unterlassen, die von dem königlichen Lager aus sichtbaren Mauern der Leostadt zu bewachen, und so gerade den wichtigsten Theil ihrer Befestigung völlig entblößt. Das wurde bemerkt, zuerst, wie wohl jenen Berichten zu glauben ist, durch einen Einzelnen, oder durch wenige kühne Leute, die aus irgend einer Ursache näher an die Stadtmauer sich herangeschlichen hatten, so daß nun diese Ausspäher es wagten, an den ohnehin schon durch die Belagerungswerkzeuge beschädigten Mauern emporzuklettern, wo sie nach ihrer ersten Wahrnehmung entweder gar keine Wächter oder die etwa noch Anwesenden schlafend fanden. Sogleich wurden jetzt Zeichen nach dem Lager hin gegeben; denn zu rufen war nicht gerathen, da so die Ueberraschung vereitelt worden wäre. Durch den Erzbischof von Mailand nach der einen Form der Mittheilung, durch Wiprecht nach der anderen, oder, was das Wahrscheinlichste, durch die kriegerischen Genossen überhaupt, die endlich diese ertheilten Winke bemerkten, geschah jetzt alsbald der allgemeine Aufbruch, mit allen Waffen, mit den zur Ersteigung nothwendigen Leitern; zu spät ermannten sich die Vertheidiger; vielfach wurden die Waffenlosen in den Thürmen der Mauer ereilt, getödtet oder verjagt. Ohne allzu viel Blutvergießen geschah so die Einnahme der Stadt bis zum Tiber hin, über den die Flüchtigen nach der alten Stadt Rom zurückeilten. In der Leostadt, zu deren völliger Beherrschung nur bloß noch die Engelsburg fehlte, richtete sich Heinrich IV. mit seinen Leuten ein[18]). Es war ein ebenso

[18]) Der Papst sagt nach der Stelle in n. 7 von Heinrich IV.: demum post multum fusi sanguinis, non tam suorum fortitudine quam negligentia civium (vergl. n. 11) Porticus (vergl. ob. S. 441, in n. 11) muros surripuit (l. c., 516 u. 517). Weitere Quellen bieten noch verschiedene Nachrichten, mit bestimmter Tagesangabe Frutolf: capta est urbs 4. Non. Junii (in der Benutzung durch den Annalista Saxo verbessert: 3. Non. Junii, SS. VI, 721) feria sexta ante octavam pentecostes (l. c.), dagegen Bernold: domum sancti Petri in sabbato infra epdomadam pentecostes armata manu aggreditur (sc. Heinricus) (l. c., 438), wozu die Tagesangabe der Annal. Benevent., Cod. 3: tertio venit Heinricus rex Romam et cepit porticum sancti Petri, tertio die mensis Junii (SS. III, 182) trefflich paßt. Dazu kommen Erzählungen eingehender Art über den Vorgang der Eroberung, erstlich durch Landulf in dem in n. 2 genannten Zusammenhang, wo, während die Deutschen im Lager geruht hätten, duo viri audacissimi, domni Thealdi et sancti Ambrosii de familia, pistor nomine Amizo et camerlengus hostium camerae olim noctuque custodiens Ugo nomine, praelio et causis audacissimis assuefacti, armis et gladiis viriliter accincti, clanculo civitatis munitiones nec non et custodes turrium

unerwarteter, als erfreulicher Sieg, und ganz begreiflich erscheint es, daß man im Lager des Königs sich stolz erhoben fühlte. Auch

et murorum (nachher: murus machinis ex parte eruderatus) qualitates perscrutari cupientes als Urheber der Eroberung genannt werden: Ersteigung der Mauern, deren Wächter sie schlafend und ganz still sich verhaltend finden — dann Tödtung und Vertreibung der inermes von den Thürmen — Ertheilung von Zeichen aus den Thürmen an den König, ihnen zu Hülfe zu eilen, und Mahnung des Thealdus pavore suorum attactus virorum an Heinrich IV., dies schleunigst zu thun — Einnahme der Stadt mit wenig Blutvergießen, indignatis Teutonicis, gens invida Langobardis (SS. VIII, 99 u. 100). Von deutschen Darstellungen theilt die Vita Heinrici IV. imperatoris, c. 6, wo allerdings (vergl. ob. S. 391, in n. 76) die Ereignisse von 1081 bis 1083 ganz zusammengeschoben sind, speciell über dieses Ereigniß des 3. Juni Näheres mit: Quodam die, cum exercitus uterque pugna estuque fessus circa meridiem sopori se dedisset et nec speculator, ut fortuna voluit, vigilaret, unus ex scutariis propius ad murum, ut pila legeret, accessit. Cumque erectis et intentis auribus explorasset, intus neminem adesse — nam murum et propugnacula vacua cernebat — adjutus et animi confidentia, et corporis levitate, manibus et pedibus sursum enitebatur, donec tandem muri summitatem apprehendit. Tum vero, cum jactatis circumquaque oculis neminem videret, inter spem et metum positus, toto corporis motu sociis innuebat, vixque se a clamore, cum tardius innuentem attenderent, abstinebat. Qui raptis armis et scalis properantes, citius, ut ajunt, dicto murum superantes, captam Urbem acro defendentes interficiunt, capiunt, fugant (SS. XII, 275: doch fließt deutlich am Ende schon der Gedanke an den Vorgang von 1084 — vergl. dort in n. 9 — hinein). Ebenso hat die schon ob. S. 351 u. 352 in n. 5 charakterisirte Abtheilung der Annal. Pegaviens. eine abermals hiemit nahe verwandte Darstellung, wobei allerdings — triennio circiter in eodem statu duravit, sc. Heinrich IV. vor Rom, belagernd — die Ereignisse aller drei Jahre 1081 bis 1083 mehrfach zusammengeflossen sein mögen. Die Erzählung beginnt damit, daß — quia cultores ab agris deerant, alimenta quoque regis exercitui defecerant — großer Hunger in Rom herrschte und utrimque frequenti congressione facta der Kampf von keiner Seite entscheidende Fortschritte machte, Wiprecht aber — clam a suis exploratum missis — von juxta in montanis victualia cum armentorum et gregis copia a quibusdam recondita Kunde erhielt und alsbald — sociatis sibi tam regis militibus quam Boemis — in seiner thatkräftigen raschen Weise sich dieser Vorräthe bemächtigt, worauf bei der Rückkehr zum Lager die Nachricht ihn erreicht: erupisse Romanos ac regem ad pugnam lacessisse (: imminebat autem tunc festivitas ascensionis dominicae —): Wiprecht nimmt eifrig am Kampfe Theil, wirft mit den Seinigen die Römer an das Stadtthor zurück, eilt dem bedrängten König zu Hülfe und reicht ihm, da sein Schwert zersprang, in die vom Schlagen fast erstarrte Rechte die eigene Waffe, worauf er selbst, obschon schwertlos, noch kühner die Feinde an die Mauern zurückdrängt: Et quia plures utrimque sauciati fuerant, per septem dies imperator intra castra se continuit (— es liegt sehr nahe, hier eine besondere Schilderung des in n. 7 erwähnten Ausfalles zu finden). Jetzt erst folgt die hier in Betracht fallende Parallele zu Landulf und der Vita, höchst einläßlich geschildert: Wiprecht ruht eines Tages, ermahnt aber — accito quodam ex suis viro satis industrio nomine Ras — diesen Späher, ut murorum ambitus perlustrando diligenter consideraret, sicubi valeret aditum intrandi muros investigare, qua excubantium desidia explorata clam potuissent ascendere. Der Befehl wird befolgt; aber nach Erkundung der Sorglosigkeit der Wächter und Ersteigung der Mauer geht nun hier — abweichend von den zwei anderen Erzählungen — der Späher zu seinem Herrn zurück: reversus domino suo clam indicavit (etc.), worauf Wiprecht — suis omnibus et paucis Boemorum assumptis armatis, duabus quoque scalis, Ras milite suo praeduce — die Mauer als Zweiter ersteigt, hernach den König durch einen Boten schleunigst um Hülfe mahnt.

in einem Gedichte, das wohl ein Italiener — vielleicht jener gelehrte Vertheidiger der königlichen Sache, Petrus Crassus — schuf,

In sehr anschaulicher Weise erzählen die zwei nächsten Sätze: Ex militibus jam quatuordecim muros ascenderant, caeteris etiam accelerantibus, rege quoque cum multitudine ad portas irruente ac valvas securibus excidente; subito Romani conclamant et eos qui muros ascenderant, ictu lapidum et lancearum impetebant. Rex tandem urbe potitus, occurrantes valide Romanos multa strage multavit, nonnullis quoque suorum satis nobilibus et strenuis in tanta congressione viriliter occumbentibus, eis tamen majorem ex hostibus caedem exercentibus; doch ist es fraglich, ob das noch zu 1083 gezogen werden darf, da dann mit dem nächsten Satze die Schilderung, unter Nennung des Petrus Leo — aber ebenso auch fortwährend des Wicpertus — auf ein Mal in das Jahr 1111, in den Kampf Heinrich's V. gegen Papst Paschalis II., hineingeräth (SS. XVI, 238). Immerhin stimmen im Wesentlichen, über die Art der Ermöglichung einer Einnahme der Leostadt, Landulf, die Vita Heinrici IV., Wiprecht's Lebensbeschreitung im Abschnitt der Pegauer Annalen, unter einander und — betreffend die Unachtsamkeit bei Bewachung der Mauer — mit Gregor VII. überein. Weiter dürften die Worte des schon ob. S. 438 in n. 7 in seinen Anfängen mitgetheilten Satzes des Prologus der Fundatio monast. Aquicinctini hier hereingezogen werden: Henricus .... ipsam Urbem diu debellatam et expugnatam cum multo labore famis et inopiae, tandem machinis et scalis devicit (SS. XIV, 580). Ebenso ist schon S. 444 in n. 14 darauf hingewiesen, daß Annal. Cavens.: Henricus ... Porticum sancti Petri per vim cepit et ex magna parte destruxit — hiemit fast übereinstimmend die sogenannten Annal. Seligenstadens.: Henricus rex iterum Romam venit et Porticum sancti Petri destruxit (SS. XVII, 31) — der Einnahme gedenken (SS. III, 190). Eingehender ist wieder, aber im Einzelnen mehrfach verwirrt, was Rangerius, Vita Anselmi Lucensis episcopi, erzählt, freilich eben, wie schon ob. S. 389, in n. 73, hervorgehoben wurde, unter ungenügender Unterscheidung der Vorgänge der verschiedenen Belagerungen; doch ist Overmann, in der ob. S. 381 in n. 61 genannten Abhandlung, 425, entschieden zuzugeben, daß diese poetische Darstellung zumeist die letzte Zeit, die Ereignisse von 1083 an, behandelt. Zuerst ist schon, nur zu früh, bereits v. 5790 ff., von der wachsenden Mißstimmung der Römer die Rede: Omnia magna putant, diffidunt, debilitantur, jamque in Gregorium mussitat omnis homo, worauf freilich der Kampfesmuth wieder gewachsen sei, und dann folgt — v. 5926 ff. —, nachdem es soeben geheißen, daß Heinrich IV. ruhmlos zurückgewichen sei, im Gegensatz dazu: Sed quia campus ei non commodus esse videtur et jam Romanis cedere castra videt, de subito collem conscendit et aptat in arcem, et cingit muro triste Palaciolum (vergl. n. 14: Overmann, l. c., macht hier mit Recht darauf aufmerksam, daß die da als Ursache der Einnahme der Leostadt erwähnte Befestigung des Palatiolus vielmehr erst nach dieser Eroberung durch den König eingetreten sei). Romani viso tam multo intrinsecus hoste, turbantur subiti de novitate mali; stant tamen, et variis hostem congressibus angunt, et vires eius undique debilitant; cernunt occisos matres in sanguine natos et nati patres, nec modus est lacrimis. Barbara gens tali de prosperitate levata non parcit jugulis fortibus et teneris. Quos capiunt, truncant, gemino vel lumine privant aut perimunt gravius carcereis crucibus. Haec quoque parva puta majori coelitus ira, ipsa domus Petri diripienda datur (eine sonst nirgends gebrachte Angabe). Rex gaudet quasi Gregorium jam caeperit, atque victus sub gladio pendeat ille suo. Bei Donizo, Vita Mathildis, Lib. II, v. 210 ff., lautet die Erzählung: rex ... ivit ad urbem Romuleam, secum Guibertus abisse videtur. Mos fuit, adventum regis populo fore festum; istius est fletus, sua turbant crimina caelum. Urbs propter papam non illi fit reserata; circa quam bellans, dirupit moenia celsa, depopulans Urbem, papam statuens ibi turpem, worauf sie dann gleich in die Ereignisse von 1084 hinübergleitet (SS. XII, 383 u. 384). Weiter gedenken

kam dieser Jubel zum Ausdrucke: „Kommet, alle Völker, die Ihr den Hof der Welt bewohnt, seid immer vorsichtig, die Gebote des Herrn zu erfüllen! Wollt Ihr die Kämpfe vernehmen, die in tapferer Stunde geliefert worden sind? Denn die römische Wildheit sank durch ihren Uebermuth darnieder". Dann schildert der Dichter jenen vom königlichen Heer, unter wackerer Theilnahme des Königs, für die Angreifer verlustreich zurückgewiesenen Ausfall der Römer und reiht daran höhnischen Ruf an Hildebrand, den Scheelsüchtigen, den Meineidigen, den aus dem Samen des Drachen Erwachsenen, der den römischen Stuhl erschlich, den König aus seinem Reiche zu treiben gedachte. „Schon hält jetzt der König die Vorhöfe besetzt, die er kühn erobert hat, und den apostolischen Sitz, den Du durch Geld inne hattest. Erröthest Du, Fauler, nicht über die üble Verbündete Mathilde? Du hast versucht, die Welt mit dem Gewichte des Goldes zu zwingen. Gestillt sind die Nachstellungen, die Du überall gelegt hast. Mathilden's Kräfte vermögen nichts und können nicht zu Hülfe kommen". Danach folgt die Erwähnung von Grafen, eines Markgrafen, die Aufzählung von Namen solcher Bundesgenossen des Papstes. Und das Ganze schließt mit nochmaligem Siegesruf: „Aber nichts vermochte für Dich des Teufels Bundesgenossenschaft. Zurückweichen sollen die Gegner, die nach dem Tode des Königs begierig waren. Auf lange Zeit hat der König als Sieger Stellung gefaßt und die Patariner vernichtet; aber mit des Herrn Gnade hat er den Sitz des Apostels inne"[18]).

Lupus Protospatarius: Attamen rex Romam adveniens, cepit totam regionem trans Tyberim in qua apostolorum principis eminet templum, sowie Annal. Einsidlens.: Heinricus rex Romanos rebellantes devicit, potenti brachio Romam armis cepit, multis tam cede quam igne pereuntibus, Annal. Leodiens. Contin.: Rex Heinricus Romanam Leonianam capit, Romam antiquam oppugnat, die Continuatio II. des Marianus Scottus, a. 1105 (resp. 1083): Heinricus urbem Romae infregit et cepit, wo aber wohl eher von dem Ereigniß von 1084 — vergl. dort in n. 12 — die Rede ist (SS. V, 61, III, 146, IV, 29 — resp. Annal. s. Jacobi Leodiens., XVI, 639 —, V, 569) mehr oder weniger kurz des Ereignisses. Sichtlich hat der Vorgang also große Aufmerksamkeit auf sich gelenkt.

[18]) Daß dieses schon in n. 7 erwähnte Gedicht von neunzehn Strophen dem Jahre 1083 — nicht 1084, nach der Besetzung der eigentlichen Stadt Rom, wie Dümmler als Herausgeber in den Libelli de lite, I, 433, auch Mirbt, Die Publizistik im Zeitalter Gregors VII., 20, 82, annehmen — angehört, ist Giesebrecht III, 1170, in den „Anmerkungen", und Sander, l. c., 129 n. 4, völlig zuzugeben. Denn abgesehen von den durch diesen hervorgehobenen Versen in Strophe 13: Jam rex nunc tenet atria, quae cepit cum audacia (in Bezug auf die Bezeichnung Porticus: vergl. n. 12) kommt noch in Betracht, daß das Ausfallsgefecht von 1083, das — vergl. n. 7 — so nachdrücklich erwähnt wird, ein Jahr später jedenfalls nicht mehr diese Berücksichtigung gefunden hätte. Daß der ob. S. 267 erwähnte Petrus Crassus als der Urheber dieses Gedichtes anzunehmen sei, ist nach Mirbt, Die Wahl Gregors VII., 14, durch Sackur, Addenda, zu Libelli de lite, I (628 u. 629), wieder hervorgehoben worden, besonders im Hinblick auf die Verse von Strophe 13: sedem apostolicam . . . tenebas pecunia und von Strophe 14: tentasti mundum cogere cum pondere pecuniae, auf Hildebrand bezogen, und auf die ob. S. 271 in n. 63 hervor-

Freilich war mit diesem ersten Siege Heinrich's IV. die Unterwerfung der Stadt Rom selbst, die Demüthigung Gregor's VII. noch lange nicht erreicht. Der Papst hielt die Engelsburg für sich fest, wenn er auch zumeist jenseits des Tiber, im Lateran und auf dem cölischen Berge, sich aufgehalten zu haben scheint, und die links vom Tiber liegende eigentliche Stadt wurde allerdings wohl von den königlichen Truppen, so weit es möglich war, bedrängt, ihre ohnehin schon bisher herbeigeführte Noth weiter vergrößert; aber den Eintritt erzwang sich Heinrich IV. hier noch nicht. Dagegen legte der König in der Leostadt, während er deren ohnehin schon bei der Belagerung beschädigte Mauern zum größten Theile niederreißen ließ, eine neue Befestigung an, am Hügel Palatiolus, östlich von der Peterskirche, etwa halbwegs zwischen dieser und dem Tiber, von wo die Engelsburg scharf im Auge gehalten werden konnte; die Besatzung des Palatiolus sollte aber außerdem den Zugang über den Fluß gegenüber der Abwehr der Römer erkämpfen. Heinrich IV. schlug in der kaiserlichen Pfalz bei der Peterskirche seinen Sitz auf, und es ist wohl nicht an der von einer deutschen Aufzeichnung gemachten Mittheilung zu zweifeln, daß er beflissen war, nachdem er sich den Eintritt in die Stadt einmal erzwungen, der heiligen Stätte, die sich unmittelbar dabei erhob, seine Ehrfurcht zu bezeugen[14]. Auch durch urkundliche Zeugnisse, von denen zwei zu

---

geschobenen Worte der Schrift des Petrus Crassus. Die in Strophe 16 erwähnten comites, der marchio impius, werden in Strophe 14 genannt: Wido, Arardi filius, Ubaldus malo spiritu et Azo iniquissimus, qui semper perstat impius. Wido ist nicht, wie in n. 2 zum Abdruck des Gedichtes gesagt ist, der ob. S. 458 erwähnte Aledramide Wido, der vielmehr der Sohn Otbert's II. gewesen ist (vergl. Breßlau, Konrad II., I, 396); der marchio — Azo — ist jedenfalls Albert Azzo II. von Este.

14) Ueber die nächsten Anordnungen Heinrich's IV. nach dem 3. Juni spricht erstlich Bernold: Statim igitur juxta Sanctam Petrum quendam monticulum, nomine Palaceolum, incastellavit (vergl. Lupus Protospatarius: castellum, quod ille illic, sc. in der regio trans Tyberim, construxit ad debellandum Gregorium papam: l. c.), eique milites multos, ut impugnarent Romanos, imposuit, qui eum Transtiberinas regiones urbis nullo pacto intrare permittebant (438) (vergl. auch die in n. 12 stehende Angabe der Annal. s. Jacobi Leodiens. über die Angriffe Heinrich's IV. auf die Roma antiqua). Der Palatiolus entspricht dem Platze der heutigen Kirche San Michele in Sassia im Borgo (vergl. J. 4292, Leo's IX. von 1053, mit Erwähnung der scola Saxiae, sowie Gregorovius, Geschichte der Stadt Rom im Mittelalter, IV, 221). Frutolf berichtet: Hoc tempore Hiltibrandus papa in castello Crescentii, quod vulgo domus Theoderici appellatur (vergl. Bd. 1, S. 255, sowie Gregorovius, l. c., I, 313, daß die Engelsburg einige Jahrhunderte hindurch als „Haus oder Kerker des Theoderich" in Rom gegolten habe), inclusus, exspectabat eventum rei. Rex vero in Palatino monte (natürlich Verwechslung mit Palatiolus) munitionem instituens (l. c.). Von der Niederreißung der Mauer der Leostadt sprechen Annal. Cavens. und die sogenannten Annal. Seligenstadens., an der schon in n. 12 erwähnten Stelle, indem Giesebrecht, l. c., 1170, das „Zerstören" im Wesentlichen auf die Umfassungsmauern bezieht. Der Versicherung der Annal. August.: Saltem rex Romam ingressus, cum omni humilitate et devotione apostolorum limina petens (l. c.) ist wohl eher zu glauben, als den Angaben kriegsfeindlicher Quellen von argen Ausschreitungen (vergl. n. 12), da ja

Gunsten des Abtes Berard von Farfa lauten, vom 10. und 15. Juni, ist dieser Aufenthalt des Königs bezeugt, in dessen Umgebung dabei der Patriarch Heinrich von Aquileja, die Erzbischöfe Liemar und Thebald, der Kanzler Bischof Burchard von Lausanne entgegentreten. Besonders merkwürdig ist aber die Form der urkundlichen Bestätigung einer am 22. Juni an Erzbischof Liemar für seine Kirche gemachten Uebertragung, der am Rheine in dessen Mündungsgebiete im Gau Hamaland des Grafen Gerhard liegenden, dem heiligen Veit geweihten Abtei Elten. Jener durch seine eigenthümlichen Schriftwendungen hervorstechende, durch seine Treue ausgezeichnete geistliche Kanzleibeamte Heinrich's IV., der den König auch nach Italien begleitet hatte, bot hier eine ganz vorzügliche Probe seiner Fähigkeit, in der Ausführung der Beweggründe des Schenkers in der urkundlichen Ausfertigung die Auffassung des Königs zum Ausdrucke zu bringen. Unter den lautesten Lobpreisungen des ausgezeichnet getreuen Erzbischofs, der im Sachsenkriege, in der Sendung nach Rom, in den drei Feldzügen gegen Rom, überhaupt stets bei allen von ihm begehrten Diensten und Leistungen, unter allen Schwierigkeiten und Gefahren, unablässig, sich unerschüttert zuverlässig erwiesen habe, in dankbarer Erinnerung an den ebenso hervorragenden Erzbischof Adalbert, mit Bezeugung der liebevollsten Zuneigung zur Hamburger Kirche selbst ist der Inhalt der Urkunde niedergelegt: der König möchte ähnlich hingebender und getreuer Gesinnung auch von Liemar's Nachfolgern sicher werden. Dabei ist aber auch das Siegesgefühl des Königs ausgesprochen: „Heinrich, Heinrich's des zweiten Kaisers Sohn" hat die Schenkung ertheilt, und „zu Rom, nach Einnahme der Stadt", womit allerdings der vor neunzehn Tagen gewonnene Sieg überschätzt ist, soll sie geschehen sein[15]).

Heinrich IV. stets darauf ausging, wo möglich die Römer für sich zu gewinnen. Landulf stellt, l. c., Gregor VII. und Heinrich IV. einander gegenüber: ipsum Gregorium insequentes in locis tutissimis et urritis in veteri Roma semetipsum colligentem (das stimmt zu Lupus Protospatarius' Worten über Gregor VII., qui in Laterano ac in Coelio monte se continebat — l. c.) obsiderunt, und imperator . . . in palatio sedit caesariano (l. c., 100).

[15]) St. 2849 — in loco et finibus infra porticum sancti Petri apostoli prope ecclesiam sancte ecclesie (Giesebrecht, III, 1279, wollte hiezu in n. 1 den Namen einer Heiligen vermuthungsweise interpoliren: aber die St. Peterskirche, des Apostelfürsten, kann ja als „Kirche der heiligen Kirche", d. h. der Mittelpunkt der päpstlichen Kirche überhaupt, bezeichnet werden) — ist wieder von dem schon in n. 9 genannten Andreas unterschrieben und bezeugt wieder eine Verzichtleistung — per fustem — eines Rodilandus quondam Rocciani comitis, auf Güter von Farfa, abermals zu Minione und Viterbo. St. 2850, Heinrich's IV. Schenkung des campus in Kinzica, qui fuit vinea dominicata regis et modo sunt cassinae et horti, mit einer Seite in fluvio Arno, nebst weiteren Gütern, auf Berard's und der drei hohen Geistlichen und der alii fideles nostri Bitte, actum Rome, ist ein im eigenthümlichen Stil des Dictators verfaßtes Stück des Adalbero C, wie die an St. 2824 (vergl. ob. S. 546 zu n. 172, sowie Gundlach, Ein Dictator aus der Kanzlei Kaiser Heinrich's IV., besonders 29) erinnernde Arenga mit der starken Betonung der Patronin von Farfa, Maria, zeigt: Omnes quidem sanctos honorare debemus, sed sanctam

Ohne Zweifel war Heinrich's IV. Muth auch noch dadurch gehoben worden, daß die Anknüpfung mit dem Kaiser von Constantinopel weitere Frucht für ihn gebracht hatte. Auf jene im vorhergehenden Jahre geschehene Absendung der zwei deutschen Bevollmächtigten war nunmehr durch Alexios in einer durchaus ent-

---

sanctorum plus quam virginem Mariam cum omnibus et pre omnibus venerari et diligere indigemus, quam ut dominam honorare student omnes sancti, utpote per quam solam a solo omnium domino sunt sanctificati. Per quam et nos misericordiam sperantes consequi, patrem misericordiarum de nostra substantia honorare fuimus parati, matri misericordie concedentes illa, que concedere a fidelibus nostris summus rogati ad illud monasterium sancte Marie, quod est in Pharpha, ubi specialiter eius a querentibus fidelibus inveniuntur beneficia. — St. 2851 endlich, für Liemar, betreffend die Abtei Elten (nicht Eltwille, wie Sander, 135, sagt), in einzelnen Theilen des Textes schon ob. S. 251 in n. 26, S. 366 in n. 71 benutzt — Actum Romae, post urbem captam — ist eines der sprechendsten Zeugnisse der Geschicklichkeit des Dictators, und zwar weil weniger in der nicht besonders eigenthümlichen Arenga, als in der Narratio-Dispositio. Der König hält den Erzbischof — nominis nostri precipuum amatorem atque optime de nobis merentem — für würdig: ut pro sua in nos tam egregia ac perpetua devotione magno (Lücke) munere donaremus, nach verschiedenen Erwägungen: Cum enim gens Saxonum ob superbiam temeraria a nobis rebellione recederet et bellum adversum nos toto decennio et eo amplius sumeret, ille fidem semel nobis juratam pure et quam sancte conservans suos ac sua, certe divitias magnas, reliquit, separatus ab illis, atque ad nos veniens lateri nostro fidus ac inremotus comes toto illo tempore affuit. Nisi forte nostrae jussiones et publicae actiones aliquo ablegassent aut propriae ipsius utilitates et raciones ad horam hoc expostulassent, ut abesset, non illum tenuitas rei familiaris, non laborum fatigationes, non vitae discrimina aliqua dimovere. Eodem bello Saxonico duabus pugnis gravissimis maximo periculo nobis affuit — danach folgen die l. c. schon erwähnten Dienste Liemar's, 1080 bei dem Auftreten als Gesandter Heinrich's IV. vor Gregor VII. in Rom und die dreimalige Betheiligung an dem Aufmarsch vor Rom, 1081 bis 1083. Hieran schließt sich die Nennung der gemachten Schenkung — ob fidem in nos tantam et voluntatem quam optimam spontanea voluntate benefacere volentes, sc. dem Erzbischof — an die Hamburger ecclesia in veneratione Salvatoris atque eius genitricis perpetuae virginis Mariae nec non etiam supradicti sancti Viti, pretiosissimi martiris (dieser ist nämlich auch Patron der vorher genannten Abtei Elten), consecrata, von der weiter gesagt wird, unter Erinnerung an die schon 1063 an Adalbert gemachte Schenkung des Hofes Lesum (vergl. Bd. I, S. 335 u. 336): Nos tamen, a multis retro diebus Hammaburgensem ecclesiam prae omnibus fere diligentes, temporibus Adalberti, eiusdem sedis venerabilis archiepiscopi, viri eruditissimi atque egregie fidelis, curtem illi nostram Liesmundi dictam, complura alia predia, comitatus et donaria multa atque ornamenta contulimus, quo ipsius domini nostri Salvatoris propiciationem (vergl. Gundlach, l. c., 29, die Zusammenstellung dieses Wortes mit St. 2757 — Bd. II, S. 160 n. 87 —, wo cunctarum Christi fidelium animarum propitiatio sive redemptio steht, und mit St. 2805, ob. S. 44 n. 72), qua in re summa salus et vita est, atque eiusdem Genetricis intemeratae virginis opitulationem habere possemus. Von der Uebertragung Elten's an Liemar, den ecclesiae provisor et pastor dignissimus, und an dessen Nachfolger steht als gehegte Absicht des Königs: quo tali liberalitatis nostrae exemplo facilius ceteros ad similem devotionem et nostrum servitium attraheremus. In der späteren wieder von Adalbero C verfaßten Schenkungsurkunde für Liemar, St. 2870, von 1085, wird dieser Romae ante biennium, capta urbe Leoniana vollzogenen Uebertragung von Elten wieder gedacht.

gegenkommenden Weise die Antwort ertheilt worden. Allerdings trat die hochmüthige Ueberhebung des byzantinischen Herrschers gegenüber dem abendländischen „Bruder", in der Art, wie sich Alexios den höheren Titel gegenüber Heinrich IV. vorbehielt, wie er dem Könige zumuthete, einen geforderten Eid zu schwören, unverkennbar hervor; aber anderentheils zeigt doch der von dem Kaiser durch einen besonderen Abgesandten an den König gerichtete Brief, dessen Wortlaut erhalten ist, wie klar in Constantinopel erkannt wurde, daß man gemeinsam mit dem Beherrscher des deutschen Reiches gegen den „mörderischen und schuldbeladenen Feind Gottes und der Christen", Herzog Robert, vorgehen müsse. Alexios wies zunächst in dem Schreiben auf die hundertvierundvierzigtausend Denare in geprägtem Silber und die hundert seidenen Gewänder hin, die schon mit dem Protoprohedros und Katapan Konstantinos in Erfüllung des mit Burchard, dem Abgesandten Heinrich's IV., geschlossenen Vertrags, abgegangen seien. Werde dann Heinrich IV. den erwähnten Eid geschworen haben, so sollte noch der Rest, bestehend in zweihundertsechszehntausend Denaren und den Einkünften aus zwanzig byzantinischen Hofämtern, ihm, sobald er das Gebiet des Herzogs in Apulien mit feindlichem Angriff werde überzogen haben, eingehändigt werden; als Träger dieser zweiten Lieferung stellte der Kaiser den gefährlichen Gegner Robert Guiscard's, dessen Neffen Abälard, der bei ihm in Constantinopel Zuflucht gefunden hatte, in Aussicht. Das kaiserliche Schreiben tritt danach noch näher auf den von Heinrich IV. abzulegenden Eid ein. Der erwähnte Konstantinos wird nämlich die von Kaiser Alexios empfangenen Weisungen vor dem Könige eröffnen; denn bei der Feststellung der Verabredungen der königlichen Gesandten mit dem Kaiser hatten jene erklärt, keinen bezüglichen Auftrag zu besitzen, so daß Alexios die Sache dieses Eides damals auf sich beruhen ließ, während jetzt der Schwur auch nach der nachdrücklichen Zusage des königlichen Boten Albertus wirklich zur Vollziehung gelangen solle. Eine weitere geflissentlich von dem Schreiben hervorgehobene Angelegenheit war, daß der Kaiser gewollt hatte, der königliche Gesandte möge den Sohn des Bruders des Alexios, des Isaak Komnenos, den jungen Johannes, selbst kennen lernen, damit er Heinrich IV. von diesem an Verstandesgaben noch mehr, als durch hohe körperliche Vorzüge, hervorstechenden Jüngling Bericht bringen könne; denn Alexios hegte den Wunsch, den er offen aussprach, dieser bei seiner bisherigen eigenen Kinderlosigkeit als Erbe in Aussicht zu nehmende Neffe möge für ihn gegenüber dem deutschen Könige, durch Anknüpfung verwandtschaftlicher Beziehungen, ein Band der Einigung herbeiführen, so daß sie infolge dessen Beide gegenüber den Feinden furchtbar erscheinen und mit Gott unbesiegbar einer durch den andern sein möchten. Endlich wünschte der Kaiser dem Bundesgenossen ein langes Leben, Ausbreitung seiner Macht, den Sieg über die Feinde und den Frieden, der über seinem Lande leuchten möge. Als Geschenke wurden dem Schreiben ein mit Perlen beselles goldenes, auf der Brust zu tragendes Kreuz, eine mit Gold belegte Kapsel, welche Bruchstücke von Leibern verschiedener Heiliger enthielt, mit schriftlich beigefügten Namen, weiter eine Schale aus Sardonyx, ein Trinkgefäß aus Krystall, ein sternefunkelndes Schwert mit goldenem Wehrgehenk und Saft des Balsambaumes beigegeben [16]). Es ist auch von deutscher Seite bezeugt, daß die Ueberreichung dieser Gaben von Seite der byzantinischen Gesandtschaft nunmehr, in der Zeit des Aufenthaltes des Königs am Tiber, geschah [17]).

Aber Gregor VII. hatte all dem gegenüber den Muth des Widerstandes bei weitem noch nicht verloren, und das Bewußtsein, in der ganzen alten Stadt Rom Herr geblieben zu sein, die Engels-

---

[16]) Vergl. über diese Beziehungen zum oströmischen kaiserlichen Hofe zuletzt S. 448, wo auch in n. 18 die zeitliche Ansetzung der durch die Alexias, Lib. III, c. 10, berichteten Dinge schon festgestellt ist. Dieses von Choirosphaktes überbrachte kaiserliche Schreiben von 1083 redet Heinrich IV. an mit: πανευγενέστατε καὶ τῷ ὄντι χριστιανικώτατε ἀδελφέ und betont im Eingang die Gemeinsamkeit der Interessen des Kaisers und des Königs gegen den κακομήχανος ἀνήρ (Herzog Robert), der als παλαμναῖος καὶ ἀλιτήριος καὶ τοῦ θεοῦ πολέμιος καὶ τῶν Χριστιανῶν hingestellt wird, mit dem Ausdruck der Erwartung, daß ταχεῖα ἡ καταστροφὴ τοῦ ἀδικωτάτου τούτου ἀνθρώπου παρέσται. Dann werden die παρὰ τοῦ κράτους ἡμῶν, d. h. des Alexios, τῇ μεγαλοδυνάμῳ σου ἐξουσίᾳ, d. h. Heinrich IV., vertraglich festgestellten Gaben aufgezählt: ἀπεστάλησαν νῦν διὰ τοῦ πρωτοπροέδρου Κωνσταντίνου καὶ κατεπάνω τῶν ἀξιωμάτων, unter Hinweis auf die schon l. c., n. 18, erwähnte Gesandtschaft Burchard's. Weiter geschieht die Erwähnung des geforderten Eides: ὅπως μέντοι ὀφείλει τελεσθῆναι ὁ ὅρκος, προεδηλώθη πάντως τῇ εὐγενείᾳ σου, sowie der τελειουμένου τοῦ ὅρκου παρὰ τῆς εὐγενείας σου nachfolgenden Leistungen διὰ τοῦ πιστοτάτου τῇ σῇ ἐξουσίᾳ Ἀβελάρδου, ὁπηνίκα εἰς Λογγιβαρδίαν κατέλθῃς (vergl. wegen Abälard's zuletzt ob. S. 450; dieser Robert so verhaßte nächste Verwandte sollte also der Träger der neuen Heinrich IV. zur Fortführung des Kampfes gegen den Herzog in den Stand setzenden Hülfsleistung sein, konnte dann aber, da inzwischen sein Tod eintrat — vergl. Giesebrecht, III, 555 — den Auftrag nicht erfüllen, so daß statt seiner der zu 1084, n. 1, genannte Methymnes eintrat): aber wieder stellt Alexios bei den Ausführungen über diesen Eid sich Heinrich IV. im höheren Rang gegenüber, wo er von Albertus (vergl. l. c., in n. 18) sagt: τῇ βασιλείᾳ μου ἐβεβαίωσε . . . τὸ ἡμέτερον κράτος κατὰ προσθήκην ἀναγκαιοτέραν αὐτοῦ ζητεῖ. Auf die Erklärung des Umstandes, daß ἡ βραδύτης des übrigens sehr gelobten Burchardus einzig aus dem Wunsch des Kaisers erwachsen sei: τὸν φίλτατόν μοι ἀνεψιὸν . . . θεαθῆναι παρ' αὐτοῦ, mit den daran sich knüpfenden weiteren Berechnungen (ganz allgemein heißt es: ἑνωθῆναι ἡμᾶς δι' αἵματος συγγενικοῦ . . . οἰκειοῦσθαι δὲ καὶ τὰ ἀλλήλων ὡς συγγενεῖς, ohne daß irgendwie etwas Näheres, etwa der Name der Königstochter Agnes, wie Giesebrecht, III, 552, es ausspricht, angedeutet erscheint), folgt am Schlusse noch die Aufzählung der δεξιωμάτων ἕνεκεν nunmehr -νῦν-: ohne Zweifel mit diesem Schreiben — abgesandten Geschenke, deren Erklärung hier nach Gfrörer, Pabst Gregorius VII. und sein Zeitalter, VII, 839, gegeben ist. Bei dem am Schlusse angefügten wortreichen Segenswunsche verstand Alexios unter den Feinden — σοι . . . . κατὰ τῶν ἐχθρῶν ἐκείνου (sc. der ἄνωθεν κραταιᾶ ἰσχύς) τὴν χεῖρα ὁπλίζοντι — selbstverständlich wieder die Normannen (Ed. Reifferscheid, I, 120—123).

[17]) Frutolf stellt zu dem von der Sommerhitze handelnden Satze von n. 34 parallel: Eodem tempore legati Grecorum venerant, munera multa et magna in auro et argento vasisque ac sericis afferentes (l. c.).

burg jenseits des Stromes in der Hand behalten zu haben, vermochte ihm wohl den Willen einzuflößen, seine Stellung fortwährend zu vertheidigen[18]).

Zwar erschien die Lage der Dinge für den Papst nach mehrfachen Seiten sehr entmuthigend.

Jede Hoffnung auf eine Hülfeleistung, die von dem Gegenkönig, Hermann, aus Deutschland, hätte geschehen können, war schon seit dem Januar völlig zerstört[19]).

Aber nicht besser stand es auch in diesem Jahre mit einer von Herzog Robert zu erwartenden Unterstützung.

Denn Robert war nach seiner Rückkehr nach Italien, nachdem allerdings Bari zur Anerkennung seiner Herrschaft, unter Erlegung ansehnlicher Geldzahlung zur Bestrafung des Abfalles, zurückgekehrt war, vom Mai an durch die Belagerung seines durch den fortgesetzten Widerstand so unbequemen Neffen Hermann, in dem festen Platz Cannä, immer noch in Apulien festgehalten, und es war ein neues Zeichen der stets fortdauernden Unsicherheit der Zustände, daß gleichzeitig neuerdings eine feindliche Schaar bis nahe an Bari einen Vorstoß wagte und die südlich landeinwärts von Bari liegende Stadt Canneto ausplünderte. Robert war bei der Belagerung Hermann's in Cannä durch ein von seinem Bruder, dem Grafen Roger, von Sicilien herbeigeführtes Hülfsheer unterstützt worden, und jetzt wandte er sich nach dem Falle von Cannä im Juni zugleich mit Roger gegen Jordanus, dem aus Neapel Beistand geleistet wurde, um diesen für seinen Anschluß an die Sache Heinrich's IV. zu züchtigen. Aber die gegen Capua und Aversa gerichteten Anstrengungen Robert's und Roger's blieben, obschon sie durch mehr als eine Woche fortgesetzt wurden, ganz erfolglos, und die beiden Brüder mußten sich mit der Verwüstung des Fürstenthums Capua begnügen; die ausgezeichnete Abwehr des vorzüglich gerüsteten Jordanus erwies sich als ihnen überlegen. Dazu kam noch, daß Graf Roger, durch einen in Sicilien ausgebrochenen Aufstand des eigenen Sohnes, Jordanus, eines in nicht rechtmäßiger Verbindung entsprossenen Nachkommen, dem der Vater die Verwaltung der Insel anvertraut hatte, genöthigt, schleunigst mit seinen Streitkräften dorthin abgehen mußte. So kehrte Robert im Juli nach Apulien zurück, und der vergebliche Feldzug gegen Capua hatte die Gegner Gregor's VII. in ihrem Kampfmuthe nur bestärkt. Zwar schrieb Herzog Robert durch ganz Apulien und Calabrien ein Heeresaufgebot aus; aber es sollte erst im nächsten

---

[18]) Vergl. ob. S. 161 in n. 103, daß das von Löwenfeld als J. 5259 hieher gezogene Ausschreiben der Synode auf November, von Seite Gregor's VII., mit der Ansetzung durch Jaffé schon zu 1078 behandelt worden ist. Daß jedoch nicht mit Jaffé, Regesta, 645, die Verfluchung Heinrich's IV. und seiner Anhänger, am Johannistage, zu 1083 anzusetzen sei, vergl. S. 452 n. 22.

[19]) Vergl. ob. S. 470.

Jahre zum Aufbruch gegen Heinrich IV. nach Rom hin zu Gebote stehen[26]).

---

[26]) Vergl. zuletzt S. 449 u. 450 über die Schwierigkeiten, denen Robert seit seiner Rückkehr aus dem Osten 1082 sich in Italien gegenübergestellt fand. Von den Quellenzeugnissen über die Robert betreffenden Vorgänge im Sommer 1083 fallen die nachfolgenden besonders in Betracht. Der Anonymus Barensis knüpft an die Uebergabe Bari's: Tulit ipse dux multa millia solidorum ab ipsis Barensibus (etc.) gleich den Abmarsch gegen Cannä: et perrexit super civitatem Canni (Muratori, Script. rer. Italic., V, 154). Die Belagerung dieser Stadt erstreckt Lupus Protospatarius: et dux in mense Maji posuit ante Cannas civitatem Apuleae obsidionem et in mense Junii comprehendit eam (l. c.) bis in den Juni, und da gerade dieser Jahresbericht von 1083 — vergl. schon in n. 4 und 6 — sich durch genaue chronologische Anordnung auszeichnet, so ist dieser Angabe über die Zeit des Falles von Cannä vor derjenigen des Anonymus Barensis, die allerdings sehr genau zu lauten scheint: et X. die intrante Julii comprehendit (sc. Robert) eam (sc. Cannä) per vim, der Vorzug zu geben, wozu noch kommt, daß es ganz unbegreiflich erscheinen würde, wenn die Belagerung Cannä's, vor Vollendung der Kampfarbeit, durch das westliche Vorrücken gegen Capua unterbrochen worden wäre (Sander, l. c., 131 n. 8, möchte dagegen auf die minderwerthigen Romoaldi archiep. Salernitani Annal. z. a. 1081, hin, wo erzählt wird: Tunc etiam ipse dux hostiliter Capuam obsedit et acriter ipsam civitatem expugnavit — eine ganz falsche Behauptung — mense Julio .... Tandem ipse dux in Apuliam regressus obseditque Cannas Apulie civitatem, eo quod cives ipsius rebelles ei extiterant, cepitque eam igne incendens, SS. XIX, 410, die Belagerung Capua's in die Dauer der Belagerung von Cannä legen, ebenso von Heinemann, l. c., I, 322 n. 1). Die Plünderung Canneto's ist erwähnt in den Annal. Ceccanens., a. 1083: Adinulphus comes (sc. von Aquino) Cannetum dissipavit (SS. XIX, 281), einer Quelle, die nach Hirsch, Forschungen zur deutschen Geschichte, VII, 104 ff., als selbständig wohl zu beachten ist (vergl. auch Sander, l. c., 131 n. 9, wo aber noch das Chron. Fossae Novae citirt wird, über den Werth und den chronologischen Platz der kurzen Notiz). Daß Jordanus von Capua Hülfe aus Neapel hatte, zeigt das schon ob. S. 452 in n. 22 herangezogene Schreiben Gregor's VII., J. 5235, an Erzbischof Johannes von Neapel, wo der Papst mittheilt: nos et nobilissimum magistrum militum (Sergius VI.) et majores atque minores vestrae urbis (sc. Neapel) quodammodo specialiter cepisse diligere. Unde modo valde magis dolemus, quia eos auxilium dare hominibus pravis et ab ecclesia atque a Deo separatis audivimus. Nam relatum est nobis, quod Jordani (folgt der l. c. schon mitgetheilte Relativsatz) adjutorium faciant. Quae res illos procul dubio et a gratia beati Petri alienos et dilectione nostra indignos efficit et, nisi resipiscentes desinant, aeternis poenis obnoxios reddet. Daß Roger noch neben Robert an dem verwüstenden, aber im Wesentlichen keinen Erfolg eintragenden Kampfe im Fürstenthum Capua gegen den Jordanus elegantissimus miles und dessen elegantissimi theilnahm, geht bestimmt aus Gaufredus Malaterra, Historia Sicula, Lib. III, cc. 35 u. 36, hervor, da in c. 35 der Herzog fratre comite a Sicilia arcessito, admoto plurimo exercitu gegen Capua aufbricht und danach erst in c. 36 der Aufstand des Jordanus filius — ex concubina — gegen den Vater Grafen Roger ausführlich dargestellt wird; am Ende von c. 35 heißt es: dux . . . rediens (sc. von Capua) per totam Apuliam et Calabriam exercitum perscribens submonet, ut proxima ventura aestate (danach ist auch Guillermus Apuliensis, Gesta Roberti Wiscardi, Lib. IV, v. 528 u. 529: Dux postquam Cannas sibi comperit esse rebelles, obsidet; obsessas evertit humotenus illas ... v. 536—538: Cannis destructis Romam molitur adire contra Gregorii Romani praesulis hostem Henricum — SS. IX, 289 u. 290 — zu verstehen — sollte die Aussage dieses Autors, Lib. V, v. 119 u. 120: dux huius — sc. des Jordanus von Capua — terras ferro populatur et igni; inde nepos petiit pacem recipitque petitam, 293, auf diesen Kampf sich

So war die Stimmung in Rom immerhin wieder dergestalt beschaffen, daß Heinrich IV. es unternahm, mit dem Adel der Stadt sich in Unterhandlungen einzulassen. Eine allerdings dem Könige feindselig gestimmte deutsche Erzählung konnte sich diese Gesinnung des Einverständnisses mit Heinrich IV. nur aus Verlockung durch Geld, wobei dann etwa an die Spenden des Kaisers Alexios zu denken wäre, und durch Verleitung, die auf Versprechungen zurückzuführen sei, erklären, und sie wollte nur noch zugeben, daß wohl die ganze städtische Bevölkerung durch die schon drei Jahre dauernde Befehdung ermüdet worden sei. Nach diesem Berichte setzten also fast alle Römer — den aus Salerno vertriebenen, Gregor VII. durchaus getreuen Fürsten Gisulf, der da zu den Römern gezählt wird, nimmt er ausdrücklich aus — mit dem Könige fest, daß Gregor VII. in der Mitte des Monats November zu Rom eine Synode versammele, auf der der Streit zwischen Papstthum und Königthum entschieden werden sollte, so daß es weder dem Könige, noch den Römern, noch irgend jemand erlaubt sei, den Beschlüssen der Versammlung sich zu widersetzen. Mit einem Eide verhieß Heinrich IV. allen Besuchern der Synode Sicherheit für den Hinweg und die Rückkehr, und Gregor VII. ließ darauf durch seine Schreiben die Einladungen zu der Versammlung ausgehen. Aber außerdem gaben auch die Römer dem Könige, als er von Rom abzog, Geiseln aus den Vornehmen der Stadt — die Zahl wird verschieden, durch eine italienische Angabe gegenüber einer deutschen doppelt, vierzig statt zwanzig, angeschlagen — auf den Weg mit. Insbesondere jedoch ist auch ferner eine Schwurformel der Römer erhalten, die eine noch weiter gehende Zusicherung — wohl nur eines engeren Kreises von Bevollmächtigten — an den König enthält. Danach versprachen die sich verpflichtenden Römer, daß sie dafür sorgen wollten, daß Papst Gregor VII. innerhalb einer Zeitfrist, die sie mit dem Könige feststellen wollen, bis zum fünfzehnten Tage, nachdem dieser wieder nach Rom gekommen sein werde, Heinrich IV. kröne, falls er noch am Leben oder nicht etwa von Rom entflohen sei. Sollte Gregor VII. todt oder flüchtig sein und nicht auf den Rath der Römer zurückkehren wollen, um innerhalb des festgesetzten Zeitraumes die Krönung vorzunehmen, so werden die Römer nach des Königs Rath und gemäß den kanonischen Vorschriften einen Papst erwählen und bei diesem nach bestem Wissen sich dafür bemühen, daß er Heinrich IV. kröne, und ebenso werden sie in aller Treue sich anstrengen, daß von ihrer Seite Heinrich IV. der Treueid abgelegt werde. Das wollen sie Heinrich IV. ohne Trug und Hinterlist halten, es sei denn, daß nach gegenseitigem Uebereinkommen, zwischen ihnen und Heinrich IV., etwas hinzugefügt oder weggenommen werde.

---

zu beziehen haben, so kann das nach Gaufredus Malaterra, der den geringen Erfolg Robert's enthüllt, nicht richtig sein) secum Romam super imperatorem ituri expensas sive commeatus aptarent (Muratori, l. c. V, 588).

Den Vorschlag, eine Synode als Schiedsgericht anzuerkennen und ihren Spruch zwischen den streitenden Theilen, dem römischen Papste und dem Könige, den Ausschlag geben zu lassen, hatte Heinrich IV. schon im vorhergehenden Jahre in seiner an die Römer vorausgeschickten Erklärung ausgesprochen, und diesen Gedanken hielt er auch jetzt fest. Er wich dadurch von dem 1080 bei Wibert's Wahl in Brixen angenommenen Plane allerdings noch weiter ab, als das schon 1082 eben in jener Verkündigung der Fall gewesen war. Denn dadurch wurde jetzt nicht nur darauf Verzicht geleistet, zur Inthronisation Wibert's zu schreiten, einer Maßregel, die seit der Besetzung der Leostadt durchaus erreichbar geworden war, und dadurch dem Waffenerfolge gegen Gregor VII. die Vollendung zu verleihen; sondern es blieb sogar an Gregor VII. selbst die Einberufung der in Aussicht genommenen Synode überlassen. Der Papst scheint denn auch von diesen zwischen dem Könige und den Römern festgesetzten Verabredungen Kenntniß gehabt zu haben; wenn nämlich auch die nachher von ihm erlassene Aufforderung zur Versammlung einer Synode, die er an alle nicht von der Excommunication betroffenen Geistlichen und Laien richtete, von solchen vorangegangenen anderweitigen Verhandlungen gänzlich schweigt, so beweist doch der Inhalt des Schreibens, daß auch Gregor VII. gegenüber dem Könige nicht mehr seine gänzlich abweisende frühere Haltung festzuhalten gedachte. Anders dagegen stand es sicherlich mit dem ohne allen Zweifel nur ganz im Geheimen durch den König mit jener jedenfalls engeren Zahl römischer Herren abgeschlossenen Vertrage, dessen Beschwörungsformel vorhin erwähnt wurde. Heinrich IV. konnte, als er sich anschickte, selbst wieder die Leostadt zu verlassen, durchaus nicht dessen sicher sein, ob nicht der ja stets fortdauernde Gegensatz gegen den Papst gerade durch die in Aussicht genommene Synode, bei deren Mißlingen, sich neu verschärfen werde; seine letzte Absicht mußte ja stets bleiben, die Krönung als Kaiser in Rom zu erringen, ein Plan, dessen Durchführung mit Hülfe des dafür erwählten Gegenpapstes zunächst zurückgestellt schien, immerhin so, daß bei veränderter Lage der Dinge stets wieder darauf zurückgegriffen werden konnte. So war es rathsam gewesen, die Hülfe der Römer sich zum voraus dafür zu sichern, daß im Falle der Weigerung Gregor's VII. für die Aufstellung eines Papstes gesorgt werde, der die Krönung des Königs vollziehen würde. Nur erst nach dieser weiteren Sicherstellung seiner Pläne konnte Heinrich IV. es wagen, seine Anwesenheit am Tiber abermals zu unterbrechen und das Weitere auf den Beginn des Winters zu vertagen[81]).

---

[81]) Bernold sagt: Multi tamen jam ex Romanis Heinrico consenserunt, partim precio inducti, partim multis promissionibus seducti (die mehrfach, z. B. Giesebrecht, III, 552, Sander, 132 u. 133, geäußerte Vermuthung, die Geldsendung des Alexios sei voran zur Gewinnung der Römer verbraucht worden, stützt sich wohl hauptsächlich auf diese Worte), omnes

Der König hatte in den Abmachungen mit dem Adel von Rom seinen in Brixen erhobenen Papst Wibert in der weitgehendsten Weise, durch die Nichterwähnung seines Namens, hintangesetzt. Allein nun gedachte er diesem seinem treuen Anhänger, der in solcher Weise von der in Brixen ihm verheißenen Stellung so empfindlich zurückgesetzt worden war, eine Genugthuung zu geben und zugleich durch eine in die Augen fallende öffentliche Handlung noch seine Macht in dem von ihm besetzten Theile Rom's darzulegen, ehe er die für rathsam gehaltene Entfernung eintreten ließ. So fand am 28. Juni, am Tage vor dem Feste der beiden Apostel Petrus und Paulus, in der St. Peterskirche ein großer feierlicher Gottesdienst statt, den Wibert abhielt. Der König mochte dieses Hervortreten des in Brixen Erwählten für eine erwünschte Ergänzung zu den Geheimverabredungen mit den römischen Verpflichteten ansehen, und die nachdrückliche Einführung Wibert's in diese heilige Stätte ist

---

autem aequaliter jam trienni impugnatione nimium fatigati. Quid plura? Omnes pene Romani, praeter principem Salernitanum, hoc cum Heinrico laudaverunt, ut papa Gregorius sinodum in medio Novembri colligeret Romae, cuius sinodi statuta de causa regni nec Heinrico, nec Romanis, immo nulli penitus liceret praevaricari. Heinricus quoque itaris ad illam sinodum et reditoris securitatem jurejurando fecit (438). Außerdem erwähnen noch zwei deutsche Quellen diesen Versuch einer Vermittlung, nämlich Sigebert, Chron., und Frutolf, jener: Condicta inter imperatorem et papam die ad causam inter eos discernendam, dieser: Romani autem viginti obsides regi dantes ex nobilibus (Lupus Protospatarius: rex . . . ablatis secum quadraginta Roma obsidibus secessit. l. c.), petierunt diem constitui, in quo papa et omnes senatores in presentiam eius venirent. Qui diem statuens Kal. (unrichtige Angabe) Novembris (SS. VI, 364, 205). In diesen Zusammenhang der Dinge gehört ferner das nach SS. VIII, 461 (n. 1), wieder Legum Sect. IV, I, 651, von neuem abgedruckte Sacramentum, von dem Bernold allerdings behauptet: . . Romani nesciente papa Heinrico se effecturos juraverant, ut aut Gregorius papa eum incoronaret, aut alius, quem ipsi illo expulso eligerent. Quod juramentum, licet in praeterita aestate factum fuerit, omnes tamen intimos papae usque ad terminum pene latuit (l. c.). Giesebrecht, III, 549 u. 552, hält „die geheimen Verhandlungen mit dem römischen Adel“ und „Gregor's unerwarteten Entschluß“, die Berufung der Synode, gewiß nicht gut aus einander, immerhin mit der Andeutung, es sei schwer zu glauben, daß Gregor VII. vom Pact des Adels mit Heinrich IV. keine Kenntniß gehabt habe: diese Angelegenheiten sind viel näher mit einander verflochten, und so ist — vergl. S. 452 in n. 22 — die wieder erneuerte Verkündigung des Bannes gegen Heinrich IV. und dessen Anhang vom Johannistag 1083 ganz abzutrennen (vergl. auch noch Sander, l. c., 137, n. 1), da Gregor VII., zwar gewiß mit dem Hintergedanken, Zeit zu gewinnen, ja gerade damals zu Verhandlungen mit dem Könige dergestalt sich herbeigelassen hatte; auch Sander, l. c., 139, n. 2, scheidet das sacramentum durchaus von den Juniverabredungen, aber sicher ohne irgend genügenden Grund: Heinrich IV. verließ die Leostadt eben erst, nachdem er sich völlig gesichert glaubte, daß die Römer ihm ihr Wort halten würden, und da er wußte, daß er allernächstens von Rom wegziehen werde, können die Worte: postquam Romam veneris durchaus nicht, wie Sander möchte, ein Hinderniß dagegen sein, daß die eidliche Erklärung noch in der Zeit der Anwesenheit des Königs abgegeben worden sei (ebenso legt Giesebrecht, 549, mit den Worten: „für den Fall, daß der König mit dem Heere sofort abzöge“ in den Satz des Eides: nos infra terminum illum, quem tecum ponemus, ad XV dies postquam Romam veneris, faciemus te coronare papam

denn auch mehrfach beachtet, ihr sogar irrig eine zu große Bedeutung zugeschrieben worden[22]). Gleich danach jedoch meinte jetzt Heinrich IV. sich auf der Straße nordwärts von Rom hinwegbegeben zu dürfen; denn die Stellung in der Leostadt schien ihm nunmehr auch in seiner Abwesenheit genügend gesichert zu sein. In jene neu errichtete Befestigung des Palatiolus war eine Besatzung von dreihundert Mann gelegt, die beauftragt war, bis zur Rückkehr des Königs hier die Wache zu übernehmen. Dadurch daß Heinrich IV. unter dieser wohl auserlesenen Schaar seinen getreuen Udalrich von Godesheim — man darf wohl annehmen, als Anführer — zurückließ, zeigte er, wie bestimmt er auf die Behauptung dieser Rom im Zaum haltenden Festung rechnete[23]).

Gregorium etwas hinein, was da nicht ausgesprochen ist). Abgesehen von dieser gewiß unzutreffenden Zerreißung des engen Zusammenhanges der im Juni — vor Heinrich's IV. Weggang von Rom — geschehenen Dinge, ist durch Sander, l. c., 133 u. 134, 135—138, 139—142 (ebenso 208 ff.), jedenfalls die richtigste Beleuchtung der ganzen Sachlage geboten; doch zog diese Erörterung, 138 u. 139, auch das schon ob. S. 160 (n. 103) behandelte Schreiben Gregor's VII., J. 5259, herein, wohl hauptsächlich wegen des den Besuchern der Synode da in Aussicht gestellten freien Geleites, wobei aber übersehen ist, daß hier in J. 5259 diese securitas von den majores, qui sunt in curia Heinrici dicti regis, beschworen erscheint, nicht aber von Heinrich IV. selbst, was allein durch Bernold's Worte ausgesprochen ist.

[22]) Die Annal. August., neben denen die jüngeren compilirten Annal. Ratisponens. mit ihrer ähnlichen, aber sicher zu 1084 gehörenden Nachricht (SS. XVII, 584) nicht in Betracht kommen, sagen: rex . . . Wicpertum dudum superpositum in vigilia apostolorum in sede apostolica constituit (l. c.: Panzer, Wido von Ferrara De scismate Hildebrandi — Historische Studien, II — verweist in seinem überhaupt nicht annehmbaren, irrthümlich hyperkritischen Excurs über die Quellen zur Geschichte der Jahre 1083 und 1084, 51 ff., die ganze Nachricht, und in den Regesta pontificum Romanorum, 1, 650, wird der Vorgang gewiß nicht richtig in den Lateranpalast verlegt und als die von Zöpffel, Die Papstwahlen, 219 ff., behandelte collocatio in sede post altare erklärt). Aber es ist mit Martens, Die Besetzung des päpstlichen Stuhles unter den Kaisern Heinrich III. und Heinrich IV., 214 u. 215, und Köhncke, Wibert von Ravenna, 59 u. 60, anzunehmen, daß der Annalist nur ungeschickt sich ausdruckte und einzig die von Wibert vorgenommenen gottesdienstlichen Functionen gemeint sind. Daß immerhin diese Handlung von 1083 auch sonst nicht unbeachtet blieb, daß überhaupt in ihr, ob aus Unkenntniß, oder aus nachlässigem Irrthum, mehr gesehen wurde, als sie thatsächlich bedeutete, zeigt auch noch Bernold, der, unter schon hier irrthümlich gebrachter Hereinziehung von zu 1084 (vergl. dort n. 12) wiederholten Ausführungen, von Heinrich IV., der cum multitudine scismaticorum sive excommunicatorum in Rom eingedrungen sei, sagt: Guibertum Ravennatem, perjurum, depositum et anathematizatum, apud sanctum Petrum intronizavit (437 u. 438). Dagegen ziehen wohl andere Quellenstellen, zumal wenn sie zu 1084 Wibert's gar nicht gedenken — so Annal. Cavens., a. 1083: Archiepiscopum Ravennensem, invasorem apostolicae sedis, absque consilio et voluntate totius Romae ecclesiae papam constituit (SS. III, 190) —, weit eher das Hauptereigniß des folgenden Jahres in Betracht (vergl. Köhncke, l. c., 54 n. 9, wo noch weitere von jenen Annalen abhängige Stellen dieser unteritalienischen Gruppe).

[23]) Vergl. über den Palatiolus ob. S. 479 (n. 14). Die Belegung mit Truppen erwähnt Bernold nochmals: milites eius (sc. Heinrich's IV.), quos in castello illo prope Sanctum Petrum dimisit . . . . inter quos et Codalricus

Dann aber entfernte sich der König alsbald aus der Verderben aushauchenden Luft, deren schlimmen Einwirkungen in der Sommerszeit er sich wohl schon vor zwei Jahren rechtzeitig mit seinem Heere entzogen hatte [54]). Schon am 29. Juni entließ er, unter Bezeugung seines lebhaftesten Dankes und mit reicher Belohnung des geleisteten Dienstes, sowie mit Beifügung von allerlei Auszeichnungen an die Führer, die italienischen, zumal die mailändischen Hülfstruppen, indem er bloß die mitgebrachten deutschen Krieger um sich behielt [55]), und wohl am 1. oder 2. Juli brach er selbst mit diesem übrigen Theile, nach Ausscheidung der Wachmannschaft auf dem Palatiolus, unter Mitführung der ihm aus Rom dargebotenen Geiseln, nach Tuscien hin auf, um die gesunderen Landstriche im Berglande zu erreichen und hernach den Weg nach der Lombardei weiter fortzusetzen [56]). Schon am 3. und 4. Juli hielt er sich in Sutri, jenem nächsten nördlich von Rom liegenden Bischofssitze, auf, von wo aus sein kaiserlicher Vater in der Zeit der höchsten Machtentfaltung so tief in die Geschicke Rom's eingegriffen hatte. Zwei italienischen Bischöfen, die sich im königlichen Heere befanden, Otto von Tortona und Reginger von Vercelli, wurden hier zur Belohnung treuen Dienstes Schenkungen bestätigt [57]). Außerdem aber

---

de Goscezheim ... ex 300 militibus qui in illo castello pro custodia dimissi sunt (438), und ebenso gedenken ihrer Frutolf: Rex ... munitionem instituens non paucos quos in presidio posuerat, Lupus Protospatarius: relicto ibidem (sc. in der Leostadt) suo praesidio ac filio (Sander, l. c., 134 n. 2, weist hiezu darauf hin, daß wohl eine Verwechslung mit 1084 — vergl. dort bei n. 57 — vorliege) in castellum.

[54]) Vergl. ob. S. 392 u. 393. Es hat nichts, was unter den gegebenen Umständen „befremden" könnte, wie Giesebrecht, III, 549, sagt, daß Heinrich IV. jetzt zunächst den größten Theil seiner Rüstung auflöste.

[55]) Landulf sagt, l. c., nach Erwähnung der in n. 12 und 14 berührten Thatsachen: imperator domni Thealdi 3. Kalendas Julii magnifice in auro et argento novis honoratis militibus, quorum audacia atque exercitiis Roma capta imperatori subjacuit, ac ceteris primatibus diversis exaltatis muneribus, variis iuliis honoribus, cunctis gratiam dedit, solus secum Teutonicos retinens ... sedit (mit der unrichtigen Annahme, Heinrich IV. selbst sei in Rom geblieben) (l. c.). Was hier speciell vom mailändischen Contingent näher ausgeführt ist, galt jedenfalls von allen italienischen Truppenabtheilungen, und Gaufredus Malaterra weiß in einem später folgenden Zusammenhang (vergl. zu 1084 in n. 37) ganz bestimmt von solchen Truppenentlassungen zu sprechen.

[56]) Heinrich's IV. Abzug erwähnen, mit Zeitangabe Frutolf: ipse ad montana conscendit intrante Julio, ferner Bernold: Reverso Heinrico Longobardiam, Lupus Protospatarius: in mense Junii (verfrühte Zeitbestimmung) ... secessit in partes Tusciae.

[57]) St. 2851 a, für Tortona, und St. 2852, für Vercelli, nicht im Original erhaltene Diplome des Dictators Adalbero C, zeigen beide die Eigenthümlichkeit, daß im Königstitel: Henricus divina favente clementia das Wort rex fehlt. Gundlach, l. c., 6 n. 1, weist darauf hin, daß vielleicht die Kanzlei, weil sie Heinrich's IV. Kaiserkrönung als nahe bevorstehend ansah, die Lücke offen ließ, um hernach die Worte Romanorum imperator augustus einsetzen zu können. St. 2851 a, das Bischof Otto's fidele servitium rühmt, nennt in eigenthümlicher Weise erst im letzten Satze des Textes die vorher als Tradition genannten Güter und Rechte als deßwegen: quia matrem nostram imperatricem Agnetem dedisse novimus — der betreffenden Kirche neu gegeben und bestätigt.

hatte der König vielleicht hier in Sutri auch eine Zusammenkunft mit Abt Hugo von Cluny, dem auch von ihm hoch verehrten Vertreter streng mönchischen Lebens, seinem Taufzeugen, der einige Male gerade in den wichtigsten Lebenswendungen Heinrich IV. zur Seite stand [28]). Die nächsten Monate, bis die festgesetzte Zeit für die in Aussicht genommene Synode heranrückte, brachte der König wohl in oberitalienischen Städten zu [29]), nachdem im Juli die Burg Carpi der Gräfin Mathilde, nördlich von Modena, belagert worden war [30]).

Die zwischen dem Abzuge Heinrich's IV. und der für die Synode festgesetzten Zeit liegenden Monate erscheinen aber auch, was die Lage der Dinge für Gregor VII. angeht, sehr wenig erhellt. Einzig wird ein vielfach wichtiges Schreiben des Papstes in diese Sommerszeit gesetzt werden dürfen [31]). Der Papst wandte sich an

---

In St. 2852 erscheint das fidele et magnum servitium betont; aber es ist eigenthümlich, daß im Texte, wo die Worte: in proprium firmando tradidimus tradendo firmavimus so ganz an die Sprechweise des Dictators anklingen, mit keinem Worte darauf hingewiesen wird, daß die hier geschenkten castella Mirabello und Pecetto schon 1069 an Bischof Gregor von Vercelli gegeben worden waren (vergl. Bd. 1, S. 609); St. 2852 klingt denn auch in keiner einzigen Wendung an jenes frühere Diplom St. 2721 an.

[28]) Die Lebensbeschreibung des Abtes Hugo, von Rainald, setzt in c. 38 einen nützlichen Rath des Abtes für Heinrich IV. in schismate Heinrici imperatoris contra Romanam aecclesiam an und erzählt: Ad cuius reconciliationem cum a summo pontifice Gregorio septimo evocatus fuisset et liminibus apostolorum, quia ibi Caesar cum exercitu suo morabatur, transmissis ad summum pontificem divertisset, rex hoc comperto legationem ad eum misit, reprehensibilem eum iudicans, quod pro mortali homine praetergressus fuisset. At vir Dei non ex neglectu, sed ex bona intentione se praetermisisse locum respondit (folgt die weitere Antwort) — c. 39: Et licet in concordiam vir Dei eos non potuisset adducere, tamen imperator paulo mitior factus ex tam rationabili responso Sutriam, ne Romae secundus videret, quem prior videre non potuit, ad eius colloquium venit, ubi post multum ad invicem habitum verbum rex pro quodam Brixiano episcopo, qui ipsi viro Dei iniuriam captionis, zelo regio ductus, intulerat (Bischof Ulrich von Brescia hatte also augenscheinlich an den Abt, auf dessen Wege nach Rom, Hand legen lassen) flexis genibus satisfecit (SS. XV, 491). A. Lehmann, Forschungen zur Geschichte des Abtes Hugo I. von Cluny (1049—1109), Götting. Dissert., 1869, 36 (mit n. 54), sowie R. Neumann, Hugo I. der Heilige, Abt von Cluny, I. (in der Einladungsschrift zur öffentl. Prüfung der Musterschule zu Frankfurt a. M., 1879), 19 n. 1 — er nennt, 5, diese Erzählung die „eine wichtige Nachricht“ Rainald's —, setzen diese einzig von Rainald erzählte Geschichte gewiß richtig in das Jahr 1083, und zwar paßt sie am besten eben in diese Zeit nach Heinrich's IV. Weggang von Rom, abgesehen von der Nennung von Sutri, auch wegen des Umstandes, daß Hugo nach Bonitho in der Zeit nach dem 11. November den König als excommunicirt behandelte (vergl. unt. n. 36), also gewiß nicht mit ihm zusammengekommen wäre. Deswegen ist auch Sander's Ansetzung des Zusammentreffens in die Mitte des November, l. c., 147 n. 1 (wo unrichtig Brixen, statt Brescia, genannt ist) nicht annehmbar.

[29]) Das ist die wahrscheinliche Vermuthung Kilian's, l. c., 99.

[30]) Das bezeugt das Chron. Mutin.: Henricus obsedit castrum Carpi (Muratori, l. c., XV, 555).

[31]) Registr. VIII, 51 (l. c., 503 u. 504), an die clerici et laici, qui non tenentur excommunicatione, ist als J. 5237 zu „1082?“ eingestellt; Giesebrecht

alle noch nicht mit der Excommunication bestraften Geistlichen und Laien, um seine Gedanken darüber, daß eine synodale Beschlußfassung wünschenswerth erscheine, mitzutheilen. Er begann damit, sein lebhaftes Begehren auszusprechen, daß eine allgemeine Synode an einem sicheren und infolge dessen geeigneten Orte zusammentrete, so daß von überall her aus den Geistlichen und Laien Freunde, wie Feinde ohne Furcht an demselben zusammenkommen könnten. „Wir ordnen nämlich an, eine Untersuchung anzustellen und in genauer Prüfung denjenigen, wer immer jener sei, der als Ursache und Urheber der so großen Uebel sich darstellt, die schon längere Zeit gegen die christliche Religion sich vermehren und wüthend auftreten, vor das Antlitz der Welt aus den geheimen Höhlen seiner Schleichwege offen enthüllt herauszuziehen, ihn, dessen Gottlosigkeit und unerhörte Verwegenheit bis dahin im Wege stand und Verwirrung anrichtete, damit zwischen Papstthum und Königthum der göttliche Friede und die richtige Eintracht nicht bestände. Diesen Frieden nun wünschen wir mit Gottes Hülfe, so wie die christliche Andacht es begehrt und fordert, auf eben diesem Concil herzustellen und zu befestigen. Auf dieser Synode also werden wir außerdem mit Gottes Beistand zur Ehre des heiligen Petrus nach den Beschlüssen der heiligen Väter bereit sein, zu thun, was gerecht ist, und indem wir die Nichtswürdigkeit der Ungerechten enthüllen in Betreff dessen, was dem apostolischen Stuhle vorgeworfen wird und worüber Gewisse unter unseren Brüdern heimlich murren, dessen Unschuld augenscheinlich darzulegen, so jedoch, daß vor Allem die Besitzthümer der heiligen römischen Kirche, hinsichtlich deren räuberische Wegnahme erkannt wird, so wie es geziemend ist, wieder erstattet werden" [87]). Dann kehrt das Schreiben in auffälliger Art auf ein früheres Ereigniß zurück. Mit Anrufung von Gottes Zeugniß versichert nämlich Gregor VII., daß Rudolf, der von seinen deutschen Wählern als König eingesetzt worden sei, nicht nach seiner

---

III, reiht, 571, sowie 1171 u. 1174, in den „Anmerkungen", das Schreiben zu 1084 in die „letzten Lebenstage" des Papstes ein, und Hefele, Conciliengeschichte, V, 2. Aufl., 170, nahm an, dieser gedenke noch Rudolf's als eines Lebenden. Aber schon Stenzel, Geschichte Deutschland's unter den Fränkischen Kaisern, I, 483 u. 484, nahm dasselbe für das Jahr 1083 in Anspruch, und Sander führt, l. c., 137, n. 1, 211—213, aus, daß es in der Zeit vom Juni bis August eben dieses Jahres erlassen worden sein muß.

[87]) Für diese Worte: ut ante omnia res sanctae Romanae ecclesiae, quibus expoliata cognoscitur, sicut dignum est, restituantur, weisen Mirbt, Die Publizistik, 171, und schon vor diesem Sander, l. c., 215 (ebenso 137 u. 138), darauf hin, daß hier deutlich eine Berufung auf die exceptio spolii vorliegt, die durch Pseudoisidor — Praefatio, cap. VI. — in das kanonische Recht hineingebracht worden war. Sander hebt die Rolle, die diese Spolienclausel in der Politik Gregor's VII. — Erlangung eines „viereinhalbmonatlichen Waffenstillstandes": „wahrlich, eine in Anbetracht der kritischen Zeitumstände kostbare Frist, die dem Papste für den weiteren Verlauf des Kampfes von unschätzbarem Nutzen sein konnte" — bis zum November gehabt habe, zuerst 142, nachher 215—219, äußerst nachdrücklich hervor.

Vorschrift und Rathsertheilung vor sechs Jahren das Reich übernommen habe, und im Weiteren, daß er auf einer Synode festgestellt habe, die Erzbischöfe und Bischöfe, die Rudolf eingesetzt, sollten, falls sie dieses ihr Thun nicht mit Recht vertheidigen könnten, aus ihren Würden zu entfernen und auch Rudolf selbst aus seiner Königsherrschaft abzusetzen. Ebenso nimmt aber der Papst an, daß Viele unter den Empfängern des Schreibens schon, gleich ihm selbst, wüßten, wer diese seine Anordnung in Verwirrung gebracht habe. Denn er meint, daß so viele Uebel, Mord und Meineid und Tempelschändung und simonistische Ketzereien und Verräthereien, nicht geschehen wären, wenn Heinrich, „der so geheißene König", und sein Anhang den dem Papste oder vielmehr dem heiligen Petrus verheißenen Gehorsam bewahrt hätten. Das Schreiben schloß mit den Worten: „Ihr also, die entweder die so großen Unglücksfälle rühren oder die die Rücksicht auf die Furcht Gottes zu einem Gottes würdigen Frieden und zur Eintracht ermuthigt, strengt Euch an und arbeitet im höchsten Grade dafür, daß die Synode geschehen mag, wie wir sie eben erwähnt haben, damit das Haupt der heiligen Kirche und der ganze Körper, der durch Sturm erregende Betrügereien und Machenschaften der Gottlosen so sehr in Unruhe ist und schwankt, durch die gemeinschaftliche Uebereinstimmung und die Kräfte der Guten in Zukunft zur Ruhe komme und dauerhaft sich befestige". — Es ist ganz unleugbar hier durch den Papst ein Zugeständniß dargeboten, indem er sich bereit erklärte, auf der Synode sich zu rechtfertigen, und zwar so, daß Bischöfe der beiden Parteien an der Versammlung, bei dem Entscheid über die gegen ihn erhobenen Anklagen, theilnehmen sollten; aber allerdings wurde das Ganze an die Bedingung geknüpft, daß die Spolieneinrede für die römische Kirche berücksichtigt werde, wie Gregor VII. sie der pseudoisidorischen Decretaliensammlung entnommen hatte: der Papst wollte seinen Anklägern erst zur Rede stehen, wenn seine Kirche wieder in Besitz aller ihr entfremdeten Güter gesetzt wäre.

Nach der von Heinrich's IV. Seite gemachten Einräumung und anderentheils infolge dieses durch Gregor VII. selbst, allerdings ohne ausdrückliche Erwähnung des Umstandes, daß die in Aussicht genommene Synode schon innerhalb weniger Monate unmittelbar bevorstehe, ganz unleugbar bewiesenen Entgegenkommens schien nun nochmals ein Friedensschluß zwischen Papst und König gesichert zu sein, auf der Grundlage der Anerkennung Gregor's VII. und andererseits auf derjenigen einer sachlichen Entscheidung der Bischöfe, ohne Rücksicht darauf, daß deren Mehrheit als kaiserlich gesinnt in Betracht gezogen werden mußte[33]).

[33]) Hauck, Die Kirche Deutschlands unter den sächsischen und fränkischen Kaisern, 827, faßt sehr gut in dieser Weise die Sachlage für die Mitte des Jahres zusammen.

Die Zeit, auf die durch die Römer in ihrer Verabredung mit Heinrich IV. die Versammlung der Synode in Aussicht gestellt worden war, rückte heran. Aber inzwischen hatte sich für den König die Lage der Dinge besonders nach einer Seite hin verschlimmert. Beim Weggang aus der Leostadt war seine Zuversicht, die am Tiber errungene Stellung behaupten und so von vorn herein einen maßgebenden Einfluß auf die Berathungen der versammelten Bischöfe im November gewinnen zu können, vorzüglich auf jene in die neu angelegte Befestigung gelegte Besatzung gestützt gewesen. Aber die Sommerhitze machte sich jetzt in der verderblichsten Weise für die jedenfalls an die Wirkungen solcher Einflüsse nicht gewohnten Leute auf dem Palatiolus fühlbar. Der allergrößte Theil der Besatzung wurde von einer plötzlich ausbrechenden ansteckenden Seuche dahingerafft — daß die Vermuthung, Gift habe mitgewirkt, an einer Stelle geäußert wird, kann kaum überraschen —, und besonders starb auch jener bei den Feinden Heinrich's IV. so glühend gehaßte Udalrich von Godesheim, der königliche Vertraute, der schon seit einem Jahrzehnt stets in Heinrich's IV. nächster Nähe genannt, dem jetzt neuerdings diese wichtige Vertrauensstellung, gegen Gregor VII. auf der Wache zu stehen, übergeben worden war; es hat ganz unverkennbar den von dem Ereigniß Meldung bringenden deutschen Zeugen gefreut, daß der Urheber und Entzünder der schismatischen Verschwörung, wie er da genannt wird, elendiglich ohne eine Versöhnung mit der Kirche vom Tode abgerufen wurde. Von der Besatzung blieb nach einer Angabe bloß ein Zehntel übrig, das begreiflicherweise den Platz nicht zu halten vermochte. So rissen denn die Römer die geräumten Verschanzungen bis auf den Boden nieder, und damit war ein Haupterfolg des Königs vernichtet[84]).

---

[84]) Die in n. 21 schon erwähnten Zeugnisse sagen aus, Bernold: milites... repentina mors pene omnes invasit, inter quos et Udalricus de Goscenheim absque aecclesiastica communione — heu! — miser interiit, auctor huius scismaticae conspirationis et incentor. Ex 300 autem militibus . . . . vix 30 gladium sancti Petri (gewiß bildlich zu verstehen: die Seuche als Waffe in der Hand des Apostels, während Gfrörer, l. c., VII, 859, das „handgreiflich geschwungene Schwert der römischen Stadtwehr" annehmen wollte), et ajunt, concessa vita evaserunt. Ipsum autem castellum a Romanis penitus solo adaequatum est, Frutolf: Rex . . . non paucos quos in presidio posuerat, ingravescente super eos aestatis insueto fervore, amisit; sed et alios de exercitu multos eadem mortalitas absumpsit. Ebenso gehört wahrscheinlich auch wieder ein Stück des so wunderlich die Dinge aus verschiedenen Jahren durch einander schiebenden Abschnittes der Annal. Pegavienses, der zuletzt S. 476 in n. 12 behandelt wurde, wo von Gift die Rede ist, hieher: Imperator deinde Tiderici domum munitissimam (Verwechslung mit dem Palatiolus, wie sie ob. S. 479 in n. 14 für Frutolf bemerkt ist) recepit in dominium, in qua suis fautoribus collocavit praesidium. In eadem ex Wiperti militibus 20 constitutis, undecim veneno sumpto perierunt, confecto a muliercülis dolo Romanorum, quorum fraus Wiperto insinuante, imperatori statim innotuit (SS. XVI, 239). In irrigem Zusammenhang bringt auch die Vita Heinrici IV. imperatoris, c. 7, das Ereigniß unter: Denique imperator omnibus Romae

Ohne Zweifel war dadurch die Lage Gregor's VII. gebessert worden. War zur Zeit der Verhandlungen des Königs, vor seinem Weggange von Rom, sogar der Fall in Aussicht genommen gewesen, daß vielleicht der Papst flüchtig von Rom hinweggehen müsse, so erschien nun jedenfalls jeder Gedanke hieran beseitigt. Dagegen gingen wohl die von Bischof Benno im Namen des Königs geschehenden Vermittlungsversuche immer noch weiter, augenscheinlich ohne einem befriedigenden Ausgange näher gerückt zu werden. Ueber diese ganze Zwischenzeit schweigen auch hinsichtlich dieser Versuche, zwischen Gregor VII. und Heinrich IV. einen gemeinschaftlichen Boden, von dem aus ein gedeihliches Einverständniß für die Synode gefunden werden könnte, zu schaffen, die Zeugnisse völlig. Nur das wird geschlossen werden können, daß der König die Ueberzeugung gewann, daß ihm von der anderen Seite nicht aufrichtig entgegengetreten werde, daß er erkannte, man suche ihn hinzuhalten, so daß er nun gleichfalls von seiner bisherigen Haltung abwich und der Synode, die der Papst einseitig für sich auszunützen gedachte, sich entgegenzustellen begann.

Nur so ist das Vorgehen erklärbar, das Heinrich IV. gegenüber den zur Synode nach Rom reisenden hohen Geistlichen annahm. Zuerst scheint das Schicksal, mit Nichtachtung des Geleites gefangen genommen zu werden, den Bischof Otto von Ostia getroffen zu haben, der als päpstlicher Legat zum Zwecke von Unterhandlungen an die Stätte der königlichen Hofhaltung geschickt worden war und dem auf dem Rückwege die Straße verlegt wurde[95]). Dann aber

---

compositis impositoque Urbi praesidi, ne ea fidem mutaret, novae dignitatis apicem gerens in Teutonicum regnum reversus est (nämlich 1084). Sed nulla fortuna longa est; nam hi quos imperator Romae praesidium imposuerat, egritudine correpti, quam et locus et tempus intulerat — erat enim estas — ne uno quidem superstite mortui sunt (SS. XII, 276). Der verderblichen Krankheit gedenkt im Allgemeinen die Würzburger Chronik, ed. Buchholz: Roma capta est a Heinrico rege et pestilencia magna facta est (46), wovon ein wenig abweichend die Annal. s. Disibodi sagen: In exercitu eius maxima pestilencia facta est (SS. XVII, 8).

[95]) Sander will nur zu bestimmt, 143, 219 n. 1, die Restitutionsforderung — betreffend die Spolien (vergl. n. 32) — als Inhalt des Auftrages Bischof Otto's an Heinrich IV., „in Form eines Ultimatums", in einem dem Könige unannehmbar erscheinenden Umfange, hinstellen, und so möchte er in dem in kleinen Einzelausführungen zwar ganz bemerkenswerthen Excurs § 14, 206—219, überhaupt „die Vereitelung des 1083 zwischen Heinrich IV. und Gregor VII. geplanten Schiedsgerichtes" auf diese specielle Frage zurückführen. Aber die Zeugnisse über Otto von Ostia sprechen bloß allgemein von einer Beraubung des Bischofs, neben Bernold: cum quibus (sc. den a Heinrico in via apud Forum Cassii capti et praedati . . . circa festivitatem sancti Martini) et Ottonem venerandum Ostiensem episcopum captivavit (sc. Heinrich IV.), videlicet ad ipsum ab apostolica sede transmissum (438) — Bonitho hat, l. c., nur die kurze Erwähnung der captio Hostiensis episcopi — ganz voran Gregor VII. selbst in dem schon ob. S. 473 in n. 7 erwähnten Zusammenhang: Qui (sc. Heinricus tyrannus) Hostiensem episcopum, de apostolica legatione redeuntem, contra fas et juramenti fidem capi jussit aut permisit.

ließ der König überhaupt scharfe Maßregeln eintreten. Bei dem alten Forum Cassii — Santa Maria di Forcassi —, nahe dem Städtchen Vetralla, das auf der von Tuscien herführenden Via Cassia, nordwestlich kurz vor Sutri, liegt, wurden am 11. November Gesandte der deutschen Fürsten durch den König gefangen genommen, sogar nach der Behauptung einer deutschen Erzählung ausgeplündert; diese versäumt nicht, beizufügen, daß das gegen die allen zur Synode Ziehenden eidlich versprochene Sicherheit geschehen sei, so daß also die frömmsten Mönche und Geistlichen in das Gefängniß gelegt worden seien. Außerdem sahen sich recht zahlreiche geistliche Theilnehmer hierdurch gezwungen, vom Wege sich rückwärts zu wenden und von Rom fern zu bleiben, und darunter werden gerade einige ausgezeichnetere, Gregor VII. näher befreundete Bischöfe namhaft gemacht, der erst kürzlich zum Erzbischof von Lyon erhobene Bischof Hugo von Die, dann Anselm von Lucca, Rainald von Como. Allerdings sollen sich infolge dessen Abt Hugo von Cluny und die sämmtlichen Gregor VII. zur Seite stehenden Bischöfe, sowohl aus dem Stande der Weltgeistlichen, als aus den Mönchen, nur um so entschiedener von dem excommunicirten Könige losgesagt haben[36]).

Jedenfalls fehlte also schon hiedurch viel daran, daß die Synode jene ausreichende Gestalt für die Durchführung eines schiedsrichterlichen Verfahrens zwischen Papst Gregor VII. und dem König gewann, wie es bei den Verabredungen gegenüber den Römern von Heinrich IV. in Aussicht genommen worden war; besonders waren ohne Zweifel auch jene in dem Ausschreiben des Papstes als gegnerisch bezeichneten königlich gesinnten Bischöfe nicht zur Stelle, vor denen Gregor VII., wie er sich bereit erklärt hatte, sich zu den wichtigen den Frieden bringenden Verhandlungen hatte herbeilassen wollen. Die Versammlung, wie sie jetzt, mangelhaft beschickt, zusammentrat, reichte durchaus nicht für die große Aufgabe aus.

---

[36]) Die weiteren Maßregeln Heinrich's IV. erwähnen voran Bernold, sowohl betreffend die legati Teutonicorum principum — ad sinodum . . . ire debuerunt —, religiosissimi monachi et clerici, quos in captione fecit cruciari (sc. Heinrich IV.), die eben das in n. 35 erwähnte Schicksal hatten, und zwar: licet omnibus sinodum illam petentibus securitatem juramento promiserit, als auch die meliores episcopi et domno apostolico magis necessarii, Hugo (vergl. die Straßburger Dissert. von W. Lühe, Hugo von Die und Lyon, Legat von Gallien — 1898 — 14, daß Hugo's erste genau datirte Urkunde als Erzbischof vom 23. Juli 1083 ist) und die zwei Anderen: specialiter a Heinrico ad sinodum pervenire prohibiti sunt — und Bonitho: Et postquam sacramentis datis firmatum est, omnes religiosos ex quocumque regno, volentes Romam venire securos, post captionem Hostiensis episcopi aliorumque religiosorum monachorum et clericorum (Cardinal Boso hat hier in seiner Vita Gregorii VII. die Wendung: Post captionem . . . . et aliorum multorum quos precepit absolutos dimitti — Duchesne, Liber pontificalis, II, 367) videns se a Cluniacensi abbate et ab omnibus episcopis, tam clericis quam monachis, habere excommunicatum (sc. Heinrich IV.), ferner Gregor VII. auf der Novembersynode selbst: Nam plurimos (sc. archiepiscopos, episcopos et abbates) Heinrici tyranni perfidia iter retro vertere compulit (l. c.).

zu der sie berufen gewesen war. Von päpstlicher Seite wurde denn auch nicht versäumt, Heinrich IV. die Schuld hieran beizumessen, ganz besonders eben in der Betonung jener Schritte, die eine größere Zahl von Theilnehmern von der Synode fern hielten. Allein sogar von dem heftigsten gegen den König schreibenden deutschen Geschichtserzähler wird doch selbst eingeräumt, daß der König noch bis in die Zeit der Synode an seinen im Sommer übernommenen Verpflichtungen festhielt, dadurch daß er den von ihm in Brixen gegen Gregor VII. aufgestellten Gegenpapst Wibert in Ravenna zurückließ, statt ihn bei seinem abermaligen Ausbruche gegen Rom mit sich zu führen. Das Nichtwollen des Papstes muß mit Hülfe eines von seiner Seite her neuestens stark betonten Umstandes, der eine friedliche Entscheidung des Streites zur Unmöglichkeit mache, verhüllt worden sein. Was dabei zu Grunde lag, ob, wie vielleicht zu vermuthen ist, eben der Hinweis darauf, daß vor dem Schiedsspruch der Synode alles von der römischen Kirche in Anspruch genommene, von ihr als entfremdet bezeichnete Gut wieder zurückerstattet sein müsse, die Erkenntniß in Heinrich IV. entstehen ließ, die ganze Erwartung auf eine gedeihliche Wendung der Versammlung werde sich nicht erfüllen und es sei besser, ihr auch seinerseits erschwerend entgegenzutreten, läßt sich nicht feststellen[87]).

So blieb die Synode, wie sie nunmehr drei Tage hindurch, vom 20. November an, in der Laterankirche beisammen war, von untergeordneter Wichtigkeit, schon weil sie nur von unteritalischen Bischöfen und Aebten, aus Campanien, den früheren langobardischen Fürstenthümern und aus Apulien, daneben von nicht zahlreichen Vertretern der französischen Geistlichkeit besucht war. Der im Vorsitz befindliche Papst klagte vorerst die gewaltthätige hinterlistige Art des Tyrannen Heinrich an, wie er nicht nur durch sein Auftreten Viele zur Umkehr auf dem Wege zur Synode gebracht und den Bischof Otto von Ostia gefangen gesetzt, sondern auch schon vorher die Fastensynode gehindert, Rom kriegerisch angegriffen, durch die den Römern veranlaßten Leiden deren Thatkraft und Hingebung

[87]) Vergl. Gregor's VII. eigene Aeußerungen, die hier in n. 7, 11 und 12, 35 und 36 eingeschaltet sind und an deren Schluß der Papst zusammenfaßt: Haec super H(einrici) tyrannide, quia se occasio praebuit, perstrinxisse sufficiat. Aber auch Bonitho stellt Heinrich IV. in das Licht trügerischen Handelns: ad callida mox se contulit argumenta. Doch räumt andererseits Bernold ein: Heinricus igitur Ravennate suo interim Ravennam transmisso (Sander, l. c., 145 n. 3, will aus einer 26. Januar 1084 Ravenne nach den Pontificatsjahren Gregor's VII. ausgestellten Urkunde darthun, daß damals Wibert in Ravenna mit seinem Anspruch nicht nachdrücklich hervortrat), ad sinodum profectus est, freilich nicht ohne dabei anzumerken: Unde (sc. über die Verhaftung der legati Teutonicorum principum) et Romani multum contra Heinricum murmurare ceperunt (438). Die zwischen Papst und König emporgewachsene Schwierigkeit will Sander, l. c. (vergl. n. 32 u. 35), eben in der von ihm nur über den Wortlaut unserer Quellen weit hinausgehenden Betonung der exceptio spolii sehen.

abgestumpft habe. Im Uebrigen sprach Gregor VII. „mit einer nicht menschlichen, sondern mit der Stimme eines Engels“ — die Aufzeichnung sagt, am dritten Tage sei fast die ganze Versammlung in Seufzer und Thränen ausgebrochen — von der rechten Gestalt des Glaubens und der Lebenshaltung, die der christlichen Religion entspreche, von der Stärke und der Beständigkeit des Gemüthes, wie sie in der gegenwärtigen Bedrängniß nothwendig seien. Mit seinem Wunsche, gegen Heinrich IV. im Besonderen wieder den kirchlichen Fluch auszusprechen, drang zwar Gregor VII. bei der Versammlung nicht durch. Nachdem er sich hierin hatte erweichen lassen, legte er wenigstens den Bann auf alle, die irgendwie die zum heiligen Petrus oder zum Papste Ziehenden hindern würden, und hiedurch hatte er ja den König, ohne ihn zu nennen, nach dessen letzten Handlungen, doch getroffen. Hernach entließ der Papst am 22. November mit seinem Segen die Versammelten [38]).

Inzwischen muß jedoch Heinrich IV. abermals nach Rom herangekommen sein [39]). Denn in den Tagen der Synode weilte er schon wieder in nächster Nähe des Papstes; aber alle Hoffnungen, die auf einen günstigen Ausgang der synodalen Entscheidung von Seite der königlich Gesinnten gesetzt gewesen waren, erschienen völlig zerstört, so daß Aeußerungen, die aus diesem Lager laut wurden, deutlich aussagen, der König zwar wäre jetzt zur Stelle gewesen, der Papst aber habe, unter Verstellung, sich ihm entzogen [40]).

---

[38]) Die schon ob. S. 473 in n. 7 citirten Nachrichten (vergl. auch n. 37) sind neben Bernold's Aussage: Multi tamen ex Francigenis ad illam sinodum tam episcopi quam abbates pervenerunt . . . . Domnus tamen papa sinodum tribus diebus sollempniter celebravit, et ne Heinricum specialiter iterum anathematizaret, vix a sinodo exoratus, omnes tamen excommunicavit, quicumque aliquem ad sanctum Petrum vel ad papam venientem quoquo modo impedirent (438) die einzigen Aussagen über diese Synode. Dagegen haben die durch Giesebrecht, im Anhang zu der Abhandlung: Die Gesetzgebung der römischen Kirche (Münchener Historisches Jahrbuch für 1866, 189—193), und wieder durch von Pflugk-Harttung, Acta pontificum Romanorum inedita, II, 125—127, zum Abdruck gebrachten 32 Capitel, die als Kanones Gregor's VII. von einem römischen Concil sich ausgeben, die auch von den Regesta pontificum Romanorum, I, 645, immerhin herangezogen werden, mit dieser Synode nichts gemein, wie denn ja auch Giesebrecht, III, sie gar nicht erwähnt (vergl. auch Hauck, l. c., 828 n. 2). Sander, l. c., 145 n. 1, will noch die Notiz des Chronicon des Lambert von St. Omer, a. 1081: Romae concilium Gregorii septimi cum Henrico imperatore 8. Id. (statt Kal.?) Dec. (SS. V, 66) heranziehen.

[39]) Kilian macht, l. c., 99, darauf aufmerksam, daß auf die wörtliche oder nicht buchstäbliche Interpretation der Stelle Bernold's — in n. 35 — ankommt, ob Heinrich IV. am 11. November persönlich an der cassischen Straße war. Annal. Benevent., Cod. 3, sagen, a. 1084, ausdrücklich: ecce jam iterum Heinricus rex rediens obsedit Romam mense Novembrio (SS. III, 182).

[40]) Die schon S. 488 in n. 21, resp. n. 26, aufgenommenen Stellen Sigebert's und Frutolf's haben als Fortsetzung, jene: cum pax dissimulante papa inter eos (sc. Gregor VII. und Heinrich IV.) non conveniret, diese: ibique (sc. in montanis) commorans usque ad statutum tempus (d. h. nach dieser Angabe 1. November) Romam rediit (sc. Heinrich IV.); sed papa in praesentiam ejus non venit (eine der bezeichnendsten Aenderungen der Cod. C, D, E an Frutolf's

Immerhin war nun für Heinrich IV. die Zeit herangerückt, um aus jener eidlichen Zusage der Römer, betreffend seine kaiserliche Krönung bis zum fünfzehnten Tage nach seiner Ankunft, die Folgerung zu ziehen [41]).

Bei den unzureichend uns zu Gebote stehenden Nachrichten über die jetzt zwischen Papst und König, sowie den sich dazwischen haltenden Römern, schwebenden Unterhandlungen, von denen insbesondere die auf dem deutschen Berichte ruhenden Mittheilungen größerentheils nicht annehmbar erscheinen, tritt die wahre Gestalt der Dinge nur ganz mangelhaft zu Tage. Denn abgesehen davon, daß einzig Heinrich IV. feindselig gesinnte Zeugen sich vernehmen lassen, sind von dem Verfasser, der in Schwaben, im leidenschaftlich gegen den Papst von Haß eingenommenen Parteilager, seine Jahrbücher schrieb, Dinge vernommen, wahrscheinlich auch geglaubt worden, die geradezu abenteuerlich klingen. Man war hier von Wuth gegen Heinrich IV. so verblendet, daß gerne angenommen wurde, was nur den König herabzusetzen und lächerlich zu machen geeignet war, so daß gar nicht zur Beachtung kam, ob nicht etwa auf diesem Wege auch der Ruf Gregor's VII. selbst zu Schaden kommen könne. Die durch ihren Eidschwur, durch die gestellten Geiseln gegenüber dem Könige völlig gebundenen Römer scheinen, als nun von dessen Seite an die Erfüllung des Versprechens erinnert wurde, den Papst nachdrücklich ersucht zu haben, er möchte, wie es der König begehre, sich zur Kaiserkrönung herbeilassen, damit so ein neuer Krieg um die Stadt vermieden werde, indem ja Heinrich IV. durch die vorgebrachte Bitte erklärt habe, daß er, unter Verzicht auf seinen in Brixen Erwählten, von Gregor VII. und keinem anderen Papste die Krone annehmen wolle. Waren also zunächst hiedurch die unentschiedenen kirchenrechtlichen Fragen zurückgeschoben, so zeigte sich jetzt im Gegentheil Gregor VII. ganz unbeugsam. Er erklärte, die Krönung nur dann vollziehen zu können, wenn der König vorher sich zur Buße bequeme und so von der seit drei Jahren auf seinem Haupte liegenden Excommunication sich löse. Da Heinrich IV. das abwies, der Papst gegenüber den viele Tage nach einander wiederholten flehentlichen Wünschen unerbittlich blieb, hatte jetzt der König eben noch mehr den Vortheil für sich, die Schuld am Nichtzustandekommen des Friedens auf Gregor VII. zu wälzen und damit in Rom günstige Stimmung für sich zu erwecken. So bezeugt denn auch ein wohl unterrichteter Kenner der

---

Texte ist hier die der Wahrheit völlig in das Angesicht schlagende Modification: papa . . revenit, sed occulte). Dazu macht Sander, l. c., 210 n. 3, noch auf die Aussage in der Streitschrift: Dicta cuiusdam de discordia papae et regis aufmerksam, wo nahe am Schlusse Text III nahezu übereinstimmend mit Text I folgendermaßen lautet: Ad ultimum, cum etiam aecclesie audientiam et synodalem subterfugeret diligentiam . . . . imperator . . . tandem Urbem . . . recepit (Libelli de lite, I, 459 u. 460).

[41]) Vergl. ob. S. 486 den Inhalt der von den Römern übernommenen Verpflichtung.

Gesinnung der Römer, daß besonders im gemeinen Volk die Zuneigung zu dem auf die Krönung harrenden Könige sich befestigt habe[48]).

---

[48]) Bernold ist hierüber am einläßlichsten. Er fährt nach der Erwähnung der Synode (vergl. n. 38) alsbald fort: Sed jam advenit terminus, ad quem Romani . . . juraverant (etc.: die ganze Erwähnung des Eides ist schon in n. 21 eingefügt). Adveniente igitur termino, Romani papae de juramento manifestaverunt, dicentes, se Heinrico jurasse, non ut papa illum sollempniter regali unctione incoronaret, sed tantum simpliciter, ut ei coronam daret. Annuit igitur papa eorum votis, ut eos a juramento absolveret, videlicet ut Heinrico, si vellet, cum justicia, sin autem, cum maledictione coronam daret. Unde Romani mandaverunt Heinrico, ut veniret ad accipiendam coronam cum justicia, si vellet, sin autem, de castello sancti Angeli per virgam sibi dimissam a papa reciperet. Set Heinrico utrumque recusante, alium legatum illi direxere, qui eos bello defenderet, si necesse esset: se bene attendisse, quod juraverint, nec se amplius eo juramento detineri obnoxios. Igitur domno papae multo firmius quam pridem consilio et auxilio adhaesere (vergl. schon vorher in n. 37 den weiter oben stehenden Satz über das beginnende Murren der Römer gegen Heinrich IV.). Heinricus autem multo instantius pro eis suae parti applicandis, nunc minando, nunc promittendo laboravit, multumque tempus circa Romam moratus huic negocio invigilavit (438). In der Kritik dieser Aussagen hält sich Strelau, Leben und Werke des Mönches Bernold von St. Blasien (Leipziger Dissert., 1889), 85 u. 86, viel zu kurz, und Giesebrecht hat kaum richtig, III, 554 u. 555, sich im Wesentlichen Bernold's Erzählung näher angeschlossen. Denn wie schon Hefele, l. c., 171, Bernold's Erzählung als „sehr fabelhaft" verurtheilte und Ranke, Weltgeschichte, VII, 362, die vorgeschlagene Herabreichung der Kaiserkrone an dem Stabe für ein „auffallendes politisches Märchen" erklärt, hat auch Martens, Gregor VII., sein Leben und Wirken, I, 234 u. 235, dem Geschichtchen Bernold's mit Recht den Glauben versagt und zutreffend geurtheilt: „Wollte der Annalist den König verhöhnen? Das entspräche seiner Tendenz. Aber er hat wider Willen den Papst bloßgestellt. Wie dürfte man demselben zutrauen, daß er die Kaiserwürde, die von der kirchlichen Krönung abhing, so wegwerfend sollte behandelt haben?" Im Gegensatz hiezu möchte auch Sander, l. c., 146 u. 147, annehmen, Gregor VII. habe in diesem Fall den Act der Kronübergabe seines ganzen staats- und kirchenrechtlichen Charakters entkleidet wissen, „eine Krönung, welche in Wirklichkeit keine Krönung war und daher auch in keiner Weise den Verlauf des Kirchenstreites beeinflussen konnte", vollziehen wollen. Jedenfalls ist Bonitho's Darstellung der Sachlage, die zwar auch dem Könige feindselig gehalten ist, besser zu gebrauchen: Nam (es soll ein Beweis für Heinrich's IV. callida argumenta sein), ut popularem captaret favorem, dixit: se a venerabili Gregorio coronam velle accipere imperialem. Quod ut populus audivit Romanus, non solum laici set etiam religiosi qui videbantur, tam episcopi quam clerici, abbates, monachi, ceperunt suppliciter lacrimis fusis orare, ut patriae fere perditae misereretur. Venerabilis vero pontifex, qui pro veritate mori paratus erat, negavit se omnino facturum, nisi prius de excommunicatione publice satisfaceret. Quod cum rex, conscientia accusante, facere renuisset, et per multos dies a Romanis venerabilis pontifex rogaretur, ut regem susciperet, et ille ad omnes preces maneret immobilis, paulatim cepit prefatus rex vulgi sibi favorem acquirere (l. c., 678 u. 679 —; mag nun Bonitho damals — vergl. Lehmgrübner, Benzo von Alba, 141 u. 142, wo allerdings nicht genügend beachtet ist, daß Wibert nicht stets „vor Rom" weilte — als Gefangener mit Wibert in Ravenna oder mit Heinrich IV. in dessen Lager gewesen sein, er konnte jedenfalls die in Rom herrschende Stimmung am besten erfahren). — Zu einem genau entsprechenden Bilde der Dinge, zwischen Heinrich IV. und den Römern und Gregor VII. Ende 1083, wird man nicht gelangen: die im Texte gegebene Auffassung sucht der Wahrscheinlichkeit am nächsten zu kommen.

Das aber stand ohne allen Zweifel fest, daß die endgültige Entscheidung rasch heranrücke, als das Jahr zu Ende ging. Heinrich IV. feierte das Weihnachtsfest in der jedenfalls ohne alle Schwierigkeit wieder von ihm besetzten Leostadt, bei der St. Peterskirche [43]).

Der Gegenkönig war von Oberdeutschland durch die Nachricht vom Tode Otto's von Nordheim, der am 11. Januar eingetreten war [44]), auf den Boden des sächsischen Landes zurückgerufen worden. Aber er hatte wohl, schon ehe er dorthin abging, so viel sich erkennen läßt, wenigstens an einer Stelle innerhalb Schwaben's seinem Willen Achtung zu verschaffen gesucht. Es ist nämlich ganz wahrscheinlich, daß die von Hermann ausgegangene Bestellung eines neuen Gegenabtes gegen Udalrich von St. Gallen jetzt geschehen sei, als sich der Gegenkönig in diesem Theile des Reiches aufhielt. Auffällig ist allerdings, daß Hermann den früher durch seinen Vorgänger Rudolf, im Jahre 1077, erhobenen Abt Lutold völlig fallen ließ; dagegen war es ganz begreiflich, daß er den Nachfolger Werinher dem Kloster Reichenau entnahm, dessen Abt Eggehard die hauptsächlichste Stütze Lutold's gewesen war. Es war selbstverständlich Eggehard's Aufgabe, den neuen Abt nach St. Gallen hinaufzuführen; allein Abt Udalrich erwies sich jetzt ebenso tapfer, wie in früheren Kämpfen. Zwar leistete, anscheinend ohne eigenes unmittelbares Eingreifen, Markgraf Berchtold II. gegen Udalrich Beistand, und die früher schon von diesem selbst angelegte Befestigung an der Thur wurde, jetzt gegen ihn, sehr stark hergestellt, bis dann doch Udalrich nach harten Zusammenstößen den Platz zu zerstören vermochte; ebenso vernichtete dieser die äußerst feste Burg Toggenburg, von der aus Diethelm, um seinen Bruder Folknand zu rächen, großen Schaden gestiftet hatte. Indem nun Diethelm die Leute Udalrich's bis an die Sitter verfolgte, an den letzten schon 1077 durch Udalrich für die Sicherung seines Klosters geflissentlich in Betracht gezogenen Flußlauf westlich von St. Gallen, gelang es diesem mit seinen geschickt fechtenden Leuten, den Gegner zurückzuschlagen und so ehrenvoll in seine Abtei zurückzukehren. Jedenfalls war es mißlungen, das Geschöpf des Gegenkönigs in St. Gallen einzusetzen [45]).

---

[43]) Neben Bernold, a. 1084: Emulus eius (sc. Hermann's) in Romanorum finibus hiemavit (439), hat Frutolf, a. 1084, die genaue Angabe über die Feier des Weihnachtsfestes apud sanctum Petrum.

[44]) Den Todestag — 3. Id. Januar. — nennen die Annales Patherbrunnenses, ed. Scheffer-Boichorst, 99.

[45]) Für die hier einschlägigen Theile der in der Continuatio Casuum sancti Galli (cc. 27 u. 28) steckenden St. Galler Annalen ist wieder die Jahreszahl 1083 des Gallus Öhem (ed. Brandi, 100) entscheidend (vergl. ob. S. 16 u. 17, n. 20). Die Stelle über Lutold und Werinher lautet: Iste (sc. Her-

Durch das östliche fränkische Land muß hierauf der Gegenkönig in geradezu unheimlich sich darstellender Raschheit, so daß nicht einmal die Spuren der durcheilenden Reiter aus dem kleinen Gefolge zu finden waren, nach Sachsen aufgebrochen sein [46]). So wichtig schien es Hermann, das sächsische Gebiet nach dem Tode Otto's nicht zu lange sich selbst zu überlassen, gewiß das allerdeutlichste Zeugniß dafür, welche Bedeutung der gewaltige sächsische Fürst noch im Tode besaß. Dem Gegenkönig war in Otto der Stellvertreter in dem Lande gestorben, wo er eben erst von dem Augenblicke an zu einer Geltung gelangt war, in dem sich der mächtige, einflußreiche Herr, der klügste und edelste Mann und Krieger, wie er nach seinem Tode gerühmt wurde, für ihn erklärt hatte. Hermann mußte, gleich mit Otto's Tode, eine gänzliche Spaltung innerhalb seines ohnehin nicht genügend geschlossenen Anhanges unter den Sachsen und Thüringern befürchten, und so durfte er nicht im geringsten zögern, sich persönlich unter diesen Stämmen zu zeigen [47]). Allerdings war wenigstens von den hinter-

---

mann), Lutoldo pseudoabbate sancti Galli deposito, quendam Augensem monachum, Werinharium nomine, huic loco prefecit, und bei den nachfolgenden Kämpfen, wo die municiuncula prope Duram fluvium sita, antea ab abbate Uodalrico edificata et ab hostium vi sibi intercepta (vergl. ob. S. 198), jetzt aber neu — turribus et copiis — gegen Udalrich befestigt — marchione Bertoldo in id rerum favente —, hernach die Stellung beim Flusse Sintria — in Crazania (vergl. ob. S. 74, n. 111) — in Frage kommen, erscheint Udalrich cum suis omni honore ad sua . . . reversus (vergl. die l. c., n. 20, citirte Ausgabe, 67—70, sowie dort den Excurs, 128 u. 129). Heyck, Geschichte der Herzoge von Zähringen, 128—130, will Berchtold's Eingreifen in den niemals dauernd aufgegebenen Kampf gegen Abt Udalrich daraus erklären, daß Berchtold stets wieder für die Bewahrung oder Rückeroberung der Grafschaft im Thurgau gefochten habe.

[46]) Die Nachricht der Würzburger Chronik: Herimannus, qui regnum invaserat, orientalem Franciam hostiliter ingreditur (l. c.) hat Frutolf am Eingange seines Jahresberichtes noch etwas erweitert: Herimannus cum paucis orientalem Franciam hostiliter invadit, ut per eandem partem visus est quasi equitum discurrens exercitus, quorum tamen vestigia nullo modo poterant agnosci. G. Richter, Annalen der deutschen Geschichte im Mittelalter, III 2, 340, erklärt wohl richtig, der eilige Rückzug habe auf die mit dem Zusammenhang unbekannten Landesbewohner den Eindruck eines feindlichen Einfalls gemacht (die Annales s. Disibodi fügen zum Satz der Würzburger Chronik noch feroci animo und praedando et incendendo ein, SS. XVII, 9).

[47]) Besonders Bernold hebt in den schon S. 464 in n. 40, sowie S. 470 in n. 1 aufgenommenen Stellen Otto's Bedeutung für Hermann hervor. Daneben nennen die Annales Patherbrunnenses (l. c.) Otto de Northeim vir prudens et nobilissimus, dux quondam Bajoariae, set per Heinricum regem injuste dejectus als verstorben. In den Annal. necrolog. Prumiens. ist Otto dux einer der seltenen Namen von Baiern (SS. XIII, 222). Die Annal. Stadens. nennen a. 1105, wo sie das Todesjahr ansetzen, Northem als Bestattungsort (SS. XVI, 317). Wie Nitzsch, Geschichte des deutschen Volkes, 2. Aufl., II, ja überhaupt (vergl. Bd. II, S. 10 n. 22) eine vielleicht zu hoch gegriffene lebhafteste Betonung der Bedeutung Otto's bringt, so heißt es auch hier bei ihm, 108: „Der deutsche Laienadel verlor durch Otto's Tod seinen treibenden Mittelpunkt, die deutsche Revolution ihre eigentliche Seele" — „Der Tod dieses begabtesten und hartnäckigsten Vorkämpfers, den der deutsche Laienadel bis dahin gefunden, bereitete

lassenen Söhnen Otto's — es waren die Brüder Heinrich, mit dem Beinamen des Fetten, ferner Siegfried und Konrad, die nach den Burgen Bomeneburg — einem bei Eschwege in Hessen, also innerhalb Thüringen's, liegenden Reichslehen — und Beichlingen — gleichfalls thüringisch, im östlichen Theile, südlich von der Unstrut — die gräflichen Titel trugen, wohl von Anfang an, sicher, daß sie sich auf Hermann's Seite schlagen würden [48]).

Ueberhaupt treten seit Otto's Tode die weltlichen Großen in Sachsen an Bedeutung zurück. Schon 1082 war — am 4. Mai — der aus dem gräflichen Hause von Stade stammende Markgraf Udo der sächsischen Nordmark gestorben, und seine Söhne reichten nicht, so wenig als diejenigen Otto's, an die Stellung, die noch der Vater inne gehabt, heran [49]). Ebenso fiel Herzog Magnus, der Billinger,

---

allmählich jene neue Stimmung vor, welche bald darauf der Bewegung zur Herstellung des alten Friedenszustandes so unerwartet schnell entgegenkam".

[48]) Durch den Annalista Saxo ist a. 1082 in einem der werthvollen genealogischen Einschiebsel von Otto's Söhnen gesprochen: Matrem Ode (Oda die Gemahlin des hier in n. 49 erwähnten Udo senior Saxonicus marchio: die Mutter ist Richenza, in erster Ehe Gemahlin des Grafen Hermann von Werla, in zweiter eben mit Otto vermählt: vergl. Bd. I, S. 211) . . . duxerat uxorem Otto de Northeim quondam dux, genuitque ex ea preclarissimos viros Heinricum Crassum comitem, patrem Richinze imperatricis (sc. der Gemahlin Kaiser Lothar's) et Gertrudis palatine comitisse (sc. der Gemahlin des rheinischen Pfalzgrafen Siegfried), et comitem Sifridum de Boumeneburh (vergl. Bernhardi, Konrad III., 888 n. 43, daß Bomeneburg nach Hessen, südlich von Eschwege, anzusetzen sei) et Cononem comitem de Bichlinge (vergl. über Beichlingen Bd. I, S. 621 u. 622), et tres filias, ex quibus unam nomine Ethilindam accepit Welpho, dux Bawariae, et postquam eam repudiavit, duxit eam Herimannus comes de Calverla, genuitque ei Herimannum comitem; terciam vero duxit Conradus comes de Arnesberge, genuitque ex ea Fridericum comitem (SS. VI, 721); Annal. Stadens., l. c., dagegen nennen noch eine vierte Tochter: Quartam duxit quidam servus — und führen übereinstimmend mit den Annal. Magdeburgens., a. 1111, resp. 1110, die vom Annalista übergangene Tochter — Ida nupsit Thiemoni comiti de Witin peperitque illi duos filios Dedum comitem et Cuonradum marchionem (SS. XVI, 181) — an (l. c., 318). Der Parteistellung der Söhne Otto's, an Hermann's Seite, gedenkt zuerst, in den einleitenden Worten zu einem Ereignisse von 1086, der Liber de unitate ecclesiae conservanda, Lib. II, c. 16: Primi de principibus erant in eisdem castris (sc. Saxonum, wo eben auch Hermann) Egbertus marchio et filii duo Ottonis Bavariae quondam ducis, mit verächtlicher Wendung, unter Hinweisung auf Jesaj., III, 4: Dabo pueros principes eorum (Libelli de lite, II, 231).

[49]) Die durch Scheffer-Boichorst, Forschungen zur deutschen Geschichte, XI, 485—489, als „Rienburger Annalen" bezeichneten sächsischen Annalen, aus denen das längere, dem Annalista Saxo und den Annal. Magdeburgens. gemeinsame Stück, a. 1085, über die Berkaer Versammlung, stammt, sagen: defunctis qui robustioris etatis et ingenii erant, Ottone scilicet qui dux erat Bawariae, Udone marchione (SS. VI, 723, XVI, 177), stellen also Udo mit Otto auf gleiche Linie. An der in n. 48 citirten Stelle spricht der Annalista Saxo von Udo: Udo senior Saxonicus marchio defunctus est (den Todestag: 4 Non. Mai entnahm er dagegen den von den Magdeburger Annalen benutzten Rienburger Annalen, l. c., 176: die Annales Patherbrunnenses, l. c., 98, haben den Todestag nicht), worauf von Oda — vergl. n. 48 — die Rede ist, und weiter: hec genuit predicto Udoni Heinricum, Udonem, Sigifridum, Rodolfum et filiam que Adelheidis dicebatur, quam Fridericus palatinus

der zudem seit der letzten Zeit des Gegenkönigs Rudolf in eine unentschiedenere Zwischenstellung zurückgetreten war, nicht als ernsthaft Ausschlag gebend in Betracht[50]). Markgraf Ekbert freilich hatte im Jahre vorher, entgegen seiner zuletzt bekannten Haltung, mehr dem Gegenkönig Hermann sich zugeneigt[51]).

Weit mehr Wichtigkeit hatten ohne Frage für die Scheidung der Anhängerschaft nach beiden Seiten hin die geistlichen Fürsten des Landes[52]). Erzbischof Liemar bewies durch seine Theilnahme am italienischen Zuge Heinrich's IV., wie ganz er die Sache des Königs allein zu verfechten gedachte, und Bischof Benno von Osnabrück zeigte wenigstens, entsprechend seiner eigenthümlichen Zwischenstellung zwischen Papst und König, noch in diesem Jahre den hingebendsten Eifer, in Rom selbst zu vermitteln. Daß der auf Heinrich's IV. Seite stehende Erzbischof Sigewin von Cöln an Bischof Friedrich von Münster, gleichfalls in diesem Frühjahre, ein Schreiben richtete[53]), ist ein Beweis für die Stellung dieses Bischofs. Zu dem Gegenkönig hielten dagegen, wie schon früher erwähnt, so daß er eigentlich nur durch sie bestehen konnte, voran Erzbischof Hartwig von Magdeburg und Burchard von Halberstadt[54]), und im Weiteren nannte wenigstens für eine nicht viel nachher eingetretene Begebenheit ein Anhänger Heinrich's IV. als sächsische Bischöfe, die zum Gegenkönige hielten, Werner von Merseburg — bei diesem Gönner des heftigen Anklägers des Königs, Bruno's, des Geschichtsschreibers des Sachsenkriegs, verstand sich das von selbst —, Gunther von Naumburg, Benno von Meißen, weiter Reinhard von Minden, dem aber in Folkmar ein königlicher Vorsteher der gleichen Kirche gegenüber stand[55]). Allein eine ähnliche

---

comes de Putelenthorp accepit, illoque mortuo, comes Lodowicus senior de Thuringia eam duxit uxorem .... Igitur defuncto Udone seniore, successit ei filius Heinricus marchio (l. c., 720 u. 721). Udo war in den letzten Jahren, seit 1075 (vergl. Bd. II, S. 530, dazu S. 728), gar nicht mehr hervorgetreten.

[50]) Vergl. ob. S. 216.

[51]) Vergl. zuletzt S. 463.

[52]) Die Breslauer Dissertation von G. Sieber, Haltung Sachsens gegenüber Heinrich IV. von 1088 bis 1106 (1888) hat, 4—9, die Lage der Dinge 1083 gut zusammengefaßt.

[53]) Vergl. nachher in n. 59. Wenn auch Herzberg-Fränkel, Forschungen zur deutschen Geschichte, XXIII, 134 u. 135, zuzugeben ist, daß hier nur ein amtliches Rundschreiben ohne persönliche Seite vorliegt, so wäre doch auch ein solches bei scharfem persönlichem Gegensatz zwischen Erzbischof und Bischof wohl ausgeschlossen gewesen.

[54]) Vergl. ob. S. 426, n. 139.

[55]) Vergl. die Aufzählung in der in n. 44 genannten Streitschrift, Lib. II, c. 19 (l. c., 236), wegen Minden ob. S. 343. Daß Bischof Godschalk von Havelberg auf Gregor's VII. Seite stand, kann aus den Annal. Magdeburgens., a. 1082, geschlossen werden: Monasterium sancti Johannis baptistae in suburbio Magadeburgensis civitatis consecratum est a Hartwigo archiepiscopo et Godescalco ... episcopis (l. c., 176). Eine neueste Behandlung hier einschlägiger Fragen bietet die Schrift von Karl Benz, Die Stellung der Bischöfe von Meißen, Merseburg und Naumburg im Investiturstreite unter Heinrich IV. und Heinrich V. (Dresden, 1899).

Doppelbesetzung einer sächsischen Kirche erfolgte hernach, nach dem noch in diesem gleichen Jahre eingetretenen Tode des Paderborner Bischofs Poppo, dadurch daß dem von Seite der päpstlich Gesinnten — nach einer Paderborner Nachricht durch den Gegenkönig selbst — aufgestellten, in erforderlicher Weise erwählten Hildesheimer Geistlichen Heinrich von Assel durch Heinrich IV. der mit Hülfe seines Bruders, des Grafen Konrad von Werl, empfohlene, seiner Geburt nach gleich ansehnliche gleichnamige Bischof entgegengestellt wurde; der Bischof Heinrich des Königs gewann darauf thatsächlich die Oberhand gegen den anderen Heinrich, der schließlich noch lange im Range eines Subdiakons verharren mußte[56]).

Hermann feierte wohl das Osterfest in Goslar, das ihm über-

---

[56]) Die Annales Patherbrunnenses (l. c., 99) schieben, a. 1083, an die Erwähnung des Todes Poppo's (gestorben 28. November: IV. Kal. Dec. nach dem Abdinghofer Nekrologium, Westfälisches Urkundenbuch, Additamenta, ed. Wilmans — 1877 —, 22 n. 6): cui Herimannus rex successorem posuit Heinricum, Godescalci comitis filium de Asloe (Assel, die Hasleburg, im Hildesheimischen, jetzt im Herzogthum Braunschweig, bei Burgdorf: vergl. Cohn, Forschungen zur deutschen Geschichte, VI, 549—551, dazu Stammtafel, wonach auch Bischof Udo von Hildesheim verwandt war, sowie den Excurs von Wilmans, l. c., 22—25) und lassen a. 1084 folgen: Imperator Heinricus Patherbrunnensi aecclesiae subrogavit in episcopum Heinricum, comitis Bernhardi filium de Werle. Sehr eingehend handeln die Gesta archiepiscoporum Magdeburgens., c. 23, weil Heinrich von Assel später, 1102, Erzbischof von Magdeburg wurde, von diesen Dingen: Hic (sc. eben Heinrich) ecclesie Hildensemensis filius, Patherburnensi pastore destitute fuerat destinatus episcopus, worauf aber von Heinrich IV. — velud furiens ignis a celo lapsus (etc.) — eodem tempore cum . . . Wiperto heresiarcha ceterisque complicibus eius obsidente Romam et beati Petri vicarium id est papam Gregorium — eingegriffen worden sei: Heinricus quidam alius, prefato Heinrico Patherburnensi electo non inferior natalibus, ambitione tamen honoris et suis valde dissimilis moribus et ex putrido carnis specie barbarico agnomine Harmo dictus, conspiratione facta cum Conrado comite (sc. von Werla), fratre suo, cui et hereditatem suam donavit, causa expetendi sibi ab eodem rege Patherburnensis pontificatus ipsum adiit (soll daraus geschlossen werden, Graf Konrad sei vor Heinrich IV. in Rom erschienen?), et per interventum predicti fratris illic more, immo errore, tunc solito venditur, emitur predictus episcopatus et cum consensu jam dicti Wiperti heresiarche illic sine omni filiorum illius ecclesie electione fit Heinricus episcopus; qui, sumptis armis, non ut pater, sed ut hostis eandem invasit, canonice electum preda, cede, igne expulit, se ab omnibus violenter suscipi exegit (SS. XIV, 406 u. 407). Da nun der von gregorianischer Seite aufgestellte Heinrich von Assel in der in n. 49 citirten Stelle der Rienburger Annalen zu 1085 nur als Heinrich Paterbrunnensis designatus et adhuc tantum subdiaconus aufgezählt wird (SS. VI, 721, XVI, 176), möchte Bonin, Die Besetzung der deutschen Bistümer in den letzten 30 Jahren Heinrich's IV. 1077 bis 1105 (Jenenser Dissert., 1889), 77—80, die Paderborner Nachricht von einer directen Einsetzung durch den Gegenkönig bestreiten: aber der dem Lager Heinrich's IV. angehörende Verfasser der in n. 55 erwähnten Streitschrift stellt, l. c., in jenen Aufzählungen der beiden Lagern angehörenden Bischöfe ganz vollkommen als gleichstehend den königlichen Henrichus Poderbrunnensis episcopus und den gegenköniglichen Henrichus alter Poderbrunnensis episcopus — allerdings letzteren als per studia partium subintroductus, sed ne adhuc quidem initiatus — einander gegenüber.

haupt als Aufenthalt scheint gedient zu haben; denn am vierten Tage nach dem kirchlichen Festtage, am 13. April, schenkte er von dort aus an seinen hingebend getreuen Bischof Burchard von Halberstadt Güter im Schwabengau und im Nordthuringogau[57]). Dann aber ist aus dem ganzen Jahre nichts weiter von der Thätigkeit des Gegenkönigs mehr genannt, als daß er auch die Weihnachtsfeier in Sachsen beging[58]).

Wenn in solcher Weise von Seite des Fürsten, der sich den Namen eines Beherrschers des deutschen Reiches angemaßt hatte, gar keine förderliche Thätigkeit ersichtlich wurde, so erscheint es ganz begreiflich, daß Bestrebungen, wie sie schon im vorhergehenden Jahre auf lothringischem Boden zuerst lebendig geworden waren, die sich zum Ziele erwählten, ergänzend einzutreten, jetzt sich fortsetzten und zunächst in jenen gleichen Gebieten von neuem zu Tage kamen.

Erzbischof Sigewin von Cöln hielt am 20. April in seiner St. Peters-Domkirche eine Synode seiner Sprengelangehörigen ab und berichtete in Sendschreiben, von denen das an Bischof Friedrich von Münster gerichtete erhalten ist, über die Beschlüsse der Versammlung an die Vorsteher der einzelnen Bisthümer des Erzstiftes. Die einleitenden Worte kennzeichnen die Absicht, die der Erzbischof dabei hegte: „Weil zu unseren Zeiten die heilige Kirche übermäßig in ihren Gliedern durch Nöthe und mannigfaltige Bedrängnisse heimgesucht wurde, so daß man an der Ruhe und dem Frieden gänzlich verzweifeln mußte, so haben wir, im Gefühl des Mitleids bei so vielen Bedrückungen und so vielen Gefahren, überdacht, wie wir ihr mit Gottes Beistand zu Hülfe kommen könnten, und endlich nach dem Rathe unserer Getreuen dieses Mittel für sie vorgesehen, daß wir den Frieden, den wir nach dem Erforderniß unserer Sünden nicht haben ohne Unterbrechung festhalten können, wenigstens an nicht zusammenhängenden Tagen, so weit das in unserer Rechtsbefugniß gewesen ist, bis zu einem gewissen Grade wieder gewännen. Das nämlich haben wir gethan und ausgerichtet" —, und daran schließt sich die Erwähnung der da gehaltenen Versammlung, wie nach verschiedenen Berathungen und Erwägungen unter Uebereinstimmung von Geistlichkeit und Volk der Beschluß zu Stande gekommen sei.

In vielen Dingen lehnten sich nun diese in Cöln festgesetzten

[57]) St. 3000 ist als einziges Original Hermann's in die Kaiserurkunden in Abbildungen, Liefer. II, Tafel 29, aufgenommen worden. Burchard's devotum ac fidele servitium wird gelobt; die Schenkung liegt in Hadersleben in pago Suevico in comitatu Ottonis filii Adalberti comitis und in den nordthuringogauischen Orten Oschersleben und Beseckendorf in comitatu Sigefridi comitis. Die Kanzlei ist gleich, wie in St. 2999, besetzt (vergl. ob. S. 427 in n. 141).

[58]) Bernold, a. 1084, sagt bloß allgemein: in Saxonia (439).

Bestimmungen an die im letzten Jahre für Lüttich gegebenen Ordnungen an. Im Wesentlichen stimmen die Zeiten im Jahre, an denen der Friede beobachtet werden sollte, mit den für Lüttich befohlenen Tagen überein, und ebenso sind die Ausdrücke nahezu die gleichen, in denen die Gewaltthaten verboten sind, das Tragen von Waffen an gewissen Zeiten gänzlich ausgeschlossen oder aber, mit Untersagung von Mißbrauch, an anderen Tagen zugelassen ist. Auch die Bestimmungen über die Strafen erscheinen vielfach denjenigen der Lütticher Friedensordnung sehr ähnlich; nur wurde hier in Cöln innerhalb der Freien noch zwischen dem Edeln und dem gewöhnlichen Freien ein Unterschied gemacht, bei den Unfreien besonders eine Abstufung der Strafen, je nach der Schwere des Ungehorsams, von der Enthauptung abwärts, eingeführt. Hinsichtlich der unter zwölf Jahren stehenden Knaben, die straffällig erscheinen, ist neu festgestellt, daß sie mit dem Abhauen der Hände verschont und nur durch Schläge gezüchtigt und von weiterer Gewaltthat abgeschreckt werden sollten. Bemerkenswerth ist auch, daß die Synode hier darauf hinweisen zu müssen glaubte, daß die öffentliche Thätigkeit des Königs, für einen Feldzug oder für die Durchführung einer von Reichsversammlung oder Hofgericht gefällten Strafe, oder die regelrechte Amtsübung der Herzoge, Grafen und Vögte oder ihrer Stellvertreter, in der Besorgung der Rechtspflege, von diesen Friedensbestimmungen nicht betroffen seien, ebenso ferner, daß eingeschärft wird, daß das bisher geltende Recht, wie es bis auf diesen Frieden in Kraft stand, für alle Verbrecher auch ferner gelte, so daß diese ja nicht der verderblichen Ansicht sich hingeben sollten, daß sie außerhalb der Friedenstage straflos in Dörfern und Häusern rauben und plündern dürften: es ist unverkennbar, daß hier im rheinfränkischen Lande diese Bestimmungen der Friedensordnung noch neu und fremdartig waren, wenn solche selbstverständliche Dinge eigens scharf hervorgehoben werden mußten. Danach schließt die Ankündigung mit den Worten: „Die Hauptsache aber des Gott versprochenen und gemeinschaftlich gelobten Friedens wird sein, daß er nicht nur zu unseren Zeiten, sondern auch immer bei unseren Nachkommen befolgt werde, weil, wenn jemand ihn unnütz zu machen oder zu zerstören oder zu verletzen sich erkühnen würde, dieser, sei es zu dieser Zeit, sei es in der, die nach vielen Jahren um das Ende der Zeitrechnung erwachsen wird, von uns in unwiederbringlicher Weise excommunicirt ist". Dann wird auseinander gesetzt, daß es nicht so sehr in der Gewalt und dem Gutdünken der Amtspersonen, als in der des ganzen vereinigten Volkes liege, die auf Verletzung dieses Friedens gelegten Ahndungen zu handhaben, so daß keine Rücksicht aus Freundschaft oder Abneigung einer Verzeigung an die Oeffentlichkeit in den Weg treten durfte, etwa in Annahme von Geld oder in irgend welcher Begünstigung von Schuldigen: „Und es soll durch alle Gläubigen hin ein Gedächtniß feststehen, daß dieser Friede nicht einem Menschen, sondern Gott allein geschworen worden sei und daß er um so mehr zäh und fest beobachtet werden müsse. Deßwegen beschwören wir in Christo Alle, daß dieser nothwendige gesetzliche Satz des Friedens unverletzlich bewahrt werde, so daß, wenn einer inskünftig sich erfrecht haben wird, ihn zu verletzen, er gänzlich von den Söhnen der heiligen Kirche ausgeschieden und durch den Bann der unwiederbringlichen Excommunication und den Fluch der stets bleibenden Vernichtung verurtheilt werde".

So hatte ein dem Könige getreuer Vorsteher einer erzbischöflichen Kirche, ohne daß von einem Eingreifen Heinrich's IV. dabei die Rede ist, für die Erhaltung der öffentlichen Ordnung zu sorgen unternommen, ganz deutlich unter stärkerer Betonung kirchlicher Auffassungen, zumal in der ausgeprägten Herbeiziehung kirchlicher Bestrafung. Der bisher hier auf dem Boden der östlichen deutschen lothringischen Gebiete noch unbekannte Gottesfriede sollte dadurch eine noch höhere Geltung bei der Bevölkerung gewinnen[59]).

---

[59]) Vergl. ob. S. 467 u. 468. Das schon bei n. 53 erwähnte Schreiben Sigewin's — Sigwinus sanctae Coloniensis aecclesiae solo nomine episcopus Friderico confratri et coepiscopo voluntariam tam devotissimi orationis quam servitutis sui exhibitionem: ein Rundschreiben an die Sprengelbischöfe von Cöln, das eben in diesem Exemplar enthalten ist — ist Legum Sect. IV. I, 603—605, zuletzt abgedruckt, und zwar unter Abtrennung des Juramentum pacis Dei, das in der früheren Ausgabe durch Pertz — Leges, II, 58 u. 59 — hier angehängt war, jetzt aber durch den Herausgeber Weiland als Pax Dei incerta (saec. XI. ex.) an eigener Stelle, 608 u. 609, eingeschaltet ist: ebenso hat Weiland die cc. 16 und 17, am Schlusse, die Eggert, Studien zur Geschichte der Landfrieden, 12 ff., unter Zustimmung von Herzberg-Fränkel, l. c., 136, und von Waitz, Deutsche Verfassungsgeschichte, IV, 2. Aufl., 539 n. 1, lostrennen wollte, hieher zu 1083 festgehalten (sie betreffen das Asylrecht der Kirchen und den besonderen Gerichtsstand der Geistlichen, können also ganz gut bei diesem Anlaß in Erinnerung gebracht worden sein, wenn sie auch allerdings nach den feierlichen im Text übersetzten Stücken — cc. 14 und 15 — nur einen Anhang darstellen). Im Inhalte faßt c. 2 die für die Friedenshaltung empfohlenen Zeiten übersichtlicher zusammen, als das in dem Lütticher Frieden der Fall war (statt der Lütticher Feste steht speciell omnis apostolorum vigilia cum die subsecuta erwähnt): ebenso ist dort der Einschub: ut itinerantibus domique manentibus securitatis et quietis tutissima sit traditio, sowie die Specialisirung der Waffen: scutum, gladius aut lancea vel cuiuscumque prorsus armaturae sarcina zu beachten; die cc. 3—5 führen die Bestimmungen betreffend das Waffentragen einläßlicher, als jene Lütticher Fragmente, aus, so für den Fall, si necesse fuerit .... exire de nostro episcopatu in alium quo ista pax non tenetur, oder, si contigerit, ut debeat obsideri castellum aliquod; in den mit c. 6 beginnenden Strafbestimmungen ist zunächst in c. 6 selbst neben dem in dem Lütticher Frieden allein genannten liber der nobilis erwähnt und ist auch der Folgen für die heredes gedacht; c. 7 gliedert die Strafen des servus mit Abstufungen: decolletur .... manu puniatur .... detondeatur et excorietur, neben weiteren Ausführungen über das judicium aquae frigidae und die den Flüchtigen treffende Excommunication, ein Strafmittel, das aber auch sonst, in dem an die Vorlage sich lehnenden c. 14, aber noch mehr in c. 15, stärker betont wird (vergl. auch c. 13: missam illi, sc. dem dieser pia institutio Zuwiderhandelnden, nullus presbiterorum in nostro episcopatu cantare presumat et nullam salutis curam impendat, et si infirmatur, nullus eum christianorum visitare audeat, et viatico etiam in fine, si non resipiscit, careat). Außerdem enthalten c. 8 die Bestimmung betreffend die Knaben, c. 9 die Einschiebung: Non ledit pacem, si quis delinquentem servum

Aus den übrigen Theilen des Reiches ist für dieses Jahr fast nichts bekannt. Nur aus Augsburg wird von dem Fortgange der schweren Kämpfe in ganz Schwaben, von Brandstiftungen, so daß viele Ortschaften sammt ihren Kirchen in Flammen aufgingen, von Mordthaten, Plünderungen berichtet, so daß zu schließen ist, wie, in schon erwähnter Weise, in näherer und weiterer Entfernung von St. Gallen, sei auch in den nördlichen Gebieten des schwäbischen Stammes Alles von Kampf erfüllt gewesen. Herzog Friedrich, dann ein bairischer hauptsächlicher Anhänger Heinrich's IV., jener Graf Ratpoto von Vohburg, der als Besorger der pfalzgräflichen Amtsgeschäfte wohl geradezu den abwesenden König in Baiern vertrat, und der königlich gesinnte Bischof Siegfried von Augsburg griffen zusammen, während Wigolt, der von gegnerischer Seite den Anspruch erhob, als Bischof der Augsburger Kirche zu gelten, wohl fortwährend in Füßen seine Zuflucht suchte; besonders ist ein Kampf um eine Burg auf dem Wege an der Wertach aufwärts erwähnt, wobei jenen drei Angreifern der Platz zum Opfer fiel und die Vertheidiger theils in den Flammen umkamen oder sonst getödtet wurden, Andere in harte Gefangenschaft fielen [60]). Ein wesentlicher Erfolg für Herzog Friedrich lag auch darin, daß es gelang, nach dem 1082 eingetretenen Tode des königlich gesinnten Bischofs Thiepald — die Zeit, in der diese Nachfolge geordnet wurde, ist nicht sicher, jedenfalls vor dem März des nächstfolgenden Jahres —

---

suum vel discipulum vel quolibet modo sibi subditum scopis vel fustibus cedi jusserit, cc. 10 und 11 die Erklärungen betreffend die Handlungsweise des Königs und der anderen öffentlichen Personen, die hier neu sind, ebenso in c. 12 die so eigenthümliche securitatis gratia aufgestellte Einschärfung für die predatores et grassatores, diese möchten nicht meinen, daß sie post expletam pacem freie Hand hätten, welche Herzberg-Fränkel, l. c., 136, richtig in das Licht rückt. Neben den schon erwähnten neueren Beurtheilungen, eben besonders durch Herzberg-Fränkel, 134—137, kommen noch Kluckhohn (vergl. ob. S. 469 n. 45), Gölke, Anfänge der Landfriedensaufrichtungen, 55 ff., in Betracht; Giesebrecht, III, 602, betont, der Beistand der weltlichen Beamten habe ebenso wesentlich in Rechnung gezogen werden müssen, weil auch harte Leibesstrafen die Uebertreter der Friedensbestimmungen treffen sollten. Von der Geschichtschreibung ist das Ereigniß jedenfalls in dem Satz der Annales Patherbrunnenses: Pax Dei orta est (l. c. 99) gemeint.

[60]) Im Anfang des Jahresberichts sagen Annal. August.: per Sueviam incendia, caedes, praedationes utrimque fiunt; plerique vici cum ecclesiis cremantur — und lassen am Ende die besonderen Geschichten folgen, die Augsburg betreffen (Sibeneich ist das heutige Dorf Sibnach oder Sinnach, links von der Wertach oberhalb Augsburg südwestlich etwas mehr als vier Meilen entfernt gelegen, und die praedones, die das dortige von den Königlichen zerstörte castrum bauten, waren wohl Anhänger Wigolt's — daß der magister Heinricus, Augustensis canonicus, cum Wigoldo episcopo expulsus, Tod und Bestattung in coenobio sancti Magni fand, spricht eben dafür, daß Wigolt sich ständig in Füßen aufhielt) (SS. III, 130). Vergl. über Ratpoto von Vohburg, der, Gemahl der Wittwe Elisabeth des 1081 bei Höchstädt gefallenen Grafen Kuno (vergl. ob. S. 420), wohl schon 1082 in die Stellung eines Pfalzgrafen von Baiern eingetreten war, ob. S. 421 in n. 128, sowie daß er, nach Riezler (Geschichte Baiern's, I, 547), vielleicht sogar in Heinrich's IV. Abwesenheit mit dessen Vertretung für das Herzogthum in Baiern betraut war; vergl. ferner auch Wittmann, Die Pfalzgrafen von Bayern, 28—32, über Ratpoto I.

einen Angehörigen des staufischen Hauses, also einen gänzlich für Heinrich IV. zuverlässigen Vorsteher des Bisthums im unteren Elsaß, das auch rechtsrheinische Gebiete umfaßte, in Otto, Friedrich's Bruder, auf den Stuhl von Straßburg zu bringen[81]).

Einen gänzlichen Abbruch erlebte dagegen die Sache Heinrich's IV. in diesem Jahre in Ungarn, nachdem schon 1081 durch Salomon's Verzichtleistung auf die Krone alle früher an dessen Vermählung mit einer Schwester des deutschen Königs geknüpften Hoffnungen ihre Gültigkeit verloren hatten. Salomon hatte nun nochmals den Versuch gemacht, sich in den Besitz der Krone zu bringen. Aber dabei setzte ihn der dadurch bedrohte König Ladislav gefangen, und die Art, wie er danach wieder zu seiner Freiheit kam, schloß nur eine weitere Erniedrigung in sich. Es scheint nämlich, daß Ladislav einen Anlaß, der zur wesentlichen Erhöhung seines eigenen Ansehens beitrug, den der Erhebung der Gebeine des heilig gesprochenen ersten christlichen Königs von Ungarn, Stephan, und seines Sohnes Emerich, dazu benutzte, den unschädlich gewordenen Nebenbuhler — nach einer anderen Nachricht freilich wäre Salomon entflohen — in Freiheit zu setzen. Nach Regensburg, wo der königliche Bruder der schon länger wieder dahin zurückgekehrten Schwester Judith-Sophie eine Zuflucht eröffnet hatte, begab sich Salomon zu seiner Gemahlin; wie viel dabei Verunglimpfungen, die der schmähsüchtige schwäbische Jahrbuchverfasser Bernold gegen die beiden Ehegatten einflicht, zu glauben ist, läßt sich nicht sagen. Nur das ist sicher, daß der Anblick dieses verjagten ungarischen Königs in der Hauptstadt des bairischen Stammlandes, dessen Ostgrenze zu sichern die Salomon bei seinem Verlöbniß vor einem Vierteljahrhundert durch die deutsche Staatsleitung zugewiesene Aufgabe gewesen war, eine Schwächung des Ansehens des deutschen Reiches im Südosten bedeutete[82]).

---

[81]) Den Tod des Vorgängers erwähnen Annal. August., a. 1082: Dietpaldus praesul Strazburgensis obiit (l. c.), und durch die Annal. Argentinens. a. 1082, ist der Todesnachricht gleich: Otto schismaticus successit (SS. XVII 88) angehängt. Freilich wird Otto erst in der Urkunde vom 21. März 1084 (vergl. dort in n. 10) in Rom urkundlich aufgeführt. Vergl. über Bischof Otto schon ob. S. 195 in n. 36. Königshofen, c. IV, gab Theobaldus „5 jor", Otto „16 jor", was auf 1084 für den Wechsel des Bischofssitzes führen würde (Die Chroniken der deutschen Städte, IX, 646: doch vergl. dort in den Beilagen das Verzeichniß der Bischöfe, 1056, daß Thiepald's Tod ohne Zweifel 1082 eintrat, Otto allerdings erst 1084 genannt, vollends erst 1086 — nach einer Urkunde vom 23. Juli 1095: anno ordinationis . . . . nono — als Bischof ordinirt ist).

[82]) Bernold schließt an die Erwähnung des Umstandes, daß piae memoriae Stephanus quondam rex Ungarorum, qui se ipsum cum sua gente ad fidem Christi convertit, post quadragesimum obitus sui annum miraculis claruit — die Nachricht: Salomon rex Ungarorum, set regia dignitate indignissimus, praedicti Heinrici cognatus (Irrthum: er ist ja Heinrich's IV. Schwager), a compatriota suo, nomine Ladislav, regno privatus incarceratur, et ille pro eo regia dignitate sublimatur, worauf, a. 1084, folgt: Rex Unga-

In diesem Jahre, wo in solcher Weise in Rom die völlige Entscheidung zwischen Heinrich IV. und Gregor VII. immer näher heranrückte, wo im deutschen Reiche der von den päpstlichen Anhängern anerkannte Gegenkönig stets deutlicher als eine kläglich machtlose Erscheinung sich herausstellte, war wohl schon in einem Gotteshause des südlichen Elsaß, zu Lautenbach, eine schriftstellerische Arbeit im Gange, die den Beweis dafür bringt, in wie hohem Grade der Streit der Auffassungen, der alle Geister für sich in Anspruch nahm, sich schon bis dahin giftig verschärft hatte und wie er einem derartigen schriftlichen Ausdruck des Gegensatzes eine rohere, verletzendere Form zu verleihen vermochte. Es ist nämlich kaum zu bezweifeln, daß Manegold bereits zu dieser Zeit an seinem großen Buche schrieb, das er, so lange der Papst noch am Leben war, abschloß, dann aber allerdings erst später, nach Gregor's VII. Tode, sowie nach einer anderen gegen Abt Wolfhelm von Brauweiler gerichteten Schrift, an das Licht treten ließ [63]).

rorum Ladislaus, parti catholicorum assentaneus, emulum suum Salomonem de carcere relaxatum, Ratisponam ad uxorem suam ire permisit, licet ingratam. Nam nec illa nec ille conjugale fedus ad invicem eatenus servaverunt, immo contra apostolum se ipsos invicem fraudare non timuerunt (knüpft vielleicht Manegold in der nachher in n. 63 erwähnten Schrift, c. 29, wo auch von Salomon und seiner Vertreibung die Rede ist und der König multis fornicationibus et injustitiis serviens heißt, an solche Gerüchte an?). Erat autem ipsa soror Heinrici sepe nominati (Berichtigung des bemerkten Irrthums), quae et ab ipso jam diu Ratisponae sustentabatur, etiam antequam maritus eius captivaretur (438—440). Vergl. zuletzt ob. S. 423 über Salomon's Schicksal. Allein die da, in n. 132, citirten Annal. veteres Ungar. oder Annal. Posonienses. vereinigen im gleichen Jahresberichte von 1083: (Salomon) in carcere missus. Et dominus rex Stephanus et Henricus filius eius et Gerardus episcopus relevantur, et Salomon rex fugit, so daß Giesebrecht, III, 1181, in den „Anmerkungen", wohl mit Recht Salomon's Weggang, nach seiner Befreiung, noch in das Jahr 1083 setzt, und Huber, Geschichte Oesterreichs, I, 318, möchte die Entlassung mit dieser feierlichen Erhebung der Gebeine Stephan's und Emerich's in Verbindung bringen (vergl. auch Büdinger, Ein Buch ungarischer Geschichte, 1058—1100, 69—73). Die ungarische Chronik hat später diese Dinge in ihrer Weise ausmalend behandelt: Chron Dubnic., resp. Chron. Budense, c. 112: Salomonis autem cauteriatam conscienciam preconcepte iracundie amaritudo laniabat. Cepit itaque fremebundus estuanti animo machinari dolos in perniciem innoxii sanguinis Ladislai. Sed incidit in foveam quam fecit. Rex enim Ladislaus deprehenso flagicio capit Salomonem et in Visegrad retrusit in carcerem. Sed postmodum dimissus est de carcere in elevacione corporum sancti Stephani regis et beati Emerici confessoris (daran schließt sich gleich die später zu 1087 zu erörternde Geschichte der letzten Lebenszeit Salomon's), und die Bilderchronik, c. 62, in ähnlicher Erzählung, größeren Theils wörtlich übereinstimmend, doch noch mit der Beifügung: Erat autem apud Salomonem Bodus filius Bokon in carcere. Hoc autem non causa timoris fecit, sed pro consanguineitate regis, qui semper minabatur facere pejora prioribus, et ut furor illius paululum temperaretur. Ipse enim assidue pro Salomone orabat, ut ad legem Dei converteretur. Si vero Salomon conversus fuisset, veraciter regnum plenarie sibi restituisset, ipse ducatum sibi elegisset. Et quamvis Salomon in carcere fuisset, Ladislaus multo magis ei condolebat (Florian, Histor. Hungar. Font. domest., Scriptores, III, 94, II, 194).

[63]) Durch K. Francke ist, Libelli de lite, I, das einzig in einem Codex der Karlsruher Bibliothek erhaltene Buch Manegoldus ad Gebehardum, zum

Veranlaßt war das Erscheinen dieses „Buches an Gebehard", das demnach dem hervorragenden Führer der päpstlich Gesinnten, Erzbischof Gebehard von Salzburg, gewidmet war, durch die 1081 verfaßte Schrift des Trierers Wenrich, die der Propst Hermann des kleinen Stiftes der regulirten Chorherren Lautenbach widerlegt sehen wollte[44]). Diese Schrift hatte nämlich so große Verbreitung gefunden, daß eben dieser Vorgesetzte es Manegold unter Anrufung seines Gehorsams, durch einmüthigen Befehl der Brüder, zur Pflicht machte, die Widerlegung auf sich zu nehmen. Nach

---

ersten Male, 308—430, herausgegeben, nachdem früher Floto, Kaiser Heinrich IV. und sein Zeitalter, II, 154, Anm., 299—303, sowie Giesebrecht, Sitzungsberichte der baierischen Akademie der Wissenschaften, 1868, II, 297—330, wo eine eingehende Charakteristik des Autors und des Werkes gegeben ist, bloß Auszüge bekannt gemacht hatten. Schon durch Giesebrecht, III, 1054, in der Uebersicht der Quellen und Hülfsmittel, wurde gegen Ewald, Forschungen zur deutschen Geschichte, XVI, 383—385, betont, daß Manegold's Buch, das stets Gregor's VII. als eines Lebenden gedenkt, nicht erst nach Gregor's VII. Tode zu Ende geführt worden sei. Indessen scheint dem entgegenzustehen, daß Manegold in dem ohne Zweifel erst nach dem Tode des Papstes geschriebenen Buche Magistri Manegaldi contra Wolfelmum Coloniensem, l. c., 303—308, in c. 23 Wenrich's Schrift erwähnt und dabei sagt: cui (sc. epistolae contumeliis sanctae ecclesiae redundanti) velocius respondere deliberamus (308), so daß sich diese Ankündigung der erst zu schreibenden Antwort mit jener Redaction bei Lebzeiten Gregor's VII. nicht zu vertragen scheint. Doch hat Francke, l. c., 300—302, in der hier angenommenen Weise, der auch Mirbt, Die Publizistik im Zeitalter Gregor's VII., wo, 26—29, Manegold charakterisirt wird, völlig beistimmt, diese Schwierigkeit beseitigt.

[44]) Die Stelle der Praefatio, die Wenrich's Schrift als Ursache der Manegold'schen Antwort nennt, steht schon ob. S. 407 in n. 105. Doch kann diese Widmung an Gebehard erst nachträglich geschrieben worden sein, nach Vollendung des Buches selbst. Denn während die Praefatio an Wolfhelm (vergl. n. 63), die nachher verfaßt worden sein muß, noch Lautenbach's als eines bestehenden Gotteshauses gedenkt: Cum nuper in hortis Lutenbac convenireraus (etc.) (303: Giesebrecht, l. c., 308 n. 18, meint zwar, daß Manegold, weil die Brüder nach Zerstörung Lautenbach's bei einander geblieben seien, auch noch nach diesem Ereignisse in den dortigen Gärten hätte disputiren können), fährt diejenige an Gebehard nach der citirten Stelle fort: Qui denique libellus quia ab illis pro autentico et jam jam canonizato undique circumfertur, immo pene per omnes plateas et andronarum recessus ad ecclesie ludibrium propalatur, cum in manus etiam nostras devenisset, nunc ab eisdem (sc. adversariis) destructi nostri monasterioli quondam prepositus Hermannus mese fatuitati id obediencie injunxit, ut eisdem literis obviare susciperem (etc.), und weiter redet Manegold von sich selbst in dem in n. 76 eingeschalteten Satze als von einem flüchtig Umherirrenden, ebenso ferner noch: raritatem librorum non parvam mihi subtraxisse copiam exemplorum, que nimirum, licet pro viribus non omitterem, numerosius congererem, si tam aperta forent armaria ecclesiarum, ut sunt caverne vel latibula silvarum (313). Die Zerstörung seines monasteriolum, seine Flucht und sein Herumirren, die erst in eine Zeit nach Gregor's VII. Tode gefallen sein können, spiegeln sich also in dieser Widmung, die jünger als das Buch sein muß, ab, und der Mangel an Büchern bezieht sich wohl auf seinen jetzigen kläglichen Zustand, eines Flüchtigen, als die Praefatio geschrieben wurde, während vielleicht diese wohl als rhetorische Phrase anzusehende Anrufung der Nachsicht für die Zeit der eigentlichen Abfassung noch nicht galt.

langem Sträuben gab Manegold nach und übernahm die Aufgabe [65]).

In den achtundsiebzig erhaltenen Capiteln wendet sich Manegold nach den verschiedensten Seiten hin, und er hat in die Einleitung seines Werkes den ganzen Plan eingeschaltet, nach dem er arbeitete [66]).

„Besonders habe ich also den trügerischen Anfang der Rede widerlegt“. Denn von dem Evangelistenworte über die Früchte eines Baumes ausgehend, daß nämlich ein guter Baum nicht böse Früchte hervorbringen könne, gießt Manegold gleich im Beginn seine ganze heftige Leidenschaft über die Schrift Wenrich's aus, und er wirft sich alsbald auf den Eingang derselben, den von Wenrich gebrachten kurzen Abriß des Lebens Gregor's VII., um zu dem Schlusse zu gelangen, daß jener ganze Abschnitt aus einem trügerischen Herzen heraus geschrieben worden sei. Da nun als eigentlicher Urheber des angegriffenen Buches Bischof Theoderich von Verdun festgehalten wird, soll nach dem aus Paulus abgeleiteten Bilde eines wahren Bischofs gezeigt werden, daß Theoderich ein solcher nicht sei [67]).

„Danach aber habe ich durch die Zeugnisse der heiligen Väter dargelegt, wie sehr das Privilegium des apostolischen Sitzes alle Mächte dieser Welt übertrifft“. Die Sätze, die Manegold als derartige Aussagen rechtgläubiger Väter anruft, sind größerentheils Pseudoisidor entnommen [68]).

„Darin jedoch habe ich gegen die Person des apostolischen

---

[65]) Vergl. neben den Stellen in n. 64 noch weitere Aeußerungen in der Praefatio: so Cui cum obnixius renitens obtenderem oder victus, dum obediencie necessitudinem excusare non potui (311, 312).

[66]) Manegold's ganzes Buch läßt sich nach den Sätzen über den Inhalt zerlegen, die er in die Praefatio (312) hineinstellt.

[67]) Dieser Abschnitt reicht über cc. 1—6 (313—322), wovon c. 2 speciell de subdolo sermonis exordio handelt. Schon gleich in c. 1 tritt bei dem Angriff auf Wenrich das gröblich Leidenschaftliche hervor: Scripta igitur tua, immo eorum qui garrulitatem tuam erroris sui atque vesanie eromende ministram delegerunt, cum sint sacrilega, cum profana, cum exquisitis mendaciis obscenisque blasphemiis sint compilata, immo etiam adulatoria, simulacione fraudulenta, derisoria, levitate ventosa, et ideo non modo apostolica, sed cuiuslibet vel private viventis religiosi audiencia necdum responsione indignissima, nec solummodo ignibus debita, sed ipsius scelerose presumpcionis temeritate omnium bonorum sputo et conculcacione obnoxia (etc.) (314), zugleich eine Probe des schon durch Floto dem Autor vorgeworfenen zumeist schleppenden Stils. Dazu wird in c. 2 an dem ob. S. 408 erwähnten Abschnitte Wenrich's — in c. 1 — über das Leben Gregor's VII. schon gleich hier in der Weise herumgepflückt, daß die Aeußerung der angegriffenen Schrift entstellt erscheint —: Wenrich's Worte in c. 1 z. B., die von Hildebrand handeln: ad summum christiani regiminis culmen decedentibus patribus sepe electum et accitum semper quidem animi, aliquando etiam corporis fuga dignitatis locum declinasse, werden bei Manegold, c. 2, zu: dehinc, decedentibus patribus, tocius christiani regiminis apicem mutuatum fuisse.

[68]) Das ist der Inhalt von c. 7 (322—325).

Herrn im Besonderen geschleuderte Schimpfreden und Schmähungen durch nicht verwerfliche Beweise aufgewogen". Unter Berufung auf verschiedene Zeugen, die Römer und die Häupter der Stadt selbst, auf die verschiedenen Inhaber des apostolischen Stuhles selbst von Leo IX. an, auf Petrus Damiani, die Kaiserin Agnes soll der Wandel Hildebrand's und dann vollends Gregor's VII. gerechtfertigt werden. Hat Wenrich getadelt, daß der Papst in so vielen Städten verschiedener Länder gesehen worden sei, so soll das vielmehr nur zur Vermehrung seines Ruhmes dienen, da ihn ja Aufträge der Päpste, die vor ihm auf dem apostolischen Stuhle saßen, hinausgeschickt hätten, wie schon Paulus den Timotheus so mit Aufträgen weggesandt habe. Weit entfernt davon, anstößig herausfordernd zu sein, sind Gregor's VII. öffentliche Kundgebungen vielmehr maßhaltend, wie er denn ja selbst demüthig sich erweist, was auch durch die hier völlig zurecht gemachte Schilderung des Eintritts des Papstes in den Besitz seines Amtes dargelegt werden soll. Wenrich's Anklagen gegen Gregor VII. werden durch die heftigsten Angriffe gegen die dem geistlichen Stande angehörenden Gegner des Papstes, die königlich gesinnten Vorsteher von Bisthümern und Klöstern und geistlichen Stiftungen überhaupt, vergolten, und zwar so, daß Manegold in der Ausmalung des weltlichen Treibens dieser Männer bis zu geradezu ekelhaften Schilderungen solchen Sündenlebens im Einzelnen greift; denn es soll begreiflich gemacht werden, daß nach der öffentlichen Verzeigung dieser Laster durch den Papst die Laien sich gegen diese Geistlichen hätten erheben müssen. An einer Stelle in diesem Zusammenhang gefällt sich der Verfasser auch darin, in einem recht unreinlichen Bilde die Schuld der Bischöfe einerseits, die Nothwendigkeit des Eingreifens durch den Papst auf dem anderen Theile einleuchtend zu machen. In einläßlicher Weise vergleicht da Manegold das ganze von ihm so laut angeklagte Treiben der Bischöfe mit einer großen Anhäufung von Unrath in einer Mistgrube, worauf der Papst hier als der Räumer und Säuberer hinzugetreten sei: ist dabei in unvermeidlicher Weise Gestank in die Luft gedrungen, so ist dessen Urheber nicht Gregor VII., der die nicht zu unterlassende Arbeit des Aufdeckens besorgte, sondern einzig jene Gesellschaft unwürdiger Menschen, die diesen Unrath zusammenbrachte**).

**) Dieser Abschnitt — cc. 6—16 (325—340) — ist speciell gegen Wenrich's c. 2 gerichtet. Davon ist c. 14: De introitu ipsius (sc. Gregor's VII.) eine entgegen der Versicherung, Alles sei eorum testimonio, qui ipsi rei interfuerant, erzählt, ganz der Wirklichkeit des Vorganges — vergl. Bd. II, S. 204—209 — widersprechende Reihe von Behauptungen, z. B.: Porro autem beatus ille cum tanti honoris sibi pondus inponendum cognosceret, qua id mente quove desiderio susceperit, operis effectu manifestavit; et quod per gratiam potuit, per humilitatem pie excusavit. Nam fuga elapsus se occuluit et ad Vincula sancti Petri aliquod diebus absconsus pie callidus latitavit, ut videlicet introitus sui exordium exemplo eius consecraret, cuius postmodum nomine et actione emulator extitisset (sc. Gregor's I.). At vero Romanis

„Ebenso habe ich über die drei Gesetzesvorschriften unseres Gregor, die aus den heiligen Kirchengesetzen und den Worten der rechtgläubigen Väter herausgekommen waren, gehandelt und dargelegt, wie sehr echt, wie der Aufnahme würdig, wie für die kirchliche Zurechtweisung nothwendig sie seien“. Aber einen großen Theil dieses Abschnittes nahm Manegold, ohne freilich seine Vorlage zu nennen, aus der von dem gelehrten Bernold schon sieben Jahre früher für Gregor VII. verfaßten „Vertheidigungsschrift“ herüber, in der die vier Hauptvorschriften der Fastensynode Gregor's VII., des Jahres 1075, wie er sie nachher in dem Schreiben an Bischof Otto von Constanz niedergelegt hatte, ausführlich behandelt worden waren. Zwar verschiebt dann Manegold die Erörterung des vierten Satzes, daß das Volk gottesdienstliche Handlungen der durch die ersten Gebote getroffenen simonistischen und nicht enthaltsamen Priester fliehen müsse, auf einen späteren Theil seiner Antwort [79]).

„Nachher aber habe ich die Absetzung des Königs, indem ich die Ordnung des richterlichen Verfahrens in zwiefältiger Weise unterschied, als eine gerechte und nach dem Gesetze ausgeführte nach Regel und Gewähr erwiesen“. Wieder unter Anschluß an eine Schrift Bernold's, betreffend das 1076 in Worms gegen Gregor VII. gewählte Verfahren und die Verwerfung der daran Betheiligten, außerdem an das große 1076 von Gregor VII. erlassene Rechtfertigungsschreiben, wird das Vorgehen Gregor's VII. gegen Heinrich IV., das zudem noch als ein mildes hingestellt werden soll, nicht zum wenigsten dadurch gerechtfertigt, daß die eigene Mutter, Kaiserin Agnes, wie sie der den Sohn verurtheilenden Synode in Rom selbst beiwohnte, ihr Zeugniß über diesen Urtheils-

---

tuali provisoris industria se orbari dolentibus, ubique queritur, tandem vero, quia civitas hec in monte virtutum constituta abscondi, nec lucerna ad multorum illuminacionem accensa sub modio private quietis ac speculacionis poterat occultari, proditur, invenitur, capitur, trahitur ac pontifex pontificum, licet multum renitens, multo ejulatu reclamans, consecratur (336 u. 337). Aus dem Schmutz in c. 15, wo auch die mit eigentlicher Freude am Stoff geschehene Ausmalung des Bildes der latrina und Gregor VII. als des huius feditatis mandator enthalten ist, gab Floto, l. c., 155, in der Note, Proben. In c. 16 wird mit der Ausführung: Quam autentica sint nostri apostolici decreta geschlossen.

[79]) Dieses Stück umfaßt cc. 17—24 (340—356), ist aber bis in c. 22 (349), allerdings unter vielfach anderer Anordnung, mit einzelnen Beifügungen und Auslassungen, nichts weiter als Entlehnung aus dem Bd. II, 706—708, behandelten Apologeticus Bernold's (vergl. Libelli de lite, II, 60 ff., mit den steten Hinweisen auf die Benutzung durch Manegold), unter Herübernahme auch der von Bernold herangezogenen Zeugnisse. Dabei erscheint J. 4933, das Schreiben an Bischof Otto — vergl. Bd. II, S. 456 — in Manegold's c. 17 als Decretalis nostri Gregorii epistola. Den Rest von c. 22 und das c. 23: De dampnatione infelicium mulierculanum sacris ministris prostitutarum widmet Manegold im Besonderen den vom tercio statuto betroffenen incontinentes, während c. 24: De qualitate illarum literarum, contra quas iste stilus invigilat eine Art Ueberleitung zum Folgenden darstellt.

spruch abgelegt habe; denn wer es ablehne, als Christ zu gehorchen, müsse als unwürdig erachtet werden, irgend einem Christenmenschen zu gebieten. In der umfangreichsten Weise sammelt Manegold Beispiele aus der Geschichte christlicher Reiche, daß Völker unter Leitung von Päpsten und Bischöfen ihrer Fürsten sich entledigt hätten, wenn diese ihren Untergebenen zum Schaden zu gereichen schienen, und danach wird bewiesen, daß nur dem Amte die Ehre gebühre: kann der nicht Schweinehirte sein, der die Schweine nicht zur Weide zu führen versteht, sondern sie der Verderbniß preiszugeben sucht, so gilt solches noch vielmehr von dem, der die Menschen nicht zu beherrschen, sondern sie auf Irrwege zu senden sich bestrebt[71]).

„Darauf jedoch habe ich die Waffen gegen unsere Verschwörer und Schismatiker gedreht und es nicht ohne einige Zeugnisse aus den heiligen Vätern angemerkt, auf welche Weise auch sie selbst durch auswärtige Mächte unterdrückt werden können". Nach Ausmalung des schweren in einem Schisma ausgesprochenen Verbrechens werden nacheinander Gregor I., Augustinus, Concilsacten, gemischte Zeugenschaften angerufen, um die Verwerflichkeit dieser Anhänger des Königs zu beweisen. Denjenigen, die außerhalb der katholischen Kirche stehen, gebührt, daß Hab und Gut und Besitzungen ihnen weggenommen werden. Sollte es geschehen, daß Gläubige in Vertheidigung der Kirche, nicht ihrer eigenen Sache, Excommunicirte tödten, so haben sie nicht Buße und Strafe als Mörder auf sich zu nehmen. Für die Anhänger Heinrich's IV. darf nicht gebetet werden[72]).

---

[71]) Dieses über cc. 25—30 reichende Stück (356—366) lehnt sich an Bernold's De damnatione schismaticorum — vergl. Bd. II, S. 709—713 — und J. 4999 (vergl. l. c., S. 695—702), das in c. 28 ganz aufgenommen ist, ebenso wie in c. 27 Testimonia Agnetis imperatricis de damnatione filii sui regis (vergl. l. c., S. 641). In c. 29 erreicht Manegold den Ruhm, eine der ekelhaftesten Sammlungen der jedes sittliche Maß übersteigenden Anklagen gegen Heinrich IV. zu Stande gebracht zu haben: zu den filii ex adulteriis generati .... publice et majoribus quam legitimi deliciis adulti, clariore cultu adornati, cariore ab ipso suisque affectione amplexati, zu den duas sorores ... altera velata, altera matrimonio copulata (da käme also auch die hier in n. 62 erwähnte Königin Judith-Sophie in Betracht) vergl. Bd. I, S. 613 n. 14: dann aber hat Manegold da noch stupra gegenüber abbatissas et sanctimoniales und illa turpitudo, quam relicto naturali usu feminae in masculos operatus est hinzuzufügen (363). Mirbt, l. c., 227—229, stellt Manegold's Vertheidigung des Verfahrens Gregor's VII. gegen Heinrich IV. als das unleugbar originellste hin, indem dieser sich nicht gescheut habe, sogar die Grundlagen des staatsrechtlichen Lebens anzutasten: denn c. 30: Quod rex non sit nomen nature, sed vocabulum officii soll die regis depositio — ex inrefragabili sanctorum auctoritate — beweisen (dabei wird, 366, in dem Satze: At — inquiunt — nemo pro peccatis debet deponi, nemini commissa sunt exprobranda eine Aeußerung Wenrich zugeschrieben, die dieser gar nicht vorbrachte).

[72]) Dieser Abschnitt reicht über cc. 31—46 (366—391). Die drei Sätze im Texte entsprechen den Titeln der cc. 35. 38, 41. Dann wendet sich Manegold in cc. 42—45 gegen Wenrich's c. 4 (vergl. ob. S. 411), wo dieser die

Der nächste Abschnitt bezieht sich auf die Lösung der Unterthanen von ihren früher dem Könige geschworenen Eiden. Hier kommt der Verfasser zum Schlusse, daß Gregor VII. überhaupt nach heilsamster Erwägung alle Heinrich IV. abgelegten Eide aufgehoben habe: „Mit welcher Verabscheuung hat man sich von denen fern zu halten, die aus Freundschaft für einen einzelnen ganz verbrecherischen Menschen unser Gemeinwesen, nämlich die heilige Mutter Kirche, zu zerstören und allen Vorrechtes ihrer eigenen Ehre zu berauben suchen?“ Hier noch einen Treueid zu beobachten, müßte als Sünde, als Tollheit erscheinen[73]).

„Zuletzt habe ich auch die Besetzung der Bisthümer und die Inthronisationen der Bischöfe von aller Gewaltübung des Königs und eines jeglichen weltlichen Fürsten losgetrennt“. Hier stellt Manegold von Anfang an auf, daß die Festsetzung Gregor's VII., Bischöfe könnten durch die Hand eines Fürsten nicht eingeführt werden, einzig und allein der Rechtgläubigkeit entspreche, und die Berechtigung der durch Wenrich entgegengestellten Zeugnisse wird ganz geleugnet, einem nach dem andern entgegengehalten, es sei fälschlich vorgebracht worden. Vielmehr kann eine Neubesetzung eines erledigten Stuhles nur durch das Zusammengreifen der Geistlichen und des Volkes, durch die mitwirkende Zustimmung des Metropoliten, sowie nach sorgfältiger Prüfung des für die Nachfolge in Aussicht genommenen Gewählten geschehen. Sonst können Uebelstände sich einstellen, beispielsweise, daß bei der großen Ausdehnung mancher von verschiedenen Völkern bewohnter Reiche ein König einen Bischof auf den erledigten Stuhl unter ein Volk setzt, dessen Sitten dieser nicht kennt, dessen Sprache er nicht versteht. Eine andere Seite der Frage, die Manegold hervorhebt, ist, daß durch die Laieninvestitur die Geistlichen, die doch nach der Würde ihres Standes und dem Zeugniß der Schrift weit über den Laien stünden, sich dieses ihres Vorranges durch solche Unterwerfung selbst berauben. Oder es wird betont, „wie abgeschmackt es sei, von den Königen entgegenzunehmen, was bei der Weihehandlung zu wiederholen nothwendig sei“: so wenig als Taufe oder Ordination, könne die Uebergabe von Ring und Stab wiederholt, zuerst durch die weltliche Macht, hernach durch den Bischof, vollzogen werden[74]).

---

historischen Beweismittel — König Salomon, Erzbischof Ebbo — brachte, während Manegold diese exempla und testimonia als falso, male introducta tadelt.

[73]) Zu dieser über die cc. 47—59 (391—399) sich erstreckenden Abtheilung bringt Mirbt, l. c., 230—232, eine Manegold's eigenthümliche, seiner „demokratischen Staatstheorie“ entsprechende Auffassung charakterisirende Ausführung; denn der Autor scheidet zwischen juramenta que juste et legaliter fiunt (c. 48) und injusta juramenta (c. 49).

[74]) Das cc. 50—67 umfassende Stück über die Laieninvestitur (399—419) beginnt gleich in c. 50: De falsa delatione domni apostolici mit einer scharfen Rüge gegen Wenrich's c. 8, daß dieser sich Entstellungen erlaubt habe: vergl. Mirbt, l. c., 453—458, wonach eben einzig Manegold von Seite der gregoria-

Erst ganz am Ende holt Manegold noch jene vierte Verordnung Gregor's VII. aus dem Sendschreiben an Bischof Otto von Constanz nach, das Verbot, bei Simonisten und Nikolaiten geistlichen Verrichtungen beizuwohnen, und hier fehlt am Schlusse ein Stück des Buches [79]).

Nach Vollendung des Ganzen stellte der Verfasser jene Widmung an Erzbischof Gebehard dem Buche voran, worin er auf die schon erwähnte Veranlassung des Werkes hinwies und die Uebersicht des Inhaltes gab, an deren Hand hier die Schrift kurz gemustert wurde.

In der denkbar größten Unterwürfigkeit stellt sich hier Manegold dem Erzbischof gegenüber. Als einen unbekannten, ganz geringen, bäuerischen Menschen führt er sich ein, getröstet sich aber dessen, daß er Gebehard doch nicht völlig fremd sei, sondern von dessen Freundlichkeit und Gunst unzählige Wohlthaten schon davon getragen habe, und ähnlich erklärt er, nach der Auskunft darüber, wie er zur Abfassung seiner Schrift gebracht worden sei, nochmals das Gefühl seiner Minderwerthigkeit: er sei an Alter unreif, gering seiner Beschaffenheit nach, ungeschickt im Geiste, in der Sprache gehindert, der Abstammung nach niedrig, in der Redeweise bäurisch, nicht genügend, um nur in der Sprechweise des Volkes zu stammeln, geschweige denn, in Schrift etwas auszusinnen. Freilich gestand er daneben auch, daß er vor dem Hasse seiner Feinde sich gefürchtet habe, daß das auch eine Ursache seiner länger festgehaltenen Ablehnung gegenüber der Aufforderung seines Propstes Hermann gewesen sei. Aber auch jetzt noch, wo er das Buch endlich hinaustreten ließ, hegte Manegold Besorgniß für seine Sicherheit, falls jene Gegner von dieser seiner Thätigkeit als Verfasser des vollendeten Werkes Kunde erhielten, zumal ja inzwischen die Zerstörung von Lautenbach, seine eigene Vertreibung aus dem Klösterchen eingetreten waren. Zuletzt aber hatte eben Manegold sich gefügt, die Antwort gegen Wenrich übernommen, deren Inhalt er nun eben selbst in dieser Vorrede kurz aufführt. Am Ende dieser Inhaltsangabe fährt er fort: „Und ich habe sicherlich nicht Worte den einzelnen Worten entgegengesetzt, sondern den Sinn und die Absicht in der Weise, wie ich vermochte, entkräftet. Einiges auch habe ich stillschweigend widerlegt, weil ich es auch nicht des Anhörens, ge-

---

nischen Auffassung eine eingehende Erörterung dieser Fragen gebracht hat. Der bemerkenswerthe Gesichtspunkt: Aut precedens a regibus acceptio (sc. bis baculi et anuli, celestium secretorum signacula designantes) valet, viget et constat, aut sequens episcoporum commendatio vacat, resolvitur et vacillat. Ambe enim constare simul nequaquam possunt ist in c. 64 erörtert.

[79]) Schon vorher — vergl. n. 70 — sagte Manegold: et de quarto que dicenda videbantur, in finem differendo reservavi. Dieses Stück beginnt mit c. 68: Satisfactio de quarto nostri Gregorii capitulo, cur populis symoniacorum et Nicolaitarum officia prohibeantur und reicht bis zu c. 77 (419—430). Schon Floto, l. c., 802, n. 2, erkannte, daß das folgende ausgerissene, in seinen Anfängen ausgekratzte c. 78: De continentia clericorum nichts Anderes, als die ob. S. 180 in n. 11 erwähnte Epistola Pseudo-Udalrici, war.

schweige der Antwort würdig erachtet habe". Manegold rühmt sich dann, die Aeußerungen der rechtgläubigen Väter der Kirche, allerlei passende Beispiele ausgelesen, nichts übergangen zu haben, was für seinen Zweck nützlich sein konnte: er will, obschon er Alles gesagt habe, den Anschein gewinnen, beinahe nichts selbst gesagt zu haben, da er nicht die eigenen, sondern Anderer Ansichten zusammenzubringen für seine Pflicht erachtete. Nach Hereinziehung einer längeren Stelle aus Boethius wird endlich Erzbischof Gebehard gebeten, bei der Hinnahme des Buches alles Fehlerhafte der Plumpheit des Verfassers, Alles, was etwa der kirchlichen Zucht und Regel dort entspreche, Gott zuschreiben zu wollen[76]).

— Manegold's Arbeit hat besonders darin großes Unglück erfahren, daß sie den Anspruch erhob, als Antwort auf eine der besten Streitschriften zu dienen, welche die an solchen Erzeugnissen so reiche Zeit überhaupt hervorgebracht hat. Unerträglich breite Ausspinnung, ungeordnete Anlage, schwülstige Ausdrucksweise machen die Durchlesung seines Buches zu einer peinlichen Aufgabe; die Vorführung reinster Klopffechterei beleidigt den Geschmack; die aufgehäufte Gelehrsamkeit in Anrufungen verschiedenster Schriftwerke, des Alterthums, der Theologen und Geschichtschreiber der christlichen Zeit, erregt nicht selten, zumal bei den mitunter ganz falschen Nennungen dieser benutzten Bücher, den Verdacht, daß dieses Wissen vielfach nicht auf eigener Arbeit beruhte. So fand denn Manegold sogar bei seinen eigenen Gesinnungsgenossen nicht die von ihm gewünschte Anerkennung, und es ist bezeichnend, wie Gerhoh von Reichersberg in der 1131 an Papst Innocenz II. geschickten Schrift, die in die Form eines Gespräches zwischen einem weltlichen und einem regularen Kleriker eingekleidet ist, über Manegold sich aus-

[76]) Schon gleich die ersten Worte dieser bereits in n. 64 behandelten Praefatio (310—313) klingen ganz unterwürfig: Gebehardo arcis Syon speculatori vigilantissimo nec non animali ante et retro oculato Manegoldus ille vermis et non homo quicquid supplex gemensque peccatoris devocio. Nach n. 64 muß dann im Weiteren der Satz: Timebam enim, si hec fama me scripsisse (das ist sehr zu beachten: es heißt nicht scribere — das Buch ist vollendet zur Zeit der furchtsamen Erwägung) vulgaret, quem de locis humane culture aptis ejecerant, in silvis etiam scrutarentur, nec deinceps saltuum latibula et ferarum cavernas tutas invenirem, quorum hactenus presidio vix vitam servarem, et sic fratrum servicia compellerer deserere, quibus semper studui utcunque interesse, quippe cum quidam etiam nostrorum mese procacitatis garrulitatem non ferentes adeo exosum haberent, ut mese levitatis inquietudine incitati fratres nostros de sibi etiam superfluis ejecerint hospiciis (311 u. 312) auf die durch die gewissen Bedenken verursachte, bis auf die Zeit nach Gregor's VII. Tode sich erstreckende Verzögerung der Ausgabe des Buches — nicht aber auf dessen Niederschreibung — bezogen worden (vergl. n. 63). Auf den Schluß der Auseinandersetzung über seine gehorsame Ausführung der übertragenen Aufgabe: precepto succubui, stultusque ego non stulte obedivi, feci quod potui, dixi quod sensi folgt die in n. 66 erwähnte Uebersicht des Inhaltes. Am Schlusse ist aus Boethius: De institutione arithmetica (Praefatio) eine längere Stelle entlehnt, und dabei sagt Manegold nochmals, er strebe nicht nach Aristotelicorum sophismatum acumen, noch nach Tulliane eloquencie disertitudo.

sprach: „Jener Manegold ist auch ein schroffer Mensch gewesen, und er ist schon nicht mehr am Leben. Deßwegen wünschen wir, daß sein Buch mit ihm selbst begraben sei, da wir glauben, es werde sogar von den Brüdern Deines Klosters gering geschätzt, weil von jener Schrift angenommen wird, sie sei, obschon zur Vertheidigung Gregor's VII. verfaßt, doch von diesem selbst nicht gut geheißen worden" —: so läßt Gerhoh den Weltgeistlichen zu dem Regularkleriker sagen, worauf dieser erwidert: „Auch ich halte jenes Buch nicht für eine glaubwürdige Sache, wiewohl ich weiß, daß es auch rechtgläubigen Bischöfen gefallen habe, die, wegen des Schisma des Wibert vertrieben, zu jener Zeit im Kloster Raitenbuch sich aufhielten"[77]).

[77]) Francke macht, l. c., 302, in der Einleitung zur Ausgabe Manegold's darauf aufmerksam, daß — abgesehen von der schon in n. 70 erwähnten Ausplünderung Bernold's, des in c. 53 gerühmten quidam sapiens (404), oder wie er in c. 70 charakterisirt erscheint: alius nostri quoque temporis vir, cujus licet nomen taceamus, prudentie tamen eius indicem et testem ipsam eius dictorum virtutem et gravitatem tenemus (423) — der Verdacht nahe liegt, Manegold habe auch viele Stücke kirchenrechtlichen Inhaltes einer schon vorliegenden Sammlung entnommen. Gerhoh's Aeußerungen stehen in der Epistola ad Innocentium papam (Libelli de lite, III, 232 u. 233). Giesebrecht äußerte sich in dem in n. 63 genannten Aufsatz: „Es würde meines Erachtens eine Vergeudung von Papier und Druckerschwärze sein, Manegold's ganzes Buch durch die Presse zu vervielfältigen" (322); aber das ist nun 1891 dennoch geschehen, und es ist ganz erwünscht, aus Erkenntniß des ganzen Werkes die Geringfügigkeit dieses Elaborates eines der wüthendsten Verleumder Heinrich's IV. beurtheilen zu können.

1084.

In Rom standen sich fortwährend König Heinrich IV., gestützt auf die abermals von ihm besetzte Leostadt, und Gregor VII., der die Engelsburg in seinen Händen hielt, einander gegenüber. Allein immer klarer kündigte sich an, daß das Uebergewicht alsbald, trotz aller Gegenanstrengungen des Papstes, an den König übergehen werde.

Ein erstes Anzeichen der Art war, daß aus Constantinopel die schon verheißene Sendung von Kaiser Alexios bei Heinrich IV. eintraf. Unter Führung des Methymnes erschien eine Gesandtschaft, die eine sehr große Geldsumme überbrachte, deren schriftlicher Auftrag dem Könige viele Gunstbezeugungen zusagte; allein der eigentliche Zweck der Sendung war, Heinrich IV. anzufeuern, daß er sein gegebenes Wort erfülle und mit Zusammenfassung seiner Macht gegen Herzog Robert einen Angriff beginne, so daß derselbe in seinem Gebiete eine wesentliche Schädigung und Schwächung erfahre. Allerdings soll nun der König nach der Aussage des ihm stets mißgünstigen schwäbischen Berichterstatters dieses Geld, statt für einen Kriegszug nach Unteritalien, für die Gewinnung des römischen gemeinen Volkes verbraucht haben, und es ist kaum zu bezweifeln, daß auch für diesen Zweck die zugeschickten Mittel zu dienen hatten; aber der Aufbruch gegen das feindliche Gebiet fand wirklich statt[1]).

---

[1]) Bernold, Chron., meint mit: His temporibus (er erwähnte gleich zuvor die zeitlich festzusetzenden in die ersten Monate des Jahres treffenden Todesfälle des Bischofs Rainald von Como und des Erzbischofs Siegfried) rex Constantinopolitanus maximam pecuniam Heinrico quondam regi transmisit, ut Ruobertum Wiscardum, ducem Calabriae et Apuliae et juratum militem domni papae, in ultionem eiusdem regis bello appeteret (dann fügt freilich der Annalist bei: Sed Heinricus acceptam pecuniam non in procinctum supra Ruobertum, quod juramento promisit, sed ad conciliandum sibi vulgus Romanum expendit, und Aehnliches scheint Bonitho, Liber ad amicum, Lib. IX, in den Worten, Heinrich IV. habe pecunia et terrore et vi fast alle Römer für sich gewonnen, andeuten wollen, Jaffé, Biblioth. rer. German., II, 679, ebenso

Um den Beginn des Februar setzte sich der König durch Campanien in das apulische Gebiet hinein in Bewegung, und er scheint hier, da augenscheinlich Robert zur Abwehr nicht stark genug zu sein glaubte und sich zurückhielt, in der Besetzung ansehnlicher Landstriche Erfolg gehabt zu haben. So mochte er sich zur Annahme berechtigt fühlen, daß er durch diese abermalige Erschütterung der Herrschaft des Herzogs in dem kaum beruhigten Lande sein Versprechen für Alexios erfüllt habe *). Aber freilich konnte sein

---

Wido von Ferrara, De scismate Hildebrandi, Lib. I, c. 20, mit: Romanis tam viribus tam precio jam subactis, Libelli de lite, I, 549, und Histor. Farfens., Gregorii Catinens. opera, c. 8: Romam perrexit (sc. Heinrich IV.), eamque paulo post quoquo pacto capiens, eius nobiliores majoresque cives muneribus vel vi subjugavit sibi, SS. XI, 561, sowie Bardo, Vita Anselmi ep. Lucens., c. 22: Romam . . . tyrannus . . . demum perjurus et pecunia plus quam viribus aut sapientia expugnat, SS. XII, 20) (SS. V, 440) jedenfalls die von der Anna Komnena, Alexias, Lib. V, c. 3, erwähnte Botschaft und die daran sich knüpfenden Begebenheiten: *ἐπεπόμφει δὲ αὖθις καὶ πρὸς τὸν ῥῆγα Ἀλαμανίας πρέσβεις ὧν προεξῆρχεν ὁ Μηθύμνης καλούμενος καὶ διὰ γραφῆς ἐπὶ πλέον ἐρέθιζε μὴ μέλλειν ἔτι, ἀλλὰ τὰς αὐτοῦ ἀναλαβόμενον δυνάμεις τάχιον τὴν Λογγιβαρδίαν καταλαβεῖν κατὰ τὰς συγκειμένας συνθήκας, ἐφ' ᾧ ἀπασχολῆσαι τὸν Ῥομπέρτον, ἵν' οὕτως ἀδείας τυχὼν στρατεύματα αὖθις καὶ ξενικὰς δυνάμεις συλλέξηται καὶ οὕτω τοῦτον τοῦ Ἰλλυρικοῦ ἀπελάσῃ, πολλὰς τῷ Ἀλαμανίας ῥηγὶ ὁμολογήσας τὰς χάριτας, εἰ οὕτω ποιήσει, καὶ τὸ ὑποσχεθὲν αὐτῷ διὰ τῶν παρ' αὐτοῦ σταλέντων πρέσβεων κῆδος ἐκπληρῶσαι διαβεβαιούμενος .... οὕτως οὖν τοῦ βασιλέως κατὰ τοῦ Ῥομπέρτου ἑτοιμαζομένου ἧκέ τις τῷ Ῥομπέρτῳ ἀπαγγέλλων τὴν τοῦ ῥηγὸς Ἀλαμανίας εἰς Λογγιβαρδίαν ὅσον ἤδη ἄφιξιν* .... (in Worten an die *κόμητας*, die Robert in den Mund gelegt werden:) *ἐπεὶ δὲ ὁ ῥὴξ Ἀλαμανίας πολιορκήσων ταύτην* (sc. *τὴν ἰδίαν χώραν*, die *Λογγιβαρδία*) *ἤδη καταλαμβάνει, χρὴ καὶ ἡμᾶς ὡς ἐνὸν ταύτης ἀντιποιήσασθαι. οὐδὲ γὰρ δεῖ ἑτέρων ἐπιλαμβανομένους τῶν ἰδίων κατερραθυμηκέναι. λοιπὸν ἐγὼ μὲν ἄπειμι, ἐφ' ᾧ τῆς οἰκείας χώρας ἀντιποιήσασθαι, τὴν πρὸς τὸν Ἀλαμανίας ἀναδησάμενος μάχην* ..... *ὁ δὲ ῥὴξ Ἀλαμανίας κατὰ τὰς πρὸς τὸν αὐτοκράτορα ὑποσχέσεις καταλαμβάνειν ἤδη τὴν Λογγιβαρδίαν ἠπείγετο* (Ed. Reifferscheid, I, 160—162): allerdings setzt die Prinzessin diese Ereignisse in eine unrichtige Zeit, indem sie in der Voraussetzung, Robert stehe zur Zeit noch in Illyrikum, zwischen den hier eingerückten Stellen noch von Robert's Rückkehr aus der Balkanhalbinsel nach Italien (*τὴν περαίαν τῆς Λογγιβαρδίας κατέλαβε*), die ja schon 1082 geschehen — vergl. ob. S. 450 —, spricht und die Worte Robert's in directer Rede — unter irriger Bezeichnung Boemund's als des *νεώτερος* (gegenüber dem vielmehr jüngeren Sohne zweiter Ehe, Roger) — an die jetzt zur Führung des Krieges gegen den *βασιλεὺς Ῥωμαίων* in Illyrikum zurückgelassenen *κόμητες ἅπαντες καὶ ἔξαρχοι τοῦ ὁπλιτικοῦ παντός* gerichtet sein läßt.

*) Neben den schon in n. 1 eingerückten Worten der Anna Komnena bezeugt Frutolf, Chron. univ., von Heinrich IV.: circa Kalendas vero Februarii in Campaniam transiens, ipsam et magnam Apuliae partem cepit (SS. VI, 205). Zwar wollte Hirsch, in der ob. S. 444 in n. 14 genannten Abhandlung, l. c., 66 n. 3, gestützt auf Bernold's ganz einseitig verleumderische Aussage (hier in n. 1), dieser Nachricht, da „Ekkehard hier bekanntlich sehr parteiisch und selbst lügenhaft" sei, im Wesentlichen den Glauben versagen, eine Auffassung, der aber Giesebrecht, III, 1171, in den „Anmerkungen", mit n. 1, in längerer Ausführung, deren weiteren Theilen zwar dort, S. 444, in n. 14 entgegengetreten wurde, und Buchholz, Ekkehard von Aura, I, 84 u. 85, mit Recht widersprechen. Zur Beurtheilung dieser kriegerischen Unternehmung, bei der

Bleiben hier im Süden nicht von längerer Dauer sein. Denn seine Hauptaufgabe lag ja vor Rom, und es war wohl seine Ansicht, daß er jetzt die normannische Hülfsleistung, auf die Gregor VII. rechnete, genügend zurückgeschreckt habe. So weilte der König schon im März wieder, auf dem Rückwege nach Rom, auf dem Boden des Herzogthums Spoleto, in Rieti, wo ein Gerichtsspruch zu Gunsten des Klosters Farfa gefällt wurde[3]).

Denn an Heinrich IV. war während dieser Abwesenheit in Unteritalien Botschaft der Römer gebracht worden, er möge sich, um den Frieden zu bringen, nach Rom zurückwenden, und wie er selbst nachher bekannte, war diese Aufforderung überhaupt die Ursache gewesen, daß er von dem gehegten kleinmüthigen Gedanken, von Rom abzulassen und nach Deutschland zurückzukehren, sich abwandte und im Vertrauen auf den zugesagten Gehorsam seinen Marsch neuerdings gegen Rom richtete[4]).

Gregor's VII. Lage hatte sich auch augenscheinlich seither noch weiter verschlimmert. Zwar ließ er sich von dem noch zu ihm sich haltenden Theile des römischen Adels vierzig Geiseln geben[5]). Aber ohne Zweifel schwand die Anhängerschaft des Papstes in der Stadt immer mehr dahin, und aus den ihm feindlichen Kreisen wurde eine Geschichte von einem frevelntlich in einem römischen Kloster zwischen der Sache des Papstes und des Königs veranstalteten Gottesgerichte hinausgetragen, die geschickt darauf berechnet war, die Ansprüche Gregor's VII. als von Gott verworfen hinzustellen[6]).

---

allerdings nicht sehr viel geschah, vergl. auch Sander, Der Kampf Heinrichs IV. und Gregors VII. von der zweiten Exkommunikation des Königs bis zu seiner Kaiserkrönung, 148.

[3]) St. 2853, durch Petrus judex et notarius geschrieben per jussionem domni Heinrici Dei gratia regis, als dieser juxta civitatem Reatinam prope ecclesiam s. Eleopardi in judicio resideret .... ad causas audiendas ac deliberandas, mit Guido marchio (Giesebrecht, l. c., 1172, spricht die Vermuthung aus, seine Mark sei die von Teate — Chieti — gewesen), einem Mailänder, einem Veronesen, Crescentius comes Marsicanus als residentes — ein civis Papiae urbis et miles optimus steht am Schlusse der Urkunde als Zeuge —, mense Martii. Dem mit seinem Vogte Sarracinus erscheinenden Abte Berardus von Farfa wird wegen Ungehorsam der angeklagten Schädiger des Klosters Investitur und Bann ertheilt. Dagegen sind die von Giesebrecht, l. c., 556, hier eingeschobenen weiteren Begebenheiten zu 1082 (vergl. S. 441—443, sowie hier in n. 2) zu stellen.

[4]) Die Worte Heinrich's IV. in dem Briefe an Theoderich, Gesta Treverorum, Additam. et Contin. 1, c. 12, lauten: cum in Theutonicas partes, de acquirenda Roma jam desperantes, redire vellemus, ecce Romani missis legatis ut Romam intraremus rogaverunt, seque in omnibus nobis obedituros promiserunt (SS. VIII, 185), und Frutolf berichtet: Post haec (sc. nach dem Ereigniß in n. 2) per legatos Romanorum rogatus (sc. Heinrich IV.), ut pacificus rediret, Romam rediit (l. c.).

[5]) Bernold, der die Dinge von seiner Auffassung aus für Gregor VII. möglichst günstig darstellt, sagt: Nobiles autem Romani praeter admodum paucos cum domno papa Gregorio tenuerunt, qui et 40 obsides ei dederunt (l. c.).

[6]) Das von einem judicium de regno et sacerdotio handelnde Fragment, das Pertz in einer Anmerkung zu der Ausgabe des Chronicon des Hugo von

Indessen blieb noch als letzte und schwerste Prüfung für den Papst übrig, daß in seiner nächsten Umgebung, in dem Kreise der Cardinäle, der Abfall weiter um sich griff. Wie einer der Abtrünnigen, der Cardinalpriester Beno, der schon vor Gregor's VII. Pontificat zu dieser Würde ernannt worden war, selbst bezeugt, stieg die Zahl der Abgefallenen bis auf dreizehn: es waren außer ihm und Hugo dem Weißen noch von auch sonst mehr hervortretenden Persönlichkeiten der Archipresbyter Leo, der Bischof von Porto Johannes, ganz besonders aber der Kanzler Petrus, der bisher durchaus zur nächsten Umgebung des Papstes gehört hatte, weiter drei Cardinäle, die von Gregor VII. selbst die Weihen empfangen hatten, dann der gleichfalls von ihm bestellte Archidiakon Theodin und zwei weitere Diakone, ebenso der Vorsteher der Sängerschule mit allen Seinigen, der Diakon, der das Amt des Oblationarius versah, mit seinen Leuten, einen Einzigen ausgenommen. Aber auch noch

---

Flavigny, Lib. II, SS. VIII, 460, mittheilte, erzählt tadelnd — se posuerunt contra jus et temptaverunt Deum et fecerunt, quod facere non debuerunt — von dem abbas Cassini montis et cancellarius qui cardinalis est de sancto Paulo et episcopus Portuensis cum aliis coepiscopis und noch drei Weiteren, daß sie ex praecepto papae das Gottesurtheil der Wasserprobe in Pallaria in monasterio sanctae Mariae, quae est capella ipsius abbatis Cassini montis veranstalteten, und zwar in dominica die post missam de adventu Domini. Mit dem Satze: Misit (sc. Petrus Neapolitanus . . . . monachus . . . . primpresbiter) puerum quendam in aquam ex parte regis, ut Deus discerneret veritatem, si ipse rex haberet justiciam; mox ergo ut puer missus est in aquam, abiit jusum in fundo aquae beginnt die anschaulich erzählte Schilderung der Vorgänge, daß auf Befehl des Papstes die Probe mit einem Knaben für den König, mit gleichem Erfolg, wiederholt worden sei, worauf dagegen bei der Probe propter papam das Gegentheil zwei Mal geschah: miserunt puerulum in aquam, qui cepit natare desuper, und zwar trotzdem, daß Eingriffe beim zweiten Knaben geschahen: impulerunt subtus aquam, ut iret in profundum aquae . . . . nam habuerant eum suffocare in aqua. Das miraculum . . . . ad confusionem illorum qui fecerunt et ad salutem vestri imperii, sc. der vom Erzähler als angeredet vorausgesetzten königlich gesinnten Römer — Deus non permittebat, sc. das suffocare — erregt große Bestürzung: Sunt modo consiliati, ac fidem inter se dederunt, si res ista in propatulo esset, regi per aliquem hominem, ut nec unus illorum audeat dicere sine communi consilio et sine consilio papae; nam ipse accepit fidem ab omnibus, ut nullus audeat dicere. Sander, l. c., im Excurs § 15 (219—221, zu 147), setzt den Bericht über dieses Gottesgericht, das in der durch Alexander II. dem Abte Desiderius von Monte Cassino im J. 1075 zugewiesenen Abtei St. Sebastianus und Zosimus, genannt Pallaria — jetzt San Sebastiano alla Polveriera auf dem Palatin (vergl. Bd. I, S. 31, n. 15) — stattgefunden haben soll, gewiß zutreffend in die Zeit vom ersten Advent (3., nicht 4., December) 1083 bis 31. März 1084. Ob das hier von entschieden antigregorianischer Seite geschilderte judicium wirklich sich zugetragen hat, ist sicher nicht zu beweisen: „Offenbar aber wurde der Bericht niedergeschrieben, um bei denjenigen, für die er bestimmt war, Glauben zu finden. Wenn also auch die ganze Erzählung von der Wasserprobe erdichtet sein sollte, so werden wir doch annehmen dürfen, daß wenigstens die augenfälligsten Voraussetzungen für eine solche Wasserprobe zu der Zeit, als die Erzählung entstand, wirklich vorhanden waren". Man darf sicher das Geschichtchen wenigstens als Zeugniß für die Stimmung in Rom, für das, was man den Gegnern Gregor's VII. zu glauben zumuthen zu dürfen meinte, ansehen.

außerhalb des Collegiums der Cardinäle soll die Sache Gregor's VII. verlassen worden sein, vom Vorsteher der Schule der Regionarnotare mit seinen Subdiakonen, von den Inhabern der Aemter des Archiakolythen und des Subpulmentarius, wieder mit den Zugehörigen zu der Amtsstelle, von dem Vorstande der Richter und anderen Gliedern dieser Behörde und, was vorzüglich als ein arger Schlag empfunden werden mußte, von allen Banner tragenden Kriegsleuten; endlich schied auch der Obere der Scriniare mit der Mehrzahl seiner Angestellten aus[7]). Freilich suchte der Papst, wie

---

[7]) Ueber den Abfall von Cardinälen von Gregor VII. liegen bestimmte Nachrichten vor. Aus Mailand meldet Landulf, Hist. Mediolanens., Lib. III, c. 33, über Gregor VII.: sese videns a civibus et a quampluribus cardinalibus destitutum (SS. VIII, 100). Aus Rom geben die Gesta Romanae aecclesiae contra Hildebrandum, Lib. I, c. 1, Zeugniß, wo Beno sagt: non absurdum estimavi majorum nostrorum nomina atque dignitates memoriae commendare, qui Hildebrandum dimiserunt, cuius gravissimos et intolerabiles errores publice detestati numquam ad eum reversi sunt. Diversas enim scolas Romanae aecclesiae litteris adnotavimus, que ab eius communione recesserunt. Leo tunc temporis archipresbiter cardinalium et Beno et Ugo Albus (so — statt Ugobaldus — schlägt Sackur, 369, k — zu lesen vor, gewiß zutreffend) et Johannes cardinales et Petrus cancellarius et cardinalis: ordinati ante tempora Hildebrandi, Hatto (Gregor's VII. Excommunication eines Cardinal Atto erwähnt das von Hugo von Flavigny, Chron., Lib. II, 466—468, aufgenommene Schreiben des Erzbischofs Hugo von Lyon), Innocentius, Leo: hii tres ab eo consecrati, deseruerunt eum, errores eius execrati; similiter Theodinus archidiaconus, quem ipse constituit archidiaconum, et alii cardinales diaconi: Johannes modo archidiaconus et Crescentius, Johannes primicerius scolae cantorum cum omnibus suis; Petrus oblationarius cum omnibus suis excepto uno; Poppo (so? statt des Wortes im Texte: papa) prior scolae regionariae (vergl. Breßlau, Handbuch der Urkundenlehre für Deutschland und Italien, I, 158 ff., 212, über die Regionsnotare in der päpstlichen Kanzlei, sowie 161 ff. über die Scriniare, die Kanzlei- oder Archivbeamte sein können) cum omnibus suis subdiaconibus, archiacolitus et subpulmentarius cum suis; Centius judicum primicerius cum aliis judicibus et cuncti milites signa banda gestantes (durch Panzer, Wido von Ferrara De scismate Hildebrandi, 45, in n. 1, als „Hauptleute kleinerer Truppentheile, Befehlshaber von kleinen Castellen" erklärt), prior scriniariorum cum plerisque suis, ebenso wieder Lib. II, c. 2, wo Beno ausspricht: Mentimur, nisi tredecim cardinales sapientiores et religiosiores, ipse archidiaconus et ipse primicerius, et multi alii Lateranensium clericorum, quorum iuditio ex privilegio sanctae sedis totus subjacet mundus, apostasiam eius intolerabilem perpendentes, ab eius communione recesserunt, weiter die unter III folgende, nach Schnitzer, Die Gesta Romanae ecclesiae des Cardinals Beno, 90 (vergl. da, 1 ff., über Beno's Person), jedenfalls auch Beno zuzuschreibende Schrift Contra decretum Hildebrandi, c. 10: Tu quoque, postquam inrevocabiliter errasti, a patribus Romanae aecclesiae deseri meruisti, a quibus papa Clemens postmodum canonice invitatus et electus non apostolici pontificis, sed heretici et fidei catholicae proditoris supplantator accessit, sicut planius invenitur in libro, quem transscripsimus de Romanae aecclesiae gestis (Libelli de lite, II, 369, 375, 394). Die Zahl — dreizehn — an der zweiten Stelle stimmt mit der Aufzählung der Cardinäle an der ersten; von den Genannten ist Beno eben der Verfasser der hier herangezogenen Schriften, Petrus Cardinalpriester und Bibliothekar von 1074 bis 1083 vielfach als Kanzler thätig gewesen (Breßlau, l. c., I, 199, erwähnt Beno's Aussage nicht), Theodinus der 1076 im Registrum stehende archidiaconus (Jaffé, Biblioth. rer. German., II, 239), ferner Johannes wohl der 1085 nach Bernold (l. c., 443) neben Hugo dem Weißen und dem oben erwähnten

der gleiche allerdings bei seiner schroffen gegnerischen Haltung nicht über allem Zweifel stehende Berichterstatter fortfährt, den weiteren Lossagungen entgegenzutreten. Denn als sogar die Cardinalbischöfe wankend zu werden schienen, habe er auf sie durch Heranziehung der bewaffneten Laienschaft, in Drohung und Erregung von Schrecken, einen Druck ausgeübt, einen Eid ihnen abgepreßt, daß sie nie von seiner Seite zu Heinrich IV. und zu Wibert hinübergehen wollten, und ebenso seien den römischen Priestern und Geistlichen niederer Grade, sowie den Laien Eidschwüre auferlegt worden[8]).

Am 21. März — es war der Donnerstag vor dem Palmsonntag — erreichte der König endlich sein längst erstrebtes Ziel. Auch die linksseitige eigentliche Stadt Rom schloß sich ihm auf. Von seinem nunmehr vor dem Südostrande der Stadtmauer aufgeschlagenen Lager hielt er durch die Porta San Giovanni mit seinem er-

---

Petrus excancellarius durch die Quedlinburger Synode excommunicirte Portuensis exepiscopus. In Uebertreibung des wahren Sachverhaltes nennt dagegen Heinrich IV. in dem in n. 4 erwähnten Briefe Hildebrand einen legali omnium cardinalium . . judicio abjectus (l. c.). Dagegen ist die sehr mißverständlich durch Panzer, l. c., 44, n. 1, hier herangezogene Stelle des Petrus Crassus ohne jede Beziehung zu dem Vorgang (vergl. schon ob. S. 271, n. 67).

[8]) Beno fährt nach der ersten in n. 7 angeführten Stelle so fort: Ipsi etiam episcopi cum jam vellent eum deserere, Hildebrandus, convocatis ad se laicis, eis consilium suum aperuit et, quod episcopos a colloquio cardinalium vellet separare, indicavit. Post hec ipsos episcopos convocavit, et turbis laicorum constipatus, sacramentum ab ipsis episcopis cum terrore et minis exegit et extorsit, et in manu sua jurare coegit, ne unquam ab eo dissentirent, numquam regis causam defenderent, numquam superordinato sibi papae faverent vel obedirent . . . Non solum episcopos, sed etiam urbis presbiteros et inferioris ordinis clericos, insuper et laicos juramentis alligavit, ne ulla ratione, ullo tempore condescenderent in causa regis (l. c., 369 u. 370). Scheffer-Boichorst, Die Neuordnung der Papstwahl durch Nikolaus II., 75, wo allerdings mit Recht auf die Unsicherheit der Zeugenschaft Beno's hingewiesen ist, beachtete nicht, daß dieser Vorgang zu 1084 gehört und mit der Frage der Papstwahl nichts zu schaffen hat. Zu dieser Schilderung der Versuche Gregor's VII., sich in Rom zu halten, ist wohl auch die von entgegengesetzter Seite kommende, aber ganz rhetorisch gehaltene, im Einzelnen jeder Prüfung sich entziehende Darstellung des Rangerius, Vita Anselmi Lucensis episcopi, v. 6036 ff., heranzunehmen, wo z. B. gesagt ist: Et qui Gregorium Christo ductore secuntur, quod possunt, faciunt, sicut et ille facit. Vulnera, capturas, natorum vulnera seva postponunt fidei judicioque Dei. Sed crescente malo de prosperitate malorum mollescunt aliqui, auffugiuntque pati, et jam jam trepidant, jam regis munera captant (vergl. Bernold's Anschuldigung in n. 1), quaerunt privatis tempora colloquiis, worauf v. 6052 ff. diese Kleinmüthigen und andererseits Gregor VII. redend eingeführt werden, besonders aber v. 6090 ff. ein jedenfalls als Typus der königlich gesinnten Friedenspartei durch Rangerius ersonnener Maximus, in rerum cura pro nomine major et plus antiqua nobilitate potens, der auf das Capitol steigt und da — illuc cum populo papam convocat — medius ante senatores, equitum peditumque catervis eine lange Rede — über v. 6096—6171 — an den Papst hält: Haec dicens animos populi seducere temptat, worauf der Papst — videns populum turbari seque doloso obcingi laqueo . . . tamen intrepidus — in v. 6176—6203 antwortet: Sic habit, et latebras nocturno tempore quaerit.

wählten Papste Wibert den Einzug nach dem Palast an der Laterankirche. Heinrich IV. hat selbst nachher an seinen getreuen Bischof Theoderich von Verdun von diesem großen Erfolge Bericht gegeben: „In Rom sind wir am Tag des heiligen Benedictus eingezogen" — und im Weiteren: „Unglaublich scheint, was doch als vollste Wahrheit sich erweist und in Rom geschehen ist; um mich so auszudrücken, mit zehn Menschen hat der Herr in uns verrichtet, was bei unseren Vorgängern, wenn sie es mit zehntausend gethan hätten, Allen ein Wunder wäre. Denn als wir, schon daran verzweifelnd, Rom zu gewinnen, in der Richtung nach Deutschland zurückgehen wollten, siehe, da baten die Römer durch Abordnung von Boten, daß wir nach Rom hineinkommen möchten, und versprachen, in allen Dingen uns gehorsam sein zu wollen, was sie auch gethan haben. Denn mit der größten Freude nahmen sie uns beim Einzuge auf; mit dem größten Eifer haben sie uns geholfen, indem sie bei uns aushielten, so daß wir im Herrn mit Zuversicht sagen können, daß ganz Rom in unserer Hand ist, mit Ausnahme jenes Castells, in dem Hildebrand eingeschlossen steckt, nämlich im Hause des Crescentius"*). Noch am Abend dieses Siegestages wollte dann Heinrich IV. einem seiner getreuen deutschen Bischöfe,

*) Diese Sätze stehen in dem in n. 4 genannten Brief (vergl. n. 59 über die Zeit der Abfassung desselben). Weitere Zeugnisse über diesen Tag enthalten Bernold, im Anschluß an die Stelle in n. 1: vulgus Romanum .... cuius adjutorio Lateranense palatium feria quinta ante palmas cum suo Ravennate Guiberto intravit, weiter unten: Morabatur autem Heinricus in Lateranensi palatio cum Ravennate suo (440), Frutolf — in Fortsetzung der Stelle in n. 4: et ad portam Lateranensem castra ponens, omnes dediticios accepit, ipsisque petentibus, ut, quia Hildibrandus ab ipsis abdicatus aufugerat (irrthümliche Auffassung des Rückzugs in die Engelsburg), Wigpertum Ravennatem episcopum eis apostolicum preficeret, 11. Kalend. Aprilis, feria 6. ante diem palmarum (nach Bernold und Heinrich's IV. eigener Nennung des St. Benedict-Tages augenscheinlich um einen Tag zu spät fallende Angabe), multis stipatus, cum magna gloria intravit, ducens secum predictum episcopum. Mit dieser Art des Eintritts verträgt sich die Erzählung der Vita Heinrici IV. imperatoris, c. 6 (im Anschluß an die Stelle von ob. S. 476, in n. 12), natürlich durchaus nicht: Dedignabatur jam rex reclusum portarum aditum, ubi et sequens a praeeunte tardaretur et praecedens a sequente premeretur, sed in ultionem temerariae praeclusionis jussit, ut fracto muro tam latum ingressum sibi panderent, qua totus exercitus aequato junctoque latere se simul immergeret .... Roma contremuit, dum impulsa turrium altitudo corruit .... Tandem Romam praesumptionis suae poenituit, et quae prius meruisse poterat, ut a rege donis honoraretur, nunc ingenti pecunia apud regem vix optinuit, ne tota subverteretur (SS. XII, 275). Von anderen deutschen Zeugnissen — so Annal. Leodiens. Contin., aber a. 1083: Rex Heinricus Urbe recipitur (SS. IV, 29, dagegen Annal. s. Jacobi Leodiens., SS. XVI, 639, richtig a. 1084, ebenso Sigeberti, Chron., a. 1084: Romani imperatorem Heinricum Urbe recipiunt, SS. VI, 364) — fassen aber die meisten den Eintritt mit den folgenden Vorgängen, vom 24. und 31. März, zu einer Aussage zusammen. Eine genaue Zeitangabe bieten auch Annal. Cavens.: Henricus rex Romam a Romanis (die sogenannten Annal. Seligenstadens. setzen noch quibusdam ein, SS. XVII, 31) intromissus 12. Kalend. Aprilis, stetit ibi usque 12. Kal. Junii (SS. III, 190).

die ihn begleitet hatten, eine Vergeltung dafür verschaffen, daß dessen Kirche wegen seiner unablässigen Hingebung an den König durch haßerfüllte Feinde schwerer Schaden angethan worden war: so wies er auf die Bitte dieses Bischofs, Burchard von Basel, in Anerkennung treuen Dienstes, ein erblich von dem Vater Heinrich III. angetretenes Gut, die Burg Rapoltstein mit aller Zubehör, im Gau Elsaß in Heinrich's Grafschaft, der von Burchard geleiteten Kirche zu. Dabei war der König umgeben von seiner Gemahlin Königin Bertha, den Bischöfen Konrad von Utrecht, Milo von Padua, Ezelo von Vicenza, Otto von Straßburg — dieser hatte sich augenscheinlich jetzt zuerst als Inhaber seiner neuen bischöflichen Würde eingestellt —, von dem Herzog von Spoleto und Markgrafen von Fermo Rainer, nebst vielen anderen weltlichen Herren, die als Fürbitter erscheinen [10]).

Außerdem sagte aber der König sogleich eine Synode an, die in der St. Peterskirche tagen und auf der Grundlage der durch die Besetzung Rom's geschaffenen neuen Gestalt für die Dinge zwischen Gregor VII. und dem mit ihm nunmehr in Rom eingetretenen, in Brixen erwählten Wibert die Entscheidung bringen sollte. Jener gelehrte Kenner des Rechtes, der schon früher, vor der Synode von Brixen, für Heinrich IV. die Rechtsschrift „Vertheidigung des Königs Heinrich's IV." ausgearbeitet hatte und der jetzt in der Umgebung des Königs anwesend gewesen sein muß, reichte nunmehr, auf diese Versammlung hin, eben jenes Buch ein, mit einigen durch die seither verflossene Zeit bedingten kaum wesentlichen Abänderungen,

---

[10]) St. 2854 — in palatio Romae — ist in der eigenthümlichen Verflechtung von Arenga und Dispositio wieder ein bezeichnendes Stück des Dictators Adalbero C: Cum debitores simus omnibus ecclesiis in regno nostro indigentibus subvenire vel ab impugnatione earum eas defendendo vel bonis ea quae minus habent augendo, his specialiter ecclesiis subvenire debemus, quas ob honoris nostri odium ab inimicis nostris attenuatas et pene ad nihilum redactas videmus. Inter quas ecclesiam Basiliensem reputamus, quam pro nostro odio ab inimicis nostris dilaceratam ingemiscimus, cuius ecclesiae pastor Burchardus videlicet Basiliensis episcopus, quia nos dilexit et fidem Deo in nobis servare studuit, bona ecclesiae dilapidari, quam contra nos in animam inimicorum nostrorum et propter nos suorum animam suam dare maluit. So geschieht die Schenkung wegen des fidele servitium des Bischofs pro parentum nostrorum ac nostrae animae, necnon et carorum nostrorum et vivorum et defunctorum animarum remedio. Unter den intervenirenden weltlichen Fürsten ist nach dem Chron. Affligemense, c. 4 (SS. IX, 408), gewiß auch Pfalzgraf Hermann II. mitzurechnen, da er am 31. März der Kaiserkrönung beiwohnte: imperatorem Heinricum expetunt et die quo primum coronatus est, ipsius comitisque Palatini . . . . assensum quaerunt et inveniunt (nämlich die Gründer des Klosters Afflighem: Sander, l. c., 61 n. 1, schließt richtig aus c. 2, wonach die Gründung am 28. Juni 1083 geschehen war, der Pfalzgraf sei wohl schon mindestens seit Sommer 1083 beim königlichen Heer in Italien gewesen). Giesebrecht, III, 556, möchte in palatio auf die „Pfalz bei St. Peter" beziehen und so die Urkunde vor den Einzug setzen; aber gewiß zutreffender erklärt man den Ausdruck durch das Lateranense palatium, wo nach dem Einzug die Gunstbezeugung geschah. Nur so ist eine Vereinigung mit der Aussage Frutolf's, über Heinrich's IV. vorangegangene Lagerung, möglich.

damit auf diese Rechtserwägungen gestützt das Vorgehen gegen Gregor VII. begründet werden könnte. In einigen am Schlusse angehängten Versen gab Petrus Crassus deutlich zu erkennen, daß er sehr rasch diese Arbeit habe vollziehen müssen, damit sie eben noch für die angesagte Versammlung dienen könne, und dabei wies er mit hoher Genugthuung auf die Siegesstellung hin, die jetzt der König in Rom einnehme: „Die Welt freut sich, daß der König den Triumph davontrug" [11]).

Wie von Anfang zu erwarten war, erfüllte die von Heinrich IV. einberufene kirchliche Versammlung das, was von ihr erwartet wurde. Gregor VII. war vorbeschieden worden; allein er verschmähte, wie das nicht anders vorauszusehen war, zu erscheinen, und so wurde, nachdem wahrscheinlich, wie von einer Seite berichtet wird, der König selbst seine Anklage gegen den Abwesenden vorgebracht hatte, das Urtheil gefällt. Als ein Hochverräther, der gegen Heinrich IV. einen anderen König bestellt und in frecher Weise sich empört habe, wurde Gregor VII. als mit Recht seiner Würde verlustig erklärt und abgesetzt, die Excommunication gegen ihn verhängt. Daran schloß sich für Wibert eine neue Wahl, so daß er nun auch als in Rom erwählt sich darstellte. Nach diesem vorbereitenden Vorgange, der allerdings gewiß in den Augen seines Urhebers, des Königs, nur den Werth einer Scheinhandlung besaß, folgte am Palmsonntag, 24. März, die Inthronisation, der freilich die formale Gültigkeit abging. Denn mochte wohl auch ein Anschluß von Seite der abgefallenen Cardinäle an Wibert's Sache geschehen sein — die Aussagen des Königs, einzelner in seinem Sinne verfaßter Zeugnisse, daß alle Cardinäle, sämmtliche Bischöfe, das ganze römische Volk betheiligt war, sind ohne Zweifel arge Uebertreibung —, gerade jene Cardinalbischöfe, denen die Besorgung der feierlichen Handlung oblag, die Vorsteher der Kirchen

[11]) Benzo, Ad Heinricum IV. imperatorem, sagt in dem nach n. 22 kurz darauf entstandenen Gedichte, Lib. VI, c. 6, gleich nach Erwähnung des Einzugs in Rom: Romam venit, daß: Synodus hinc congregatur in Petri vestibulo, ebenso wie nochmals Lib. VII, Prologus, wiederholt, daß Wibert's Erhebung in Petri domicilio geschehen sei (SS. XI, 666, 669). Auf diese Synode hin wurde die schon ob. S. 267—275 zum Jahre 1080, wo sie verfaßt wurde, behandelte Schrift des Petrus Crassus etwas umgearbeitet und zum Zwecke, halb als Streitschrift, halb als Rechtsgutachten zu dienen, dem Könige eingereicht, wie Mirbt, Die Publizistik im Zeitalter Gregor's VII., 19 u. 20, das ganz zutreffend ausführt (vergl. ob. S. 268, in n. 62, sowie nachher, S. 275 in n. 78 und n. 79, den Hinweis auf Stellen, die wohl auf diese Umarbeitung zurückzuführen sind). Die am Schlusse folgenden Verse — Libelli de lite, I, 453 — sind dagegen unverkennbar im Augenblick, unter dem Eindruck dieses Ereignisses vom 21. März, verfaßt, wie aus den Worten: Petrus fidelis librum componere feci, effectus victor, rex, hunc, quem tibi mitto. Laetatur mundus, regem portare triumphum .... Henrice rex amabilis, qui Romae victor existis, hunc librum nostrum accipis, quem vestri Crassus tradidit, exemplis patrum editum, rogatu Petri conditum, vobis mandavit ocius, ut prosit ad concilium (eben zur abzuhaltenden Synode).

von Ostia, Albano und Porto, fehlten dabei, und mochten nun, wie der Erzbischof Gebehard von Salzburg berichtete, die Bischöfe Herbert von Modena und Constantin von Arezzo — „gewesene Bischöfe" in seinen Augen —, oder nach einer italienischen Nachricht neben Heribert zwei weitere Bischöfe des Ravennater Erzsprengels, von Bologna und Cervia, Wibert inthronisirt haben, so war doch jedenfalls die ganze Feier in den Augen der Anhänger Gregor's VII. eine Ungeheuerlichkeit und gegen alles Recht, so daß sie dem Ravennaten, wie Gebehard sich ausdrückt, nicht den Segen, sondern einzig die Verdammung bringen und ihn nicht zum römischen Patriarchen, sondern zum gänzlich verlorenen Häresiarchen befördern konnte. Unverkennbar war die Anknüpfung an das Ereigniß des Jahres 1046, an die Erhebung des durch Heinrich III. auserlesenen Papstes, dadurch bezeugt, daß, in Erinnerung an jenen Clemens II., Wibert jetzt den Namen Clemens III. beigelegt erhielt[12]).

---

[12]) Von der Synode und den daraus sich ergebenden Vorgängen spricht in Gregor VII. ganz feindlichem Sinne, erstlich Benzo nach dem in n. 11 mitgetheilten Verse weiter: Noluit exire Symon (sc. Gregor VII.) de trulli latibulo; judicatur reus mortis et trabis patibulo. Condempnato incubone Ravennas eligitur orthodoxus, qui de regum traduce producitur, cesare precipiente papa benedicitur (666), und er fügt in dem später bei der letzten Redaction des ganzen Werkes dem Liber septimus vorangestellten Prologe noch Weiteres, aus einer seiner Auffassung entsprechenden eigenthümlichen Beleuchtung, bei: Ipse (sc. Prandellus, collega Scariothei) autem pertinaciter resistens catholicae religioni, noluit interesse pontificum congregationi. Mandaverat autem sibi dominus noster, cesar Heinricus, per episcopos, per satrapas et per insignes viros, ut fiducialiter venisset ad synodum sedensque in tribunali discerneret ex his, quae emerserint, aequitatis judicium; tabernas secum traheret plenas codicum, ex quibus ad probationem causarum proferret verax testimonium. Remordente autem conscientia, recusavit sedile quod expetit apostolica reverentia. Exspectatur per triduum delitiscendo manifestavit se rationis vacuum et veritatis viduum . . . . In extremitate vero synodi aperti sunt libri, et locuta sunt universa testimonia scripturarum, quod Prandellus aeternaliter sit projectus a limine omnium aecclesiarum. Remoto itaque noctis filio, elevatur Ravennas filius lucis . . . . Quem rex benedici precipiens imposuit ei nomen Clemens (669). Daneben handelt Sigebert, Chron., eingehender von der Synode: eorum (sc. Romanorum) judicio Hildibrandus papa abdicatur, et Guibertus Ravennarum archiepiscopus in sedem apostolicam intronizatus Clemens nominatur (in gewisser, aber nicht wörtlicher Anlehnung an Annal. Leodiens. Contin., a. 1083 — dagegen, wie in n. 9, in Annal. s. Jacobi Leodiens. richtig a. 1084 —: Hildebrandus expellitur. Vicbertus, qui et Clemens, papa sufficitur); his qui pro imperatore erant, contendentibus, juste Hildibrandum esse depositum tanquam majestatis reum, qui contra imperatorem alium regem ordinaverit et rebellandi audaciam adsumpserit; his autem qui contra sentiebant, reclamantibus universalem papam non universali concilio, paucorum judicio, laicali censura, imperiali potentia, non posse a pontificatu amoveri, et quod gravius est, in loco viventis episcopi aliquem subfectum contra canonicam auctoritatem agere et cetera id genus (l. c., 364 u. 365.). Im Weiteren bietet Erzbischof Gebehard von Salzburg in einem Schreiben an Bischof Hermann von Metz zur Beleuchtung dieser Vorgänge, im Anschluß an den schon ob. S. 109 in n. 21 eingerückten Satz, mit der Aussage über Wibert, daß er, in perjuriis ita in-

veteratum et pro eisdem irrecuperabiliter depositos et anathematizatum, sedem Romani pontificis, cui obedientiam juravit, per manus anathematizatorum, utpote sui similium, invasit, legitimo pastore adhuc eidem sedi praesidente. Ipsorum autem excommunicatorum nullus eum consecrare vel potius execrare praesumpsit praeter Mutinensem et Aretinum exepiscopos, qui ambo pro suis criminibus jam annis tribus (Sander, l. c., 134, n. 4, berechnet die Suspension der beiden Bischöfe wohl richtig von der Februarsynode von 1081: vergl. ob. S. 363) officio et communione caruerunt. Sed hi, etsi officium et communionem haberent et Romana sedes pastore careret, nullum tamen eidem sedi pontificem ordinare possent. Huius enim ordinationis privilegium solis cardinalibus et episcopis Hostiensi et Albanensi et Portuensi a sanctis patribus concessum est. Ergo Mutinensis et Aretinensis exepiscopi . . . . non benedictionem sed dampnationem, quam habuerant, suo Ravennati imponere potuerant, nec illum in Romanum patriarcham, sed in perditissimum heresiarcham promoverunt: der hierauf folgende letzte Absatz des Schreibens, beginnend mit: Caveat igitur omnis christianus, caput antichristo inclinare (etc.), zeigt, wie Hauck, Die Kirche Deutschlands unter den sächsischen und fränkischen Kaisern, 829, n. 5, betont, daß die Gregorianer immerhin von Wibert's Inthronisation einen ihrer Sache ungünstigen Eindruck befürchteten (Hugo von Flavigny, Chron., Lib. II, l. c., 459 u. 460, bringt das Schreiben, in einem Zusammenhang, wo von der Kaiserkrönung gesprochen ist: vergl. n. 19, worauf erst nachher, 461, in wesentlicher Uebertreibung der Dinge, erzählt wird: Heinricus Romam veniens urbem cepit, muros evertit . . . . suumque papam in ecclesia sancti Petri sedere constituit —, wonach dasselbe auch im Codex Udalrici, in Jaffé's Edition als Nr. 69, Biblioth. rer. German., V, 141 u. 142, aufgenommen ist). Im Anschluß an dieses Schreiben berichtet Bernold, zuerst schon irrthümlich zu 1083, in dem ob. S. 489, in n. 22, erörterten Zusammenhang, von den unrechtmäßig handelnden zwei exepiscopi, hernach jedoch hier zu 1084 — nach Erwähnung der Kaiserkrönung Heinrich's IV. — viel einläßlicher, in längerer zum Theil fast oder ganz wörtlicher Anlehnung an das Schreiben, von Wibert's Verurtheilung (in diesem Zusammenhang: in omnibus synodis, quotquot sunt septennio Romae celebratae, setzte Bernold abändernd: sexennio) und seiner Inthronisation als Papst (doch scheinen die Beifügungen: cum reliquis excommunicatis . . . . cum reliquis hereticis den Kreis der Betheiligten über jene zwei Bischöfe hinaus ausdehnen zu wollen): der hernach folgende Satz: Heinricus . . . . nec a fidelibus papae per civitatem ad sanctum Petrum transire permittebatur (sc. vom Lateranpalaste hinweg) kann nach n. 11 nichts Richtiges enthalten, da ja die Synode in St. Peter stattfand, und muß darauf hin interpretirt werden, daß Heinrich IV. vom Lateran nur über Trastevere, nicht aber über die älische Brücke, den Weg nehmen konnte (438, 440). Eingehender redet ferner Bonitho, Lib. IX, von Wibert's Einsetzung: rex . . . ad dedecus et infamiam totius ecclesiae Guibertum in sede sancti Petri ordinare constituit. Et cum non haberet episcopos cardinales sacerdotes sanctae Romanae ecclesiae, nec levitas, nec comprovinciales episcopos, quibus mos est papam intronizare — nemo enim ex tanto numero, nisi qui a fide exulaverat, cum eo fuerat; antea enim maluerant propriis sedibus carere et, si oporteret, omnibus membris debilitari, quam participes fieri coinquinationis — a Mutinensi episcopo et a Bononiensi et a Cerviensi in sede beati Petri intronizatus est. Quod fantasma a seculo non est auditum (l. c., 679). Einen anderen Bischof hinwider — precelerat Dionisius andax, d. h. der Bischof von Piacenza (diesen hatte Bonitho an der ob. S. 288, in n. 95, erwähnten Stelle zum Wahlacte von 1080 speciell hervorgehoben) — nennt Rangerius, v. 5946, in dem Abschnitte, der sich an die Schilderung von Begebenheiten des Jahres 1083 (vergl. ob. S. 477, in n. 12) anschließt. Doch ist — vergl. Overmann, Neues Archiv der Gesellschaft für ältere deutsche Geschichtskunde, XXI, in seiner Abhandlung über die Vita Anselmi Lucensis episcopi, 425 u. 426 — bei Rangerius überhaupt von den 1084 gleich nach Uebergabe der Stadt für Wibert und Heinrich IV. eingetretenen Ereignissen gar nicht die Rede, und was hier — v. 5944 ff. — ohne chronologisch sichere Einreihung von einer Wahl: Pontifices illum (sc. regem) per tam funesta seculi conveniunt, ut agant, ne vacet aula Petri, accelerant ... Dionisius ... pransus sacra se locat in cathedra .... Guibertus lacrimas et ter componit, et illum se non sponte sua fingit adire gradum. Denique, per lacrimas, quod dicitur, optat haberi, quas mimi specie format et ire facit, aber besonders auch davon erzählt wird, daß die schismatischen Bischöfe selbst Wibert schlecht verhehlte Mißachtung entgegenbrachten (v. 5933 u. 5934: quem sublimant laedere non trepidant; rex etiam cernit, quia se quoque concio sprevit), gehört jedenfalls nur in sehr mittelbarer Weise zu dem für die Geschichte der Synode verwerthbaren Materiale. Daß allerdings eine solche „vollständige Neuwahl" Wibert's jetzt geschah, folgert Köhncke, Wibert von Ravenna, 53 u. 54, mit Recht aus dem ja ganz auf Heinrich's IV. Seite stehenden Liber de unitate ecclesiae conservanda, wo Lib. II, c. 7, zu 1084 deutlich gesagt ist: cum misereretur Christus ovibus suis, quibus noluit Hildebrant misereri, relictis eis, fugit in Trajanium .... Tum quidem Romana ecclesia elegit Wigberdum successorem illi fugitivo, mit Wiederholung in c. 21: Ergo quibus ex causis et qua necessitate Wigberdus papa sit electus, supra jam diximus, qui certe per eius, quae vere est Romana ecclesia, consensum et per suffragium Henrichi regis eiusdem Romani patritii est ordinatus ... Nunc autem Romana ecclesia et patritius Romanorum consenserunt in Wigberti electione (so ist zu schließen, auch die c. 6 stehende Erwähnung: sancta mater Romana ecclesia ... elegit summa necessitate Wigberdum Ravennatis ecclesiae episcopum ad pastoralem curam Romani pontificatus, consentiente pariter et agente rege Henricho eodemque patricio Romanae ecclesiae sei hieher zu 1084, nicht zu 1080, zu rechnen) (Libelli de lite, II, 216, 238—217); dafür scheinen ferner Vita Heinrici IV. imperatoris, in der gleich an die Stelle in n. 9 sich anschließenden Nachricht: Mox sedatis omnibus, rex causam, cur venisset, in publicum protulit; quod de apostolico crimen accepisset, retulit, multisque hoc ita factum confessis, Clementem papam ad electionem omnium instituit (l. c., 275 u. 276), sowie Annales Patherbrunnenses (ed. Scheffer-Boichorst, 99): Rex Heinricus Hildebrandum papam expulit et in locum eius Wicbertum Ravennae episcopum electione cunctorum constituit; qui mox consecratus, Clemens est nominatus, oder die schon im Anfang dieser n. 12 gebrachten Ausdrücke Benzo's: eligitur ... elevatur, sowie die in n. 7 stehende Aussage Beno's: invitatus et electus zu sprechen. Wenn Martens, Die Besetzung des päpstlichen Stuhles unter den Kaisern Heinrich III. und Heinrich IV., 210—212, noch durchaus gegen die Annahme solcher „Vollziehung einer römischen Wahl oder Nachwahl" sich ausgesprochen hatte, so räumt er dagegen, Gregor VII., sein Leben und Wirken, I, 235 u. 236, doch ein, daß eine „Scheinwahl" werde vorgenommen worden sein. Denn daß Heinrich's IV. Wille ganz ausschlaggebend war, versteht sich von selbst, und so ist es nicht überraschend, daß er in den eigenen Worten, in dem in n. 4 citirten Briefe, nur auf die Brixener Wahl von 1080 sich zurück bezieht und einfach diese in seinen Augen jedenfalls ganz unwesentliche „Scheinhandlung" übergeht: Quem Hildebrandum legali omnium cardinalium ac totius populi Romani judicio (maßlose Uebertreibungen des wirklichen Sachverhalts) scias abjectum, et electum papam nostrum Clementem in sede apostolica sublimatum omnium Romanorum (ebenso) acclamatione. — Weitere längere meist auf den Act des 24. März, die Inthronisation speciell, bezügliche Aussagen sind noch vielfach vorhanden. Zunächst ist der Tag — ein Sonntag, wie sich von selbst versteht (vergl. Zöpffel, Die Papstwahlen, 251 u. 252) — durch Frutolf festgestellt: Qui (sc. Wippertus) sequenti dominica (d. h. nach dem in n. 9 erwähnten Tage: also am 24. März) per multos pontifices apostolico nomini dicatus nomenque Clementis accipiens reverenter est intronizatus. Von deutschen Annalen und anderen Geschichtswerken kommen Annal. August.: In Italia triennio transacto, rex Gregorio septimo fideles cedibus diversisque cladibus comprimens, ditioni suae subjugavit. Romani tandem Gregorium VII. injuste respuentes, Wicpertum superpositum receperunt et ordinaverunt, Clementis nomine imposito, Annal. Einsidlens.: Heinricus rex Romanos in deditionem accepit, Gregorium papam

---

suo jure caeli sed vi armorum expulit, Wigbertum Ravennatem archiepiscopum loco illius subrogavit, Annal. Laubiens. Contin.: Hoc anno Heinricus rex, capta Urbe et fugato papa Gregorio, Clementem subrogat, die sogenannten Annal. Ottenbur.: Hoc anno Hiltebrando papa abjecto, Wigbertus papa factus est et Clemens nominatus, Marianus Scotus, Contin. II, a. 1105 (resp. 1083): Heinricus urbem Romae infregit et cepit, Wicbertum in sede apostolica constituit, Hugo von Fleury, Modern. reg. Francorum actus, c. 11: Imperator .... Romam venit ... et illam cepit et muros subvertit, et .... Ravennorum archipresulem ordinari precepit et in ecclesia sancti Petri sedere constituit et eum Clementem appellari fecit, Auctar. Garstense (a. 1083): Heinricus rex Romam victor ingrediens Wichbertum hereticum superposuit in sede apostolica, Gregorio VII. ejecto, Annal. s. Rudberti Salisburgens. (a. 1083): Heinricus victor ingrediens Romam, papam deponit et Wicbertum scismaticum statuit, Annal. Zwifaltens.: Heinricus rex Romam obsidens obtinuit, Gregorium papam deposuit, Wipertum Ravennatensem superposuit. Chron. s. Huberti Andagin., c. 68: Obsessa et capta Urbe Gregorium papam fugaverat (sc. Heinrich IV.), eoque superstite Guibertum Ravennatem loco eius substituerat, qui et ipse jam diu excommunicatus sedem apostolicam temerarius invadere praesumpserat, Laurentii Gesta episcopor. Virdunens., c. 9: Heinricus . . . quendam Wicbertum Ravennatium pseudopraesulem, qui per septem annos apostolicae sedi inobediens rebellis et anathematizatus fuerat, cathedrae eius intrusit (SS. III, 191, 148, IV, 21, V, 6, 563, IX, 392, 568, 773, X, 54, VIII, 602, X, 496 — nebst noch anderen beiläufigen oder späteren Erwähnungen, wie Vita Altmanni ep. Pataviens., c. 15, SS. XII, 233 u. 234, oder Otto von Freising, Gesta Friderici imperatoris, Lib. I, c. 2, SS. XX, 353). Auch die in n. 144 näher zu erörternde Schrift, die von den Casus monast. Petrishus. und von Bertholdi Zwifaltens. Chron. benutzt wurde, muß dem Ereigniß Beachtung geschenkt haben, da dort in Lib. II, in c. 30: Heinricus rex anathematizatus, Romam cum magno sibi favente exercitu tendit eamque sibi non immerito repugnantem obsedit armisque cepit, Gregorium papam sede apostolica pulsum in exilium satis impie trusit et Wipertum Ravennatem archiepiscopum ob scelera sua jam septennio excommunicatum apostolicae sedi imposuit et ab eo coronam imperii sibi imponi fecit, und wieder in c. 36: Quomodo rex Romam cepit und c. 37: De Wiperto (hier mit dem Hinweis am Schlusse: De hoc etiam superius retulimus), dagegen hier in c. 8 in wörtlicher Uebereinstimmung davon die Rede ist (SS. XX, 645, 646 u. 647, X, 101). Italienische Berichte sind enthalten in der schon ob. S. 489 in n. 22, a. E., eingeschalteten Stelle, weiter in Annal. Benevent. Cod. 1: Heinricus imperator ordinavit Clementem papam Romae qui erat archiepiscopus Ravennae, eingehender Cod. 3: Heinricus rex . . . Romam .... ingressus est mense Martio et ordinavit ibi papam Guibbertum archiepiscopum Ravennatem, imposito ei nomine Clemens, Guillermus Apuliensis, Gesta Roberti Wiscardi, Lib. IV, v. 559—562: Papam concesserat illis (sc. Quiritibus) ipse (sc. Henricus) Ravennatem Guibertum, qui scelerata mente pari insurgens regnum praesumsit adire sedis apostolicae, Clemens a plebe vocatus, Donizo, Vita Mathildis, Lib. II, v. 216 ff.: Rex .... papam statuens ibi turpem; in cathedra locat hunc, falso Clemens vocitatur. Hic est Guibertus fallax, vastator apertus (etc.), Petrus, Chron. monast. Casin., Lib. III, c. 70: tyrannus . . . Romam et suburbana eius depredationibus et incendiis ac caedibus, quibus valuit, quadriennio devastavit, et tandem suo Simone magis pretio quam vi inthronizato, ab eodem imperialem coronam accepit (doch ist der ganze Passus Deusdedit, Libellus contra invasores et symoniacos, Lib. II, c. 11, Libelli de lite, II, 329, entnommen) (SS. III, 182, IX, 290, XII, 384, VII, 751), Gaufredus Malaterra, Historia Sicula, Lib. III, c. 33: Henricus . . . alium in loco eius (sc. Gregor's VII.) archiepiscopum Ravennatem, Umbertum nomine, re indiscussa, contra sanctos canones, quod nefas est dicere, cathedrae beati Petri subrogaverat (Muratori, Script. rer. Italic., V, 586). Paul von Bernried, Vita Gregorii VII., c. 108: sagt von dem satanae traditus infelix Henricus, daß er, legitimum papam destituere cupiens, auream statuam simoniacis et Nicolaitis adorandam in Romana civi-

Nach einer Woche, am Ostertage, 31. März, geschah dann die feierliche Kaiserkrönung König Heinrich's IV. und seiner Gemahlin Bertha, durch den auf seinen Befehl inthronisirten Papst [18]). Das längst ersehnte Ziel schien erreicht zu sein.

tate .... novum Nabuchodonosor erexit, Guibertum scilicet Ravennatem episcopum, jam pridem a Gregorio nostro propter incestum et alia flagitia sua synodali sententia damnatum (Watterich, Pontif. Roman. vitae, I, 336). Vielleicht gehört eben auch das von Beno in dem ob. in n. 7 erwähnten Werke, Lib. I, c. 6, erzählte Auftreten des Johannes, Bischof von Porto, qui intimus fuerat secretis Hildebrandi, auf dem ambo beati Petri, vor clerus et populus, hieher, was dieser vorgebracht habe de sacramento corporis Domini, quod Hildebrandus, responsa divina querens contra imperatorem, fertur injecisse igni, contradicentibus cardinalibus, qui assistebant ei (l. c., 371). Auch Wilhelm von Malmesbury erwähnt, Gesta reg. Anglorum, Lib. III, c. 262: Henricus ... Romam obsedit, Hildebrandum expulit, Guibertum Ravennatem introduxit, c. 266: Henricus ... illum (sc. Gregor VII.) ... Roma deturbavit, Guiberto inducto (SS. X, 473, 475), das Ereigniß. — Die am 24. März vorgenommene Handlung kann nur als Inthronisation, nicht als Consecration bezeichnet werden, wie Köhncke, l. c., 56 ff., Martens, Besetzung, 212—215, übereinstimmend ausführen (allerdings sind die hier vorangestellten Zeugen, wie ganz zuzugeben ist, gar nicht genau und folgerichtig in ihren Ausdrücken, wie denn z. B. Hugo von Flavigny, l. c., 459, wo er den Brief Gebehard's einleitet, nach einander die Bezeichnungen promotio, intronizatio, execratio — resp. consecratio —, ordinatio für diesen gleichen Vorgang, wie Köhncke, 58, betont, anwendet). Was die Wahl des Namens betrifft, so ist dieselbe mit Martens, 308, zumal nach Benzo's ausdrücklichem Zeugniß, jedenfalls dem Könige zuzuschreiben (vergl. auch den Spott des Deusdedit, l. c., 330, Lib. II, c. 12: Guibertus, qui multo rectius papa Demens, quam papa Clemens dici debuit). Daß Wibert sich erst vom 24. März an als Papst betrachtete und nach Jahren seines Pontificates zu rechnen begann, zeigt Köhncke, 55 u. 56, wo von der Ausstellung der Urkunden temporibus domni Clementis pape geredet wird. — Was endlich den Patricius-Titel anbetrifft, so hat Martens, Gregor VII., I, 235 u. 236, zutreffend gezeigt, daß die Berichte, nach denen Heinrich IV. in dieser Eigenschaft die römischen Angelegenheiten geleitet habe, sehr wesentlich von einander abweichen: während — vergl. n. 13 — nach der Vita Heinrici IV. imperatoris die Ernennung sogar durch Wibert, nach Sigebert durch die Römer geschehen wäre, hätte der König nach dem Liber de unitate ecclesiae conservanda schon als Patricius die Einsetzung Wibert's bewirkt. Thatsächlich betrachtete sich der König schon längst, wie er 1076 es gegenüber Gregor VII. aussprach, als in nothwendiger Weise bestellter Patricius, und diese Würde brauchte ihm 1084 nicht im geringsten ertheilt zu werden (vergl. Bd. II, S. 627, mit n. 21), wie denn dieselbe jetzt bei diesen Vorgängen ohne Zweifel nur eine ganz untergeordnete formale Bedeutung besaß.

[18]) Von der Krönung spricht in erster Linie wieder Heinrich IV. selbst in dem zuerst in n. 4 genannten Briefe: scias ... nos a papa Clemente ordinatum et consensu omnium Romanorum consecratum in die sancto paschae in imperatorem totius populi Romani exultatione. Zahlreiche weitere Zeugnisse liegen selbstverständlich vor. Von deutscher Seite berichten Frutolf: A quo (sc. Wigperto) rex cum regina Berhta in sancta dominica paschae imperiali benedictione sublimatus est, Bernold: In die resurrectionis dominicae Heinricus ab heresiarcha suo Ravennate coronam non gloriae set confusionis accepit. Nam huiusmodi coronator, juxta attestationem sanctorum patrum, non benedictionem, quam perdidit, set dampnationem, quam habuit, suo coronato imposuit .... Quapropter (der Autor schließt in verächtlicher Weise an die Gebehard's Brief entnommenen Stellen an, mit der Aussage über Wibert: ut quanto altius inter ipsos, sc. den inthronisirenden Bischöfen, emineret, tanto majoris dampnationis privilegium possideret) et Heinricus ab eodem in-

Daß sich der ganze Haß der Anhänger Gregor's VII. auf diese beiden Ereignisse, vom Palmsonntage und dem Osterfest, nun neuerdings warf, auf den mit dem dumm gewordenen Salze verglichenen Wibert, auf den neu gekrönten Kaiser, der von einem solchen Papste einzig die Krone der Schmach und das Scepter der Schande habe empfangen können, war völlig unvermeidlich. Ein hauptsächlicher Gegner Heinrich's IV. unter der hohen Geistlichkeit in Deutschland — eben Erzbischof Gebehard — schrieb im Hinblick auf diese Dinge warnend: „Es hüte sich also ein jeder Christ, sein Haupt vor dem Antichristen zu beugen und die Bildsäule anzubeten, die Nabuchodonosor aufgerichtet hat, und so sich in die verderblichste Verfluchung zu verwickeln, die auf dem Häresiarchen selbst liegt. Denn ein jeder, der ihm Gehorsam ausgedrückt haben wird, gehorcht dem, der gesagt hat: „Ich werde meinen Sitz auf den Norden stellen und ich werde dem Höchsten ähnlich sein"; ganz sicher wird er mit ihnen in die ewige Verdammniß eingehen" [14]).

Aber ebenso fehlt es nicht an Stimmen, die sich laut zur Rechtfertigung des neuen Kaisers und seiner Anordnungen erhoben.

Einerseits wurden die Verurtheilung Gregor's VII. und die

---

coronatus, damnationem eius hereditasse non dubitatur; similiter et omnes, quicumque aliquid, quod a domno papa suscipiendum esset, a praedicto heresiarcha quasi susceptum usurpaverunt, Annal. August.: A quo (sc. Wicperto) communi pseudopontificum et Romanorum consilio et electione rex et regina imperiali benedictione coronantur, Annal. Einsidlens.: qui (sc. Wigbertus) eum (sc. regem) in die paschae in imperatorem benedixit, Annal. Mosomagens.: Heinricus quartus Romae coronatur, Annal. Laubiens. Contin.: a quo (sc. Clemente) imperator consecratus, Annal. Leodiens. Contin. (a. 1083): Ab eo (sc. Wicberto) rex Heinricus in imperatorem benedicitur (Annal. s. Jacobi Leodiens. richtig a. 1084), die sogenannten Annal. Ottenbur.: a quo (sc. Wigberto) Heinricus rex unctionem accepit imperialem in pascha, Annal. s. Eucharii Treverens.: Hic Heinricus efficitur imperator Rome a papa Clemente, Sigebert, Chron.: Heinricus rex patricius Romanorum constituitur et a Clemente in imperatorem benedicitur (im Anschluß an Annal. Leodiens. Contin.), Hugo von Flavigny, Chron., Lib. II: Ab hoc Wiberto, sale utique infatuato, Heinricus coronam suscepit imperii, factus infelix membrum illius qui est rex super omnes filios superbiae, suscipiens ab illo maledictionem pro benedictione, et quidem satis congrue. Nam dignus erat, et pro meritis acta res est, ut talis rex talem papam institueret et ab eodem ipse coronam ignominiae et sceptrum dedecoris susciperet, Vita Heinrici IV. imperatoris, c. 6: a quo (sc. Clemente papa) ipse communi omnium favore consecratus imperator et patricius factus, Romae se per aliquod tempus, dum omnia in solidam reformaret concordiam, continuit (SS. VI, 205, V, 440, III, 131, 140, 162, IV, 21, 29 — XVI, 639 —, V, 8, 10, VI, 365, VIII, 460, XII, 278), ferner Annales Patherbrunnenses (l. c.): a quo (sc. Clemente) rex Heinricus in Caesarem unctus est in sollempnitate paschali, Liber de unitate ecclesiae conservanda, Lib. II, c. 7: Tum etiam rex ordinatus est imperator ab eodem papa Clemente (l. c., 218). Von italienischen Zeugnissen stehen Bonitho (l. c.): Dehinc in pascha a tali (vergl. n. 12 das von Wibert Gesagte) benedictionem accepit imperialem und die in n. 12 erwähnte Aussage des Deusdedit.

[14]) Zeugnisse dieses Hasses und grimmiger Verachtung enthalten n. 12 und 13 zur Genüge. Die wörtlich eingerückte Stelle ist der in n. 12 besonders betonte Schlußsatz des Briefes Gebehard's, mit dem auf Babel bezüglichen Spruch Jesaja, XIV, 13 u. 14, aus der Weissagung vom Sturze Babel's.

Ertheilung der kaiserlichen Krone an Heinrich IV. durch den Papst, den dieser erhoben hatte, nicht lange nachher — jedenfalls so lange noch Gregor VII. am Leben war — von einem unbekannten Anhänger der kaiserlichen Sache zum Gegenstande einer Schrift gemacht, die wahrscheinlich als Ueberschrift „Aeußerungen eines Gewissen über die Zwietracht zwischen Papst und König" trägt [15]. Der Verfasser nimmt den Ausgang von Papst Julius I., seinem zu Gunsten des Vorranges des römischen Stuhles über die kirchlichen Häupter des Orientes gewonnenen Siege [16]), zeigt dann aber alsbald, daß er diese Hervorhebung des Papstthums nur vorausschickte, um hierauf um so nachdrücklicher die kaiserliche Gewalt noch höher zu stellen. Denn sogleich beginnt nun eine mit der Gegnerschaft des Gegenpapstes Ursinus gegen Damasus I. und mit dem Eingreifen Kaiser Valentinian's I. gegen jenen einsetzende, über die folgenden Jahrhunderte sich fortsetzende Aufzählung von Fällen, durch die karolingische Zeit bis auf Otto I. und Heinrich III., in denen sich das kaiserliche Gebot, wann eine Einmischung nothwendig wurde, als überlegen erwies. Ganz besonders wird eben von der letztvorangegangenen Regierung festgestellt, wie Heinrich III. das Gesetz aufrichtete, daß niemand auf dem apostolischen Sitze ohne Erwählung von seiner und seines Sohnes Seite als Papst erkoren werde, mit der Beifügung, der Kaiser habe in Voraussicht des ehrgeizigen Strebens des Subdiakons Hildebrand diesen einen Eid schwören lassen, daß er nie ohne kaiserliche Zustimmung und Erlaubniß sich des Papstthums bemächtigen wolle. Dann geht die Erzählung auf das Papstwahldecret Nikolaus' II. über, das der Verfasser ohne Zweifel, doch, wie sicher anzunehmen ist, nicht in der ursprünglichen, sondern in der abgeänderten Gestalt, vor sich hatte, wobei willkürlich eine zudem ganz irrthümliche Erwähnung des Vaters Heinrich's IV. in den Text eingeschoben ist [17]). Die

---

[15]) Diese Schrift wurde zuerst, als Dicta cuiusdam de discordia papae et regis priorum reprehensa exemplis und als Streitschrift des Chronisten Sigebert, Mönches von Gembloux — eine Autorschaft, die Wattenbach, Deutschlands Geschichtsquellen im Mittelalter, 6. Aufl., II, 157 n. 1, aus guten Gründen völlig verwirft —, durch Floto, Kaiser Heinrich IV. und sein Zeitalter, I, 437 u. 438, im „Anhang", aus einem Brüsseler Codex edirt, hernach unter dem Titel De papatu Romano — „Eine Streitschrift zu Gunsten kaiserlicher Suprematie" — durch Scheffer-Boichorst als Beilage IV seines in n. 6 genannten Buches, 136—141, mit Ausführungen besonders auch über die Quellen, 141—146, aus einer Pariser Handschrift; endlich wurden diese beiden Texte nebst einem dritten aus einer Wiener Handschrift durch Francke, Libelli de lite, I, 454—460, abgedruckt. Die Texte weichen, wie Scheffer-Boichorst, 134—136, zeigt, sehr wesentlich, als drei verschiedene Recensionen, deren gemeinsame Quelle sich nicht herstellen läßt, von einander ab. Mirbt, l. c., 30, hält es für wahrscheinlich, daß der unbekannte Verfasser in Deutschland zu suchen sei.

[16]) Der Verfasser beginnt: Legitur in Gestis Romanorum pontificum, während thatsächlich von dieser Geschichte des Streites zwischen Julius I. und den orientalischen Bischöfen da nicht die Rede ist. Scheffer-Boichorst, 143, zeigt, daß auch andere Stellen nicht stimmen, wo das Papstbuch angerufen wird.

[17]) Das decretum von 1059 soll — nach Text I: III weicht etwas ab, und II reicht nicht so weit — aufgestellt worden sein: consilio totius cleri et

Absicht des Verfassers ist dabei ganz deutlich: es soll gezeigt werden, daß Hildebrand dabei durch seine Unterschrift sich auf etwas verpflichtet habe, das dann nach Alexander's II. Tode durch ihn nicht gehalten worden sei, dadurch daß er selbst sich als Papst habe erheben lassen [18]). Darauf wird angeführt, daß ihn Heinrich IV. durch eine aus den ehrbarsten Männern zusammengesetzte Gesandtschaft habe auffordern lassen, doch ohne Erfolg, vom apostolischen Stuhle herabzusteigen, und so sei dann endlich nach Kämpfen und Gewaltthaten aller Art, die entstanden, weil dem König und der Kirche Gehör vor der Synode verweigert worden sei [19]), Heinrich IV. dennoch zum Ziele gelangt: „Die Stadt Rom hat er, nachdem sie ihm lange verweigert worden war, mit starker Hand und mit der vom Vater ererbten Tapferkeit zurückgenommen [20]) und da nach der Gewohnheit seiner Vorfahren den Clemens, den früheren Bischof von Ravenna, einen Mann jedoch, der in die freien Künste ganz vorzüglich eingeweiht, besonnen, mild und aus vielen Tugenden, so zu sagen, wie in ein einziges Ganzes zusammengefügt ist, als Papst eingesetzt und aus seiner Hand mit großem Ruhm die kaiserliche Krone, die aus Sieg und Tugend vereinigt sich darstellt, empfangen. So haben die römischen Kaiser auch Andere aus den römischen Päpsten, die schuldig waren, abgesetzt, Andere gesetzmäßig selbst eingesetzt, hinsichtlich Anderer aber, wie von dem seligen Gregor und dem Kaiser Mauricius gelesen wird, vorgeschrieben, daß sie eingesetzt würden" [21]). — Die Absicht der mit diesen Sätzen abschließenden Schrift ist so deutlich wie möglich. Heinrich IV. ist einfach auf der Bahn der alten Kaiser weiter gewandelt, indem er Gregor VII. durch Clemens III. ersetzte; die ganze Lehre der Geschichte spricht für ihn.

---

populi, id jurante et annuente Hildebranno . . . . videlicet ut quisquis deinceps partes de apostolatu faceret vel absque electione et assensu predictorum imperatorum Henrici patris et filii se intromitteret, non jam papa vocaretur, sed satanas, non apostolicus, sed apostaticus diceretur . . . . Et subscripserunt omnes episcopi et cardinales presbyteri, inter quos etiam Hildebrannus tunc subdiaconus in margine inferiori propria manu subscripsit. Factae sunt autem inde littere, que posteris et auctoritati testimonium perhibent, quibus Hildebrannus subscriptionem fecit. Quas equidem qui videre voluerit in palacio imperatoris vel in archivo Romano invenire poterit (459). Wie Scheffer-Boichorst, 141, 143, aus einander setzt, hat der Autor das Wahldecret, aber in der für das Jahr 1080 zurecht gemachten Form (vergl. ob. S. 298), benutzt, dabei jedoch irrthümlich auch noch für Heinrich III., der ja das Jahr 1059 gar nicht erlebte, das Zustimmungsrecht gewahrt.

[18]) Die Schrift läßt die Wahl Hildebrand's — tunc etiam longe ante archidiaconus — per Chinchium, unum de nobilibus Romanis (der Index des Bandes, 637, stellt die Frage: idem atque filius Johannis?), et partem, quam iste et ille fecerat sibi, sich vollziehen (459).

[19]) Der Verfasser denkt in diesem eingeschobenen Satz wohl an die Gesandtschaft von 1080 (vergl. ob. S. 251).

[20]) Vergl. ob. S. 499, n. 40, wo auf diesen Satz schon hingewiesen wurde.

[21]) Der Text III., der ausführlicher ist, erscheint hier zu Grunde gelegt. In dem ob. S. 517 behandelten Stücke der Schrift Manegold's heißt es, in c. 58: De promotione sancti Gregorii, am Anfang: promotionem eius imperatori conantur ascribere (Libelli de lite, I, 410).

Daß aber auch der neben Beno leidenschaftlichste, von einem Hasse ohne Gleichen erfüllte flüchtige Bischof von Alba jetzt abermals die Gelegenheit wahrnahm, mit einer wahren Lust grimmigen Hohns gegen Gregor VII. zu schreiben, kann nicht überraschen. Benzo jubelt in seiner „Beschreibung von den Uebelthaten des Prandellus und von seines Gleichen“ in zwei Gedichten, einem von mehr als anderthalbhundert Versen und einem kurzen, über die, wie er meint, gänzliche Niederlage des Papstes. Nach einer Aufzählung von thörichten gottlosen Menschen, die wider den Stachel leckten und deßhalb Gottes Strafe empfingen, des Pharao, der im rothen Meere unterging, und der Rotte des Korah, des Sanherib und Holofernes, sowie anderer in solcher Art Gezüchtigter, die vom alten Testamente genannt werden, geht Benzo auf Folleprandus, wie er da genannt wird, über, den er zuerst in den unglaublichsten Beschimpfungen hinstellt und zuletzt als den „Unflathsmann“ bezeichnet. Dann ist von Heinrich's IV. siegreichem Einzug in Rom, trotzdem daß ihm die Thore durch den Papst geschlossen worden seien, die Rede, wie „Kothebrand“ — ein anderer Unname für Hildebrand — sich gleich einer Hyäne verkrochen habe, endlich durch die Synode, die den rechtgläubigen Erzbischof von Ravenna erhob, als ein des Todes würdiger Angeklagter verurtheilt worden sei, so daß er nirgends mehr sich sicher fühlte und zuletzt auf der Engelsburg Zuflucht suchte. Unter deutlichstem Hinweis auf Crescentius, der in ähnlicher Weise Kaiser Otto III. auf der Engelsburg Widerstand leistete, aber endlich besiegt und enthauptet worden sei, fährt dann Benzo fort. Er führt selbst jenen im vorangegangenen Jahrhundert darniedergeworfenen Römer ein, wie er Gregor VII. anredet und ihm sein in gleicher Weise zu Ende gehendes Schicksal ankündigt. „Alle Stände in der Welt“ — schließt Benzo im Weiteren an — „mögen dem Höchsten Lobsprüche geben, der Heinrich, dem tapfersten Kaiser, gestattet hat, mit dem beglücktesten Fuß den Basilisken zu zertreten“. Mit Kaiser Constantin wird Heinrich IV., mit Papst Silvester I. der neu erhobene Clemens III. verglichen, der die Patariner vernichte. Aber nun soll der Kaiser, da er mit der Unterwerfung Rom's das Reich besitze, seinen Anhängern beistehen: „Wir werden Bischöfe genannt und sind nicht Bischöfe; Alles, was wir haben, tragen die nichtswürdigsten Menschen davon; lege die Hand gegen solche ein, Diener des Höchsten! Kaiser, untersuche, warum die getreuen Bischöfe betteln gehen; nichts haben sie für sich selbst, nichts, das sie dem Armen brechen könnten; nichts ist ihnen gelassen, auch nicht ein Zweig vom Ysop. Einzig den Stab, den Du, Kaiser, schenkst, führen wir in den Händen; die übrigen Güter werden von benachbarten Hunden verschlungen; wir zwar erscheinen leeren Schatten ähnlich. Die Ehre der Priester und die Würde der Bischöfe vergeht; hinausgeschritten über die Fenster ist die grausame Unbilligkeit; es ist vorbei, wenn nicht Eure Liebe uns zur Seite stehen mag“. So wird Heinrich IV. ermahnt, die Kirchen zu bewachen und zu vertheidigen, so daß die wahren Bischöfe ihm das Schwert umgürten, so daß die Schlechten die Strafe ereilt, daß sie entweichen müssen, geächtet, in die Verbannung gestoßen werden, und dergestalt malt der Dichter, wenn der Sohn auf den Wegen Heinrich's III. wandeln wolle, ein Bild der Regierung des Kaisers in den schönsten Farben aus. Freilich vergißt der Bischof von Alba auch sich selbst wieder keineswegs. Wenn Benzo, dem seines Lohnes würdigen Knechte, sein Verdienst werde vergolten werden, gestalte sich Alles für Heinrich IV. in bester Weise:. „Wenn Du Dich selbst, Kaiser, in mir allein verherrlichst, erfreust Du nicht wenig alle meine Brüder; denn durch Aufrechthaltung des Gesetzes erweisest Du Gott die Ehre". Mitten in einem noch zuletzt entworfenen Gemälde von ewigem Frieden und aufhörendem Kriege steht nochmals der Wunsch, daß Alba von seinem Söller aus — und da ist selbstverständlich Benzo als hergestellter Bischof hinzuzudenken — das Alles erblicken möge. Jedenfalls träumte Benzo, als er es schrieb, vom vollendeten Siege des Kaisers[83]).

---

[83]) Benzo's schon in n. 11 erwähntes Gedicht (l. c., 665—668) ist mit Lehmgrübner, Benzo von Alba, 86—88, in den April zu setzen, ebenso in die gleiche Zeit das kürzere sich anschließende erheblich inhaltslosere Gedicht, Lib. VI, c. 7 (668—669), das beginnt mit: Tantus es, o cesar, quantus et orbis und Heinrich IV. in historischer Vergleichung Scipio, dem Eroberer Karthago's, zur Seite und über römische Helden und christliche Kaiser stellt: Transilis hos senos, viribus, armis, de coelo missus, non homo carnis, das dann aber auch wieder bettelt: famulus, nomine Benzo, te petit, o rex bone, poplite flexo, ut sua respiciens vulnera tangas atque lupina potens guttura frangas. Im ersten großen Gedichte steht in den mit dem Namen Stercorentius gipfelnden 21 Versen — über den Protheus monstruosus, den in Lügen allen großen Lügnern überlegenen — z. B. der Satz: Vicia coadunata in uno collegio fece scismatis hunc replent, non legis pulegio, vas fetoris mancipatum vocaverunt legio. Ueber die historischen Vorgänge der letztvergangenen Zeit wird gesagt: Imperator Romanorum Heinricus tertius Folleprandi malam famam scire volens cercius, Romam venit, cui portas claudit Stercorentius. Ruptis muris (vergl. ob. S. 475, daß das nicht richtig ist) imperator triumphans introiit; Merdiprandus fugam capit, hunc venisse doluit, ut hyena quodam trullo latitari voluit, wonach sich die in n. 11 und 12 aufgenommenen Verse anschließen, weiter die in n. 23 folgende Stelle über Gregor's VII. Zufluchtsort, wo im Crescentis jugulum schon auf das Ereigniß von 998 Bezug genommen ist, das hernach in den Crescentius in den Mund gelegten Worten — pilosus at pilosum (sc. Gregor VII.) —, beginnend mit: Quia fecimus de luto omne genus laterum, pari morte hoc de loco ibimus ad Tartarum; sicut ego decollatus ab Ottone tercio, ita tercius Heinricus te dabit proverbio (etc.), weiter behandelt erscheint. Nach der Lobpreisung des novus Constantinus, des alter Silvester (dabei ist gewiß, gegen n. 41 zu 667, an Silvester I., wegen der Nennung Constantin's, zu denken) folgt mit der Anrede an den Kaiser: Tolle nobis quod portamus magnum improperium die Bitte für die bedrängten Bischöfe. Nach den Versen: Jussu legis si vel unus (das bezieht Lehmgrübner, 67, n. 1, gewiß richtig auf Gregor VII.) artubus truncabitur, statim lupus fiet agnus, Deus collaudabitur; omne tempus regis nostri sabbatum vocabitur kommt die Voraussagung noch in weiterer Ausführung, vom pater tanti filii: Dignum est, ut tu patrizes in celsis honoribus, mit Ermahnungen ausdrücklicher Art. Aber gegen den Schluß folgt auch wieder eindringlich Benzo's Bitte für sich selbst, mit Hervorhebung seiner Verdienste um den Kaiser, durch

Aber in Wahrheit lagen die Dinge in Rom für den Kaiser auf die Länge durchaus nicht so günstig, wie das vielleicht noch am Tage der kaiserlichen Krönung, in der ersten Zeit nach dem Eintritt in Rom, den Anschein gehabt hatte.

Gregor VII. hatte in den Tagen der Synode und der Inthronisation Wibert's zunächst die Engelsburg verlassen und sich — sein grimmer Gegner Benzo meinte, gleich einer Hyäne im geheimen Verstecke — in einem anderen festen Gebäude in Rom geborgen. Allein für länger fühlte er sich da nicht sicher, und er ließ nach einem anderweitigen Orte suchen, wo er die hinreichende Zuflucht finden könnte. Dabei griff er schließlich wieder auf die Engelsburg zurück, die schon im vorhergehenden Jahre sein Vertrauen gerechtfertigt hatte, und so wurde das Haus des Theoderich, wie von der einen Seite, der Thurm des Crescentius, wie bei Anderen das gewaltige Grabmal Hadrian's hieß, in der nächsten Zeit harter Bedrängniß wieder der Sitz des Papstes [60]).

ganze 32 Verse hin bis zum Ende in mehr oder weniger greifbarer Weise z. B.: Dignus est mercede sua Albensis episcopus, qui . . . . bellum egit cum Prandello atque cum Badaculo (etc.: es sind die Kämpfe für Cadalus gegen Alexander II. — vergl. Bd. I, S. 247 ff. — gemeint) . . . . Redde vicem promerenti . . . Non est magnum tanto regi unum signum facere, hoc est, dicere Benzoni: „Veni foras, Lazare, reddita tibi mercede sta sub meo latere!" Der ganze Ausblick endigt mit den Schlußversen des Gedichtes: Amplius non erit werra, sed pacis perhennitas; una erit sine fine dierum sollempnitas; per quem fiet hoc in mundo, salvet vera deitas. — Solche Zeugnisse verfrühten Triumphes kann man auch in den von Sander, l. c., 151 (n. 1) hervorgehobenen Urkundendatirungen nach dem tempus obsidionis Romanae urbis erblicken. Den überwältigenden Eindruck aller Begebenheiten drängen in der in n. 59 aufgenommenen Stelle der Gesta Treverorum, l. c., c. 11, die Worte: quo certe nichil in diebus illis celebriori fama ora omnium adimplebat zusammen.

[60]) Ueber Gregor's VII. Aufsuchung seiner Bergungsstätte spricht besonders Benzo, in dem in n. 11 genannten Gedichte: Quo audito (sc. Wibert's Einsetzung als Papst) liquit trullum (vergl. n. 22) contestim Stercutius, neque loco in eodem vult esse diutius, nullum putat poliandrum fore sibi tutius. Quaeritur per totam urbem sollerti indagine; ille draco tortuosus, anguis de propagine in telluris se abscondit profunda voragine. Sed pulsatus de cavernis ob ruinae cumulum, devolavit moriturus ad Crescentis jugulum, quod indigene appellant Adriani tumulum (l. c., 666: der anfänglich benutzte trullus, d. h. aedificium rotundum sivi concameratum in formam ovi, ist also durchaus nicht, wie n. 37 dort meint, die vielmehr erst nachher bezogene Engelsburg gewesen). Weiter erwähnen die Engelsburg als den Platz, wohin Gregor VII. sich zurückzog, Heinrich IV. selbst in seinem S. 527 erwähnten Briefe, Bernold: Papa autem in castellum sancti Angeli se recepit (440), der Liber de unitate ecclesiae conservanda an der in n. 12 aufgeführten Stelle, Hugo von Flavigny, Chron., Lib. II: Heinricus . . . . Gregorium papam in turre Crescentis muro clausit (SS. VIII, 461, ähnlich 462, ebenso, IX, 392), Hugo von Fleury, l. c.), Bonitho, l. c.: Venerabilis Gregorius, ut cognovit populi trepidationem, jam dudum (doch nach Benzo nicht ohne die bemerkte Unterbrechung) in arce sancti Angeli se locaverat, Annal. Benevent., Cod. 3: prefato Gregorio papa in arce sancti Angeli recluso (l. c.), Petrus, Chron. monast. Casin., Lib. III, c. 53: in arce sancti Angeli se contra eum (sc. Heinrich IV.) munierat (sc. Gregorius (l. c., 741), Wido von Ferrara, l. c., Lib. I, c. 20: cum . . in turri, quam

Ein Zeitgenosse hat da, Rangerius in seiner dichterischen Lebensbeschreibung des getreuen Anhängers Gregor's VII., des Bischofs Anselm von Lucca, die Gelegenheit ersehen, eine höchst anschauliche Schilderung der gewaltigen Baute, in die sich der Papst neuerdings zurückzog, zu geben. Der Aufbau des Ganzen wird einläßlich vorgeführt, von dem schweren viereckigen auf dem ebenen Boden gegründeten Unterbau aus gewichtigem Marmor empor, auf dessen breiter Oberfläche sich weiter die kreisrunde obere Masse erhebt, die abermals von der sich verjüngenden thurmartigen Spitze überragt ist. Die Festigkeit, der mächtige Umfang, die erstaunliche Höhe der Anlage haben greifbar deutlich in dem Beschreiber einen tiefen Eindruck erweckt. Aber ebenso hebt er danach die Zweckmäßigkeit des Gebäudes für die Vertheidigung hervor. Auf jenem breiten Rand, der die erste Stufe bekrönt, können Schleuderwerfer und Thürme Platz finden, von denen weithin mit Steinen und Balken gestritten werden mag; aber auch die oberen Theile des Baues bieten reichlichen Raum zum Kampfe, und zu oberst hält der Engel Wache und verbürgt den himmlischen Schutz. Mitten unter den Stürmen und Zerstörungen einer langen Zeit und vieler Kriege ist dieses Werk unversehrt, dem Untergange trotzend, stehen geblieben. Mächtige Thürme und breite Paläste der Könige sind gewichen vor dem Anprall innerer Kämpfe und der wilden fremden Völker, und wie Troja dahinsank, wer möchte nicht auch sagen: „Rom ist gewesen". Doch die Burg des Crescentius ist noch aufrecht, die der Tiber bespült, als Wächterin der Brücke, und Rom hat dieses Werk der alten Zeit noch im Besitz. — Dann geht der Dichter auf den jetzigen Augenblick über, wo der Feind den, wie er meint, gleichsam im Kerker eingeschlossenen Papst hier belagerte. Mit enger Ummallung umzingelt der Gegner die Festung; mit heftigen Stößen, Stein gegen Stein, sucht er den Bau zu erschüttern, und um jeden Zugang und jede Möglichkeit des Austrittes abzuschneiden, so daß keine Hülfe gebracht werden könne, führt er mitten quer über die Brücke einen fest aus Eisen und Stein gefügten Wall zur Absperrung. Wächter werden da und dort vertheilt; in den Stunden der Nacht wird Späherdienst angeordnet. Dagegen strengt der Belagerer alle Kräfte seiner ermüdeten Leute an, um brennenden Sinnes und von Wuth erfüllt dem Platze zuzusetzen, der durch seine bloße Lage schon als sicher und nicht zu erobern sich darstellt. Auch der grimme Hunger wird dem Haß des Feindes nicht Nutzen bringen; denn vom Himmel wird den

---

vocant Crescencii, moraretur inclusus (sc. Gregor VII.), Libelli de lite, I, 549. Histor. Farfens., nach der in n. 1 gebrachten Stelle: cum adhuc Gregorius papa septimus in presidio castelli sancti Angeli tueretur. Einläßlicher behandelt auch Gaufredus Malaterra, l. c., das ganze Ereigniß: Imperator Alamanorum Henricus, quibusdam controversiis inter se ortis Romam cum exercitu veniens, obsessa diutius urbe, eandem fortuna suffragante irruperat, Romanisque potentioribus sibi injungendo confoederatis, ipsum apostolicum virum in turri, quae Crescentii dicitur, reclusum obsederat.

Bedrängten das Manna gereicht werden. Darauf schließt die Schilderung mit dem längeren beredten Hinweise auf die Hülfe, die Gregor VII. und den Seinigen werden sollte[24]).

Neben der Engelsburg waren indessen noch weitere wichtige Plätze dem Gebote des Kaisers entgegen und unterbrachen in gleichfalls sehr empfindlicher Weise dessen Verfügung über Rom. Wenn Gregor VII. von seiner Festung herunter die Verbindung mit Rom, über den Tiber, zu sperren vermochte, so stellten sich an anderen Stellen in der links vom Flusse liegenden eigentlichen Stadt Heinrich IV. die Feinde ebenfalls entgegen, ganz vorzüglich die an der Seite des Papstes treu gebliebenen Adeligen in ihren festen Thürmen und Häusern. Auf dem Capitol leisteten die Corsi, die hier ihre befestigten Gebäude inne hatten, den Widerstand. Besonders aber war das die Südostecke des Palatin einnehmende durch seine vorgeschobene Lage sichere Septizonium, der gewaltige Bau des Kaisers Septimius Severus, in eine Burg umgeschaffen, in der ein Neffe Gregor's VII., Rusticus, die Vertheidigung leitete. Wahrscheinlich dienten ferner, da nachher ein dem Geschlecht der Frangipani angehörender Cencius als Gegner des Kaisers hervortritt, die diesem Adelshause zustehenden festen Häuser am Forum gleichfalls als Stütze der Abwehr. So war ohne Zweifel die Kraft der Streiter Heinrich's IV. an verschiedenen Orten in Anspruch genommen. Ein Hauptkampf, gleich in der Osterwoche, von dem ein Bericht meldet, galt wohl der Engelsburg, die außerdem mit Mauern, um jeden Austritt und auch den geringsten Verkehr unmöglich zu machen, wie ja auch jene dichterische Darstellung ausführte, ganz umgeben wurde; allein die Kaiserlichen sollen, während der Papst von seiner kleinen Schaar keinen Mann verloren habe, hart, mit arger Einbuße zurückgewiesen worden sein. Heftig wurde auch Rusticus mit Belagerungswerken zugesetzt, und bei diesen Versuchen, das Septizonium zu nehmen, wurden nicht wenige Säulen des Prachtbaues umgestürzt. Dagegen bemächtigte sich der Kaiser des Capitols und zerstörte hier alle jene Häuser der Corsi[25]).

---

[24]) Diese Schilderung der Engelsburg durch Rangerius, l. c., v. 6210 ff., hebt Overmann, l. c., 426, mit Recht hervor, da sie „zu dem schönsten gehört, was Rangerius geschrieben"; von v. 6242 an (bis zu v. 6259) geht dann der Text, mit: Hanc (sc. custodiam pontis) tamen hostilis demencia vincere temptat et putat obductum carcere Gregorium auf die Belagerung von 1084 über (der in v. 6248 u. 6249 genannte pons — pontem per medium transverso tramite vastum ducit opus ferro et robore saxa ligans, sc. hostilis demencia — ist nach Bd. I, S. 255, mit n. 35, die älteste Brücke, über die jeder Verkehr mit der Stadt dergestalt abgeschnitten erschien); mit v. 6260 endlich (Petra fluens et manna pluens potabit aletque et feret inclusis omnia laeta suis) beginnt der mit v. 6291 abschließende längere Hinweis auf die mit v. 6292 folgende Befreiung durch Herzog Robert.

[25]) Die für den Papst, gegenüber dem Kaiser, in Rom vorliegende Machtstellung kennzeichnen Bardo, l. c.: Sed necdum totam quidem Romam devicit (sc. Heinrich IV.), quoniam in castello, quod Crescentii dicitur, reverendissimus papa Gregorius permansit, permanserunt quoque nec corrupti nec decepti aut devicti nobiliores quidam Romani, magis obedire Deo quam homini

Heinrich IV. hatte mit seinem Papste jedenfalls wieder im Lateran seinen Sitz gewählt[86]). Aber ein Zeugniß zeigt ihn auch auf der Höhe des Capitols in Thätigkeit. Am 29. April hielt da der Kaiser Gericht, umgeben von seinen Pfalzrichtern und von Zeugen, aus seinen adeligen Anhängern; es handelte sich darum, daß eine Schenkung an das Kloster Farfa, die der Vater des Grafen Saxo, Rainerius, gemacht hatte, die von dem Sohne aus Habgier angefochten worden war, durch diesen wieder als zu Recht bestehend anerkannt und zu Gunsten des Abtes Berardus bestätigt wurde[87]). Auch noch eine zweite urkundlich belegte Handlung

---

cupientes haeretico (l. c.) und Bernold: Papa .... omnes Tiberinos pontes et firmiores Romanorum munitiones in sua obtinuit potestate (440) in jedenfalls übertriebenen Worten, da nach n. 12 Heinrich IV. unzweifelhaft ungehindert vom Lateran nach der Leostadt und St. Peter und wieder rückwärts gelangen konnte und außerdem nach n. 27 das Capitol in seinen Besitz überging, wovon Bernold kein Wort sagt: von Kämpfen, die Giesebrecht, III, 1178, in den „Anmerkungen", eben auf den Sturm auf die Engelsburg beziehen will, erwähnt er nachher: Set in ipsa paschali ebdomada fideles apostolici bello aggreditur (sc. Heinricus), in qua congressione 40 pene ex suis inter mortuos et vulneratos perdidit, nam reliqui fugerunt: ex parte autem domni papae nec unus cecidit (l. c.). Die Kämpfe um die Engelsburg erwähnen weiter Bonitho und Petrus von Monte Cassino (im Anschluß an die Sätze in n. 23): Ad cuius (sc. arcis sancti Angeli) obsidionem rex omnes Romanos armavit und: Eynricus imperator Romam cum exercitu venit et papam Gregorium .... cum diversis bellorum machinis oppugnare modis omnibus coepit. Ebenso handelt Guillermus Apuliensis, Gesta Roberti Wiscardi, Lib. IV, v. 536 ff., recht einläßlich hievon: so über Heinrich IV., daß er tormentis murorum moenia fregit et turres multas levitae diruit urbis, ferner: Jamque sibi fuerat pars subdita Transtiberina; Gregorius quadam fuerat conclusus in arce, quae munita satis, non expugnabilis illi esse videbatur miri structura laboris; hanc et munierat fidae custodia gentis (l. c.). Besonders wichtig aber sind hier die Mittheilungen der Vita Gregorii VII. (bei Watterich, l. c., I, 306 u. 307) des Petrus Pisanus, über die Kämpfe um die Engelsburg, wo der Papst cum paucis sich eingeschlossen hält, um das Capitol und die domus Corsorum, die Septem solia in quibus Rusticus nepos pontificis considebat. Vergl. Gregorovius, Geschichte der Stadt Rom im Mittelalter, IV (3. Aufl.), 226 ff., woneben Giesebrecht, III, 557, von Reumont, Geschichte der Stadt Rom, II, 380, noch einige weitere Einzelheiten bringen (wegen der Lage der Paläste der Frangipani, denen der in n. 37 zu erwähnende consul Cencius wohl angehörte, vergl. Gregorovius, l. c., 379, sowie schon Bd. I, S. 219, mit n. 38).

[86]) Bonitho läßt auf die Stelle in n. 13 gleich folgen: sicque civitatem intravit, ducens secum triformem Chimeram (d. h. Clemens III.), et ad Lateranense usque pervenit palacium, d. h. also nach der Kaiserkrönung (so ist wohl auch die zweite der in n. 9 aufgenommenen Stellen Bernold's auf diesen jedenfalls längeren abermaligen Aufenthalt im Lateran zu beziehen). Floto, l. c., II, 287 u. 288, gewährt hier der Geschichte Beno's, in der in n. 7 citirten Schrift, Lib. I, c. 5, von dem in der ecclesia sanctae Mariae in monte Aventino durch Hildebrand promissa pecunia gegen Heinrich IV. veranstalteten Anschlag (l. c., 371), die ähnlich in der Vita Heinrici IV. imperatoris, c. 7 (SS. XII, 276), wiederkehrt, Aufnahme in seine Darstellung (vergl. zu der Anzweifelung des „nicht übermäßig glaubwürdigen Histörchens" durch Jaffé, „Vorrede" zur Übersetzung der Vita in den „Geschichtschreibern der deutschen Vorzeit", 2. Aufl., IX, auch Schnitzer, Die Gesta Romanae ecclesiae des Cardinals Beno, 37 u. 38, 70 ff.).

[87]) St. 2855 — Anno Dei propitio pontificatus domini Clementis summi pontificis et universalis tertii pape primo et imperante domino Heinrico a

Heinrich's IV. fällt ohne Zweifel in diese gleichen Wochen. Der Kaiser erklärte nämlich, den Hauptkirchen von Rom, St. Peter und St. Paul, ferner dem Bisthum Porto allerlei Schaden zugefügt zu haben, und erstattete nunmehr alle diese in Frage kommenden, einzeln aufgezählten festen Plätze, Corcolle, Passerano, Porto, ferner Fiano und weitere Burgen, sowie andere Besitzungen in und außer der Stadt wieder an die Eigenthümer zurück. Dabei geht ausdrücklich aus der Begründung dieser Handlung hervor, daß Heinrich IV. in dringender Noth, da er sich nur durch Hülfe und Rath einiger hingebender Freunde, unter ihnen des äußerst getreuen Bischofs von Porto, habe aufrecht erhalten können, in weitgehender Weise, ungerecht, wie er reuevoll einräumt, auf jene Kirchengüter, auch die Gotteshäuser der Apostelfürsten, gegriffen hatte[33]). Die

---

Deo coronato summo imperatore anno primo imperii eius . . . . Actum civitate Romana apud Capitolium — bezieht sich auf die medietas Civitatis Vetule, auf die hierüber in ecclesia sancte Marie supra fluvium Pharpha posita zu Gunsten des Pharphense cenobium ausgefertigte Urkunde und die in dieser Sache ante presentiam imperatoris Heinrici bulus litis perlata disceptatio. Auf das signum des Grafen Sazo folgen diejenigen des judex sacri palatii, von drei judices (einer nennt sich judex domini imperatoris, von zwei urbis causidici; daran schließen sich die testes, jedenfalls vom römischen Adel, fünf an der Zahl, der erste ein Sarracinus; Schreiber der Urkunde war Gregorius sancte Romane ecclesie scriniarius atque judex. Auf Farfa bezieht sich auch St. 2856 (dort zu April-Mai eingereiht), eine ganz umfassende Bestätigung aller Güter und Rechte, die mit St. 2685 von 1065 — vergl. Bd. 1, S. 478, n. 162 —, einem viel kürzeren Stücke, nicht übereinstimmt, dagegen wenigstens in der Aufzählung der Vorurkunden langobardischer Könige und der karolingischen Herrscher mit St. 417, Otto's I., sich trifft und daneben der Urkunden Konrad's II. — St. 1926 — und Heinrich's III. — St. 2391 — gedenkt.

[33]) St. 2982 wird von Stumpf selbst innerhalb der Ansetzung zwischen den Jahren 1084 und 1097 genauer „wahrscheinlich zu April 1084" gestellt, und ebenso weist Sander, l. c., 148 n. 1, wo auch der nachher bei n. 56 näher zu erörternde Anfang des Fragmentes der Annal. Ratisbonens. major., a. 1084: . . . . ex his Romanos principes cum bello vincere non posset, sibi tandem fideles effecerat (sc. Heinrich IV.). Quas gazas dum Italia retribuere haud valeret ex suis propriis opibus (etc.) (SS. XIII, 48) herangezogen wird, die Urkunde gewiß richtig in die Monate April oder Mai des Jahres, wegen der Worte des Romanorum imperator et patricius: — dum adhuc regni et corone de statu incertus hinc inde anxius volutabar, pro quorundam amicorum nimia dilectione compulsus, quorum juvamine et consilio tunc temporis penitus sustentabar, principalibus ecclesiis, scilicet sancti Petri et Pauli beatorum et venerabilium apostolorum, et Portuensi episcopatui, cui fidelissimus noster Johannes Dei gratia serenissimus antistes (vergl. über diesen ob. S. 524) preest, quod bona pregrandia injuste et sine ratione temeraria fronte contra salutem animae traditorum consilio minime feliciter abstulissem, inde nimirum quia me in interiore animae continue suspirando, lachrimando, flando, dolendo anxium culpabilemque considero, pro spe saltem quandoque recuperandi veniam, tum etiam beatorum venerabilium apostolorum preciosissima continua praeinterventione ac etiam sincerissima praefidelitate summi et fidelis viri Joannis Portuensis serenissimi pontificis et supradictorum venerabilium locorum prepositi, eisdem capitalibus ecclesiis ea bona, quae supradicta necessitate compulsus subtraxeram, integre restitui cum omni diligentia curavimus: hier folgt die Aufzählung der Besitzungen (worunter, wenn der mehrfach zweifelhafte Abdruck bei Margarini, Bullarium Casinense, II, 113—114,

knappe Lage, in der sich der Kaiser also trotz seines Erfolges befand, geht aus dem Wortlaute dieser Verfügung hervor, wenn auch die Thatsache der Rückerstattung den Schluß zuzulassen scheint, daß das Schlimmste schon vorübergegangen war, als die Urkunde, wohl in den Wochen zunächst nach der Kaiserkrönung, ausgestellt wurde.

Doch nicht einmal volle zwei Monate nach jenem weihevollen Osterfeste trat ein gänzlicher Rückschlag gegen den Kaiser ein.

Herzog Robert hatte sich wohl schon seit Heinrich's IV. Rückzug aus Unteritalien sorgfältig gegen weitere ähnliche Gefährdung durch Rüstungen, die er traf, vorgesehen. Allerdings schien seine voraussichtliche Thätigkeit in gleicher Weise, wie für Italien, gegen die durch ihn so ernsthaft als Eroberungsziel in das Auge gefaßten östlichen Landschaften, über dem Meere, in Anspruch genommen werden zu können. Denn seitdem er im Beginne des Sommers 1082 nach Italien zurückzukehren sich gezwungen gesehen hatte, war eine äußerst ungünstige Wendung des Waffenglücks gegen die Normannen auf dem Boden des byzantinischen Reiches eingetreten. Boemund, der nach der Rückkehr des Vaters die Leitung des Heeres übernommen hatte, war zwar anfangs im Kampfe mit Kaiser Alexios im Wesentlichen noch von Glück begleitet gewesen, wenn er auch freilich die Belagerung von Larissa — so weit östlich, bis Thessalien, hatten sich die Normannen vorgewagt — aufgeben mußte. Aber jetzt begannen die byzantinischen Verlockungen unter

---

richtig liest, omnia castra quae Collinis sita sunt vor den alia infra urbem et extra aufgezählt werden), quae mihi videtur dedisse (wer? Bischof Johannes?), sine jure et licita praesumptione subtraxime . . . . . reddo, restituo (etc.). Diese urkundliche Erklärung ist also nicht eigentlich dem Bischof Johannes als solchem gegeben, sondern den Kirchen der Apostel und dem Bisthum Porto, und Johannes erscheint erstlich als Bischof von Porto, zweitens aber als prepositus eben jener Apostelkirchen, so daß anzunehmen ist, Johannes sei durch Heinrich IV. mit einer gewissen Verwaltung dieser Kirchengüter betraut worden, freilich zum Zwecke, daraus dem Unternehmen des Kaisers möglichst zu Hülfe zu kommen. Das ganze Stück, besonders auch die ausführliche Arenga: Omnium potestatum, regum, ducum, marchionum, comitum omniumque secularium rectorum jus esse legale animo fiduciali decernimus, ut si quando, quod saepe, maxime his temporibus, contingere solet, aliquis praedictorum rectorum sine animi diligenti praemeditatione inconsulte, inconsiderate, inordinate vel injuste aliquid fecerit, statim quantocius locus vel modus emendandi advenerit, liberam facultatem omnino emendandi habeant, quanto magis nostra imperialis auctoritas, quae omnimodam christianae religionis justitiam norma pietatis ubius praeponderat et exorditur, emendando, si quid male gestum fecit, digna satisfactione Deo reconciliando, augmentari et juxta omnem modum amplificari oportet, zeigt in der Häufung gleichartiger Begriffe, in der Wiederholung gleicher Worte so viel von der Eigenthümlichkeit des Dictators Adalbero C, der ja — vergl. in n. 10 — Heinrich IV. nach Rom begleitet hatte, daß man St. 2992 den von Gundlach aufgezählten Stücken des Dictators hinzufügen möchte.

dem Heere Boemund's, dem die Soldzahlungen ausblieben, zu wirken, und bis auf einen Verräter alle normannischen Ritter, die noch, während Boemund im Herbst 1083 nach der epeirotischen Küste zurückgeeilt war, in Kastoria, auf der Ostseite des Gebirges, die Besatzung gebildet hatten, zu Alexios über; daneben gefährdete eine venetianische Flotte, neben den griechischen Schiffen, seitdem Venedig durch große Handelsbegünstigungen für das byzantinische Reich als Bundesgenosse gewonnen war, die Verbindung mit Italien, und zugleich gingen überhaupt fast alle hier jenseits des Meeres eroberten Plätze für die Normannen wieder verloren. Als Boemund nun in diesem Frühjahr, zur Zeit als König Heinrich IV. seinen Zug nach Unteritalien durchführte, vor Herzog Robert in Salerno erschien, um dessen schleuniges hülfreiches Eingreifen herbeizuführen, schien die letzte Zeit herangerückt zu sein, wenn überhaupt noch etwas zur Rettung der noch übrigen auf byzantinischem Boden gemachten Eroberungen gethan werden sollte[79]).

Aber die nunmehr in Italien selbst von Robert gemachten Erfahrungen bestimmten diesen, seinen Blick jetzt nicht ostwärts über das Meer, sondern vielmehr endlich ohne längeres Säumen nach Rom hin zu lenken. Dazu kam, daß ein neuer dringlicher Hülferuf des Papstes ihm vollends die Aufforderung brachte, seine Waffen gegen den neugekrönten Kaiser zu tragen.

Gregor VII. bediente sich, um an den Herzog eine Botschaft gelangen zu lassen, dessen Vorrücken gegen Rom herbeizuführen, des Beistandes eines ausgezeichnet getreuen Anhängers, des Abtes Jerento des Klosters zu Dijon, der so sehr in seinem Gehorsam gegen den Papst über alle Gefahren sich hinwegsetzte, daß dieser ihn als seinen „Mitgefangenen" bezeichnete. Mit einigen Cardinälen begab sich der Abgesandte alsbald zu Robert, um seinen Auftrag auszurichten[80]). Darauf hin zeigte sich Robert sogleich bereit, in

---

[79]) Vergl. zuletzt ob. S. 449 u. 450. Ueber die hier nicht näher zu erörternden Ereignisse seit 1082, speciell die Ankunft Boemund's in Salerno, vergl. von Heinemann, Geschichte der Normannen in Unteritalien und Sicilien, I, 329—331. Zur Feststellung der Zeit der Anwesenheit Boemund's dürfte die Alexias Lib. V, c. 3, verglichen mit Lib. VI, c. 5, einen Fingerzeig enthalten, indem dort von Robert, gleich vor Erwähnung seiner Rüstung (vergl. n. 31) und seines Ausbruchs nach Rom, erzählt wird: *καὶ ὀψέως εἰς τὸ Σαλερνὸν ἐκεῖθεν* (sc. aus der *Λογγιβαρδία*, nach der viel zu spät angesetzten Ankunft von der epeirotischen Küste her: vergl. ob. S. 522 in n. 1) *παραγίνεται*, und an der zweiten Stelle, unter Bezugnahme hierauf, über Boemund noch weiter folgt: *ὁ Βαϊμοῦντος .... διαπεραιωθεὶς εἰς Λογγιβαρδίαν καὶ καταλαμβάνει τὸν ἴδιον πατέρα Ῥομπέρτον εἰς τὸ Σαλερηνόν, ὡς ὁ λόγος φθάσας ἐδήλωσε* (l. c., I, 162, 193).

[80]) Robert's Anrufung durch Gregor VII. berichten Hugo von Flavigny, l. c.: Gregorius in turre Crescentii muro clausus, legatos misit ad Robertum Apuliae ducem, qui tunc *forte* classe instructa mare transire parabat, ut veniret et obsidionem solveret. Erat tunc forte Romae abbas Divionensis domino papae per omnia fidelissimus .... Hunc ergo ad evocandum ducem cum quibusdam cardinalibus misit. Qui obedientiam non segniter exequuto principem adduxit (l. c., 462: Hugo nennt Jerento schon an verschiedenen

richtiger Erkenntniß der Sachlage, da eine dauernde Festsetzung der zum Kaiserthum erhöhten Gewalt des deutschen Königs am Tiber mit dem weiteren Wachsthum der normannischen Stellung in Unteritalien, wie er sie im Sinne hatte, sich nie vertragen haben würde, seiner Verpflichtungen gegen den päpstlichen Lehnsherrn eingedenk zu werden. Die wohl schon, auch zu anderweitiger möglicher Verwendung, begonnenen Rüstungen wurden schleunigst ergänzt, und der Herzog brachte ein Heer zusammen, das, nach dem Urtheil seiner eigenen Leute, jegliche frühere Waffenbereitschaft hinter sich zurückließ. Auf dreißigtausend Mann zu Fuß und sechstausend Reiter wurde es angeschlagen, und die Zusammensetzung wies neben den Normannen auch Abkömmlinge der unterworfenen Länder, aus der langobardischen, apulischen Bevölkerung, auf; ebenso ist bezeugt, daß, ohne Zweifel von Sicilien her, saracenische Krieger dem Zug sich beifügten. Schnell war die ganze geschlossene Masse zusammengebracht[81]).

Stellen, zuerst 418, dann 415 ff., wo von der Beförderung des bisherigen prior Casae Dei — St. Robert la chaise Dieu, Diöcese Clermont — zum Abt des cenobium antiquae nobilitatis Divionense, 1076 auf der Synode von Autun, die Rede ist), Wido von Ferrara an der in n. 23 erwähnten Stelle: Igitur cum multa fuisset a rege Heinrico perpessus (sc. Gregor VII.) . . . . Robertus dux a cardinalibus rogatus episcopis et Ildebrandi miseriam ingemiscens, Donizo, l. c., Lib. II, v. 224 u. 225: Sperans in Petrum, rogitat pugnare Robertum Normannum quendam (SS. XII, 384), dann in einem gegen Gregor VII. sehr gehässigen Tone Landulf, Hist. Mediolanens., Lib. III, c. 33: Interea Gregorius . . . . omni spe auri et argenti amissa, e quibus sancti Petri regias et cancellos et altaria decrustando nudaverat, qua secum Romanos tenuerat bellicantes, magis diligentes aurum quam apostolum Paulum, nec non locum in quo fugerat ipse nimia ac diuturna nocturnaque obsidione exire non posse, ad Robertum ducem Apuliae legatos, ut sibi quamcitius posset gente coadunata immensa et sancti Petri regalibus illi refutatis, subveniret, cautissime et secretissime misit (mit ebenso verächtlicher Erwähnung Robert's, der aus einem miles pauper zu seinem Gebiete injuste cum suis multis criminibus gelangt sei) (SS. VIII, 100), weiter kurz Bardo, l. c.: invitatus ab apostolico viro dux Apuliae et Calabriae Robertus Romam festinavit, Hugo von Fleury, l. c.: Gregorius . . . . misit legatum ad Robertum ducem Apuliae, ut veniret et obsidionem solveret (SS. IX, 392), auch Wilhelm von Malmesbury, l. c., Lib. III, c. 262: Quo (sc. das in Rom Geschehene) per litteras expulsi (sc. Hildebrandi) Guiscardus audito . . . Apuliam rediit, in unrichtiger Voraussetzung, Robert sei erst jetzt wieder nach Italien gekommen (SS. X, 473).

[81]) Robert's Rüstung schildern neben Landulf, l. c., in den Worten: gente coadunata immensa et Saracenis omnibus quos habere potuit, Wido, l. c.: Robertus dux . . . quasi pietatis intuitu collegit hostem equitum et peditum, congregavit exercitum quasi XXX milia bellatorum vorzüglich die süditalischen Geschichtsquellen, Gaufredus Malaterra, l. c., c. 37: omnibus accuratissime apparatis, equestri plurimo exercitu, sed et peditum copiis (l. c., 587), Lupus Protospatarius: collecta multitudine Normannorum, Longobardorum aliarumque gentium, Annal. Cavens.: venit Robertus dux cum ingenti exercitu, Guillermus Apuliensis, l. c., Lib. IV, v. 564—566: Numquam par huic (sc. duci) exercitus haesit; milia sex equitum, triginta milia Romam duxerat hic peditum, Petrus, Chron. monast. Casin., Lib. III, c. 53: immensum valde exercitum congregans (SS. V, 61, III, 190, IX, 290, VII, 741).

Allerdings war nun Kaiser Heinrich IV. nicht ungewarnt. Abt Desiderius erachtete es als seine Pflicht, Bericht von dem, was in Salerno geschah, nach Rom zu senden; wieder erwies sich hierin die eigenthümliche Zwischenstellung, in der sich Monte Cassino zwischen den in Unteritalien sich bekämpfenden Einwirkungen befand. Denn Desiderius benachrichtigte neben einander die beiden in Rom sich gegenüber stehenden Gegner, zu deren jedem er sich in Beziehung stehend wußte. Dem Papste wurde die bevorstehende Befreiung, dem Kaiser die heranrückende Gefahr angezeigt. Allein es ist sogar nicht ausgeschlossen, daß der Abt dabei im Auftrage des Herzogs selbst handelte, daß dieser von vorn herein es vorgezogen hätte, den Zusammenstoß mit Heinrich IV. in Rom zu vermeiden, und es dem Kaiser ermöglichen wollte, die Stadt vor Ankunft seines Heeres zu räumen. Denn nach einer anderweitigen Nachricht soll sogar Robert geradezu dem Kaiser den Entschluß, nach Rom aufzubrechen, verkündigt haben: er rücke heran zur Befreiung Gregor's VII., und Heinrich IV. solle von der Belagerung der Engelsburg ablassen oder des Kampfes gewärtig sein. Daß eine solche Botschaft eben durch die Vermittlung des Desiderius hatte geschehen können, läßt sich bestimmt annehmen[88]).

So blieb dem Kaiser keine andere Wahl, als Rom zu verlassen; denn der gewaltigen Uebermacht des normannischen Herzogs wäre er, zumal bei der doch keineswegs sicheren Gesinnung der Römer, niemals gewachsen gewesen. Indessen ist er wohl kaum, wie seine feindlichen Verkleinerer es ausstreuten, heimlich wie ein Flüchtling davon gegangen. Denn nach einer aus Rom selbst stammenden Nachricht sprach er zu den zusammenberufenen Römern, denen er seine Sache anvertraute und verkündigte, daß er wieder kommen werde. Außerdem wurden Vorbereitungen, ohne Zweifel für den

---

aber auch Wilhelm von Malmesbury, l. c.: contracta velociter Apulorum et Normannorum manu, ebenso die Alexias, Lib. V, c. 3: αὐτόθι (sc. zu Salerno) γοῦν ἐγκαρτερήσας ἱκανὰς συνελέγει δυνάμεις καὶ μισθοφορικὸν ἐξ ἀλλοδαπῶν ὅτι πλεῖστον (l. c., I, 162).

[88]) Dieses eigenthümliche Verhalten des Abtes Desiderius berichtet Petrus, an der in n. 31 erwähnten Stelle: Robbertus dux . . . . ob papae liberationem contra imperatorem ire disposuit. Quod ubi Desiderio nuntiatum est, nuntium Romae ilico destinavit, qui et papae liberationem et imperatori adventum ducis nuntiaret. Dazu kommt die Nachricht Wido's von Ferrara, in dem zuletzt in n. 31 erwähnten Zusammenhang: Deinde venturus Romam bellum et pugnae tempus Heinrico regi denunciavit per nuntios (sc. Robertus dux), se ad Ildebrandi liberationem intendere, illi vero aut ab obsidione cessandum aut pugnandum fore. Man darf wohl ohne Zweifel beide Angaben mit einander verbinden, wie schon Hirsch, in der Abhandlung über Desiderius, l. c., 67, that. Allgemein, ohne Andeutung über die Ausgangsstelle der Nachricht, sagt die in n. 25 erwähnte Vita Gregorii VII.: Cui (sc. dem Kaiser) nuncius venit, si non de obsidione exurgeret, a Roberto Guiscardo duce Apuliae expulsus esset et de eius manibus nemo esset, qui liberare eum posset, quoniam praedictus dux fidelis et filius beati Petri erat et praefati pontificis (sc. Gregor's VII.), et dignum erat, ut filius patrem de tanta captione eriperet (l. c., 307).

Papst Clemens III., der den Kaiser in Rom vertreten sollte, für den nächsten Winter gemacht, zur Sammlung neuer Streitkräfte, und es scheint, daß neuerdings Gelder an die kaiserlich Gesinnten ausgetheilt wurden, um sie in der Treue gegenüber Heinrich IV. zu bestärken. Allerdings läßt daneben eine von normannischer Seite kommende Erzählung einfließen, der Kaiser habe den Römern trotz aller Versprechungen nicht völliges Vertrauen geschenkt. Aber auch das Heranrücken der warmen Jahreszeit konnte ohne Mühe als Grund der Entfernung angegeben werden, um so den Rückzug vor Robert nicht allzu stark hervortreten zu lassen, und es ist leicht möglich, daß wirklich die Römer durch das Erscheinen des Normannenheeres in der Mehrzahl überrascht wurden. Zuletzt weilte Heinrich IV. mit seinem Papste wieder in der Leostadt, und es kann sein, daß er da, um die Belagerung der Engelsburg, die ohne Zweifel auch nach dem Abzuge enge umschlossen bleiben sollte, zu erleichtern, bei St. Peter, zwischen der Kirche und Gregor's VII. Zufluchtsplatz, noch einige Zerstörung hatte eintreten lassen. Dann aber zog er ab. Es war am 21. Mai, als er und sein Papst Rom verließen[33]).

---

[33]) Heinrich's IV. Weggang von Rom begründet wohl am bestimmtesten Wido von Ferrara, in der unmittelbaren Fortsetzung der Erzählung von n. 32: Quibus auditis rex vehementer animo consternatus, vel quod imparatus esset ad proelium, vel quod impedimento temporis diutius morari non poterat — siquidem aestas erat —, statuit ab obsidione desistere et novum exercitum omniaque hosti necessaria ad hiemem proximam reparare, quod alii metu pugnae, alii formidine temporis accidisse putarunt (mit diesen Vorbereitungen, von denen Wido keineswegs sagt, der Kaiser habe sie für sein eigenes Wiedererscheinen in Rom gemacht — sie gelten der Förderung des den Kaiser vertretenden Papstes Clemens III. —, mag man auch jene in n. 28 stehenden Worte ganz am Anfang des Fragmentes der Annal. Ratisbonens. major. vergleichen). Quo ab obsidione regresso (etc.). Im Zusammenhang von n. 31 fügt Gaufredus Malaterra in die in n. 37 zu besprechende Erzählung ein: ipse imperator jamdudum multa ex parte exercitum suum a se dimiserat, et cum minori militia quam accesserat, Romae nil tale suspicatus morabatur, dumque hostes advenire praesentiit, suis viribus minus sufficiens et Romanorum fraudem, quamvis indeficientes illi adesse promitterent, pertimescens, cum maximo dolore animi cedens, Urbe digressus jam ante triduum (d. h. ehe Robert anrückte: vergl. n. 37) recesserat. Die in n. 32 benutzte Vita Gregorii VII. läßt den Kaiser in directer Rede an die Romani omnes sprechen, daß er seine kaiserliche Krone ihnen anvertraue, quoniam mihi operae pretium est, Longobardiae vertere iter, nebst der Verheißung, wiederzukommen, wozu der Verfasser setzt: ad hanc civitatem ultra non est reversus. In vollem Widerspruch hiemit bezeichnet Bonitho Heinrich IV. als dissimulans, fortissimi ducis Roberti se scire adventum —: dann heißt es weiter: Capitolina domo destructa (ist da von der domus Corsorum, von n. 25, die Rede?), ad ecclesiam sancti Petri cum Guiberto veniens civitatem sancti Petri, quam Leo quartus papa edificaverat, funditus destruxit (gewiß wesentliche Uebertreibung), sicque valefaciens Romanis, una cum Guiberto recessit (l. c., 679 u. 680). Petrus von Monte Cassino knüpft an die Stelle von n. 32: Tunc imperator Urbe egrediens, ob id scilicet quia sine militum praesidio erat, Bardo (l. c.) an die von n. 30: ante cuius (sc. Roberti) adventum Heinricus, urbe relicta, fugit, Donizo in v. 228 ff. an die von n. 30: qui (sc. Robert) regem depulit extra Urbem, qui veluti per stratam dammula fugit Francigenam (d. h. die Via Emilia), montes

Heinrich IV. scheint zuerst die Absicht gehabt zu haben, auf der alten flaminischen Straße zunächst nordwärts zu ziehen, und so erreichte er die nicht allzu weit westlich vom Tiber liegende Stadt Civita Castellana. Aber andere Erwägungen müssen für die Wahl einer anderen, näher dem Meere liegenden Straße gesprochen haben, und so ist schon zum 23. Mai Sutri, westlich von Civita Castellana, als Aufenthalt des Kaisers genannt. Doch jetzt ging der Marsch rasch nordwärts, so daß am 24. schon Borgo San Valentino, nördlich über Viterbo hinaus, erreicht war: denn hier saß der Kaiser zu Gericht, und Abt Berard von Farfa wurde, nach Wortlaut der früheren urkundlichen Erwähnung durch Kaiser Otto I., mit der dortigen Kirche investirt. Clemens III. dagegen war in der Nähe Rom's geblieben[84]).

Den Eindruck, den dieser Abzug des Kaisers aus Rom bei den Anhängern Gregor's VII. hervorgerufen haben muß, spiegelt am deutlichsten ein allen Deutschen bestimmter Brief der Gräfin

---

ultra rediens malus ospes. Papa suus Clemens Romanis premia prebens; Romoaldi archiep. Salernitani Annal. hat: Imperator adventum eius (sc. Robert's) audiens, timore coactus fugam iniit (SS. XIX, 410). Hugo von Flavigny, Lib. II, bietet anderswo nicht gegebene Nachrichten: Rex hoste adventante, fugae praesidium requirens, sigillum domni papae, quem furto subripuerat, secum tulit (vergl. in dem bei n. 35 erwähnten Briefe), et Portuensem, quia olim familiaris papae fuerat (vergl. ob. in n. 12), sibi conciliatum secum duxit. Witbertus vero et ipse aufugit (l. c., 462 u. 467). Bernold sagt kurz: fugato Heinrico . . . Heinricus autem Ruoberto resistere non valens, ad partes Teutonicorum satis festinato revertitur (440, 441). Die Vita Heinrici IV. imper., c. 7, zieht in der schon ob. S. 495 in n. 34 eingerückten Aussage die zu 1083 gehörende Besetzung des Palatinus ganz unpassend herein und verwischt so ganz die Zwangslage, in der der Kaiser war, übrigens ähnlich, wie dieser selbst in seinen Worten im ob. in n. 4 zuerst citirten Briefe: Ilis ita factis (sc. das am 24. und 31. März Geschehene) benedictione Dei et sancti Petri omnium gaudio a Roma recessimus. Den Tag des Weggangs des Kaisers aus Rom bringt die ob. S. 527 in n. 9 stehende Angabe der Annal. Cavens.

[84]) Petrus von Monte Cassino läßt, l. c., den Kaiser zuerst ganz nördlich ziehen: Civitatem Castellanam (nahe dem alten Falerii) ingressus est. Nach St. 2857 und 2857 a (St. 2989 ist an diese Stelle zu setzen) war er am 23. Mai in Sutri, nach St. 2858 am 24. intus Burgum sancti Valentini (vergl. die schon ob. S. 408 in n. 105 citirte Stelle der Histor. Farfens., wo die dort erwähnte Investitur Berard's mit der dortigen Kirche — cum Heinricus imperator in burgo sancti Valentini maneret — ganz in Uebereinstimmung mit St. 2858 die 24. mensis Maji angesetzt wird: vergl. St. 417, das imperatoris preceptum majoris Ottonis, wo die aecclesia sancti Valentini in Burgo unter vielen anderen Besitzungen Farfa's erwähnt steht). Mit Kilian, Itinerar Kaiser Heinrichs IV., 101, ist die so bestimmte Angabe des Petrus wohl als glaubwürdig anzunehmen, obschon der Weg über Civita Castellana einen Umweg darstellt; die „unbekannten Gründe", um deren willen Heinrich IV. westwärts abbog, sind vielleicht in der Rüstung der Gräfin Mathilde zu suchen, die nicht sehr lange nachher — vergl. bei n. 47 — einen so starken Schlag, allerdings nördlich vom Apennin, auszuüben vermochte, die aber doch vielleicht schon jetzt den Kaiser veranlaßte, nicht am Tiber aufwärts zu ziehen, sondern näher der Küste einen westlicheren Uebergang über den Apennin zu suchen. Ueber Wibert's nächstes Verbleiben vergl. bei n. 37.

Mathilde ab. Zuerst will sie die Empfänger des Schreibens davor bewahren, daß sie sich etwa durch falsche Berichte irre führen ließen. Heinrich, „der falsche König“, hat Gregor's VII. Sigill von Rom mitgenommen; sollten also Briefe, die mit diesem versehen wären, ausgehen, um die Deutschen zu täuschen, so sollen sie solchen Lügen keinen Glauben beimessen. Ebenso wenig sollen sie dem Bischof Johannes von Porto, dem früheren Vertrauten Gregor's VII., glauben, wenn vielleicht der Kaiser sich seiner, weil er ihn von Rom mitnahm, zu dem Zwecke, etwas durch ihn ausrichten zu lassen, bedienen würde. So bald jemand Anderes meldet, als die Gräfin sich äußert, sollen die Deutschen niemals da Glauben schenken. Schon kann auch Mathilde mittheilen, daß Sutri und Nepi wieder in Gregor's VII. Besitz zurückgelangt seien. Dann schließt sie: „Barrabas der Straßenräuber, das ist der Papst Heinrich's, ist selbst auch entflohen. Lebet wohl, und wegen der Nachstellungen Heinrich's seid auf der Hut“ [85]).

Der Kaiser war noch nicht einmal bis Siena gekommen, als Herzog Robert vor Rom erschien [86]).

Das entsetzliche Schicksal, das der Stadt Rom durch den von Gregor VII. herangerufenen normannischen Befreier zu Theil wurde, hat einen tiefen Eindruck in weiten Kreisen hervorgerufen, und die Folgen der Mißhandlung der Römer sind noch lange der Gegenstand lauter Klage geblieben.

Nach dem als die glaubwürdigste Erzählung anzunehmenden Berichte war Herzog Robert bei der Annäherung an Rom — es muß am 24. Mai gewesen sein — vorsichtig, da er die Stadt noch von Heinrich IV. besetzt glaubte, vorgegangen. Unter Voraussendung einer auserlesenen Abtheilung von tausend Reitern seines Heeres ließ er den einen Theil von dreitausend Mann zu Fuß folgen und kam selbst, mit dem Reste der Fußtruppen, allen schwächeren Bestandtheilen seiner Rüstung, behutsam nach. Denn er erwartete bestimmt, daß der Kaiser mit den ihm folgenden römischen Truppen ihm entgegentreten werde, und erfuhr erst vor der Stadt, daß er falsch berichtet worden, daß Heinrich IV. schon

85) Die jubelnde Nachricht der Mathildis Dei gratia si quid est an die omnes in Theutonicorum regno commorantes ist von Hugo von Flavigny, Chron., Lib. II (l. c., 463), aufgenommen; nach den Angaben über Sutri und Nepi ist der Brief jedenfalls gleich nach den Vorgängen geschrieben worden. Auch Donizo, l. c., Lib. II, c. 2, v. 296 u. 297, nimmt: Ultramontanis ac principibus sibi caris errores regis scribit vitare rebellis (sc. Mathilde) (l. c., 385), wie Overmann, Gräfin Mathilde von Tuscien, 151, muthmaßt, eben auf dieses Schreiben Bezug.

86) Bonitho sagt: Set antequam ad Senam venisset (sc. Heinrich IV.), fortissimus dux Ruodbertus, Romam aggressus .... perfidam civitatem armis cepit (l. c., 680), und Wido legt gleichfalls nach den in n. 83 stehenden Worten Robert's Ankunft vor Rom in die Zeit der Anwesenheit Heinrich's IV. in partibus Tusciae.

vor drei Tagen abgezogen sei. So konnte jetzt Robert, ohne eine Störung befürchten zu müssen, vor den Mauern Rom's sich ausbreiten und auf den Angriff sich einrichten. Er war auf der alten Via Tusculana, von Südosten, herangerückt und schlug so zunächst vor dem Thore, auf welches diese Straße mündet — also vor der alten Porta Asinaria — sein Lager bei einer Wasserleitung auf. Drei Tage weilte er hier und suchte überall den Stand der Dinge in der Stadt genau zu erspähen. Da fand er, daß an der Porta San Lorenzo, auf der Ostseite der Stadt, die Bewachung der Mauern nachlässiger bestellt sei. Zugleich war die größte Abtheilung des Heeres auf die Nordseite, an den Ponte Molle, geschickt worden, sicherlich um einerseits Rom von jeder Verbindung mit dem nach Tuscien abgegangenen Kaiser abzuschließen, anderentheils damit die Aufmerksamkeit der Römer nach dieser Richtung abgezogen werde; diese hier am Tiber aufgestellten Truppen sollten warten, bis der Augenblick herankam, wo die verschiedenen Angriffe unter einander verknüpft werden könnten. Unter Benutzung des Zwielichtes der Morgendämmerung führte nun am 28. Mai, einem Dienstag, der Herzog selbst eine Abtheilung mit Sturmleitern an die Mauer bei Porta San Lorenzo, und nach Uebersteigung derselben wurden die Thorflügel von innen mit Gewalt aufgerissen, die vor der Mauer harrenden dreizehnhundert Mann hereingelassen: um die dritte Stunde war so das Innere der Stadt von den Normannen betreten worden. Rasch wurde jetzt nordwärts an der Mauer hin durch die Gassen vorgedrungen; die Porta Pinciana auf der Höhe, die Porta Flaminia zunächst am Tiber wurden, dadurch daß die zu Gregor VII. haltenden Römer im Einverständniß mit den Normannen rasch eingriffen und ihrerseits die Thore aufbrechen halfen, gleichfalls gewaltsam aufgeschlossen, und so ergoß sich auch das Hauptheer von der milvischen Brücke her alsbald in die nördlichen Theile der Stadt. Von zwei Seiten erschallte nun das entsetzliche Kriegsgeschrei „Guiscard“, das die Römer in Schrecken warf, und sogleich eilten die Eingedrungenen zur Engelsburg hin, um den gefangenen Papst herauszuführen. Gregor VII. wurde in ehrenvollster Weise von Robert und dem ganzen Heere unter Darbringung der Zeichen vollster Unterwürfigkeit zum Lateran begleitet, wo sich die ganze Masse der Befreier dem „höchsten Schatz“, den sie in der Person des Papstes in Rom gewonnen zu haben bezeugten, zu Füßen warfen. Allein die Römer erholten sich von ihrer anfänglichen Einschüchterung, jedenfalls zur Verzweiflung gebracht durch die Plünderungen und anderen Gewaltthaten, welche die Eroberer sicher alsbald auf ihre fromme Unterwürfigkeitserklärung folgen ließen. Freilich scheint erst am dritten Tage nach der Betretung der Stadt der Sturm durch die Straßen, gegen die Normannen, begonnen zu haben. Diese wurden durch den plötzlichen Angriff und das Kampfgeschrei augenscheinlich überrascht. Nach dem aus ihrer eigenen Mitte stammenden Berichte geschah der Anprall, während sie sich unbesorgt dem Genusse hingaben; aber sogleich erhoben sie sich von den Tischen, griffen zu den Waffen, fanden jedoch eine heftige Gegenwehr, und obschon Roger mit tausend berittenen Kämpfern auf das schleunigste von außen her in die Stadt einrückte, wollte sich der Kampf nicht zu Gunsten des Herzogs wenden. Da rief dieser, wie es hieß, auf den Rath eines gregorianisch gesinnten Römers, des Consuls Cencius, als Befehl aus, Feuer in die Häuser zu werfen, so daß jetzt mit Schwert und Flamme zugleich auf die Römer eingewirkt werden konnte. So wandten sich die bis dahin tapfer Kämpfenden zur Flucht, und der Herzog, der auf die letzten Reihen der aufgelösten Schaaren einhauen ließ, jagte sie bis zum Tiber, während die Feuersbrunst, vom Sturm angefacht, immer größeren Umfang gewann. Zwei weit aus einander liegende Stadttheile, der eine, wo die Straßenschlacht besonders gewüthet haben muß, nordwärts näher am Tiber, der andere, wo das Feuer absichtlich gelegt zu sein schien, im Südosten gegen den Lateran hinaus, werden als zerstört genannt, so daß man sich einen Begriff vom Umfang der ganzen durch einen Bericht auf drei Theile der Stadt angeschlagenen Verwüstung machen kann. Daneben jedoch gingen noch weitere wüste Unthaten der von ihrem schließlichen Siege trunkenen Horden. Ausdrücklich wird eingeräumt, daß mit der Tödtung von Bürgern, der Plünderung, der Verwüstung von Kirchen die ärgsten Ausschreitungen außerdem sich verbanden. Der Anordnung des Herzogs selbst wurde zugeschrieben, daß Frauen und Mädchen, darunter die Töchter vornehmer römischer Herren, aber auch Gott geweihte Jungfrauen, gewaltsam entehrt, geschändet, mit auf dem Rücken gefesselten Händen in die Zelte des Lagers geschleppt wurden; viele Tausende gefangener Einwohner der Stadt sollen verkauft, andere Gefangene bis nach Calabrien geführt worden sein, und bei allen diesen Mißhandlungen und Ausschreitungen war keine Unterscheidung Schuldiger und Unschuldiger gemacht, also auch den Anhängern des Papstes nicht Schonung gewährt worden. Der Herzog hatte mit Gregor VII. während seines Aufenthaltes in Rom seinen Sitz im Lateran; aber er begnügte sich nicht damit, die Stadt selbst mit allen Mitteln des Schreckens seinen Waffen unterworfen zu haben. Nachdem Geiseln der Römer — zur Sicherung bei der Abwesenheit — in die Engelsburg gelegt worden waren, brachen Herzog und Papst gemeinsam in die Umgebung von Rom auf und bemächtigten sich der meisten Burgen und Städte in der Nähe der Stadt, die vorher von der Herrschaft Gregor's VII. abgerissen worden waren, so, wie schon erwähnt, der Plätze Sutri und Nepi. Dagegen mißlang ein Versuch gegen Tivoli, wohin sich Clemens III. zurückgezogen hatte. Umsonst lagerte sich Robert vor diesem festen Zufluchtsorte des kaiserlichen Papstes, bemühte er sich, durch Tödtung von Menschen, Brandstiftung, Umschlagen von Bäumen, Verwüstung der Ernten Schrecken zu erregen: die Stadt, die auf ihre starke Besatzung vertraute, ließ sich nicht nehmen. Ebenso mißlangen die Bemühungen, die Robert machte, in Rom eine Annäherung gegenüber den so schwer getroffenen Einwohnern wieder zu finden. Es scheint, daß der Herzog selbst nachträglich das Geschehene, so weit möglich, rückgängig machen wollte, daß er Ersatz für den Schaden in Aussicht zu stellen gedachte; aber er begegnete in der Stadt, der er so Entsetzliches hatte zufügen lassen, nur einer von Haß und Abweisung erfüllten Stimmung, und unter den gleichen Aeußerungen weitgehendster Abneigung stand, wie das nicht anders sein konnte, bei seinen Römern auch der Papst, der eines solchen Bundesgenossen zu seiner Befreiung sich bedient hatte. Mehr als hunderttausend Goldstücke es vermocht hätten — so sagt eine Stimme, die von diesen Dingen nachher handelte —, hatte diese erniedrigende Behandlung die Römer von Gregor VII. abgewandt und zu dem Kaiser hinüber geführt[87]).

[87]) Die so große Verheerungen herbeiführende Anwesenheit Robert's in Rom ist von zahlreichen Berichten, die hier nur nach einigen Richtungen, besonders so weit sie von einander abweichen, zu erörtern sind, behandelt worden. Dem einläßlichsten und — trotz Giesebrecht's Anzweifelung, III, 1178, in den „Anmerkungen" — gewiß glaubwürdigsten Bericht, dem z. B. auch Hirsch, in der Abhandlung über Desiderius, l. c., 87, n. 2, und von Heinemann, l. c., 326 u. 327, 400 u. 401, wie schon früher Stenzel, Geschichte Deutschlands unter den Fränkischen Kaisern, I, 487—489, und A. Schwartz, Die Feldzüge Robert Guiscard's gegen das byzantinische Reich nach den Quellen dargestellt, (Programm des kurfürstlichen Gymnasiums zu Fulda, 1854), 31, den Vorzug geben, bietet Gaufredus Malaterra, l. c., c. 37 (l. c., 587 u. 588): ganz genaue örtliche, zeitliche Angaben — diese bringt übrigens von Heinemann, 326, theilweise nicht richtig, wenn er ante portam qua via Tusculana porrigitur juxta aquaeductus mit „auf der Straße, die nach Tivoli führt, am Thore San Lorenzo" ausdrückt (Wido von Ferrara, l. c., stimmt ausgezeichnet zu Gaufredus: Robertus . . . castra metatus foris muros urbis prope Lateranense palatium in loco qui dicitur ad Arcus) —, Ausführungen über den Zusammenhang der ganzen kriegerischen Unternehmung lassen schließen, daß die Darstellung auf Berichten unmittelbarer Theilnehmer am Kriegszuge beruht. So ist dieselbe der im Texte gegebenen Schilderung hier zu Grunde gelegt. Denn wenn Gaufredus neben der Ersteigung der Mauern bei der porta quae sancti Laurentii dicitur weiter den pons in quo suus (sc. Robert's) exercitus praestolabatur und eine porta fracta nennt, so ist das eben der zweite Angriff von der Nordseite (Ponte Molle) her, an den sich die Aufsprengung — quibusdam Romanorum portam reserantibus — der durch Wido von Ferrara, l. c., erwähnten porta Pinciana und der von der in n. 25 citirten Vita Gregorii VII. (l. c.) genannten porta Flaminia, wo der aditus Robert's gewesen sei, anschloß. Eben diese umständlichen, über einen größeren Raum sich ausdehnenden Vorbereitungen lassen Gaufredus' Angabe: triduo commoratus (sc. Robert) als ganz zutreffend erscheinen; wenn dagegen Wido gleich sequenti die, nach der Ankunft, den richtig von ihm als latenter vollzogen bezeichneten Eintritt in Rom geschehen läßt — ebenso Bonitho, l. c.: sequenti die, qua venit, per fidiam civitatem armis cepit —, so ertheilt Giesebrecht mit Unrecht diesen Angaben den Vorzug. Die genaue Zeitangabe enthält die gleichzeitige griechische Note einer Handschrift von Grotta Ferrata (Montfaucon, Diarium Italicum, 336, wiederholt Watterich, l. c., I, 293, n. 1): . . . . *Μαΐου μηνὸς κθ. ἡμέρᾳ γ.* (vielmehr fiel der Dienstag auf den 29. Mai) *ὥρᾳ γ. ἐσέβη ὁ Δοὺξ εἰς τὴν Ῥώμην καὶ ἐπόρθησεν αὐτήν*, wogegen die Tagesangabe in der ebendort von Watterich mitgetheilten Eintragung der Riccardianischen Handschriften des Cencius Camerarius richtiger lautet: Normanni intraverunt Romam mense Madii die XXVIII. Unter den gregorianisch gesinnten Römern, deren Antheil

So verließ der Herzog mit seinem Heere, von Verwünschungen verfolgt, Rom, und der Papst, der ohne den Schutz der normanni-

---

am Gelingen Robert's neben Wido auch die Annal. Benevent., Cod. 1: fraude Romanorum, Cod. 3: Robertus . . . in Roma fraude aliquantorum civium ingressus (l. c.), sowie Guillermus Apuliensis, l. c., v. 553 u. 554: auxiliantibus ipsi (Roberto) paucis Gregorii fautoribus, Annal. Cavens.: tradita est ei (sc. Robert) Roma a quibusdam Romanis (l. c.), von deutschen Autoren Norbert, Vita Bennonis ep. Osnabrug., c. 28: civitate tradita proditione civium (SS. XII, 77) hervorheben, nennt Petrus von Monte Cassino, l. c., einen Einzelnen: ex consilio Cencii Romanorum consulis ignem in Urbem immisit (vergl. über diesen ob. S. 543, mit n. 25). In einem Punkte aber verschweigt Gaufredus jedenfalls Zwischenereignisse, wenn er nach dem Satze über das öffentliche ehrenvolle Geleite des plurimus thesaurus, Gregor's VII. (Wido, l. c., sagt: Robertus . . . . tecte Castellum adiit, quod alio nomine Turris Crescentii vocatur, indeque Ildebrandum educens — etc.) gleich fortfährt: Porro Romani viribus resumptis, conspiratione invicem facta, tertia die post congregati, per medias plateas Urbis impetu facto super nostros irruere conantur, als wenn dieser Rückschlag durch die Römer ohne alle Ursache eingetreten und dazwischen — bis zu drei Tagen — nichts geschehen wäre (in der Geschichte der Flucht der Römer vor Robert: Dux fugientes . . . usque ad pontem persequitur fragt es sich, ob hier pons wieder der Ponte Molle ist, oder nicht eher, auch wegen der Lage der als vom Brande vernichtet erwähnten Kirchen, eine der Tiberbrücken bei der Stadt selbst). Als zerstört nennt die Vita Gregorii VII. die tota regio illa, in qua ecclesiae sancti Silvestri et sancti Laurentii in Lucina sitae sunt (d. h. also im nördlichen an den Tiber — zwischen Porta del Popolo und Engelsburg — angrenzenden Stadttheil), was auch wieder zur Flucht gegen die älische Brücke hin stimmen würde (dagegen ist nicht mit Giesebrecht, l. c., die derartige Niederbrennung von Kirchen dieses Stadttheils zur Bestimmung des Einbruchsthors heranzuziehen, da ja nach Gaufredus drei Tage zwischen beiden Begebenheiten lagen: — ganz unbrauchbar ist, was Petrus von Monte Cassino, allerdings mit einer ausdrücklichen Localangabe, berichtet: Robbertus dux Romae cum exercitu ad ecclesiam sanctorum Quattuor Coronatorum — diese liegt, was zur weiteren Nachricht der Vita Gregorii VII.: regiones illas circa Lateranum et Coloseum positas igne comburere gut stimmt, im südöstlichen Stadttheil zwischen Colosseum und Lateran, nicht da, wo Giesebrecht sie ansetzt — intempestae noctis silentio dum advenisset . . . ignem in Urbem immisit, worauf erst, während die Römer, erschrocken, mit Löschen beschäftigt gewesen seien, Robert — confestim cum exercitu ad arcem sancti Angeli properans pontificemque inde abstrahens — Gregor VII. befreit habe, eine Anordnung, die Giesebrecht, 561, annimmt, während er sie, 1174, mit Recht als „verworren" bezeichnet). Wido läßt die maxima urbis pars, ebenso Annal. Benevent., Cod. 3 (wo es überhaupt heißt: Robertus . . . . Romanis maximam injuriam intulit), Bonitho fere omnes Romane civitatis regiones (sc. victor ferro flammaque possedit), Bernold major pars (sc. urbis rebellis), Romuald von Salerno, Annal., sogar Alles a palatio Laterani usque castellum sancti Angeli (l. c., 411) vom Feuer vernichtet sein, Landulf, l. c. (der in den Worten: Romanis sese ac filios ac uxores minime tuentibus, Rufini et Albini — sc. auri et argenti — reliquiis deficientibus recht verächtlich von dem Widerstand der Römer redet), in den Worten: tribus civitatis partibus multisque palatiis regum Romanorum adustis, Guillermus Apuliensis, v. 554 u. 555, allerdings viel weniger: quibusdam aedibus exustis die Zerstörung entstehen. Die Tödtungen, Mißhandlungen, den öffentlichen Verkauf und die Wegschleppung von Gefangenen erwähnen die meisten dieser Erzählungen, so besonders eingehend Wido, die Vita Gregorii VII. mit Bedauern: quod injuriosum est nunciare, Bonitho dagegen, der die Verschleppung usque Calabriam hervorhebt, mit lauter Zustimmung: Rualbertus . . . vendidit ut Judeos . . . Et tali pena digni erant multari, qui ad similitudinem Judeorum pastorem

schen Waffen in Rom nicht zu bleiben vermochte, mußte sich den abziehenden Schaaren anschließen. Die einzige Rettung, die für

---

suum (sc. Gregor VII.) tradiderunt, dagegen Hugo von Flavigny in Ausmalung der multa mala: nobilium Romanorum filias stuprando et nocentes pariter innocentesque pari poena affligendo, nullumque modum, uti victoribus mos est, in rapina, crudelitate, direptione habendo, und ebenso Landulf, l. c.: gens diversa de Deo ignara, sceleribus ac homicidiis edocta, adulteriis variisque fornicationibus assuefacta, omnibus criminibus, quae ferro et igne talibus agi solet negotiis, sese furialiter immerserat; quin etiam virgines sacratas corrumpentes miserorumque Romanorum uxores incestantes, ac anulos eius earum digitulis detruncabant .... filiis male crismatis filiabusque pejus consecratis. Was Gregor's VII. Hinüberführung nach dem Lateran betrifft, so knüpft die hier angenommene Erzählung des Gaufredus diesen Vorgang eben gleich an Robert's ersten Einbruch in Rom an: directo impetu usque ad turrim Crescentii percurrens papam eripit (sc. dux), eductumque ... palatio Lateranensi restituit (nachher, nach Erwähnung der Zerstörung durch Brand: nostri victores apud Lateranum revertuntur), während Wido in diesem Zusammenhang den Lateran gar nicht nennt und von Robert sagt: inde (sc. von der Engelsburg, allerdings auch gleich nach dem Einbruch: vergl. ob.) ... Ildebrandum educens ad castra perduxit; Bonitho besonders betont von Robert: apud Lateranense palacium per multos dies degens, und den Lateran heben Hugo von Flavigny: Gregorius ... ad Lateranense palatium cum gloria reducitur, dann die Vita Gregorii VII.: Robertus ... ivit ad castrum sancti Angeli (resp. erst nach Erwähnung der Zerstörung von Quartieren der Stadt), domnum papam de eo abstraxit secumque Lateranum deduxit, besonders aber auch Bardo, l. c.: urbem .. una die manu armata dux fidenter expugnavit domnumque papam de angustia turris in latitudinem sacri palatii Lateranensis cum magno triumpho et gloria reduxit (d. h. also am Tage der Einnahme, alsbald) ... peractis ibi aliquot diebus — hervor. Von deutschen Quellen ist Bernold allein vertreten: Ruobertus Wiscardus dux Nordmannorum in servicium sancti Petri post Kal. Maji Romam armata manu invasit, fugatoque Heinrico totam urbem Gregorio papae rebellem penitus expoliavit et majorem eius partem igni consumpsit, eo quod Romani quendam eius militem vulneraverint (Giesebrecht, 561, legt auf diese Nachricht ein viel zu großes Gewicht). Deinde acceptis obsidibus a Romanis et in castello sancti Angeli, quod domum Theoderici dicunt, reservatis, ipse ad recuperandam terram sancti Petri cum papa Gregorio de Roma exercitum promovit, iterum Romam in festivitate sancti Petri reversurus. In brevi autem plurima castella et civitates domno papae recuperavit (440 u. 441). Dagegen zogen Paul von Bernried und Rangerius, jener gänzlich, in c. 108 (an der in n. 12 bemerkten Stelle), dieser, v. 6296 ff., in den Versen: Guiscardus ... advolat et Romam vincit et igne domat; educit papam feliciter .. atque ministrat ei promptus honorifice (dann folgt, v. 6300 ff., eine lange Lobpreisung des Herzogs), es vor, fast völlig von diesen normannischen Ausschreitungen zu schweigen. Anna Komnena streift in der Alexias, Lib. V, c. 3 (gegen Ende), doch mit den sonderbarsten Verschiebungen (z. B., daß Robert Heinrich IV., aber nicht in Rom, besiegt, seines Lagers, großer Beute sich bemächtigt habe, hierauf nach Rom zurückgekehrt sei, wo er den Papst ἐπὶ τοῦ ἰδίου θρόνου befestigte, ohne ein Wort der Erwähnung dessen, daß Gregor VII. Rom verließ), diese Ereignisse, indem sie nachmals die am Schlusse der längeren, ob. S. 522 in n. 1 eingerückten Stelle erwähnte Thatsache, den durch den dux beabsichtigten Kriegszug in die Λογγιβαρδία, heranzieht (l. c., 162 u. 163). — Vom weiteren Verlauf der Anwesenheit Robert's in und um Rom spricht Gaufredus, l. c., wohl zu optimistisch, wenn er von den Römern anführt: consilio inter se prudentiores Urbis habito, eligunt sanius apostolico suo confoederando reconciliari, quam diutius in incepta ineptia persistendo hostili gladio, nullo quaestu ventilari. Sicque pace expedita allocutum ac-

ihm sich darbot, war innerhalb der Rüstung des Lehnsfürsten, den zu der Höhe seiner Erfolge emporgehoben zu haben Gregor VII. schon mehrfach als eine peinliche Einengung erfahren hatte, lange ehe ihm jetzt als die letzte Wahl übrig war, sich von Robert hinweg führen zu lassen[58]).

---

cedentes pluribus circumventionibus de excusatione fraudis usi, tandem venia impetrata reconciliantur. Sacramentis pro libito papae et ducis obligati foederantur. Nostris recedentibus Urbs a calamitate hostili absolvitur; denn damit sind die unbefriedigenden Verhältnisse, unter denen Gregor VII. von Rom schied (vergl. n. 38), verschleiert. Dagegen ist das durch Bernold Mitgetheilte wohl möglich — zu den wieder gewonnenen castella et civitates zählen die von der Gräfin Mathilde (vergl. bei n. 35) genannten Orte —, und nur seine Zeitbestimmung, die auf den 29. Juni sich beziehen müßte, als zu spät liegend, kaum anzunehmen (vgl. auch die unrichtige vage Angabe über Robert's Ankunft in Rom). Ueber die Ursachen von Gregor's VII. Weggang mit Robert hat sicher Wido von Ferrara das Richtige: Quibus ludibriis (sc. das Treiben der Normannen) populus Romanus offensus, conflavit in Ildebrandum inexorabile odium, et totum sui animi in regem Heinricum transfudit affectum, tantoque dilectionis vinculo sibi obstrictus est, ut pluris fuisset regi ludibrium Romanorum, quam centum milia aureorum. Robertus ergo dux penitencia ductus, quod cum Romanis proelium commisisset quodque tantis urbem affecisset injuriis, primo simulans emendationem et injuriae vicissitudinem et rerum omnium restitutionem, deinde nichil proficiens, quoniam populi cor obduratum erat, statuit urbem relinquere et cedere finibus Romanorum (: hier folgt die Erwähnung des Versuchs gegen Tivoli, der mit Köhncke, l. c., 62, n. 3, gewiß als unverwerflich anzunehmen ist — Romuald von Salerno, Annal., hat dieses Unternehmen gegen die civitas Tiberis, wo magna pars militum imperatoris sich simul cum falso papa Clemente befand, auch, doch unrichtig vor 1084 — l. c., 410). Sed cum nichil procederet .... Salernum redire decrevit.

[58]) Wie schon in n. 37 angedeutet wird, kann der dort für wesentliche Ereignisse zu Grunde gelegte Gaufredus Malaterra für den Weggang Gregor's VII. nicht als ähnlich glaubwürdig bezeichnet werden: vir apostolicus perfidiam Romanorum cognoscens et ulterius obsessione circumveniri cavens, consilio filiorum suorum usus, ad tempus Urbe digrediendo, Romanorum fraudem declinare, quam ibi persistendo, et libera facultate eis concessa de se ipso periculum faciendo, utrum ea, quae promittebant, fideliter, an non servarentur tentare, sed cum duce in Apuliam secedens .... Vielmehr erscheint Gregor VII. als der von Robert hinweggenommene Begleiter, so bei Wido: Robertus ... Ildebrandum deducens in comitatu suo," in der Vita Gregorii VII.: Dux Apuliae secum domnum papam deducens, bei Hugo von Flavigny: veritus (sc. Gregor VII.) ne duce recedente infidelitas Romana exagitata recrudesceret, et quos antea habuerat quasi fidos amicos, pateretur infidos, cedendum tempori arbitratus, bei Landulf: Gregorius demum ... cui jam spes ulla vivendi in civitate non erat, ab Urbe exiliens cum Roberto Salernum profectus est, bei dem Anonymus Barens.: Dux ... ingressus est urbem tulitque inde papa Ildeprando et adduxit secum (Muratori, l. c., V, 154), in den Annal. Cavens.: multa mala ibi committens, accepto papa Gregorio, egressus est (sc. Robert), bei Lupus Protospatarius: papam ... viriliter abstrahens, secum adduxit Salernum (sc. Robert), Guillermus Apuliensis, v. 557: Hunc (sc. Gregor VII.) secum magno deducit honore Salernum (sc. Robert), woneben freilich Bonitho mit: Quid plura? Venerabilis papa una cum Rooberto Salernum usque pervenit über das ihm peinliche Ereigniß rasch hinweggeht, ähnlich Bardo, l. c., im Anschluß an die Stelle in n. 37: Salernum pariter perrexerunt (sc. Papst und Herzog). In ganz sonderbarer Weise der Wahrheit widersprechend berichtet der Cardinal Boso in seiner

Der Zustand Rom's war, als so der Papst die Stadt räumte, der kläglichste Zerfall, der sie seit längster Zeit getroffen hatte, und es ist Jahre hindurch eine Besserung in dieser Lösung aller Verhältnisse, eine Kräftigung in dieser Zerschmetterung früherer Größe nicht eingetreten. Die von Klage erfüllten Verse eines französischen Erzbischofs, der keineswegs sogleich nach dem normannischen Einbruche Rom sah, beweisen, in welchem Elend die Stadt der Päpste noch Jahre hindurch liegen blieb. Da wird die Roma selbst redend eingeführt: „Kaum weiß ich, was ich gewesen bin; kaum erinnere ich, Roma, mich der Roma; kaum läßt der Untergang es zu, auch nur meiner zu gedenken". In Trümmern modert — so jammert der von Theilnahme erfüllte geistliche Besucher — die Stadt, mit ihren in Sumpf und Schutt liegenden Kaiserpalästen und Göttertempeln, und doch ist noch stets nichts Anderes ihr gleich; denn noch lehren Ruinen im Staube, was Rom im Glanze war. Aber nachsinnend muß jetzt der Beschauer dieser dahingeworfenen Pracht rufen: „Roma, Du warst"[89]). Und abgesehen von der Verwaisung Rom's, wie sie bei Weggang des von der Mehrzahl der Gläubigen

---

Vita Gregorii VII., daß Robert nach Salerno abgegangen sei: patrem suum Gregorium pontificem in Lateranensi palatio sedentem cum fratribus suis episcopis et cardinalibus in pace dimisit, pertractantem ecclesiastica negotia pro sui officii debito de diversis mundi partibus emergentia (im Liber pontificalis, ed. Duchesne, II, 368). In Deutschland wurde Gregor's VII. Weggang als Flucht aufgefaßt, so von Frutolf (a. 1083, wie überhaupt diese Ereignisse da chronologisch verwirrt sind): Qui occulte fugiens, Salernam secessit. Sigeberti (gleichfalls a. 1083): qui fugiens ad Nortmannos se contulit, der Vita Bennonis ep. Osnabrug. (l. c.): papa Hildebrandus fuga elapsus, aber auch von der auf Seite Gregor's VII. stehenden Vita Altmanni ep. Patav., c. 15: Gregorius pervigil pastor ecclesiae ab Urbe violenter armis fugatur, ovile Christi a saevis lupis dissipatur (SS. XII, 233).

[89]) Ueber Rom und dessen Zustand während und nach der Zerstörung handeln besonders Gregorovius, l. c., 232—240, und von Reumont, l. c., 381 u. 384, mit einzelnen topographischen Ausführungen zu den durch die zeitgenössischen Quellen selbst dargebotenen Mittheilungen. Vorzüglich stellen beide Schilderungen, ebenso Giesebrecht, 565, auf die Verse des Hildebert von Tours ab, die theilweise in metrischer Wiedergabe bei Gregorovius eingerückt stehen (Migne, Patrol. Latin., CLXXI, 1409 u. 1410): das erste Gedicht beginnt mit: Par tibi, Roma, nihil, cum sis prope tota ruina; quam magna fueris integra, fracta doces, und im zweiten spricht die Stadt selbst: Dum simulacra mihi, dum numina vana placerent, militia, populo, moenibus alta fui; at simul effigies arasque superstitiosas dejiciens, uni sum famulata Deo; cesserunt arces, cecidere palatia divûm; servivit populus, degeneravit eques. Ein Gedicht auf Rom, um 1110 entstanden, mit der Anklage gegen Heinrich IV. und Wibert, daß: Tres contra Dominum conjuravere potentes, rex et Wigbertus et Roma, Deum reprobantes; rex, diademate quo Wigbertus eum decoraret, Wigbertus, quod eum papam sua Roma vocaret, Roma, quod amborum thesauros evacuaret, theilt Giesebrecht, 1278 u. 1279 (in den Documenten: C) mit. Merkwürdig ist endlich auch, wie Ordericus Vitalis, Hist. eccles., Lib. VII, sich die Dinge zurechtlegte: Robert hält voll von Zorn nach Besetzung Rom's eine große Rede und droht: Ultore gladio impios puniam, cruentam civitatem igne succendam et transalpinis gentibus replendam .... meliorem restituam, worauf der Papst lacrimis profusus dem Herzog zu Füßen stürzt und ihn um Schonung Rom's anfleht (SS. XX, 62).

anerkannten Papstes sich aussprach, mit allen ihren Folgen für das kirchliche Leben, den damit für die Stadt als Wallfahrtsplatz und Mittelpunkt des Abendlandes eintretenden Einbußen ist wohl noch eine weitere Verringerung der Bedeutung Rom's gerade jetzt eingetreten. Das war der an diese Verheerung Rom's sich anschließende gänzliche Untergang der alten Rechtsschule, die noch immer, zwar schon nicht mehr in der früheren Höhe, in Rom fortgebauert hatte. Nach einer Andeutung des Cardinalpriesters Atto waren zwar die Unterrichtseinrichtungen dadurch, daß die ungesunde Beschaffenheit der Lage auswärtige Lehrer fern hielt, bereits in Verfall gekommen; aber nun vollends mußten das entsetzliche Schicksal der Stadt, die Entfernung des Papstes aus Rom noch schlimmer wirken. Den Vortheil daraus scheint zunächst Ravenna gezogen zu haben, bis dann durch die eifrige Fürsorge der Mathilde Bologna, in bewußtem Gegensatze gegen die für die Geltung Wibert's eintretende Ravennater Schule, immer kräftiger emporkam. Durch die Markgräfin aufgefordert, sich mit den Quellen des römischen Rechtes eingehender zu beschäftigen, wurde Irnerius auf den Weg gewiesen, auf dem er als Lehrer seine hervorragende Bedeutung gewinnen sollte, und das schnelle Aufblühen der Schule von Bologna stellte dann auch Ravenna wieder in den Schatten[40].

Gregor VII. berührte zuerst, nachdem er mit Herzog Robert — ein Flüchtling trotz des schauerlichen Waffenerfolges seines Lehnsträgers und Befreiers — Rom verlassen hatte, das Kloster Monte Cassino, von wo Abt Desiderius, auch nachdem nach kurzer Frist der Weg fortgesetzt wurde, fortwährend Unterstützung bot[41]. Dann ging der Papst mit dem Herzog weiter nach Benevent, wo

---

[40]) Vergl. hiezu Fitting, Die Anfänge der Rechtsschule zu Bologna, 37 u. 38, wo auf das Zeugniß des Bologneser Rechtslehrers des 13. Jahrhunderts Odofredus abgestellt wird, daß die bella in Marchia, die da als die Kriege der Mathilde gegen Heinrich IV. 1081 bis 1084 erklärt werden, der Römer Schule geschadet hätten, woneben Atto's Zeugniß aus Gregor's VII. eigener Zeit, von der aegritudo loci, die extranei qui vos (sc. die Römer) doceant ferne halte, vorgeführt wird. Ueber die Ravennater Schule, vergl. schon ob. S. 287, mit n. 62, über das Zurückdrängen Ravenna's durch Bologna Fitting, l. c., 96—101, wo auf das Zeugniß das Burchard von Ursperg, der auf verloren gegangenen italienischen Nachrichten fußt, abgestellt wird, Chronicon: domnus Wernerius libros legum, qui dudum neglecti fuerant nec quisquam in eis studuerat, ad petitionem Mathildae comitissae renovavit et secundum quod olim a divae recordationis imperatore Justiniano compilati fuerant, paucis forte verbis alicubi interpositis, eos distinxit (SS. XXIII, 342). Um 1088 begann wahrscheinlich Irnerius in Bologna seine Lehrthätigkeit.

[41]) Petrus von Monte Cassino versichert — l. c., wo von Robert gesagt ist: Romam sine mora (nicht richtig, weil das gleich nach Gregor's VII. Befreiung erwähnt wird: vergl. in n. 37) egressus papam Gregorium ad hoc monasterium usque deduxit — im Weiteren: quem apostolicum noster abbas usque ad ipsius exitum, cum episcopis et cardinalibus qui cum secum fuerant, sustentavit.

wieder einige Tage verweilt wurde[42]). Zuletzt aber mußte Gregor VII. nach Salerno folgen, und da geschah etwa am Ende des Monats Juni die Ankunft[43]). Es war die deutlichste Bezeichnung der allgemeinen Niederlage, die der Papst in seinen Bestrebungen erlitten hatte, daß jetzt durch die Obsorge des Herzogs eben jene frühere Hauptstadt Gisulf's für ihn zur Zufluchtsstätte wurde, deren Uebergang an den rücksichtslosen Eroberer der Papst sieben Jahre früher zu verhüten sich vergeblich vorgesetzt hatte.

Gregor VII. war von Rom her von einigen Getreuen seiner früheren Umgebung, Bischöfen, Cardinälen, begleitet worden; doch ist einzig jener Abt Jerento ausdrücklich genannt, als ein solcher, der sogleich mit dem Papst weggegangen sei[44]). Aber in Salerno versammelte Gregor VII. nun eine Synode um sich, die wieder den kirchlichen Fluch gegen Heinrich IV. und den von ihm eingesetzten Papst, „den Haresiarchen Wibert", und alle ihre Anhänger aussprach, und zwar sollten als Boten Legaten des apostolischen Stuhles dieses Urtheil verkünden. Eine deutsche Nachricht nennt als Träger zwei Cardinäle, des nach Frankreich gerichteten päpst-

---

[42]) Für den Aufenthalt in Benevent fallen erstlich Annal. Benevent., Cod. 1: Robertus . . . cum eo (sc. Gregorio) venit Beneventum; demorantes ibi aliquibus diebus (Cod. 3 etwas kürzer) (l. c.) in Betracht, dann Gaufredus Malaterra: (im Anschluß an die Stelle in n. 38) vir apostolicus . . . . Beneventum venit (augenscheinlich mit der Vorstellung, Gregor VII. sei hier, eben in Benevent, in Apuliae partibus usque ad extremum vitae geblieben), wie auch Marianus Scottus, Contin. II, a. 1105 (resp. 1083) geradezu von Gregor VII. sagt: Beneventum adiit, ubi usque ad obitum suum degit.

[43]) Mit Ausnahme der in n. 42 angemerkten Stellen ist in allen Zeugnissen von Salerno als dem letzten Ziel der Fluchtreise des Papstes die Rede. Nach Annal. Benevent., Cod. 3: Robertus . . . rediit deinde Salernum, ubi Gregorius papa post 11. mensem sui adventus obiit 8. Kal. Junii, was vom 25. Mai rückwärts gerechnet, ungefähr in den Juni trifft, vielleicht gegen dessen Ende, erscheint die in n. 37 schon hervorgehobene Angabe Bernold's — 29. Juni — als unmöglich für eine noch fortdauernde Anwesenheit Gregor's VII. in Rom.

[44]) Diese Begleiter ergeben sich, neben der allgemeinen Erwähnung durch Petrus (vergl. in n. 41), aus Hugo von Flavigny, der erstlich: Igitur summo pontifice ab Urbe discedente, eius comitatui abbas Divionensis non defuit den Jerento nennt und dann einläßlich ein Erlebniß erzählt, das diesem dabei zufiel, dadurch daß ein frater qui comitabatur Walterius sein Leben verlor, und dann weiter ausführt, Gregor VII. habe — quia idem (sc. Jerento) anxiabatur jam per annum integrum commissos sibi fratres et filios se non vidisse —, da er sah: animum eius (sc. Jerento's) in hoc esse, ut fratres visitaret, den Abt Jerento aus Salerno von seiner Seite entlassen, imposita ei legatione Colimbriae, und durch Jerento und per Petrum Igneum et per principem Salernitanum Gisulfum nomine, quos Cluniacum mittebat, habe der Papst das in n. 45 erwähnte Schreiben J. 5271 verbreiten lassen (l. c., 463 u. 464); danach (465) ist von der Abreise Jerento's mit Petrus und Gisulf — apud Salernitanam urbem mare ingressi — die Rede, daß sie — quia per terram ire propter discursantium hostium impetus pertimescebant — zur See nach Sanctus Egidius sich begaben, daß Jerento aber — diversis curarum aestibus — jetzt nach Dijon sich verfügte, unter Hintansetzung des nach Coimbra lautenden Auftrags. Doch sagt Hugo nicht, daß Petrus und Gisulf gleich von Rom her den Papst begleitet hätten.

lichen Befehles den Bischof Petrus von Albano, denjenigen für Deutschland den Bischof Otto von Ostia; jener war schon 1079 als Legat nach Deutschland gegangen, dieser 1083 als Bote an den Gegenkönig Hermann abgeschickt worden. Mit Petrus gingen Abt Jerento und der seiner Herrschaft beraubte langobardische Fürst Gisulf von Salerno fort, zu Schiffe, da der Landweg nach Frankreich ihnen gesperrt war: sie sollten von St. Gilles, wo ihre Fahrt zu Ende ging, zuerst nach Cluny sich begeben, und Jerento hatte den weiteren Auftrag, dem tapferen Sisenand, der als castilischer Statthalter Coimbra den Ungläubigen abgenommen hatte, einen Brief des Papstes zu überbringen.

Das Schreiben, das in solcher Weise nach Frankreich mitgegeben wurde und die von Gregor VII. gehegten Gesinnungen hinauszutragen bestimmt war, ist die letzte große Kundgebung gewesen, die der Papst erließ. Sie redete die in Wahrheit den apostolischen Stuhl liebenden in Christo Getreuen an und führte zuerst, in gewohnter Weise, aus, wie weltliche und geistliche Fürsten gemeinsam gegen Christus und Petrus zusammengegriffen hätten, um die christliche Religion zu vertilgen und die ketzerische Verkehrtheit zu verbreiten; doch durch keine Grausamkeit, keinen Schaden, kein Versprechen weltlichen Ruhmes vermochten sie die Gläubigen zu ihrer Gottlosigkeit abzulenken: gegen Gregor VII. aber haben sich diese Feinde deßhalb erhoben, weil er die Gefahr der Kirche nicht mit Stillschweigen übergehen, weil er nicht die Kirche, die Verlobte Gottes, in Knechtschaft hinabdrücken lassen wollte. „In allen Ländern nämlich" — fuhr der Papst fort — „ist es auch den armen Weiblein gestattet, nach dem Gesetz ihres Vaterlandes und nach ihrem Willen einen Mann in gesetzmäßiger Weise anzunehmen; aber der heiligen Kirche, die Gottes Verlobte und unsere Mutter ist, wird es nach dem Verlangen der Gottlosen und ihrer abscheulichen Gewohnheit verwehrt, gemäß dem heiligen Gesetze und dem eigenen Willen auf Erden gesetzlich ihrem Verlobten anzuhangen. Denn nicht müssen wir es dulden, daß Söhne der heiligen Kirche ketzerischen Ehebrechern und Eindringlingen, gleich wie Vätern, unterworfen und von ihnen gleichsam mit ehebrecherischer Schmach gebrandmarkt werden". Dann wurde darauf aufmerksam gemacht, daß die mit wahrhafter Berichterstattung beauftragten Legaten über alle diese so entstandenen Uebel und Gefahren Auskunft zu geben im Stande seien, so daß die Gläubigen von ihnen vernehmen könnten, wie sie der zerrütteten Kirche ihre hülfreiche Hand zu bieten hätten. Mächtige Worte sprachen im Weiteren die Ermahnung aus: „Ich rufe, ich rufe und ich rufe abermals und verkündige Euch, daß die christliche Religion und der wahre Glaube, den der Sohn Gottes vom Himmel kommend durch unsere Väter uns lehrte, in eine weltliche verderbte Gewohnheit verkehrt, weh! o Schmerz!, fast zu nichts herabgekommen und, unter Aenderung der alten Farbe, nicht nur in des Teufels, sondern auch in der

Juden und Saracenen und Heiden Gespött gefallen ist. Jene nämlich beobachten ihre Gesetze, obschon sie zu dieser Zeit zu keinem Heil ihrer Seelen nützlich und durch kein Wunder, so wie unser Gesetz durch die häufige Bezeugung des ewigen Gottes, erleuchtet und bekräftigt sind, so wie sie auch an dieselben glauben. Wir aber, berauscht durch die Liebe zur Welt und irre geführt durch leeren Ehrgeiz, erscheinen, in Hintansetzung aller Religion und Ehrbarkeit hinter Begierde und Uebermuth, als Gesetzlose und gleichsam als Alberne, weil wir das Heil und die Ehre des gegenwärtigen und des zukünftigen Lebens nicht, so wie unsere Väter, besitzen, noch auch, wie es nothwendig ist, erhoffen. Und wenn es Einige giebt, obschon sehr spärlich, die Gott fürchten, so kämpfen sie mit bereitem Willen nur für sich, nicht für das gemeinschaftliche Heil der Brüder. Welche und wie viele sind es, die aus Furcht und Liebe zum allmächtigen Gott, in dem wir leben, weben und sind, nur so weit sich abmühen oder bis zum Tode arbeiten, wie die weltlichen Krieger für ihre Herren oder auch für ihre Freunde und Untergebenen? Siehe, viele Tausende von Menschen in der Welt laufen für ihre Herrn jeden Tag in den Tod; aber für den himmlischen Gott und unseren Erlöser laufen sie nicht nur nicht in den Tod, sondern verschmähen es auch, die Feindschaften gewisser Leute auf sich zu nehmen. Und wenn es einige sind — ja, nach Gottes Erbarmen sind solche, obschon äußerst wenige —, die sich bestreben, ins Angesicht den Gottlosen bis zum Tode aus Liebe zum christlichen Gesetze Widerstand zu leisten, so werden sie nicht allein von den Brüdern nicht, wie das würdig ist, unterstützt, sondern gelten auch als unklug, als minder überlegend, wie Thoren". Im Weiteren wollte Gregor VII. betonen, weßhalb er eben die Empfänger des Schreibens aufforderte, sorgfältig nachzuforschen, aus welchem Grunde solche Mißhandlungen von den Feinden der christlichen Religion zu erdulden seien, und dann kam er noch auf seine eigenen Erfahrungen neuerdings zu sprechen: „Seitdem mich nämlich, einen sehr Unwürdigen, und — ich rufe Gott zum Zeugen an — gegen meinen Willen, nach göttlicher Anordnung, die Mutter Kirche auf den apostolischen Thron eingesetzt hat, habe ich mit großer Anstrengung dafür gesorgt, daß die heilige Kirche, die Verlobte Gottes, unsere Herrin und Mutter, zu ihrer eigenen Zierde zurückkehre, frei, keusch und die allgemeine Kirche bleibe. Aber weil das dem alten Feinde gänzlich mißfällt, bewaffnete er gegen uns seine Glieder, um Alles in das Gegentheil zu verkehren. Deßwegen hat er gegen uns, vielmehr gegen den apostolischen Stuhl, so Großes angerichtet, wie er seit der Zeit Constantin's des Großen, des Kaisers, zu thun nicht vermocht hat. Und nicht ist das sehr zu verwundern, weil, je mehr die Zeit des Antichristen sich nähert, er um so mehr danach ringt, die christliche Religion zu vertilgen". Am Schlusse folgen neue flehentliche Ermahnungen des Papstes: „Jetzt aber, geliebteste Brüder, höret aufmerksam, was ich Euch sage! Alle, die in der ganzen Welt im christlichen Namen eingerechnet werden und den christlichen Glauben wahrhaft erkennen, diese wissen und glauben, daß der selige Petrus, der Fürst der Apostel, der Vater aller Christen und nach Christus der erste Hirte ist und die heilige römische Kirche die Mutter und Meisterin aller Kirchen. Wenn Ihr also das glaubt und unzweifelhaft fest haltet, bitte ich Euch und ich befehle, wie immer als Euer Bruder und unwürdiger Meister, durch den allmächtigen Gott: stehet bei und kommet zu Hülfe Eurem vorgenannten Vater und Eurer Mutter, wenn Ihr durch sie Lossprechung von allen Sünden und den Segen und die Gnade in dieser Welt und der zukünftigen zu haben begehrt. Der allmächtige Gott, von welchem alle gute Dinge ausgehen, möge immer Euren Geist erleuchten und ihn mit der Liebe zu ihm und zum Nächsten befruchten, damit Ihr verdienet, Euren vorgenannten Vater und die Mutter durch Eure zuverlässige Hingabe Euch zu Schuldnern zu machen und ohne Scham zur Vereinigung mit ihm zu gelangen. Amen" [45]).

[45]) Die Synode Gregor's VII. und die an Petrus und Otto übergebene Verbreitung des dabei gesprochenen Urtheils (vergl. zu dem da erwähnten Anathem vom 24. Juni 1082 ob. S. 452, mit n. 22) ist durch Bernold (441) und mittelbar durch Annal. August.: Gregorius VII. omnes iuratos regis Heinrici a sacramento iuramenti absolvit (SS. III, 131) erwähnt, ebenso durch die Casus monast. Petrishus. an zwei Stellen, cc. 41 und 47, dort durch die vom Verfasser benutzte, vgl. in n. 144 behandelte Quelle (doch mit unrichtiger Heranziehung der durch die Synode von 1078 — vergl. ob. S. 110 — festgestellten Ausnahmen von der Excommunication), hier im Anschluß an Bernold's Text (SS. XX, 647, 648), und das durch den ebenfalls von Gregor's VII. Thätigkeit in Salerno handelnden Hugo von Flavigny hier (l. c., 464 u. 465) mitgetheilte Schreiben an die omnes in Christo fideles apostolicam sedem revera diligentes ist als J. 5271 in den Epistolae collectae, Nr. 46 (Jaffé, Biblioth., II, 572—575) wiederholt. Hauck, Die Kirche Deutschlands unter den sächsischen und fränkischen Kaisern, 830, sagt von dem Schreiben: „Es ist selten ein gleich leidenschaftliches, ein ähnlich ergreifendes Schriftstück von der Kurie in die Welt gegangen". Dagegen sind die von Giesebrecht, 570 u. 571, resp. 1174, in den „Anmerkungen", hieher gestellten Briefe Gregor's VII. J. 5203 und J. 5237 schon ob. S. 366 (mit n. 34) zu 1081 und S. 491 (mit n. 31) zu 1083 herangezogen worden. Hugo von Flavigny nennt (vergl. n. 44) die Träger von J. 5271, speciell den Jeremia, auch als Empfänger von päpstlichen litterae ad Sisenandum principem praefatae provinciae (sc. von Coimbra) (l. c., 463 u. 464). Als J. 5273 schieben die Regesta pontificum noch ein „c. 1084" angesetztes Stück, das nur fragmentarisch erhalten ist, gerichtet an die Getreuen der Kirche, ein, mit Klagen über die Beängstigungen der römischen Kirche, so daß durch die Begierde der weltlichen Rathgeber alle Verbrechen und jedes Unglück gegen das Haupt der Kirche, den Apostelfürsten Petrus, entstanden seien. Giesebrecht, 570, glaubt, daß Gregor VII. die Absicht gehabt habe, ein Glaubensheer zu versammeln, mit demselben nach Rom zurückzukehren, daß die Legaten auf die Werbung eines solchen Heeres gerichtete Aufträge hatten. Aber das ist doch sehr unwahrscheinlich, auch in dem Schreiben J. 5271 nirgends angedeutet. Zwar scheint Wido von Ferrara, l. c., etwas von solcher Art anzudeuten: Qui (sc. Gregor VII.) cum saltem Salerni aliquamdiu commoratus, duce occupato aliis, cum non multo post moliretur Urbem repetere et in multitudine gravi Roberto comitante Romanos subicere, inter ipsos bellorum et commeatuum apparatus . . . ., was aber im höchsten Grade, auch wegen der vorausgesetzten Begleitung Robert's, unwahrscheinlich ist.

Während so Gregor VII. von seiner Zufluchtsstätte aus nochmals die christliche Welt anrief, mußte er erkennen, daß Herzog Robert genau nur so lange, als er es als unabwendbar nothwendig erachtet hatte, seine Kraft den Absichten des heiligen Stuhles zu widmen gewillt gewesen war. Kaum hatte der Feldzug nach Rom seinen Abschluß gefunden, so wandte sich der Herzog wieder einseitig seinen eigenen Unternehmungen zu. Erstlich nützte Robert jetzt den Umstand aus, daß Jordanus infolge des Abzuges Heinrich's IV., der gänzlichen Nöthigung Gregor's VII., bei der stärkeren Gewalt unter den Normannen Hülfe zu suchen, ohne die bisher von ihm benutzten Anlehnungen sich befand, und so machte er, wohl schon gleich auf dem Durchzug von Rom her, nach Benevent, seine Uebermacht gegen Capua geltend. Der Fürst mußte sich zum Frieden mit dem Herzog herbeilassen. Danach wandte sich dieser von Salerno, nachdem er den Papst dorthin gebracht hatte und durch dessen Hand, auf seine Bitte, die von ihm fertig erstellte Domkirche San Matteo hatte weihen lassen, nach Apulien und besiegte da die letzten Reste der Aufständischen, so daß jetzt nichts mehr ihm im Wege stand und der Krieg gegen Kaiser Alexios nun von ihm selbst an die Hand genommen werden konnte. Es war hohe Zeit, aufzubrechen, wenn nicht aller Gewinn aus dem 1081 begonnenen Feldzuge verloren gehen sollte. Denn mit Hülfe der venetianischen Flotte hatten die Byzantiner schon fast die ganze Insel Korfu zurückerobert, und einzig die Feste Korfu selbst leistete noch tapferen Widerstand. So sammelte Robert seine Truppen in Otranto, um sie durch die während des Monats September aus Apulien, Calabrien, Sicilien zusammengebrachten Fahrzeuge nach der epeirotischen Küste bringen zu lassen. Im October verließ der Herzog Italien, konnte aber erst im November in Korfu eingreifen, wo er in einem dritten Zusammenstoß den Sieg errang und die Insel zurückeroberte. Dann aber schlug er an der Küste, um da zu überwintern, bei der Stadt Bundicia, an der Korfu gegenüberliegenden Küste des Festlandes, sein Lager auf[46]).

---

[46]) Robert's Thätigkeit vor dem Weggang aus Italien erwähnen Guillermus Apuliensis, in den schon ob. S. 485 in n. 20 eingerückten Versen von Lib. V (v. 119 u. 120: an diese schließt sich dann gleich die Erwähnung des Aufbruches des Herzogs nach dem Osten, v. 121 u. 122: sedatis omnibus ante quam repetat fines Graecorum, worauf Robert's Bitte: dedicet ecclesiam, quam fecerat hic ad honorem Mathaei sancti. Placidus favet ille precanti) und Romoald von Salerno, dessen allerdings schon vor 1084 gebrachte Erwähnung wohl hieher zu ziehen ist: Ipse dux viriliter Capuam obsedit, et acriter ipsam civitatem expugnavit mense Julio .... Tandem ipse dux in Apuliam regressus est, obseditque Cannas Apulie civitatem ... cepitque eam igne incendens (l. c., 410), endlich Anonymus Barensis, zuerst a. 1084 (doch nicht richtig vor Erwähnung der Ereignisse in Rom): Dirruit Canni, et iterum tulit multos solidis in Bari (danach erst a. 1085: Transiit ipse Robbertus in Romania in mense Octubri). Ueber die Kämpfe jenseits des Meeres vergl. wieder von Heinemann, l. c., 331 u. 332, sowie 401—403 über die Lage von Bundicia. Doch ist wohl, während allerdings nach Gaufredus Malaterra,

Als Vertreter der Sache des nach Deutschland zurückgehenden Kaisers war dessen Papst Clemens III. in Italien geblieben, und ein erster Erfolg war ihm im Sommer unleugbar dadurch zugefallen, daß Gregor VII. und Herzog Robert Tivoli, wo er sich nach Heinrich's IV. Weggang geborgen hatte, nicht hatten gewinnen können. Dagegen erlitt allerdings seine Stellung an einem anderen Orte eine nicht unbeträchtliche Erschütterung.

Wieder erwies sich nämlich die Bundesgenossin Gregor's VII., Mathilde, als die sicherste Stütze der päpstlichen Stellung in Italien. Ein Heer, das aus den lombardischen Anhängern des Kaisers zusammengesetzt war, wurde am 2. Juli von einer kleineren Schaar der Gräfin entschieden geschlagen, ein Ereigniß, über das allerdings einzig Zeugnisse von der Heinrich IV. feindlichen Seite vorliegen; insbesondere bietet Bardo, der dem Bischof Anselm von Lucca, „dem heiligen Besorger" der Fürstin, so treu ergebene Priester, der selbst betheiligt war, eine eingehendere Schilderung. Danach hatte Heinrich IV. den Lombarden befohlen, gegen Mathilde und Anselm vorzugehen, und so brachen alsbald Bischöfe — Eberhard von Parma, Gandulf von Reggio —, Markgrafen und andere kaiserlich Gesinnte in das Gebiet der Mathilde ein, um es sich zu unterwerfen. Aber obschon nur ein Tag zur Sammlung übrig blieb, thaten sich die Angegriffenen, wenn gleich in der Minderzahl, dennoch zusammen, bestärkt durch den Bischof, der mit seinen Weisungen den Segen ertheilte. So kam es bei Sorbaria, nordöstlich von Modena, also in nicht zu großer Entfernung von der Burg Canossa, zum Treffen, in dem die Feinde bald vor den Truppen der Mathilde, unter schwerem Verluste, den Rücken gewandt haben sollen; zahlreiche Gefangene, sammt einer großen Beute, dem ganzen Zeltlager, über fünfhundert Pferden, sehr vielen Harnischen, fielen den Siegern zu, unter ihnen Bischof Eberhard, weiter sechs Hauptleute und etwa hundert andere angesehene Krieger, und Markgraf Albert vermochte kaum zu entfliehen, während Bischof Gandulf in kläglicher Weise drei Tage lang unter Dornsträuchern sich auf dem Schlachtfelde bergen mußte. Dagegen wollten die Leute der Mathilde nur drei Todte eingebüßt haben. Ohne Zweifel bedingte dieser Sieg einen wesentlichen Umschwung in der Stimmung gegen den Kaiser in den Landschaften Oberitalien's, und es ist sehr wahrscheinlich, daß Mathilde jetzt alsbald sich muthig aufraffte und ihrerseits mit einem Angriffe vorging; die Festung Nonantola, unweit nordöstlich von Modena, wurde nunmehr belagert [47].

l. c., c. 40 (l. c., 589), die Sammlung der Flotte mense Septembri anzusetzen ist (Guillermus Apuliens., Lib. V, v. 134 u. 135: tempus . . . . autumni), mit der Nachricht aus Bari die Abfahrt dem October zuzuschreiben.

[47]) Von diesem Kampfe spricht Bardo, der selbst betheiligt war — congregati sunt et nostri, siquidem pauci, quoniam una via die praescii facti sunt; veruntamen nimis confortati sunt, quia dominus noster sanctus Anselmus episcopus suam eis benedictionem per nostram direxit parvitatem, hoc

in mandatis praecipue commendans nobis, ut si qui cum excommunicatis communicassent, primitus illos absolveremus, et tunc pariter omnes auctoritate apostolica et sua benediceremus, instruentes eos, quo pacto quave intentione deberent pugnare, sicque in remissionem omnium peccatorum eorum instantis belli committeremus periculum (c. 23) — am einläßlichsten, l. c., cc. 22 u. 23, besonders auch einleitend, wie Heinrich IV. den Anlaß gegeben habe: Fugato ergo ab urbe Heinrico in Theutonicas partes statim ipse revertit, concitatis primum omnibus pene Longobardis adversum praefatam dominam (sc. Mathilde) et adversus sanctum provisorem eius (sc. Anselm), sed et adversus omnem catholicam unitatem, sowie unter Nennung des Parmensis unter den episcopi et marchiones (l. c., 20). Rangerius lehnt sich so stark an Bardo an, daß, wie Overmann, in seiner Abhandlung über Rangerius, l. c., 416, hervorhebt, aus dem Grunde, daß Bardo, c. 22, infolge gewählter Anordnung Gregor's VII. Tod schon erwähnt hatte, Rangerius hier, v. 6472 ff., Heinrich IV. wegen des eingetretenen Todes des Papstes den Muth fassen läßt, gegen Mathilde vorzugehen: Ut vero didicit papam migrasse, triumphat atque Deum pro se bella movere putat; inde furore gravi convertitur in comitissam, quam cum Gregorio credit obisse suo, und — v. 6516 u. 6517 — Mathilde und Anselm als Klagende aufführt: comitissa dolens et longo consita luctu plangit cum socio de patre Gregorio — dergestalt hat, was Rangerius hier bringt, geringen Werth (nach der in n. 51 mitgetheilten Stelle, v. 6458—6469, sowie den eben mitgetheilten v. 6472 ff. folgt v. 6476 ff.: Italicis mandat (sc. Heinrich IV.) populis ducibusque superbam (sc. Mathilde) frangere, commixtis agminibus premere. Pontifices addit, quibus est violencia major, ex odio veteri a duce Gregorio — etc., weiter v. 6490 u. 6491: Interea comites et Ineptia pontificalis Italiae populos in mala facta trahunt, mit einer langen angehängten directen Rede, in v. 6492—6513, wieder mit Voraussetzung des Todes Gregor's VII. und der Folgen davon für Mathilde, ferner v. 6520 ff. Mathildens Auffassung bei der Nachricht vom Angriffe — Sic omnia turbat tempus, ut una dies non bene restet ei. Pauci quos secum retinet, tamen arma capescunt — und Ermahnungen Anselm's in directer Rede: v. 6526—6565, und v. 6566—6579 in engem Anschluß an Bardo die weiter ausgeführte Schlachtschilderung). Auch Donizo, l. c., Lib. II, v. 332—365, lehnt sich in seiner Schilderung, die gleichfalls Gregor's VII. Tod (v. 304 ff.), aber sogar Victor's III. und Urban's II. Wahl vorausgehen läßt, an Bardo, doch ebenfalls in weiterer Ausführung und Hinzufügung von Namen, gleich anfangs: Urbibus ex multis cives hoc tempore multi in simul armati, clipeis et equis falerati, principe cum celso prudenti prorsus Oberto ducunt Parmensem Reginum pontificemque, also neben Eberhard noch den Bischof Gandulf: dann folgt nach: Audaces tandem terram Mathildis amantes intrant, credentes ipsam vastare repente die Ortsangabe in v. 347: Sustinet istorum Sorbaria castra virorum mit der Zeitangabe in v. 350 (nach der vorangegangenen Nacht:) Julius assumpta jam vero luce secunda, und weiter von v. 351 an die ausmalende Schlachtdarstellung, nach der die Kaiserlichen überrascht worden wären: repente phalanx Mathildis adest, „Petre", clamans, „auxiliare tuis!" Inimicis surgere tuti incipiunt, campi tanto strepitu stupefacti, mit Einzelheiten — von v. 356 an — über den Markgrafen: sine fugit honore (nicht „schwer verwundet", wie Giesebrecht, 572, sagt: — vielmehr Marchio quendam transverberat ictu), über Eberhard, dann: Pontificem senes Reginum perque dies tres abscondunt nudum Gandulfum pectore durum, sowie: nonnulli capti proceres. In Deutschland beachtete Bernold das Ereigniß: Eodem tempore (sc. der in n. 33 erwähnten Rückkehr Heinrich's IV. nach Deutschland) milites prudentissimae ducis Mathildae in Longobardia contra fautores Heinrici et inimicos sancti Petri viriliter pugnaverunt, ex quibus episcopum Parmensem et sex capitaneos cum aliis fere centum bonis militibus ceperunt. Equos etiam plus quam quingentos et loricas plurimas et omnia tentoria inimicorum, pleniter potiti victoria, habuerunt (441). — Daß die Belagerung von Nonantola — Chron. Mutin., a. 1084: Castrum Nonantulae obsessum fuit a

In Rom dagegen war die Gesinnung gegen Gregor VII. so ausgeprägt feindselig, daß Clemens III. es wagen durfte, dorthin zurückzukehren. Er feierte das Weihnachtsfest in Rom selbst[48]).

Kaiser Heinrich IV. war auf seinem Wege nordwärts durch Tuscien von einer Reihe von angesehenen Männern, die in einzelnen urkundlichen Zeugnissen hervortreten, begleitet, und gerade daraus wird deutlich ersichtlich, daß er keineswegs so als Flüchtling Rom am 21. Mai verlassen hatte, wie es den feindselig gesinnten Berichterstattern darzustellen gefiel. Dann in Sutri und am folgenden Tage in Borgo San Valentino erschienen in des Kaisers nächster Umgebung — neben anderen insgesammt erwähnten Fürsten — hohe geistliche und weltliche Würdenträger italienischer Zugehörigkeit, der Patriarch Heinrich von Aquileja, die Bischöfe Reginger von Vercelli, Milo von Padua, die Markgrafen Albert und Rainer, Graf Ugo, einige angesehene Römer, die schon bei der Verhandlung zu Gunsten Farfa's in Rom Ende April an seiner Seite gewesen waren, eine ansehnliche Vertretung aus Viterbo, ein Angehöriger von Pavia; auch daß Bischof Constantin von Arezzo gerade jetzt Heinrich's IV. Gunst wieder errang und so es erreichte, daß die zur Strafe verfügte Einreißung eines Theiles der Mauer der Stadt rückgängig gemacht wurde, spricht für das unverminderte Ansehen des Kaisers[49]). Am 5. Juni weilte der Hof in Pisa, dessen Dom-

---

comitissa Mathelda, dagegen Sicardi ep. Cremonens. Chron. erst a. 1089 (Muratori, l. c., XV, 555, VII, 586) — hieher zu ziehen ist, darf mit Overmann, Gräfin Mathilde, 151 u. 152, gewiß angenommen werden. Ebenso ist wohl die Schädigung des Kirchenschatzes der Abtei Nonantola, auf die Mathilde's Urkunde von 1103: ad restaurationem thesauri (betreffend eine Schenkung) hinweist, mit diesem Ereigniß zusammenzubringen, eher als mit einer Heranziehung des Schatzes durch Mathilde für Gregor VII. 1082 (vergl. Overmann, l. c., 171, wozu 150, sowie ob. S. 454).

[48]) Die Weihnachtsfeier nennt ganz kurz der Annalista Saxo, a. 1085, wie für Gregor VII. Salerno, so für dessen supplantator Rom (SS. VI, 721). Köhncke, l. c., 62 n. 4, weist auch auf Wilhelm von Malmesbury, l. c., c. 262, hin, der auf den Satz: Nec sustinuit nuncium advenientis (sc. des nach Rom mit den Apulorum et Normannorum manus eilenden Robert) Henricus, quin cum falso papa, sola fama territus, terga daret — folgen läßt: Vacua ab obsessoribus Roma legitimum praesulem accepit; sed non multo post eadem violentia qua prius amisit (l. c., 473 u. 474). Daß die Rückkehr Clemens' III. nach Rom mit der Herstellung der Herrschaft Heinrich's IV. übereinstimmend gewesen sei, hob Guillermus Apuliensis, Lib. IV, v. 558 u. 559, bezeichnend hervor: Henrico rursus cupidi cessere Quirites post ducis abscessum (l. c., 290).

[49]) Vergl. die schon ob. S. 550 in n. 34 erwähnten Urkunden St. 2857, 2857a, 2858, vom 23. und 24. Mai. Das erste Zeugniß, ein Original des Dictators Adalbero C, für die canonici sanctae Pisanae ecclesiae, bezieht sich auf den nostrorum principum interventus und nennt den Patriarchen Heinrich, den Bischof Milo von Padua, die Markgrafen Adalbert und Rainer, den Grafen Ugo, ceteri nostri principes als anwesend (Schenkung der silva Tumulus Pisanorum, mit Angabe der u. a. usque ad mare reichenden Grenzen: es ist der Wald, zu dem die heutigen Cascine di San Rossore gehören, und Be-

capitel schon aus Sutri eine Gunstbezeugung erlangt hatte[50]), und darauf suchte Heinrich IV. in jener schon länger dauernden Fehde, die sich um Moriana, die starke Festung der gregorianischen Partei, noch immer fortsetzte, von Lucca aus, zum Vortheile des von ihm eingesetzten Bischofs Petrus, um die Stadt Lucca zu unterstützen, einen Erfolg zu erreichen; aber die Unternehmung mißglückte, und Heinrich IV. mußte den Weg nach der Lombardei fortsetzen, ohne Petrus eine Erleichterung verschafft zu haben[51]).

Nördlich vom Appennin ist einzig Verona, am 17. und 18. Juni[52]), als Aufenthaltsort Heinrich's IV., der von der Kaiserin

---

stätigung älterer Besitzungen und Rechte). Das zweite, ebenfalls Original des gleichen Dictators (bezeichnend ist der Parallelismus in der Arenga: Sicut peccantibus pro pertinacia irasci, ita poenitentibus pro satisfactione dignum est nos misereri), ist ein interessantes Beispiel für die durch Ficker, Forschungen zur Reichs- und Rechtsgeschichte Italiens, I, 199 u. 200, sowie III, 400, und durch Breßlau, Konrad II., II, 276 n. 4, erörterte, in Italien öfter vollstreckte Strafe für Hochverrath, Niederreißung eines Theiles der Stadtmauern: nos tum pro accusatione aliquorum (vergl. schon ob. S. 395 die 1081 eingetretene Verbesserung einer voreiligen königlichen Maßregel gegenüber dem Domcapitel von Arezzo), tum pro alia aliqua offensa Aretino episcopo Constantino irati murum circa domum sancti Donati, ubi sedes episcopalis est Aretinorum (der Dom von Arezzo ist noch heute gegen den nordöstlichsten Theil der Stadtmauer hin das äußerste Gebäude der Stadt), precepimus destrui. At episcopus utilitati praevidens ecclesiae, nos quem offenderat, placare festinavit, quod et fecit. Placati ergo episcopo parci precepimus, muro jam ex parte destructo. Dedimus ergo sibi, videlicet episcopo Aretino Constantino, licentiam, murum illum, ubi fractus est, restaurandi et amplius non frangendi, sed ut melius placet, augendi et firmandi. Die dritte schon S. 550 genannte Urkunde, für Abt Berard von Farfa, zeigt den Bischof Rainerius von Vercelli als — astante domino imperatore .... et precipiente — per hostium et clavem die Investitur vollziehende Persönlichkeit, als astantes ferner den ob. S. 543 als handelnd erwähnten Grafen Saxo, sowie von den am 29. April in Rom Anwesenden den Senioricius judex domini imperatoris, den Sarracinus de sancto Eustatio (außer diesen drei sind noch drei astantes, unter ihnen Opizo judex, ferner multi alii de Viterbo aufgeführt); als Zeuge steht am Schlusse (neben Heinrich IV.) nach Bischof Rainer und Senioricius als dritter Ubertus Papiensis qui ibi fui.

[50]) St. 2858a (wieder Original des Dictators Adalbero C) ist interventu carissimorum nostrorum principum multisque precibus eorum dem Lambertus filius Lamberti, sui heredes ertheilt und betrifft das Landstück Casagium regium . . cum flumine Sercli ... in circuitu terrae, sowie eine zweite terra.

[51]) Aus Rangerius erwächst hier eine Bereicherung des Itinerars des Kaisers. Nachdem in v. 6452 Heinrich's IV. Weggang von Rom kurz gestreift ist: Henricus fugiens Rotbertum turpiter ibat, wird in v. 6454: Tusci non curant fugientem pro duce regem der Weg durch Tuscien erwähnt, hernach v. 6458 ff. fortgefahren: Ut venit Lucam, Morianam perdere temptat, insistente Petro, patribus et populo; sed convenit eo clarorum turba virorum, ut pacem pocius quaereret ipse prior. Cumque seges castris incumberet, illa superbi caeca manus populi tangere grana timet. Religiosa fames vires esuriente caballo et rides in culmen luxuriosus ager. Sic Robertus adhuc presens occurrit ubique (: etwas, was nur bildlich verstanden werden kann: die Furcht vor Robert, die Nachwirkung seines Eingreifens in Rom), et nichil est, quod non rex fugiens metuat. Sic abit, et Petrum sub cultro pene reliquit, et redit ad fines, sed sine laude, suos. Vergl. wegen Moriana zuletzt ob. S. 456.

[52]) Kilian wollte, l. c., 102 (vergl. IX u. X), hier aus Heinrich's IV. Rückzug von Rom nach Oberitalien einen „annähernd richtigen Maßstab für die

Bertha und dem Sohne Konrad begleitet erscheint, bekannt. Da wurden auf die Bitte des Bischofs der Stadt, Sigebod, und des Abtes des Klosters San Zeno, Werinher, dieser Abtei eine Bestätigung von Besitz und eine Schenkung ertheilt, den Domherren von Verona selbst, dem Bischof Ezelo von Vicenza Bestätigungen der Besitzungen gegeben; ebenso saß der Kaiser zu Gericht, wobei ein dem Bischof Milo von Padua günstig lautender Spruch gefällt wurde[59]). Abermals tritt also, ehe nunmehr der Hof Italien verließ, eine Reihe von Bischöfen in der unmittelbaren Umgebung Heinrich's IV. entgegen, und es ist kaum zu bezweifeln, daß die Bereitwilligkeit der lombardischen geistlichen Würdenträger in überwiegender Weise für den Kaiser — in Bischof Rainald von Como

---

Schnelligkeit derartiger Reisebewegungen" gewinnen, da der Kaiser die Strecke von Rom bis Pisa, etwa 108 deutsche Meilen in der Luftlinie, in fünfzehn Tagen, die von Pisa nach Verona, etwa 75 Meilen ähnlich gerechnet, in elf Tagen zurückgelegt, dort also am Tage etwas über, hier täglich etwas weniger, als sieben Meilen, geleistet habe. Doch Kehr, Die Urkunden Otto's III., 288 n. 1, rechnet dagegen aus, daß auf den Tag, mit zwanzig bis dreißig Kilometern, eine der normalen Marschgeschwindigkeit durchaus entsprechende Leistung falle, und Ludwig, Untersuchung über die Reise- und Marschgeschwindigkeit im XII. und XIII. Jahrhundert, 1, (Straßburger Dissert., 1897), 3 (mit n. 1), wirft die Rechnung vollends durch den Nachweis, daß Kilian unrichtig rechnete, um. Dazu kommt nun noch, daß Heinrich IV. nach n. 51 jedenfalls zwischen Pisa und Verona sich bei Lucca aufhielt.

[59]) St. 2860, vom 17. Juni, abermals ein Original des gleichen Dictators (bezeichnend ist die Wendung in der Arenga: Imperialem sublimitatem condecet, ut quanto ceteris dignitatibus excelsior colitur, tanto justis petitionibus Deo servientium benignior nec non clementior inveniatur), ist nach Bitte des Bischofs und Abtes, ob interventum dilectissime conjugis nostre Berte atque ob interventum karissimi filii nostri Chuonradi gegeben und enthält neben Bestätigung von Besitz für St. Zeno die Schenkung von liberi homines quos vulgo arimannos vocant an zwei bestimmt angegebenen Orten cum omni debito, districtu, actione atque placito, seu quicquid a bone memorie Otberto atque Adalberto Veronensium episcopis concessum fuit, id est furtum, adulterium atque ripaticum (etc.) (an dieser Urkunde ist auch das durch Breßlau, Neues Archiv der Gesellschaft für ältere deutsche Geschichtskunde, VI, 572 u. 573, erwähnte fünfte Sigel Heinrich's IV., das erste Kaisersigel, zum ersten Male, freilich nur fragmentarisch, erhalten). St. 2861, nochmals ein Original gleichen Ursprunges, eine interventu ac dilectione dilectae nostrae contectalis Bertae imperatricis den sanctae Mariae canonicis Veronensibus — pro . . . nostrae animae remedio ac patris nostri matrisque gegebene Bestätigung einzeln aufgezählter Besitzungen, St. 2861 a, ein im unbeholfensten Latein verfaßter Rechtsspruch, foris et non multum longe burbium Veronae non longue ad monasterio sancti Zenonis gefällt zu Gunsten des Bischofs Milo, mit der Investitur in aufgezählte Güter, aus denen vergeblich vorgeladene Beklagte den Geschädigten gedrängt hatten (: Tunc ibi locum per judicum judicium . . . et per lignum quod imperator in sua tenebat manu, eumdem Milo episcopus et Adam judex avocato suo a pars suo episcopio de jam dictis casis et rebus et molendinis restituit investitura: etc.). St. 2862, vom Dictator, Adalbero C wenigstens verfaßt (Gundlach, l. c., 39, hebt als eigenthümlich hervor: ad petitionem . . . suppliciter deprecantis . . . integram — sc. petitionem — servare duximus in petitionis effectum), für Bischof Ezelo von Vicenza, eine in der Aufzählung der Besitzungen, voran der castella, im Wesentlichen an St. 1213, Otto's III. von 1000, sich anschließende Bestätigung, sind sämmtlich vom 18. Juni.

hatte Gregor VII. schon am Anfang des Jahres einen treuen Anhänger verloren[54]) — vorhanden war. Wenigstens gelang es jetzt Heinrich IV., jenes Heer aus seinen Anhängern zusammenzubringen, das in großer Zahl unter den Bischöfen von Parma und Reggio, sowie unter dem Markgrafen Albert gegen das Gebiet der Gräfin Mathilde ausrückte, aber dann gleich nach dem Weggang des Kaisers aus Italien die schon erwähnte empfindliche Niederlage bei Sorbaria erlitt[55]). Aber außerdem muß Heinrich IV. auch noch weitere Anforderungen, zur Deckung von vorher in Rom gemachten Ausgaben, an seine italienischen Anhänger gestellt haben, die er freilich gleichfalls nicht ihnen wieder zu erstatten vermochte[56]). Doch erwies er ihnen dadurch noch beim Weggang das höchste Vertrauen, daß er seinen jetzt im elften Lebensjahr stehenden Sohn, den jungen Konrad, mit einer kriegerischen Bedeckung in Italien zurückließ[57]). In einer Aussage seines Anhängers Benzo scheint auch angedeutet zu sein, daß der Kaiser, wie es ja sehr nahe lag, geradezu eine Verfügung darüber hinterlassen habe, welche Bischöfe — selbstverständlich neben seinem Papste Clemens III. — für die Verwaltung Italien's — und also auch für den Königssohn — zu sorgen hätten[58]).

Aus Verona ist wohl auch jenes Schreiben Heinrich's IV. an Bischof Theoderich von Verdun abgegangen, in dem er sich so bezeichnend über seine Erfolge in Rom, dann jedoch sehr den Sachverhalt verschleiernd über den Weggang aus der Stadt ausspricht; denn dessen Inhalt beschäftigt sich schon eingehend mit den Dingen im deutschen Reiche, den Verhältnissen, die der Kaiser da vorzufinden erwartete. Der Brief war eine Antwort auf ein Schreiben des Bischofs, verschob aber in der Hauptsache die Beantwortung von Einzelheiten auf die mündliche Unterredung, die mit Theoderich, gegenüber welchem die sprechendsten Zeugnisse des Zutrauens zur

[54]) Bernold gedenkt des am 27. Januar eingetretenen Todes des scientia et religione clarissimus et ob hoc Gregorii papae adjutor studiosissimus (439).

[55]) Vergl. ob. S. 565.

[56]) Vergl. die Stelle der Annal. Ratisbonens. major. ob. S. 544 in n. 28. Daraus, daß Heinrich IV. an die Itali — von den vorher genannten Romani verschieden — eine Rückerstattung zu vollziehen nicht in der Lage war, ist der im Texte gemachte Schluß zu ziehen.

[57]) Das bezeugen die Annales Patherbrunnenses: Imperator Heinricus, filio suo cum praesidiis in Italia relicto, patriam repedavit (l. c.), wonebens die Annal. Brunwilarens., a. 1080, bringen: Heinricus . . . filio Karolo (!) ad observandam sibi provintiam derelicto et Italiae proceribus commendato, in Gallias rediit (SS. XVI, 725).

[58]) Benzo spricht hievon am Schluß des Prologus zu Lib. VII, nach der ob. in n. 12 eingerückten längeren Stelle: His ita gestis regrediens cesar in Germaniam, placuit notificari cunctis Prandelli insaniam. Ideoque apud concilium disposuit, cui presules Hesperiae interesse voluit. Dann sagt Benzo, er habe — molestia corporis impediente — diesem concilium ad laudem Dei nicht beiwohnen können und deßwegen hoc litterale chorolarium, d. h. eben das nachher zusammengestellte Buch, dessen Prologus hier endigt, dem König und den Brüdern zugeschickt (l. c., 669). Was Benzo unter dem concilium versteht, etwa das Zusammensein der Bischöfe um den Kaiser hier in Verona, läßt sich nicht sagen.

Aeußerung kamen, in kurzer Frist erhofft wurde. Auch über das in Rom Geschehene wollte sich der Kaiser nur kurz äußern, da ein Bericht darüber schon an den Bischof abgegangen sei; immerhin ist doch jene von Stolz und von Dank gegen Gott erfüllte gedrängte Erzählung über den als ein Wunder aufgefaßten Eintritt in Rom eingefügt. Im Weiteren fährt das Schreiben fort: „Unter dem Segen Gottes und des heiligen Petrus bei Aller Freude sind wir von Rom zurückgegangen, und so schleunig wir können, eilen wir in diese Gegenden, und da hat uns Dein Bote auf dem Wege der Rückkehr gefunden. Freuen mögen sich, die da wollen, Schmerz empfinden, die das begehren: wir sind mit Gottes Gnade hier". Dann folgen Erwähnungen der Sachsen, des Erzbischofs von Salzburg, eines Grafen Adalbert, Anderer, von denen der Brief sagt, sie wollten zu Heinrich IV. zurückkehren: darüber wird gemeldet, daß Theoderich's Rathschlägen gerne werde gefolgt werden, wenn nur der wahre Friede zu Stande komme, daß nämlich ein wirklicher getreuer Anschluß im Falle einer Rückkehr zur Sache des Kaisers eintrete. Endlich richtet das Schreiben an Theoderich die Aufforderung, nach dem 29. Juni, an welchem Tage die Feier des Festes der beiden Apostel zu Regensburg angesetzt sei, nach Augsburg zu kommen, außerdem aber, so gewiß er Heinrich IV. liebe, schnell die Weihe des Erzbischofs von Trier zu vollziehen, so wie es ihm vom Papst Clemens III. und dem Kaiser selbst aufgetragen werde[59]).

Die Heimkehr Heinrich's IV. traf zunächst in Oberdeutschland auf Landschaften, die abermals von wilden Kämpfen erfüllt waren.

---

[59]) Der schon mehrfach — ob. S. 527 im Texte, sowie in n. 4, 18, 83 — herangezogene Brief Heinrich's IV. ist durch den Text der Gesta Treverorum, l. c., c. 11, folgendermaßen eingeleitet: Tribus igitur annis fere transactis, cum res (sc. die ob. S. 188, 327 behandelte Verzögerung der Weihe des Erzbischofs Egilbert von Trier, dessen Wahl aber, seit 1079, mehr als „drei Jahre" zurücklag) regi innotuisset, qui sub ipso tempore Roma rediens, multa ibi caede patrata et papa Gregorio fugato . . . secus Alpes moram faciebat, directis epistolis ad Virdunensem episcopum, qui ei summa familiaritate adhaerebat, petivit, quatinus Treverensem metropolitanum quantocius consecrare studeret. Die Angabe, daß der Brief „nahe bei den Alpen" abgeschickt worden sei, und die Einladung an Bischof Theoderich: post festum apostolorum Petri et Pauli — als nächstfolgende Zeitfrist — weisen auf Verona als Platz des Abganges. Theoderich wird im Gruß eine dilectio nulli major angewünscht, und dann heißt es: Inprimis te scire volumus, quia nulli melius quam tibi confidimus, nec episcopum Trajectensem (sc. Konrad) fidei monitorem, sed ad honorem regni tractandum tibi misisse cooperatorem, worauf eben die singula quae mandasti negocia herangezogen werden. Neue Bezeugungen großer Zuneigung folgen gegen den Schluß: Studeas ergo ad nos venire, ut tuo nos adventu possis laetificare. Die Verschleierung des eigentlichen Sachverhaltes beim Weggang von Rom liegt in den Worten: summo triumpho et fide ab eis recedentes prosecuti sunt nos (sc. Romani) . . . . benedictione Dei et sancti Petri omnium gaudio a Roma recessimus (aus dem Satze: Inclusus est Hildebrant mag geschlossen werden, daß der Kaiser, als er so schrieb, vom Weggang Gregor's VII. aus Rom noch nichts wußte).

Aber anderentheils wurde ihm gerade in Baiern auf dem Wege zu dem schon in Italien in Aussicht genommenen Ziele, vielleicht in Freising, ein Willkommengruß in dichterischer Gestalt entgegengerufen, der die Freude über die Rückkehr in der lautersten Form zum Ausdruck brachte. Gepriesen wird der Tag, der den Kaiser auf deutschen Boden zurückbringt; denn mit ihm erlischt der Sturm und kehrt der Sommer wieder. Dann folgen die Lobpreisungen der Verdienste, der Tugenden des Friedens und des Krieges, die in den Thaten der letzten drei Jahre hervorgetreten seien, Thaten, an die der Ruhm der Karl und Ludwig und Otto nicht heranreiche. Von dem, was in Italien geschah, hebt der Dichter die Unterwerfung der Römer, die Besetzung des Lateran mit dem herangeführten Kriegsvolke, die Bekämpfung der Mathilde, der tyrrhenischen Penthesileia, hervor, und aus all dem schöpft er den Preis der Thatkraft des Kaisers, die in diesen Erfolgen zu Tage getreten sei. Zuletzt wendet er auf die von Mühsal beladene Kirche seine Worte. Jetzt wird sie durch den Kaiser, ihren Sohn, ihr Haupt neu erheben: „Weil Gott selbst den Kaiser zurückbrachte, weil die Kirche in voller Freude ihn erblickt, wird sie, einer zweiten Sara gleich, ergrünen“ [80]).

Zu jenen Ländern, in denen wieder Krieg und Verwüstung wütheten, zählten das südliche Schwaben und das westlich angrenzende burgundische Gebiet, wo sich gerade in diesem Jahre Zusammenstöße heftiger Art häufig ereignet hatten. Zuerst war von dem Bruder des Abtes Eggehard von Reichenau, dem Grafen Burkhard von Nellenburg, der als Vogt von Kloster Allerheiligen ganz auf Gregor's VII. Seite stand, das Kloster St. Gallen arg geschädigt worden, und hernach stellten der Zähringer Berchtold II. und der Abt von Reichenau eine größere Heeresrüstung auf, die in zwei Abtheilungen gegen die Anhänger Heinrich's IV. in der Bodenseegegend vorgehen sollte. Der eine Theil richtete zuerst seine Waffen gegen Constanz, und es scheint, daß jetzt Bischof Otto vor diesen Angreifern seinen Sitz in der Bischofsstadt räumen mußte; dann aber wurden neben den bischöflichen auch die St. Gallen zustehenden Besitzungen am ganzen thurgauischen Seeufer entlang elend verwüstet. Die andere Schaar stand unter der Führung eines wahrscheinlich dem thurgauischen freiherrlichen Hause von Märstetten angehörenden Adalgoz, und diese drang durch vier Dorfmarken westlich von St. Gallen bis an den Fluß Urnäsch und

---

[80]) Dieses von W. Meyer in einer Freisinger Handschrift gefundene und deshalb auch im Ursprung nach Freising gesetzte Gedicht — beginnend: Iste dies celebris decet ut sit in omnibus annis, Caesar Teutonicam quo repetit patriam — ist nach v. 13: factis magnis tentatus es his tribus annis, v. 23 u. 24: Et Lateranorum munimina summa virorum complesti duro milite cuncta tuo, v. 25 u. 26: Primates Romae subjecti deditione te pie placabant dum sua colla dabant, v. 33 u. 34: Regnum Tyrrenae vastanti Penthesileae: ipsa bipertitum pertulit excidium jedenfalls zu 1084 zu setzen (abgedruckt Sitzungsberichte der kgl. bayer. Akad. der Wissenschaft., 1882, II, 257 u. 258).

auf das Gebirge hinauf, wo sie unter den jetzt zur Sommerszeit hier auf den Alpen aufgetriebenen Heerden mit Brennen und Plündern auf das ärgste hauste. Freilich vergalt nun wieder Abt Udalrich diese Zerstörungen, und augenscheinlich konnte er, ohne stärkeren Widerstand zu finden, durch den ganzen Thurgau hin an den Feinden Rache nehmen; ebenso wurde Diethelm von Toggenburg, der einen neuen Einbruch gegen St. Gallen selbst gewagt hatte, auf dem Rückwege in der wichtigen Stellung an der Sitter bei Krüzern vom Abte selbst in Noth gebracht und zu ungünstigen Vertragsbedingungen gezwungen. Wahrscheinlich war es Udalrich, in dieser Weise zum Angriffe seinerseits überzugehen, dadurch möglich geworden, daß in der gleichen Zeit — in dem späteren Sommer — eine schwäbische Heerfahrt zu Gunsten des jungen Gegenherzogs Berchtold, des Sohnes des Gegenkönigs Rudolf, nach Burgund unternommen worden war. Eine Burg desselben war von Heinrich's IV. Anhängern hart bedrängt, und um sie zu retten, gingen die Schwaben über den Rhein, überwanden nicht ohne Mühsal noch einige weitere reißende Flüsse und nöthigten so die Feinde — das soll sogar schon geschehen sein, als diese Entsatztruppen noch ganz ferne waren — zur Aufhebung der Belagerung, worauf das ganze Lager mit Zelten, Pferden, Rüstung genommen und mit allem Schrecken feindseliger Behandlung Vergeltung geübt worden sei. Nach gehöriger Niederlegung von Vorräthen in der entsetzten Burg und nach Zerstörung einiger gegnerischer fester Plätze wurde der Rückzug angetreten. Es ist kaum zu bezweifeln, daß Berchtold II. an diesem Unternehmen zur Erleichterung seines Schwagers ganz besonders nachhaltig sich bethätigt hatte[91]).

---

[91]) Die von Gallus Öhem (ed. Brandi, 100) zum Schlußsatz von c. 28 der Continuatio Casuum sancti Galli (über die Stellung des hier genannten quidam comes Purchardus nomine — vergl. meine Ausgabe, 70, n. 188 — unter den Söhnen des Grafen Eberhard von Nellenburg, als zweiter, zwischen Erzbischof Udo und Abt Eggehard, handelt Tumbült, Zeitschrift für die Geschichte des Oberrheins, XLIV, 440 u. 441) dargebotene Jahreszahl 1084 weist — vergl. zuletzt über das Verhältniß dieser Quellen ob. S. 501 in n. 45 — dieses Stück der St. Galler Annalen sammt dem ganzen Inhalt von c. 29 vom zweiten Satz an (zum Anfang von c. 30 vergl. unt. n. 119) zu diesem Jahre, trotz der ausnahmsweise zum Eingang von c. 29 (zu den hier genannten arta loca Crazanie vergl. ob. S. 74, n. 111) eingefügten — irrthümlichen — Zeitangabe Anno ab incarnatione Domini 1085 (vergl. l. c., 71, n. 191). Heyck, Geschichte der Herzoge von Zähringen, 130, n. 454, macht darauf aufmerksam, daß nach Gallus Öhem: margraff Berchtoldt von Zeringen und der abt uß der Ow brachtend ain mercklich folk zuosamen, verordnottend zway her: das ain zoch (etc.) — gegenüber dem lateinischen Texte: marchio Berchtoldus et abbas Augensis, ordinatis duabus turmis, cum una iam res Constantiensis ecclesie, quam res sancti Galli . . . devastaverunt — Berchtold selbst nicht nothwendig als Führer dieses einen Heerhaufens angenommen werden muß: so bleibt — 131 — für ihn die Theilnahme an dem durch Bernold (441) nach Erwähnung der Zeitangabe: circa Kal. Augusti (vergl. n. 62) geschilderten, also etwa in den späteren Sommer (vergl., daß mit interim die in n. 67 eingeschobene, etwa Anfang October geschehene Neubesetzung von Mainz erwähnt ist) gesetzten Zuge der Suevi möglich, nämlich ultra Renum, nach Burgundia (und zwar,

Doch noch weit stärker war die Aufmerksamkeit des zurückkehrenden Kaisers durch das widrige Schicksal in Anspruch genommen, das schon im Beginn des Jahres, wie anzunehmen ist, eine der wichtigsten Städte, wo durch einen hingebenden Anhänger die Stellung als Bischof bisher glücklich vertheidigt worden war, betroffen hatte: das war die Ueberrumplung und Besetzung Augsburg's durch Welf gewesen. Eben gleich im Eingange des Jahres muß dieser Vortheil den Gegnern des Kaisers gelungen sein, und zwar in ganz unerwarteter Weise, da mit Nachschlüsseln bei einem Pförtchen, während die Bürger der Stadt nichts befürchteten, durch verrätherisches Einverständniß die Stadt aufgeschlossen worden war. Die aus Augsburg selbst stammende Berichterstattung führt anschaulich die Gräuelthaten der Eroberer vor, wie sie in feindseliger Raubgier Alles plünderten und zerstörten. Das Domstift wurde nicht verschont; in dem Refectorium und anderen Räumlichkeiten des Stiftsgebäudes schlugen die Eindringlinge ihr Lager auf, verzehrten Alles und befleckten im Treiben mit ihren Buhlerinnen die heiligen Stätten, und auf dem Bischofshofe wurden drei Kirchen, die des St. Michael, des St. Petrus, des St. Laurentius, sammt der Bischofspfalz und anderen Gebäuden, in Asche gelegt. Dann kam Wigolt in die Stadt und bemächtigte sich, als Bischof, des Kirchenschmuckes, den er zertrümmerte, wie im Einzelnen aufgezählt wird, und ebenso des von Bischof Embriko unter Androhung des Bannes hinterlassenen Schatzes, der von ihm vertheilt wurde; außerdem verlieh er die Häuser der verjagten und in Zerstreuung aufgelösten Mitglieder des Domstiftes, sammt anderen Besitzungen der Kirche, an seine Gehülfen bei dem Ueberfalle —: „Nichts ließen sie außer dem elenden Leben den Besiegten übrig!" Aber Heinrich IV. muß schon, als er den Brief an Theoderich abgehen ließ, sicher vorausgesehen haben, daß er gleich nach seiner Rückkehr Augsburg werde zurückgewinnen können; vielleicht war dadurch, daß Welf sich jenem Kriegszug nach Burgund anschloß, die Stellung der Feinde in Augsburg geschwächt. So zog der Kaiser allerdings zuerst an die Donau nach Regensburg, wo er mit Freude und Hingebung ehrenvoll aufgenommen wurde, wenn auch freilich die Anforderungen, die er alsbald erheben mußte, hier, wie in andern

—

wegen der quaedam rapidissima flumina transvadata vel potius transnatata, wohl ziemlich weit hinein), um das quoddam castellum Bertaldi ducis, tibi regis Ruodolfi, zu entsetzen (Henck ordnet richtig den Einbruch des zweiten der zum Kampf in den Bodenseegegenden gerüsteten Heerhaufen, unter dem quidam miles Adilgozo — von Märstetten: vergl. l. c., 72, n. 184 — ad ipsas alpes, ipsis pecoribus igni traditis, in die Sommerzeit, wo das Vieh auf den Alpen ist). Henking, Gebhard III., Bischof von Constanz, 16, n. 24, zieht zum Kampfe gegen Constanz, der den Bischof Otto vertrieben und die Stadt in die Hände der Gregorianer gebracht haben muß, den Liber de unitate ecclesiae conservanda, Lib. II, c. 24, herbei: Otto episcopus Constantiensis ecclesiae ... jam pridem (sc. vor Gebehard's Einsetzung: vergl. n. 119) ab ea expulsus est injuriose (Libelli de lite, II, 241).

Städten, nicht geringe Mißstimmung erweckten; denn, wie gegenüber den geistlichen und weltlichen Fürsten, mußten auch bei den städtischen Bürgerschaften infolge der großen in Italien entstandenen Ausgaben umfangreiche Auflagen ausgeschrieben werden. Dann jedoch verließ Heinrich IV. nach kurzer Frist die Hauptstadt des bairischen Landes und zog westwärts an den Grenzfluß gegen Schwaben, den Lech. Allerdings stellten sich die Feinde seinem Heere gegenüber und suchten ihn an der Ueberschreitung des Flusses zu hindern. Vierzehn Tage standen sich so die beiden kampfbereiten Theile in den Augen — nach einer Nachricht aus dem dem Kaiser feindlichen Lager hätte er, bei einem sonst nirgends erwähnten Zusammenstoß, mehr als hundert Mann seines Heeres an Todten und Verwundeten verloren —; aber in Augsburg brach Mangel aus, und kaum vermochte sich noch die Besatzung der Stadt aus ihrem Raube zu ernähren. So kam es endlich — in der Nacht vom 6. zum 7. August: auf den zweiten Tag fiel das den Augsburgern wichtige Kirchenfest der heiligen Afra — zur plötzlichen Räumung des Lagers vor der Stadt und der städtischen Befestigungen selbst durch den Feind: der Augsburger Bericht möchte es fast als ein Wunder auffassen. Heinrich IV. hielt in die vom Feinde verlassene Stadt seinen Einzug, jubelnd von Geistlichkeit und Volk empfangen, und ohne Zweifel nahm auch Bischof Siegfried wieder Besitz von seiner Kirche[47]).

---

47) Heinrich's IV. Rückkehr (durch Annal. Laubiens. Contin., Mariani Scotti Contin. II., bloß kurz erwähnt, SS. IV, 21, V, 563) wird durch die Würzburger Chronik (ed. Buchholz, 47): Heinricus imperator de Italia revertitur et Augusta ab eo obsidetur et capitur, Frutolf: Heinricus de Italia digrediens, Augustam civitatem ab Alamannis invasam obsedit et cepit (l. c.) gleich mit dem Augsburger Ereigniß in Verbindung gebracht, während die Annal. August., gewiß hiefür die glaubwürdigste Quelle, den Kaiser erst nach Regensburg gehen lassen (wie dieser selbst auch Theoderich angekündigt hatte): reversus imperator Ratisponam, cum omni affectu et honore susceptus (doch ist immerhin die an die Stelle von n. 28 — ob. S. 544 — sich anschließende, von Giesebrecht, III, 605: „Unmuth .... in weiten Kreisen", nur zu sehr, allerdings im Anschluß an das Regensburger Zeugniß, verallgemeinerte Aussage der Annal. Ratisbonens. major heranzuziehen: studuit (sc. Heinrich IV.) has (sc. gazas) colligere de subjectis sibi episcopis et abbatibus aliisque suis principibus prope omnibus. Maximam etiam pecuniam de Ratisponensibus atque de cunctis fere in regno suo adquisivit civibus urbanis, unde adversus eum late succrevit grande odium et invidia immanis, l. c., 48 u. 49) paucis ibi moratur diebus, collectaque multitudine, Augustam ab adversariis possessam profectus (etc.) (l. c., 131). Diese Annalen verbreiten sich eingehend über die Augsburger Ereignisse überhaupt, zuerst den unerwarteten Überfall: dolis quorundam fraudulentorum ... civibus nichil timentibus ... angusto introitu clavibus adulterinis — und das wilde Hausen der Feinde, die Ausschreitungen Wigolt's, dann eben über Heinrich's IV. Vorrücken von Regensburg her, seinen Aufenthalt in ripa fluminis (sc. Lici) castris metatis quatuordecim diebus, bis in nocte quae beatae martyris Afrae festum praecedit (also vom 6. zum 7. August) die Feinde unterliegen: Imperator vacuam ab hostibus ingrediens civitatem, cum gaudio et laeticia cleri ac populi suscipitur (130 u. 131). Weiter handelt Frutolf, unrichtig a. 1083, von der Einnahme — intravit — durch Welefo, Bajoariorum antea dux, und zwar summo mane: Sigifrido episcopo vix evadente, Wigoldum quendam, eiusdem loci canonicum, intro-

Dann kehrte Heinrich IV. nach Regensburg zurück, und jetzt richtete er seine Waffen auch gegen seine bairischen Gegner. Der abgefallene und seiner markgräflichen Stellung beraubte Liupold und andere Feinde wurden überzogen und, wie es scheint, zur Unterwerfung gezwungen[63]). Wenigstens konnte der Kaiser sehr bald wieder nach einer anderen Seite sich wenden.

Heinrich IV. erscheint im Herbste, nachdem er, von Regensburg her, über den Rhein gekommen war[64]), in Mainz, wo er am 4. October, unter ausdrücklichem Hinweis auf die kaiserlichen Großeltern und Eltern, dem Abte Heinrich des Klosters St. Maximin bei Trier die ungerechterweise entfremdete Besitzung Gondershausen, in dem auf der linken Rheinseite liegenden Trechirgau, zurückerstattete. Aber als an diesem Tage die Rechtshandlung so geschah, war auch schon der erzbischöfliche Stuhl von Mainz neu besetzt[65]).

---

uixavit, dann a. 1084, wie schon erwähnt, von Heinrich's IV. Wiederbesetzung der Stadt. Bernold läßt — zwischen Begebenheiten vom 27. Januar und 17. Februar: eben deßwegen ist das Ereigniß an den Anfang des Jahres zu rücken — durch Welf dux Bajoariae die Stadt Augsburg gewonnen werden: a quodam Sigefredo, nec nominando episcopo, cum Bajoariis invasam (sc. Augustam) viriliter eripuit eamque legitimo pastori nomine Wigoldo subjugavit, und weiter unten läßt er circa Kal. Augusti Heinrich's IV. expeditio in Sueviam folgen, die nach ihm dann für Heinrich IV. — Suevis sibi obviantibus, pugnare noluit, quamvis cum erectis vexillis pluribus diebus ad pugnam provocaverint et ex suis plus quam centum vel occiderint vel captivaverint — eine sehr wenig ehrenvolle Wendung genommen hätte: denn Bernold sagt am Ende nur: Heinricus transire (sc. über den Licum fluvium) noluit vel potius non praesumpsit, qui et post discessum Suevorum, timens insidias eorum, unum pene diem ripam relinquere pertimuit, in völliger Verschweigung dessen, daß der Kaiser schließlich Augsburg den Feinden abnahm (439, 441; Strelau, Leben und Werke des Mönches Bernold von St. Blasien, nennt, 89, das Ganze „ein grobes Lügengewebe“). Auch Annal. Zwifaltens. haben: Welp dux Noricorum Augustam obtinuit (SS. X, 54) und Casus. monast. Petrishus., Lib. II, c. 42, ungenau: Rex autem Heinricus de Italia in Theutonicas partes rediens, Welfonem ducem Vindelicam Augustam odio Sigefridi episcopi obsidentem reperit eumque inde exterruit (SS. XII, 647).

[63]) Bernold läßt dann gleich folgen: Tandem Heinricus Radisponam revertitur (441). Die Annales Patherbrunnenses schließen an die Nachricht in n. 57 an: Imperator Heinricus . . . mox expeditionem movit contra Liupoldum marchionem Bajoariae et alios qui ab eo defecerant (l. c.). Vergl. wegen der Mark Oesterreich ob. S. 467, sowie Huber, Geschichte Österreichs, I, 231, daß Liupold sich dem Kaiser unterworfen zu haben und von ihm als Markgraf wieder anerkannt worden zu sein scheint, ebenso Bachmann, Geschichte Böhmens, I, 267.

[64]) Nach Bernold, der von dem Zuge gegen Liupold wieder schweigt, wäre Heinrich IV. gleich von Regensburg ultra Renum nach Mainz aufgebrochen (l. c.); dagegen lassen die Annal. August. den imperator in Pawariam remeans (sc. von Augsburg), ibique paulisper conversatus in Franciam abgehen (l. c.).

[65]) Der Dictator Adalbero C kehrte mit dem Kaiser nach Deutschland zurück, und sein Original St. 2863 — Gebehardus episcopus et cancellarius vice Wecelonis archiepiscopi et archicancellarii recognovi — ist nun — (vergl. ob. S. 69 in n. 106) seit 1077 wieder die erste Urkunde, in der Gebehard wieder in alter Weise, und nicht im eigenen Namen, recognoscirt, was denn auch wahrscheinlich Gebehard's Rücktritt vom Amte zur Folge hatte, wohl weil er nach der langen Selbständigkeit nicht unter den neuen Erzbischof

Erzbischof Siegfried hatte, seit er 1077 mit seinem Gegenkönig Rudolf schimpflich aus Mainz entwichen war, seinen Sitz nie wieder eingenommen, und fern von Mainz war er, am Beginn des Jahres, 17. Februar, in Thüringen gestorben und hatte in seiner geistlichen Stiftung auf hessischem Boden, zu Hasungen, sein Grab gefunden. Niemals war Siegfried ein Mann von Willenskraft gewesen, und seine vielfach eigensüchtigen Absichten, die schwankende Haltung, die er in seiner früheren Zeit zwischen dem jungen König auf der einen, den päpstlichen Weisungen auf der anderen Seite eingenommen hatte, waren geeignet gewesen, seine Geltung sehr abzuschwächen, lange ehe er darauf sein Geschick mit demjenigen des Gegenkönigs vereinigte und damit seine Vertreibung durch die Bürgerschaft seines Metropolitansitzes herbeiführte. Zwar blieb er dann bei seiner einmal eingenommenen Wahl der Partei, und nach Rudolf's Tode wurde der neue Gegenkönig durch ihn gekrönt. Aber in den letzten Jahren verschwindet Siegfried ganz, und nur durch die Nachricht vom Abschluß dieses wenig an die hervorragende Wichtigkeit früherer und nachfolgender Erzbischöfe von Mainz heranreichenden Lebens tritt er zuletzt hervor[60]).

(vergl. n. 67) sich fügen wollte (vergl. Breßlau, Text zu den Kaiserurkunden in Abbildungen, IV, 77, wo auch darauf hingewiesen ist, daß sich die Stellung des langjährigen Notars Adalbero C gleichzeitig änderte, indem nach 1084 nur noch zwei spätere Originale, St. 2907, von 1091, und St. 2948, von 1099, seine Schrift zeigen). Eigenthümlich ist der Urkunde neben der eingehenden Aufzählung der Großeltern und Eltern — pro remedio ... parentum nostrorum Coonradi avi nostri, Henrici patris nostri imperatorum, Gisilae aviae nostrae, Agnetis matris nostrae imperatricum — die eingehend festgestellte Verpflichtung der Brüder von St. Maximin, denen das predium ... injuste ablatum et injuste a quodam Liutoldo pro beneficio possessum zurückgegeben wurde: ut fratres iidem inde consolati pro nostra vita temporali et eterna et animabus parentum nostrorum et pro omnibus fidelibus vivis et defunctis, sicut promiserunt, Deo supplicare non cessent devoti.

[60]) Die Dürftigkeit der Erwähnung des Todes Erzbischof Siegfried's ist der deutlichste Beweis für die Gleichgültigkeit, mit der die Nachricht darüber aufgenommen wurde. Am einläßlichsten ist der Bericht der Annalen von St. Alban: Obiit Sigefridus archiepiscopus Mogontiacensis in Thuringia et apud Hasungun sepelitur, pro quo Wecelinus constituitur (Schum, Die Jahrbücher des Sanct-Albans-Klosters zu Mainz, 27: vergl. SS. II, 245), dann die Angabe der Annal. Ratisbonens. major.: Mogontiacensi pontifici Sigifrido in obstinatione sua contra imperatorem defuncto (l. c., 49), weiter Bernold: Sigifredus Mogonciacensis archiepiscopus, Gregorii papae per multas tribulationes adjutor indefessus, requievit in pace (439); sonst steht — Annal. Patherbrunnens., Annal. s. Petri Erphesfurdens. (SS. XVI, 16), Frutolf, die sogenannten Annal. Ottenbur. — nur ganz kurz nach Siegfried's Tod Wezilo's Nachfolge. Das Bd. I, S. 167 n. 88, erwähnte Chron. Lippoldesbergense gedenkt dagegen, allerdings mit sehr allgemein gehaltenen Ruhmeserhebungen, einläßlich in c. 3 des Erzbischofs, als eines Wohlthäters des Klosters, auch in der schon ob S. 148 in n. 72 eingerückten Stelle der Gefangensetzung nach der Schlacht von 1078, und geht dann in c. 4: De obitu Sifridi et de successione Rothardi episcopi einfach über Wezilo, ohne ihn zu erwähnen, hinweg (SS. XX, 547 u. 548). Die Angaben über den Todestag sind durch Will, (J. Fr. Böhmer): Regesta archiepiscoporum Maguntinensium, 217, zusammengestellt (doch wurde

Der Kaiser aber ergriff jetzt die Gelegenheit, bei seiner Anwesenheit in Mainz, wohl in den ersten Octobertagen, wo er von einer Anzahl von Bischöfen sich umgeben sah, hier einzugreifen, den erledigten Sitz in seinem Sinn neu zu besetzen. Ein Geistlicher der Kirche von Halberstadt, der aber, als treuer Anhänger Heinrich's IV., vor Bischof Burchard flüchtig hinweggegangen war und zuletzt, wie es scheint, in Aachen die Stellung eines Propstes der St. Marien-Kirche eingenommen hatte, Wezilo, wurde vom Kaiser auserkoren. Wie, unwillig genug, auch von der gegnerischen Seite anerkannt wurde, ein durch seine Bildung vorzüglich empfohlener, seinem Herrn in treuester Hingebung dienender Vertreter der Sache desselben, war er durchaus geeignet, als Vorsteher der Kirche von Mainz zugleich die Amtsführung als Erzkanzler zu übernehmen. Aus der den Kaiser umgebenden Versammlung besorgte ein Bischof sogleich die Weihe — diese erschien in den Augen Bernold's als abscheuliche Verfluchung —, und ein Legat, der Heinrich IV. als Vertreter seines Papstes Clemens III. begleitet hatte, schloß daran die Ertheilung des Palliums. Aber ebenso war, hier in Mainz, ein längst von dem Kaiser ausgesprochenes dringendes Begehren erfüllt worden: Bischof Theoderich von Verdun, der sich gleichfalls eingefunden, hatte sich endlich dazu bequemt, Egilbert, dem Erzbischof von Trier, die Weihe zu ertheilen, allerdings ohne Mitwirkung der dazu berufenen Bischöfe des Erzsprengels, Hermann von Metz und Pibo von Toul, die wegen ihrer Feindseligkeit gegen den Kaiser sich fern hielten[67]).

---

dabei übersehen, daß 1084 ein Schaltjahr ist). Die Mainzer, Lorscher Zeugnisse haben: 14. Kal. Martii (Jaffé, Biblioth. rer. German., III, 722, 723, Böhmer, Fontes rer. German., III, 145). Ebenda ist auch von Siegfried's Grabstätte in der Kirche von Burghalungen (vergl. Bd. II, S. 108), von der Auffindung des Grabsteines Siegfried's die Rede.

[67]) Annal. August.: Imperator ... ecclesiae Mogontiae Werinharium archiepiscopum praefecit, qui statim ab episcopo B. (von Bamberg? an diesen ist das in n. 68 erwähnte Schreiben gerichtet — Will, l. c., schließt auf Bischof Burchard von Basel) ordinatus et a legato Wicperti palliatus, Bernold: Henricus congregata multitudine scismaticorum, Wezilonem, clericum Halverstatensis episcopi fugitivum, Mogontiensi episcopatu remuneravit, eo quod illi in omni pertinacia contra Deum et sanctum Petrum indefessus cooperator adfuit; qui ipse jam dudum anathematizatus et ab anathematizatis electus nichilominus etiam ab anathematizatis .... non consecratus, sed execratus est, a. 1088: pseudoepiscopus, inter scismaticos eruditione et errore praecipuus (441, 448), die Annales Patherbrunnenses (l. c.): successit Wecel, vir litteris adprime eruditus, reden einläßlicher, dann einige der in n. 66 erwähnten, Siegfried's Tod nennenden Hervorhebungen bloß ganz kurz von der Neubesetzung des Mainzer Erzstuhles. Von Wezilo sprechen auch Bonitho, Lib. IX: ducens (sc. Lemarus Bremensis archiepiscopus, bei einer nicht genau festzustellenden Reise nach Rom) secum illos regni philosophos ... Guezolonem prepositum qui postea Maguntinam vastavit ecclesiam (l. c., 682), und Papst Urban II. in dem Briefe, den er über den von ihm als Bischof von Pisa geweihten Daibert schrieb, der a Guezelone haeretico zum Diakon ordinirt worden sei: er wisse, Guezelonem haereticum fuisse Moguntinumque episcopatum simoniaco ... facinore invasisse, propter quem aut alium acquirendum

Zugleich nahm nun jedoch der Kaiser hier in Mainz die Einberufung einer abermaligen Versammlung, auf den 24. November, wieder nach Mainz, in Aussicht, und in dem an Bischof Ruopert von Bamberg erlassenen Einladungsschreiben, das von dieser Thatsache Meldung bringt, ist die Lage des Reiches, wie sie Heinrich IV. vorfand, scharf gekennzeichnet.

Der Kaiser beginnt damit, von dem Empfänger des Schreibens vorauszusetzen, daß dieser wohl wisse, in wie großer Gefahr die ganze Kirche schwebe, welche große Verblendung sich in ganz Sachsen erhebe, in welcher Zerstörung die edle Kirche von Metz gänzlich darniederliege, wie aber nicht nur hier, sondern in verschiedenen Theilen des Reiches die Kirche getheilt erscheine: eben deßwegen sei eine Versammlung der getreuen Fürsten des Reiches und Anderer, deren Rath einzuholen nützlich sich erweise, nach Mainz auf den Sonntag vor dem Feste des heiligen Andreas ausgeschrieben. Dann wird mitgetheilt, daß alle königlich getreuen Sachsen sich einstellen werden, mit der dringenden an ihn selbst gerichteten Bitte, er möchte nach Sachsen kommen und jene Irrthümer beilegen. Aber ebenso rufen von anderer Seite die Leute von Metz den Kaiser dorthin, nach Lothringen, damit er jener Kirche Frieden und Sicherheit bringe. So hegt denn auch Heinrich IV. die Absicht, gemäß der Einladung des Erzbischofs Sigewin, das Weihnachtsfest in Cöln

---

regi, sub anathemate posito, diu servierat et propter acquisitum omni vitae suae tempore deservivit. Eumdem et ipsi nos pro eadem causa, quia ab excommunicatis consecratus est, in synodali concilio excommunicavimus (etc.) (Jaffé, Biblioth. rer. German., III, 373). Wezilo war nach dem Necrologium ecclesiae s. Mariae virginis Aquensis (ed. Quix, 45): Wecelo episcopus Moguntinensis frater noster qui cum esset Aquis prepositus (etc.) in Aachen Propst gewesen. — Von der Weihe Erzbischof Egilbert's dagegen sprechen die Gesta Treverorum, c. 14, in weiterer Fortsetzung des in n. 59 behandelten Zusammenhanges. Es heißt da zunächst in c. 13, daß Bischof Theoderich nach Empfang des l. c. besprochenen Briefes Heinrich's IV. in peinliche Stellung kam: voluit quidem quod petebatur (Egilbert's Weihe) libenter adimplere; sed attonitus rerum magnitudine, non posuit in corde suo credere, ita se omnia habere sicut scriptura referente cognoverat. Sed et recordatus, quod a clero Treverensi ne id faceret apostolica auctoritate sibi interdictum fuisset, ne forte adversus eum exinde potuissent quandoque idoneae accusationes consurgere, congruum duxit super hoc litteras mittere Romano pontifici (: hier folgt der ganz falsch eingeschaltete, ob. S. 328 in n. 163 besprochene Brief an Gregor VII.). Hernach — c. 14 — folgt: Appropinquante tempore, quo se rex venturum per epistolam suprascriptam ipsi (sc. Theoderico) mandaverat, sicut jussus fuerat, venire ei obviam parabat, veniensque Mogontiam, ibi forte complures episcoporum in occursum regis euntium repperit; ad quos facta oratione, quoniam confratres sui, suffraganei videlicet ecclesiae Treverensis ..... Herimannus ..... et Bibo ... ob invidiam regis metropolitani sui consecrationi noluissent interesse, petivit ex ipsis causa karitatis sibi cooperatores fieri, et obtinuit. Itaque assumptis secum qui plus ceteris erga ipsum benigni videbantur, conivente eiusdem sedis archipraesule (d. h. Wezilo: also muß die Weihe jetzt im October geschehen sein, wenn auch die Erzählung der Anwesenheit Heinrich's IV. nicht gedenkt, und Köhncke, Wibert von Ravenna, 108, setzt die Weihehandlung ganz irrig in den Juni), Egilbertum consecravit episcopum (SS. VIII, 186 u. 187).

zu begehen, der Art, daß eben die Versammlung in Mainz vorher geschehe und diese Zerwürfnisse dabei geordnet werden, ehe er sich in größere Entfernung hinweg begebe; so ist jene von den Getreuen gewünschte Unternehmung nach Sachsen einstweilen verschoben worden. Am Schlusse wird der Bischof ermahnt, sich nicht durch körperliches Siechthum oder irgend eine andere Angelegenheit vom Besuch der Versammlung abhalten zu lassen[44]).

Vom Rheine wandte sich jetzt zunächst Heinrich IV. wirklich, wie er in diesem Schreiben angekündigt hatte, sogleich nach Lothringen.

Bischof Hermann von Metz stellte sich in diesem Theile des Reiches als ein Vorkämpfer für die Sache Gregor's VII. durchaus in den Vordergrund. Wie der Papst selbst mehrmals den Bischof durch unmittelbar an ihn gerichtete Kundgebungen auszeichnete, wie Erzbischof Gebehard von Salzburg noch ganz kürzlich gerade an ihn ein Schreiben über die Vorgänge in Rom gerichtet hatte, so durfte Hermann auch als ein Hauptförderer der Wahl des selbst aus Lothringen hervorgegangenen zweiten Gegenkönigs angesehen werden. Er war im Stande gewesen, in der Zeit der Abwesenheit Heinrich's IV., gegen Ende des Jahres 1082, nach seinem Bischofsitz, aus dem er hatte weichen müssen, zurückzukehren, und er vermochte sich gegen den Vertreter der königlichen Ansprüche im Lande, Herzog Theoderich von Oberlothringen, zu behaupten. Aber jetzt war er, mochte er auch eben noch seine Mitwirkung bei der Weihe Erzbischof Egilbert's abgeschlagen haben, doch nicht stark genug, um

---

[44]) Dieses im Codex Udalrici, Nr. 70, stehende und Legum Sect. IV, I, 120 u. 121, wieder abgedruckte Schreiben hebt in dem Satze: Ad quod (sc. colloquium) venire te quam intime rogamus, quia nullatenus tam ardua negotia regni et divisio ecclesiae coadunari poterit sine tua maxima sapientia et egregio consilio et fide, que hactenus nobis frequenter in necessitatibus et in huiusmodi controversiis regni, prout nos voluimus et res exegerat, praesto fuit — das Vertrauen zu Ruopert hervor, und ähnlich lautet der Schlußsatz, wo dieser bei der dilectio angerufen wird, qua compater nobis effectus es. Vielleicht ist gerade hieher auch St. 2995a (Codex Udalrici, Nr. 127), die Schenkung einer curtis una et villa et decima ad nostram regalem curtem pertinens, quam in nostra tantum potestate et ad usum nostrum habuimus, an die Bamberger Kirche (sanctissimo et principi apostolorum Petro), die, weil ohne Datum, aber in der Kaiserzeit ausgestellt, zu 1084 bis 1106 gestellt ist, zu ziehen, weil, ähnlich wie in St. 2863 (vergl. n. 65), in der ausdrücklichsten Weise der Vorfahren gedacht wird: pro cari patris nostri H(einrici) imperatoris augusti matrisque nostrae A(gnetis) imperatricis, avi aviaeque nostrae remedio .... ea ratione et constitutione, ut supradictorum carorum nostrorum parentum in vigiliis psalmodiis et omnibus mortuorum agendis inibi devote celebrentur (bemerkenswerth ist noch die Bestimmung: ut pro animabus eorum, qui in bello publico pro nostri regni honore et defensione corruerunt gladio, cottidie missa una specialis, omni quarta feria in choro a fratribus missa communis, ad omnes horas psalmus unus decantetur). Hiezu sei noch angemerkt, daß der 1075 endgültig zurückgetretene Bamberger Bischof Hermann (vergl. Bd. II, S. 544) 1084 starb, wie die Annales Patherbrunnenses (l. c., 100 n. 1 — Scheffer-Boichorst zieht da die Aussage des Annalista Saxo, SS. VI, 721, heran): Herimannus quondam Babenbergensis episcopus, sed ab Hildebrando papa pro simonia depositus, defunctus est und kurz die Würzburger Chronik (l. c.) berichten.

dem Kaiser, als dieser unmittelbar gegen Metz den Marsch richtete, Widerstand zu leisten, und so schlossen sich die Thore der Stadt Heinrich IV. auf; der Bischof und die Bürger unterwarfen sich in einem Vertrage den Geboten des Kaisers, und dieser konnte in einem am 16. October in Metz für die dortige St. Arnulfs-Abtei festgestellten Tausche von Gütern Erzbischof Sigewin und Hermann um sich vereinigen, ebenso wie Herzog Theoderich und Graf Konrad, Bruder des Gegenkönigs Hermann, neben einander als Vögte in diesem Rechtsgeschäfte eintraten [69]).

Dagegen verharrten freilich in anderen Theilen des Reiches die Inhaber der geistlichen Stühle um so hartnäckiger in ihrer Feindseligkeit, und eine aus Oberdeutschland stammende Nachricht zählt in einer Reihe den Erzbischof Gebehard von Salzburg, die Bischöfe Altmann von Passau, Adalbero von Würzburg, Adalbert von Worms, nebst mehreren sächsischen Bischöfen — thatsächlich hielt hier die große Mehrzahl nicht zu Heinrich IV. —, als solche auf, die von Gregor VII. sich nicht trennen wollten [70]). Um so mehr mußte der Kaiser darauf sehen, so oft ein Sitz durch den Tod erledigt wurde, sogleich für dessen Wiederbesetzung in seinem Sinn zu sorgen.

Gerade in diesem Jahre der Rückkehr Heinrich's IV. aus Italien war eine größere Zahl von Bischofsstühlen, neben der erzbischöflichen Kirche von Mainz, neu zu besetzen [71]). Im Patriarchen Heinrich von Aquileja verlor die Sache des Reiches einen treuen, eben deßhalb durch die Gegner in besonders harten Worten, wegen des ihm vorgeworfenen Treubruchs gegenüber Gregor VII., ver-

---

[69]) Ueber die Verhältnisse in Lothringen, im Besonderen des Bischofs Hermann, vergl. Histoire générale de Metz, II, 186 ff., sowie Calmet, Histoire de Lorraine, II, 361 ff. Des Weggangs Bischof Hermann's aus Metz war ob. S. 328 in dem von n. 163 behandelten Briefe Bischof Theoderich's Erwähnung gethan (vergl. im dort citirten Texte der Gesta Treverorum, wo von der depulsio ab episcopatu Herimanni Mettensis ac sibi (sc. Theoderich) injuncta reconciliatio, ut videlicet ipsius interventione Herimannus loco suo restitueretur — die Rede ist). Von dem Eintritt Heinrich's IV. sprechen Annal. August.: Inde (sc. von Mainz) imperator Metensem civitatem aggrediens, episcopum civesque urbis eiusdem sibi rebelles pactione subjugavit (l. c.). St. 2864, im Original des Dictators Adalbero C, das einen Tausch von Gütern zwischen den Kirchen St. Cunibert zu Cöln und St. Arnulf zu Metz unter Zustimmung Erzbischof Sigewin's und Bischof Hermann's bestätigt, stellt fest, ut dux Theodericus et comes Chonradus (vergl. über diesen Bruder des Gegenkönigs ob. S. 419 in n. 127), quos eorumdem prediorum (sc. für St. Arnulf) advocatos constituimus, eadem praedia nostra auctoritate sub manibus altari sancti Arnulfi traderent, quae etiam deffendere debent.

[70]) Die Annal. Ratisbonens. major. bringen, l. c., diese Aufzählung (nur eben irrig an dieser Stelle auch den Metensis episcopus): caesari rebellabant conamine cuncto: in papa enim suo Hiltibrando, quia adhuc vivebat, magnam fiduciam habebant, quem totis sibi viribus favere sciebant.

[71]) In diese Reihe fällt auch das Bisthum Trient, nach Annal. August.: Perewardo Trientino praesule defuncto, Adalbero Augustensis canonicus successit (l. c.). Da dieser nicht als Anhänger Wigolt's bezeichnet wird, stand er wohl auf Seite des Kaisers.

ungltmpften Anhänger: an Leib und Seele sei er gestorben, sagte man ihm da nach. Wahrscheinlich noch während der Anwesenheit des Kaisers in Italien war dieser Todesfall eingetreten, und als Nachfolger bestellte Heinrich IV. einen Angehörigen des böhmischen Herzogshauses, den Neffen Wratislav's, der seinen slavischen Namen Swatobor nach seinem mütterlichen Oheim, dem Bischof Friedrich von Münster, umgeändert hatte; ursprünglich ein Anhänger Gregor's VII., war also Friedrich jetzt augenscheinlich als Patriarch ein Vorkämpfer der kaiserlichen Sache, und ebenso war durch seine Ernennung auch die Verbindung Heinrich's IV. mit dem böhmischen Herrscherhause noch mehr befestigt [17]). Aber auch eben dieser Bischof Friedrich von Münster selbst, neben Erzbischof Liemar und Benno von Osnabrück der einzige Bischof, der auf dem sächsischen Boden neben jener großen Mehrzahl päpstlich gesinnter Kirchenfürsten als Anhänger für den Kaiser in Betracht kam, zählt zu den Verstorbenen dieses Jahres; der Tag des Todes war der 18. April. Friedrich war von 1060 bis 1064 deutscher Kanzler gewesen, und nur das eigensüchtige Eingreifen Erzbischof Anno's hatte ihn 1063 von der Besteigung des erzbischöflichen Sitzes von Magdeburg ausgeschlossen, wofür ihm 1064 das Bisthum Münster als Ersatz gegeben wurde. Wohl erst ganz am Ende des Jahres wurde Erpo dem Verstorbenen zum Nachfolger gegeben, und gleich jenem hielt sich dieser Bischof ganz zu Heinrich IV. [18]). Ebenso war ja aber

[17]) Bei Bernold steht der Tod in corpore et anima des expatriarcha, non semel domni apostolici perjurus et excommunicatus ganz unter den Frühjahrsereignissen des Jahresberichtes (440), ebenso in den Annal. August., die auch der Nachfolge Friedrich's gedenken, vor den großen römischen Vorgängen im März (131), so daß er wohl sicher noch in die Zeit der Anwesenheit Heinrich's IV. in Italien zu setzen ist. In der Series patriarchar. Aquilegiens. steht: Heynricus patriarcha sedit ann. 6, mens. 8 (SS. XIII, 368), was, von seines Vorgängers Sigehard Todestag, 12. August 1077 (vergl. ob. S. 65, mit n. 109), gerechnet, in den Februar den Tod Heinrich's ansetzen würde. Was den Nachfolger betrifft, so sagt die Continuatio Casuum s. Galli, c. 30 (in meiner Ausgabe, 76, mit n. 207), daß der 1084 eingetretene patriarcha Aquilegensis ein genere Sclavus gewesen sei. Es ist der Bd. II, S. 458, erwähnte, von Gregor VII. in einem Briefe an Herzog Wratislav als Fredericus nepos vester et Romanae ecclesiae fidelis genannte und wieder in dem Briefe von ob. S. 325 (n. 157) aufgeführte filius noster Fredericus, der nach Palacky's — Geschichte von Böhmen, I, 302 (n. 111) u. 329 — Untersuchung identisch ist mit Swatobor, dem Sohne des Herzogs Spitignew und der Ida von Wettin (Genealogia Wettinens.: Hidda nupsit duci Boemico et genuit Guntherum — irrig: wohl ein unrichtig gelesenes Suatbor, wie Palacky annimmt — patriarcham: SS. XXIII, 228), Tochter des 1034 ermordeten Markgrafen Dietrich und Schwester des Bischofs Friedrich von Münster (vergl. Stammtafel zu Posse, Die Markgrafen von Meißen und das Haus Wettin, 304), nach welchem — als dem Mutterbruder — Swatobor wohl seinen deutschen Namen trug; nach Palacky, l. c., n. 111, war Friedrich 1078 Propst in Brünn geworden. Giesebrecht, III, 603, glaubt diese Zuweisung einer Kirche an den Neffen Wratislav's mit der Veränderung hinsichtlich der bairischen Ostmark, der vorauszusetzenden Rückerstattung an Liupold (vergl. S. 576 n. 69), verbinden zu können.

[18]) Die Annal. necrol. Prumiens. nennen zu 1084 einzig Friderich episcopus und Sigefridus archiepiscopus von Bischöfen, als dritten und als letzten

auch, wie schon erwähnt worden ist, zu Paderborn in Heinrich von Werla dem vom Gegenkönige Hermann bestellten Bischofe ein anderer von der Seite Heinrich's IV. entgegengesetzt worden[74]).

Doch überhaupt war nunmehr die Aufmerksamkeit des Kaisers ganz hauptsächlich auf das sächsische Land gerichtet. Dorthin hatte er, an die Westfalen, allerdings in der besonderen Angelegenheit der Zehnten, die der Kirche von Osnabrück zu entrichten seien, ein Schreiben gerichtet, das mit den Worten begann: „Weil wir wissen, daß Ihr äußerst bereit seid gegenüber allen von uns aufgestellten Verordnungen, so hoffen wir ohne Zweifel, daß Ihr um so bereitwilliger in dem seid, was wir als rechtsgültig beschließen, je mehr wir bei Euch das höhere Verlangen nach der Gerechtigkeit annehmen" — und dann eben auf die Zehnten und Rechtsanforderungen der Kirche von Osnabrück, so wie sie vom Kaiser anerkannt seien, überlenkte, daß jene nämlich alljährlich im ganzen Bisthum entrichtet würden, ohne Scheu vor irgend einem Menschen: „Denn wir, die wir die Gerechtigkeit vorschreiben, werden Euch helfen, daß Ihr der Gerechtigkeit nachlebet"[75]). Freilich war das sächsische Gebiet fortwährend der Aufenthaltsort des Gegenkönigs. Hier waren von Hermann die Ostertage, vielleicht wieder in Goslar, zugebracht worden, und auch er hatte sich da den Einwirkungen von Lothringen und vom Rheinufer nicht entzogen und für die Beschwörung eines Gottesfriedens unter seinen und des Papstes Gregor VII. Getreuen, eben an jenem Feste, Sorge getragen[76]).

---

von acht Namen (SS. XIII, 222). Vergl. über Friedrich Bd. I, S. 184 u. 185, 352—354, 371. Den Todestag enthält das Necrol. I. eccl. major. Monaster.: (Die Geschichtsquellen des Bisthums Münster, I, herausgeg. v. Ficker, 346 u. 347, mit Aufzählung seiner Schenkungen, der Gründung der ecclesia sancti Mauricii, u. s. f., zum Schluß: et multa alia bona fecit, so daß ausdrücklich am Anfange steht: Agenda est memoria eius). Der Nachfolger Erpo wird als Bischof urkundlich schon am 11. Januar 1085, in einer Nachricht zur Geschichte des Stiftes Überwasser, genannt (Erhard, Cod. diplom. hist. Westfaliae, I, 106 — am 30. December des gleichen Jahres lief noch das erste Ordinationsjahr, l. c., 129); daß er zu Heinrich IV. sich hielt, erhellt aus dem Liber de unitate eccles. conservanda, Lib. II, c. 19, wo Erph episcopus Monasterii zu 1085 unter dessen Anhängern aufgezählt erscheint (l. c., 236), sowie aus der in Hildesheim gemachten Aufzeichnung der Nomina fratrum nostrorum episcoporum, wo zu seinem Namen beigefügt steht: in aclamate (SS. VII, 848).

[74]) Vergl. schon ob. S. 505 mit n. 56.

[75]) Dieses Schreiben — H. Dei gratia Romanorum imperator augustus omnibus de Westphalen suis fidelibus majoribus et minoribus — ist im Osnabrücker Urkundenbuch, I, 172 u. 173 (dazu die photographische Tafel I) abgedruckt, mit der Bemerkung, daß der Dictator Adalbero C als Schreiber anzusehen sei (dessen Schreibweise entspricht: Praecipimus quia justum est; petimus quia vos diligimus). Daß das Stück (1084 bis 1088 angesetzt, doch mit der Vermuthung, Bischof Benno habe es bei der Rückkehr aus Italien mitgebracht) eben zu 1084 gehört, ist sehr wahrscheinlich.

[76]) Bernold sagt: Heremannus rex pascha celebravit in Saxonia, ubi et maximae treuvae inter fideles domni papae factae sunt, quae et in toto pene Teutonicorum regno non multo post confirmatae sunt (440). Sicher ist mit Giesebrecht, III, 1178, in den „Anmerkungen", gegen R. Göcke, Die Anfänge

So scheint denn auch die von Heinrich IV. auf den 24. November nach Mainz in Aussicht genommene Versammlung nicht zu Stande gekommen zu sein, und ebenso wenig gelang es, auf einer Vereinigung zu Gerstungen, jenem Platze an der Werra, der schon früher in Heinrich's IV. Regierung ähnliche Zusammenkünfte gesehen hatte, eine Verständigung zwischen dem Kaiser und den zahlreich versammelten Fürsten zu erzielen[17]).

Von der Stimmung dagegen, die innerhalb der kaiserlichen Anhängerschaft in Niederdeutschland und besonders in dessen westlichen Theilen herrschte, bietet eine Schrift Zeugniß, die im Bisthum Osnabrück, im Sprengel Benno's also, des Bischofs, der noch kürzlich für Heinrich IV. in Rom als Unterhändler gearbeitet hatte, zu dieser Zeit, sehr wahrscheinlich noch innerhalb des Jahres der Rückkehr des Kaisers aus Italien, verfaßt wurde. Wie ein späterer Zeuge, ein Osnabrücker Schulmeister, es aussprach, hatten Erzbischof Liemar und Bischof Benno selbst die Aufforderung zu der Niederschreibung der Abhandlung „über den zwischen Hildebrand und Kaiser Heinrich eingetretenen Streit“ gegeben, und demselben war auch von dem Prior des Klosters Iburg, wo das Buch von ihm aufgefunden worden war, mitgetheilt, daß als der nicht genannte Verfasser Wido, der nachher Bischof von Osnabrück geworden sei, zu gelten habe. Allerdings war nun vom Finder nur ein Auszug, im Hinblick auf die Bedürfnisse der eigenen Zeit, die etwas über ein Menschenalter nach Wido's Arbeit lag, aus dem Werke gemacht worden. Von diesem aber sagt der Benutzer, es habe dreierlei Dinge hauptsächlich zum Gegenstande gehabt, die Wahl und Weihe des römischen Papstes, die Excommunication des Kaisers und die Ungültigkeitserklärung der Eide der königlichen Getreuen[18]).

---

der Landfriedensbestrebungen in Deutschland (Göttinger Dissert., 1874), 55 ff., anzunehmen, daß bei diesen Anordnungen an nichts Anderes, als an den Gottesfrieden zu denken ist (vergl. auch Waitz, Deutsche Verf.-Gesch., VI, 2. Aufl., 539 n. 2), wie denn ja Annalista Saxo zum folgenden Jahre 1085 ausdrücklich bezeugt: instans tempus quadragesimae, in qua propter juratam usque in octavam pentecostes Dei pacem nec licitum erat vel arma portare (SS. VI, 722 u. 723).

[17]) Mit Giesebrecht, l. c., 1179, ist sicher anzunehmen, daß, weil die Annales Patherbrunnenses, l. c., 99 u. 100, zu 1084 die Aussage: Magnus principum conventus factus est in villa Gerstungun causa recuperandae pacis inter regem et ipsos; set infecto negotio discessum est bringen und gleich nachher a. 1085 steht: Iterum conventione principum facta in villa supradicta (etc.), eine doppelte Zusammenkunft zu unterscheiden ist.

[18]) Dieses scriptum quoddam de controversia inter Hildebrandum et Imperatorem Heinricum habita sine auctoris nomine kündigte ein T. Osnaburgensis ecclesiae puerorum introductor qualiscumque dem T. prepositus venerabilis — nach Jaffé's Vermuthung, zu dessen Ausgabe der Schrift, als Nr. 190 in Udalrici Codex, Biblioth. rer. German., V, 328—345, in n. 3 zu 328, wohl Thiethard, 1119 bis 1137 Bischof von Osnabrück — et H. confrater in einer vorausgeschickten Einleitung an, mit der Bemerkung, er habe evolutis quotquot sunt armarii nostri (sc. der Bibliothek der Osnabrücker Kirche) nach Auf-

Der Auszug des Finders und Bearbeiters des Buches hebt mit der Ankündigung der Absicht, die der Verfasser bei dessen Niederschreibung hatte, an: „Weil Viele, entweder durch die Wolke der Unwissenheit festgehalten, oder entbrannt in dem Feuer eines alten Hasses, den Eintritt des Papstes Clemens zu mißbilligen sich anstrengen und nicht erröthen, ihn in allen Stücken zu beschimpfen, so daß sie in jeder Weise auf Priesterthum und Reich Verwirrung hereinziehen und durch den Streit die Eintracht und den Frieden verhindern, so sind wir der Ansicht, die wir von dem wahren Sachverhalt dieser Angelegenheit gute Kenntniß haben, die wir die Ruhe der Schafe Christi wollen und sie lieben, die wir wünschen und danach streben, daß Priesterthum und Reich durch das Band des Friedens und der Eintracht befestigt werden, es sei nicht unnütz, vielmehr hoch nothwendig, daß wir bei Allen eilfertig Gehör erhalten und da mit Hülfe des allmächtigen Gottes in vernünftiger Weise darthun, daß der vorgenannte Papst, ein Anhänger des Friedens und der Gerechtigkeit, recht und in Ordnung zu dem apostolischen und heiligen Sitze gekommen sei". Zu dem Behufe soll die Gewohnheit, wie sie von alten Zeiten her bei Wahl und Weihe der Vorsteher durch die römische Kirche nach schriftlicher Anweisung in bekannter Weise gehandhabt werde, hier kurz verfolgt werden: „Hieraus nämlich wird mit mehr Wahrheit bei dem Anderen — nämlich Gregor VII. — als Vorgang angemessen nachgewiesen werden können, was jetzt von den Neidern bei Clemens getadelt wird" [19]).

Die Ausführung folgt nun der Entwicklung der Kirche durch die ersten Zeiten, der Verfolgung, der Bedrückung, von Petrus bis auf Silvester I., wo noch kein Gegenstand ehrgeizigen Kampfes

schluß de controversia presenti inter sacerdotium et regnum unanimitati totius ecclesiae perniciosa — d. h. über das 1118 mit der Wahl des Burdinus eingetretene Schisma — öfters gesucht, und dann theilte er mit, daß er über diesen Bemühungen endlich in armariolo venerabilium confratrum nostrorum monachorum (d. h. des Klosters Iburg) in fine cuiusdam voluminis den quaterniunculus gefunden habe, in dem diese Schrift enthalten sei. Sein Gewährsmann — prior eiusdem cenobii — weiß ihm zu sagen, auf welche Veranlassung hin das Buch entstanden sei, sowie daß es a Widone, qui et postea episcopus Osniburge factus est (1093 bis 1101) zusammengestellt wurde. Was der Finder damit that, sagt er selbst: Hinc itaque quaedam excipiens visa mihi presentem ecclesiae perturbationem aliquatenus attingere judicio vestrae discretionis mitto, ebenso nachher: Et hec quidem ex episcopi predicti tractatu perstrinxi de Romani pontificis electione et consecratione secundum canonicam auctoritatem et antiquitatis consuetudinem (467). Nach Jaffé's Edition folgte die von L. von Heinemann, Libelli de lite, I, 462—470, und eine deutsche Uebersetzung gab Dr. Hartmann im Anhang, 305—327, zu der Bd. I, S. 576, n. 35, erwähnten Uebertragung der Vita Bennonis. Mirbt wollte, l. c., 82, für die Zeit der Abfassung zwischen 1084 und 1085 einen Spielraum lassen, entscheidet sich aber, 32, sicher zutreffend für 1084 als das Wahrscheinlichere.

[19]) Daß die Worte in altero auf Gregor VII. und seine Wahl sich beziehen (462), ist selbstverständlich.

vorlag; da geschah, wie denn noch kein römischer Kaiser zum Christenthum übergetreten war, keine verderbliche Amtsbewerbung, indem, wer zur Uebernahme der Last des Bischofsamtes tauglich schien, im Geheimen, ohne daß Zwietracht entstund, dazu genöthigt wurde. Das änderte sich mit Kaiser Constantin zur Zeit Silvester's I., insofern jetzt nicht nur Kirchen zu bauen, sondern auch sie zu beschenken von den christlichen Herrschern erlaubt wurde. Vorzüglich errang die römische Kirche von nun an großen Zuwachs, an Besitzthümern, wie an Tugenden. Das aber weckte die Verfolgung durch den dem christlichen Namen stets feindseligen Teufel, so daß er durch nichtswürdige Kunstgriffe den Stand der Kirche zu erschüttern versuchte. Er ließ bei der Wahl der Päpste Zwiespalt entstehen und den Ehrgeiz in unmäßigem Umfange wachsen, so daß sehr oft gefährlicher Streit entstand. Weil die Kaiser durch ihre Schenkungen, in Erhöhung des Ansehens der Kirche, diese hatten emporsteigen lassen, war es nothwendig, daß eben durch die kaiserliche Amtsgewalt dem Getümmel der Parteien, in Auferlegung von Strafe, Furcht geboten wurde und daß dergestalt gegen Papstwahlen, die durch den Eifer solcher Parteien geschehen und nicht kanonisch vollzogen waren, Ungültigkeitserklärungen erlassen wurden. So erwuchs zuerst mit Recht in der römischen Kirche die Gewohnheit, daß nach Wahl eines Papstes dessen Weihe nicht eher erfolgte, als bis die von Klerus und Volk durchgeführte Wahlhandlung vor den Kaiser gebracht wurde, worauf er nach gewonnener Einsicht in den ordnungsgemäßen Gang der Wahl die Vornahme der Weihe nach dem Herkommen befahl[30]). Diese Einrichtung suchten die Päpste selbst aufrecht zu erhalten und für die nachfolgende Zeit zu bewahren, und sie stellten diese Gewohnheit durch Beschlüsse und durch ihr Beispiel in zweckmäßiger Weise dauernd fest.

Das will die Abhandlung durch eine Reihe von Vorgängen aus der Geschichte der römischen Päpste darlegen, die dem Papstbuche entnommen sind Begonnen wird mit der Verordnung des Papstes Agathon — erhoben 678 —, der ausdrücklich die Forderung aufstellte, daß eine gegen die kanonische Regel geschehene, offenbar simonistische Wahl von den Kaisern nach Recht verworfen werde. Danach jedoch wird auch schon von Päpsten der zwei früheren Jahrhunderte, von Bonifacius I., der 418 erwählt war, an verschiedenen Beispielen gezeigt, wie entweder bei Doppelwahlen die Kaiser eingriffen, nach ihrer Entscheidung den berechtigten Gewählten bestätigten, oder wie ein Gewählter die Bestätigung vom Kaiser erst abwartete oder bloß deßwegen ohne kaiserlichen Befehl ordinirt wurde, weil Rom

---

[30]) In diesem interessanten Satze: ut, electo presule, non prius eius ordinatio celebraretur, quam cleri et populi decretum in presentiam Romani principis deferretur, ut, cognito cleri et populi consensu et desiderio, si recte et ordine electionem precessisse cognosceret, consecrationem ex more celebrandam esse juberet (463) entspricht nach n. 1 das Wort decretum dem Begriff „Wahlprotokoll".

durch Belagerung von jedem Verkehr mit dem Sitz des Kaisers abgesperrt war. Es ist begreiflich, daß länger bei Gregor I. verweilt wird, der, obschon einstimmig von Allen erwählt, doch sich geweigert hatte, ohne kaiserliche Erlaubniß die Weihe anzunehmen, der also offenbar unzweifelhaft davon überzeugt gewesen sei, daß ohne kaiserlichen Befehl unter keiner Bedingung eine päpstliche Ordination vorzunehmen sei. Mit größtem Nachdrucke wird aus der Erklärung gerade dieses höchst verehrten Papstes gefolgert, daß augenscheinlich in ungerechter und schismatischer Weise zum päpstlichen Stuhle emporsteige, wer nicht sich beeifere, nach Gregor's I. und anderer heiliger Päpste Muster sich inthronisiren zu lassen.

Danach wird die ganze Zeit bis auf Hildebrand ein erstes Mal rasch überblickt: „Das aufgestellte Beispiel haben auch die übrigen römischen Päpste vor und nach Gregor bis auf Hildebrand's Zeiten bewahrt und nicht früher die Weihe zu nehmen sich vermessen, als bis sie wußten, daß sie Einwilligung und Befehl der Kaiser besäßen. Die aber anders sich erdreistet haben, sind entweder gänzlich vertrieben worden oder haben kaum das erworben, durch das Dazwischentreten der Barmherzigkeit, nachdem sie jedoch Genugthuung haben vorausgehen lassen, aufgenommen zu werden" —, und nachdrücklich weist dieser Zusammenhang auf ein Wort Gregor's I. hin, daß die Amtserschleichung als ein Frevel stets unter der schwersten Strafe nach der kanonischen Anordnung zu verdammen sei.

So ist es auch geblieben, als das Kaiserthum auf die Franken übergegangen war, und auch hier liefert für das neunte Jahrhundert das Papstbuch zahlreiche Beispiele, von Leo IV. bis auf Hadrian II. Wiederum hat in dem folgenden Jahrhundert Kaiser Otto I. seine Gewalt, gegenüber Johannes XII. und Benedict V., weitgehend gehandhabt, und er hat ebenso Leo VIII. eingesetzt, während Johannes XII. noch lebte, und es wird zugegeben, hier und in anderen Fällen hätten Könige und Kaiser das Maß der alten Gewohnheit überschritten; aber solche gewaltsam und über dieses Maß der Billigkeit hinausgehende Maßregeln sollen auch nicht als Beispiele genommen und mit dem verglichen werden, was nach Recht gethan wurde. Denn in einer wörtlich eingeschobenen synodalen Verordnung eines Papstes vom Ende des neunten Jahrhunderts [81]) sei das Recht, daß der gewählte Papst in Gegenwart der kaiserlichen Boten geweiht werde, zum Besten der römischen Kirche selbst, um großen Unordnungen für die Zukunft vorzubeugen, bestätigt worden. Zwar — heißt es weiter — behaupten nun die absichtlichen Störer kirchlichen Friedens und suchen zu beweisen,

[81]) Das decretum, das (465) dem Papst Deusdedit, in den Jahren 615 bis 618, zugeschrieben wird, gehört nach n. 12 vielmehr Johannes IX., auf der römischen Synode von 898, an (vergl. Löwenfeld's Berichtigung, Jaffé's Regesta pontificum Romanorum, 2. Ausg., II, 705, sowie Dümmler, Geschichte des ostfränkischen Reiches, 2. Aufl., III, 490, n. 2).

daß diese schriftlich niedergelegte Gewohnheit nicht kirchlichen Ursprunges, sondern gewaltsam eingeführt sei und deßwegen verworfen werden müsse, besonders weil die kanonische Regel an vielen Stellen festsetze und bestätige, daß niemals einem Laien über kirchliche Dinge zu verfügen die Erlaubniß gegeben worden sei, daß es also auch keinem Kaiser gestattet erscheine, etwas gegen göttliche Befehle vorzunehmen[82]; aber ebenso wird dem neuerdings entgegengestellt, daß vielmehr die römischen Päpste nie hindernd dagegen aufgetreten seien, daß eine Weihehandlung mit kaiserlicher Zustimmung geschehe. Dagegen wird allerdings vollkommen eingeräumt, daß sich vor Allem die Kaiser selbst davor hüten müßten, einem Gewählten durch ihre Einwilligung den Vorzug zu ertheilen, gegen dessen Würdigkeit nach seiner eigenen Erkenntniß die Aussprüche der Heiligen streiten; denn der König darf nichts gegen die göttlichen Befehle vollführen. Ebenso ist es keinem Fürsten gestattet, in seine Rechtsentscheidung etwas hineinzuziehen, das die kanonischen Vorschriften dem Rechte der Päpste zuweisen. Wenn nun aber von entgegengesetzter Seite hieraus der Schluß gezogen werden sollte, es sei überhaupt keinem Laien — also auch dem König nicht — jemals erlaubt gewesen, in kirchlichen Angelegenheiten etwas zu verfügen, so wird dagegen als Einwand geltend gemacht, der König sei in diesem Betracht nach Verdienen aus der Zahl der Laien auszuscheiden, da er infolge der Salbung mit dem Weiheöl als des Priesterstandes theilhaftig offenbar anzusehen sei[83]. So bleibt es auch hinsichtlich des päpstlichen Stuhles dabei, daß theils wegen des Friedens und der Eintracht der Kirche, theils wegen der Ehrerbietung gegenüber dem Reiche durch den Gewählten die Zustimmung eingeholt werden müsse.

Jetzt wendet sich der Verfasser des Auszuges der Beweisführung Wido's, die sich auf die Excommunication eines Kaisers bezieht, zu, unter Einfügung längerer wörtlich herausgehobener Stellen. Besonders die zweite ist hier wichtig[84]. Da wird erörtert, daß viele wahrhaft gläubige und in ihrer Ueberzeugung feste Päpste Hilde-

---

[82]) Wido wendet sich da, 466, gegen die am 1. März 499 von Papst Symmachus aufgestellte synodale Verordnung: Cum Symachus papa de electione Romani pontificis in synodo preceptum daret, nullam mentionem principis habuit, in so weit als diese wegen solcher Nichterwähnung von den Gegnern gegen ihn ausgenutzt werden wollte, und er sucht geschickt darzulegen, weßhalb Symmachus, infolge der von ihm selbst gemachten, schon vorher (464) erörterten Erfahrungen dazu kam, in seinem Decrete auf die Erwähnung der frequentes ambitus sich zu beschränken.

[83]) Mirbt, l. c., 481, betont, dieser Hinweis auf den Charakter des Königthums, daß der König als ein Gesalbter aus der Zahl der Laien ausgeschieden erscheine, daß er also in Hinsicht auf die Ausübung der Investitur der auf den Laien liegenden Einschränkung nicht unterliege (467), sei eine Eigenthümlichkeit der Beweisführung Wido's.

[84]) Es ist das mit den Worten: item in eodem tractatu eingeleitete Stück (467 u. 468), von dem Mirbt, l. c., 150, sagt, daß ein deutlicher Beleg von grundsätzlicher Bestreitung der päpstlichen Excommunicationsbefugniß gegenüber Regenten hier vorliege.

brand vorangegangen seien, in deren Zeiten sich römische Kaiser schwer gegen die Kirche verfehlten, ohne daß einer von jenen sich erdreistet hätte, diese durch die Erwähnung einer Excommunication zu erzürnen, und zwar sei das von jenen Päpsten nicht aus Menschenfurcht unterlassen worden, sondern in Befolgung des apostolischen Wortes: „Alles zur Erbauung“ [85]), so daß sie sich hüteten, eine Sache zu verschlimmern, sich vielmehr vornahmen, eher geduldig zu tragen, als Rache anzuwenden. Als Beispiel wird angeführt, daß Nikolaus I. trotz der heftigen durch den Karolinger Ludwig II. in Rom erlittenen Anfechtungen [86]) sich hütete, die Wuth des Kaisers noch zu verschlimmern. Dem stellt dann das Weitere die gegenwärtige Lage der Dinge gegenüber. „Der kirchliche und der königliche Besitz wird überall gleich wie eine Beute eingenommen und rings umher aus einander gerissen, von Allen geraubt. Die Schafe Christi gehen auf jede Weise zu Grunde. Jeden Tag erheben sich und wachsen mehr als bürgerliche Kriege. Die Sorge für die Kirche wird vernachlässigt; auch ihre Verfassung und Ordnung wird verwirrt. Und mit gottloser und tempelschänderischer Vermessenheit werden die Gott geweihten Kirchen des Goldes, des Silbers, der Edelsteine und priesterlichen Gewänder und der übrigen Dinge, welche die verehrungswürdige Andacht der Päpste oder Könige und die Frömmigkeit der Getreuen ihnen als Verzierungen dargebracht hatten, entkleidet und dann zur Entzündung von Kampf und zur Herbeiführung von Kriegen und zur Begehung von Metzeleien ausgeantwortet. Die Besitzungen und Einkünfte heiliger Genossenschaften, die Erbschaften und der Lebensunterhalt der Unmündigen und Waisen werden aus einander gerissen und verwüstet. Und so wird von der einen Seite der Gottesdienst gehindert und vernachlässigt, auf dem anderen Theile der Herr durch die Stimme der Hungernden gestört“. Aus all dem wird im Weiteren der Schluß gezogen, daß die Kirche durch eigene Schuld, gegenüber diesen unseligen Erscheinungen der Gegenwart, die Heilmittel verloren habe: „Denn da, von wo die Kirche nach Verdienen die Frucht einer guten Lebenshaltung und des Heils hat einsammeln sollen, fließt nichts Anderes, als der Saft der Sittenverderbniß und der Unverbesserlichkeit heraus, und von wo sie das Gut des Friedens für sich hervorströmend erhoffte, ergießt sich nichts Anderes, als die Quelle der Zwietracht. Es steht also nach dem Vorgesagten fest, daß Hildebrand unbillig und gottlos gehandelt hat, als er, geleitet durch den Drang des Zorns und der Feindseligkeiten, mit dem Worte einer ungerechten Excommunication, wo kein Beispiel der Vorgänger voranschritt, den römischen Kaiser zu erbittern sich er-

[85]) I. Corinth., XIV, 26.

[86]) In Bezug auf die 864 durch Kaiser Ludwig II. — pater clericorum heißt er da — über Rom verhängte 52 Tage dauernde Bedrängniß beruft sich die Erzählung auf eine anscheinend nicht mehr vorhandene scriptura de querimonia Romanorum composita (467). Vergl. Dümmler, l. c., II, 73 u. 74.

sühnt hat". Endlich nimmt diese Auseinandersetzung noch Bezug auf ein von Gregor VII. in seinem Schreiben an Bischof Hermann von Metz herangezogenes geschichtliches Ereigniß, nämlich das Auftreten des Erzbischofs Ambrosius gegenüber Kaiser Theodosius, und es wird gezeigt, daß der Papst da ganz unpassend und trüglich dieses Beispiel, das vielmehr geradezu gegen ihn spreche, mißbraucht habe: Theodosius hatte Tausende von Menschen, ohne vorhergegangenes gerichtliches Verfahren, tödten lassen, und Ambrosius vermied es sorgfältig, über Ermahnung liebreicher Art hinauszugreifen und mit Worten des Zornes das Verdammungsurtheil auszusprechen, Excommunication und Lossagung der Unterthanen vom Eide folgen zu lassen[87]).

Am Schlusse wird auch noch die dritte Frage, die sich auf die Aufhebung der Gültigkeit der Eide bezieht, besprochen und dabei wieder davon der Ausgang genommen, daß Hildebrand sich durch die ungerechterweise gegen Heinrich IV. ausgesprochene Excommunication den Nagel der Beschimpfung und Verdammung selbst eingetrieben habe. Im Anschluß daran wird gesagt, der Papst habe, wie er denn selbst, „von dem Aussatze des Irrthums befleckt", durch die Verkehrtheit seiner absonderlichen Lehre aus der Einheit der Gläubigen ausgeschieden sei, keinen Getreuen des Königs von dessen Gemeinschaft losbinden, viel weniger von den ihm geleisteten Eide lösen können. Sogar wenn die Excommunication eine rechtmäßige und gültige gewesen wäre, würden die Fürsten des Reiches, so lange ihr Leben dauert, nicht ohne Gefahr des Meineides vom Eide entbunden werden können, weil, wenn das Versprechen des Eides, ohne daß Nothwendigkeit vorliegt, verletzt wird, nothwendigerweise auf der Stelle die Begehung eines Meineides vorliegt. Deßwegen, besonders auch weil ein den Königen abgelegter Eid durch die Lehre der heiligen Väter als unlösbar verbindend hingestellt wird, ist derjenige, der erlaubt und befiehlt, daß Eide für Könige und Kaiser verletzt werden, nothwendig des Meineides schuldig und handelt den Vorschriften des alten und des neuen Testamentes offenbar zuwider. „Was also hat Hildebrand in der Lösung des dem Könige geschworenen Eides Anderes gethan, als daß er völlig das Gebot Gottes verwarf und seine eigenen Lehren aufstellte und die Verfassung der Kirche in schamloser Weise umstürzte?" Neue Dinge, von verderblichsten Folgen, aber hat er ohne Zweifel in der Erlaubniß, Meineid zu begehen, aufgerichtet, zwei ketzerische und dem Heile des Christenthums ganz feindselige Lehrmeinungen eingeführt, einmal indem er die Reuelosigkeit des Herzens in jener Lösung vom Eide ansagte, das ist eine unverzeihliche Sünde gegen den heiligen Geist, dann indem er durch sein eigenes Beispiel behauptete, daß

[87]) Vergl. ob. S. 370 zu dieser, 468, herangezogenen Parallele, wo es von Gregor VII. heißt: quia exemplum mendacio corrupit et inconvenienter in suam argumentationem assumpsit, nulla ex hoc evidentia probabilitatis propositum suae intentionis firmavit . . . . Inconvenienter ergo et fallaciter Hildebrandus ab Ambrosio exemplum duxit.

ohne Besserung Vergebung einer Schuld gegeben werden könne. Wie schon vorher, werden zu Beweisen neue Zeugnisse aus der Bibel und aus Aussprüchen von Päpsten, Kirchenvätern, Synoden zusammengebracht, und der Begriff des Meineides findet eine sorgfältige weitere Ausführung, ganz vorzüglich, um Gregor's VII. schwere Mitschuld noch mehr zu erhärten. Gestützt auf den Ausspruch des Papstes Simplicius, daß mit Recht der, welcher die ihm anvertraute Gewalt mißbraucht, verdiene, seine Würde zu verlieren, zielt Wido auf das deutlichste auf Gregor VII. ab, wenn er vom Verluste des päpstlichen Privilegiums spricht, sobald die vorher erörterten Verschuldungen vorliegen. „Einen nichtswürdigeren Rath wird niemand bewerkstelligen können, als unter dem Scheine des Friedens gegen Priesterthum und Reich das Schwert der Zwietracht loszulassen". Nochmals werden dann die entsetzlichen Folgen dieser allgemeinen Zerrüttung durch den Kampf zwischen den beiden Häuptern der Kirche — dem römischen und dem kaiserlichen Papste — ausgemalt. Endlich heißt es: „Deßwegen, so lange am Haupte die Erschlaffung nicht geheilt sein wird, wird die Krankheit nicht aufhören, den ganzen Leib zu ermüden" [88]).

— Obschon infolge des Umstandes, daß uns nur ein — übrigens jedenfalls recht geschickt angefertigter — Auszug der Schrift Wido's vorliegt, ein Einblick in den ganzen Aufbau des Werkes des Osnabrücker Vorfechters der kaiserlichen Sache uns abgeht, ist doch aus dem vorliegenden Gerippe des Ganzen genügend ersichtlich, daß Wido mit großer Sachkunde ein in seinen Ausführungen und Beweisen ausgezeichnet fest in sich geschlossenes, in seinen Schlußfolgerungen beweiskräftiges Buch seinen Auftraggebern in die Hand gelegt hatte.

Nicht weniger kräftig, als hier Wido, erhob sich — gleichfalls noch in diesem Jahre — in Mitteldeutschland, im Kloster Hersfeld, eine Stimme für die Sache Heinrich's IV. Der wohl unterrichtete, schriftgewandte, durchaus überzeugungstreu schreibende Mönch wandte sich in einem Streitbuche, das später der erste Theil der fortgesetzten Schrift, die die Einheit der Kirche im Sinne der Anlehnung an den Kaiser vertheidigen sollte, geworden ist, gegen Gregor VII., und zwar muß ihn das drei Jahre zuvor erschienene Schreiben des Papstes an Bischof Hermann von Metz, in dem die Ansicht bekämpft worden war, daß ausgeschlossen sei, es könne ein Kaiser vom Papste excommunicirt werden, zu seiner Antwort veranlaßt haben [89]).

---

[88]) Die gewisse Willkür des den Auszug besorgenden Benutzers erhellt besonders am Schlusse (470) aus der Art und Weise, wie mit: Item de juramentis noch ein alttestamentliches Beispiel, von Sedechias, der Nebukadnezar den Eid brach und deßwegen elend zu Grunde ging, angehängt erscheint.

[89]) Daß Lib. I des Liber de unitate ecclesiae conservanda (Libelli de lite, II, 184—211) hier zu 1084 heranzuziehen ist, hat nach P. Ewald, Walram von Naumburg, zur Geschichte der publicistischen Literatur des XI. Jahr-

Das Buch beginnt mit dem Spruche aus dem Johannes-Evangelium, Cap. III, Vers 13: „Niemand fährt zum Himmel empor, wenn nicht der, so vom Himmel herabstieg, des Menschen Sohn, der im Himmel ist". Denn der Verfasser meint, der Herr empfehle in diesem Worte die Einheit der Kirche, die in der Liebe die Eintracht anstrebe und in der Einigkeit ihrer Glieder sich zum Himmel im Erlöser, dem Haupte der Kirche, sammle. Deßhalb sollte von denen, die Parteiungen unter den Menschen erregen, das Wort des heiligen Augustin: „Wehe jenen, die die Einheit der Kirche hassen, indem sie sich unterstehen, unter den Menschen Parteiungen zu machen" — beachtet werden: ist doch vollends eine Parteiung bis zur Spaltung der kirchlichen Einheit ein größeres Verbrechen, als selbst die Abgötterei. Deßwegen hält der Urheber der Schrift es für nothwendig, Einiges über den Stand der Kirche seiner Zeit zu schreiben, weil jeder lebhaft Mitfühlende Mitleid der Kirche zuwenden müsse, darüber daß nun schon lange im Gebiete des römischen Reiches überall Krieg und Aufstände im Gange seien und nur bei Wenigen noch jene Eintracht erhalten bleibe, durch die die Kirche Christi geeinigt werde und bestehe. Dann geht die Ausführung auf Gregor VII. unmittelbar über, und der Verfasser verhehlt nicht, daß Manchen dieser Papst als „Zunder und Nahrung der Zwietracht" erscheine; aber er will es offen lassen, ob das zu bestätigen, oder aber zu verneinen sei. Immerhin will er jedoch über die schriftlichen Aeußerungen des Papstes handeln, um dessen Vertheidigungsweise, wie er sie für seine Partei habe eintreten lassen, zu beleuchten; denn er ist mit dem heiligen Märtyrer Bischof Cyprian von Karthago der Ansicht: „Wer nicht die Einheit fest-

---

hunderts (1874), 39—41, wo noch ein Spielraum bis Mai 1085 offen gelassen ist, ganz besonders bei Mirbt, l. c., 35, 52, 62, Zustimmung gefunden: doch hat allerdings seit 1090, wo der Verfasser die Fortsetzung beizufügen begann, eine Ueberarbeitung, mit Beifügung einzelner Sätze, stattgefunden (vergl. schon gleich in c. 1 in dem Satze: Sed huius discordiae fomes et nutrimentum fuisse Gregorius papa, qui et Hildibrant, videtur aliquibus, quod nos nec affirmamus nec renuimus, sed huius rei secretum divino iudicio relinquimus, quia nunc ibi constitutus est post corporis huius depositionem, ubi sub iudice Deo recepit iuxta meriti sui qualitatem — 185 — den zweiten Theil, dann die in n. 91, 99, 111, 115 angemerkten Stellen). Daß Lib. I die Antwort auf das ob. S. 868—873 behandelte Schreiben Gregor's VII. an Bischof Hermann von Metz ist, geht aus den mehrfachen hier im Texte hervorgehobenen Stellen hervor, zuerst gleich in c. 3: Sic enim scripsit inter alia plurima ad Herimannum Metensem episcopum (vergl. n. 90). Ueber die Frage betreffend den Verfasser des Liber de unitate ecclesiae conservanda faßte ich — Festgaben zu Ehren Max Büdinger's von seinen Freunden und Schülern (1898), 179-190 — das Urtheil dahin zusammen, daß derselbe ungenannt bleiben muß und durchaus nicht als der 1091 an die Spitze der Kirche von Naumburg beförderte Bischof Walram angesehen werden darf, wie nach Ewald besonders auch Schwenkenbecher, auch noch in seiner Edition in den Libelli de lite, l. c., 173—184, that (freilich unter Verwahrung Sackur's, Anmerkung zu 178) — vergl. im Einzelnen die von mir, l. c., 181 u. 182, namhaft gemachte Litteratur —: sicher ist dagegen der Verfasser im Kloster Hersfeld zu suchen (l. c., 183).

hält, hält nicht den Glauben an den Vater und den Sohn, hält nicht das Leben und das Heil".

Darauf folgt eine geschichtliche Auseinandersetzung über Rom als die Mutter der Kirchen, die die eine katholische Kirche ausmachen. Da werden Rom's Beziehungen zu dem Neu-Rom Constantinopel behandelt, das durch Constantin zum kaiserlichen Sitze gemacht worden war, wie der Verfasser annimmt, in der Absicht, daß Alt-Rom den mit der Ehre der Apostel verbundenen Vorrang behaupte, Neu-Rom dagegen die fürstliche Stellung der königlichen Majestät festhalte, so daß Mutter und Tochter übereinstimmten zur Einigkeit christlichen Glaubens und Gottesdienstes. Freilich seien dann die Kaiser von Constantinopel ketzerisch, Beschirmer der Häresie, Verfolger der katholischen Kirche geworden, und so habe die Mutter gleichsam den Scheidungsbrief an die Tochter geschrieben und sich an die Völker in Gallien und Germanien als an ihre Söhne und Bürger gewandt, also an deren Könige als an die Kaiser des Reiches und an die Patricier der römischen Kirche. So ergeht sich die Erzählung in der Schilderung der Beziehungen der Päpste Zacharias und Stephan II. zu Pippin, hernach Leo's III. zu Karl dem Großen: deutlich wird da gesagt, Karl habe als erster zum Kaiser geweihter fränkischer König nur gegen seinen Willen durch den damaligen Papst — eben Leo III. — hiezu sich heranziehen lassen —, und besonders kennt der Verfasser recht gut die Sachlage bei der Erhebung Pippin's auf den Königsthron, die Antwort des Zacharias auf die Anfrage aus dem Frankenreich, es sei besser, der habe auch den Königsnamen, der die Macht besitze. Ganz deutlich lenkt jetzt der Text auf den oben genannten Brief Gregor's VII. an Bischof Hermann von Metz vom 15. März 1081 hinüber, weil in jenem Schreiben die Entfernung des fränkischen Königs aus seiner nur noch dem Scheine nach besessenen Herrschaft ausdrücklich einzig deßhalb herangezogen worden war, um daran die Erwähnung der Thatsache anknüpfen zu können, der dabei handelnd hervortretende Papst, eben Zacharias, habe die Franken vom Treueide für den König losgesagt[90]). Gregor VII. wird da geradezu, wegen der Art und Weise, wie er dort die Päpste Zacharias und Stephan II. verunglimpft habe, getadelt, da durch ihn die Sache in dem Briefe an Hermann so hingestellt sei, als hätten diese Päpste einzig und allein durch ihre Machtvollkommenheit Childerich abgesetzt und die Lösung vom Treueide ausgesprochen, während doch wohl die Fürsten des Reiches einem Manne von der kläglichen Beschaffenheit Childerich's irgend welchen Eid zu leisten für un-

---

[90]) Vergl. ob. S. 370. Aus Registr. VIII, 21 sind zwei Sätze (Jaffé, Biblioth. II, 453, 454) geradezu in c. 2 (186) eingeschoben, und zwar, wie schon in c. 1 bei jener ersten wichtigen Erwähnung Gregor's VII., von n. 89, und wieder im weiteren Zusammenhang, mit der kühlen Nennung des Gregorius papa, qui et Hildibrant (in c. 6 bloß papa Hildebrant: 191, und häufig im Weiteren), und noch öfter.

würdig gehalten hätten. Aber Gregor VII. habe ja dergestalt überhaupt nur deßwegen seine Worte gewählt, um die Gemüther seiner Anhänger zu bestärken, damit sie ohne Beunruhigung ihren König — Heinrich IV. — verlassen könnten, als ob er selbst — Gregor VII. — nach dem hier herangezogenen Vorgange früherer Zeit die Macht besäße, Heinrich IV. abzusetzen.

Aber nicht weniger tadelt die Schrift, daß Gregor VII. außerdem das Wort Christi von Petrus, vom Binden und Lösen, dabei angeführt habe. Sie meint, die jetzige Zerreißung würde nicht eingetreten sein, wenn die Liebe, welche aufbaut, eine mildere Auffassung dieser Worte bewerkstelligen wollte. Denn der Verfasser ist der Ansicht und belegt sie durch Bibelstellen und päpstliche Aussprüche, daß Gott selbst die beiden Ordnungen, die königliche Gewalt und die geheiligte Macht der Bischöfe, eingerichtet habe, wie auch Papst Gelasius I. sagte, Christus habe festgestellt, daß einerseits die christlichen Kaiser wegen des ewigen Lebens der Bischöfe bedürfen und anderentheils die Bischöfe für den Lauf der zeitlichen Dinge von den Verfügungen der Kaiser Gebrauch machen müssen, so daß also durch die Selbstbeherrschung einer jeden der beiden Ordnungen dafür gesorgt werde, daß nicht die eine auf die andere gestützt übermüthig sich emporhebe. Auch Paulus habe der Kirche vorgezeichnet, sie solle nichts gegen die Fürsten und die Mächte der Welt thun, sondern in einem ruhigen und stillen Leben das Werk der Gerechtigkeit und Frömmigkeit ausüben. Ausdrücklich wird aus all dem geschlossen, Gott habe selbst die Forderung aufgestellt, daß, weit entfernt davon, daß alle Verbrechen durch die Vorsteher und Fürsten der Kirchen geahndet würden, vielmehr das Gericht des Priesters nur das Schwert des Geistes, nämlich das Wort Gottes, handhabe. Nicht weniger eindringlich ist der Schluß, der an Zeugnisse der Päpste Gelasius I. und Anastasius II. anknüpft, dergestalt daß nämlich gottwürdige Inhaber des römischen Pontificates flehentlich um den kirchlichen Frieden baten, indem sie nicht darnach strebten und noch viel weniger je den Gedanken faßten, irgend einen König oder Kaiser abzusetzen, daß also deßwegen diesen Frieden suchenden und Frieden darbietenden Päpsten Gott, ihre Demuth, Geduld und Mildigkeit belohnend, zur Seite stand. Demgemäß ist es jetzt — so folgert der Verfasser — gleichbedeutend mit einer Brandlegung behufs Zerstörung der Kirchen, wenn ein Papst einen weltlichen Fürsten abzusetzen sucht[81]). Ungehorsam der Christen gegenüber der

[81]) Ewald, 30, nimmt den hier stehenden Satz von c. 3: Quaerit autem nunc aliquis pontificum deponere principem populorum (etc.) (187) als einen ersten Beweis für die Abfassung der ersten Redaction noch bei Gregor's VII. Lebzeiten. Dann aber ist im gleichen c. 3 späterer Beisatz — von 1090 —, was über Heinrich IV. folgt: per totum tempus imminentis belli, quod jam per 17 annos — seit 1073 — gestum est, sowie: in omnibus praeliis, quibus sexies — der Kampf von 1088 der sechste in der Reihe — cum hostibus conflixit, ebenso die Erwähnung des Todes des Gegenkönigs Hermann: alter (sc. invasor regni) . . . miserabiliter occubuit (188).

weltlichen Gewalt, Weigerung der Pflichten und der Ehrfurcht müssen die Gewalt der weltlichen Waffen gegen diese sich selbst schuldig machenden Hartnäckigen kehren und deren Verfolger als entschuldbar, sie selbst aber als schuldig erscheinen lassen; denn in solchem Falle würden die Verfolgten augenscheinlich nicht um des Glaubens, sondern um ihres Trotzes willen angefochten werden, und sie würden des Todes würdig erscheinen, ohne irgend ein Verdienst dabei zu haben. Auf Worte Christi — „Gebet dem Kaiser, was des Kaisers ist“ — und des Apostels Paulus wird dabei in deutlichster Weise abgestellt.

Nochmals lenkt dann der Text auf jene Behauptung Gregor's VII. zurück, Papst Zacharias habe den König Childerich abgesetzt, weil er für eine so hohe Würde untauglich gewesen sei, und diese wird dann abermals dahin berichtigt, der Papst habe eben damals der Anfrage aus dem fränkischen Reiche, die auf einem fertigen Entschlusse beruhte, einfach zugestimmt. „Aber der König und Kaiser unserer Zeit, geboren und erzogen im Königthum, scheint, so weit das ein menschliches Urtheil angeht, der Kaiserherrschaft würdig, sowohl nach der eigenen Tüchtigkeit, als nach dem Verdienste und der Würde seiner Vorfahren“. Der Verfasser will, daß man nur eben jenen kläglichen Childerich vergleiche mit Heinrich IV., neben dem ein Tauglicherer für die römische Kaiserwürde im ganzen Frankenreich nicht gefunden werden könne. Allein nun sei man vielmehr in heftigster Anfechtung gegen diesen Herrscher vorgegangen, ganz im Gegensatz gegen die Schriftworte: „Meinen Frieden gebe ich Euch; den Frieden lasse ich Euch zurück“ — und: „Selig sind die Friedfertigen, weil sie Gottes Söhne werden genannt werden“ (Johannes, Cap. XIV, Vers 27, und Matthäus, Cap. V, Vers 9).

Darauf wird an die Umstände erinnert, unter denen Gregor VII. seinen Brief an Bischof Hermann geschrieben hatte. Der Bischof stand damals in nicht geringer Sorge theils wegen des Gehorsams gegenüber dem Papste, theils wegen der Wahrung seiner dem Könige geschuldeten Treue[illegible]); keine dieser Pflichten wollte er versäumen, da deren Verletzung große Gefahr bringt, so daß eben der, durch den zwischen den Herrschern der Welt solche Trennung entstanden ist, schweren Verbrechens schuldig erscheint. Wieder geht dann der Text auf jenen Hinweis des Briefes betreffend Childerich's Absetzung über, sowie auf den Mißbrauch des Schriftwortes vom Binden und Lösen durch Petrus. Allerdings — heißt es da — habe Christus an Petrus und die römische Kirche solche Befugniß ertheilt; aber das geht auf die Fesseln der Sünder, dagegen durchaus nicht darauf, daß an dem verbindlichen Inhalt der heiligen Schriften oder am Worte Gottes ein solches Lösen oder Binden

[illegible]) Die obedientiae sententia — für Gregor VII. propter primatum sedis apostolicae — und die tidei suae observatio — fides, quam juramento promiserat regi — sind am Eingange von c. 4 einander gegenübergestellt (188.

ausgeübt werde. Besonders werden abermals verschiedene Bibelstellen und ein Wort des heiligen Augustinus angerufen, um zu beweisen, daß Schwüre gehalten werden müssen. Denn es handelt sich ja auch gar nicht bloß darum, wem, sondern unter wessen Anrufung der Eid geleistet wurde. Es ist ja nicht gleichgültig, wenn jemand den Namen des Herrn seines Gottes vergeblich nennet, wie es in der Bergpredigt heiße: „Du wirst nicht falsch schwören, sondern dem Herrn Deinen Eid halten". Der Eidbrüchige beleidigt den, bei dessen Namen er schwur, und nach dem apostolischen Worte werden die Meineidigen Gottes Reich nicht besitzen. Petrus hat — nach seinen eigenen Worten — seine Gewalt des Bindens und des Lösens selbst seinem Nachfolger nur in den Dingen hinterlassen, wo das Binden nothwendig, das Lösen nützlich ist. Also — so wird wiederholt — hat Gregor VII. offenbar „ungerecht zugleich und unwürdig" den frommen Päpsten, Zacharias und Stephan II., in seiner Aeußerung Schimpf angethan, wenn er behauptete, er könne nach ihrem Vorgange oder nach dem Zeugniß irgend eines Abschnittes der heiligen Schrift Fürsten und Vassallen des Reiches von dem ihrem Könige geschworenen Eide entbinden.

Ein anderes von Gregor VII. gegenüber Hermann von Metz herausgehobenes Wort, aus dem pseudoisidorischen Briefe des Papstes Clemens über seine Ordination von Seite des heiligen Petrus, bietet dem Verfasser einen weiteren Ausgangspunkt der Erörterung. Gregor VII. wollte da beweisen, daß, wen der Papst um seine Vergehungen anficht, von keinem Anderen mehr als Freund behandelt und angeredet werden dürfe[98]). Aber hier wird nun im Gegensatz dazu die Ansicht entwickelt, daß im Sinn des Petrus da jedenfalls von keinem Könige oder Kaiser habe die Rede sein können, sondern von irgend einem Angehörigen des großen Haufens des Volkes, den der Apostel auf diesem Wege rascher zur Buße bringen wollte. Denn, um von christlichen Königen ganz abzusehen, Petrus selbst habe ja sogar für den gottlosen Kaiser Nero befohlen: „Fürchtet Gott; ehret den König!", und ähnlich habe Paulus über die Unterwerfung unter die menschliche Ordnung, unter Könige und andere Vorgesetzte, um des Herrn willen, sich ausgesprochen. Freilich jetzt — fährt hier die Erörterung fort — seien andere Grundsätze hierüber aufgestellt und gegen den König, oder vielmehr gegen Gottes Ordnung, gerichtet, und laut klagt der Verfasser, daß viele Laien und Bischöfe und Kleriker und Mönche, die zwar — mit dem Apostel Paulus zu reden — Eifer für Gott haben, aber nicht mit

---

[98]) Vergl. ob. S. 370. Es ist die l. c. (456) eingefügte Stelle aus der Epistola Clementis ad Jacobum, J. 10, die der Verfasser hier in c. 5 heranzieht, wo er Gregor's VII. Meinung zwei Male kurz nach einander so interpretirt: ut, si pontifex Romanus alicui (nachher: regi) offensus fuerit pro delictis suis, ceteri non debeant ei esse amici, vel eum alloqui: alioqui unum esse ex illis, qui exterminare volunt ecclesiam Christi, quisquis amicus fuerit ei qui est huiusmodi (190, 191).

Einsicht, sich von der Gemeinschaft mit den Kirchen der ganzen Welt getrennt haben, so weit diese Kirchen eben mit dem nunmehrigen Könige der Franken und römischen Kaiser — Heinrich IV. — die Gemeinschaft aufrecht erhalten. Er bezeugt: „Von uns sind sie hinweggegangen, nicht wir von ihnen, und sie scheuen sich, mit uns Gemeinschaft zu haben, sei es im Gespräch, sei es im Friedenskuß, oder im Eifer des Gebetes".

Bis dahin hat die Schrift beweisen wollen, es sei ganz der göttlichen Ordnung und dem kirchlichen Frieden zuwider, der Obrigkeit nicht gehorsam zu sein. Jetzt will sie untersuchen, ob der Papst mit Recht an dem Könige jenen Anstoß nehme, der ohne Zweifel die Spaltung in der Kirche bedingt habe. Denn der Verfasser versichert, er schreibe all das nur um der Einigkeit in der Kirche willen, nicht zur Vertheidigung irgend einer Partei.

Da wird auf die Verurtheilung Heinrich's IV. durch Gregor VII. im Jahre 1076 zurückgegriffen. „Papst Hildebrant" habe dabei bei der Anschuldigung des Königs Briefe von feindlich gesinnten Persönlichkeiten der Excommunication zu Grunde gelegt, während doch nach den kanonischen Vorschriften niemand, der gestern oder vorgestern mit den Angeklagten verfeindet war, als Anschuldiger oder als Zeuge auftreten dürfe, und ebenso obschon keine schriftliche Anklage angenommen, kein Ankläger in Abwesenheit des Gegners angehört werden dürfe. Dessen ungeachtet sei danach Heinrich IV. nach Italien gegangen, habe die Sühne geleistet, und so sei er nach Genuß des heiligen Abendmahls — auf Canossa — von Gregor VII. im Frieden entlassen worden[94]), freilich in einem Frieden, der dem des Judas, nicht dem Frieden Christi gleiche. Dann aber will der Verfasser noch Weiteres von diesen Verhandlungen aus dem Anfange des Jahres 1077 wissen. Eine Gesandtschaft der Feinde des Königs, die in jeder Weise diesen Vertrag der Versöhnung zu durchbrechen wünschten, sei zugegen gewesen, und diesen habe der Papst schriftlich über den König gemeldet: „Seid unbesorgt: denn ich werde ihn Euch noch schuldbeladener machen"[95]). Das nun sei am wenigsten gleich der Vorschrift, Christi Schafe zu weiden. Sei dergestalt nicht auch in schrecklicher Weise das Sacrament des Leibes des Herrn verachtet, den ja der König nach der Aussöhnung, zu deren Zeugniß, am Altare empfangen habe? Und wenn wirklich der an und für sich schuldige König noch schuldbeladener durch den Papst hingestellt würde, wer

[94]) Zu diesem Zusammenhang in c. 6 (191 u. 192) vergl. schon Bd. II, S. 903, die eingeklammerte Stelle in n. 26.

[95]) Diese Worte (in c. 6) lauten: Ne solliciti sitis, quoniam culpabiliorem eum reddo vobis (191). Zuletzt ist durch Mirbt, l. c., 164—168, die gänzliche Unglaubwürdigkeit dessen, daß diese Worte an Gregor VII. geäußert worden seien, die Unverträglichkeit des Factums mit der ganzen Lage der Dinge in Canossa dargelegt worden: es sei ein „Treppenwitz", ein Bonmot, das allerdings aus der bald nach der Absolution Heinrich's IV. wieder entstandenen Situation wohl erwachsen konnte (vergl. auch Bd. II, S. 772 u. 773).

von ihnen beiden wäre dann in größerer Schuld? Und außerdem — wird da wieder behauptet — habe der Papst Heinrich IV. nach seinem Gutdünken die äußeren Abzeichen der königlichen Würde eine Zeit lang vorenthalten[96]), selbstverständlich einzig um dadurch dessen Person im Reiche herabzusetzen und die schon vorbereitete Wahl eines neuen Königs, und zwar so lange der gesetzliche König in Italien abwesend wäre, zu erleichtern, oder damit ein ausdrücklicher Grund zur Verhängung der Excommunication vorläge, falls nämlich Heinrich IV. ohne Erlaubniß wieder nach seinen königlichen Zierden greifen würde: gewiß keine Ausübung von Liebe und kein Zeichen der Eintracht und der Einigkeit! Aber dann siegte Heinrich IV. bei seiner Rückkehr aus Italien, obschon er einen neuen König und infolge seiner Abwesenheit vervielfältigte Feinde vorfand, durch die Gunst der ihm anhänglichen Fürsten — so fährt der Verfasser fort — und durch Gottes hülfreiche Gnade[97]). Daraus zieht er nun den Schluß: Heinrich IV. hat dem Papste die schuldige Ehre und den Gehorsam erwiesen; er hat demüthig die Excommunication erduldet, regelrecht durch Buße und Lossagung verdient, und Gregor VII. hat, während danach mit seiner Hülfe, alle Hoffnung auf ihn setzend, der König das Reich zum Frieden und dessen getrennte Glieder zur Einigkeit zurückführen wollte, mit des Königs Feinden, unter Leistung von Rath und Hülfe, diesen vom Königthum zu vertreiben oder ihn ganz zu vernichten sich zum Ziel gesetzt: das aber heiße gegen Christus und gegen die Kirche handeln, und unter Anführung verschiedener dieses Gebaren des „oft genannten und oft zu nennenden Papstes Hildebrand" verurtheilender Bibelsprüche lenkt der Text abermals auf jenen im Briefe an Bischof Hermann herangezogenen pseudoisidorischen Brief des Papstes Clemens zurück[98]).

Von da geht der Verfasser auf die Frage über, ob der Bruch des Papstes mit Heinrich IV., so daß eben die meisten Bischöfe, Kleriker, Mönche, Laien von ihrem Könige und Kaiser, von dessen Anhängern, also auch vom Schreibenden selbst — keineswegs aber diese von jenen anderen — sich abgetrennt hätten und jeden Verkehr, unter Sprengung der Gemeinschaft der Kirchen der ganzen Welt, verweigerten, eine gerechte und des Stellvertreters des heiligen Petrus würdige Handlung gewesen sei. Ganz gegen die Warnung des großen Gregor, des heiligen Papstes, habe da „der Papst Gregor unserer Zeit, der auch Hildebrant heißt", seinen Mund zur

[96]) An der in n. 94 erwähnten Stelle wurde darauf hingewiesen, daß hier etwas ausgesprochen ist, was erst Gregor's VII. Auffassung im Jahre 1080 — nicht aber der von 1077 — entspricht.

[97]) Vergl. ob. S. 35, n. 57, die aus c. 6 eingerückte Stelle.

[98]) Vergl. bei n. 93. Hier gegen Ende von c. 6 ist der Satz: Sed saepe dictus ac saepe dicendus papa Hildebrant regem, quem beatus Petrus apostolus praecipit honorificare, hunc ita ille quaerit inhonorare, ut velit omnes, si fieri possit, avertere ab eius communione (130) wieder ein Beweis Ewald's für Niederschreibung bei Gregor's VII. Leben.

Theilung der Kirche geöffnet und im deutschen Reiche Kriege und Aufstände, Brandlegungen und Zerstörungen von Kirchen und Klöstern verursacht, so daß Bischof gegen Bischof, Klerus gegen Klerus, Volk gegen Volk, ja Sohn gegen Vater und Vater gegen Sohn und Bruder gegen Bruder ständen. Worte des heiligen Märtyrers Cyprian sollen diese Aufhebung der Einheit der Kirche in das rechte Licht rücken[99]).

Allein auch jenes von Gregor VII. im Briefe an Bischof Hermann hergeholte Beispiel, daß der heilige Ambrosius Kaiser Theodosius excommunicirt habe[100]), weist der Verfasser zurück. Ambrosius hat den Kaiser durch Mittel der kirchlichen Zucht im Zaume gehalten, nachdem dieser durch die leidenschaftliche Aufregung seiner Anhänger gezwungen worden war, eine schwere Ausschreitung der Thessalonicher zu bestrafen; aber der Erzbischof war weit davon entfernt, wie eine eingerückte Stelle aus Cassiodor zeigen soll, zu leugnen, daß dem Kaiser zu geben sei, was des Kaisers ist. So sei dieser von Gregor VII. herangezogene Vorgang in Wirklichkeit beschaffen gewesen, nützlich der Kirche und Kaiser Theodosius zugleich, weit entfernt davon, kirchenspaltend zu wirken, Fürsten und Vassallen von der Gemeinschaft der Gehorsamsleistung gegenüber dem Kaiser abzulösen. In nicht mißzuverstehender Weise knüpft dann der Text an das Schriftwort: „Wehe dem Menschen, durch den Aergerniß kommt" (Matthäus, Cap. XVIII, Vers 7) weitere Erörterungen an; denn ausdrücklich ist im folgenden Zusammenhange Gregor VII. als derjenige hingestellt, der solches Aergerniß in den Acker des Herrn gesät habe.

Der Verfasser will nun zwar nicht alle Sätze aus jenem Briefe Gregor's VII. ausschreiben, sondern nur noch erwähnen, was ihm dort als besonders geeignet erscheint, einfältige Gemüther von Brüdern im Eifer für die Spaltung zu bestärken. Da kann er gleich Gregor's VII. dort gemachte Angabe, Papst Innocenz I. habe den Kaiser Arcadius excommunicirt, weil dieser in die Absetzung des heiligen Bischofs Johannes Chrysostomus gewilligt habe[101]), gar nicht nachweisen, und dann tritt er auf diesen Arcadius, auf dessen und seines Bruders, Kaiser Honorius, Verfügungen, deren er mehrere einschaltet, näher ein[102]). Er will

---

[99]) Wieder steht — vergl. n. 91 — gerade in diesem Zusammenhange von c. 7 (zu den bella et seditiones, ecclesiarum et monasteriorum incendia et destructiones): per hos 17 aut eo amplius annos (193).

[100]) Vergl. S. 570, das aus Registr. VIII, 21 (458) gewonnene Beispiel. Die hier gleich hernach citirte Stelle Cassiodor's steht in der Historia tripertita, Lib. IX, c. 30, ist aber hier verkürzt.

[101]) Dieses in c. 9 (196) hervorgehobene Stück des Briefes Gregor's VII. (l. c.) geht auf J. 200, einen unechten Brief Innocenz' I., zurück. Der Verfasser sagt nun: unde hoc assumptum sit, nos quidem adhuc incertum tenemus —: er habe umsonst in den Gesta Romanorum pontificum, im Liber decretorum des Innocenz, in der Tripertita historia gesucht.

[102]) Das ganze c. 9 (196—198) ist noch hiermit ausgefüllt, besonders auch mit wörtlich eingeführten Stücken aus constitutiones ecclesiasticae sive Honorii sive Arcadii imperatorum.

eben zeigen, wie nützlich Arcadius sich der Kirche erwiesen habe, während sein Name jetzt — als Urheber davon ist natürlich Gregor VII. gedacht, ohne daß er genannt wird — zu bestimmten Zwecken herangezogen werde, um — zur Förderung der Herbeiführung einer Kirchenspaltung — als excommunicirt und verurtheilt angeführt werden zu können, wie anderentheils Papst Innocenz I., der jenen Kaiser excommunicirt haben sollte, gerade voran jene gleichen kirchlichen Vorschriften gekannt und beobachtet habe, deren vorzüglichste die über die Erhaltung der Eintracht zwischen Königen und Priestern sei. Aus Worten des Papstes Innocenz selbst gehe hervor, daß die Grundlage, auf die sich Gregor VII. berufe, aufgehoben erscheine: es sei deutlich, daß dieser gar nicht voraussah, wie sehr seine Aufstellungen durch Beispiele aus den Schriften der heiligen Väter sogleich beseitigt werden könnten[103]). Gregor VII. widerstrebte in seiner Lehre, man müsse dem König entgegensprechen und man dürfe nicht mit ihm verkehren, der von Gott gesetzten Ordnung. Wieder wird die Klage laut von der Zertheilung des christlichen Volkes, seiner Priesterthümer, so daß auf der einen Seite viele, auf der anderen aber die meisten Bischöfe stehen.

Mit einem Innocenz I., allerdings in einem pseudoisidorischen Stücke, entnommenen Satze kehrt dann die Schrift nochmals zu Gregor's VII. Schreiben an Bischof Hermann zurück, insbesondere in der Behauptung des Papstes, Gregor I. habe verordnet, daß die gegen Vorschriften des apostolischen Stuhles handelnden Könige ihrer Würde verlustig gehen sollten[104]). Da wirft der Verfasser die Frage auf, von welchen Königen Gregor's I. Ausspruch verstanden werden müsse: von den Frankenkönigen, oder von den römischen Kaisern, wo doch der heilige Papst Gregor I. diese als seine Herren und sich selbst als ihren Knecht hingestellt, jene seine Söhne und sich ihren Vater genannt habe? Sogar gegenüber den Langobardenkönigen habe jener Papst, obschon dieses Volk, damals noch heidnisch, in Italien eingebrochen war und die Kirche verfolgte, aus Furcht vor Gott sich schonend erwiesen und nichts dazu gethan, daß es keine Könige, keine Herzoge und Grafen haben und in größter Verwirrung getheilt liegen sollte, trotz der von ihm selbst eingehend geschilderten, von Seite der Langobarden durch ihn erlittenen Drangsale. Denn Gregor I. war ein rechtschaffener und gottesfürchtiger Mann, der selbst sagte: „Denn weil ich Gott fürchte, schaudere ich davor, in irgend eines Menschen Tod mich zu mengen“.

---

[103]) In c. 10: Arcadius, qui nunc pro condendi scismatis studio inducitur fuisse excommunicatus sive damnatus. Das Folgende soll dann zeigen, wie illius papae Hildebrandi scripta beschaffen seien, quae ipse non providebat posse destrui per ipsa sanctorum patrum exempla, quibus contendebat firmare partium suarum studia (198).

[104]) In c. 11 (199), mit Bezug auf das Citat im Briefe Gregor's VII. (l. c., 455 u. 456) aus dem Briefe Gregor's I., Registr. XIII, ep. 8 (vergl. ob. S. 369).

Unmittelbar wendet sich darauf der Zusammenhang zu Gregor VII. selbst zurück [105]).

Wieder wird der „oft genannte Papst Hildebrant" angeführt, daß er, indem „die durch Christen in der Kirche jetzt geschaffene Verwirrung der Dinge" stets mehr erstarkte, den König Heinrich IV., den jetzigen Kaiser, als Verächter des christlichen Gesetzes, als Zerstörer der Kirchen und des Reiches und als Schirmer und Gesinnungsgenossen der Ketzer und deßwegen als excommunicirt hingestellt habe, in schriftlicher Form, eben gleichfalls in dem schon viel besprochenen Briefe an Bischof Hermann [106]). Im Gegensatz hiezu erklärt der Verfasser ganz ausdrücklich, weit besseres Vertrauen zu Heinrich IV. zu haben, als zu „einem Liebhaber des christlichen Gesetzes, einem Vertheidiger der Kirchen und des Reiches, einem Vernichter der Ketzer und Schismatiker, sofern er, gemäß der Hartnäckigkeit ihrer Streitsucht und ihres Irrthums, nicht ihr Besserer zu sein vermag". Aus einem allerdings Pseudo-Isidor entstammenden Satze des Papstes Marcellinus: „Denn Alles, was unanfechtbar ist, vertheidigt die katholische Kirche" — wird abgeleitet, daß die von Gott gestattete Amtsgewalt eines Tadels durchaus nicht würdig sei, nach dem apostolischen Worte: „Fürchtet Gott, ehret den König!" Hildebrand hingegen habe Heinrich IV. verunehrt und bei Bischof Hermann des ärgsten Verbrechens angeschuldigt, mit der Absicht, diese Anklage allen Kirchen zur Kenntniß zu bringen: daß das aber ganz der kanonischen Anordnung entgegengeht, soll jetzt gezeigt werden. Papst Fabianus — es ist wieder ein Stück Pseudo-Isidor — habe verboten, daß jemand Richter und Zeuge zugleich sei, da jeder Rechtshandel vier Arten von Personen, Richter, Ankläger, Vertheidiger, Zeugen, erfordere, und wenn das für weltliche Gerichte gelte, wie viel mehr noch für kirchliche Anordnungen. Das habe in der römischen Kirche gegolten, bis Papst Hildebrand Alles in Verwirrung brachte, durch arge Verunehrung des Königs in jeder Weise, wobei auch der Papst bei unbewiesener Vorbringung der ärgsten Anklagen als Zeuge und Richter zugleich aufgetreten sei, wie er ja geschrieben habe, er sei dem Könige ein Anstoß [107]). Vielmehr sollen allerlei herangezogene Stellen pseudoisidorische päpstliche Aussprüche beweisen, daß die römische Kirche solche Ankläger und solche Zeugen gar nicht gelten lasse. Wer vollends — heißt es weiter — werde über den Richter richten können, der Gottes Diener ist, der als Rächer da steht, zur Strafe für den, der Böses verübt, von dem der Apostel sagt, er

---

[105]) In c. 12 (200—204).

[106]) Vergl. ob. S. 369 u. 370. In der gleichen Reihenfolge stehen die Bezeichnungen Heinrich's IV. in Gregor's VII. Worten, die gerichtet waren contra illorum insaniam, qui nefando ore garriunt, auctoritatem sanctae et apostolicae sedis non potuisse regem Henricum . . . . excommunicare (l. c., 4·8).

[107]) Mit den Worten: scripsit etiam (sc. Gregor VII.) . . . . quod ipse regi fuerit offensus (201) wird wieder an das in n. 93 Erwähnte angeknüpft.

trage nicht ohne Grund das Schwert, nämlich über König Heinrich IV.? Und wo soll diese von Gott eingesetzte Obrigkeit, welche zu ehren der Befehl besteht, gerichtet werden? In einer kirchlichen oder einer weltlichen gerichtlichen Verhandlung? Eine Kirche, auf die da die Wahl fiele, würde vielleicht zur weltlichen Curie, und da die Kirche unter Androhung ihres Fluches einem niedriger stehenden Grade die Anklage gegen den höheren verbietet, wer sollte einen König, als den Höherstehenden, anklagen? So wird Hildebrand selbst angefragt[108]), wie er oder wie einer seiner Anhänger beweisen wolle, und zwar durch gültige Zeugen, daß der König, den der Verfasser und seine Gesinnungsgenossen noch als katholisch anerkennen, ein Schützer und Genosse der Ketzer sein könne. Allein unter den aufgezählten Arten ungültiger Zeugen, die das kirchliche Gericht nicht annimmt, werden auch solche genannt, die ihre Brüder verleumden und ohne Beweis beschuldigen, die gegen die Schuldlosen die Gemüther der Fürsten zum Zorn aufreizen, die die Vorschriften der Apostel und Kirchenväter verletzen und auch sonst gegen die kanonischen Vorschriften Sonderungen verursachen und so eigentlich ketzerisch sich verhalten, indem sie für sich abgesonderte Dinge auswählen[109]).

Im Weiteren wendet sich mit dem Worte des Apostels Paulus: „Jede Obrigkeit ist von Gott" (Römerbrief, Cap. XIII, Vers 1 und einem pseudoisidorischen Satze, der dem Papste Marcellinus zugeschrieben erscheint: „Die katholische Kirche vertheidigt, was untadelig ist", der Verfasser wieder zu seinem eigentlichen Stoffe[110]). Er folgert, daß alles Gute entweder Gott oder aus Gott sei, und daß, da die Obrigkeit aus Gott sei, sie jedenfalls gut sein müsse, so daß, wer der Obrigkeit widersteht, Gottes Ordnung Widerstand leistet: „Nicht aus Gott haben die geherrscht, die ihre Herrschaft an sich rissen, während ihr König noch am Leben war, der für seinen Vater in erblichem Rechte in das Reich als Nachfolger

[108]) Dieser Satz: Probet nunc ille Hildebrant aut aliquis de parte eius (etc.) (201) ist wieder einer der von Ewald angerufenen Beweise für die Abfassung vor Gregor's VII. Tode (vergl. n. 91).

[109]) Auf das deutlichste wird mit diesen Worten: Contra haec atque alia sacrosancta canonum statuta aliud aliquid eligere, hoc est certe heresim statuere, quoniam heresis dicitur ab electione (201 u. 202) auf die der Erregung des Schismas angeklagten Anhänger Gregor's VII. hingezielt. Sonderbar springt dann der Text im nächsten Zusammenhang auf den arianischen König Theoderich ab, gegenüber welchem freilich auch die Kirche sich supplex magis quam judex gezeigt habe. Im Weiteren kommt danach das sehr ausgedehnte c. 12 wieder auf die pax ecclesiastica — Christus est pax nostra (etc.) — zu sprechen, und es schließt mit drei langen Excerpten aus Augustinus: De civitate Dei, wieder um zu zeigen, wie c. 13 am Eingange sagt: ut cognoscamus, quomodo per pacem terrenam ad caelestem pervenire debeamus (204).

[110]) Etwas weiter in c. 13 (204), nach der längeren in n. 109 besprochenen Abschweifung, worauf der Verfasser seine Folgerungen für die potestas zieht, im Anschluß ferner an Rom. XIII, 2: qui potestati resistit, Dei ordinationi resistit.

eingetreten ist, was, wenn es nicht von Gott kommt, nicht geschehen könnte". Die Aufstellung eines Gegenkönigthums sei nicht aus Gott gewesen und als Menschenwerk vergangen[111]). Eigenthümlich ist hierauf die als Beispiel herangezogene Aussage des Propheten Jeremias über Nabuchodonosor, der da trotz der von Daniel über ihn mitgetheilten Gewaltthaten vom Propheten als „Knecht des Herrn", zum Werkzeug des Herrn für Bestrafung Jerusalem's, bezeichnet werde, worauf gefolgert wird: habe Gott seinem Eifer so Sorge bewiesen für einen ungerechten und ganz verwerflichen König, was werde er vollends für einen christlichen und katholischen Herrscher thun? Hat Gott den von König Zedekias von Juda gegenüber Nabuchodonosor begangenen Eidbruch gerächt, so gilt dies noch mehr nach dem neuen Testamente, wo dieses verbiete zu schwören, wenn nicht Wahrheit und Gerechtigkeit Begleiter des Eides seien. Das führt den Verfasser auf den Eid, dessen hohe Heiligkeit und Tragweite wieder mit vielen Bibelstellen erörtert wird, mit einem abermaligen Hinblick auf jene Ausführung im Briefe Gregor's VII., daß er berechtigt sei, die Fürsten des Reiches vom Eide der Treue zu lösen. Vielmehr werden die Fürsten des himmlischen Reiches, wird das Volk Gottes zum Mitleid und zur Entrüstung aufgerufen, darüber daß dieser Papst es gewagt habe, von ihnen anzunehmen, sie würden etwas der Art für möglich erachten[112]).

Dann lenkt die Schrift nochmals zu jener schon ganz im Anfang besprochenen Stelle des Briefes Gregor's VII. an Hermann zurück, über die von Rom aus verfügte Absetzung König Childerichs[113]). Die mit dieser Absetzung verbundene Lösung der Franken vom geschworenen Treueide gegenüber dem Könige bietet dem Verfasser den Anlaß, abermals auf das nachdrücklichste in der Ausführung über die Heiligkeit des Eides fortzufahren; denn sonderbar scheint ihm da, was an jener Stelle dem Papste Zacharias zugeschrieben werde. Ein frommer römischer Bischof solle den Versuch gemacht haben, den heiligen Eid der Treue gegenüber irgend jemand zu lösen, wo man doch höher, als die Gewähr irgend eines Menschen, diejenige Gottes anschlage, da in dessen Namen dem Empfänger eines Schwures das Wort gegeben und versprochen und unter Anrufung

---

[111]) Auch diese Stelle muß wieder — Duo reges, unus post unum, substituti sunt nostris temporibus a parte principum et partem regni tenuerunt, et non totum — nach dem Tode des Gegenkönigs Hermann, eben also wohl 1090, geschrieben worden sein (204). Sie entspricht der bei n. 91 angemerkten von c. 3.

[112]) In c. 14 (205—207). Der Text greift da also auf c. 4 zurück (vergl. ob. S. 595 u. 596): es ist z. B. gesagt: Nam sacramentum dicitur quoque jusjurandum, et sacramentum dictum est ab eo, quod sit sacrum signum, ut, dum visibiliter jusjurandum agitur, invisibilis rei sacrum signum intelligatur (206).

[113]) Ganz am Ende von c. 14 (207) steht wieder wörtlich der schon ob. bei n. 90 angewandte Satz von c. 2 aus Registr. VIII, 21 (458).

der Heiligen Gottes im Schwure bekräftigt werde, so daß diese Heiligen selbst auch als die Zeugen und Richter der im Namen Gottes beschworenen Treue erscheinen[114]). Ausgehend von jenem Marcellinus zugetheilten Worte, daß die katholische Kirche einzig das Untadelhafte vertheidige, wird im Weiteren betont, daß es als ganz ausgeschlossen erscheine, daß die gleichfalls so von der Kirche nach Verdienst gänzlich gedeckten Päpste Zacharias und Stephan II. die Franken von dem ihrem Könige geschworenen Eide der Treue gelöst hätten. Allerdings habe Papst Hildebrand das geschrieben, aber nur in der Absicht, dadurch die Fürsten des Reiches zu betrügen, als könnte er sie vom Eide lösen, um auf diesem Wege Heinrich IV. des Reiches zu berauben und ihn abzusetzen[115]). In eingehender historischer Darlegung soll nun noch gezeigt werden, daß Childerich gar nicht mehr in That und Wahrheit, sondern nur dem Namen nach König gewesen sei, daß er von königlicher Macht und Würde gar nichts mehr an sich gehabt habe, da vielmehr — nach göttlicher Verfügung von langer Zeit her — die Hausmeier die ganze Gewalt und Verfügung über das Reich in Händen hatten. So sei Papst Hildebrand's schließliche Behauptung von Lösung der Eide gegenüber einem fränkischen Könige nicht den Thatsachen entsprechend, wie denn nach allen Zeugnissen der heiligen Schrift ein solcher Treuschwur nie gelöst werden könne, es sei denn, daß der davon Gelöste damit zugleich zum Lügner und Meineidigen und danach zum Verdammten werde[116]).

Am Schluß des Buches faßt der Verfasser seinen Eindruck zusammen: „Sicher ist es, weil es wahr ist, daß Papst Hildebrand es versucht hat, die Schrift des Herrn und die Gebote des Herrn zu lösen, wie sie bestehen über die Einheit der Kirche Christi, wie

---

[114]) Damit beginnt c. 15 (207 u. 208), das dann wieder bis zum Ende von fides — Ergo fides si titubaverit, caritas etiam ipsa languescit — und juramentum handelt, z. B. sehr bezeichnend im Satze: Quod si jubentur, qui sub mandato legis sunt quasi sub paedagogo, interposita maledictione Domino juramentum suum reddere ... quid fiet de his qui constringuntur sub majore sacramento christianae religionis? ubi, quanto sublimior institutio atque doctrina, tanto gravior exactio atque vindicta, si quis solverit vel unum de minimis Domini mandatis.

[115]) Gleich mit dem Hinweis auf das schon in c. 13 gebrachte Wort des Marcellinus: Quod inreprehensibile est, catholica defendit ecclesia setzt c. 16 ein (208), wo nun wieder Gregor VII. scharf hergenommen wird: Hildebrant papa scripsit et praedicavit, ut tali exemplo deciperentur principes regni, quasi ipse posset absolvere eos a sacramento fidei, quam juraverant regi suo in nomine Domini, intendens eum perinde a regno privari atque deponi. Der folgende Satz ist wieder erst 1090 geschrieben: Quod cum per hos 14 aut eo amplius annos frequenter temptatum sit, ad effectum tamen pervenire non potuit, quoniam, ut Salomon ait: Non est sapientia, non est fortitudo, non est consilium contra Dominum (Proverb. XXI, 30).

[116]) Dieses c. 16 (208—210) bezieht sich für seinen historischen Excurs auf die Gesta Francorum (den jetzt Script. rer. Merovingicarum, II, so genannten Liber historiae Francorum). Am Schlusse kommt der Verfasser nochmals, wie in c. 13, vergleichend auf den Nabuchodonosor rex injustus et ultra omnem terram pessimus, auf das perjurium des Königs Zedekias zu sprechen.

sie auch bestehen über den Schwur der Treue"[117]. Allein das macht nichts aus: der feste Grund Gottes besteht, und die Liebe, die stark ist, wie der Tod, verbleibt unberührt in den Auserwählten Gottes. So ist der Verfasser bis zuletzt seiner Sache sicher: „Gewiß werden Alle, so viele sie der Obrigkeit, vielmehr Gottes Ordnung widerstehen, aus Gottes Reich hinausgeworfen zu Grunde gehen und die Meineidigen das Reich Gottes nicht besitzen".

— Wie in einem fest geschlossenen Bau sind in wohl geordnetem Gefüge die Beweise, wie sie sich auf eine umfassende Kenntniß besonders auch der Geschichte der kaiserlichen Gewalt stützen, die der Verfasser so gern mit der päpstlichen Machtvollkommenheit im Einklange gesehen hätte, hier zu Gunsten Heinrich's IV. zusammengebracht worden, Ausführungen, die für diesen gerade jetzt von Werth sein mußten, als er vor den Kampf gegen den Gegenkönig sich neuerdings unmittelbar gestellt sah.

Das Weihnachtsfest feierte Heinrich IV. sehr wahrscheinlich, nach dem im Briefe an Bischof Ruopert geäußerten Vorsatze, in Cöln, wohin nach einer aus Sachsen stammenden Nachricht sehr Viele herbeigeströmt sein sollen, die sich an den zurückgekehrten mit der Kaiserkrone geschmückten Herrscher hinzudrängten, als wäre eine neue Herrschaft begonnen worden. Hermann dagegen beging den Festtag wieder in Goslar, das wohl überhaupt sein zumeist gewählter Aufenthaltsort war[118].

In diese letzten Tage des Jahres fiel aber weiter noch eine Wahl zur Neubesetzung eines bischöflichen Stuhles in einem ausgesprochen gegen Heinrich IV. gerichteten Sinne, eine Entscheidung, die für die weitere Entwicklung der päpstlichen Politik, weit über den Bereich des dadurch berührten Sprengels hinaus, von größter

---

[117]) So beginnt c. 17 (209—211), in dem dann besonders in Anknüpfung an Augustinus: De civitate Dei von den duae civitates — una Dei, altera diaboli — gesprochen wird.

[118]) Giesebrecht, III, 1179, in den „Anmerkungen", wollte die Angabe der Annal. Ratisbonens. major., a. 1085: Nat. Domini imperator dum Wangione celebrare . . . . pertractaret (l. c.) als die bessere annehmen. Allein eben wegen des im Briefe an Ruopert (vergl. ob. S. 579) enthaltenen Hinweises ist der sächsischen Nachricht im Zusammenhang des Annalista Saxo, a. 1085: Nativitatem dominicam egere Herimannus rex Goslarie, Heinricus imperator Colonie, confluentibus ad eius curiam plurimis (d. h. also wohl sächsische Leute), utpote novi dominii cupidis (SS. VI, 721, fast gleich in den Annal. Magdeburgens., SS. XVI, 176) der Vorzug zu geben; dagegen ist nicht mit Stenzel, l. c., II, 285, die Angabe der Gesta abbatum Trudonens., Lib. III, c. 4, heranzuziehen, wo ja in dem Satze: Imperator in turbato sibi regno et sacerdotio egre occupatus rem . . . neque in curia Aquisgrani differt. Fit curia in natale Domini gar nicht von Cöln gesprochen wird (SS. X, 242). Auch Bernold (442) setzt a. 1085 Hermann's Weihnachtsfeier nach Goslar an.

Tragweite wurde. Die schon länger aus Kloster Hirsau, unter der thatkräftigen Leitung des Abtes Wilhelm, genährte streng kirchliche, Heinrich IV. durchaus feindselige Bewegung im schwäbischen Lande erhielt jetzt in der Reihe der gregorianisch gesinnten bischöflichen Vorkämpfer eine mächtige Verstärkung, und der neu erhobene Streiter, Gebehard, gewann durch höhere Aufträge, die ihm von der päpstlichen Curie ertheilt waren, eine über die Grenzen des schwäbischen Stammgebietes hinaustreffende Wichtigkeit. Dazu kam, daß diesem hochbefähigten Bischof, infolge seiner dem höchsten Adel angehörenden Abstammung, in seinem streitbaren Bruder und dessen Verbündeten, eine durchgreifende kriegerische Kraft zur Seite stand, so daß hiedurch vollends der von wilden Fehden schon länger zerrissene schwäbische Stamm in noch ärgere Zerklüftung hineingerissen wurde.

Der die Sache des Königs vertretende Bischof von Constanz, Otto, hatte vor den Waffen der Feinde aus seinem Sitze weichen müssen, und der gegen ihn schon vor vier Jahren im Auftrag Gregor's VII. eingesetzte Pertolf war wegen Krankheit, und weil er wahrscheinlich aus Constanz geradezu vertrieben worden war, niemals zur Weihe gelangt [119]). So galt es, in der nun wieder der königlich gesinnten Partei entrissenen Stadt den thatsächlich leer stehenden Sitz [120]) neu zu besetzen, und eine am Tage des St. Thomas, 21. December, in Constanz abgehaltene Synode sollte hiefür sorgen. Schon der Umstand, daß der päpstliche Legat, Cardinalbischof Otto von Ostia, die Versammlung einberufen und dabei den Vorsitz inne hatte, war ein Beweis für die Bedeutung, die dieser Wahlhandlung beigemessen wurde.

Als ein Zeuge des ganzen Vorganges berichtet Bernold, den der Legat eben auf dieser Synode, am 21., zum Priester weihte, mit der dabei aus päpstlicher Vollmacht ertheilten Befugniß, Reuige in die kirchliche Gemeinschaft aufzunehmen, über das, was in Constanz in diesen Tagen geschah, und ebenso stehen aus dem Constanz unmittelbar gegenüberliegenden Kloster Petershausen genauere Angaben zu Gebote. Als Mönch hatte Gebehard den Abt Wilhelm von Hirsau zu der Versammlung begleitet, und nun scheint Otto, in dessen Hand die ganze Sache lag, den Abt zu Rathe gezogen zu haben. Nach diesen klösterlich gefärbten Schilderungen hatte sich die Entscheidung zur Ueberraschung der Betheiligten, am meisten des Gewählten selbst, entwickelt. Gebehard soll, während sich der Legat mit dem Abte besprach, hinter den St. Marien-Altar zum

---

[119]) Vergl. über Pertolf ob. S. 330, mit n. 166, über die Besitzergreifung von Constanz S. 572.

[120]) Bernold führt in dem in der ersten Stelle von n. 119 erwähnten Zusammenhang der Streitschrift fort: Unde cum pluribus annis illa ecclesia pastorali provisione careret, und in der Chronik nennt er die Constanzer Kirche eine jam dudum viduata (441). Die Casus monast. Petrishus., Lib. II, c. 49, bezeichnen ebenso Constanz als pastore viduata propter damnationem Ottonis, qui ibi episcopus fuerat (SS. XX, 648).

Gebete sich begeben haben, und erst als von allen Seiten, von Geistlichen, wie Laien, besonders auch von Männern herzoglicher und gräflicher Geburt — dabei ist in erster Linie an Gebehard's eigenen Bruder Berchtold zu denken — die Zustimmung ausgesprochen worden sei, habe Gebehard die Mittheilung erhalten, daß die Constanzer Kirche mit Gottes Gnade ihn zum Bischof erkoren habe: da sei der Mönch wie ein Todter vor Schrecken zu Boden gestürzt, und nur wider Willen, unter heftig ablehnendem Sträuben, habe er noch an diesem gleichen Tage von Bischof Otto die priesterliche Weihe, am folgenden Tage — 22. — die Ordination als Bischof bekommen. Mag es sich mit der Unkenntniß Gebehard's selbst vielleicht so verhalten haben, das ist gewiß als unzweifelhaft anzunehmen, daß zwischen dem Legaten und Berchtold, dem weltlichen Bruder, wohl auch Abt Wilhelm, von vorn herein festgestellt war, daß kein Anderer, als Gebehard, in Constanz befördert werden solle. Dagegen erscheint ein Mitwissen des fern weilenden, in Schwaben so ganz ohnmächtigen Gegenkönigs Hermann, wie es von einer Seite erwähnt wird, sicher ausgeschlossen[131]).

---

[131]) Bernold's Erzählung, Chron., stellt Otto völlig in den Vordergrund: Ostiensis, cum Alemanniae moraretur, sanctae Constantiensi aecclesiae . . . catholicum pastorem ordinavit . . . . Hunc sane invitum, immo multum ejulantem ac reclamantem, Constantiensibus clericis et laicis petentibus et laudantibus episcopum 11. Kal. Januarii consecravit, quem pridie, id est in festivitate sancti Thomae, cum aliis clericis presbiterum fecit, wobei eben horum cronicorum scriptor sich selbst als in eadem sollemnitate geweiht bezeichnet (441). Aber auch in der schon in n. 120 berührten Streitschrift heißt es: Gregorius e latere suo venerabilem Ottonem Ostiensem episcopum, non multo post apostolicum, illuc (sc. nach Constanz) direxit, qui eidem aecclesiae legitimum pastorem Gebehardum canonice ordinavit . . . . XI. Kal. Januarii, und dann wird ausdrücklich von Bernold über Gebehard ausgeführt: canonice, videlicet a cuncto clero et populo legaliter electus et postulatus et ex apostolica auctoritate per legatum sedis apostolicae viduatae sedi sollempniter intronizatus . . . et consecratus, reverentissimis episcopis et abbatibus desiderantissime astipulantibus, consentientibus quoque catholicis ducibus et comitibus reliquisque Christi fidelibus, worauf dann noch weitere Beweise für Gebehard's kanonische Einführung in sein Amt — intravit . . . canonice — gebracht werden. Im Gegensatz hiezu rechnet der Liber de unitate ecclesiae conservanda, Lib. II, c. 24, es dem Otto episcopus Ostiae — er heißt da nicht Legat — zum Vorwurf an, daß er Moguntinam ecclesiam suis privilegiis spoliavit atque ipse transgrediendo simul terminos patrum parochiam metropolitani episcopi invasit et ad contemptum atque ad injuriam Wezelini archiepiscopi Gebehardum quendam in Constantiensi ecclesia episcopum ordinavit, cum adhuc etiam vixisset Otto episcopus ipsius Constantiensis ecclesiae (das Weitere vergl. ob. S. 574, in n. 61) (Libelli de lite, II, 241). Der wahrscheinlich eben in Kloster Petershausen geschriebenen verlorenen Lebensbeschreibung Bischof Gebehard's ist wohl ohne Frage, wie Giesebrecht, III, 1077, andeutete und besonders Henking, Gebhard III., Bischof von Constanz 1084—1110 (Zürcher Dissert., 1880), 116—118, weiter ausführte, entnommen, was die Casus in der in n. 120 erwähnten Stelle wieder über Otto mittheilen: cum ex legatione apostolici . . . Constantiae advenisset et ipsam aecclesiam (vergl. n. 120) invenisset, habuit consilium venerabilium patrum et religiosorum catholicorum, qualiter eiusdem aecclesiae gubernationi provideret, worauf sie über Willihelmus abbas fortfahren: cum huic conventui

Gebehard — als Constanzer Bischof der dritte seines Namens — war wahrscheinlich der dritte Sohn Berchtold's I. und wohl ein wenig vor der Mitte des Jahrhunderts geboren. Dem älteren Bruder Hermann, der zwar anfangs verehelicht gewesen war, dann aber das weltliche Leben verließ, folgte er, wohl von Anfang an vom Entschluß, dem geistlichen Berufe sich zu widmen, erfüllt, nach und nahm zuerst die Würde eines Propstes des Stiftes zu Xanten ein; früh muß er aber auch schon die Augen Gregor's VII. auf sich gezogen haben, da dieser Gebehard's Namen neben zwei anderen nannte, als es sich 1079 darum handelte, den erledigten erzbischöflichen Stuhl von Magdeburg neu zu besetzen. Inzwischen jedoch war durch den hohen Ruhm, den das klösterliche Leben zu Hirsau gewonnen hatte, auch Gebehard dorthin gezogen worden, und hier hatte der Scharfblick des Abtes Wilhelm, dem das Kloster seinen hohen Rang verdankte, in dem Fürstensohne jene Eigenschaften entdeckt, die diesen befähigten, ein Vorkämpfer der päpstlichen Sache in Schwaben zu werden[128]).

---

interesset et Gebehardum secum haberet, tractare coeperunt de eligendo episcopo catholico, quoniam spes non erat de Ottone dampnato, worauf die wohl richtigeren näheren Angaben über den Vorgang, ebenso die Ordination als Bischof — crastina die — folgen (l. c.). Ebenso gedenkt die Histor. Hirsaugiens. monast., Appendix, jener Lebensbeschreibung: Gebehardus . . . . vir magne sanctitatis et innocencie, cuius vita eximia luculento sermone descripta habetur (SS. XIV, 263). Die St. Galler Geschichtserzählung bringt das Ereigniß nach den Annalen, in der Continuatio Casuum, c. 30: Inter haec etiam mala Gebehardus, frater marchionis Bertoldi, sancti Aurelii monachus, duce Welfone suadente (dazu noch bei Gall Öhem: mit sampt anderen fürsten uß Swaben, ed. Brandi, 101), a quodam Hostiensi episcopo, ut putabant, et quasi Romane sedis legato, Ottone episcopo adhuc vivente, Constantiensis episcopus effectus est, und noch später c. 33: licet sedem Gebehardus ex donatione Hermanni superpositi regis prius usurpasset (in meiner Ausgabe, 73 u. 74, 85, wozu n. 202, 229: — daß von dem durch Heyck, l. c., 133, n. 460, herangezogenen Liber Heremi, der nichts Anderes bringt, als was Tschudi im 16. Jahrhundert der St. Galler Geschichtsschreibung entnahm, ganz abzusehen ist, vergl. G. von Wyß, Ueber die Antiquitates Monasterii Einsidlensis und den Liber Heremi des Aegidius Tschudi, Jahrbuch für schweizerische Geschichte, X, 251 ff. — Bonin, Die Besetzung der deutschen Bisthümer in den letzten 30 Jahren Heinrich's IV. 1077 bis 1105, wo, 72—77, diese Wahl eingehend behandelt ist, sagt wohl mit Recht, daß hier auch der letzte Rest königlichen Investiturrechtes, den Rudolf sich gewahrt hatte, vergessen worden ist, während Regesta episcoporum Constantiensium, I, 68, wenigstens „Belehnung mit Ring und Stab" in der donatio angedeutet sehen wollten). Ganz kurze Erwähnungen haben noch Annal. August.: Gebehardus est subordinatus. Annal. Monasteriens., pars alt., a. 1083: Gebehardus episcopus Constantiae constituitur (SS. III, 131, 154).

[128]) Bernold nennt, Chron., Gebehard — Berthaldi ducis filius — einen nobilis quidem genere, set nobilior in monachica conversatione (l. c.). Wahrscheinlich aus der biographischen Schilderung (vergl. n. 121) floß, was, l. c., c. 48, in Petershausen über ihn geschrieben wurde, daß dieser — vir nobilissimus, frater Bertholdi ducis de Zaringin, qui prepositus erat apud Xantum — unter den unt. in n. 129 aufgeführten Flüchtlingen aus dem Weltleben — mundana relinquens — (nach Hirsau) se contulit, et sicut habitum mutaverat ad religiosum propositum, ita arripuit et dignitatem morum. Ueber Gebe-

Ohne alle Frage war durch die Einsetzung des Hirsauer Mönches in Constanz dem wohl in sich gefügten Plane Abt Wilhelm's mächtige Förderung gebracht[123]).

Für die Stärkung eines strengeren mönchischen Lebens in Hirsau war die längere Anwesenheit des päpstlichen Legaten, des Abtes Bernhard von Marseille, und seines Begleiters, des Mönches Christian, nach ihrer Befreiung aus der auf der Burg des Grafen Udalrich erlittenen Haft, von 1077 bis in das Jahr 1078, von besonderer Wichtigkeit geworden. Wilhelm theilte selbst in den einleitenden Worten zu den zwei Büchern über die in Hirsau getroffenen Anordnungen mit, wie er dazu gekommen sei, diese Aenderungen auszuführen. Er gestand, daß er sich anfangs als Abt ganz an die Einrichtungen gehalten habe, wie er sie von Knabenjahren an im Kloster St. Emmeram vorgefunden hatte. Dann aber habe er Manches darin getroffen, was von der mönchischen Strenge unter Anzeichen der Entartung abgewichen sei, und so sei seine Aufmerksamkeit überall hin gerichtet gewesen, um gleichsam lebende Steine für die Errichtung eines geistlichen Baues zu sammeln. Da sei eben durch Gottes Fügung Abt Bernhard für beinahe ein ganzes Jahr nach Hirsau gekommen und habe auf Wilhelm's Befragen hin Cluny als das Kloster ihm genannt, aus dem, wenn irgendwo in anderen Klöstern Spuren der Heiligkeit zu Tage träten, wie aus einer lebendigen und unerschöpflichen Quelle die einzelnen Bächlein geflossen seien. Nach dem Weggange von Hirsau und nach Vollendung seiner Sendung in Deutschland habe dann Bernhard, auf dem Rückweg nach Marseille, Cluny besucht und Hirsau dem Abte Hugo auf das nachdrücklichste empfohlen[124]).

---

hard III. handeln nach Neugart, Episcopatus Constantiens., I, 467—502, besonders K. Zell, Freiburger Diöcesan-Archiv, I, 305—404, Henking, l. c., Heyck, l. c., 111—113, 132 ff., sowie mein Artikel in der Allgemeinen deutschen Biographie, VIII, 453—457. Uebereinstimmend wird hier als Zeit der Geburt Gebehard's ungefähr die Mitte des 11. Jahrhunderts angenommen; Henking möchte, 11 u. 12, annehmen, die Empfehlung Gebehard's für den erledigten Stuhl von Magdeburg (vergl. ob. S. 225) durch Gregor VII. sei dadurch herbeigeführt worden, daß der Papst den Sohn Berchtold's I. als Geisel Rudolf's kennen gelernt habe, was sehr viel für sich hätte, wenn bekannt wäre, daß die durch den Gegenkönig angekündigte Absendung der Geiseln an den Papst (vergl. ob. S. 8, n. 6) wirklich erfolgt sei. Hinsichtlich der Beziehungen zu Hirsau betont Henking, 11, auch noch die ob. S. 153 erwähnte Beisetzung des Vaters Berchtold I. in diesem Kloster, und Heyck, 113, bezieht die Notiz des Codex Hirsaugiensis: predium in Wilheim — vergl. ob. S. 153 — dederat nobis Gebehardus episcopus, frater ducis Bertholdi (ed. Schneider, Württembergische Geschichtsquellen, I, 25) auf eine alsbald beim Eintritt in das Kloster von Gebehard gebrachte Gabe.

[123]) Vergl. die schon ob. S. 32, n. 51, aufgezählte neuere Litteratur über Hirsau und Abt Wilhelm, über letzteren auch schon Bd. II, S. 97—99, ob. S. 32—34, sowie den Artikel Lauchert's in der Allgemeinen deutschen Biographie, XLIII, 221—224. Ueber die von Hirsau ausgehende Fülle von Anregungen handelt auch sehr eingehend Fürstabt Martin Gerbert, Historia Nigrae silvae, Ordinis sancti Benedicti coloniae, I (1783), 260 ff.

[124]) Vergl. ob. S. 90.

Daneben aber nennt Wilhelm noch ferner einen gleich ihm aus Baiern hervorgegangenen Mönch von Cluny selbst, der wegen einer Angelegenheit seines Klosters nach Deutschland kam und als alter vertrauter Freund bei ihm in Hirsau vorsprach. Das war Udalrich, der vom Leben des Hofes, wo er in ansehnlicher Stellung sich befunden hatte, von der Würde eines Archidiakons, die ihm von seinem Oheim, Bischof Nitker von Freising, übertragen worden war, hinweg sich von der Welt abgewandt hatte, erst auf einer Pilgerfahrt nach Jerusalem, dann, seit 1063 — nach einer vorher noch mit Gerald, dem nachherigen Bischof von Ostia, nach Rom angetretenen Wallfahrt —, durch den Eintritt als Mönch in das Kloster Cluny. Eben ihn ersuchte Abt Wilhelm, da er durch lange Erfahrung in der Zucht Cluny's ganz geübt war, um die Aufzeichnung der dort geltenden Gewohnheiten. Udalrich willfahrte dem Wunsche und verfaßte für Wilhelm zunächst zwei Bücher über die Ordnung von Cluny. Doch war Wilhelm noch nicht zufrieden und schickte, da er eine noch vollere Kenntniß des dortigen Standes der Zucht gewinnen wollte, in drei Malen je zwei seiner Mönche nach dem von Abt Hugo so mustergültig geleiteten Kloster, was zur Frucht hatte, daß dieser den vollständig in Allem unterrichteten Hirsauer Mönchen bei der Rückkehr den Auftrag an Wilhelm mitgab, dieser möge nach dem Bedürfnisse seiner Landessitte, nach den Anforderungen der Oertlichkeit seines Klosters an diesen Ordnungen ändern, zufügen oder weglassen, was ihm und seinen Aeltesten nothwendig und rathsam scheine. Hienach nun stellte Wilhelm selbst zwei Bücher zusammen, nach deren Inhalt das klösterliche Leben neu eingerichtet werden sollte [185]).

Das Ergebniß war eine viel stärkere Fesselung des ganzen mönchischen Lebens, gegenüber der bisherigen Lebensweise in den deutschen nach der Regel des heiligen Benedictus geleiteten Klöstern [186]).

---

[185]) Ueber Udalrich handelt einläßlich Nothhelfer, Leben und Wirken des Gründers von St. Ulrich (Freiburger Diöcesanarchiv, X, 125—180), dann Hauviller, in der ob. S. 34, n. 55, genannten Abhandlung, speciell 7 ff. über den Werth der SS. XII, 251—253, sowie 253—267, abgedruckten Vita prior und der Excerpte der Vita posterior. Die ältere wichtigere Biographie reicht eingehend bloß bis 1063, zu dem Eintritt in Cluny, und die jüngere ist eine zumeist auf die Wundergeschichten Gewicht legende minderwerthigere Ueberarbeitung. Wegen der Beziehungen zu Gerald vergl. Bd. II, S. 183, in n. 120. Hinsichtlich der Veranlassung der Niederschreibung der Vita prior machte Riezler, Forschungen zur deutschen Geschichte, XVIII, 545 u. 546, auf die einschlägige Stelle in der Vita b. Herlucae des Paul von Bernried aufmerksam.

[186]) Abt Wilhelm spricht im Prologus der Constitutiones Hirsaugienses, Lib. I, von diesen Veränderungen und ihrer Herbeiführung, und er sagt da zuerst: Ideo omnia mirabiliter ac misericorditer disponente, venerabilis vir ac bonorum omnium memoria dignus Bernardus abbas Massiliensis, apostolicae sedis legatione functus, ad nos devenit integrumque fere annum difficultate conficiendi itineris, quod volebat inhibitus, nobiscum exegit (vergl. ob S. 901 und wie Bernhard inter caetera colloquia ihn auf Cluny als auf das Vorbild — in habitu et tonsura, caeteris consuetudinibus — hingewiesen habe:

Beispielsweise wird schon gleich im ersten seiner Bücher, wo Wilhelm über die Aufnahme und Einführung der Novizen — und zwar auch der schon vorher dem Mönchsleben geweihten, aber erst nachträglich in Hirsau eingetretenen Neulinge — spricht, das Stillschweigen betont und die Nothwendigkeit, eine Reihe von Zeichen zu erlernen, die dann im Einzelnen aufgezählt werden, und hernach folgt bis in die kleinsten Einzelnheiten die Schilderung der gesammten Lebensweise, den ganzen Tag hindurch, wie sie dem Angehörigen des Klosters zur unerläßlichen Vorschrift gemacht ist. Zu keiner Stunde und an keiner Stelle soll ein Insasse des Klosters davor sicher sein,

---

in redeundo — peracta legatione pro qua venerat — Cluniacum transiens ipsi patri monasterii nos intime commendavit. Dann fährt Wilhelm fort: Circa idem tempus Udalricus senior quidam Cluniacensis nutu Dei, pro causa monasterii in Alemanniam missus, aliquandiu nobiscum mansit, et quia nobis olim erat familiarissimus longaque jam experientia in Cluniacensibus disciplinis exercitatus, rogavimus eum, ut suas nobis consuetudines transscriberet. Annuit, spopondit et, ut promiserat, duos de praedictis consuetudinibus libellos nobis conscripsit. Weiter aber schickte Wilhelm — considerantes in eisdem libellis multa deesse ad plenariam earundem consuetudinum scientiam capessendam — noch drei Male, wie er sagt, je zwei Mönche nach Cluny: qui jam diligenti examinatione omnia illius ordinis decreta rimati sunt, ut ipsi eorum magistri, in quorum audientia scriptas consuetudines recitabant, affirmarent, nunquam aliquos illius spiritualis scholae discipulos vel plenius, vel veracius suae institutionis artem comprehendisse, und bei deren Rückkehr empfing er von Abt Hugo den Auftrag, ut sua freti auctoritate, condonato seniorum nostrorum consilio, prout ipsa declarat ratio, secundum morem patriae, loci situm et aëris temperiem de eisdem consuetudinibus, si quid esset superfluum, demeremus, si quid mutandum, mutaremus, si quid addendum, adderemus. Quod sagaci studio communi insistentes et pauca quaedam mutantes, multo autem pauciora recidentes, totas illas consuetudines in duos libros distinctis per sua capitula sententiis digessimus, welches sumptuosum opus Wilhelm nun den fratres clarissimi, reverendi patres ac domini, et quibuscumque inest amor et studium secundum vos instituti empfiehlt (Migne, Patrol. latin., CL, 927—930, worauf 930—1146 die Constitutiones folgen). Die durch Udalrich — Cluniacensis ecclesiae qualiscumque monachus — Wilhelm und dem sanctum fratrum collegium sibi subjectum gewidmeten drei — nicht bloß zwei — Bücher über die Consuetudines von Cluny sind l. c., CXLIX, 635—778, abgedruckt, und Hauviller, l. c., 67—69, zeigt, daß Ulrich zuerst wirklich nur zwei Bücher verfaßte, in den Jahren 1079 bis 1084, das dritte aber erst nach einer zweiten nach Deutschland gemachten Reise und damit verbundenem Besuche in Hirsau, zur Zeit als Heinrich IV. wieder aus Italien zurückgekehrt war, wie das aus der Praefatio zu Lib. III. hervorgeht: senior noster domnus abbas cum me in Alemanniam direxisset, videlicet ad regem, et ad quemdam regalium divitiarum pontificem .... iterato veni ad domnum abbatem Willelmum ... enixius me rogavit ut quod adhuc de usibus nostris superesset, perorarem. Cui ut morem gererem, ita tertio sum exorsus (731), ebenso daß Udalrich die alle drei Bücher einleitende Epistola nuncupatoria (635—640) erst nach Abschluß des dritten Buches verfaßte. In der zweiten Vita s. Udalrici prioris Cellensis (vergl. n. 125) steht in c. 34 eine Erwähnung dieses Werkes: Ipse primum, petente Willelmo Hirsaugiensis coenobii reverendissimo abbate, Alamanniae monasteriis consuetudines Cluniacensis ecclesiae invexit .... De quibus duos libellos — auch hier ist nur von zwei Büchern die Rede — luculento sermone composuit, quorum conscriptio tam per Alemanniae, quam et aliarum regionum monasteria longe lateque pervolavit (l. c., 263).

überwacht, wenn er etwas gegen die Vorschrift der Zucht thut, beobachtet, zur Strafe gezogen zu werden, und dieser Bestrafung darf durch keine Erwägung des Mitleids irgend eine Einschränkung auferlegt werden. Ueberall erscheint in dem lang gedehnten Werke — das erste Buch umfaßt hundert und drei, das zweite neunundsiebzig Capitel — das Streben, die Angehörigen von Hirsau einem Gehorsam von solcher Schärfung zu unterwerfen, daß ihr ganzes Thun, mit Ausschluß jeglicher Abweichung der einzelnen Persönlichkeit, einzig und allein vom Willen der obersten Leitung abhing[127]).

Diese im Gehorsam gestählte Vereinigung begann rasch über die engeren Kreise der nächsten Zugehörigkeit hinaus zu wirken, und besonders stellte sich in kurzer Zeit der Anschluß einer weiteren Gruppe von Dienstbeflissenen heraus, die für die Zwecke Wilhelm's, für die engere Verbindung mit den Kreisen der Laien von höchster Bedeutung werden mußte. Das waren die Freigeborenen, die freiwillig sich erniedrigten, rasch sich eigentlich hinzudrängten, dem Kloster Hirsau Dienste zu thun, so daß sie bald keinen Platz mehr fanden und der Abt aus ihnen eine eigene Genossenschaft bilden mußte. Aber auch über diese als sogenannte „Bärtige“ beigetretenen Mitglieder der Mönchsgemeinde im weiteren Sinne hinaus gingen die eigenthümlichen Angliederungen. Denn es ist ausdrücklich bezeugt, daß schon in dieser letzten Zeit Gregor's VII. jene noch auffallendere Erscheinung begonnen hatte, daß ganze Vereinigungen von Laien, nachher unzählbare Mengen von Männern, aber auch ebenso zahllose von Frauen, sich bildeten, die unter geistlicher Leitung ein gemeinsames, Gott geweihtes, den Geistlichen und Mönchen dienendes Leben führten[128]).

---

[127]) Wilhelm's Lib. I sagt in c. 5: Opus quoque habet ut signa diligenter addiscat (sc. Christi scholaris), quibus tacens quodammodo loquatur. Quia priusquam adunatus fuerit ad conventum, licet ei rarissime loqui (940), und darauf folgen von c. 6 an bis c. 25 (940—957) diese verschiedenen „Zeichen“ — signa loquendi, leguminum, piscium, der diversa genera ciborum, u. s. f. —, bis am Ende von c. 25 abgebrochen wird: His de novitiorum instructione praemissis, per ordinem dicenda est ea disciplina, qua jugiter ille tenetur, qui nobiscum voluerit conversari (957), worauf c. 26 fortfährt: Quomodo se levet frater ad nocturnos et quomodo orationem agat (u. s. f.). Zu Lib. II ist z. B. c. 21 De circatoribus besonders bemerkenswerth: Circatorum munus est, ut omnes negligentias quae ullo modo contra ordinem possunt contingere, notent et in capitulo reclament, ... ut nec locus sit nec hora, in qua frater ullus securus sit, si tale quod commiserit, non deprehendi, et non publicari (1067), und hinsichtlich der Bestrafung heißt es in c. 9: De eo qui inobediens est extra capitulum ausdrücklich: In huiusmodi non re sed solo nomine monacho non ordo servandus, non abbatis commiseratio, non seniorum compassio adhibenda; sed corporalis districtio tandiu est exaggeranda, quousque hoc voluntarie facere incipiat, quod praesumptuosa prius induratio non sinebat (1048).

[128]) Vergl. ob. S. 34, n. 54, über das frühere Vorkommen der barbati vel conversi laici in Einsideln schon vor Hirsau und Muri. Hauck läßt, l. c., 868 n. 3, den Ursprung der Einrichtung offen; Udalrich gab in der in n. 126 erwähnten Epistola nuncupatoria (937) folgenden Rath: in obsequio quotidiano tales famulos habere meruistis, qui ex liberis ingenuis ultro se humiliantes

Die eigenthümliche Erscheinung der angesehenen Freigeborenen bei den Klöstern strenger Ordnung hat ein Zeuge, der allen diesen Dingen nahe stand, der insbesondere auch — vielleicht noch von Hirsau her — zu den Vertrauten des Bischofs Gebehard zählte, Bernold, besonders scharf beobachtet und eine höchst anerkennende Schilderung davon, schon zu 1083, in sein chronikalisches Werk aufgenommen. Nach einer Einleitung, wie sehr jetzt seit sieben Jahren das deutsche Reich zerrüttet sei, und der Ausführung, daß aus dieser Ursache beinahe alle Frommen, Geistliche, wie Laien, in die Verstecke der Klöster geflohen seien, um nicht diesen Gräueln zusehen zu müssen, wird die Anhäufung solcher aus der Welt Flüchtiger, die sich an die Seite der Mönche stellten, geschildert. Eine in Erstaunen setzende Menge edler und kluger Männer — heißt es da — sei in dieser stürmischen Zeit binnen kurzer Frist zu den klösterlichen Mauern geflohen. Sie legten ihre Waffen ab und stellten sich zur Aufgabe, evangelische Vollkommenheit unter der geregelten Zucht zu erreichen, und zwar in so großer Anzahl, daß in nothgedrungener Weise die Gebäulichkeiten der Klöster erweitert werden mußten, da sonst für sie kein Platz zu bleiben gewesen wäre. Wörtlich fährt darauf der Bericht fort: „In diesen Klöstern werden auch die äußeren Dienstleistungen nicht durch Weltliche, sondern durch die frommen Brüder verwaltet, und je adeliger sie in der Welt waren, um so mehr begehren sie, sich mit den verächtlicheren Diensten zu beschäftigen, so daß die, welche in der Welt einmal Grafen oder Markgrafen waren, jetzt in der Küche oder im Backhaus den Brüdern zu dienen oder ihre Schweine auf dem Felde

---

vobisque servientes non aliam vitam quam illam quae est caelestis et perpetua exspectant. De quibus tamen unum, quod si benevolentiae vestrae videretur, in proximo mutari vellem. Vellem utique ut non amplius permitterentur extra claustrum commorari; daretis eis habitum nostrum. Et quia non ad hoc valent ut sint lectores vel cantores cum litteratis, ulmi vivae vivas quoque vites, juxta quadamtenus dictum est, portarent, ut eodem modo quo huc usque serviendo litteratis litteratorum mercedem consequerentur. In der Vita Willehelmi ist in c. 23 von diesen Anordnungen des Abtes die Rede: religiosos monachos simul cum conversis laicis deputavit. Enimvero amabilis pater zelo animarum fervens primus instituit, ut monachi ministerio fideli laicorum conversorum in exterioribus administrandis uterentur, et versa vice item laici a monachis quod ad curam animarum pertinet consequerentur eorumque claustralem disciplinam pro posse suo extra claustrum in corrigendis moribus imitarentur (SS. XII, 219), und ebenso schreibt die Passio Thiemonis archiep., c. 10: ab abbate reverentissimo Willihelmo ... illud genus — sc. der exteriores fratres in cappa — ortum susceperat (SS. XI, 57 u. 58) und bezeugt die Hist. Hirsaugiens. monast., c. 4, von Wilhelm: fratrum barbatorum ... conversationis auctor ipse (sc. Wilhelm) primus exstitit (SS. XIV, 256). Neben der gleich hernach — bei n. 129 — herangezogenen classischen Stelle Bernold's zu 1083 darf die Schilderung des gleichen Autors zu 1091, von der communis vita (452 u. 453) schon hier andeutungsweise berücksichtigt werden, wie Hauck, l. c., 869 n. 1, hervorhebt, weil da ausdrücklich von Urban II. ein Zeugniß erwähnt wird, wonach er diese conversatio et consuetudo selbst — oculis nostris — gesehen habe, d. h. eben zur Zeit seiner Legation am Ende des Pontificates Gregor's VII.

zu hüten für die höchsten Freuden erachten. Denn da sind sowohl die Schweinehirten, als die Rinderhirten, nur die Kleidung abgerechnet, das Gleiche, wie die Mönche. In so großem Feuer der Liebe brennen Alle gleichermaßen, daß jeder von ihnen nicht so sehr seinen Nutzen, als den der Anderen wünscht, und in der Darbietung der Gastfreundschaft strengen sie sich so wunderbar an, als ob sie meinten, sie hätten eingebüßt, was sie nicht den Armen Christi oder Gästen ausgeantwortet haben" [139]).

Bernold macht dabei hiefür drei Klöster namhaft, die in solcher Weise im deutschen Reiche sich hervorthaten, eben Hirsau, aber davor schon St. Blasien und dann das Kloster des heiligen Erlösers in Schaffhausen [140]). Es werden also diese beiden als mit Wilhelm's Einrichtungen besonders nahe verbunden gedacht werden dürfen. St. Blasien war durch die Theilnahme, die die Kaiserin Agnes dem Kloster zuwandte, mit Fruttuaria in Verbindung gebracht, die Uebertragung von Anregungen von jener Seite her gefördert worden, und ebenso stand der Gegenkönig Rudolf mit St. Blasien in Verbindung [141]). Das Kloster in Schaffhausen dagegen, die Gründung des Grafen Eberhard von Nellenburg, der selbst nach sechsjähriger Zurückgezogenheit aus der Welt da gestorben war, hatte ohne Zweifel unmittelbar von Hirsau aus eine Neugestaltung erfahren; denn Eberhard's Sohn, Graf Burkhard, bezeugte 1080 ganz ausdrücklich, daß er 1079, nach dem Tode seines

---

[139]) Bernold schließt damit — bei den marchiones dachte er jedenfalls an den Zähringer Hermann (vergl. ob. S. 203 u. 204) — den Jahresbericht von 1083 (439). Er beginnt den Bericht mit den Sätzen: Sed jam septennio totum Romanum imperium civili bello, immo scismatis discidio laboravit, aliis quidem domno apostolico, aliis autem Heinrico faventibus, et ob hoc utrimque totum regnum praeda, ferro et igni miserabiliter devastantibus. Paucissimi catholici episcopi ex parte apostolici remanserunt, qui et a propriis sedibus expulsi suis gregibus providere non permittebantur. Bernold's Aufenthalt steht gerade für die fünf Jahre von 1079 (vergl. ob. S. 172 n. 11) bis 1084 nicht fest; dagegen gehörte er wahrscheinlich schon seit den Siebziger Jahren dem Kloster St. Blasien an (vergl. Bd. II, S. 704, mit n. 136). Sehr ähnlich lautet die schon in n. 122 berührte, wohl aus der Biographie Bischof Gebhard's geflossene Aussage aus Petershausen, l. c., c. 48, im Capitel De Hirsaugia, von den multi tam nobilium quam ignobilium clericorum et laicorum, set et monachorum de aliis locis —: illuc confluebant et de procella anathematis quae tunc navim aecclesiae vehementer impingebat, quasi de maximo naufragio emergentes, illic quasi ad portum confugiebant et quietem optatae salutis se invenisse gaudebant.

[140]) Bernold nennt, l. c., als diese Stätten — Eo autem tempore in regno Teutonicorum tria monasteria cum suis cellulis, regularibus disciplinis instituta egregie pollebant: quippe coenobium sancti Blasii in Nigra Silva et sancti Aurelii, quod Hirsaugia dicitur, et sancti Salvatoris, quod Scefhusia, id est navium domus, dicitur. Aber sehr bemerkenswerth ist, daß auch die ganz entgegengesetzte Continuatio Casuum sancti Galli, c. 31 — da Gall Chron., ed. Brandi, 102, die Stelle auch hat, entstammt sie den St. Galler Annalen — die gleichen drei Klöster aufführt für die quidam regulares viri sub quibusdam novis adinventionibus et insolitis consuetudinibus de quibusdam cellis .... se emergentes, die gegen St. Gallen ihre Angriffe gerichtet hätten (l. c., 82).

[141]) Vergl. schon Bd. II, S. 167 (mit n. 98), sowie ob. S. 33 u. 34, 246.

Vaters, als er das klösterliche Leben in dessen Stiftung in Verfall sah, sich an Abt Wilhelm, als an den zur Zeit thätigsten und edelsten Ordner des regelrechten Lebens geltenden Rathgeber, gewandt habe, wonach dieser bald darauf, von Mönchen begleitet, nach Schaffhausen gekommen sei und nach der Regel die Lebensweise da in geziemender Art eingerichtet habe. Daran fügte der Graf die Erklärung darüber, daß er, eben in der Fastenzeit des Jahres 1080, nach dem an Wilhelm geäußerten Begehren, um die neuen Einrichtungen im Kloster zu kräftigen, auf die Vogtei Verzicht geleistet und dem Kloster in Allem die Freiheit gewährt habe; seine Mutter Ida, die in Nachahmung ihres Gemahls gleichfalls der Welt entsagt und in einer der heiligen Agnes geweihten klösterlichen Anlage am gleichen Orte Schaffhausen mit einigen Nonnen nach der Regel des heiligen Benedictus lebte, habe dazu ihre Einwilligung ertheilt. Dann kam Siegfried, aus Hirsau durch Wilhelm geschickt, als Abt nach dem Kloster in Schaffhausen, das nun eben durch ihn auf jene höhere Stufe gehoben wurde, so daß wieder weitere Anregungen, so in gemeinschaftlichem Wirken mit Wilhelm für Kloster Muri, von ihm ausgehen konnten[188]).

[188]) Vergl. über die Anfänge des Klosters in Schaffhausen Bd. I, S. 566. Die Vita Willehelmi nennt in c. 22, wo Wilhelm's Gesammtthätigkeit als studiosissimus coenobiorum novorum fundator ac veterum instaurator — in gewisser verändernder Erweiterung der Aufzählung Bernold's, a. 1091 (451) — ausgeführt wird, zuerst septem cenobia — tam per se quam per suos discipulos variis in locis a fundamentis construxit —, und zwar in der Reihenfolge: 1) und 2) in Nigra Silva, die cella sancti Gregorii, quae proprie ad Hirsaugiam pertinet, und das Kloster sancti Georgii martyris, 3) in Bavaria das in honore sancti Martini geweihte Kloster, 4) in Turingia — Erphesfurth, 5) ad Duplicem aquam in honore sanctae Mariae, 6) in villa Wielheim, quod postea mutatum est in Montem sancti Petri, 7) in provincia Carentinorum, dann unter den drei cenobia paene jam destructa, die er hergestellt habe, das Scaphesbusense gleich als erstes, hernach Petrishusense, Kampergense (l. c., 218 u. 219). Ueber Schaffhausen und dessen Neugestaltung bietet die schon ob. S. 330 (mit n. 167) herangezogene sogenannte Relatio Burchardi unter 1. Aufschluß (Baumann's Ausgabe, Quellen zur Schweizergeschichte, III, 1, 14 u. 15, wozu ferner die historiographischen Zeugnisse im Anhange, 159 ff.). Unter den Nomina abbatum ad alia loca transmissorum nennt die in n. 128 citirte Historia zuerst: Sigefridus abbas ad Schafhusen mittitur (l. c., 263), und diesen pater Sigefridus de sancti Salvatoris cella führt Paul von Bernried, Vita Gregorii VII., c. 118, in der quadratura sive quadriga der sationsi Christi servi eisque fideliter servientes fratrum barbati, virgines singulari devotione jugiter inclusae, itemque virgines regulari moderatione introitus et exitus suos custodientes unter den quatuor praecipui rectores nach Bischof Altmann, dem canonicae vitae renovator eximius (sc. im St. Nikolaus-Kloster zu Passau, das — genauer gesprochen — ein Chorherrenstift war), Udalrich von Cluny, Abt Wilhelm als den vierten auf (l. c., 540). Die Beziehungen zu Muri heben die Acta Murensia, ed. Kiem, Quellen, l. c., III, 2, 2. Hälfte, 32 u. 33, hervor, daß, noch ehe die durch Graf Werner I. von Habsburg von St. Blasien — durch dessen Abt Giselbert — herangerufenen Brüder nach Muri kamen, rogatu comitis venerunt huc duo abbates, id est Willehelm de Hirsaugia abbas et Sigfridus de Schafhusen, et inspexerunt locum .... reversique ad comitem monuerunt eum, ut pro salute anime sue dimitteret locum liberum (etc.). Das Verzeichniß der libri sub sanctae memoriae domno Sigefredo abbate (Siegfried — vir magnae prudentiae et ad-

Aber überhaupt begann ein ganzer Kranz von neuen Gründungen oder von — ähnlich wie eben das Kloster in Schaffhausen — aus einem gewissen Verfall neu aufgerichteten klösterlichen Gemeinschaften um Hirsau, zum Theil schon in größerer Ferne, sich zu bilden.

Auf der Höhe des Schwarzwaldes entstand 1084, infolge des Eingreifens des Abtes Wilhelm, das Kloster St. Georgen. Dessen Stifter Hezil, Vogt des Klosters Reichenau, hatte zuerst, schon 1083, erheblich weiter östlich, auf seinem Besitz im Eritgau, die Gründung eines Klosters nach der Regel des heiligen Benedictus begonnen, und Wilhelm war gebeten worden, die Einrichtung der neuen Anlage durchzuführen. Allein als dieser nach einer Besichtigung des Platzes gefunden hatte, daß die Oertlichkeit nicht geeignet sei, wurde, als durch einen eigens nach Rom abgeschickten Mönch die Erlaubniß dazu gewonnen worden war, die Verlegung an den obersten Lauf der Brigach vorgenommen. Hier traf im April des Jahres 1084 der schon an der ersten Anlage betheiligt gewesene Hesso, der inzwischen auf das weltliche Leben Verzicht geleistet hatte, mit einigen Gehülfen in der bisher ganz menschenleeren Waldgegend ein, und nach zwei Monaten begannen die von Wilhelm aus Hirsau geschickten Mönche den Wald zu lichten, zu pflanzen und zu bauen. Nach Geheiß des Abtes wurde nach dem Namen des zumeist an der Stätte verehrten Heiligen die hölzerne Kappelle und die kleine daran sich anschließende klösterliche Ansiedelung St. Georgen genannt [188]).

mirabilis benevolentiae — starb nach Bernold, Chron., 464, am 28. October 1096) ipsius adminiculo sive jussu seu permissu patrati vel allati theilt Baumann, l. c., 142—145, mit.

[188]) Die Notitiae fundationis et traditionum monasterii s. Georgii erzählen die Anfänge: c. 1, daß domini Hezelonis (Bernold nennt ihn, a. 1088, fidelissimus miles sancti Petri et advocatus sanctae Mariae Augiensis coenobii, 447) devotio, qua beatum Georgium dilexit dilectumque honorare disposuit, darauf ausging, in villa sua nomine Walda (Königseggwald, im alten Eritgau, im jetzigen württembergischen Oberamt Saulgau) diesem zu Ehren ein monasteriolum zu gründen, c. 2, daß er den ähnlich gesinnten Hessonem. dominum curialem, potentem, praediis bene locupletem dazu heranzog, c. 4, daß am 4. Januar 1083 Hezelo Wald in fide comitis Manegoldi de Alcshusen (vergl. Bd. II, S. 780: es ist der eifrige Anhänger Gregor's VII. — c. 8 zählt dann nach seinem Namen noch alle weiteren Zeugen der verschiedenen Rechtshandlungen auf, nach Manegold zunächst Cuonrat et filius eius Eberhardus et Henricus de Sancto Monte, dann zahlreiche weitere Namen aus Oberschwaben, dem Gebiete zwischen Donau und Bodensee) an den Apostel St. Petrus übergab, ut . . . sub Romanae ecclesiae mundiburdo et tuitione in omni immunitate et libertate . . . defensaretur; c. 10 dann erzählt das Eingreifen Abt Wilhelm's, c. 11 die Sendung des Mönches Rupertus an Gregor VII. und die Verlegung in pagum nomine Bara. in comitatu Ascheim (so genannt nach der Hauptdingstätte Aien bei Donaueschingen), in quendam monticulum Nigrae silvae, qui locus propter situm terrae dici potest et est ipse vertex Alemanniae, mit Erwähnung der fontes Ilrichenae als Westgrenze, c. 13 den Beginn der Festsetzung auf dem monticulus arborum densitate consitus et horrore silvatico squallidus, ubi nondum fuerat vel unum domicilium, von

In dem tief in den Schwarzwald eingesenkten obersten Thale der Murg, erheblich nördlich von St. Georgen, war schon 1082, an der Stelle, wo der Reichenbach sich in den Fluß ergießt, durch den freien Mann Bern ein kleines Gut an Abt Wilhelm übergeben worden, damit dieser hier ein Kloster in das Leben rufe. Dieser schickte drei Mönche und fünf Laienbrüder an die Stelle, damit sie nach Ausrodung des Waldes und Säuberung des Platzes für den heiligen Gregorius den Bau begännen. Geradezu als „Besorger und gleichsam zweiten Vater" pries dabei der Abt einen jedenfalls höchst begüterten angesehenen Mann, Namens Ernst, der sich und alles Seinige zum Gehorsam Hirsau übergeben hatte und den jetzt Wilhelm eben der neuen Stiftung in Reichenbach zur Förderung zuwies. Durch seinen Fleiß und großen Eifer wurde es möglich, daß schon 1083 der Grund zur Kirche des in raschester Erstellung befindlichen Klosters gelegt werden konnte[184]).

Ausdrücklich wurde weiter von schwäbischen Klöstern Weilheim als neu gegründet mit Abt Wilhelm in Verbindung gebracht[185]).

Seite des Hesso et Cuonradus (vergl. in c. 7: vir quidam militaris Cuonrat), die jam pauperes Christi geworden waren, cum aliquot fratribus im April, der fratres missi a domino abbate im Juni 1084 (SS. XV, 1007—1010). Eine Notiz einer verlorenen St. Georger Chronik hat zu 1084: Hoc anno cella s. Georgii primitus incoepta est aedificari (SS. V, 447, n. 97, wozu vergl. SS. XVII, 296). Der Gründung des Klosters in nemore umbroso et condenso gedenkt auch die Vita Theogeri abb. s. Georgii, c. 11 (SS. XII, 452). Vergl. n. 132 über die Aufzählung St. Georgen's unter den Werken Wilhelm's. Ueber Hezil, den die Vita Theogeri, l. c., gleich Hesso, als vir religiosus et nobilis bezeichnet, vergl. Bd. II, S. 616, n. 84. Heyck, l. c., 366 (vergl. 369), reiht den Hezil als „Landoldinger" ein und möchte, 574, Hesso als einen Verwandten des Bd. II, S. 160 n. 87, sowie ob. S. 203 n. 50, 204 n. 52, erwähnten Hesso von Usenberg ansehen.

[184]) Im Wirtemberg. Urk.-Buch, I, 284, ist Wilhelm's Urkunde vom 15. Mai 1082, darüber daß quidam ingenuus senior, Bern nomine, prediolum suum, in Nigra silva situm, in loco qui a rivo, qui ibi Murgam influit, Richenbach vocatur, sancto Aurelio Hirsaugiae .... tradidit, id unice postulans ut ibidem monasterium construi satagerem, mit der Angabe, daß Wilhelm durch Absendung von Arbeitskräften aus Hirsau an den Ort — nemore densissimo hispidum — dafür sorgte, quatenus, silva eruta locoque purgato, construerent monasterium beato Gregorio, worauf weitere Angaben, besonders auch über Ernest, vir probus et curialis, qui jam pridem se suaque omnia nostrae dediderat oboedientiae, quem suis omnibus eidem loco in adjutorium concessimus .... loco et fratribus provisor et quasi pater secundus, qui ad exstirpandam silvam (etc.) maxime suas ipse impensas dedit et undequaque competenter acquisivit. Das Schenkungsbuch von Kloster Reichenbach (l. c., II, 391 ff.) stellt diese Urkunde voran und führt dann fort: Sane positum est fundamentum aecclesiae anno sequenti (d. h. 1083) et infra tres annos consummata est; ebenso erwähnt es noch mehrfach — 391, 392, 397—399, 401 — diesen Ernest — senior noster, anderswo: qui in construendo beati Gregorii cenobio prioris abbatis collaborator extitit et adjutor — als Urheber von Schenkungen an verschiedenen zum Theil — am Rhein, bei Mainz, bei Worms, dann im Fränkischen, in Schwaben — weiter entfernt liegenden Oertlichkeiten. Vergl. auch die Erwähnung in n. 132.

[185]) Vergl. n. 132. Die dort noch genannten Klöster Zwiefalten und Petershausen kamen erst 1089 und wahrscheinlich 1085 in Frage, sind also später in Bd. IV zu erwähnen (ebenso dort St. Peter in Erfurt und Komburg).

Die Propstei Weilheim im Neckargau, ein Werk Berchtold's mit dem Barte, war allerdings durch die Kriegsereignisse des Jahres 1078 schwer getroffen worden, und Berchtold's Sohn, Gebehard, hatte dann mit Zustimmung seines Bruders Berchtold diese geschwächte zähringische Stiftung, mit allen Gütern, dem Kloster Hirsau dargebracht. Wilhelm muß hier wieder aufrichtend eingegriffen haben, wenn auch allerdings nicht lange nach seinem Tode nachher die ganze Anlage in größere Entfernung verlegt wurde[186]). Doch noch eine andere Stiftung gehörte wenigstens in diesen Jahren in den Kreis von Hirsau. Graf Adalbert von Calw selbst nämlich und seine Gemahlin Wiltrud, die Neugründer von Hirsau, hatten in Sindelfingen für Mönche nach der Regel des heiligen Benedictus — daneben für Nonnen der gleichen Vorschrift — ein Kloster gestiftet; doch wurden nachher die Mönche nach Hirsau verpflanzt. Wie sehr aber das gräfliche Paar in der von Hirsau vertretenen Auffassung stand, bewies 1083 die Mitwirkung des Erzbischofs Gebehard von Salzburg und des Würzburger Bischofs Adalbero bei der Einweihung der in Sindelfingen von ihnen erbauten St. Martins-Kirche[187]).

Freilich erst hernach, unter der Leitung des Bischofs Gebehard, wuchs noch kräftiger die Aussaat von Hirsau innerhalb des den Kern Schwaben's bildenden Bisthums. Dagegen hatte doch auch schon außerhalb des schwäbischen Herzogthums die Anregung Wilhelm's bis zur Zeit der Wahl Gebehard's Wurzel gefaßt.

Auf dem Boden des hessischen Landes hatte Erzbischof Siegfried schon 1081 an die Stelle der bisher in seiner Stiftung auf dem Berge Hasungen in Thätigkeit stehenden Chorherren Mönche aus Hirsau gesetzt, denen allerdings kein langes Verweilen hier gestattet bleiben sollte. Giselbert war als Abt durch Wilhelm dorthin geschickt worden, und die Zahl der Mönche stieg nahezu auf fünfzig an[188]).

---

[186]) Ueber Weilheim vergl. schon ob. S. 153, 201, sowie S. 609, n. 122 (vgl. auch über die Anfänge von Weilheim die im Freiburger Diöcesan-Archiv, XIII, 285 ff., publicirten Zusammenstellungen des St. Galler Mönches, P. Gallus Mezler). Weilheim kann vor 1093, wo ja erst — nach dem Todesjahr Wilhelm's — die Verlegung nach St. Peter geschah, nicht so ganz, wie Heyck, l. c., 170, will, „noch immer in Schutt und Trümmern" (seit 1078) gewesen sein, da sonst — vgl. n. 132 — diese Anlage nicht als ein Werk Wilhelm's, eben noch in Weilheim selbst, hätte aufgezählt werden können.

[187]) Die kurze Erzählung: De Fundatione ecclesiae Sindelvingen nennt als Stifter den comes quidam Albertus Azinbart, residens in castro Sindolphingen, una cum uxore sua Wilcha —: Initio fecerunt monachos ordinis sancti Benedicti, cum monialibus eiusdem ordinis. Postmodo conflato illo ordine Hirsaugiae, fecerunt canonicos in Sindelphingen ut ibi essent monasterio; hernach ist von der 4. Non. Junii (an anderer Stelle: Julii) 1083 geschehenen Weihe der durch sie gestifteten St. Martins-Kirche in Sindelfingen die Rede (SS. XVII, 300, 301).

[188]) Vergl. über Hasungen Bd. II, S. 169, doch dazu S. 908. Die sogenannten Annal. Ottenbur. sagen, a. 1081: In monte Hasungen monachi esse coeperunt (SS. V, 7); dazu enthält Erzbischof Siegfried's Urkunde, vom 1. Sep-

Sehr bestimmt ist Wilhelm's Antheil an der Einrichtung eines Klosters in einem abgelegenen Hochthale des bairischen Gebirges, im Sundergau, bezeugt. Durch die Gräfin Hazaga aus dem Hause Scheiern, die mit dem Grafen Hermann — von Kastel, aus dem bairischen Nordgau — vermählt war, in zweiter Ehe den Grafen Otto II. von Scheiern zum Gemahl hatte, war zu Helingersweng, oder wie der Ort nachher hieß, zu Innerzell, nahe der Quelle der Leitzach — es ist das heutige Bairisch-Zell — 1077 neben einer Kirche für zwei aus der Welt zurückgetretene Einsiedler eine Zelle gegründet worden, bei der sich die Zahl der Brüder rasch vermehrte, so daß sie dieselbe weiter ausstattete. Sie übertrug nunmehr die Zelle mit allen Gütern an Hirsau, so daß inskünftig von da aus deren Leitung übernommen werde. Abt Wilhelm sandte zwölf Mönche und gleich viele Laienbrüder an die Stelle und sorgte für die völlige Einführung der in seinem Kloster geltenden Vorschriften. Allerdings kam es dann, weil die Brüder fanden, daß die Schwierigkeit der Wege und die rauhe Beschaffenheit des Waldlandes die Herbeischaffung der nothwendigen Lebensmittel nicht zulasse, zu einer Verlegung des Klosters, um die die Gräfin angegangen wurde[139]).

Noch weiter östlich geschah im Sinne der in Hirsau geltenden Auffassungen durch Bischof Altmann von Passau eine Stärkung des mönchischen Lebens. In dem im bairischen Traungau liegenden Kloster Kremsmünster war nach der Auffassung des später im Kloster Götweih das Leben des Bischofs beschreibenden Mönches die Zucht der Insassen in traurigster Weise verkommen; sogar eine im Kloster ausgebrochene Feuersbrunst wurde durch ihn diesen „Pest bringenden Männern" zugeschrieben. So berief Bischof Altmann 1082, nachdem er jene nicht ohne große Mühe hinausgeworfen, als Abt den Bekenner strenger Beobachtung der Benedictinerregel Dietrich, der zwar nicht ohne manche Anfechtung von Seite der früheren Bewohner sich behauptete und Kremsmünster auch mit Hirsau in Ver-

---

tember 1082, die genaue Angabe: Ego Sigefridus . . . . in monte quodam qui dicitur Hasungun . . . in excellentiorem regulam monachorum secundum habitum venerabilem et sacrosanctam consuetudinem cenobii Cluniacensis atque Herisaugie transmutaveram (Will, Regesta — etc., 215). Der in n. 121 citirte Appendix der Histor. Hirsaugiens. monast. spricht davon: Giselbertus abbas ad Hasunga mittitur, et cum toto grege suo, pene quinquaginta fratribus, ad nos propter excommunicationem revertitur, quia in eodem loco eos non passi sunt permanere, nisi consentirent excommunicato regi (l. c.; vergl. dazu Vita Willihelmi, c. 16, SS. XII, 217).

[139]) Das in n. 132 als in honore sancti Martini geweiht erwähnte Kloster in Baiern ist anfänglich nach der heiligen Margaretha genannt (vergl. Riezler, Geschichte Baierns, I, 521). Die Anfänge desselben erzählt Chuonradi Chron. Schirense, c. 2 ff., sehr eingehend, insbesondere in c. 4 die Betheiligung des Abtes Wilhelm (SS. XVII, 615—617; in c. 3 ist von der Stifterin des Klosters, der comitissa Haziga, gesagt, Heinricus patriarcha Aquileiensis et episcopus Polensis Ellenhardus duo fratres seien filii matertere der Gräfin gewesen).

bindung brachte[140]). Ferner aber folgte 1083 in der bairischen Ostmark durch den Bischof die endgültige Bestätigung und Weihe des auf der Südseite der Donau, landeinwärts, in das Leben gerufenen Klosters Göttweih. Schon 1072 begonnen, erhielt das regulirten Chorherren des heiligen Augustinus zugewiesene Gotteshaus sowohl durch den Stifter selbst, als durch den Adel des Markgebietes reiche Zuwendungen, und Altmann strengte sich an, Göttweih durch ansehnliche Bauten, die der hervorstechenden Lage auf dem die Umgebung beherrschenden Berge entsprachen, auszuzeichnen[141]).

---

[140]) Die Vita Altmanni schildert in c. 10 zuerst die Verwahrlosung der Zucht im sancti Agapiti monasterium, quod Cremesmunster dicitur, und fährt dann fort: Hos (sc. die viri pestiferi) solertia episcopi cum magno labore de loco ejecit, et venerabilem virum Theodericum abbatem ibi praefecit, qui monastici tramitis sectatores de Goize adduxit, quos sub magisterio beati Benedicti per normam regularis vitae verbis et exemplis instruxit (SS. XII, 232). In der Histor. Cremifanens. steht zu 1082: Dietricus .... huius tempore apud nos reformata est, que decreverat, monastica disciplina, dazu in marg. u. a. Albinus .... monachus de Gorze und in marg. sup.: Item consecratum est nostrum monasterium anno Domini 1082 ab Altmanno. Item contracta est fraternitas inter nostram et Hyrsaugiensem ecclesias. ferner in den weit jüngeren Bernardi Cremifanens. Hist., a. 1082: Ditricus prefuit qui fuit monachus in Gorze (etc.) (SS. XXV, 631, 670). Wattenbach, Waitz (SS. XII, 232 n. 17, XXV, 903, im Register), auch Hauck, l. c., 663 (n. 1), erklären das Kloster, von dem Abt Dietrich kam, als Gottesau, im rechtsrheinischen Theile der Diöcese Speier (heutzutage am Ostausgange von Karlsruhe): allein nach St. 3041, in welcher Urkunde Heinrich V. 1110 die Stiftung von Gottesau bestätigt, ist dieses Kloster erst im 12. Jahrhundert entstanden (vergl. Wenck, Hessische Landesgeschichte, I, 205 ff., besonders 206, n. d), wo einläßlich erörtert ist, wie die unrichtige Zurückverlegung der Stiftung von Gottesau in das 11. Jahrhundert zu Stande kam, auch Gerbert, l. c., 1, 449 u. 450, sowie Krieger, Topographisches Wörterbuch d. Großherzogth. Baden, 204), und auch die Einreihung des Wolpoto abbas ad Gotzow in der augenscheinlich chronologischen Ordnung der abbates ad alia loca (sc. aus Hirsau) transmissi (in dem ob. S. 608 in n. 121 erwähnten Appendix, l. c.) weist auf jene spätere Zeit hin (so nehmen Mayer, Die östlichen Alpenländer im Investiturstreite, 79, und Juritsch, Geschichte der Babenberger und ihrer Länder, 107 — vergl. in den Studien und Mittheilungen aus d. Benedictiner- u. d. Cistercienser-Orden, IV (1883), II, 136—138, P. Pius Schmieder's „Woher war der Reformabt Theoderich von Kremsmünster?", wonach eine Lambacher Pergamenthandschrift zu Consuetudines Hirsaugienses, aus dem 11. bis 12. Jahrhundert, in einem Eintrag von allerdings jüngerer Hand die Bemerkung enthält: sanctus vir Altmannus ... religiosos ac obedientes viros de Gorze adducens — das lothringische Kloster Gorze als Ausgangsstelle Dietrich's an).

[141]) Die Annal. Gottwicens. unterscheiden a. 1072: Ecclesia sanctae Erindrudis et altare primum sanctae Mariae a venerabili Altmanno Pataviensi episcopo dedicatum est in monte qui vocatur Kothwich und a. 1083: Monasterium sanctae Mariae in monte Kotwigensi a venerabili Altmanno Pataviensi episcopo dedicatum est (SS. IX, 601). Die jüngere Vita Gebehardi archiep., c. 4, sagt: Altmannus Pataviensis episcopus factus Chotwicense monasterium instituit, ganz besonders aber die Vita Altmanni erstlich in c. 10 kurz: In monte excelso, qui vocatur Gotewich (nochmals in c. 28: Hic mons in Norico Ripensi situs primatum tenet inter montes circumjacentes amoenitate, jocunditate, fertilitate, salubritate), condidit sanctae Dei genitricis Mariae decorum habitaculum, hernach c. 26 ff., weiter ausholend (vergl. ob. S. 467 in n. 43),

Auf Abt Wilhelm ging dagegen wieder unmittelbar die klösterliche Anlage zurück, die im Kärntner Lavantthale Graf Engelbert von Spanheim, der Bruder des Erzbischofs Hartwig von Magdeburg, mit Beihülfe seiner Mutter Richardis auf der Burg, die von dieser dem Hause als Erbe zugebracht worden war, gegründet hatte. Engelbert schickte seinen gleichnamigen Sohn nach Schwaben zu Wilhelm, und dieser sandte zur Festsetzung an der dem heiligen Paulus geweihten Stätte Mönche mit unter Wecilo, der dann der erste Abt dieses durch Engelbert reich ausgestatteten Klosters St. Paul wurde. 1083 war diese Aussendung geschehen[148]).

Wie Abt Wilhelm die auf diesen Wegen erfüllte Aufgabe, für die Kirche zu kämpfen, auffaßte, hat er selbst in einem an den Gegenkönig Hermann gerichteten Schreiben hinreichend klar ausgesprochen. Nach der einleitenden Ausführung, daß Gott, durch den Hermann in der Herrschaft stehe, dessen Herz öffnen möge und daß Wilhelm mit seinen Brüdern, den inneren, wie den außerhalb sitzenden, unablässig für ihn die Fürbitte, wie das wohl verdient

---

über den Bau, die Ausstaltung der von Altmann besonders bevorzugten Stiftung (SS. XI, 37, XII, 232, 237 u. 238). Die Stiftungsurkunde, am 9. September 1083 durch den Bischof — Altmannus .... Pataviensis ecclesie episcopus et apostolice sedis legatus ... in monte Kotwigensi monasterium in honore sancti Dei genitricis Marie construens et anno a. i. D. Mill. LXXXIII°. dedicans — ausgestellt, ist, Fontes rer. Austriacarum, Zweite Abtheilung, VIII, 249—252, aus dem Saalbuch des Klosters mitgetheilt. Vergl. auch Juritsch, l. c., 108 u. 109.

[148]) Vergl. neben n. 132 auch schon ob. S. 230 n. 93, wo ferner Neugart's Werk genannt ist. Die dort citirte Fundatio monasterii s. Pauli in Carinthia erwähnt in c. 2 die Anrufung Wilhelm's, die Aussendung der pauperes Christi sub regula sancti Benedicti degentes an die ecclesia beatissimi Pauli apostoli, quam videlicet, patre suo (sc. Siegfried) in peregrinatione defuncto, mater eius (sc. Rihkarda) ampliando super ripam Lavandi fluminis in castro suo construxerat .... pro amore ... domini etiam Hermanni (sc. des Magdeburger Burggrafen), in c. 3 der weiteren Maßregeln Engelbert's für das Kloster und dessen Vorsteher, den reverendus vir Wecelinus, qui primus eius loci fuit abbas (SS. XV, 1058 u. 1059). Neugart stellt die Berechnung auf, daß das Jahr 1083 hiefür anzunehmen sei, l. c., II, 2—5 (eine Urkunde von 1091 — circa Kal. Maji — zeigt den Engelbert als Schenker einer Anzahl Güter an diesen ersten Abt, l. c., I, 19). Den Wecilo abbas ad Laven in provincia Carentinorum nennt der zuletzt in n. 140 erwähnte Appendix, ebenso dessen Begleiter: Sigewinus cum alio nomine Gandentio cum domno Wetzilone missi fuerant (mit Angaben über deren Ungehorsam: uterque abbacias absque permissu abbatis acceperunt, nämlich: Sigewinus abbas ad Rosatz juxta Aquileiam — vergl. wegen Rosazzo, das aus einem Augustiner-Chorherrenstift zu einem Benedictinerkloster umgestaltet wurde, Mayer, l. c., 159, mit n. 3, wonach die Geschichte dieser Stiftung unklar ist, immerhin so, daß Patriarch Udalrich von Aquileja die Umgestaltung herbeiführte, was bei der Spannung desselben, von St. Gallen her, gegenüber Hirsau, durch Bischof Gebehard, die Sigewin treffende Ungunst genügend erklären würde). Auch das Nekrologium von St. Paul nennt zum 1. Januar: Fr. Segewinus, qui cum Wezilone abbate ex Hirsaugia ad s. Paulum venit, postea abbas Rosarensis juxta Aquilegiam, zum 2. Fr. Gaudentius a s. Wilhelmo Hirsaugiensi ad s. Paulum missus (Archiv f. vaterländ. Geschichte u. Topographie, herausgegeben von d. Geschicht-Verein für Kärnten, X — 1866 — 42).

erscheine, zu leisten bereit sei, will der Brief mit Mahnungen nicht zurückhalten, um die Blüte, die in Hermann's Regierung vorliege, zur reifen Ernte gelangen zu lassen. Dann fährt der Abt von Hirsau fort: „Ich weiß, daß es dieses allein ist, wodurch Gott auf das schleunigste Eurer Mühe das Ziel zu setzen und das Reich in die frühere Ruhe und Ungestörtheit zurückzubringen vermag, wenn Ihr nämlich nicht davor zurückscheuet, den Gehorsam, die fruchtbarste Mutter der ganzen Glückseligkeit, sowohl im Herzen zu umfassen, als in vielen Werken zu befolgen und zur vollen Willfährigkeit für den apostolischen Herrn in geschuldeter Ehrfurcht Euch zu neigen. Denn wir lesen, daß Gott beim Gehorsam eines einzigen Menschen, nämlich des Vaters Abraham, allen Völkern der Erde seinen Segen versprochen und wegen der Verdienste seines Knechtes Moyses, der das israelitische Volk aus Aegypten hinausführte, oft dieses zuwiderhandelnde Volk verschont habe. Nicht weniger glauben wir, daß die Hingabe Eures Gehorsams das bewirken könne, daß der Zorn des Herrn von seinem Volke ablasse und der Glanz seines Angesichtes der verlassenen Welt wieder aufleuchte. Aber am meisten könnt Ihr dem Herrn das angenehmste Opfer des Gehorsams darin beginnen, wenn Ihr dafür kämpft, daß die verfluchte Ketzerei der Simonie von Ewigkeit und bis in Ewigkeit von Grund aus ausgerottet werde, wenn Ihr durch Verfolgung das bewirken werdet, daß die unheilvolle Unenthaltsamkeit der Geistlichen von der Wurzel aus ausgerissen wird, wenn Ihr auch selbst es vermeidet, bei Ertheilung von Investituren kirchlicher Gewalten Euch zu verfehlen. Denn darin wankte schon lange die christliche Frömmigkeit, daß bei Einsetzung der Bischöfe entweder die eitle vornehme Geburt in Betracht gezogen erschien, oder wenn die Fülle der Reichthümer einbrach, auf keine Weise die Verehrungswürdigkeit christlicher Männer zugelassen wurde"[143]).

Eine Kundgebung aus diesen von Hirsau beeinflußten Kreisen kann auch in Spuren einer Streitschrift gefunden werden, die eben jetzt in der Zeit zwischen Heinrich's IV. Kaiserkrönung und dem

[143]) Giesebrecht hat ganz zutreffend ein Capitel seines Abschnittes: „Heinrich's IV. Kämpfe um die Erhaltung des Kaiserthums" überschrieben: „Wilhelm von Hirschau und der schwäbische Aufstand" und — III, 633 — dasselbe mit den Sätzen eingeleitet: „Schwerlich hat der Kaiser einen sehr gefährlichen Gegner jemals so beachtet, wie er es verdiente. Es war der Abt Wilhelm von Hirschau, ein der Welt scheinbar abgewandter Mann, der dennoch auf sie einen weitgreifenden Einfluß geübt hat. Er besonders hat den kirchlichen Kampf, als er zu ersterben drohte, im Gange erhalten und eine religiöse Bewegung hervorgerufen, welche für die Entwickelung der deutschen Verhältnisse überaus folgenreich wurde". Der hier im Texte mitgetheilte Zusammenhang steht in Wilhelm's Brief an den Gegenkönig Hermann (Sudendorf, Registrum, I, 51 — das Citat geht auf Genesis, XXVI, 4 —; soll auf die Anrede an Hermann, 50, den victoriosissimus rex ... inexpugnabile sanctae Domini ecclesiae antemurale, ein besonderes Gewicht zu legen sein, so wäre der Brief etwa nach der Schlacht bei Pleichfeld 1086 geschrieben, ständen nicht wieder die Worte, die Hermann's Regierung einem tener et vernans adhuc ... zu vergleichen, dem entgegen).

Tode Gregor's VII. abgefaßt worden sein muß. Der Verfasser dieser Heinrich IV. durchaus abgeneigten Darstellung der Zeitereignisse behandelte die Geschichte des Kaisers, dessen Zug nach Italien, besonders die Vorgänge des Jahres 1084 in Rom, und augenscheinlich waren auch schon die früheren Begebenheiten aus den Jahren 1071 und 1073 und die Wirkungen der ersten Excommunication des Königs von 1076 da erörtert worden. Möglicherweise im Kloster Hirsau selbst hatte diese Schrift ihren Ursprung. Mit trübem Blicke schaute ihr Urheber auf die Geschicke der Kirche hin, und dabei kleidete er gern die eintretenden Ereignisse in die Gestalt der Erfüllung prophetischer Voraussagungen ein[144]).

In der Mitte aller dieser Erwägungen stand aber die gregorianische Festung im oberen Deutschland, wie Hirsau richtig bezeichnet worden ist[145]), und es ließ sich sicher erwarten, daß bei einer ersten günstigen Wendung für diese Sache die Auffassung Abt Wilhelm's hinsichtlich der Uebung der weltlichen Herrschaft zur Geltung gebracht werden würde, nämlich einzig und allein in der Gestalt der Unterwürfigkeit unter die Gebote des päpstlichen Stuhles. Das stand von vorne herein fest, daß in diesem Falle alle jene Vorkämpfer gegen Heinrich IV., geistliche, wie weltliche, die in Hirsau ihre geistige Führerschaft erblickten, den Streit rücksichtslos fortsetzen würden.

---

[144]) Mirbt, l. c., 30 u. 31, schließt sich Giesebrecht's Ausführung, III, 1077, aber besonders Henking, l. c., 116 u. 117, an, vornehmlich auch darin, daß innerhalb der Quellen der Casus monast. Petrishus. zwischen den der Streitschrift entnommenen und den aus der Lebensbeschreibung Bischof Gebhard's (vergl. n. 121) herausgehobenen Abtheilungen zu unterscheiden ist, während Giesebrecht die Möglichkeit andeutete, daß überall nur Bruchstücke der verlorenen Biographie anzunehmen seien. Die Berthold von Zwifalten (SS. X, 101) in c. 8: De rege Heinrico und den Casus, Lib. II, cc. 28, 30, 30, 37, 41, und wohl auch cc. 28 und 31 (l. c., 645—647), gemeinsamen Stücke zeigen, wie Henking, 108, nachweist, in den Casus eine ausgiebigere Benutzung der gemeinschaftlichen Quelle. Die Worte der Casus in c. 28: Hac de causa tanta procella aecclesiam impulit, quae innumeros subvertit, et hactenus usque in presens, set nec usque in finem, ut credimus, navim Dei inundare et pulsare non desinit. Tunc adimpletum est, quod Dominus dixit in evangelio (die Stelle von Matth. X, 34 u. 36: also Erfüllung einer Prophezeihung, ähnlich, wie schon in c. 26: Pervenit enim tunc super Romanum imperium illa maledictio, quae a Salomone prescripta legitur — Eccl., X, 16 — et in Job — XXXIV, 30), und ähnlich wieder in c. 29: Initium, immo incrementum dolorum haec (sc. Rudolf's Wahl); nam inde exorta sunt prelia et seditiones et multae sanguinis effusiones et, quod est deterius, multarum animarum perditiones — beweisen, daß zur Zeit der Abfassung das „Schiff Gottes" stürmisch dahin getrieben wurde, was eben zu 1084 bis 1085 stimmt.

[145]) Hauck, l. c., 863.

Excurse.

Excurs I.

Die Wahl des Herzogs Rudolf als Gegenkönig Heinrich's IV. 1077.

Ueber die Forchheimer Versammlung liegen einige eingehendere Berichte, weiter zahlreiche kürzere Erwähnungen vor.

Der Annalist von 1075 an[1], der schon als Oberdeutschland angehöriger Zeuge voranzustellen ist, enthält die einläßlichste Schilderung. Er erzählt, daß zum bezeichneten Tage[2]) ex magna parte die optimates regni sich einfanden. Bei dem veranstalteten colloquium fallen Anklagen gegen Heinrich IV.: perquam multis injustitiarum et injuriarum calamitosissimis proclamationibus et querimoniis, quas sibi et totius regni primatibus et aecclesiis illatas haberet. Unter Betonung des Grundes: quia papa, ne ei regi oboedirent aut servirent, ipsis iam interdixerit, gehen sie gegen den König vor: regni dignitate privabant neque regis saltem nomine dignum ob inaudita ipsius nefaria flagitia adjudicabant; set alium sibi pro illo eligere et constituere unanimiter destinabant. Dann werden die legati sedis apostolicae eingeführt: audito tam sacrilego homine non parum quidem mirati sunt, quod tamdiu illum super se sustinuerunt, und darauf wird die schon in Bd. II, S. 784 n. 63, gebrachte Eröffnung der Legaten an die Versammelten mitgetheilt, ebenso eine kurze, l. c., S. 780, n. 56, beurtheilte Inhaltsangabe der litterae apostolicae in praesentiarum recitatae, nämlich des Schreibens J. 5010. — Den Vorgang der Wahl Rudolf's schildert der Annalist so, daß zuerst episcopi seorsum et senatorius ordo seorsum eine Berathung — diu multumque — pro constituendo rege hielten, worauf — sane totum senatorum nec non populi novarum rerum cupidi collegium episcoporum primum, utpote spiritalium virorum, divinum et spiritale nominandi et eligendi regis expectabat attentissime suffragium — Herzog Rudolf aus der Wahlhandlung hervorging. Diese electio vere non heretica — commune totius populi suffragium et laudamentum — wird so geschildert: Ruodolfus primum a Mogontino episcopo, deinde a caeteris in regem ab eis nominatus et electus est. Hos sequitur sine mora totus senatus et populus, solito jurisjurandi fidelitate sese illi omnes in id ipsum legittime subicientes. Der Annalist stellt den Gewählten dabei als non desiderans, nolens et coactus homo hin (SS. V, 291 u. 292).

---

1) Vergl. Bd. II, S. 905 u. 907.

2) Weniger genau steht hier: in idibus, während gleich vorher (vergl. l. c., S. 776 n. 50) von 3. idus Martii geredet worden war.

Bruno, De bello Saxonico, tritt in c. 91 auf das Forchheimer Ereigniß ein. Nach ihm sind Saxones et Suevi, sed et de aliis regionibus legati, qui quicquid lati de re publica commode definierint, idem laudare suos indicant, daneben ein legatus apostolici, über den die Aussage des Berichtes schon in Bd. II, S. 784, in n. 63, behandelt worden ist, die Träger der Handlung gewesen, und zwar speciell eben jene beiden Stämme — concorditer elegerunt — die Urheber der Wahl Rudolf's, allerdings ex multis, quos probitate dignos in electione proposuerunt. Doch wird Weiteres hier beigefügt: At cum singuli deberent eum regem laudare, quidam voluerunt aliquas conditiones interponere, ut hac lege eum super se levarent regem, quatinus sibi de suis injuriis specialiter promitteret justificationem, und einzeln werden der gewesene Herzog Otto von Baiern mit dem Begehren der Zurückerstattung des honor sibi injuste ablatus, viele Andere mit suae singulares causae erwähnt. Aber der Legat sei dazwischen getreten: ostendens eum non singulorum sed universorum fore regem, so daß es genüge: ut universis justum se promitteret, während durch solche Einzelzusicherungen — si eo modo, quod coeptum fuerat, promissionibus singillatim praemissis eligeretur — das Ganze den Anschein einer electio non sincera, sed haeresis simoniacae veneno polluta bekäme. Allerdings seien einzelne verbesserungsfähige Dinge hervorgehoben worden: ut episcopatus non pro pretio nec pro amicitia daret, sed unicuique ecclesiae de suis electionem, sicut jubent canones, permitteret, ferner das consensu communi comprobatum, Romani pontificis auctoritate corroboratum, nämlich: ut regia potestas nulli per haereditatem, sicut antea fuit consuetudo, cederet, sed filius regis, etiam si valde dignus esset, potius per electionem spontaneam, quam per successionis lineam rex proveniret; si vero non esset dignus regis filius, vel si nollet eum populus, quem regem facere vellet haberet in potestate populus —, und diese Dinge seien legaliter festgestellt worden (SS. V, 365)[3].

Als dritte stärker in das Gewicht fallende Darstellung tritt der zeitlichen Folge nach Paul von Bernried, in cc. 93—96 seiner Vita Gregorii VII., in die Reihe, wenn auch allerdings andererseits durch den Umstand, daß sein Bericht auf einer an den Wahlact sich sogleich anschließenden Schrift zu ruhen scheint, dessen Inhalt an Quellenwerth sich in die erste Linie stellt[4]. Der Biograph nimmt den Ausgang durchaus von den vorher in c. 90[5]) aufgeführten legati

---

3) Vergl. zu der Erwähnung der Saxones et Suevi, gleich zu Anfang, l. c., S. 781 n. 11. Vogeler, Otto von Nordheim in den Jahren 1070—1083, wendet sich, 100 n. 162, gegen die Anzweiflung der durch Bruno über Otto gebrachten Nachrichten.

4) Greving, Pauls von Bernried Vita Gregorii VII. papae (Kirchengeschichtliche Studien von Knöpfler, Schrörs, Sdralek, II, 1., 1893), erörtert, S. 100 ff., die Frage, aus welcher Quelle Paul die hier zu Grunde liegenden eigenthümlichen Nachrichten geschöpft habe. Während Giesebrecht, Geschichte der deutschen Kaiserzeit (5. Aufl.), III, 1165, 1134 n. 1, auf eine Art officieller Schrift zur Rechtfertigung der Wahl Rudolf's zurückgeführten Mittheilungen anderswo, 1077, aus einer verlorenen Gebehard von Salzburg beigelegten Schrift über Gregor VII. ableiten wollte — noch andere Erklärungen Anm. 100, erwähnt, so diejenige von E. Spohr, Ueber die politische und publizistische Wirksamkeit Gebehard's von Salzburg (Dissert. v. Halle, 1890), 63—71: ein Gesandtschaftsbericht der Legaten —, erklärt Greving diese auch von ihm als zusammenhängend erkannte Gruppe von Nachrichten — vom Tage in Ulm bis zur Mainzer Krönungsfeier — in anderer Weise. Bei der Erzählung des in Bd. II, S. 781, n. 60, erzählten Wunderzeichens vom 1. März ist in Paul's c. 90 (527) ein Priester Erlinbert als Zeuge erwähnt, und diesen stellt Greving in dem vom Nekrologium Bernold's (Necrol. Germaniae, I, 657) zu XIV. Kal. April. genannten Erchinbertus presbyter, der ein Bekannter Bernold's gewesen sei: eine eigene zur Rechtfertigung der Wahl Rudolf's verfaßte Streitschrift Bernold's sei also die Quelle Paul's gewesen, und zwar eine ganz vorzügliche, da sich Bernold sehr gut über Alles, was 1077 vorging, habe unterrichten können. Allein die Bd. II, S. 781, n. 57 (vergl. S. 773, n. 45), als nicht zutreffend hervorgehobene Anlehnung des Vorganges vom 1. März nach dem oppidum Canusii spricht nicht für die Zurückführung auf eine Berichterstattung des Augenzeugen Erlinbert. Dagegen würden wieder mehrere Ausführungen Paul's, in c. 95, daß nur Simonisten, andere Feinde der Kirche mit Mißbilligung auf Rudolf's Wahl hinblickten, ferner in c. 97 die Vertheidigung der Wähler Rudolf's und des Gewählten selbst hinsichtlich der Berechtigung zu ihrer Wahl, die Greving, 103—106, charakterisirt, sehr gut zu dem vorausgesetzten Pragma der als Quelle Paul's anzunehmenden Schrift passen. Darf dieser Quelle ein derartiger Charakter zugeschrieben werden, so ist für die Bd. II, S. 640 n. 32, erörterte Frage der Ausdruck in c. 93, in den Klagen der Fürsten vom 13. März: eum (sc. Heinrich IV.) post depositionem toleravere, auch wieder von Wichtigkeit.

5) Vergl. l. c., S. 778 n. 55. Im gleichen c. 90 sagt Paul vom Grafen Manegold: At comes ad proximum Forchheimense colloquium venire acceleravit, quo et priores legati jam

und hebt aus dem Schreiben J. 5019 den Satz heraus, daß die Gegner der Kirche — in Italien — durch Heinrich's IV. Anwesenheit nur noch frecher geworden seien; dann wird als Aussage der Legaten beigefügt: eum (sc. Gregor VII.) petere, ut novi regis electionem usque in adventum eius differrent, si hoc sine periculo fieri posse perpenderent[6]. Nach diesen Eröffnungen sollen die archiepiscopi, episcopi, duces, marchiones, comites, majores atque minores ihre mannigfaltigen, gar nicht zu erschöpfenden Klagen über Heinrich IV. vorgebracht haben, mit der Beifügung: se tamdiu eum post depositionem tolerasse, non utique ut correctionem eius, utpote penitus desperatam, expectarent, sed ut quibusdam occasionem calumniandi auferrent, qui fortasse ei, si non tamdiu expectaretur, correctionem interclusam esse conquererentur: — darüber ging der ganze erste Tag hin. Am folgenden Tage kamen die Versammelten wieder, um die Legaten pro sua necessitate sublevanda zu berathen, in deren Herbergen: suggerentes eis periculosissimum et irrevocabile schisma in toto regno futurum, nisi in eodem conventu, ut deliberaverant, in alicuius novi capitis sublevatione confoederati, illud anticipare festinarent. Die Legaten blieben aber ihres Auftrages eingedenk und antworteten ziemlich kurz, daß ohne Gefahr am besten die Bestellung eines Königs bis zu Gregor's VII. Ankunft verschoben bleiben könne: caeterum provisionem regni non tam in eorum consilio, quam in principum arbitrio sitam esse, qui rem publicam in manibus tenerent ac totius regni damnum sive proficuum optime praenossent. So versammelten sich die Fürsten — de adventu papae incerti, sed de maxima dissensione eventura et periculo, si differrent, certissimi[7]) — nach Empfang der Erlaubniß von Seite der Legaten — bei dem Erzbischof von Mainz. Da soll erwogen worden sein, daß keine Unterwerfung mehr Heinrich IV. geschuldet werde, daß im Gegentheil die Erweisung solcher Unterwürfigkeit, wegen Ueberschreitung des päpstlichen Bannspruchs, Verdammung nach sich ziehen könnte, da ja der Papst vor Verhängung des Anathems jedermann vom Unterthaneneide gelöst, alle Erweisung der Unterthänigkeit untersagt habe, worauf durch Heinrich IV. zwar die Wiederaufnahme in die Kirche, nicht aber — falsa correctionis promissione — die Königsherrschaft wieder gewonnen worden sei. So erhoben die Fürsten — ut liberi homines — den Herzog Rudolf — frustra multum renitentem frustraque vel unius horae inducias ad consulendum petentem — als König — (nachher heißt es nochmals: Electus est ab archiepiscopis, episcopis, ducibus, comitibus, majoribus atque minoribus) — und unterwarfen sich ihm im Eide der Treue, an den Iden des März. Aber Rudolf — vir sane in humilitate praecipuus, regio honori aetate et moribus idoneus ... regnum non ut proprium, sed pro dispensatione sibi creditum reputans — wies allen erblichen Anspruch auf das Reich, für die Nachfolge des Sohnes, von sich ab: justissime in arbitrio principum esse decernens, ut post mortem eius libere non magis filium eius, quam alium eligerent, nisi quem ad id culminis aetate et morum gravitate dignum invenissent (Watterich, Pontificum Romanorum vitae, I, 529—531).

Für die Kenntniß der Namen der Wähler kommen hauptsächlich zwei Berichterstattungen in Betracht.

Marianus Scottus, Chron., a. 1100, resp. 1078, sagt: Convenientes Suavi et Saxones et Walp dux Boariorum, episcopi septem de Saxonibus et alii sex, Pataviensis, Salsaboglensis, Wirziburgensis, Vurmatiensis et Mogontiensis episcopi, juxta Bamberc dominica tertia quadragesimae, Rodulfum ducem Suaevorum super se constituunt, daneben die Rec. alt., a. 1101: episcopi septem, i. e. Salzburgensis archiepiscopus, Pataviensis, Mogontinus archipresul, Wirzburgensis, Wormaciensis, Magdeburgensis, Halverstadensis

---

pervenerant. Bonin nimmt, in der S. 50, n. 91, citirten Dissertation, 129, wohl mit Recht an, Wenrich's Ankunft in Forchheim sei schon mitten in den Verhandlungen erfolgt: eben mit seinem Eintreffen seien die Legaten aus ihrem passiven Widerstand gegenüber der Wahl Rudolf's herausgetreten.

6) Vergl. hierüber l. c., S. 784, in n. 63.

7) Aehnlich heißt es hier darauf im gleichen c. 94 nochmals: considerantes se ad nullam dilationem ab apostolico coactos, sed hoc in eorum arbitrio positum esse, nec alicui, nisi sibi ipsis, deinceps imputandum fore, si dilatio noceret.

et alii plures in villam Forheim juxta Babenberc ..... R. pro Heinricho faciunt regem (SS. V, 561, resp. XIII, 79), während die Annal. Patherbrunnenses, ed. Scheffer-Boichorst, 97, mittheilen: instinctu et consilio Hildebrandi a perpluribus regni principibus (in Forchcheim Ruodolfus) rex electus est; in qua electione erant archiepiscopi Magontinus, Salzburgensis, Wirciburgensis, Wormatiensis, Pataviensis episcopi[8]. Daneben steht noch Frutolf, Chron. univ., mit der über die Theilnahme weltlicher Fürsten einläßlicheren Angabe: Ruodolfus indigena Sueviae, quae regalis omnino stemmatis est aliena, mediantibus Sigefrido metropolitano et Adelberone Wirciburgensi episcopo, Berhtolfo quoque duce Carinthiae ac Ottone aliisque nonnullis principibus, in presentia quorumdam Romanae sedis legatorum, non voluntarie annuentium, apud Forhcheim, in regem elevatur; in Rec. C. Chron. univ. lautet der Zusammenhang: Saxones et Alemanni cum suis episcopis atque principibus, mediantibus ..... Carinthiae et Welefone Bajoariorum duce ... Ruodolfum ducem Suevorum et Burgundiorum super se regem elevant .. legatorum .. ipsum apostolicum, sicut ipse postea facere solebat, ab hoc consensu excusantium (SS. VI, 202)[9].

Dann folgt eine größere Zahl kürzerer Nachrichten von deutscher Seite.

Die Würzburger Chronik (ed. Buchholz, 43) hat: Ruodolfus rex constitutus est in loco qui dicitur Forchheim. Kurz sagen die sogenannten Annal. Ottenbur.: Ruodolfus in villa Forchaim eligitur, die Annal. Einsidlens.: Ruodolfus dux in regem a quibusdam elevatur, Bernold, Chron.: principes regni generali colloquio apud Forecheim 3. Id. Martii habito egregium ducem Ruodolfum sibi in regem sublimarunt, Annal. s. Michael. Babenbergens. (a. 1076): Ruodolfus subrogatur in regnum, Annal. Mellicens.: Ruodolfus dux in regem pro eo (sc. Heinrich IV.) eligitur apud Vorichheim (SS. V, 7, III, 146, V, 433, 9, IX, 499). Mehr oder weniger entschieden dabei sich aussprechend, sind gegen Rudolf gesinnt die Annal. August.: Rege in Italia morante, Ruodolfus rex constituitur in Phorchheim, in loco infausto in Pontii Pilati praedio[10]; besonders aber Annal. Leodiens. Contin.: Saxones iterum rebellant, creato sibi tyranno duce Burgundionum Rodolfo, annitente Hildebrando papa, Sigebert, Chron.: Omnes qui prius Hildibrandum abjuraverant, perjurio perjurium cumulantes, imperatorem abjurant, et Rodulfum ducem Burgundionum super se regem statuunt (wonach die Angabe über die corona a papa missa, cui erat inscriptum: Petra dedit Petro, Petrus diadema Rodulfo), weiter z. B. noch Chron. s. Andreae castri Cameracensis, Lib. III, c. 11, wo von Rodulfus quidam quem Saxones sibi contra eum (sc. Heinrich IV.) regem prefecerant die Rede ist (SS. III, 129, IV, 29, VI, 363 u. 364, VII, 542)[11]. Der Verfasser des Liber de unitate ecclesiae conservanda redet Lib.

8) Daß die Vita Altmanni ep. Pataviensis, c. 30, in ihrer kurzen Erwähnung der Thatsache: Saxones parti beati Petri faventes Ruodolfum ducem regem constituerunt, per quem vesaniam Heinrici repression... (SS. XII, 238), diese Theilnahme Altmann's nicht meldet, hat bei der Minderwerthigkeit dieser späteren Biographie nichts zu bedeuten. Den Bischof Adalbero von Würzburg nennt der Liber de unitate ecclesiae conservanda, Lib. II, c. 29, ausdrücklich als particeps electionis pariter et ordinationis Ruodolfi regis contra legitimum regem Henricum (Libelli de lite, II, 253).

9) Schon vorher hieß es a. 1067 in dem ob. S. 27 in n. 26 charakterisirten Zusammenhang von Rudolf am Schlusse: eo res perducta est, ut Ruodolfus in dampnationem cui regnum invaderet dominumque suum regem deponere aut interficere quaereret, mit der Beifügung: Sed haec res quem effectum habebit, nos rusticos latet (SS. VI, 198).

10) Die Forchheimer Localsage hat bis zur Gegenwart diese Verbindung der Stadt mit Pilatus weiter gepflegt, daß Pontius Pilatus ein geborener Forchheimer sei, ein Pilatuswald bei der Stadt ihm gehörte, seine aus Holz geschnitzte Figur lange Zeit im Zeughause gezeigt worden sei. Ein Stein im Walle der Festungsmauer besagte: Forchemii natus est Pontius ille Pilatus, Teutonicus gentis, crucifixor omnipotentis (Hübsch, Chronik der Stadt und Festung Forchheim — 1867 —, 89—92, Seuber, Geschichte der Stadt Forchheim — 1867 —, 33).

11) Weiter hat z. B. auch Wilhelm von Malmesbury, Gesta reg. Anglor., Lib. III, c. 288: rebellante quodam Rodulfo parum ipsius apostolici qui ei coronam ex parte apostolorum miserat, bellorum fragoribus undique concussus est (sc. Heinrich IV.) (SS. X, 475), oder Hugonis Floriacens. modern. reg. Francor. actus, c. 11: Interea Saxones contra imperatorem facta conspiratione ducem quendam Rodulfum regem creaverunt. Qui illico ad papam direxit, pollicens illi, se omnem subjectionem servaturum fideliter, si suum illi favorem impenderet (SS. IX, 391).

II, c. 9: Hildebrant et episcopi eius .... constituerunt contra ordinationem Dei alium regem, Rudolfum .... convenerunt mense Martio episcopi et principes, qui erant ex parte Hildebranti papae, et elegerunt regem contra regem, circa tertiam hebdomadam quadragesimae von dem Vorgang (Libelli de lite, II, 220). In den Casus monast. Petrishus. ist Lib. II, an zwei Stellen, c. 29: Ruodolfus dux Suevorum jussu Gregorii papae et consilio Berhtoldi ducis et Welfonis Bajoariorum ducis aliorumque quam plurimorum catholicorum in villa Foricheim rex constituitur, sowie c. 31: duces Alamannorum ... diu inter se tractato consilio ad ultimum cum voluntate Gregorii papae, qui et Hiltibrandus, convenerunt in villa quae Forcheim dicitur una cum Saxonibus, et Ruodolfum ducem Suevorum constituerunt regem, vivente adhuc Heinrico, set excommunicato .... mense Martio (SS. XX, 645, 646) Rudolf's Wahl erwähnt. Die pb. S. 16, n. 20, besprochenen St. Galler Annalen sind hier nur durch Gallus Öhem erhalten: Darnach anno MLXXVI (!) als küng Heinrich in Lamparten was, ward hertzog Ruodolf von Swaben wider alle recht und billichait von den Swaben und Saxen zuo küng gesetzt (Ausgabe Brandi's, 97). — Aus der gegen Heinrich IV. gerichteten sächsischen Darstellung flossen ganz besonders die einläßlicheren Angaben Helmold's, Chron. Slavorum, Lib. I, c. 28: Videntes cardinales et hii, qui de curia sunt, quia pre timore sedis apostolicae contremiscunt potestates et curvantur hii qui portant orbem, suggerunt apostolico, ut transferat regnum ad alium virum, dicentes indignum esse, ut talis regnet, qui de publicis convictus est facinoribus. Percunctanti igitur apostolico, quisnam in Alemania dignus esset tanto culmine, designatus est dux Suevorum Rodulfus, quod scilicet fuerit vir bonus, amator pacis et circa cultum sacerdotii et ecclesiarum optime affectus. Cui domnus papa auream transmisit coronam (mit einem dem schon erwähnten ähnlichen Verse: Petra dedit Romam Petro, tibi papa coronam). Preceptique Moguntino et Coloniensi ceterisque episcopis et principibus, ut adjuvarent partes Rodulfi et statuerent eum in regem. Quotquot igitur receperunt verbum domni pape, elegerunt Rodulfum in regem, additique sunt parti eius Saxones et Suevi (SS. XX, 32)[12]. Nach Otto von Freising, Gesta Friderici imper., Lib. I, c. 7, hat, indem er Gregor VII. — omnibus, ut alium crearent, latenter et manifeste scribebat — als Urheber der Wahl Rudolf's hinstellt, die Geschichte vom diadema, mit der Inschrift in der von Sigebert berichteten Form (SS. XX, 357).

Von italienischen Zeugnissen fällt Bonitho ein sehr entschiedenes Urtheil über den Forchheimer Vorgang, Liber ad amicum, Lib. VIII: ... ultramontani principes apud Forken conveniunt et sibi ducem Rudolfum constituunt, virum magni consilii et armis strenuissimum; quod factum magnam cladem intulit Romano orbi (Jaffé, Biblioth. rer. German., II, 673). Weiter erwähnen die Mailänder Erzählungen die Erhebung Rudolf's, und zwar Arnulf, Gesta archiepiscoporum Mediolanens., Lib. V, c. 10: Ad ultimum vero convenientes Maguntiae (also unter Vermischung des Mainzer Ereignisses mit dem von Forchheim), omnium consensu, Rudolfo duci regni jura committunt, jurejurando cuncta corroborantes, und Landulf, Hist. Mediolanens., Lib. III, c. 31, mit Hereinziehung der Geschichte von Zusendung der Krone: (Gregor VII.) ecclesiarum universarum ac saeculi totius pace et concordia spreta, illecebrarum facetiis ac diligentia Matildis, cum qua et ipse ridebat, coronam admirabilem lapidibus pretiosis intextam Rodulfo, quatenus se de imperio Romano contra Heinricum IV. regem intromitteret, misit (etc.), also ohne Aufführung der Wahlhandlung selbst (SS. VIII, 31, 98). Bardo sagt in der Vita Anselmi ep. Lucens., c. 18: Eligitur interim in partibus Theutonicis dux Rodulphus in regem ad defendendam catholicae ecclesiae unitatem[13])

12) Nur kurz und in unmittelbarem Anschluß an die Erzählung von Vorgängen des Jahres 1076 haben dagegen die gleichfalls an solche sächsische Schmähschriften sich anlehnenden Annal. s. Disibodi: Ipsi (sc. die nach Heinrich's IV. Befehl nach der Erklärung ihrer Unterwerfung gefangen gelegten, hernach wieder frei gewordenen sächsischen geistlichen und weltlichen Fürsten) .... post Rudolfum miserunt eumque super se regem fecerunt (SS. XVII, 8).

13) Rangerius hat in seiner poetisch umgeformten Vita Anselmi, v. [illegible] ff., der Sache kurz gedacht: .... ut didicit (sc. Heinrich IV.) regem contra sua sceptra levatum, Rodulpho-

(SS. XII, 18). Petrus, Chron. mon. Casin., Lib. III, c. 49, hat in der Ed. Neapolit. die Fassung: corona imperii Rodulphum ducem insigniri curavit, woran dann gleich Heinrich's IV. Weggang aus Italien — e vestigio in Gallias transiens —, aber auch die Schlacht an der Grune geknüpft werden, in der Ed. Venet.: pontifex Matildae consiliis adjutus, quendam ex suis ultra montes dirigens et Rodulfo duci coronam imperii mittens, adversus augustum rebellare suasit (SS. VII, 738). — Benzo, Ad Heinricum IV. imperatorem, Lib. VI, c. 4, hat in sehr allgemeinen Worten[14]) auf diese Dinge Bezug genommen: Merdulfus — so heißt Rudolf da, homo Aegyptius: Ut se tradidit Merdulfus malignis spiritibus, furiarum propulsatur creberrimis ictibus (etc.) — wird angeführt, als non rementus, quod a rege sit raptus de stercore et per eum factus homo de balanti peccore (etc.), weiter: Sed Prandello instigante perjurus efficitur et tocius benefacti regis obliviscitur; a Zypheis pice tinctus, mox tyrannus dicitur (etc.) (SS. XI, 662)[15]).

Auf die Krönung zu Mainz und die nach derselben folgenden Vorgänge werfen wesentlich die gleichen Mittheilungen, die auch von der Wahl Rudolf's sprechen, ein Licht.

Bruno's Bericht steht hier in Unmittelbarkeit der Anschaulichkeit unbedingt voran. Er läßt, c. 91, den electus rex — durch die in Forchheim Handelnden: diese sind als Subject zu deducunt heranzuziehen — cum magno honore nach Mainz führen: ei dum consecrationem regis — durch Erzbischof Siegfried, 7. Kal. Aprilis (wie aus c. 92 weiter erhellt, dem Sonntag Lätare): praesentibus et adjuvantibus aliis quam plurimis — accipiebat, venerabiliter et fortiter, sicut mox apparebat, assistunt. Dann folgt in c. 92 die Geschichte des ipso die consecrationis — nachher: unctionis — geschehenen Tumultes, der Rudolf fast den Tod gebracht hätte: seditio ..... ad quam sedandam dum rex procederet, modo quolibet occisus interiret[16]). Bruno erklärt diesen Tumult aus dem crudelis zelus der urbani — quia magis favebant exregi quam regi —, die den ludus der juvenes Rudolf's stören wollten, nachdem dieses Festspiel — prandio novi regis finito — theils wegen der regia consecratio, noch mehr nach der antiqua consuetudo, des Tages Lätare, begonnen worden war, und er erzählt einläßlich die Art, wie die quidam juvenes aus den urbani die aliqua qualibet arte materia belli zu Stande brachten, von der Abschneidung der crusina gulis ornata des quidam nobilis ex curia, worauf dieser für die vestis dehonestata sich durch Versetzung eines colaphus rächt: darauf Vorbrechen der urbani in subsidiis ad hoc ipsum collecti auf die curiales inermes, Verwundungen und Tödtungen, Zurückhaltung des Königs durch die Seinigen: eum de palatio descendere non permiserunt. Aber nach Vollzug der Zusammenziehung der curiales et omnis exercitus in der Domkirche brechen sie plötzlich auf die Städter hinaus, den Nichtfliehenden Tod oder Gefangenschaft bringend. Am folgenden Tage kommen omnes ex urbe majores demüthig bittend vor den König, bereit jede Strafe zu dulden, unverbrüchliche Treue für die Zukunft schwörend. Aber — so beginnt c. 93 — der König zieht — non habens eis fidem — ab (SS. V, 365 u. 366).

Der Annalist von 1075 an läßt Rudolf in media quadragesima in Mainz eintreffen: ab eisdem episcopis — d. h. den gleichen Persönlichkeiten, wie die in Forchheim Anwesenden — et totius populi conventu sibi illic in justum regem rectorem et defensorem totius regni Francorum laudatus, unctus et ordinatus est. Doch gleich daran schloß sich — eodem die mox — die Auflehnung: cives Mogontini bellum ex industria movebant in eum; freilich

quo duci jam diadema datum. Ebenso ganz kurz Guillermus Apuliensis, Gesta Roberti Wiscardi, Lib. IV, v. 49: Cum palliator concessa corona Rodulfo (SS. IX, 280).

14) Vergl. ob. S. 460 in n. 34, daß das Gedicht in das Jahr 1082 zu setzen ist.

15) Sollen vielleicht die Worte: Quod de arca Iulii Petri ejusque altario, ut pugnaret contra regem misit (sc. Gregor VII.) mercenario auf die Zusendung der Krone sich beziehen?

16) Das ist schon angedeutet durch die Bezugnahme auf das proverbium von dem vigil rex, at in regno suo numquam viderat somnum (Anspielung, zwar kaum noch directer Andeutung, auf Cicero's Brief: Ad Familiares, Lib. VII, ep. 30, von dem eintägigen Consul C. Caninius Rebilus, qui suo toto consulatu somnum non viderit).

soll nach dieser Darstellung — über hundert Bürger todt, die übrigen kaum durch die Flucht und die einbrechende Nacht gerettet, dagegen von Rudolf's Seite bloß zwei gefallen — Rudolf ganz im Vortheil geblieben sein: regis milites victoria mirabiliter potiti sunt et tantum civibus pavorem intulerunt, ut summo confestim mane episcopo et domno suo sese reos dedissent et eius adepta gratia gratiam quoque regis, ipso cum quibus poterat omnibus interveniente, vix acquisissent (SS. V, 292).

Daneben tritt hier Bernold, der über die Wahl zu Forchheim so äußerst kurz war, einläßlicher in die Reihe, mit Angabe des Tages der consecratio (vorher hieß es: coronarunt) — in 7. Kal. Aprilis, ubi eo anno medium quadragesimae occurrit — und von Mainz als des Ortes. Die maxima seditio am gleichen Tage soll per suggestionem simoniacorum clericorum entstanden sein: ita ut etiam palatium irrumpere vellent et religiosissimos clericos et monachos occidere, zumal da die milites Rudolf's inermes waren. Aber diese verlieren nur einen der Ihrigen, die Angreifer über hundert, partim ferro partim aqua. Dann folgt noch die Erwähnung der pro homicidiis huiusmodi a legatis apostolicae sedis auferlegten penitentia (SS. V, 433).

Dann ist aber auch hier wieder Paul von Bernried besonders einläßlich, so freilich, daß sehr deutlich seine Anlehnung zumal an Bernold und Bruno zu Tage tritt. Zuerst beginnt c. 96 mit der, wie es nachher heißt, die duodecimo ... id est VII. Kal. April., ubi tunc medium quadragesimae occurrit, zu Mainz begangenen consecratio, durch die Erzbischöfe von Mainz und Magdeburg — cum eorum suffraganeis, legatis sedis apostolicae praesentibus et regni principibus —: Rudolphum iam legitime electum ... regali inunctione consecrarunt. Nachher bringt c. 98 noch einzelne Umstände aus den Vorgängen dieses Tages nach, zuerst, daß Rudolf — obediens banno domni papae — die gottesdienstliche Handlung des am Altare stehenden simonistischen Subdiakons abwies und daß dieser von Siegfried's Seite durch einen anderen Priester ersetzt worden sei. Das habe bei den Simonisten und den Verächtern des Cölibates Haß und Angst erweckt, so daß die clerici civitatis — das ist unverkennbar aus Bernold entnommen — nunmehr die concives suos vino et insania furentes gegen Siegfried, Rudolf und die übrigen Fürsten aufreizten. Auch hier ist vom Versuch des quidam puer ex civitate, eine pars pretiosa vestis einem miles archiepiscopi heimlich abzutrennen, sowie von dessen Gefangensetzung, seiner nachfolgenden Befreiung durch den procurator civitatis die Rede: aber durch die Schuld der clerici dauert der Tumult weiter. Dann geht Rudolf finito prandio aus der Pfalz in die Kirche, um die Vesper zu hören: Ansturm auf Kirche und Pfalz, mit dessen Abweisung a militibus regis licet inermibus[17]). Danach kehrt Rudolf nach Schluß der Vesper mit Siegfried und den übrigen Fürsten aus der Kirche in die Pfalz zurück[18]): aber vom Angriff — gegen das coemeterium ecclesiae, immo ipsa matrix ecclesia — wird nicht abgelassen, so daß Rudolf, gladio accinctus, selbst gegen die Angreifer vorgehen will, aber von den principes zurückgehalten wird.

17) Hier hat Paul von Bernried eingeschoben: Nam in diebus quadragesimae consuetudo erat sine armis procedere, während er daran im Anschluß an die Erzählung Bruno's ausführt, woher diese Waffenlosigkeit komme —: Bruno sagt da: arma curialium in hospitiis derelicta, dum ipsi circa regem frequentes essent, urbani praeripuerant, et ne illi, quorum erant, ea invenire possent effecerant, Paul: et ipsa (sc. arma), si quae habebant per civitatem in hospitiis dimissa, prae seditione civium acquirere non poterant. Es ist also sehr gewagt, wenn Greving, l. c., 105 n. 1, auf die Einschiebung Paul's sich stützt, als sei das ein Beweis für Einführung des Gottesfriedens in Deutschland schon vor 1083. Das Ereigniß von Mainz findet durch Bruno genügende Erklärung, was die Waffenlosigkeit betrifft, und der Schluß des erst viel später schreibenden Paul von Bernried auf deren Ursache verdient keine Betonung. Vergl. auch Waitz, Deutsche Verf.-Gesch., VI, 2. Aufl., [illegible] n. 1.

18) Diesen Kirchenbesuch Rudolf's, zur Anhörung der Vesper, hat Paul von Bernried, vor der Schilderung Bruno's, voraus; immerhin ist er nicht unmöglich. Nur muß geschlossen werden, was ja aber auch durch Bruno nahe gelegt erscheint, daß die königliche Pfalz, die nach Hegel, Verfassungsgeschichte von Mainz, 21 n. 1 (in den Chroniken der deutschen Städte, XVIII), hier zum ersten Male erwähnt ist, und der Dom einander ganz nahe lagen. Heyck, Geschichte der Herzoge von Zähringen, 77 u. 78, nimmt an, Rudolf habe einen „geschützten Verbindungsgang in die Pfalz“ vom Dome her zur Rückkehr benutzen können (n. 239: „Nur so werden die Darstellungen klar“).

Diese nun — mutuatis undecumque poterant armis — gehen zuerst zum Gebet in die Kirche, brechen dann unter dem Kyrie eleison durch die zumeist angegriffene Pforte hinaus und werfen, licet paucissimi, die maxima multitudo hostium — licet regis milites parum eos ultra coemeterium ecclesiae insequerentur — der Art in die Flucht, daß sich einige sogar in den Rhein stürzen (Walterich, l. c., 530 u. 531, 532 u. 533).

In diesen Berichten erscheint überall der Gegenkönig in völligem Siege. Zwar weichen die Einzelnheiten da und dort von einander ab, besonders indem Bernold und Paul von Bernried, was viel unwahrscheinlicher ist, den Angriff auf Schürungen durch die simonistischen Priester, statt auf die Heinrich IV. bewiesene Anhänglichkeit der Städter zurückführen.

Weit anders melden Frutolf, Chron. univ., und Sigebert, Chron., das Ereigniß. Der erste läßt durch die schon S. 630 erwähnten Begleiter Rudolf nach Mainz führen, wo an ihm durch Siegfried — unrichtig steht: in media quadragesima 12. Kal. April. — die heilige Handlung vollzogen wird: in regem ungitur. Aber am gleichen Tage — pessimo auspicio — erwächst eine seditio, wobei der Autor den Grimm des Volkes erst aus der multa turba vulgi caesa ab eius (sc. Rudolf's) militibus entstanden sein läßt; denn jetzt folgt: vulgus accensum in ipsos exarsit magnisque ictibus multos obtruncans, ceteros in curtem palatii fugavit, ipsasque regias aedes incendere voluit, nisi quod episcopus Sigifridus pro veloci discessione Ruodolfi obsidem se interposuit [19]. Ita Ruodolfus et cuncti qui cum eo venerunt, ejecti sunt; ipse quoque Sigifridus episcopus magnis blasphemiis eliminatus, Mogontiam non intravit amplius (SS. VI, 202 u. 203). Bei Sigebert heißt es, nach Erwähnung der durch Siegfried vollzogenen Ceremonie: in regem benedixit, von Rudolf: facta a Moguntinis seditione contra eos .... cum archiepiscopo noctu aufugit (SS. VI, 364). Aehnlich bezeugen die Annal. Augustani: Ruodolfus .... in media quadragesima a maledictis potius maledicitur, quam consecratur, chrismate in eodem die contra ecclesiastica instituta consecrato. In eadem die ad dampnationis suae cumulum in eodem loco, id est Mogontiae, plurimi occiduntur (SS. III, 129). Ebenso ist im Liber de unitate ecclesiae conservanda, Lib. II, c. 9, das Ereigniß wenigstens in einem Rudolf ganz abgeneigten Sinne berührt: Rudolfus, cum media quadragesima, die scilicet dominica, per Sigifridum Moguntinae ecclesiae archiepiscopum ordinaretur, sanguine multorum hominum initiatur, quoniam Moguntiae plebis multitudo conclamans atque concurrens ad eiusmodi seditionis portentum repellitur, fugatur atque occiditur, et ecclesia, in qua facta est haec ordinatio, sanguine etiam violatur, nachher in c. 10: perfecta ..... sanguinea illius ordinatione, quibus interfuerant legati quoque Hildebrandi papae (l. c., 221).

Für die Geschichte der Krönung ist die Aussage des Chron. Ebersheimense, c. 26, Ausschlag gebend, wo über den Abt Adelgaud dieses elsässischen Klosters Ebersheimmünster berichtet wird: Ruodolfus dux Alemannorum conjuratione Saxonum et quorundam aliorum principum rex contra Heinricum imperatorem constitutus coronam sibi imposuit et in Saxonia regnavit. Hac itaque de causa Heinricus imperator Adelgaudum abbatem expulit ac deposuit, quia filius Judite, filie sororis eiusdem Ruodolfi, fuit et maxime quia corona, quam sibi imposuit, secrete in monasterio fabricata fuerat (SS. XXIII, 444).

Berichte untergeordneterer Art enthalten noch die Annal. Patherbrunnens.: Et Magontiae ordinatus est ab ipsius urbis episcopo Sigifrido

---

19) Wenn die multa turba vulgi caesa auf den [illegible] des 26. März geht, so ist die seditio, die in dem Satze: vulgus accensum .... se interposuit geschildert wird, das von den rudolfinisch gesinnten Autoren ganz und gar verschwiegene tumultuarische Ereigniß des 27., und allerdings ist die Räumung von Mainz durch Rudolf, nach der Niederlage der Städter am ersten Tage, einzig aus einer solchen Wiedererneuerung der Angriffe zu erklären. Buchholz, Ekkehard von Aura, I, 69–71, erklärte sich gegen die — hier (im Anschluß an Giesebrecht, III, 436 u. 437) durchgeführte — Vertheilung der Bewegung über zwei auf einander folgende Tage; allein er übersieht, daß ein Sieg Rudolf's über die Städter, wie ihn die Heinrich IV. feindselig gesinnten Berichte behaupten, mit dem [illegible] Abzuge Rudolf's aus der Stadt sich nicht vereinigen [illegible].

(ed. Scheffer-Boichorst, 97), die sogenannten Annal. Ottenbur.: a Sigefrido episcopo Mogontiae rex ordinatur (SS. V, 7), die Würzburger Chronik: in media quadragesima apud Magontiam unctus est in regem a Sigefrido archiepiscopo (in der Restitution durch Buchholz, 43). Der selbst Mainz angehörende Marianus Scottus, Chron., a. 1100, resp. 1078 (Rec. alt., a. 1101), ist äußerst dürftig: dominica mediae quadragesimae Mogontia ungunt in regem (SS. V, 561, resp. XIII, 79). Gallus Öhem fährt an der S. 631 erwähnten Stelle fort: ward uff mittvasten zuo Mentz nit on ainen klainen zuoloff und vergiessen menschliches bluots von Sigifrido ertzbischoff erhöcht. In den Annal. s. Disibodi steht beispielsweise nur: ductus Maguntiam, consecratus est a Sigefrido archiepiscopo in regem. In den Annal. Brunwilarens., a. 1076: Rudolfus dux Alemanniae in regem Maguntie ordinatur (SS. XVII, 8, XVI, 725).

— Für die Herbeiführung der Erhebung der Mainzer Bürger ist jedenfalls — das bei Greving's Schrift sehr richtig hervorgehoben[20]) — die Aufhetzung der simonistischen Geistlichkeit gegen Rudolf nur von untergeordneter Bedeutung gewesen. Daß Rudolf der Besiegte war, mochte auch am 26. März der offene Kampf gegen die Städter unter schwerem Verluste für die Angreifer in dem unter ihnen angerichteten Blutvergießen seinen Verlauf genommen haben, ist aus der Art, wie die Räumung von Mainz geschah, trotz der beschönigenden Darstellung durch die für Rudolf eintretenden Schilderungen, klar zu erkennen. Daß sich die Ereignisse auf zwei Tage vertheilten, wie hier — mit Giesebrecht — angenommen wird, und daß der Weggang Rudolf's, mit Erzbischof Siegfried, nicht schon in der Nacht des 26. auf den 27. März geschah, ist schon deßwegen nothwendig anzunehmen, weil auch nach Frutolf's Darstellung eine Vermittlung des Erzbischofs, die allerdings sicher nicht den von rudolfinischer Seite behaupteten Charakter hatte, eingetreten ist, ein Dazwischentreten, das am Krönungstage selbst, nach allen Vorgängen desselben, durchaus keinen Platz mehr hätte: auch ist die Erkenntniß Rudolf's und der Seinigen, daß nichts Anderes übrig bleibe, als Mainz zu verlassen, sehr viel begreiflicher, wenn auch am zweiten Tage, am 27., nochmals ein nunmehr für die Städter günstigerer Zusammenstoß eingetreten war.

Nach dem für seine Zeit ganz beachtenswerthen Werke des großen Gelehrten des Benedictinerordens, Abt Martin Gerbert des Stiftes St. Blasien, betitelt: De Rudolpho Suevico (Typ. Sanblas. 1785), hat zuerst der 1873 früh verstorbene Schüler von Waitz, O. Grund, in der Schrift: Die Wahl Rudolfs von Rheinfelden zum Gegenkönig (1870) die Geschichte der Königswahl von 1077, speciell 67—86, behandelt. Dann verbreiteten sich neuerdings Maurenbrecher, Geschichte der deutschen Königswahlen vom zehnten bis dreizehnten Jahrhundert (1889), 115—119, sowie Lindner, Die deutschen Königswahlen und die Entstehung des Kurfürstenthums (1893), 44—48 (wonach insbesondere über die laudatio, 72—76), theilweise im Gegensatz gegen die von Giesebrecht, III, 431—434, und „Anmerkungen“, 1155 u. 1156, gebrachten Ausführungen — über die Forchheimer Wahl. Aber Seeliger, der auch, Waitz, Deutsche Verf.-Gesch., VI, 2. Aufl., sich, 202 n. 2, gegen Lindner's übrigens durch R. Schröder, Lehrbuch der deutschen Rechtsgeschichte, 2. Aufl., 457 ff., angenommene Auffassung aussprach, richtete Lindner's Erklärung entgegen die Abhandlung: Neue Forschungen über die Entstehung des Kurkollegs, in den Mittheilungen des Instituts für österreichische Geschichtsforschung, XVI (1895), 44—96 (speciell 57—59), worauf Lindner antwortete: Ueber die Entstehung des Kurfürstenthums, eine Entgegnung (in der gleichen Zeitschrift, XVII — 1896 —, 537—583, speciell 551—553) und Seeliger wieder: Forschungen über die Entstehung

---

20) Greving, l. c., 104, sagt: „Für Rudolf war es bei den oberdeutschen Reformfreunden eine warme Empfehlung, von den Simonisten gehaßt und verfolgt zu werden, der schönste Ruhm, sie derb gezüchtigt zu haben; politischem Haß dagegen zum Opfer gefallen, heimlich im schützenden Dunkel der Nacht aus der Krönungsstadt entwichen zu sein, das war für den neuen Herrscher eine Schmach und Schande. Daher werden er und die Seinigen nach Kräften bemüht gewesen sein, die Welt über den wahren Grund und Ausgang des Mainzer Aufruhrs zu täuschen“.

des Kurkollegs (Deutsche Zeitschrift für Geschichtswissenschaft, Neue Folge, II, — 1897/98 —, Monatsblätter, 1—24, speciell 13 u. 14) Lindner's Ausführung widerlegte.

Eine erste Schwierigkeit bietet die Aufzählung der in Forchheim anwesenden geistlichen Fürsten. Denn wie Lindner, in seiner Monographie, 44 u. 45, ganz zutreffend nachweist, stimmen die Angaben nicht, wobei dieser die starke Abweichung des zweiten Textes des Marianus Scottus, von dem SS. V mitgetheilten Wortlaute, nicht einmal beachtet. Eben die Aufzählung dieser zweiten Recension, in SS. XIII, in der die von dem ersten Texte und von den Paderborner Annalen genannten Kirchen alle mit erscheinen, dazu die zwei sächsischen, deren Inhaber sehr wahrscheinlich sich wirklich eingefunden haben werden, dürfte den Vorzug verdienen, da gerade die größere Zahl der aus dem fernen sächsischen Lande gekommenen geistlichen Wähler, in Anbetracht der schlimmen Beschaffenheit der Jahreszeit, zumeist auffallen würde[21]). Durch die Annahme der Rec. alt. fällt auch die Frage nach dem von Marianus Scottus nicht genannten sechsten geistlichen Wähler fort, den Giesebrecht, III, „Anmerkungen“, 1155, in Bischof Hermann von Metz suchte.

Was den Wahlact selbst anbetrifft, so hatte da Lindner aus einer Combination der Berichte Bruno's und des Annalisten festzustellen gesucht, daß der Erzbischof von Mainz als Elector gewählt habe, worauf die anderen Großen durch gemeinsamen Zuruf ihre Zustimmung ertheilten, ferner daß dem Acte des eligere derjenige des laudare — „die Huldigung“ — gegenüber stehe: eben bei dieser Einzelhandlung der Huldigung hätten dann die Wähler sich veranlaßt gefühlt, mit der Aufstellung ihrer Bedingungen hervorzutreten. Allein statt dessen ist, im Anschluß an Seeliger's Erklärung, in Bruno's Schilderung die Wendung elegerunt zu interpretiren als „Auslese der Candidatur Rudolf's aus der Zahl der genannten Bewerber“, laudare dagegen als das eigentliche „Wählen“ im engeren Sinne des Wortes. Auch die Worte des Annalisten lassen sich ohne allen Zwang mit Bruno in Uebereinstimmung bringen. In dem Satze des Annalisten über den Wahlact ist zu den Worten deinde a caeteris aus dem Vorhergehenden episcopis zu ergänzen; unter den Ausdrücken senatus et populus nimmt der Autor die vorher gebrauchten Begriffe — senatorius ordo („weltliche Fürsten“, im Gegensatz zu episcopi), dann totum senatorum nec non populi ... collegium — wieder auf, im Hinblick auf die Wahlstimmen der weltlichen Großen und die zustimmenden Rufe des Volkes, woneben in der angehängten Participialconstruction — solita jurisjurandi fidelitate se .... subicientes — noch auf die Leistung des Treueides, die von der Gesammtheit aller Anwesenden — omnes — ausgeht, Bezug genommen wird. Nirgends aber darf zumal bei dem Annalisten, wenn nicht Mißverständnisse in den Text hineingelegt werden sollen, eine zu genaue Deutung der diesem Autor in sehr flüssiger Form zu Gebote stehenden Ausdrücke angewandt werden[22]).

---

21) Die Hervorhebung des Umstandes, daß die Sachsen besonders stark betheiligt gewesen seien, in einer Reihe von Aussagen über Wahl und Krönung, ist sehr leicht aus der Thatsache erklärlich, daß Rudolf als Gegenkönig ja sehr bald durch seine Verdrängung aus den oberen Landen in Wirklichkeit zum „König der Sachsen“ wurde.

22) Es liegt hier wieder eine Warnung vor (vergl. schon Bd. II, S. [illegible] n. 19), gewisse von den Geschichtschreibern gebrauchte Ausdrücke allzu sehr auszumessen. Wenn Lindner in seiner letzten Ausführung (Mittheilungen, XVII, [illegible]) auf die Worte laudare, besonders aber laudamentum, bei dem Annalisten seit 1075, großes Gewicht legt, so zeigt eine Durchsicht der folgenden Jahresberichte, daß der Annalist, wie laudare in verschiedener Weise (z. B. zu 1079, [illegible] — vergl. ob. S. 211, n. 61 die betreffende Stelle — als „anerkennen“, ebenso gewiß auch in der durch Lindner, l. c., besonders stark betonten Stelle — hier 1077, 292 — über Rudolf: laudatus, unctus et coronatus est, weiter aber zu 1078, [illegible] — vergl. S. 2[illegible], n. [illegible] — als „geloben“: colloquium), so auch laudamentum willkürlich abwechselnd in verschiedenem Sinne gebraucht, ganz abgesehen von der eigentlichen Bedeutung „Lobspruch“ [illegible] zu 1077, [illegible], nämlich zu 1078 ([illegible]) ungefähr gleichbedeutend mit dem schon vorher zwei Male im gleichen Satze gebrauchten colloquium, dann aber (311) in den Verbindungen assensus et laudamentum oder zu 1079 ([illegible]: die Stelle ist S. 210, n. 61, abgedruckt) laudamentum et consensus: also etwa „Einwilligung, Zustimmung“, dagegen ([illegible]) gleich „Beschluß“ (ad hoc laudamentum perventum est). Dieses viel besprochene suffragium et laudamentum von 1077 ([illegible]) ist dem assensus et laudamentum des gern wortreichen Annalisten völlig gleichwerthig. Viel seltener, als der Annalist, braucht Bruno das Wort laudare, den Ausdruck laudamentum sogar, so viel zu sehen, niemals. Aber wenigstens eine Stelle ist doch auch bei ihm bezeichnend, und zwar geht sie in

Die Stellung des Papstes Gregor VII. zu der Wahlhandlung in Forchheim hängt im Wesentlichen von der Rolle ab, die seine Legaten in den entscheidenden Augenblicken einnahmen. Von neueren Kritikern hat hier ganz besonders Martens, zuerst 1887 in den an Ranke's Weltgeschichte, VII, anknüpfenden „Kritischen Betrachtungen": Heinrich IV. und Gregor VII., 53—59, sowie nachher 1894 — Gregor VII., sein Leben und Wirken, I, 137—160, in der Ausführung über „Rudolf's Intrusion" —, sich geäußert. Die Ansicht, daß der Papst selbst dem Vorgang in Forchheim völlig fern stand, suchte er dabei an der ersten Stelle noch dadurch zu erhärten, daß in nicht unwahrscheinlicher Weise das Eintreffen der Legaten in Deutschland erst nach dem 15. März geschehen sei, während freilich die Rudolfianer es in ihrem politischen Interesse liegend gefunden hätten, hervorzuheben, daß Gregor VII. mit dem Forchheimer Wahlact ganz einverstanden gewesen sei[23]. Im Hauptwerke rechnet Martens mit der Anwesenheit der Legaten als einer historischen Thatsache, stellt aber im Uebrigen den Wahlact — „die Hinterlist und Heuchelei der Fürsten" — als „einen Faustschlag ins Angesicht für Gregor's persönliche Stellung und kirchliche Würde"[24]) hin, hauptsächlich unter Heranziehung späterer Aeußerungen Gregor's VII. zur Beleuchtung der Sachlage vom März 1077. Sicher ist zuzugeben, daß es nachher beiden Parteien, Heinricianern, wie Rudolfianern, diente, nachdrücklich Gregor VII. als denjenigen hinzustellen, der Rudolf's Wahl betrieben habe[25]).

---

c. 91, wie oben am Beginn des Excurses (S. 628) zu sehen, der Geschichte der Wahlhandlung unmittelbar voraus, in dem Satze: qui . . . idem laudare eum judicant, d. h. „anerkennen, die Zustimmung ertheilen" (dazu ist in c. 95 — 307 —: Quod eum nostri laudaverunt zu ziehen), und gar nichts Anderes bedeutet darauf, wenige Zeilen weiter, die Wendung eum regem laudare. — Doch hat Lindner, Der Hergang bei den deutschen Königswahlen (Weimar, 1899), abermals, 31 — er schreibt, 30, „Berthold" allein einigen Werth für die Wahlgeschichte zu —, auf das bestimmteste gefordert, daß „jede feinere Untersuchung" auf den „Wortlaut allein" als „den sicheren Führer" abstellen müsse, und deswegen, da eben einzig „Berthold" einigen Anhalt gebe, im Anschluß an diesen in Abschnitt III (35 ff.) die Bedeutung von laudare, eben als „geloben" — „technische Worte haben stets eigene Bedeutung" —, weiter ausgeführt. Ebenso will er auch weiterhin in der Abhandlung in den Mittheilungen des Instituts für österreichische Geschichtsforschung, XIX, 401—416 (1898), Der Elector und die laudatio bei den Königswahlen in Frankreich, im Vergleich mit den deutschen Verhältnissen, diese Annahme, daß die Königswahl einzig durch den Ausspruch eines geistlichen Fürsten erfolgt sei, daß die Theilnahme der übrigen Fürsten aber auf eine Huldigung — laudatio — sich beschränkt habe, auf Frankreich ausdehnen, wogegen jedoch wieder zu sagen ist, daß auch hier laudare nicht richtig als „Huldigung" gedeutet wird.

23) Die Tübinger Dissertation von Fr. Runge, Die Politik Gregor's VII. den Gegenkönigen Rudolf und Hermann gegenüber (Elberfeld 1879), 12, stellt den Papst als schweigend zur Wahl „des Mannes seiner Hoffnungen", die er geschehen ließ, zustimmend hin. Breßlau nahm hiezu, Jahresberichte der Geschichtswissenschaft, II (1879), II, 65 u. 49, in eingehender Erörterung Stellung, und zwar in ablehnender Weise.

24) Das stimmt ganz zu Bonitho's Urtheil (ob. S. 631).

25) Die Stellung Gregor's VII. zur Wahl Rudolf's wurde mehrfach auch durch neuere Dissertationen nach der theoretischen Seite behandelt. Die Berliner Dissertation von G. Engelmann, Der Anspruch der Päpste auf Konfirmation und Approbation bei den deutschen Königswahlen (1886), leitet, 9, den Anspruch des Papstes auf das electionem confirmare, novam ordinationem corroborare, personam novi electi approbare von dem Bd. II, S. 721—723, behandelten Schreiben Gregor's VII., Registr. IV, 3, ab, und sie äußert die Ansicht, 10 u. 11, Rudolf habe sehr wahrscheinlich die Bitte um Confirmation ausgesprochen. Dagegen wandte sich Engelmann gegen die gleichzeitig (1886) erschienene Münsterer Dissertation W. Teuffen's, Die päpstliche Approbation der deutschen Königswahl, daß dieser Anspruch, der Einfluß auf die Besetzung des deutschen Königsthrones, von der Befugniß, den König zum Kaiser zu krönen, ausgegangen sei, da erst Innocenz III. diese Forderung geltend gemacht habe. Fr. Muth nimmt in der Göttinger Dissertation, Die Beurkundung und Publikation der deutschen Königswahlen bis zum Ende des dreizehnten Jahrhunderts (1881), 3, Rudolf's Anzeige als die erste solche Mittheilung einer Königswahl an den Papst an, freilich so, daß in dem zwar nur von Gregor VII. erwähnten, nicht erhaltenen Schreiben Rudolf's (vergl. ob. S. 8 u. 9) eine wirkliche Bitte um Confirmation nicht enthalten gewesen sei. Die Hallenser Dissertation von B. Tönig, Ueber Ursprung und Bedeutung des Anspruchs der Päpste auf Approbation der deutschen Königswahlen (1891), will Teuffen's Ansicht, daß die Anfänge der Approbation — aus der Kaiserkrönung heraus — vor Gregor VII. liegen, 17, durch J. 3224, Papst Johann's VIII., von 879, stützen und führt hinsichtlich Rudolf's, 25 ff., aus, daß dieser nur seine Wahl angezeigt, nicht um „Bestätigung" gebeten habe, wie denn auch alle nachher durch Gregor VII. gebrauchten Ausdrücke — dono, largior, concedo, oder tribuere, confirmare — stets nur Anerkennungsformeln darstellten; Tönig will, daß Gregor VII. seinen Anspruch noch in einer unbestimmt genug sich verhüllenden Form aufgerichtet habe, in einem bloß untergeordneten, allgemein abgeleiteten Ausfluß seiner ganzen Theorie von kirchlicher Obergewalt, und zwar 1080, gleichwie 1076, wie nachher 1087 und 1106 das Princip der Confirmation auch nicht vorliege; erst Innocenz III. habe die eigentliche juristische Begründung zu allen diesen Dingen gebracht.

Von der Beurtheilung der Stellung, die die Legaten zur Königswahl einnahmen, ist weiter die Auffassung abhängig, die der Bedingung entgegenzubringen ist, auf welche sich Rudolf nach Bruno's Angabe einlassen mußte. Dieser sagt ausdrücklich, daß das Zugeständniß der freien kanonischen Wahl der Bischöfe für jede Kirche gemacht worden sei. Von den neueren Bearbeitern der hier einschlägigen Fragen leugnete Grund, l. c., 76—78, ganz bestimmt die Glaubwürdigkeit dieser Nachricht Bruno's, und ebenso hält Martens — im Hauptwerke, l. c., 145 — diese Angabe über das Gesetz betreffend die kirchlichen Wahlen für unglaubwürdig. Allein wie schon Meltzer, Papst Gregor VII. und die Bischofswahlen, 2. Aufl., 113 (wozu 221, in den „Anmerkungen"), hiegegen sich wandte, so hat besonders Bonin im angehängten Excurse seiner ob. S. 59 n. 91 genannten Dissertation — König Rudolf's Verzicht auf das Investiturrecht zu Forchheim März 1077 (125—132) — Bruno's Aussage vertheidigt. Rudolf's ganzes nachheriges Verhalten bei der Besetzung der Bisthümer ist nur aus einem solchen Verzichte zu erklären, und Bruno's Ausdruck: bis omnibus legaliter constitutis läßt für diese Festsetzung eine eigentliche Formulirung, nicht bloß, wie Giesebrecht, 433, wollte, eine nicht förmliche Erklärung, annehmen. Es war eine Einräumung des Gegenkönigs an die päpstlichen Legaten, auf deren Anregung der Schritt zurückzuführen ist.

Rudolf's andere Verzichtleistung, auf den Vorzug des eigenen Sohnes behufs Erhebung auf den Königsthron, daß vielmehr das Princip der völlig freien Wahl gelten müsse, ist neben Bruno auch durch Paul von Bernried, c. 93, genannt[26]. Das war das den Wählern zu bringende Opfer für die Zuwendung ihrer Stimmen.

Daß von der Sendung einer Krone durch Papst Gregor VII., als Geschenk an den Gewählten, oder gar schon vor dem Forchheimer Tage an den zu wählenden Gegenkönig, keine Rede sein kann, ist selbstverständlich[27].

Die Thatsache, daß eine Krönung wirklich stattfand, hat C. Köhne, Deutsche Zeitschrift für Geschichtswissenschaft, X, Jahrgang 1893, II, 106—111, wo diese Frage der Krönung des Gegenkönigs einer eingehenderen Erörterung unterworfen wird, erstlich aus den analogen Fällen der Feierlichkeiten für den Gegenkönig Hermann, für die Königssöhne Konrad und Heinrich (V.) klar gestellt und ferner auch aus der Heranziehung der Krönung Heinrich's IV. selbst vom Jahre 1054 ganz deutlich bewiesen, daß in der zweiten Hälfte des 11. Jahrhunderts die Salbung im Sprachgebrauche an der entscheidenden Stelle sich befand, so daß also aus einem Schweigen der Quellenstellen über eine Krönung durchaus nicht der Schluß gezogen werden darf, den Ranke, Weltgeschichte, VII, 287, für nothwendig hielt, daß, speciell jetzt 1077, eine Krönung — neben Salbung und Weihe — nicht stattgefunden habe. Ferner aber ist durch die locale Angabe aus Obersheimmünster untrüglich bewiesen, daß der Ersatz für die mit den Reichsinsignien in Heinrich's IV. Gewalt liegende und deßwegen zur Zeit unerreichbare Krone schon vor der Mainzer Feierlichkeit, also auch vor der Forchheimer Königswahl, vorbereitet worden war, daß also auch Herzog Rudolf seine Wahl schon seit einer gewissen geraumen Zeit bestimmt erwartete. Daß dagegen die besonders von Paul von Bernried gebrachte Nachricht, Rudolf habe sich nur nach heftigem Widerstand zur Annahme entschlossen, oder die in einem Schreiben Gregor's VII. stehende Aeußerung, er habe unter Ausübung von Zwang gegenüber seiner Person die Regierung angetreten[28], nicht aufkommen können, versteht sich von selbst: solche Weigerung war ja ein ganz gewöhnlicher Vorgang[29].

---

26) Vergl. schon die Erörterung von Waitz in den Götting. Gelehrten Anzeigen von 1859, gegen Phillips, Die deutsche Königswahl bis zur goldenen Bulle (1858) (wiederholt in Waitz, Gesammelte Abhandlungen, I, 494 u. 495), sowie Lindner, in seiner ersten Schrift, 45—47.

27) Vergl. Martens, l. c., I, 156—160, über „die Anekdote von der Sendung einer Krone". Auch Gfrörer, Papst Gregorius VII. und sein Zeitalter, VII, 730—731, spricht nachdrücklich gegen das „Märchen".

28) Vergl. ob. S. 5 u. 6 die Worte in Registr. VII, 14 a.

29) Köhne sagt, l. c., 111, Rudolf werde, „um seine kirchliche Gesinnung zu bethätigen, das ihm bekannte Ceremoniell der mittelalterlichen Geistlichkeit, eine angebotene Rangerhöhung erst nach vorheriger Weigerung anzunehmen, nachgeahmt" haben.

Excurs II.

Die Schlacht bei Flarchheim am 27. Januar 1080.

Für die kriegerische Entscheidung vom 27. Januar 1080 liegen ziemlich umfangreiche Nachrichten verschiedenartigen Ursprunges vor, und es ist weit mehr, als für die Darstellung der Schlacht bei Mellrichstadt[1]), möglich, den Versuch einer eigentlichen Schilderung der Einzelvorgänge zu wagen.

Der berufenste Zeuge, Bruno, bietet, De bello Saxonico, c. 117 SS. V, 377 u. 378), die brauchbarste und ohne Zweifel, bei der Stellung des Verfassers, glaubwürdigste Erzählung der Vorgänge. Mit Uebergehung der — durch den Annalisten von 1075 an eingehender behandelten — Ereignisse vor der Schlacht[2]) führt Bruno seinen Leser gleich in die Begebenheiten des Schlachttages selbst — es heißt am Schlusse über dieses tertium proelium, es sei 6. Kalend. Februar. feria 2 geschehen — hinein. Beide Heere stießen in loco qui Flathecheim vocatur auf einander, und zwar lagerten sie so: ut inter eos rivus, non latus quidem sed profundus, haberetur und daß die Sachsen zur Vertheidigung des ihnen zugewandten Ufers in declivi montis sich aufstellten, um dann, von da abwärts dringend, die zum Angriff ansteigenden Feinde um so leichter zurückwerfen zu können. Otto von Nordheim — für Bruno ist er natürlich dux Otto — wurde jetzt befehligt, zuerst die Schlacht zu beginnen. Aber während so die Sachsen die Ankunft der Königlichen erwarteten, führten diese — sicut semper solebant — eine Kriegslist aus: nostros improvisi circumveniunt, et dum a fronte venire putantur, subito post tergum respicientibus adesse videntur. Deshalb schickte jetzt Rudolf einen Eilboten ab an Otto, mit der dringenden Bitte, ut ... sicut dispositum fuerat, ipse bellum primus incipere non refugiat. Allein Otto erwiderte, daß er zwar bei der Erfüllung der ersten Voraussetzung sicher dem stürmischen Angriffe des Feindes ohne Scheu entgegengetreten sein würde: nunc vero se non posse suae legionis ordinem convertere, mit der Bitte: ut illi quibus primo venissent (sc. die Königlichen), eos tota virtute susciperent — er werde, sobald er könne, eben diesen zu Hülfe eilen. So dreht sich der ganze Schlachtplan um: Nam novissimi fiunt primi, et primi novissimi — Saxones citissime conversi, hostibus, qui sibi venerant a tergo, vultus horribiles ostendunt. Der Kampf war heftig, aber von kurzer Dauer, und Bruno behauptet ausdrücklich, daß der ganze Sieg den Sachsen zugefallen sei: Saxones ... non ante quiescunt, quam eos (sc. die Königlichen) in fugam versos sibi terga monstrare compellunt: victores itaque Saxones reversi. Danach werden die hauptsäch-

---

1) Vergl. S. 139 in n. 61.
2) Vergl. S. 237, n. 7.

lichsten Gefallenen, von Rudolf's Seite Meginfrid, von der Königs Folcmar, dann der Prager Burggraf, daneben eine weitere beträchtliche Zahl besonders von Böhmen, angeführt. Von Heinrich IV. — qui mox incepto proelio fugae se commendavit — wird gesagt, Lothowigus[3]) habe ihn per silvam semitis latentibus geführt. Vom Heere des Königs heißt es ferner, daß es — non longe post (sc. nach dem schon ganz anfangs entflohenen Könige) ad eiusdem fugae praesidium coactus — bei dem castellum quod dicitur Wartberg, während es ermattet sich gelagert hatte: donec cibis et requie recrearentur corpora, von der Besatzung der nahen Burg überfallen und in die Flucht gejagt worden sei, mit großem Verluste, der ganzen — einzeln aufgeführten — Habe, an dem besonders der Patriarch Heinrich und andere Fürsten — partium illarum (— das hieß also: aus der Gegend von Aquileja? —) betheiligt gewesen sei.

Sehr viel weniger Werth hat auch hier wieder der zwar vielfach höchst wortreiche Bericht des Annalisten von 1075 an (SS. V, 324 u. 325). Im Anschlusse an die Erwähnung des durch Erzbischof Siegfried ausgesprochenen Bannes[4]) fährt der Text zunächst fort: Quod juxta solitum ipsi, Dei justitiae contumacissimi contemptores, nichili facitantes (sc. die Königlichen), Saxonum castris belli caedisque perquam temere spirantes satis approximaverant. Dann folgt ein Zwischensatz über die ungünstige, auch für die kriegerischen Bewegungen hinderliche Beschaffenheit der Jahreszeit: hiemps quae solito asperior tunc inhorruerat[5]). Aber sogleich schließt sich eine jener bei dieser Geschichtserzählung stets wiederkehrenden Lobeserhebungen für Rudolf an, den in Deo eiusque justitia magnopere speratus et corroboratus, den — im Gegensatz zu Heinrich IV. — non caput et inceptor tantae congressionis, sed suimet suorumque defensor et liberator, der hoc summa necessitate coartatus et esse et dici non minimi nominis et gloriae computavit: dieser, als er Heinrich's IV. Annäherung erfahren, rückt mit seinen auf das geordnetste zur Schlacht bereiten Schaaren vor und erwartet die hostes se gratis impetentes. Ganz undeutlich ist dann die Vorführung der eigentlichen post nonam[6]) begonnenen und ad usque noctem diversissime dauernden Schlacht: Heinricus cum suis legionibus ritu bellantium terribiliter multum praeordinatus, impetu acerrimo ipsi (sc. Rudolf) congreditur, partim ex adverso, partim per insidias et succentarios ex improviso tota arte sibi rebellantes supprimere et qualitercumque subjugare totus industrius. Sed mox in prima coitione Ruodolfus rex cum tanto impetu terrore et incursu pugnacissimus ipsis violenter insistit, ut virtutis illius constantiam omnino sustinere non sufficerent, quin potius aut interfecti illic occubuerunt, aut enerves et imbelles fuga se ab eo quamvis turbulenta liberarunt. Dagegen ist noch — quod divino creditur actum judicio — ein in ipso pugnae exordio hereingebrochener turbo nivium ventosissimus erwähnt: statim partes utrasque .. tam mirabiliter obtenebravit, ut ferme nemo suos commilitones cognoscere quivisset, donec nox adveniens fugitantes et persequentes in hoc articulo belligerantes diremisset. Von der Flucht wird behauptet, daß Baiern und Franken cum rege suo — praeceleres ac non minimum perterriti — zuerst[7]) entwichen seien, die Böhmen dagegen die schwersten Verluste erlitten: in suis multis milibus confidentes eidem bello avidissimi se intulerant, utpote qui pro servitutis suae remuneratione hoc solum, ut prae omnibus primi Saxonibus congredi meruissent,

---

3) Schon in Bd. II, S. 893 n. 98, wurde darauf hingewiesen, daß dieser Lothowigus wohl irgend eine im Uebrigen nicht näher bekannte Persönlichkeit aus Heinrich's IV. Umgebung gewesen sei. Es ist sehr gewagt, wenn Giesebrecht, Geschichte der deutschen Kaiserzeit, III, 498, da den Grafen Ludwig von Thüringen als handelnd einsetzt.

4) Vergl. S. 2[illegible], mit n. 8.

5) Auch schon 1079 ist einmal eine solche Angabe über die Witterungsbeschaffenheit eingeschoben: Aestas vero ipsius anni nimis pluviosa praeteribat; sed tamen non magnam frugum penuriam intemperies talis effecerat (l. c., 325).

6) Mit Grotefend, Handbuch der historischen Chronologie des deutschen Mittelalters und der Neuzeit, 44, ist diese Angabe zu erklären: von zwei oder drei Uhr Nachmittags bis zur Vesper.

7) Jedenfalls ist Ussermann's Verbesserungsvorschlag: primum, statt proximum, anzunehmen.

percupierant. Der stete Verkleinerer Heinrich's IV. übertrifft sich hier selbst, indem er — ad plenum et ad certum non est comprehensum quot fuerint — den Verlust allein der Böhmen — praeter hos qui illic perplures ceciderant de Theutonicis, sive qui de utrisque capti sunt — auf 3255 anschlägt, denjenigen Rudolf's dagegen auf 38: et hi omnes praeter duos — einer davon ist Meginfrid — de minoribus, non de militaribus essiferis, cecidisse referuntur[8]). Nach der Besiegung und Zerstreuung der Königlichen folgte dann durch quidam ex parte Ruodolfi regis die Umstellung der statio, ubi custodes tyrones et scutarii hostilis exercitus saumarios, vehicula et sarcinas cibariorum sumtuum vestimentorum omniumque supellectuariorum suorum a pugnantibus remoti finemque belli praestolantes observabant, und die Einnahme dieses Lagers, worauf dessen ganzer Inhalt nach Tödtung und Ausplünderung der Feinde in das der Sieger abgeführt wurde. Rudolf dagegen sammelte nach der Schlacht alle seine Truppen und hielt bis Mitternacht — victoriosus — das Schlachtfeld besetzt, begab sich dann aber wegen der zu großen Kälte mit seinen Leuten — pugnae recentis praecipui labores omnes in id ipsum confectos, defatigatos ac plerosque illorum vulneratos multifariam exacerbaverant — in ein benachbartes Dorf: locum cum his qui interfecti sive adhuc semineces illic procubuere deserentes —, wo sie sich herstellten; doch kehrten sie mox ante lucem auf das Schlachtfeld zurück und verharrten hier siegesfroh per totum diem noch bis zum nächsten Morgen (incrastinabant)[9]).

Frutolf dagegen, der in seinem Chronicon universale schon zu 1079, gleich nach Aufführung des den ganzen Abschnitt von 1078 ausfüllenden Kampfes bei Melrichstadt, von diesem abermaligen Waffengang (Iterum bellum fit) redet: in loco qui dicitur Fladehcheim, hieme nimis aspera —, wendet den Ausgang der Schlacht ganz anders: in primo congressu Saxones terga vertunt. Von Einzelvorgängen wird einzig hervorgehoben, daß Wratislaw die regalis lancea Ruodolfi gewann: quae exinde permissione regis Heinrici semper quamvis illius gentis (sc. Boemiae) ducatu insignem in omni festiva processione precedit[10]). Dann ist noch davon die Rede, daß Heinrich IV. — propriis castris redditus — da fast keinen de armigeris quos reliquerat mehr auffand: una quippe ex legionibus Saxonum in primo congressu pugnam deserens, quia obscurus erat aër, furtim castra regis invasit, multosque pueros comprehendens, strangulabat eos, multaque abradens spolia, fugam iniit (SS. VI, 203).

Nur ganz kurz lauten die Berichte weiterer deutscher Quellen. Die von Buchholz hergestellte Würzburger Chronik, 44, enthält zu 1079: Bellum juxta Fladebcheim commissum est 5. Kal. Februarii. Bernold, Chronicon, sagt von Heinrich IV.: a Ruodolfo 6. Kal. Febr. fugatur, nec tamen ab incepta tirannide compescitur; die sogenannten Annales Ottenburani lassen diese pugna tertia prope flumen Unstruot 6. Kal. Febr. wenigstens cum magno utrorumque casu vor sich gehen, und die Annales Augustani schreiben in dem Satze: Rex expeditionem in Saxoniam faciens, gentem durissimam et perfidam et perjuram 7. Kal. Febr. sternit, fugat et vastat geradezu auch, gleich Frutolf, Heinrich IV. den Sieg zu (SS. V, 436, 7, III, 130), während doch der sonst Heinrich IV. so ganz zugeneigte Verfasser des Liber de unitate ecclesiae conservanda, Lib. II, c. 16, ganz offen einräumt: Tertium deinde praelium factum est in Thuringia . . . VI. Idus Februarii, quod scilicet praelium alterutris regibus parum prospere cessit, quoniam unus victoria, alter Saxonia caruit, letzteres mit Bezug auf jene ob S. 241 u. 242 erörterten Entfremdungen sächsischer Fürsten von Rudolf (Libelli de lite, II, 232). Die Annales Mellicenses geben noch eine erwünschte weitere Ortsbezeichnung: Ter-

8) Vergl. S. 145 in n. 77 ähnliche sonderbare Behauptungen des Annalisten betreffend die Schlacht bei Melrichstadt, wo Rudolf ebenfalls nur de minoribus [illegible] verloren haben soll.

9) Es fällt auf, daß Ranke, Weltgeschichte, VII, 294 n. 1, gerade „Berthold" eine „sehr gut ausgearbeitete Darstellung des Kampfes" zuschreibt.

10) Zu dieser Frutolf entnommenen Stelle fügen Annal. Pegaviens. (a. 1079) bei: Huic bello affuit et Wipertus, bellicis eventibus semper insignis (SS. XVI, 241). Danach möchte man schließen, Wiprecht — vergl. S. [illegible] n. 4, sowie nachher S. [illegible] u. [illegible] — habe schon hier an der Seite der Böhmen gefochten (vergl. Sander, Der Kampf Heinrich's IV. und Gregor's VII., [illegible]).

dum bellum Heinrici regis cum Saxonibus juxta villam quae dicitur Dorloh, feria 2, 3. Kal. Febr. (SS. IX, 499). Die Annales s. Petri Erphesfurdenses haben nur die kurze Notiz: Tertium bellum fuit in Fladihheim 7. Kal. Februar. (SS. XVI, 16).

Aus Italien hat einzig Bonitho, Liber ad amicum, ganz am Ende von Lib. VIII, die insofern wichtige Nachricht, als sie, von gregorianischer Seite, die Schlacht als für beide Theile verlustreich hinstellt: Iterum acriter pugnatum est, et multa milia hominum ex utraque parte cecidere (Jaffé, Biblioth. rer. German., II, 675).

— Die für die Schlacht genannten Orte, Flarchheim, das in der Mehrzahl der Erwähnungen erscheint, Dorla (Ober-, Nieder-), das die einzelne Annalenstelle anführt, liegen beide, das erste ungefähr neun Kilometer südlich, die letzteren fünf bis sechs Kilometer südsüdwestlich von Mühlhausen an der Unstrut, Flarchheim nur elf Kilometer westlich vom Kloster Homburg, der Stätte des Kampfes vom 9. Juni 1075. Von Mühlhausen fließt die Unstrut südöstlich — eben in der Richtung gegen Kloster Homburg und das Schlachtfeld vom 27. Juni 1866 —, und auf der rechten — südwestlichen — Seite des Flusses steigt gegen den waldigen Höhenzug des Hainich, der in der bezeichneten Richtung, in geringer Höhe die davor liegende Landschaft überragend, als Wasserscheide den Horizont begrenzt, ein welliges Terrain empor, das von eingesenkten Bachläufen durchfurcht ist. Diese haben sämmtlich ihre Anfänge in den Schluchten des Hainich und streichen in parallelen Läufen ostwärts und nordöstlich gerichtet der Unstrut zu. So fließt von Nieder-Dorla her der Seebach, von Flarchheim der aus dem Eichbach und dem Hüpelbach zusammengeflossene Sudbach; aber zwischen den beiden Dörfern sind noch weitere Wasserläufe.

Einer dieser Bäche — es wird nicht möglich sein, denselben genau festzustellen: doch floß er wohl zwischen Dorla nördlich, Flarchheim südlich[11]) — ist der von Bruno erwähnte rivus, und im Anschluß an Bruno's Schilderung hat Köhler in der ob. S. 138 in n. 61 erwähnten Abhandlung, 162—167, im Wesentlichen die Entwicklung der Schlacht wohl zutreffend ausgeführt, in der Art, wie das auch im Texte dieses Buches geschehen ist[12]).

Dagegen bleibt noch eine Schwierigkeit zu erörtern übrig, die sich auf den Ausgang der Schlacht bezieht und auf die Buchholz, Ekkehard von Aura, I, 39—40, zuerst mit vollem Recht hingewiesen hat. Bruno läßt die von ihm ausführlich geschilderte Plünderung des königlichen Lagers erst von langer

11) Landau, Correspondenzblatt des Gesammtvereins der deutschen Geschichts- und Alterthumsvereine, 1862, Nr. 7, 57, nennt den Sudbach, den er als [illegible] nach dem daran liegenden Dorfe bezeichnet; Giesebrecht, l. c., 1161, in den „Anmerkungen", läßt es unentschieden, welches der kleinen Gewässer zwischen Flarchheim und Dorla gemeint sei.

12) Etwas gewagt ist nur, daß Köhler den Umgehungsmarsch in einer Ausdehnung durch den Wald des Hainich hindurch — in dieser Jahreszeit! — westlich sich will ausdehnen lassen, dessen Bogen bis an die Werra — bei Mihla — gereicht haben würde. Ebenso zieht er — gewiß nicht richtig, wie oben im Anschluß an Buchholz ausgeführt wird, das Ereigniß bei der [illegible]burg noch in diesen Tag des 27. Januar hinein (das ist sicher ganz ausgeschlossen: Eisenach liegt ungefähr zwanzig Kilometer südwestlich von Flarchheim). Dagegen weist Köhler sehr zutreffend — vergl. S. [illegible] n. 8 — die Heimsuchung Erfurt's aus diesem Feldzug [illegible] hinweg. Weiter wendet er ohne Zweifel sich mit Recht gegen eine allzu wörtliche Auslegung der Worte Bruno's: exercitus uterque convenerunt . . . , et sic convenerunt, ut inter eos rivus . . . haberetur; denn wären die Lager einander so nahe gewesen, so würde den Sachsen doch ein zu hoher Grad von Unaufmerksamkeit zugemuthet werden, wenn Heinrich IV. unbemerkt seinen Aufbruch zur Umgehung hätte bewerkstelligen können (freilich legt eben anderentheils Köhler das königliche Lager zu weit südwärts). Beizustimmen ist ihm dagegen auch, wenn er annimmt, Heinrich IV. habe wohl zur Demonstration, beim Abrücken zur Umgehung, einen wenn auch noch so schwachen Theil seines Heeres vor der Front der Feinde belassen, da es sonst den Gegnern doch hätte auffallen müssen, daß sich der Angriff so lange, bis in den Nachmittag, an dem kurzen Wintertage verzögere. Sehr gut kennzeichnet Köhler, aus eigenem Augenschein, die für die schwere Reiterei des 11. Jahrhunderts schwierige Beschaffenheit der durch die Bachläufe hervorgerufenen Bewegungshindernisse, wobei noch zu erwägen ist, wie sehr in der Gegenwart durch die Meliorationen überall solche Hemmnisse sich verringert haben. Endlich sei aber noch gegen Köhler, der zu bestimmt „das plötzliche Erscheinen Otto's inmitten des Siegeslaufes Heinrich's IV.", 163, zur Geltung bringt, darauf hingewiesen, daß Bruno ein nachdrückliches wirkliches Eingreifen Otto's in dem Satze: promittens se cum primum posset in auxilium venturum durchaus nicht aussagt, höchstens als — nicht völlig sicheren — Schluß ein solches Factum zuläßt.

post — man darf sicher annehmen, außerhalb des Rahmens des 27. Januar — durch den Ueberfall von Seite der Besatzung der Wartburg geschehen. Dagegen muß nach dem Annalisten und nach Frutolf, der ja allerdings nach seiner Auffassung — Heinrich IV. sei Sieger geblieben — die Sache für den König viel zu günstig wendet, diese Plünderung gleich nach der Schlacht eingetreten sein, was ja auch das allein Natürliche ist. So hat denn Bruno ohne Zweifel irrig den Vorgang von der eigentlichen Schlachtschilderung abgetrennt, wie Buchholz sagt, „die große Plünderung, von der er gehört hatte, mit jenem Ueberfall, anstatt mit der Schlacht bei Flarchheim, in Zusammenhang gebracht" [13]. Denn daß der Ueberfall aus der Wartburg thatsächlich ist, darf gewiß nicht bezweifelt werden.

Daß Heinrich IV. nicht, wie Frutolf und der Augsburger Annalist wollen, und wie mit Gfrörer, Pabst Gregorius VII. und sein Zeitalter, VII, 711, 723, auch Martens, erstlich: Heinrich IV. und Gregor VII. nach der Schilderung von Ranke's Weltgeschichte, 61, dann: Gregor VII., sein Leben und Wirken, I, 189 u. 190, annimmt, den Sieg davontrug — Martens sagt: „Das Benehmen Heinrich's nach der Schlacht spricht unbedingt dafür, daß er seinen Gegner aufs Haupt geschlagen haben muß" —, ist gewiß feststehend. Aber ebenso wenig war Rudolf, wie seine Anhänger wollen glauben machen, im Besitze eines entscheidenden Vortheiles. Dafür wird mit Recht auf den fortwährenden Abfall angesehener Sachsen hingewiesen, die nach einem durchschlagenden Siege sicher zu Rudolf zurückgekehrt wären, wie ja der Liber de unitate ecclesiae conservanda von Rudolf sagt: Saxonia caruit. Nach dem eigenen Zugeständnisse des Annalisten war ja von einer Verfolgung der Königlichen durch Rudolf gar keine Rede, und der Streich, der den Leuten von der Wartburg gelang, war ganz nachträglich alleinstehend. Aber andererseits hat auch Heinrich IV. seinen Zweck, die Dinge in Sachsen nach seinem Willen wieder zu ordnen, durchaus nicht erreicht. Sein Heer war ja nur bis nach Thüringen gekommen, und jetzt wurde es entlassen, und der König kehrte nach „seinem" Regensburg zurück [14].

---

13) Gegen Giesebrecht, l. c., 498, der zuerst nach der Schlacht das königliche Lager geplündert sein und dann bei der Wartburg „die nachfolgenden Sachsen, welche die Wartburg besetzt hatten", nochmals große Beute machen läßt, also nach dem Annalisten und Frutolf auch Bruno in der Sache das Wort ertheilt — trotz des Widerspruchs —, erklärt sich Buchholz mit Recht.

14) Sander, Der Kampf Heinrich's IV. und Gregor's VII., 10 n. 1, macht richtig darauf aufmerksam, daß ohne Zweifel die Wegnahme der Lebensmittel im königlichen Lager — nach der Schlacht — wesentlich dazu beitrug, dem König den Rückzug ganz unausweichlich aufzunöthigen. Allein der Ausdruck des Annalisten: [illegible] — im Satze: [illegible] spoliatis hostibus —, der einzig auf die Lagerbesatzung gehen kann, ist da in sehr gezwungener Weise herangezogen, und noch weniger ist auf des gleichen Autors Wortgeklingel in dem S. 641 in n. 11 erwähnten Satze, wo auch die fami- internecio ausführlicher erscheint, ein Gewicht zu legen.

Excurs III.

Die Schlacht an der Grune am 15. October 1080.

Für die große Schlacht im Herbste des Jahres 1080, die der mehr als dreijährigen Abwesenheit Heinrich's IV. in Italien vorausging und in der der Gegenkönig Rudolf die Todeswunde empfing, ist Bruno, De bello Saxonico, durchaus die Hauptquelle, und zwar füllt seine eingehende Schilderung, im Anschluß an die ob. S. 334 u. 335 behandelten Vorgänge, deren Darstellung in c. 121 einsetzt, dieses Capitel zu Ende und noch drei weitere (SS. V, 380 u. 381). Bruno fährt gleich nach Erwähnung der durch Rudolf's Eintreffen für Heinrich IV. verhinderten Verwüstung Naumburg's damit fort, daß der König darauf hin unter Anrichtung von Zerstörung ad fluvium qui dicitur Elstera vorgerückt, aber durch dessen magna profunditas von der Ueberschreitung abgehalten worden sei, so daß er gegen seinen Willen ein Lager schlug. Doch vernahm Bruno hierüber diversorum diversas opiniones, so daß er unsicher ist, welche Meinung vorzuziehen sei. Die Einen wollten, Heinrich IV. habe nach zweimaliger Niederlage kein drittes Mal das Glück versuchen, sondern — nostris arte sua deceptis — nach arger Verwüstung quasi cum victoriae gloria in sein Land entweichen wollen, woran ihn jetzt die ihm unbekannte Tiefe der Elster hinderte, so daß er eben gezwungen die Schlacht angenommen habe; die Zweiten schrieben dem König eine industria malevolentiae bei der Auswahl dieses Schlachtfeldes zu, daß er, mißtrauisch gegen seine Leute, ihnen entweder tapferen Kampf an Ort und Stelle oder für den Fall schimpflicher Flucht den Tod des Ertrinkens habe aufzwingen wollen: noch Weitere hegten die Ansicht, der König habe in der Hoffnung auf die durch Boten angerufene Hülfe der Misnenses vel Boemii seinen Marsch bis hieher gerichtet, um dann mit diesen vereinigt unter Verwüstung und mit Unterwerfung des Landes über Merseburg und Magdeburg und durch ganz Sachsen zu ziehen. In c. 122 geht Bruno auf das crastino mane — nämlich am Tage nach der Aufschlagung des Lagers an der Elster — Geschehene über: Aufstellung der Schlachtordnung durch den König — nullam proelii moram per se fieri voluit —, darauf Ankunft der Sachsen, von denen zwar Viele durch die große Eile und die rauhen Wege ermüdet, Zahlreiche deßwegen zurückgelassen worden sind[1]), und dennoch unverzügliche Aufstellung auch von dieser Seite, unter Anstimmung des 82. Psalmes durch die Geistlichen, infolge Ermahnung

---

1) Diese Ermüdung und Schwächung des sächsischen Heeres geht noch auf den eilig angetretenen Abmarsch von Kühnel nordwärts in der Richtung gegen Goslar zurück: vergl. ob. S. 333 u. 334, in Anknüpfung an das von Bruno in c. 121 Erzählte.

der Bischöfe, beim langsamen Vorrücken; der Mangel an Fußkämpfern bei den Sachsen ist ergänzt durch Absteigen aller nicht mit kräftigen Pferden versehenen Reiter. Dann folgt die Hauptstelle für die örtliche Ansetzung der Schlacht: Exercitus autem uterque ad paludem quae vocatur Grona convenerunt, et quia sine vado palus est, exercitus ambo dubitantes ibi substiterunt — unter gegenseitiger Herausforderung, ohne daß ein Theil sich in Bewegung setzt —: Tandem nostri caput ipsius paludis non longe esse cognoscentes, ad illud tendebant; quo viso, contrarii aequo itinere ad eundem terminum paludis pergebant; ibi cum in tuto convenissent, conseruere manus et utrimque fecerunt miserabile facinus. Jetzt flieht Heinrich IV. sogleich nach Ansichtigwerden des Handgemenges — sicut solitus erat, während sein Heer den Sachsen tapfer zusetzt, so daß bei dem Weichen Einiger schon die falsche Nachricht von der sächsischen Niederlage im königlichen Lager sich verbreitet und die Bischöfe das Te Deum laudamus anstimmen. Aber die den erschlagenen Rappoto — unus de summis principibus[2]) — in das Lager Bringenden rufen schon: Fugite, fugite! Die Wendung ist durch den dux Otto prudens in bello — adsumpta peditum turma — entstanden, der die Verfolgung der vorher siegreichen Feinde aufnahm und nicht eher ruhte, als bis er seinen Erfolg vollendet sah: eos per media castra festinantes fluvium satis cum periculo — den Verlust betont der nächste Satz — transisse conspexit; darauf hielt er das beutelustige Fußvolk von der Plünderung des Lagers zurück: timens ne adhuc hostes aliqui post terga remansissent — und führte dasselbe wieder zum locus proelii, wo er den schon triumphirenden und Kyrie eleyson singenden Heinricus de Lacha[3]) fand. Diesem wollte Otto anfangs ausweichen: non eam turbam se vidit habere, cum qua cum tanta legione putaret tutum pugnare, besann sich dann aber Muth fassend anders und trieb jene in die Flucht: omnibus aut in fluvio mersis aut ultra fluvium fugatis, worauf er in Worten, die Bruno in directer Rede einfügt, die Erlaubniß zur Plünderung des Lagers gab. Dann wird die ganze Beute aufgeführt: quicquid ... ceterique ditissimi homines secum portaverant, quicquid in Erphesfort rapuerant[4]). Mit c. 123 schildert Bruno zuerst das Ungemach der Flüchtigen in fluvio, silvis, paludibus[5]), unter besonderer Ausmalung der Schwierigkeit, über die Elster zu kommen, wobei ganz anschaulich die berittenen Flüchtlinge in ihren Anstrengungen vorgeführt werden: Ergo quicquid Unstrod, ubi victi sumus, in nos peccavit — am 9. Juni 1075 —, Elstera pro nobis dupliciter vindicavit. Von den Flüchtigen fielen manche — quam plurimi fortes viri — durch die Bauern; weitere — multi nobiles et illustres — wurden von gewöhnlichen Leuten gefangen, wobei sie allerlei zu leiden hatten, während andere gute Behandlung erfuhren. Von Kampfführung in Sachsen wollen sie nichts

---

2) Ueber diesen bairischen Grafen Ratpoto von Cham vergl. schon Bd. I, S. 168, Bd. II, S. 192 in n. 8, sowie besonders Riezler, Geschichte Baierns, I, 544 n. 1, 874. In Bd. II, S. 580 u. 104, wurde erörtert, daß dieser Graf von Cham mit dem Rapoto, der zwischen Heinrich IV. und Gregor VII. als Unterhändler, besonders 1077 (vergl. l. c., S. 773 ff.), handelte, identisch gewesen sei. Zwar meint Giesebrecht, III, 1165, hier zur Todesnachricht nochmals in den „Anmerkungen“, daß es sich so verhalten habe, zumal wegen der Stelle in der Vita Gregorii VII. des Paul von Bernried, c. 38: Rapoto, qui nimirum propter sanguinis sui nobilitatem et morum honestatem in regem a populo expetitus esse asseritur (Watterich, Pontificum Roman. vitae, I, 563); aber da erscheint der hier 1080 — angenommen, Giesebrecht schließe richtig — gegen Rudolf in der Schlacht Gefallene mitten unter den Stützen des Pontificates Gregor's VII. erwähnt.

3) Graf Heinrich von Laach wurde nachher Pfalzgraf von Lothringen, als welcher er — Heinrich II. — seit 1085 erscheint: vergl. die Bonner Dissertation von M. Schmitz (1878), Die Geschichte der lothringischen Pfalzgrafen bis auf Konrad von Staufen, 34 u. 35, 74 ff.

4) Bei Anlaß der Nennung dieser Beute führt Bruno als Theilnehmer am königlichen Heerzuge die episcopi Coloniensis, Treverensis et alii fere quatuordecim auf, ferner dux Fridericus (von Schwaben), comes Heinricus (ist da wieder Heinrich von Laach gemeint?).

5) Aus den Worten: nulli est credibile, nisi cui contigit haec omnia tam praesentialiter videre ist wohl zu schließen gestattet, Bruno sei selbst auf dem Schlachtfelde anwesend gewesen, vielleicht auch schon 1075 in der Schlacht bei Homburg, obschon hier die Sache weniger sicher steht, indem — in der Gegenüberstellung von Unstrut und Elster — Bruno auch als Vertreter des ganzen sächsischen Stammes reden mag (vergl. S. [illegible]). Freilich stimmt gerade die Schilderung der ex utraque parte ripae für die Elster, bei der Erzählung vom Uebergang der Reiter, nicht so recht zur Beschaffenheit dieses — bei Pegau — nicht tiefer eingeschnittenen Flußlaufes.

mehr wissen, als man ihnen sagte: quod Heinricus dominus eorum post Boemios misisset et, illis venientibus, cum eodem qui adhuc reliquus erat exercitu Saxoniam repetere voluisset. In c. 124 begleitet die Erzählung die Sachsen in ihr eigenes Lager zurück, wo aber die Siegesfreude durch Rudolf's schwere Wunden — uno (sc. vulnere) letali (: dextera manus . . . amputata), altero deformi (: grave vulnus . . venter ubi descendit ad ilia) — verringert war. Doch behielt der Sterbende seine Zuversicht und starb, getröstet durch die Treue der Fürsten und ihre Verheißung: ut si Deus omnipotens illius vitam servare vellet, eo vivo, etiamsi utraque manu careret, Saxonia nullum alium rectorem eligeret. Zum Schluß steht die Tagesangabe der Schlacht: Idibus Octobris, feria 5.

Neben dieser so eindringlichen Schilderung kommen alle anderen Nachrichten deutscher Quellen nur in ganz untergeordnetem Grade in Betracht.

Am meisten Einzelnheiten bringt noch a. 1080 die in die Annal. Pegavienses verarbeitete Lebensbeschreibung des Wiprecht von Groitzsch[6]), ganz begreiflicherweise, da ja in Pegau hart an dem Schlachtfelde sehr gute Nachrichten gewonnen werden konnten: coadunato exercitu Hanwari cum Boemis (: das ist natürlich nicht richtig, da hier Bruno's Zeugniß, daß die Böhmen nicht theilnahmen, Ausschlag gebend ist) ceterisque ex Germania gentibus per territorium urbis Wida (Weida, südlich von Gera, in einem linken Seitenthale des Mittellaufes der Elster: aber sollte der Marsch Heinrich's IV. südlich so weit, sechs Meilen südwärts von der directen west-östlichen Linie Naumburg-Pegau, ausgebogen sein?) transeuntes usque ad munitionem nomine Milsin (Hohenmölsen) juxta Elstram fluvium pervenerunt. Ubi Saxones imperatori cum rege Ruodolfo, ante triennium electo, occurrerunt. Bello commisso nec diu protracto, imperatoris exercitus fugam iniit, et a Milsin[7]) usque ad villam Widerhouve (Wiederau, ein Dorf etwas über vier Kilometer nordöstlich von Pegau abwärts an der Elster, doch noch auf der linken Flußseite gelegen) passim prostratus cecidit. Quos Saxonibus acriter insequentibus, rex Ruodolfus in dextro brachio graviter vulneratus et in Merseburch delatus, post triduum cum magna poenitentia tantae sedicionis ac caedis propter se factae moritur et ibidem honorifice sepelitur. Imperatoris exercitus undique dispersus, ad sua, rege relicto, quisque revertitur, imperatorem Wratislaus et Wicpertus, qui eidem bello aderant, per Boemiam cum paucis abduxerunt, nondum Ruodolfi regis interitu comperto (SS. XVI, 241 u. 242). Die sehr nahe Berührung desjenigen, was die Casus monasterii Petrishusensis, Lib. II, c. 38, erzählen, mit dieser Darstellung ist ob. S. 332 in n. 168 hervorgehoben worden. Da steht dann noch weiter von Rudolf: Ipse autem Ruodolfus rex in ipso flumine (sc. Elstere) lancea graviter vulneratus de equo in aquam cecidit; set a suis sublevatus et in campum delatus, supervenientibus episcopis, penitentiam et viaticum accepit. Cum autem jam esset in morte, caput, sicut fertur, elevavit et ait: Quis, inquiens, habet victoriam? At cum circumstantes dicerent: Vos, domine —, caput reclinavit et ait: Jam, inquit, non curo de mea morte, si eam excipio cum triumphi honore. Ita rex Ruodolfus eadem die vitam finivit apud Elstere atque a suis Merseburch delatus ibique honorifice sepultus est in ipso choro basilicae, et imago ipsius ex ere fusa atque deaurata super tumulum eius transposita est (SS. XX, 647).

Etwas eingehender spricht auch Frutolf, Chronicon universale, von dem Ereignisse: rursus inter Heinricum regem et Ruodolfum geritur bellum juxta fluvium Elestram, in quo idem Ruodolfus cecidit; seu a suis Mersiburg vivus delatus et in brevi defunctus honorifice ibidem est humatus. Fertur tamen in extremis positus et abscisam dextram intuitus ad episcopos, qui forte

6) Vergl. hiezu ob. S. 332 in n. 168.

7) Zumal wegen dieser Nennung von Milsin ist wohl der Bericht der Annales Palidenses: Rursus inter Heinricum et Rodolfum bellum gestum est, ubi Rodolfus, percepto clamore, suos occubuisse putavit et fugit: at ubi eventum rei didicit, se scilicet propriam fugisse victoriam, magis vivere quam mori recusavit. Deinde igitur Heinrico regi congressus Milsin juxta fluvium Elsteram, manu truncatus est, ob quod mortem instar magni muneris optavit. Et hoc dictum effectus secutus est: das Weitere aus Frutolf (SS. XVI, 70) — doch beachtenswerth.

aderant graviter suspirans dixisse: Ecce haec est manus, qua domino meo Heinrico fidem sacramento firmavi; ecce ego jam eius regnum et vitam derelinquo presentem; videte qui me solium eius conscendere fecistis, ut recta via me vestra monita sequentem duxissetis[8]). Hoc etiam praelio ex parte regis Heinrici Ratpoto comes, regi satis fidus, interiit (SS. VI, 204). Dabei hatte sich Frutolf an die Würzburger Chronik angelehnt: Bellum juxta Elstrit committitur Idibus Octobris, in quo Ruodolfus rex, qui et dux[9]), occiditur (Ed. Buchholz, 43). Außerdem hat Bernold, Chronicon, allerdings besonders vom Tode Rudolf's sprechend, das Ereigniß hervorgehoben: Jam autem mediante Octobri Heinricus expeditionem in Saxoniam iterum parans a militibus Ruodolfi itinere minus diei fugatur, quamvis in eadem congressione Ruodolfus rex piae memoriae occubuerit . . . cum inter primos hostibus instaret: dann folgt das Lob des alter Machabeus, der in servitio sancti Petri starb — de cuius obitu omnes religiosi utriusque sexus, et maxime pauperes, doluerunt, in cuius animae commendationem Saxones innumerabiles elimosinas fecerunt —, des procul dubio pater patriae, servantissimus justiciae, indefessus propugnator sanctae aecclesiae —, und von seinem Tode heißt es: postea uno die superstes, omnibus suis rite ordinatis, ad Dominum migrasse non dubitatur, Id. Oct. Regnavit autem tres annos et dimidium . . . . Sepultus est autem apud Merseburc gloriosissime (SS. V, 436: auch im Necrologium steht der Tod Rudolf's — rex, sancti Petri miles — zu Id. Oct., l. c., 392). Die Annales Patherbrunnenses haben: Iterum rex Heinricus moto exercitu cum Saxonibus pugnavit Id. Octob.; ibi Ruodolfus rex caesus, Merseburg sepultus est. Ex parte regis Heinrici Ratbodo aliique comites jacuerunt. Haec autem pugna accidit juxta fluvium Elstra (ed. Scheffer-Boichorst, 99). Sehr eigenthümlich ist die Wendung, die in den Annales Augustani gewählt ist: Rex Heinricus denuo Saxoniam invadens vastat, incendit. Ruodolfus, auctor seditionis, sine damno exercitus trucidatus occiditur; utrimque praelium Dei nutu dirimitur (SS. III, 130). Marianus Scottus, Chronicon, a. 1101, resp. 1079, berichtet von Heinrich IV.: Rodolfum quoque regem Saxonum occidit bello Merseburc, ubi et sepultus Idus Octobr. [Rec. alt.: a. 1103: In autumno Ruodolfum r. S. bello superavit et o. juxta M.] (SS. V, 562, resp. XIII, 79).

Als Sieg Heinrich's IV. tritt die Schlacht auch sonst noch mehrfach hervor[10]). So sagt Norbert in der Vita Bennonis episcopi Osnaburgensis, c. 23: victis a rege Saxonibus interfectoque quem sibi regem posuerant duce Rudolpho, cum tota Saxonia coeptam ferociam graviter humiliata deponeret et profugis ex se reditum invita concederet, und die Vita Heinrici IV. imperatoris knüpft ähnlich in c. 4 an die irrthümlich mit einander verbundenen ganz verschiedenartigen Jahren angehörenden bei Würzburg geschehenen Ereignisse[11]) an: Postea Saxoniam sepius cum exercitu ingressus, aut victor aut aequa manu recessit (sc. Heinrich IV.); sed ad ultimum reversus tam notanda quam felici victoria vicit, magnumque mundo documentum datum est, ut nemo contra dominum suum consurgat. Nam abscisa Ruodolfus dextera dignissimam perjurii vindictam demonstravit, qui fidem domino suo regi juratam violare non timuit; et tamquam alia vulnera non sufficerent ad mortem, accessit etiam huius membri poena, ut per poenam agnosceretur et

---

8) In Rec. C. Chron. univ., sowie in Rec. D. und E. (Ekkeh. Chron. univ.) ist der ganze Theil: Fertur . . . duxissetis weggelassen. Buchholz, Ekkehard von Aura, I, 75—77, verbreitet sich über Frutolf's Bericht und möchte — gegen Giesebrecht, l. c., — die Angabe, daß Rudolf noch lebend nach Merseburg gebracht wurde, festhalten; die Rudolf in den Mund gelegten Worte verwirft er ganz, als eine „Reflexion", deren Ursprung „sicher im Kreise der Königsfreunde" zu suchen sei.

9) Diese Worte: qui et dux lassen die Annal. Rosenveldens. (SS. XVI, 100), in ihrer Benutzung der Würzburger Chronik weg, in „tendenziöser Absicht", wie Buchholz, l. c., 45, sagt.

10) So ist auffallend, daß auch Martens, Gregor VII., sein Leben und Wirken, I, 221, sich der Gfrörer'schen Auffassung, Papst Gregorius VII. und sein Zeitalter, VII, 754 ff., anschließt, daß Bruno's Siegesbericht weit übertrieben sei, daß die Schlacht „ohne sicheres Ergebniß geendet" habe; für die Schlacht als Kriegsereigniß gilt das sicher nicht.

11) Vergl. ob. S. 146 in n. 18. Zu der Vita Heinrici IV. imperatoris sei noch bemerkt, daß [illegible], in seiner einschlägigen Rostocker Dissertation, [illegible], Beiträge zur Kritik (etc.), Beigabe Nr. 2, 111—113, Bruno's Schlachtbericht in seinem Werthe nicht anerkennen will, auch Bruno's persönlichen Antheil an dem Ereignisse leugnet, doch mit ganz ungenügendem Beweise.

culpa. Sed et aliud notandum in illa victoria contigit, videlicet quod tam victor quam victus exercitus fugit; nimirum hoc ordinante desuper divina clementia, ut post ruinam capitis ex alterna fuga tolleretur nefas alternae cedis (SS. XII, 73 u. 74, 274). Auch der Verfasser des Liber de unitate ecclesiae conservanda räumt wenigstens keine Niederlage des Königs ein, wenn er, Lib. II, c. 16, im Anschluß an die hier S. 641 eingerückte Stelle, sagt: eodem anno reversus est Henrichus expugnaturus Saxonum duritiam et quartam jam contra eos instituit pugnam, quae facta est IIII. Idus Octobris, quando et Ruodolfus rex ibi occisus est quarto anno suae ordinationis. Sic ille provectae aetatis vir amisit vitam cum regno Saxoniae, cuius praecipue opera ante aliquot annos victi sunt Saxones (: Rückweis auf die Schlacht bei Homburg 1075) . . . Sed qui prius fuerat defensor imperii atque hostis Saxonum, postea factus est invasor imperii atque rex Saxonum, ut praevalerent praelia et seditiones eorum (Libelli de lite, II, 232). — Von Späteren haben Otto von Freising, Gesta Friderici imperatoris, Lib. I, c. 7: Rodolfus in publico bello a fidelibus imperatoris necatur et in ecclesia Merseburch cultu regio sepelitur [12]) und vollends ganz ausgeprägt Helmold, Chronica Slavorum, Lib. I, c. 29, die Vorstellung von einem Vorwiegen Heinrich's IV., der letztere in der wunderlichen Geschichte, nach der Bischof Wernher von Straßburg [13]) nach Rom zu Heinrich IV. — qui quaesitum regem invenit inter memorias martirum deversantem — geeilt sein soll, um den König über die Lage der Dinge in Deutschland zu unterrichten, worauf dieser, der anfangs betont: nequaquam sibi sine licentia sedis apostolice abeundum — erst auf den Hinweis: omne hoc conspirationis malum de fonte Romane perfidie manasse — der Mahnung nachkommt, schleunigst bei Nacht nach Deutschland aufbricht, zu großer Freude besonders in omnes civitates Reni, behufs Sammlung eines großen Heeres: Saxonum vero atque Suevorum exercitus erant cum Rodulfo. Pugnaverunt igitur reges mutuo, et victa est pars Rodulfi, cecideruntque Saxones et Suevi. Porro Rodulfus vulneratus in manu dextra, fugit Marcipolim, mortique jam proximus dixit ad familiares suos (: Selbstanklage wegen des vom Papste und den Bischöfen angestifteten Treubruches). Et hoc dicens cum gravi molestia diem clausit extremum (SS. XX, 357, XXI, 32 u. 33) [14]).

Dann ist selbstverständlich die Schlacht, oder auch nur der Tod Rudolf's, in zahlreichen Annalenstellen kurz erwähnt. Die sogenannten Annales Ottenburani haben: Expeditio eius (sc. Heinrich's IV.) octava in Saxoniam et pugna quarta juxta amnem Elistra, in qua Ruodolfus rex cum multis cecidit; unrichtig setzen zu 1084 die Annales sancti Petri Erphes-

---

12) Daran knüpft Otto die Geschichte vom Grabmal Rudolf's: Ferunt de imperatore, quod cum, peractis paulisper his seditionum motibus, ad praedictam ecclesiam Merseburch venisset, ibique praefatum Rodolfum velut regem humatum videret, cuidam dicenti, cur eum, qui rex non fuerat, velut regali honore sepultum jacere permitteret, dixit: Utinam omnes inimici mei tam honorifice jacerent! Allerdings läßt sich ein solcher Besuch Heinrich's IV. nach 1080 nie nachweisen, wenn auch der Merseburger Geschichtschreiber des 16. Jahrhunderts, Brotuff, Chronica von Merseburg, 1557, XXII, zu 1087 von einem Reichstag Heinrich's IV. „zu Merseburg“ redet, „da er dem grafen Wiprecht zu Groitzsch . . . drei hundert marg erbzinse zu lehen gegeben“.

13) Vergl. ob. S. 22 in n. 108.

14) Eine eigenthümlich verwirrte Erwähnung der Schlacht findet sich auch noch in dem schon in Bd. II, S. 510, in n. 83, besprochenen c. 7 der Gesta episcoporum Virdunensium, des Laurentius von Lüttich, wo Gottfried von Bouillon als mitwirkend hervorgehoben wird: Heinrico tertio imperatori expeditionem agenti contra Rodulfum ducem, qui exemplo diadematis ex obedientia Romanae ecclesiae regnum susceperat et jam Saxoniam occupaverat, Godefridus dux reconciliatus (Herzog war Gottfried noch nicht, und wo war vorher ein Zwist?) cum multo milite in auxilium venerat . . . interfecto Rodulfo (SS. X, 495). Vollends die Verknüpfung des Namens Gottfried's, der übrigens sonst nirgends auch nur als Theilnehmer an der Schlacht bezeugt ist, mit der Urheberschaft des Todes Rudolf's haben erst viel spätere sagenhafte Zeugnisse (vergl. von Sybel, Geschichte des ersten Kreuzzuges, 2. Aufl., 215, 218, betreffend die Ausschmückungen durch Wilhelm von Tyrus). Außerdem ist noch auf das Todtenbuch des Klosters Ilsenburg hinzuweisen, wo zu Idibus Octobris steht: Rodolphus rex qui dedit 20 mansos. Fridericus, Wernerus, Wedekindus et alii multi in eodem bello occubuerunt (Zeitschrift des Harz-Vereins für Geschichte und Alterthumskunde, V, 1872, 135, [illegible], in den vom Herausgeber Jacobs beigefügten Erläuterungen: die Namen der Gefallenen sind wohl solche von Edeln aus dem Kreise der Mobilitäten des Klosters, und die erwähnte Schenkung möchte Jacobs mit Rudolf's Anwesenheit in Quedlinburg Ostern 1079 — vergl. S. 205 — zusammenbringen).

furdenses: Quartum bellum fuit juxta Elstram fluvium 4. Id. Oct.; andere solche Anführungen des Factums sind in den Annales Einsidlenses: Bellum Heinrici regis cum Saxonibus, in quo Ruodolfus rex occiditur, in den Annales Monasterienses (Münster im Gregorienthal) (zu 1078): Bellum inter Heinricum et Rodolfum, in quo Rodolfus occisus est, in den Annales sancti Vincentii Mettenses (zu 1079): Bellum in Saxonia, ubi occiditur Rodulfus rex, in der Annalium Leodiensium Continuatio: Rex Heinricus Saxones aggreditur, et in congressu Rodulfus tyrannus extinguitur, in der Annalium Laubiensium Continuatio: Heinricus rex noster de facto contra se rege Saxonum Rodulpho triumphavit: also gleichfalls mit Zuweisung des vollen Sieges an Heinrich IV., in den Annales sancti Benigni Divionensis (zu 1078): Bellum in Saxonia, in quo Rodulfus rex occiditur, in den Annales Mellicenses: quartum bellum Heinrici regis cum Saxonibus juxta fluvium qui dicitur Elster, feria 5., Id. Oct. Ruodolfus rex occiditur, in den Annales Zwifaltenses (zu 1081): Ruodolfus rex juxta fluvium Elster cum Heinrico dimicans occubuit, in den Annales s. Michaelis Babenbergensis: occiditur Ruodolfus autumnali tempore (SS. V, 7, XVI, 16, III, 146, 154, 158, IV, 29, 21, V, 42, IX, 499, X, 54, V, 9); auch die in der Continuatio Casuum sancti Galli (c. 27) steckenden St. Galler Annalen haben: Rege Ruodolfo in Saxonia occiso et Merseburch sepulto (in der ob. S. 16 in n. 20 citirten Ausgabe, 67).

In Italien steht von Erwähnungen Bonitho, Liber ad amicum, Lib. IX, voran, wo nach einer Klage nach dem Psalmworte: quia consilia Domini abyssus multa, daß Heinrich IV. statt der flagella Domini den successus qui mirabiliter adderet nequiciae suae superbiam gewann, erzählt wird: Nam non longo post tempore (sc. nach der Brixener Synode) intravit Saxoniam in potentatu magno et manu robusta (sc. Heinrich IV.), cui ex adverso occurrit R(udolfus). Et acerrimo bello commisso, Heinricus turpiter terga vertit. In quo prelio victor R(udolfus) occubuit. Non sicut solent mori ignavi, mortuus est Rudolfus, non fugiens vel latibula querens occisus, set super strages inimicorum et super cadavera mortuorum plagatus a suis inventus est. Cuius mors Heinrico post octo dies in quodam castro latitanti et de fuga cogitanti nunciata est. Qui mox extollens in altum cornu suum et loquens adversus Deum iniquitatem (Psalm LXXIV, 6), non recognoscens sathanae calliditates, credidit, Deo suum placuisse peccatum (Jaffé, Biblioth. rer. German., II, 677 — aber Cardinal Boso setzt in seiner Vita Gregorii VII. noch über Rudolf's Tod die ganz allein stehende Angabe hinzu: Rodulfus autem, sicut vir fortissimus et famosus et in armorum exercitatione probatus, nequaquam fugit; set victor et triumphator occubuit, quia eum sui non cognoscentes exitialiter vulneraverant, im Liber pontificalis, ed. Duchesne, II, 367). Landulf, Historia Mediolanensis, Lib. III, c. 31, macht seinen einläßlich ausgemalten Bericht ganz unbrauchbar durch Vermengung der Ereignisse von 1075 und 1080; die Schlacht ist auf zwei Tage erstreckt, der domnus Tealdus sanctae Mediolanensis ecclesiae notarius — d. h. der schon 1075 zum Erzbischof von Mailand erhobene Thebald — dabei eingeflochten, aber andererseits Rudolf's Tod erwähnt: rege perjuro Rodolfo emortuo a milite imperatoris, qui et ipse in campo inter mortuos jacebat, elevans se graviter vulneratus ...., nec non sexaginta militibus electorum nobilium virorum, qui inter tantam stragem jussu imperatoris collecti cognosci potuerunt abervatim combustis (SS. VIII, 99)[15]. Durch Benzo, Ad Heinricum IV. imperatorem, ist, Lib. VI, in dem ob. S. 459 u. 460 behandelten Gedichte von c. 4, mit den üblichen Uebertreibungen und Entstellungen, so daß auch der Sieg natürlich Heinrich IV. zugefallen sein soll, auf die Schlacht und Rudolf's Tod Bezug genommen: Rex, munitus signo crucis, abiit ad prelium; utrobique confortabat cuneos fidelium .... Pugna erat cum perjuris atque cum mendacibus (etc.) .... Postquam rex hos superavit per multas victorias, cecidit ipse Merdulfus ad secli memorias ... Membris omnibus abscisis, caput fixum stipite conspexe-

15) Vergl. Bd. II, S. 591 u. 592 (mit n. 87), wegen Thebald's S. 574, in n. 162.

runt permanentes in castrorum limite (SS. XI, 662)[16]). Bardo, Vita Anselmi episcopi Lucensis, c. 18: Mortuo in fide catholica rege Rodulpho, sowie Petrus, Chronica monasterii Casinensis, Lib. III, c. 49, wo Heinrich IV. wieder als Sieger erscheint: deinde victor effectus, ducem ipsum gladio (Editio Veneta: cum exercitu ipsius) trucidavit, sind nur ganz dürftig (SS. XII, 18, VII, 738). Endlich läßt Guillermus Apuliensis, Gesta Roberti Wiscardi, Lib. IV, recht wortreich sich hier aus, v. 50 ff.: Is (sc. Rudolf) sibi Saxonibus multo cum milite junctis indixit bellum papae venerabilis hosti. Et populus regi damnato multus adhaeret (etc.). Grave fit certamen utrimque. Dura quidem gens est et cedere nescia, magnis ictibus innitens. Hinc Lotharingi, Saxones inde certatim feriunt; alternis vulnera reddunt vulneribus; stat quisque studens obstare vicissim; et perhibentur ibi triginta caesa virorum milia; sed neutro populo cedente Radulfus occidit, et fessus populus defecit uterque. Se quasi victorem percepta morte Rodulfi gaudens Henricus, quem regni depositorem noverat esse sui .... (SS. IX, 280 u. 281).

Ueber Rudolf's Todestag geben gleich den schriftstellerischen Aussagen, die, wie die obigen Zusammenstellungen zeigen, nicht übereinstimmen, auch die nekrologischen Notizen ungleiche Auskunft, so selbst die schwäbischen, die Baumann, Necrologia Germaniae, I. 769, im Register übersichtlich zusammenstellt: einzig Bernold, wie schon gesagt, zum 15.[17]), dagegen die Nekrologien von Mehrerau, Zwifalten, St. Blasien, St. Peter zum 16. October[18]). Mit Giesebrecht, III, 1165, in den „Anmerkungen", interpretirt man am besten die Hauptquelle, Bruno, dahin, daß Rudolf noch am Abend des Kampftages in dem von ihm vor der Schlacht aufgeschlagenen Lager starb[19]). Die letzten Augenblicke, die Reden Rudolf's vor seinem Tode erscheinen sehr deutlich, je nach der Parteiauffassung — Bruno, Chronik von Petershausen, oder Frutolf, Vita Heinrici IV. imperatoris — sehr entgegengesetzt gefärbt in der Darstellung; die sichersten Angaben bietet gewiß auch hierüber Bruno. Daß dagegen der Ausgang von den Königlichen als ein Gottesurtheil ausgelegt werden konnte, hatte gerade Gregor's VII. kühne Voraussagung, die sichtlich rasch weit verbreitet worden war, verschuldet[20]).

Das Denkmal ist wohl erhalten im Chore des Merseburger Domes[21]). Es zeigt als Umschrift: Rex hoc Rudolfus, patrum pro lege peremptus plo-

---

16) Lehmgrübner, Benzo von Alba, 69 u. 70, bezieht auch Benzo's Gedicht in Lib. V, c. 3: Divo Heinrico caesari augusto (in der nachträglich beigefügten Ueberschrift), mit Erwähnung eines Sieges: Deo ...., qui Heinrico, regi magno, contulit victoriam atque sibi adversantes convertit in scoriam, mit Aufforderung zum Danke gegen Gott, zu Ertheilung von Belohnung an den [illegible] Benzo — in üblicher Weise —, mit der Mahnung: in episcopia [illegible] discretissimos (etc.), sonst ohne wichtigeren Inhalt (SS. XI, 650 u. 651), auf die Zeit gleich nach der Schlacht gegen Rudolf.

17) Vergl. S. 617. Doch will Bernold im Chronicon diesen Todestag auf den Tag nach der Schlacht legen, die hienach auf den 14. fiele, etwas was von allen anderen Quellen abgelehnt wird.

18) Auch die Annal. necrolog. Prumiens. nennen zu 1080 als siebenten von zehn Namen Rudolfus dux (SS. XIII, 222). Ebenso ist von Rudolf dux in dem ob. S. 443 in n. 177 genannten Wolfenbüttler Todtenbuch (l. c.) die Rede.

19) Buchholz, l. c., 76, wollte dagegen Bernold und Frutolf, der Rudolf noch lebend nach Merseburg gelangen läßt, Recht geben.

20) Sigebert, Chronicon, spricht von Rudolf's Tode einzig wegen der ob. S. [illegible] in n. [illegible] behandelten Frage betreffend Gregor's VII. nicht erfüllte Voraussagung: Rex enim Heinricus Rudolfum gravi prelio congreditur, et in congressu falsus rex Rudolfus cum multis Saxoniae principibus extinguitur (SS. VI, 364), in einer der ob. S. 619 eingeschalteten Stelle der Annal. Leodiens. Contin. sehr ähnlichen Ausdrucksweise. Auch Wenrich macht in der ob. S. [illegible] behandelten Epistola, c. 8, eine Anspielung hierauf: Videant ... et ad divinae [illegible], quas de eo (sc. Gregor VII.) augere non erubescunt, de talibus artibus repente prosiliter ... videant, tot prophetico spiritu factas denuntiationes qualis tandem effectus probaverit (Libelli de lite, I, 297). Deutlich nimmt Hugo von Flavigny, Modernorum Regum Francorum Actus, c. 11, auf die Nichterfüllung der praedictio Gregor's VII. für Rudolf Bezug: imperator tamen non multo post cum Rodulfo congressus illum peremit (SS. IX, 392). Ebenso erwähnte noch später Benzo, Lib. VI, c. 5, in den Versen: Inque brevi mola cadit ipse, cumque propheta preciso collo moritur: mentitur Apollo. Hic palam [illegible] (SS. XI, 664 u. 665) die päpstliche Voraussagung.

21) Im Chron. episcoporum Merseburgensium, c. 11, add. cod. 2. [illegible] steht von der in St. [illegible] — vergl. Bd. I, S. [illegible] n. [illegible] — erwähnten villa [illegible], daß Bischof Werner dieselbe in usus fratrum nach ihren Erträgnissen so vertheilte, daß auch in anniversario regis Rodulphi daraus ein quartum convivium gegeben werde (SS. X, 183).

randus merito, conditur in tumulo. Rex illi similis, si regnet tempore pacis, consilio, gladio, non fuit a Carolo. Qua vicere sui, ruit hic, sacra victima belli. Mors sibi vita fuit, ecclesiae cecidit. Das Erzgußwerk ist an sich auch technisch wichtig. Lübke schildert — Geschichte der Plastik, 2. Aufl., 367 u. 368 — das Bild Rudolf's folgendermaßen: „Der Verstorbene ist in flachem Relief dargestellt, die Züge des etwas runder gebildeten Kopfes typisch, ja noch glotzend starr in strenger Fassung, die Gewandung reich mit kleinen eingravirten Ornamenten bedeckt und gleich den Augäpfeln ehemals mit Edelsteinen geschmückt. Die Ohren sind noch fast volutenartig schematisch: der Mund ist fast gar nicht bezeichnet: die Hände haben sehr lange, dünne, gespreizte Finger, welche Scepter und Reichsapfel mühsam halten. Die Gestalt ist schlank und fast hager"[22]. Auch das in einem engen hölzernen Kästchen liegende Knochengestell der abgeschnittenen Hand Rudolf's wird noch im Dom gezeigt.

Für die Ansetzung der Stelle der Schlacht kommen die Angaben Bruno's und daneben die der Annales Pegavienses in Betracht. Sie weisen die Oertlichkeit des Zusammenstoßes ganz an den Bach Grune, einen rechten östlichen Zufluß des Flüßchens Rippach, den Ueberrest der palus quae vocatur Grona Bruno's. Die Ränder der östlichen rechten Seite der Einsenkung des Grunelaufes, die das niedrigere linke Ufer überragen, begrenzen eine von Hohenmölsen her — von der Westseite — sich ausdehnende Fläche. Hier stand also Heinrich IV. auf der rechten Seite der Grune, durch deren damals sumpfigen Thalgrund von dem aus dem Westen herankommenden Heere Rudolf's getrennt, anfangs in günstigerer Stellung, etwa bei den Dörfern Grunau oder Röhlau. Rudolf's Heer mußte, um sich dem Feinde annähern zu können, südlich um die Quellgegend der Grune herum eine Umgehung ausführen, etwa drei Kilometer südlich von Grunau. Heinrich IV. folgte jetzt mit seinem Heere dieser Bewegung des Feindes, und so kam es, etwa bei den Dörfern Stein-Grimma, Queisau, südlich von Dobergast — ungefähr dritthalb Kilometer südöstlich von Grunau —, zum Kampfe. Etwas mehr als vier Kilometer östlich von diesem muthmaßlichen Kampfplatze fließt die (weiße) Elster, an deren linken Seite, wohl um Pegau herum, Heinrich's IV. Lager aufgeschlagen war, und nach dieser Seite ging die Flucht der Königlichen.

Diese Erklärung gab ich 1881, nach einer durchgeführten Besichtigung, für das Schlachtfeld, Forschungen zur deutschen Geschichte, XXII, 215—217, und so viel ich sehe, hat sich die Forschung dem dort gebrachten Vorschlage, die Bezeichnung „Schlacht an der Grune" zu wählen, allgemein angeschlossen. Vorher hatte Landau, Die Schlacht bei Gronau (Correspondenzblatt des Gesammtvereins der deutschen Geschichts- und Alterthumsvereine, X — 1862 —, 38 u. 39), das Dorf Grana, zwei Kilometer westlich von Zeitz, links von der Elster, zur Erklärung herangezogen. Dagegen nahm C. Schäfer, Die Schlacht an der Elster (Programm des Progymnasiums zu Weißenfels, 1879, 11 u. 12), zumal aus der Ursache, weil die Elster erst bei Zeitz die von Bruno beschriebenen hohen Ufer habe, für die Schlacht das Terrain nördlich von Zeitz in Anspruch. Beide Stellen liegen etwa anderthalb Meilen südlicher, als das Feld der Schlacht an der Grune. Aber schon die Nennung von Mölsen in der Schilderung durch die Annales Pegavienses führt nothwendigerweise an die nördliche Stätte, ebenso die Angabe über den von da ganz direct östlich gehenden Weg der Flucht.

Floto, Kaiser Heinrich der Vierte und sein Zeitalter, II, 226—229, suchte

22) Der schon in n. 12 erwähnte Brotuff, XXI, weiß, daß Rudolf „unter dem Chore in der Krypta in einem kleinen Gewölblein begraben" lag. Vergl. die Abbildung des Denkmals bei Puttrich, Denkmale der Baukunst des Mittelalters in Sachsen, II, 1. Band, Merseburg, Bl. 8, Text S. 19, sowie Dethier, Neue Mittheilungen aus dem Gebiete historisch-antiquarischer Forschungen, von Förstemann im Namen des Thüringisch-Sächsischen Alterthums-Vereins herausgegeben, I, 2 (1834), 52—63, ferner neuestens — 1883 — Beschreibende Darstellung der älteren Bau- und Kunst-Denkmäler der Provinz Sachsen und angrenzender Gebiete, VIII (Der Kreis Merseburg), 144 u. 145 (mit späteren, allerdings actenmäßig nicht beglaubigten Angaben darüber, daß pietätlose Veränderungen an der Grabstätte vorgenommen worden seien; das Denkmal, in der Vierung des Domes, ist nicht über der sogenannten Grabkammer Rudolf's, sondern um 2,30 Meter westlich in die Vierung hineingeschoben).

ein recht anschaulich belebtes Bild der Schlacht zu entwerfen: doch wollte er wohl in einzelnen Dingen zu viel wissen, und die Lage des „mächtigen Sumpfes Grona" war ihm ganz unklar. Auch Köhler, Die kriegerische Thätigkeit Kaiser Heinrich's IV., in den Neuen Militärischen Blättern von G. von Glasenapp, Jahrgang XVIII, 253—260, nebst Skizze — vergl. auch neuerdings über einen einschlägigen Vortrag des gleichen Forschers, Altbayerische Monatsschrift, herausgegeben vom historischen Verein von Oberbayern, I (1899), 62—64 —, will wohl zu bestimmt erklären, wenn er fünf Heerhaufen des Königs, analog der Schlacht von Homburg, annimmt; im Uebrigen ist die Construction des Ereignisses sehr geschickt durchgeführt. Aber es muß gesagt werden, daß Bruno's Schilderung, die einzige, die zu Grunde gelegt werden kann, für so viel nicht ausreicht, und wenn Sander, Der Kampf Heinrich's IV. und Gregor's VII. von der zweiten Exkommunikation des Königs bis zu seiner Kaiserkrönung, 30, n. 2, zu hoffen scheint, „eine umfassende Untersuchung über das Kriegswesen und die Kriegsführung im Mittelalter" werde da mehr Licht bringen, so ist zu sagen, daß auch eine solche für dieses Ereigniß wieder bei eventuellen Combinationen stehen bleiben müßte.

Bruno gestattet bloß zu schließen, daß der Sieger in der Schlacht, Otto von Nordheim, seinen Sieg nicht zum wenigsten dadurch gewann, daß er, wie Nitzsch, Geschichte des deutschen Volkes, II, 2. Aufl., 106, sich ausdrückt, „einen Teil seines Reiterheeres von den erschöpften Rossen absitzen ließ und mit diesem schnell gebildeten Fußvolk die schwer beweglichen Reitermassen des königlichen Heeres in die Elster drängte"[23]). Das geschah in zwei auf einander folgenden Angriffen, und Floto nahm eben deßhalb eine Aufstellung des königlichen Heeres in zwei Flügeln, einem von Heinrich IV. befehligten und einem zweiten unter Heinrich von Laach, an. Da nun Heinrich IV. augenscheinlich vom weiteren Verlauf der Schlacht, auch vom Tode Rudolf's, nichts sah und wußte, also zuerst das Schlachtfeld verließ — auch die Vita Heinrici IV. imperatoris räumte ja, obschon sie Heinrich IV. zum Sieger machte, die Flucht des siegenden Theils ein —, liegt es allerdings näher, die königliche Abtheilung als den linken, näher an der Elster stehenden Flügel — südwärts gerichtet — anzunehmen, wogegen freilich andererseits Köhler mit Recht bemerkbar macht, daß dann, wenn Heinrich von Laach rechts stand, dieser wohl eher, als an die Elster hin, in den Sumpf Grona gedrängt worden wäre. Dagegen darf wohl, wie Sander, l. c., 31, richtig hervorhebt, sicher geschlossen werden, daß der König nach der Schlacht jenseits der Elster mit den Böhmen und mit Wiprecht von Groitzsch zusammentraf, hier sich barg und Truppen da wieder sammelte, aber auch erst die Nachricht von Rudolf's Tode erhielt, worin die Annales Pegavienses und Bonitho gut zusammenstimmen. Dagegen wird wohl kaum der Rückweg an den Rhein gar durch Böhmen — nach den Annales Pegavienses — genommen worden sein[24]).

---

23) G. Sieber, Haltung Sachsens gegenüber Heinrich IV. 1093—1106, Breslauer Dissert. (1893), 6, führt aus, daß man seit dieser Schlacht die sächsischen Fußkrieger in den Schlachten vermisse, während Nitzsch — in seiner hinterlassenen Abhandlung, Historische Zeitschrift, XLV, 229 — „die kleinen Freien des östlichen Sachsen auf den Schlachtfeldern Otto's von Nordheim in ungeahnter Kriegslust und Schlagfertigkeit erscheinend" fand.

24) Zum Schlusse sei hier noch bemerkt, daß das nach Breßlau's Referate — Jahresberichte der Geschichtswissenschaft, XII, II, 70 — übrigens nicht wesentlich in Betracht fallende von Kramer verfaßte Programm des Kölner Gymnasiums von 188[illegible]: Der Krieg Heinrich's IV. gegen Rudolf den Gegenkönig — nicht eingesehen werden konnte. Die Hallenser Dissertation von G. Köhring (18[illegible]), Der Festungskrieg und die Schlachten im deutschen Reiche vom Anfang des X. bis zur Mitte des XIII. Jahrhunderts, 35, möchte für die Schlacht eine Ausnahme gegenüber der gewöhnlichen Gefechtsordnung feststellen, in daß nicht die meist sonst tiefe Gefechtsordnung — mehrere Abtheilungen hinter einander — gewählt worden sei, wohl weil Heinrich IV. an der Grune entlang zog und so sich die tiefe Gefechtsordnung verschob.

Excurs IV.

Cardinalpriester Hugo der Weiße und die sogenannte kaiserliche Fassung des Papstwahldecretes von 1059.

Die Unterschriften des Decretum synodi der Brixener Versammlung von 1080 beginnen mit dem Satze: Ego Hugo Candidus sanctae Romanae ecclesiae presbyter cardinalis de titulo Sancti Clementis regionis tertiae Urbis huic decreto a nobis promulgato assensum praebui et subscripsi vice omnium cardinalium Romanorum (Monum. Germ., Legum Sect. IV, I, 120). Als der einzig anwesende Vertreter des Cardinalcollegiums bei der Absetzung Gregor's VII., der Ernennung Wibert's bediente sich Hugo dieser Formel.

Hugo, der durch seine der Synode vorgelegte Schmähschrift gegen Gregor VII. bei den gegen den Papst durchgeführten Schritten ganz vorangegangen war, der als der erste in der eben bezeichneten Weise den Beschluß der Versammlung unterzeichnete, hat also dabei ein großes Gewicht darauf gelegt, in einer der Wirklichkeit gänzlich widersprechenden Weise, als an Stelle der Cardinäle, und zwar ohne Unterschied aller Cardinäle, er, der einzelne Cardinalpriester, handelnd aufgetreten zu sein[1]).

— Die wesentlichen Abweichungen des Textinhaltes der sogenannten kaiserlichen Fassung gegenüber der päpstlichen Redaction, der Fälschung gegenüber der echten Form des Papstwahldecretes der Lateransynode Nikolaus' II. von 1059[2]) sind die nachfolgenden.

In der fälschenden Fassung (Monum. Germ., l. c., 542—546: mit der die Nennung einer kaiserlichen — oder königlichen — Mitwirkung vermeidenden Ueberschrift Decretum electionis a Wibertinis vitiatum, während das Decretum electionis pontificale vorausgeht, 539—541) hat Artikel 3 — nach der Eintheilung in diesem neuesten Abdrucke —, da, wo von den nach dem Tode eines Papstes zu ergreifenden Maßregeln gesprochen wird, die cardinales — statt der cardinales episcopi — als diejenigen, die für eine Neuwahl zu sorgen haben, ohne irgend eine weitere Erwähnung der dort (539) genannten clerici cardinales und des reliquus clerus et populus, die beizuziehen seien; dagegen ist der durch W. Martens, Die Besetzung des päpstlichen Stuhles unter den Kaisern Heinrich III. und Heinrich IV., 98, sogenannte „Königsparagraph" nun hier in Artikel 3 mitten in den Text eingeschoben, unter erweiternder Einfügung der Worte: mediante eius (sc. Heinrich's IV.) nuntio Longobardie cancellario

---

1) Vergl. ob. S. [illegible] u. [illegible].

2) Ueber das echte Papstwahldecret vergl. in Bd. 1, S. 135—139, sowie den Excurs, S. 678—683.

W(iberto) in den Satz: sicut jam sibi (sc. Heinrich IV.) concessimus[3]). In Artikel 4, der besagt, die religiosi viri seien die praeduces, die Anderen die sequaces bei der Wahl, wird noch hinter religiosi viri eingeschoben: cum serenissimo filio nostro rege Heinrico; dagegen fehlt bei diesem Artikel der ganze weitere Theil, die Begründung durch einen Kanon Papst Leo's I. In Artikel 6, wo für den Ausnahmefall, daß eine unverfälschte Wahl in Rom nicht möglich sei, durch Gestattung einer Verlegung der Wahl an einen angemessenen Ort gesorgt wird, sind vor dem Zwischensätzchen: licet pauci sint (gemeint sind als Subject die cardinales — vergl. n. 5 —; in der päpstlichen Fassung hieß es: licet paucis, sc. religiosis clericis catholicisque laicis) die Worte der päpstlichen Fassung: cardinales episcopi cum religiosis clericis catholicisque laicis ausgelassen; dagegen sind in den Satz: ubi (sc. an welchem Orte) congruentius judicaverint die Worte: cum invictissimo rege H(einrico) eingefügt[4]).

Die Prüfung dieser Abweichungen der sogenannten kaiserlichen Fassung von der päpstlichen führt auf die Absicht der Fälschung.

Einzig und allein die Cardinäle im Allgemeinen, nicht die Cardinalbischöfe in ihrem Vorrange vor den Cardinalklerikern, haben nach Ansicht des Urhebers der Textabänderungen bei der Neubesetzung des päpstlichen Stuhles die nothwendigen Maßregeln zu ergreifen; aber diese ihre Thätigkeit ist unabänderlich mit derjenigen des Königs Heinrich IV. selbst in engste Verbindung zu setzen. Ebenso haben, wenn es sich um die Verlegung des Wahlortes handelt, wieder einzig die Cardinäle[5]) — mit der Voraussetzung, daß auch schon nur die Entscheidung weniger aus ihnen genüge —, zugleich mit dem Könige, das Recht zu handeln. Endlich ist im sogenannten Königsparagraphen daran erinnert, der Kanzler Wibert habe von Nikolaus II. durch seine Vermittlung das Zugeständniß erreicht, von dem dort die Rede ist.

Enge verbindet sich hiermit die Frage nach der Zeit der Entstehung der Fälschung.

Waitz, der — Forschungen zur deutschen Geschichte, VII, 401—409 (1867) — seinen, l. c., IV, 103—119 (1864), erschienenen Ausführungen „Weitere Bemerkungen zu dem Decrete des J. 1059 über die Papstwahl" folgen ließ, setzte die Fälschung in die Zeit nach Wibert's Wahl an: „Es läßt sich doch gewiß viel leichter denken, man habe nach geschehener Wahl, da es galt, sie zu rechtfertigen und zu vertreten, das Decret so abgeändert, wie es für den Zweck erforderlich war, als daß man im voraus, da eine neue Wahl erst in einer gewissen Aussicht stand, sich für dieselbe das Wahlregulativ zurechtmachte".

Diese Beweisführung richtete sich schon gegen Giesebrecht's im Münchener Historischen Jahrbuch für 1866, in Anhang I zu der Abhandlung: „Die Gesetzgebung der römischen Kirche zur Zeit Gregor's VII.", vorangegangene Annahme, nach der — 109 ff., 179 — die Fälschung 1076 entstanden wäre, als man zu Worms bei dem Angriffe auf Gregor VII. das Wahldecret Nikolaus' II. wieder hervorzog und zugleich an die Veranstaltung einer neuen Papstwahl dachte[6]). Man habe das Vorrecht der Cardinalbischöfe in der Fälschung beseitigt, so daß die Wahl lediglich auf dem consensus des Königs und der Cardinäle — auch nur weniger anwesender — beruhen sollte, denen sich alle Anderen zu fügen hätten.

Scheffer-Boichorst handelte in seinem hier in n. 3 genannten Buche,

3) Der „Königsparagraph" war in der Ausgabe der päpstlichen Fassung bei Scheffer-Boichorst, Die Neuordnung der Papstwahl durch Nikolaus II., 14—18, § 6 gewesen, erscheint aber in der Ausgabe dieser Redaction in den [illegible] als Artikel 6. Ueber die Vermittlung des Kanzlers Wibert spricht Scheffer-Boichorst, [illegible].

4) Die in Artikel 6 stehenden Worte: non papa sed satanas, non apostolicus sed apostaticus ab omnibus habeatur et teneatur fehlen in der päpstlichen Fassung. Scheffer-Boichorst zeigt, l. c., 42—44, daß da wohl nur eine Nachlässigkeit des Copisten vorliegt, der diese durch Nikolaus II. selbst als Bestandtheil des Decretes bezeichnete Fluchformel wegließ und so eine deutlich empfindliche Lücke im Texte verursachte.

5) Von Artikel 3 an gelten als Subject aller Sätze die cardinales, an deren Stelle nur dazwischen in Artikel 4 religiosi viri genannt erscheinen.

6) Giesebrecht macht besonders auf die Bd. II, S. [illegible] u. [illegible], erwähnten Aufforderungen Heinrich's IV. an die Römer und des Roland an die Synode von 1076 aufmerksam (vergl. auch l. c., S. [illegible] n. [illegible]).

109—116, „Ueber den Ursprung der Fälschung". Obschon er von der Beweisführung Giesebrecht's mehrfach abweicht[7]), ganz besonders — und das sicher mit Recht — völlig bestreitet, daß der Ursprung der Fälschung in Regierungskreisen zu suchen sei und Heinrich IV. etwas damit zu schaffen gehabt habe, daß also irgend eine officielle Bezugnahme auf die Fälschung geschehen sei, wie denn ja Wibert's Erhebung keine Wahl, sondern lediglich ein Werk Heinrich's IV. war[8]), setzt er doch die Entstehung in das Jahr 1076: „Einmal mag es sich lediglich darum gehandelt haben, die Ungesetzlichkeit eines Papstthums zu erweisen, dessen Träger in anderen Formen erhoben war, als sie in der Fälschung vorgeschrieben sind: dann aber mochte auch eine in Aussicht genommene Neuwahl, wie man sich eine solche wünschte oder beabsichtigte, durch die kaiserliche Fassung begründet werden sollen"[9]).

Dagegen betonte wieder anderntheils Martens, l. c., wo — 219 ff. — die „regalistische Fälschung" eingehend behandelt wird, die Zugehörigkeit derselben zu 1080, und zwar zur ersten Hälfte des Jahres, vor der Brixener Synode, so daß also der Urheber — Wibert oder einer seiner Anhänger — sie dazu bestimmt habe, daß sie bei der geplanten Absetzung Gregor's VII. eine Rolle spiele. — Allein die Bischöfe haben in Brixen, wie Scheffer-Boichorst, l. c., 110, hervorhob, jedenfalls nur auf die echte Fassung des Decretes sich bezogen[10]). So ist es leicht möglich, daß die Fälschung am betreffenden Tage noch gar nicht vorlag, sondern erst nachher vorgebracht wurde. Hauptsächlich betheiligt an der ganzen Handlung — Absetzung Gregor's VII., Ermöglichung einer Neubesetzung des so erledigten Papstthumes — war Hugo, der wohl ohne Frage auch als Verfasser des Brixener Decretes anzusehen ist, und dieses unterschreibt er, der einzige anwesende Vertreter des Cardinalcollegiums, der Cardinalpriester, dem aber seine Kirche San Clemente schon 1078 endgültig abgesprochen ist[11]), im Namen aller Cardinäle. Eine Hauptabweichung der gefälschten Fassung ist nun eben, daß die Cardinalbischöfe ihren Vorrang bei der Wahl gegenüber der Gesammtheit einbüßen, und eine zweite Veränderung ist, daß, wenn auch nur wenige Cardinäle — wir dürfen beifügen, ein einziger[12]) — betheiligt sind, die Wahl an einem anderen geeigneteren Orte — außerhalb Rom's — stattfinde. Gerade diese einzelnen Fälschungen passen ganz gut auf Hugo's Rolle, die er am Tage von Brixen durchführte. Ein durch und durch unwahrer, vor keiner Lüge zurückschreckender, dabei ein rücksichtslos gewaltsamer, aber auch höchst geschickter Mensch war dieser Parteigänger Wibert's. Wohl gar nicht irgendwie mit Rücksicht auf Heinrich IV., vielleicht nicht einmal um Wibert's willen, sondern um in einem gewissen Augenblicke sich selbst zu decken — so darf wohl geschlossen werden —, hat

---

7) Scheffer-Boichorst stellt da, 111 n. 2, aber unrichtig, auf Benzo's Zeugniß über Anwesenheit zustimmender Römer in Brixen, Lib. VI. Praefatio: immixti de senatoribus Romanis insignes legati (SS. XI, 656), ab, unter Berufung darauf, daß auch Giesebrecht, III, 1163, in den „Anmerkungen", für Benzo's Mitwirkung in Brixen in Betracht [illegible]. Aber Giesebrecht sagt das doch keineswegs so ausdrücklich, und in den Worten Benzo's, die er anführt: Quorum (sc. der anwesenden Römer) assertione [illegible] nostrum fuit Didimus; sed unanimiter quae dicebantur credidimus, liegt doch nicht ein ausgesprochenes Zeugniß für Benzo's Mitwirkung (ein auf die Nennung seiner Person stets so erpichter Autor hätte ganz anders gesprochen): es ist bloß Benzo's Partei gemeint.

8) Vergl. S. 291.

9) Gegen das Jahr 1080 als das der Entstehung der Fälschung macht Scheffer-Boichorst, 114, auch geltend, daß durch Bernheim, Forschungen zur deutschen Geschichte, XV, 618—638, nachgewiesen worden sei, wie schon hinreichend, durch eine andere von den Wibertinern geschmiedete Fälschung (vergl. S. 291 u. 292), für deren Rechtfertigung Sorge getragen worden sei, in der Art, daß Heinrich IV. darin einfach das zu Brixen ausgeübte Recht der Ernennung zuerkannt wurde. Aber damit ist das Zeugniß des Deusdedit, daß die Wibertiner die Fälscher des Wahldecretes gewesen seien, noch lange nicht entkräftet, und es war voreilig, einfach zu erklären, die Wibertiner seien hier gar nicht in Betracht zu ziehen. In der Partei des neu erhobenen Papstes gab es Persönlichkeiten und Talente verschiedener Art — Hugo und Benzo sind sprechende Beweise —, die nach persönlichen Bedürfnissen Verfälschungen zurechtmachen konnten.

10) In den Worten: quod si quis sine assensu Romani principis papari praesumpserit, non papa sed apostata ab omnibus habeatur (vergl. S. 291 u. 292) sieht Scheffer-Boichorst gewiß richtig diesen Hinweis.

11) Vergl. S. 104.

12) Trotz Scheffer-Boichorst's Bemerkung, 111, sagt Holtz, l. c., 609, gewiß mit Recht: „in dem 'licet pauci sint' liegt am Ende auch die Möglichkeit, daß es nur einer sei".

Hugo, vielleicht schon gleich oder bald nach der Synode, die Fälschung durchgeführt[18].

Dazu stimmt aber auch die Art und Weise, in der Deusdedit dieser sogenannten kaiserlichen Fassung des Wahldecretes gedenkt. Er schreibt sie in dem Libellus contra invasores et symoniacos, c. I, 11, dem Guibertus aut sui — ut suae parti favorem ascriberent, quaedam in decreto addendo, quaedam mutando illud reddiderunt a se dissidens, ut aut pauca aut nulla exemplaria sibi concordantia valeant inveniri — zu, und so nochmals, 13, dem Guibertus aut sui fautores (Libelli de lite, II, 310, 312).

Man wußte ganz gut, daß aus dem Kreise Wibert's, nicht von dem königlichen Hofe, die Fälschung ausgegangen war.

---

18) Giesebrecht, in dem obengenannten Münchener Jahrbuch, 172, gedenkt der Anlässe, wo sich die antigregorianische Partei der Fälschung als Waffe bediente (er giebt nur — vergl. hier bei n. 10 — unrichtig zuerst die Erklärung der Brixener Synode hierbei). Es geschah zuerst in der 1084 geschriebenen Schrift Dicta cuiusdam de discordia papae et regis (vergl. ob. S. [illegible]), dann in Wido's Liber de scismate Hildebrandi, Lib. II (Libelli de lite, I, 550, 551).

www.ingramcontent.com/pod-product-compliance
Lightning Source LLC
Chambersburg PA
CBHW021220300426
44111CB00007B/369

* 9 7 8 3 7 4 1 1 6 6 1 3 6 *